Oliver Stone and Peter Kuznick

The UNTOLD HISTORY
of the UNITED STATES

Оливер Стоун и Питер Кузник

НЕРАССКАЗАННАЯ ИСТОРИЯ
США

КоЛибри
Москва

УДК 94
ББК 63.3
С81

Oliver Stone and Peter Kuznick
THE UNTOLD HISTORY OF THE UNITED STATES

Впервые книга опубликована издательством Gallery Books, подразделением Simon & Schuster Inc.

Перевод с английского Александра Оржицкого, Владимира Полякова
Художественное оформление Сергея Ляха

Стоун О.
С81 Нерассказанная история США / Оливер Стоун и Питер Кузник ; пер. с англ. А. Оржицкого, В. Полякова. — М. : КоЛибри, Азбука-Аттикус, 2015. — 928 с.
ISBN 978-5-389-06146-0

Мы не хотим заново пересказывать всю историю нашей страны — это попросту невозможно. Мы стремимся пролить свет на то, что мы считаем предательством идей, легших в основу ее исторической миссии, — поскольку нам кажется, что все еще есть надежда исправить эти ошибки до того, как XXI век окончательно вступит в свои права. Нас глубоко беспокоит курс, взятый США в последнее время.

Почему наша страна размещает во всех уголках земного шара свои военные базы, общее количество которых, по некоторым подсчетам, перевалило за тысячу? Почему США тратят на свои вооруженные силы больше денег, чем все остальные страны, вместе взятые? Почему наше государство по-прежнему содержит огромный арсенал ядерного оружия, большая часть которого находится в постоянной боевой готовности, хотя, по сути, ни одна страна сегодня не представляет для нас непосредственной угрозы?

Почему ничтожному меньшинству состоятельных американцев позволено оказывать такое мощное влияние на внутреннюю и внешнюю политику США и СМИ, в то время как широкие народные массы страдают от снижения уровня жизни, а их голос в политике слышен все слабее? Почему американцы вынуждены мириться с постоянным надзором, вмешательством государства в их личные дела, попранием гражданских свобод и утратой права на частную жизнь?

Это повергло бы в ужас отцов-основателей и прежние поколения американцев. Почему в нашей стране именно те, кем движет жадность и узколобый эгоизм, правят теми, кто ратует за такие общественные ценности, как доброта, щедрость, сочувствие к окружающим, общность интересов и верность общенародным идеалам?

И это лишь малая толика тех вопросов, которые мы зададим на страницах этой книги. И хотя мы не надеемся, что сумеем найти ответы на все из них, мы все же постараемся представить исторические факты так, чтобы читатели смогли самостоятельно углубиться в изучение заинтересовавших их вопросов.

В истории Американской империи мало хорошего. Но необходимо честно и открыто говорить о ней, если мы хотим, чтобы Соединенные Штаты когда-нибудь отважились пойти на коренные реформы, которые позволят им играть ведущую роль в продвижении человечества вперед, вместо того чтобы всячески тормозить его прогресс.

Оливер Стоун, Питер Кузник

УДК 94
ББК 63.3

ISBN 978-5-389-06146-0

© Secret History, LLC, 2012
© Оржицкий А., Поляков В., перевод на русский язык, 2014
© Издание на русском языке, оформление.
   ООО «Издательская Группа «Азбука-Аттикус», 2014
   КоЛибри®

Нашим детям: Таре, Майклу, Шону, Лекси, Саре и Асмаре — и тому лучшему миру, в котором заслуживают жить они, как и все другие дети

Оглавление

Предисловие 9

Введение
Корни империи: «Война — это попросту рэкет» 11

Глава 1
Первая мировая война:
Вильсон против Ленина 41

Глава 2
Новый курс:
«Я приветствую их ненависть» 97

Глава 3
Вторая мировая война:
кто на самом деле победил Германию? 152

Глава 4
Бомба:
трагедия маленького человека 207

Глава 5
Холодная война:
кто начал первым? 269

Глава 6
Эйзенхауэр:
неприглядная картина 327

Глава 7
    Джон Ф. Кеннеди:
    «Самый опасный момент в истории человечества» 386

Глава 8
    Линдон Б. Джонсон
    империя терпит поражение 450

Глава 9
    Никсон и Киссинджер:
    «Безумец» и «Психопат» 486

Глава 10
    Крах разрядки:
    полуденная тьма 531

Глава 11
    Годы Рейгана:
    «эскадроны смерти» на страже демократии 566

Глава 12
    Конец холодной войны:
    упущенные возможности 615

Глава 13
    Фиаско Буша–Чейни:
    «Врата ада отверзлись в Ираке» 659

Глава 14
    Обама:
    как управлять раненой империей? 719

Благодарности 802

Примечания 805

Фотоматериалы 923

Предисловие

В этой книге и многосерийном документальном фильме, на котором она основана, мы постарались представить альтернативный взгляд на ту интерпретацию истории США, которая со школьных лет известна большинству американцев. С самого детства нам внушают расхожие и в чем-то мифологические представления, старательно пропущенные сквозь призму американского альтруизма, великодушия, благородства, национальной исключительности и преданности идеям свободы и справедливости. Этому учат с самого раннего детства, затем в начальной и средней школе, повторяя одно и то же так часто, что мы поневоле впитываем такие представления в плоть и кровь. Мы успокаиваемся и перестаем сомневаться. Однако школьная программа освещает лишь небольшую часть нашей истории. Она устраивает тех, кто не хочет копнуть глубже, но привитые нам представления о мире невероятно вредны, опасны и даже тлетворны, как и те загрязняющие окружающую среду элементы, которые тоже входят — в буквальном смысле — в нашу плоть и кровь. Из-за этих представлений американцы не только не способны понять отношение остального мира к Соединенным Штатам, но вследствие ограниченности познаний не способны и мир изменить к лучшему. Ведь американцы, как и представители любой другой нации, полностью зависят от знаний о прошлом, хотя и сами до конца не осознают, насколько сильно понимание собственной истории влияет на их поведение сейчас, сегодня. Понимание исторических процессов определяет весь менталитет человека, формирует его идеалы и жизненные цели. В результате большинство людей в наше время попросту утратили способность вообразить себе мир, который существенно отличался бы от современного, который был бы лучше того, что мы имеем сегодня.

Таким образом, написанная нами книга во многих отношениях представляет собой самостоятельное произведение, хотя и основана на документальном фильме. Книга и сериал дополняют друг друга, но не заменяют. Мы надеемся, что те, кто видел фильм, заинтересуются и книгой, чтобы получить более полное представление об истории, и что наши читатели, в свою очередь, уделят внимание и фильму, чтобы полностью погрузиться в атмосферу исторических событий. И книгу, и фильм мы предназначили для тех прогрессивно мыслящих людей, которые борются за изменения во всем мире. Мы искренне надеемся на то, что изложенные здесь факты помогут в борьбе за более справедливый, человечный, демократический мир, мир без предрассудков.

Введение

КОРНИ ИМПЕРИИ: «ВОЙНА — ЭТО ПОПРОСТУ РЭКЕТ»

Мы пишем эту книгу в эпоху заката американской империи. В 1941 году журнальный магнат Генри Люс объявил XX век «веком Америки». Вряд ли он мог себе представить, насколько окажется прав. Поражение Германии и Японии в войне, изобретение атомной бомбы, послевоенный производственный бум в США, становление военно-промышленного комплекса, создание Интернета, превращение США в государство, для которого на первом месте стоят вопросы национальной безопасности, «победа» страны в холодной войне — все это произошло позже.

Предложенная Люсом концепция ничем не ограниченной американской гегемонии всегда была спорной. Вице-президент Генри Уоллес, например, призывал государство вместо этого положить начало «веку простых людей». Реалисты называли его «мечтателем» и «фантазером»: Уоллес хотел создать мир, в котором благодаря научно-техническому прогрессу будут царить изобилие и достаток, мир, в котором нет войн, колониальных империй и эксплуатации человека человеком, мир всеобщего благоденствия. К сожалению, послевоенный мир оказался гораздо ближе к имперской концепции Люса, чем к прогрессивным представлениям Уоллеса. Не так давно, в 1997 году, новое поколение поборников мирового господства США — неоконсерваторы, впоследствии образовавшие так называемый «мозговой трест» при катастрофическом президентстве Джорджа Буша-младшего, — призвало открыть «новый век Америки». Подобная перспектива привлекла в начале XXI века немало сторонников. Однако это было до того, как стали очевидными пагубные последствия войн, развязанных США в последние годы.

США достигли гегемонии в мире и стали самой могущественной и влиятельной державой за всю историю человечества, пережив головокружительные взлеты и страшные падения. Именно политическим неудачам — мрачным страницам истории США — мы и посвятим эту книгу. Мы не хотим заново пересказывать всю историю нашей страны — это попросту невозможно. Нам также не хотелось бы останавливаться на тех нередких моментах, когда правительство принимало правильные решения. Для этого существуют забитые книгами библиотеки и школьная программа, поющая дифирамбы достижениям США. Мы стремимся пролить свет на ошибки страны — на то, что мы считаем предательством идей, легших в основу ее исторической миссии, — поскольку нам кажется, что все еще есть надежда исправить эти ошибки до того, как XXI век окончательно вступит в свои права. Нас глубоко беспокоит курс, взятый США в последнее время, — ведь совсем недавно наша страна ввязалась в войну против трех мусульманских государств, а в шести других (как минимум в шести!) постоянно наносит ракетно-бомбовые удары с беспилотных самолетов, что уместнее назвать политическими убийствами строго определенных лиц. Почему наша страна размещает во всех уголках земного шара свои военные базы, общее количество которых, по некоторым подсчетам, перевалило за тысячу? Почему США тратят на свои вооруженные силы больше денег, чем все остальные страны, вместе взятые? Почему наше государство по-прежнему содержит огромный арсенал ядерного оружия, большая часть которого находится в постоянной боевой готовности, хотя, по сути, ни одна страна сегодня не представляет для нас непосредственной угрозы? Почему пропасть, разделяющая население США на богатых и бедных, гораздо глубже, чем в любом развитом государстве мира, и почему Соединенные Штаты остаются единственной передовой страной, в которой по-прежнему нет единой программы здравоохранения?

Почему ничтожная горстка людей — будь их 300, 500 или даже 2 тысячи — распоряжается богатствами бóльшими, чем 3 миллиарда бедняков во всем мире? Почему ничтожному меньшинству состоятельных американцев позволяют оказывать такое мощное влияние на внутреннюю и внешнюю политику США и средства массовой информации, в то время как широкие народные массы страдают от снижения уровня жизни, а их голос в политике слышен все слабее? Почему американцы вынуждены мириться с постоянным надзором, вмешательством государства в их личные дела, попранием гражданских свобод и утратой права на частную жизнь? Это повергло бы в ужас отцов-основателей и прежние поколения американцев. Почему в США гораздо меньше рабочих объединено в профсоюзы, чем в любой другой экономически развитой стране? Почему в нашей стране именно те, кем движет жадность и узколобый эгоизм, правят теми, кто ратует за такие общественные ценности, как доброта, щедрость, сочувствие к окружающим, общность интересов и верность общенародным идеалам? И отчего большинству американцев так сложно стало представить себе другое, не станем скрывать — лучшее будущее, чем то, на которое нас обрекают нынешний политический курс и современные общественные ценности? И это лишь малая толика тех вопросов, которые мы зададим на страницах этой книги. И хотя мы не надеемся, что сумеем найти ответы на каждый из них, мы все же постараемся представить исторические факты так, чтобы читатели смогли самостоятельно углубиться в изучение заинтересовавших их вопросов.

Попутно мы расскажем немного о тех движениях и отдельных людях, которые предпринимали подчас героические попытки направить развитие государства в правильное русло. Мы со всей серьезностью относимся к заявлению президента Джона Куинси Адамса от 4 июля 1821 года, когда он, осуждая английский колониализм, сказал: «Да не станет Америка искать зло на чужбине, ибо ввергнет ее это в пучину неправедных войн и интриг, алчности, зависти и амбиций, стирающих грань между добром и злом и разрушающих сами основы свободы, на которой построена американская политика, и политика эта незаметно станет политикой силы». Адамс предупреждал, что Америка может «стать мировым диктатором, но лишь ценой потери своей души»[1].

Слова Адамса о судьбе, которая ждет Соединенные Штаты, если они принесут свои республиканские идеалы в жертву имперским амбициям, оказались пророческими. Ситуацию еще больше усложняет то, что американцы неизменно отрицают имперское прошлое своей страны и его влияние на современную политику США. Как отметил историк Альфред Маккой, «для империй прошлое — это лишь еще одна заморская территория, которую можно перестроить по своему усмотрению, а то и создать заново»[2]. Американцы не желают признавать важность истории, хотя, по мнению писателя Дж. М. Кутзее, империи всегда должны ее признавать. В своей книге «В ожидании варваров» он пишет: «Жить в истории, покушаясь на ее же законы, — вот судьба, которую избрала для себя Империя. И ее незримый разум поглощен лишь одной мыслью: как не допустить конца, как не умереть, как продлить свою эру. Днем Империя преследует врагов. Она хитра и безжалостна, своих ищеек она рассылает повсюду. А ночью она распаляет себя кошмарными фантазиями: разграбленные города, тысячи жертв насилия, горы скелетов, запустение и разруха. Галлюцинации безумца, но такое безумие заразительно»³ [*Пер. с англ. А. Михалева*].

Американцы же полагают, будто никак не зависят от своей истории. Историк Кристофер Лэш считает, что причиной тому — их самовлюбленность и эгоизм. Для многих это также способ пребывать в счастливом неведении относительно того, во что превратилась их страна за последнее столетие. Во времена господства Америки над остальным миром гражданам страны было легче убаюкивать себя сказками о благородных целях Америки, а реальная история становилась для них все более туманной. Растущая пропасть между Америкой и остальным миром, многоязычным, объединяющимся, лишь усугубляет проблему. Изоляция порождает не только невежество — она порождает страх, который наглядно проявляется в преувеличении внешних угроз, постоянном паническом ожидании вторжения инопланетян, боязни иностранных и доморощенных радикалов, а в последнее время еще и грозных исламских террористов.

Безграничное невежество граждан США в вопросах истории собственной страны в очередной раз подтвердилось, когда в июне 2011 года были опубликованы результаты общенационального тестирования, которое в народе называют «национальным табелем успеваемости». Проверка проводилась среди учеников четвертых, восьмых и двенадцатых классов и показала, что американские школьники, по словам газеты *New York Times*, «знают историю своей страны хуже, чем любой другой предмет». Эта проверка успеваемости, проводимая Министерством образования США, выявила, что лишь 12 % выпускников средних школ обнаружили достаточный уровень знаний. Однако и этот показатель оказался под вопросом, когда, к ужасу проверочной комиссии, лишь 2 % тестируемых смогли правильно назвать социальную проблему, которая решалась при рассмотрении дела «Браун против Совета по образованию», хотя ответ содержался в самой формулировке вопроса⁴.

Подобные пробелы в знании нашими гражданами истории чаще всего заполняются мифами. Среди них можно встретить, например, историю о том, что Джон Уинтроп объявил в 1630 году на борту «Арбеллы», что Америка станет по воле Провидения новым «градом на холме»*, освещающим, подобно

---

* Основатели северо-западных поселений в Северной Америке в большинстве своем прибыли на ее неизведанные земли, руководствуясь идейными соображениями. Новоанглийские колонисты сознательно порывали связь со своей родиной и бросали вызов всему старому, базировавшемуся на неверных,

маяку, путь для всего остального мира. По этой логике, США возвышаются над всем прочим развращенным миром, где правит личная выгода. В какие-то моменты так оно и было. Не раз случалось, что американские ценности и достижения выводили человечество на новый виток истории, и благодаря Соединенным Штатам общество развивалось и двигалось вперед. Но едва ли не чаще США своей политикой тормозили прогресс всего человечества. Хотя вера в то, что наше государство в корне отличается от остальных, — в то, что другие действуют исключительно в собственных интересах, стремясь получить политическую или экономическую выгоду, в то время как США, которыми движет лишь верность идеалам свободы, посвящают себя бескорыстному служению человечеству, — и была в свое время погребена под развалинами Хиросимы и Нагасаки и в джунглях Вьетнама, в последние годы она возродилась вследствие переоценки исторических событий, за которую так ратуют представители партий правого крыла.

Вера в миф об исключительности американской нации присутствует и в словах президента Вудро Вильсона, который заявил после подписания Версальского договора: «Наконец-то в лице Америки мир узнал своего избавителя!»[5] То же самое не раз повторяли другие лидеры США, разве что делали при этом более скромный вид.

Однако подобной скромности явно не хватает ксенофобам из «Движения чаепития»* — они рассматривают признание национальной

с их точки зрения, религиозных убеждениях. Свое переселение в Новый Свет они расценивали как избавление от мук, считая, что Новый Свет должен стать «раем на земле». Они ставили перед собой цель распространять протестантство на неосвоенных территориях, выступая в роли «Христова воинства», которое отправляется в пустыню, чтобы сразиться с дьяволом, построить «град на холме» (a City upon a Hill) и служить Всевышнему в западном мире, способствуя возведению церквей истинного Бога. Квинтэссенцией этого мировоззрения стала символическая фраза «град на холме», произнесенная на борту отплывшей в Америку «Арбеллы» проповедником Джоном Уинтропом в знаменитой проповеди «Образец христианского милосердия»: «We must consider that we shall be a City upon a Hill...» То есть пуритане должны были стать создателями нового мира (образ «града на холме» был навеян Уинтропу рядом стихов Евангелия от Матфея), возвышающегося над миром старым, в котором грех и несправедливость торжествовали чаще, чем святость и добро. *Здесь и далее, если не указано иное, примечания редактора.*

* «Движение чаепития» (*англ.* Tea Party movement) — консервативно-либертарианское политическое движение в США, возникшее в 2009 году из серии акций протеста, скоординированных на местном и национальном уровне, вызванных

исключительности американцев как непременное слагаемое патриотизма. Они же используют некоторые весьма сдержанные высказывания президента Барака Обамы, стараясь подтвердить подозрение в том, что он не стопроцентный американец, пусть и родился в США (последний факт они все же признают, хотя и неохотно). Американские борцы за чистоту нации затаили на нынешнего президента большую обиду за выступление 2009 года, в котором он заявил: «Я верю в исключительность американцев, но подозреваю, что англичане точно так же верят в свою исключительность, а греки — в свою»[6].

Отказ Обамы трубить на весь мир, что США — дар свыше всему человечеству, дал республиканским лидерам (которым прекрасно известно, что 58 % американцев считают, будто «Бог отвел Америке особую роль в человеческой истории») повод использовать его взвешенные высказывания для грубых нападок. Бывший губернатор Арканзаса Майк Хаккаби обвиняет Обаму в том, что его «мировоззрение в корне отличается от представлений любого другого президента, будь то республиканец или демократ... Он все больше показывает себя скорее глобалистом, чем американцем. Отрицать исключительность американцев — значит, по сути, отрицать саму душу нашей нации»[7].

Историки и общественные деятели левого толка осознали важность формирования непредвзятых представлений об американской истории и убедительного разоблачения американского империализма еще во времена зарождения «новых левых»*, в 1960-х годах. Консерваторы, напротив,

---

в том числе актом 2008 года о чрезвычайной экономической стабилизации и рядом реформ в области медицинского страхования. Название «Движение чаепития» является отсылкой к «Бостонскому чаепитию» 1773 года — акции протеста под лозунгом «Нет налогам без парламентского представительства!», в ходе которого американские колонисты уничтожили английский груз чая, — событию, ставшему символичным в американской истории. Иногда название движения расшифровывают как Taxed Enough Already («Хватит с нас налогов»). Цели движения: сокращение правительственного аппарата, снижение налогов и государственных затрат, сокращение национального долга и бюджетного дефицита и соблюдение Конституции США.

* «Новые левые» — радикально-либеральное политическое движение преимущественно молодых американцев, охватившее США в 1960-е годы. Его участники выступали за революционные перемены в механизмах власти, политике, образовании и обществе в целом. Приобрело широкую известность благодаря участию в движении за гражданские права и демонстрациям протеста против войны во Вьетнаме.

привычно отрицали наличие у США каких бы то ни было империалистических притязаний. И лишь совсем недавно неоконсерваторы порвали с этой традицией, гордо заявив, что Америка является не просто империей, а самой могущественной и справедливой империей за всю историю человечества. Большинством американцев такие утверждения по-прежнему воспринимаются как богохульство. Зато неоконсерваторам их точка зрения кажется единственно верной: ведь Соединенные Штаты играют в современном мире ведущую роль, уготованную для них самим Господом Богом.

После эйфории, охватившей американский народ 7 октября 2001 года, в день нападения на Афганистан, и прежде чем восторги были заглушены провалами новых американских военных авантюр, консервативные теоретики поспешили подхватить имперские лозунги. Уже 15 октября на обложке очередного выпуска еженедельника Weekly Standard Уильяма Кристола гордо красовался заголовок: «Аргументы в пользу Американской империи». Главный редактор журнала National Review Рич Лоури призвал к «умеренному колониализму» ради свержения опасных для Америки правительств не только в Афганистане, но и в других странах[8]. Еще через несколько месяцев обозреватель Чарльз Краутхаммер отметил тот факт, что «люди больше не стесняются говорить об империи». Он счел это своевременным, учитывая безоговорочное превосходство США «в культурном, экономическом, техническом и военном плане»[9]. И на обложке воскресного приложения к газете The New York Times от 5 января 2003 года появился заголовок: «Пора привыкать к Американской империи».

Хотя многие неоконсерваторы считают империю недавним явлением, экспансионистские устремления США берут начало уже в первых британских колониях, первых поселениях, в их дальнейшем развитии и последующих завоеваниях. Именно эти устремления воплотились в лозунге «божественного предопределения» для нашей страны и отразились в доктрине Монро*. Историк из Йельского университета Пол Кеннеди утверждает, что «с того момента, как первые поселенцы прибыли из Англии в Вирджинию и начали продвигаться на запад, родилась новая империалистическая нация, нация завоевателей»[10]. Эта жажда захвата чужих земель и природных богатств, нередко сопряженная с истребле-

---

* Декларация принципов внешней политики США, провозглашенная в 1823 году президентом Дж. Монро. Суть ее сводилась к тому, что США обязуются не вмешиваться в дела Европы и вообще Восточного полушария, но не потерпят вмешательства европейцев в дела стран Западного полушария.

нием целых народов, неизменно прикрывалась рассуждениями о высоких идеалах: преданности идеям свободы, бескорыстия, стремлением к прогрессу цивилизации. Точно так же дела обстоят и в наши дни. По словам Уильяма Эплмена Уильямса, одного из первых и наиболее проницательных ученых, посвятивших себя изучению Американской империи, «банальное желание захватывать земли, рынки и наращивать военную мощь — вот что скрывается за патетическими разглагольствованиями о процветании, свободе и безопасности»[11]. Лидеры США упорно, хотя и не слишком убедительно, отрицают, что в основе американского экспансионизма лежат и расистские предрассудки.

Пытаются они отрицать и те методы, которые США используют для достижения своих целей. Но такая позиция регулярно опровергается — иногда теми, с чьей стороны этого ждешь меньше всего. Сэмюель Хантингтон, автор ошибочного, упрощенческого тезиса о «столкновении цивилизаций», справедливо замечает: «Западная цивилизация завоевала весь мир не благодаря превосходству своих идеалов, ценностей или религии (в которую удалось обратить лишь немногих приверженцев других религий), а только благодаря умело организованному насилию. На Западе люди часто забывают об этом факте, но о нем всегда помнят жители остальных стран»[12].

Редактор газеты *The Wall Street Journal* и один из ведущих членов Совета по международным отношениям Макс Бут лучше многих других понимал, что империалистические настроения зародились в США уже очень давно. Однажды он раскритиковал Дональда Рамсфелда* за довольно резкое высказывание в интервью репортеру арабского телеканала «Аль-Джазира». Журналист спросил, «строят ли в США новую империю». На это Рамсфелд, по саркастическому замечанию Бута, «отреагировал так, будто у него поинтересовались, носит ли он женское белье». «Мы не станем империей, — резко бросил журналисту Рамсфелд, — у нас нет и никогда не было ничего общего с империализмом». Бут раскритиковал слова бывшего министра обороны и привел примеры: историю с приобретением Луизианы — сделку, в результате которой территория США в свое время увеличилась практически вдвое, и последующие завоевания земель на западе континента; присоединение Пуэрто-Рико, Филиппин, Гавайев и Аляски в конце XIX века; империалистические

---

* Р а м с ф е л д Д о н а л ь д — американский политик-республиканец, министр обороны в 1975–1977 годах (администрация Джеральда Форда) и в 2001–2006 годах (администрация Джорджа Буша-младшего).

аппетиты в отношении Германии и Японии после Второй мировой войны. Завершали эту цепочку «недавние попытки создать "удобные" государства в Сомали, Гаити, Боснии, Косово и Афганистане — по сути, тот же империализм, только под другим названием». Но в отличие от критиков слева Бут восхищается захватнической политикой США. «Американский империализм, — утверждает он, — за последние сто лет принес миру величайшие блага»[13].

Гарвардский историк Найл Фергюсон, который какое-то время воспевал Британскую империю, считает, что американские претензии на мировое господство носят исключительно эгоистичный характер. Он с иронией отмечает, что «тем, кто по-прежнему убежден в исключительности американской нации, любой историк с легкостью даст достойный ответ: исключительности в Америке не больше, чем в любой другой из 69 мировых империй»[14].

Хотя утверждения о моральном превосходстве США чрезвычайно преувеличены, притязания на военное превосходство имеют под собой серьезные основания. Едва ли найдется человек, который разбирался бы в этой теме лучше Пола Кеннеди, чья книга «Взлет и падение великих держав» стала в 1987 году бестселлером и удостоилась престижной премии. Этот ученый утверждает, что каждая империя в определенный момент истории терпит крах, потому что ее империалистические аппетиты становятся попросту непомерными; так случилось в свое время и с США. Но, как и многих других, его ошеломила и даже ослепила та легкость, с которой американские войска поставили на колени Афганистан после терактов 11 сентября 2001 года. «В истории никогда еще не было подобного неравенства сил, никогда, — пишет он, опровергая собственные более ранние высказывания. — Я сравнил статистику по затратам на оборону и личный состав вооруженных сил за последние 500 лет... И обнаружил, что еще ни одна нация не уделяла такого внимания своей военной мощи. В эпоху так называемого Pax Britannica («Британского мира»), то есть доминирования Британской империи в XIX веке, английская армия практически не требовала затрат, она была значительно меньше вооруженных сил других европейских стран, и даже Королевский военно-морской флот был равен по мощи ВМС двух ближайших соперников Англии — но в наше время, даже если сложить вместе военно-морские силы всех стран мира, они все равно проиграют в сравнении с американским флотом, который обладает очевидным превосходством». Кеннеди благоговейно взирает на неописуемую мощь двенадцати авианосных ударных групп, которыми располагают США. Таким не может похвастать ни одна другая империя:

«Империя Карла Великого простирала свое владычество лишь на Западную Европу. Римская империя была намного больше, но в ту эпоху существовала и другая великая империя, Персия, а еще более могучей империей был Китай. Таким образом, никому не под силу сравниться с Америкой», — утверждает он[15].

И все же эти притязания требуют тщательного изучения. США, несомненно, обладают величайшей огневой мощью, прекрасно обученным и оснащенным профессиональным личным составом и самой сложной и мощной боевой техникой в мировой истории. Но этого не всегда достаточно для победы, если противник ведет войну принципиально иного характера, стремясь завоевать симпатии людей и приобрести как можно больше единомышленников.

Разногласия по поводу имперского статуса Америки возникли в связи с тем, что США обладают властью настоящей империи и выполняют характерные для нее функции, но при этом не принимают ее традиционных атрибутов. Совершенно очевидно, что Соединенные Штаты не пошли по пути европейских колониальных империй, хотя время от времени и устраивали рискованные мероприятия, похожие на попытку присоединения новых колоний. По большей части это были вспомогательные меры ради вмешательства в экономику зарубежных стран в рамках широко известной политики «открытых дверей»: США пытались взять под свой контроль рынки и добиться экономического господства, а формальная власть над населением и территориями чужих государств их мало интересовала. США тем не менее не раз применяли военную силу и даже шли на продолжительную оккупацию, когда возникала угроза их экономическим интересам и частным инвестициям. Затем они сумели найти подходящую замену колониальным режимам прошлого: взяли под контроль территории многих других стран, превратившись в «империю баз», как метко окрестил Соединенные Штаты Джонсон Чалмерс, американский писатель, профессор Калифорнийского университета. К 2002 году, по официальной статистике Пентагона, американские войска размещены в 132 странах из 190, которые являлись на тот момент членами ООН[16]. Прибавьте к этим базам те самые авианосные ударные группы, на которые из американской казны уходят сотни миллиардов долларов, и вы увидите, что американские военные проникли во все уголки земного шара. Нельзя забывать и о самом мощном в мире арсенале ядерного оружия, которым обладают США, а оно, несмотря на значительные сокращения последних лет, способно несколько раз уничтожить все живое на нашей планете.

Недавно «рубежи обороны» США продвинулись в космос — в рамках так называемого «всестороннего господства» в соответствии с военной доктриной Космического командования Вооруженных сил США «Перспектива-2010», опубликованной в 1997 году и включенной позднее Пентагоном в «Единую перспективу — 2020»[17]. Все эти планы предполагают неоспоримое господство Соединенных Штатов на суше, на море, в воздухе и в космосе.

За последние сто лет Американская империя вышла на качественно новый уровень. Выполнив свою миссию, которую журналист Джон О'Салливан окрестил «божественным предопределением», и заняв большую часть территорий Северной Америки, США решили, что настал черед обратить взор на более отдаленные земли. Так, например, Уильям Генри Сьюард, Государственный секретарь США при Аврааме Линкольне и Эндрю Джонсоне*, не раз заявлял о грандиозных планах присоединить к Соединенным Штатам Аляску, Гавайи, Канаду, Карибские острова и Колумбию, а также остров Мидуэй в Тихом океане.

Но пока Сьюард предавался мечтам, европейцы решительно перешли от слов к делу и подчинили своей власти все территории, до которых только сумели добраться в конце XIX века. Британия возглавила эту экспансию, захватив за каких-то тридцать лет 12 миллионов квадратных километров, что значительно превосходит территорию даже современных Соединенных Штатов[18]. Франция, в свою очередь, присоединила к своим владениям еще 9 миллионов квадратных километров[19]. Германия, которая приступила к захватам значительно позднее других европейских держав, расширилась на 2,6 миллиона квадратных километров. Только Испания потеряла почти все свои колонии. К 1878 году европейские державы и их колонии занимали 67 % земной суши, а к 1914 году эта цифра и вовсе увеличилась до 84 %[20]. К началу 1890-х годов европейцы разделили между собой 90 % Африки, львиная доля территории которой отошла к Англии, Франции, Бельгии и Германии. Сенатор от штата Массачусетс Генри Кэбот Лодж, один из самых ярых пропагандистов Американской империи, отметил, что «великие державы настолько увлеклись обширной экспансией, что решили взять под свою опеку все незанятые территории Земли», и призвал США срочно наверстать упущенное[21].

---

* Джонсон Эндрю — 17-й президент США (1865–1869), занял пост после гибели А. Линкольна. Единственный (до Билла Клинтона) президент, подвергшийся процедуре импичмента (1868). Для его осуждения сенатом не хватило одного голоса до положенных двух третей (33 против 17).

В конце XIX века европейские страны значительно расширили свои сферы влияния. Как показывают карты, к 1878 году европейские державы и их колонии занимали 67% земной суши, а к 1914 году эта цифра возросла до 84%.

Но такая империя встречала решительное осуждение со стороны большинства американцев, которые пытались отстоять свой идеал XIX века — республику мелких производителей — от натиска ненасытного режима промышленного капитализма. Глубочайшая пропасть пролегла между разжиревшими капиталистами и массой бедняков, и это пошатнуло веру в американскую демократию и равноправие граждан. Большинство фермеров и рабочих не желали мириться с тем, что власть в стране захватила кучка банкиров, заводчиков и их прихвостней — законодателей, судей и прочих бюрократов. Эти настроения отразил поэт Уолт Уитмен, который назвал капитализм «антидемократическим недугом и уродством»[22].

1870–1890-е годы стали периодом самой жестокой и кровопролитной классовой борьбы за всю историю США. В 1877 году бастующие железнодорожники и горячо поддержавшие их массы рабочих других

Введение

отраслей хозяйства парализовали всю транспортную систему страны; капиталисты, памятуя о победе рабочих-революционеров Парижской коммуны в 1871 году, потеряли сон, рисуя в своем воображении кошмарные картины того, что ждет и их; в результате ряда всеобщих забастовок закрылись предприятия в нескольких крупных американских городах, в том числе в Чикаго и Сент-Луисе. В Вашингтоне вышел номер газеты *National Republican* с редакционной статьей под названием «Американская коммуна». В самой статье прозвучала следующая фраза: «Нельзя отрицать тот факт, что коммунистические идеи нашли отклик в сердцах американских рабочих, которые трудятся в шахтах, на заводах и фабриках, на железных дорогах». Железнодорожная забастовка — «это не что иное, как проявление коммунизма в самой страшной его форме, это противозаконное и революционное явление, которое подрывает сам дух американского народа»[23]. Эту точку зрения поддержала и ведущая газета Сент-Луиса *Republican*: «Нельзя называть эти акции забастовками; это самая настоящая революция рабочих»[24]. Когда местные отряды милиции не сумели (или не захотели) подавить массовые выступления, президент

На этой карикатуре из сатирического иллюстрированного журнала Puck, *появившейся в печати в августе 1883 года, изображена неравная борьба рабочего класса против монополистов, взорвавшая Америку в конце XIX века. На трибуне слева изображены «бароны-разбойники» (слева направо): финансист и основатель Атлантической телеграфной компании Сайрус Уэст Филд, железнодорожный магнат Уильям Вандербильт, владелец судостроительной компании Джон Роуч и железнодорожный магнат Джей Гульд.*

«Хеймаркетская бойня» 4 мая 1886 года. Тогда американское правительство репрессировало не только анархистов, проводивших митинг, но и «рыцарей», которые отвергали насилие и не имели никакого отношения к событиям на площади Хеймаркет в Чикаго. Вскоре началась охота на радикалов по всей стране.

Ратерфорд Берчард Хейс, который занял свой пост во многом благодаря железнодорожным магнатам, ввел в дело части регулярной армии.

Классовая борьба усилилась в 1880-х годах, после появления так называемых «Рыцарей труда», первой массовой рабочей организации в США, которая устроила в 1885 году крупную стачку на гигантской сети железных дорог, принадлежавшей Джею Гульду. Но Гульд был не просто обычным «бароном-разбойником», нажившим свое состояние нечестным путем. После того как он похвастался однажды, что может «нанять одну половину рабочего класса, чтобы та перестреляла другую половину», его возненавидела вся страна[25]. Но и «рыцарей», призывавших к классовому сотрудничеству на принципах демократического социализма, едва ли можно было назвать обычной рабочей организацией. И когда Гульд согласился выполнить все их требования — газета деловых кругов *Bradstreet's* назвала это «полной и безоговорочной капитуляцией», — Америка была потрясена[26]. Орден «Рыцари труда» начал расти как на дрожжах: число его членов за один год, с 1 июля 1885 по 1 июля 1886 года, увеличилось со 103 тысяч до более чем 700 тысяч. Однако власти нанесли этому движению сокрушительный удар, использовав в своих целях гибель семи

Введение

Эдвард Беллами, 1890 год. На фоне широкого недовольства американского среднего класса тем, что в экономике страны царит лишь погоня за прибылями, роман Беллами «Взгляд назад» разошелся миллионным тиражом вскоре после своего выхода из печати в 1888 году. Последователи Беллами создали «националистические клубы» по всей стране, надеясь воплотить в жизнь его идеи утопического социализма.

полицейских во время «Хеймаркетской бойни» в мае 1886 года. Тогда американское правительство репрессировало не только анархистов, проводивших митинг на площади Хеймаркет в Чикаго, но и «рыцарей», которые отвергали насилие и не имели никакого отношения к чикагским событиям. США охватила «красная паника»: по всей стране шла охота на радикально настроенных рабочих.

В своей публикации о тех временах Айда Тарбелл называет 1880-е годы «кровавым периодом» в истории США[27]. Не то чтобы все десятилетие было действительно кровавым, но именно тогда рабочие впервые усомнились в законности системы, при которой государством правят исключительно богачи — сформировавшаяся совсем недавно элита банкиров и промышленников, — оттесняя подавляющее большинство рабочих и фермеров, кому жилось нелегко даже в хорошие времена, не говоря уже о безнадежной нищете во время кризисов.

Выражали недовольство и фермеры: в 1880-е годы они стали объединяться в так называемые фермерские альянсы, а в начале 1890-х создали Народную партию. Историки по сей день спорят, насколько радикально были настроены фермеры в то время, но в том, что большинство из них решительно выступали против превращения США в корпоративное государство, нет никаких сомнений — равно как и в том, что многие их вожди выступали с речами, резко осуждавшими заправил Уолл-стрит.

Народная партия на своем первом съезде, который состоялся в 1892 году в Омахе, штат Небраска, приняла политическую программу, которая, в частности, гласила: «Плоды тяжкого труда миллионов подло украдены, чтобы для немногих создать колоссальные состояния, беспрецедентные в истории человечества, а их обладатели, в свою очередь, презирают республику и угрожают свободе. То же бездонное чрево государственной несправедливости породило у нас два крупных класса — нищих бродяг и миллионеров»[28].

Несмотря на то что призывы Народной партии нашли поддержку лишь у населения Юга, Среднего Запада и Запада США, на президентских выборах 1892 года партия сумела набрать около 9% голосов и провести на выборные должности свыше 1500 кандидатов, в том числе 3 губернаторов, 5 сенаторов и 10 конгрессменов. В 1894 году партия удвоила число полученных голосов и провела 7 конгрессменов и 6 сенаторов.

Большинство представителей среднего класса были также недовольны лежавшим в основе экономики постулатом о том, что частные предприниматели, руководствуясь соображениями личной выгоды, якобы способны приносить больше пользы всему обществу. Потому американцы, принадлежащие к среднему классу, не только поддержали бастующих в Великой железнодорожной стачке 1877 года, но и попытались реализовать общественную систему, описанную в получившей широкую известность в 1888 году социалистической утопии Эдварда Беллами «Взгляд назад», которая разошлась по стране тиражом в миллион экземпляров и была признана самым популярным американским романом XIX века после «Хижины дяди Тома» Гарриет Бичер-Стоу.

Биржевая паника, разразившаяся в «черную пятницу», 5 мая 1893 года, положила начало глубочайшему экономическому кризису, равных которому до той поры не случалось. Кризис длился целых пять лет. Всего за несколько месяцев почти 4 миллиона трудящихся стали безработными, а вскоре уровень безработицы в стране достиг 20%.

По всей стране горячо обсуждали причины спада производства и искали способы предотвратить такие кризисы в будущем. Те, кто считал депрессию 1893 года, по сути, кризисом перепроизводства, утверждали, что США необходимы новые рынки сбыта за рубежом, где можно реализовать избыточный товар. С другой стороны, социалисты, активисты профсоюзов и реформаторы пришли к выводу, что кризис 1890-х годов возник в результате недопотребления, и предложили другой выход: перераспределить доходы таким образом, чтобы трудящиеся смогли покупать товары, поступающие в продажу с американских заводов и ферм. Мало кто из капиталистов одобрил такой подход — вместо этого они предпочли активизировать участие США в мировых делах, что привело к коренным изменениям и во внешней, и во внутренней политике страны.

Для того чтобы заявить притязания на зарубежные рынки и природные ресурсы, Соединенным Штатам были необходимы современный военно-морской флот и базы для него по всему миру. В 1889 году США аннексировали бухту тихоокеанского острова Паго-Паго, а в период с 1890 по 1896 год полностью обновили свой флот.

Остров Паго-Паго стал лишь началом. В 1893 году владельцы сахарных плантаций, с благословения посланника США в Гонолулу и при

Сатира на зарождающийся американский империализм и жестокость американцев по отношению к жителям заморских стран. На этой карикатуре из выпуска сатирического иллюстрированного журнала Puck, вышедшего в свет в январе 1899 года, Филиппины, Пуэрто-Рико и Куба изображены в виде детишек, которых поучает дядя Сэм. Дети, сидящие на задних партах, читают книги, на обложках которых можно разглядеть названия американских штатов. В дальнем углу комнаты изображен маленький индеец, который держит книгу вверх ногами, а на пороге «открытых дверей» стоит китайчонок. В верхнем левом углу — афроамериканец, который моет, как обычно, окно в классе. На доске написано: «В теории согласие подданных — дело хорошее, но в жизни оно встречается редко. Англия правит своими колониями независимо от их согласия. Не дожидаясь их согласия, она продвинула мировую цивилизацию далеко вперед. США должны править своими новыми территориями независимо от того, согласны ли на это их жители, пока те не научатся управлять собой самостоятельно».

поддержке американской морской пехоты и кораблей ВМС, свергли гавайскую королеву Лилиуокалани и избрали своим президентом американца Сэнфорда Балларда Доула, кузена «ананасового» магната Джеймса Доула. В 1898 году США аннексировали Гавайи. Это событие тогдашний президент Уильям Мак-Кинли назвал исполнением «божественного предопределения»[29].

25 апреля 1898 года Соединенные Штаты объявили войну Испании, якобы для того чтобы освободить Кубу от испанской тирании. Но начались сражения за тысячи миль от Кубы, в Манильской бухте на Филиппинах, где 1 мая коммодор Джордж Дьюи уничтожил испанскую Тихоокеанскую эскадру. По этому поводу один из противников американского империализма заметил: «Дьюи захватил Манильскую бухту ценой жизни всего лишь одного человека — и всех наших государственных установлений»[30]. Через три месяца испано-американская война закончилась.

Государственный секретарь Джон Хэй назвал ее «блестящей маленькой войной»[31]. Но так считали далеко не все. 14 июня 1898 года Антиимпериалистическая лига попыталась воспрепятствовать присоединению к США Филиппин и Пуэрто-Рико. В этой организации состояли такие выдающиеся люди, как Эндрю Карнеги, Кларенс Дарроу, Марк Твен, Джейн Аддамс, Уильям Джеймс, Уильям Дин Хоуэллс и Сэмюэль Гомперс. Но нация, опьяненная военной славой и легкой победой в борьбе «за правое дело», осталась глуха к их призывам.

Когда улеглись все страсти, США заложили основы своей будущей империи, аннексировав Гавайи и отобрав у Испании Пуэрто-Рико, остров Гуам и Филиппины. Филиппины рассматривались как идеальная база для дозаправки кораблей, следующих в Китай. Президент Мак-Кинли долго не мог решить, каким статусом наделить приобретенные территории, — он не спал ночами, места себе не находил, расхаживая взад-вперед по своему кабинету в Белом доме, и молился Всевышнему, чтобы тот направил его на путь истинный. В конце концов он решил попросту аннексировать захваченные земли, подарив населяющим их «неполноценным» народам возможность приобщиться к цивилизации. Так США взвалили на себя то, что Редьярд Киплинг называл «бременем белого человека»[32].

Филиппинцы под предводительством Эмилио Агинальдо много лет вели борьбу против испанских колонизаторов. Они наивно решили, что США помогут им добиться независимости. Составили проект конституции и 23 января 1899 года провозгласили Филиппины республикой, а Агинальдо избрали президентом своей страны. 4 февраля американские солдаты открыли огонь по филиппинцам в Маниле. Американские газеты сообщили об этом как о неспровоцированном нападении филиппинцев на безоружных солдат Вооруженных сил США, в результате чего погибло 22 американца, а от 125 до 200 человек были ранены. Потери филиппинцев, по оценкам журналистов, исчислялись тысячами. Газеты сразу предсказали, что это нападение поможет добиться поддержки имперских притязаний со стороны граждан США, а сенат ратифицирует договор, о котором шли жаркие дебаты: согласно договору, США должны были выплатить Испании 20 миллионов долларов за Филиппины. В газете *New York World* появилась заметка, автор которой отметил, что Соединенные Штаты «внезапно, без предупреждения, столкнулись с имперскими реалиями… Чтобы править, надо завоевывать. Чтобы завоевывать, приходится убивать»[33]. Давление на противников договора усиливалось с каждым днем — американским войскам срочно требовалась поддержка. Генерал Чарльз Гровенор, конгрессмен от штата Огайо, заявил: «Они стреляли в наш флаг. Они убили наших солдат. Кровь наших павших воинов обагрила эту землю, их души жаждут мести!»[34]

Chicago Tribune назвала дебаты в сенате самой яростной полемикой «со времен импичмента Эндрю Джонсона»[35]. Сенатор от Массачусетса Джордж Фрисби Гор заявил в ходе дебатов, что США превратятся «в обычную, заурядную империю, где господствует грубая сила, подчиняющая себе более слабые народы и зависимые государства; в ней всегда будет править лишь один класс, а все остальные обречены вечно подчиняться»[36]. После длительного давления на сенаторов и заверений, что договор не означает вечного господства США над Филиппинами, удалось добиться его ратификации большинством всего в один голос сверх требуемых по закону двух третей. Гор позднее говорил: США «уничтожили республику, созданную для себя филиппинским народом, лишили его независимости и силой американского оружия навязали ему правительство, в котором этот народ не представлен и которого он не желает»[37]. А сенатор Ричард Петтигрю назвал попрание независимости Филиппин «величайшим международным преступлением века»[38].

Филиппинцы всячески поддерживали повстанческую армию, снабжали ее бойцов провизией, давали им пристанище. Американские войска использовали тактику, благодаря которой им удалось одержать верх над коренными американцами, и действовали с крайней жестокостью. После очередной засады, в которую попали американцы, генерал Ллойд Уитон отдал приказ уничтожить все поселения в радиусе 30 километров и убить всех их жителей. Когда повстанцы внезапно нанесли удар по американской базе в городке Балангига на острове Самар, в результате чего погибло 54 из 74 солдат, полковник Джейкоб Смит приказал своим подчиненным казнить всех местных жителей старше десяти лет и превратить остров в «безлюдную пустыню»[39]. Распоряжение было выполнено, причем некоторые солдаты делали это с удовольствием. В письме своим домашним один из них написал: «Мы загорелись боевым духом, все хотели отомстить этим "ниггерам"... Охота на кроликов даже близко не идет в сравнение с такой захватывающей охотой на двуногую дичь»[40]. Сотни тысяч филиппинцев были брошены американскими офицерами в концентрационные лагеря.

Одним из самых решительных сторонников захвата Филиппин Соединенными Штатами был сенатор от штата Индиана Альберт Беверидж. Он лично посетил остров, чтобы получить информацию о положении дел из первых рук. Все с нетерпением ожидали, что он скажет, — ведь он единственный из всех сенаторов побывал на Филиппинах. В начале января 1900 года он выступил в переполненном зале заседаний сената и произнес одну из самых ярких речей в анналах американского империализма, на редкость откровенную и пропитанную ярым шовинизмом:

> «Филиппины наши на веки вечные... Эта островная империя была последней "ничейной" землей в Мировом океане... Теперь мы должны всемерно развивать свою торговлю с Азией. Тихий океан — наш океан. Европа производит все больше и больше товаров и скоро будет сама покрывать почти все свои потребности, получая львиную долю сырья из своих колоний. Где же мы сможем сбывать излишки своего производства? Ответ на этот вопрос дает география. Нашим естественным потребителем является Китай... А Филиппины послужат нам опорным пунктом у врат Востока... Войны теперь будут вестись преимущественно за рынки сбыта. И господствующее положение в мире займет та держава, которая подчинит себе Тихий океан. Благодаря Филиппинам такой державой стала и навеки останется Американская Республика... Бог сделал своим избранным народом американцев, которым Он предназначил вести к возрождению весь мир. Такова божественная миссия Америки, и она сулит нам высшую выгоду, славу и счастье, о каких только может мечтать человек. На нас возложено руководство прогрессом человечества, мы стоим на страже справедливого мира на Земле. Это о нас сказал Господь Бог: "В малом вы были верны, над многим вас поставлю"*»[41].

Но для Мак-Кинли главным призом в войне был сказочно богатый китайский рынок, который Япония и европейские державы делили ме-

---

* Слегка перефразированное изречение из Матф. 25: 23.

Введение

жду собой на исключительные сферы капиталовложений. Опасаясь, что Соединенные Штаты не будут допущены на этот рынок, госсекретарь Джон Хэй в 1899 году обратился к ведущим державам с нотой, где впервые выдвинул требование «открытых дверей», предлагая всем странам предоставить друг другу равный доступ к коммерческой деятельности в своих сферах влияния. Ответы на эту ноту были уклончивыми, и все же в марте следующего года Хэй объявил, что на принцип «открытых дверей» согласились все. Китайские патриоты, однако, не смирились с господством чужеземцев и поднялись на массовое восстание против оккупантов и их союзников-миссионеров. В подавлении Боксерского восстания вместе с войсками европейских стран и Японии приняли участие и 5 тысяч американских солдат.

Таким образом, во время президентских выборов 1900 года, когда за пост главы государства боролись Мак-Кинли и Уильям Дженнингс Брайан, американские вооруженные силы были задействованы в Китае, на Кубе и Филиппинах. На национальном съезде Демократической партии Брайан назвал выборы борьбой «демократии с плутократией» и обрушился на

В ходе выборов 1900 года за президентское кресло боролись республиканец Уильям Мак-Кинли (слева), сторонник Американской империи и ярый защитник интересов истеблишмента востока США, и демократ Уильям Дженнингс Брайан (справа), популист со Среднего Запада, решительно выступавший против имперских замашек. К глубокому сожалению, после победы Мак-Кинли предостережения Брайана против имперской политики были позабыты.

империализм со страстной критикой. До самых дальних уголков зала доносился его звучный баритон, когда Брайан опирался в этой критике на принципы, заложенные Томасом Джефферсоном и Авраамом Линкольном, и цитировал слова Джефферсона: «Если существует принцип, вошедший в плоть и кровь каждого американца, то состоит он только в одном: мы никогда и ни за что не должны становиться завоевателями»[42]. Голоса на выборах разделились почти поровну, но все же большинство поддержало новый имперский курс, предложенный Мак-Кинли и его советниками, — или хотя бы не стало ему противодействовать. Социалист Юджин Дебс был зарегистрирован кандидатом, но на большинстве избирательных участков его фамилию даже не внесли в бюллетени.

Уже после выборов в печать стали просачиваться сведения о зверствах, творимых американцами на Филиппинах: убийствах, изнасилованиях и применении пыток (в частности, имитации утопления). В ноябре 1901 года корреспондент газеты *Philadelphia Ledger* сообщал из Манилы:

«Эта война отнюдь не похожа на бескровную игру, как в комической опере. Наши солдаты действуют безжалостно: они истребляют мужчин, женщин, детей, пленных, захваченных мирных жителей, вооруженных повстанцев, просто тех, на кого падает подозрение, в том числе детей старше десяти, — почти все американцы считают, что филиппинцы ненамного лучше собак, которым пристало рыться в мусорных кучах. Наши солдаты заливают в пленных соленую воду, чтобы "заставить их говорить", хватают тех, кто поднял руки, не имея оружия, а уже час спустя, без намека на какие бы то ни было доказательства, объявляют их мятежниками, выстраивают на мосту и расстреливают одного за другим, после чего несчастные падают в воду и плывут по течению в назидание каждому, кто увидит их изрешеченные пулями тела»[43].

Один солдат опубликовал в *Omaha World-Herald* следующую заметку:

«Филиппинца заставляют лечь на землю, четыре солдата наступают ногами на его руки и ноги, потом вставляют в рот бамбуковую трубку и заливают в рот и нос ведро воды. Если тот продолжает молчать, в него вливают еще ведро. Человек раздувается, как лягушка. Поверьте, на такое даже смотреть страшно»[44].

Бои продолжались три с половиной года, пока президент Теодор Рузвельт смог объявить, что на Филиппинах установился мир. В боевых действиях со стороны США участвовало в общей сложности 126 тысяч

Введение

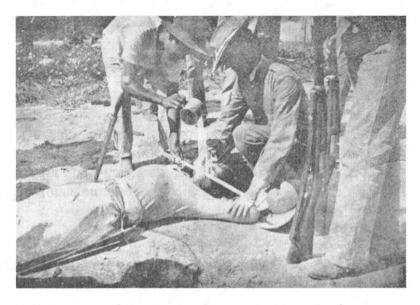

Американские солдаты пытают филиппинца. По словам одного газетчика, «наши солдаты вливают в него соленую воду, чтобы заставить говорить».

солдат, из которых 4374 так и не вернулись домой[45]. Потери филиппинцев были куда больше: вероятно, тысяч двадцать партизан и не менее 200 тысяч мирных жителей (большинство из них стали жертвами холеры)[46]. Американцы утешали себя тем, что принесли цивилизацию отсталому народу, заплатив за это кругленькую сумму в 400 миллионов долларов. Сенатор Беверидж считал, что деньги потрачены не зря, но он недооценил истинную цену войны. Созданная Вашингтоном и Джефферсоном республика, которая своим примером вдохновляла демократические и революционные движения по всему миру, скатилась на путь, который вскоре превратит ее в противника любых разумных перемен, в упорного защитника статус-кво.

В феврале 1901 года, когда американские войска, по словам Мак-Кинли, поднимали филиппинскую нацию, приобщали ее к цивилизации и христианству, конгресс США развеял последние иллюзии относительно уважения независимости Кубы, приняв так называемую поправку Плата. Она закрепляла право США вмешиваться в дела Кубы, устанавливала предел ее внешнего долга, ограничивала ее права заключать международные договоры. Кроме того, США получали военно-морскую базу в заливе Гуантанамо, призванную прикрывать восточные подступы к Панамскому перешейку. Соединенные Штаты ясно дали понять, что

Тела убитых филиппинцев.

не выведут с территории Кубы свои войска, пока эта поправка не станет частью кубинской конституции.

После войны американские бизнесмены жадно набросились на все, до чего только могли дотянуться. *United Fruit* завладела 769 тыс. гектаров земли, пригодной для выращивания сахарного тростника, по цене всего 40 центов за гектар. А корпорация *Bethlehem Steel* и ряд других американских компаний к 1901 году стали собственниками 80 с лишним процентов полезных ископаемых Кубы.

В сентябре 1901 года 28-летний анархист Леон Чолгош застрелил Мак-Кинли во время Панамериканской выставки в Буффало. Один из анархистов сообщил впоследствии, что Чолгош возмущался «бесчинствами, которые творят власти США на Филиппинских островах»[47]. По иронии судьбы, это убийство привело к тому, что пост главы государства занял Тедди Рузвельт — еще более ярый империалист.

Нового президента привлекла перспектива постройки на Панамском перешейке канала, который соединил бы Карибское море с Тихим океаном. Но Панама в то время была провинцией Колумбии, которая решительно отказалась продать свои суверенные права Соединенным Штатам за 10 миллионов долларов. Рузвельт взял решение этого вопроса в свои руки и в конце концов силой отобрал зону будущего канала у «этих

Вспашка земли на кубинской сахарной плантации.

головорезов из Боготы»⁴⁸. США организовали в этой провинции «революцию», выслали военные корабли, чтобы не допустить туда колумбийскую армию, и поспешно признали независимость Панамы. США не только завладели зоной Панамского канала, но и получили право на такое же вмешательство во внутренние дела новой страны, какое раньше сумели вырвать у Кубы. Американский военный министр Элиу Рут откровенно заявил, что постройка канала вынудит США в обозримом будущем «наводить порядок» во всем регионе.

И США взялись за «наведение порядка» там задолго до завершения строительства канала в 1914 году. В конце XIX — начале XX века объем капиталовложений США в Центральной Америке рос не по дням, а по часам. Поэтому *United Fruit* и другие крупные корпорации настаивали на том, чтобы в странах региона к власти пришли устойчивые и послушные правительства, которые будут защищать их интересы. Американцы прибрали к рукам банановые и кофейные плантации, шахты, железные дороги и другие стратегически важные предприятия. Под производство товаров на экспорт отвели такое количество земель, что попавшие в зависимость от США страны были вынуждены ввозить продовольствие для собственных граждан. Доходы от экспорта позволяли хотя бы частично погашать их растущий долг иностранным банкам.

Здание United Fruit в Новом Орлеане. Испано-американская война принесла бизнесменам США колоссальную прибыль. Сразу после окончания войны эта компания приобрела 769 тыс. гектаров кубинской земли по цене всего 40 центов за гектар.

Для защиты увеличивающихся инвестиций американских бизнесменов требовалось постоянное военное вмешательство США, которое поддерживало у власти продажные диктаторские режимы и подавляло революционные движения. Уже в 1905 году Рут, который стал к тому времени Госсекретарем, открыто признал: «Южноамериканцы нас искренне ненавидят — главным образом потому, что, по их мнению, мы презираем их и пытаемся запугать»[49]. В период с 1900 по 1925 год США постоянно прибегали к вооруженным интервенциям в Латинской Америке. Американские войска вторгались в Гондурас в 1903, 1907, 1911, 1912, 1919, 1924 и 1925 годах; на Кубу — в 1906, 1912 и 1917-м; в Никарагуа — в 1907, 1910 и 1912-м; в Доминиканскую Республику — в 1903, 1914 и 1916-м; на Гаити — в 1914-м; в Панаму — в 1908, 1912, 1918, 1921 и 1925-м; в Мексику — в 1914-м; в Гватемалу — в 1920 году[50]. И единственной причиной, по которой эти интервенции не проводились еще чаще, было то, что частенько американские солдаты не уходили быстро, а оккупировали эти страны на долгий срок: Никарагуа — с 1912 по 1933 год, Гаити — с 1914 по 1933-й, Доминиканскую Республику — с 1916 по 1924-й, Кубу — с 1917 по 1922-й, а Панаму — с 1918 по 1920 год.

Гондурас находился под властью сначала испанцев, затем англичан, а уж потом на смену им пришли американцы. К 1907 году внешний долг этого государства достиг 124 миллионов долларов, а национальный доход составлял 1,6 миллиона долларов[51]. В период с 1890 по 1910 год принадлежащие иностранцам банановые компании полностью изменили облик этой страны. Вначале братья Ваккаро, а вслед за ними и «банановый король» Сэм

Земюррей скупили огромные плантации, а правительственные чиновники хотели убедиться, что дела ведутся честно. Вскоре к Ваккаро и Земюррею присоединилась бостонская *United Fruit*. Период политической нестабильности, начавшийся в 1907 году, дал США предлог для военной интервенции в Гондурас. У власти было восстановлено послушное правительство Мануэля Бонильи. Американские банкиры, оттеснив своих английских коллег, стали контролировать выплату Гондурасом его внешнего долга. Поскольку политический климат стал еще более благоприятным, *United Fruit* расширила свои владения с 5,6 тысячи гектаров в 1918 году до 24,6 тысячи гектаров в 1922-м и до 35,6 тысячи гектаров в 1924 году[52]. В 1929 году Земюррей продал *United Fruit* свои плантации и возглавил ее совет директоров. Народ же Гондураса с тех пор так и не может выбраться из нищеты.

Никарагуанцам повезло не больше. В 1910 году в страну вторглись американские морские пехотинцы под командованием Смедли Батлера с задачей посадить у власти правительство, пекущееся об интересах США. Когда же усиливающийся диктат США вызвал в Никарагуа справедливый гнев, морские пехотинцы Батлера вернулись и потопили в крови восстание, убив в бою 2 тысячи никарагуанцев. Тогда Батлер и начал понимать, что главная его задача — защищать интересы американских торговцев и банкиров. В перерыве между боями он писал жене: «Ужасно, что мы вынуждены терять столько наших солдат в сражениях ради этих проклятых свиней — только потому, что братья Браун* вложили сюда свои денежки»[53]. Когда Центральноамериканский суд, который Рузвельт с большой помпой учредил в 1907 году для мирного урегулирования конфликтов в регионе, осудил американскую интервенцию в Никарагуа, власти США игнорировали его постановление, раз и навсегда подорвав авторитет этой инстанции, а их войска оккупировали страну на следующие 20 лет.

В 1922 году газета *The Nation* опубликовала язвительную передовицу под названием «Республика братьев Браун», которая перекликалась с утверждениями Батлера: морская пехота оказалась в Никарагуа, выполняя волю братьев Браун. В статье подробно говорилось о том, как банкирам удается неустанно держать под контролем таможенную службу Никарагуа, ее железные дороги, национальный банк и поступления в госбюджет благодаря тому, что «Госдепартамент в Вашингтоне и американский посланник в Манагуа действуют в качестве агентов банка и вводят войска, когда нужно навязать [никарагуанцам] волю банкиров»[54].

---

* Brown Brothers and Company — в то время один из крупнейших инвестиционных банков США.

Аугусто Сандино принадлежал к числу тех многих никарагуанцев, которые всей душой жаждали свергнуть американское иго. В 1927 году его партизанский отряд столкнулся в кровопролитном бою с американскими морскими пехотинцами, после чего ушел в горы. Он вернулся через год и при поддержке широких народных масс повел партизанскую войну против американских оккупантов и их прислужников из Национальной гвардии Никарагуа. Один американский плантатор написал госсекретарю Генри Стимсону, что военная интервенция «стала катастрофой для американских кофейных плантаторов. Теперь нас все ненавидят и презирают из-за того, что наше правительство посылает морскую пехоту охотиться на никарагуанцев и убивать их на их собственной земле»[55]. Разделяя это мнение и опасаясь того, что интервенция США в Центральной Америке лишит его возможности протестовать против японской агрессии в Маньчжурии, Стимсон добился вывода американских войск из Никарагуа в январе 1933 года. Там американцы решили опираться на Национальную гвардию под командованием Анастасио Сомосы. После ухода американцев Сандино объявил, что готов начать переговоры, но национальные гвардейцы Сомосы схватили его и убили. В 1936 году Сомоса завладел постом президента и установил в стране режим беспощадной диктатуры. Еще 43 года он, а затем два его сына правили в Никарагуа, пока Сандинистский фронт национального освобождения (СФНО) не сверг власть этого семейства. Революция повлекла за собой новый виток враждебных действий со стороны США в годы президентства Рональда Рейгана.

Пожалуй, никто не имел такого богатого опыта вторжений в другие страны, как генерал-майор Смедли Батлер. В 16 лет он пошел служить в морскую пехоту — в 1898 году, как раз тогда, когда началась испано-американская война. Вначале он сражался против филиппинских повстанцев, затем участвовал в подавлении Боксерского восстания в Китае. Вскоре он уже руководил множеством военных интервенций в Центральную Америку. Уже получив две Почетные медали конгресса, он стал командиром 13-го полка во Франции во время Первой мировой войны. За подвиги там его наградили медалью «За выдающиеся заслуги» Сухопутных войск США, такой же медалью ВМС США и французским орденом Черной звезды. Будучи невероятно деятельным человеком, Батлер написал книгу под названием «Война — это попросту рэкет», которую и по сей день нередко цитируют и которой восхищаются многие американские военные.

Когда его долгая служба, отмеченная множеством наград, подошла к концу, он написал о своих годах, проведенных на поле боя, следующее:

Введение

Генерал Смедли Батлер сражался на Филиппинах, в Китае и Центральной Америке. В своей книге он написал, что был «первоклассным рэкетиром, который служил воротилам американской промышленности, Уолл-стрит и банкирам... был настоящим гангстером — наемником капиталистов».

«Тридцать три года и четыре месяца я провел на действительной военной службе в составе самого мобильного рода войск — Корпуса морской пехоты США. Прошел все офицерские звания от второго лейтенанта до генерал-майора. И все это время я был первоклассным рэкетиром, который служил воротилам американской промышленности, Уолл-стрит и банкирам... я был настоящим гангстером — наемником капиталистов.

В 1914 году я помог обеспечить интересы американских нефтяных магнатов в Мексике, в частности в Тампико. Потом помогал превратить Гаити и Кубу в стабильный источник доходов для парней из *National City Bank*. Я участвовал в насилии над полудюжиной республик Центральной Америки ради прибылей Уолл-стрит. Этот список можно продолжать и продолжать. Без меня не обошлась чистка Никарагуа на благо международного банкирского дома братьев Браун в 1909–1912 годах. В 1916 году я принес свет в Доминиканскую Республику — в интересах американских сахарозаводчиков. В Китае я расчищал дорогу для компании *Standard Oil*...

Все эти годы я занимался тем, что сегодня шепотом называют модным словечком "рэкет". Оглядываясь назад, в прошлое, я понимаю, что у меня мог бы поучиться сам Аль Капоне. Ведь все, на что он оказался способен, — это рэкет в каких-то трех районах. А я занимался этим на трех континентах»[56].

Много лет спустя после ухода Батлера в отставку войны так и остались видом рэкета, поскольку войска и агенты разведки США по-прежнему действуют по всему миру, оберегая экономические и геополитические интересы американского капитала. Иногда при этом им удавалось изменить к лучшему жизнь тех, кого они оставили в живых. Но чаще, как мы подробно расскажем в этой книге, они несли с собой только нищету и страдания. В истории Американской империи мало хорошего. Но необходимо честно и открыто говорить о ней, если мы хотим, чтобы Соединенные Штаты когда-нибудь отважились пойти на коренные реформы, которые позволят им играть ведущую роль в продвижении человечества вперед, вместо того чтобы всячески тормозить его прогресс.

Глава 1
Первая мировая война:

ВИЛЬСОН ПРОТИВ ЛЕНИНА

На выборах 1912 года разгорелась ожесточенная борьба между четырьмя кандидатами: наряду с Теодором Рузвельтом и Уильямом Говардом Тафтом, уже занимавшими президентское кресло, а также представителем Социалистической партии Юджином Дебсом место в Белом доме оспаривал Вудро Вильсон, губернатор штата Нью-Джерси, бывший президент Принстонского университета. Хотя в коллегии выборщиков Вильсон без труда одержал победу, разрыв в голосах рядовых избирателей оказался не так уж велик: Вильсон получил 42 %, кандидат от Прогрессивной партии Т. Рузвельт — 27 %, Тафт — 23 %, а Дебс, принимавший участие в выборах уже в четвертый раз, собрал 6 % голосов.

От своего предшественника и нескольких преемников на высшем государственном посту Вильсон отличался тем, что его личность наложила колоссальный отпечаток и на президентскую политику, и на жизнь страны в целом. Потомок пресвитерианских священников как по отцовской, так и по материнской линии, он мог быть как ярым моралистом, так и раздражающе самодовольным упрямцем. Его жесткость зачастую проистекала из опасной убежденности в том, что он осуществляет Божий замысел. Как и его предшественники, он полагал, что Соединенным Штатам предначертана всемирно-историческая миссия. В 1907 году Вильсон, тогда президент Принстонского университета, заявил: «Двери держав, запертые сейчас, необходимо взломать... Привилегии, полученные финансистами, должны охранять представители [нашего] государства, даже если при этом будет нарушен суверенитет тех стран, которые не склонны идти нам навстречу»[1]. Придерживаясь данной позиции, он не раз будет нарушать суверенитет «тех стран, которые не склонны идти нам навстречу». Кроме того, он разделял убеждение своих предков-южан в отношении превосходства белой расы и, находясь у власти, упорно возрождал расовую сегрегацию федеральных служащих. В 1915 году Вильсон даже пригласил в Белый дом членов кабинета министров с семьями для просмотра новаторского, но скандально расистского фильма Д. У. Гриффита «Рождение нации». Особого внимания заслуживают те кадры, где отважные всадники Ку-клукс-клана в последний момент успевают вырвать белых южан, и прежде всего беспомощных женщин, из лап жестоких, похотливых бывших рабов и их продажных белых союзников. В то время такую извращенную версию истории отстаивали, хоть и в менее резкой форме, Уильям Даннинг и его студенты в Колумбийском университете. После просмотра киноленты Вильсон заявил: «Фильм словно молнией осветил нашу историю, и я жалею лишь о том, что все показанное здесь — чистая правда»[2].

Ричард Хофштадтер больше 70 лет тому назад заметил, что политика Вильсона «корнями уходила на Юг, а его мышление основывалось на английских традициях». Из всех английских мыслителей Вильсона больше всего привлекали консервативные взгляды Уолтера Бэджета. Влияние Бэджета особенно ярко заметно в брошюре Вильсона «Государство» (1889), где написано следующее: «В политике ни одна радикальная перемена не может быть безопасной. Никакого более или менее значимого результата достичь нельзя… кроме как путем медленного и постепенного развития, осторожного приспособления и неспешного увеличения роста». В Войне за независимость США, известной в англоязычных странах под названием «Американской революции», ему нравилось именно то, что — с его точки зрения — революцией это явление не было. С другой стороны, Французскую революцию он категорически не принимал. Вильсон осуждал положительное восприятие Томасом Джефферсоном революции в целом и Французской революции в частности; осуждал радикальные движения рабочих и фермеров и куда больше симпатизировал деловым кругам, чем пролетариату. В целом Вильсон испытывал глубокое отвращение к радикальным переменам, какие бы формы они ни принимали[3].

Ненависть Вильсона к революции и его яростное отстаивание интересов американских экспортеров и инвесторов значительным образом повлияли на его политику на посту президента — как внутреннюю, так и внешнюю. «Нет ничего, что бы интересовало меня в большей степени, чем максимально полное развитие нашей торговли и предначертанное

Глава 1. Первая мировая война

свыше завоевание зарубежных рынков», — заявил он в 1914 году на собрании учредителей Национального совета по внешней торговле[4].

Все эти взгляды предопределили политику Вильсона в отношении Мексики, где от исхода революции зависели крупные прибыли американских банкиров и бизнесменов, особенно нефтепромышленников. С 1900 по 1910 год американские капиталовложения в Мексике удвоились и составили почти 2 миллиарда долларов, в результате чего в руках американцев оказалось 43 % мексиканской недвижимости — на 10 % больше того, чем владели сами мексиканцы[5]. Одному только Уильяму Рэндольфу Херсту принадлежало почти 7 миллионов гектаров земель.

В течение трех десятков лет правления диктатора Порфирио Диаса американские и английские корпорации процветали, присвоив практически все минеральное сырье, железные дороги и нефть Мексики[6]. В 1911 году, когда революционные силы Франсиско Мадеро свергли Диаса, у корпораций возникла обоснованная тревога за будущее. Многие американские бизнесмены вскоре невзлюбили новый режим и не скрывали радости, когда в последний период правления администрации Тафта Викториано Уэрта, при поддержке посла США в Мексике Генри Лейна Вильсона, отстранил Мадеро от власти[7]. Но Вудро Вильсон, придя в Белый дом, не только отказался признать новое правительство, в чьей легитимности он сомневался, но и отправил к границе с Мексикой десятки тысяч солдат, а к нефтепромыслам у города Тампико и порта Веракрус — корабли ВМС США.

Вильсону, который и раньше заявлял, что желает «показать латиноамериканцам, как выбирать добрых мужей»[8], не терпелось найти предлог для непосредственного вмешательства: свергнуть Уэрту и преподать отсталым мексиканцам урок в управлении государством. Желаемое Вильсон получил 14 апреля 1914 года, когда американских моряков, приставших на шлюпках к берегу Тампико, арестовали за незаконное нахождение в зоне военных действий. Несколько часов спустя командующий мексиканскими войсками отпустил арестованных и принес извинения и морякам, и командующему американской эскадрой адмиралу Генри Майо. Однако адмирал Майо чувствовал себя настолько глубоко оскорбленным всей ситуацией, что извинения принять отказался и потребовал от мексиканцев дать флагу США салют из 21 орудия. Генерал Уэрта, в свою очередь, принес ему личные извинения и пообещал наказать виновных в инциденте. Вильсон же, невзирая на возражения госсекретаря Уильяма Дженнингса Брайана и министра ВМС Джозефуса Даниельса, поддержал адмирала Майо. Он отклонил предложение Уэрты о взаимном приветствии сторон салютом и обратился с просьбой к конгрессу разрешить Вооруженным силам США осуществить «как можно более полную защиту прав и достоинства Соединенных Штатов»[9]. Конгресс охотно выполнил просьбу, и Вильсон направил в Мексику 7 линкоров, 4 военных транспорта с полной загрузкой десанта и большое число эсминцев. Мексиканцы в Веракрус оказали сопротивление, потеряв при этом не менее 150 человек убитыми. Семь месяцев длилась оккупация города 6 тысячами американских морских пехотинцев.

В августе 1914 года Уэрту сместил Венустиано Карранса, которого поддерживали США. Однако, будучи ярым националистом, Карранса отказался вступать в сделку с Вильсоном, и тогда американский президент сделал ставку на Панчо Вилья, начав тем самым длительное, безуспешное, но агрессивное политическое и военное вмешательство в ход мексиканской революции.

Пока США занимались надзором за южными соседями, в Европе происходили куда более зловещие события. Убийство австрийского эрцгерцога Франца-Фердинанда сербским фанатиком 28 июня 1914 года повлекло за собой цепь событий, которые в августе того же года привели к началу такого разгула кровопролития и разрушений, какого человечество до тех пор не знало. Первая мировая война — это по большей части европейское кровопускание — станет лишь началом целого столетия бесконечных войн и ужасающей жестокости, невообразимых масштабов человеческого варварства с использованием новейшей техники, а затем войдет в историю под названием «американского века».

Начало XX века было отмечено всплеском небывалого оптимизма. Война казалась полузабытым пережитком жестокого первобытного прошлого. Многие разделяли оптимистичную убежденность, изложенную Норманом Энджеллом в книге «Великая иллюзия» (1910): цивилизация достигла такого уровня развития, на котором война уже невозможна. Подобный оптимизм оказался воистину величайшей иллюзией.

Европу захлестнуло соперничество между империями. Великобритания благодаря могучему флоту играла ведущую роль в мире на протяжении всего XIX столетия. Но теперь ее экономическая модель, основанная на пожирании все большего числа стран и отказе от капиталовложений в собственное, внутреннее производство, вела к упадку. Примером закостенелого общественного устройства и отсутствия внутренних инвестиций может служить тот факт, что по состоянию на 1914 год полное среднее образование получил лишь 1 % молодых британцев, в то время как в США количество выпускников школ по отношению ко всей молодежи страны

Глава 1. Первая мировая война

составляло 9%[10]. В результате США обогнали Великобританию в сфере промышленного производства, но еще более угрожающим предзнаменованием являлось то, что основной соперник Великобритании в Европе — Германия не уступала ей в производстве стали, электроэнергии, продуктов нефтехимии и сельского хозяйства, железа, угля и текстильных товаров. Немецкие банки и железные дороги развивались, а в борьбе за нефть, это новое стратегическое топливо, необходимое для современных кораблей, немецкий торговый флот быстро догонял британский. Теперь Великобритания на 65% зависела от поставок нефти из США, а на 20 — из России и бросала жадные взгляды на потенциальные источники нефти на Ближнем Востоке, принадлежавшие уже разваливавшейся Османской империи.

Опоздав к разделу колониального пирога, Германия считала себя обделенной и намерена была восстановить справедливость. Ее экономическое и политическое влияние на Османскую империю вызвало беспокойство Великобритании. А Германия уже устремила свой алчный взор в сторону Африки. Ей все было мало.

Появились и другие тревожные признаки. В Европе разворачивалась гонка вооружений и на суше, и особенно на море, ведь Германия и Англия сражались за господство над океаном. Наличие у Англии таких боевых кораблей, как дредноуты с мощным артиллерийским вооружением, давало ей преимущество, но лишь на текущий момент. В Европе все больше юношей призывали в регулярную армию.

Разветвленная система политических союзов грозила перерастанием локальных конфликтов в мировой пожар. И в августе 1914 года, когда Австро-Венгрия объявила войну Сербии, то, что сначала казалось всем третьей Балканской войной, быстро вышло из-под контроля. Центральные державы (Германия, Турция и Австро-Венгрия) вместе выступили против стран Тройственного согласия, или Антанты (Франции, Великобритании, Италии, Японии и России). Вскоре вступят в войну и другие страны, и потоки крови станут заливать поля сражений.

Только социалистические и рабочие партии Европы и крупные профсоюзы могли предотвратить гибель множества людей. Многие вступали в ряды социалистического Второго интернационала. Они понимали: наиболее значимый конфликт происходит между капиталом и пролетариатом, а не между немецкими рабочими и их британскими товарищами. Они поклялись: если капиталисты развяжут войну, рабочие откажутся в ней участвовать. Почему, спрашивали они, рабочие должны гибнуть лишь для того, чтобы обогатить своих эксплуататоров? Многие поддержали идею всеобщей забастовки. Более радикальные представители, такие как В.И. Ленин и Роза Люксембург, поклялись свергнуть капиталистические режимы, если те приведут народы к войне. Надежды на прекращение безумия возлагались на Германию, где социал-демократы были крупнейшей партией в парламенте, и на Францию.

Но эти надежды рухнули, когда немецкие социалисты, заявившие о необходимости защищать страну от русских орд, проголосовали за военные кредиты, а французы, раньше клявшиеся выступить против германского самодержавия, последовали их примеру. Социалисты выполнили свои обещания только в России и Сербии. В одной стране за другой национализм одерживал верх над интернационализмом, верность государству перевешивала верность классу. Наивная европейская молодежь дружными рядами шла на смерть во имя Бога, славы, денег и Отечества. Человечество получило такой удар, от которого в итоге так и не смогло оправиться.

Началось массовое истребление людей, и цивилизация погрузилась, по словам Генри Джеймса[11], в «пучину крови и тьмы». Вот как описывает сокрушительное воздействие войны на реформаторов во всем мире американский социалист-реформатор, преподобный Джон Хейнс Холмс: «Внезапно, в мгновение ока, триста лет прогресса оказались брошены в плавильный котел. Цивилизация исчезла, на смену ей пришло варварство»[12].

Большинство американцев симпатизировали борьбе Антанты с центральными державами, но лишь немногие требовали вступить в битву: американцы всех политических убеждений боялись, что их затянет в европейскую мясорубку войны. Юджин Дебс убеждал рабочих противостоять войне и мудро отмечал: «Пусть капиталисты сами сражаются и сами погибают за свои интересы — тогда на земле больше никогда не будет войн»[13]. Антивоенные настроения усилились, когда в США стали поступать сообщения о ходе боевых действий. В 1915 году самой популярной стала песня «Не для войны я сыновей растила».

Несмотря на широко распространенные среди простых американцев симпатии к союзникам, США провозгласили нейтралитет. Однако многие американцы, в особенности немецкого, ирландского, итальянского происхождения, симпатизировали центральным державам. «Мы должны сохранять нейтралитет, — пояснил Вильсон, — иначе наши граждане разной крови начнут воевать друг с другом»[14]. Однако нейтралитет оказался скорее формальным, чем подлинным. Экономические интересы однозначно подталкивали США к тому, чтобы присоединиться к Антанте.

Глава 1. Первая мировая война

Между 1914 годом, когда война началась, и 1917-м, когда в нее вступили США, американские банки выдали странам Антанты кредитов на общую сумму в 2,5 миллиарда долларов, в то время как центральным державам — всего лишь 27 миллионов. Особенно активно выдавал займы «Дом Морганов», выступавший в 1915–1917 годах в качестве единственного торгового посредника Великобритании. Через руки Моргана прошло 84 % вооружений стран Антанты, приобретенных в США в тот период[15]. На фоне общей суммы в 3 миллиарда долларов, на которую США к 1916 году продали боеприпасов и военной техники Великобритании и Франции, сумма в 1 миллион долларов, полученная США от Германии и Австро-Венгрии, кажется ничтожной. И хотя глубоко укоренившаяся обида на Великобританию, восходившая к периоду Войны за независимость и англо-американской войны 1812 года, еще не полностью утихла, большинство американцев ассоциировали страны-союзницы с демократией, а Германию — с репрессивным самодержавным режимом. Впрочем, участие в войне царской России на стороне Антанты не позволяло проводить эту линию с какой бы то ни было четкостью. И кроме того, обе стороны конфликта постоянно нарушали права США как нейтрального государства. Великобритания, полагаясь на свои превосходящие военно-морские силы, организовала блокаду портов Северной Европы. Германия отомстила ей, начав «войну подводных лодок» (*U-boot*, как называли их немцы — сокращенно от *Unterseeboot*), угрожавшую навигации в нейтральных водах. С блокадой портов союзниками Вильсон смирился, однако действия немцев повлекли за собой его резкие протесты. Брайан прекрасно понимал, что симпатия Вильсона к странам Антанты неминуемо втянет США в войну, и пытался добиться более беспристрастной политики. Он выступил против предоставления финансовой помощи любой воюющей стороне и предупредил Вильсона: «Деньги — худший из всех контрабандных товаров, ибо они управляют всем остальным»[16]. Хотя Вильсон и намеревался придерживаться нейтралитета, чтобы сохранить возможность выступить в качестве посредника при заключении мира, он свел к нулю все попытки Брайана запретить гражданам США путешествовать на кораблях стран — участниц войны.

В мае 1915 года Германия потопила английский пассажирский лайнер «Лузитания», в результате чего погибло 1200 человек, в том числе 128 американцев. Рузвельт призвал США вступить в войну. Потопленный лайнер вез в Великобританию значительный груз оружия и боеприпасов, хотя поначалу англичане это отрицали. Брайан потребовал от Вильсона осудить блокаду англичанами Германии, как и нападение немецкой лодки на «Лузитанию», рассматривая и то и другое как посягательства на права США как нейтральной страны. Когда Вильсон не прислушался к этим рекомендациям, Брайан в знак протеста подал в отставку. И хотя Вильсон снова выиграл на выборах 1916 года благодаря лозунгу «Он не позволил втянуть нас в войну», президент все чаще приходил к выводу: если США не вступят в войну, то будут лишены возможности принимать участие в формировании послевоенного мира[17].

22 января 1917 года Вильсон, впервые со времен Джорджа Вашингтона, торжественно обратился к сенату с официальным посланием. Он четко изложил свое видение головокружительного будущего — мира без войн. Он призвал к «миру без победы», основанному на главных американских принципах: самоопределении народов, свободе судоходства и неограниченном международном сотрудничестве без военных союзов, которые лишают государства свободы действий. Центральным элементом нового мирового порядка должен был стать всеобщий союз государств (Лига Наций), способный всеми средствами поддерживать мир — требование, которое первоначально выдвинули некоторые группы американского движения борцов за мир, такие как Женская партия мира.

Когда он закончил речь, сенат взорвался аплодисментами. Сенатор от штата Колорадо Джон Шафрот назвал выступление президента «величайшим посланием столетия»[18]. Газета *Atlanta Constitution* писала: «Среди высказываний сенаторов звучали такие: "поразительно", "ошеломительно", "изумительно", "самое благородное высказывание, слетевшее с уст со времен Декларации независимости"». Сам президент уже после своего выступления сказал следующее: «Я произнес именно то, что все жаждали услышать, но считали невозможным. А теперь оказалось, что это вполне возможно»[19]. Несмотря на ворчание республиканцев, призыв Вильсона к миру затронул струны души большинства американцев. Однако европейцы, вот уже два с половиной года проливающие реки крови, отреагировали на его выступление отнюдь не столь благодушно. Французский писатель Анатоль Франс заметил, что «мир без победы» — все равно что «хлеб без дрожжей», «верблюд без горбов» или «город без борделя... пресная штука», которая непременно окажется «зловонной, постыдной, непотребной, гнойной, геморроидальной»[20].

Возобновление Германией подводной войны 31 января 1917 года, после почти годичного перерыва, а также ее неуместный призыв к Мексике заключить военный союз, который позволил бы мексиканцам отвоевать Техас, Нью-Мексико и Аризону, усилили антинемецкие настроения и давление на Вильсона с требованием вступить в войну. Но всерьез

Глава 1. Первая мировая война

президент руководствовался лишь своим твердым убеждением: только участие в войне даст ему право голоса на будущих мирных переговорах[21]. 28 февраля, когда Джейн Аддамс и другие лидеры Федерации за немедленный мир посетили Вильсона в Белом доме, президент объяснил им следующее: «Как глава государства, участвующего в войне, президент Соединенных Штатов займет место за столом мирных переговоров, но если он останется президентом нейтральной страны, то в лучшем случае сможет "кричать в дверную щель"». По сути, он особенно напирал на то, что «внешняя политика, которой мы с таким неумеренным пылом жаждем, может получить шанс лишь в том случае, если он, Вильсон, окажется за столом переговоров и получит возможность всячески ее проталкивать, но никак не наоборот»[22].

2 апреля 1917 года Вильсон призвал конгресс объявить войну Германии, заявив, что «для развития демократии мир необходимо сделать безопасным». Против выступили шесть сенаторов, включая Роберта Лафоллета, сенатора от штата Висконсин, а в палате представителей против проголосовали 50 человек, включая Джанет Рэнкин от штата Монтана — первую женщину, избранную в конгресс. Оппоненты обвинили Вильсона в том, что он — послушное орудие дельцов с Уолл-стрит. «Еще немного, и мы поместим знак доллара прямо на американский флаг!» — возмутился Джордж Норрис, сенатор от штата Небраска[23]. Лафоллет преувеличивал, говоря, что американский народ проголосует против войны в соотношении десять к одному, но оппозиция действительно оказалась очень сильной. Несмотря на попытку правительства призвать в армию миллион добровольцев, сообщения об ужасах окопной войны и применении газов отнюдь не способствовали энтузиазму. За первые полтора месяца призыва откликнулись лишь 73 тысячи добровольцев, что вынудило конгресс объявить всеобщую мобилизацию. Среди тех, кто все-таки вызвался добровольцем, был будущий историк Уильям Лангер, который позднее вспоминал «сильное желание призывников попасть во Францию, но более всего — попасть на фронт. Казалось, — рассуждал он, — что теперь, спустя почти четыре года после начала войны, после чрезвычайно подробных и реалистичных описаний страшных боев на реке Сомма и под городом Верден, не говоря уже о повседневных ужасах окопной войны, — будет просто невозможно пополнить ряды наших солдат без какого-либо принуждения. Но все оказалось совсем не так. Мы вызвались добровольцами, и наше количество исчислялось тысячами... Я не могу припомнить ни единого серьезного обсуждения американской политики или волнующих военных проблем. Мы, мужчины (в основном

молодые), были просто в восторге от перспективы предстоящих приключений и уже видели себя героями. Думаю, большинство из нас догадывалось, что жизнь — если, конечно, нам удастся выжить — потечет дальше по знакомому, обыденному руслу. Мы получили возможность познать риск, сделать свою жизнь захватывающей. И мы не могли позволить себе упустить такую возможность»[24].

Среди тех, кто вызвался пополнить ряды американской армии, был и 58-летний Тедди Рузвельт: 10 апреля он предстал перед Вильсоном и попросил разрешения повести в бой добровольческую дивизию. Рузвельту так не терпелось отправиться на фронт, что он даже пообещал прекратить свои нападки на президента. Однако Вильсон его просьбу отклонил. Рузвельт тут же обвинил его в том, что принятое решение основывалось на политической конъюнктуре. Среди осудивших отказ Вильсона был и будущий премьер-министр Франции Жорж Клемансо, считавший, что присутствие Рузвельта укрепит боевой дух солдат.

Воодушевленные воинственным духом и патриотизмом своего отца, все четыре сына Рузвельта записались в армию и участвовали в сражениях. Тед-младший и Арчи получили боевые ранения. Тед еще и попал под газовую атаку под городом Кантиньи. Двадцатилетний Квентин, самый младший из братьев, погиб в июле 1918 года, когда его самолет был сбит, — от этого удара его отец так и не оправился. Здоровье Теодора Рузвельта резко пошатнулось, и через полгода он умер в возрасте шестидесяти лет, после того как, пусть и с безопасного расстояния, увидел все ужасы современной ему войны.

К несчастью для Вильсона, не все американцы оказались такими по-детски восторженными и полными энтузиазма, как Рузвельты. Поскольку антивоенные настроения успели укорениться среди значительной части населения, правительству пришлось прибегнуть к чрезвычайным мерам, пытаясь убедить скептически настроенных граждан в том, что война с Германией — дело правое. С этой целью правительство организовало целое агентство пропаганды — Комитет общественной информации (КОИ) — во главе с журналистом из Денвера Джорджем Крилом. Комитет набрал 75 тысяч добровольцев, которых прозвали «четырехминутчиками» за их короткие патриотические выступления. Выступали они по всей стране, в общественных местах: торговых центрах, трамваях, кинотеатрах, церквях. Комитет наводнил страну пропагандистскими материалами, расхваливающими войну как благородный поход за демократию, и поощрял газеты публиковать статьи о зверствах немцев. Это агентство также призывало американцев доносить на сограждан, критиковавших мобилизацию. Рекламные объявления КОИ призывали читателей иллюстрированных журналов доносить в Министерство юстиции на «тех, кто распространяет пессимистические заявления... призывает к миру или преуменьшает наши усилия одержать победу»[25].

В основе заявлений Вильсона во время войны и акценте КОИ на продвижении «демократии» лежало осознание того, что для многих американцев демократия стала чем-то вроде «светской религии», которая могла существовать только лишь в условиях капиталистической системы. Многие к тому же ассоциировали ее с «американским патриотизмом». Она означала нечто большее, чем просто набор узнаваемых институтов. Как однажды сказал Крил, это «теория духовного прогресса». Чуть позже, уже в другой ситуации, он пояснил: «Для меня демократия — своего рода религия, и всю свою сознательную жизнь я проповедую, что Америка — это надежда для всего мира»[26].

Газетчики безо всякого принуждения поддержали эту пропаганду, как поддержали ее в 1898 году и как станут поддерживать все войны, в которых США предстоит участвовать. Удивительно и показательно, что исследование прессы военного периода, проведенное Виктором Кларком по заказу Национального совета США по историческому наследию (НСИН), пришло к следующему заключению: «Добровольное сотрудничество американских издателей газет привело к более эффективной стандартизации информации и доводов, предлагаемых американскому народу, чем те, которые существовали в условиях официальной военной цензуры в Германии»[27].

К делу также активно подключились историки. Крил организовал в КОИ Отдел гражданских и образовательных связей, возглавляемый Гаем Стэнтоном Фордом — историком из Университета штата Миннесота. Несколько ведущих американских историков, и среди них Чарльз Бирд, Карл Беккер, Джон Р. Коммонс, Дж. Франклин Джеймсон и Эндрю Маклафлин, помогали Форду одновременно пропагандировать цели США и демонизировать образ врага. Введение, написанное Фордом к одной из брошюр КОИ, содержит уничижительные отзывы о «пропрусских крысоловах» и такие утверждения: «Перед ними — бог войны, в жертву которому они принесли свой разум и человечность; позади — созданный ими уродливый образ немецкого народа, чье искаженное злобой, запятнанное кровью лицо парит над развалинами цивилизации»[28].

Предпоследняя брошюра КОИ, «Немецко-большевистский заговор», оказалась самой спорной. Основанная на документах, добытых главой иностранного отдела и бывшим заместителем председателя КОИ Эдгаром

Комитет общественной информации, официальное агентство пропаганды, созданное правительством США во время войны, принял на службу 75 тысяч добровольцев, известных как «четырехминутчики», которые выступали с короткими патриотическими речами по всей стране. Они наводнили страну пропагандой войны и призывали доносить на «тех, кто распространяет пессимистические заявления... призывает к миру или преуменьшает наши усилия одержать победу».

Сиссоном, брошюра излагала версию о том, что Ленин, Троцкий и их соратники — платные немецкие агенты, предававшие русский народ в пользу правительства Германской империи. Документы, за которые Сиссон так щедро заплатил, в Европе считались подделкой, да и Госдепартамент США отнесся к ним с подозрением. Главный советник Вильсона по вопросам внешней политики полковник Эдвард Хаус записал в своем дневнике, что объяснил президенту: их обнародование означает «фактическое объявление войны правительству большевиков», с чем Вильсон согласился. Обнародование документов отложили на четыре месяца. В конечном итоге Вильсон и КОИ проигнорировали все предупреждения и пустили материал в печать в семи последовательных выпусках газет начиная с 15 сентября 1918 года[29]. Большинство американских газет послушно опубликовали легенду, не анализируя ее и не ставя под сомнение. Так, *New York Times* напечатала статью под заголовком «Документальное подтверждение сотрудничества Ленина и Троцкого (sic!) с немцами»[30]. Но споры разгорелись, как только *New York Evening Post* поставила под сомнение подлинность документов, отметив следующее: «Самые серьезные обвинения в документах, предоставленных господином Сиссоном, были опубликованы в Париже еще несколько месяцев назад, и все они в общем и целом оказались несостоятельны»[31]. Буквально неделю спустя газеты *New York Times* и *Washington Post* процитировали заявление С. Нуортева, главы Финского информационного бюро, о том, что документы — «бесстыдная фальшивка»[32]. Однако Сиссон и Крил продолжали настаивать на подлинности документов. Крил резко раскритиковал обвинения, выдвинутые Нуортева: «Это ложь! Документы для публикации предоставило правительство Соединенных Штатов, их подлинность подтверждается правительством. Это все большевистская пропаганда, а если ничем не подтвержденную критику высказывают большевики, слушать их совершенно не стоит»[33]. И он отправил редактору *Evening Post* сердитое письмо, полное неприкрытых угроз:

> «Ставлю вас в известность о том, что газете *New York Evening Post* не удастся избежать обвинений в предоставлении помощи врагам Соединенных Штатов в час национального кризиса. Эти документы были опубликованы с официального разрешения правительства. Обнародование состоялось лишь после того, как исчезли всякие сомнения в их подлинности... Я не стану выдвигать обвинений в том, что *New York Evening Post* принадлежит немцам или что она принимала финансовые средства от Германии, но открыто заявляю следующее: услуги, которые газета оказала врагам США, с радостью были бы куплены этими самыми врагами, и с точки зрения общественного спокойствия и промышленной стабильности эта якобы американская газета нанесла Америке удар куда более чувствительный, [чем] могли бы нанести сами немцы»[34].

Прислушавшись к просьбе Крила, НСИН организовал комитет, куда входили Джеймсон, глава Отдела исторических исследований Института Карнеги, и Сэмюэл Харпер, специалист по русскому языку, профессор Чикагского университета, чтобы они проанализировали документы. Они подтвердили подлинность большинства подделок. Газета *Nation* заявила, что и сами документы, и отчет НСИН запятнали «доброе имя правительства и объективность американских ученых-историков»[35]. И только в 1956 году Джордж Кеннан раз и навсегда доказал то, о чем многие подозревали: документы на самом деле были фальшивками[36].

Соучастие историков и других ученых в распространении военной пропаганды навлекло на их головы заслуженный позор в период между войнами. В 1927 году журнал *American Mercury* Г.Л. Менкена осудил необдуманный патриотический конформизм, запятнавший все наиболее престижные колледжи и университеты страны. Чарльз Ангофф, главный редактор *American Mercury*, писал: «Бактериологи, физики и химики соперничали с философами, литературоведами и ботаниками в том, кто громче выкрикнет проклятия гуннам [так в странах Антанты называли немцев], и тысячами принялись шпионить за своими собратьями, выказывавшими малейшие сомнения в священном характере войны… Такой грех против американского идеализма являлся достаточным основанием, в глазах всех патриотически настроенных президентов и советов директоров университетов, для немедленного увольнения предателей»[37].

Несмотря на заслуженную критику, контроль над общественным мнением стал центральным элементом во всем последующем военном планировании. Гарольд Лассуэл объяснил важность такого контроля в своей книге «Техника пропаганды в мировой войне», вышедшей в 1927 году. Он писал следующее: «Во время войны пришло осознание того факта, что мобилизация людских ресурсов и средств недостаточна; надо мобилизовать и общественное мнение. Власть над мнением, как власть над жизнью и собственностью, перешла в руки администраций, поскольку опасность вольностей оказалась больше, нежели опасность правонарушений. Не возникает ни малейших сомнений в том, что государственное управление умами является неизбежным следствием современной широкомасштабной войны. Единственное, что по-прежнему вызывает вопросы, — это степень, до которой правительство должно пытаться вести пропаганду скрытно, и степень, до которой пропаганда должна осуществляться открыто»[38].

Университетские городки превратились в рассадники нетерпимости. Преподавателей, открыто выступавших против войны, увольняли. Остальных запугивали, принуждая к молчанию. Приводим слова президента Колумбийского университета Николаса Мюррея Батлера, объявившего о том, что академическим свободам в университетах пришел конец: «То, на что раньше смотрели снисходительно, стало нетерпимым. Что считалось ошибочным мнением, то стало подстрекательством к мятежу. Что считалось сумасбродством, то стало изменой родине… в Колумбийском университете (как в рядах преподавателей, так и среди студентов) нет и не будет места человеку, который сопротивляется или одобряет сопротивление эффективному осуществлению американских законов, а также тому, кто своими действиями, словами или статьями осуществляет измену родине. Такой человек будет изгнан из стен Колумбийского университета, как только станет известно о его преступлении»[39].

И это была не пустая угроза. В октябре следующего года Колумбийский университет объявил об увольнении двух выдающихся преподавателей за то, что они открыто высказались против войны. Профессора Джеймс Маккин Кэттелл, один из ведущих психологов США, и Генри Водсворт Лонгфелло Дейна с кафедры английского языка и сравнительного ли-

Глава 1. Первая мировая война

тературоведения, внук знаменитого поэта, подверглись резкой критике коллег, членов попечительского совета и самого Батлера. В заявлении университетских властей утверждалось, что они «нанесли колоссальный вред университету своей публичной агитацией против вступления США в войну». По этому поводу газета *New York Times* дала следующий комментарий: «С самого объявления войны Германии личность профессора Кэттелла стала особенно неприемлемой для Колумбийского университета из-за открытого и резкого осуждения военной политики нашего правительства». Дейну уволили из-за его активной роли в антивоенном Народном совете[40]. Приветствуя действия университета, *New York Times* опубликовала следующую передовицу: «Мираж "академической свободы"... не может защитить профессора, который одобряет неповиновение властям и как письменно, так и устно призывает к государственной измене. Нельзя допустить, чтобы учитель преподавал молодежи призыв к бунту и государственной измене, чтобы он заражал (или даже только стремился заразить) юные умы идеями, пагубными для их понимания долга перед страной»[41].

На следующей неделе в знак протеста подал в отставку, наверное, самый крупный американский историк первой половины XX столетия профессор Чарльз Бирд. Хотя Бирд уже давно и горячо отстаивал идею вступления США в войну и резко критиковал немецкий империализм, он осудил контроль над университетом со стороны «небольшой, но очень активной группы попечителей, не представляющих никакой ценности в мире образования, реакционных и ограниченных личностей в мире политики, а в религиозном отношении — узколобых проповедников средневекового мракобесия». Бирд пояснил: несмотря на то что сам он всячески одобряет вступление США в войну, «тысячи моих соотечественников придерживаются иных взглядов. И эти взгляды невозможно изменить с помощью проклятий или угроз физической расправы. Гораздо больше могут принести обращения к их разуму и логическому мышлению»[42]. Бирд уже вызвал раздражение некоторых попечителей весной предыдущего года, когда на одной из конференций заявил: «Если мы вынуждены подавлять все, что не желаем слышать, это означает, что наше государство зиждется на довольно шаткой основе. Наша страна была основана на отрицании авторитетов, на отказе от поклонения им, и сейчас не то время, чтобы отказываться от свободного обсуждения». В знак солидарности заявление об уходе подали еще как минимум два преподавателя, а историк Джеймс Г. Робинсон и философ Джон Дьюи осудили увольнение несогласных и высказали сожаление в связи с отставкой Бирда⁴³. В декабре Бирд заявил, что попечители-реакционеры рассматривали войну как возможность «вытеснить, унизить или запугать любого, кто имеет прогрессивные, либеральные, нешаблонные взгляды по вопросам политики, совершенно не связанным с войной». Аналогичные «чистки» преподавателей, придерживавшихся левых взглядов, как и применение «очень сильного» давления на учителей государственных и частных школ, происходило по всей стране[44].

Военное министерство США пошло еще дальше, превратив покорные его воле университеты в военно-учебные лагеря. 1 октября 1918 года 140 тысяч студентов более чем 500 университетов по всей стране были одновременно призваны в ряды Службы военной подготовки студентов (СВПС) сухопутных войск. Они получали звание рядового, после чего их обеспечивали образованием, жильем, обмундированием и пропитанием за государственный счет[45]. Получали они и положенное рядовым жалованье. Газета *Chicago Tribune* сообщала: «Веселые деньки настали для американских студентов... Отныне колледж превратился в серьезное дело — главным образом в тщательную подготовку к серьезному делу войны»[46]. 11 часов в неделю отводилось на строевую подготовку, а еще 42 часа — на занятия по военным «профильным» и «смежным» предметам. Подготовка студентов учебных заведений — участников программы включала и насыщенный пропагандой курс «Вопросы войны»[47].

Нанеся серьезный урон противникам своей личной кампании за «безопасные для демократии» университеты, Батлер пошел еще дальше и призвал к изгнанию Роберта Лафоллета из сената США за его изменническое осуждение войны. Батлер заявил 3 тысячам встретивших его бурными аплодисментами делегатов ежегодного съезда Ассоциации американских банкиров, проходившего в Атлантик-Сити, что они «с тем же успехом могли бы подсыпать яду мальчишкам», отправляющимся на войну, если «будут и дальше позволять этому человеку вести войну со страной в стенах конгресса»[48]. Лафоллета критиковали и преподаватели Висконсинского университета, более 90 % которых подписали петицию, осуждающую антивоенную позицию Лафоллета, а кое-кто, если процитировать одного из лидеров кампании, даже стал выступать за то, чтобы «выставить Лафоллета и всех его приспешников вон из политики»[49].

Лафоллету удалось выстоять в кампании национальных масштабов, направленных на его изгнание, — в отличие от Билля о правах: конгресс принял ряд самых репрессивных законов за всю историю США. Закон о борьбе со шпионажем 1917 года и Закон о подстрекательстве

Глава 1. Первая мировая война

Роберт Лафоллет по прозвищу Борец Боб из Висконсина был одним из шести сенаторов, которые проголосовали против вступления США в Первую мировую войну.

1918 года ограничили свободу слова и создали атмосферу нетерпимости по отношению к инакомыслящим. Нарушителям Закона о борьбе со шпионажем грозил штраф в размере 10 тысяч долларов и до 20 лет тюремного заключения — за создание помех военным операциям в военное время. Закон был направлен против «любого, кто в период войны преднамеренно вызовет или попытается вызвать нарушение воинской дисциплины, несоблюдение присяги, мятеж или отказ от исполнения воинского долга военнослужащими сухопутных или военно-морских сил США либо умышленно препятствует работе вербовочной службы США»[50]. Закон уполномочивал Альберта Берльсона, министра связи США (не способного, по словам социалиста Нормана Томаса, «отличить социализм от ревматизма»), запрещать отправку почтой любой литературы, которая, по его мнению, пропагандирует государственную измену или мятеж либо препятствует призыву на военную службу[51]. На следующий год министр юстиции США Томас В. Грегори убедил конгресс распространить действие закона и на тех, кто «произносит, пишет, печатает или публикует любые изменнические или порочащие высказывания в отношении государственного строя США либо Конституции США, а равно Сухопутных или Военно-морских сил США… и на всех, кто словом или делом поддерживает или поощряет интересы любого государства, с которым США находятся в состоянии войны, или же словом или делом противится осуществлению интересов США»[52].

Агенты, нанятые для подавления инакомыслящих, были частью процветающей федеральной бюрократии. Федеральный бюджет, который в 1913 году не дотягивал и до миллиарда долларов, всего пять лет спустя разбух до более чем 13 миллиардов.

За критику войны сотни человек бросили в тюрьму, включая лидера международного профсоюзного объединения «Индустриальные рабочие мира» Хейвуда (Большого Билла) и социалиста Юджина Дебса. Дебс неоднократно выступал с осуждением войны, и в июне 1918 года его наконец арестовали — после того, как он выступил в городе Кантон, штат Огайо, перед большим числом граждан, собравшихся у стен тюрьмы, куда бросили трех социалистов за выступления против призыва в армию. Дебс высмеивал саму мысль о том, что США — демократическое государство, если они позволяют себе арестовывать граждан только за выражение тех или иных взглядов: «Нам говорят, что мы живем в великой свободной республике; что все наши органы управления демократичны; что мы — свободный и самоуправляющийся народ. Это уже слишком, и даже не смешно»[53]. О самой войне он сказал сжато: «В течение всей истории войны велись для завоеваний и грабежа… Это, в двух словах, и есть суть войны. Войну всегда объявлял класс угнетателей, в то время как в боях всегда участвовал класс угнетенных»[54].

Федеральный прокурор Северного Огайо Ю. С. Верц, игнорируя советы Министерства юстиции, предъявил Дебсу обвинения по десяти пунктам нарушения Закона о борьбе со шпионажем. В знак солидарности со своими товарищами, осужденными по всему миру, Дебс признал себя виновным по всем пунктам обвинения. Присяжным он заявил: «Меня обвинили в том, что я препятствую войне. Сознаюсь в этом. Господа, я ненавижу войну. Я бы высказывался против войны, даже если бы не имел сторонников… Я сочувствую страдающим, но борющимся людям во всем мире. Не имеет никакого значения, под каким флагом они родились и где живут». Перед вынесением приговора он обратился к судье: «Ваша честь, много лет назад я признал свое родство со всеми живыми существами и смирился с тем, что ни на йоту не лучше ничтожнейшего на земле. Я говорил ранее и скажу сейчас: пока существует низший класс — я отношусь к нему, пока есть преступники — я один из них, пока хоть одна душа томится в тюрьме — я не свободен»[55].

Глава 1. Первая мировая война

Руководствуясь Законом о борьбе со шпионажем 1917 года, США бросили в тюрьму сотни протестующих против призыва в армию и войны в целом, в том числе лидера ИРМ Хейвуда (Большого Билла) и социалиста Юджина Дебса. Дебс (на снимке он выступает на митинге в Чикаго в 1912 году) призывал рабочих выступить против войны, заявив: «Пусть капиталисты сами сражаются и сами погибают за свои интересы, и тогда на земле больше никогда не будет войн».

Упрекнув тех, «кто выбивает меч из руки нашей страны, в то время как она защищается от жестокой иностранной державы», судья приговорил Дебса к десяти годам тюремного заключения[56].

Публикации социалистов запретили пересылать почтой. Головорезы-«патриоты» и представители местных властей врывались в социалистические организации и залы заседаний профсоюзов. Борцов за права трудящихся и противников вступления США в войну избивали, а иногда и убивали. *New York Times* назвала линчевание Фрэнка Литла, члена исполкома «Индустриальных рабочих мира», произошедшее в городке Бьютт, штат Монтана, «прискорбным и отвратительным преступлением. Лиц, совершивших его, необходимо найти, судить и наказать согласно закону и справедливости, которые они нарушили». Но *New York Times* намного больше огорчило то, что забастовки, организованные ИРМ, подрывают военное производство, и привело к такому выводу: «Агитаторы ИРМ, в сущности (а возможно, и на самом деле), немецкие шпионы. Федеральным властям следует побыстрее расправиться с этими заговорщиками и изменниками родины»[57].

Все немецкое сурово критиковалось, и эта нетерпимость рядилась в личину патриотизма. Школы, многие из которых теперь требовали от учителей присяги на верность стране, вычеркнули немецкий язык из учебных программ. Штат Айова, не желая рисковать, пошел еще дальше: губернатор штата в 1918 году издал «Вавилонский указ», запретивший разговоры на любом иностранном языке — как в общественных местах, так и по телефону. Примеру Айовы последовала и Небраска. Библиотеки по всей стране отказывались выдавать немецкие книги, оркестры выбрасывали из репертуара произведения немецких композиторов. Так же как невежественный конгрессмен, негодующий по поводу неприятия Францией американского вторжения в Ирак в 2003 году, переименовал картофель фри, известный в США под названием «французского» (*French fries*), в «свободный картофель» (*freedom fries*), его коллеги времен Первой мировой войны переименовали гамбургеры в «бутерброды свободы» (*liberty sandwiches*), квашеную капусту (*sauerkraut*) — в «капусту свободы» (*liberty cabbage*), краснуху (*German measles*) — в «корь свободы» (*liberty measles*), а немецких овчарок (*German shepherds*) — в «полицейских собак» (*police dogs*)*[58]. Американцы немецкого происхождения сталкивались с дискриминацией во всех сферах жизни.

Учитывая широкое распространение требования «стопроцентного американского ура-патриотизма», неудивительно, что диссиденты не только подвергались остракизму, но и погибали иной раз от рук патриотически настроенных толп[59]. Газета *Washington Post* заверяла читателей, что случающиеся время от времени суды Линча — невысокая цена за здоровый рост патриотических настроений. В апреле 1918 года эта газета напечатала следующую передовицу: «Несмотря на перегибы, такие как суды Линча, в американской глубинке происходит здоровое и полезное пробуждение. Вражескую пропаганду необходимо прекратить, даже если это может привести к судам Линча»[60].

Действительно, американская «глубинка» не спешила сплотиться вокруг общего дела. Еще в начале войны консервативная газета *Beacon-Journal*, выходившая в городе Акрон, штат Огайо, отмечала, что «фактически нет ни одного политического обозревателя… который стал бы отрицать, что если бы выборы прошли сегодня, то Средний Запад США немедленно затопила бы мощная волна социализма». Страна «еще никогда не участвовала в более непопулярной войне», — заключили газетчики. На антивоенные митинги собирались тысячи человек. По всей стране количество голосов, отдаваемых за кандидатов от Социалистической партии, в 1917 году росло в геометрической прогрессии. В законодательном собрании штата Нью-Йорк социалисты завоевали десять мест[61].

Несмотря на остракизм, массовые аресты и организованное насилие, социалистов и радикальных лейбористов, известных как «индустриальщики», не заставили замолчать. И пока некоторые американцы шли на войну под торжественно-бодрые звуки популярной песни «Вперед, вперед», «индустриальщики» отвечали им пародией на популярный церковный

---

* Перечисленные названия в английском языке включают в себя слово «немецкий» или были заимствованы из немецкого языка. — *Прим. пер.*

гимн «Вперед, Христово воинство!», назвав пародию «Воинствующие христиане», где первые строки звучали так: «Вперед, Христово воинство! Долг ваш очень прост: резать братьев по вере — или ползти на погост!» Заканчивалась песня так: «История скажет о вас: "Дурачье несчастное"»[62].

Напыщенность речей Вильсона и его заверения в том, что война необходима, что она положит конец всем войнам, соблазнили многих прогрессивных деятелей США, включая Джона Дьюи, Герберта Кроули и Уолтера Липпмана. Они убедили себя в том, что война предоставляет уникальную возможность осуществить давно лелеемые внутриполитические реформы. Прогрессивные лидеры со Среднего Запада, настроенные против войны, такие как сенаторы Лафоллет и Норрис, уже поняли, что война предвещает похоронный звон любой серьезной реформе.

Среди тех, кто ухватился за возможность осуществить давно чаемые перемены, были и реформаторы морали, особенно те, кто считал войну возможностью сразиться с сексуальными пороками. Якобы беспокоясь о здоровье солдат, они вели агрессивную кампанию против проституции и венерических заболеваний. Кварталы красных фонарей закрывались по всей стране, вынуждая проституток уйти в подполье или перейти под контроль сутенеров и других эксплуататоров[63]. Суровые меры еще усилились в 1918 году, после принятия закона Чемберлена–Кана, согласно которому любую женщину, идущую мимо военной базы, следовало арестовать, заключить под стражу и принудить к гинекологическому осмотру — последний реформаторы окрестили «изнасилованием при помощи гинекологического зеркала». Женщин, у которых обнаруживали венерические заболевания, изолировали в федеральных учреждениях[64].

Комиссия по наблюдению за деятельностью военно-учебных лагерей (КВУЛ) также пыталась обуздать мужскую сексуальность с помощью кампании воздержания, а именно — подвергая сомнению патриотизм солдат, подхвативших венерическую болезнь. КВУЛ обклеивала стены лагерей плакатами с надписями: «Немецкая пуля чище шлюхи» и «Солдат, получивший венерическую болезнь, — предатель». В одной листовке спрашивали: «Как ты можешь равняться на флаг, если завяз в гонорее?»[65] Хотя процент венерических заболеваний среди солдат рос не так быстро, как опасались некоторые, процент беременностей среди учениц старших классов школ, живущих около военных баз, значительно вырос.

Генерал Джон Першинг по прозвищу Черный Джек, командовавший во время войны американскими экспедиционными войсками (АЭВ), попытался сдержать своих солдат, когда они добрались до Франции, но

Плакаты периода Первой мировой войны против венерических заболеваний. Комиссия по наблюдению за деятельностью военно-учебных лагерей (КВУЛ) пыталась обуздать мужскую сексуальность с помощью кампании воздержания, подвергая сомнению патриотизм солдат, подхвативших венерическую болезнь.

эта задача оказалась потруднее, чем нанести поражение немцам на поле битвы. Глава КВУЛ Раймонд Фосдик обратил внимание на колоссальные различия между сексуальными установками французов и американцев. Французы, по его наблюдениям, «были убеждены, что армия не может существовать без сексуальной терпимости, а попытки ограничить сексуальные желания непременно вызовут недовольство, снижение боевого духа и здоровья, а возможно, даже приведут к бунту». Премьер-министр Франции Клемансо предложил организовать лицензируемые бордели для американских солдат — наподобие тех, которые обслуживали его собственных бойцов. Получив письмо с предложением Клемансо, военный министр США Ньютон Бейкер якобы выпалил: «Ради бога... не показывайте это президенту, иначе он прекратит наше участие в войне»[66].

Но предупреждения оказались бесполезными. Заразившихся отселяли от остальных солдат и подвергали остракизму. Реформаторы морали боялись, что ветераны возвратятся домой и заразят американских женщин. Но на этом тревоги не заканчивались. Реформаторы также опасались, что войска, познав, если использовать модное тогда выражение, «французский стиль», станут утолять свои новооткрытые пристрастия к оральному сексу с невинными американскими девушками. Полковник Джордж Уокер из урологического отдела медико-санитарной службы сухопутных войск рвал и метал: «Стоит задуматься о том, что в Соединенные Штаты возвращаются сотни и сотни тысяч молодых людей, чье чувство собственного достоинства слабеет из-за этих новых дегенеративных привычек, а следовательно, они уже не могут оказывать решительного сопротивления моральному разложению, — тревоги на сей счет, несомненно, оправданны»[67].

По большей части старания реформаторов использовать войну как лабораторию для социально-экономического эксперимента оказались сведены на нет непродолжительностью участия США в боевых действиях. Однако за годы войны произошел беспрецедентный сговор между крупными корпорациями и правительством в попытке рационализировать и стабилизировать экономику, взять под контроль неограниченную конкуренцию и гарантировать прибыль. На попытки добиться всего вышеперечисленного у крупнейших банкиров и руководителей корпораций ушло не одно десятилетие. В результате во время войны американские банки и корпорации процветали, а лидировали в этом отношении производители боеприпасов. Рэндольф Бурн, в своей уничтожающей статье «Сумерки идолов» порицавший жульнические утверждения его коллег по Прогрессивной партии о пользе войны, в другом месте и сам заметил, что «война — это здоровье государства»[68].

Пока реформаторы тяжко трудились, американские войска наконец начали прибывать в Европу, где и внесли значительный вклад в победу Антанты. Их появление подняло боевой дух армий союзников, и, кроме того, американцы помогли одержать победу в некоторых крупных сражениях. Поскольку американцы далеко не сразу включились в военные действия, им удалось избежать самых тяжких мук окопной войны, выпавших на долю европейцев по обе стороны линии фронта во время тяжелейшего периода 1916 года: например, за один-единственный день англичане потеряли на Сомме 60 тысяч человек убитыми и ранеными. В битве при Вердене совокупные потери Франции и Германии составили почти миллион человек. Из-за приказов атаковать немцев, ощетинившихся пулеметами и артиллерией, Франция потеряла половину своих мужчин в возрасте от 15 до 30 лет. Американцы же впервые вступили в серьезный бой только в мае 1918-го, за полгода до конца войны, когда помогли осажденным французам переломить ситуацию и прогнать немцев от берегов реки Марны. В сентябре 600 тысяч американцев отважно прорвали немецкий фронт. 11 ноября 1918 года немцы капитулировали. В целом из 2 миллионов американских солдат, прибывших во Францию, погибло более 116 тысяч, ранено было 204 тысячи. Сравним эти цифры с поистине ужасными потерями европейцев: по разным оценкам, до 10 миллионов погибших солдат и 20 миллионов жертв среди мирного населения; последние в основном умерли от голода и болезней.

Если бы война затянулась, количество жертв, возможно, было бы намного выше. Беспрецедентная мобилизация науки и техники для военных нужд уже начала менять саму суть войны, а впереди маячили еще более пугающие новшества.

В начале этого списка находилось новое поколение химического оружия. Запрет на использование химического оружия и других ядовитых веществ в войне идет со времен древних греков и римлян. На протяжении столетий предпринимались неоднократные попытки официально запретить использование ядов в военных целях. Так, в 1863 году «Кодекс Либера», предложенный Военным министерством США, запретил «использование яда в любой форме, будь то отравление колодцев или пищи или применение отравленного оружия»[69]. Всего годом ранее, в 1862-м, Джон У. Даути, школьный учитель из Нью-Йорка, послал Эдвину Стэнтону, военному министру, чертеж снаряда, наполненного взрывчатыми веществами в одной части и жидким хлором в другой. С помощью таких снарядов можно было бы выкурить войска конфедератов из укреплений. Однако Военное министерство не воспользовалось ни этим предложением, ни следующим, поданным Форрестом Шепардом, бывшим профессором экономической геологии и агрохимии университета Западного резервного района*, чтобы вывести из строя солдат Конфедерации с помощью паров хлористого водорода. Во время Гражданской войны в США разрабатывались и другие способы ведения химической войны. Статья в *Scientific American*, вышедшая в 1862 году, сообщила своим читателям об изобретении «нескольких типов зажигательных снарядов и снарядов с удушающим газом, распространяющих жидкий огонь и вредные испарения вокруг места взрыва».

В 1905 году в некрологе химика Уильяма Тилдена, опубликованном в газете *Washington Evening Star*, содержалась следующая интригующая новость: «Тилден придумал, как с помощью химии быстро заканчивать войны: придавать им ужасающе разрушительный характер. Говорят, он обратился с предложением к генералу Гранту, но после беседы с последним немедленно отказался от своей идеи. Генерал Грант объяснил ему, что цивилизованные страны не должны допускать использование подобного средства уничтожения людей»[70].

---

* Название части штата Огайо.

Глава 1. Первая мировая война

Точку зрения Гранта на то, как должны вести себя цивилизованные страны, разделяли и другие. Гаагская декларация 1899 года о запрете применения удушающих газов поставила вне закона использование в военных целях «снарядов», чьим «единственным назначением» было «распространять удушающие или вредоносные газы»[71].

Германия нарушила дух, если не букву, Гаагской конвенции, впервые успешно применив ядовитый газ во второй битве при Ипре 22 апреля 1915 года, после неудавшейся попытки применить его в боях у местечка Болимув на Восточном фронте. Зеленовато-желтый шлейф газообразного хлора накрыл французские окопы на протяжении 6,5 километра, что привело к катастрофическим результатам. Вскоре более 600 солдат умерло. Еще большее число временно ослепло, многие попали в плен. Газета *Washington Post* озаглавила свою передовицу «Обезумевшие от газовых бомб» и сообщила об угрозах немцев применить еще более мощное газовое оружие[72]. Немцы обвинили Францию в том, что это она первая применила такое оружие. На самом деле в начале войны французы первыми использовали химический раздражитель, но в ограниченном масштабе. В битве под Ипром все было гораздо серьезнее. *Post* сообщала, что французские солдаты умерли от «мучительного удушья», их тела почернели, позеленели или пожелтели, а перед смертью они сходили с ума. «Подобное применение ядовитых газов, — предсказывала *Post*, — несомненно, войдет в историю как самое поразительное новшество нынешней войны, подобно тому как все крупные войны прошлого были отмечены особенно удивительным методом уничтожения жизни»[73]. Передовица *New York Times* осудила применение ядовитого газа, но не потому, что он убивал людей более жестоко, чем другие методы, а из-за страданий уцелевших, отличавшихся, «по словам жертв и наблюдателей-экспертов, такой силой, какая не имела равных себе за всю ужасную историю войн». После этого резкого осуждения *Times* со вздохом признала: если одна сторона конфликта использует такое оружие, «другие будут вынуждены, в качестве самообороны, последовать прискорбному примеру. Не зря говорится: на войне как на войне»[74]. Англичане действительно попытались отомстить немцам, применив ядовитый газ в битве при Лоосе в сентябре, однако ветер переменился, и газ отнесло обратно на английские окопы, в результате чего британцы пострадали сильнее, чем немцы.

Европейские армии разработали довольно эффективные контрмеры против этих относительно мягких газов — по крайней мере, им удалось снизить количество погибших. С апреля 1915 по июль 1917 года в британских вооруженных силах потери от газовой войны составили

21 908 человек, из них 1895 погибшими. 12 июля 1917 года Германия использовала против англичан намного более мощное оружие — горчичный газ, и снова под Ипром. С этого момента и до конца войны в ноябре следующего года англичане потеряли 160 970 человек, из них 4167 погибшими. Следовательно, к тому времени, когда американские войска вступили в войну, обе стороны уже применяли более смертоносные виды газов, включая фосген, цианистый водород и горчичный газ. Потери в целом резко возросли, но в относительном выражении число погибших почти так же резко сократилось[75]. Американские химики были полны решимости изменить ситуацию.

США начали крупномасштабную программу исследований военного применения химических веществ, первоначально под эгидой нескольких министерств и ведомств, но 28 июня 1918 года программа полностью перешла под управление недавно созданной военно-химической службы (ВХС). Программы исследований первоначально распределялись между несколькими университетами, но в сентябре 1917 года были полностью переданы экспериментальной станции Американского университета в Вашингтоне, округ Колумбия. Большинство ведущих химиков страны приехали в этот университет, чтобы проводить исследования. В конечном итоге в программе приняли участие более 1700 химиков, работающих в более чем 60 зданиях, многие из которых были построены наспех. К концу войны в вооруженных силах служили уже 5400 химиков, работая на Первую мировую войну, или, как ее еще называли, «войну химиков»[76].

Горя желанием послужить своей стране, американские химики шли по стопам своих европейских коллег. Военно-химические исследования Германии проводились в основном в престижном Институте физической химии и электрохимии, где предлагали свои услуги такие светила, как Фриц Габер, Джеймс Франк, Отто Ган, Вальтер Немст и Рихард Вильштеттер. Директор института Габер сплотил остальных ученых под девизом «В мирное время ученый принадлежит миру, но во время войны он принадлежит своей стране»[77]. В Великобритании ученые в 33 лабораториях проверили 150 тысяч органических и неорганических соединений, стараясь обнаружить наиболее смертоносные смеси. Только в одном из крупнейших объединений работало более тысячи ученых одновременно[78].

Ученые всего мира стремились внести свой вклад в войну.

Физик Дж. С. Эймс из Университета Джонса Хопкинса писал: «Впервые в истории науки люди, посвятившие ей жизнь, получили возможность незамедлительно доказать стране свою ценность. Это потрясающий шанс; и университеты по всей стране хватаются за него». Роберт Милликен, физик из Чикагского университета, восторженно заметил: «Война пробудила мир, заставив его по-новому оценить то, что может сделать наука»[79].

Военно-химическая служба ставила быстроту превыше безопасности. В результате были зарегистрированы многочисленные несчастные случаи со смертельным исходом, как утверждает инженер-электрик Джордж Темпл, в то время возглавлявший Отдел технического обслуживания автотранспорта в «Лагере Американского университета». Много лет спустя в интервью *Eagle*, студенческой газете Американского университета, Темпл описал несколько таких случаев. В одном из них «три человека сгорели заживо, получив смертельную дозу газа. Тела увезли куда-то на прицепе, причем "с костей у них кусками отваливалось мясо"»[80]. Каждое утро, во время переклички, среди рабочих вызывали добровольцев на сварочные работы с экспериментальными газами. Темпл вызывался семь раз. В лабораториях часто происходили утечки. Рядом со сварщиками всегда находились клетки с канарейками. Смерть канарейки означала, что пришло время эвакуировать людей из здания[81].

Темпл описывает, что происходило, когда в конце дня, проведенного в лабораториях, ученые отправлялись по домам: «После работы сотрудники лагеря, не сменив пропитанной газом одежды, садились в трамвай. Когда трамвай приближался к центру города, туда также садились гражданские. Скоро они все начинали чихать или плакать — в зависимости от того, с каким именно газом работали днем военные»[82]. Однако, как выяснил бывший американский сенатор Натан Скотт, проживание вблизи университетского городка также было небезопасным. Скотт, его жена и сестра отравились газом из «облака», вырвавшегося из лаборатории городка. Скотт и его сестра лечились сначала у врача экспериментальной станции, а затем в местной больнице[83].

Среди служащих лабораторий в Американском университете был и выпускник Гарварда, молодой химик Джеймс Конант — во время следующей мировой войны он возглавит прикладную науку США. Успешное исследование отравляющего вещества люизит обеспечило ему в июле 1918 года повышение по службе. Новоиспеченного 25-летнего майора отправили в пригород Кливленда — следить за осуществлением проекта по серийному производству люизита. Работая в цехах завода *Ben Hur Motor Company* в Уиллоуби, штат Огайо, команда Конанта выпускала артиллерийские снаряды и авиабомбы, начиненные смертоносным веществом, самый незначительный контакт с которым, как полагали, вызывал «невыносимые мучения и смерть спустя несколько часов»[84].

Военно-химическая служба расположила крупнейшие производственные мощности недалеко от испытательного полигона в Абердине, штат Мэриленд. В начале 1919 года *New York Times* описала производственный процесс на участке под названием Эджвудский арсенал — «крупнейшем заводе по производству отравляющих веществ на земле»: он производил в три-четыре раза больше газа, чем Англия, Франция и Германия, вместе взятые. Репортер Ричард Барри, которому устроили экскурсию по заводу, написал: «Я был в больницах и видел людей, получивших поражение дьявольским газом во время работы: у одних руки, ноги и туловище иссохли и покрылись шрамами, словно после ужасного пожара; другие покрылись язвами, источающими гной даже спустя несколько недель интенсивного лечения». Барри предположил, что потери среди рабочих превысили потери любой дивизии, сражавшейся во Франции[85].

Завод был огромен: он включал в себя почти три сотни зданий, соединенных 45 километрами железнодорожных путей и 24 километрами автодорог. В день он выпускал 200 тысяч химических авиабомб и снарядов. 1200 ученых и 700 ассистентов изучали более 4 тысяч потенциально ядовитых веществ[86]. Барри взял интервью у полковника Уильяма Х. Уокера, бывшего заведующего кафедрой химической технологии Массачусетского технологического института, на тот момент работавшего начальником испытательного полигона. Уокер сообщил, что за два месяца до перемирия США разработали новый подход к использованию смертоносного химического оружия. США были готовы сбрасывать с самолетов на укрепленные немецкие города контейнеры, содержащие тонну горчичного газа. Одна тонна газа охватит полгектара или даже больше, и, как заверил читателей Уокер, «этого не переживет ни одно живое существо, включая крыс». Новое оружие было готово к применению уже в сентябре 1918 года, но союзники постоянно переносили сроки его применения. Наконец Англия согласилась, но Франция, боясь ответного удара, заявила, что не даст согласия до тех пор, пока союзники не оттеснят немцев так далеко, чтобы газ не отнесло на французскую территорию, и не обеспечат контроль над «воздушным пространством, исключая всякую возможность нанесения ответного удара». Эти условия удалось выполнить только к весне 1919 года.

На тот момент, отмечает Уокер, США могли бы перевезти во Францию тысячи тонн горчичного газа. «Мы могли бы стереть с лица земли любой немецкий город, какой захотим... а может, и целый ряд городов, через несколько часов после получения соответствующего приказа». Уокер пришел к следующему выводу: знание немцами планов союзников

Глава 1. Первая мировая война

сыграло «значительную роль в [их] капитуляции». В день заключения перемирия ВХС прекратила работу в Эджвуде; на тот момент на пристанях готовились к погрузке 2500 тонн горчичного газа. «Как бы там ни было, нас обманом лишили добычи», — сожалеет Уокер, но утешается верой в то, что именно газ ускорил капитуляцию Германии[87].

В 1920 году, на слушаниях в конгрессе о преобразовании армии, Бенедикт Крауэлл, помощник военного министра, ясно дал понять, насколько важную роль использование химического оружия играло в американском наступлении, запланированном на 1919 год. Крауэлл свидетельствовал: «Наше наступление в 1919 году благодаря химическому оружию должно было стать легкой прогулкой до самого Берлина. Конечно, это держалось в тайне»[88].

Во время войны воюющие стороны использовали в общей сложности 124 тысячи тонн отравляющих веществ 39 различных видов; носителями послужили главным образом 66 миллионов артиллерийских снарядов. Среди немцев, пострадавших от газа в октябре 1918 года, был и ефрейтор Адольф Гитлер, который так описал случившееся в книге «Моя борьба»: «Мои глаза превратились в пылающие угли, и окружающее померкло»[89].

По словам Барри, когда он посетил Эджвудский арсенал в декабре 1918 года, то увидел, что завод «демонтируют. Станки осторожно разбирают, смазывают, упаковывают и складывают на хранение — до следующей войны, если таковая случится». Он также добавил, что избавиться от загрязненных деталей и газа будет гораздо сложнее, чем просто демонтировать оборудование, и прежде всего потому, что США произвели достаточно газа, чтобы уничтожить всех жителей как Северной, так и Южной Америки[90].

Уокер понимал: химическое оружие можно сделать куда более смертоносным, если сбрасывать его с самолетов. Писатели-фантасты — такие, как Жюль Верн в романе «Воздушный корабль» (1886) и Герберт Дж. Уэллс в «Войне в воздухе» (1908), — предвидели пугающий потенциал обычной бомбардировки в будущих войнах. Мир получил возможность наглядно представить себе, как это будет происходить, еще до Первой мировой войны: атаки с использованием воздушных шаров происходили еще во Франции в конце XVIII столетия, а в 1849 году Австрия применила наполненные воздухом аэростаты для бомбардировки Венеции. С 1911 по 1913 год Италия, Франция и Болгария применяли воздушную бомбардировку, хоть и в незначительных масштабах, в мелких вооруженных столкновениях[91]. Перспектива использования самолетов для сбрасывания химического оружия была еще более пугающей.

Первая мировая война впервые продемонстрировала возможности ведения воздушной войны, хотя и была лишь намеком на будущие масштабы. Германия нанесла удар первой — 6 августа 1914 года. Ее цеппелины сбросили бомбы на бельгийский город Льеж. Германия стала первой страной, подвергшей воздушной бомбардировке мирное население, когда в августе 1914-го, в результате нападения на парижскую железнодорожную станцию, бомба не попала в цель и убила женщину. В сентябре, во время первой битвы на Марне, немецкие летчики несколько раз бомбили Париж. Первая бомбардировка города с воздуха, осуществленная союзниками, произошла в декабре, когда французские летчики бомбили Фрайбург. К весне 1918 года в результате немецких бомбежек погибли более тысячи мирных жителей, более 4 тысяч получили ранения. Хотя война с воздуха велась в ограниченном масштабе, ее потенциал был очевиден. К началу войны в английских вооруженных силах насчитывалось всего 110 боевых самолетов, однако еще до конца войны Англия вместе с Францией выпустили еще 100 тысяч самолетов, Германия — 44 тысячи[92].

На протяжении 1920-х годов Англия широко применяла воздушную бомбардировку для защиты своей обширной империи и поддержания порядка в таких отдаленных местах, как Афганистан, Египет, Индия, Йемен, Сомали и особенно Ирак, оккупированный британскими войсками после поражения Османской империи. Прикрываясь эвфемизмом «воздушного контроля», Королевские ВВС провели массовые бомбардировки Ирака, сопротивлявшегося британской колонизации. Командир 45-й эскадрильи отмечал: «Они [т. е. арабы и курды] теперь знают, что такое настоящая бомбежка, которая измеряется в жертвах и разрушениях; они теперь знают, что любая их деревня... может быть стерта с лица земли за 45 минут, а треть жителей убита или ранена четырьмя или пятью самолетами»[93].

В тех же 1920-х итальянский специалист по воздушной стратегии Джулио Дуэ утверждал, что отныне именно воздушные бомбардировки являются ключом к победе в войне, а проводить различия между солдатами и мирными жителями стало невозможно. Тех же взглядов придерживался и главный поборник военной авиации в США генерал Уильям (Билли) Митчелл. В своей книге «Крылатая защита», вышедшей в 1925 году, он предупреждал: «Если страна, стремящаяся к мировому господству, "становится на крыло" в войне будущего, у нее есть все шансы действительно контролировать весь мир... Следовательно, если страна достигает полного контроля над воздушным пространством, она может куда сильнее приблизиться к настоящему мировому господству, чем это было возможно в прошлом»[94]. Другие пытались выразить свое восхищение воздушной войной в более реальном ключе. Так, начальник химических войск армии США генерал Амос Фрайс придумал следующий причудливый девиз своего ведомства: *Любое развитие науки, создающее методы ведения войны более универсальные и более научные, способствует постоянному миру, делая войну более невыносимой*[95].

В то время как одни готовились к войне, другие готовились к миру, опасаясь, что очередная война предвещает еще большее опустошение. Книга Уилла Ирвина «Следующая война», вышедшая в 1921 году, выдержала 12 переизданий. Ирвин, журналист, работавший в Комитете общественной информации, нарисовал мрачную картину будущего. Он напомнил читателям, что ко времени перемирия США производили люизит. Он перечислил качества, делавшие газ таким эффективным и таким ужасным:

> «Он был невидим; этот газ опускался, поражая беженцев, укрывшихся в землянках и подвалах; если его вдохнуть, он убивал мгновенно — и не только через легкие. Соприкасаясь с кожей, он превращался в яд, проникал в организм и нес почти неминуемую гибель. Он поражал любые живые клетки, что животные, что растительные. Противогазы сами по себе совершенно от него не спасали. Кроме того, площадь его распространения в 55 раз превышала такую площадь у любого ядовитого газа, использовавшегося в войне до того времени. Один специалист как-то сказал, что десяток начиненных люизитом самых мощных авиабомб, применявшихся в 1918 году, при благоприятном ветре мог бы уничтожить все население Берлина. Возможно, он преувеличил, но, думаю, не сильно. Подписано перемирие, но исследования боевых отравляющих веществ не прекратились. Сейчас у нас почти готов газ с гораздо большей поражающей способностью, чем люизит… Одна-единственная капсула этого газа, помещенная в маленькую гранату, может уничтожить все живое на многих квадратных метрах или даже гектарах»[96].

Химики, наиболее консервативная и наиболее тесно связанная с промышленностью часть научного сообщества, гордились своим вкладом в военную экономику. И вклад их не остался незамеченным. Газета *New York Times* объявила, что работу химиков «широкая публика должна признать с благодарностью. Наши химики — одни из лучших солдат демократии» и «наилучшие защитники нашей страны»[97].

После окончания войны химики присоединились к военным и промышленникам, пытавшимся не допустить запрещения химического оружия в будущем. В 1925 году Лига Наций приняла Женевский прото-

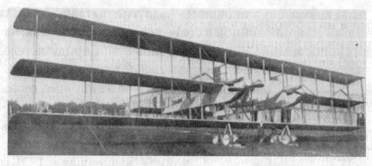

Итальянские, английские и немецкие бомбардировщики. Во время Первой мировой войны военные впервые бомбили наземные цели, не щадя и мирных жителей. Германия начала бомбардировки в 1914 году, выбрав в качестве цели бельгийский город Льеж. К весне 1918 года от немецких бомб погибло около тысячи мирных жителей Англии, более 4 тысяч получили ранения.

кол, объявив применение химического и бактериологического оружия вне закона. Правительство президента США Кулиджа поддержало это решение Лиги Наций. Оппозицию протоколу возглавили объединения ветеранов войны, Американское химическое общество (АХО) и владельцы химических предприятий. Совет АХО во время августовского заседания в Лос-Анджелесе единогласно постановил: «Исходя из соображений гуманизма и интересов национальной безопасности, выступить решительно против ратификации Женевского протокола о ядовитых газах». Химики (500 человек из которых по-прежнему числились офицерами запаса военно-химической службы) пытались убедить общественность, что химическое оружие на самом деле гуманнее любого другого, что США должны быть готовы применить его в следующей войне и что в результате подписания Женевского протокола вся американская химическая промышленность может перейти под контроль Лиги Наций. Джозеф Рэнсделл, сенатор от штата Луизиана, надеялся, что резолюцию [о ратификации] «вернут в комитет по внешней политике и похоронят столь глубоко, что мы никогда больше ее не увидим»[98]. Его желание исполнилось. Комитет так и не внес резолюцию на голосование сената. В течение следующих десяти лет договор ратифицировали 40 стран, в том числе все великие державы, кроме США и Японии[99].

Наибольшие успехи газовая война принесла на Восточном фронте против слабо оснащенных русских войск: потери России от газовых атак составили 425 тысяч человек, в том числе 56 тысяч убитыми[100]. Первая мировая война во всех отношениях оказалась губительной для России, потерявшей на фронтах 2 миллиона убитыми и 5 миллионов ранеными. В марте 1917 года русский народ, сытый по горло безразличием царя к нуждам простых людей, сверг Николая II с престола. Но многие почувствовали себя обманутыми вторично, когда правительство реформатора Александра Керенского, при поддержке президента США Вильсона, решило не выводить Россию из войны. Народные массы потребовали решительно порвать с прошлым.

7 ноября 1917 года большевики во главе с Владимиром Ильичом Лениным и Львом Давидовичем Троцким захватили власть, кардинально изменив ход мировой истории. Их вдохновляли идеи мыслителя XIX века Карла Маркса, немецкого еврея, который считал, что классовая борьба в конечном счете приведет к социалистическому обществу, основанному на равенстве людей. Забавно, что сам Маркс сомневался в возможности победы социалистической революции в экономически и культурно отсталой России. Игнорируя предупреждения Маркса, большевики принялись коренным образом реформировать российское общество: национализировать банки, делить среди крестьян помещичьи земли, доверять рабочим управление заводами и фабриками, конфисковывать церковную собственность. Ленинская Красная гвардия перерыла старое Министерство иностранных дел и без всяких церемоний предала огласке все, что нашла, а именно целый пакет секретных соглашений между со-

юзниками 1915 и 1916 годов, согласно которым весь послевоенный мир делился на зоны влияния. Подобно тому как США в 2010 году отреагировали на публикацию *Wikileaks* американских дипломатических телеграмм, союзники были возмущены таким бесцеремонным нарушением прежнего дипломатического протокола, открывшим лживость призыва Вильсона «к самоопределению народов» после войны. Среди опубликованных договоров было и соглашение Сайкса—Пико о разделе Османской империи между Великобританией, Францией и Россией. Создавая новые государства независимо от их исторических и культурных реалий, оно сеяло семена будущих войн на богатом нефтью Ближнем Востоке.

Со времен Французской революции, случившейся за 125 лет до описываемых событий, Европа не знала таких глубоких потрясений и преобразований. Ленинское понимание всемирной коммунистической революции завладело умами рабочих и крестьян по всему земному шару, неся с собой нешуточную угрозу образу либеральной капиталистической демократии, как она представлялась Вильсону.

Госсекретарь в правительстве Вильсона Роберт Лансинг, слывший англофилом, разочарованно сообщил, что коммунистические призывы Ленина встречают у рабочих поддержку. 1 января 1918 года он предупредил Вильсона, что призыв Ленина обращен к «пролетариям всех стран, всем неграмотным и слабоумным, которые по своей природе стремятся стать господами. Здесь, как мне кажется, лежит весьма реальная опасность, если учесть социальные волнения, происходящие во всем мире»[101].

Вильсон, в свою очередь, решил сделать смелый шаг и попытаться перехватить у Ленина инициативу. 8 января 1918 года он огласил свои «Четырнадцать пунктов»*. Этот либеральный, открытый антиколониальный план мирного урегулирования провозглашал самоопределение, разоружение, свободу судоходства, свободу торговли и создание Лиги Наций. Только такие высокие цели могли оправдать продолжение «столь

---

* **«Четырнадцать пунктов»** Вильсона — проект мирного договора, завершающего Первую мировую войну, разработанный президентом США Вудро Вильсоном и представленный конгрессу 8 января 1918 года. Включал сокращение вооружений, вывод немецких частей из России и Бельгии, провозглашение независимости Польши и создание «общего объединения наций» (получившего название Лига Наций). «Четырнадцать пунктов» Вильсона были альтернативой разработанному В. И. Лениным Декрету о мире, который был куда менее приемлемым для западных держав.

Глава 1. Первая мировая война

Американские солдаты, проходящие обучение противохимической защите в лагере Дикс, штат Нью-Джерси. Несмотря на то что химическое оружие столетиями находилось под запретом у разных цивилизаций, во время Первой мировой войны оно стало широко применяться. Во время газовых атак люди умирали тысячами.

трагического и ужасного кровопролития и разбазаривания богатств». «Дни завоеваний и территориальной экспансии давно миновали, как и дни секретных договоров», — торжественно заявил он в своем выступлении, которое вскоре окажется наглой ложью[102]. Но неожиданно на повестку дня встали два противоположных образа послевоенного мира.

Ленин снова застал капиталистический мир врасплох. 3 марта, за восемь месяцев до перемирия на Западном фронте, он подписал мирный договор с Германией, выводя русские войска из войны. Ленин так горячо желал мира, что согласился даже на суровые условия Брест-Литовского мирного договора, несмотря на то что это означало отказ от власти России над Польшей, Финляндией, Прибалтикой, Украиной, Грузией и другими областями общей площадью более 700 тысяч квадратных километров

7 ноября 1917 года В.И. Ленин и большевики захватили власть в России, кардинально изменив ход мировой истории. Ленинское понимание всемирной коммунистической революции завладело умами рабочих и крестьян по всему земному шару, неся с собой нешуточную угрозу образу либеральной капиталистической демократии, как она представлялась Вильсону.

с населением в 50 миллионов человек. Вильсон и союзники негодовали и отреагировали незамедлительно.

Против большевиков поднялись все реакционные силы, началась безжалостная контрреволюция. Отдельные армии нападали на новую Россию со всех сторон: белогвардейцы и белоказаки, чехословацкий корпус, сербы, греки, поляки на западе, французы на Украине и приблизительно 70 тысяч японцев на Дальнем Востоке. Против всех этих сил соратник Ленина по революции Л.Д. Троцкий двинул созданную самыми суровыми мерами Красную армию численностью около 5 миллионов человек. Бывший первый лорд британского Адмиралтейства Уинстон Черчилль, человек прямолинейный, выразил мнение всех капиталистов, когда заявил, что большевизм нужно задушить в колыбели.

В Россию прибыло приблизительно 40 тысяч английских солдат, часть из которых перебросили на Кавказ для защиты бакинских нефтепромыслов. Хотя Гражданская война и бои с интервентами в основном закончились к 1920 году, отдельные очаги сопротивления сохранялись до 1923-го, а сопротивление исламского повстанческого движения в Средней Азии

Глава 1. Первая мировая война

Президент Вудро Вильсон выступает в Греческом театре в Беркли, штат Калифорния, в сентябре 1919 года. Переизбранный президентом в 1916 году благодаря лозунгу «Он не позволил втянуть нас в войну», Вильсон вступил в Первую мировую войну в 1917 году, надеясь добиться участия США в определении судеб послевоенного мира.

продолжалось вплоть до 1930-х годов*, как бы предвосхищая будущие события, которые развернутся лет на шестьдесят позднее.

Англия, Франция, Япония и ряд других стран Антанты отправили в Россию десятки тысяч солдат — отчасти для помощи белогвардейцам, пытавшимся свергнуть едва родившийся большевистский режим. США поначалу не решились присоединиться к ним, но в итоге отправили более 15 тысяч солдат на Дальний Восток и на север России в надежде поддержать Восточный фронт против Германии, находившейся в стеснённых обстоятельствах, и не позволить японцам на Дальнем Востоке захватить слишком много. Вильсон отклонил предложения члена английского кабинета Уинстона Черчилля, главнокомандующего армиями Антанты маршала Фердинанда Фоша и других видных деятелей Антанты пойти на прямую интервенцию, чтобы свергнуть большевиков. Вильсон отбивался от настойчивых просьб Фоша, заявив, что «любая попытка

---

* Большевики и их сторонники называли исламских повстанцев басмачами; самоназвание — моджахеды («борцы за веру»), «воины ислама».

справиться с революционным движением посредством переброски войск равнозначна тому, чтобы пытаться метлой сдержать прилив. Кроме того, войска могут пропитаться тем самым большевизмом, на борьбу с которым их отправляют»[103]. Тем не менее американские войска оставались в России до 1920 года, много времени спустя после того, как исчезла первоначальная военная необходимость. Американское участие в этой операции с самого начала испортило отношения США с новым советским правительством[104]. Оно также углубило недоверие к Вильсону и его побуждениям со стороны ключевой группы прогрессивных сенаторов, главным образом представляющих Средний Запад США, и недоверие это даст о себе знать, когда он будет отчаянно пытаться достичь осуществления своей мечты — Лиги Наций.

Эти «сторонники мира и прогресса», по выражению Роберта Дэвида Джонсона и других историков, по-разному относились к новому революционному правительству России, но их всех одинаково пугала перспектива американского военного вмешательства. Ведущую роль в этой группе играл сенатор-республиканец от штата Калифорния Хайрам Джонсон. Он утверждал, что США должны бороться с тем, что породило большевизм: «угнетением, нищетой и голодом», — а не пытаться свергнуть новое правительство путем военной интервенции, что сенатор считал частью «войны Вильсона с революцией в любой стране». Он не хотел, «чтобы американский милитаризм силой навязывал нашу волю более слабым народам». Сенатор от штата Миссисипи Джеймс Вардаман утверждал, что интервенция осуществлялась в интересах международных корпораций, которые хотели получить те 10 миллиардов долларов, которые царское правительство взяло у них в долг. Роберт Лафоллет назвал это «насмешкой» над «Четырнадцатью пунктами» Вильсона, «ужаснейшим преступлением против демократии, "самоопределения" и "согласия управляемых"»[105]. Сенатор от штата Айдахо Уильям Бора заявил, что люди, вернувшиеся в Соединенные Штаты после нескольких месяцев пребывания в России, сообщают о тамошних условиях совсем не то, что правительство Вильсона. Бора слышал от них, что «подавляющее большинство русских поддерживает Советское правительство». И, продолжал он, «если Советское правительство представляет русский народ, если оно представляет 90% русских, я склонен считать, что русские имеют такое же право установить у себя государство социалистического типа, как мы — свою республику»[106]. Джонсон внес резолюцию о прекращении финансирования интервенции. Резолюция получила широкую поддержку, но не прошла из-за равенства голосов: 33 за и 33 против[107].

В то время как все больше американцев начинали подвергать сомнению многие дипломатические шаги Вильсона, он, казалось, оставался лучом надежды для измученных войной европейцев. Когда 18 декабря 1918 года он прибыл в Европу для участия в Парижской мирной конференции, его окружила толпа поклонников. Герберт Уэллс вспоминал: «На недолгое время Вильсон оказался символом всего человечества. Или по крайней мере он казался символом человечества. И в то недолгое время он вызвал могучий и небывалый отклик людей по всей земле... Он перестал быть простым государственным деятелем; он стал мессией»[108].

Немцы сдались, положившись на «Четырнадцать пунктов» Вильсона и считая, что к ним отнесутся справедливо. Один немецкий город приветствовал возвращающихся с фронта солдат транспарантом, на котором было написано: «Добро пожаловать, храбрые солдаты, вы свое дело сделали; дальше — дело Бога и Вильсона»[109]. Немцы даже свергли кайзера и приняли республиканскую форму правления в знак честных намерений. Но расплывчато сформулированные «Четырнадцать пунктов» оказались слабой базой для переговоров. А Вильсон почему-то не стал добиваться их поддержки от союзников еще во время войны, когда у него было больше средств влияния. Он тогда наивно сказал полковнику Эдварду Хаузу: «Когда война закончится, мы сможем заставить [Англию и Францию] принять наш образ мыслей, поскольку... их финансы будут в наших руках»[110].

Несмотря на все задолженности, союзники не стали соглашаться на условия Вильсона. Заплатив такую высокую цену за победу, они не особо прислушивались к высокопарным высказываниям Вильсона о гарантиях безопасности для демократии, свободе судоходства и «мире без победы». Они жаждали мести, новых колоний и господства на море. Вильсон уже предал один из своих основополагающих принципов, вмешавшись в Гражданскую войну в России и удерживая войска на ее территории. Но за этим последуют и другие предательства. Англичане очень ясно дали понять, что совершенно не намерены следовать призыву Вильсона к свободе судоходства, поскольку она ограничила бы возможности их флота обеспечивать британские торговые маршруты. Французы не менее понятно объяснили, что не примут соглашения о мире, если оно не будет включать карательных мер против Германии. Франция потеряла намного больше миллиона солдат, Англия — чуть менее миллиона. Английский премьер-министр Дэвид Ллойд Джордж отметил, что в США не было разрушено «ни единой лачуги»[111]. Французы, кроме того, не забыли своего поражения во Франко-прусской войне и подливали масла в огонь, желая истощить и расчленить Германию.

12 января 1919 года в Париже собрались представители 27 стран. Перед ними стояла колоссальная задача. Османская, Австро-Венгерская, Германская и Российская империи в той или иной степени распались, на их обломках возникли новые государства. То тут, то там разгорались революции. Свирепствовал голод. Вспыхивали эпидемии. Искали пристанища беженцы. Мир отчаянно нуждался в мудром руководстве. Но Ллойд Джордж, Клемансо и премьер-министр Италии Витторио Орландо сошлись на том, что Вильсон, считавший себя «орудием Господа Бога», абсолютно невыносим[112]. Клемансо якобы даже сказал: «Как надоел мне мистер Вильсон с его "Четырнадцатью пунктами"; да ведь у самого Всевышнего их было только десять!»[113] Ллойд Джорджу отношение Клемансо к Вильсону понравилось чрезвычайно: «Если бы президент опять воспарил в лазурные дали, как ему иногда свойственно делать, не считаясь с обстановкой, то Клемансо распахнул бы глаза, растерянно заморгал и посмотрел бы на меня, словно говоря: "Ну вот, опять его понесло!" Я действительно полагаю, что прежде всего этот президент-идеалист считает себя миссионером, чья основная задача — спасти бедных язычников-европейцев». Ллойд Джордж превозносил собственную деятельность на конференции в столь трудных обстоятельствах: «Я сделал все, что мог, если учесть, что меня посадили между Иисусом Христом и Наполеоном Бонапартом»[114].

В окончательный вариант договора вошли лишь немногие из «Четырнадцати пунктов» Вильсона. Победители, особенно Великобритания, Франция и Япония, распределили между собой бывшие немецкие колонии и владения в Азии и Африке в соответствии с границами, определенными тайным Лондонским договором 1915 года. Заодно подверглась разделу и Османская империя. Победители также придали более благородный вид своим поступкам, назвав колонии «подмандатными территориями». Вильсон сначала пытался воспротивиться, но в итоге сдался. Он логически обосновал свои уступки, заявив, что немцы «безжалостно эксплуатировали свои колонии», отказывая их гражданам в основных правах, в то время как союзники обращались со своими колониями очень гуманно[115], — данная оценка была встречена со скептицизмом жителями колоний стран Антанты, как хорошо видно на примере Хо Ши Мина из Французского Индокитая. Хо Ши Мин взял напрокат смокинг и шляпу-котелок и нанес визит Вильсону и другим членам американской делегации на конференции; он вручил президенту США петицию с требованием независимости для Вьетнама. Как и большинство других мировых лидеров, представлявших зависимые страны и получивших на конференции право совещательного голоса, Хо Ши Мин вскоре поймет, что освобождение должно прийти с помощью вооруженной борьбы, а не благодаря щедрости колонизаторов. Подобное же разочарование высказал и Мао Цзэдун, тогда работавший помощником библиотекаря: «Вот тебе и "право на самоопределение", — возмущался он. — По-моему, это просто бесстыдство!»[116] В поиске компромисса Вильсон до такой степени отошел от собственных принципов, что даже посчитал приемлемым американский мандат над Арменией, так что Клемансо не выдержал и сухо заметил: «Когда вы уже не будете президентом, мы сделаем вас турецким султаном»[117].

Главы стран Антанты почти не пытались скрывать расизм, лежавший в основе их длительного господства над темнокожими народами. Этот факт стал особенно очевиден, когда представители Японии — барон Макино Нобуаке и виконт Чинда Сутеми — предложили включить в Устав Лиги Наций статью о расовом равенстве. Звучала она следующим образом: «Поскольку основополагающим принципом Лиги Наций является равенство государств, Высокие Договаривающиеся Стороны соглашаются в кратчайшие сроки предоставить всем иностранным подданным государств — членов Лиги равное и справедливое обхождение во всех отношениях, не делая между ними различий, де-юре или де-факто, по признаку расовой или национальной принадлежности». Японское предложение было решительно отвергнуто защитниками Британской империи, включая английского министра иностранных дел Артура Джеймса Бальфура и премьер-министра Австралии Вильяма Хьюза. Как отметил член английского кабинета министров лорд Роберт Сесил, данная статья создала бы «чрезвычайно серьезные проблемы» для Британской империи[118].

Поскольку еще до официального открытия конференции Вильсон признался Ллойд Джорджу, что его прежде всего интересует создание Лиги Наций, а не детали послевоенного урегулирования — ведь именно Лига Наций, с его точки зрения, должна была сыграть важнейшую роль в предотвращении будущей войны, — попытка американского президента добиться заключения соглашения, не предусматривающего применения карательных санкций к побежденным, которое он публично отстаивал, потерпела полное фиаско. Версальский договор предусматривал жесткие меры по отношению к Германии. В него включили статью о «виновности в развязывании войны», подготовленную будущим госсекретарем США Джоном Фостером Даллесом: согласно ей, вся вина за развязывание войны возлагалась на Германию, которая должна была выплатить колоссальные репарации. Вильсон, не обращавший внимания ни на что, кроме создания Лиги Наций, пошел на серьезный компромисс и по этому вопросу, и по многим другим важнейшим вопросам, разочаровав даже самых горячих своих сторонников. Клемансо ехидно заметил, что Вильсон «говорил, как Иисус Христос, а поступал, как Ллойд Джордж»[119]. Экономист Джон Мейнард Кейнс осудил согласие Вильсона на этот «Карфагенский мир» — трагическое отречение от «Четырнадцати пунктов» — и предсказал, что договор приведет к новой европейской войне[120].

Хотя Ленина в Париж не пригласили, незримое присутствие России омрачало заседания, как «призрак Банко*, неизменно сидящий за столом конференции», по словам Герберта Гувера[121]. Ленин с самого начала отмахнулся от «Четырнадцати пунктов» Вильсона как от пустословия и заявил, что капиталистические страны никогда не откажутся от своих колоний и не примут мечту Вильсона о мирном урегулировании конфликтов. Его призыв к международной революции, к свержению всей империалистической системы стал находить все больше доброжелательных слушателей. В марте полковник Хауз записал в дневнике: «Судя по всему, кризис уже не за горами. Ропот недовольства слышится постоянно. Люди хотят мира. Большевизм набирает популярность. Только что его жертвой стала Венгрия**. Мы сидим на открытом пороховом погребе, и достаточно одной искры, чтобы мы взлетели на воздух»[122]. Антанта была так обеспокоена коммунистическими революциями в Восточной Европе, что вставила в соглашение о перемирии пункт, запрещающий германской армии уходить из стран на Восточном фронте, пока «союзники не сочтут, что время для этого пришло»[123]. Хотя коммунистическое правительство Белы Куна в Венгрии будет скоро свергнуто вторгшимися румынскими войсками, а попытка коммунистов захватить власть в Германии потерпит поражение***, у Хауза и Вильсона были причины всполошиться из-за мощной волны радикальных перемен, захлестнувшей Европу и вышедшей за ее пределы.

Активно участвовали в революционном движении и американские рабочие; первыми забастовали 365 тысяч сталелитейщиков, их примеру последовали 450 тысяч шахтеров и 120 тысяч текстильщиков. В Бостоне

---

* Банко — персонаж трагедии Шекспира «Макбет»: появление его призрака за пиршественным столом знаменовало предстоящую гибель Макбета, узурпировавшего трон.

** Имеется в виду революция 1919 года в Венгрии (Венгерская Советская Республика).

*** Имеется в виду Баварская Советская Республика (апрель—май 1919 года).

Хо Ши Мин взял напрокат смокинг и шляпу-котелок и нанес визит Вильсону и другим членам американской делегации на конференции; он вручил президенту США петицию с требованием независимости для Вьетнама. Как и большинство других мировых лидеров, представлявших зависимые страны и получивших на конференции право совещательного голоса, Хо Ши Мин вскоре поймет, что освобождение должно прийти с помощью вооруженной борьбы, а не благодаря щедрости колонизаторов.

решили объявить забастовку полицейские, причем за это решение проголосовали 1134 человека, а против — двое, так что *Wall Street Journal* предупредила своих читателей: «Ленин и Троцкий уже близко». Вильсон назвал забастовку «преступлением против цивилизации»[124]. А всеобщую забастовку в Сиэтле возглавил, по образцу русских революционеров, Совет солдатских, матросских и рабочих депутатов. Мэр Сиэтла Оле Хэнсон осудил забастовку, назвав ее «попыткой революции». Забастовщики, бушевал он, «хотят захватить в свои руки наше американское правительство и пытаются создать здесь ту же анархию, что и в России»[125]. Только в том году бастовало более 5 миллионов рабочих. Когда усилий штрейкбрехеров, которых защищали вооруженные охранники, местная полиция и спешно приведенные к присяге помощники шерифов, оказалось недостаточно для того, чтобы подавить забастовки, на помощь призвали национальную гвардию и даже федеральные войска. В результате рабочему движению был нанесен удар, от которого оно не оправится десять с лишним лет. Хотя использование федеральных войск в интересах крупного капитала было очень спорным уже в 1877 году, рабочие все больше и больше осознавали, что, если они станут бороться за повышение заработной платы, улучшение условий труда и право организовываться в профсоюзы, против них единым фронтом выступят полиция, суд, армия и весь государственный аппарат.

Значительно ослабив левые партии и организации во время войны, правительственные чиновники теперь пытались и вовсе покончить с ними.

Слева направо: премьер-министр Англии Дэвид Ллойд Джордж, премьер-министр Италии Витторио Орландо, премьер-министр Франции Жорж Клемансо и президент США Вудро Вильсон на Парижской мирной конференции. На конференции бóльшая часть возвышенных идей «Четырнадцати пунктов» Вильсона была отброшена другими союзниками, искавшими мести, новых колоний и господства на морях в послевоенном мире.

В ноябре 1919 и январе 1920 года министр юстиции США А. Митчелл Палмер использовал волну безрезультатных, как правило, терактов со стороны анархистов как предлог для того, чтобы бросить федеральных агентов на разгром радикальных групп и рабочих организаций по всей стране. Хотя эту операцию и прозвали «рейдами Палмера», фактически руководил ею 24-летний начальник отдела общей разведки Министерства юстиции Дж. Эдгар Гувер, отвечавший за борьбу с радикальными элементами. По подозрению в революционной деятельности было арестовано более 5 тысяч человек, многих из них продержали за решеткой долгие месяцы без предъявления каких-либо обвинений. Уроженка России Эмма Гольдман* и сотни других активистов-иммигрантов были высланы из страны. Это вопиющее нарушение гражданских свобод не только нанесло сильный удар по прогрессивному движению, оно еще и способствовало тому, чтобы фактически приравнять любое инакомыслие к антиамерикан-

---

* Гольдман Эмма (1869–1940) — знаменитая американская анархистка.

Глава 1. Первая мировая война

ской позиции. Но для Гувера это было только начало. К 1921 году в его картотеке, куда заносили все потенциальные «подрывные элементы»: отдельных лиц, организации и издания, — содержалось уже 450 тысяч учетных карточек[126].

После Парижской конференции Вильсон восторженно воскликнул: «Наконец-то мир узнал Америку как своего спасителя!»[127] Когда Вильсон вернулся в США, противники Версальского договора отнюдь не приветствовали его как спасителя: он подвергся ожесточенной критике и слева, и справа. Вильсон решил оправдаться, устраивая встречи с избирателями по всей стране. Он утверждал, что США необходимо ратифицировать договор, чтобы вступить в Лигу Наций — единственный способ решить проблемы, порожденные Версальским миром. Сенатор Уильям Бора, возглавивший прогрессивное крыло оппозиции, в которую вошли такие видные деятели, как сенаторы Лафоллет, Норрис и Джонсон, заклеймил предложенную Вильсоном международную организацию, назвав ее «лигой империалистов», стремящихся задушить революции и осуществить свои имперские притязания. Несмотря на все попытки Вильсона представить Версальский мир в более выгодном свете, Бора считал договор «жестоким, неконструктивным, несправедливым документом», который учредил «лигу, обеспечивающую неприкосновенность Британской им-

В 1919 году более 4 миллионов американских рабочих боролись за повышение заработной платы, улучшение условий труда и право организовываться в профсоюзы. Как видно из этой листовки, выпущенной в честь всеобщей забастовки в Сиэтле, русская революция помогла воспитать в рабочих боевой дух.

перии»[128]. Норрис осудил статью договора, по которой китайскую провинцию Шаньдун, родину Конфуция, передавали Японии, и назвал это «позорным насилием над невинным народом»[129]. К названным сенаторам присоединились изоляционисты и представители других политических взглядов, желавшие гарантий, что США без санкции конгресса не будут втянуты в военные действия.

Как ни странно, политика Вильсона в период войны лишила его многих самых горячих приверженцев. Глава КОИ Крил указал на этот факт потерявшему популярность президенту в конце 1918 года, заявив следующее: «Всех радикалов и либералов — сторонников вашей политики, направленной против империалистической войны, запугали и заставили замолчать. И сделать это вы позволили Министерству юстиции и Министерству почт. Некому больше поднять свой голос в защиту такого мира, какой видится вам. Нацию и общественность выпороли. Всей радикальной и социалистической прессе заткнули рот»[130]. Но упрямство Вильсона ухудшило и без того тяжелую ситуацию. Вместо того чтобы пойти на компромисс и принять предложенные поправки к договору, президент молча смотрел, как договор и членство США в Лиге Наций катятся к поражению. В итоге для ратификации не хватило семи голосов.

Самое тяжкое бремя Версальский мирный договор взвалил на Германию. Репарации составили 33 миллиарда долларов — меньше одной пятой того, что требовала Франция, но вдвое больше того, на что надеялась Германия, — и это в то время, когда платежеспособность последней резко сократилась из-за полной утраты колоний и территорий, населенных поляками. Германия лишилась также порта Данциг и Саарского угольного бассейна. К тому же немцев возмущала статья о «виновности в развязывании войны».

Экономические статьи договора были составлены явно под диктовку банкирского дома Морганов. Как отмечал лауреат ряда литературных премий Рон Черноу, биограф Морганов, «на Парижской мирной конференции 1919 года люди Моргана были буквально повсюду, и советник Вильсона Бернард Барух жаловался, что на переговорах всем заправляют "Джей-Пи-Морган энд компани"». Среди агентов Моргана особенно выделялся Томас Ламонт, ведущий партнер фирмы, на которого очень полагался Вильсон. Другой партнер фирмы, Джордж Уитни, заметил, что Вильсон доверял суждениям Ламонта по финансовым вопросам больше, чем мнению кого-либо другого. Ламонт доказывал, что репарации Германии следует установить на уровне 40 миллиардов долларов, а позднее даже уверял, что немцы, пожалуй, легко отделались. В Париже он и дру-

Глава 1. Первая мировая война

гие банкиры сделали все возможное, чтобы интересы банкирского дома Морганов были надежно обеспечены»[131].

Хотя репарации и статья о «виновности в развязывании войны» создали в послевоенной Германии обстановку напряженности и нестабильности, их влияние на ситуацию несколько преувеличивалось. Репарации были тяжелыми скорее на бумаге, чем в действительности. Начиная с 1921 года фактические платежи неоднократно пересматривались в сторону уменьшения с учетом платежеспособности Германии. А в статье о «виновности в развязывании войны» (статья 231 договора) на самом деле ни о какой виновности речь не идет. В ней указывается, что Германия обязана выплатить репарации за «все потери и все убытки», возникшие «вследствие войны, которая была им [*странам Антанты*] навязана нападением Германии и ее союзников»[132]. Разумеется, никто не станет спорить, что Гитлер и другие правые в Германии эксплуатировали чувство национального унижения, связанного с поражением в войне и возмездием Антанты. Тот факт, что сражений на немецкой земле почти не было и что военная пропаганда заставила большинство немцев верить в неизбежность победы, еще меньше помогал немцам проглотить унизительный договор и добавлял доверия к разглагольствованиям Гитлера.

Как видно из карикатуры, опубликованной в журнале Punch в декабре 1919 года, отказ сената от членства США в Лиге Наций во многом предопределил неэффективность этой организации. Стараниями Вильсона такой провал был гарантирован — ведь именно Вильсон во время войны заткнул рот антиимпериалистическим силам в США, которые могли бы поддержать вступление в Лигу.

Экономические, социальные и политические беспорядки сотрясали и послевоенную Италию, где вооруженные фашисты — последователи Бенито Муссолини — постоянно провоцировали столкновения с левыми демонстрантами и забастовщиками. Посол США Роберт Джонсон предупреждал об опасностях, которыми был чреват захват власти крайне правыми силами под руководством Муссолини. Американское посольство сообщало в июне 1921 года: «Похоже, именно фашисты выступают в качестве зачинщиков беспорядков, тогда как коммунисты... сумели отвести обвинения в беззаконии и насилии от революционной партии "красных" и переложить их на фашистов, самочинно объявивших себя защитниками "законности и порядка"». Позднее, когда в президентство Уоррена Г. Гардинга послом в Италии стал Ричард Чайлд, официальный представитель США развернулся на 180 градусов и принялся расхваливать Муссолини и поносить коммунистов. Чайлд и другие сотрудники посольства всячески преуменьшали правый экстремизм Муссолини, зато превозносили его антибольшевизм и готовность твердой рукой подавить рабочее движение. Американская поддержка продолжалась даже после того, как Муссолини установил в стране фашистскую диктатуру. Покровительство Муссолини оказывали такие ключевые фигуры деловых кругов США, как министр финансов Эндрю Меллон, Томас Ламонт, Дж. П. Морган и Ральф Изли из «Национальной гражданской федерации», одного из крупнейших объединений американских промышленников[133].

Историки давно развенчали миф о том, что отвращение, вызванное войной и интригами европейской политики, якобы вынудило США к добровольной изоляции в 1920-е годы. На самом деле Первая мировая война положила конец господству европейских стран и привела к взлету США и Японии, двух настоящих победителей в этой войне. В 1920-е годы произошло быстрое распространение американского капитала по всему земному шару. Вместо Лондона центром мировой финансовой системы стал Нью-Йорк. Началась эра американского господства в мировой экономике. И лидировали в этом процессе нефтяные компании.

Война показала, что контроль над снабжением нефтью — основа расширения власти. Во время войны и Англия, и Германия пытались отрезать противника от поставок нефти. Англия, сильно пострадавшая от нападений немцев на танкеры, впервые выразила беспокойство в связи с нехваткой нефтепродуктов уже в начале 1916 года. Союзники тоже отрезали немцам доступ к нефтяным ресурсам, а английский полковник Джон Нортон-Гриффитс попытался разрушить нефтепромыслы в Румынии, когда немцы в конце 1916 года перешли в наступление, чтобы

Глава 1. Первая мировая война

захватить их. Подчеркивая важность этих событий, лорд Керзон заметил вскоре после подписания перемирия, что «союзники приплыли к *победе на волнах нефти*». И ключом к этой победе стали США: они обеспечили 80% потребностей союзников в нефти[134]. Но как только война закончилась, нефтяные компании приготовились захватить любые богатые нефтью территории. Как утверждалось в отчете компании Royal Dutch Shell за 1920 год, «мы не должны позволить другим опередить нас в борьбе за новые территории... наши геологи находятся всюду, где есть хоть малейший шанс на успех»[135].

Royal Dutch Shell обратила свои взоры на Венесуэлу: правительство генерала Хуана Висенте Гомеса предлагало благоприятные и прочные условия, которые казались намного более выгодными, чем в Мексике, где политическое положение было все еще неясным, а производство снижалось[136]. Обеспокоенные английским влиянием в Венесуэле и убежденные в том, что добыча во время Первой мировой войны в значительной степени исчерпала внутренние ресурсы США, американские компании вскоре включились в борьбу за венесуэльскую нефть[137]. В своей книге «Добыча», посвященной проблемам нефтедобывающей промышленности, Дэниел Ергин называет Гомеса «жестоким, хитрым и жадным диктатором, который в течение 27 лет правил Венесуэлой ради личного обогащения»[138]. По словам историка Стивена Рейба, Гомес, по существу, превратил страну «в личную гасиенду», поскольку «накопил личное богатство, оцененное в 200 миллионов долларов, и 20 миллионов акров земли». Показательно: смерть диктатора в 1935 году была отмечена в Венесуэле недельной «вспышкой народных выступлений», во время которых демонстранты выплескивали свой гнев, уничтожая «его портреты, статуи и здания», и даже «учинили резню» части его «подхалимов»[139].

Власть Гомеса зиждилась на местных каудильо (сильных лидерах), армии, укомплектованной его приверженцами, и широкой сети шпиков. Те, кто его осуждал, становились жертвами преследований. Поверенный в делах США Джон Кэмпбелл Уайт сообщал, что с заключенными в Венесуэле обращаются со «средневековой жестокостью». А Соединенные Штаты были всегда готовы вмешаться, если им это потребуется. В 1923 году США отправили в Венесуэлу отряд коммандос для демонстрации поддержки Гомеса в связи со слухами о готовящейся революции — как оказалось, беспочвенными[140].

Поскольку экономика страны все больше зависела от доходов с добычи нефти, Гомес привлек нефтяные компании к составлению выгодного для промышленников Закона о нефти 1922 года. Компании получали колоссальные прибыли. А вот их рабочие, как и окружающая среда, оказались в куда меньшем выигрыше: нередко происходили несчастные случаи и утечки нефти. Так, в результате прорыва скважины в 1922 году нефть разлилась на 5,7 тысячи кв. гектаров, почти миллион баррелей нефти вылился в озеро Маракайбо[141].

В то время как Гомес купался в роскоши и зачинал, по слухам, 97 внебрачных детей, его родственники и приспешники, которых называли «гомесистами», скупали лучшие земельные участки, а затем перепродавали иностранным компаниям, нажив тем самым целые состояния для себя и своего вожака, тогда как их соотечественники влачили нищенское существование. Тем временем производство нефти в стране подскочило с 1,4 миллиона баррелей в 1921 году до 137 миллионов баррелей в 1929-м: по добыче нефти Венесуэла уступала только США, а по объему экспорта вышла на первое место в мире. Из трех компаний, доминировавших на венесуэльском рынке, две были американскими: Gulf и Pan American — последнюю купила в 1925 году компания Standard Oil of Indiana[142]. Объединившись, эти две компании в 1928 году обошли английскую Royal Dutch Shell в качестве крупнейшего производителя нефти в Венесуэле, и к моменту смерти Гомеса на их долю приходилось 60 % нефтедобычи в стране[143].

Но постепенно нарастала левая оппозиция диктатуре Гомеса и его преемников. Рабочие нефтяной промышленности время от времени бастовали, требуя улучшения условий труда и увеличения заработной платы, а в 1928 году студенты Центрального университета в Каракасе, которых потом назвали «поколением двадцать восьмого года», подняли восстание против диктатуры, за более демократическую форму правления. В 1945 году, после многолетней борьбы, левая партия «Демократическое действие» Ромуло Бетанкура сумела свергнуть режим генерала Исаяса Медины Ангариты. Бетанкур добился таких отношений с нефтяными компаниями, которые больше отвечали интересам Венесуэлы. Его сместили с поста в 1948 году в результате военного переворота. Признавая необходимость иностранных инвестиций, эти прогрессивные реформаторы оставили потомкам в наследство опыт радикального патриотического и антиимпериалистического сопротивления эксплуатации венесуэльских ресурсов иностранными нефтяными компаниями[144].

К 1920 году американцы уже устали от «идеализма» Вильсона. Они были готовы к тому, что Уоррен Гардинг назвал «возвращением к норме», а это, с точки зрения первых двух республиканских президентов того десятилетия, означало возвращение к посредственности. Правительства

Гардинга, Кулиджа и Гувера искали возможность расширить американское экономическое влияние в Латинской Америке, не прибегая к тяжеловесной дипломатии канонерок, характерной для правления Рузвельта, Тафта и Вильсона. Во время избирательной кампании 1920 года Гардинг ухватился за реплику кандидата в вице-президенты (*от Демократической партии*) Франклина Д. Рузвельта о том, что, будучи помощником министра ВМС, он лично написал конституцию Гаити. Гардинг заверил своих слушателей: став президентом, он, Гардинг, не станет «уполномочивать помощника министра ВМС составлять конституцию для беспомощных соседей в Вест-Индии и заталкивать ее им в глотку штыками американских морских пехотинцев». Он перечислил и другие поступки Вильсона, которых сам никогда не совершит: «И я также не буду злоупотреблять президентской властью, чтобы под покровом тайны неоднократно и необоснованно вмешиваться во внутренние дела малых республик Западного полушария, в результате чего за последние несколько лет мы не только нажили врагов среди тех, кто должен быть нашими друзьями, но и дискредитировали образ нашей страны как доброго соседа»[145].

На самом деле Гардинг и его преемники-республиканцы обрели друзей скорее среди американских банкиров, чем среди жителей тех самых «малых республик». В мае 1922 года журнал *The Nation* сообщил, что в Никарагуа вспыхнуло восстание против «чрезвычайно непопулярного президента — ставленника банка "Браун бразерс". Когда революционеры захватили крепость, господствующую над столицей, командир подраз-

Правление венесуэльского диктатора генерала Хуана Висенте Гомеса, отличавшегося жестокостью и жадностью, сделало его страну любимицей американских и английских нефтяных компаний. Сколачивая личное состояние, Гомес использовал местных каудильо, армию, укомплектованную его приверженцами, и широкую сеть шпиков, стремясь гарантировать, что Венесуэла всегда будет предана нефтяным интересам Запада.

деления морской пехоты США просто предупредил их, что применит артиллерию, если они не отступят». *The Nation* счел этот случай обычным для политики США в Латинской Америке, где американские банкиры управляли целыми странами через марионеточные правительства, сидящие на американских штыках. Журнал яростно возмущался таким плачевным положением дел:

«К югу от наших границ лежат — или лежали — двадцать независимых республик. По крайней мере пять из них: Куба, Панама, Гаити, Санто-Доминго и Никарагуа — уже низведены до статуса колоний и обладают в лучшем случае фикцией самоуправления. Еще четыре: Гватемала, Гондурас, Коста-Рика и Перу, — кажется, находятся в процессе низведения до того же статуса. Мистер Хьюз не относится к Мексике как к суверенному независимому государству. Как далеко это может зайти?.. Суждено ли США создать великую империю в нашем полушарии — империю, над которой конгресс и американский народ не имеют никакой власти, империю, управляемую горсткой банкиров Уолл-стрит, в чье распоряжение Госдепартамент и Министерство ВМС любезно предоставляют свои возможности? Это вопросы, которые люди — простые люди, чьи сыновья умирают от тропической лихорадки или от пули патриота, — имеют право задать»[146].

После Великой войны США не только не проводили изоляционистскую политику, но и отыскали для расширения пределов своей империи куда более эффективные средства, чем война. В действительности война оставила чрезвычайно горький привкус у большинства американцев. Хотя их участие в Первой мировой войне было относительно недолгим и почти по всем показателям чрезвычайно успешным, сама природа вооруженной борьбы, да еще и омраченная окопной и химической войной, а также шаткое послевоенное урегулирование в совокупности привели к тому, что слава войны поблекла. Постепенно американцы все больше разочаровывались. Война за безопасность мира и демократии, похоже, потерпела фиаско. Почти не осталось надежды и на то, что эта война положит конец всем войнам. И хотя кое-кто цеплялся за веру, что США участвовали в великом крестовом походе за свободу и демократию, для остальных эта фраза была пустым звуком. Это разочарование проявилось в литературе «потерянного поколения» — книгах Э. Э. Каммингса, Джона Дос Пассоса, Эрнеста Хемингуэя, Эзры Паунда, Томаса Бойда, Уильяма Фолкнера, Лоуренса Сталлингса, Ирвина Шоу, Форда Мэдокса Форда, Далтона Трамбо и других авторов, — когда страна снова поняла, что первоначальная эйфория войны будет стерта реальностью того, к чему

Глава 1. Первая мировая война

на самом деле она приводит. В романе Дос Пассоса «Три солдата», написанном в 1921 году, раненый главный герой, Джон Эндрюс, с трудом переживает визит представителя Молодежной христианской организации, пытающегося поднять солдату настроение и потому говорящего: «Мечтаете, должно быть, поскорее вернуться на фронт и уложить там побольше гуннов?… великое дело сознавать, что исполняешь свой долг… Гунны — варвары, враги цивилизации». Эндрюс испытывает отвращение при мысли, что «все самое лучшее» превратилось вот в это. Дос Пассос пишет: «Бешеная безысходная злоба сжигала его… Но должно же существовать в мире что-то еще, кроме ненависти, алчности и жестокости…»[147] *[Пер. В. Азова].*

Кое-кто открыто выражал свой гнев в отношении войны. Кто-то — лишь глубокое чувство разочарования. В 1920 году в книге «По эту сторону рая» Ф. Скотт Фицджеральд написал об Эймори Блейне и его молодых друзьях: «И вот новое поколение… выросло и узнало: все боги — мертвы, все войны — проиграны, все надежды на человечность — обмануты»[148]. Гертруда Стайн обнаружила то же самое чувство скуки у Эрнеста Хемингуэя и его вечно пьяных друзей и заметила: «Вся молодежь, побывавшая на войне. Вы — потерянное поколение»[149] *[«Праздник, который всегда с тобой» в пер. М. Брука, Л. Петрова и Ф. Розенталя].*

Кинематограф не отставал от литературы: Голливуд выпустил несколько успешных антивоенных фильмов, и некоторые из них до сих пор считаются классикой. «Четыре всадника Апокалипсиса» (1921) Рекса Ингрэма принесли мгновенную славу Рудольфу Валентино. «Большой парад» Кинга Видора стал главным кассовым успехом 1925 года. «Крылья» (1927) Уильяма Уэллмана стали первым фильмом, получившим «Оскара» за лучший фильм, а потрясающая картина «На Западном фронте без перемен» (1930) Льюиса Майлстоуна остается одним из величайших антивоенных фильмов всех времен.

К тому же война, как выяснилось, приводит к падению морали в самых разных отношениях. Триумфальное продвижение цивилизации, наблюдавшееся до войны и основанное на вере в прогресс человечества, было перечеркнуто войной, которая наглядно показала всю глубину варварства и развращенности. Если говорить просто, то угасла вера в возможности человека и человеческую порядочность. Это, разумеется, стало очевидным по обе стороны Атлантики. Ярким примером может служить Зигмунд Фрейд, чье имя в 1920-х годах было известно каждой американской семье. Если до войны он в своей теории делал упор на столкновение принципа удовольствия и принципа реальности, то теперь ему на смену пришел глубокий пессимизм в отношении человеческой натуры, выразившийся в повышенном интересе к инстинкту смерти.

Отрицательные представления о человеческой натуре отразились и в утрате веры в присущие человеку возможности. Армия предоставила психологам обширную лабораторию для проведения экспериментов в области человеческого интеллекта, а 3 миллиона призывников обеспечили потрясающий резерв подопытных кроликов в человеческом обличье. Работая с военнослужащими, многие из которых проходили тестирование в Форт-Оглторпе (штат Джорджия), психологи провели проверку умственных способностей у 1 миллиона 727 тысяч новобранцев, включая 41 тысячу офицеров. Полученные сведения об уровне образования личного состава оказались неожиданными. Приблизительно 30% новобранцев были неграмотны[150]. Уровень образования сильно отличался в зависимости от социальной группы и варьировался от среднего показателя в 6,9 класса у коренных белых американцев и 4,7 класса у иммигрантов — до 2,6 класса у чернокожих южан. Результаты проверок умственных способностей отрезвляли еще сильнее. Тесты — пусть приблизительные и не лишенные известной предвзятости — показали, что целых 47% белых призывников и 89% афроамериканцев «умственно отсталые»[151].

Но наиболее ярко процесс ухудшения представлений о человеческом интеллекте проявился в послевоенной рекламе. 1920-е часто считаются «золотым веком» рекламы — в это десятилетие она расцвела и превратилась в основной вид капиталистического искусства. Как показал Мерл Керти в своем исследовании журнала рекламного дела *Printer's Ink*, до 1910 года рекламодатели в целом считали потребителей людьми разумными и корыстными — следовательно, реклама апеллировала именно к этим качествам. Однако между 1910 и 1930 годами большинство комментариев указывало на то, что рекламодатели стали считать потребителей людьми неразумными. В результате рекламные объявления все больше отказывались от причинно-следственного подхода и обращались к сфере воображения и эмоциям[152]. Один из ораторов на съезде рекламодателей в 1923 году в Атлантик-Сити уловил этот нюанс и предупредил слушателей: «Обратитесь в своей рекламе к разуму — и вас услышит не больше четырех процентов человечества»[153]. Среди рекламистов это изречение стало расхожей истиной. Уильям Эсти из *Walter Thompson Agency* сообщил коллегам, что, по мнению специалистов, «бесполезно обращаться к массам, апеллируя к их разуму или логике»[154]. Джон Бенсон, президент Американской ассоциации рекламных агентств, в 1927 году заметил: «Если сказать чистую правду, она может и не привлечь людей.

Возможно, людей нужно дурачить для их же собственной пользы. Врачи и даже проповедники знают это и пользуются этим. Средний уровень интеллекта удивительно низок. Им намного эффективнее управлять, опираясь на подсознательные побуждения и инстинкты, чем с помощью рассудка»[155].

Наиболее очевиден этот послевоенный пессимизм в письмах Уолтера Липпмана, являвшегося во многих отношениях ведущим американским интеллектуалом того десятилетия. В довоенный период Липпман был сторонником прогрессивных взглядов, одним из виднейших социалистов, но после войны его вера в разумность человека постоянно ослабевала. В своей классической работе «Общественное мнение» (1922) он ввел термин «стереотипы», называя так образы, возникающие в умах людей, но не отвечающие действительности. Он предлагал заменить специалистов с научной подготовкой представителями широкой публики, для которой мир стал слишком сложным. Через два года, когда он издал книгу «Призрачная общественность», его вера в демократию ослабела еще больше. Лучшее, что могут сделать люди, считал он, — это выбрать себе хороших руководителей. Затем, в классическом исследовании «Предисловие к нравам» (1929), он потерял веру в то, что само существование человека в бессмысленной вселенной имеет хоть какую-то цель, — эти взгляды отразили широкий экзистенциальный кризис, охвативший США в 1929–1930 годах.

Самым едким критиком демократии был, конечно, Г.Л. Менкен, «мудрец из Балтимора». Менкен называл человека обыкновенного, погрязшего в религии и других суевериях, «болваном», представителем вида «болван американский». Ученый выражал презрение к тем самым мелким фермерам, которых Джефферсон возвел в ранг основы демократии, и возмущенно восклицал: «Нас просят уважать этого хваткого идиота как... примерного гражданина, краеугольный камень государства! К черту его, и чтоб ему пусто было»[156].

К началу 1920-х годов Америка Джефферсона, Линкольна, Уитмена и молодого Уильяма Дженнигса Брайена прекратила свое существование. На смену ей пришел мир Мак-Кинли, Тедди Рузвельта, Эдгара Гувера и Вудро Вильсона. Ошибки Вильсона во многих отношениях венчают период, в который уникальная американская смесь идеализма, милитаризма, алчности и политического прагматизма выдвинула страну в число ведущих мировых держав. Вильсон заявлял: «Америка — единственная идеалистическая нация в мире», — и поступал так, словно действительно верил в это[157]. Он надеялся распространить демократию, положить конец колониализму и преобразовать мир. Список сделанного им далеко не так хорош. Поддерживая право на самоопределение и выступая против формальной империи, он неоднократно вмешивался во внутренние дела других стран, включая Россию, Мексику и всю Центральную Америку. Поощряя реформы, он глубоко опасался фундаментальных, порой революционных перемен, которые на деле улучшили бы жизнь людей. Выдвигая на первый план социальную справедливость, он считал право собственности священным, не подлежащим никаким посягательствам. Поддерживая идеи общечеловеческого братства, он считал всех небелых низшими расами и восстановил расовую дискриминацию федеральных служащих. Превознося демократию и верховенство закона, смотрел сквозь пальцы на вопиющее попрание основных прав и свобод граждан. Осуждая империализм, одобрил сохранение имперских порядков во всем мире. Предложив мягкий мир без аннексий и контрибуций, молчаливо согласился на суровый мир с карательными санкциями и невольно способствовал созданию условий для прихода в будущем к власти Гитлера и нацистов. Удивительно топорная работа Вильсона в Версале и удивительная негибкость по возвращении в США помогли сенату провалить ратификацию мирного договора и вступление страны в Лигу Наций.

Таким образом, последствия войны не исчерпывались ужасами, пережитыми на полях сражений. США так и не стали членом Лиги Наций, в результате чего эта организация не имела силы остановить фашистских агрессоров в 1930-е годы. Разоблачение того, что США вступили в Первую мировую войну под надуманными предлогами, а в результате банкиры и производители оружия — позднее получившие прозвище «торговцев смертью» — загребали огромные прибыли, вызвало широко распространенный скептицизм в отношении американского участия в войнах за рубежом, когда США пришлось сражаться с настоящей «осью зла»: Германией, Италией и Японией. К тому времени, когда Соединенные Штаты наконец-то вмешались, во многих отношениях уже было поздно. Однако необходимость нанести окончательное поражение фашизму предоставит США возможность восстановить часть того демократического, эгалитарного наследия, на котором базировались их прежнее величие и моральное лидерство. И хотя США вступили во Вторую мировую войну достаточно поздно, они оказали существенную помощь в разгроме фашизма в Европе, а в разгроме милитаристской Японии сыграли решающую роль. Но, сбросив под конец войны атомные бомбы на Хиросиму и Нагасаки, Соединенные Штаты еще раз доказали, что не готовы обеспечить такое лидерство, в котором отчаянно нуждался мир.

Глава 2

Новый курс:

«Я ПРИВЕТСТВУЮ ИХ НЕНАВИСТЬ»

К моменту инаугурации Франклина Делано Рузвельта 4 марта 1933 года мир уже был мало похож на тот, в котором Рузвельт баллотировался в вице-президенты. В 1920 году весь мир залечивал раны Первой мировой войны. В 1933 году повсюду возникли трудности, казавшиеся непреодолимыми. США уже четвертый год не могли выбраться из трясины Великой депрессии — самого страшного кризиса за всю историю. Уровень безработицы достиг 25 %, валовой национальный продукт сократился вдвое, а доход от сельского хозяйства упал в два с половиной раза. Больше чем вдвое снизился и объем промышленного производства. Банковская система потерпела полный крах. Во всех городах выстроились длинные очереди безработных за бесплатным питанием. По улицам бродили бездомные. Нищета охватила большинство американцев, в воздухе витало отчаяние[1].

Однако другие страны оказались даже в более бедственном положении, чем США. В отличие от США, которые пережили в 1920-х годах период относительного процветания, большинство воевавших стран так и не смогли оправиться от разрушений, причиненных военными действиями. У их граждан не было денег на «черный день», которые могли бы смягчить последствия жесточайшего экономического кризиса. Обстановка накалялась повсюду.

В Италии на тот момент уже 11 лет существовала диктатура, и Бенито Муссолини крепко держал бразды правления в своих руках. В Германии, воспользовавшись недовольством населения и экономическими трудностями, к власти пришли национал-социалисты во главе с Гитлером. Всего за неделю до того, как Рузвельт вступил в должность, Гитлер укрепил свою личную диктатуру, используя поджог Рейхстага как предлог для яростной травли немецких коммунистов, социал-демократов, профсоюзных активистов и левой интеллигенции.

Тучи сгущались и в Азии. В сентябре 1931 года японские войска захватили Маньчжурию, на которую уже давно зарились. Это была богатая природными ресурсами область, расположенная между СССР, Китаем и Кореей, которую в 1932 году японцы переименовали в Маньчжоу-го*. В 1933 году, после ряда протестов других стран, Япония демонстративно вышла из состава Лиги Наций.

Несмотря на тяжелые последствия Великой депрессии, граждане США все же смотрели в будущее с оптимизмом. В день инаугурации Рузвельта на первой полосе *New York Times* появилась статья, автору которой удалось запечатлеть всеобщий восторг по поводу смены правительства:

> «Американцы — это народ, в котором надежда не угасает никогда... Но граждане США никогда еще не ждали инаугурации президента с таким нетерпением, как в этом году... они проявили необычайное терпение и пережили множество трудностей, с которыми, по мнению миллионов, несомненно, справится господин Рузвельт, придя в Белый дом... Господин Рузвельт производит впечатление человека жизнерадостного, он не унывает перед лицом бесчисленных трудностей, с которыми ему предстоит столкнуться... Даже граждане, пребывавшие прежде в унынии, не устают восхищаться президентом, который вступает в должность с верой в то, что "для Соединенных Штатов нет ничего невозможного"... Ни один президент США еще не приходил к власти, пользуясь таким безграничным доверием, ни на одного из предшественников Рузвельта еще не возлагали столько надежд»[2].

---

* Завершив в феврале 1932 года оккупацию Маньчжурии, Квантунская армия приступила к осуществлению плана создания на этой территории формально независимого государства под японским протекторатом. 1 марта 1932 года в Маньчжурии было образовано новое государство — Маньчжоу-го — со столицей в Чанчуне. Японские военные власти торопились осуществить это до приезда в Маньчжурию комиссии Лиги Наций во главе с Литтоном, чтобы поставить внешние державы перед свершившимся фактом. Главой этого марионеточного государства стал Пу И, последний представитель династии Цин, царствовавшей в Китае до Синхайской революции 1911–1913 годов. Весь чиновничий аппарат Маньчжоу-го полностью находился под контролем Квантунской армии, ей же принадлежала вся полнота власти в Маньчжоу-го.

Глава 2. Новый курс

Рузвельт решил прибегнуть к радикальным мерам — и его поддержала вся страна. Демократы контролировали обе палаты конгресса, а народ требовал решительных действий. Уилл Роджерс, известный американский комик, как-то сказал о первых днях правления нового президента следующее: «Если бы он даже сжег Капитолий, то мы бы все радовались и говорили: вот видите, из искры возгорелось пламя»[3].

В своей инаугурационной речи, которой с нетерпением ожидала вся страна, Рузвельт призвал нацию к борьбе. Сегодня его заявление о том, что «единственное, чего нам следует бояться, — это самого страха», кажется безрассудным, оторванным от действительности, учитывая масштабы кризиса. Но президент был связан с другой реальностью: с отчаянной необходимостью для Америки обрести новую надежду и веру в будущее. Именно это Рузвельт принялся возрождать с первых дней правления.

В своей речи он назвал тех, из-за кого страна оказалась в таком бедственном положении: «Спасаясь бегством, менялы покинули храм нашей цивилизации. Теперь мы можем вернуть в этот храм исконные ценности. Мерой такого возвращения служит степень нашего обращения к общественным ценностям, более благородным, нежели простая денежная прибыль». Президент призвал «установить строгий контроль над всей банковской, кредитной и инвестиционной деятельностью» и «положить конец спекуляциям с чужими деньгами»[4].

Однако политику, которую Рузвельт собирался проводить на новой должности, он в своей речи не осветил. В ходе предвыборной кампании он изредка критиковал президента Герберта Гувера за неумеренную трату государственных средств и дефицит бюджета. Другой темой его выступлений были страдания простых людей и призывы к вступлению на «Новый курс». Теперь же ему предстояло решить ряд насущных проблем весьма практического характера. Гувер обвинил своего преемника в том, что тот лишь ухудшил положение дел, проигнорировав предложение теперь уже бывшего президента действовать сообща на протяжении четырех месяцев между избранием Рузвельта в ноябре и инаугурацией, назначенной на март. Но теперь ожиданию пришел конец, и реформе в первую очередь должна была подвергнуться банковская система.

В период с 1930 по 1932 год обанкротился каждый пятый банк в США. Остальные едва держались на грани краха. 31 октября 1932 года, в то время как губернатор штата Невада отправился в Вашингтон, чтобы получить заем из федеральной казны, вице-губернатор Морли Грисуолд объявил

Оливер Стоун и Питер Кузник

Франклин Делано Рузвельт и Герберт Гувер по дороге на церемонию инаугурации Рузвельта, проходившую в Капитолии 4 марта 1933 года. Вступления нового президента в должность с нетерпением ожидала вся страна. Уилл Роджерс заметил по поводу первых дней правления Рузвельта следующее: «Если бы он даже сжёг Капитолий, то мы бы все радовались и говорили: вот видите, из искры возгорелось пламя».

12-дневные «банковские каникулы», в течение которых вкладчики не могли снять деньги со своих счетов и тем самым разорить банки. Мэры и губернаторы по всей стране внимательно следили за ситуацией в этом штате, но все же не решались последовать примеру Невады. Ситуация стала совсем тревожной, когда 14 февраля «банковские каникулы» продолжительностью в восемь дней объявили и в штате Мичиган, в результате чего временно прекратили работу 550 национальных банков и банков штата. *New York Times* заверила обеспокоенных читателей, что «нельзя считать случившееся [в Мичигане] созданием прецедента». И тем не менее, когда напуганные вкладчики выстроились в очереди перед местными банками, чтобы забрать оттуда все свои деньги, пока у них есть такая возможность, примеру Мичигана последовали Мэриленд и Теннесси, а также Кентукки, Оклахома и Алабама[5]. К моменту инаугурации Рузвельта деятельность банков была полностью заморожена или по меньшей мере серьезно ограничена уже по всей стране.

Глава 2. Новый курс

Для радикальной реформы банковской системы на тот момент уже создались все необходимые предпосылки. Социальный протест против банкиров назревал еще с момента биржевого краха. Так, годом ранее, в феврале 1932-го, журналистка *New York Times* Энн О'Хара Маккормик писала о растущем недовольстве деятельностью банкиров с Уолл-стрит по всей стране: «В стране, которая пострадала от банкротства более двух тысяч банков за один прошлый год... именно банкиров винят во всех бедах, обрушившихся на нас и на весь мир. На памяти целого поколения, если не больше, американцы не испытывали такой ненависти к финансовым магнатам... Простые граждане всегда подозревали, что у финансовых воротил отсутствуют какие бы то ни было моральные устои, но теперь это недоверие вышло на новый уровень: люди впервые усомнились в наличии у банкиров здравого смысла»[6].

Год спустя недоверие к банкирам с Уолл-стрит достигло своего апогея — масла в огонь подлили сенаторы, обратившие свои пристальные взоры на роль банков в развале экономики. Питер Норбек, председатель сенатского комитета по банкам и денежному обращению, поручил провести расследование по этому вопросу бывшему заместителю окружного прокурора Нью-Йорка Фердинанду Пекоре, который стал выводить на чистую воду ведущих банкиров США. Сообщив, что Чарльз Митчелл, влиятельный председатель правления *National City Bank*, крупнейшего банка в мире, предстанет перед судом для дачи свидетельских показаний, Норбек, республиканец от штата Северная Дакота, сделал следующее заявление: «В ходе расследования выяснилось, что некоторые крупные банки сыграли не последнюю роль в недавнем искусственном биржевом буме... некоторые из них участвовали в финансовых махинациях... По сути, они попросту вежливо обворовывали население». Норбек добавил: когда совет управляющих Федеральной резервной системы в Вашингтоне попытался замедлить рост курсов акций на бирже, Митчелл, председатель Нью-Йоркского федерального резервного банка, «проигнорировал мнение других членов правления и форсировал биржевой бум. Он наплевательски отнесся к решению совета и вышел сухим из воды»[7].

Новостям о предстоящем слушании посвящали передовицы всех газет. Пекора уличал в мошенничестве и прочих прегрешениях одного банкира за другим, упрекая их за баснословные зарплаты, неуплату налогов, скрытые привилегии, неэтичное поведение и другие проступки. Митчелл, один из самых влиятельных людей в США, вынужден был уйти в отставку. Однако ему удалось добиться оправдания от обвинения в не-

«Набег на банк», февраль 1933 года. В период с 1930 по 1932 год обанкротился каждый пятый банк в США. К моменту инаугурации Рузвельта деятельность банков была полностью заморожена или по меньшей мере серьезно ограничена по всей стране.

уплате подоходного налога на сумму 850 тысяч долларов, из-за которых его чуть не приговорили к 10 годам тюремного заключения.

В прессе банкиров (по аналогии с гангстерами) все чаще стали называть «банкстерами». Как отмечалось в журнале The Nation, «если человек украл 25 долларов, его называют вором; если 250 тысяч — казнокрадом; а если два с половиной миллиона, то имя ему — финансист»[8]. Как видим, в сложившейся ситуации Рузвельт получил полную свободу действий. Советник Рузвельта из его «мозгового треста» Реймонд Моули писал по этому поводу следующее: «Критического момента недоверие народа к банкирам достигло 5 марта 1933 года — именно тогда из этой капиталистической системы и высосали последние соки». Сенатор Бронсон Каттинг пришел к выводу, что в тот момент Рузвельт «с легкостью» мог бы национализировать все банки. На этом же настаивал и Рексфорд Гай Тагуэлл, глава управления по регулированию сельского хозяйства, вместе с остальными советниками президента.

Но Рузвельт выбрал для своей страны более консервативный курс. Он объявил о начале четырехдневных национальных «банковских каникул» и в первый же день своего официального правления встретился с ведущими банкирами страны. После этого он созвал специальную

Глава 2. Новый курс

сессию конгресса, на которой был принят ряд чрезвычайных законов, а затем выступил с радиообращением к обеспокоенным гражданам, которое стало первой из его так называемых «бесед у камина»*. Первым законодательным актом, принятым конгрессом и подписанным Рузвельтом, стал «Чрезвычайный закон о банках», в составлении которого принимали участие преимущественно сами банкиры. Согласно этому закону, реформа банковской системы должна была происходить без радикальных изменений. По этому поводу конгрессмен Уильям Лемке саркастически заметил: «4 марта президент изгнал менял из Капитолия, а 9 марта они все вернулись на свои места»[9]. Решение банковского кризиса станет образцом для проведения большинства реформ Рузвельта. Он действовал как истинный консерватор, пытаясь спасти капитализм от самих капиталистов. По словам министра труда Френсис Перкинс, которая стала первой женщиной — членом правительства в истории США, Рузвельт «принимал существующее положение в экономической системе как данность — такую же, как, скажем, любовь своих близких... Его все устраивало»[10]. Но реформы, с помощью которых он пытался удержать капитализм на плаву, были смелыми, дальновидными и человечными. Они изменят жизнь американского народа на десятилетия, а возможно, и больше.

Но, пусть и не прибегая к радикальным мерам, уже в первые сто дней после вступления в должность Рузвельт предложил весьма амбициозный план восстановления экономики. В рамках этой программы президент создал ряд новых ведомств: так, например, Управление по регулированию сельского хозяйства должно было поставить на ноги сельскохозяйственную отрасль, а Гражданский корпус охраны природных ресурсов — привлечь молодежь к работе в лесах и парках, в то время как Федеральное управление по оказанию чрезвычайной помощи (ФЕРА) во главе с Гарри Гопкинсом должно было обеспечить помощь штатам на федеральном уровне. Наряду с этими учреждениями были созданы Управление общественных работ (УОР) под руководством Гарольда Икеса для осуществления крупных общественных работ и Национальное управление восстановления (НУВ) для обеспечения восстановления промышленности. В тот же период был принят закон Гласса–Стиголла, по

---

* «Беседы у камина» — радиообращения президента Ф.Д. Рузвельта, в которых он излагал свою позицию по основным внутренним и внешним проблемам и предлагал пути их разрешения. За 12 лет своего президентства Рузвельт провел не более 30 бесед.

которому разделялись депозитные и инвестиционные функции банков и вводилось федеральное страхование банковских вкладов.

НУВ, созданное согласно Закону о восстановлении американской промышленности (Рузвельт считал его «самым важным и перспективным законодательным актом за всю историю работы американского конгресса»), выполняло отчасти те же функции, что и Совет по военной промышленности, который возглавлял Бернард Барух во время Первой мировой войны[11]. НУВ приостановило действие антитрестового законодательства, вколотив последний гвоздь в крышку гроба «свободной конкуренции». Централизованное управление должно было вдохнуть новые силы в расшатанную экономику страны. Под контролем НУВ каждая отрасль выработала своего рода кодексы, определявшие уровень зарплаты, цен на продукцию, квоты выпускаемой продукции и условия труда. Однако в составлении этих кодексов решающее слово было за крупными корпорациями, а трудящиеся и потребители играли весьма скромную роль, и то не всегда.

В силу того что Закон о восстановлении американской промышленности составлялся в большой спешке, изначально в нем не были четко прописаны основные принципы, на которых основывался «Новый курс». Многие либералы встретили его с одобрением. Журнал *The Nation* окрестил его шагом к «коллективизированному обществу»[12]. Своим ярким колоритом НУВ обязано тому факту, что главой организации Рузвельт назначил генерала Хью Джонсона, помощника Баруха. Они тесно сотрудничали еще во времена Совета по военной промышленности. Оставив военную службу, Джонсон стал советником Баруха по деловым вопросам. Именно назначение Джонсона на руководящую должность позднее дало основание обвинять Рузвельта в том, что его «Новый курс» носит профашистский характер. Эту абсурдную и рискованную точку зрения позднее взял на вооружение Рональд Рейган, а вслед за ним — и наш современник, писатель-консерватор Иона Голдберг. Рейган многих задел за живое, заявив в ходе избирательной кампании 1976 года, что «именно фашизм был основой "Нового курса"»[13].

Джонсон был скорее исключением, чем правилом. Он не скрывал своих симпатий к фашизму. В сентябре 1933 года он организовал парад НУВ, в котором приняли участие 2 миллиона американцев. Участники демонстрации прошли по Пятой авеню, где с трибуны за ними наблюдал сам Джонсон. В журнале *Time* по этому поводу писали следующее: «Генерал Джонсон с поднятой в фашистском приветствии рукой объявил парад "величайшей демонстрацией из всех, что я видел"»[14]. Джонсон,

Глава 2. Новый курс

Трудовой отряд Гражданского корпуса охраны природных ресурсов за работой в национальном лесу Бойз, штат Айдахо. По распоряжению Управления общественных работ (УОР) рабочие носят кирпичи для постройки новой средней школы в штате Нью-Джерси. Создание Гражданского корпуса охраны природных ресурсов и УОР было частью весьма амбициозного плана по восстановлению экономики, предложенного Рузвельтом уже в первые сто дней после вступления в должность.

кроме того, подарил Френсис Перкинс экземпляр фашистского трактата «Корпоративное государство», написанного итальянцем Рафаэлло Вильоне. В конце концов Рузвельт вынужден был снять его с должности из-за эксцентричного поведения, несносного характера, пьянства и пренебре-

НУВ, созданное в рамках Закона о восстановлении американской промышленности (Рузвельт считал его «самым важным и перспективным законодательным актом за всю историю работы американского конгресса»), вколотило последний гвоздь в крышку гроба «свободной конкуренции», приостановив действие антитрестового законодательства и поддержав централизованное управление.

жительного отношения к рабочему классу. В своей необычайно эмоциональной прощальной речи он воспел «славное имя» Бенито Муссолини[15].

На тот момент было неизвестно, куда приведет Рузвельт свою страну, став президентом, а потому некоторые издания не побоялись сравнить США с фашистской Италией. Так, в журнале *Quarterly Review of Commerce* осенью 1933 года появились следующие строки: «Некоторым его программа кажется движением к созданию американской версии фашизма. Действительно: полная концентрация всей власти в руках президента; новые кодексы, созданные в рамках Закона о восстановлении американской промышленности с целью регулирования конкуренции; определение нижней границы заработной платы и верхней — продолжительности рабочего дня в каждой отрасли; вся политика экономического планирования и координирования производственного процесса, — эти нововведения в большинстве своем совпадают с фашистской программой в Италии». Автор статьи акцентировал внимание читателей на презрительном отношении Джонсона к рабочему классу, которое проявилось даже в его обращении к народу 10 октября, а именно: «...открыто предупреждал рабочий класс, что в плане Рузвельта "нет места забастовкам", равно как и оппозиции»[16].

Хотя в 1930-е годы и появилось множество организаций правого крыла, фашистская угроза, о которой в 1935 году предупреждал в своем романе «У нас это невозможно» Синклер Льюис, никогда не представляла

Глава 2. Новый курс

серьезной опасности в США. Однако это не значит, что идеи Муссолини и Гитлера не пользовались здесь успехом. Так, журналы *Time* и *Fortune* открыто поддерживали Муссолини. В 1934 году издатели последнего опубликовали хвалебную статью об итальянском фашизме, который олицетворяет «такие добродетели, издревле присущие отдельным расам, как дисциплина, чувство долга, доблесть, величие, самоотверженность»[17]. Многие представители «Американского легиона» также находили в себе подобные качества. Командир легиона Элвин Оусли в 1923 году сказал буквально следующее: «Фашисты в Италии — то же самое, что "Американский легион" в Соединенных Штатах"», а в 1930-м Муссолини пригласили выступить с речью на национальном съезде этой организации[18]. Даже политики, занимающие выборные должности, не скрывали своего восхищения идеями итальянского диктатора — например, сенатор штата Пенсильвания Дэвид Рид заявил: «Нашей стране сейчас как никогда нужен свой Муссолини»[19].

У Гитлера в США тоже нашлось немало сторонников. Так, печальную известность снискал конгрессмен-республиканец от Пенсильвании Луис Томас Макфадден. В мае 1933 года он выступил в палате представителей с обличительной речью против всемирного еврейского заговора, зачитывая цитаты из «Протоколов сионских мудрецов» — антисемитского трактата о еврейской угрозе. Его речь была опубликована в официальном издании *Congressional Record*. В тот день он заявил, что президент совсем позабыл о золотом стандарте и «отдал золото и честно заработанные деньги страны международным финансистам-евреям, чьим близким другом является сам Франклин Рузвельт». «Наша держава попала под власть международных менял, — настаивал он. — Разве нас, гоев (неевреев), не оставили с тленными бумажками, в то время как евреи получили наше золото и деньги, нажитые честным трудом? И разве не сами еврейские менялы написали этот закон об аннулировании долгов, который наделил их вечной, непреходящей властью?»[20]

Печально известный «радиопроповедник», отец Чарльз Кофлин из городка Ройял-Оук (штат Мичиган), зачастил на радио, стремясь изложить свои фашистские убеждения, все сильнее делая упор на антисемитизм. В издаваемом им еженедельнике *Social Justice* были опубликованы упомянутые выше «Протоколы сионских мудрецов» — в своем издании он призывал читателей присоединиться к народному ополчению Христианского фронта. В 1938 году Американский институт общественного мнения Гэллапа упомянул в своем докладе, что 10 % американских семей, имеющих радио, регулярно слушают проповеди Кофлина, а еще

25 % слушают их периодически. 83 % постоянных слушателей разделяют убеждения этого религиозного деятеля[21]. Даже в 1940 году *Social Justice* продолжал пользоваться успехом и расходился каждую неделю тиражом более 200 тысяч экземпляров[22].

В то время создавались и более радикальные, ультраправые движения, которые черпали вдохновение в деятельности чернорубашечников Муссолини и коричневорубашечников Гитлера. «Серебряный легион» Уильяма Дадли Пелли насчитывал в 1933 году порядка 25 тысяч членов. Джеральд Уинрод, «канзасский нацист», чей журнал *Defender* расходился тиражом в сотню тысяч экземпляров, в 1938 году баллотировался в Сенат США от штата Канзас и получил 21 % голосов республиканцев на праймериз[23]. Страну наводнили экстремисты, объединившиеся в такие организации, как «Рыцари белой камелии» в Западной Вирджинии, «Рубашки хаки» в Филадельфии, «Белые рубашки крестоносцев» в Теннесси и «Христианская мобилизация» в городе Нью-Йорк[24]. Особое место среди подобных объединений по праву принадлежит средне-западному «Черному легиону», отделившемуся в 1925 году от Ку-клукс-клана. Сменив белые костюмы клана на черную униформу, легион уже к 1935 году завербовал в свои ряды от 60 до 100 тысяч американцев. Глава этой организации электрик Вирджил Эффинджер в открытую заявлял о необходимости массового истребления американских евреев[25], пока федеральное правительство не приняло жестких мер и не разогнало легион в 1937 году. Кстати, Гарри Трумэн, неудавшийся галантерейщик, не принадлежавший к названным движениям, подал было заявление о вступлении в Ку-клукс-клан, но вовремя одумался.

На самом деле влияние Хью Джонсона на «Новый курс» было совсем незначительным, а на фоне деятельности ультраправых группировок — и вовсе незаметным. «Новый курс» не признавал фашистских методов: для его реализации вообще не требовалось какой-либо единой, согласованной философии. Главная роль в нем отводилась системе разнообразных учреждений. Рэймонд Моули писал по этому поводу, что считать «Новый курс» последовательным, продуманным планом — это все равно что «поверить, будто мягкие игрушки, бейсбольные карточки, школьные флажки, старые теннисные туфли, инструменты, учебники по геометрии и химический набор для опытов были не просто разбросаны мальчишкой по собственной комнате, а специально разложены таким образом руками дизайнера». Рузвельта больше интересовала практическая сторона, а не идеологическая. Он отводил правительству роль существенно бо́льшую, чем могли себе представить его предшественники[26].

Глава 2. Новый курс

Рузвельт с самого начала сосредоточился на том, чтобы вывести экономику США из кризиса и обеспечить американцев рабочими местами. Международные проблемы отошли на задний план, о чем он открыто заявил на Лондонской экономической конференции в июле 1933 года. В апреле он уже издал ряд указов о принудительном обмене золота, находившегося в руках частных лиц и организаций, на бумажные деньги, но тем не менее не отказывался от перспективы возвращения США и, возможно, остального мира к золотому стандарту. К лету, однако, его настроение в корне переменилось. Потому, оказавшись перед выбором между инфляционной политикой восстановления экономики в собственной стране и объединением усилий с Европой в стабилизации валюты и возрождении международного золотого стандарта, Рузвельт предпочел первый вариант. 54 мировые державы прибыли на лондонский саммит, находясь в полной уверенности, что Рузвельт подпишет совместную декларацию с Великобританией и другими членами «золотого блока» о возобновлении золотого стандарта и стабилизации курса валют, однако их ждало разочарование — 3 июля Рузвельт объявил, что США не вернутся к прежней монетарной системе и не станут способствовать стабилизации обмена валют. Конференцию закрыли, большинство европейских лидеров остались ни с чем. Многие из них, в том числе Гитлер, пришли к выводу, что США не интересует мировая политика.

По возвращении в Штаты Рузвельт столкнулся с неоднозначной реакцией. Такие финансовые и банковские титаны, как Фрэнк Артур Вандерлип, Джон Пирпонт Морган и Иренэ Дюпон, предложили государству свою помощь — во всяком случае, прозвучали соответствующие публичные заявления[27]. В свою очередь, Моули высказал предположение, что девять из десяти банкиров — «даже те, что работают в Нижнем Манхэттене», — поддержали решение Рузвельта отказаться от золотого стандарта[28]. Однако бывший кандидат в президенты от Демократической партии Альфред Смит, известный ярый противник «Нового курса», раскритиковал кредитно-денежную политику Рузвельта, выступив в поддержку «золотого доллара» против «надувного». Он не смог скрыть своего удивления политикой президента и заявил, что «демократическая партия обречена всегда быть партией толстосумов, сторонников "серебряного стандарта", отцов резиновых стандартов и просто безумцев»[29].

Но, несмотря на заверения Моули, многие банкиры все же решительно выступили против валютной политики Рузвельта. Совещательный совет Федеральной резервной системы, в состав которого входили ведущие банкиры США, предупредил членов совета управляющих системы, что для восстановления экономики золотой стандарт необходим. «Мы снова и снова убеждаемся в том, — настаивали члены совещательного совета, — что стимулирование денежной и последующей кредитной инфляции — трагическая ошибка»[30]. Однако самой резкой критике подвергла самого Рузвельта и его реформы Торговая палата. Отклонив резолюцию о поддержке кредитно-денежной политики президента, члены палаты штата Нью-Йорк аплодировали стоя, когда железнодорожный магнат Леонор Фреснел Лори заявил: «Отмена золотого стандарта была таким же нарушением доверия и отказом от прежних договоренностей, что и нападение Германии на нейтральную Бельгию»*[31]. К маю следующего года, устав от непрерывного потока критики, Рузвельт вынужден был отправить письмо членам Торговой палаты США, собравшимся на ежегодный съезд, в котором призвал их «прекратить поднимать ложную тревогу» и «объединить усилия в восстановлении экономики»[32]. Однако после этого нападки предпринимателей на президента и предложенный им «Новый курс» только участились. В октябре 1934 года в журнале *Time* отмечалось, что вражда коммерсантов и Рузвельта приобрела более личный характер: «Теперь дело не в противоречиях между представителями деловых кругов и правительством — теперь предприниматели выступают против самого Франклина Делано Рузвельта»[33].

Политика Рузвельта, направленная на восстановление хозяйственной жизни США, распространялась абсолютно на все сферы деятельности. Он отказался от прежних намерений вступить в Лигу Наций и без колебаний пожертвовал внешней торговлей ради восстановления национальной экономики. Он даже пошел на сокращение численности армии, составлявшей в те годы 140 тысяч человек, из-за чего к нему тут же явился военный министр Джордж Дерн. Глава военного ведомства привел на эту встречу генерала Дугласа Макартура, который заявил, что президент ставит под угрозу безопасность США. В своих мемуарах Макартур вспоминает следующее:

«Президент излил на меня весь свой сарказм. Если его раздразнить, в выражениях он не стеснялся. Ситуация накалялась... Я повел себя опрометчиво: подлил масла в огонь, сказав, что, когда мы проиграем следующую войну и какой-нибудь юнец будет лежать в грязи с вражеским штыком в животе, задыхаясь под тяжестью сапога неприятеля на горле, — надеюсь, свое последнее проклятие он произнесет в адрес Рузвельта, а не Макартура. Президент пришел в ярость. "Да как вы смеете так говорить с президентом!" — прорычал он».

---

* В Первую мировую войну.

Глава 2. Новый курс

Взбешенный Макартур принес свои извинения, попросил освободить его от обязанностей начальника штаба [*сухопутных войск*] и бросился прочь из кабинета президента, после чего его вырвало прямо на ступенях Белого дома[34].

Открытое противостояние Уолл-стрит и военным в США 1930-х годов было умной политикой, а Рузвельт был в высшей степени проницательным государственным деятелем. В 1934 году промежуточные выборы показали, насколько сильно страна сдвинулась влево. По сути, значительная часть избирателей оказалась левее «Нового курса». Сломав все стандарты избирательной кампании, правящая партия одержала уверенную победу над оппозицией. Переизбранию подлежали 35 сенаторов [*из общего числа 96*]. Кандидаты от демократов победили в борьбе за 26 мест в сенате, благодаря чему получили в верхней палате 69 мест, в то время как республиканцам удалось сохранить лишь 25. Одно место получила Прогрессивная партия, еще одно досталось Фермерско-рабочей партии Миннесоты. Разрыв в палате представителей составил 322 места к 103, еще семь мест досталось Прогрессивной партии и три — Фермерско-рабочей партии. Газета *New York Times* назвала результаты этих промежуточных выборов «самой ошеломительной победой в истории американской политики, которая упрочила положение президента... и... буквально уничтожила правое крыло Республиканской партии»[35].

Увидев в поражении своей партии тревожный симптом, сенатор-республиканец от штата Айдахо Уильям Бора заявил репортерам, что «если Республиканская партия не сменит свое реакционное руководство и не вернется к своим прежним либеральным принципам, то она разделит участь партии вигов и погибнет из-за собственного политического малодушия». Он раскритиковал руководство собственной партии за то, что республиканские политические лидеры выступили против «Нового курса», «даже не предложив собственной программы, которая могла бы его заменить». Бора сетовал, что, когда республиканцы всей страны просят руководство партии предложить альтернативу «Новому курсу», «им предлагают Конституцию. Увы, Конституцией народ не накормишь»[36].

В воздухе витали радикальные идеи. Эптону Синклеру, автору социологического романа «Джунгли», не хватило совсем немногих голосов, чтобы одержать победу в борьбе за пост губернатора Калифорнии. Свою кампанию он вел под лозунгом «Покончим с бедностью в Калифорнии!». Чтобы наладить производство, Синклер предложил передать необрабатываемые угодья фермерам, а остановленные фабрики — рабочим. В то же время калифорнийский врач Френсис Таунсенд заручился широкой поддержкой населения, предложив выплачивать пенсию в размере 200 долларов в месяц безработным старше 60 лет с целью стимулирования экономики. Свое видение будущего США предложил и губернатор Луизианы Хьюи Лонг, выдвинувший новую программу, известную как «Раздел богатств». Суть ее заключалась во введении жесткого прогрессивного налога, направленного против богачей, перераспределении национальных богатств и установлении более справедливого и равноправного общества.

Советский Союз, который со временем, когда мир узнает о бесконечной сталинской жестокости, зловещей тенью нависнет над американскими левыми, тогда, в начале 1930-х, усилил симпатии американцев к реформам левого толка. Складывалось впечатление, что советские коммунисты строят динамичное общество социальной справедливости, которое явится эффективной заменой прогнившему капиталистическому строю. В 1928 году советские руководители разожгли интерес американской интеллигенции, объявив о начале первой пятилетки, целью которой было формирование рациональной централизованной экономики, создающей изобилие благодаря научно-техническому прогрессу. Социалисты и сторонники других прогрессивных партий давно выступали за введение разумного планирования вместо анархичной системы, при которой каждый отдельный капиталист принимает решения, основываясь на стратегии извлечения максимальных прибылей. Так, концепции планирования вдохновлялись такими непревзойденными трудами, как социалистическая утопия Эдварда Беллами «Взгляд назад»*, увидевшая свет в 1888 году, и «Стадо и власть» Уолтера Липпмана, библия движения прогрессистов, вышедшая в свет в 1914 году. В итоге многие мыслители той эпохи согласились со словами издателя журнала The Nation Освальда Гаррисона Вилларда, который в конце 1929 года назвал СССР «величайшим экспериментом за всю историю человечества»[37].

Итоги, похоже, подтвердили правильность его мысли. В то время как США и остальной капиталистический мир все глубже погружались в депрессию, советская экономика переживала резкий подъем. В начале 1931 года газета Christian Science Monitor сообщила, что СССР — не просто единственная в мире страна, избежавшая глобального кризиса, а страна,

---

* На русском языке также выходила под названиями «Взгляд в прошлое», «Золотой век», «В 2000 году», «Через сто лет» и др.

где рост промышленного производства за прошлый год достиг астрономической цифры в 25%. В конце 1931 года корреспондент *The Nation* в Москве назвал советские границы «зачарованным кругом, над которым даже мировой экономический кризис не имеет никакой власти... В то время как за рубежом... банки терпят крах, в Советском Союзе не прекращаются строительство и национальное развитие»[38]. Разумеется, *The Nation* можно счесть предубежденным изданием либерального толка, но похожие статьи в *Barron's*, *Business Week* и *New York Times* уже нельзя сбрасывать со счетов. Когда уровень безработицы в США достиг 25%, в *Times* написали, что СССР готов принять иностранных рабочих, после чего отчаявшиеся американцы выстроились в очереди перед советскими представительствами в США. Несмотря на то что СССР официально опроверг эту информацию, по данным *Business Week*, Советское государство было готово принять 6 тысяч американцев из 100 тысяч подавших заявки. Казалось, Советский Союз на глазах у всего мира переживает чудесное превращение из отсталого аграрного государства в современную промышленную державу[39].

Многие представители американской интеллигенции также стали считать СССР страной интеллектуального, художественного и научного прогресса, что выгодно отличалось от деградирующей буржуазной культуры США. В 1931 году экономист Стюарт Чейз писал: «Русским этот мир кажется удивительным, фантастическим, головокружительным». Еще через год он спрашивает на страницах своей книги: «Так почему все самое интересное в области преобразования мира должно достаться русским?»[40] Побывав в Советском Союзе, редактор *New Republic* Эдмунд Уилсон назвал СССР «моральной вершиной мира, где свет никогда не потухнет». Бесплатное медицинское обслуживание для всех, замечательные научные открытия, потрясающий экономический рост — по мнению большинства американцев, Советский Союз благодаря такому прогрессу полностью затмевал своих соперников-капиталистов, попавших в тиски экономического кризиса[41].

Достижения СССР способствовали резкому росту популярности Коммунистической партии США (КП США) — многие американцы искали тогда альтернативу капиталистической системе. Вдохновленная успехами компартия усилила радикальные настроения в стране в 1930-е годы, но все это было лишь частицей куда более сложной картины. В то десятилетие более радикальный характер приобрели многие движения, в том числе и далекие от компартии. Первыми отреагировали безработные. 6 марта 1930 года сотни тысяч американских граждан вышли на

Марш протеста безработных в Камдене, штат Нью-Джерси. В 1934 году произошли всеобщие забастовки в Толедо, Миннеаполисе и Сан-Франциско, за ними последовала знаменитая стачка текстильщиков, после чего рабочие стали искать поддержки у радикальных групп. Безработные поддержали бастующих, отказавшись стать штрейкбрехерами.

улицы, требуя рабочих мест и выплаты пособий. Недовольство народа разделяла и интеллигенция, не принявшая мещанский материализм жизни в Америке 1920-х годов и антиинтеллектуализм, присущий той эпохе: многие писатели и художники вынуждены были искать спасения в Европе. В 1932 году Эдмунд Вильсон очень точно описал сложившуюся в США ситуацию:

«Писателям и художникам моего поколения, выросшим в эру "большого бизнеса", всегда была чужда культурная дикость бизнесменов… Эти годы не угнетали нас, а вдохновляли. Сложно остаться равнодушным, когда вдруг раскрывается такой чудовищный обман. Нас обуяло новое чувство свободы, которое придало нам новых сил, помогло удержаться на плаву, а вот банкирам пришлось для разнообразия испытать тумаки на себе»[42].

Выступления рабочих начались в 1933 году — как раз тогда наметились первые признаки восстановления экономики — и не стихали до конца десятилетия. В 1934 году произошли всеобщие забастовки в Толедо, Миннеаполисе и Сан-Франциско, за ними последовала знаменитая забастовка

Глава 2. Новый курс

текстильщиков, после чего рабочие стали искать себе руководителей среди мастеитов*, троцкистов и коммунистов. Советы безработных и лиги безработных оказывали поддержку бастующим и призывали своих членов не становиться штрейкбрехерами. Заручившись широкой поддержкой всех слоев рабочего класса, организаторы забастовок стали выходить за пределы одной отрасли, охватывая целые города, как это произошло в Сан-Франциско. Газета *Los Angeles Times* писала, что «ситуацию в Сан-Франциско нельзя назвать просто "всеобщей забастовкой". На самом деле происходящее — настоящий бунт, возглавляемое коммунистами восстание против всего порядка управления»[43]. Портлендская газета *Oregonian* призывала президента вмешаться в события: «Сан-Франциско парализован, город бьется в страшной агонии мятежа. Несомненно, уже через несколько дней такая же стачка парализует и Портленд». Журналист газеты *San Francisco Chronicle* писал, что «радикалы не хотят урегулирования конфликта, они жаждут революции»[44].

Это был желанный прорыв — ведь за предшествующие 13 лет профсоюзы подвергались постоянным преследованиям, их ряды таяли. Благодаря законодательству, созданному в рамках «Нового курса», которое предоставило рабочему классу больше возможностей бороться с предпринимателями, рабочее движение развернулось и на предприятиях тяжелой промышленности, особенно после создания в 1935 году Конгресса производственных профсоюзов. В формировании этого объединения ключевую роль сыграли коммунисты. Акции протеста часто перерастали в ожесточенные кровопролитные столкновения с властями. Но вожаки рабочих взяли на вооружение новую тактику — например, сидячие забастовки, которые в известных условиях оказались весьма эффективными.

В 1930-е годы расовая дискриминация обостряла и без того страшные лишения чернокожих американцев. Безработица в этой социальной группе возросла невероятно, поскольку с началом Великой депрессии уничтожила целый тип рабочих мест, специально предназначавшихся для чернокожих. В 1932 году уровень безработицы среди афроамериканцев в городах юга превысил 50 %. Не лучше было и на севере — в Филадельфии работы не имели 56 % чернокожих жителей. Неграм приходилось упорно бороться за рабочие места и гражданские права; чернокожие граждане США обвиняли Национальную ассоциацию содействия прогрессу цвет-

---

* М а с т е и т ы — сторонники Абрахама Иоханнеса Масте (1885–1967), протестантского священника, основателя Рабочей партии США. В 1960-е годы был активным противником американской агрессии во Вьетнаме.

Выселенные из родных домов издольщики, автомагистраль № 60, округ Нью-Мадрид, штат Миссури. Во время Великой депрессии расовая дискриминация обостряла и без того страшные лишения чернокожих американцев.

ного населения в медлительности, не отвечающей духу времени. Они обращали свои надежды к компартии и связанным с нею организациям. Хотя не исключено, что высшие руководители партии получали указания из Москвы, такая информация чаще всего не доходила до простых американцев.

В 1933 году социолог Рид Бейн назвал научных деятелей, которые в начале того десятилетия считались одной из самых консервативных групп населения страны, «худшими гражданами республики» из-за их полной апатии и социальной безответственности. Однако уже к концу 1930-х годов они превратились в самую радикальную ячейку общества и возглавили антифашистское движение: они считали, что капитализм целенаправленно лишает американцев той бесспорной пользы, которую могли бы принести достижения в науке и технике[45]. На состоявшихся в декабре 1938 года выборах президента Американской ассоциации содействия развитию науки, крупнейшего в стране объединения ученых, пятеро из самых перспективных кандидатов на эту должность были лидерами научного и общественного движения левого крыла, а победителем стал знаменитый гарвардский физиолог Уолтер Кеннон — один из самых видных ученых того же политического направления[46].

В эти неспокойные годы многие либералы начали называть себя социалистами или радикалами. Так, губернатор Миннесоты Флойд Олсон заявил: «Я не либерал... Я радикал»[47]. Большинство представителей левого крыла стали даже в либерализме видеть умеренность, граничащую с трусостью. В 1934 году Лилиан Саймс в своей статье в *The Nation* отметила, что «в наше время худшего оскорбления [*чем "либерал"*] и представить нельзя»[48]. Впрочем, такого же мнения многие американцы придерживались и в отношении Социалистической партии, тогда как коммунисты предлагали заманчивую и более радикальную альтернативу. Вот как объясняет свою приверженность идеям компартии в 1932 году Джон Дос Пассос: «Социалистов сравнивали тогда с безалкогольным пивом»[49].

Интересно, что в период Народного фронта (1935–1939), когда коммунисты получили широчайшую поддержку среди населения, социалисты Нормана Томаса зачастую оказывалась левее, чем коммунисты: последние приглушили тон своих публичных выступлений ради того, чтобы создать широкую антифашистскую коалицию. Сотни тысяч американцев вступили в Коммунистическую партию или работали в руководимых ею общественных организациях. Среди них были лучшие писатели страны: Эрнест Хемингуэй, Эрскин Колдуэлл, Джон Дос Пассос, Эдмунд Вильсон, Малкольм Каули, Синклер Льюис, Лэнгстон Хьюз, Шервуд Андерсон, Джеймс Фаррелл, Клиффорд Одетс, Ричард Райт, Генри Рот, Лилиан Хеллман, Теодор Драйзер, Томас Манн, Уильям Карлос Уильямс, Нельсон Олгрен, Натаниэль Уэст и Арчибальд Маклиш.

Но к концу десятилетия популярность советского коммунизма в глазах западной интеллигенции пошла на спад. СССР окружали враждебно настроенные капиталистические державы, ему угрожала новая война, и в этих условиях И. В. Сталин взял курс на политику форсированной индустриализации, которая потребовала тяжелых жертв. В прессу стали просачиваться сведения о голоде, о политических судебных процессах и репрессиях, бюрократии и канцелярщине, тайной полиции, жестоком обращении с заключенными и насаждении единомыслия в СССР. В ходе коллективизации сельского хозяйства погибали кулаки, которые оказывали вооруженное сопротивление. При тираническом режиме Сталина погибло более 13 миллионов советских граждан. Религия подвергалась ограничениям. Ряды военачальников подверглись чисткам[50]. И даже те, кто отказывался верить ужасающим вестям, просачивавшимся из СССР, пришли в ужас, узнав о вероломном подписании Сталиным пакта о ненападении с Германией в 1939 году.

После этого американцы стали массово покидать ряды компартии, но твердые коммунисты обвинили капиталистический Запад в этом повороте Сталина на 180 градусов, ибо Запад отказался выступить единым фронтом с СССР против фашистской угрозы, несмотря на неоднократные призывы Сталина к созданию системы коллективной безопасности.

Благодаря удачному сочетанию конгресса с преобладанием левых, энергичного, прогрессивного населения и ответственного, внимательного президента в истории США начался период величайшего социального экспериментирования. Этот этап пришелся на середину десятилетия, когда «Новый курс» принял еще более радикальный характер. В декабре 1935 года Гарольд Икес заявил президенту: ему «кажется, будто население настроено более радикально, чем правительство». Рузвельт согласился с этим и вновь взялся за представителей деловых кругов. Тяжелую артиллерию он приберег для ежегодного обращения к конгрессу, с которым выступил вечером 3 января 1936 года по национальному радио. Прежде подобные выступления делались на вечернем заседании лишь однажды: 2 апреля 1917 года президент Вильсон зачитал свое послание конгрессу о вступлении США в войну. Рузвельт обрушил весь свой гнев на правых политиков: «Мы снискали ненависть закоренелых любителей наживы. Эти себялюбцы хотят вернуть власть в свои руки… Дай им волю — и они возьмут курс на самодержавие былых веков: власть — себе, народу — рабство»[51].

Вдохновившись прогрессивным настроем граждан, Рузвельт продолжил войну с предпринимателями в ходе избирательной кампании 1936 года. Он при каждой возможности напоминал электорату о своих заслугах перед народом. Управление общественных работ (УОР) и другие правительственные учреждения предоставили рабочие места миллионам безработных. Экономическая и банковская системы претерпели коренные изменения. Впервые правительство приняло — хотя и очень осторожно — сторону рабочего класса, а не работодателей и поспособствовало развитию профсоюзных организаций. Программа «Социальное обеспечение» гарантировала хотя бы минимальные выплаты после выхода на пенсию, которые ранее получало весьма ограниченное количество рабочих. Налоговое бремя в значительной степени было переложено на богатых.

Накануне выборов Рузвельт выступил в «Мэдисон-сквер-гарден» с речью перед избирателями, в которой содержался откровенный призыв к борьбе с представителями деловых кругов:

Глава 2. Новый курс

«Мы вынуждены были бороться с давними врагами мира — предпринимательской и финансовой монополией, спекуляциями, бессмысленной классовой враждой, местничеством, менялами, нажившимися на войне. Они дошли до того, что начали считать правительство Соединенных Штатов всего лишь придатком своих темных делишек. Теперь мы видим, что правление тех, в чьих руках сосредоточена власть над деньгами, представляет опасность не меньшую, чем правительство рэкетиров... Они единодушны в своей ненависти ко мне, и я приветствую их ненависть»[52].

Когда настал день выборов, демократы с воодушевлением выступили против республиканцев на всех уровнях. Победив во всех штатах, кроме Мэна и Вермонта, Рузвельт нанес сокрушительное поражение губернатору Канзаса Альфу Лэндону в коллегии выборщиков: 523 голоса против восьми. Поэтому старую поговорку «Как голосует Мэн, так голосует вся Америка» остроумно перефразировали в «Как голосует Мэн, так голосует и Вермонт»[53]. Демократы получили в палате представителей 331 место, республиканцам досталось 89, а в сенате оказалось 76 демократов и 16 республиканцев — остальные места достались кандидатам Фермерско-рабочей партии и Джорджу Норрису, который ушел от республиканцев и объявил себя независимым.

Газета *Chicago Tribune* назвала результаты голосования свидетельством единодушной поддержки политического курса президента. «Результаты выборов свидетельствуют о том, что народ полностью доверяет господину Рузвельту и его "Новому курсу"... Он вступит в должность на второй срок с полной свободой действий, которой наделило его вчера подавляющее большинство американских граждан». Консервативное издание *Tribune*, в свою очередь, выразило беспокойство по поводу коалиции, образованной Рузвельтом вместе с Фермерско-рабочей, Американской лейбористской, Социалистической и Коммунистической партиями: «Весьма любопытно, каким образом господин Рузвельт собирается выполнить свои обязательства перед столь радикально настроенными партнерами»[54].

Но всеобщие ожидания дальнейших реформ не оправдались вследствие экономических и политических просчетов обычно проницательного президента. Рузвельт потерял драгоценное время после выборов, бросив все силы на реализацию крайне неудачного замысла наполнить прогрессивными судьями Верховный суд США: его очень раздражало, что суд то и дело накладывал вето на программы «Нового курса». Но если о Верховный суд «Новый курс» просто споткнулся, то растянулся он во весь рост из-за экономического кризиса 1937 года, который критики сразу окрестили «рузвельтовским экономическим спадом». Ошибочно решив, что экономический рост будет продолжаться сам по себе и что страна вот-вот выйдет из Великой депрессии, правительство сократило расходы, чтобы сбалансировать бюджет. Больше всего Рузвельт урезал бюджет УОР. Экономика рухнула едва ли не на следующий день. Крах оказался столь внезапным, что Рузвельт и члены его правительства решили, будто это все умышленно подстроили предприниматели, добиваясь свержения Рузвельта. Государственные ценные бумаги на треть упали в цене, прибыль корпораций упала на 80%. Безработица круто подскочила вверх — миллионы американцев вновь подвергались увольнениям.

Реформаторы вынуждены были занять оборонительную позицию. И все же многие американцы осознавали: есть одна человеческая потребность, с чьей важностью не сравнится никакая другая, и все силы нужно бросить именно на ее удовлетворение. Очень немногие понимают, как близки были США к принятию национальной программы медицинского обслуживания в 1938–1939 годах. Комитет врачей, выступающих за улучшение медицинского обслуживания, — выступившее против консервативной Американской медицинской ассоциации бунтарское объединение медиков, большинство которых работали в крупнейших университетах страны, — дал толчок общенациональному движению в поддержку единой программы здравоохранения. Правительство использовало все свое влияние, чтобы претворить в жизнь эту инициативу, упирая на то, что медицинское обслуживание — право, а не привилегия. Рабочий класс и множество организаций, объединявших сторонников реформ, решительно поддержали такую позицию правительства. Народ настолько горячо поддерживал правительство Рузвельта, что редакция The Nation заявила о своей убежденности: «ни одно правительство» не станет так сплачивать людей и «уделять столько времени, внимания и сил своих лучших специалистов для разработки такой программы ради того, чтобы затем от нее отказаться»[55]. В конце февраля 1939 года сенатор от штата Нью-Йорк Роберт Вагнер внес свой, одобренный правительством законопроект национального здравоохранения, заявив, что ни один американский закон «не получал еще столь широкой поддержки»[56]. Но, встретив ожесточенное сопротивление со стороны Американской медицинской ассоциации, Рузвельт решил не обострять положение накануне выборов и отказался от законопроекта. Реформы «Нового курса» закончились раз и навсегда[57].

Глава 2. Новый курс

Прогрессивные изменения, которые сумели внести в жизнь американцев сторонники «Нового курса», по-прежнему вызывали неприятие в деловых кругах, сохранивших немалое влияние. Рузвельт, его советник Рексфорд Гай Тагуэлл, главы ведомств Гарри Гопкинс и Дэвид Лилиенталь и прогрессивные министры Генри Уоллес, Гарольд Икес и Фрэнсис Перкинс* навлекли на себя гнев большинства предпринимателей и банкиров. Хотя кое-кто из последних — например, Джозеф Кеннеди — все же был благодарен Рузвельту за спасение капитализма от его недальновидных представителей, почти для всех бизнесменов президент стал врагом, а потому они истово сражались с последствиями «Нового курса» при любой возможности. Согласно проведенному исследованию, 97 % членов Торговой палаты США не разделяли философии «Нового курса»[58].

Самые решительные предприниматели — приверженцы правого крыла — приложили все усилия, чтобы доказать: некролог Республиканской партии в *New York Times* был преждевременным. В августе 1934 года, за несколько месяцев до промежуточных выборов, они объявили о создании Американской лиги свободы, что тщательно планировалось на протяжении уже долгого времени.

Американская лига свободы была «детищем» семьи Дюпон — братьев Иренэ, Пьера и Ламмота, а также их свойственника, менеджера высшего звена Роберта Карпентера. Последний обвинил Рузвельта в том, что президент пляшет под дудку «Феликса Франкфуртера и 38 его жалких псов — банды еврейских профессоров-фанатиков и коммунистов». Он взял себе в помощники Джона Раскоба, бывшего председателя Национального комитета Демократической партии. Раскоб, ярый сторонник идеи вновь переложить налоговое бремя на плечи рабочего класса, организовал покупку Дюпонами компании General Motors и стал финансовым директором в обеих корпорациях, принадлежащих этой влиятельной семье. В предвыборной кампании приняли участие также президент General Motors Альфред Слоун, бывшие кандидаты в президенты от демократов Эл Смит и Джон Дэвис, президент Национальной корпорации стали Эрнст Вейр, президент компании Sun Oil Говард Пью и председатель правления компании General Foods Э. Ф. Хаттон. Прославленному летчику Чарльзу Линдбергу предложили пост президента Лиги, однако тот решительно отказался[59].

Американская лига свободы была официально зарегистрирована в августе 1934 года как организация, объявившая своей целью борьбу

---

* Перкинс Фрэнсис — первая в истории США женщина-министр.

с радикализмом и защиту Конституции США и права на собственность. В ее исполком, возглавляемый бывшим председателем исполнительного комитета Демократической партии Джуэттом Шаузом, вошли Иренэ Дюпон, Эл Смит, Джон Дэвис, бывший губернатор Нью-Йорка Натан Миллер и конгрессмен-республиканец от штата Нью-Йорк Джеймс Уодсворт-младший. Шауз объявил о намерениях организации принять в свои ряды от 2 до 3 миллионов членов, а также сотни тысяч спонсоров. Лига развернула масштабную, хотя и безрезультатную «просветительную» кампанию, участники которой в течение последующих нескольких лет пытались задушить либеральное движение в США. Тем не менее изначальные планы роста рядов Лиги оказались чрезмерно завышенными: привлечь удалось всего 125 тысяч членов и 27 тысяч спонсоров. При этом большинство вступивших в Лигу не проявляли никакой активности, а спонсировать Лигу пришлось преимущественно самим Дюпонам и другим предпринимателям правых взглядов. Помимо всего этого, репутацию Американской лиги свободы серьезно подмочили два разгромных расследования, проведенные конгрессом в 1934 и 1935 годах[60].

Первое расследование провели быстро, но выводы, сделанные в результате, потрясали. В ноябре 1934 года отставной генерал морской пехоты Смедли Батлер, удостоенный многочисленных наград, заявил на заседании специального комитета палаты представителей по расследованию антиамериканской деятельности, что Уильям Дойл, командир массачусетского подразделения Американского легиона, и биржевой брокер Джеральд Магуайр пытались вовлечь его в заговор с целью проведения военного переворота и свержения правительства Рузвельта. Пол Комли Френч, журналист изданий *New York Evening Post* и *Philadelphia Record*, подтвердил показания Батлера, заявив, что собственными ушами слышал, как Магуайр говорил следующее: «Нашей стране нужно фашистское правительство, без него нам не спасти нацию от коммунистов, которые разрушат ее и превратят в прах все, что нам удалось построить. Единственные, кому хватит патриотизма для такого поступка, — это солдаты, для которых идеальным командиром будет Смедли Батлер. Он за одну ночь сумеет создать миллионную армию». Макгуайр даже ездил во Францию, чтобы перенять опыт фашистского движения среди ветеранов войны — оно представлялось ему лучшим примером для американской армии, и этот пример Батлер должен был воплотить в жизнь.

Однако генерал отказал Магуайру. «Если вы сумеете найти 500 тысяч солдат, готовых встать на защиту фашистских идеалов, — пригрозил он, — я выставлю против вас столько же, и мы выбьем из вас эту дурь. В стране начнется настоящая гражданская война». В ходе расследования выяснилось, что Дойл и Магуайр были лишь представителями тех самых банкиров и промышленников, сторонников Моргана и Дюпонов, которые основали Американскую лигу свободы. Магуайр упорно отрицал свою вину, и нью-йоркский мэр Фьорелло Ла Гуардиа насмешливо окрестил эту историю «путчем за коктейлем». Партнер Моргана Томас Ламонт отозвался об обвинениях Батлера так: «Полный бред! Нелепица, здесь не о чем даже говорить!» Но Джеймс Ван Зандт, национальный командующий Американским легионом и будущий конгрессмен, поддержал Батлера, заявив, что «агенты Уолл-стрит» и к нему обращались с подобными предложениями[61].

Заслушав показания, комитет палаты представителей во главе с Джоном Маккормаком от штата Массачусетс сообщил, что ему «удалось подтвердить все относящиеся к данному делу заявления генерала Батлера», за исключением прямых подстрекательств генерала со стороны Магуайра, что не вызвало сомнений у членов комитета. Председатель сделал вывод, что «попытки установить фашистский режим в США... обсуждались, планировались и могли быть приведены в исполнение, когда и если спонсоры сочли бы это необходимым»[62]. Не может не удивить, что комитет не вызвал для дачи показаний никого из замешанных в заговоре, хотя в ходе расследования были названы их имена: полковник Грейсон Мерфи, генерал Дуглас Макартур, Эл Смит, бывший командир Американского легиона Хэнфорд Макнайдер, Джон Дэвис, Хью Джонсон и Томас Ламонт. Батлера также возмутило то, что ни одно из этих имен не попало в итоговый отчет комитета.

Председателем на слушаниях по второму делу, которые хотя и начались раньше, но затянулись надолго, стал сенатор от Северной Дакоты Джеральд Най. Сенатором он стал после смерти предшественника, а впоследствии дважды избирался в сенат. Он сразу присоединился к прогрессивной фракции, став соратником Джорджа Норриса, Уильяма Боры и Роберта Лафоллета. Они стремились избежать таких международных обязательств, которые могли втянуть США в мировую войну. Выступали они и против использования вооруженных сил ради защиты зарубежных инвестиций американских бизнесменов. В феврале 1934 года Най предложил конгрессу начать расследование, ставшее одним из самых знаменательных за всю историю США. Он призвал сенатский комитет по внешней политике расследовать деятельность отдельных лиц и корпораций, связанных с производством и продажей оружия, боеприпасов и иных средств ведения войны. Объектами расследования должны были стать производители стали, самолетов и автомобилей, изготовители оружия и боеприпасов и судостроительные компании. Смещение акцента с банкиров на продавцов оружия знаменовало отход от взглядов Гарри Элмера Барнза и других историков-ревизионистов, неустанно критиковавших участие США в мировой войне. В 1934 году Барнз написал в одном из своих сочинений, что торговцы оружием «никогда не имели столь ужасающего влияния на разжигание войн, каким располагали американские банкиры в период с 1914 по 1917 год»[63].

Сама идея проведения таких слушаний принадлежала Дороти Детцер, неутомимо боровшейся за мир и занимавшей должность национального исполнительного секретаря американского филиала Международной женской лиги мира и свободы. Брат-близнец Детцер погиб от иприта в Первую мировую войну. Она нуждалась в поддержке сенаторов, чтобы добиться этих слушаний, и потому обратилась за помощью к двадцати сенаторам — но все они отклонили ее просьбу. Джордж Норрис посоветовал ей обратиться к Наю, который в итоге согласился выступить с соответствующей инициативой в сенате. Группы сторонников мира по всей стране организовали активную поддержку резолюции о проведении слушаний. В апреле сенат одобрил проведение слушаний об «оружейном тресте», сосредоточив свое внимание на спекуляциях во время войны, роли пропаганды производителей оружия в принятии правительством решения вступить в войну, а также на необходимости установить монополию на все производимое оружие с целью устранить корыстный мотив для начала военных действий. Соавтор данной резолюции, сенатор Артур Ванденберг, торжественно пообещал выяснить в ходе расследования, сумеет ли страна «жить в согласии с собой и соседними державами без давления, которое, несомненно, приведет к недоразумениям, разногласиям, конфликтам и — как следствие — настоящей катастрофе». Кроме того, Ванденберга интересовало, «действительно ли грязные интриги, доподлинно существовавшие во всех краях», добрались и до США[64].

Най, Ванденберг и вице-президент Джон Нэнс Гарнер выбрали для выполнения поставленной задачи четырех демократов: Гомера Бона от штата Вашингтон, Беннета Чэмпа Кларка от Миссури, Уолтера Джорджа от Джорджии и Джеймса Поупа от Айдахо, — и трех республиканцев: Ная и Ванденберга, а также Уильяма Уоррена Барбура от Нью-Джерси. Кларк предложил Ная на пост председателя специального комитета по расследованию производства оружия и боеприпасов, и Поуп поддержал эту кандидатуру. Слушания отложили, чтобы дать комитету время для

Глава 2. Новый курс

предварительного изучения вопроса, чем руководил Стивен Раушенбуш, сын знаменитого богослова Вальтера Раушенбуша, являвшегося одной из ключевых фигур в движении Социального Евангелия. Должность помощника по правовым вопросам получил молодой выпускник юридического факультета Гарварда Альгер Хисс, временно поступивший в распоряжение комитета из Администрации регулирования сельского хозяйства Джерома Фрэнка[65].

Прогрессивные организации сплотились в поддержку слушаний. Журналист *Railroad Telegrapher* описывает в своей статье праведный гнев, который многие рабочие по-прежнему испытывали к производителям боеприпасов спустя 15 лет после окончания Первой мировой войны: «Американцы встали на путь освобождения от системы, которая приветствует войны, истребляет и калечит миллионы людей, чтобы избранные смогли нажить столь желанное состояние, и заставляет своих граждан грязнуть в долгах... Миллионы простых рабочих отправляют на всевозможные войны, в грязь окопов, кишащих вшами и залитых кровью, в то время как большие начальники набивают карманы, а их сыновья получают звание офицера. А после, когда война подходит к концу, налоги платит именно рабочий класс — снова, снова и снова». В редакторской статье под названием «Корпорация убийств» газета *The New Republic* призвала представителей комитета проследить «ужасные следы кровавых денег... Они берут начало там, где есть жажда наживы, где упивается кровью бесконечная мировая сеть корпорации убийств»[66].

В то время как вся страна с нетерпением ждала начала слушаний, в свет весьма своевременно вышли две важные книги, подогревшие справедливый гнев общественности, и дали дополнительную информацию следователям. В апреле 1934 года одновременно увидели свет «Торговцы смертью» Х.К. Энгельбрехта и Ф.К. Ханигена — книга, признанная лучшей «Клубом книги месяца», и «Железо, кровь и прибыли» Джорджа Сельдеса. В них подробно описывались махинации не только нечистых на руку американских производителей боеприпасов, но и их зарубежных «коллег». Компания *Doubleday* перепечатала в виде брошюры обличительную статью о европейской военной промышленности из мартовского выпуска *Fortune* под названием «Оружие и люди». Эта статья вызвала у жителей США настоящее негодование. Начиналась она следующим образом:

«Согласно самым точным подсчетам, убить солдата во время Первой мировой войны стоило около 25 тысяч долларов. И лишь один класс — класс "крупных предпринимателей" Европы — никогда не ставил в вину прави-

Сенатор-республиканец от Северной Дакоты Джеральд Най выступает на слушаниях 1934 года по вопросам военной промышленности, в ходе которых были разоблачены бесчестные махинации и вскрыты колоссальные прибыли, полученные американскими компаниями по производству оружия и боеприпасов в военное время. «День ото дня комитет выслушивал оправдания рэкетиров международного класса, опустившихся до наживы на вооружении всего мира», — заявил он. Благодаря проведенному им расследованию вскрылась страшная правда о том, что американские компании помогали перевооружить нацистскую Германию.

тельствам своих держав подобную расточительность. Для них бесконечная череда смертей — это лишь предприятие, открытое по личной инициативе гангстеров, для которых на деле себестоимость одного убийства редко превышала сотню долларов. Причина молчания этих "предпринимателей" весьма проста: убийство — их бизнес. Оружие — их товар, правительство — их покупатель; однако исторически сложилось так, что конечными потребителями нередко выступают не только соотечественники, но и враги. Впрочем, это не имеет значения. Важно лишь то, что каждый раз, когда очередной осколок разорвавшегося снаряда пронзает мозг, сердце или внутренности бойца на линии фронта, в карман поставщика оружия попадает значительная часть тех самых 25 тысяч долларов»[67].

Рузвельт одобрил проведение комитетом соответствующих слушаний и попытался на международном уровне обуздать, по его собственным словам, «безумную гонку вооружений, которая может вылиться в новую войну, если ее не остановить». «Эта смертельная угроза миру во всем мире, — добавил он, — возникла по большей части из-за бесконтрольной деятельности производителей и поставщиков орудий разрушения»[68].

По поручению комитета 80 экспертов и бухгалтеров изучили от корки до корки документы крупнейших корпораций США. Результаты расследования поразили членов комитета до глубины души. Сенатор Поуп

Глава 2. Новый курс

пообещал, что людей «потрясет история алчности, интриг, пропаганды военного психоза и лоббирования, которые будут обнародованы» во время слушаний. Он добавил, что информация «шокирует всю страну»[69]. Перед самым началом заседания комитета газета *New York Times* сообщила, что большинство из семи членов комитета уже одобрили план государственного управления заводами по производству боевой техники. Кроме того, Поуп выразил надежду на то, что предъявленные доказательства будут настолько весомыми, что подобные меры станут «практически единственным выходом» из сложившейся ситуации[70].

12 сентября Феликс, Иренэ, Ламмот и Пьер Дюпоны предстали перед комитетом, где им пришлось отчитаться в огромных прибылях, полученных в годы войны. С 1915 по 1918 год компания получила заказы на общую сумму в 1,245 миллиарда долларов, что на 1130 % превысило доход от продаж компании за четыре года до начала Первой мировой войны[71]. В то же время Дюпоны выплатили вкладчикам дивиденды в размере 458 % от номинальной стоимости акций. На тех же слушаниях выяснилось, что в 1932 году начальник штаба сухопутных войск генерал Дуглас Макартур посетил Турцию, где, согласно письму, полученному от некоего должностного лица из Curtis Wright Corporation, «во время беседы с представителями турецкого Генштаба превознес до небес преимущества американской военной техники». Най вставил свою реплику: «Да, действительно, Макартур здесь повел себя как истинный торговец. Хотелось бы знать, не превратилась ли вся армия и флот в торговых агентов частного сектора»[72].

На слушаниях раскрывались все новые и новые подробности. Американские и зарубежные поставщики оружия распределили между собой внешние рынки, заключив соответствующие картельные соглашения и поделив прибыль. Это они разработали те самые немецкие подводные лодки, которые топили корабли Антанты во время Первой мировой войны. А уже в недавнее время, как оказалось, американские компании стали перевооружать нацистскую Германию. Согласно показаниям сотрудников United Aircraft и Pratt and Whitney, они продавали немцам самолеты и бортовую аппаратуру в целях не военного, а коммерческого использования. Най отнесся к их заверениям весьма скептически. «То есть вы хотите сказать, — спросил он, — что за все время переговоров вам и в голову не пришло, что Германия закупает боевую технику для военных целей?»[73] Затем Государственный секретарь Корделл Хэлл напомнил присутствующим на слушаниях о том, что с 1921 года правительство США категорически возражает против поставок любой военной техники в Германию.

По мере того как комитет наносил предпринимателям один удар за другим, слушания получали все более широкую поддержку от самых разных политических сил. В конце сентября Джон Томас Тейлор, представитель «Американского легиона» в законодательных органах, объявил о том, что окажет всяческое содействие реализации плана, предложенного прежней Комиссией по вопросам военной политики относительно конфискации 95 % сверхприбыли, получаемой в военное время[74]. Най не терял времени даром и предложил закон, согласно которому налог на доход свыше 10 тысяч долларов возрастал до 98 % в случае, если США вступят в войну, тем самым сводя на нет доходы коммерсантов от военных поставок[75]. Председатель комитета также заявил, что он и двое его коллег считают необходимым в случае начала новой мировой войны национализировать всю военную промышленность[76].

Общественный интерес к слушаниям рос с каждым днем. В Англии решили провести такое же расследование. Аналогичные процессы уже происходили в ряде латиноамериканских стран — в ходе судебных разбирательств выяснялось, что представители этих стран также были замешаны в махинациях производителей оружия. Най получил более 10 тысяч писем и телеграмм с поздравлениями. Его завалили предложениями выступить с речью. С учетом такой лести газета *Washington Post* встревожилась и опубликовала передовицу, где утверждала, что такая всесторонняя поддержка вовсе неудивительна — ведь «в ходе расследования вскрылась масса информации сенсационного характера, благодаря чему у рядовых обывателей открылись глаза на неуправляемые силы, которые фактически, пусть и без злого умысла, подрывают все усилия по поддержанию всеобщего мира. Разоблачение "теневых" поставок не могло не встретить отклика у тех, кто стремится к мировому порядку». В конце концов *Post* неохотно поблагодарила комитет за «отлично проделанную работу»[77].

В начале октября Най выступил перед нацией с радиообращением на волне *NBC*, где привел доводы в пользу национализации военной промышленности и значительного увеличения налогов во время войны. «Сделаем так — и избавимся от множества ура-патриотов, — настаивал он. — Если мы пойдем на такие меры, возможно, войну еще удастся предотвратить». В своем выступлении он подвел итоги заседаний комитета: «День ото дня комитет выслушивал оправдания рэкетиров международного класса, опустившихся до наживы на вооружении мира против самого себя»[78].

Призывы Ная и остальных членов комитета к национализации целой отрасли привели к ожесточенным дебатам, пришедшимся на конец

1934 года. В декабре *Washington Post* пренебрежительно отозвалась о предложении Ная и порекомендовала читателям ознакомиться с разделом политических комментариев, где указывалось, что женевские ученые вот уже 15 лет тщательно изучают вопрос национализации и недавно пришли к выводу, что такая политика «определенно» противоречит «прогрессивным взглядам». Дюпоны и их соратники также вступили в полемику[79]. Критики каждый раз находили в плане Ная новые недостатки. Например, Уолтера Липпмана занимал такой вопрос: каким образом США будут экспортировать оружие в другие страны после национализации отрасли? И если так поступят США, последуют ли другие державы их примеру? Какая судьба ждет страны, не занимающиеся производством оружия? Каковы критерии, по которым товары разделят на категории коммерческого и военного использования? Газета *Chicago Tribune*, в частности, обратила внимание на тот факт, что Япония скупает в США металлолом, и сослалась на слова Дюпонов, причисливших тюки хлопка к военному снаряжению. Возник и еще один вопрос: что станет с военной промышленностью в мирное время? И успеет ли нация вовремя восстановить работу заброшенных и опустевших заводов в случае чрезвычайного положения?[80]

Увидев, что обстановка накаляется и общество готово перейти к более радикальным действиям, Рузвельт решил взять дело в свои руки и поставить точку в этих дебатах. 12 декабря он объявил, что собирает группу влиятельных чиновников и руководителей промышленных предприятий для обсуждения плана, который положит конец военным спекуляциям. Президент сообщил репортерам, что «настало время устранить из войны фактор прибыли». Три часа спустя организованная им группа собралась в Белом доме и приступила к работе. Первыми в резиденцию президента прибыли не кто иные, как бывший председатель совета по военной промышленности Бернард Барух и Хью Джонсон, исполнительный директор совета. Среди других политиков, приглашенных на эту встречу, посвященную созданию нового законодательства, были Государственный секретарь, военный министр, министры труда, сельского хозяйства, финансов, военно-морских сил; Джозеф Истмен, координировавший железнодорожную сеть; начальник штаба сухопутных войск Макартур; помощник военно-морского министра Рузвельт; заместитель министра сельского хозяйства Тагуэлл; заместитель министра труда Эдвард Ф. Макгреди и Джордж Пек, глава Экспортно-импортного банка США. Члены комитета тут же начали пререкаться между собой и обвинять администрацию в том, что президент пытается помешать им довести расследование до конца[81].

Остальные политики также скептически высказались относительно истинных мотивов Рузвельта. Так, корреспондент *Washington Post* Раймонд Клаппер привел в своей статье несколько вариантов объяснений такого решения президента, бытовавших среди столичных политиков. Одни считали, что президент хотел оказаться в центре внимания, затмив Ная и Ванденберга, республиканских сенаторов, именами которых пестрели заголовки всех газет. Другим же казалось, будто «вопрос поставок военного снаряжения затрагивал интересы и самих членов правительства, и президент попытался отвлечь внимание от этой проблемы»[82].

Сам Най считал, что от Рузвельта едва ли можно ждать добра: «Наших министров нужно также призвать к ответу вместе с производителями оружия и другими искателями наживы», — заявил он, лишь недавно осознав, до какой степени правительство замешано в обеспечении поставок оружия за рубеж[83].

Однако комитет Ная не позволил Рузвельту украсть свою славу, обнародовав еще более сенсационную информацию, которая не могла не заинтересовать газетчиков. Най по-прежнему не выпускал Дюпонов из поля зрения. Альгер Хисс представил новые доказательства их безудержной жажды наживы. Так, в декабре 1934 года на первой полосе газеты *Washington Post* появилась статья под названием «Восемьсот процентов прибыли: Дюпонам конец». В ходе слушания Хисс огласил список компаний, занятых в различных сферах военной промышленности и получивших колоссальный доход от инвестиций. Он также назвал имена 181 человека, чья объявленная прибыль превысила в 1917 году 1 миллион долларов, и отметил, что 41 из них появился в этом списке впервые. Среди упомянутых имен было шестеро Дюпонов, четверо Доджей, трое Рокфеллеров, трое Харкнессов, двое Морганов, столько же представителей семей Вандербильт и Уитни и один Меллон[84].

Чем глубже копал Най, тем более жестоким нападкам подвергался комитет. Так, газета *Chicago Tribune* осудила его членов за открытое порицание свидетелей, проходивших по делу, назвав методы комитета «бесчестными, постыдными и омерзительными»[85]. Тем не менее расследование по-прежнему пользовалось широкой поддержкой. В конце декабря Най встретился с Рузвельтом. К тому времени комитет получил более 150 тысяч писем, чьи авторы одобряли подобный политический ход. Впоследствии Най заверил репортеров, что неверно истолковал мотивы Рузвельта. По его словам, президент полностью поддерживал расследование, и процесс принятия нового законодательства будет приостановлен, пока слушания не подойдут к концу[86].

Глава 2. Новый курс

Члены комитета пытались донести до общества свои опасения по поводу назревающей войны в Европе. Поуп считал «парадоксальной» саму мысль о том, что правительства во всем мире поддерживают производителей военной техники. Он с сожалением отмечал: «Страны мира оказались во власти какого-то чудовища, ведущего их к полному краху. Лихорадочная подготовка к грядущей войне идет полным ходом. В ее неизбежности уже никто не сомневается»[87].

В начале февраля 1935 года член палаты представителей Джон Максвейн из Южной Каролины внес законопроект, согласно которому все цены «замораживались» на уровне, существовавшем в день объявления войны. Барух и Джонсон также высказались в поддержку этой инициативы, выступив против более радикальных предложений Ная о национализации.

Тем временем на слушаниях Юджин Грейс, президент сталелитейной компании *Bethlehem Steel Corporation* и судостроительной *Bethlehem Shipbuilding Corporation*, признал, что доход его предприятия возрос с 6 миллионов долларов перед войной до 48 миллионов сразу после ее начала, а он сам получил премиальные в размере 1 миллиона 575 тысяч и 1 миллиона 386 тысяч долларов. Сенатор Бон решительно потребовал от него объяснений в связи с обвинениями со стороны Министерства финансов в том, что «состояние *Bethlehem* было нажито нечестным путем». Предмет этого иска на 11 миллионов долларов рассматривался в суде уже много лет[88].

В феврале комитет рассмотрел просьбу о проведении расследования в новом направлении. На ежегодном съезде контрольных комиссий Национальной ассоциации образования [профсоюза учителей школ и преподавателей вузов США] прозвучали серьезнейшие обвинения в «злоупотреблении влиянием» в адрес газетного магната Уильяма Рэндольфа Херста, выдвинутые бывшим президентом Американской ассоциации историков Чарльзом Бирдом. Последний заявил, что Херст «потворствовал падению нравов и стал врагом всего лучшего и благородного, что есть в нашей американской традиции». По утверждению газеты *Times*, когда выступление Бирда подошло к концу, тысячи работников образования, присутствовавшие на съезде, «встали и устроили ему долгую овацию». Ассоциация приняла резолюцию, в которой отмечалось, что ее члены «возмущены и шокированы чудовищной жаждой наживы американских производителей оружия и боеприпасов, ужасную правду о которых раскрыл комитет Ная». Принятая резолюция призывала комитет провести расследование в отношении «пропаганды в газетах, школах, кинофильмах и радиопередачах, сеющей панику перед грядущей войной и способствующей росту продаж оружия», уделив при этом особое внимание газетам самого Херста. На это обращение Най ответил, что данный вопрос действительно подпадает под юрисдикцию комитета, и запросил более детальную информацию. Однако после тщательных размышлений он все же отказался от нового расследования[89].

В конце марта сенатский законопроект о запрете на военную прибыль начал принимать более определенные очертания. Газета *New York Times* назвала его «несомненно, самым радикальным планом за всю историю американской государственности». Согласилась с этим и *Washington Post*, охарактеризовавшая законопроект как «план, который предусматривает такие жесткие конфискационные меры, что еще полгода назад его создателей подняли бы на смех... Проект идет дальше, чем мечтал сенатор Джеральд Най, энергичный председатель и наиболее радикально настроенный член комитета». Следователь Джон Флинн отредактировал законопроект для членов комитета, а те представили документ на согласование президенту. Совершенно неожиданно Рузвельт законопроект одобрил, хотя госсекретарь Корделл Хэлл советовал ему воздержаться от поддержки законопроектов, непосредственно направленных на лишение американских предпринимателей военной прибыли.

Итак, заручившись поддержкой президента, члены комитета решили придать своим предложениям силу закона. Предварительные положения включали: стопроцентный налог на весь доход свыше 10 тысяч долларов и немалые налоги на более скромную прибыль; налог в объеме 50% на первые 6% прибыли корпораций и 100% — на прибыль свыше 6%; призыв сотрудников корпораций на военную службу, прекращение работы всех фондовых бирж на период войны, запрет на любые спекуляции предметами потребления, государственный контроль над ключевыми отраслями промышленности и сферы услуг. В своем выступлении перед членами комитета Флинн заявил, что «военную прибыль, взвинчивание цен и варварскую борьбу за бесчестную наживу на национальном бедствии можно предотвратить лишь одним способом: зарубив на корню инфляцию. В 1917 и 1918 годах мы уже позволили себе ввязаться в войну, по счетам которой расплачиваются наши дети и внуки. В грядущей войне мы должны повести себя разумно, как существа цивилизованные: пускай в то время, как одна часть населения нашей державы — армия — сражается на поле боя, другая — мирные жители — платит по счетам»[90].

Претерпев незначительные изменения, в начале апреля предложение Флинна было внесено в сенат как проект закона о чрезвычайных мерах в военное время. Законопроект предполагал наделить правительство правом изымать всю прибыль свыше 3 % и личный доход свыше 10 тысяч долларов. Най пояснил свои действия так: «Закон суров, потому что сурова сама война. Сборщик налогов, взимающий деньги с граждан, все же не так страшен и неумолим, как офицер призывного пункта, который стучит в двери других граждан, чтобы забрать на войну их сыновей»[91].

Когда палата представителей уже была готова проголосовать за более умеренный законопроект Максвейна, начался кромешный ад. Оппозиция зазвонила во все колокола. Газета *New York Times* сообщала: «Антивоенные настроения настолько захватили палату представителей, что изначальное предложение Максвейна изменили до неузнаваемости». И действительно: в результате внесения ряда поправок законопроект теперь вводил налог в размере 100 % на военную сверхприбыль, правительственный контроль над финансовыми и материальными ресурсами государства, призыв на военную службу служащих промышленных, торговых, транспортных компаний, а также компаний, обеспечивающих связь[92]. Палата представителей приняла этот законопроект, оговорив, что призыву подлежат все мужчины в возрасте от 21 года до 45 лет, за исключением административного состава компаний. Текст составили таким образом, чтобы его можно было легко дополнить положениями из более радикального законопроекта Ная.

Артур Крок яростно раскритиковал оба законопроекта в *New York Times*. «Идеи Максвейна, — пенял он, — полны пацифизма, в то время как Най отсылает нас к синдикализму, социализму или коммунизму... Эти два законопроекта нацелены на то, чтобы предотвратить войну, внушив нам, что с объявлением войны обеспеченные люди будут разорены. В обоих законопроектах учтены только интересы рабочих и тех, кто хотел бы уклониться от призыва: положения представленных документов не предусматривают ограничений зарплаты и забастовок со стороны первых и призыв на службу вторых»[93]. Против нововведений выступил и Барух, пояснив, что в результате принятия таких законов возрастет инфляция и будет парализовано военное производство, вследствие чего страна окажется беззащитной перед лицом нападения. В ответ Най обвинил Баруха в пособничестве интересам промышленников и явственном нежелании урезать прибыль от войны[94].

В начале мая Най внес свой законопроект на обсуждение в сенат в качестве поправки к законопроекту Максвейна «О военных прибылях». Он поручился, что этот закон станет первым из целого ряда законодательных актов, которые его комитет собирается предложить сенату, и отметил: «Мы верим, что американский народ поддерживает этот законопроект. Мы полагаем, что сейчас, когда весь мир обеспокоен близостью войны, самое время убедить наших граждан, а также весь мир, что Америка не намерена использовать следующую войну как средство бессмысленного и безрассудного обогащения горстки людей»[95].

Комитет представил на рассмотрение сената три резолюции. Одна из них запрещала предоставлять займы воюющим державам или их гражданам. Вторая отказывала в выдаче загранпаспортов гражданам, направляющимся в районы военных действий. Третья налагала эмбарго на поставки оружия воюющим странам, если такие поставки могут вовлечь США в войну. Сенатский комитет по иностранным делам уже одобрил первые две резолюции и перешел к обсуждению третьей, когда Корделл Хэлл убедил членов комитета не связывать Соединенным Штатам руки в международных делах. Поскольку к тому времени умы сенаторов занимал обостряющийся кризис в Эфиопии, они решили пересмотреть положения всех трех резолюций, прежде чем принимать окончательное решение.

В сентябре конгресс ушел на каникулы, а разногласия между палатой представителей и сенатом касательно законопроекта о военных прибылях по-прежнему не были устранены. Газета *Chicago Tribune* вздохнула с облегчением, поскольку считала этот закон «коммунистическим законом об обороне», который в случае войны позволит президенту «установить в американском государстве полнейший коммунизм, как Ленин сделал это в России»[96].

Ситуация требовала решительных действий, и Ньютон Бейкер, занимавший при президенте Вильсоне должность военного министра, попытался вставить палки в колеса законопроектов. Газета *New York Times* опубликовала его ответ на письмо Уильяма Флойда, главы организации «Патриоты мира». В своем ответе Бейкер утверждал, что в конгрессе вообще не проводилось обсуждение защиты личных коммерческих или финансовых интересов США накануне вступления США в мировую войну и что «невозможно обезопасить Америку от грядущих войн, надевая намордник на банкиров и выбивая почву из-под ног производителей оружия»[97]. Четыре дня спустя банкир Томас Ламонт также опубликовал письмо, оспаривая представленные Флойдом доводы, а в том, что США вступили в войну, он винил агрессию со стороны Германии, а не американские коммерческие интересы[98].

В начале 1936 года расследования комитета возобновились, и во главу угла были поставлены именно эти вопросы. В самом ли деле бан-

Глава 2. Новый курс

кирский дом Моргана и другие компании с Уолл-стрит подтолкнули США к участию в войне, пытаясь возместить колоссальные суммы, которые они ссудили странам Антанты? Обе стороны тщательно подготовились к битве. Решающий поединок состоялся 7 января, когда Дж. П. Морган предстал перед комитетом вместе со своими партнерами Ламонтом и Джорджем Уитни, а также Фрэнком Вандерлипом — бывшим президентом *National City Bank*. Джон Дэвис выступил на слушании в качестве советника Моргана. Комитет перенес заседание в зал заседаний сената, чтобы вместить как можно больше людей. Следователи комитета Ная почти год детально изучали счетные книги и документацию громадного банка, ознакомившись с более чем 2 миллионами писем, телеграмм и других бумаг. Вечером накануне слушаний компания пригласила журналистов в свои 40-комнатные апартаменты в отеле «Шорем» на неофициальный брифинг с Ламонтом и Уитни. Най же, в свою очередь, выступил с радиообращением к народу: «После того как мы стали отходить от традиционной политики нейтралитета, чтобы угодить коммерческим кругам вплоть до разрешения на выдачу займов, — утверждал он, — Антанта уже нисколько не сомневалась, что Америка вступит в войну. Она всегда знала то, чего мы, казалось, не понимали: в конечном счете сердца наши всегда будут там, где есть возможность заработать».

Морган опубликовал опровержение всех обвинений на девяти страницах, написав следующее: «Хотелось бы обратить особое внимание читателей на обеспеченность выданных нами займов, поскольку благодаря усилиям ряда лиц сложилось впечатление, что все эти займы бесполезны до вступления Америки в войну; что именно займодержатели подтолкнули наше правительство к решению вступить в войну, чтобы "займы не пропали зря". Однако факты полностью опровергают данную высосанную из пальца теорию. Наши займы всегда приносили прибыль, и никто не сомневался в их обеспеченности». По словам Моргана, представители деловых кругов США и так получали немалый доход от поставок союзникам, а потому у предпринимателей попросту не было корыстных побуждений к участию США в войне[99].

Поражение в дебатах могло повлечь за собой страшные последствия. Най и Кларк понимали: представленные ранее доказательства вины бизнесменов во втягивании США в последнюю войну решат судьбу важного законопроекта о нейтралитете, который они собирались внести на рассмотрение на той же неделе.

На первом слушании комитет представил документы, свидетельствующие о том, что, несмотря на ожесточенное сопротивление госсекретаря Уильяма Дженнингса Брайана, президент Вильсон вместе со своим соратником, военным министром Робертом Лансингом, решил позволить банкирам выдавать займы воюющим державам в 1914 году — то есть задолго до того, как было обнародовано изменение политического курса страны. Перед самым закрытием заседания сенатор Кларк задал Вандерлипу последний, решающий вопрос: «Неужели вы думали, что Англия выплатит долги, если потерпит поражение?» На что Вандерлип ответил: «Разумеется, даже если бы англичане проиграли войну, они бы расплатились по счетам»[100].

В ходе последующих слушаний Най и остальные члены комитета попытались доказать, что США не сохраняли нейтралитета в Первой мировой войне, а подводная война с Германией была лишь предлогом, за который Вильсон буквально ухватился, желая оправдать вступление США в войну. Наконец Най взорвал последнюю бомбу: он заявил, что Вильсон якобы знал о секретных соглашениях союзников еще до того, как США вступили в войну, а затем обманул членов сенатского комитета по иностранным делам, заявив им, что узнал об этом лишь при подписании Версальского договора.

В ходе расследования комитета Ная выяснилось, что, по сути, именно Вильсон обманом втянул США в мировую войну. Именно президент подорвал нейтралитет, разрешив выдачу займов и оказание всяческой поддержки странам Антанты; именно он стал намеренно преувеличивать угрозу, исходящую от германского рейха; именно он утаил от правительства информацию о секретных соглашениях, заключенных между европейскими державами. Президент Вильсон развязал войну не за продвижение демократии, а за передел имперских остатков.

Клевета в адрес Вудро Вильсона и обвинение его в измене стали последней каплей для многих сенаторов-демократов: они дружно бросились осуждать председателя комитета — *Washington Post* назвала это «бурей протеста и негодования». Возглавил протесты сенатор от штата Техас Том Коннелли, который заявил: «Мне нет дела до того, какие основания имеют под собой эти обвинения — они бесстыдны. Высказывания сенатора от Северной Дакоты, председателя этого комитета, человека, который обещал привести нас к миру, уместны лишь в хмельной компании бездельников, играющих в шашки в дешевой забегаловке. Сенатор ворошит историю, связанную с человеком, которого нет больше с нами, — великим человеком, хорошим человеком; человеком, которому при жизни хватало смелости встретиться с врагами лицом к лицу, один на один». Коннелли обвинил Ная и его комитет в «возмутительной попытке очернить и опорочить

Глава 2. Новый курс

историю участия США в мировой войне». Разногласия вспыхнули и среди самих членов комитета. Двое из них, сенаторы Поуп и Джордж, в знак протеста покинули зал заседаний. Позднее Поуп вернулся и зачитал присутствующим официальное заявление, где говорилось, что он сам и Грегори возмущены «попытками поставить под сомнение честность Вудро Вильсона и опозорить великого президента». Они также высказали сожаление по поводу того, что расследование ушло от первоначальной цели, лишая правительство возможности принять «спасительные законы». Кроме того, они подвергли сомнению беспристрастность всего расследования, проводимого комитетом: «Все попытки очернить Вильсона и Лансинга... открыли всем глаза на предвзятость и предубеждения, которыми руководствовались сенаторы в ходе расследования». Однако они ясно дали понять, что не выйдут из состава комитета и вернутся для голосования по окончательному решению вопроса. Еще один представитель комитета, сенатор Ванденберг, добавил: он тоже восхищается Вильсоном, но согласен, что именно экономические мотивы послужили «неизбежным и непреодолимым толчком» к вовлечению США в войну. Он хотел удостовериться в том, что подобное больше никогда не повторится, а также высказал гордость тем, чего комитету удалось добиться: «За последние 48 часов мы переписали историю. Важно, чтобы история отражала реально происходившие события, какими бы они ни были». Най заверил Поупа и Джорджа, что не замышлял ничего дурного против Вильсона и даже голосовал за него в 1916 году, когда тот пообещал решительно избегать участия в войне, «пока для этого остается малейшая возможность»[101].

Ожесточенная полемика в Сенате продолжилась и на следующий день. 78-летний сенатор от штата Вирджиния Картер Гласс, который в последние годы президентства Вильсона занимал пост министра финансов, обвинил Ная в «бесчестной клевете», «чудовищной клевете в адрес покойного президента и осквернении гробницы Вудро Вильсона». Картер с такой силой ударил кулаком по столу, что кровь брызнула на разложенные бумаги, и воскликнул: «Жалкие демагоги, ваши лживые утверждения о том, что дом Моргана повлиял на политику нейтралитета Вудро Вильсона, лишены смысла!» Наю наконец представилась возможность ответить на предъявленные ему обвинения. Он заявил, что более всего его удивило отсутствие «более ранних попыток» помешать работе его комитета и что только с появлением в зале заседаний Моргана и его партнеров стало очевидным враждебное отношение к расследованию. Он не принес официальных извинений, а зачитал письма и документы, подтверждающие, по его словам, тот факт, что «США вступили в войну, зная о тайном сговоре. Но нам всем новость о секретных соглашениях объявили только на мирной конференции»[102].

Два дня спустя Най сообщил Моргану и его партнерам, что им нет необходимости являться на допрос, назначенный на следующую неделю. Комитет столкнулся с препятствием — перспектива выделения на его дальнейшую работу 9 тысяч долларов блекла с каждым днем. Най обвинил выступивших против него сенаторов в том, что те использовали историю с Вильсоном как «дымовую завесу». Их истинные намерения, заявил Най, заключались в том, чтобы «ухватиться за первую же возможность и любой ценой не допустить принятия законов, угрожающих грязной наживе на войне»[103].

Ко всеобщему удивлению и на радость Наю, слушания так и не отменили. 30 января сенат единогласно одобрил решение о выдаче 7369 долларов на завершение расследования. Даже Коннелли передумал и проголосовал за дальнейшее финансирование комитета, напомнив, однако, его членам о том, что они должны заботиться об интересах простых людей, а не вламываться в «гробницы и усыпальницы» покойных[104]. Газета *New York Times* так объяснила неожиданное изменение позиции сената: «Как только сторонники Вильсона, оскорбленные грязными инсинуациями в адрес их вождя времен войны, стали угрожать прекращением финансирования, в конгресс начали приходить целые мешки писем от граждан с требованиями раскрыть подлинную историю 1914–1918 годов. Подобная демонстрация антивоенных настроений полностью объясняет, почему расследование, вызвавшее больше горечи, чем любой другой аналогичный процесс за долгие годы, все же будет продолжено». В *Times* заметили, что комитет произвел ряд «серьезных реформ»: так, «благодаря деятельности членов комитета в перечень требований для производителей оружия включили получение ими соответствующей лицензии, а также предоставление Госдепартаменту регулярных отчетов обо всех поставках. В результате был создан ряд законопроектов, нацеленных на устранение сверхприбылей в военной и судостроительной отраслях, и эти законопроекты рано или поздно станут полноценными законами. Но самым главным достижением комитета можно считать привлечение внимания общественности к проблемам войны, мира и прибылей»[105].

В ходе последних заседаний представители дома Моргана сделали все возможное, стараясь очиститься от обвинений в том, что их займы союзникам повлияли на вступление США в войну. *New York Times* озаглавила свою статью от 5 февраля так: «Морган уходит победителем:

Глава 2. Новый курс

друг Най оправдал его». В Times вздохнули с облегчением: ее редакционная статья 9 февраля появилась под заголовком «Расследование окончилось хорошо». Все попытки комитета доказать, что Морган получил «колоссальную прибыль от продажи военного снаряжения» и «использовал свое мощнейшее влияние», чтобы втянуть США в войну, окончились ничем; автор статьи также отметил, что «расследование завершилось на радостной ноте — в конце господин Морган и его "друг Най" обменялись поздравлениями». Заканчивалась статья так: «Результат расследования представляет величайшую ценность для нашего общества... Ведь, завершись оно иначе, воцарился бы настоящий хаос. Люди впали бы в отчаяние, придя к выводу, что нечисто что-то во всем банковском деле»[106].

Най отреагировал на заявление Times незамедлительно: «Ни один член комитета, участвовавший в слушаниях, не согласится с тем, что благодаря расследованию банкирский дом Моргана был полностью реабилитирован». Хотя причастность Моргана к вовлечению США в мировую войну ради спасения собственных инвестиций и не была доказана, Най отметил: «Не подлежит никакому сомнению тот факт, что именно эти банкиры являются сердцем системы, которая роковым образом сделала наше участие в войне неизбежным». А когда Вильсон позволил Моргану ссудить крупную сумму денег союзникам, добавил Най, банкиры «вымостили для нас дорогу к войне»[107].

Слушания комитета в итоге достигли желаемого результата, что существенно отразилось на результатах опроса общественного мнения, проведенного Институтом Гэллапа 7 марта. На вопрос «Нужно ли запретить производство и торговлю оружием с целью получения прибыли частными лицами?» 82 % американцев ответили положительно и лишь 18 % — отрицательно. Наибольшую поддержку идеи комитета получили в Неваде, где за запрет на получение подобной прибыли высказались 99 % опрошенных. Самой меньшей популярностью предложение, прозвучавшее в опросе, пользовалось в Делавэре, на родине Дюпонов, где положительный ответ дали лишь 63 % опрошенных. Джордж Гэллап сообщил: с октября прошлого года, когда его компания начала свою деятельность по изучению общественного мнения, такую широкую поддержку получил лишь вопрос о выплате пенсии людям преклонного возраста. Гэллап процитировал слова одного бакалейщика из Западной Пенсильвании, который сказал: «Система получения прибыли от оружия обернется для нас войной на многие поколения»[108]. Самому Наю подобные опасения казались надуманными еще полтора года назад, когда его комитет только начинал свое расследование. «Я считал, — признавал он, — что национализация производства оружия и боеприпасов — самая безумная идея, которую мы когда-либо рассматривали»[109]. *Washington Post* и другие газеты поздравили Ная и его комитет с тем, что им удалось донести до общества правду о «злоупотреблениях, имеющихся в области торговли оружием, и... связи между войной и доступностью оружия»[110]. На следующий день Элеонора Рузвельт в своем выступлении в Гранд-Рапидс (штат Мичиган) призвала к устранению фактора прибыли из военной промышленности как такового. В газете *New York Times*, которая совсем недавно так горячо выступала в защиту Моргана и производителей оружия, никакой информации о результатах опроса Гэллапа так и не появилось.

В апреле комитет Ная обнародовал свой третий, столь ожидаемый всеми доклад. В нем было сказано: «Хотя доказательства, имеющиеся на данный момент у комитета, и не подтверждают, что войны начинаются исключительно по вине производителей оружия и их агентов, мы все же считаем, что в корне всех войн лежит далеко не одна причина. Комитет полагает недопустимым для интересов мира позволить организациям, пекущимся лишь о собственных интересах, подталкивать страны к войне путем подстрекательства и запугивания»[111]. Четверо из семи членов комитета: Най, Кларк, Поуп и Боун, — призвали передать военную промышленность в собственность государства. Оставшиеся в меньшинстве Джордж, Барбур и Ванденберг предложили ввести лишь «строгий контроль над производством оружия»[112]. Однако законопроект о запрете на получение военной прибыли попал в подкомитет, возглавляемый Коннелли — одним из самых ярых критиков Ная. Там ему долго не давали ход, и в конце концов, претерпев ряд изменений, этот законопроект не смог набрать необходимого количества голосов. Подобные законопроекты Най и его коллеги вносили в течение следующих пяти лет, но и эти проекты не получили одобрения.

Среди вопросов, поднятых на слушаниях и до сих пор тревожащих умы исследователей, была также причастность американских бизнесменов к экономическому и военному возрождению Германии в тот период, когда уже давно стали очевидны отвратительные черты гитлеровского режима. Начиная с 1933 года Гитлер стал бросать в тюрьмы и убивать коммунистов, социал-демократов и профсоюзных активистов. Очевиден был и его злобный антисемитизм, хотя кампанию по истреблению евреев он начнет лишь через несколько лет. Тесное сотрудничество американских бизнесменов и банкиров с их немецкими коллегами значительно укрепилось в годы перед приходом Гитлера к власти. Американские займы, организованные по большей части Морганом и Чейзом в своих интересах, удержали на плаву немецкую экономику в 1920-е годы. Корпорация *IBM*, которую возглавлял в то время Томас Уотсон, приобрела контрольный пакет акций немецкой компании Dehomag, а за период с 1921 по 1931 год General Motors Слоуна полностью выкупила компанию немецкого производителя автомобилей Адама Опеля. Форд увеличил объем инвестиций в свое дочернее предприятие в Германии — Ford Motor Company, — заявив, что подобный шаг укрепит отношения между Германией и США[113]. Уотсон придерживался того же мнения. «Мир во всем мире благодаря торговле!» — самодовольно повторял он[114].

Мир во всем мире казался весьма благородной целью, однако не он интересовал американских капиталистов в первую очередь — они жаждали власти и богатств, захватив новый рынок, усиливший их конкурентоспособность. Благодаря ряду головокружительных официальных и неофициальных деловых договоренностей целая сеть многонациональных корпораций США, Англии и Германии вступила в тайный сговор, подчинив новые рынки и получив возможность диктовать цены. В марте 1939 года в Дюссельдорфе Федерация британской промышленности и Имперская промышленная группа подписали торговое соглашение, о чем в газетах говорилось: «Несомненно, крайне важно уйти от пагубной конкуренции, какой бы она ни была, и выработать конструктивное сотрудничество, которое укрепит мировую торговлю и принесет взаимную выгоду Англии, Германии и всем остальным державам»[115]. Лишь после войны большинство экспертов поняли, насколько масштабными были заключенные в те годы договоренности. Так, в мае 1945 года Теодор Крепс из Стэнфордского университета отмечал: «Слово "картель" моментально перекочевало из сферы специального жаргона, существующего лишь в текстах договоров, на первые страницы ежедневных газет»[116]. Благодаря подобным соглашениям Эдсел Форд стал членом правления американского филиала немецкого химического концерна Farben — General Aniline and Film, в то время как генеральный директор Farben Карл Бош вошел в состав совета директоров европейского филиала Ford. Такие же договоренности связывали Farben, Dupont, General Motors, Standard Oil и банк Чейза.

Встретившись в 1937 году с Гитлером, Уотсон старательно и доверчиво донес слова фюрера до участников заседания Международной торговой палаты в Берлине: «Войны не будет. Ни одной стране не нужна война, ни одна страна не сможет себе ее позволить»[117]. Несколько дней спустя, в свой 75-й день рождения, Уотсон получил Большой крест ордена Германского орла из рук самого Гитлера — в награду за содействие, оказанное его компанией Dehomag германскому правительству: в 1930 году перфораторы компании использовались при проведении переписи населения, благодаря чему теперь было легче составлять списки евреев. Счетные машины Dehomag стали невиданным прорывом в организации данных, что позднее, когда компания полностью перешла под контроль нацистов, позволило немцам организовать расписание движения поездов в Освенцим.

О мирных намерениях Гитлера заявлял и Генри Форд. 28 августа 1939 года, всего за четыре дня до нападения на Польшу, Форд искренне заверял газету *Boston Globe*, что Гитлер просто блефует. Немцы «не осмелятся развязать войну, и сами прекрасно это знают», — утверждал он. Неделю спустя, когда вторжение Германии на польскую территорию уже началось, он опрометчиво сказал своему другу: «Там не было сделано ни единого выстрела. Это все выдумки банкиров-евреев»[118].

Форду и Уотсону следовало задуматься задолго до указанных событий. Еще в 1937 году немецкий филиал компании Форда выпускал грузовики и бронетранспортеры для вермахта. В июле 1939 года это дочернее предприятие переименовали в Ford-Werke. 15 % акций этой компании принадлежало концерну Farben, который впоследствии был признан виновным в преступлениях против человечества, связанных с деятельностью завода по производству синтетического каучука «Буна» в Освенциме и поставками газа «Циклон-Б», применявшегося для уничтожения евреев. В 1939 году, когда война уже началась, Ford и General Motors по-прежнему управляли своими немецкими филиалами, занимавшими ведущие позиции в автомобильной промышленности Германии. Как ни пытались впоследствии руководители обеих компаний опровергнуть эти факты, они отказались продать свою долю в немецких предприятиях, даже подчинились приказу германских властей и приняли участие в переоснащении военной промышленности, хотя у себя на родине противились выполнению аналогичного требования со стороны американского правительства. В марте 1939 года, после того как нацисты оккупировали Чехословакию, Слоун так объяснил свои мотивы: работа в Германии приносила «необычайно высокую прибыль». По поводу внутренней политики рейха он заметил лишь то, что она «никак не касается General Motors». Opel переоборудовал свой комплекс площадью 432 акра в Рюссельсхайме для производства боевых самолетов люфтваффе, поставив Германии целых 50 % двигателей для бомбардировщиков средней дальности «Юнкерс»

Глава 2. Новый курс

Ю-88. Кроме того, компания занималась разработкой первого в мире реактивного истребителя «Мессершмитт» Me-262, способного развивать скорость на 100 миль в час выше скорости американских «Мустангов» Р-510. В благодарность за проделанную работу нацисты наградили Генри Форда Большим крестом ордена Германского орла в 1938 году — через четыре месяца после захвата и присоединения Австрии. А месяцем позже подобной чести удостоился и Джеймс Муни, генеральный директор зарубежных филиалов General Motors. В годы войны, когда Ford-Werke снабжала нацистов оружием и эксплуатировала рабский труд заключенных из находившегося неподалеку концлагеря Бухенвальд, материнская компания Форда утратила эффективный контроль над своим дочерним предприятием. Когда в 1998 году бывшая узница лагеря Эльза Иванова возбудила дело против этой компании, Ford Motor Company наняла небольшую армию ученых и юристов, чтобы те попытались скрыть правду об аморальном поведении ее руководства и сделали имидж Ford более привлекательным, превратив предприятие в часть так называемого «арсенала демократии». Однако сразу после войны в одном из своих докладов эксперт сухопутных войск США Генри Шнайдер красноречиво назвал Ford-Werke «арсеналом нацистов»[119]. Проведя соответствующее расследование в конгрессе относительно монополии в автомобильной промышленности, Брэдфорд Снелл выяснил, что благодаря «своему мировому господству в производстве автомобилей General Motors и Ford стали основными поставщиками как для фашистской армии, так и для демократических стран»[120].

Генри Форд не только снабжал вермахт грузовиками; он также помогал нацистам распространять их порочную идеологию. Так, в 1921 году он издал сборник антисемитских статей под названием «Международное еврейство», ставший настольной книгой будущих нацистских вождей. Он же финансировал издание полумиллионным тиражом «Протоколов сионских мудрецов». На тот момент «Протоколы» уже были повсеместно признаны фальсификацией, однако Форда это нисколько не смутило. Бальдур фон Ширах, бывший руководитель гитлерюгенда и гауляйтер Вены, заявил на Нюрнбергском процессе:

«Переломным моментом для меня стал тот день, когда я прочел антисемитскую книгу Генри Форда "Международное еврейство". Я прочел ее — и сам стал антисемитом. Эта книга... произвела глубочайшее впечатление и на моих друзей, потому что для нас Генри Форд был воплощением успеха, воплощением прогрессивной социальной политики. В Германии, погрязшей в то время в нищете и невзгодах, молодежь смотрела на Америку, которую... в наших глазах олицетворял Генри Форд... И если он говорил, что во всем виноваты евреи, разумеется, мы ему верили»[121].

Портрет Форда висел в мюнхенском кабинете самого Гитлера, и в 1923 году фюрер признался в интервью журналисту *Chicago Tribune*, что «хотел бы отправить в Чикаго и другие крупные города свои ударные части, чтобы те помогли американцам на выборах. Мы видим в Генрихе Форде лидера зарождающейся в Америке фашистской партии». А в 1931 году он заявил читателям *Detroit News*: «Генри Форд — источник моего вдохновения»[122].

Немцы также черпали вдохновение и в печально известных заигрываниях американцев в 1920–1930-х годах с евгеникой и «расовой чистотой». В Калифорнии началась принудительная стерилизация, которую прошло более трети из запланированных 60 тысяч человек; в остальных штатах количество несчастных было ненамного меньшим[123]. Рокфеллер и Карнеги спонсировали научное исследование, благодаря чему такая политика стала выглядеть более солидной в глазах обывателя. Подобные новшества не остались незамеченными для руководства Германии. В своей книге «Майн кампф» Гитлер выразил восхищение достижениями американских лидеров в области евгеники. Позднее он поделился восторгом и с коллегами по партии: «Я с большим интересом изучил законы нескольких американских штатов в отношении предупреждения размножения людей, чье потомство не будет, по всей вероятности, представлять никакой ценности или даже разрушит генетический фонд нации»[124].

Среди таких штатов была и Вирджиния: решение о стерилизации «умственно отсталой» женщины способствовало принятию знаменитого постановления Верховного суда США по делу «Бак против Белла», которое слушалось в 1927 году. Мнение большинства выразил 86-летний Джастис Оливер Венделл Холмс, ветеран Гражданской войны, сравнив лишение Бак свободы продолжения рода с тем, как солдаты жертвуют жизнью на войне: «Мы уже не раз убеждались в том, что ради общественного блага лучшие наши граждане приносят в жертву свою жизнь. Потому было бы странно, если бы и те, кто и так ослабляет мощь нашей державы, не проявили подобной самоотверженности, пойдя даже на меньшие жертвы... чтобы нас не поглотила пучина невежества». Холмс пришел к следующему заключению: «Для всего мира будет лучше, если, вместо того чтобы ждать казни такого неполноценного отпрыска за содеянное преступление или его смерти от голода из-за слабоумия, общество

Глава 2. Новый курс

Немецкое издание «Международного еврейства» Генри Форда — сборника статей антисемитской тематики, ставшего настольной книгой будущих нацистских вождей.

предотвратит размножение тех, кто попросту не годится для достойного продолжения рода... Трех поколений умственно отсталых нам вполне достаточно»[125]. Хотя, согласно статистике, по количеству принудительных стерилизаций Вирджиния уступала только Калифорнии, кое-кому все же казалось, что принятые меры недостаточно радикальны. Пропагандируя выход закона о стерилизации на общенациональный уровень, доктор Джозеф Дежарнетт в 1934 году заявил: «Немцы побеждают нас на нашем собственном поле»[126].

Хотя большинство американских компаний, продолжавших вести дела с нацистской Германией, и отозвали американцев из своих немецких филиалов в 1939 и 1940 годах, управление ими во многих случаях осталось в руках немцев, ранее управлявших филиалами американских предприятий. Прибыль тем временем неустанно поступала на закрытые банковские счета.

Одним из крупнейших американских капиталистов, поддерживавших связь с партнерами-нацистами, был Прескотт Буш, отец одного президента и дед другого. Вот уже долгие годы эксперты пытаются выяснить истинную природу его отношений с Фрицем Тиссеном, богатейшим немецким промышленником, — тот, как стало известно после выхода в свет в 1941 году его мемуаров «Я платил Гитлеру», сыграл решающую роль в проталкивании фюрера к власти. Однако в конце концов Тиссен отказался от поддержки нацистского диктатора и угодил за решетку.

Пока Тиссен находился в тюрьме, его немалое состояние бережно хранилось за границей — в основном благодаря компании по доверительному управлению инвестициями Brown Brothers Harriman и холдинговой корпорации Union Banking. Этим счетом распоряжался старший партнер Прескотт Буш. В 1942 году правительство США национализировало вышеназванную корпорацию согласно Закону о торговле с врагом за сотрудничество с Роттердамским банком торговли и судоходства, принадлежавшим Тиссену. Правительство также получило контроль над другими компаниями, связанными с именем немецкого предпринимателя, чьими счетами управлял Буш: так, властям отошли Holland-American Trading Company, корпорация по производству бесшовной стали, Silesian-American Corporation и пассажирская судоходная компания Hamburg-Amerika Line[127].

Сразу после войны большая часть денег, принадлежавших нацистам, обрела новых хозяев. Акции корпорации Union Banking вернулись к Бушу, замороженная прибыль Dehomag отправилась в IBM, а Ford и General Motors вновь поглотили свои немецкие дочерние предприятия и даже получили репарации, положенные всем европейским фабрикам и заводам, разрушенным в результате бомбардировок авиацией союзников (в случае General Motors сумма репараций составила около 33 миллионов долларов)[128].

Так заработать удалось не только вышеназванным предпринимателям. Многие американские компании продолжали вести бизнес с нацистской Германией до самого нападения японцев на Перл-Харбор. Как объявило руководство Ford Motor Company в 2001 году, в ходе изучения деятельности бывшего Ford-Werke в начале войны стало известно, что 250 американских компаний владели более чем 450 миллионами долларов немецких активов, при этом 58,5% общей суммы принадлежало десяти крупнейшим вкладчикам. Среди таких корпораций были Standard Oil, Woolworth, IT&T, Singer, International Harvester, Eastman Kodak, Gillette, Coca-Cola, Kraft, Westinghouse и United Fruit. Ford занимал среди них 16-е место — всего лишь 1,9% инвестиций. Возглавлявшим этот список Standard Oil и General Motors принадлежали 14 и 12% инвестиций соответственно[129].

Интересы большинства перечисленных компаний представляла группа адвокатов из юридической конторы Sullivan and Cromwell, во главе которой стоял будущий государственный секретарь Джон Фостер Даллес. Его партнером был брат, Аллен Даллес, будущий директор ЦРУ. Среди их клиентов числился также Банк международных расчетов (БМР), основанный в Швейцарии в 1930 году для получения США репараций от Германии.

После объявления войны банк продолжал оказывать финансовые услуги Третьему рейху. Большая часть золота, награбленного нацистами

Глава 2. Новый курс

в покоренных странах Европы, осела в подвалах БМР; переброска же капиталов открыла нацистам доступ к средствам, которые были бы заморожены согласно Закону о торговле с врагом. В создании этого банка участвовали высокопоставленные нацисты и их сторонники, например Ялмар Шахт и Вальтер Функ: оба оказались на скамье подсудимых на Нюрнбергском процессе, хотя Шахта в итоге и оправдали. Американский юрист, президент банка Томас Маккитрик объявил, что банк придерживается «нейтралитета», но по-прежнему оказывал серьезную поддержку нацистам. Действия БМР были настолько вызывающими, что министр финансов США Генри Моргентау бросил членам правления обвинение: 12 из 14 руководителей банка «сами являются нацистами либо находятся под их контролем»[130].

Банковские дома Chase, Morgan, а также Union Banking Corporation и Bank for International Settlements сумели замаскировать факт своего сотрудничества с нацистами. Чейз продолжал сотрудничать с режимом Виши, сателлитом Третьего рейха. За годы войны его вклады удвоились. В 1998 году выжившие жертвы холокоста подали на его банк в суд, утверждая, что он до сих пор хранит деньги на счетах, открытых во время Второй мировой войны.

Пока американские капиталисты получали прибыль от зарубежных инвестиций и делали все возможное, чтобы втереться в доверие к германскому правительству[131], Джеральд Най и его специалисты добились блестящих успехов: им удалось докопаться до постыдной правды о влиянии и махинациях производителей оружия и ростовщиков и разоблачить отвратительную реальность, скрывавшуюся за громкими словами, под которые американские солдаты отправлялись в бой. Однако, помимо этого, слушания привели к еще двум последствиям, и сегодня, оглядываясь в прошлое, мы можем лишь сожалеть о них. Во-первых, они чрезмерно упрощали понимание причин войны, а во-вторых, усилили тенденцию к изоляции США от других государств, причем это произошло в самый страшный момент, какой только можно себе представить, — как раз тогда, когда благодаря своему влиянию США могли предотвратить катастрофу. Расследование убедило всех, что Соединенным Штатам следует избегать заключения каких-либо союзов и вмешательства в мировую политику. Должно быть, единственный раз за всю историю США сильнейшие антивоенные настроения были ошибочными — в свете истинной угрозы человечеству, которую несли с собой фашистские и иные агрессивные силы. Корделл Хэлл позднее написал по этому поводу, что слушания в комитете Ная повлекли за собой «ужасные последствия» и стали катализатором для «изоляционистских настроений, связавших правительству руки в тот самый момент, когда мы так нуждались в возможности вывести наше влияние на новый уровень»[132]. В январе 1935 года журнал *Christian Century* писал: «99 американцев из 100 сочтут слабоумным любого, кто накануне очередной европейской войны предложит США принять в ней участие»[133].

Однако совсем скоро картина событий в Европе многих заставит пересмотреть свои взгляды. Сначала Гитлер нарушил запрет на перевооружение, наложенный на Германию Версальским договором. Затем, в октябре 1935 года, Муссолини вторгся в Эфиопию. Но, учитывая принятый недавно закон о сохранении нейтралитета, связанный с наложением эмбарго на продажу оружия всем воюющим странам, а также резкие расхождения в политических пристрастиях американцев (так, американцы итальянского происхождения в целом поддерживали Муссолини, а чернокожие — Эфиопию), США заняли позицию пассивного наблюдателя. Международное сообщество также не слишком бурно отреагировало на агрессию. Лига Наций осудила итальянское вторжение и подумывала о решении наложить эмбарго на поставки нефти, что могло бы обернуться для агрессора катастрофическими последствиями. Координационный комитет Лиги призвал страны, не состоящие в этой организации, поддержать инициативу. На тот момент США поставляли более половины всей импортируемой нефти в мире. Их сотрудничество с Лигой стало бы для фашистской агрессии настоящим камнем преткновения. Однако Рузвельт, пойдя на поводу у изоляционистских настроений населения, отказался поддержать эмбарго Лиги Наций. Вместо этого президент США объявил о введении «морального эмбарго» на поставки нефти и других стратегически важных ресурсов. Это ограничение не возымело абсолютно никакого эффекта — напротив, объем американских поставок в Италию в течение последующих нескольких месяцев увеличился почти втрое[134]. Лига тем временем ввела ряд ограниченных и бесполезных санкций, но сама же впоследствии свела их на нет из уважения к сдержанности Англии и Франции и из страха спровоцировать Италию на ответные действия.

Так удался гамбит Муссолини. Гитлер и японцы пришли к выводу, что у Англии, Франции и США кишка тонка ввязываться в войну, а потому они скорее уступят более агрессивным нациям, чем сами примут участие в боевых действиях. В январе 1936 года Япония покинула Лондонскую конференцию по вопросам военно-морских сил и начала масштабную программу милитаризации. В марте 1936 года немецкие войска вошли в Рейнскую область: Гитлер не побоялся рискнуть, хотя ему и пришлось откровенно блефовать. И тем не менее риск оправдался. Позднее фюрер и сам признавал, что вооруженное сопротивление, несомненно, вынудило бы его отвести войска. «Те двое суток после вторжения в Рейнскую область были самыми страшными в моей жизни, — говорил он. — Если бы французы ввели туда свои войска, нам пришлось бы бежать, поджав хвост, потому что военных ресурсов, имевшихся в нашем распоряжении на тот момент, не хватило бы даже для умеренного сопротивления»[135].

Еще более слабохарактерным мировое сообщество показало себя после начала гражданской войны в Испании. Обстановка в стране накалилась в июле 1936 года, когда мятежники Франсиско Франко решили свергнуть испанское правительство и установить фашистский режим. Республика нажила себе немало врагов среди американских чиновников и глав корпораций из-за проведения прогрессивных реформ и строгого контроля над предпринимателями. Кое-кто считал, что к происходящему приложили руку коммунисты, и высказывал опасения, что победа республиканцев приведет к установлению коммунистического режима. Американские католики и церковные прелаты, возмущенные агрессивным антиклерикализмом республиканцев, сплотились, чтобы поддержать Франко. Так же отреагировали и Гитлер с Муссолини: они щедро снабжали мятежников всем необходимым, в том числе самолетами, летчиками и тысячами солдат. Германия использовала эту войну, чтобы опробовать новое оружие и тактику, которые военачальники вермахта успешно применят в ходе боевых действий в Польше и других европейских странах. Сталин отправлял самолеты и танки в помощь демократическим силам, но он не мог дать хотя бы приблизительно столько, сколько поставляли Берлин и Рим. Однако Рузвельт не оказал республиканцам никакого содействия, равно как Франция и Англия. США, последовав примеру этих держав, запретили поставки оружия обеим сторонам конфликта, что значительно ослабило окруженных со всех сторон и плохо вооруженных сторонников правительства Испании. Ford, General Motors, Firestone и другие американские предприятия снабжали фашистов грузовиками, шинами и станками. Texaco oil company под руководством симпатизировавшего идеям фашизма полковника Торкильда Рибера пообещала предоставить Франко любое количество нефти, причем в кредит. Рузвельт, узнав об этом, пришел в ярость, пригрозил наложить эмбарго на все поставки нефти и обязал компанию выплатить штраф. Но Рибер, несмотря на все меры, принятые президентом, продолжал снабжать нефтью Гитлера, благодаря чему привлек к себе внимание журнала Life[136].

Первая торжественная встреча ветеранов бригады имени Авраама Линкольна, легендарного подразделения, близкого к компартии и сражавшегося с фашистами в Испании. Бригада потеряла 120 человек убитыми и 175 ранеными.

Прогрессивные американцы сплотились во имя защиты Испанской Республики. Как ни странно, именно поборник мирного курса Джеральд Най возглавил борьбу сената за предложение возобновить поставки оружия, столь необходимые войскам республики. Около 3 тысяч храбрых американских добровольцев отправились в Испанию, чтобы дать бой фашизму: вначале они добрались до Франции, а затем незаметно пересекли Пиренеи и оказались в Испании. 450 человек составили легендарную бригаду имени Авраама Линкольна, близкую к компартии. 120 бойцов бригады пали в боях, 175 получили ранения. Поль Робсон, необычайно талантливый чернокожий спортсмен, интеллектуал, актер и певец, отправился на поле боя, чтобы выступать перед солдатами.

Сражения продолжались три года. Республика пала весной 1939 года, похоронив под своими развалинами не только более 100 тысяч солдат и 5 тысяч иностранцев-добровольцев, но также надежды и мечты всего человечества. К 1938 году Рузвельт понял, к чему привела его политика, и попытался тайно направить помощь правительству республики, но она, мягко говоря, немного запоздала. Нейтралитет Америки стал «смертельной ошибкой», как признался президент своим сотрудникам. Он предрек, что совсем скоро придет время всем расплачиваться за эту ошибку[137].

Глава 2. Новый курс

Мировые державы так же мало сделали и для того, чтобы предотвратить вторжение Японии в Китай в 1937 году, хотя многие с ужасом следили за новостями с фронта. Начавшись с инцидента на мосту Марко Поло в июле 1937 года, сражения вскоре охватили всю страну. Войска Чан Кайши стремительно отступали, а японские солдаты подвергали мучениям мирных китайских жителей. Самые вопиющие зверства выпали на долю жителей Шанхая и Нанкина — в этих городах насилиям, грабежам и убийствам не было конца.

Стараниями фашистских и милитаристских сил мир семимильными шагами шел к войне. Одни объясняли это привлекательностью идей фашизма, другие — ненавистью к коммунистическому СССР, третьи — боязнью угодить в такую же пучину страданий, какую мир познал в предыдущей мировой войне, но факт остается фактом: западные демократические державы бездействовали, пока Италия, Япония и Германия захватывали новые территории, существенно меняя соотношение сил на мировой арене.

Глава 3

Вторая мировая война:

КТО НА САМОМ ДЕЛЕ ПОБЕДИЛ ГЕРМАНИЮ?

Большинство американцев считают Вторую мировую «удачной войной», в которой США и их союзники одержали блестящую победу над германскими нацистами, итальянскими фашистами и японскими милитаристами. Но всему остальному миру она запомнилась как самая кровопролитная война за всю историю человечества. К моменту завершения боевых действий погибло более 60 миллионов человек, в том числе 27 миллионов советских граждан, от 10 до 20 миллионов китайцев, 6 миллионов евреев, 5,5 миллиона немцев, 3 миллиона поляков (не считая польских евреев), 2,5 миллиона японцев и 1,5 миллиона югославов. Количество жертв со стороны Австрии, Великобритании, Франции, Италии, Венгрии, Румынии и США составило от 250 до 333 тысяч человек по каждой стране.

В отличие от Первой мировой войны Вторая начиналась медленно и постепенно. Первые выстрелы, по сути, прогремели еще в 1931 году, когда японская Квантунская армия сокрушила китайские войска в Маньчжурии.

В конце XIX века, пока великие державы Запада расширяли свои колонии, в Японии стремительными темпами шли процессы модернизации и индустриализации: это восточное государство стремилось занять место среди ведущих стран мира. Японская армия уже продемонстрировала свое умение вести современные боевые действия, нанеся поражение китайцам в войне 1894–1895 годов, а ровно через десять лет наголову разгромив русских. Впервые за почти 700 лет — со времен Чингисхана — восточной державе удалось нанести поражение западной. Война сильно истощила ресурсы России и стала катализатором революции 1905 года.

Глава 3. Вторая мировая война

В конце концов «брожение» радикально настроенных умов, помноженное на несправедливость царского режима и серьезные потери, понесенные в боях против Германии в ходе Первой мировой войны, вылилось в революцию 1917 года. Русско-японская война также омрачила отношения между двумя державами на несколько десятилетий.

Тем временем Германия, стремясь отомстить за свое сокрушительное поражение в Первой мировой войне, пошла в наступление на Запад. В 1936 году Гитлер и Муссолини сформировали так называемую ось Берлин — Рим* и помогли генералу Франсиско Франко свергнуть правительство Испанской Республики. Бессилие западных демократий перед лицом фашистской агрессии в Эфиопии и Испании придало Гитлеру уверенность в том, что он сумеет воплотить в жизнь свои планы по захвату Европы. Оно же убедило Сталина в том, что Англия, Франция и США не заинтересованы в совместных действиях против растущей угрозы нацизма.

В 1937 году в Китае развернулись масштабные боевые действия, в ходе которых многочисленная японская армия захватывала один город за другим. В декабре 1937 года японцы устроили массовую резню в Нанкине, убив от 200 до 300 тысяч мирных жителей и изнасиловав около 80 тысяч женщин. Вскоре Япония захватила все восточное побережье Китая, где проживали 200 миллионов человек.

В 1938 году международное положение ухудшилось еще больше, когда Австрия была аннексирована Германией, а Англия и Франция расписались в собственном бессилии перед Гитлером в Мюнхене, отдав Германии Судетскую область Чехословакии. Премьер-министр Англии Невилл Чемберлен по этому поводу сказал свою печально известную фразу: соглашение-де принесло «мир нашему времени»[1]. Однако Рузвельт оказался более дальновидным. По его мнению, англичане и французы бросили беспомощных чехов в беде: «Эти иуды еще долго будут отмывать свои руки от крови»[2]. Но Рузвельт понимал, что США и сами не оказывают никакой поддержки тем, кто противостоит нацистской диктатуре.

---

* Ось Берлин — Рим, военно-политический союз фашистской Германии и Италии, оформленный Берлинским соглашением от 25 октября 1936 года. Создание оси свидетельствовало об открытой подготовке фашистских государств к развязыванию Второй мировой войны 1939–1945 годов. Продолжением соглашения ось Берлин — Рим явился подписанный 25 ноября 1936 года Германией и Японией «антикоминтерновский пакт», к которому 6 ноября 1937 года присоединилась Италия.

Так, США отказали в помощи еврейским общинам Австрии и Германии, находившимся в отчаянном положении. В 1939 году Соединенные Штаты в первый и последний раз приняли полную квоту иммигрантов из Австрии и Германии — 27 300 человек. То была капля в море — в убежище нуждались сотни тысяч евреев. А Рузвельт и не попытался увеличить мизерную квоту, установленную дискриминационным законом об иммиграции от 1924 года[3].

В марте 1939 года Гитлер нанес новый удар, вторгнувшись в Чехословакию. Сталин понял, что скоро настанет черед и Советского Союза. Вот уже многие годы советский диктатор призывал западные державы объединиться в борьбе с Гитлером и Муссолини. В 1934 году СССР даже вступил в Лигу Наций. Но советские призывы к созданию системы коллективной безопасности перед лицом фашистской угрозы неизменно отвергались. После нападения Германии на Чехословакию Сталин вновь предложил Англии и Франции объединиться и встать на защиту Восточной Европы, и снова никто не пожелал к нему прислушаться.

Опасаясь, что Германия и Польша вместе нападут на СССР*, он решил любой ценой выиграть время. В августе он заключил предосудительную и претящую ему сделку со своим смертельным врагом. Гитлер и Сталин потрясли мир, подписав пакт о ненападении и секретный протокол, согласно которому они собирались переделить между собой Восточную Европу. На самом деле такую же договоренность Сталин еще раньше предлагал англичанам и французам, но те отказались удовлетворить просьбу СССР о пропуске советских войск через территорию Польши в целях противостояния немцам**. 1 сентября Гитлер напал на Польшу. Союзники объявили Германии войну. Советский Союз вторгся на территорию Польши 17 сентября. Вскоре Советы получили контроль над Прибалтикой — Эстонией, Латвией и Литвой, — а затем вступили в войну с Финляндией.

После короткой передышки Гитлер начал в апреле 1940 года свой стремительный блицкриг.

Дания, Норвегия, Голландия, Бельгия капитулировали одна за другой. 22 июня, всего через шесть недель после начала боевых действий,

---

* С января 1934 по апрель 1939 года между Польшей и Германией действовал Договор о ненападении (пакт Пилсудского–Гитлера), а осенью 1938-го, после Мюнхенского соглашения, Польша (как и Венгрия) приняла участие в разделе чехословацких территорий.

** В тот момент между СССР и Германией не существовало общей границы.

Глава 3. Вторая мировая война

В 1936 году Гитлер и Муссолини создали так называемую ось Берлин — Рим и начали агрессию в Эфиопии и Испании. С самого начала западные демократии не сделали ничего, чтобы остановить агрессоров.

капитулировала Франция, потерявшая большую часть своей молодежи в Первой мировой войне. Ее консервативный правящий класс был до мозга костей пропитан антисемитизмом. Англия оказалась в изоляции. Во время битвы за Англию летом 1940 года ее перспективы представлялись безрадостными. Однако Германии так и не удалось уничтожить Королевские ВВС, а это делало невозможным запланированное на сентябрь 1940 года вторжение непосредственно на английскую территорию. Тем не менее люфтваффе продолжало ожесточенные бомбежки английских городов.

Рузвельт хотел помочь, но руки у него были связаны законом о нейтралитете, полной неподготовленностью страны к войне и поголовным распространением изоляционистских настроений. Мало того, ему приходилось считаться с собственными министрами и генералами, считавшими, что Англию уже не спасти, а США необходимо сосредоточить все усилия на обороне собственной территории. Президент хитрил, чтобы оказать Англии хоть какую-то помощь. Рискуя навлечь на себя обвинения в противозаконных действиях, Рузвельт в обход сената единолично принял решение об отправке англичанам 50 старых эсминцев в обмен на аренду сроком на 99 лет военно-морских и авиационных баз в восьми британских владениях в Западном полушарии. Когда вспыхнула битва за

Англию, Рузвельт все больше был готов выдержать нападки в конгрессе, лишь бы укрепить боевой дух англичан[4].

Руководители западных стран осудили агрессию со стороны Японии, но ничем не помогли китайцам, чьи города подвергались беспрерывным бомбардировкам. В июле 1939 года США затянули удавку на шее японской экономики: они разорвали заключенный в 1911 году торговый договор с Японией, лишив ее поставок стратегически важного сырья и запретив экспорт товаров, необходимых для ведения боевых действий. Тем временем в Маньчжурии советские и японские армии сражались за спорные границы*. Эти бои принесли первую победу генералу Г.К. Жукову и обострили положение на Востоке.

В сентябре 1940 года Германия, Италия и Япония официально заключили трехстороннее соглашение, основав союз так называемых держав оси. Вскоре к ним присоединились Венгрия, Румыния, Словакия и Болгария.

Увидев, что тучи войны сгущаются, Рузвельт решил нарушить сложившуюся традицию и баллотироваться на третий срок**. Республиканцы выдвинули в кандидаты от своей партии адвоката из Индианы Уэнделла Уилки, который придерживался умеренных политических взглядов и поддерживал большую часть реформ «Нового курса», а также выступал за предоставление военной помощи Великобритании. Тот факт, что Уилки, совсем недавно перешедший из Демократической партии в Республиканскую, баллотируется в президенты, вызвал негодование у наиболее жестких республиканцев; так, бывший сенатор Джеймс Уотсон заявил: «Если бы блудница вдруг раскаялась и пожелала войти в лоно церкви, я бы лично пожал ей руку и проводил к амвону. Но, клянусь Всевышним, я не позволил бы ей исполнить сольную партию в церковном хоре в первый же вечер»[5].

Рузвельт тщательно обдумывал возможные кандидатуры на пост вице-президента. Ставки были слишком высоки — страна могла вот-вот оказаться втянутой в войну. Он взвесил все за и против и остановился на своем министре сельского хозяйства — Генри Уоллесе. Он знал, что не все

---

* Речь идет о боях на реке Халхин-Гол (май — август 1939 года), в ходе которых Красная армия помогла Монгольской Народной Республике отстоять монгольскую территорию от посягательств Японии. Летом 1938 года японцы были разбиты на советской территории в районе озера Хасан.

** До принятия в 1951 году 22-й поправки к Конституции США один и тот же человек мог занимать пост президента более двух сроков. Фактическое ограничение двумя сроками проистекало из прецедента, созданного первым президентом — Дж. Вашингтоном.

Глава 3. Вторая мировая война

одобрят это решение, поскольку избранный им кандидат происходил из рода видных политиков-республиканцев штата Айова. Его дед основал журнал *Wallaces' Farmer*, солидное научное издание по вопросам сельского хозяйства. Отец до самой своей смерти в 1924 году занимал пост министра сельского хозяйства при Гардинге и Кулидже. Хотя Уоллес и поддержал демократов Смита в 1928 году и Рузвельта в 1932-м, официально он сменил партию лишь в 1936 году, из-за чего многие ведущие демократы сомневались в его лояльности, как и республиканцы не доверяли Уилки.

У самого Рузвельта никаких сомнений не было. Он хорошо знал позицию Уоллеса по основным вопросам. Тот показал себя дельным министром и сумел в короткий срок добиться возрождения процветающего сельского хозяйства. Фермеры, в 1933 году составлявшие все еще четверть населения, находились в бедственном положении, когда Уоллес принял новую должность. Сельскохозяйственная продукция наводняла рынок, что повлекло за собой падение цен. Проблема, существовавшая на протяжении всех 1920-х годов, в 1929-м достигла катастрофических масштабов. Совокупный доход фермеров в 1932 году составил лишь одну треть дохода, полученного в 1929-м. К 1933 году сельские жители Америки и вовсе впали в отчаяние. Рузвельт понимал, что успех всего «Нового курса» зависит от возрождения сельского хозяйства. Предложения, выдвинутые Уоллесом, казались очень спорными. Он хотел выплачивать фермерам премии за снижение объема продукции; по его мнению, сокращение поставок на рынок привело бы к увеличению спроса, а следовательно, и цен на сельскохозяйственную продукцию. Но в 1933 году он был вынужден пойти на еще более жесткие меры. Тогда цены на хлопок упали до 5 центов за фунт. Склады были переполнены, а экспортировать хлопок стало некуда. Фермеры же ожидали нового богатого урожая. Уоллес решил заплатить им за уничтожение 25 % еще несобранного хлопка. Для Уоллеса, годами работавшего над усовершенствованием гибридного сорта кукурузы и считавшего, что изобилие пищи представляет собой исключительную важность для поддержания мира во всем мире, мысль об уничтожении посевов была невыносима. «То, что мы вынуждены избавиться от посевов, — сокрушался он, — рисует нашу цивилизацию в ужасном свете». В августе того года было перепахано более 4 миллионов гектаров хлопковых плантаций.

Дальше пришлось еще труднее. Уоллесу пришлось решать вопрос об избытке свиней. По совету самих свиноводов Уоллес провел в жизнь программу, в рамках которой было забито 6 миллионов поросят, весивших менее 45 килограммов, то есть половины веса взрослой свиньи, принятого за стандарт на рынке. Критики подвергли резким нападкам организованное им «свинское детоубийство» и «регулирование рождаемости свиней». Уоллес парировал нападки своих недоброжелателей: «Разумеется, бесчеловечно убивать как взрослую свинью, так и маленького поросенка... Послушать критиков, так свиней растят для того, чтобы держать в качестве комнатных животных». Разумеется, Уоллес сделал все возможное, чтобы извлечь какой-нибудь прок из этой программы. Он раздал 45 тысяч тонн свинины, сала и мыла бедствующим американцам. «Мало кто понимал, насколько радикальное решение мы приняли, — вспоминал он, — правительство выкупало излишки у тех, кто их имел, и распределяло среди тех, кто не имел ничего».

Хотя реформы Уоллеса и подверглись острой критике, они привели к желаемым результатам. Цены на хлопок увеличились вдвое. Доход от сельского хозяйства возрос за год на 30 %. И все же Уоллеса огорчал печальный подтекст этой политики: «Уничтожение 10 миллионов акров хлопка в августе 1933 года, убийство 6 миллионов поросят в сентябре 1933-го — ни одно здоровое общество не назовет эти меры образцовыми. То были чрезвычайные меры, необходимость которых была порождена почти полной некомпетентностью правительств всего мира в период с 1920 по 1932 год»[6]. Но, как бы ни оправдывался Уоллес, ужасавшее всех в то время уничтожение посевов и домашнего скота на фоне страданий голодного и нищего народа вызывало отвращение у избирателей, в результате чего «Новый курс» снискал репутацию бессердечной философии «возрождения через лишения».

Однако в целом, как писал позднее Артур Шлезингер, «Уоллес был по-настоящему выдающимся министром сельского хозяйства... Он вовремя понял, что недостаточно заботиться только лишь о товарном производстве сельхозпродукции, и переключил свое внимание на выращивание продуктов питания для собственного потребления, а также на нужды сельской бедноты. Для городских бедняков он ввел систему талонов на продовольствие и школьных обедов для детей. Он же учредил программы по планированию землепользования, сохранению почв и борьбе с эрозией. Он всегда поощрял исследования заболеваний растений и животных, выведение сортов культур, устойчивых к засухе, и гибридных посевов, которые повысили бы урожайность»[7].

За восемь лет пребывания в должности министра сельского хозяйства за Уоллесом закрепилась репутация не только одного из самых дальновидных политиков, посвятивших себя «Новому курсу», но и стойкого антифашиста. В 1939 году он оказал серьезную поддержку Американскому комитету за демократию и интеллектуальную свободу (АКДИС). Этот комитет был организован Францем Боасом, ведущим американским антропологом, и его единомышленниками в начале того же года. В конце 1938 года Боас опубликовал манифест о свободе науки, который подписали 1284 американских ученых. Манифест осуждал расистскую политику нацистов и преследования ученых и преподавателей, а также призывал общество решительно встать на защиту демократии и интеллектуальной свободы в самих США. Американская интеллигенция чтила Уоллеса, считала его самым образованным членом правительства Рузвельта и самым преданным поборником интересов научного сообщества. В октябре 1939 года АКДИС пригласил Уоллеса участвовать в круглом столе на тему «Чем ученый может помочь борьбе с расизмом» в рамках Всемирной выставки в Нью-Йорке. Уоллес дал определение понятию «расизм»: «Попытки людей, объединившихся в определенные группы, подчинить себе других посредством ложных расовых теорий в поддержку своих притязаний». Сославшись на свои знания в области генетики растений, он обратил внимание присутствующих на «роль, которую ученые могли бы сыграть в борьбе с подобными ложными теориями, а также на то, что они могут предотвратить разрушительное влияние этих теорий на гражданские свободы». Он призвал научных деятелей возглавить эту борьбу:

> «Научное сообщество имеет особые причины и несет особую ответственность за то, чтобы одержать победу над "расизмом", прежде чем тот вонзит свои ядовитые клыки в нашу политическую систему. Причины заключаются в том, что, когда исчезает свобода личности, исчезает и свобода науки. Ответственность же ученого связана с тем, что лишь он может рассказать людям правду. Только ему дано исправить ошибки, допущенные нашими колледжами, средними школами и средствами массовой информации. Только он может показать, насколько безрассудны заявления о том, что лишь одной расе, одной нации или одному классу Богом была дана власть над остальными»[8].

Теперь, когда демократия в Европе дышала на ладан, Рузвельту был просто необходим в качестве кандидата в вице-президенты широко известный борец за свободу и демократию. Но заправилы и консервативные деятели Демократической партии не желали согласиться с кандидатурой Уоллеса — именно из-за тех его качеств, которые привлекали Рузвельта. Они боялись его радикальных взглядов и с подозрением относились к его принципам, которые он ставил выше сиюминутных политических интересов. Участие Уоллеса в предвыборной кампании буквально висело на волоске. Рассерженный и недовольный Рузвельт обратился с замечательным письмом к делегатам национального съезда партии — к нему стоило бы прислушаться и современным демократам, — недвусмысленно отказываясь от выдвижения своей кандидатуры на пост президента. Свое решение он объяснил следующим образом:

«Демократическая партия [должна] отстаивать прогрессивные и либеральные принципы и проводить соответствующую политику... Партия потерпела в этом неудачу, попав под влияние тех, [кто] мыслит лишь категориями прибылей, позабыв о... человеческих ценностях... Пока Демократическая партия... не сбросит с себя оковы, наложенные на нее консервативными и реакционными силами и сторонниками "умиротворения"... ей не одержать победы... Демократической партии не усидеть на двух стульях одновременно. [Исходя из этого я] отказываюсь от чести быть кандидатом на пост президента»[9].

Положение спасла Элеонора Рузвельт. Впервые в истории на съезде партии выступила супруга кандидата в президенты. Она попыталась успокоить раздраженных делегатов, заявив: «Мы столкнулись со сложной, серьезной ситуацией», — и напомнила: «Времена наступили очень непростые»[10]. Под сильным давлением партийные боссы, игравшие главную роль в процессе выдвижения кандидатов, и делегаты съезда уступили и проголосовали за кандидатуру Уоллеса. Однако позднее они станут изыскивать возможность отплатить за вырванную у них уступку.

В ноябре Рузвельт и Уоллес успешно обошли Уэнделла Уилки и Чарльза Макнери, набрав 55% голосов избирателей. Накануне голосования Рузвельт пообещал, что не даст вовлечь США в войну. Выступая перед восторженной толпой в Бостон-гарден, он заявил: «Я говорил уже прежде и повторю это еще раз. Ваши сыновья не отправятся воевать за интересы других стран»[11]. Однако США с каждым днем все ближе подходили к участию в конфликте, поставляя Англии боевую технику, в частности артиллерию, танки, пулеметы, винтовки и тысячи самолетов.

В начале января 1941 года Рузвельт поднял ставки, предложив англичанам так называемый ленд-лиз — передачу вооружений в аренду или с оплатой в рассрочку. Соответствующий законопроект получил патриотичное название ПП-1776*. Он дал бы президенту неограниченную свободу действий в снабжении отчаявшейся Англии боевой техникой, не вступая в войну и не заботясь о «дурацких и нелепых

---

* «Патриотизм» связан с номером: 1776 — год провозглашения независимости США. ПП — палата представителей.

долларах»¹². Реакция на послание президента показала: очень многие не согласны с его попытками убедить страну, что война отвечает коренным интересам США. На следующий день Элеонора Рузвельт даже высказалась по этому поводу на пресс-конференции: ее «удивило и опечалило» то, как холодно встретили послание представители Республиканской партии[13].

На самом деле противники Рузвельта из Республиканской партии были возмущены как никогда. Томас Дьюи, который позднее баллотировался в президенты, высказал опасения по поводу того, что этот законопроект «положит конец свободному правительству в США и, в сущности, упразднит конгресс». Альф Лэндон назвал предложение президента «первым шагом к установлению диктатуры господина Рузвельта»[14]. Он же, по сути, предсказал грядущую катастрофу. «Шаг за шагом он втягивает нас в войну», — возмущенно заявил Лэндон. Джеральд Най также пришел к выводу, что, если закон о ленд-лизе будет принят, «война практически неизбежна»[15].

Критики опасались, что займы и иная помощь Англии снова приведут США к войне, как это произошло в 1917 году. В конгрессе вспыхнули жаркие дебаты. Сенатор-демократ от штата Монтана Бертон Уиллер настаивал на том, что Гитлер ни за что не объявит войну США, а программа ленд-лиза станет «внешней политикой "Нового курса" с рейтингом ААА*, которая сведет в могилу каждого четвертого молодого американца»[16]. Рузвельт возмутился, назвав слова Уиллера «самым беспардонным... самым подлым, низким и непатриотичным... самым отвратительным из всех публичных заявлений на моей памяти»[17].

Сторонники Рузвельта утверждали, что помощь англичанам станет для США наиболее безопасным способом избежать войны. В защиту президента выступил сенатор от штата Оклахома Джошуа Ли: «Гитлер — безумец, стоящий у руля самой могущественной и разрушительной машины, которую только может представить себе человеческое воображение. И обуглившиеся руины целого континента — доказательство того, что он не побоится пустить ее в ход... У Америки есть лишь один шанс избежать тотальной войны, и имя этому шансу — Англия. Именно эта последняя грань отделяет Америку от крещения кровью»[18].

Законопроект о ленд-лизе был принят конгрессом в начале марта с поправкой, налагающей запрет на сопровождение американскими

---

* ААА — высший рейтинг финансовой надежности страховой компании по системе оценки, разработанной компанией Standard & Poor's (S&P).

ВМС караванов судов с товарами. Конгресс выделил на финансирование поставок по ленд-лизу первые 7 миллиардов долларов (конечная сумма составит 50 миллиардов). Сенатор Артур Ванденберг заметил по этому поводу: «Мы нарушили 150-летнюю традицию американской внешней политики. Мы отбросили прощальное обращение Джорджа Вашингтона. Мы с головой окунулись в политику с позиции силы и войну за влияние в Европе, Азии и Африке. Мы сделали первый шаг на пути, с которого уже не свернуть»[19].

Премьер-министр Черчилль от души поблагодарил американский народ и прислал президенту телеграмму следующего содержания: «Вся Британская империя от души благословляет ваше имя». Однако вскоре англичане поняли, что щедрость и поддержка Рузвельта в спасении империи Черчилля отнюдь не безграничны. Американский президент включил в закон о ленд-лизе положения, согласно которым США получали право на деятельность в закрытой торговой сфере Британской империи и намерены были не допустить восстановления английской монополии там после войны. От подобной перспективы англичане были не в восторге, как и от навязанной им необходимости распродать финансовые активы. Черчилль жаловался: «Нас не просто обокрали — нас обобрали до нитки». Однако он понял: как и опасались противники Рузвельта, США находятся на верном пути к войне. «Хотел бы я, чтоб они уже не могли сорваться с крючка, — признался Черчилль, — но Штаты уже сейчас сидят на нем крепко»[20].

Как оказалось, американцы и сами старались загнать крючок поглубже. Их симпатии всецело пребывали на стороне стран-союзников. В октябре 1939 года опрос Гэллапа выявил, что 84 % жителей США желают победы в этой войне Англии и Франции, и лишь 2 % населения поддерживают Германию. Однако 95 % граждан по-прежнему не хотели, чтобы США принимали непосредственное участие в боевых действиях[21].

По иронии судьбы, именно Гитлер положил конец изоляции Англии — 22 июня 1941 года, когда история совершила очередной крутой поворот. Нарушив заключенный в 1939 году договор с СССР, немцы начали операцию «Барбаросса» — широкомасштабное вторжение в Советский Союз. Сталин, который еще до этого провел чистки своего генералитета, проигнорировал многочисленные предупреждения о том, что нападения со стороны Германии не миновать. Его войска оказались застигнутыми врасплох — 3,2 миллиона немецких солдат перешли в наступление на линии фронта протяженностью в три с лишним тысячи километров[22]. Немцы быстро продвигались в глубь территории СССР. Люфтваффе уни-

Глава 3. Вторая мировая война

1941 год. Американские гаубицы ждут отправки в Великобританию в рамках программы ленд-лиза, принятой с целью помочь ей в войне с Германией. Закон о ленд-лизе увеличил степень участия США в европейской войне, возмутив конгрессменов-республиканцев — сторонников изоляционистской политики.

чтожало советские авиационные части, а вермахт окружал сухопутные войска, нанося им огромные потери. Нацисты двигались на Ленинград, Смоленск и Киев. Сокрушительный удар, нанесенный гитлеровским блицкригом по Красной армии, вызвал панику и в Лондоне, и в Вашингтоне: западные державы опасались, что Сталин заключит сепаратный мир с Германией, как сделал Ленин в 1918 году.

Советский Союз едва ли испытывал теплые чувства по отношению к Великобритании, Франции и США — каждая из этих держав по-своему пыталась задушить Октябрьскую революцию. Начиная с 1925 года, когда вышла в свет «Моя борьба», Гитлер снова и снова проявлял крайнюю враждебность к СССР. Когда в середине 1930-х годов захватнические намерения фюрера стали совершенно очевидны и Сталин призывал Англию и Францию к военному союзу против Германии, его предложения остались без ответа. Когда Советский Союз оказал содействие республиканским силам в Испании, сошедшимся в смертельной схватке с армией генерала Франсиско Франко, который пользовался неограниченной поддержкой

Германии и Италии, британские консерваторы, в том числе и Черчилль, приняли сторону мятежников-фашистов. Советы резко осудили малодушие союзников в Мюнхене — оно развязывало немцам руки, чтобы уничтожить СССР.

Мало кто верил, что Советы выстоят в схватке с нацистами. Командование Сухопутных войск США высчитало, что Красная армия сумеет продержаться не более трех месяцев, а может потерпеть поражение уже через четыре недели. Рузвельт и Черчилль отчаянно пытались не допустить выхода СССР из войны, понимая, что от этого зависит выживание Англии. Спрятав в карман свою давнюю ненависть к коммунизму, Черчилль пообещал Советскому Союзу поддержку и призвал своих союзников последовать его примеру. Он поклялся «уничтожить Гитлера и все следы нацистского режима»[23]. Исполняющий обязанности Госсекретаря США Сэмнер Уэллес сделал от имени президента заявление, в котором отметил, что правительство, возможно, окажет материальную помощь Советскому Союзу, однако вопрос о ленд-лизе на данный момент остается открытым. Кое-кто пытался зарубить эту инициативу на корню. Гарри Трумэн, сенатор от штата Миссури, раздул пламя недоверия к СССР, заявив следующее: «Если мы увидим, что побеждает Германия, мы должны помочь России. А если верх будет одерживать Россия, мы должны помогать Германии. И пусть они, таким образом, убивают друг друга как можно больше»[24].

Рузвельт не внял советам Трумэна и предложил советскому послу составить список того, что Штаты могли бы поставить в СССР. В июле Рузвельт отправил в Москву Гарри Гопкинса, чтобы тот ознакомился с положением дел на месте и оценил способность СССР выстоять. Американский президент передал Сталину, что тот может доверять Гопкинсу, как если бы общался лично с Рузвельтом. Сталин признал военное превосходство Германии, но пообещал, что советские войска воспользуются форой, которую дадут им зимние морозы, и подготовятся к весенним сражениям: «Обеспечьте нас зенитками и алюминием [для самолетов] — и мы сможем воевать года три, а то и четыре». И Гопкинс ему поверил[25]. Уже к августу Рузвельт отдал приказ об отправке первых ста истребителей в СССР. Готовились и последующие поставки.

Американские командующие, считавшие важнейшей задачей подготовку к обороне территории США, всячески пытались помешать Рузвельту. Англичане тоже возражали против распыления получаемой ими помощи. Рузвельт — единственный, кто видел картину во всей полноте, — приказал военному министру Генри Стимсону и другим членам кабинета

Глава 3. Вторая мировая война

ускорить поставки в СССР. Его заявление о том, что Аверелл Гарриман возглавит делегацию США, которая отправится в Москву, чтобы обсудить увеличение объема военной помощи, возмутило правую газету *Chicago Tribune*, принадлежавшую Роберту Маккормику:

> «Чрезвычайная обстановка не требует посылки американской делегации в чертов Кремль — ни к чему обсуждать нужды самых страшных варваров современности. Ни наши национальные интересы, ни нависшие над нами опасности не требуют, чтобы мы объединялись с режимом, который неустанно выказывает презрение ко всему, что лежит в основе нашего образа жизни, и планирует упорную, беспощадную войну против людей, подобных тем, кто принадлежит к американскому народу»[26].

Столкнувшись с сильными антисоветскими настроениями, Рузвельт понял, что должен действовать более осмотрительно, направляя помощь советскому правительству. По данным опроса Гэллапа, лишь 35 % опрошенных одобряли оказание помощи Советскому Союзу на тех же условиях, какие три месяца назад были предложены англичанам. 7 ноября 1941 года, в 24-ю годовщину Октябрьской революции, Рузвельт объявил

Немецкая кавалерия покидает охваченную огнем русскую деревню в ходе операции «Барбаросса» — широкомасштабного вторжения Германии в СССР в июне 1941 года.

о своем решении распространить условия ленд-лиза на СССР. Президент США предложил Сталину беспроцентный кредит в 1 миллиард долларов с началом выплаты через пять лет после завершения войны.

Однако волна эйфории схлынула, когда СССР не получил от Соединенных Штатов обещанной помощи. Как сообщила газета *New York Times*, в октябре и ноябре объем американских поставок «далеко-далеко отставал» от «обещанного количества боевой техники и материалов», которое США посулили раньше. Фактически Америка поставила меньше половины обещанного. Артур Крок списал подобное сокращение объема поставок на чрезвычайные обстоятельства, но забыл упомянуть об умышленных помехах, создававшихся теми, кто осуждал всю эту затею[27]. Отсутствие вооружений, на которые рассчитывало советское правительство, существенно ухудшало положение СССР: Москва и Ленинград были осаждены, Украина оккупирована, а Красная армия несла тяжелейшие потери, — так что едва ли у Советского Союза были хоть какие-то основания верить в добрую волю США.

Рузвельт хотел, чтобы США вступили в войну, а потому упорно старался незаметно, как и его предшественник Вильсон, подвести страну к этому. Он считал, что Гитлер стремится к мировому господству и что его необходимо остановить. В начале 1941 года американские и английские генералы и адмиралы провели совещание, на котором выработали общую стратегию: вначале нанести поражение Германии, а затем переключиться на Японию, что станет возможным, как только США вступят в войну. Тем временем немецкие подлодки, пуская ко дну английские суда в невероятном количестве, сводили на нет усилия США по снабжению Великобритании. В апреле Рузвельт разрешил кораблям США передавать англичанам разведданные о местонахождении судов и самолетов противника, а вскоре после этого дал добро на поставку снаряжения для английских войск в Северной Африке, что неизбежно должно было повлечь столкновения с немецкими подлодками. После первого инцидента немцы опубликовали коммюнике, в котором обвинили Рузвельта в «попытках любой ценой спровоцировать подобные столкновения и втравить американский народ в войну»[28]. В сентябре, после очередного такого столкновения, которые формально считались «неспровоцированными», президент приказал «без предупреждения открывать огонь» по немецким и итальянским судам, если те будут обнаружены в территориальных водах США[29].

В августе 1941 года Рузвельт тайно встретился с Черчиллем в канадской провинции Ньюфаундленд. Там эти политические лидеры составили проект Атлантической хартии, в которой были сформулированы прогрессивные и демократические цели войны, — весьма похоже на «Четырнадцать пунктов» Вильсона. Предстояло еще убедиться в том, что на сей раз США сумеют выполнить обещанное лучше, чем прежде. Согласно хартии, обе державы отказывались от любых претензий на расширение своих территорий и изменение существующих границ без согласия соответствующих народов. Атлантическая хартия провозглашала также самоуправление, равный доступ победителей и побежденных к торговым рынкам и полезным ископаемым, мир, «свободный от страха и нищеты», свободу судоходства, разоружение и создание постоянно действующей системы всеобщей безопасности. Опасаясь, что предложенные Рузвельтом формулировки могут угрожать колониальным владениям Британии, Черчилль добавил пункт, согласно которому равный доступ к мировому богатству будет предоставляться лишь «с должным уважением к... существующим обязательствам».

Президент отверг призыв Черчилля к США вступить в войну незамедлительно. Однако в своем докладе о результатах переговоров премьер-министр раскрыл истинные намерения Рузвельта: он сообщил своему кабинету министров, что американский президент «пообещал принять участие в войне, не объявляя ее, а также все более откровенно провоцировать немцев. Если немцам это не понравится, пусть нападают на американцев. Будет сделано все необходимое, чтобы произошел "инцидент", который вызовет войну»[30]. Неискренность, проявленную Рузвельтом незадолго до вовлечения США в военные действия, кто-то может оправдать как вынужденную меру, попытку манипулировать общественным мнением ради справедливого дела; однако многие последующие президенты также вели двойную игру, тенденциозно освещая факты и замалчивая правду, чтобы втянуть страну в войны, как за четверть века до Рузвельта поступил Вудро Вильсон. Подобная политика в руках не слишком щепетильных и недальновидных президентов, как и нарушение гражданских свобод, допущенное Рузвельтом во время войны, станет серьезной угрозой для страны в целом и ее демократического государственного устройства.

В конце концов президент добился своего, но вопреки всем ожиданиям причиной объявления войны стала не провокация немцев в Европе. 7 декабря 1941 года, в «день несмываемого позора», как его позднее назовет Рузвельт, японский флот нанес удар по военно-морской базе США в бухте Перл-Харбор на Гавайях. В результате почти 2,5 тысячи человек погибло, а большая часть американского флота затонула или вышла из строя. Нападение застало американцев врасплох: было воскресное утро,

Черчилль и Рузвельт на борту линкора «Принц Уэльский» во время встречи, посвященной подписанию Атлантической хартии (август 1941 года). Принимая положения данной декларации, Великобритания и США отказывались от империалистических притязаний и призывали к установлению самоуправления и разоружению. Однако, опасаясь, что формулировки, предложенные Рузвельтом, не будут отвечать колониальным интересам Британии, Черчилль включил в хартию пункт, согласно которому равный доступ к международному богатству будет предоставляться лишь «с должным уважением... к существующим обязательствам».

и обитатели базы еще спали крепким сном. Нападения японцев ждали, но никто и представить себе не мог, что они нанесут удар по Гавайям. Чудовищный просчет допустила разведка. Учитывая тот факт, что на предстоящую атаку указывало очень многое, а также то, что военные проявили потрясающую некомпетентность — как и при терактах 11 сентября 2001 года, — многие считали (и считают по сей день), что Рузвельт умышленно допустил это нападение, чтобы втянуть США в войну. Однако доказательств такой версии не обнаружено[31].

На следующий день Великобритания и США объявили войну Японии. Еще через три дня Германия и Италия объявили войну США. Вскоре кровопролитие и хаос охватят весь земной шар.

США стояли на пути осуществления Японией своих захватнических планов. Вожди Японии видели перспективу в захвате богатых французских

Глава 3. Вторая мировая война

и голландских колоний, которые теперь, после завоевания Германией континентальной Европы, так и просились в руки. И хотя некоторые армейские офицеры настаивали на том, что Японии следует в первую очередь объединиться с Германией и нанести поражение своему старинному северному врагу, России, верх одержали сторонники другой стратегии. В результате в июле 1941 года Япония вторглась на территорию лежавшего к югу Французского Индокитая, стремясь овладеть ресурсами и базами, необходимыми для укрепления японских позиций в регионе. В ответ США наложили эмбарго на поставки в Японию нефтепродуктов. Поскольку запасы нефти этой милитаристской державы таяли на глазах, японские руководители решили обеспечить поставки нефти из Голландской Ост-Индии, но опасались, что этому помешает американский флот, стоящий в Перл-Харборе.

В то время как США и их союзники сосредоточили свое внимание на Европейском театре войны, японцы беспрепятственно захватывали обширные территории: в их руках оказались Таиланд, Малайя, Ява, Борнео, Филиппинские острова, Гонконг, Индонезия, Бирма и Сингапур. Жители покоренных стран часто приветствовали японцев как освободителей от гнета европейских колонизаторов. Президент Рузвельт в частной беседе заметил: «Даже не думайте, что американцы стали бы гибнуть в сражениях

Американская военно-морская база Перл-Харбор во время японской бомбардировки 7 декабря 1941 года.

на Тихом океане... если бы не глупость и алчность французов, англичан и голландцев»³². Радость порабощенных народов при виде японских «освободителей» довольно скоро улетучилась.

Японии не удалось полностью уничтожить Перл-Харбор, в чем она крайне нуждалась. Союзники перешли в контрнаступление, которое возглавили генерал Дуглас Макартур и адмирал Честер Нимиц. В июне 1942 года американские войска нанесли поражение японскому флоту у атолла Мидуэй и начали поочередно атаковать один остров за другим.

В известном смысле эта война изменила мир намного больше, чем Первая мировая. Предвкушая становление нового мирового порядка, влиятельные американцы начали прикидывать, что может получиться в результате и какую роль в этом процессе могут сыграть США. Одну из наиболее интересных точек зрения высказал в начале 1941 года газетный магнат Генри Люс, опубликовав свое видение будущего в редакционной статье журнала *Life*. Люс, издававший также журналы *Time* и *Fortune*, очевидно, позабыл о своем недавнем увлечении Муссолини и объявил XX век «Американским веком». Он написал следующее: «Мы должны всем сердцем принять свой долг и свое положение самой могущественной и жизнеспособной державы в мире и вследствие этого оказывать как можно большее влияние на весь остальной мир в таких целях и такими средствами, которые мы сочтем необходимыми»³³.

Многие с восторгом встретили манифест Люса, поскольку видели в нем подтверждение демократических ценностей в условиях развивающегося международного капиталистического рынка. Однако Раймонд Моули, бывший администратор программы «Нового курса», смотрел на вещи разумнее, а потому призвал американцев отказаться от «соблазна вступить на путь создания своей империи»³⁴.

Вице-президент Генри Уоллес был ярым противником каких бы то ни было империй — британской, французской, германской, даже американской. В мае 1942 года Уоллес решительно осудил националистические и, возможно, империалистические мечты Люса и предложил более прогрессивный, интернационалистский вариант:

«Кое-кто сейчас говорит об "Американском веке". А я вижу... новый век... который начнется по окончании этой войны и который может и должен стать веком простого человека... где ни одна нация не будет обладать "божественным правом" эксплуатировать другие народы... где не должно быть ни военного, ни экономического империализма... где падут международные картели, стоящие на службе американской алчности, и германская жажда мирового господства… Неуклонное движение к свободе, длившееся последние 150 лет, проявилось во многих великих революциях: это и американская Война за независимость 1775 года, и Великая французская революция 1792 года, революции в Латинской Америке эпохи Симона Боливара, революция 1848 года в Германии и Октябрьская революция 1917 года в России. Все они совершались в интересах простого человека… Некоторые из них зашли слишком далеко. И тем не менее… многие люди сумели найти свой путь к свету. … Современная наука, чье развитие стало сопутствующим достижением и неотъемлемой частью народных революций… помогла добиться того, чтобы никто не голодал… Мы не остановимся, пока не освободим всех, кто стал жертвами нацистского гнета… Грядет народная революция»[35].

Через три года, когда самая кровопролитная война за всю историю человечества подошла к концу, американцам пришлось выбирать между этими двумя диаметрально противоположными концепциями: «Американским веком» Люса и «Веком простого человека» Уоллеса.

Вступление США в войну, последовавшее сразу за нападением на Перл-Харбор, в значительной мере осложнило борьбу за и без того ограниченные ресурсы. Теперь, когда Вооруженные силы США должны были удовлетворять собственные военные потребности, американскому правительству стало еще сложнее выполнять свои обязательства перед Советским Союзом. В конце декабря Аверелл Гарриман сообщил, что США поставили в СССР только четверть обещанного тоннажа помощи, а большая часть того, что все-таки было отправлено, имела дефекты. В конце февраля координатор программы ленд-лиза Эдвард Стеттиниус писал помощнику военного министра Джону Макклою: «Как вы и предполагали, отношения между нашим правительством и советским только ухудшились из-за неспособности наших чиновников выполнять обязательства». Рузвельт понимал, в какое сложное положение ставит СССР отсутствие американских поставок и к каким последствиям это может привести в будущем. В марте он даже высказал опасения по поводу «краха России» из-за халатности американцев: «Я не хочу оказаться в шкуре англичан, которые должны были отправить русским две пехотные дивизии, а затем не сумели выполнить обещание. Затем они обязались оказать содействие на Кавказе, но и этого не сумели сделать. Ни одного обещания, данного русским, англичане так и не выполнили»[36].

В мае 1942 года Рузвельт поделился своими тревогами с генералом Макартуром: «Не могу отделаться от мысли, что русские армии истребляют больше войск стран оси и уничтожают больше их ресурсов, чем все остальные 25 Объединенных Наций, вместе взятых. Поэтому я считаю целесообразным поддержать русских в 1942 году и поставить им всю боевую технику, какую только сможем»[37]. Рузвельт понимал, что отсрочка поставок обещанного военного снаряжения помешала ему заслужить доверие советского руководителя. Однако вскоре президенту США представилась новая возможность улучшить отношения с СССР: Сталин прислал союзникам еще два запроса о помощи. Для США это был шанс вернуть себе инициативу.

Сталина интересовали территориальные уступки. Он хотел сохранить за СССР земли, занятые Красной армией после подписания с Германией в 1939 году пакта о ненападении: Прибалтику (Литву, Латвию и Эстонию), Восточную Польшу и отдельные регионы Румынии и Финляндии. Англичане готовы были согласиться с его требованиями, однако они оказались в сложной ситуации: им приходилось балансировать между интересами США и СССР, потому что для Англии были жизненно необходимы помощь СССР на фронте и содействие США ради сохранения Британской империи после войны. Черчилль попытался убедить Рузвельта дать ему возможность предложить Сталину требуемые территориальные уступки; он предостерег американского президента от разрыва с СССР, в результате которого правительство Черчилля наверняка падет и будет заменено «коммунистическим, просоветским». Однако американцы никак не отреагировали на предупреждения английского премьер-министра и просили английского министра иностранных дел Энтони Идена не брать на себя никаких обязательств по послевоенному устройству — на конец декабря 1941 года была назначена поездка английской делегации в Москву. Сталин резко отреагировал на отказ Идена согласиться с его требованиями, и Черчиллю вновь пришлось обратиться за помощью к Рузвельту. «Атлантическая хартия, — настаивал он, — не должна препятствовать России иметь те границы, которые она имела на момент нападения Германии»[38].

Так и не получив ни обещанных военных поставок, ни территориальных уступок, Сталин сделал упор на третьем, самом важном требовании: в короткий срок открыть второй фронт в Европе, что позволило бы ослабить давление на истощенные советские войска. Он побуждал англичан вторгнуться в Северную Францию. В сентябре 1941 года руководитель СССР вновь обратился к Англии с просьбой отправить в СССР 25–30 дивизий. Сомневаясь в искренности английских обещаний, Сталин заметил: «Заняв такую пассивную позицию, Британия помогает нацистам. Неужели англичане сами этого не понимают? Уверен, им это отлично известно. Так чего же они добиваются? Похоже, они намеренно хотят ослабить нас»[39].

Оставшись без поддержки извне, советские войска слабели с каждым днем, но СССР по-прежнему отказывался признать поражение. Несмотря на катастрофические потери в первые месяцы войны, Красная армия нанесла немцам сокрушительное поражение в битве под Москвой осенью и зимой 1941–1942 годов. Впервые мощная военная машина Германии забуксовала.

Рузвельту требования СССР о территориальных уступках напоминали секретные соглашения, связавшие руки президенту Вильсону во время Первой мировой войны. Они противоречили самому духу Атлантической хартии. А потому он предпочитал поскорее начать вторжение в Западную Европу. В начале 1942 года генерал Дуайт Эйзенхауэр по распоряжению начальника штаба Сухопутных войск США генерала Джорджа Маршалла разработал планы вторжения в Европу не позднее весны 1943-го или даже в сентябре 1942 года, чтобы предотвратить поражение СССР, которое все еще было возможно. В июле 1942 года Эйзенхауэр решительно заявил: «Нельзя забывать о том, что наш главный приз — сохранить на фронте 8 миллионов русских солдат»[40]. Эйзенхауэр, Маршалл и Стимсон видели в таком варианте развития событий единственный шанс нанести поражение Германии, и Рузвельт их поддержал. Он отправил Гарри Гопкинса и генерала Маршалла в Англию, чтобы те убедили и Черчилля поддержать их инициативу. Он написал британскому премьеру: «Сами наши народы требуют открытия нового фронта, дабы ослабить давление на русских, и наши люди достаточно умны, чтобы понять, что русские сейчас истребляют больше немцев и уничтожают больше их ресурсов, чем вы и я вместе»[41]. Черчилль видел, насколько важен этот план для Рузвельта и его советников, а потому отправил американскому президенту телеграмму следующего содержания: «Я полностью согласен со всем, что вы предлагаете, равно как и мои начальники штабов»[42].

Заручившись поддержкой англичан, Рузвельт попросил Сталина прислать в Вашингтон советского министра иностранных дел В.М. Молотова и одного из доверенных генералов, чтобы обсудить предложение, которое поможет ослабить давление на Восточном фронте. По пути в Америку Молотов посетил Лондон, где мнение Черчилля насчет второго фронта очень его насторожило. В конце мая 1942 года советский министр прибыл в Вашингтон. Он напрямик спросил Рузвельта, собираются ли США открыть новый фронт летом того же года. Рузвельт предоставил слово Маршаллу, который заявил, что США полностью готовы к этому. Участники переговоров выпустили совместное коммюнике, где говорилось, что «в ходе переговоров стороны достигли полного согласия относительно острой необходимости открытия второго фронта в Европе в 1942 году»[43]. Рузвельт также поделился своим видением захватывающих перспектив послевоенного сотрудничества. По его словам, победители должны «сохранить контроль над вооружениями» и сформировать «международную полицию»[44]. Четверо «полицейских»: США, Англия, СССР и Китай — разоружат немцев и их союзников и «силой установят мир». Сталину такие планы пришлись по душе, однако гораздо меньше ему понравилось заявление Рузвельта, что подготовка снабжения для второго фронта неизбежно повлечет за собой сокращение объема американских поставок вооружений в СССР до 60 % от ранее обещанного. Однако второй фронт был для СССР главным, а Рузвельт обещал продолжить военные поставки. Вот что американский президент сообщил Черчиллю: «Такое чувство, что русские находятся в очень шатком положении, которое наверняка ухудшится в ближайшие несколько недель. Потому я все больше склоняюсь к мысли, что мы вынуждены будем начать "Болеро"* уже в 1942 году»[45].

Советский народ, услышав новости, возликовал. Газета *New York Herald Tribune* сообщила, что русские семьи каждое утро собираются у радиоприемников, надеясь услышать вести о том, что вторжение уже началось, однако каждый день обманывал их ожидания[46]. Корреспондент газеты в Москве, лауреат Пулитцеровской премии Леланд Стоув, написал в одной из своих статей, что, если открытие второго фронта опять отодвинется, «разочарование большей части русского народа будет воистину безмерным. Бесценное сотрудничество советских, английских и американских правительств и лидеров, укрепляющееся с каждым днем, пострадает от подобного промедления в юридическом, дипломатическом, материальном и психологическом планах, что выльется в настоящую катастрофу для всех союзных сил»[47]. Посол США в Москве также отметил, что подобная задержка может заставить русский народ усомниться в честности американского правительства и нанести «непоправимый ущерб»[48].

Несмотря на то что англичане заключили с Молотовым аналогичное соглашение об открытии второго фронта, их правительство не собиралось следовать предложенному Америкой плану. Заявив, что у них недостает войск из-за кризиса на Ближнем Востоке (33 тысячи британцев в Тобруке, Ливия, позорно капитулировали перед вдвое меньшими вражескими силами) и не хватает кораблей для переброски войск через Ла-Манш,

---

* «Болеро» — первая фаза операции по высадке в Европе.

Черчилль убедил Рузвельта отсрочить вторжение и вместо этого высадиться в занятой режимом Виши Северной Африке, считавшейся ключом к богатому нефтью Ближнему Востоку. Этот район представлял для Англии огромный колониальный интерес, а в данный момент находился под угрозой со стороны гитлеровцев. Советские руководители были глубоко возмущены, когда узнали о фактическом нарушении соглашения. Многие расценили это отступление как сознательное решение союзников обречь СССР на верную гибель в сражении с нацистами, пока западные страны защищают свои глобальные интересы, а вступить в боевые действия намерены лишь в конце войны, чтобы продиктовать собственные условия мирного договора. Что еще хуже (с точки зрения Советов), во время дипломатического визита в Лондон Молотов в знак благодарности за предложение открыть второй фронт в Европе не стал настаивать на советских территориальных притязаниях. Теперь у СССР создалось впечатление, что ему отказали во всех трех главных требованиях. Отношения СССР, США и Англии достигли критической точки осенью 1942 года, когда немцы начали штурм Сталинграда. О том, как мало советские руководители доверяли западным союзникам, говорит уже тот факт, что во время поездок по Западу Молотов всегда спал с пистолетом под подушкой[49].

Узнав о том, что Великобритания настаивает на изменении первоначальных планов вторжения в Европу, рассерженный Маршалл попытался выступить против высадки в Северной Африке, которую он назвал «драчкой на периферии». США свернули все крупномасштабные операции на Тихом океане, чтобы ускорить победу на европейском фронте. Теперь же все эти планы предавались забвению, чтобы защитить имперские интересы Великобритании на Ближнем Востоке, в Южной Азии и на юге Европы. Маршалла настолько оскорбили такие перемены, что он предложил полностью отойти от прежнего курса и напасть вначале на Японию, а затем уже переключиться на Германию. Начальник штаба ВМС адмирал Эрнест Кинг с удовольствием его поддержал. Англичане никогда не вторгнутся в Европу, настаивал он, «разве что прикрывшись оркестром шотландских волынок». Разочарование Маршалла передалось и его подчиненным. Так, генерал Альберт Ведемейер отметил в разговоре с Маршаллом, что военные планы англичан «направлены лишь на сохранение Британской империи». Генерал Генри Арнольд (Счастливчик Арнольд, как его прозвали), командующий авиацией сухопутных войск, предположил, что, возможно, американцам пора начать относиться к англичанам так же, как немцы — к итальянцам. Военачальники США считали, что британцы, в отличие от Советов, боятся сражаться с немцами. В следующем году даже военный министр Стимсон заметил, что «воспоминания о Пасхендале* и Дюнкерке еще слишком свежи в памяти правительства [Черчилля]»[50].

Эйзенхауэр, Стимсон, Гопкинс и начальники штабов продолжали настаивать на открытии второго фронта, но ничего не добились. В июне 1942 года начальники штабов неохотно согласились на проведение операции «Факел» в Северной Африке под командованием Эйзенхауэра. Хотя у союзников действительно на тот момент могло не быть достаточного количества десантных кораблей, самолетов прикрытия и сухопутных войск для открытия второго фронта в конце 1942 — начале 1943 года, подобные аргументы казались совершенно неубедительными как советским руководителям, так и американским военачальникам. Эйзенхауэр предсказал, что день, когда начнется операция «Факел», станет «самым черным днем в истории»[51].

Руководил ли англичанами страх или нечто иное, но у них не было ни малейшего желания вступать в прямое столкновение с мощными сухопутными войсками Германии. Вместо этого они разработали стратегию, которая основывалась на превосходстве их военно-морских сил, а также включала удар по уязвимому южному флангу Гитлера, прикрытому слабой итальянской армией. Англичане хотели взять под контроль Северную Африку, Средиземноморье и Ближний Восток, чтобы удержать за собой нефтепромыслы в Иране и Ираке и сохранить доступ к Индии и остальным своим колониям через Суэцкий канал и Гибралтар. Незадолго до начала войны в Саудовской Аравии, Кувейте и Катаре были открыты богатейшие залежи нефти, что еще сильнее подчеркнуло всю важность контроля над Северной Африкой — здесь и развернулись поначалу основные бои между британскими и германо-итальянскими войсками. Англия так упорно старалась не допустить страны оси на Ближний Восток, что перебросила туда войска, в том числе танковые, хотя они были крайне необходимы для обороны самой Англии в случае непосредственного немецкого вторжения.

На протяжении всех этих месяцев отношение американского народа к СССР претерпело существенные изменения. Советско-германский пакт о ненападении оправдал худшие опасения многих американцев по поводу советского коммунизма и привел к значительному росту антисоветских настроений в США в 1939–1941 годах. Однако затем мужественное со-

---

* Пасхендаль — третья битва при Ипре в Бельгии во время Первой мировой войны.

противление советского народа нацистской агрессии принесло ему симпатии и поддержку широких слоев населения США. Многие надеялись, что доброжелательность по отношению к СССР ляжет в основу дружбы и сотрудничества обоих народов в послевоенное время.

Через несколько дней после нападения на Перл-Харбор Госдепартамент посетил советский дипломат М. М. Литвинов. госсекретарь Корделл Хэлл воспользовался представившимся случаем и выразил свое восхищение «героической борьбой» Советского Союза против нацистов[52]. Вскоре слово «героизм» стало неотъемлемым элементом публикаций и речей, посвященных СССР. В апреле 1942 года корреспондент *New York Times* Ральф Паркер отметил, «как быстро русский народ приспособился к военным условиям». Он восхищался самоотверженностью и исключительно высокой трудовой дисциплиной русских: «Весь народ охвачен горячим желанием приносить пользу общему делу». Паркер признал, что «описать всю героическую стойкость людей, способных на такое, сможет лишь новый Толстой»[53]. В июне 1942 года, в первую годовщину нападения Германии на СССР, Орвилл Прескотт, ведущий литературный обозреватель *New York Times*, уже предсказывал Красной армии победу в войне и спасение всего человечества. «Отличное вооружение, воинская доблесть и исключительный героизм Красной армии могут сыграть решающую роль в спасении человечества от нацистского рабства, — восхищался Прескотт. — Мы все обязаны жизнью миллионам русских солдат, которые сражаются и гибнут в этой войне и не остановятся до самого конца. Невозможно словами достойно оценить этот подвиг и выразить всю глубину нашей признательности»[54]. Даже генерал Макартур назвал борьбу Красной армии «величайшим воинским подвигом в истории»[55].

Свое восхищение русским народом выразил и Голливуд. Хотя прежде для американских кинорежиссеров фильмы об СССР были запретной темой, в июле 1942 года большинство ведущих студий: MGM, Columbia, United Artists, Twentieth Century–Fox и Paramount, — уже занимались съемками или по меньшей мере обсуждали создание девяти таких картин[56]. Вскоре на экранах появились пять знаменитых фильмов об СССР: «Миссия в Москву», «Северная звезда», «Песнь о России», «Три русские девушки» и «Дни славы».

Постепенно все склонялись к мнению, что без открытия второго фронта войну не выиграть. Признав, что «русские сражались больше всех и понесли наибольшие потери», газета *Atlanta Constitution* отмечала: хотя второй фронт и принесет горе многим американским семьям, «его необходимо открыть ради победы в этой войне». Леланд Стоув напомнил читателям, что Советскому Союзу не выстоять против нацистов в одиночку: «За эти 13 месяцев русские потеряли 4,5 миллиона человек убитыми, ранеными и пленными... Вероятно, в шесть-семь раз больше, чем англичане за почти три года войны... и в 20 раз больше, чем потеряла Америка в Первой мировой войне»[57]. Он подчеркнул: «Советский Союз — именно та великая держава, сотрудничество с которой жизненно необходимо для США, если мы хотим выиграть войну... Если бы миллионы русских вдруг перестали воевать, заменить их не смог бы никто»[58].

Просоветские настроения усиливались, и у открытия второго фронта в Европе находилось все больше сторонников: американская общественность сплотилась ради общего дела. В июле 1942 года опрос Гэллапа показал, что 48 % американцев хотят, чтобы США и Англия немедленно перешли в наступление, и лишь 34 % настаивают на том, что США лучше выждать момент, когда их союзники укрепят свои позиции[59]. Американцы один за другим помещали на бамперы своих автомобилей наклейки с лозунгом «Второй фронт — немедленно!». Читатели засыпали редакции газет письмами, в которых призывали власти как можно скорее нанести удар по гитлеровским войскам в Европе. Газета *Washington Post* публиковала многие из этих писем: автор одного из них, вдохновившись «мужеством нашего союзника, который в одиночку сопротивляется ордам нацистов», настаивал на том, чтобы Англия и США «растянули армию Гитлера, создав Западный фронт, и вместе с нашим русским союзником сокрушили эту угрозу свободе и мировой цивилизации»[60].

Советский Союз получал все более широкую поддержку американцев. 38 руководителей Конгресса производственных профсоюзов (КПП) заявили Рузвельту, что «только немедленное вторжение в Западную Европу принесет нам победу в войне»[61]. Через пять дней КПП провел массовый митинг в нью-йоркском парке Мэдисон-сквер в поддержку открытия второго фронта[62]. Это требование поддержали и некоторые отделения Американской федерации труда (АФТ). Спешили набрать очки у избирателей и многие политики, в том числе сенаторы Джеймс Мид от штата Нью-Йорк и Клод Пеппер от Флориды, мэр города Нью-Йорка Фьорелло Лагуардиа и член палаты представителей от штата Нью-Йорк Вито Маркантонио[63]. В сентябре Дэшил Хэммет назвал имена 500 писателей, которые под эгидой Союза американских писателей заявили, что «безоговорочно поддержат президента Рузвельта, если тот примет решение немедленно открыть второй фронт»[64]. 25 тысяч американцев пришли в парк Юнион-сквер в Нью-Йорке, чтобы послушать обращение конгрессмена Маркантонио и главы Коммунистической партии

Глава 3. Вторая мировая война

Американские обозреватели неустанно восхваляли героическую борьбу солдат Красной армии и всего советского народа против немецких захватчиков. На иллюстрациях (по часовой стрелке): женщины и старики роют противотанковые рвы, чтобы сдержать немецкое наступление на Москву; отчаявшиеся женщины перед наступлением немцев на Киев (Украина); испуганные дети в киевском бомбоубежище во время немецкой бомбардировки; солдаты Красной армии.

Эрла Браудера[65]. Кандидат в президенты от республиканцев на выборах 1940 года Уэнделл Уилки после встречи со Сталиным в Москве также призвал правительство к открытию второго фронта[66].

Но, несмотря на одобрение общественности, американские и английские войска были направлены все же в Северную Африку. Без помощи извне Красная армия, пополненная свежими формированиями, сумела повернуть ход войны, разгромив немцев под Сталинградом. В той битве приняло участие по миллиону солдат с каждой стороны. Немцы под командованием генерала Фридриха Паулюса продвигались на Кавказ, стремясь овладеть богатыми советскими нефтепромыслами. Советские солдаты под командованием маршала Г.К. Жукова были полны решимости остановить их любой ценой*. Жестокая битва продолжалась полгода, количество человеческих жертв в этом сражении было ужасающим. Общие потери каждой стороны составили до 750 тысяч человек, погибло более 40 тысяч мирных жителей. После такого сокрушительного разгрома немецкая армия начала отступление по всему Восточному фронту. Гитлер, ошеломленный капитуляцией 23 генералов и 91 тысячи солдат Шестой армии, был безутешен. «Бог войны отвернулся от Германии и перешел к нашим противникам»[67], — сказал он.

К моменту встречи Рузвельта и Черчилля в Касабланке (январь 1943 года) расстановка сил в войне полностью изменилась. Красная армия перешла в наступление и двигалась на запад. Рухнула стратегия Рузвельта, по которой он собирался противостоять территориальным требованиям СССР, предоставляя Советам широкомасштабную помощь и открыв второй фронт как можно раньше. Отныне американцы и англичане вынуждены были лишь обороняться, пытаясь помешать руководителю СССР добиться поставленных целей. Рузвельт и Черчилль еще больше усугубили ситуацию, решив высадиться на Сицилии, снова отложив открытие второго фронта. Тем самым они еще больше сократили возможности своих стран существенно повлиять на исход войны.

Красная армия продолжала наступать, но это давалось ей очень дорогой ценой. В ноябре 1943 года, по случаю 26-й годовщины Октябрьской

---

* Г.К. Жуков стал Маршалом Советского Союза в январе 1943 года (когда бои под Сталинградом завершались), координируя действия войск по прорыву блокады Ленинграда. Занимая с августа 1942 года пост заместителя Верховного главнокомандующего, непосредственно Сталинградской операцией он не руководил, но в августе—сентябре 1942 года был представителем Ставки ВГК на Сталинградском направлении.

Массовые выступления охватили всю Америку. 24 сентября 1942 года 25 тысяч человек приняли участие в демонстрации на нью-йоркской площади Юнион-сквер, требуя, чтобы США открыли второй фронт в Западной Европе и тем самым ослабили страшное давление немцев на Россию.

революции, И.В. Сталин выступил с речью, в которой торжественно объявил о том, что Советское государство выжило, а скоро начнется процесс восстановления нормальной жизни. Он сурово заклеймил зверства и разрушения, совершенные нацистами на территории СССР, и пообещал захватчикам возмездие: «Немцами истреблены в захваченных ими районах сотни тысяч наших мирных людей. Как средневековые варвары или орды Аттилы, немецкие злодеи вытаптывают поля, сжигают деревни и города, разрушают промышленные предприятия и культурные учреждения... Наш народ не простит этих преступлений немецким извергам»[68].

Президент США и глава советского правительства впервые встретились в ноябре 1943 года в Тегеране. Еще в марте 1942-го Рузвельт говорил Черчиллю: «Со Сталиным у меня получится лучше, чем у дипломатов из вашего Министерства иностранных дел или моего Госдепартамента. Сталин терпеть не может ваших аристократов. Он считает, что я ему больше по нраву, — надеюсь, он и дальше будет считать так»[69]. Не сумев отстранить от участия во встрече Черчилля, Рузвельт принял приглашение Сталина остановиться в советском посольстве. Президент еще до начала конференции в неофициальном порядке дал понять, что готов принять линию Керзона* в качестве восточной границы Польши. Несмотря на все эти жесты, первые три дня переговоров Сталин был холоден и сдержан, и американский президент стал опасаться, что не сумеет достичь с советским руководителем взаимопонимания, на которое возлагал большие надежды. Он решил наладить со Сталиным чисто человеческий контакт, пустив в ход обаяние и чувство юмора, которые всегда помогали ему завязывать личные отношения, — именно эти черты считались фирменным знаком дипломатии Рузвельта. Министру труда США Фрэнсис Перкинс он рассказал об этом так:

> «Я думал об этом всю ночь и пришел к выводу, что пора совершить решительный шаг... У меня сложилось впечатление, что русским не нравится, когда [мы с Уинстоном] договариваемся между собой на языке, которого они не понимают. По пути в зал заседаний в то утро я догнал Уинстона и улучил момент, чтобы сказать ему: "Уинстон, надеюсь, вы не станете сердиться из-за того, что я собираюсь сделать". Уинстон пожевал сигару и тяжело вздохнул... Я перешел к делу, едва мы оказались в зале, и переговорил со Сталиным неофициально. Я не говорил ничего такого, чего не упоминал прежде, но мне показалось, что разговор получился довольно простым и доверительным — этого оказалось вполне достаточно для того, чтобы и другие русские прислушались к нашему разговору. Однако улыбки я так и не дождался. Затем я, прикрыв рот рукой, шепнул Сталину (разумеется, ему переводили мои слова): "Уинстон сегодня не в себе, встал не с той ноги". На лице Сталина промелькнула еле заметная улыбка, и я понял, что стою на правильном пути. Как только мы сели за стол переговоров, я начал подшучивать над истинно британскими манерами Черчилля, над тем, как он курит сигары, и прочими его привычками, даже назвал его Джоном Булем**. Сталин оценил мое чувство юмора. Сам Уинстон покраснел, стал сердито хмурить брови, что еще больше веселило советского лидера. В конце концов Сталин громко, от души расхохотался, и впервые за эти три дня я увидел хоть какой-то проблеск надежды. Я не успокоился, пока Сталин не стал смеяться всем моим шуткам, и тогда я позволил себе назвать его

---

* Линия Керзона — восточная граница Польши, установленная Верховным советом Антанты в декабре 1919 года. С сентября 1939 года западная граница СССР прошла в основном по этой линии, а в 1945 году была закреплена юридически (с небольшими изменениями) советско-польским договором.

** Шутливое прозвище англичан. Джон Буль — собирательный образ типичного англичанина, впервые появившийся в памфлете английского публициста Джона Арбетнота «История Джона Буля» в 1727 году.

"дядюшкой Джо". Еще накануне он счел бы меня наглецом, но в тот день просто рассмеялся, подошел и пожал мне руку. С тех пор наши отношения стали более теплыми, Сталин и сам иной раз отпускал остроты. Лед тронулся — наконец-то мы говорили, как мужчины и братья»[70].

В Тегеране Рузвельту удалось добиться немалых успехов. США и Англия обязались открыть давно обещанный второй фронт весной следующего года. Сталин согласился объявить войну Японии, как только будет окончательно побеждена Германия. Рузвельт согласился на желательные для СССР территориальные изменения в Восточной Европе, однако попросил Сталина действовать благоразумно и не восстанавливать против себя мировое общественное мнение. Он еще предложил советскому руководителю провести в республиках Прибалтики референдумы, но эту просьбу Сталин отклонил сразу. Рузвельт отметил, что он предоставит СССР значительную свободу действий в определении дальнейшей судьбы восточноевропейских государств. Он остался доволен результатами переговоров, надеясь, что доверительные отношения со Сталиным, которые ему удалось установить, позволят умерить аппетиты СССР и убедят главу советского правительства провести свободные выборы в странах Восточной Европы, в результате чего к власти там придут силы, дружественные Советскому Союзу.

Красная армия вошла в Польшу в январе 1944 года. Тогда же Стимсон обсуждал будущее этой страны с госсекретарем Хэллом, который считал необходимым настаивать на принципе неприемлемости территориальных приобретений путем применения силы. Стимсон вспоминал: «Я считал, что нам следует подумать о более реальных факторах — например, о чувствах, которыми руководствуется Россия: а) эта страна спасла нас от поражения в войне; б) вплоть до 1914 года ей принадлежала вся территория Польши, включая Варшаву и дальше до самой границы с Германией*, однако русские не настаивают ни на возвращении этих земель, ни на компенсации за них»[71].

Советский Союз быстро учредил на польской территории, в Люблине, дружественное правительство, в состав которого не был включен никто из членов эмигрантского польского правительства в Лондоне. В том же

---

* Царской России принадлежала значительная часть польской территории, но далеко не «вся Польша»: в конце XVIII века тогдашняя Польша была разделена между Россией, Пруссией и Австрией. Земли, отошедшие к Пруссии (позднее — Германии), были возвращены лишь в 1945 году.

году Красная армия вступила в Румынию, Болгарию и Венгрию. Когда США и Англия выразили недовольство тем, что им отведена чисто символическая роль в оккупации, Сталин возразил, что такая же роль отведена СССР в оккупации Италии.

И вот 6 июня 1944 года, после полутора лет пустых обещаний, долгожданный второй фронт был открыт. Более 100 тысяч солдат союзников и 30 тысяч машин высадились на берегу Нормандии. 9 тысяч солдат погибло уже во время высадки. Тем временем советские войска, несмотря на тяжелейшие потери, заняли большую часть Центральной Европы. Теперь союзные силы наступали на Германию с запада и востока. Победа была уже не за горами.

Прежде Советский Союз сражался с немецкими армиями практически в одиночку. До высадки союзников в Нормандии Красная армия вела непрерывные бои с двумя сотнями вражеских дивизий, в то время как американцы и англичане редко сражались с более чем десятью. Черчилль признал, что именно «русская армия вышибла дух из германской военной машины». Германия потеряла более 6 миллионов человек на Восточном фронте и примерно 1 миллион — на Западном и в Средиземноморье[72].

По мере того как нарастал масштаб боевых действий, оживился и процесс планирования послевоенного устройства. США пригласили представителей дружественных правительств в Бреттон-Вудс (штат Нью-Гэмпшир), чтобы продумать послевоенную организацию капиталистической экономики. Участники конференции поддержали предложение США учредить две международные экономические организации: ориентированный на вопросы развития Международный банк со стартовым капиталом в 7,6 миллиарда долларов и ориентированный на финансовые вопросы Международный валютный фонд (МВФ) с капиталом в 7,3 миллиарда долларов. США, контролировавшие две трети мирового золотого запаса, настаивали на том, чтобы в основу Бреттон-Вудской системы легли золото и американский доллар, тем самым обеспечивая Штатам в обозримом будущем экономическое господство и положение общемирового банкира. Представители СССР также присутствовали на конференции, но позднее отказались ратифицировать итоговое соглашение, поскольку созданные в Бреттон-Вудсе учреждения — всего лишь «филиалы Уолл-стрит»[73]. Советский делегат заявил, что «на первый взгляд» Бреттон-Вудские учреждения «похожи на вкусные грибы, но при внимательном рассмотрении оказываются ядовитыми поганками»[74]. Англичане понимали, что новый порядок еще больше подорвет их монопольное положение в колониях. Хотя Черчилль[75] в 1942 году с негодованием заявил: «Я не для того стал премьер-министром его величества, чтобы председательствовать при развале Британской империи», — теперь соотношение сил бесповоротно изменилось.

Многие сомневались в том, насколько искренне Рузвельт вел борьбу против колониализма во время войны. Он действительно никогда не был таким горячим противником колониальной политики, каким показал себя, скажем, вице-президент Уоллес, но все же президент США не раз выражал возмущение несправедливым и бесчеловечным обращением колонизаторов с покоренными народами. Эллиот Рузвельт пишет, что в 1941 году отец сурово сказал побагровевшему от негодования Черчиллю: «Не могу поверить, что мы воюем против фашистского рабства и в то же самое время не стараемся освободить людей всего мира из-под гнета давно устаревшей колониальной политики». Он оказывал постоянное давление на британского премьера, чтобы тот положил конец английскому правлению в Индии и в остальных колониях [76]. В феврале 1944 года, выступая на пресс-конференции, Рузвельт публично осудил британский колониальный режим в Гамбии (Западная Африка), которую посетил годом ранее. «Я в жизни не видел ничего более ужасного, — заявил он. — Туземцы отстали в развитии от нас на 5 тысяч лет... Англичане правили там два века — и за каждый доллар, вложенный в Гамбии, выкачивали десять. Это неприкрытая эксплуатация целого народа»[77].

Рузвельт не раз предлагал создать после войны такую систему опеки, которая подготовила бы колонии к независимости. Одним из первых на очереди был Индокитай, который Рузвельт не хотел возвращать после войны под власть Франции вопреки настойчивым требованиям Черчилля и Шарля де Голля. «Индокитай не должен снова превратиться во французскую колонию, — сказал он госсекретарю Корделлу Хэллу в октябре 1944 года. — Франция владела этой страной с населением в 30 миллионов жителей почти сотню лет, и теперь народ там живет хуже, чем до колонизации... Народ Индокитая достоин лучшей участи»[78]. Черчилль опасался, что с Индокитая Рузвельт хочет начать процесс ликвидации всей колониальной системы. Британский премьер-министр ясно дал понять, что не станет молча наблюдать за подобным развитием событий. В конце 1944 года он сказал Идену: «Мы ни при каких обстоятельствах не допустим, чтобы нас кнутом или пряником втянули в соглашения, которые каким-либо образом затрагивают британский суверенитет в наших доминионах или колониях... "Руки прочь от Британской империи" — вот наш девиз. Мы ни за что не позволим ослабить или запятнать империю к удовольствию сентиментальных купчишек или каких бы то ни было иностранцев». Несмотря на то что в вопросе деколонизации его поддерживал Сталин, Рузвельт вынужден был отказаться от слишком агрессивного давления на союзников из опасения подорвать военный союз с Англией. В конце концов он без всяких серьезных причин перестал настаивать даже на независимости Индокитая, что в перспективе имело трагические последствия. Тем не менее 5 апреля 1945 года на конференции в Уормс-Спрингс (штат Джорджия), за неделю до своей кончины, Рузвельт пообещал в присутствии президента Филиппин Серхио Осменьи, что после изгнания японцев США «безотлагательно» предоставят Филиппинам независимость[79]. Черчилль сумел выстоять под давлением Штатов, требовавших предоставления независимости Индии, но даже эта победа оказалась призрачной, ибо индийский народ взялся за дело сам.

Хотя мир официально существующих империй и закрытых торговых сфер не мог исчезнуть в мгновение ока, разросшаяся до чудовищных размеров экономика США не собиралась терпеть конкуренцию со стороны стран Европы и Азии, серьезно пострадавших во время войны. А для поддержания господствующего положения доллара у США имелась огромная военная мощь. Рузвельт отвел ведущую роль в выработке политического курса своим военным советникам. В начале 1942 года он учредил Комитет начальников штабов (КНШ)*. В июле он назначил адмирала Уильяма Лихи своим главным военным советником и представителем президента в КНШ. Он также внимательно прислушивался к мнению начальника штаба сухопутных войск генерала Джорджа Маршалла.

Военному министерству** понадобилось новое здание, которое подчеркнуло бы его новую роль и стало символом военного могущества США. Летом 1941 года 24 тысячи гражданских и военных сотрудников министерства работали в 17 отдельных зданиях. Бригадный генерал

---

* Американский эквивалент Генерального штаба. Включает председателя и трех членов, начальников штабов видов вооруженных сил: сухопутных войск, ВМС и ВВС (во время войны ВВС не были еще самостоятельным видом и входили как род войск в состав флота и сухопутных войск). Председатель КНШ является высшим должностным лицом в Вооруженных силах США и главным советником президента (Верховного главнокомандующего) по военным вопросам.

** В годы войны Военное министерство отвечало за сухопутные войска, а ВМС имели свое министерство. После войны все три министерства (включая новое министерство ВВС) вошли в состав единого Министерства обороны США. С этого времени только министр обороны является членом кабинета, а министры видов вооруженных сил фактически стали его заместителями. Все министры — гражданские служащие.

Глава 3. Вторая мировая война

Брион Берк Сомервелл посоветовал Стимсону собрать их всех под одной крышей, что повысило бы эффективность работы ведомства на 25–40%[80]. 11 сентября 1941 года началось строительство нового здания центрального аппарата министерства в Арлингтоне (штат Вирджиния). Строители возводили здание пятиугольной формы, разработанной архитекторами применительно к рельефу местности, в которой его должны были строить первоначально, хотя позднее работы и перенесли на другой участок. Первые сотрудники въехали в новый офис в апреле 1942 года, хотя полностью строительство завершилось только в январе следующего года. Человек, которого назначили ответственным за этот невероятный проект, — полковник Лесли Гровс — впоследствии оставил еще более заметный след в военной истории. По завершении строительства Пентагон, пока еще зияющий провалами пустых окон, стал самым большим административным зданием в стране: он занимал площадь в 11,5 гектара, а общая протяженность его коридоров составила 28 километров. Посетители постоянно терялись в его лабиринтах, а курьеры, по слухам, однажды блуждали целых три дня, пока их не нашли[81].

На другом конце мира, в Москве, в октябре 1944 года встретились Сталин и Черчилль. На переговорах, получивших кодовое наименование «Толстой», Черчилль надеялся разрешить наконец спорный польский вопрос. Посол США в СССР Аверелл Гарриман получил статус «наблюдателя», но не присутствовал на тех встречах, в ходе которых два руководителя решали важнейшие вопросы. Сидя у кремлевского камина, Черчилль отпускал свои любимые польские шутки. Затем участники переговоров перешли к вопросу о разграничении британской и советской сфер влияния на Балканах; обсудили в принципе признание Западом советских интересов в Польше. На клочке бумаги Черчилль набросал пропорции влияния: СССР получал 90% в Румынии и по 75% в Венгрии и Болгарии; Англия — 90% в Греции. В Югославии он предлагал поделить влияние поровну. Сталин, посмотрев его набросок, помолчал и поставил на бумаге огромную галочку синим карандашом, после чего отдал ее Черчиллю, а тот заметил: «Не сочтут ли нас циниками, если увидят, что мы так бесцеремонно решили столь важные для миллионов людей вопросы? Эту бумагу надо сжечь». Но Сталин настоял, что необходимо сохранить исторический документ, который сам английский премьер позднее назвал «отвратительной бумажкой»[82].

Именно такого рода договоренностей и хотел избежать Рузвельт. Против установления «сфер влияния» выступал и Хэлл. Черчилль разоблачал подобную политику США как сплошное лицемерие: «Вы владеете флотом, который в два раза превосходит военно-морские силы любой другой державы, — разве это не "политика с позиции силы"? В ваших хранилищах сосредоточено золото всего мира — разве это не "политика с позиции силы"? Если нет, тогда что же называется "политикой с позиции силы"?»[83]

Сталин быстро выполнил свою часть договоренности. В декабре 1944 года он не стал вмешиваться, когда английские войска потопили в крови восстание левых сил в Греции, где коммунисты, возглавлявшие движение Сопротивления, боролись за власть с реакционерами, стремившимися восстановить монархию. Англия поддержала монархистов. Сталин не стал поддерживать левых, хотя они и пользовались поддержкой большинства населения. Американская общественность была шокирована действиями англичан.

В начале февраля 1945 года в Ялте, на берегу Черного моря, Рузвельт, Сталин и Черчилль снова встретились втроем. Тогда в Бельгии еще шли бои в Арденнах, а на Тихом океане разгорелись ожесточенные сражения, но чаша весов во Второй мировой войне явно склонилась в пользу союзников. Настало время окончательно определиться с послевоенными планами. Решающее слово здесь принадлежало Советскому Союзу. Красная армия заняла Польшу, Румынию, Чехословакию, Венгрию, Болгарию, Югославию, она приближалась к Берлину. Между союзниками возникли серьезные разногласия, что отражало их в корне отличающиеся геополитические и стратегические представления. СССР был больше всего заинтересован в вопросах безопасности. Британия всеми силами пыталась сохранить свою империю. США хотели заручиться поддержкой СССР в войне на Тихом океане, но прежде всего стремились создать такой мировой экономический порядок, который позволил бы американцам торговать и вкладывать капиталы где угодно. А для поддержания мира они решили учредить Организацию Объединенных Наций (ООН).

Советский Союз заплатил высокую цену за спасение мира от немецкой угрозы. Миллионы красноармейцев и мирных жителей погибли, страна лежала в руинах. США и Англия помогли СССР одержать победу в этой войне, но их участие в войне и потери меркли на фоне того, что совершил их советский союзник.

Следует отметить, что США вышли из войны сильными и богатыми, как никогда раньше. Однако их дипломатические рычаги работали со скрипом из-за того, что Америка не смогла обеспечить обещанной Сталину в самый тяжелый час помощи и поддержки. Впрочем, у США оставался еще один козырь: обещание послевоенной помощи Советам

Глава 3. Вторая мировая война

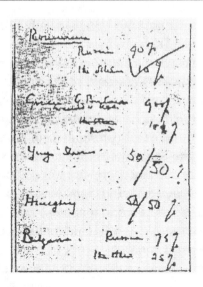

На секретной встрече в Москве в октябре 1944 года Черчилль и Сталин на клочке бумаги набросали соглашение о разграничении английской и советской сфер влияния в послевоенный период.

для восстановления разрушенной страны. Англия растеряла былое могущество и теперь оказалась в самом невыгодном положении, поскольку не могла больше диктовать собственные условия. Она полностью зависела от расположения и благосклонности США и лишь с их помощью могла вернуть себе в послевоенном мире статус великой державы. Вспыхнувшие во время Ялтинской конференции разногласия со временем разведут союзников в разные стороны. Но все эти трения тщательно скрывались от общественности: на публике все три лидера по-прежнему демонстрировали единство, вызывая одобрение у людей во всем мире, жаждавших услышать добрые вести после стольких лет войны.

Трения начались с разногласий по Польше, которая была центральным предметом обсуждения на семи из восьми пленарных заседаний конференции. Сталин объявил, что «...для русских вопрос о Польше является не только вопросом чести, но также вопросом безопасности... На протяжении веков Польша всегда была коридором, через который проходил враг, нападающий на Россию...». Для СССР это был «вопрос жизни и смерти»[84]*.

Сталин потребовал от союзников признать возглавляемое коммунистами правительство, которое находилось в Люблине, на востоке Польши, и контролировало всю страну в качестве временного правительства. Подавление им националистической оппозиции грозило вылиться

---

* Док. цит. по изданию: Тегеран — Ялта — Потсдам: Сб. документов / Сост.: Ш.П. Санакоев, Б.Л. Цыбулевский. М.: Международные отношения, 1970.

в гражданскую войну. Рузвельт и Черчилль поддерживали лондонское правительство Польши в изгнании, большинство членов которого были ярыми антикоммунистами. Сталин обвинял их в терроризме. Именно для того чтобы ослабить лондонских поляков, Сталин казнил многих польских офицеров в Катынском лесу в 1940 году, а в 1944-м остановил Красную армию на берегах Вислы, пока немцы подавляли Варшавское восстание.

В качестве компромиссного решения руководители трех держав учредили в Польше Временное правительство национального единства. В соглашении по этому вопросу говорилось: «Действующее ныне в Польше Временное правительство должно быть реорганизовано на более широкой демократической основе и включать демократических деятелей как из самой Польши, так и из числа поляков за рубежом». Затем с польскими политическими лидерами предстояло встретиться для консультаций послам трех держав, а после того надлежало провести свободные выборы, открытые для всех «демократических и антифашистских партий»[85]. В качестве восточной границы Польши, несмотря на возражения лондонского эмигрантского правительства, была признана линия Керзона, однако трем лидерам не удалось договориться о ее западной границе, и решение этого вопроса было отложено. Все соглашения были сформулированы весьма неопределенно. Адмирал Лихи, ветеран испано-американской и Первой мировой войн, сражавшийся затем на Филиппинах, в Китае, Панаме и Никарагуа, ушедший после этого в отставку и вернувшийся на пост начальника штаба Рузвельта, предупредил американского президента: «Договоренности такие растяжимые, что русские, формально никак не нарушая соглашений, могут их растянуть от Ялты хоть до самого Вашингтона». Рузвельт согласился: «Знаю, Билл, все знаю. Но ничего лучше я пока для Польши сделать не могу»[86].

В Тегеране Рузвельт написал Сталину личное письмо, в котором обещал: «США никогда не окажут никакого содействия Временному правительству в Польше, если оно будет враждебно вашим интересам»[87]. А лондонские поляки, твердолобые антикоммунисты, были, несомненно, враждебны интересам сталинского Советского Союза.

Рузвельт понимал, что в Ялте он мало что мог сделать. Его радовало уже то, что он убедил Сталина подписать Декларацию об освобожденной Европе, в которой содержалось обещание создать представительные правительства путем свободных выборов.

Хотя «Большая тройка» и не сошлась во мнениях по Германии, она все же договорилась разделить страну, уже стоявшую на грани полного поражения, на четыре зоны оккупации — одна переходила под управление Франции. Не достигнув согласия по вопросу о послевоенных репарациях со стороны Германии, они решили учредить комиссию по репарациям, которая должна была обсудить вопрос исходя из базовой суммы в 20 миллиардов долларов; половина причиталась Советскому Союзу. Сталин дал согласие на вступление СССР в войну против Японии через три месяца после окончания боевых действий в Европе. В свою очередь, США пообещали пойти на территориальные и экономические уступки в Восточной Азии, которые во многом возвращали то, что Россия потеряла в ходе Русско-японской войны 1904–1905 годов.

Новости из Ялты вселяли оптимизм, которого люди не испытывали уже долгие десятилетия. Бывший президент Герберт Гувер назвал эту конференцию «величайшей надеждой для всего мира». Военный корреспондент компании *CBS* Уильям Ширер, из-под пера которого позднее вышел мировой бестселлер «Взлет и падение Третьего рейха», объявил встречу в Ялте «вехой в истории человечества»[88]. По возвращении в США Рузвельт выступил перед конгрессом, заключив свою речь словами: «Крымская конференция стала поворотным пунктом, я надеюсь, в нашей истории, а значит, и в истории всего мира... Мы должны либо взять ответственность за мировое сотрудничество, либо нести ответственность за следующую мировую войну... Уверен, для конгресса и всего американского народа результаты этой конференции станут началом долговременного мира, при котором мы с Божьей помощью построим лучший мир, где должны жить и будут жить наши дети и внуки, дети и внуки всего мира. Это, друзья мои, все, что я хочу вам сказать, ибо я верю всем сердцем, что вы разделяете мои чувства сегодня и будете разделять их в будущем»[89].

Гарри Гопкинс, доверенный советник Рузвельта, также видел результаты Ялтинской конференции в радужном свете:

«Мы действительно верим всем сердцем, что настал новый день, о котором мы молились и которого ждали столько лет. Мы с полной уверенностью можем сказать, что одержали первую великую победу в борьбе за мир — и под "нами" я понимаю всех нас, весь цивилизованный род человеческий. [Советский народ оказался] надежным и дальновидным, и ни мы, ни наш президент не сомневаемся в том, что можем сосуществовать с ними и поддерживать мирные отношения так долго, как никто из нас и представить себе не мог. Но с одной существенной оговоркой: думаю, все согласятся с тем, что невозможно предсказать, как повернется дело, если что-либо случится со Сталиным. Мы уверены, что можно вполне положиться на его разумный подход, здравомыслие и умение понимать нашу точку зрения, но нельзя ручаться за то, кто и как может сменить его в Кремле»[90].

Советские руководители разделяли энтузиазм, охвативший всех после Крымской конференции, но также не были уверены в том лидере, который станет преемником Рузвельта. Те, кто присутствовал при выступлении президента в конгрессе, заметили, как резко ухудшилось состояние здоровья Рузвельта. Утомленный долгой дорогой, он впервые за время своего пребывания у власти выступал сидя, а не стоя. В течение последующих нескольких недель разногласия между США и СССР по Польше и ряду других вопросов заставили президента задуматься о будущем их взаимоотношений. Но он не терял надежды на то, что все три державы сумеют сотрудничать и дальше, в мире и согласии. В своей последней телеграмме Черчилль писал Рузвельту: «Я стараюсь свести проблемы в отношениях с СССР к минимуму, насколько это возможно, потому что такие проблемы возникают чуть не каждый день и всякий раз благополучно разрешаются»[91].

12 апреля 1945 года Гарри Трумэн, ставший после выборов 1944 года вице-президентом вместо Уоллеса, пошел в кабинет спикера палаты представителей Сэма Рэйберна — поиграть в покер и опустошить запасы

«Большая тройка» в Ялте (февраль 1945 года). Политические лидеры сумели перешагнуть через серьезные разногласия относительно будущего Польши и остальной Европы и заключить ряд соглашений, которые внушили оптимизм жителям и США, и СССР.

Глава 3. Вторая мировая война

Гарри Трумэн приносит присягу в Белом доме после смерти Рузвельта. Новый президент совершенно не был готов к такому повороту событий.

виски. По прибытии его попросили срочно позвонить Стиву Эрли, в Белый дом. Эрли попросил его незамедлительно приехать. А в Белом доме Элеонора Рузвельт сообщила Трумэну, что президент скончался. Придя в себя, Трумэн выразил соболезнования и спросил, может ли чем-то помочь. На это миссис Рузвельт ответила: «А может, это мы можем чем-то вам помочь? Ведь теперь все неприятности ложатся на ваши плечи»[92].

Трумэн совершенно не был готов к такому повороту событий. Он встречался с Рузвельтом лишь два раза за те 82 дня, что пробыл в должности вице-президента, и они ни разу не обсуждали существенных вопросов, определяющих судьбу страны. Но что самое удивительное, ни Рузвельт, ни один из высокопоставленных чиновников даже не сочли нужным сообщить Трумэну, что в США создается атомная бомба. В первый же день после вступления на пост президента, выходя из Капитолия, Трумэн столкнулся с группой репортеров. Один из них спросил его, как прошел первый день в роли президента, на что Трумэн ответил: «Ребята, если вы когда-нибудь молились, то помолитесь за меня. Не знаю, сваливался ли на вас снежный сугроб, но, когда мне вчера сообщили, что произошло, мне показалось, что на меня упали месяц, звезды и все планеты. На меня возложили ни с чем не сравнимую, невероятно ответственную работу». Когда один из репортеров выкрикнул: «Удачи, господин президент!» — Трумэн ответил: «Как бы я хотел, чтобы вам не приходилось меня так называть»[93]. Это была отнюдь не ложная скромность — Трумэн искренне считал, что такая работа ему не по плечу, а потому каждому, кого встречал на своем пути, говорил, что произошла ошибка и он не годится в президенты.

Стимсон, Уоллес и другие видные деятели правительства опасались, что Трумэн, учитывая его собственные политические убеждения и неподготовленность к вступлению в должность, попадет под влияние сторонников жесткого курса. Стимсон понимал, какое давление обрушится на нового президента со стороны Черчилля, и предупредил Маршалла, что им «следует быть настороже, поскольку к власти пришел новый человек, и нужно пристально следить за тем, какие решения он будет принимать в вопросах, вызывавших ранее разногласия между Англией и Америкой»[94].

Одну из самых серьезных проблем во взаимоотношениях США и Англии Рузвельт назвал еще на заседании правительства 16 марта. Форрестол* пропустил заседание, но помощник министра Струве Хенсел был там и делал заметки — их Форрестол впоследствии и пересказал в своем дневнике: «Президент упомянул о значительных трудностях во взаимоотношениях с Англией. Полушутя он заметил, что англичане жаждут, чтобы США в любой момент вступили в войну с Россией, и что, с его точки зрения, если прислушиваться к Англии, именно к такому итогу она нас и приведет»[95].

Первым 13 апреля с новым президентом встретился госсекретарь Эдвард Стеттиниус. Бывший администратор ленд-лиза явился по просьбе Трумэна, чтобы доложить о событиях, происходящих в мире. Стеттиниус почти не имел влияния на Рузвельта. Многие и вовсе считали его пешкой. Один друг покойного президента жаловался, что «госсекретарь должен уметь читать, писать и говорить. Не обязательно владеть всеми тремя этими искусствами, но Стеттиниус не умеет делать вообще ничего из этого»[96]. Стеттиниус поведал Трумэну о предательстве и вероломстве СССР. Как он пояснил на следующий день в служебной записке, после Ялтинской конференции Советы «заняли твердую и бескомпромиссную позицию почти по каждому сколько-нибудь важному вопросу». Он обвинил русских в том, что те действуют в освобожденных странах

---

* Форрестол — в то время министр ВМС США, впоследствии первый министр обороны.

без оглядки на мнение союзников, и заявил, что Черчилль в этом деле настроен даже более решительно, чем он сам[97]. Британский премьер без промедления подтвердил его слова в нескольких телеграммах и спешно отправил в Вашингтон своего министра иностранных дел Энтони Идена. Английский посол в США лорд Галифакс лично встретился с Трумэном и пришел к выводу, что новый президент — «посредственность чистой воды... Недалекий дилетант, хоть и доброжелательный», окруженный друзьями, больше похожими на «мещан из миссурийской глубинки»[98].

В тот день Трумэн встретился со своим бывшим наставником, сенатором Джеймсом Бирнсом. Расписавшись в собственном вопиющем невежестве, Трумэн попросил Бирнса рассказать ему обо всем «от Тегерана до Ялты» и вообще «обо всем на свете»[99]. Поскольку Бирнс входил в состав делегации США в Ялте, Трумэн решил, что тот имеет совершенно четкие представления о том, что там происходило. Лишь спустя долгие месяцы Трумэн обнаружил, что на деле все обстояло совсем не так. На этой и всех последующих встречах Бирнс убеждал его в правоте Стеттиниуса, настаивая на том, что СССР нарушает ялтинские договоренности и что Трумэн должен быть решительным и бескомпромиссным в вопросах, связанных с русскими. Он же первым по-настоящему просветил Трумэна о создании атомной бомбы, которая, предположил он, «позволит нам диктовать в конце войны свои условия»[100]. Кому именно США должны диктовать свои условия, Бирнс не уточнил. Трумэн настолько искренне поверил Бирнсу, что не стал скрывать намерений назначить его государственным секретарем, как только Стеттиниус запустит ООН на полный ход. Близкий друг Трумэна и его личный секретарь Мэтью Коннелли позднее писал об этом дне: «Мистер Бирнс приехал из Южной Каролины, поговорил с мистером Трумэном, и тот сразу решил, что ему предстоит стать госсекретарем. Боюсь, мистер Бирнс считает мистера Трумэна полным ничтожеством, а себя большим умником»[101]. Возможно, Бирнс и был умнее, но из этих двух политиков, которые в значительной мере повлияли на послевоенный мир, Трумэн был образованнее: он закончил полную среднюю школу, а Бирнс бросил ее в возрасте 14 лет.

Посол Гарриман посетил Сталина в Кремле и обнаружил, что советский руководитель глубоко скорбит о кончине Рузвельта. Сталин держал Гарримана за руку, выражая сожаление об уходе президента и называя его смерть страшной потерей для всего человечества. Глава советского правительства просил посла передать глубочайшие соболезнования госпоже Рузвельт и ее детям. Гарриман попытался убедить Сталина, что ему удастся завязать такие же близкие отношения и с президентом Трумэном,

Трумэн, Джеймс Бирнс (слева) и Генри Уоллес на похоронах Рузвельта. Бывший наставник Трумэна Бирнс стал ближайшим советником нового президента по внешней политике. Позднее ему удалось убедить Трумэна снять Уоллеса с должности министра.

назвав его «человеком не слова, а дела». Сталин ответил: «Рузвельт почил, но его дело должно жить дальше. Мы поддержим президента Трумэна всеми силами»[102]. Гарриман, неисправимый скептик, был глубоко тронут искренностью советского руководителя.

По пути на первую Генеральную Ассамблею ООН в Сан-Франциско в Вашингтон заехал В. М. Молотов. Он хотел лично побеседовать с новым президентом. Гарриман также поспешил в столицу, чтобы успеть встретиться с ним раньше советского наркома иностранных дел. Ему удалось предостеречь Трумэна: США наблюдают за «варварским завоеванием Европы», — и напомнить, что президент должен твердо стоять на своем и сказать Молотову, что «мы не потерпим никакого давления в решении польского вопроса»[103]. Гарриман добавил, что аналогичной точки зрения придерживаются и Черчилль с Иденом. Как только СССР подчиняет себе очередную страну и устанавливает в ней свой режим, заявил Гарриман, туда сразу приезжает тайная полиция и лишает народ свободы слова. Он нисколько не сомневался, что Советы не рискнут разрывать отношения с США, потому что отчаянно надеются на получение после войны гуманитарной помощи, обещанной им Рузвельтом. Стеттиниус и министр ВМС Джеймс Форрестол в целом согласились с его оценкой ситуации. Все трое настойчиво советовали президенту не идти ни на какие уступки в польском вопросе.

23 апреля Трумэн собрал советников по внешней политике на последнее совещание перед встречей с Молотовым. Стимсон, Маршалл и Лихи предложили свой вариант линии поведения в отношении СССР. Лихи еще раз обратил внимание президента на туманность формулировок в ялтинских соглашениях, благодаря которым СССР нельзя было упрекнуть в каких-либо нарушениях. По сути, сказал он, было бы даже странно, если бы советские лидеры действовали после Ялтинской конференции как-то иначе. Почтенный Маршалл, которого журнал *Time* назвал «Человеком года — 1943», заявил, что разрыв отношений с СССР повлечет за собой катастрофические последствия, ведь от участия СССР зависит исход войны с Японией. Стимсон также согласился с тем, что Советский Союз находится в довольно сложном положении, и осторожно намекнул на неопытность нового президента. Он напомнил всем присутствующим, что СССР доказал свою надежность как союзник и нередко делал в военных вопросах больше, чем обещал, особенно в стратегически важных вопросах. Он также упомянул о важности, которую Польша представляет для Советского Союза, и подчеркнул, что «русские, возможно, более реально смотрят на вопросы собственной безопасности, чем мы». Кроме того, он добавил, что во всем мире, кроме США и Англии, очень немногие — в том числе даже страны, входящие в сферу влияния Штатов, — разделяют американскую точку зрения на проведение свободных выборов[104]. Трумэн, как и ожидалось, попытался скрыть свое невежество в обсуждаемых вопросах за напускной смелостью. Он пообещал не спасовать перед Молотовым и потребовать, чтобы СССР перестал нарушать ялтинские соглашения. А что касается ООН, то США «будут и дальше осуществлять в Сан-Франциско свои планы, а если русские не хотят присоединиться к нам, пусть идут ко всем чертям»[105]. Гарриману он признался, что не рассчитывает получить от СССР 100 % желаемого, но на 85 % рассчитывает твердо[106].

Неудивительно, что самые ярые противники СССР придерживались такой же точки зрения и не верили в искренность мотивов и стремлений СССР, а потому активно порицали все, что связано с социализмом. Гарриман, сын железнодорожного магната, основал компанию Brown Brothers Harriman. Форрестол сколотил состояние на Уолл-стрит. А Стеттиниус возглавлял совет директоров U. S. Steel, крупнейшей корпорации в США. Чтобы направлять американскую политику, они объединились с другими состоятельными банкирами, предпринимателями с Уолл-стрит, вашингтонскими юристами и менеджерами крупных корпораций, которые также унаследовали состояния или разбогатели в межвоенный период. Среди поддержавших эту инициативу были Дин Ачесон* из компании Covington and Burling, Роберт Ловетт из Brown Brothers Harriman, Джон Макклой из фирмы Cravath, Swain and Moore, Аллен и Джон Фостер Даллесы из Sullivan and Cromwell, нефтяной и финансовый магнат Нельсон Рокфеллер, Пол Нитце из компании Dillon Read и президент General Motors Чарльз Уилсон. Последний, занимая должность директора Комитета военно-промышленного производства, в 1944 году заявил Управлению артиллерийского снабжения Сухопутных войск США, что во избежание возвращения ко временам Великой депрессии США необходима «постоянная военная экономика»[107]. Хотя эти люди также служили в администрации Рузвельта, они пользовались в ней незначительным влиянием, поскольку он фактически сам выполнял работу госсекретаря.

На встрече с Молотовым, состоявшейся ближе к вечеру, Трумэн сразу вошел в роль «крутого парня» и, недолго думая, обвинил Советы в нарушении ялтинских соглашений, в частности положений по Польше. Когда Молотов объяснил, что Польша, граничащая с СССР, представляет особую важность для его государства и что по данному соглашению в Люблинское правительство должны войти дружественно настроенные поляки, а не представители лондонской группы, враждебно настроенные к новому режиму, Трумэн попросту пропустил его объяснения мимо ушей. А когда Молотов попытался затронуть другие вопросы, новый американский президент грубо перебил его: «Мы закончили, господин Молотов. Буду признателен, если вы передадите мои слова маршалу Сталину»[108]. Молотов ответил: «Со мной никогда в жизни не говорили в подобном тоне»[109]. Трумэн презрительно бросил: «Выполняйте свои обязательства, и тогда с вами не будут говорить в подобном тоне». Молотов, возмущенный подобным отношением, бросился вон из комнаты. Многие годы спустя Молотов по-прежнему вспоминал «властный тон» Трумэна и «глупые попытки» показать, «кто тут главный»[110].

Вскоре после этой встречи Трумэн похвастал Джозефу Дэвису, бывшему послу США в СССР, что «сразу перешел в атаку. Задал ему трепку, пробил "двойкой" в челюсть»[111].

---

* Ачесон Дин (1893–1971) — госсекретарь в правительстве Трумэна, неофициальный внешнеполитический советник президентов Кеннеди, Джонсона и Никсона.

Глава 3. Вторая мировая война

Реакция Сталина на недипломатичное поведение Трумэна по отношению к Молотову не заставила себя ждать. Пережив за последние 25 лет два нападения Германии на Россию через Польшу и другие страны Восточной Европы, он крайне нуждался в дружественных правительствах к западу от Москвы, особенно в приграничных государствах. На следующий день Сталин прислал Трумэну телеграмму, где вкратце описал, что произошло в Ялте на самом деле. Он подчеркнул, что Рузвельт согласился с тем, что Люблинское правительство явится основой нового правительства Польши. Поскольку «Польша граничит с Советским Союзом», СССР имеет полное право заручиться поддержкой дружественного правительства в этой стране. Он также заявил, что не знает, насколько демократическими являются правительства в Бельгии или Греции, но не станет лезть в их дела, поскольку эти страны представляют особую важность для безопасности Англии. Кроме того, он написал: «Я готов выполнить Вашу просьбу и сделать все возможное, чтобы достигнуть согласованного решения. Но Вы требуете от меня слишком многого. Попросту говоря, Вы требуете, чтобы я отрешился от интересов безопасности Советского Союза, но я не могу пойти против своей страны»[112]*.

Сталин был убежден, что они с Рузвельтом достигли понимания в польском вопросе, — ведь бывший американский президент с уважением отнесся к нуждам Советского Союза. Фактически, когда Гарриман попытался поднять польский вопрос на московской конференции министров иностранных дел в октябре 1943 года, госсекретарь Хэлл сделал ему выговор и напомнил о настоящих приоритетах США: «Я не хочу тратить время на эти пустяки. Мы должны сосредоточиться на главном»[113]. Но при Трумэне власть взяли в свои руки ярые противники СССР. Сталин не без оснований считал, что его предали.

Открытие первой сессии Генеральной Ассамблеи ООН в Сан-Франциско 25 апреля должно было ознаменовать собой начало новой эры международного мира и согласия. Вместо этого первые сессии омрачало напряжение, воцарившееся между главными союзниками. В день открытия сессии Гарриман встретился с членами американской делегации, желая удостовериться, по его словам, что «все понимают, что Советы... не собираются придерживаться договоренностей о послевоенном устройстве». Советы, утверждал он, используют любые обходные пути, чтобы получить

---

* Цит. по изданию: Переписка Председателя Совета Министров СССР с президентами США и премьер-министрами Великобритании во время Великой Отечественной войны 1941–1945 гг. М., 1958.

господство во всей Восточной Европе. Когда Гарриман стал повторять эти обвинения во время неофициальных пресс-конференций, некоторые журналисты демонстративно покидали зал, называя его «поджигателем войны»[114]. Однако американские делегаты отнеслись к его заявлениям совсем иначе. Просьба Молотова предоставить место Польши в ООН Люблинскому правительству была отклонена. США же убедили представителей Латинской Америки поддержать членство в ООН Аргентины, несмотря на профашистские симпатии ее правительства.

Понимая, что грубая тактика поведения с СССР не дала желаемых результатов, Трумэн дважды встретился с Джозефом Дэвисом в надежде получить ценный совет. Дэвис — юрисконсульт корпораций, придерживавшийся консервативных взглядов, — в бытность послом США в СССР удивил либеральных критиков, проявив симпатии к советскому социальному эксперименту. Трумэн признался Дэвису, что его тирада «потрясла» Молотова, и тот «побледнел как мел». Трумэн заключил, что его «жесткий метод» сработал, поскольку в Сан-Франциско советские делегаты уступили и не стали требовать признания Люблинского правительства. Но вскоре после этого отношения между двумя державами резко ухудшились. «Как вы думаете, — спросил президент, — я поступил правильно?»

Дэвис объяснил, что накануне памятной встречи 23 апреля с Трумэном Молотов приехал к нему и спросил, много ли знает Трумэн о Ялтинской конференции. Он признался, что смерть Рузвельта — «страшная трагедия» для русского народа, потому что «Сталин и Рузвельт понимали друг друга». Дэвис объяснил Трумэну, что Советы всегда были «сторонниками взаимности между союзниками». Поэтому СССР признавал поставленные англичанами правительства в Африке, Италии, Греции, хотя те отнюдь не представляли антифашистских сил в этих странах. Советские руководители исходили из того, что эти регионы представляют «жизненные интересы» США и Англии. Такой же поддержки они ожидали и по отношению к жизненным интересам своей безопасности в Польше. Дэвис напомнил Трумэну, что, пока Штаты вместе с англичанами планировали глобальную стратегию, советские войска в одиночку сражались на поле боя. Трумэн удивился, узнав, что Советы даже не стали давить на Черчилля по территориальным вопросам «из уважения к Рузвельту». Президент пообещал, что «очистит» Госдепартамент от тех, кто настолько сильно ненавидит СССР, что осмелился ввести в заблуждение его самого. Кроме того, Дэвис обратил внимание Трумэна и на то, как кардинально изменились отношения двух держав за последние шесть недель при несомненном подстрекательстве со стороны англичан.

Дэвис предупредил Трумэна: если советские лидеры решат, что США и Англия «объединились против них», то не останутся в долгу — так произошло, когда они заключили пакт с Гитлером, осознав, что западные державы не помогут им остановить нацистов. Но он заверил Трумэна, что, «если проявить великодушие и доброжелательность, Советы ответят еще великодушнее. "Жесткая" же политика вызовет быструю и болезненную реакцию, которая дорого обойдется любому, кого русские сочтут врагом». Дэвис согласился организовать встречу Трумэна и Сталина. Американский президент признал, что сел в лужу и повел дело совершенно неправильно. Дэвис записал самокритичные слова Трумэна в своем дневнике: «Неудивительно, что я переживаю из-за случившегося. Это огромная ответственность, а я меньше всего подхожу для того, чтобы нести ее. Но выпала она на мою долю». И насмешливо добавил: «Покоится здесь Вильямс Джо, / Он делал все, что мог. / Он прыгал выше головы, / Но он — не Господь Бог»[115].

Другой бывший посол в Советском Союзе, адмирал Уильям Стэндли, занимавший этот пост в 1942–1943 годах, публично осудил тех, кто считал, будто Сталин замышляет какую-то каверзу. В статье, опубликованной в журнале *Collier's*, Стэндли утверждал, что Сталин искренне желает сотрудничать с Соединенными Штатами, чтобы установить продолжительный мир во всем мире. Советский Союз не только «отчаянно» нуждается в прочном мире, но, по мнению адмирала, «Сталин стремится к этому искренне, всей душой. Мир, — добавил он, — просто не переживет еще одной войны»[116].

На Европейском театре военных действий события развивались успешно. 26 апреля советские и американские войска встретились на реке Эльба близ города Торгау, в 7 тысячах километров от берегов США и 2 тысячах с лишним покрытых кровью километров от руин Сталинграда. Этот момент был радостным для всех; солдат щедро накормили, спиртное: шампанское, водка, виски, коньяк, вина, пиво, — лилось рекой. Рядовой первого класса Лео Касински назвал то время «лучшим в моей жизни... [советские солдаты] от души нас накормили, в тот день мы подняли около 60 тостов». «Боже, — добавил он, — так не пьют даже в Бруклине»[117]. Как сообщила газета *New York Times*: «Повсюду были слышны тосты и песни, все говорили о надеждах на будущее, в котором Америка, Россия и Англия объединятся ради мира во всем мире»[118].

7 мая 1945 года Германия признала свое поражение. За неделю до капитуляции Гитлер и Ева Браун покончили жизнь самоубийством в своем бункере. По словам одного американского дипломата, радость советского

народа по поводу Победы была «неописуемой». Перед американским посольством в Москве собралась огромная толпа, люди скандировали: «Ура Рузвельту!»[119] Сталин выступил на Красной площади перед двумя, если не тремя миллионами москвичей.

Американцы также выказали СССР ответное дружеское расположение, признавая понесенные советским народом огромные жертвы в борьбе против общего врага. В июне С.Л. Сульцбергер написал в *New York Times*, что лишения, которые терпели русские, невозможно даже представить: «Если говорить о горе и страданиях, о болезнях и лишениях, о потерянных из-за войны рабочих днях — в стране, где труд возведен в культ, — то общую величину потерь невозможно подсчитать. Нельзя даже близко сравнить это с потерями американцев, которых тяготы войны едва коснулись. Нельзя сравнивать их даже с англичанами, серьезно пострадавшими от бомбардировок. Возможно, русские даже сами до конца не осознают, что им довелось вынести на своих плечах». Сульцбергер понимал, что разрушения, принесенные немцами на советскую землю, будут иметь долговременные последствия: «Неописуемые страдания и невиданные прежде разрушения неизбежно наложат свой отпечаток не только на советских людей, не только на их страну, но и на будущие политические решения, и на всю психологию народа». А значит, СССР потребуются «самые надежные союзники» в Восточной Европе, постоянное ослабление немецкой военной мощи и установление дружеских отношений с державами Среднего и Дальнего Востока, граничащими с Советским Союзом. Журналист высказал мысль о том, что советские люди, как бы они ни стремились к «лучшей жизни», готовы будут пожертвовать многими материальными благами ради того, чтобы вновь почувствовать уверенность в будущем, о которой пришлось забыть в годы войны [120].

В течение года многие американцы занимались благотворительностью, пытались уменьшить лишения, испытываемые советским народом. На Новый год издатели *Washington Post* призвали американцев вспомнить о русских детях, отмечающих этот праздник, и «поделиться с ними хоть каплей нашего благополучия», чтобы выразить «чувство единения с русским народом»[121]. Даже первая леди Америки Бесс Трумэн не осталась в стороне. В июле она стала почетным председателем организации «Собрание произведений англоязычной классической литературы в помощь русским жертвам войны» — организация призвала американцев собрать миллион книг, чтобы пополнить библиотеки, уничтоженные нацистами. На форзаце каждого тома будут изображены флаги двух государств и дар-

Глава 3. Вторая мировая война

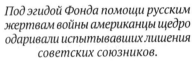
Под эгидой Фонда помощи русским жертвам войны американцы щедро одаривали испытывавших лишения советских союзников.

ственная надпись: «Героическому народу Советского Союза от народа Америки»[122].

Много говорили и писали о доблести и щедрости советских солдат и простых мирных жителей. *Washington Post* опубликовала рассказ капитана Эрнеста Грюнберга, военврача воздушно-десантных войск, о том, что произошло с ним в день высадки союзных войск в Нормандии. Бежав из лагеря военнопленных, Грюнберг и еще двое американских военнослужащих всего за две недели добрались до Москвы. Грюнберг вспоминал: «Нам почти не пришлось идти пешком. Нас то и дело подвозили грузовики и поезда, но нигде не пытались требовать с нас денег или проверять билеты. Для нас, американцев, им было ничего не жалко. Русские всегда были готовы дать нам приют. Обычно мы передвигались в грузовиках и теплушках, но в саму Москву въехали с большим почетом — в вагоне для русских офицеров. И все это, разумеется, совершенно бесплатно». Русские и поляки так щедро делились своими скудными запасами провианта, что Грюнбергу даже показалось, будто он набрал все 11 килограммов веса, потерянных в лагере[123].

Товарищеские чувства к советскому народу внушали американцам оптимизм по поводу укрепления дружбы между двумя странами после войны. Мартовский опрос Гэллапа показал: 55% граждан США считают, что Советскому Союзу можно доверять и продолжать с ним сотрудничество после войны[124].

Хотя многие из советников Трумэна и полагали, что Сталин установит коммунистические режимы на всех территориях, занятых Красной армией, советский руководитель не торопился с революционными переменами. Он понимал, что в большинстве этих стран коммунисты представляют меньшинство, хотя они и сыграли ведущую роль в движении Сопротивления. Однажды он даже сказал, что Польше коммунизм нужен, как корове седло[125].

Советские солдаты не очень-то старались завоевать доверие у немцев. Они хотели отомстить за те жертвы, опустошения и унижения, которые немцы принесли на советскую землю, а потому с поверженными немцами не церемонились. Особенно высокую цену за гитлеровские военные преступления заплатили немки — за несколько недель более 100 тысяч женщин обратились за медицинской помощью после изнасилований.

Хотя подобные вещи можно считать вопиющими и непростительными, едва ли продвижение Красной армии по европейским странам было и в самом деле «нашествием варваров», как его окрестил несколько ранее Гарриман. Советские войска видели не только зверства нацистов в СССР; пламя их ненависти разгоралось еще и от того, что они увидели по пути к Берлину, освобождая концлагеря Майданек, Собибор, Треблинку, Освенцим. Военный корреспондент Александр Верт описывал это так: «По мере того как Красная армия продвигалась на запад, ее бойцы каждый день слышали истории об ужасах, унижении и депортациях; советские войска видели разрушенные до основания города; они видели братские могилы русских военнопленных, убитых или погибших от голода... Разумеется, русским солдатам, узнавшим правду о нацистской Германии, были глубоко отвратительны Гитлер, Гиммлер, их отношение к "недочеловекам" и чудовищный садизм»[126]. Сами бойцы тоже рассказывали об увиденных ужасах. Так, В. Летников писал в 1945 году своей жене:

«Вчера мы обнаружили лагерь смерти, где находилось 120 тысяч заключенных. Вся территория огорожена двухметровыми столбами с проволокой, по которой пущен ток. А еще немцы тут все заминировали. Каждые 50 метров — вышки для автоматчиков и пулеметчиков. Недалеко от бараков для смертников стоит крематорий. Подумать страшно, сколько людей нашли в нем смерть. Рядом с теперь уже разрушенным крематорием лежат кости, только кости и кучи обуви, высотой в несколько метров. В них были даже детские ботиночки. Такой кошмар, что даже не описать словами»[127].

Советские газеты, в том числе издававшиеся в армии, постоянно публиковали натуралистические статьи о зверствах нацистов. Поэтому, когда советские войска вступили на землю Германии, их гнев не мог не выплеснуться наружу. Сталин, не поощряя и не порицая своих солдат, не стал им мешать.

Сталин не только не спешил с установлением коммунистических режимов, но и постарался сдержать тех, кто стремился к революционным переменам в Западной и Восточной Европе, — их он призвал создавать широкие коалиции демократических сил. Скорее патриот, чем революционер-интернационалист, Сталин в первую очередь думал об интересах Советского Союза. Он рассчитывал на помощь США в послевоенном восстановлении СССР, ему необходимо было взаимопонимание с союзниками, чтобы не допустить возрождения германской мощи, в которой он по-прежнему видел главную угрозу своей стране. Он посоветовал своим товарищам-коммунистам не копировать большевистскую модель государственного устройства, а прийти к социализму через иные «политические системы — например, через демократию, парламентскую республику или даже конституционную монархию»[128]. Он хотел, чтобы ничто не помешало его союзу с Англией и США. Поэтому и правительства, созданные им в освобожденных советской армией странах Восточной и Центральной Европы, были дружественными к СССР, но отнюдь не чисто коммунистическими.

Трумэн также был готов пойти на примирение. Пообщавшись с Дэвисом, Гарри Гопкинсом и министром торговли Генри Уоллесом, он попытался улучшить отношения с Советами. Вместе со своими военачальниками он не поддался давлению со стороны Черчилля, который требовал оставить войска западных союзников на фактически занятых ими территориях до тех пор, пока не удастся вырвать у Советов уступки*.

---

* Ялтинские соглашения установили границы оккупационных зон на территории Германии и Австрии. В ходе боевых действий, пока советские войска

Трумэн вскоре узнал, что представления Сталина о ялтинском соглашении гораздо ближе к истине, чем его собственные. Бирнс признался, что уехал из Ялты прежде, чем главы держав заключили окончательное соглашение, и не принимал участия в ключевых встречах «Большой тройки». Трумэн также узнал, что Рузвельт действительно согласился на установление советской сферы влияния в Восточной Европе и что нет никаких оснований требовать смены правительства в Польше. В конце мая он направил Гарри Гопкинса в Москву на встречу со Сталиным. По Польше было выработано соглашение примерно на тех же условиях, что и по Югославии. В состав реорганизованного кабинета министров должны были войти бывший премьер-министр Станислав Миколайчик, которому теперь отводилась должность заместителя премьер-министра, и еще три представителя правых партий, а остальные 17 постов предоставлялись коммунистам и их союзникам. Трумэн сообщил журналистам, что Сталин продемонстрировал «необычайную сговорчивость», которая, несомненно, послужит на благо дальнейшего сотрудничества США и СССР[129].

Когда в июле Трумэн отправился в Потсдам, оснований для надежд на послевоенное сотрудничество с СССР стало заметно больше, чем за два месяца до этого. Но кое-кто советовал президенту не обольщаться. Так, в июле 1945 года журнал *Life* — почти через два года после того, как Сталин попал на его обложку, — заявил: «Россия — проблема номер один для Америки, потому что это единственная в мире страна, чья динамичность и мощь способны угрожать нашим представлениям об истине, справедливости и процветании»[130].

Хотя со стороны и казалось, что Потсдамская конференция проходит в дружественной обстановке, на самом деле именно она ознаменовала собой отход от политики долгосрочного сотрудничества. Новости об успешном испытании атомной бомбы убедили Трумэна, что США прекрасно проживут и не думая об интересах СССР, и своим отношением к Сталину он демонстрировал это очень красноречиво. Отправившись в обратный путь на борту военного корабля «Огаста», президент США заявил группе офицеров, что упрямство Советов больше не имеет значения, «поскольку теперь у США появилось оружие такой мощи и качества, что нам больше не нужны русские — как и любая другая страна»[131].

штурмовали Берлин, англо-американцы местами значительно вклинились в пределы советской зоны оккупации. Здесь речь идет об их отводе в свои зоны, чему активно противодействовал У. Черчилль.

Глава 4

Бомба:

ТРАГЕДИЯ МАЛЕНЬКОГО ЧЕЛОВЕКА

Юного лейтенанта Пола Фасселла собирались переводить с Европейского театра военных действий на Тихоокеанский, когда он получил известия об атомной бомбардировке Хиросимы. В 1988 году он издал книгу «Слава Богу, что есть атомная бомба», где написал: «Несмотря на все свое напускное мужество, мы рыдали от облегчения и радости. Мы поняли, что будем жить. Мы поняли, что в конце концов доживем до зрелости»[1].

Целые поколения американцев учили, что США были вынуждены сбросить атомные бомбы на Японию в конце Второй мировой войны, дабы спасти жизнь сотням тысяч таких молодых людей, как Фасселл, — в случае вторжения на территорию Японии они были бы обречены на смерть. Но дело тут куда сложнее — и куда тревожнее.

Поскольку все помыслы американцев были направлены прежде всего на уничтожение фашизма, США бросили львиную долю своих ресурсов в европейскую войну. На приоритетности войны в Европе настоял Рузвельт. Он выступал против «напряжения всех сил на Тихом океане». Он утверждал: победить Японию не означает победить Германию, а разгром Германии будет означать и поражение Японии, «возможно, без единого выстрела и без погибших солдат»[2].

После неожиданного нападения на Перл-Харбор японцы сразу же перешли в наступление. Но США одержали важную победу в сражении у атолла Мидуэй в июне 1942 года, а затем более трех лет применяли тактику поочередного захвата отдельных островов. Японцы сражались отчаянно, не оставляя сомнений в том, что за победу американцы заплатят высокую цену. Американское промышленное производство давало армии

США огромные преимущества. К 1943 году американские заводы выпускали почти 100 тысяч самолетов в год — колоссальная цифра в сравнении с 70 тысячами самолетов, выпущенных Японией за всю войну. К лету 1944 года США разместили на Тихом океане почти 100 авианосцев одновременно — куда больше, чем Япония, имевшая за всю войну только 25.

Наука также внесла заметный вклад в военные успехи: победе союзников в немалой степени способствовало изобретение радара и дистанционного взрывателя. Но ход истории изменило все же изобретение атомной бомбы.

И писатели-фантасты, и серьезные ученые давно уже обдумывали возможность использования атомной энергии и в мирных, и в военных целях. Начиная с 1896 года ряд научных открытий Антуана-Анри Беккереля, Пьера и Мари Кюри, Фредерика Содди и Эрнеста Резерфорда подогревали интерес широкой публики к радиоактивности. В начале 1900-х годов высказывания Резерфорда, Содди и других об огромной энергии, заключенной в материи, и о возможности взорвать целую вселенную вызвали многочисленные рассуждения о вероятном печальном будущем. Но и ученые, и простые люди мечтали о мирном использовании такой энергии, об утопических обществах, которые могли возникнуть благодаря ей.

Ожидая пришествия ядерной энергии, способной создать новый рай, общественность оказалась очарована целебными способностями радия и других расщепляющихся элементов. Рекламисты утверждали, что такая продукция может излечить от всех болезней: плешивости, ревматизма, расстройства желудка и повышенного кровяного давления. В одном перечне приводились названия 80 патентованных лекарств, содержащих радиоактивные компоненты, которые нужно было вдыхать, колоть или принимать в виде таблеток, солей для ванны, жидких мазей, свечей или шоколадных леденцов. Уильям Бейли утверждал, что продукция, выпущенная Радиевыми лабораториями Бейли в Ист-Оранже (штат Нью-Джерси), вылечит все, начиная от метеоризма и заканчивая ослаблением потенции. Среди его продуктов был «Радиоэндокринатор», который можно было носить вокруг шеи, чтобы омолодить щитовидную железу; вокруг туловища для стимуляции надпочечников и яичников или под мошонкой в специальном бандаже. Бейли преуспел в делах; особенно хорошо расходился его жидкий «Радитор», чьей самой печальной и самой знаменитой жертвой стал богатый промышленник и плейбой из Питтсбурга Эбен Байерс. Врач порекомендовал ему попробовать «Радитор» для лечения ушибленной руки, и к декабрю 1927 года Байерс уже выпивал несколько флаконов средства в день. Он заявлял, что лекарство не только

Глава 4. Бомба

вылечило ему руку: он ощутил прилив жизненных сил и сексуальной энергии. Решив, что лекарство является афродизиаком, Байерс стал убеждать своих подружек тоже принимать средство. К 1931 году он употребил не то тысячу, не то полторы тысячи флаконов, и самочувствие у него резко ухудшилось. Он похудел, начал страдать сильными головными болями и заметил, что зубы стали выпадать один за другим. Эксперты пришли к выводу, что его тело медленно разлагается. Ему удалили всю верхнюю челюсть и большую часть нижней, а в черепе возникли дыры. Вскоре он умер от отравления радиоактивными веществами[3].

Среди тех, кто предупреждал о возможных мрачных последствиях использования атомной энергии, был Герберт Уэллс, в 1914 году написавший первый роман об атомной войне — «Освобожденный мир». Уэллс пророчил атомную войну между Германией и Австрией с одной стороны, Англией, Францией и США — с другой, в результате чего более 200 городов были превращены в «негаснущие очаги пожаров, над которыми ревело малиновое пламя атомных взрывов»[4] [*Пер. Т. Озерской*]. Позже он предложит свою собственную эпитафию: «Будьте вы все прокляты! Я же вас предупреждал!»

В 1914 году Герберт Уэллс написал первый роман об атомной войне — «Освобожденный мир». Он пророчил атомную войну между Германией и Австрией с одной стороны, Англией, Францией и США — с другой, в результате чего более 200 городов были превращены в «негаснущие очаги пожаров, над которыми ревело малиновое пламя атомных взрывов». Позже он предложит свою собственную эпитафию: «Будьте вы все прокляты! Я же вас предупреждал!»

Эксцентричного Лео Силарда, блестящего венгерского физика, творчество Уэллса не оставило равнодушным. Силард, уехавший из Германии вскоре после прихода к власти нацистов, много размышлял о возможностях атомной энергии. Он пытался обсудить ее применимость с Резерфордом, но тот отмахнулся от этого как от «пустого вздора» и выгнал Силарда из своего кабинета[5]. Силард не впал в уныние и в 1934 году получил патент, описав схему ядерной цепной реакции. Наиболее подходящим для этого элементом он счел не уран, а бериллий.

В декабре 1938 года два немецких физика ошеломили научный мир, расщепив атом урана и сделав теоретически возможным создание атомных бомб. В США наибольшую тревогу по этому поводу высказывали те ученые, которые бежали из оккупированной нацистами Европы и боялись последствий, если такое оружие попадет в руки Гитлеру. Предлагая США создать собственную атомную бомбу как средство устрашения, эти эмигранты пытались пробудить интерес американских властей к данному вопросу, но безуспешно. Отчаявшись, Силард в июле 1939 года вместе с другим венгерским физиком, Ене (Юджином) Вигнером, обратились за помощью к прославленному Альберту Эйнштейну. Тот согласился написать президенту Рузвельту письмо с просьбой санкционировать атомные исследования на территории США. Эйнштейн позже сожалел о своем поступке; так, он признался химику Лайнусу Полингу: «Я совершил одну серьезную ошибку в своей жизни — когда подписал письмо президенту Рузвельту, рекомендуя начать работу над атомной бомбой»[6]. Если уж быть точным, он писал Рузвельту на эту тему трижды.

В одном ученые были правы: Германия действительно начала программу атомных исследований. Но только к концу войны американцам стало известно, что Германия довольно скоро отказалась от этих исследований, занявшись оружием, которое можно было изготовить проще и быстрее, — ракетами «Фау-1» и «Фау-2». Гитлер и Альберт Шпеер не были заинтересованы в том, чтобы расходовать деньги и рабочую силу на оружие, которое, быть может, не удастся применить в уже идущей войне.

В США, несмотря на заинтересованность Рузвельта, исследования двигались черепашьими темпами. Они неспешно ползли вперед вплоть до осени 1941 года, когда США официально получили доклад английского комитета МАУД*. Он опровергал ошибочные предположения, что для

---

* Комитет по использованию урановых зарядов в военных целях (англ. аббревиатура MAUD). Англичане начали собственную программу ядерных исследований, однако вскоре их ученые присоединились к работе над американским проектом «Манхэттен».

Глава 4. Бомба

создания бомбы понадобится 500 тонн чистого урана — из-за такого количества программу бы закрыли в самом начале. Назначенный на время войны координатором научных исследований Джеймс Конант считал, что вложение значительных средств в данный проект просто неразумно. Нобелевский лауреат в области физики Артур Холли Комптон сообщил, что к лету 1941 года «ответственные представители правительства оказались... очень близки к тому, чтобы изъять из военных программ исследования расщепления ядра»[7]. Однако новые расчеты показали, что для бомбы потребуется только 5–10 килограммов урана, а на ее создание уйдет не более двух лет.

9 октября Ванневар Буш, другой управленец в области науки, взял с собой сообщение англичан и отправился на встречу с Рузвельтом и вице-президентом Генри Уоллесом. Ознакомившись с новой информацией, Рузвельт выделил Бушу необходимые средства.

Буш назначил Комптона ответственным за разработку бомбы, и тот основал в Чикагском университете металлургическую лабораторию. Цель исследований состояла в том, чтобы получить в ядерном реакторе самоподдерживающуюся цепную реакцию. Комптон попросил Дж. Роберта Оппенгеймера, блестящего и харизматичного физика-теоретика,

Одно из трех писем Альберта Эйнштейна президенту Рузвельту, где ученый просит его разрешить организовать программу ядерных исследований в США. Позже он пожалел о своем поступке; так, он признался химику Лайнусу Полингу: «Я совершил одну серьезную ошибку в своей жизни — когда подписал письмо президенту Рузвельту, рекомендуя начать работы над атомной бомбой».

собрать команду выдающихся теоретиков для решения многих важных вопросов. Среди «светил» Оппенгеймера, как он их называл, были Эдвард Теллер* и Ганс Бете, которые летом 1942 года отправились в одном купе на запад, в Беркли — на пункт сбора команды. Теллер изложил все, что было у него на уме. Бете вспоминал: «Теллер сказал мне, что атомная бомба — штука хорошая и полезная, и сейчас вопрос по ней уже в общем решен. На самом же деле работа едва началась. Теллер любит спешить с выводами. Он сказал, что сейчас нам нужно думать о возможности поджечь реакцией деления дейтерий, то есть о водородной бомбе»[8]. Теллер так увлекся термоядерной бомбой, что его коллегам-ученым с трудом удалось заставить его переключить внимание на более насущную проблему: создание атомной бомбы. Таким образом, почти с самого начала проекта ведущие ученые понимали: в конечном счете исследования направлены на создание не только атомной бомбы, которая значительно умножит способности человека к разрушению, но и водородной, способной поставить под угрозу всю жизнь на планете.

Тем летом они испытали приступ такого всепоглощающего страха, что были вынуждены приостановить исследования. Во время обсуждений физики внезапно поняли, что атомный взрыв может воспламенить водород в океанах или азот в атмосфере, и тогда вспыхнет всепланетный пожар. Нуэль Фарр Дэвис в своем исследовании, посвященном Оппенгеймеру и другому физику, Эрнесту Лоуренсу, описывает парализующий страх, сковавший всех участников дискуссии: «Оппенгеймер, как громом пораженный, уставился на доску, на лицах других присутствующих, включая Теллера, отразилось то же самое... Теллер правильно рассчитал выработку атомной бомбой тепловой энергии; Оппенгеймер увидел, как бомба (не важно, покрытая дейтерием или нет) поджигает атмосферу всей планеты, и никто из участников дискуссии не мог доказать, что он ошибается»[9]. Оппенгеймер помчался на восток США — советоваться с Комптоном. В своих мемуарах «В поисках атома» Комптон объясняет, что они с Оппенгеймером договорились: «Если только не будет сделан однозначный и обоснованный вывод о том, что наши атомные бомбы не способны взорвать воздух или море, эти бомбы производить ни в коем случае нельзя». Комптон вспоминал: «Лучше попасть в рабство к нацистам, чем рисковать, что твои действия погубят все человечество!»[10] А тем временем в Беркли Бете провел кое-какие дополнительные вычисления

---

* Теллер Эдвард — американский физик, руководитель работ по созданию водородной бомбы.

Глава 4. Бомба

Первая устойчивая цепная ядерная реакция 2 декабря 1942 года в металлургической лаборатории Чикагского университета — глазами художника. Лео Силард и Энрико Ферми обменялись рукопожатиями перед реакторами, пока ученые поднимали бумажные стаканчики с кьянти, поздравляя Ферми с успешным руководством проектом. Силард, однако, догадывался, что этот момент на самом деле обладает горьким привкусом, и предупредил Ферми: 2 декабря «станет черным днем в истории человечества».

и обнаружил: Теллер упустил из виду, что часть тепловой энергии поглотит радиация; в результате шансы на гибель планеты от одной бомбы упали до значения три к миллиону — на такой риск они готовы были пойти.

2 декабря 1942 года ученым металлургической лаборатории удалось добиться первой устойчивой цепной ядерной реакции. Учитывая полное отсутствие каких-либо мер предосторожности, им просто повезло, что при этом не взлетел на воздух весь Чикаго. Силард и эмигрант-итальянец Энрико Ферми обменялись рукопожатиями перед реакторами, пока ученые поднимали бумажные стаканчики с кьянти, поздравляя Ферми, который привел проект к успеху. Силард, однако, догадывался, что этот момент на деле имеет привкус горечи, и предупредил Ферми: 2 декабря «станет черным днем в истории человечества»[11]. Он оказался прав.

Хоть и медленно, но все же начав работу в этом направлении, США в конце 1942 года приступили к срочной исследовательской программе — проекту «Манхэттен», возглавить который было поручено бригадному генералу Лесли Гровсу. Гровс доверил Оппенгеймеру организовать и возглавить основную лабораторию проекта в Лос-Аламосе — красивом районе штата Нью-Мексико, среди гор хребта Сангре-де-Кристо. Большинство наблюдателей считали, что отношения между Гровсом и Оппен-

Гровс и Оппенгеймер в эпицентре ядерного взрыва после испытания бомбы «Тринити». Два руководителя проекта «Манхэттен» были полной, абсолютной противоположностью друг другу — по росту, религии, привычкам в еде, сигаретах и выпивке, а особенно в политических пристрастиях. И характеры у них были диаметрально противоположными. В то время как Оппенгеймера любили большинство его знакомых, Гровса все презирали. Но грубость Гровса, попытки запугать окружающих в духе приказа «пленных не брать» на самом деле дополняли способность Оппенгеймера вдохновлять коллег и убеждать их работать «по максимуму», благодаря чему проект все же был завершен.

геймером будут браком, заключенным не на небесах, а в преисподней. Эти двое были полной, абсолютной противоположностью друг другу. Гровс был в два, а то и в три раза тяжелее, чем щуплый ученый, который, несмотря на рост в шесть футов, весил 128 фунтов в начале проекта и 115 — к концу*. Гровс был родом из бедной семьи, Оппенгеймер — из богатой. Они отличались религиозными взглядами, привычками в еде, сигаретах и выпивке, а особенно в политических пристрастиях. Гровс был закоренелым консерватором, Оппенгеймер — непримиримым левым, а большинство его студентов, друзей и родственников и вовсе были коммунистами. Он признавался, что состоял по очереди во всех группах сочувствующих компартии на Западном побережье США. Одно время он даже отчислял коммунистам 10% своей зарплаты — на поддержку испанских республиканцев.

Характеры у них также были диаметрально противоположными. В то время как Оппенгеймеру большинство его знакомых симпатизировали, Гровса окружающие презирали. Помощник Гровса подполковник Кеннет Николс говаривал, что его начальник «самый большой сукин сын, на которого я когда-либо работал». Он называл Гровса «придирчивым»,

---

* То есть при росте более 180 см он весил сначала 58 кг, а потом и вовсе 52 кг.

«критиканом», «несносным и саркастичным», «умным» и «самым большим эгоистом, какого я только знаю». Николс признавался, что «люто ненавидел его, как и все остальные»[12]. Но грубость Гровса, попытки запугать окружающих в духе приказа «пленных не брать» на самом деле дополняли способность Оппенгеймера вдохновлять своих коллег и убеждать их работать «по максимуму», благодаря чему проект все же был завершен.

Это вовсе не значит, будто ученые и военные не спорили по вопросам безопасности и другим поводам. Где только возможно, Оппенгеймер сдерживал вмешательство в работу ученых и ослаблял удушающую хватку военных. Иногда Оппи, как его называли друзья, настаивал на своем, прибегая к помощи юмора. Так, однажды Гровс потребовал, чтобы Оппенгеймер перестал носить свои фирменные шляпы с плоской тульей и загнутыми полями, поскольку они делают его слишком узнаваемым. Когда на следующий день Гровс вошел в кабинет Оппенгеймера, то увидел, что физик надел полный индейский головной убор из перьев. Ученый заявил, что будет носить это украшение до самого окончания войны, и Гровсу пришлось пойти на попятную.

Проект по созданию бомбы планомерно продвигался вперед, как и действия союзников на Тихом океане. К 1944 году США отвоевали большую часть оккупированных японцами территорий, в результате чего сама Япония оказалась в зоне досягаемости американских бомбардировщиков. В июле 1944 года Комитет начальников штабов во главе с генералом Джорджем Маршаллом, будущим госсекретарем и лауреатом Нобелевской премии мира, принял двухэтапную стратегию достижения победы в войне на Тихом океане: сначала задушить Японию блокадой с воздуха и моря, подвергнуть ее «интенсивной бомбардировке с воздуха»[13]; затем, когда вооруженные силы Японии ослабнут, а боевой дух солдат будет подорван, перейти к непосредственному вторжению.

В июне 1944 года, когда силы союзников стали продвигаться и на Европейском, и на Тихоокеанском театрах военных действий, Черчилль и Рузвельт наконец открыли давно ожидаемый второй фронт, приказав десантировать 100 тысяч солдат на берег Нормандии. Немецкие войска, отступающие под натиском советской армии, теперь вынуждены были вести войну на два фронта по-настоящему.

9 июля американские войска заняли остров Сайпан. Потери были огромны. В целом погибло или совершило самоубийство 30 тысяч японских солдат и 22 тысячи гражданских лиц. Американцы в результате длившихся почти месяц боев потеряли около 3 тысяч убитыми и более

10 тысяч ранеными — самые высокие на тот момент потери США на Тихом океане. Для большинства японских руководителей катастрофическое поражение стало окончательным доказательством того, что победы в войне им достичь не удастся. 18 июля премьер-министр Хидэки Тодзио и его кабинет ушли в отставку.

На следующий день, когда только стало известно об отставке Тодзио, в Чикаго открылся съезд Демократической партии США. Франклин Д. Рузвельт без труда добился своего выдвижения на беспрецедентный четвертый срок. Настоящая предвыборная гонка произошла только в борьбе за пост вице-президента. Генри Уоллес разгневал партийных консерваторов, когда призвал к мировой «народной революции», ради которой должны сотрудничать США и СССР[14], и стал отстаивать права профсоюзов, женщин, негров и жертв европейского колониализма. Среди его врагов оказались банкиры Уолл-стрит и другие антипрофсоюзные деловые круги, южане-расисты и защитники британского и французского колониализма.

Уильям Стивенсон, резидент английской разведки в Нью-Йорке, даже приказал Роальду Далю — служившему тогда в Вашингтоне лейтенанту Королевских ВВС и будущему писателю — шпионить за Уоллесом. В 1944 году Даль раздобыл черновик еще неопубликованной брошюры Уоллеса «Что мы делаем на Тихом океане». Когда он прочитал ее, то, по его словам, «у меня волосы на голове встали дыбом». Уоллес призывал к «освобождению... жителей колоний» в Британской Индии, Малайе и Бирме, во Французском Индокитае, Голландской Ост-Индии и на многих маленьких тихоокеанских островах. Даль тайком вынес рукопись из дома друга Уоллеса и поспешил с ней в посольство — снять копию и ознакомить с книгой разведку и Черчилля. «Потом мне сказали, — вспоминал Даль, — что Черчилль не мог поверить тому, что читает». Уоллес записал в своем дневнике: «Вся наша секретная служба дрожала от негодования, как и Министерство иностранных дел». Руководители Англии потребовали от Рузвельта осудить своего вице-президента и расстаться с ним. Стивенсон заметил: «Я увидел в Уоллесе угрозу и принял меры к тому, чтобы Белый дом знал, с какой озабоченностью британское правительство смотрит на возможность появления фамилии Уоллеса в избирательных списках на выборах 1944 года». Даль, чьей основной задачей в Вашингтоне было наблюдение за действиями Уоллеса — они регулярно гуляли вместе и играли в теннис, — заметил, что его «друг» — «прекрасный человек, но слишком невинен и идеалистичен для этого мира»[15].

Именно по той причине, что большая часть мира не соглашалась с оценкой Даля, Уоллес и представлял собой такую угрозу. В марте 1943 года

Глава 4. Бомба

Уоллес отправился в 40-дневную поездку доброй воли по семи странам Латинской Америки. Выступая на испанском языке, он взволновал своих слушателей. Сначала он поехал в Коста-Рику, где его приветствовали 65 тысяч человек, или 15 % всего населения. «Костариканцы устроили мистеру Уоллесу такой горячий прием, равного которому страна не знала за всю свою историю», — писала *New York Times*. Но это было только начало. В Чили его самолет встречали уже 300 тысяч человек. А когда он шел по улицам Сантьяго под руку с президентом Хуаном Антонио Риосом, в ликующей толпе насчитывалось уже больше миллиона человек. На стадионе собралось 100 тысяч человек, на 20 тысяч больше официальной вместимости, и все ради того, чтобы послушать выступление Уоллеса. Посол США в Чили Клод Бауэрс сообщил в Вашингтон: «Еще ни разу за всю чилийскую историю здесь не принимали иностранца с такой помпой и, очевидно, с искренней радостью... Простота его манер, его общение с людьми из всех слоев населения, незапланированные визиты в рабочие кварталы... знакомство с муниципальным жильем так поразили народные массы, что те чуть не сходят с ума от восторга».

В Эквадоре он выступил в Университете Гуаякиля с очень трогательной речью, посвященной послевоенному будущему страны. «Если освобождение людей, ради которого и ведется сегодня борьба, проливают кровь молодые люди, льют реки пота рабочие, окончится завтра империализмом и притеснениями, эта ужасная война окажется напрасной, — объявил он. — Если эта победа, оплаченная кровью и потом людей, снова приведет к концентрации богатства в руках горстки богачей — если богачи разжиреют, а остальные будут влачить жалкое существование, — то демократия потерпит крах, и все жертвы окажутся напрасными». В Лиме его приветствовали 200 тысяч человек. Поездка оказалась не только его личным триумфом, а и чудом дипломатического искусства. Когда тур подошел к концу, 20 стран Латинской Америки разорвали дипломатические отношения с Германией, а больше десяти объявили ей войну[16].

Уоллес пользовался такой же популярностью и на родине. Пока он отсутствовал, Институт Гэллапа провел опрос среди избирателей Демократической партии, как они относятся к каждому из четырех ведущих претендентов на выдвижение от партии, если Рузвельт откажется баллотироваться. 57 % голосов, полученных Уоллесом, вдвое превысили количество голосов, отданных за его ближайшего конкурента[17].

Подобное свидетельство популярности Уоллеса у избирателей заставило его врагов поспешить со следующим шагом. Зная, что из-за слабого здоровья Рузвельт просто не переживет свой четвертый срок, партийные

У Гарри Трумэна (здесь он изображен в возрасте 13 лет) было очень тяжелое детство, печально отразившееся на его душевном состоянии. Он отчаянно пытался добиться одобрения своего хамоватого отца. К тому же ему приходилось носить очки со стеклами толщиной с бутылку «Кока-колы», из-за чего он не мог играть в спортивные игры или хулиганить с другими мальчишками, которые дразнили и запугивали его. «Сказать по правде, я был просто девчонкой», — вспоминал Трумэн.

боссы решили вычеркнуть Уоллеса из списка претендентов и заменить кем-нибудь более лояльным к консервативным фракциям партии. В 1944 году они организовали то, что посвященным было известно как «заговор Поули», названный в честь казначея Демократической партии и нефтяного магната Эдвина Поули[18]. Поули когда-то язвительно заметил, что пошел в политику, как только понял: куда дешевле выбрать новый конгресс, чем купить старый. Среди заговорщиков были Эдвард Флинн из Бронкса, мэр Чикаго Эдвард Келли, мэр Джерси-Сити Фрэнк Хейг, министр почт и бывший председатель партии Фрэнк Уокер, секретарь партии Джордж Аллен и тогдашний председатель национального комитета Демократической партии Роберт Ханнеган.

Просмотрев список потенциальных кандидатов, партийные боссы решили заменить Уоллеса ничем не примечательным сенатором от штата Миссури Гарри Трумэном. На Трумэне остановились не потому, что он обладал какими-то необходимыми качествами, а потому, что он проявил себя достаточно безвредным сенатором, нажил мало врагов, и можно было положиться на то, что он не станет возмутителем спокойствия. Они мало думали (если вообще думали) о том, какие именно нужны качества, чтобы вести вперед США и весь мир в предстоящие тревожные времена, когда придется принимать решения, влияющие на весь ход истории. Таким образом, восхождение Трумэна на пост президента, как и значительная часть его карьеры в целом, стало результатом закулисных сделок продажных партийных боссов.

Хотя Гарри Трумэн ушел с поста с таким низким уровнем поддержки среди населения, что до сих пор его можно сравнить разве что с результатами Джорджа Буша, сейчас его сплошь и рядом считают чуть ли не великим президентом, и обычно о нем одобрительно отзываются как республиканцы, так и демократы. Бывший советник президента по вопросам национальной безопасности и госсекретарь Кондолиза Райс, которая, по словам Джорджа Буша, сообщила ему «все, что мне теперь известно об СССР», в опросе журнала *Time* назвала Трумэна человеком столетия[19]. Некоторые историки угодили в ту же ловушку, и больше всех Дэвид Маккаллоу, чья идеализированная биография Трумэна обеспечила автору Пулитцеровскую премию.

Но настоящий Гарри Трумэн куда интереснее выдуманного Маккаллоу. У Гарри Трумэна было очень тяжелое детство, печально отразившееся на его душевном состоянии. Он рос на семейной ферме в Миссури и отчаянно пытался завоевать расположение отца, Джона Трумэна по прозвищу Коротышка. Старший Трумэн, хоть его рост и не превышал 5 футов 4 дюймов*, любил драться с намного более высокими мужчинами, стремясь продемонстрировать свою «крутизну». Такую же «крутизну» он хотел видеть и в своих сыновьях. И младший брат Гарри, Вивиан, оправдал надежды отца. Но у Гарри обнаружили гиперметропию, или дальнозоркость, и ему приходилось носить очки со стеклами толщиной с бутылку кока-колы, из-за чего он не мог играть в спортивные игры или хулиганить с другими мальчишками. «Я боялся, что мне выбьют глаза, если игра окажется слишком грубой или если я упаду, — признавался он. — Сказать по правде, я был просто "девчонкой"»[20]. Мальчишки запугивали его и дразнили «очкариком» и «девчонкой», оскорбляли всю дорогу из школы. Что еще хуже, когда он прибегал домой, дрожа и задыхаясь, мать «успокаивала» его, прося не волноваться, потому что он все равно должен был родиться девочкой. В письме 1912 года он рассказывает об одном случае: «Это так по-женски, не правда ли? Мама говорит, что я все равно должен был родиться девочкой. Меня бесит, когда мне так говорят, но, полагаю, отчасти это правда». Позже он вспоминал, что для мальчика считаться «девчонкой» было «тяжело. С ним никто не хочет дружить, у него появляется комплекс неполноценности, и ему приходится приложить немало усилий, чтобы от комплекса избавиться»[21]. Неудивительно, что проблемы половой принадлежности мучили его в течение многих лет. Он часто упоминал свои женственные черты и манеры. Позже он докажет, что не только не является «девчонкой», но и в силах выступить против Сталина и показать тому, кто в мире хозяин.

---

* Приблизительно 162 см.

Финансовые трудности также не давали ему покоя. Хотя он был хорошим учеником и всерьез интересовался историей, финансовые трудности семьи лишили его возможности поступить в колледж. После окончания средней школы он немного пошатался без дела, после чего вернулся в качестве работника на ферму отца. Он еще участвовал в трех неудавшихся предприятиях и не знал настоящего успеха вплоть до Первой мировой войны, когда смело и честно служил во Франции.

В результате последнего делового предприятия — галантерейного магазина, прогоревшего в 1922 году, — 38-летний Трумэн остался с женой, которую нужно было содержать, и туманными перспективами. Именно тогда, когда Трумэн достиг нижней точки своего жизненного пути, партийный босс Том Пендергаст предложил ему баллотироваться на пост судьи в округе Джексон. Во время избирательной кампании Трумэн, всегда отличавшийся нетерпимостью и антисемитизмом, отправил чек на 10 долларов Ку-клукс-клану, но ему отказали в членстве, поскольку он не смог дать обещание не нанимать больше на работу католиков[22].

Трумэн оставался лояльным членом печально известной политической группировки Пендергаста в течение 1920-х и в начале 1930-х годов, но его не оставляло чувство, что он ничего не может добиться в жизни. В 1933 году, накануне 49-го дня рождения, он задумчиво отметил: «Завтра мне исполнится 49 лет; но, если посчитать всю пользу, которую я принес за эти годы, о сорока из них вполне можно забыть»[23]. На следующий год, как раз в то самое время, когда Трумэн устал от политиканства и подумывал вернуться на ферму, босс Пендергаст наметил его кандидатом в сенаторы — четыре предыдущих кандидата отклонили предложение — и добился его избрания. Когда его спросили, почему он выбрал такого неподходящего человека, как Трумэн, Пендергаст ответил: «Я хотел продемонстрировать, что хорошо смазанная машина может отправить в сенат даже конторского служащего»[24]. Получая от своих новых коллег-сенаторов одни насмешки (его прозвали «сенатором от Пендергаста»), так и не сумев войти в их круг, Трумэн упорно трудился, стараясь заслужить в Вашингтоне репутацию, — эту высоту он наконец взял, когда был переизбран в сенат на второй срок.

Еще немного, и он бы не прошел на второй срок. Не сумев заручиться поддержкой Рузвельта, Трумэн с большим трудом добился переизбрания в сенат в 1940 году, хотя его шансы висели на волоске. Все же ему удалось добиться успеха благодаря «машине» демократов Ханнегана и Дикмана из Сент-Луиса, пока его старый партийный босс Том Пендергаст томился

Глава 4. Бомба

Не сумев заручиться поддержкой Рузвельта на выборах 1940 года, Трумэн с большим трудом прошел в сенат во второй раз, теперь уже — с помощью демократической «машины» Ханнегана—Дикмана из Сент-Луиса, пока его старый партийный босс Том Пендергаст томился в тюрьме. Теперь Трумэн оказался в долгу перед двумя коррумпированными городскими боссами.

в федеральной тюрьме. Теперь Трумэн оказался в долгу перед двумя коррумпированными городскими боссами. Рузвельт тем временем сделал свою политическую ставку на благородного Уоллеса как напарника в предвыборной кампании, утешаясь тем, что прогрессивные идеалы Уоллеса помогут провести страну по неспокойным водам политики.

Американский народ оказался куда более прозорлив, чем партийные боссы. Когда 20 июля 1944 года, во время национального съезда Демократической партии в Чикаго, Институт Гэллапа спросил у избирателей, склонных голосовать за демократов, кого они хотели бы видеть в списках кандидатов на должность вице-президента, 65 % назвали Генри Уоллеса. Джимми Бирнс из Южной Каролины, который позже окажет такое сильное влияние на стиль мышления Трумэна времен холодной войны и на решение о применении атомной бомбы, получил 3 % голосов, а Уоллес превзошел его на юге с соотношением 6:1. Трумэн оказался на восьмом месте из восьми кандидатов, получив поддержку 2 % участвовавших в опросе. Но Рузвельт — усталый, больной, чье переизбрание сильно зависело от партийных боссов, — не хотел или не мог отстоять Уоллеса, как отстоял его в 1940-м. Он просто объявил, что на месте делегатов проголосовал бы за Уоллеса.

Партийное руководство позаботилось о том, чтобы держать съезд мертвой хваткой. Тем не менее рядовые демократы не пожелали спустить им все с рук и организовали на съезде настоящее восстание. Волна поддержки Уоллеса среди делегатов и участников оказалась настолько высокой, что, несмотря на удушающую хватку боссов на горле съезда и тактику «сильной руки», сторонники Уоллеса чуть-чуть не одержали верх, и съезд разразился овацией в честь Уоллеса. Овация еще не успела стихнуть, а сенатор от Флориды Клод Пеппер уже понял: если сейчас ему удастся вставить фамилию Уоллеса в список кандидатов, Уоллес пройдет с огромным перевесом. Пеппер стал прокладывать себе путь через толпу и оказался уже в полутора метрах от микрофона, когда едва сдерживающий истерику мэр Келли завопил, что сработал сигнал пожарной опасности, и заставил председательствующего, сенатора Сэмюела Джексона, объявить перерыв в заседании. Если бы Пеппер продвинулся всего на полтора метра дальше, добрался до микрофона и выдвинул Уоллеса на пост президента прежде, чем партийные боссы организовали перерыв, несмотря на протесты делегатов, в 1945 году президентом стал бы Уоллес, и история мира изменилась бы кардинальным образом. Вообще если бы это случилось, то, возможно, никаких атомных бомбардировок, никакой гонки ядерных вооружений и никакой холодной войны не было бы вовсе. Уоллес сильно вырвался вперед уже в первом туре выборов. Но партийные боссы еще сильнее ограничили допуск на съезд и активизировали закулисные переговоры. Наконец в третьем туре голосования Трумэн победил. Тут же стали раздавать должности послов, места в Министерстве почт и другие. Выплатили вознаграждения наличными. Боссы обзвонили всех председателей партийных комитетов штатов, сообщили им, что дело в шляпе и что Рузвельт хочет предложить на пост вице-президента сенатора от Миссури. Рузвельту удалось убедить Уоллеса войти в кабинет в качестве министра торговли.

На следующий день Джексон принес Пепперу свои извинения. «Я понимал: если вы внесете предложение, — объяснил он, — то съезд выберет Генри Уоллеса. А я получил строгие инструкции от Ханнегана: не допустить, чтобы съезд назначил вице-президента вчера вечером. Потому мне и пришлось переносить заседание прямо у вас перед носом. Я надеюсь, вы меня понимаете». В автобиографии Пеппер написал: «Что я понял, так это то, что к лучшему или худшему, но история в тот чикагский вечер перевернулась с ног на голову»[25].

Тем временем работа над атомной бомбой шла полным ходом. Ученые, все еще опасаясь, что отстанут от немцев, лихорадочно трудились над двумя типами атомных бомб: урановой и плутониевой. Только в конце 1944 года союзники выяснили, что Германия отказалась от ядерных исследований еще в 1942-м. И хотя первоначальное объяснение необходимости создания бомбы — как сдерживающего средства по отношению к немецкой бомбе — перестало быть актуальным, только один ученый — приехавший в США из Польши Джозеф Ротблат — сразу ушел из проекта

Глава 4. Бомба

«Манхэттен». Остальные, зачарованные самим процессом исследований и веря, что могут приблизить конец войны, принялись работать еще усерднее, чтобы закончить начатое.

Если устранение Уоллеса из предвыборного списка представляло собой первый серьезный удар по надеждам на мирную послевоенную жизнь, то вскоре последовал и второй удар, сокрушительный. 12 апреля 1945 года, когда капитуляция Германии уже была неизбежна, любимый всеми американцами военный лидер — президент Франклин Делано Рузвельт — скончался, проведя на своем посту более 12 лет. Он был единственным президентом за всю историю США, занимавшим этот пост так долго; именно он руководил страной в ее самые трудные времена — во время Великой депрессии и Второй мировой войны. Вся страна облачилась в траур и задалась вопросом о преемнике Рузвельта.

В течение следующих четырех месяцев события разворачивались в головокружительном темпе, вынудив нового президента принять несколько самых важных решений за всю историю США. После чрезвычайного заседания кабинета министров 12 апреля военный министр Генри Стимсон наконец посвятил Трумэна в тайну разработки атомной бомбы. Более полную информацию Трумэн получил на следующий день от Бирнса, своего старого наставника в сенате, которого министр ВМС Джеймс Форрестол привез из Южной Каролины на личном самолете. Бывший судья Верховного суда Бирнс ожидал, что в 1944 году его выдвинут на пост вице-президента, но партийное руководство решило, что его расистские взгляды — слишком серьезный недостаток. На той встрече Бирнс сказал Трумэну, что США разрабатывают взрывчатое вещество, «достаточно мощное, чтобы уничтожить весь мир»[26].

Подробнее об атомной бомбе Трумэну доложили 25 апреля Стимсон и Гровс. Они объяснили, что планируют в течение четырех месяцев «завершить разработку самого смертоносного оружия в истории человечества: одна бомба сможет уничтожить целый город». Скоро и другие страны разработают собственные бомбы. «Мир в его нынешнем моральном состоянии и с такой техникой рано или поздно окажется во власти этого оружия. Иными словами, существует вероятность полного уничтожения современной цивилизации»[27]. Они предупредили, что судьба человечества будет зависеть от того, каким именно образом станут применяться такие бомбы и станут ли они применяться вообще, а также от того, что впоследствии будет предпринято, чтобы контролировать подобное оружие. В своих заметках о совещании, которые были изданы дочерью Трумэна уже после смерти отца, президент писал: «Стимсон мрачно при-

Оливер Стоун и Питер Кузник

Только один ученый — приехавший в США из Польши Джозеф Ротблат — сразу ушел из проекта «Манхэттен», как только в конце 1944 года стало известно, что Германия прекратила исследования в области создания атомной бомбы еще в 1942-м. И хотя первоначальное объяснение необходимости создания бомбы — как сдерживающего средства по отношению к немецкой бомбе — перестало быть актуальным, другие ученые, зачарованные самим процессом исследований и веря, что они могут приблизить конец войны, принялись работать еще усерднее, чтобы закончить начатое.

знался, что не знает, можем ли мы и имеем ли право применять бомбу, поскольку боялся, что ее мощности хватит на уничтожение всего мира. Я испытывал такой же страх»[28].

Зажатая между наступающими советскими войсками, вошедшими в Берлин с востока, и силами союзников, движущимися с запада, Германия 7 мая капитулировала*. Это означало, что СССР, как было договорено на Ялтинской конференции, вступит в войну на Тихом океане приблизительно 7 августа, почти за три месяца до установленной даты начала вторжения в Японию — 1 ноября.

Японские солдаты сражались отчаянно и храбро. В плен почти никто не сдавался. Они верили, что смерть на поле боя принесет самую высокую честь: вечный покой в святилище Ясукуни. В битве за атолл Тарава из 2500 оборонявшихся японцев живыми были взяты только восемь человек. Всего лишь за пять недель битвы за Иводзиму погиб 6281 американский моряк и морской пехотинец, почти 19 тысяч были ранены. В битве за Окинаву, самом крупном сражении на Тихом океане, 13 тысяч

---

* 7 мая 1945 года в Реймсе Германия капитулировала перед западными союзниками. По настоянию СССР поздним вечером 8 мая в Потсдаме состоялось официальное подписание Акта о полной и безоговорочной капитуляции Германии перед всеми четырьмя основными державами антигитлеровской коалиции. К моменту подписания наступило 9 мая по московскому времени. СССР объявил войну Японии 9 августа 1945 года.

Глава 4. Бомба

американцев были убиты или пропали без вести, еще 36 тысяч — ранены. С японской стороны жертвы составили 70 тысяч солдат и более 100 тысяч мирных жителей, многие из которых покончили с собой[29]. Американцы были потрясены, когда летчики-камикадзе, волна за волной, направляли свои самолеты на американские корабли в последней отчаянной попытке потопить или хотя бы повредить их.

В 1945 году положение Японии ухудшилось еще больше, и некоторые руководители страны начали громко призывать народ к «100 миллионам смертей с честью», предпочитая капитуляции гибель всего народа. Но высшие руководители США, включая Маршалла и Стимсона, отмахнулись от этих напыщенных призывов, поскольку не сомневались: если Японию победить, она сдастся. В «Программе для Японии», которую Стимсон представил Трумэну в начале июля, утверждалось, что, несмотря на способность Японии к «фанатичному сопротивлению силам вторжения», с его точки зрения, «в условиях подобного кризиса Япония будет склонна в гораздо большей степени прислушаться к голосу разума, чем утверждается в нашей нынешней прессе и других комментариях. Далеко не все японцы безумные фанатики, чей менталитет в корне отличается от нашего»[30].

Споры насчет того, какой кровью обошлось бы вторжение, не утихают вот уже много десятилетий. Специалисты отдела планирования КНШ подготовили доклад для запланированного на 18 июня совещания членов КНШ с президентом, где высказали предположение, что в случае вторжения в Японию США потеряют 193 500 убитыми и ранеными. Некоторые оценки возможных жертв были выше, другие ниже. Трумэн сначала говорил, что погибли бы тысячи, но постепенно повышал число жертв. Позднее он утверждал, что, по словам Маршалла, во время вторжения погибло бы полмиллиона человек. Однако оснований для таких утверждений так и не нашли. По собственным оценкам Маршалла, число вероятных жертв было намного ниже, как и по оценкам генерала Макартура, отвечавшего за планирование вторжения.

Но война тянулась один кровавый месяц за другим, и перспективы вторжения становились туманными. К концу 1944 года японский флот был почти уничтожен: он потерял семь из 12 линкоров, 19 из 25 авианосцев, 103 подлодки из 160, 31 из 47 крейсеров и 118 из 158 эсминцев. Авиация также понесла большие потери. Поскольку от системы железных дорог практически ничего не осталось, продовольственные пайки сократились, а боевой дух народа резко упал, так что некоторые японские политики опасались народного восстания. Принц Фумимаро Коноэ, трижды занимавший в 1937–1941 годах пост премьер-министра, направил императору Хирохито в феврале 1945-го докладную записку: «Вынужден с глубоким сожалением сказать, что поражение Японии неизбежно». Он предупредил: «Чего нам нужно опасаться на самом деле — это коммунистической революции, которая может вспыхнуть после поражения»[31]. По крайней мере с августа предыдущего года, после американской победы на Сайпане, Япония тайно стала рассматривать возможности закончить войну. Отчаяние Японии росло день ото дня, и это стало очевидным газетному магнату Генри Люсу, который весной 1945 года побывал на Тихом океане, чтобы своими глазами увидеть сложившуюся там ситуацию. Он писал: «За несколько месяцев до Хиросимы я был на корабле флота адмирала Халси, когда тот нанес удар по японскому побережью. Мне — как и многим старшим офицерам, с которыми я беседовал, — показались очевидными две вещи: во-первых, Япония разбита; во-вторых, японцы понимают это и с каждым днем все больше готовы к сдаче»[32]. Даже Ричард Фрэнк, чья книга «Крушение» содержит самое солидное обоснование атомных бомбардировок, заметил: «Логично предположить, что и без атомных бомбардировок разрушение системы железнодорожных перевозок вкупе с общим влиянием стратегии "блокады и обстрелов" создало бы серьезную угрозу беспорядков в стране, а следовательно, непременно вынудило бы императора искать возможность окончания войны»[33].

Но почему, если Япония не была нацией фанатиков-самоубийц, а ее шансы на победу в войне исчезли, ее вожди не капитулировали и не облегчили страдания солдат и мирных жителей? Ответ на этот вопрос лежит во многом в тех условиях капитуляции, на которых настаивали США, хотя и вину с императора и его советников полностью снимать не следует.

В январе 1943 года в Касабланке президент Рузвельт призвал к «безоговорочной капитуляции» Германии, Италии и Японии[34]. Позднее он стал утверждать, что это заявление было спонтанным и застало врасплох даже Черчилля. В письме своему биографу Роберту Шервуду Черчилль поддержал эту версию: «Я впервые услышал слова "безоговорочная капитуляция" от Президента на [пресс-]конференции»[35]. Хотя слово «безоговорочная» не вошло в официальное коммюнике о пресс-конференции, очевидно, что Рузвельт и Черчилль его заранее обсудили и согласовали. Последствия выдвижения такого требования окажутся колоссальными.

Японцы решили, что «безоговорочная капитуляция» означает уничтожение «кокутай» (монархии во главе с императором) и вероятность того, что императора будут судить как военного преступника, а затем казнят. Для большинства японцев о таком исходе невозможно было даже помыслить. Они поклонялись императору почти как богу со времен императора Дзимму, легендарного основателя японского государства в 660 году до н. э. В исследовании, проведенном командованием американских войск в юго-западной части Тихого океана (командующий — генерал Макартур), утверждалось: «Смещение или казнь императора вызовет бурную реакцию всех японцев. Казнь императора для них сравнима с распятием Христа для нас. Все будут сражаться до последнего»[36]. Осознав это, многие стали убеждать Трумэна смягчить условия сдачи. Исполняющий обязанности госсекретаря Джозеф Грю, ранее занимавший должность посла США в Японии, знал японцев лучше любого высокопоставленного члена правительства и в апреле 1945-го написал следующее: «Капитуляция Японии очень маловероятна даже в случае военного поражения, если президент не заявит публично, что безоговорочная капитуляция не означает устранения существующей династии, если сами японцы пожелают сохранить ее»[37]. Грю вместе со Стимсоном, Форрестолом и помощником военного министра Джоном Макклоем попытался убедить Трумэна изменить условия капитуляции. Американские военачальники также прекрасно понимали мудрость предоставления японцам гарантий в отношении императора. Адмирал Лихи на июньском заседании Комитета начальников штабов признался, что опасается, как бы «наша настойчивость в отношении безоговорочной капитуляции не привела японцев в отчаяние, в результате чего наши потери возрастут»[38].

Американские политики поняли, насколько важен для японцев вопрос условий капитуляции, поскольку США взломали коды японцев еще до своего вступления в войну и теперь перехватывали радиосообщения противника, в которых нередко шла речь о возможной капитуляции. В мае в Токио собрался Высший военный совет Японии. В этот совет, также известный как «Большая шестерка», входили: премьер-министр Кантаро Судзуки, министр иностранных дел Сигэнори Того, министр сухопутных войск Корэтика Анами, его начальник штаба Есидзиро Умэдзу, министр ВМС Мицумаса Енаи и начальник штаба ВМС Соэму Тоеда. Они решили просить СССР о посредничестве с целью изменения условий капитуляции перед США, а взамен предложить СССР территориальные уступки. Уже в результате первых обращений Японии советские руководители поняли, что японцы ищут возможности закончить войну. Эти новости не обрадовали руководителей СССР, которые хотели получить согласованные с союзниками территории в обмен на участие советских войск в войне с Японией, а до этого еще оставалось месяца два. 18 июня император сообщил Высшему военному совету, что одобряет быстрое восстановление мира. Совет согласился на это, как и на то, чтобы выяснить готовность СССР выступить в качестве посредника в процессе капитуляции на условиях сохранения жизни императору и неприкосновенности монархии.

В июле благодаря обмену телеграммами между министром иностранных дел Того в Токио и послом Наотакэ Сато в Москве никаких недомолвок не осталось. 12 июля Того телеграфировал Сато: «Таково веление сердца Его Величества — увидеть быстрое завершение войны... [Однако] пока Америка и Англия настаивают на безоговорочной капитуляции, у нашей страны нет иного выбора, кроме как вести войну до конца, в едином порыве, ради выживания и чести родины»[39]. На следующий день Того телеграфировал: «Его Величество, памятуя, что нынешняя война ежедневно приносит все больше зла и требует все больших жертв от народов всех воюющих держав, всей душой желает, чтобы она как можно быстрее закончилась»[40].

Несмотря на растущие доказательства того, что изменение условий капитуляции может приблизить окончание войны, Трумэн по-прежнему прислушивался к Бирнсу, который настаивал на том, что американская общественность не потерпит компромиссов в условиях капитуляции, и предупредил президента, что тот кончится как политик, если только попробует сделать по-своему[41].

Сбрасывать две атомные бомбы на уже побежденный народ лишь ради того, чтобы избежать политических осложнений в своей стране, совершенно безнравственно в любом случае, однако представляется маловероятным, что сохранение императорского трона действительно грозило Трумэну серьезными осложнениями. В действительности лидеры Республиканской партии дали Трумэну все карты в руки. 2 июля 1945 года лидер меньшинства в сенате Уоллес Уайт, республиканец от штата Мэн, обратился к своим коллегам, требуя, чтобы президент разъяснил, что подразумевается под «безоговорочной капитуляцией». Тем самым республиканцы рассчитывали ускорить капитуляцию Японии. Если Япония проигнорирует или отклонит предложение президента капитулировать на более благоприятных условиях, рассуждал Уайт, «это не увеличит наши потери и не нанесет никакого иного ущерба нашему делу. Официальное заявление позволит нам многое выиграть без риска потерять хоть что-то». Сенатор Гомер Кейпхарт от штата Индиана, тоже республиканец, вечером того же дня провел пресс-конференцию в поддержку запроса Уайта. Кейпхарт сообщил прессе, что Белый дом получил от Японии согласие сдаться при одном-единственном условии: император Хирохито не должен быть лишен трона. «Дело не в том, ненавидите вы япошек или нет. Я-то их точно ненавижу. Но что мы выиграем, если продолжим войну, когда ее можно закончить сейчас, и на тех же условиях, что и через два года?»[42] В июне газета Washington Post в одной из передовиц осудила «безоговорочную капитуляцию» как «роковое выражение», которое породило у японцев страхи, ставшие серьезным препятствием для окончания военных действий[43].

Изменение условий капитуляции было не единственным способом ускорить ее, не прибегая к атомной бомбардировке. Чего японцы боялись больше всего остального, так это вступления в войну Советского Союза. В начале апреля 1945 года СССР известил Японию, что не намерен продлевать Договор о нейтралитете 1941 года, вселив тем в японцев страх, что Советы объявят войну. Все стороны понимали, что это значит. Еще 11 апреля Объединенное управление разведки при КНШ * предсказало: «Если в какой-то момент СССР вступит в войну, все японцы поймут, что абсолютное поражение неизбежно»[44]. В мае к аналогичному выводу пришел и Высший военный совет Японии: «В настоящий момент, когда Япония ведет против США и Великобритании войну не на жизнь, а на смерть, вступление в войну СССР нанесет Империи смертельный удар»[45]. 6 июля Объединенный англо-американский комитет по разведке представил Объединенному комитету начальников штабов западных союзников, который должен был провести заседание накануне Потсдамской конференции, совершенно секретный доклад «Оценка положения противника». Раздел «Возможность капитуляции» описывал впечатление, которое произведет на японцев вступление в войну советской армии:

> «Японские правящие круги сознают свою отчаянную военную ситуацию и все более жаждут компромиссного мирного решения, но по-прежнему находят безоговорочную капитуляцию недопустимой. Основная политика нынешнего правительства — сражаться как можно дольше и как можно отчаяннее в надежде на уход от полного поражения и приобретение как можно лучшей позиции на переговорах о мире... Мы полагаем, что значительная часть населения Японии считает абсолютное военное поражение вполне вероятным. Растущее воздействие морской блокады и разрушений,

---

* Объединенное управление разведки при КНШ — предтеча разведуправления Министерства обороны (РУМО). РУМО будет создано президентом Дж. Кеннеди как противовес всесилию ЦРУ.

вызванных стратегическими бомбардировками и оставивших миллионы японцев без крыши над головой — разрушено от 25 до 50% застроенных районов в главных городах Японии, — должно сделать осознание данного факта поистине всеобщим. Вступление в войну СССР окончательно убедило бы японцев в неизбежности полного поражения. Хотя отдельные японцы охотно жертвуют собой на благо страны, мы сомневаемся, что весь народ предрасположен к национальному самоубийству... Японцы, однако, считают, что безоговорочная капитуляция равнозначна исчезновению их как нации»[46].

Японская стратегия «кецуго» [«последней надежды»] предусматривала подготовку к вторжению союзников: японцы надеялись нанести противнику такие серьезные потери, что измученные войной союзники предложат более великодушные условия капитуляции. Японские вожди догадались, что именно остров Кюсю рассматривается как место высадки десанта, и призвали в армию всех, кого только можно. Мирные жители, вооруженные заостренными бамбуковыми кольями, получили приказ сражаться до самой смерти рядом с солдатами.

Разумеется, американские руководители понимали, что вопрос о сохранении императорского трона — главное препятствие для капитуляции японцев и что внушающее страх вступление СССР в войну приближается. Для чего же в таких обстоятельствах США применили две атомные бомбы против почти беззащитного населения? Чтобы понять смысл этого поступка, нужно понять моральный климат, в котором принималось то решение.

Американцы испытывали глубокую ненависть к японцам. Лауреат Пулитцеровской премии историк Аллан Невинс писал после войны: «Возможно, за всю нашу историю ни к одному противнику мы не испытывали такой ненависти, как к японцам»[47]. Достаточно упомянуть, что американская военная пропаганда старательно проводила границу между злобными нацистскими вождями и «хорошими немцами», но в отношении японцев таких различий никто не делал. Как сообщал в январе 1945 года журнал *Newsweek*: «Еще никогда наша страна не участвовала в войне, в которой наши войска так ненавидели врага и так хотели его убить»[48].

Историк Джон Дауэр показал, что американцы воспринимали японцев как паразитов, тараканов, гремучих змей или крыс. Повсюду присутствовали изображения японцев в виде обезьян. Адмирал Уильям Халси по прозвищу Бык, командующий войсками США в южной части Тихого океана, печально прославился тем, что побуждал своих людей убивать «желтых обезьян» и «достать еще обезьяньего мяса». Многие сомневались,

Глава 4. Бомба

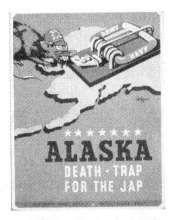

Американцы испытывали глубокую ненависть к японцам. Как сообщал в январе 1945 года журнал Newsweek: «Еще никогда наша страна не участвовала в войне, в которой наши войска так ненавидели врага и так хотели его убить». Достаточно упомянуть, что американская военная пропаганда старательно проводила границу между злобными нацистскими вождями и «хорошими немцами», но в отношении японцев таких различий никто не делал. Их изображали паразитами, тараканами, гремучими змеями и крысами. Повсюду присутствовали изображения японцев в виде обезьян.

что японцы вообще принадлежат к роду человеческому. Журнал Time писал: «Обычный нерассуждающий японец невежествен. Возможно, он человек. Но... ничто на это не указывает». Посольство Великобритании в Вашингтоне сообщало в Лондон, что американцы считают японцев «отвратительной массой паразитов», а посол указал на «распространенное среди американцев отношение к японцам, как к чему-то, что следует истреблять». Когда популярного военного корреспондента Эрни Пайла в феврале 1945 года перевели из Европы на Тихий океан, он заметил: «В Европе мы чувствовали, что наши враги, пусть и отвратительные, и смертельно опасные, все равно остаются людьми. Но здесь я скоро понял, что японцев воспринимают как нечто уродливое и не наделенное разумом; такие чувства кое-кто испытывает к тараканам или мышам»[49].

В определенной степени возникновение такого чувства вызвано расизмом. Но подобная ненависть к японцам выросла и под воздействием иных могучих факторов. Еще до того как США вступили в войну, американцы услышали о японских бомбардировках, изнасилованиях и других зверствах по отношению к китайцам, особенно в Нанкине. Злоба американцев на Японию перешла все границы после «коварного нападения» на Перл-Харбор. Затем, в начале 1944 года, правительство опубликовало информацию о садистском обращении с американскими и филиппинскими пленными во время Батаанского марша смерти двумя годами ранее. Скоро СМИ наводнили рассказы о бесчеловечной жестокости японцев: своих жертв они пытали, распинали их, кастрировали, разрубали на куски, сжигали или заживо закапывали в землю, проводили ампутации без наркоза, прибивали пленных гвоздями к деревьям и использовали как манекены для обучения своих солдат штыковому бою. В результате гнев, который и раньше возбуждали у американцев японцы, перерос в бешеную ненависть — как раз тогда, когда бои на Тихом океане разгорались все жарче[50].

Но нетерпимость президента Трумэна по отношению к азиатам родилась куда раньше, чем появились сообщения о зверствах японцев. Еще в юности, ухаживая за своей будущей женой, он писал: «Я считаю, что ни один человек не лучше другого, если он честен и порядочен, не черномазый и не китаец. Дядя Уилл говорит, что Бог сделал белого человека из праха, черномазого из грязи, потом подбросил то, что осталось, и из этого получился китаец. Он просто ненавидит китайцев и япошек. И я тоже их ненавижу. Думаю, это и есть расовое предубеждение»[51]. Трумэн регулярно именовал евреев «жидами», мексиканцев — «чумазыми», да и представителей остальных национальностей тоже называл исключительно уничижительными прозвищами. Его биограф Мерл Миллер заметил: «В приватной беседе мистер Трумэн всегда говорил "черномазый"; по крайней мере, он всегда говорил так в беседах со мной»[52].

Каким бы расистом ни был Трумэн, вопиющее поведение японцев во время войны заслуживает порицания. Однако не стоит забывать и то, что американцы тоже нередко поступали бесчеловечно. Эдгар Джонс,

Глава 4. Бомба

американский военный корреспондент на Тихом океане, подробно описал зверства американцев в журнале The Atlantic Monthly за февраль 1946 года: «Кстати, как вели войну мы, если штатские об этом не знают? Мы хладнокровно расстреливали пленных, стирали с лица земли госпитали, поливали огнем спасательные шлюпки, убивали немецких и японских мирных жителей или издевались над ними, добивали раненых врагов, сбрасывали умирающих в одну яму с умершими, а на Тихом океане варили головы врагов, пока с них кусками не слезало мясо, чтобы сделать безделушки для возлюбленных, или вырезали из их костей рукоятки для ножей»[53].

Когда вспыхнула война, расизм показал свое уродливое лицо и в обращении с жителями японского происхождения в самих США. Японо-американцы десятилетиями сталкивались с дискриминацией на выборах, при поиске работы, при попытке получить образование. Закон об иммиграции 1924 года отказал японцам, поселившимся в США после 1907 года, в праве на натурализацию и запретил дальнейшую иммиграцию из Японии. Еще до нападения на Перл-Харбор некоторым обитателям Западного побережья стали чудиться невероятные сценарии диверсионной деятельности японо-американцев в случае войны. Один журналист писал: «Когда настанет Тихоокеанский час "Ч", американцы японского происхождения тут же начнут действовать. Их рыбацкие лодки заминируют все входы в наши порты. Таинственные взрывы уничтожат верфи, аэродромы и часть нашего флота… Фермеры-японцы, обладая настоящей монополией на овощеводство в Калифорнии, выбросят на рынки горох, картофель и кабачки, напичканные мышьяком». После Перл-Харбора по стране поползли ужасные слухи. Одна калифорнийская парикмахерская предложила «бесплатное бритье для японцев», с уточнением: «За несчастные случаи ответственности не несем». Владелец похоронного бюро объявил: «Лучше я буду работать с япошками, чем с американцами»[54].

Движение за чистку западных штатов от «японских американцев» возглавил генеральный прокурор штата Калифорния Эрл Уоррен*. Он предупредил, что японцы на юге Калифорнии могут стать «ахиллесовой пятой всех действий по организации гражданской обороны»[55]. Уоррена решительно поддержал генерал-лейтенант Джон Л. Девитт, командующий Четвертой армией и Западной зоной обороны, который в 1921 году служил в отделе планирования Военного министерства и выступал за то, чтобы в случае войны интернировать всех «враждебных иностранцев»

---

* Уоррен Эрл — будущий председатель Верховного суда США.

на Гавайях. 9 декабря Девитт объявил, что предыдущей ночью над Сан-Франциско пролетели японские военные самолеты и город оказался под угрозой бомбардировки. Девитт сообщил на заседании совета гражданской обороны: «Смерть и разрушение могут прийти в этот город в любой момент». Контр-адмирал Джон Гринслейд объявил присутствующим, что «от ужасной катастрофы» их спасла только «милость Божия». Девитт признался: «Почему бомбы так и не были сброшены, я не знаю». Одной из причин могло быть то, что японцы вовсе не летали над городом; это также прекрасно объясняет и то, почему американские ПВО не сбили ни одного вражеского самолета, а поиски японских авианосцев, осуществляемые силами армии и флота, не принесли никаких результатов. Но Девитт разгневался на жителей Сан-Франциско, несерьезно отнесшихся к приказу о светомаскировке, заклеймил их как «глупцов, идиотов и пустоголовых» и пригрозил: «Если я не могу вбить эти факты вам в головы с помощью слов, мне придется натравить на вас полицию, чтобы вам это вдолбили дубинками»[56].

Недоверие Девитта к жителям Сан-Франциско было относительно слабым, а вот недоверие к японцам — просто патологическим. Изначально Девитт называл разговоры о крупномасштабных депортациях «дурацкими». Но давление населения росло и особенно усилилось после публикации в конце января правительственного доклада о бомбардировке Перл-Харбора, подготовленного членом Верховного суда Оуэном Робертсом. В докладе выдвигалось предположение, что нападению способствовал шпионаж. И хотя большую часть информации поставляли консульские агенты Японии, гавайцы японского происхождения также внесли свою лепту. Сообщение укрепило сомнения общественности в лояльности японо-американцев. Поднявшаяся в результате волна протестов, очевидно, превратила Девитта в страстного защитника депортации. Девитт утверждал: тот факт, что японцы — независимо от того, являлись ли они гражданами США, — ранее не организовывали диверсий, еще не доказывает, что они не готовят диверсии в будущем. Другие, включая Стимсона и Макклоя, вторили его рассуждениям и давили на Рузвельта, требуя принять меры, пока не стало слишком поздно[57].

Среди отступников доктрины «япошкам верить нельзя» был человек, от которого это меньше всего можно было ожидать, — директор ФБР Эдгар Гувер. Гувер заявил министру юстиции Френсису Биддлу, что в массовых депортациях нет необходимости. Все подозрительные личности взяты в разработку. Биддл информировал Рузвельта, что «причин для депортаций нет»[58].

Глава 4. Бомба

Несмотря на полное отсутствие каких-либо доказательств шпионско-диверсионной деятельности японоамериканцев, 19 февраля 1942 года Рузвельт подписал Чрезвычайный указ № 9066, положивший начало депортациям и арестам японцев и японоамериканцев в Калифорнии, Орегоне и Вашингтоне, две трети из которых были гражданами США по праву рождения. Хотя в указе не было явных упоминаний о расе или национальности, не возникало сомнений, против какой именно части населения он направлен.

Рузвельт не прислушался к их мнению. Несмотря на отсутствие каких-либо доказательств шпионско-диверсионной деятельности японо-американцев, 19 февраля 1942 года Рузвельт подписал Чрезвычайный указ № 9066, положивший начало депортациям и арестам японцев и японо-американцев, проживающих в Калифорнии, Орегоне и Вашингтоне, две трети из которых были гражданами США по праву рождения. Хотя в указе не было явных упоминаний о расе или национальности, не возникало сомнений, против какой именно части населения он направлен.

Американские власти отказались от планов поголовной депортации многочисленных японцев, проживающих на Гавайях, когда богатые белые плантаторы, выращивавшие сахарный тростник и ананасы, пожаловались, что потеряют рабочие руки. Тем не менее правительство все же ввело там военное положение, а также приостановило действие положений о неприкосновенности личности и подвергло арестам приблизительно две тысячи «кибэев» — людей японского происхождения, ранее посещавших Японию в целях получения образования и восприятия элементов японской культуры.

Совсем другой была ситуация в материковой части США, особенно в Калифорнии, где японцы составляли чуть больше 2 % населения. Чрезвычайный указ № 9066 вынудил приблизительно 120 тысяч человек оставить свои дома и обосноваться за пределами зон обороны. Но соседние штаты закрыли для них свои границы. Губернатор штата Айдахо Чейз Кларк презрительно бросил: «Япошки живут, как крысы, плодятся, как крысы, и поступают, как крысы. Нам они не нужны». Губернатор Вайоминга предупредил: если японцев переселят в его штат, «то на каждой сосне будет болтаться по япошке». Генеральный прокурор штата Айдахо рекомендовал «всех японцев... посадить в концлагеря». «Мы хотим, чтобы наша страна оставалась страной белого человека», — добавил он [59].

К 25 февраля 1942 года ФБР заключило всех взрослых мужчин японского происхождения в тюрьму на острове Терминал-Айленд (штат Калифорния). Остальным жителям японского происхождения ВМС США приказали выметаться в 48 часов. С марта по октябрь 1942 года Управление гражданского контроля в военное время открыло временные лагеря, названные лагерями для интернированных лиц, и содержало там японцев — их регистрировали и присваивали им лагерные номера. В лагерях Санта-Анита и Танфоран (штат Калифорния) семьи разместили в конюшнях, причем по пять-шесть человек вместе. Позже их перевели в постоянные эвакуационные центры, в то время носившие названия «концлагерей». Условия в лагерях были плачевными: там зачастую не было водопровода, нормальных туалетов, школьных классов, изолированных помещений и крыш, которые не протекают. Однако все лагеря были снабжены прочным забором с колючей проволокой и вышками с пулеметами. Потрясенный отношением к заключенным, Милтон Эйзенхауэр ушел в отставку с должности директора Управления по переселению в военное время (УПВВ)[60].

Некоторыми жителями Западного побережья, поддержавшими депортацию, двигала жадность. Поскольку выселяемым разрешили взять с собой только то, что они могли унести, их прежние соседи с радостью покупали брошенную собственность за гроши, а то и просто присваивали оставшееся бесхозным имущество, включая урожай. Глава Ассоциации производителей и поставщиков овощной продукции Центральной Калифорнии признался: «Нас обвиняют в желании избавиться от япошек по эгоистическим причинам. Почему бы не сказать честно? Так оно и есть. Вопрос стоит так: будет ли на Тихоокеанском побережье жить белый человек или желтый?» Японцы потеряли личного имущества приблизительно на 400 миллионов долларов — по современным ценам это составляет почти 5,5 миллиарда долларов[61].

Начиная с марта 1942 года УПВВ перевело заключенных в 10 наспех построенных лагерей для интернированных в Аризоне, Арканзасе, Калифорнии, Колорадо, Айдахо, Юте и Вайоминге. Лагеря у рек Постон и Хила в Аризоне вскоре стали новым домом для 17 814 и 13 348 человек соответственно, превратив их в третий и четвертый по размеру города

Глава 4. Бомба

штата фактически за одну ночь. Харт-Маунтин стал третьим крупнейшим городом в Вайоминге[62].

В лагерях Аризоны и Калифорнии японцы трудились под палящим солнцем пустыни, в Арканзасе — среди болот, в Вайоминге, Айдахо и Юте — в трескучие морозы и получали жалкие 12 долларов в месяц за неквалифицированный труд и 19 — за квалифицированный. Врачи-японцы зарабатывали 228 долларов в год, в то время как белые врачи — 4600 долларов. Белые медсестры, зарабатывавшие по 80 долларов в месяц в больнице графства Йеллоустон, в Харт-Маунтин стали получать 150 долларов, то есть в 8–10 раз больше своих японских коллег[63]. Федеральные власти поручили фотографам Энселу Адамсу и Доротее Ланж сделать снимки повседневной жизни лагеря, наказав им не фотографировать колючую проволоку, пулеметные вышки и вооруженных солдат. Тем не менее Адамс, Ланж и заключенный-японец Тойо Миятаке сделали несколько запрещенных снимков[64].

В феврале 1943 года правительство США бесстыдно развернулось на 180 градусов. Поскольку для ведения военных действий требовалось все больше и больше солдат, Рузвельт призвал родившихся в США «нисэев» — людей японской национальности — вступать в сегрегированный

Американцы японского происхождения прибывают в лагерь для интернированных «Санта-Анита» из города Сан-Педро (штат Калифорния), где их разместили в конюшнях, прежде чем перевести в постоянные лагеря.

В лагерях Аризоны и Калифорнии японцы трудились под палящим солнцем пустыни, в Арканзасе — среди болот, в Вайоминге, Айдахо и Юте — в трескучие морозы и получали за тяжкий труд жалкие гроши.

442-й полк, который объединили с 100-м Гавайским пехотным батальоном, укомплектованным гавайскими японцами и расквартированным в Кемп-Шелби (штат Миссисипи). Один боец «Пука-Пука», как называли свое подразделение солдаты-гавайцы, поступил на службу добровольцем в самом начале войны, и ему пришлось долго и упорно бороться за право служить в американской армии. 442-й полк — одна из самых прославленных частей Вооруженных сил США: он отважно сражался в Италии и Франции и в октябре 1944 года потерял 1072 человек, в том числе 216 погибшими[65].

То, что американцы японского происхождения способны на подобные жертвы на благо страны, очевидно, просто не укладывалось в голове командующего Западной зоной обороны. В апреле 1943 года Девитт заявил подкомитету палаты представителей по делам ВМС, что немцы с итальянцами не вызывают у него тревоги, «но япошки будут тревожить нас, пока мы не сотрем их с лица земли». И добавил: «Япошка всегда остается япошкой» — независимо от того, является ли он гражданином США. Расистские замечания Девитта вызвали негодование у *Washington Post*, которая не замедлила подколоть его: «Генералу следует напомнить, что американская демократия и Конституция США слишком важные документы, чтобы позволять игнорировать и попирать их какому-то военному фанатику... Какое бы оправдание он ни нашел в свое время для интернирования и огульного ареста людей, такого оправдания больше нет»⁶⁶.

Многие американцы согласились с газетой. Кое-кто даже начал проводить параллель с политикой нацистов, хотя, по общему признанию, различий было намного больше, чем сходства. В июне 1942 года журнал *Christian Century* писал: «Вся политика использования концлагерей направлена... на уничтожение конституционных прав... и на утверждение расовой дискриминации как принципа американского правления. Это движение в том же направлении, в котором двигалась и Германия». Юджин В. (Виктор Дебс) Ростоу в 1945 году опубликовал резкую статью в журнале *Yale Law Journal*, где утверждал следующее: «Мы полагаем, что немецкий народ несет совокупную политическую ответственность за произвол, втайне осуществлявшийся гестапо и СС. Что же мы должны думать о собственном участии в программе, которая нарушает все демократические социальные ценности, но была одобрена конгрессом, президентом и Верховным судом?»⁶⁷

В июне 1943 года Верховный суд единогласно вынес решение в пользу правительства по первым двум делам, представленным ему на рассмотрение. Хотя решение суда по делу «Хирабаяси против США» не затрагивало фундаментальных проблем депортации и лишения свободы, мнение судьи Фрэнка Мерфи, совпавшее с позицией большинства судей, вплотную подошло к этим проблемам:

> «Сказать, что никакая этническая группа не может ассимилироваться, означает признать, что великий американский эксперимент потерпел неудачу... Сегодня мы впервые, насколько известно, испытали существенное ограничение личной свободы граждан США по признаку национальной или расовой принадлежности... В этом смысле данный случай обладает печальным сходством с тем, как обращаются с представителями еврейской национальности в Германии и других частях Европы»⁶⁸.

2 января 1945 года УПВВ «прекратило» содержание под стражей, но не оказало практически никакой помощи бывшим заключенным, которые пытались восстановить свою разрушенную жизнь. Кое-кто решил уехать как можно дальше от Западного побережья. По сведениям Службы национальных парков, японцы получали только «по 25 долларов на человека, билет на поезд и провизию в дорогу — для тех, у кого было с собой меньше 500 долларов»⁶⁹.

Только после принятия Закона об иммиграции и натурализации 1952 года многие пожилые японцы, «иссэи», стали считаться «достойными звания гражданина». Кроме того, только через 40 лет выжившим жертвам лагерей для интернированных принесли официальные извинения и выплатили компенсации на общую сумму в 1,5 миллиарда долларов[70].

Нравственный порог США — в особенности хладнокровное принесение в жертву политическим интересам огромного количества мирных жителей — также значительно опустился из-за многолетних бомбардировок мирных поселений, особенно в воздушной войне с Японией. Бомбардировка районов городской застройки началась во время Первой мировой войны. Немцы, англичане, французы, итальянцы, австрийцы — все бомбили города друг друга. Встречалась бомбардировка городов и в период между мировыми войнами. К чести США надо сказать, что они резко осудили бомбардировку китайских городов японцами в 1937 году. В 1939-м, когда война пришла в Европу, Рузвельт попросил воюющие стороны воздержаться от «варварской крайности» — бомбардировки беззащитных мирных жителей[71].

Проигнорировав его призыв, Германия начала бомбить города Великобритании. Британцы ответили массированными бомбардировками крупных населенных пунктов Германии. К середине 1940-х годов бомбардировке подверглись такие крупные города, как Барселона, Мадрид, Шанхай, Пекин, Нанкин, Варшава, Лондон, Роттердам, Москва, Сталинград, Ленинград, Кельн, Гамбург, Берлин и многие другие.

США, напротив, почти полностью сосредоточились на высокоточном бомбометании по ведущим промышленным предприятиям и путям сообщения, вплоть до последнего периода войны в Европе. В августе 1942 года капитан Пол Тиббетс — тот, кто позднее поведет В-29, сбросивший атомную бомбу на Хиросиму, — готовясь к участию в первой дневной бомбардировке немецких целей в оккупированной Франции, выразил опасение, что в результате его действий может пострадать мирное население. Он признался репортеру, что ему «плохо при мысли о мирных жителях, которые могут пострадать от бомб, сброшенных этой машиной». Глядя, как падают бомбы, он подумал: «Господи, там гибнут женщины и дети!»[72] Но по мере того как война продолжалась, угрызения совести американцев начали затихать. Ковровая бомбардировка Мюнстера в октябре 1943 года стала важным поворотным пунктом в стратегических бомбардировках Германии. Самым трагическим исключением из прежних стандартов стало участие американцев совместно с ВВС Великобритании в бомбардировке Дрездена в феврале 1945 года.

Глава 4. Бомба

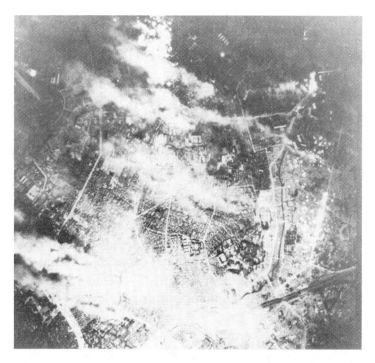

В ночь с 9 на 10 марта 1945 года генерал-майор Кертис Лемей направил на Токио 334 самолета с грузом зажигательных бомб с напалмом, термитом, белым фосфором и другими воспламеняющимися веществами. Бомбы разрушили здания на площади больше 4 тысяч га, в результате нападения погибло более 80 тысяч человек, а около миллиона получили ранения. В аду огненного смерча кипела вода в каналах, плавился металл, люди мгновенно превращались в живые факелы. По сообщению Лемея, жертвы «сгорали, варились и запекались заживо».

В отношении Японии США осуществляли намного более безжалостную политику. Когда генерал-майор Хейвуд Хэнселл, командир 21-го бомбардировочного авиаотряда, попытался не подчиниться приказу сбрасывать зажигательные бомбы на крупные города, командующий ВВС США Генри Арнольд заменил его генералом Кертисом Лемеем*. Прозванный своими людьми Железной Задницей за неутомимость и требовательность, Лемей сделал себе имя в воздушной войне в Европе. В Японии он внес коренные изменения в тактику бомбардировок и поднял то, что уже стали называть «бомбардировкой устрашения», на совершенно новый уровень.

---

* Лемей — генерал ВВС, командующий стратегической авиацией США.

В ночь с 9 на 10 марта 1945 года Лемей направил на Токио 334 самолета, которые должны были сбросить зажигательные бомбы с напалмом, термитом, белым фосфором и другими воспламеняющимися веществами. Бомбы разрушили 42 квадратных километра города, в результате нападения погибло до 100 тысяч человек, а ранено было и того больше. В аду огненного смерча кипела вода в каналах, плавился металл, люди мгновенно превращались в живые факелы. По сообщению Лемея, жертвы «сгорали, варились и запекались заживо». К маю уже 75 % всех сбрасываемых бомб составляли зажигательные, предназначенные для того, чтобы сжечь «бумажные города Японии» дотла. По словам японского ученого Юки Танака, США сбросили зажигательные бомбы более чем на сотню японских городов[73]. В городе Тояма уровень разрушений достиг 99,5 %, вынудив военного министра Генри Стимсона признаться Трумэну: он

Глава 4. Бомба

«не хочет, чтобы США заслужили репутацию страны, которая превзошла в жестокости самого Гитлера», хотя Стимсон практически ничего не сделал, чтобы остановить бойню. Ему удалось убедить себя в том, что он поверил обещанию Арнольда ограничить «потери среди мирного населения»[74]. Будущий министр обороны Роберт С. Макнамара, в 1945 году служивший под командой Лемея, согласился с признанием своего начальника: если бы США проиграли войну, их всех судили бы как военных преступников, и они заслуживали обвинительного приговора[75].

Ненависть к японцам так укоренилась среди американцев, что почти никто не возмутился массовым убийством мирных жителей. Оппенгеймер вспоминал, какое разочарование вызвало у Стимсона безразличие американцев: «Помню, мистер Стимсон признался мне, что его приводит в ужас полное отсутствие протестов в связи с нашими воздушными налетами на Японию, которые в одном только Токио привели к неслыханным потерям среди мирного населения. Он не утверждал, что авианалеты следует прекратить, но искренне считал, что если во всей стране правильность этих налетов никто не подвергает сомнению, то со страной что-то не так»[76]. Бригадный генерал Боннер Феллерс назвал их «одним из самых безжалостных и варварских примеров убийств мирных жителей за всю историю человечества»[77]. Арнольд же подозревал, что «90 % американцев желают полного уничтожения японцев»[78].

Комитет по выбору целей под началом генерала Лесли Гровса решил, что атомные бомбы следует сбросить на окруженные домами рабочих военные объекты в еще не подвергавшихся бомбардировке городах. Комитет хотел сделать первое применение бомб настолько наглядным, чтобы все человечество смогло оценить значимость нового оружия. Когда члены Временного комитета США по использованию атомной бомбы, возглавляемого военным министром Генри Стимсоном, изучившие многочисленные вопросы, возникающие в связи с применением атомной бомбы, предложили генералу другие варианты, включая простую демонстрацию, Бирнс — личный представитель Трумэна в комитете — отклонил их.

На заседании 31 мая Временный комитет также обратился к вопросу будущего ядерных вооружений. Ученые понимали: производимые на тот момент бомбы — самые примитивные опытные образцы оружия, которое последует за ними. И эта перспектива ученых испугала. Оппенгеймер сообщил руководителям военных и гражданских ведомств, что в течение трех лет США могут получить бомбы мощностью от 10 до

100 мегатонн — то есть почти в 7 тысяч раз мощнее бомбы, которую собирались сбросить на Хиросиму[79].

В конце мая Лео Силард, лауреат Нобелевской премии по химии Гарольд Юри и астроном Уолтер Бартки попытались отговорить Трумэна от применения бомбы. Их перенаправили в Спартанберг (штат Южная Каролина), к Бирнсу. Ответ последнего шокировал Силарда: «Мистер Бирнс не утверждал, что для победы в войне необходимо сбросить бомбу на японские города. Он, как и остальные члены правительства, уже тогда знал, что Япония, по сути, проиграла... В то время мистера Бирнса очень тревожило укрепление влияния Советского Союза в Европе; [он настаивал:] будь у нас бомба и продемонстрируй мы ее возможности, то Советский Союз в Европе станет податливее»[80]. Гровс также признал, что всегда считал СССР врагом США: «Уже через две недели после того, как я возглавил проект, у меня исчезли всякие сомнения в том, что Россия — наш враг, и с этой позиции я руководил проектом»[81]. Гровс шокировал Джозефа Ротблата, заявив во время обеда в марте 1944 года: «Вы, разумеется, понимаете, что главная цель нашего проекта — ослабить русских»[82]. Утверждения Бирнса и Гровса окончательно проливают свет на смысл фразы Бирнса, сказанной им 13 апреля президенту Трумэну: атомная бомба позволит США «после войны диктовать свои условия»[83].

Пока ученые в Лос-Аламосе лихорадочно работали над завершением бомбы, у других начали возникать сомнения относительно того, насколько мудро они поступили. В июне ученые из Металлургической лаборатории в Чикаго организовали несколько комитетов для анализа различных свойств атомной энергии. Комитет по социально-политическим последствиям под председательством Нобелевского лауреата Джеймса Франка опубликовал доклад, отражающий идеи Лео Силарда и подвергающий сомнению целесообразность применения атомных бомб в текущей войне. Авторы доклада предупреждали: неожиданное нападение на Японию не только подорвет позиции США как справедливой державы, но и может спровоцировать гонку атомных вооружений с СССР, создав тем самым перспективу «полного взаимного уничтожения»[84]. В докладе также отмечалось: поскольку научные принципы, лежащие в основе создания бомбы, не представляют собой никакой тайны, Советский Союз скоро нагонит США.

Эти опасности Силард понимал, как никто другой, и потому отчаянно пытался предотвратить применение атомной бомбы. Он разослал доклад Комитета Франка ученым в других лабораториях. Когда служба безопасности засекретила доклад и запретила его распространение, Силард составил обращение к президенту с предупреждением:

Глава 4. Бомба

«Атомные бомбы в нашем распоряжении — лишь первый шаг в этом направлении, а разрушительная сила, которая станет доступной в ходе их развития, практически не знает границ. Таким образом, стране, создавшей прецедент применения недавно открытых сил природы в разрушительных целях, вероятно, придется нести ответственность за то, что она открыла двери в эру неслыханного уничтожения»[85].

Обращение подписали 155 ученых Металлургической лаборатории Чикаго и завода по переработке урана в Окридже. Оппенгеймер запретил распространение документа в Лос-Аламосе и предупредил Гровса, а тот позаботился, чтобы обращение не дошло до Стимсона и Трумэна, пока применение бомбы уже нельзя будет предотвратить. Во время войны агенты службы безопасности Гровса проводили тщательное наблюдение за Силардом. Однажды Гровс даже составил письмо министру юстиции, назвав Силарда «враждебным иностранцем» и предложив «интернировать его до окончания войны». К счастью, Комптон убедил генерала не отправлять то письмо. Однако Гровс заказал отдельный опрос мнения ученых и очень огорчился, обнаружив, что 83 % опрошенных поддерживают простую демонстрацию бомбы до ее применения против Японии[86]. Результаты опроса он скрыл.

Применение бомбы пытались предотвратить и другие люди, но они, как и Силард, к сожалению, потерпели неудачу. Так, 27 июня заместитель министра ВМС Ральф Бард, представитель военно-морских сил во Временном комитете, написал Стимсону записку, где утверждал: «В последние несколько недель меня преследует ощущение, что японское правительство, вероятно, пытается найти возможность для капитуляции». Он настаивал на том, чтобы США, «как великая и гуманная держава», предупредили Японию о вступлении в войну СССР и о создании атомной бомбы и разъяснили условия капитуляции. Некоторые историки считают, что через несколько дней после выхода из состава правительства Бард встретился с президентом и обратил его внимание на упомянутые моменты, но сведения об этой встрече противоречивы. Впрочем, одно является несомненным: 18 июня, в ходе встречи Трумэна с начальниками штабов, помощник военного министра Джон Макклой посоветовал президенту сообщить японцам, «что им будет позволено сохранить императора и самостоятельно выбрать форму правления» и «что у нас есть новое, ужасающе разрушительное оружие, и мы будем вынуждены его применить, если они не сдадутся»[87].

Ситуация достигла критической точки, когда лидеры стран-союзниц собрались в Потсдаме — пригороде разрушенного бомбежкой Берлина. До установленной даты первой атомной бомбардировки оставалось меньше месяца. Трумэн прибыл 15 июля, нервничая перед первой встречей с Черчиллем и Сталиным. Многочисленные доклады подтверждали желание японцев выйти из войны, если им позволят капитулировать на определенных условиях. Доказательства того, что высшие руководители США понимали намеки Токио, неопровержимы. Трумэн однозначно характеризовал перехваченную 18 июля телеграмму, где говорилось: «Безоговорочная капитуляция — единственное препятствие к заключению мира», — как «телеграмму императора япошек с просьбой о мире»[88]. Форрестол писал о «доказательстве желания японцев выйти из войны», Стимсон — о «японских маневрах в пользу мира», а Бирнс — о «дипломатическом зондировании со стороны японцев»[89]. В своей книге «Тайная капитуляция», вышедшей в 1966 году, сотрудник Управления стратегических служб (УСС) США, а позднее — глава ЦРУ Аллен Даллес вспоминал: «Я выехал на Потсдамскую конференцию и отчитался там перед министром Стимсоном об информации из Токио: японцы готовы капитулировать, если смогут сохранить императора и свою конституцию как основу для поддержания дисциплины и порядка в стране после того, как жуткая весть о капитуляции станет известна японскому народу»[90]. В сводке данных стратегической разведки по Тихому океану за неделю до Потсдамской конференции сообщалось: «Можно сказать, что уже сейчас Япония официально, пусть и не публично, признает свое поражение. Отказавшись от давно лелеемой цели — победы — как недоступной, она преследует теперь двойную цель: а) примирить национальную гордость с поражением и б) найти наилучший способ спасения остатков своих амбиций»[91]. Как вспоминал полковник Чарльз Бонстил, начальник политического отдела оперативного управления Военного министерства, «бедные чертовы япошки закидывали удочки тысячами»[92].

По словам Трумэна, основной причиной его поездки в Потсдам послужило желание удостовериться, что Советы вступят в войну, как обещали. Понимая, что их выход на арену военных действий нанесет последний и сокрушительный удар, он обрадовался, когда Сталин заверил его в этом, и 17 июля записал в дневнике: «Он вступит в войну с япошками 15 августа. Когда это случится, япошкам придет конец»[93]. На следующий день Трумэн написал своей жене Бесс: «Теперь мы закончим войну на год раньше, и только подумай о детях, которым не придется погибать!»[94]

Глава 4. Бомба

Трумэн мог разыграть еще одну карту, но следовало дождаться подходящего момента. Стимсон это понимал. 15 мая он написал в дневнике, что бомба — решающий инструмент дипломатии, но до конференции в Потсдаме его испытывать не станут: «Мы считаем, что это произойдет вскоре после конференции, но, полагаю, ужасная глупость — играть в дипломатию с такими крупными ставками и не пустить в ход козыри»[95].

Трумэн отодвинул начало встречи на высшем уровне на две недели и надеялся, что испытания бомбы успеют провести до начала переговоров со Сталиным. Оппенгеймер признавался: «Мы находились под невероятным давлением, все надо было закончить до Потсдамской конференции»[96]. Как оказалось, Трумэн многое выиграл, решив подождать.

16 июля, когда Трумэн осматривал достопримечательности Берлина и готовился к запланированной на следующий день встрече со Сталиным, в пустыне близ города Аламогордо (штат Нью-Мексико) ученые взорвали первую атомную бомбу. Результаты испытаний «Тринити» [«Троицы»] превзошли все ожидания. Мощность взрыва оказалась колоссальной (18,6 килотонны), все небо залил ослепительный свет, и кое-кто из ученых испугался, что бомба все-таки подожгла атмосферу. Оппенгеймер признавался, что в памяти у него мгновенно всплыла фраза из Бхагавад-гиты: «Я стал смертью, разрушителем миров». Заместитель директора проекта Кеннет Бейнбридж высказался куда прозаичнее: «Теперь все мы — сукины дети»[97].

Гровс отправил предварительные результаты телеграммой Стимсону, и тот немедленно сообщил о них Трумэну и Бирнсу, приведя их в восторг. 21 июля Гровс отправил намного более полный и впечатляющий отчет, где писал: «Испытания превзошли самые оптимистичные ожидания». Гровс оценил освобожденную энергию в эквивалент 15–20 килотонн тринитротолуола (тротила) — это количество настолько превышало все предыдущие результаты, что было почти невообразимым. Стимсон прочитал доклад президенту и госсекретарю. Одновременно с докладом Гровса пришел и отчет бригадного генерала Томаса Фаррела, писавшего о «сильном, долгом, потрясающем реве, возвещавшем о Судном дне»[98]. Когда Черчилль прочитал отчет, то воскликнул: «Это Второе пришествие в гневе!»[99]

Трумэн, Бирнс и Гровс решили, что теперь у них появилась возможность ускорить капитуляцию японцев на американских условиях и без советской помощи, а значит, они могли отказаться от территориальных и экономических уступок, обещанных СССР. Стимсон заметил: «[Сообщение] чрезвычайно подбодрило президента, и, когда мы встретились, он снова и снова заводил разговор о прекрасной новости. По его словам, известия внушили ему совершенно новое чувство уверенности»[100]. Трумэн, позволявший Черчиллю и Сталину играть первую скрипку на нескольких заседаниях, теперь держался с ними довольно высокомерно. Вот как У. Черчилль описывает происходившее на следующем заседании: «Я ничего не понимал. Когда он пришел на встречу, уже прочитав сообщение, то стал другим человеком. Он постоянно затыкал русским рот и вообще вел себя на заседании, как хозяин»[101]. Макклой тоже отметил, насколько известия об испытаниях бомбы придали уверенности Трумэну: «Ведущую роль на встрече играет "большая бомба" — она ободрила и премьер-министра, и президента. Получив отчет Гровса, они отправились на следующее заседание с важным видом мальчишек, спрятавших в кармане большое красное яблоко»[102].

Хотя Трумэн никогда не мог противостоять ни своему отцу, ни своему боссу Пендергасту или другим грозным политикам, сейчас он нашел в себе силы выступить против самого Сталина. Если, как говорят, револьвер увеличивает рост любого человека до двух метров, то успешное испытание атомной бомбы превратило коротышку Трумэна в настоящего великана, и теперь он возвышался над самыми ужасными диктаторами в мире. Но за напускной бравадой Трумэна скрывалось более глубокое понимание мира, приход которого он собирался возвестить, применив атомную бомбу на практике. В Потсдамском дневнике он записал: «Мы изобрели самую ужасную бомбу за всю историю человечества. Она может вызвать огненные разрушения, предсказанные еще в долине Евфрата после Ноя и его легендарного ковчега»[103]. К сожалению, апокалиптические предчувствия Трумэна не вынудили его искать другие пути, когда Судный день стал приближаться.

В отличие от других основных политических игроков — Трумэна, Бирнса и Гровса — у Стимсона действительно возникли недобрые предчувствия в отношении применения атомной бомбы. Он называл ее «ужасной», «отвратительной», «зловещей», «кошмарной» и «дьявольской». Он считал ее не только новым оружием, но и «революционным изменением отношения человека ко вселенной... она может привести к гибели цивилизации... она может быть Франкенштейном, который нас поглотит»[104]. Стимсон неоднократно пытался убедить Трумэна и Бирнса успокоить японцев насчет императора. Но все его старания оказались тщетными. Когда Стимсон пожаловался Трумэну на то, что в Потсдаме его опасения проигнорировали, Трумэн заявил своему пожилому и бо-

Глава 4. Бомба

лезненному военному министру: если ситуация ему не нравится, он может паковать чемоданы и ехать домой.

В Потсдаме Стимсон сообщил генералу Дуайту Эйзенхауэру, главнокомандующему войсками союзников в Европе, что применение бомбы неизбежно. Эйзенхауэр отреагировал резко отрицательно. Свое отношение к ситуации он описал в интервью журналу Newsweek: «И тут он сказал мне, что они собираются сбросить ее на японцев. Ну, я его послушал, но говорить ничего не стал: в конце концов, моя война в Европе закончилась, а то меня уже не касалось. Но постепенно от одной только мысли об этом я начинал впадать в депрессию. Потом он спросил мое мнение, и я ответил, что против применения бомбы по двум причинам. Во-первых, японцы готовы сдаться, и я не видел никакой необходимости наносить им такой ужасный удар. Во-вторых, мне очень не хотелось, чтобы именно наша страна первой применила подобное оружие»[105]. Эйзенхауэр сказал историку Стивену Амброузу, что выразил свое несогласие лично Трумэну и его главным советникам. Историк Бартон Бернштейн не без причины сомневается в правдивости слов Эйзенхауэра, но генерал Омар Брэдли поддерживает версию Эйзенхауэра[106].

Как только бомба успешно прошла испытания, у Трумэна, Бирнса и Стимсона исчезли причины желать вступления СССР в войну: ведь это дало бы право Советам на уступки, обещанные Рузвельтом на Ялтинской конференции. 23 июля Черчилль заметил: «Совершенно ясно, что США в настоящее время не хотят участия русских в войне с Японией»[107]. Бирнс признавал: «И президент, и я сам перестали жаждать участия СССР в войне, как только узнали, что испытания прошли успешно». Он объяснил своему помощнику Уолтеру Брауну, что «надеялся выиграть время, считая, что после атомной бомбы Япония сдастся, и Россия не получит такой уж большой кусок добычи»[108]. С точки зрения Трумэна и его советников, проще всего этого можно было достичь, применив атомную бомбу. Объяснения Трумэна очень доходчивы: «Думаю, японцы сдадутся еще до того, как Россия вступит в войну. Я уверен: так и будет, как только над их родиной возникнет "Манхэттен"»[109].

Еще до окончания конференции Трумэн тихонько подошел к Сталину и небрежно упомянул, что США разработали «новое оружие необычайной разрушительной силы». Не зная, что советская разведка держит Сталина в курсе проекта «Манхэттен», Трумэн поразился безразличию Сталина и даже засомневался: а понял ли советский руководитель, о чем вообще идет речь? Однако Сталин понимал намного больше, чем показалось Трумэну. Он знал о планировавшихся испытаниях. Теперь он пришел

Сталин и Трумэн с госсекретарем США Джеймсом Ф. Бирнсом и советским наркомом иностранных дел В. М. Молотовым на Потсдамской конференции в июле 1945 года. Во время пребывания в Потсдаме Трумэн и его советники узнали об успешном испытании атомной бомбы «Тринити». Теперь, получив новое оружие и собираясь отказаться от обещанных СССР территориальных и экономических уступок, Трумэн, Бирнс и военный министр Генри Стимсон больше не хотели участия Советского Союза в войне на Тихом океане.

к выводу, что испытания прошли успешно. Он немедленно позвонил наркому внутренних дел СССР Л. П. Берии и отругал его за то, что тот не знал об успешно проведенном испытании. А. А. Громыко вспоминал: когда Сталин вернулся на свою дачу, то заметил, что американцы воспользуются атомной монополией и станут диктовать условия мира в Европе, но он на их шантаж не поддастся[110]. Он приказал советским войскам ускорить вступление страны в войну, а ученым — наращивать темпы исследований.

Трумэн не отдал непосредственного приказа сбросить бомбу. 25 июля в Потсдаме он одобрил директиву, подписанную Стимсоном и Маршаллом, приказывающую применить атомные бомбы после 3 августа, как только позволят погодные условия. Он знал: маловероятно, что Япония примет окончательный вариант Потсдамской декларации, где не содержалось ни существенных изменений к условиям капитуляции, ни предупреждения о бомбе, ни уведомления о вступлении СССР в войну. Однако важно отметить: вопреки более поздним утверждениям Трумэна и Стимсона указание провести бомбардировку было дано до, а не после того, как японцы отклонили Потсдамскую декларацию. Трумэн не предложил Сталину подписать декларацию, хотя Сталин был готов подписать ее и даже принес собственный проект. Подпись Сталина показала бы японцам, что СССР намерен вступить в войну. Отсутствие его подписи побудило японцев продолжать бесплодные попытки получить помощь СССР в достижении лучших условий капитуляции, а часики все тикали, и наконец бомба была готова к применению.

Поведение Трумэна в Потсдаме укрепило мнение Сталина, что США намерены закончить войну быстро и изменить своему слову насчет уступок. Во время конференции он сказал Трумэну, что советские войска будут готовы к нападению к середине августа. Начальник Генштаба советских Вооруженных сил генерал армии А.И. Антонов сообщил американским коллегам, что реальная дата начала скорее ближе к концу месяца. Маршалу А.М. Василевскому Сталин приказал подготовиться к вторжению на 10–14 дней раньше срока[111].

Хотя Трумэн всегда брал ответственность за принятое решение на себя, Гровс, 25 июля составивший черновик записки, утверждал, что Трумэн на самом деле ничего не решал, а просто не стал возражать. «Насколько я могу судить, — отмечал он, — сам он придерживался позиции невмешательства, в основном чтобы не ломать существующие планы...» И далее: «Трумэн не столько сказал "да", сколько не сказал "нет"». Гровс презрительно назвал Трумэна «сопливым мальчишкой»[112].

2 августа Трумэн уехал из Потсдама. На следующий день секретарь Бирнса записал в своем дневнике: «На борту "Огасты". Президент, Лихи, Дж. Ф. Бирнс согласились [!], что япошки [!] ищут мира»[113]. Трумэн также хотел мира. Но сначала он хотел применить атомную бомбу.

Генерал Дуглас Макартур, главнокомандующий войсками союзников на Тихом океане и второй по старшинству генерал регулярной армии США, считал бомбу «совершенно ненужной с военной точки зрения» и одновременно рассердился и огорчился, когда узнал, что США намерены ее применить. 6 августа, еще до объявления об атомной бомбардировке, он провел пресс-конференцию, где сказал репортерам, что японцы «уже разбиты», а сам он думает «об ужасах следующей войны, которые будут в 10 тысяч раз больше»[114].

6 августа в 2:45 три самолета B-29 взлетели с острова Тиниан в Марианском архипелаге и взяли курс на Японию, лежащую на расстоянии 1,5 тысячи миль. Ведущий самолет «Энола Гей» нес урановую бомбу «Малыш», которая взорвалась в 8:15. Ее мощность, по современным

оценкам, была эквивалентна 16 килотоннам тротила. Жители Хиросимы — приблизительно 300 тысяч мирных жителей, 43 тысячи солдат, 45 тысяч рабов-корейцев и несколько тысяч американцев японского происхождения, главным образом дети интернированных в США, — только начинали свой день. В качестве цели выбрали Т-образный мост Айои, близ центра города. Хиросиму, несмотря на наличие в ней порта и штаба Второй основной армии, во время предыдущих бомбардировок не считали важным военным объектом. В радиусе двух миль [*больше трех километров*] от точки падения бомбы все было разрушено до основания. Когда члены экипажа «Энола Гей» увидели, как исчезает город Хиросима, их охватил ужас. Пилот Пол Тиббетс, назвавший самолет в честь своей матери, так описывал происходившее на земле: «Гигантский фиолетовый гриб уже поднялся на высоту 13 тысяч метров, оказавшись на 5 тысяч метров выше нас, и продолжал подниматься, кипя, словно ужасное живое существо. Внизу творилось нечто еще более невообразимое. В вихрях дыма, похожего на бурлящий деготь, то тут, то там вспыхивали пожары»[115]. В другой раз он заметил: «Если бы Данте был с нами на самолете, то даже он пришел бы в ужас. Город, который за несколько минут до этого был залит солнцем и так четко виден,

Пилот Пол Тиббетс (в центре, с трубкой) с другими членами экипажа на фоне самолета «Энола Гей».

превратился в уродливое пятно. Он полностью исчез под страшным покрывалом дыма и огня». Хвостовой стрелок Боб Кейрон назвал это «взглядом в пекло». Второй пилот Роберт Льюис записал в бортжурнале: «Боже, что мы наделали?»[116]

Радист Эйб Спитцер наблюдал из самолета сопровождения «Великий артист» и решил, что у него галлюцинация. Ему принадлежит самое красочное и ужасающее описание того, чему стали свидетелями члены экипажа, и его стоит процитировать полностью:

«Под нами, насколько хватало глаз, пылал пожар, но он совершенно не походил на обычный пожар. Он переливался десятком цветов, ослепительно-ярких — я и не знал, что цветов может быть так много, — а в самом центре и ярче всех пылал гигантский красный огненный шар, казавшийся больше солнца. Более того: создавалось впечатление, что каким-то образом солнце вышибло с неба, оно упало на землю у нас под ногами и теперь снова начало подниматься, но подниматься прямо на нас — и стремительно.

В то же самое время шар стал расширяться, пока не накрыл весь город, и со всех сторон пламя было окутано, полускрыто толстой непроницаемой колонной серо-белого дыма, достигающей подножия холмов за городом и рвущейся во все стороны и вверх, приближающейся к нам с невероятной скоростью.

Затем самолет снова затрясло, и раздался звук, похожий на выстрел гигантской пушки, — словно тяжелая артиллерия палила по нас со всех сторон.

Фиолетовый свет сменился сине-зеленым, переходящим по краям в желтый, и сидящий внизу огненный шар, это перевернутое солнце, словно потянулся за дымом вверх, помчался к нам с невероятной скоростью — а мы в это время во все лопатки — но все равно не так быстро — улепетывали от места, где некогда был город.

Неожиданно мы оказались слева от столба дыма, а он все продолжал подниматься, и, как я позже узнал, достиг высоты в 15 тысяч метров. Он напоминал гигантский столб, сужавшийся кверху и уходивший в стратосферу. Ученые потом сказали нам, что, по их оценкам, столб достигал 6 или 8 километров в ширину у основания и больше 2 километров в верхней части.

Пока я смотрел, загипнотизированный увиденным, столб дыма изменил цвет с серо-белого на коричневый, затем на янтарный, а потом засиял всеми тремя цветами одновременно, образовав яркую, бурлящую радугу. На мгновение мне показалось, что его ярость стихает, но почти сразу из вершины вырвалось что-то похожее на гриб и поползло вверх, пока не достигло высоты 18 или 20 тысяч метров... вся колонна кипела и дрожала, а гриб на ее вершине расползался во все стороны, как гигантские волны во время океанского шторма.

Грибовидное облако поднимается над японским городом Хиросимой после атомной бомбардировки 6 августа 1945 года. Вид с земли был совсем иным и гораздо более чудовищным. В эпицентре, где температура достигала 3 тысяч градусов по Цельсию, огненный шар превращал людей «в кучки дымящихся углей за доли секунды, а внутренние органы просто выкипали».

Затем, совершенно неожиданно, вершина оторвалась от колонны, словно обрезанная острым ножом, и рванулась еще дальше вверх; насколько далеко, я не знаю; никто не знал тогда и не знает сейчас; этого не поймешь даже по фотографиям, и ни один прибор не смог точно все измерить. Кто-то говорит, что высота составила 24 тысячи метров, другие — что 26 тысяч, третьи — что еще больше… После этого на вершине колонны созрел еще один гриб, поменьше»[117].

Спитцер слышал, как кто-то сказал: «Интересно, не играем ли мы с тем, от чего лучше держаться подальше?»[118]

Вид с земли был совсем иным и гораздо более чудовищным. В эпицентре, где температура достигала 3 тысяч градусов Цельсия, огненный шар превращал людей «в кучки дымящихся углей за доли секунды, а внутренние органы просто выкипали»[119]. Десятки тысяч погибли мгновенно. Приблизительно 140 тысяч умерли до конца года, а к 1950 году цифра возросла до 200 тысяч. США официально сообщили, что погибло только 3242 японских военных. Среди жертв Хиросимы оказалось около тысячи граждан США, главным образом японоамериканцев второго поколения, и 23 американских военнопленных. Кое-кто из последних уцелел во время взрыва, но был забит до смерти выжившими японцами. Несколько военнопленных погибли в результате взрыва.

Раненые и обгоревшие выжившие претерпевали ужасные муки. «Хибакуся» (пострадавшие от взрыва) сравнивают те муки с прогулкой по аду. Улицы были заполнены бесконечной призрачной процессией

Глава 4. Бомба

страшно обожженных, часто голых людей, у которых кожа свисала с костей. Отчаянно нуждаясь в помощи для своих раненых тел, разыскивая родных и близких, пытаясь укрыться от надвигающихся пожаров, они спотыкались о мертвые тела, превратившиеся в груды угля, а упав, зачастую уже не вставали. Самый известный поэт, описавший хиросимскую бомбу, Санкити Тогэ, умерший в 1953 году в возрасте 37 лет, написал стихотворение «Шестое августа». Приведем отрывок из него:

> Разве можно забыть ту вспышку?
> В долю секунды тридцать тысяч прохожих исчезло...
> в кромешной тьме под обломками зданий
> пятьдесят тысяч воплей смолкло...
> и бешеным вихрем рванулись вверх клубы желтого дыма...
>
> Потом рассеялась пелена: сметенные здания, рухнувшие мосты,
> исковерканные трамваи, переполненные телами,
> обломки оплавленных кирпичей,
> груды обугленных головешек — моя Хиросима!
>
> Потом вереницы кричащих, бегущих тел,
> вереницы бесчисленных голых тел,
> прижимающих руки к груди,
> с которой свисает лохмотьями кожа,
> укрывающих бедра клочками недогоревших тряпок...
>
> Трупы, разбросанные на плацу,
> словно каменные изваянья всесильного божества Дзидзо,
> оберегающего от несчастий,
> и толпы, толпы, забившие берег,
> словно связанных друг с другом живых,
> ползущих кровавой массой к плотам, не тронутым пламенем,
> и кричащих: «Спасите! Спасите!» —
> и становящихся постепенно
> под обжигающим раны солнцем
> багрово-черными грудами трупов...
>
> До вечера небо глодал пожар
> и переходил от руин к руинам,
> пока не достиг развалин,
> где под обломками дома,
> погребенные заживо,
> уходили в ничто
> моя мать и мой младший братишка...

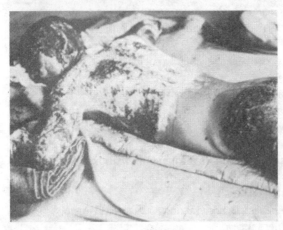

Раненые и обгоревшие выжившие претерпевали ужасные муки. «Хибакуся» (пострадавшие от взрыва) сравнивают те муки с прогулкой по аду.

...Разве можно забыть тишину,
окутавшую, как ватой, триста тысяч погибших?
Разве можно забыть запавшие в душу и разбившие душу
белки умоляющих глаз
наших жен и детей,
не вернувшихся из тишины?![120]

[Цит. по переводу, опубликованному в журнале «Кругозор», 1970 год, № 7]

Возвращаясь на Тиниан, члены экипажа молчали. Кое-кто утешал себя мыслью о том, что виденное ими настолько ужасно, что непременно положит конец войне. Хвостовой стрелок самолета «Великий артист» Эл Дехарт вслух пожалел, что стал свидетелем произошедшего, и добавил:

Глава 4. Бомба

«Я не стану рассказывать об этом внукам. Никогда. Не думаю, что такое стоит рассказывать детям. Нет, только не о том, что мы видели»[121].

Трумэн обедал на борту военного корабля «Огаста», возвращавшегося в США из Потсдама, когда ему сообщили о Хиросиме. Он вскочил и воскликнул: «Это величайшее событие в истории человечества!»[122] Чуть позже он признался: его заявление о взрыве в Хиросиме было «самым счастливым» заявлением, которое ему пришлось делать за всю жизнь.

Ликование Трумэна, о котором стало известно всем, кое-кого смутило. Так, два дня спустя один член Национального комитета Демократичес-

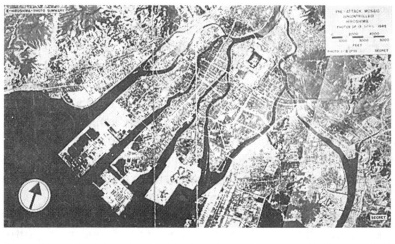

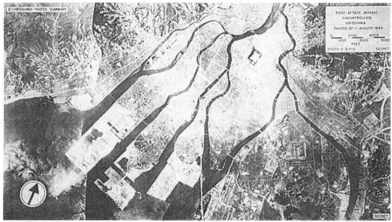

Эти снимки из сводки США по стратегическим объектам удара, сделанные до и после бомбардировки, демонстрируют уровень разрушений, вызванных в городе Хиросиме атомной бомбардировкой.

кой партии предостерег президента телеграммой: «Ни один президент США за всю нашу историю не мог позволить себе радоваться устройству, способному убивать ни в чем не повинных людей. Пожалуйста, объясните народу, что причина вашего ликования — не разрушение, а то, что разрушениям наступает конец»[123].

Советские руководители ликования не испытывали. Понимая, что бессмысленно применять бомбу против страны, уже и так дышащей на ладан, они пришли к выводу, что настоящей мишенью был СССР. С их точки зрения, американцы хотели ускорить капитуляцию Японии в надежде завладеть в Азии тем, что полагалось Советскому Союзу. Что еще печальнее, они решили, что американцы, применив бомбу против Хиросимы, когда в этом не было совершенно никакой необходимости, показали всем, что США без колебаний применят бомбу и против СССР, если тот станет угрожать их интересам.

Русские намек поняли. Корреспондент газеты *Sunday Times* Александр Верт, в 1941–1948 годах живший в Москве, заметил: «Новость [о Хиросиме] повергла всех в крайне угнетенное состояние. Со всей очевидностью стало ясно, что в политике мировых держав появился новый фактор, что бомба представляет угрозу для России, и некоторые русские пессимисты, с которыми я разговаривал в тот день, мрачно замечали, что отчаянно трудная победа над Германией оказалась теперь, по существу, напрасной»[124].

Именно необоснованность бомбардировки часто всплывает в мемуарах маршала Жукова 26 лет спустя: теперь он ясно понимал ее реальное предназначение. Он вспоминает: «Тогда уже было ясно, что правительство США намерено использовать атомное оружие для достижения своих империалистических целей с позиции силы. 6 и 9 августа 1945 года это подтвердилось на практике. Американцы без всякой к тому военной необходимости сбросили две атомные бомбы на мирные густонаселенные японские города Хиросиму и Нагасаки». Другие военачальники также были ошеломлены. Сын Громыко, Анатолий, вспоминает, как отец говорил ему, что из-за Хиросимы «голова у наших военных пошла кругом. Настроение в Кремле, в Генштабе было очень нервозным, недоверие к союзникам быстро росло. То тут, то там звучали предложения сохранить большую сухопутную армию, усилить ПВО на обширных территориях, чтобы сократить вероятные потери от атомных бомбардировок»[125].

Политические руководители, включая Сталина и наркома иностранных дел Молотова, встревожились не меньше военных. Физик Юлий Хари-

Глава 4. Бомба

тон вспоминал: «Первый атомный взрыв, и особенно демонстративное применение американцами атомного оружия в Японии, советское правительство истолковало как атомный шантаж против СССР, как угрозу развязывания новой, еще более страшной и опустошительной войны»[*]. Физиков-ядерщиков каждый день вызывали в Кремль с отчетами о ходе исследований. За считаные дни Сталин организовал ускоренную программу создания советской бомбы[126].

После событий в Хиросиме японские лидеры настойчиво просили СССР безотлагательно решить вопрос о выступлении в качестве посредника. Они получили очень четкий ответ ранним утром 9 августа, когда Красная армия нанесла мощный удар по японским войскам в Маньчжурии, Корее, на Сахалине и Курильских островах, не встретив практически никакого сопротивления.

Утром 9 августа четыре высокопоставленных чиновника Министерства иностранных дел Японии вошли в резиденцию премьер-министра Судзуки и сообщили ему дурные вести. «То, чего мы боялись, все же произошло», — ответил Судзуки[127].

Ближе к полудню, когда Япония еще не успела отреагировать на советское вторжение, США сбросили плутониевую бомбу с имплозивной схемой подрыва, названную «Толстяк», на город Нагасаки. Из-за плохой видимости в районе первоначальной цели — города Кокура — пилоту Чарльзу Суини пришлось переключиться на другую цель — центр города Нагасаки. Бомба мощностью в 21 килотонну упала с погрешностью в 3 километра, в районе Ураками, и взорвалась в воздухе над самым большим в Азии католическим собором. 40 тысяч человек, включая примерно 250 военных, погибли мгновенно. 70 тысяч умерли к концу 1945 года, а всего в ближайшие пять лет — приблизительно 140 тысяч. Спитцер признавался, что он и другие члены экипажа «Великого артиста», видевшие, как исчезает Хиросима, и подумать не могли, что с лица земли будет стерт еще один японский город: «Не было никакой необходимости в дополнительных заданиях, дополнительных бомбах, дополнительном страхе и дополнительных смертях. Господи, да это любому дураку было ясно!»[128] Телфорд Тейлор, главный обвинитель от США на Нюрнбергском процессе, отмечал: «Можно спорить о правильности бомбардировки Хиросимы, но я никогда не слышал ни одного оправдания бомбардировки Нагасаки», — последнее событие он считал военным преступлением[129].

---

[*] Цит. по изданию: *Харитон Ю. Б., Смирнов Ю. Н.* Мифы и реальность советского атомного проекта.

Японские руководители, подавленные нападением СССР, провели чрезвычайное заседание кабинета министров, где и узнали о событиях в Нагасаки. Однако ни это объявление, ни ошибочное сообщение министра сухопутных войск Анами, что США располагают сотней атомных бомб, и следующая цель американцев — Токио, ни на йоту не приблизили участников заседания к безоговорочной капитуляции. Большинство не видело никакой разницы между уничтожением всех городов силами трех сотен самолетов ВВС США и тысячами бомб и уничтожением одного города одной бомбой. То, что США могли сжечь дотла японские города и непременно так и поступят, было непреложным фактом. Однако советское вторжение полностью деморализовало японских вождей. Оно доказало абсолютное банкротство как дипломатического подхода Японии к СССР, так и «кецуго» — стратегии отчаянного сопротивления американскому вторжению. Для японских руководителей, подумывающих о капитуляции, атомные бомбы стали дополнительным аргументом «за», но никак не решающим, хотя кое-кто из них вцепился в него как в удобный предлог. Император объявил о своей готовности сдаться, приняв Потсдамскую декларацию, но только «при условии, что указанная Декларация не содержит никакого требования, затрагивающего прерогативы Его Величества как суверенного правителя»[130].

Судзуки признал, что выбирать не приходится: он заявил, что Япония должна сдаться немедленно, иначе «Советский Союз захватит не только Маньчжурию, Корею, Карафуто*, но и Хоккайдо. Это уничтожило бы самую основу Японии. Мы должны закончить войну, пока США готовы договариваться»[131]. Как только решение императора стало очевидным, три упрямых члена Большой шестерки, настаивавшие на трех дополнительных требованиях (саморазоружение, никакого суда над военными преступниками и никакой оккупации), согласились на капитуляцию. Таким образом, когда Красная армия быстро приближалась к самой Японии, японская верхушка решила сдаться американцам, поскольку считала, что те скорее позволят им сохранить императора. Они также боялись, что продвигающаяся Красная армия вызовет прокоммунистическое восстание в Японии, как это произошло в некоторых странах Европы.

Трумэн и его советники взвесили выдвинутые японцами условия капитуляции. Бирнс предупредил, что сохранение императора приведет «к распятию президента». Стимсон возразил: «Даже если бы вопрос

---

* Южный Сахалин.

Глава 4. Бомба

Развалины Нагасаки, где во время атомной бомбардировки мгновенно погибли 40 тысяч человек; 70 тысяч умерли к концу 1945 года, а всего в ближайшие пять лет — 140 тысяч. Телфорд Тейлор, главный обвинитель от США на Нюрнбергском процессе, отмечал: «Можно спорить о правильности бомбардировки Хиросимы, но я никогда не слышал ни одного оправдания бомбардировки Нагасаки».

не подняли японцы, нам самим пришлось бы предложить им оставить императора... чтобы принудить к сдаче разбросанные японские армии, не признающие никакой другой власти, и... чтобы избежать повторения кровопролитных боев вроде боев за Иодзиму и Окинаву». В дневнике Стимсон выразил разочарование Бирнсом: «В последнее время невежды слишком яро выступают против императора... а ведь они знают о Японии только то, что им показали Гилберт и Салливан в своей оперетте "Микадо" — как я сегодня узнал, оперетта эта прелюбопытнейшим образом глубоко укоренилась в умах влиятельных людей в Госдепартаменте»[132]. В результате дополнительных переговоров они согласились на расплывчато сформулированный пункт: «Форма правления Японии будет в соответствии с Потсдамской декларацией установлена свободно выраженной волей японского народа»[133].

После войны японские вожди объясняли капитуляцию и атомными бомбардировками, и советским вторжением. Хотя допросы и проводились оккупационными американскими властями, некоторые арестованные отводят первостепенную роль советскому вторжению, а не атомной бомбе или другим действиям США. Заместитель начальника штаба сухопутных войск генерал Торасиро Кавабэ заявил:

> «Ужасные разрушения, постигшие Хиросиму, стали известны только со временем... Напротив, вступление СССР в войну, когда оно все же произошло, оказалось для нас большим ударом. В сообщениях, поступавших в Токио, районы вторжения описывались как "кишащие русскими". Мы испытали еще больший испуг, ведь именно этого мы все время и боялись, в красках представляя, как "огромные силы Красной армии, находящиеся в Европе, поворачивают против нас"»[134].

Адмирал Тоеда высказался в том же ключе: «Я считаю, что именно участие русских в войне против Японии, а не атомные бомбы, ускорило капитуляцию». Генерал-лейтенант Сумихиса Икеда, директор японского Управления общего планирования, признавался: «Услышав о вступлении в войну СССР, я понял, что все пропало». На прямой вопрос Генштаба Военное министерство ответило аналогичным образом: «Советское участие в войне стало главной причиной, по которой Япония решила сдаться»[135]. Исследование, проведенное американским Военным министерством в январе 1946 года, пришло к тому же заключению, обнаружив «в ходе обсуждения вопроса о капитуляции лишь отдельные упоминания... о применении США атомной бомбы... почти наверняка японцы сдались бы после вступления России в войну»[136].

Глава 4. Бомба

Ошибочно полагая, что именно бомбы привели к окончанию войны, 85 % американской общественности одобрили их применение. Почти 23 % сожалели, что японцы сдались так быстро и США ограничились только двумя атомными бомбардировками. Но большая часть общественности не знала, что многие высшие военные чины США считали бомбардировки либо просто излишними с военной точки зрения, либо нравственно предосудительными. Начальник штаба Трумэна адмирал Уильям Лихи, руководивший заседаниями Объединенного комитета начальников штабов, высказывался особенно резко и называл химическую и бактериологическую бомбу нарушением «любой христианской этики, о которой я когда-либо слышал, и всех известных законов войны». Он объявил, что «японцы были уже побеждены и готовы сдаться… Применение этого варварского оружия в Хиросиме и Нагасаки не оказало существенного влияния на результаты войны с Японией. И поскольку мы применили оружие первыми, то тем самым приняли этические нормы, свойственные варварам Средневековья. Меня никто не учил воевать так, и войну нельзя выиграть, убивая женщин и детей»[137]. В 1949 году Лихи сердито заявил журналисту Джонатану Дэниелсу: «Трумэн сказал мне, что все дали согласие на ее применение… но только для удара по военным целям. Разумеется, потом они пошли дальше и убили столько женщин и детей, сколько смогли, как и планировали с самого начала»[138].

Генерал Дуглас Макартур всегда утверждал, что война закончилась бы на несколько месяцев раньше, если бы США изменили условия капитуляции Японии. В 1960 году он сказал бывшему президенту Гуверу, что, если бы «мудрая и подобающая государственному деятелю» записка Гувера к Трумэну от 30 мая 1945 года, где он настаивал на изменении условий капитуляции, была бы принята к сведению, это «позволило бы избежать бойни в Хиросиме и Нагасаки, а также значительной части разрушений… от наших бомбовых ударов. В том, что японцы приняли бы такие условия, и с радостью, я не сомневаюсь»[139].

Генерал Генри Арнольд писал: «Мы всегда считали, что независимо от того, есть у нас атомная бомба или нет, японцы уже находятся на грани краха»[140]. Вскоре после окончания войны генерал Кертис Лемей утверждал: «Даже без атомной бомбы и вступления русских в войну Япония сдалась бы через две недели». И дальше: «Атомная бомба не имела никакого отношения к окончанию войны»[141]. Генерал Карл Спаатс, командующий стратегической авиацией США на Тихом океане, писал в дневнике через два дня после бомбардировки Нагасаки: «Когда со мной впервые обсуждали вопрос атомной бомбы, я совершенно не одобрял ее применения, как никогда не одобрял полного уничтожения городов вместе со всеми жителями»[142].

С авиационными командирами согласились многие флотоводцы. Адмирал Эрнест Кинг, главнокомандующий ВМС США, сказал своему помощнику: «Не думаю, что нужно поступать так именно сейчас. В этом нет необходимости». В интервью он признался: «Мне не нравилась атомная бомба: ни целиком, ни по частям»[143]. Адмирал Честер Нимиц, командующий Тихоокеанским флотом, вскоре после войны сообщил собравшимся у Мемориала Джорджа Вашингтона: «На самом деле японцы предлагали мир еще до того, как человечество узнало о начале атомной эры, до разрушения Хиросимы и Нагасаки и еще до вступления русских в войну»[144]. Адмирал Уильям Халси, командующий ВМС в южной части Тихого океана, годом позже признался: «Первая атомная бомба была ненужным экспериментом... Ее применение было ошибкой... Она убила много японцев, но японцы уже давно посылали просьбы о мире через Россию»[145].

Как утверждает бригадный генерал Картер Кларк, отвечавший за подготовку отчетов по перехваченным дипломатическим телеграммам, «мы принудили их к унизительной капитуляции исключительно благодаря быстрому уничтожению их торгового флота и голоду, и хотя у нас не было нужды так поступать, и мы понимали, что такой нужды нет, и они понимали, что мы это понимаем, — но мы использовали их как подопытных для двух атомных бомб»[146].

Шестеро из семи генералов и адмиралов США с пятью звездами на погонах, получивших последнюю звездочку во время Второй мировой войны: генералы армии Макартур, Эйзенхауэр, Арнольд и адмиралы флота Лихи, Кинг и Нимиц — опровергают версию о том, что для окончания войны были нужны атомные бомбы. К сожалению, почти нет доказательств того, что они требовали от Трумэна прислушаться к такому мнению до того, как бомбардировки стали свершившимся фактом.

Но Гровс знал их точку зрения. Перед Хиросимой Гровс подготовил приказ, где требовал от американских командующих в том районе сначала согласовать все распоряжения о бомбардировке с военным министерством, поскольку, по словам Гровса, «мы не хотели, чтобы Макартур и другие говорили потом, что войну можно было бы выиграть и без бомбы»[147].

В конце августа уже даже Джимми Бирнс признал: для окончания войны в бомбе не было необходимости. *New York Times* писала, что Бирнс говорил, «ссылаясь на "доказательства, полученные от русских", что японцы готовы были признать свое поражение еще до того, как на Хиросиму упала первая атомная бомба»[148].

Глава 4. Бомба

Ватикан немедля осудил бомбардировку. Религиозный журнал *Catholic World* назвал применение бомб «зверским и отвратительным... самым тяжелым ударом по христианской цивилизации и законам морали». Глава Федерального совета церквей Джон Фостер Даллес, будущий воинствующий госсекретарь при Эйзенхауэре, переживал, что «если мы — по собственному признанию, христианская нация — сочтем допустимым подобное применение атомной энергии, то люди в других частях света придут к такому же заключению. Атомное оружие начнут рассматривать как обычную часть вооружений, тем самым подготовив почву для внезапного и полного уничтожения человечества»[149].

О бомбардировках сожалели очень и очень многие. Президент Чикагского университета Роберт Хатчинс участвовал в круглом столе, организованном его университетом, на тему «Атомное оружие: значение для человечества», который транслировали по радиоканалу *NBC* 12 августа, всего через три дня после бомбардировки Нагасаки. Хатчинс заявил: «Этот вид оружия если и стоит применять, то исключительно как крайнее средство самообороны. Когда бомбу сбросили, американское правительство знало, что СССР вот-вот вступит в войну. Нам говорили, что Япония в блокаде, что ее города сожжены. Все факты указывают на то, что в применении бомбы не было необходимости. Следовательно, США утратили свой моральный престиж»[150].

Японию во Второй мировой войне победили храбрые молодые американцы, такие как Пол Фасселл, а также их советские и английские товарищи по оружию. Многие заплатили за это жизнью. Однако Трумэн, Стимсон и остальные создали миф о том, что именно благодаря атомной бомбе союзники одержали победу, что именно бомба спасла жизнь сотням тысяч американцев, позволив закончить войну без участия сухопутных войск. В 1991 году бывший президент Джордж Буш-старший зашел так далеко, что стал оправдывать «жесткое, взвешенное решение Трумэна, [которое] сохранило жизнь миллионам американцев»[151]. Однако факты говорят о другом. Хотя атомные бомбардировки, разумеется, повлияли на решение японцев капитулировать, они стали лишь дополнением к американской стратегии поочередного продвижения с острова на остров, авианалетов и блокады, а также к мощному воздействию советского вторжения, убедившего японских руководителей, что теперь бессмысленно надеяться на последнее решающее сражение в самой Японии. Впрочем, сражаться в Японии американцы тоже теперь не могли. Как признавался Лихи: «Я не мог придумать ни одного оправдания с точки зрения интересов национальной обороны вторжению в уже полностью побежденную Японию»[152].

Атомная бомбардировка Хиросимы и Нагасаки не сделала и СССР более сговорчивым. Она только убедила Сталина, что США не остановятся ни перед чем, лишь бы навязать свою волю, а следовательно, СССР должен ускорить разработку собственной атомной бомбы как средства устрашения кровожадных американцев.

Многие сочли это жестокой иронией, но США позволили Японии сохранить императора — по мнению большинства специалистов, это было совершенно необходимо для сохранения стабильности в стране после войны. Вопреки утверждениям Бирнса такое решение не поставило под угрозу политическую карьеру Трумэна.

А гонка ядерных вооружений, которой боялись Силард и другие, уже шла полным ходом. Трумэн превратил в реальность свое кошмарное видение мира, балансирующего на грани уничтожения. Стимсон использовал очень схожие образы в 1947 году, оправдывая атомную бомбардировку: «Благодаря этому последнему великому деянию Второй мировой войны мы получили решающее доказательство, что война — это смерть. Война в XX веке стала намного более варварской, более разрушительной, более подлой во всех отношениях. Теперь, с открытием атомной энергии, способность человека к самоуничтожению достигла своего пика»[153].

Трумэн всегда утверждал, что не раскаивается в своем решении, и даже хвастал, что «никогда не теряет из-за этого сон»[154]. Когда тележурналист Эдвард Р. Мэроу спросил его: «Вы сожалеете?» — он ответил: «Нет. Нет, ни в коей мере»[155]. Когда другой интервьюер поинтересовался, было ли Трумэну морально тяжело принять такое решение, тот ответил: «Черт, нет, я принял его вот так», — и щелкнул пальцами[156].

25 октября 1945 года Трумэн впервые лично встретился с Оппенгеймером и попросил ученого предсказать, когда Советы разработают свою атомную бомбу. Когда Оппенгеймер признался, что не может, Трумэн объявил ему, что вот сам он может назвать дату: «Никогда». Расстроившись из-за такой грубой демонстрации невежества, Оппенгеймер заметил: «Господин президент, я чувствую, что у меня руки в крови». Трумэн рассердился. «Я ответил ему, что кровь на моих руках, и ему незачем об этом беспокоиться». Позже Трумэн сказал Дину Ачесону: «Я больше не желаю видеть здесь этого сукина сына». Он также назвал Оппенгеймера «плаксой»[157].

Ужасы и кровопролитие Второй мировой войны многих ожесточили, люди стали равнодушны к страданиям других. Физик Фримен Дайсон, ставший впоследствии всемирно известным специалистом, а в то время

Глава 4. Бомба

Генерал Дуглас Макартур с императором Хирохито. Многие сочли это жестокой иронией, но США позволили Японии сохранить императора — по мнению большинства специалистов, это было совершенно необходимо для сохранения стабильности в стране после войны. Вопреки утверждениям Бирнса, такое решение не поставило под угрозу политическую карьеру Трумэна.

собиравшийся отправиться на Окинаву вместе с английским соединением «Тигры», куда входило три сотни бомбардировщиков, пытался осветить происходящее:

> «Я считал непрекращающееся убийство беззащитных японцев еще более отвратительным, чем убийство хорошо защищенных немцев, но по-прежнему не отказался от участия в нем. К этому времени война длилась уже так долго, что я едва мог вспомнить мирное время. Никто из живущих ныне поэтов не в силах выразить ту душевную опустошенность, которая позволяла мне продолжать участвовать в убийствах, не испытывая ни ненависти, ни раскаяния. Но Шекспир понял это, и он вложил в уста Макбета слова:
>   "Я так погряз/ В кровавой тине, что уже навряд/ Идти вперед труднее, чем назад"»*[158].

Литератор и политический радикал Дуайт Макдональд уловил эту дегуманизацию еще до разрушения Хиросимы. Он проследил переход от «недоверия, ужаса и негодования», охвативших многих, когда в 1938 году самолеты Франко уничтожили сотни мирных испанцев, к презрению

---

* *Шекспир. Макбет. Акт 3, сц. 4. Пер. С.М. Соловьева.*

и безразличию к сотням тысяч жертв в Токио: «Мы больше не ужасаемся резне. Говорят, царь Митридат выработал у себя иммунитет к яду, принимая его маленькими дозами, которые он постепенно увеличивал. Таким образом, постепенно растущие ужасы прошлого десятилетия превратили всех нас в некое подобие моральных митридатов, выработавших у себя иммунитет к состраданию»[159].

Но такой иммунитет возник не у всех. Многие ученые, участники работы над бомбой, стали пожизненными и активными противниками ядерного оружия, как, например, Лео Силард, сменивший сферу деятельности с физики на биологию и основавший Совет по пригодному для жизни миру; Альберт Эйнштейн, в 1946 году возглавивший Чрезвычайный комитет ученых-атомщиков; Джозеф Ротблат, неустанно боровшийся за запрещение ядерного оружия до самой своей смерти в возрасте 96 лет и в 1995 году получивший Нобелевскую премию мира.

Даже английский премьер-министр У. Черчилль признал трудность оправдания атомных бомбардировок. Черчилль посетил Трумэна в конце его президентского срока. Трумэн организовал небольшой ужин, куда пригласил Роберта Ловетта, Омара Брэдли, Гарримана и Ачесона. Маргарет, дочь Трумэна, так описала происходившее: «Все находились в радостном возбуждении, особенно папа. Неожиданно господин Черчилль повернулся к нему и сказал: "Господин президент, я надеюсь, что вы уже подготовили ответ на тот час, когда мы с вами предстанем перед святым Петром, и он скажет: я так понимаю, именно вы двое ответственны за применение тех атомных бомб. Что скажете в свое оправдание?"»[160] Однако атомные бомбардировки — не единственный поступок, за который Черчиллю и Трумэну придется держать ответ, ведь именно США и Англия повинны в противостоянии с СССР.

Человек, приложивший максимум усилий для прекращения этого противостояния, Генри Уоллес, в значительной степени потерян для истории. Мало кто помнит, как близок был Уоллес к выдвижению своей кандидатуры на пост вице-президента той душной чикагской ночью в июле 1944-го. Какой бы стала эта страна, если бы Уоллес, а не Трумэн пришел на смену Рузвельту в апреле 1945 года? Были бы тогда взорваны атомные бомбы? Избежали бы мы гонки ядерных вооружений и холодной войны? Получили бы мы широкие гражданские права и права женщин в послевоенные годы? Пришел бы конец колониализму на несколько десятилетий раньше, а плоды науки и техники распространились бы по миру более справедливо? Увы, узнать это нам не дано.

Глава 5
Холодная война:

КТО НАЧАЛ ПЕРВЫМ?

«Весьма вероятно, что через сто лет люди сочтут холодную войну столь же странной и непостижимой, какой мы сегодня считаем Тридцатилетнюю войну — страшную войну, которая опустошила большую часть Европы в не таком уж далеком прошлом. Оглядываясь на XX столетие, — мудро замечает Артур Шлезингер-младший, — наши потомки, скорее всего, поразятся несоответствию между причинами холодной войны (их можно счесть совершенно тривиальными) и последствиями, способными привести к концу всю историю человечества»[1]. Неужели холодную войну нельзя было вести иначе — без того, чтобы США и СССР грозили друг другу ядерным оружием, способным уничтожить обе страны, а заодно стереть с лица земли все остальное человечество? Можно ли было вообще избежать холодной войны? Были ли тогда государственные деятели, предлагавшие кардинально иное видение послевоенного мира, основанного на мирном и дружеском соревновании, которое способствовало бы прогрессу человечества?

В начале холодной войны столкнулись между собой два в корне различных представления о роли США в мире: представление Генри Люса, который видел XX век «Американским веком», и утопия Генри Уоллеса — «Век простого человека». Разница в ценностях колоссальна.

2 сентября 1945 года официально закончилась Вторая мировая война. В разных уголках Земли американцы ликовали, однако над их страной повисла гнетущая атмосфера: в руинах Хиросимы и Нагасаки, спаленных атомным пламенем, жителям США виделось собственное будущее. 12 августа тележурналист компании CBS Эдвард Р. Мэрроу за-

метил: «Редко (если вообще такое бывало) окончание войны вызывало у победителей такое чувство неуверенности и страха, а также понимания того, что будущее неясно, а выживание не гарантировано». Обсуждения в широких слоях населения изобиловали апокалиптическими предчувствиями: на американцев напал страх, который историк Пол Бойер назвал «первобытным страхом вымирания»[2]. Газета *St. Louis Post-Dispatch* сокрушалась, что наука, возможно, «подписала свидетельство о смерти мира млекопитающих». Джон Кемпбелл, редактор журнала фантастики *Astounding Science Fiction*, отметив, что он вот уже 15 лет наблюдает за развитием науки, признался: «Честно говоря, я боюсь». И добавил: новое оружие — не просто очередная бомба, а «сила, способная уничтожить род людской»[3]. *New York Times* сожалела, что люди теперь могут «взорвать самих себя и, возможно, превратить всю планету в облако дрейфующей в космосе пыли»[4]. *Washington Post* с грустью замечала, что ожидаемая продолжительность существования человека как биологического вида «за каких-то две недели неслыханно сократилась»[5].

Закончившаяся война оставила большую часть Европы и Азии в развалинах. В ней погибло ни много ни мало 70 миллионов человек. Количество погибших среди мирного населения превысило военные потери более чем в 1,5 раза. Потери СССР были беспрецедентными, поскольку отступающие немецкие войска уничтожали все на своем пути. Президент Джон Ф. Кеннеди позже отмечал: «Никакое другое государство в истории войн не несло таких потерь, какие понес Советский Союз в ходе Второй мировой войны. В СССР война унесла по меньшей мере 20 миллионов жизней. Были сожжены или разграблены бесчисленные миллионы домов и крестьянских хозяйств. В пустыню превратилась треть всей территории СССР, включая почти две трети его промышленной базы, — ущерб, соизмеримый с разрушением территории нашей страны к востоку от Чикаго»[6].

Избежать колоссальных разрушений удалось только США. Американская экономика переживала бурный подъем. ВНП и объем экспорта более чем вдвое превысили довоенный уровень. Промышленное производство взлетело, каждый год увеличиваясь на рекордные 15%. Соединенным Штатам принадлежало две трети мирового запаса золота и три четверти инвестиций во всем мире. США производили 50% мирового объема товаров и услуг — неслыханные цифры! Однако бизнесмены и специалисты по планированию опасались, что прекращение ассигнований на войну предвещает возврат к довоенной депрессии в экономике. Особенно их тревожили последствия возможного решения стран Европы закрыть свои рынки для американской торговли и инвестиций.

Глава 5. Холодная война

Руины Лондона, Варшавы и Киева. Закончившаяся война оставила большую часть Европы и Азии в развалинах. В ней погибло ни много ни мало 70 миллионов человек. Количество жертв среди мирного населения превысило военные потери более чем в 1,5 раза.

Пока у руля страны стоял Франклин Рузвельт, США ловко лавировали между Англией и СССР. Большинство американцев недобро косились на британский империализм и не поддерживали репрессивную политику англичан в Греции, Индии и других странах. Многие не доверяли и социализму советского типа и осуждали деспотичное обращение Советского Союза с Восточной Европой. После войны США использовали кредит в размере 3,75 миллиарда долларов как отмычку для взлома Британской империи, и американский капитал и товары получили равный доступ на ее территории. США простили Англии долги по ленд-лизу, но разочаровали Советский Союз, не предложив подобную помощь ему, хотя и поманили его перспективой крупного кредита еще в период войны. Гарри Трумэн, к сожалению, не проявил ловкости Рузвельта в проведении независимого курса, а постепенно все больше прибивался к британскому берегу, игнорируя тревоги СССР в связи с достигшей максимума мощью США и относительной слабостью Советов.

В середине сентября госсекретарь США Джеймс Бирнс отправился в Лондон на переговоры с Молотовым и министрами иностранных дел ряда других великих держав. Перед отъездом он четко выразил свое намерение использовать американскую атомную монополию, чтобы принудить СССР согласиться на требования Америки. Но всякий раз, когда Бирнс начинал настаивать на том, чтобы Советы открыли американцам Восточную Европу, Молотов указывал на политику исключительных привилегий США в Италии, Греции и Японии. Устав от агрессивного напора Бирнса, Молотов наконец спросил его, не прячет ли он атомную бомбу в кармане пальто, на что госсекретарь ответил: «Вы не знаете южан. Мы всю свою артиллерию носим в кармане. Если вы не прекратите ставить нам палки в колеса... то я достану из заднего кармана атомную бомбу и брошу на вас»[7].

Американская атомная дипломатия при первой же попытке пустить ее в ход оказалась совершенно не способной привести к желаемым результатам. Военный министр Генри Стимсон порекомендовал не прибегать к слишком откровенному запугиванию. В сентябрьской записке Стимсон объяснил Трумэну, что запугивание Советов атомным оружием приведет к неприятным последствиям и только подстегнет усилия СССР обзавестись собственным атомным арсеналом:

«Удовлетворительные отношения с Россией не просто связаны, но и... фактически зависят от проблемы атомной бомбы... и если мы... начнем размахивать этим оружием или просто выставлять его напоказ, их подозрения и недоверие к нашим целям и побуждениям возрастут... Главный урок, который я извлек из своей долгой жизни: сделать человека заслуживающим доверия можно, лишь начав ему доверять; а сделать его ненадежным проще всего, если не доверять ему и демонстрировать свое недоверие»[8].

Стимсон смело призвал приостановить дальнейшие работы над атомными бомбами в США, если Англия и СССР поступят аналогичным образом, и законсервировать те, которые США уже произвели. Трумэн посвятил заседание кабинета 21 сентября настоятельной просьбе Стимсона укрепить дружбу между Америкой и Советским Союзом, пока последний не создал собственную атомную бомбу. Заседание, происходившее в 78-й день рождения Стимсона, оказалось для уходящего на пенсию политика последним. Мнения министров о предложении Стимсона резко разошлись: министр торговли Генри Уоллес возглавил его сторонников, а министр ВМС Джеймс Форрестол — противников. Форрестол сыграет важную роль в ужесточении американской политики по отношению к СССР. Прежде чем войти в число служащих Белого дома (это произошло в 1939 году), он заработал благосостояние на Уолл-стрит и женился на бывшей актрисе, игравшей в труппе «Безумства Зигфелда» на Бродвее. Как и большинство других бизнесменов с Уолл-стрит, он совершенно не доверял Советскому Союзу. Он «допустил утечку» в прессу ложной информации о дискуссии в кабинете. На следующий день *New York Times* сообщила, что Уоллес предложил поделиться с СССР «секретом атомной бомбы»[9]. И хотя Трумэн немедленно опроверг эту скандальную ложь и объяснил, как все происходило на самом деле, Уоллес прекрасно понял зловещее предзнаменование.

Поскольку Уоллес только что вернулся с конференции по атомной энергии в Чикагском университете, он гораздо лучше Трумэна и других членов правительства понимал, что теперь поставлено на карту. Специалисты были согласны в том, что, какой бы секретностью ни окружали атомную бомбу прежде, эта секретность улетучилась, как только США нанесли первый удар по Хиросиме. Они также понимали (а Комитет Франка предвидел это еще в июне), что СССР скоро будет обладать собственным атомным арсеналом. Присутствовавшие на конференции ученые не сомневались, что нынешнее поколение атомного оружия бледнеет в сравнении с тем, которое скоро будет разработано. Поэтому, заключили они, необходимо срочно принять ряд мер по обузданию гонки вооружений. Уоллес тогда заявил: «Любая страна, которая нарушает международные нравственные законы, рано или поздно попадет в неприятную ситуацию — как уже получилось у англичан с народами колоний и как может получиться у США с атомной бомбой». То же самое он пытался втолковать и коллегам-министрам[10].

Несколько дней спустя Уоллес получил письмо от физика Артура Холли Комптона. Комптон предупредил Уоллеса о зловещих разработках в военных лабораториях. «Существует большая вероятность того, — писал он, — что в случае объединения усилий ученых и производственников, как было при создании нынешней атомной бомбы, можно будет создать супербомбу», обладающую ошеломляющей разрушительной силой. Этой фразой он выразил глубокую убежденность членов Научной коллегии Временного комитета. «Мы считаем, что этого… предпринимать *не следует*… ибо мы… предпочитаем понести поражение в войне, нежели одержать победу ценой невероятной общечеловеческой катастрофы, которую неизбежно повлечет… применение бомбы». Комптон привел примерные расчеты, показавшие, о какой мощности бомбы идет речь: «Площадь территории, полностью разрушенной одной атомной бомбой: 10 кв. км. Площадь территории, которую полностью разрушит 1000 атомных бомб в будущей войне: 10 000 кв. км. Площадь территории, которую полностью разрушит тысяча супербомб в будущей войне: приблизительно 2,5 млн кв. км. Площадь континентальной части США: около 7,5 млн кв. км». Больше всего беспокоило Комптона то, что «теоретическая основа для супербомбы спонтанно возникла по крайней мере у четырех человек, работавших над нашим проектом, и все они поделились со мной своими мыслями, независимо друг от друга. Это означает, что такие идеи придут в голову и ученым в других странах, занятых подобными разработками. Если бомбу создадут у нас, за нами должны последовать и другие державы». И Уоллес, и Комптон чувствовали: с такой угрозой могло бы справиться только мировое правительство в той или иной форме[11].

Уоллес вступил в арьергардный бой с могучими силами, подталкивающими страну к войне с СССР. Постепенное изгнание Трумэном немногих остающихся в правительстве сторонников «Нового курса» оставляло Уоллеса во все большей изоляции. Теперь еще и Стимсон ушел. Как отмечала советская разведка, сдвиг вправо среди советников Трумэна по вопросам внешней политики и экономики стало трудно не заметить.

Уоллеса это не смутило, и 15 октября он встретился с Трумэном, пытаясь убедить того смягчить тон в отношении Советского Союза, и вручил ему свой доклад, озаглавленный «Значение Атомного века». Трумэн прочитал отчет от корки до корки в присутствии автора. Там говорилось: «Когда атомной бомбой обладают многие страны, достаточно малейшей искры, чтобы вызвать взрыв вселенских масштабов, который уничтожит человечество. Необходимо незамедлительно предпринять шаги к созданию международной организации, основанной на устранении всего наступательного оружия, сотрудничестве ради использования положительных свойств атомной энергии и принятии принципа международной опеки над определенными районами мира. Создание такой организации — вопрос жизни и смерти». Трумэн полностью согласился с Уоллесом и признался: «Именно это я давно уже пытаюсь сказать». Он также с нарочитым великодушием заметил: «Сталин — прекрасный человек, который стремится к хорошему». Трумэн даже согласился с утверждением Уоллеса, что «цель англичан — положить непреодолимую пропасть между нами и русскими»[12]. Усилия Уоллеса не пропали даром. На пресс-конференции осенью 1945 года Трумэн заявил: «Наши интересы не противоречат интересам России и никогда не противоречили. Мы всегда были друзьями, и, я надеюсь, такими и останемся»[13].

Ядерная проблема все более грозно маячила на горизонте, и ученые забросали Вашингтон требованиями способствовать установлению международного контроля над атомной энергией и не допустить, чтобы исследованиями в данной области руководили военные. Уоллес поддержал их, выступив на заседании Специальной комиссии сената по атомной энергии, где заявил, что законопроект Мэя–Джонсона, предусматривающий надзор военных за ядерными исследованиями в мирное время, вызовет «самые недемократичные, диктаторские распоряжения, которые когда-либо были… предложены конгрессу в форме важнейших законодательных актов»[14]. Принятие законопроекта угрожало отдать американский народ в руки «военного фашизма»[15]. Уоллес также требовал от Трумэна вывести американское атомное оружие из-под контроля Лесли Гровса и ввести в качестве обязательного условия для применения этого оружия согласие президента, госсекретаря, военного министра и министра ВМС. Уоллес боялся, что если ярый антисоветчик Гровс получит полный контроль над ядерным арсеналом, то он, возможно, применит атомную бомбу своей властью.

Эти опасения не были настолько беспочвенными, как может показаться. В конце 1945 года Гровс открыто отстаивал «превентивный» удар по СССР. Он утверждал, что у США есть два пути. Они могут быстро достичь с Советами соглашения, гарантирующего, что никто и ни при каких обстоятельствах не станет применять атомные бомбы. Но такое соглашение, по мнению Гровса, обязательно повлечет за собой «отказ от всех прав частных лиц и установление государственного контроля над жизнью граждан, деятельностью научных лабораторий и промышленных предприятий во всем мире, включая США». Если же достичь такого соглашения не удастся, то атомной бомбой будут обладать США, Англия и СССР. В этом случае, считал Гровс, «Соединенные Штаты должны будут постоянно поддерживать абсолютное превосходство в атомном оружии, включая его количество, величину, мощность, эффективность, а также средства для немедленного наступательного применения и средства обороны от атомного удара. Мы также должны организовать разведслужбу, которая будет действовать по всему миру и постоянно держать нас в курсе любых действий других стран в области атомных исследований и их военных намерений». Это привело бы к гонке атомных вооружений. Но он не верил, что «мир может... долго поддерживать такую гонку». Поэтому, заключил Гровс, США не должны позволить никому из потенциальных конкурентов «создавать атомное оружие и обладать таковым. Если такая страна начнет создавать атомное оружие, мы должны пресечь ее способность к этому прежде, чем она зайдет достаточно далеко, чтобы угрожать нам»[16].

Ученые, пытавшиеся добиться международного контроля над ядерной энергией и гарантировать гражданский контроль внутри страны, всегда считали Уоллеса своим союзником в правительстве, больше всех заслуживающим доверия. Оппенгеймер посетил его в октябре и сообщил о том, что ученые обеспокоены растущей напряженностью в отношениях с СССР и тем, что Бирнс использовал «бомбу, словно пистолет, стараясь добиться во внешней политике того, что нам нужно». Он понимал: в ответ русские создадут собственную бомбу, и очень быстро. Оппенгеймер жаловался, что ученые «утратили былое мужество», и теперь все их мысли занимают «социально-экономические последствия создания бомбы». Уоллес был потрясен глубиной обеспокоенности Оппенгеймера: «Я никогда не видел, чтобы человек так сильно нервничал, как Оппенгеймер. Создавалось впечатление, что он чувствует неизбежность гибели рода людского». Уоллес разделил его беспокойство в отношении нестабильности положения в мире и посоветовал ему обратиться лично к Трумэну. Расстроенный беседой с Оппенгеймером, Уоллес заметил: «Угрызения совести ученых, создавших атомную бомбу, — одно из наиболее поразительных явлений, с каким я когда-либо сталкивался»[17].

Оппенгеймер последовал совету Уоллеса и через шесть дней встретился с Трумэном. Встреча прошла хуже некуда. Трумэн подчеркивал важность принятия закона об атомной энергии с точки зрения национальных интересов; Оппенгеймер, в свою очередь, настаивал на осуществлении международного контроля. Беседа окончательно зашла в тупик, когда Оппенгеймер признался в чувстве вины за создание бомбы.

Уоллес упорно пытался снизить влияние на президента советников-консерваторов, предпочитавших конфронтацию с СССР продолжению сотрудничества военных лет. В каждом поступке русских им чудились недобрые намерения. Уоллес пытался убедить Трумэна задуматься над тем, как его слова и действия выглядят в глазах советских лидеров. На следующий день после неудачной встречи Оппенгеймера с Трумэном, когда закончилось очередное заседание кабинета, Уоллес задержался, чтобы поговорить с президентом. Он снова призвал Трумэна к равному подходу в отношении Англии и СССР и попросил его предложить Советскому Союзу заем, сопоставимый с обещанным англичанам. Он провел сравнение: если Советы ведут свою линию на Балканах, то ведь и США подтасовали в свою пользу результаты выборов на Кубе и в Мексике. Трумэн, как всегда, полностью согласился с анализом событий Уоллеса.

Однако эффект от частых настойчивых советов Уоллеса, как правило, оказывался недолговечным. Другие советники Трумэна улавливали куда более угрожающий смысл в действиях СССР и находили возможность убедить президента смотреть на мир их глазами. К ноябрю они уже называли Уоллеса и прогрессивных друзей Трумэна «красными» и советовали президенту «не обращать внимания на то, чего добиваются от вас эти "красные"»[18].

Тем временем руководители СССР занимались своими делами: закрепляли достигнутое в Восточной Европе и в Азии, восстанавливали разрушенную экономику и старались гарантировать, что Германия и Япония больше никогда не смогут угрожать безопасности СССР. Положение Советского Союза в мире позволяло действовать в соответствии с этими интересами. Поскольку ведущую роль в движениях Сопротивления сыграли коммунисты, находившиеся в оккупации европейцы, как правило, приветствовали советские войска как освободителей. По всей Европе резко выросло число членов компартий. На выборах 1945 года во Франции, Италии и Финляндии коммунисты получили больше 20% голосов избирателей. Многие европейцы были изгнаны из родных мест, лишились крыши над головой, голодали и не имели работы — такие условия не могли не привести к новым успехам коммунистов. В Италии, где в партию вступили 1 миллион 700 тысяч человек, реальная заработная плата в 1945 году составляла всего лишь четверть от уровня 1913 года, а объем ВНП соответствовал показателям 1911-го. Заместитель госсекретаря Дин Ачесон тревожился, что Европа повернется лицом к социализму, а США окажутся в изоляции: «Люди так долго страдали и так глубоко верят, что правительства могут что-то предпринять для облегчения их страданий, что начнут требовать все большего усиления государственного контроля и государственного вмешательства»[19].

Но СССР, выполняя взятые на себя в годы войны обязательства и надеясь сохранить союзнические отношения с Англией и США, делал все возможное, чтобы сдержать своих разочарованных товарищей в Китае, Италии, Франции и Греции. В начале 1946 года в результате опроса, проведенного Институтом Гэллапа, выяснилось: только 26% американцев считают, что Советы стремятся к мировому господству. 13% считали, что к мировому господству стремятся англичане[20].

В течение первых послевоенных месяцев Трумэн никак не мог окончательно определиться в своем отношении к Сталину и часто сравнивал его с боссом Пендергастом из Канзас-Сити. И в своей нерешительности Трумэн был не одинок. Даже Аверелл Гарриман, яростный критик СССР, посол США в Москве в годы войны, не раз встречавшийся со Сталиным, признавал сложность этой личности:

«Мне тяжело примирить любезность и предупредительность, которые он проявлял ко мне при личных встречах, с отвратительной жестокостью массовых расстрелов. Те, кто не был знаком с ним лично, видят в Сталине только тирана. Я же видел и другую сторону — он обладал глубокими знаниями, фантастической способностью быстро вникать в детали, живостью ума и поразительно тонким пониманием людских характеров... Я нашел, что он лучше информирован, чем Рузвельт, реалистичнее смотрит на вещи, чем Черчилль, — в известном смысле Сталин был самым толковым из руководителей великих держав времен войны... для меня Сталин остается самой непостижимой и противоречивой личностью, которую я когда-либо знал»[21].

Когда спала напряженность вокруг Польши, прекрасным «пробным камнем» для послевоенного сотрудничества стала Германия. После капитуляции союзники разделили ее на зоны: советскую, американскую, английскую и французскую. Рузвельт сначала поддержал план Моргентау, где предлагалось превратить Германию в аграрную страну, гарантируя тем самым, что она больше никогда не сможет угрожать безопасности соседей. «С Германией нужно быть пожестче, — сказал он Моргентау в августе 1944-го. — Немцев нужно или кастрировать, или относиться к ним так, чтобы они не смогли и дальше производить на свет тех, кто захочет продолжить дело своих предков»[22]. Но США развернулись на 180 градусов, как только поняли, что восстановление немецкой экономики — ключ к полному восстановлению Европы. Эта смена политического курса вбила клин между западными державами и СССР, который опасался восстановления мощи Германии и скрупулезно демонтировал предприятия в восточной части страны, переправляя оборудование в Советский Союз. Эти противоречия препятствовали созданию объединенной Германии, сеяли семена дальнейших конфликтов, в то время как рядовые немцы изо всех сил пытались свести концы с концами, независимо от того, в какой зоне они жили.

Первый серьезный конфликт между великими державами вспыхнул не в Европе, а на Среднем Востоке, когда Сталин начал расширять советское влияние в Иране и Турции, пользуясь ослаблением английского влияния. Ближний и Средний Восток приобрел важное стратегическое значение после завершения строительства Суэцкого канала в 1869 году и организации международных авиалиний в начале XX века. Английский историк Арнольд Тойнби назвал канал «кратчайшим маршрутом между двумя главными средоточиями населения и власти в мире XX столетия»: Индией, Восточной Азией и Тихим океаном с одной стороны, Европой, Америкой и Атлантикой — с другой. Он пояснил: «Господство на Ближнем Востоке дает возможность держать открытыми прямые коммуникации между этими двумя полюсами, или же закрыть их, или заставить снова открыться»[23]. СССР долго стремился получить свободный доступ в черноморские проливы, контролируемые Турцией, — это открыло бы СССР доступ в Средиземное море, и Сталин считал, что договоренности с Рузвельтом и Черчиллем были достигнуты во время войны. Теперь он давил на Турцию, требуя организовать у проливов совместные военные базы. Следующий конфликт, как и все остальные конфликты на Ближнем Востоке, был связан с нефтью. В начале войны на долю США приходился 61 % общего мирового производства нефти. Но Англия контролировала 72 % ближневосточной нефти, а США — только 10. Теперь США хотели получить бо́льшую долю нефти на Ближнем Востоке. Ключ к исполнению их чаяний находился в руках у Саудовской Аравии. В 1943 году США предоставили богатому нефтью королевству помощь в рамках ленд-лиза. В следующем году король Ибн-Сауд выдал США разрешение на строительство авиабазы в Дахране[24].

В 1944 году на встрече с английским послом лордом Галифаксом Рузвельт набросал карту ближневосточных нефтяных залежей и сообщил собеседнику, что иранская нефть принадлежит англичанам, саудовская — США, а иракская и кувейтская — обеим державам. В следующем году Рузвельт заключил договор с Ибн-Саудом, пообещав тому американскую поддержку в обмен на исключительное право доступа к саудовской нефти. Трумэн понимал необходимость удержания американского контроля над этим жизненно важным ресурсом. В августе 1945 года Гордон Мерриам, глава ближневосточного отдела Госдепартамента, пояснил Трумэну, что нефтяные ресурсы Саудовской Аравии — «чрезвычайно важный источник стратегической власти и одно из величайших сокровищ в истории человечества»[25].

Другим сокровищем был Иран. В сентябре 1941 года, недовольные непредсказуемым поведением шаха Реза Пехлеви и сомневаясь в его лояльности, Англия и СССР оккупировали Иран*, отправив Реза Пехлеви в ссылку и посадив на престол его сына, которому исполнился 21 год[26].

США, внимательно следившие за богатым нефтью Ираном еще с 1920-х годов, стали плести интриги, надеясь расширить свое влияние, и предложили ему помощь в рамках ленд-лиза, а также гражданских и военных советников. В 1943 году госсекретарь Корделл Хэлл объяснил Рузвельту, почему необходимо ограничить влияние Англии и СССР: «В наших интересах не допустить, чтобы какая-нибудь великая держава обосновалась в Персидском заливе, напротив ключевых американских районов нефтедобычи в Саудовской Аравии»[27].

Как и у Англии с Соединенными Штатами, у СССР были свои планы в отношении иранской нефти. Сталин хотел разрабатывать нефтяные месторождения на севере Ирана. Его также беспокоила безопасность нефтепромыслов в Баку, расположенных всего лишь в 1,5 километра к северу от советско-иранской границы. Сталин добивался у Ирана нефтяных концессий, сопоставимых с предоставленными англичанам и американцам, и, поскольку после Второй мировой войны здесь еще оставались советские войска, поддержал сепаратистское восстание в северных областях Ирана**, стремясь форсировать события.

---

* Такая мера предусматривалась, в частности, ст. 6 действовавшего на тот момент Договора между РСФСР и Ираном, заключенного в 1921 году: советские войска могли быть введены в Иран для предотвращения угрозы границам РСФСР (с 1922 года — СССР) со стороны третьих стран.

** Речь идет о массовых выступлениях в Иранском Азербайджане, жители которого (азербайджанцы и курды) подвергались дискриминации со стороны персидской верхушки. Вскоре после вывода частей Советской армии, в декабре 1946 года, иранские войска подавили восстание, а вскоре разделили единую область на три отдельные (Западный и Восточный Азербайджан и Ардебиль), часть территории вошла в состав соседних провинций-останов. Волнения на национальной почве в этом регионе продолжались и впоследствии, в последний раз — в 2006 году.

Глава 5. Холодная война

Трумэн и Черчилль приветствуют народ с платформы поезда по пути в Фултон (штат Миссури), где в начале марта 1946 года Черчилль произнесет свою воинственную речь о «железном занавесе».

Черчиллю не терпелось столкнуться с Советским Союзом. Оголтелый антикоммунист и бесстыдный империалист, он еще в 1918 году пытался втянуть США в военное противоборство с Советской республикой. И хотя на время войны ему пришлось сдержать свои давние мечты о столкновении с Советами, он нанес удар, как только представилась такая возможность. Советские пробные бурения в Иране и Турции угрожали британскому влиянию на Ближнем Востоке и Средиземном море, да и о контроле над Индией Англия тревожилась всегда. Разоблачение группы советских шпионов в области атомных исследований в Канаде в начале февраля добавило достоверности предупреждениям Форрестола, Лихи и других противников компромисса. Речь, произнесенная Сталиным в том же месяце, вызвала очередную волну возмущения, хотя на самом деле она была далеко не такой подстрекательской, как пытался утверждать эксперт по СССР Джордж Кеннан и некоторые другие.

Антисоветские чувства явно находились на подъеме в начале марта 1946 года, когда Черчилль выступал в Фултоне (штат Миссури) в присутствии сидевшего в президиуме Трумэна. Агрессивная речь бывшего (и будущего) премьер-министра Великобритании нанесла мощный, а возможно, и смертельный удар по любым перспективам взаимопонимания после войны:

«От Щецина на Балтике до Триеста на Адриатике на весь континент опустился "железный занавес"... Почти все эти страны управляются полицейскими правительствами... Коммунистические партии, или пятые колонны, представляют собой все возрастающий вызов и опасность для христианской цивилизации... Я не верю, что Россия хочет войны. Чего она хочет, так это плодов войны и безграничного распространения своей мощи и доктрин»[28].

Сталин возмутился и обвинил Черчилля в том, что тот «стоит на позиции разжигателей войны», которые придерживаются «расовой теории», считая, что «только нации, говорящие на английском языке, являются полноценными нациями, призванными вершить судьбы всего мира»*[29].

Речь Черчилля повсюду вызвала нешуточные страсти. Реакцию руководителей освещали крупнейшие газеты. Так, *New York Times* одобряла резкость Черчилля, заявляя, что тот выступал «с жаром пророка, чьи предсказания уже сбывались»[30]. *Washington Post* также восхваляла кое-какие моменты выступления, но критиковала «нелогичный» призыв Черчилля к организации «международной полиции», считая, что политик «переусердствовал с акцентом на применении силы»[31].

Chicago Tribune согласилась с анализом событий в Восточной Европе, но выступила категорически против предложенного пути исправления ситуации и раскритиковала его аргументацию в пользу британского империализма: «Он предлагает союз наполовину рабский и лишь наполовину свободный, причем рабство в нем представлено Британской империей. На самом деле он выступает как проситель, умоляя помочь старой порочной империи и искренне ожидая получить желаемое на своих условиях». Такой союз потребовал бы от Америки смириться с «порабощением и эксплуатацией миллионов британских подданных». *Tribune* сурово предостерегала США от использования своей мощи для того, «чтобы поддержать британскую тиранию по всему миру. Мы не можем стать партнерами по рабовладению»[32].

Несколько сенаторов резко осудили защиту Черчиллем империи. Республиканец от штата Мэн Оуэн Брюстер заявил: «Мы не можем принять наследие колониальной политики, представляемой английским Министерством иностранных дел и Министерством по делам колоний. Девять десятых населения мира не относятся к англосаксам. Мы должны задуматься о том, каким образом можно завоевать доверие мира, чье ос-

---

* Цит. по: *Сталин И.В.* Сочинения. Т. 16. М.: Издательство «Писатель», 1997. С. 25–30.

новное население не относится ни к славянам, ни к англосаксам. Я боюсь, что союз с англичанами станет катализатором, а в результате его действия именно мы выпадем в осадок. Мы должны строить американскую политику относительно русских независимо от Британии». Клод Пеппер от Флориды заявил: «Он очень красиво говорил об империализме — но речь всегда идет именно о британском империализме. Я думаю, что именно его консервативные взгляды настраивают его как против России, так и против лейбористского правительства в собственной стране. Нам нужно англо-американское сотрудничество, но не за счет остальной части мира». Позже Пеппер присоединился к своим коллегам по Демократической партии: Харли Килгору от Западной Вирджинии и Глену Тейлору из Айдахо, — и вместе они опубликовали заявление, в котором отклоняли предложение Черчилля создать «старомодный, основанный на политике силы военный союз между Великобританией и США», который бы «перерезал горло ООН»[33]. Пеппер сказал репортерам: «Ужасно видеть, как господин Черчилль... присоединяется к старым тори Чемберлена, которые помогали нацистам во время антисоветского крестового похода... люди мира, если они действительно хотят мира, должны принять во внимание этот ропот консерваторов в Англии и США, поскольку он приведет к войне. Новый британско-американский империализм, предлагаемый и отстаиваемый господином Черчиллем, заставит нас изменить тем самым идеалам, за которые сражались обе державы»[34].

К тому же и общественность не поддержала воинственные призывы Черчилля. Как утверждал один читатель *Washington Post*: «Сенатора Пеппера и его коллег следует поздравить со смелым ответом на воинственную речь Черчилля. Кто президент Соединенных Штатов: Трумэн или Черчилль? Почему же Черчилль указывает нам, как строить свою политику, если даже сами англичане на последних выборах отвергли политику Черчилля? Черчилль — поджигатель войны, и сенатору Пепперу пора так его и назвать. Нам нужна вторая Декларация независимости от британского правления»[35].

Еще в поезде, направляясь вместе с Черчиллем в штат Миссури, Трумэн полностью прочитал речь Черчилля и горячо одобрил ее. Но с учетом негодования общественности на воинственные призывы Черчилля он заявил, что не знал, о чем тот будет говорить. Журналисты быстро разоблачили беспардонную ложь президента.

Прогрессивные сторонники «Нового курса», возглавляемые членами семьи Рузвельт, осудили Черчилля и просили Трумэна изменить курс, пока не стало слишком поздно. Во время публичного выступления

Элеонора Рузвельт раскритиковала подстрекательскую речь Черчилля. Джеймс Рузвельт, старший сын Франклина и Элеоноры, аналогично высказался на собрании Независимого гражданского комитета искусств, наук и преподавательской деятельности. Он объявил: «Давайте четко поясним всему миру, что достопочтенный* Уинстон Черчилль, гостящий в нашей стране, говорит только от своего имени, когда нападает на мир во всем мире — когда он снова предлагает человечеству разделиться на два лагеря. Слишком часто в прошлом его закадычные друзья — и здесь, и за границей — оказывались заядлыми реакционерами. Именно мы, а также все, кому дорог мир, должны поднять голос осуждения того, о чем говорит и замышляет достопочтенный Уинстон Черчилль и его политические союзники». Дж. Рузвельт знал, что может сделать Трумэн, если захочет ослабить международную напряженность: «Я бы хотел, чтобы министр торговли Генри Уоллес полетел в Россию». Благодаря его репутации «человека справедливого и цельного», объяснил Рузвельт, личные переговоры Уоллеса со Сталиным могут сделать для укрепления мира и взаимопонимания больше, «чем любые резкие ноты или заявления»[36].

Джеймса Рузвельта в комитет ввел Гарольд Икес, долгое время занимавший пост министра внутренних дел в администрации Рузвельта, — поборник прогрессивного «Нового курса» Икес постоянно причинял головную боль Трумэну. Месяцем ранее Трумэн наконец избавился от Икеса — после того, как оклеветал его перед репортерами и назвал «сраным Иксом»[37]. В отставку Икес ушел из-за возражений против выдвижения Трумэном на должность помощника министра ВМС калифорнийского нефтяного миллионера Эдвина Поули, политическим махинациям которого Трумэн был обязан своей карьерой. Икес выступил против президента, обвинив Поули во лжи, когда тот заявил, будто не создавал лобби против намерения правительства придать федеральный статус нефтяным залежам у побережий страны. Икес утверждал, что Поули сделал «самое грубое предложение, которое я когда-либо получал»: нефтяники в 1944 году пожертвуют Демократической партии 300 тысяч долларов, если правительство откажется от посягательства на прибрежные зоны, инициатором которого был Икес. Икес сообщил, что во время чрезвычайного заседания кабинета министров, состоявшегося неделей ранее, Трумэн попросил его «обращаться с Эдом Поули помягче», а председатель Национального комитета партии Роберт Ханнеган «сделал все возможное», чтобы Поули

---

* В англоязычных странах: уважительное обращение к лордам, министрам и другим сановникам.

получил должность в правительстве. Икес проявил последовательность, отказался от мягкости и достаточно резко заявил: «Я не хочу оставаться в кабинете, где от меня требуют лжесвидетельств в узкопартийных интересах». Он начал обмен едкими письмами с Трумэном по вопросу своей отставки и предупредил: если правительство не откажется от сомнительных махинаций, то разразится скандал, не уступающий делу «Типот-доум»*. Он также напомнил Трумэну, что Министерство внутренних дел «должно всегда стараться избегать объединения денег с политикой». Икес также объяснил репортерам, что ни одному нефтяному магнату нельзя предоставлять должность в правительстве, если она подразумевает работу в области нефтяной политики [38]. Газета *Los Angeles Times* опубликовала передовицу под названием «Взрыв Икеса сотрясает капитал не хуже атомной бомбы», где описала то, что репортер Билл Генри назвал «крупнейшей пресс-конференцией в вашингтонской истории»[39].

Представляя Джеймса Рузвельта собранию, Икес дал своему бывшему боссу Трумэну мудрый совет, как вести себя с русскими: «Народ... хочет, чтобы президент Трумэн решительно следовал принципам внешней политики президента Рузвельта. Людям не по себе от нападок на Россию, которыми мы то и дело грешим. Они понимают, что, не будь России, мы бы до сих пор еще не закончили войну. Они не могут представить себе мирное будущее без взаимопонимания с Россией».

Через месяц, в первую годовщину смерти Рузвельта, Уоллес выступил в мэрии Нью-Йорка, где осудил речь Черчилля и изложил совершенно иное представление о соревновании между двумя странами:

«Единственное, в чем мы хотим соревноваться с Советами, — это стремление в ближайшие 20 лет поднимать свой уровень жизни быстрее, чем это сделает Россия. Мы должны соревноваться с Россией в служении духовным и материальным потребностям простого человека... Единственный способ победить мировой коммунизм — быстрее и лучше его достичь максимального производства и оптимального распределения благ... Пусть это будет

---

* «Типот-доум» — нефтяное месторождение в штате Вайоминг, вокруг которого в 1921–1922 годах разразился крупнейший в политической истории США скандал. В нем оказались замешанными руководящие члены правительства Гардинга, которые содействовали незаконной передаче этого месторождения, находившегося на государственных землях и к тому же считавшегося топливным резервом ВМС, нефтяной компании *Mammoth Oil*. В ходе судебного процесса бывший министр внутренних дел А. Фолл был признан виновным в получении взяток от нефтепромышленника Э. Догени.

честная гонка, целеустремленная, но прежде всего — мирная гонка в служении человечеству... Россия не может безнаказанно тиранить Восточную Европу, но и мы не можем этого делать в Латинской Америке, а Англия — в Индии и Африке... Источник всех наших ошибок — страх... Россия боится англосаксонского окружения. Мы боимся вторжения коммунистов. Если эти страхи не исчезнут, то наступит день, когда наши сыновья и внуки заплатят за них реками крови... из одного лишь чувства страха великие нации действовали, как загнанные в угол звери, думая только о выживании... Месяц назад господин Черчилль выступил за Англосаксонское столетие. Четыре года назад я отрекся от Американского столетия. Сегодня я еще более решительно отрекаюсь от Англосаксонского столетия. Простые люди всего мира не потерпят возобновления империализма даже под владычеством просвещенных англосаксов — покровителей атомной бомбы. Предназначение англоязычных наций — служить миру, а не властвовать над ним»[40].

После выступления Черчилля американо-советские отношения резко ухудшились. В ООН Соединенные Штаты провоцировали конфронтацию по иранскому вопросу, несмотря на согласие СССР вывести оттуда свои войска. Когда наступило 2 марта — срок вывода советских войск, — а они по-прежнему оставались на территории Ирана, Трумэн пригрозил СССР войной. Он писал: «Если бы русские, прямо или косвенно, взяли под контроль иранскую нефть, баланс сырья в мире понес бы серьезный урон, и это стало бы серьезной потерей для экономики западного мира». Форрестол позже отметил, что «тот, кто сидит на ближневосточной нефти, может вершить судьбы Европы». Трумэн решил раз и навсегда объяснить всем, что сидеть на ней будут именно США, а не СССР[41].

Бывший президент Колумбийского университета Николас Мюррей Батлер, лауреат Нобелевской премии мира за 1931 год, президент Фонда Карнеги по поддержанию мира, заявил, что в данном случае все крутится вокруг нефти, а не демократии. «Вопрос Ирана — целиком и полностью вопрос нефти, — объяснил он. — Англичанам предлагали большие уступки и делали их. Необходимо найти возможность выделить России долю в нефти, не накаляя военно-политическую обстановку». Кое-кто счел это предложение вполне приемлемым. В передовице *Washington Post*, посвященной кризису, высказали предположение, что «у России, возможно, есть законные интересы в Иране. Мы неоднократно утверждали, что план совместной разработки нефтяных ресурсов Востока определенно целесообразен»[42].

Клод Пеппер смог в ходе поездки по Ближнему Востоку поближе рассмотреть разворачивающийся кризис и тогда же имел беседу со Сталиным. После возвращения в США Пеппер выступил в сенате, оправдывая политику СССР и осуждая империалистические хитрости англичан: «Негоже всем известной мировой державе, чьи представители находятся во всех странах от Египта до Сингапура, раздувать мировой пожар из-за того, что несколько воинских частей углубились на несколько километров на территорию соседней страны в попытках противостоять нефтяной монополии упомянутой державы». И далее: «Если ради такого империализма американскую внешнюю политику делают козлом отпущения, это настолько глупо, что я и представить себе не мог». *Washington Post* сообщала, что, когда Пеппер закончил выступление, к нему подошли несколько сенаторов и конгрессменов и пожали ему руку[43].

Общественность не пришла в восторг из-за перспективы столкновения с СССР ради иранской нефти. *Washington Post* опубликовала письмо, которое проливало яркий свет на события в Иране, открыто указывало, что поставлено на карту, и осуждало военный путь решения вопроса:

> «Я не считаю, что судьба нефтяных залежей в Иране оправдывает войну с Россией. Если бы эта нефть залегала в Северной или Южной Америке... США защищали бы залежи ради возможности использовать их в любой будущей войне и гарантировали бы, что никакая другая великая держава не сможет присвоить наши нефтяные месторождения. Если бы иранская нефть залегала у границ любого британского доминиона подобно тому, как сейчас она залегает у границ советских республик, я не сомневаюсь, что Англия защищала бы эту нефть... Поддержка иранской свободы еще никогда не выдвигалась в качестве оправдания ведения Штатами войны за рубежом. Иранской свободы в нашем понимании никогда не существовало, а следовательно, те, кто предлагает начать войну в поддержку такой свободы, на самом деле не могут выдвинуть ни единой уважительной причины... Я твердо убежден, что огромное большинство американцев не хотят воевать с Россией ни по одной из уже возникших причин. Я также убежден, что большинство американцев надеются и считают, что если оставить Россию в покое и дать ей возможность самой разбираться с безопасностью своих границ (в разумных пределах, конечно), то Россия будет оказывать помощь в поддержке мира во всем мире и развивать собственные громадные природные ресурсы для будущих поколений»[44].

Под давлением США и Великобритании советские войска были выведены из Ирана. Позднее Трумэн сказал сенатору Генри Джексону, что вызвал в Белый дом советского посла А. А. Громыко и заявил: если советские войска не уйдут через двое суток, «мы сбросим ее на вас». По его словам, через сутки они уже ушли⁴⁵. Хотя реальная история вывода советских войск намного сложнее, Трумэн понял: когда Советы сталкиваются с превосходящей силой, они отступают. США решили сделать упор на свое преимущество. В мае они прекратили поставку из западных зон Германии репараций, в которых крайне нуждался СССР. В июле решили оставить свои войска в Южной Корее, а еще через месяц — сохранить присутствие своих военно-морских сил в Восточном Средиземноморье.

Пока Трумэн не скупился на атомные угрозы, общественность содрогалась при мысли о возможности атомной войны. В начале 1946 года женский журнал *Ladies' Home Journal* советовал читательницам: «Чем бы вы ни занимались, вы должны вставать, ложиться спать и выполнять свои обязанности с одной мыслью» — как не допустить ядерной войны⁴⁶. Генри Уоллес согласился с этим и стал убеждать Трумэна более настойчиво добиваться международного контроля над атомным оружием. В январе 1946 года Трумэн назначил Ачесона, который тоже высказывал подобное беспокойство, на пост главы комитета по данной проблеме. Ачесон выдвинул Дэвида Лилиенталя, руководителя Управления ресурсов бассейна Теннесси, на пост главы консультативного совета ученых. Ачесон по секрету сообщил Лилиенталю, что у Трумэна и Бирнса нет «ни фактов, ни понимания того, что поставлено на карту в вопросе атомной энергии — самой серьезной туче, нависшей над миром». Бирнс, находясь в Лондоне, брал от имени США новые обязательства, потом они множились «без малейшего понимания, что это адская проблема — в буквальном смысле!». Ачесон сожалел, что «Военное министерство, а точнее — конкретный человек в министерстве, генерал Гровс, благодаря праву вето по вопросам, связанным с "военной безопасностью", определяет и фактически управляет внешней политикой».

Составленный в итоге отчет Ачесона–Лилиенталя, который упрямый Ачесон назвал «блестящим и глубоким документом», оказался в значительной мере результатом работы Оппенгеймера⁴⁷. Согласно плану, международное Управление по ядерным разработкам должно контролировать добычу, очистку и использование всего атомного сырья в мире, денатурацию расщепляющихся материалов и превращение их в материал, применимый в мирных целях. Самостоятельную деятельность государств в этих «опасных» областях следует запретить. План преднамеренно сводил к минимуму потребность в проверке на местах, чтобы увеличить шансы на получение согласия Советского Союза.

Надежды на заключение международного соглашения оказались разбиты, когда Трумэн и Бирнс поручили земляку Бирнса, уроженцу

Глава 5. Холодная война

Южной Каролины, 75-летнему финансисту Бернарду Баруху представить данный план ООН. Расплачиваясь по другому старому политическому счету, Трумэн уполномочил Баруха пересмотреть текст соглашения на собственное усмотрение. В 1940 году Барух пролил на Трумэна деньги дождем, когда тот сильно отставал от соперников по выборам в сенат и отчаянно нуждался в средствах. Все авторы соглашения, включая Ачесона, Лилиенталя и Оппенгеймера, пришли в ярость, поскольку понимали: Барух, ярый антикоммунист, считавший бомбу «оружием, гарантирующим США победу», непременно переформулирует план так, что Советы категорически откажутся его подписывать. Лилиенталь записал в дневнике: «Когда я вчера вечером прочитал эту новость, мне стало дурно... Нам нужен человек, который был бы молод, энергичен, нетщеславен и о ком русские не станут думать, что его главная цель — поставить их в затруднительное положение, а вовсе не способствовать международному сотрудничеству. У Баруха нет ни одного из этих качеств». Выбор Барухом коллег-бизнесменов на роль советников снова возмутил тех, кто так усердно трудился над планом, устраивающим всех участников переговоров. Он решил не нанимать ученых, поскольку, как он позже объяснил, «я пришел к выводу, что ученых лучше не брать, ведь (я им так и сказал) я и без них знаю все, что нужно. Эта штука сделала "бабах" и убила миллионы людей». Ванневар Буш, ранее входивший в Комитет Ачесона–Лилиенталя, презрительно окрестил советников Баруха «бизнесменами с Уолл-стрит». Он дал Баруху понять, что считает его самого и его команду совершенно неподходящими для такой работы. Барух заметил, что по техническим вопросам, в случае нужды, он может обратиться к Гровсу и промышленникам. Столкнувшись с массовой критикой, Барух наконец уступил и попросил Оппенгеймера присоединиться к его группе в качестве главного научного советника. «Не беспокойтесь насчет моих партнеров, — сказал он физику. — Хэнкок симпатизирует правым, но (тут он подмигнул) я прослежу за ним. Серлс чертовски умен, но ему всюду мерещатся "красные"». Он добавил, что пора «готовить американский народ к тому, что русские откажутся», и тогда Оппенгеймер отклонил приглашение[48].

Барух стал вносить изменения в первоначальный текст проекта соглашения, шпигуя его проверками и другими условиями, которые наверняка заставят Советский Союз отказаться подписывать документ. Мало того что Ачесон и Лилиенталь пытались убедить его убрать эти условия; их поддержали даже Трумэн и Бирнс. Барух остался непреклонным, угрожая уйти в отставку, если его план не примут, и Трумэн, которому катастрофи-

Финансист Бернард Барух (данное изображение датируется 1920 годом), которому Трумэн поручил представить ООН американский план международного атомного контроля. Барух отказался от помощи ученых и внес изменения в исходный текст, нашпиговав его проверками и другими условиями, которые наверняка заставят Советский Союз отказаться от подписания документа.

чески не хватало лидерских качеств, отступил. Накануне 14 июня, когда Барух представил проект соглашения ООН, Бирнс признался Ачесону: назначение Баруха было «ужаснейшей ошибкой в моей жизни». Даже Трумэн позднее по секрету признался, что назначение Баруха было «грубейшей ошибкой, которую я когда-либо совершал»[49].

Советские руководители выждали 10 дней и лишь после этого разгромили предложение американцев. «Правда» заявила, что план Баруха — «продукт атомной дипломатии и отражает очевидное стремление к мировому господству». Из текста плана становилось ясно, что США намереваются «укрепить свою монополию» на производство атомного оружия. В газете также указывалось, что американское правительство заключило контракт на производство бомб «с частными компаниями-монополистами, такими как *E.I. du Pont de Nemours*, вся довоенная деятельность которой была теснейшим образом связана с германской *I. G. Farbenindustrie*»[50]. Советский Союз представил встречный проект, предлагавший полностью запретить производство, хранение и применение атомного оружия. Существующие запасы подлежали уничтожению в течение трех месяцев.

Решение США продолжать подготовку к испытанию атомной бомбы 1 июля на атолле Бикини в архипелаге Маршалловых островов усилило тревогу СССР относительно намерений США. Генеральная ассамблея универсалистской церкви осудила испытания как «противные смыслу и духу христианского учения»[51]. Икес назвал испытания на атолле Бикини «дипломатией запугивания» и отметил, что, если бы испытания про-

Глава 5. Холодная война

Взрыв на атолле Бикини в июле 1946 года во время испытаний атомной бомбы, которые Гарольд Икес назвал «дипломатией запугивания», организованный для того, чтобы оказать давление на СССР.

вели Советы, «американцы нашли бы повод для глубокого беспокойства о будущем мира во всем мире». Радиокомментатор Реймонд Грэм Свинг сказал слушателям *ABC*, что многие американцы, включая ученых-атомщиков и конгрессменов, осудили это решение. «С одной стороны, мы стремимся избавить мир от оружия, которое может отбросить цивилизацию на многие столетия назад… С другой стороны, учимся применять это самое оружие. Таким образом, мы стремимся спасти цивилизацию и выясняем, как ее уничтожить, — и все в один и тот же день». Советский Союз, как и ожидалось, ответил в том же духе. Корреспондент «Правды» Борис Изаков ставил вопрос: зачем американцам заходить так далеко в попытках усовершенствовать свои бомбы, если они всерьез относятся к разоружению?[52]

В разворачивающейся гонке ядерных вооружений было безумие, которое лучше всех выразил Льюис Мэмфорд, когда узнал о грядущем испытании. В статье, опубликованной в газете *Saturday Review* — редактором газеты тогда был Норман Казинс — под заголовком «Господа, вы безумны!», Мэмфорд писал:

«Мы, американцы, живем среди безумцев. Эти безумцы правят нашими делами во имя порядка и безопасности. Главные безумцы претендуют на чин генерала, адмирала, сенатора, ученого, госсекретаря, министра и даже президента. Главный же симптом их безумия таков: они совершают поступки, которые в конечном счете приведут к уничтожению человечества, но при этом искренне считают себя нормальными, ответственными людьми, живущими нормальной жизнью и работающими ради логически обоснованных целей.

Неуклонно, день за днем безумцы совершают безумные поступки — столь стереотипные, столь банальные, что они кажутся нормальными поступками нормальных американцев, а не массовыми импульсивными желаниями людей, помешанных на всеобщей гибели. Без какого-либо согласия со стороны общества безумцы взяли на себя смелость постепенно вести нас к тому заключительному акту безумия, который обезобразит лицо планеты и уничтожит род людской, а возможно, положит конец всей жизни на земле»[53].

Генри Уоллес пытался остановить это безумие. В июле 1946 года он написал большую докладную записку Трумэну, отказываясь смириться с «растущим ощущением, что... очередная война уже на пороге, и единственный способ избежать ее — вооружиться до зубов... вся история указывает, что гонка вооружений приводит не к миру, но к войне». Он считал, что ближайшие месяцы — вполне вероятно, «критический период, который решит, погрузится ли цивилизованный мир в небытие через пять или десять лет, необходимых для того, чтобы несколько государств могли вооружиться атомными бомбами». Он убеждал Трумэна подумать над тем, как «воспринимаются другими странами действия американцев после победы над Японией», и особенно указал на «13 миллиардов долларов, выделенных Военному министерству и Министерству ВМС; испытания атомной бомбы у атолла Бикини; непрекращающееся производство новых бомб; план снабдить нашим оружием Латинскую Америку; производство стратегических бомбардировщиков B-29 и запланированное производство B-36; попытки покрыть сетью авиабаз половину земного шара, откуда удобно бомбить его вторую половину... [Создается] впечатление, что мы либо 1) готовимся к победе в войне, которую считаем неизбежной, либо 2) пытаемся обеспечить себе превосходство в силе, чтобы запугать остальную часть человечества. Как бы мы отреагировали, если бы у СССР была атомная бомба, а у нас — нет? Если бы у СССР были бомбардировщики с дальностью полета 16 тысяч километров и авиабазы в пределах 1500 километров от наших берегов, а у нас — нет?».

Уоллес призвал резко сократить расходы на оборону, поскольку поддерживать мир путем «превосходства военной силы больше не представляется возможным». В 1938 году США потратили на оборону меньше миллиарда долларов. Теперь же, по его расчетам, Военное министерство и Министерство ВМС, демобилизация и проценты по государственным займам, а также льготы ветеранам войны, представляющие наследие прошлых войн, поглотили 28 миллиардов долларов, или 80 % бюджета, в который было заложено 36 миллиардов долларов. Уоллес напомнил о предупреждении ученых, что «атомная война — дешевая война» и что даже десятикратное преимущество над противником в количестве бомб не обеспечивает решающего преимущества. «И самое главное: сам факт, что у нескольких стран есть атомные бомбы, неизбежно приведет к невротическому, паническому поведению, навязчивому желанию нажать на кнопку... В мире, напичканном атомным оружием, достаточно любого предлога, чтобы это оружие было пущено в ход». Он с негодованием отвергал пользу «превентивной войны», ибо такие «схемы не только безнравственны, но и глупы». Единственное решение, заключил он, «состоит во взаимном доверии и уверенности между народами, в атомном разоружении и эффективной системе осуществления этого разоружения»[54].

Мирному наступлению Уоллеса способствовали две важные публикации, увидевшие свет тем летом. В конце августа журнал *The New Yorker* посвятил целый выпуск «Хиросиме» Джона Херси, внесшей куда больший вклад в очеловечивание жертв атомных бомбардировок, чем любая другая тогдашняя публикация на английском языке. В сентябре журнал *Look* начал публиковать серию из четырех статей Эллиота Рузвельта, где детально описывалось, как планы его отца и Сталина о сотрудничестве в послевоенном мире были пущены под откос Трумэном и Черчиллем. Позднее Трумэн отмахнется от Рузвельта-младшего, презрительно назвав его «результатом утреннего перевозбуждения».

Уоллес сознавал, что положение требует быстрых действий. Он с нетерпением ждал выступления на многолюдном собрании, запланированном на 12 сентября в концертном комплексе «Мэдисон-сквер-гарден» в Нью-Йорке. Перед выступлением Уоллес еще раз просмотрел текст вместе с Трумэном, и последний неоднократно выразил свое одобрение. Трумэн заранее сообщил репортерам, что читал доклад и полностью согласен с ходом мысли автора. В Нью-Йорке, в присутствии 20 тысяч человек, Уоллес занял место в президиуме вместе с Полем Робсоном, а Клод Пеппер обратился к собравшимся: «Поскольку сегодня нашу внешнюю политику создают консервативные демократы и реакционные республиканцы, это все, что мы можем сделать, чтобы не дать глупцам заставить нас участвовать в блицкриге гитлеровского типа и сбросить атомные бомбы на русских»[55]. Когда настал черед Уоллеса, он произнес взволнованный призыв к миру:

«Сегодня вечером я хочу поговорить о мире — и о том, как достичь мира. Никогда еще простые люди по всей земле так не жаждали мира. Однако они еще никогда... так не боялись войны... Мы не можем успокаивать себя тем, что это мы изобрели атомную бомбу... Тот, кто полагается на атомную бомбу, рано или поздно от нее и погибнет... Одна только британская империалистическая политика на Ближнем Востоке, если русские ответят на нее силой, приведет США прямиком к войне... Мы вынуждены считаться с силой, которую нельзя одолеть политикой "жесткого языка с Россией"... Я вовсе не призываю к попустительству. Мы хотим, чтобы нам шли навстречу... И, я полагаю, мы можем добиться сотрудничества, как только Советский Союз поймет, что наша главная цель — не спасти Британскую империю и не купить ближневосточную нефть ценой жизни американских солдат. Мы не можем позволить соперничеству между странами за нефть втянуть нас в войну... политические вопросы Восточной Европы касаются нас не больше, чем СССР касаются политические вопросы Латинской Америки, Западной Европы и Соединенных Штатов. Нам может не нравиться то, что СССР делает в Восточной Европе. Его методы аграрной реформы, национализации промышленности и нарушение основных гражданских свобод оскорбляют чувства подавляющего большинства американцев... Но в то же время мы должны признать, что Балканы ближе к Советскому Союзу, чем к нам, и что СССР не может позволить ни Англии, ни США контролировать политические процессы в том регионе... Советские идеи социально-экономической справедливости скоро будут доминировать на одной трети мира. Наши идеи демократии, основанной на свободном предпринимательстве, будут доминировать в значительной части остального мира. Эти два типа идей будут пытаться продемонстрировать, какой способен лучше всего удовлетворить простого человека, каждый — в своей сфере политического господства... В условиях дружественного, мирного соревнования русский мир и американский мир будут постепенно становиться похожими друг на друга. Русские будут вынуждены расширять личные свободы, а нас все больше станут занимать вопросы социальной и экономической справедливости. Россию необходимо убедить в том, что мы не планируем начать против нее войну, и мы со своей стороны должны убедиться, что СССР не стремится расширить свою территорию или достичь мирового господства... ООН должна получить... контроль над стратегически важными авиабазами, которыми США и Англия покрыли почти весь мир. И мало того, что отдельным странам следует запретить производство атомных бомб, управляемых ракет и самолетов-бомбардировщиков; ни одной стране нельзя позволить расходовать на вооруженные силы больше, к примеру, 15% ее бюджета... Мы, считающие призывы к войне с Советским Союзом преступной глупостью, должны донести до людей свое понимание ситуации — и пусть нас называют коммунистами за то, что мы осмелились высказаться открыто»[56].

Глава 5. Холодная война

Министр торговли Генри Уоллес прибывает в Белый дом. После призыва к более трезвому подходу в отношении СССР, с которым он выступил 12 сентября 1946 года в «Мэдисон-сквер-гарден», Трумэн его уволил. Противники компромисса в холодной войне, такие как Джеймс Бирнс, вместе убедили Трумэна, что Уоллесу лучше уйти.

Его речь оказалась зажигательной. Сенатор-республиканец Роберт Тафт обвинил Трумэна в том, что тот предал Бирнса, которого привело в бешенство публичное осуждение его политики. Джеймс Рестон, журналист *New York Times*, написал, что Трумэн — единственный человек в Вашингтоне, не видящий разницы между тем, что отстаивает Уоллес, и тем, что предлагают Трумэн и Бирнс[57]. Госдепартамент дал понять, что эта речь поставила Бирнса в более глупое положение, чем если бы кто-то спустил с него штаны прямо на Парижской конференции. Английские официальные лица пришли в негодование. Советники Министерства иностранных дел заявили: «В США нет ничего похожего на правительство», — а лондонская пресса насмешливо заметила, что американская внешняя политика делается наобум»[58].

Многие встали на защиту Уоллеса. Элеонора Рузвельт призналась, что разделяет его позицию: «Он попытался объяснить, что мы не одобряем ни британский империализм, ни советскую агрессивность. Он указал, что мы хотим дружить с Россией, хотим идти ей навстречу, но и она должна идти нам навстречу»[59].

Став посмешищем для всего мира, Трумэн попытался сказать репортерам, что поддерживал право Уоллеса высказать собственное мнение, а вовсе не суть его выступления. Потом он стал вообще отрицать, что прочитал и одобрил всю речь заранее.

Пока шли споры, кто-то организовал утечку информации, предав гласности текст записки, которую Уоллес 23 июля отправил Трумэну и где он указывал на «роковой просчет» в плане Баруха. Несколько советских газет опубликовали полный текст записки.

«Этот просчет — схема... достижения международных соглашений в несколько "простых этапов", причем от других стран требуется обязательство не проводить исследований в области военного применения атомной энергии и опубликовать сведения о своих запасах урана и тория, а в то же время за США сохраняется право не делиться своими техническими знаниями в области атомной энергии, пока система международного контроля и инспекций не станет такой, как нам удобно.

Удивительно ли, что русские не проявили ни малейшего энтузиазма по поводу нашего плана? <...> Я думаю, мы бы реагировали так же, как, похоже, делают русские. Мы бы для вида выдвинули свои контрпредложения, но реальные усилия направили бы на создание бомбы, чтобы уравнять шансы на переговорах...

На деле у СССР есть два козыря, которые он может использовать на переговорах с нами: 1) у нас очень мало информации относительно прогресса его науки и техники в области атомной энергии и 2) у нас вообще нет сведений о размерах русских запасов урана и тория. Эти козыри и в подметки не годятся нашим козырям: запасу атомных бомб, реально работающим заводам-изготовителям, бомбардировщикам В-29 и В-36 и авиабазам, покрывшим половину земного шара. Однако мы, по сути, требуем, чтобы Советский Союз немедленно открыл свои два единственных козыря — и говорим, что мы сначала на них посмотрим, а потом решим, будем ли продолжать игру»[60].

Трумэн потребовал от Уоллеса перестать говорить о внешней политике, пока идет послевоенная конференция Совета министров иностранных дел. Перед тем Бирнс телеграфировал Трумэну из Парижа и пожаловался, что из-за речи Уоллеса и его письма президенту на встрече царит хаос. И Бирнс, и Барух пригрозили уйти в отставку. Трумэн испугался, что Форрестол и военный министр Роберт Паттерсон поступят аналогичным образом. Он решил уволить Уоллеса и написал тому язвительное письмо с требованием уйти в отставку по собственному желанию. Уоллес немедленно позвонил президенту и объяснил, что если это письмо всплывет, то оно сильно подорвет имидж Трумэна. Президент тут же послал человека забрать письмо. Копий не сохранилось. Осталась только запись в личном дневнике Трумэна, сделанная в тот вечер; из нее в какой-то степени можно понять, о чем, скорее всего, шла речь в письме. В дневнике Трумэн назвал Уоллеса «стопроцентным пацифистом. Он желает распустить наши вооруженные силы и передать русским наши военные

Глава 5. Холодная война

секреты, доверившись горстке авантюристов из Политбюро. Я не понимаю таких "мечтателей"... Союз американцев немецкого происхождения под предводительством Фрица Куна и тот не был настолько опасен. Красные, шарлатаны и "салонные радикалы", похоже, объединились и превращаются в национальную угрозу. Боюсь, они занимаются вредительством на пользу "дядюшки Джо"»[61].

С уходом Уоллеса исчез последний шанс предотвратить холодную войну и гонку ядерных вооружений. Тем же вечером, 20 сентября 1946 года, Уоллес выступил по общенациональному радио:

«Победа мира важнее, чем высокая должность. Она важнее, чем любые соображения партийной политики. От успеха или неудачи нашей внешней политики зависят жизнь или смерть наших детей и внуков. От них зависит жизнь или смерть нашей цивилизации. От них может зависеть, будет ли и дальше существовать человечество и весь мир или же им придет конец. Таким образом, от внешней политики зависит сейчас самое важное, и мы — каждый из нас — должны считать своим святым долгом участие в борьбе за победу мира... Я хочу еще раз уточнить, что я противник любых видов империализма и агрессии, от кого бы они ни исходили: от русских, англичан или американцев... Успех любой политики в конечном счете зависит от доверия и желания людей. Политика не может быть успешной, если люди не знают и не понимают ее целей, если им не сообщают все факты и если они не хватаются за возможность принять участие в формировании внешней политики в ходе подробных и открытых обсуждений. В этих обсуждениях мы должны уважать права и интересы других народов, ожидая такого же уважения с их стороны. Итог этих обсуждений, как я уже говорил в своей нью-йоркской речи, определит не то, будем ли мы жить в "одном мире", а будем ли мы жить вообще. Я намерен продолжать борьбу за мир»[62].

Поддержка Уоллесу пришла оттуда, откуда не ждали. Альберт Эйнштейн написал: «Я не могу не выразить свое высочайшее и безоговорочное восхищение Вашим письмом президенту от 23 июля. В нем содержится глубокое понимание фактической и психологической ситуации и многообещающее понимание нынешней американской внешней политики. Ваша мужественная позиция заслуживает благодарности всех нас, с глубокой тревогой наблюдающих за действиями нашего нынешнего правительства»[63].

Как только ушел Уоллес, США с головой погрузились в пучину холодной войны и во внутренней, и во внешней политике. 24 сентября был получен долгожданный доклад советника Белого дома Кларка Клиффорда и его помощника Джорджа Элси. Всесторонний обзор действий, намерений и возможностей Советского Союза призван был доказать, что те регулярно нарушали условия соглашений. Сообщение рисовало страшную картину усилий СССР «ослабить позиции и подорвать престиж Соединенных Штатов в Европе, Азии и Южной Америке», с тем чтобы СССР мог управлять миром, одновременно сея через Коммунистическую партию раздоры в самих США. Штатам необходимо было отреагировать: нарастить атомный арсенал, расширить сеть заграничных баз, усилить военный потенциал и мобилизовать все ресурсы, чтобы «помочь всем демократическим государствам, в какой-либо мере оказавшимся под советской угрозой или подвергающимся такой угрозе». Однако они не смогли документально подтвердить вероломство Советов касательно обязательств по договорам и были вынуждены признать: «Представить прямые доказательства конкретных нарушений весьма затруднительно»[64].

Историк Мелвин Леффлер провел глубокий критический анализ этого доклада и обнаружил в нем большое количество подтасовок. Он писал: «Клиффорд и Элси проигнорировали действия, которые, возможно, добавили бы оттенки серого в их черно-белую характеристику советской внешней политики», — например, все случаи, где Советы соблюдали условия соглашений или делали даже больше того, что обязались сделать; или когда выводили войска, разрешали проведение свободных выборов и препятствовали повстанческой деятельности. «Двойные стандарты и самообман пронизывают весь доклад Клиффорда–Элси», — отметил он и добавил:

«Советники Трумэна не задались вопросом, как повлияло на поведение Советского Союза сомнительное выполнение обязательств со стороны самих США. Они не стали упоминать о том, что [генерал Люшьес] Клей и другие сотрудники Военного министерства постоянно называли Францию, а не Россию, основным источником американских затруднений в Германии. Они подозревают, что за заинтересованностью Советского Союза в объединении Германии кроются попытки Кремля заполучить рычаги управления всей Германией, но с легкостью отмахиваются от попыток США ослабить советское влияние в восточной зоне и ориентировать всю Германию на Запад. Аналогичным образом Клиффорд и Элси указывают на то, что русские войска задержались в Иране, как на неопровержимое доказательство желания СССР установить контроль над Ираном и ближневосточной нефтью. Они не сказали (а возможно, просто не знали), что, пока они писали доклад, представители Госдепартамента и военные оперативники настаивали на том, чтобы войска США, несмотря на истечение всех сроков, задержались в Исландии, Панаме, на Азорских и Галапагосских островах и в других районах, чтобы усилить американские аргументы на переговорах о размещении военных баз и сохранении прав транзита военных сил через территории соответствующих стран».

Леффлер также обвинил их в представлении «совершенно ложного образа возможностей СССР». Позднее Клиффорд признал, что они сделали «черно-белый» анализ, который так нравился Трумэну [65].

Клиффорд и Элси исключали возможность дальнейших переговоров с Советским Союзом. «Язык военной силы, — писали они, — это единственный язык», который понимают Советы. Следовательно, зловеще предупреждали авторы, «США должны быть готовы вести атомную и биологическую войну» против СССР[66]. Трумэн приказал Клиффорду собрать все десять экземпляров доклада и запереть их в сейфе. «Если бы это всплыло, — рявкнул он, — жертвой публичного скандала стали бы и Белый дом, и Кремль». Доклад также показал бы, что Уоллес, которого Трумэн уволил четыре дня назад, был прав во всех своих предупреждениях о бескомпромиссно-агрессивной направленности американской политики[67].

Отвечая на вопросы Клиффорда и Элси, адмирал Лихи предоставил Трумэну и Клиффорду копии завещания русского царя Петра Великого, где последний призывал русских завоевать обширные территории в Азии и Европе и никогда не ослаблять военной готовности. В правдивости этой печально известной подделки XVIII века никто не усомнился. Трумэн несколько раз в своих выступлениях цитировал «завещание», подчеркивая преемственность сталинской политики и политики русского царизма[68].

Пока СССР устанавливал дружественные левые правительства в своей сфере влияния, англичане насаждали правые правительства в своей. В Греции их войска отстранили от власти левый Фронт национального освобождения и восстановили монархию и реакционную диктатуру. Заключение в тюрьму всех несогласных, а также другие репрессии вскоре вызвали восстание под руководством коммунистов. Югославы оказали грекам поддержку, но Советский Союз к ним не присоединился: Сталин придерживался условий заключенного во время войны соглашения с Черчиллем, согласно которому Греция находилась в пределах английской сферы влияния.

После суровой зимы 1946/47 года Великобритания, попавшая в тиски финансовых трудностей, попросила США взять в свои руки подавление восстания в Греции, а также модернизацию турецкой армии. Один представитель Госдепартамента позднее заметил: «Великобритания за один час отдала пост мирового лидера... Соединенным Штатам»[69]. Но на пути Трумэна встали измученный войной народ и контролируемый республиканцами конгресс, который понимал необходимость снизить налоги и сократить международные обязательства США. Республиканцы с легкостью победили демократов на выборах в палату представителей в ноябре 1946 года, используя тактику охоты на «красных», которая получит такое широкое распространение в ближайшие 10 лет. Председатель Национального комитета Республиканской партии объявил прошедшие выборы выбором между «коммунизмом и республиканизмом» и посетовал на то, что «радикалы с чуждым нам менталитетом» захватили контроль над Демократической партией[70].

Конгресс отказывался оплачивать дорогостоящие инициативы Трумэна в Греции и Турции. Военные поползновения СССР в Средиземноморье практически прекратились, и напряженность в отношениях между США и СССР снова ослабела. Сенатор Артур Ванденберг сказал Трумэну, что ему придется «до чертиков напугать страну», если он надеется получить разрешение на глобальную кампанию против коммунистов, которая «целиком и полностью» изменит внешнюю политику. Дин Ачесон взял на себя подготовку президентского послания, подав идею Трумэна как борьбу между свободой и тоталитаризмом. Еще несколько месяцев назад он жаловался на поддержку «реакционного режима» в Греции. Но турецкий кризис переубедил его[71]. Ачесон, сын пастора, верил, что жизнь — это «паломничество от рождения до смерти через поле битвы между добром и злом»[72]. Однажды он сказал группе партийных лидеров в конгрессе: «Подобно тому как все яблоки в бочке портятся из-за одного гнилого, так и гниение в Греции заразит Иран, а затем и весь Восток. Заразу занесет и в Африку — через Малую Азию и Египет, и в Европу — через Италию и Францию, которым уже угрожают самые сильные компартии в Европе». Он называл это «Армагеддоном»[73].

Джордж Кеннан, тогда занимавший в Госдепартаменте пост главы отдела планирования политики, и другие, включая Джорджа К. Маршалла, которого Трумэн выбрал на смену Бирнсу в должности госсекретаря, Джорджа Элси и эксперта по СССР Чипа Болена, сочли идеи доклада неправдоподобными. Трумэн поддержал Ачесона, и они вместе выступили против тех, кто советовал президенту смягчить тон выступления. Обращаясь к обеим палатам конгресса, Трумэн попросил 400 миллионов долларов для финансирования американской деятельности в Греции и Турции, добавив, что США должны оказать поддержку «свободным

Глава 5. Холодная война

Трумэн выступает на совместном заседании обеих палат конгресса в марте 1947 года. Президент обращается с просьбой выделить 400 миллионов долларов для финансирования американской деятельности в Греции и Турции. В документе, получившем известность как «доктрина Трумэна», он объявляет, что США должны поддерживать «свободные народы, которые борются как против попыток вооруженного меньшинства навязать им свою власть, так и против внешнего давления».

народам, которые борются против попыток вооруженного меньшинства навязать им свою власть или же против внешнего давления»[74]. С тех пор это обращение известно под названием «доктрины Трумэна».

После жарких дебатов конгресс уступил. Однако многих конгрессменов встревожили призывы Трумэна поддержать с оружием в руках явно недемократические и непопулярные правительства. Бернард Барух назвал его речь «эквивалентной объявлению... идеологической или религиозной войны»[75]. Маршалл раскритиковал допущенные Трумэном преувеличения. Уолтер Липпман был так огорчен напыщенным стилем «доктрины Трумэна» и неприкрытым стремлением к интервенции, что они с Ачесоном чуть не подрались на званом обеде в Вашингтоне. Кое-кто, включая Кеннана, не принял обоснование Трумэном помощи Турции, поскольку над ней вовсе не нависла откровенная советская угроза, и существовало опасение, что Сталин ответит так, как ответил бы Трумэн, если бы Советы послали военную помощь Мексике.

И снова оппозицию возглавил Генри Уоллес. На следующий день после речи Трумэна в конгрессе он, выступая на канале компании *NBC*, осудил как «полную чушь» попытку представить правительства Греции и Турции демократическими, а также обвинил Трумэна в «измене» программе Рузвельта: мир во всем мире. «Когда президент Трумэн объявляет о существовании международного конфликта между Востоком и Западом, — заявил Уоллес, — тем самым он говорит советским лидерам, что мы готовимся к возможной войне». Люди во всем мире голодали, испытывали страх и требовали перемен. Попытки не допустить эти перемены были не только бесполезны, но и приводили к обратным результатам. «Как только Америка выступит на стороне противников перемен, — пророчил

Уоллес, — мы обречены. Америка станет самой ненавидимой страной в мире». Военная помощь — не выход. «Политика Трумэна, — предсказал он, — стимулирует распространение коммунизма в Европе и Азии. Когда Трумэн предлагает безусловную помощь королю Греции Георгу, он рекламирует коммунизм лучше, чем сами коммунисты»[76].

Выступление Трумэна разгневало СССР. «Правда» обвинила США в «империалистической экспансии под маской милосердия» и попытках «распространить "доктрину Монро" на Старый Свет»[77]. Говард К. Смит, находившийся в Москве и освещавший конференцию Совета министров иностранных дел для компании *CBS*, отметил, что сообщение Трумэна изменило атмосферу и в Москве, и во всей Восточной Европе. В конце мая Советский Союз поддержал коммунистический переворот, свергнувший демократически избранное правительство Венгрии. По мнению *New York Times*, «переворот в Венгрии — ответ России на наши действия в Греции и Турции»[78].

Гражданская война в Греции становилась все более кровопролитной, а в июне 1947 года в район боевых действий начали прибывать американские войска. Они использовали Грецию, чтобы опробовать тактику (частично новую, а частично старую), которая позже будет применяться во Вьетнаме: запрещение профсоюзов; пытки; выжигание напалмом целых деревень; насильственные массовые депортации в концлагеря без суда и следствия; массовые аресты жен и детей лиц, обвиненных в противоправительственной деятельности; массовые убийства по распоряжению военных трибуналов; введение цензуры. Греция, таким образом, осталась в руках монархистов и богачей, многие из которых сотрудничали с нацистами; жертвами прежде всего оказывались рабочие и крестьяне, боровшиеся с нацистами.

Вооруженная борьба бушевала еще года два. Историк Джордж Херринг назвал ситуацию «особенно беспощадным конфликтом, в котором обе стороны совершали злодеяния, и даже дети становились пешками в этой игре»[79]. Помимо отправки большого контингента «советников», США вооружили до зубов реакционную греческую монархию.

СССР одно время помогал левым силам, но эта помощь быстро была свернута. В феврале 1948 года Сталин приказал югославскому маршалу Иосипу Броз Тито прекратить поддерживать «партизанское движение» в Греции, вызвав глубокую трещину в отношениях со своим самым близким союзником. Когда югославы стали возражать, Сталин взорвался: «У них нет вообще никаких шансов на успех. Вы что, думаете, будто Великобритания и США — США, самая сильная держава в мире, — позволят вам

Глава 5. Холодная война

нарушить их линии связи в Средиземном море? Чушь. А у нас нет флота. Восстание в Греции должно быть прекращено, и как можно скорее». Когда Тито отказался подчиниться советским требованиям, Коминформбюро исключило Югославию из своего состава*[80]. Госдепартамент сообщил об этом так: «Впервые в истории у нас, в рамках международного сообщества, может возникнуть коммунистическое государство... независимое от Москвы... Новый фактор фундаментального значения был введен в мировое коммунистическое движение демонстрацией того, что Кремлю может бросить вызов один из его собственных фаворитов»[81]. И хотя США тайно оказывали поддержку Тито, в выступлениях американских представителей никак не отразился факт, что международный коммунизм уже не столь монолитен, как когда-то считалось.

Позже Черчилль сказал одному американскому журналисту: «Сталин никогда не нарушал данные мне обещания. Мы договорились о Балканах. Я сказал, что он может получить Румынию и Болгарию, и он ответил, что мы можем забрать себе Грецию... Он подписал бумагу и сдержал свое слово. Благодаря этому мы спасли Грецию»[82].

Отсутствие немедленной поддержки со стороны Сталина предвещало конец восстания, и Трумэн возвестил о победе США. Однако народ Греции не разделял его уверенность. В войне погибло 100 тысяч человек, 800 тысяч стали беженцами. События в Греции также вызвали другие тревожные последствия. Хотя восстание созрело внутри страны, Трумэн рассматривал его как часть советского плана по установлению мирового господства и готовил почву для интервенций с целью поддержки других антикоммунистических правительств. США заменили дипломатию применением силы и предпочли действовать в одиночку, а не в рамках ООН. Они применили репрессии, вместо того чтобы лечить социально-экономические причины народного недовольства. Историк

---

* Коминформ, или Коминформбюро (Информационное бюро коммунистических и рабочих партий), — международная коммунистическая организация. Основан в 1947 году на конференции в польском городе Шклярска-Поремба и первоначально в его состав входили представители коммунистических партий девяти стран: СССР, Болгарии, Венгрии, Польши, Румынии, Чехословакии, Югославии, Франции и Италии. В 1948 году из-за разрыва отношений между И. Тито и Сталиным югославскую компартию исключили из Информбюро. Штаб-квартира организации, первоначально располагавшаяся в Белграде, была перенесена в Бухарест. В апреле 1956 года решением ЦК КПСС и входивших в Информбюро партий его деятельность и издание газеты «За прочный мир, за народную демократию!», издававшейся на иностранных языках, были прекращены.

Арнольд Оффнер пришел к следующему выводу: «В результате этой войны в течение приблизительно трех десятилетий сменяющие друг друга греческие правительства использовали государственный аппарат (чрезвычайные указы, полицию, вооруженные силы и Центральную службу информации, созданную по образу ЦРУ) для того, чтобы систематически преследовать своих прежних врагов и лишать их основных прав и средств к существованию»[83].

Маршалл применил более конструктивный подход к европейскому кризису: он предложил европейским странам разработать план восстановления экономики и развития, чье финансирование ляжет на плечи США. 17 европейских стран попросили 27 миллиардов долларов. США в итоге потратили в 1948–1952 годах 13 миллиардов долларов[84]. Крупнейшими получателями помощи явились Англия, Франция и [Западная]

Рабочий в Западном Берлине, участвующий в проекте, финансируемом по «плану Маршалла» (как следует из афиши на заднем плане), июнь 1948 года. США в итоге потратили 13 миллиардов долларов в 1948–1952 годах. Крупнейшими получателями помощи выступили Англия, Франция и Германия, из-за чего план усилил опасения СССР и в отношении перевооружения Германии, и в отношении капиталистического окружения.

Германия, усилив опасения СССР, что США безрассудно восстанавливают могущество Германии и создают западный блок. СССР и Восточную Европу пригласили поучаствовать в программе помощи, но им предложили такие условия, которые Сталин, по расчету американских тактиков, не мог принять. В СССР начали понимать: их прежние ожидания, что западный союз сядет на мель империалистического соперничества, не оправдались.

Трумэн назвал свою новую доктрину и «план Маршалла» «двумя половинками одного ореха»[85]. Оставив надежду на длительное сотрудничество с Западом, СССР предложил Восточной Европе собственный план — «план Молотова». Он также возобновил решительные действия по защите своих интересов. Так, последних некоммунистов в правительстве Болгарии скоро вынудили уйти. А в начале следующего года Красная армия помогла свергнуть чешское правительство, положив конец демократии в Чехословакии.

Джордж Кеннан представил теоретическое обоснование новой американской политики. Его статья, озаглавленная «Источники советских действий», появилась в июльском номере журнала *Foreign Affairs* под псевдонимом «X». Эксперт по СССР, работавший в Москве в 1930–1940-х годах, Кеннан подчеркнул глобальные аппетиты СССР и предложил план «сдерживания» советской экспансии с целью подрыва советской мощи и сохранения гегемонии США. В октябре предыдущего года он занимал более тонкую позицию, написав: «Думаю, будет ошибкой сказать, что советские лидеры хотят установить коммунистическую форму правления в ряде государств, окружающих СССР на западе и на юге. Чего они действительно хотят, так это насадить в этих государствах правительства, послушные их влиянию и власти. Главное — то, что эти правительства должны следовать за Москвой... В некоторых странах, уже во многом попавших под советское влияние, например в Польше, на данный момент не было попыток установить то, что мы могли бы назвать коммунистической формой правления»[86].

Понимание разницы между двумя интерпретациями послевоенных намерений СССР крайне важно. Мало того что у СССР не было проекта послевоенной советизации Восточной Европы; он надеялся поддерживать с союзниками военного времени отношения, основанные на дружбе и взаимодействии. Меньше всего хотелось СССР конфронтации с Западом. Как поясняют русские ученые Владислав Зубок и Константин Плешаков, в Кремле не было «никакого генерального плана, а желания Сталина всегда сурово сдерживались ужасной разрухой СССР во время Второй мировой войны и существованием американской атомной монополии»[87].

Джордж Ф. Кеннан, эксперт по СССР, работавший в посольстве США в Москве в 1930-х и 1940-х годах, представил обоснование американской политики своей теорией «сдерживания».

К сожалению, статья Кеннана в *Foreign Affairs* предлагала тот же черно-белый анализ склонности СССР к завоеваниям. Кеннан потом долго сожалел, что в его словах увидели поддержку именно тому милитаристскому ответу Советам, против которого он позднее решительно выступал. Оглядываясь на прошлое, он испытал потрясение, увидев в одной своей телеграмме еще более откровенный воинственный призыв — теперь телеграмма в его глазах выглядела так, словно ее написали «Дочери американской революции» во время гневного антикоммунистического выступления[88]. Журналист Уолтер Липпман критиковал Кеннана за обращение к военным, а не мирным средствам урегулирования конфликтов и за всемирное распространение его политики сдерживания, не делающей различий между жизненно важными интересами и второстепенными. Он опасался, что такая политика будет означать «бесконечное вмешательство в дела всех стран, которые, как предполагается, должны "сдерживать" СССР». К тому же эта политика нарушала Конституцию США, наделив слишком большой властью президента как главнокомандующего вооруженными силами[89].

Пока Трумэн запугивал американцев байками о коммунистах за рубежом, республиканцы поступали аналогичным образом в отношении коммунистов внутри страны. Трумэн решил превзойти республиканцев, использовав их же приемы. Уже через девять дней после выступления с призывом к международному крестовому походу против коммунизма он торжественно представил сложную программу, нацеленную на «выкорчевывание» людей, подозреваемых в подрывной деятельности, из учреждений федерального правительства — при всем том, что, как позднее признал советник Белого дома Кларк Клиффорд, «президент не придавал слишком большого значения так называемой коммунистической панике. Он считал, что по большей части это все ерунда. Но политическое давление было такой силы, что ему пришлось "признать" реальность угрозы... Мы не считали эту ситуацию настоящей проблемой. Настоящая проблема только-только создавалась. В стране нарастала истерия»[90]. Трумэн приказал проверить на благонадежность всех государственных служащих. Обвиняемые не могли ни узнать, кто их обвиняет, ни выяснить основание обвинений. «Не такие, как надо» представления о религии, сексуальном поведении, внешней политике или расе могли заклеймить человека как неблагонадежного. Председатель Комитета по благонадежности Министерства внутренних дел заметил: «Конечно, если человек выступает за расовое равенство, это еще не значит, что он коммунист, но вы невольно присмотритесь к такому человеку внимательнее, правда?» ФБР проводило расследование по горячим следам, как только госслужащие попадали в «черный список». Даже Трумэн опасался, что ФБР под руководством Эдгара Гувера может стать «американским гестапо». Клиффорд тоже считал, что Гувер «очень близко подошел к тому, чтобы стать американским фашистом»[91]. Власти организовывали массовые собрания, где служащие пели «Боже, благослови Америку» и клялись защищать свободу. В 1947–1951 годах комитеты по благонадежности уволили приблизительно 300 госслужащих и принудили уйти в отставку в 10 раз больше, таким образом возведя вину в соучастии в ранг системы и поощряя отупляющий конформизм, в результате чего большая часть американцев стала отождествлять инакомыслие с неблагонадежностью.

В октябре 1947 года Комиссия по расследованию антиамериканской деятельности, существовавшая в рамках палаты представителей, провела в Голливуде открытые слушания о коммунистическом влиянии. Комиссия вызвала для допроса 11 подозрительных лиц, включая кое-кого из самых видных сценаристов и режиссеров Голливуда. Сославшись на Первую поправку к Конституции, десять из них отказались отвечать на вопрос, являются ли они членами компартии — что абсолютно законно, — и были преданы суду за неуважение к конгрессу. Одиннадцатый, драматург Бертольт Брехт, заявил, что не является коммунистом, и бежал в Восточную Германию. Ранее Брехт переехал в Голливуд, спасаясь от нацистов. Вместо того чтобы встать на защиту своих сотрудников, директора голливудских киностудий осудили «голливудскую десятку» и обязались не нанимать никого, в чьей политической благонадежности они не уверены. Среди свидетелей обвинения, показавших, что коммунистическая угроза в Голливуде реальна, был президент Гильдии киноактеров США Рональд Рейган. Роберт Тейлор, Гэри Купер и Уолт Дисней согласились с ним. Намного больше голливудских звезд публично осудило устроенную конгрессом «охоту на ведьм»: Хэмфри Богарт, Грегори Пек, Джин Келли, Уильям Уайлер, Люсиль Болл, Фрэнк Синатра, Берт Ланкастер, Эдвард Робинсон, Лорен Бэколл, Орсон Уэллс, Кэтрин Хепберн, Пит Сигер, Генри Фонда, Этель Берримор, Бенни Гудмен и Граучо Маркс. Но, несмотря на все усилия, в следующем году «десятка» была признана виновной в неуважении к органу власти и приговорена к тюремному заключению.

В июле 1947 года, после пяти месяцев слушаний и жарких дебатов, конгресс одобрил самую крупную военную реформу за всю историю США. Согласно Закону о национальной безопасности, была создана Национальная военная служба (позднее переименованная в Министерство обороны), включающая в себя министерства армии, ВМС и ВВС и возглавляемая министром обороны, а также Комитет начальников штабов. Первым министром обороны Трумэн назначил антисоветчика и противника всяких компромиссов Джеймса Форрестола. Создание американских ВВС как самостоятельного вида вооруженных сил подтверждало важность атомной войны в будущем военном планировании.

Закон предусматривал также создание Совета национальной безопасности (СНБ), Военного совета, Управления ресурсов национальной безопасности и Центрального разведывательного управления (ЦРУ). Маршалл выступал против создания всех этих организаций, поскольку они позволяли вооруженным силам оказывать слишком большое влияние на внешнюю политику и урезали конституционные полномочия президента и госсекретаря. Сам Трумэн боялся, что ЦРУ может превратиться в «гестапо» или «военную диктатуру»[92]. Характер ЦРУ, окруженного завесой глубокой секретности, беспокоил Ачесона, который писал: «У меня возникли очень недобрые предчувствия насчет этой организации, и я предупредил президента, что если ЦРУ будет создано именно таким образом, то ни он, ни СНБ и никто другой не смогут знать, что оно делает, не смогут им управлять». Хотя закон специально уполномочил ЦРУ только собирать, анализировать и доводить разведданные до ведома соответствующих органов, оно также получало право на выполнение «других функций и обязанностей, связанных с разведкой и вопросами национальной безопасности». ЦРУ воспользовалось размытой формули-

Глава 5. Холодная война

ровкой для проведения сотен тайных операций, включая 81 операцию только в период второго срока президентства Трумэна.

В конце сентября 1947 года Кеннан убедил Форрестола создать «корпус десантно-диверсионных войск» — это предложение Форрестол горячо поддержал, — хотя КНШ не рекомендовал создавать «корпус десантно-диверсионных войск и училища по подготовке их личного состава». В декабре Трумэн одобрил секретную директиву СНБ 4/А, уполномочив ЦРУ проводить тайные операции. В сентябре 1945 года он отменил право Управления стратегических служб на проведение тайных военизированных операций, теперь же вернул такое право. Летом 1948 года он одобрил директиву СНБ 10/2, которая предписывала проводить «пропаганду; экономическую войну; превентивные прямые действия, включая диверсии, противодействие диверсиям, организацию взрывов и меры по вывозу людей и материальных ценностей; подрывную работу против иностранных государств, включая помощь подпольному движению сопротивления, партизанам и эмигрантским группам освобождения; поддержку антикоммунистических групп в странах свободного мира, находящихся под угрозой»*. Эти действия следовало осуществлять таким образом, чтобы американское правительство всегда могло отречься от них, не вызывая излишних сомнений. В августе 1948 года Трумэн одобрил директиву СНБ 20, разрешившую проведение диверсионных операций в Советском Союзе и странах Восточной Европы[93].

Даже на первый взгляд мягкий «план Маршалла» обеспечивал прикрытие для подрывной деятельности. Половина из 10% денежных средств, ассигнованных на административные затраты, шла на финансирование секретных операций через отдел ЦРУ по координации политики, директор которого, Фрэнк Визнер, был подотчетен министру обороны и госсекретарю. Тим Вейнер назвал это «глобальной схемой отмывания денег». Полковник Аллен Гриффин, возглавивший дальневосточное подразделение «плана Маршалла», признавался: «Мы сделаем вид, что ничего не замечаем, и окажем им небольшую помощь. Разрешим запустить руку в наш карман». Кеннан, создатель программы, назвал ее «торжественным началом организованной политической войны». Благодаря выделенным средствам ЦРУ основало целую сеть подставных организаций, вербовавших иностранцев на роль бойцов передовой начавшихся пропагандистских войн. Иногда они не только занимались пропагандой, но и просачивались в профсоюзы и другие организации

---

* Цит. по изданию: *Яковлев Н. Н.* ЦРУ против СССР.

и создавали подпольные группы. Форрестол и Пентагон хотели, чтобы программы способствовали большему, включая «партизанские движения... подпольные армии... диверсии и убийства»[94].

Часть денег от «плана Маршалла» шла на поддержку партизанской армии на Украине, называвшейся «Нахтигаль» и созданной вермахтом весной 1941 года с помощью Степана Бандеры*, главы радикального крыла Организации украинских националистов — ОУН-Б. В 1942 году Мыкола Лебидь основал боевое ответвление ОУН — Украинскую повстанческую армию (УПА). Она состояла из украинских ультранационалистов и коллаборационистов, которые сеяли опустошение в регионе, помогая немцам или самостоятельно совершая убийства тысяч евреев, советских активистов и поляков, а иногда также сражаясь с немцами, которые не одобрили планы ОУН-Б о создании самостоятельного украинского государства. В 1944 году Лебидь помог сформировать Украинский главный освободительный совет (УГВР), являвшийся политическим крылом организации.

В конце войны Лебидь бежал в Рим и связался с союзниками. В 1947 году с ним начала работать служба контрразведки армии США, которая тайком вывезла его в Мюнхен, где уже в следующем году он начал работать на ЦРУ. В июне 1949 года ЦРУ вывезло его в США. Когда спустя какое-то время Министерство юстиции попыталось его выслать, Аллен Даллес заявил, что он «бесценен для ЦРУ» и оказывал помощь в «особо важных операциях»[95].

Среди этих операций — «специальных проектов» Визнера — были и те, которыми тайно руководил находившийся в Мюнхене агент ЦРУ Стив Таннер, в конце 1948 года приступивший к работе с УГВР. Через год он уже готовил агентов для проникновения обратно на Украину. 5 сентября 1949 года ЦРУ десантировало туда первого украинского агента. Операция продолжалась пять лет, но особых результатов не принесла. И хотя Советы быстро разоблачили большинство агентов, такие операции ясно

---

* Батальон «Нахтигаль» (в составе спецподразделения абвера «Бранденбург 800») был создан распоряжением начальника абвера адмирала В. Канариса в феврале 1941 года. Участвовал в операции «Барбаросса» и уничтожении мирных жителей во Львове. Затем переброшен на Запад и переименован в 201-й вспомогательный батальон немецкой полиции. Расформирован в декабре 1942 года. Прямого отношения к послевоенной деятельности бандеровцев не имел. Вероятно, путаница вызвана тем, что военным крылом ОУН—УПА командовал бывший командир батальона гауптман (капитан) немецкой армии Р. Шухевич.

показали, на что готовы пойти США, желая свергнуть советский контроль над Восточной Европой[96].

Советы стали действовать жестче. Последние остававшиеся некоммунисты уже были изгнаны из правительств Болгарии и Чехословакии. Мысли о том, отчего умер чехословацкий министр иностранных дел Ян Масарик: выпал ли он сам из окна ванной или его вытолкнули, — еще долго будут преследовать Форрестола. После насаждения Советами в Чехословакии послушного правительства отношения между СССР и США свелись к минимуму. Жестокие диктатуры в Восточной Европе продержатся еще четыре десятилетия.

Первая тайная операция ЦРУ была направлена на вмешательство в выборы 1948 года в Италии, что обеспечило победу Христианско-демократической партии над коммунистами. В этом случае, как и во многих других в послевоенный период, приверженность США идеям «демократии» закончилась очень быстро. Кеннан сказал Маршаллу, что победа коммунистов в Италии серьезно подорвет «наше положение в Средиземноморье». Он предпочел бы, чтобы итальянское правительство объявило Коммунистическую партию вне закона и увязло в трясине гражданской войны, дав США предлог ввести туда войска[97].

Заботы о демократии также не играли никакой роли, когда ЦРУ отобрало у армии США руководство немецкой разведслужбой — «Организацией Гелена». Генерал Рейнхард Гелен, бывший нацист, возглавлявший гитлеровскую разведку в Восточной Европе и Советском Союзе, взял на работу множество нацистских военных преступников, привлеченных частично из Службы безопасности (СД), гестапо и войск СС. «Организация Гелена», как ее называли, обеспечивала разведку по всей Восточной Европе и всегда изображала действия СССР и исходящую от него угрозу в самых черных тонах. Один агент ЦРУ в отставке признавался: «ЦРУ обожало Гелена, ведь он снабжал нас именно тем, что мы хотели услышать. Мы постоянно использовали его материалы и поставляли их всем остальным: Пентагону, Белому дому, газетам. Им это тоже очень нравилось. Но это был лишь жупел русской угрозы, и он нанес серьезный вред нашей стране»[98].

В конце войны творцы американской политики решили не допустить развала процветающей военной промышленности. В 1948 году 62 % всех федеральных научных исследований были связаны с военной тематикой. Значительная часть исследований напрямую обслуживала нужды ВВС. Генерал Карл Спаатс, выступая в конгрессе, заявил, что «следующая война будет войной в воздухе»[99]. США начали исследования в области управляемых ракет, используя многих из сотен ученых, тайком вывезенных из Германии, включая почти весь штат ракетного центра Вернера фон Брауна в Пенемюнде. Кое-кто из ученых участвовал в проведении опытов на людях и в нацистских программах рабского труда. Неменьшую тревогу вызывает и тот факт, что во время судов над военными преступниками, проходившими в Токио, американские власти негласно обеспечили полную неприкосновенность японским военным и ученым, связанным с печально известным Отрядом 731, в обмен на получение доступа к результатам смертоносных экспериментов, проводившихся на 3 тысячах пленных в Маньчжурии. Тем временем ВВС, конкурирующие с армией и флотом по уровню финансирования и престижа, использовали свой собственный мозговой центр для создания военной стратегии, способствующей выдвижению ВВС на первый план. В 1948 году данное подразделение было преобразовано в самостоятельную RAND Corporation. В течение этого периода план США по ведению войны все в большей степени предусматривал использование атомного оружия с воздуха, поскольку оно должно было обойтись намного дешевле, чем применение обычных военных сил. К середине следующего десятилетия ВВС станут осваивать почти такие же ассигнования на оборону, как сухопутные войска и ВМС, вместе взятые.

Развитие американской военной стратегии повышало стратегическое значение Ближнего Востока. К 1947 году военные планы США предусматривали налеты на цели в СССР с авиабаз на Ближнем Востоке, Окинаве и в Британии. Особое значение придавалось базе в районе Каир–Суэц, откуда американские бомбардировщики могли достичь 84 % советских нефтеочистительных предприятий. Исходя из этой стратегии США увеличили военное присутствие в Турции, одновременно укрепив способность последней противостоять советскому наступлению в регионе[100].

В том же 1948 году возник израильско-палестинский конфликт — головная боль политиков США на ближайшие шесть с лишним десятилетий. Ситуацию осложнял тот факт, что, несмотря на отчаянные усилия американских политиков, ближневосточная проблема никогда полностью не вписывалась в рамки холодной войны. Американские политики пытались лавировать среди многочисленных регионов и групп с существенно отличающимися интересами: реакционных арабских лидеров, контролировавших обширные залежи нефти, а также стратегические базы и дороги в регионе; националистически настроенных арабских масс, живущих, как правило, в ужасной нищете; палестинцев — жертв израильской политики; евреев — жертв холокоста, отчаянно нуждавшихся

Глава 5. Холодная война

в родине; избирателей-евреев в США, а позже — консервативных кругов в целом, включая христиан-евангелистов, упорно защищавших действия Израиля; объединенного мусульманского мира, выступавшего против политики Израиля, а иногда и против самого существования еврейского государства у себя под боком. Проблема возникла еще тогда, когда данный регион находился под управлением Великобритании.

В 1915 году, используя привычную стратегию «разделяй и властвуй», англичане пообещали арабам независимое государство, чтобы разжечь их восстание против Османской империи. Затем, в 1917 году, Артур Бальфур, министр иностранных дел Великобритании, пообещал поддержать создание «национального очага для еврейского народа» в Палестине, которую тогда считали своей родиной 750 тысяч арабов и 65 тысяч евреев. Артур Кестлер сказал по этому поводу, что одна нация посулила другой нации землю, принадлежащую третьей[101].

На Версальских переговорах в 1919 году главы стран-участниц одобрили декларацию Бальфура, предоставив Великобритании мандат на Палестину. В 1922 году конгресс США также ратифицировал эту декларацию. В первые годы XX века европейские евреи, хотевшие изменить место жительства, чаще всего выбирали США, а не Палестину, куда до 1930-х эмигрировали всего 3 % европейских евреев, в то время как в США переехали 68 %. Но еврейская эмиграция в США резко сократилась в связи с ограничительными законами об иммиграции 1921 и 1924 годов. В 1930-х годах евреи, спасающиеся от нацистских преследований, существенно увеличили эмиграцию в Палестину, вызвав возмущение коренных жителей-арабов. Число нападений арабов на еврейские поселения возросло, поскольку еврейское население увеличилось на полмиллиона и составило 30 % общего населения Палестины. Евреи в долгу не оставались.

Рузвельт проявил нерешительность в отношении поддержки еврейского национального очага. Не желая вызвать отчуждение у жителей Саудовской Аравии, с которой США заигрывали ради доступа к нефти, и желая укрепить позиции своей страны на Ближнем Востоке, чтобы конкурировать с англичанами, он раздавал евреям и арабам противоречащие друг другу обещания. Возвращаясь с Ялтинской конференции, он встретился с саудовским королем Абдум-Азизом Ибн-Саудом и удивился глубине неприятия последнего идеи еврейского национального очага. Ибн-Сауд посоветовал организовать родину для евреев в Германии: «Компенсацию должен выплачивать преступник, а не случайный прохожий». Рузвельт тут же отказался от былых обязательств и пообещал Ибн-Сауду «не делать ничего, чтобы помогать евреям в ущерб арабам и... не предпринимать действий, враждебных арабскому народу»[102]. Он также мало чем помог евреям, пытавшимся бежать от преследований нацистов. Президента тормозил Госдепартамент, равнодушный к трагическому положению жертв нацистского геноцида и не изменивший свою позицию даже в начале 1942 года, когда стала поступать информация о нацистской политике расового уничтожения. В 1933–1942 годах США приняли только 160 тысяч европейских евреев, увеличив долю еврейского населения во всем населении США с 3,6 до 3,7%[103].

На Ближнем Востоке в конце Второй мировой войны по-прежнему доминировали англичане: 200 тысяч английских военнослужащих находились на базе у Суэцкого канала; в Ираке и Судане располагались английские авиабазы, в палестинском городе Лидда (современный Лод) — объекты ПВО, в Бахрейне и Адене — военно-морские базы, в Хайфе стояли военные корабли, а в Трансиордании англичане командовали восьмитысячным арабским легионом. Стремясь не совершать ничего такого, что привело бы к усилению недовольства арабов и подвергло опасности британские интересы, включая поставки нефти из Ирака и Ирана, англичане продолжали воплощать политику Невилла Чемберлена от 1939 года, ограничив, а затем и вовсе прекратив иммиграцию евреев. Это, однако, не остановило потока выживших во время холокоста и вообще еврейских беженцев, «незаконно» переселявшихся в Палестину после войны. Когда англичане применили силу и арестовали больше 2 тысяч евреев, еврейская террористическая организация «Иргун»* в отместку подорвала бомбу в гостинице «Царь Давид» в Иерусалиме, где располагались английский колониальный секретариат и военный штаб. Погиб 91 человек.

В середине 1946 года Трумэн решил поддержать план, позволяющий 100 тысячам беженцев из Европы эмигрировать в Палестину, но вместо создания отдельного еврейского государства предусматривавший единое государство с еврейскими и арабскими областями. Еврейские лидеры высказали решительное несогласие с этим планом. Трумэн собрал своих министров на обед, чтобы обсудить палестинскую проблему. Ачесон и Форрестол убеждали Трумэна поскорее воплотить план в жизнь. Генри Уоллеса никто не слушал. Запись в личном дневнике Уоллеса про-

---

* «Иргун цвай леуми» (Национальная военная организация — *ивр.*) — еврейская подпольная организация, действовавшая на территории Палестины с 1931 по 1948 год, занимавшаяся изначально защитой еврейских поселений от нападений арабов. Позднее к этой задаче добавились «акции возмездия» против арабов и борьба против британского мандата в Палестине.

ливает свет на взгляды Трумэна и обсуждение проблемы: «Президент Трумэн заявил, что евреи "выводят его из себя". По его словам, "им не понравился даже Иисус Христос, когда Он пребывал на земле, так разве кто-нибудь поверит, что мне улыбнется удача?". Трумэн сказал, что не нуждается в них, и ему все равно, что с ними будет». Уоллес напомнил: «Не забывайте, они легко поддаются дурным мыслям, ведь почти у всех американских евреев есть родственники в Европе, и они знают, что из 6 миллионов европейских евреев около 5 миллионов были убиты, ни один другой народ так не пострадал». Дальше Уоллес написал: «Джим Форрестол раньше не поленился заявить, что поляки пострадали сильнее евреев. Форрестол поднял вопрос нефти в Саудовской Аравии и заметил, что, если начнется новая война, нам понадобится саудовская нефть. Президент Трумэн ответил, что хочет решить эту проблему не с точки зрения импорта нефти, а с точки зрения того, что будет справедливым»[104].

В начале 1947 года Англия объявила, что наряду с сокращением расходов на Грецию и Турцию она полностью откажется от мандата на Палестину и передаст данную проблему на рассмотрение ООН, не рекомендуя никакого конкретного решения. В мае Советский Союз удивил американских дипломатов, когда заместитель министра иностранных дел А.А. Громыко изложил точку зрения СССР Генеральной Ассамблее ООН. Сославшись на ужасы холокоста и на тот факт, что и у евреев, и у арабов есть исторические основания претендовать на эту землю, а также на то, до какой степени злодеяния англичан усилили напряженность в отношениях между двумя народами, Громыко заявил, что СССР предлагает образовать двухнациональную страну или федерацию. Однако если это окажется невозможным, он поддержит решение о создании двух независимых государств, которое полностью устраивало еврейских радикалов, но ни в коей мере не устраивало арабов. В конце 1947 года ООН, несмотря на яростные возражения арабов, одобрила разделение Палестины на два независимых государства. СССР поддержал это решение; англичане и арабы выступили против; а США долгое время уклонялись от окончательного решения, но в конце концов одобрили предложение. Как только о результатах голосования по данному вопросу было официально объявлено, в Палестине среди арабской части населения вспыхнули массовые беспорядки.

14 мая 1948 года было провозглашено создание Государства Израиль. США официально признали его через 11 минут. Еще через несколько часов арабские страны начали полномасштабную войну, надеясь уничтожить новое государство прежде, чем оно начнет действовать. Во многом зави-

сящие от поставок советского и чешского оружия, чрезвычайно малочисленные израильтяне в первой войне, занявшей полгода, победили арабов. Признав Израиль, Трумэн бросил вызов совету Маршалла, Форрестола и Ловетта, которые боялись разрыва с союзниками в регионе, где США добывали много нефти. Они также боялись, что американцы и англичане потеряют доступ к своим ближневосточным базам и не смогут напасть оттуда на СССР, если вспыхнет война. 12 мая на встрече в Овальном кабинете Клиффорд изложил и моральную, и стратегическую необходимость признания Израиля. Он представил Израиль как неоценимого союзника США в неустойчивом регионе. Маршалл яростно набросился на доводы Клиффорда и заявил, что они основаны на внутренних политических интересах Трумэна: надежде на то, что евреи отдадут ему свои голоса на выборах. Маршалл прямо заявил президенту: если тот признает Израиль, то он, Маршалл, не отдаст за него свой голос на президентских выборах 1948 года.

Утверждения Маршалла не были абсолютно голословными. Трумэн, разумеется, понимал политические последствия своих действий внутри страны. «За всю политическую карьеру, — признался он одному другу, — я не припомню ни единого случая, когда бы голоса арабов склонили чашу весов в пользу одного из двух кандидатов с примерно одинаковой поддержкой избирателей»[105]. А Трумэн оказался именно в такой ситуации на выборах в 1948 году — в его случае каждый голос мог оказаться решающим. Но Трумэн, несмотря на частые антисемитские высказывания и презрение к борцам за права евреев, искренне сочувствовал евреям — жертвам холокоста.

Маршалл отстаивал опеку над Палестиной под эгидой ООН, что позволило бы создать общую страну и для арабов, и для евреев. Его и его сторонников также беспокоили тесные связи между Израилем и СССР, чье официальное признание Израиля последовало сразу же за признанием со стороны США, 15 мая. Американская разведка сообщала о советском влиянии на организации «Иргун» и ЛЕХИ* и обратила внимание на при-

---

* Сокр. от «Лохамей херут Исраэл» («Борцы за свободу Израиля» — *ивр.*) — еврейская подпольная организация, действовавшая против британского мандата в Палестине с 1940-го и до основания Государства Израиль в 1948 году. Была организована выходцами из «Иргуна», которые не согласились с политикой прекращения борьбы против Великобритании на время Второй мировой войны. Нередко в литературе ее называют «Бандой Штерна» — по имени основателя, Абрама Штерна.

Глава 5. Холодная война

ток в данный регион евреев-коммунистов. США и Англия, пытаясь не оттолкнуть от себя арабов окончательно, наложили эмбарго на поставки оружия обеим сторонам конфликта, а США к тому же предпринимали дипломатические маневры в ООН, пытаясь помешать принятию резолюций с осуждением арабской агрессии. Американские политики, боясь советского военного вмешательства — одностороннего или в составе международных сил по поддержанию мира, — требовали быстрого урегулирования конфликта.

Несмотря на угрозы Ибн-Сауда отменить концессию «Арамко» — компании, которую *Texaco* и *Standard Oil of California* создали в Саудовской Аравии, — США не слишком беспокоились о возможной мести арабов. В отчете Госдепартамента, подготовленном в начале июля, говорилось, что на долю Ближнего и Среднего Востока (исключая Иран) приходится только 6% всей поставляемой на Запад нефти и что ее потерю можно возместить «без особого ущерба для какой-либо группы потребителей»[106].

Хотя в 1949 году Израиль подписал соглашения о перемирии с Египтом, Ливаном, Иорданией и Сирией, недовольство арабов созданием на Ближнем Востоке еврейского государства сохраняется и поныне, а проблемы, вызвавшие войну 1948 года, остаются нерешенными. Ситуацию ухудшила колоссальная проблема беженцев, поскольку многие арабы бежали с территории, отошедшей к Израилю: одни — по совету арабских лидеров, другие — под нажимом израильтян. Проблема беженцев и сейчас, 60 с лишним лет спустя, остается постоянным источником напряженности в регионе.

Пока на Ближнем Востоке сражались арабы и израильтяне, США и СССР едва не столкнулись в Германии. Весной 1948 года США и Англия сделали ряд предварительных шагов к созданию отдельного правительства на западе Германии, преодолев нежелание Франции и других западноевропейских держав, опасавшихся сильной страны, да еще с возможным возрождением ее вооруженных сил. Многие немецкие политики в западных зонах также противились, опасаясь окончательного разрыва экономических, политических и личных связей с Восточной Германией.

В конце июня США осуществили откровенно провокационную денежную реформу в трех западных оккупационных секторах Берлина, находившегося посреди советской зоны оккупации, за полтораста с лишним километров от границ западных зон. Видя в этом событии не только важный шаг к возникновению независимого и ремилитаризованного западногерманского государства спустя каких-то три года после поражения Гитлера, но и измену обещанию, данному американцами, обеспечить крайне необходимые репарации из более богатых западных зон, СССР перекрыл автомобильные и железнодорожные дороги к Берлину. Сталин настаивал на том, что доступ в Берлин западных стран основывался на военных соглашениях, предусматривавших четырехстороннюю Союзную контрольную комиссию как высший орган власти в единой Германии. Поскольку теперь западные державы подрывают эту организацию, считал Сталин, они утратили право доступа в Берлин.

Западные обозреватели осудили «дикую жестокость» советской блокады Западного Берлина. Военный комендант американского сектора Берлина Фрэнк Хаули назвал ее «преступным планом по отторжению восточной зоны Германии от Запада и полной изоляции трех западных секторов Берлина». По словам Хаули, это было «безнравственное решение, самое варварское за всю историю после Чингисхана». Советы, вопили политики Запада, пытаются голодом подчинить себе жителей Западного Берлина. Образ советской жестокости будет внедрен в массовое сознание по всему миру, и это восприятие кризиса сохраняется до сих пор.

Но вопреки этому широко распространившемуся мнению СССР, нравится он нам или нет, не пытался добиться ничего подобного. Наоборот: он делал все возможное, чтобы обеспечить жителей Западного Берлина продуктами питания и углем из восточной зоны или путем прямых поставок из Советского Союза. В октябре 1948 года аналитики разведотдела американской военной администрации сообщили: «Автодорожная, железнодорожная и водная блокада Берлина ни в коем случае не означает полной экономической блокады ни теоретически, ни фактически»[107].

Однако люди очень хорошо помнят, что за следующие 11 месяцев США перебросили в Западный Берлин по воздуху 1,6 миллиона тонн продовольствия и топлива, чтобы накормить 2,2 миллиона человек. Трумэн также отправил 60 самолетов B-29, способных нести атомные бомбы, на базы в Англии и Германии. Он заверил Форрестола, что в случае крайней необходимости санкционирует применение атомного оружия. «Мы стоим на пороге войны»[108], — написал президент в сентябре. Когда Форрестол попросил Кеннана оценить советскую блокаду, то получил очень тревожный прогноз: «Коммунистическая идеология и действия Советов четко показывают, что конечная цель лидеров СССР — власть над всем миром»[109]. Несмотря на понимание рискованности своих действий, США подливали масло в огонь кризиса, пока наконец не была в общих чертах создана конституция будущей Западной Германии, а в апреле 1949 года — Организация Североатлантического договора (НАТО), которая в первый раз за всю историю США вовлекла их в мирное время

Глава 5. Холодная война

в военный союз с Западной Европой. В мае 1949 года, добившись своих целей, США согласились на переговоры о будущем Германии, и только тогда СССР снял блокаду, положив тем самым конец самой опасной на тот момент послевоенной конфронтации. США сделали ставку на то, что их атомная монополия позволит достичь своих целей без вступления в войну, и выиграли.

Покинув свой пост в правительстве, Генри Уоллес получил должность редактора либерального журнала *New Republic* и продолжал критиковать политику Трумэна. 29 декабря 1947 года он объявил о намерении сделать следующий шаг в борьбе за мир и бросить вызов Трумэну на президентских выборах 1948 года. «Тысячи людей во всех штатах просят меня принять участие в этой великой битве, — объявил он. — Люди рвутся в бой. Мы собрали "воинство Гидеона"*, пусть малочисленное, зато умеющее убеждать и готовое действовать... народный мир возвестит о приходе "Века простого человека"». И далее: «Чем больше людей проголосует за мир в 1948 году, тем большую уверенность испытает человечество в том, что США не поддерживают двухпартийную реакционную военную политику, которая делит мир на два вооруженных лагеря и делает неизбежным день, когда американские солдаты в полярном обмундировании будут лежать в русских снегах»[110].

Чтобы адекватно ответить на брошенный Уоллесом вызов, Клиффорд предложил Трумэну принять прогрессивную стратегию по социально-экономическим вопросам, игнорировать нападки левых на внешнюю политику и дать другим выполнить работу по дискредитации Уоллеса. Клиффорд писал: «Следует приложить все силы... чтобы публика постоянно связывала его с коммунистами... Администрация должна убедить ведущих либералов и прогрессистов — *и никого больше* — публично ввязаться в драку. Они должны продемонстрировать, что ядро поддержки Уоллеса состоит из коммунистов и их попутчиков». Травля «красных» началась почти сразу же и почти полностью проводилась людьми, явно принадлежащими к лагерю либералов. Они заявляли, что Уоллес и его Прогрессивная партия — пешки в руках Москвы. Трумэн не мог не присоединиться к обвиняющему хору: «Я не хочу и не буду принимать

---

* Гидео́н — библейский персонаж Ветхого Завета, отважный воин, который с небольшим отрядом в 300 воинов совершил удачное ночное нападение на огромное войско оккупантов-мадианитян, которых было «как саранчи и как песка на берегу моря»; в ужасе и ночной суматохе они рубили друг друга и в беспорядке бежали за Иордан, надолго оставив в покое Ханаан.

поддержку Генри Уоллеса и его коммунистов», — заявил он присутствовавшим на обеде в День святого Патрика[111].

Уоллес неоднократно отрицал свою связь с компартией и предупреждал, что критика коммунизма используется для подрыва американских свобод. Однако толку от его заявлений было мало. Толпа нанятых молодчиков разгоняла митинги в поддержку Уоллеса. Группы поддержки Уоллеса были изгнаны из университетских городков. Университеты отказали Уоллесу в праве на выступления в их кампусах, а его сторонников иногда даже выгоняли с работы. Газета *Pittsburgh Press* опубликовала имена, адреса и места работы более тысячи человек на западе страны, подписавшихся за кандидатуру Уоллеса. Баллотировавшийся с Уоллесом в вице-президенты сенатор Глен Тейлор от штата Айдахо был арестован и избит полицейскими в Бирмингеме (штат Алабама) за игнорирование муниципального постановления, запрещавшего проводить митинги для белых и негров вместе; он усугубил свою вину тем, что вошел на собрание Конгресса негритянской молодежи Юга через дверь с пометкой «для черных». Уоллес телеграфировал Тейлору: «Этот факт подчеркивает лицемерие, с которым миллиарды тратятся на оружие во имя защиты свободы за границей, в то время как у нас дома свобода попирается»[112].

Травля «красных», «заговор молчания» против Уоллеса в ведущих газетах, заимствование Трумэном идей «левых» в вопросах внутренней политики, а также поддержка, в последнюю минуту оказанная Трумэну избирателями-демократами, опасавшимися победы республиканца Томаса Дьюи, привели к провалу кампании Уоллеса. Согласно опросу Гэллапа, в начале 1948 года Уоллес набирал 7 % голосов. Некоторые обозреватели предсказывали, что он получит голоса более 10 миллионов избирателей. Сам Уоллес называл цифру в 3–5 миллионов. В октябре за него готовы были отдать голоса 4 % избирателей. Согласно последним результатам, он шел четвертым с 1 157 063 голосами — это почти на 12 тысяч голосов меньше демократа-южанина Строма Тэрмонда. В итоге по результатам национального голосования он набрал только 2,38 %. *Wall Street Journal* показала итоги избирательной кампании с неожиданной стороны, заявив в передовице: «Политические комментаторы говорят, что мистер Уоллес произвел плохое впечатление, раз он получил так мало голосов. Эти люди совершенно не понимают следующего: мистеру Уоллесу удалось заинтересовать избирателей своими идеями, за исключением позиции в области внешней политики. С тех пор как мистер Уоллес объявил, что будет баллотироваться на пост президента, мистер Трумэн начал перетягивать к себе избирателей мистера Уоллеса, все больше ориентируя свою программу на пункты будущей внутренней политики Уоллеса»¹¹³. Но по тем вопросам, которые для кампании Уоллеса являлись самыми важными и которые изменили бы принципы действий США на мировой арене, американские избиратели поддержали кандидата, тянувшего страну к созданию империи, гонке ядерных вооружений и глобальной конфронтации. Это была грустная заключительная глава легендарной политической карьеры человека, никогда не соответствовавшего модели американских политиков, но отличавшегося нравственным взглядом на роль, какую могли бы играть в мире просвещенные Соединенные Штаты.

В одной записке 1948 года под грифом «совершенно секретно» Джордж Кеннан в общих чертах обрисовал дилемму, стоящую перед американскими политиками, и ясно дал понять, почему предложения Уоллеса были отвергнуты с таким негодованием:

«В нашем распоряжении примерно 50 % всех богатств мира, но только 6,3 % его населения... мы не можем не быть объектом зависти и возмущения. Наша реальная задача на ближайший период состоит в том, чтобы разработать образец отношений, которые позволят нам и дальше поддерживать такое неравенство... И для этого нам придется отбросить всю сентиментальность и мечтательность... Мы должны перестать говорить о неопределенных и... нереальных целях, таких как права человека, повышение уровня жизни и демократизация... мы оказываемся перед необходимостью действовать, решительно опираясь на нашу мощь. И чем меньше идеалистические лозунги будут нам мешать, тем лучше»¹¹⁴.

Успешное решение берлинского кризиса и образование НАТО в 1949 году на время подняли дух жителей Запада, но две колоссальные неудачи полностью вернули все на круги своя. Во-первых, Коммунистическая партия Китая (КПК) под руководством Мао Цзэдуна разгромила Гоминьдан во главе с Чан Кайши и захватила власть в самой большой и густонаселенной стране мира. *New York Times* назвала победу коммунистов «серьезной трагедией с непредсказуемыми последствиями для западного мира»¹¹⁵. А к концу года *Times* пришла к такому выводу: «События в Китае явились удивительным поражением традиционной дальневосточной политики США и не менее удивительной победой Советской России»¹¹⁶.

Переход самой густонаселенной страны в мире под знамена коммунизма означал такую превратность судьбы, что кое-кто усмотрел в ней начало конца успешной американской политики в Азии. Генерал-майор Клэр Шеннолт, бывший командир авиаподразделения «Летающие тигры», предсказал «третью и еще более ужасную мировую войну... если США позволят коммунизму завоевать Китай», поскольку «количество наших врагов возрастет до миллиарда»[117]. Вожди Китая опасались военного вмешательства США. Республиканцы обвинили Трумэна в том, что он «теряет» Китай, и потребовали от него большей поддержки Чан Кайши.

Хотя американскую общественность происшедшее застало врасплох, высшие руководители давно ожидали победы коммунистов — не столько в силу талантов Мао, сколько из-за вопиющей некомпетентности Чан Кайши и царящей при нем коррупции. Как отмечал Трумэн: «Мы поставили на дохлую лошадь». Правительство Чан Кайши, по его словам, было «одним из самых продажных и неэффективных правительств, когда-либо пытавшихся управлять Китаем»[118]. Чан со своими министрами и генералами удрал на Тайвань, захвата которого американские лидеры ожидали в течение ближайшего года. Поскольку Советы больше беспокоились о собственной безопасности, чем о мировой революции, то они предоставили китайским коммунистам не так много помощи и еще меньше поощряли их поспешность. Хотя в феврале 1950 года Мао и Сталин заключили союз, СССР убеждал руководство КПК сохранить хорошие отношения с США, и в течение нескольких месяцев торговля между этими двумя странами продолжалась. Но решимость КПК провести революционные преобразования и категорический отказ США признать законность нового правительства обрекли на неудачу все попытки сохранить добрые отношения.

А 23 сентября 1949 года американцев до глубины души потрясло заявление президента Трумэна: «У нас есть доказательства, что несколько недель назад в СССР был произведен взрыв атомной бомбы»[119]. Большинство ученых ожидали этого, а потому отреагировали на новость спокойно. В начале 1946 года *Los Angeles Times* сослалась на заявление химика Гарольда Юри и других ученых, что СССР разработает бомбу в ближайшие пять лет, тем самым опровергая утверждения Гровса, что Советам потребуется на это лет двадцать. Специалисты давно признали: сложность создания бомбы лежит в инженерно-технической области, а не в чисто научной. *Times* тогда обвинила Гровса в том, что он «держит американцев в блаженном неведении», старательно внедряя в умы фантастическую мысль о том, что США обладают «тайной», которую необходимо хранить как зеницу ока, и мудро призвала правительство использовать «оставшиеся пять лет не для того, чтобы накопить атомные бомбы и вести себя, как собака на сене, а для конструктивной государственной деятельности», — этот взгляд разделяли и многие ученые[120]. В 1948 году Роберт Оппенгеймер заявил журналу *Time*: «Наша атомная монополия походит на кусок льда, тающий на солнце»¹²¹. Командование ВВС же предполагало, что Советский Союз еще на протяжении многих лет не сможет провести испытания бомбы. Трумэн, ранее заверявший Оппенгеймера, что Советам никогда не создать бомбу, сначала не поверил сообщениям о советских испытаниях, а затем решил, что бомбу сделали немецкие ученые, работающие в СССР.

Советские ученые вздохнули с огромным облегчением. Физик Юлий Харитон писал: «Овладев новым оружием, мы лишили другие страны возможности применить его против СССР безнаказанно»*. Бомба, с его точки зрения, позволяла «нашей стране… защититься от реальной смертельной опасности». Физик Игорь Головин писал: «Их труд, бессонные ночи, огромное напряжение, все возраставшее в течение этих последних лет, не пропали даром: они выбили козырь из рук американских атомщиков-политиканов»**¹²².

Американцы еще никогда не ощущали себя до такой степени уязвимыми. Научный журнал *Bulletin of the Atomic Scientists*, посвященный проблемам атомной энергии, перевел стрелки символических часов Судного дня с без семи минут полночь на без трех минут полночь¹²³. Лидер большинства в сенате, Скотт Лукас, выразил опасения: «Возможно, мы переживаем последний этап великой цивилизации, заключительную стадию перед ужасающей войной и распадом общества, в котором провели всю жизнь»¹²⁴. *New York Times* задавалась вопросом: есть ли сегодня в мире человек «достаточно безрассудный, чтобы сказать, кто побеждает в холодной войне?»¹²⁵.

С другой стороны, кое-кто видел и луч надежды. По мнению журналиста Уильяма Лоренса, вполне логично предположить, что Советы способны выпускать по одной бомбе в неделю, а следовательно, через год у них будет уже 50 бомб, способных уничтожить 50 американских городов с общим населением в 40 миллионов человек. Но он также полагал, что наличие бомбы у СССР могло бы привести к долгожданному соглашению о международном контроле, поскольку переговоры между равными партнерами намного продуктивнее, чем между абсолютно неравными¹²⁶. И снова горячих голов оказалось больше, чем трезвых. В ядерные исследования вливались дополнительные средства, американский арсенал рос. Сенатор Брайан Макмейхон, глава Объединенного

---

* Цит. по изданию: *Губарев В.* Звезда Харитона // Наука и жизнь. 2004. № 9.

** Цит. по изданию: *Головин И. Н.* Игорь Васильевич Курчатов. М.: Атомиздат, 1978.

комитета по атомной энергии, сказал Дэвиду Лилиенталю, что США теперь должны «стереть [Советы] с лица земли», и поскорее[127].

Джеймс Форрестол не дожил до того дня, когда случилось то, что для него было бы абсолютным кошмаром. Детали его смерти все еще не ясны. В течение многих лет Форрестол работал в столичных кабинетах, оставаясь ярым антикоммунистом. Именно его взгляды помогли сформировать в Вашингтоне тот ядовитый климат, в котором администрация Трумэна неоднократно приписывала действиям СССР самые ужасные мотивы. Тем не менее он проиграл Трумэну несколько политических сражений, и среди них — признание Израиля, вопрос о военном или гражданском контроле над атомными бомбами, расходы на оборону, укрепление немецких картелей и вооружение стран Латинской Америки. В октябре 1948 года, когда перспективы Трумэна на переизбрание были туманны, газеты сообщили, что Форрестол обратился к Дьюи, выразив надежду, что, когда тот станет президентом, он, Форрестол, сохранит свой пост[128].

Все это предвещало ухудшение его отношений с Трумэном. И 1 марта Трумэн предложил ему уйти в отставку — это предложение просто «уничтожило» Форрестола. 28 марта 1949 года он официально удалился от дел. На следующий день его обнаружил помощник: он сидел за столом, уставившись в стену. Его отправили в Хоб-Саунд (штат Флорида) на попечение жены, гостившей у Роберта Ловетта, недавно ушедшего с должности заместителя госсекретаря. «Боб, они преследуют меня», — заявил Форрестол Ловетту по приезде. Имел ли он в виду евреев и «агентов Сиона», которые, как он считал, следят за ним, или же коммунистов, — этого никто так и не узнал. 2 апреля военно-морское ведомство отправило за Форрестолом самолет и перевезло его из Флориды в округ Колумбия, где его поместили в военно-морской госпиталь в Бетесде — согласно официальной версии, для лечения от «нервного срыва». Дрю Пирсон сообщил своим радиослушателям, что Форрестол «не в своем уме», — после того как того обнаружили посреди улицы, в одной пижаме, вопящего: «Русские идут!» Ему померещилось, что русские вторглись в США. Позже Пирсон сообщил, что во время краткого пребывания во Флориде Форрестол четыре раза пытался совершить самоубийство: вешался, резал вены, глотал снотворное[129].

Коммунистические страны выжали все, что могли, из истории о «советофобии» Форрестола. Обозреватель *Washington Post* Маркиз Чайлдс описал карикатуру «под названием "Клуб агрессоров", опубликованную в газете "Правда" от 1 мая и растянувшуюся на пять колонок. На карикатуре был изображен Форрестол в смирительной рубашке, читающий

Глава 5. Холодная война

Первый министр обороны США Джеймс Форрестол стал жертвой нервного срыва и, страдая манией преследования коммунистами, совершил самоубийство, выпрыгнув из окна палаты на 16-м этаже военно-морского госпиталя в Бетесде.

лекции Уинстону Черчиллю, Джону Фостеру Далласу и другим... санитар сдерживает Форрестола, пытающегося на четвереньках взобраться на пьедестал. Рядом с карикатурой напечатан стишок, утверждающий, что вовсе не смирительная рубашка, а борьба тех, кто не хочет войны, ограничивает свободу действия Форрестола». Польская коммунистическая газета *Trybuna Ludu* сообщала: «Безумие. Диагноз: мания преследования. Пациент: Джеймс Форрестол, министр обороны США, ушедший в отставку две недели назад. Симптомы: несколько дней назад, услышав вой сирены пожарной машины, проезжающей мимо его дома, пациент выбежал на улицу в одном белье, вопя: "Русские входят в город!" Врачи объявили, что пациент уже давно страдал психическим расстройством, еще с тех пор, когда выполнял свои служебные обязанности». Польская газета процитировала откровения Пирсона: якобы Трумэн приказал пересмотреть все последние отчеты, рекомендации и решения Форрестола, желая установить, «сошел ли мистер Форрестол с ума из-за чрезмерно активной пропаганды холодной войны, которую сам же и разжигал многие годы, или... вся эта пропаганда была следствием безумия, овладевшего мистером Форрестолом давным-давно»[130].

Пытаясь преуменьшить серьезность его состояния, медики поместили его на 16-м этаже вместо первого, где находилось психиатрическое отделение. Сидя в одиночестве в своей палате, Форрестол мучился постоянными кошмарами. Он боялся, что его постигнет судьба Яна Масарика — министра иностранных дел Чехословакии: его выбросят из окна. Но состояние начало улучшаться, и ночью 22 мая 1949 года он долго не ложился спать, переписывая хор из «Аякса» Софокла, в котором герой размышляет о своей судьбе вдалеке от дома. На слове «соловей» Форрестол бросил ручку и вскочил на ноги.

И в результате странного, но одновременно очень показательного поворота событий человек, курировавший контакты с «Соловьем» и множество других тайных операций, — Фрэнк Визнер — и сам падет жертвой шизофрении. В 1965 году, после неоднократных помещений в закрытое спецучреждение и длительной шоковой терапии, Визнер вышиб себе мозги выстрелом из дробовика.

1 января 1950 года мир радостно попрощался с 1940-ми. Для США десятилетие закончилось на грустной ноте: победой коммунистов в Китае и первым испытанием советской атомной бомбы. Несмотря на необъятность своей территории, Соединенные Штаты чувствовали себя в осаде как дома, так и за границей. Оптимизм, царивший всего несколько лет назад, в конце войны, снова уступил место страхам и тревогам.

Глава 6

Эйзенхауэр:

НЕПРИГЛЯДНАЯ КАРТИНА

Утром 4 марта 1953 года американцы были огорошены новостью: Председатель Совета министров СССР Иосиф Виссарионович Сталин перенес инсульт и находится в тяжелом состоянии. На следующий день 74-летний диктатор умер. Американцы затаили дыхание. Советский народ погрузился в глубокий траур. Несмотря на исключительную жестокость Сталина, большинство граждан преклонялись перед ним за то, что он привел страну к победе над нацистами и превратил СССР в современное индустриальное государство. Пока простые люди скорбели, их руководители тайно решили ослабить напряженность в отношениях с капиталистическим Западом, с тем чтобы сосредоточиться на улучшении положения в собственной стране. Георгий Максимилианович Маленков, преемник Сталина, выступая на похоронах вождя, призвал к «международному сотрудничеству» и экономическим отношениям со всеми странами — к миру, основанному на «длительном сосуществовании и мирном соревновании двух различных систем — капиталистической и социалистической»[1]. Новые советские руководители протягивали странам Запада оливковую ветвь — символ мира. Примут ли ее недавно избранный президент США Дуайт Дэвид Эйзенхауэр и его госсекретарь Джон Фостер Даллес?

После окончания Второй мировой войны США постепенно наращивали запас атомных бомб: их количество довели с 13 в середине 1947-го (причем только одну можно было подготовить к применению в течение двух недель) до 300 к середине 1950 года. Одновременно с этим США расширяли свои возможности в осуществлении атомных бомбардировок. Наступление атомного века заставило пересмотреть стратегические

Скорбящие чтят память Сталина в Дрездене, ГДР.

концепции. Теперь основная роль отводилась авиации. В 1947 году ВВС США стали самостоятельным родом войск. Одно из трех структурных подразделений ВВС, Стратегическое авиационное командование (САК), взяло на себя главную ответственность за доставку нового оружия к месту применения. В 1948 году генерал-лейтенант Кертис Лемей, вдохновитель атомной бомбардировки Японии с целью запугать противника, возглавил САК и стал превращать его в мощную боевую силу, готовую почти мгновенно вступить в активную фазу военных действий против СССР. «Мы находимся в состоянии войны!» — объявил он. Если бы война действительно началась, он намеревался просто сокрушить советскую оборону, сбросив на 70 городов 133 атомные бомбы и уничтожив таким образом 40% советской промышленности и 2,7 миллиона человек населения. Разработанный им боевой план САК призывал к применению всего запаса бомб «одним массированным ударом»[2].

Сухопутные войска и ВМС выступили против такого грубого нарушения военной этики, предполагавшего умышленное нападение на мирное население, и заявили, что подобные планы противоречат нормам американской морали. Но в конце 1948 года Комитет начальников штабов поддержал ВВС и план одобрил. Несмотря на дурные предчувствия, Тру-

Глава 6. Эйзенхауэр

мэн согласился с этим решением, в том числе из-за бюджетных проблем. Полагаться на атомное оружие было куда дешевле, чем поддерживать уровень обычных сил, необходимый для защиты США и Западной Европы от потенциальной советской агрессии.

Доклад, подготовленный по указанию министра обороны Форрестола, вызывал серьезные сомнения в перспективах США нанести поражение Советскому Союзу в случае применения одного только атомного оружия. Вызванные им разрушения не шли бы ни в какое сравнение с невероятными бедствиями советских людей во время недавней войны. Фактически, говорилось в докладе, атомная бомбардировка «подтвердит утверждения советской пропаганды... вызовет негодование в адрес США, сплотит советский народ и усилит его волю к победе». Кроме того, возникнет опасный прецедент для будущего применения «любого оружия массового поражения». Но к тому времени, когда появился доклад, Форрестола давно уже не было в живых, а его преемник, Луис Джонсон, не стал показывать доклад Трумэну[3].

В августе 1949 года СССР провел успешные испытания атомной бомбы, нанеся сокрушительный удар по уверенности США в их военном превосходстве и неуязвимости. Ошеломляющая весть застала врасплох большинство тех, кто в Министерстве обороны отвечал за планирование войны. Трумэн категорически не поверил сообщениям. Когда же его наконец убедили в реальности произошедшего, он моментально одобрил планы совершенствования американского атомного оружия.

В 1948 году генерал-лейтенант Кертис Лемей, вдохновитель атомной бомбардировки Японии, возглавил Стратегическое авиационное командование и стал превращать его в мощную боевую силу, готовую почти мгновенно вступить в активную фазу военных действий против СССР.

Комитет начальников штабов при поддержке физиков Эдварда Теллера, Эрнеста Лоуренса и Луиса Альвареса потребовал начать разработку водородной бомбы, или «супербомбы». Глава Комиссии по атомной энергии (КАЭ) Дэвид Лилиенталь назвал ученых — сторонников бомбы «кровожадными и истекающими слюной в предвкушении»[4]. На закрытом заседании конгресса генерал Джеймс Маккормак, директор отдела военно-прикладных исследований КАЭ, сообщил, что бомба будет «неограниченной. Ее можно сделать любого размера, даже с Солнце»[5].

Лилиенталь и многие ведущие ученые были потрясены открывшейся перспективой. В октябре восемь ученых из Главного консультативного комитета при КАЭ, возглавляемого Робертом Оппенгеймером, единодушно осудили создание водородной бомбы, поскольку она прежде всего «уничтожила бы мирное население». Большинство ученых относили эту бомбу «к совершенно иной категории по сравнению с атомной бомбой» и отмечали, что она «может стать оружием геноцида». Учитывая ее неограниченную разрушающую способность, она представляла бы «угрозу будущему человечества». Члены комитета Энрико Ферми и Исидор Айзек Раби объявили, что она представляет собой «опасность для человечества в целом... заведомо отвратительная вещь с любой точки зрения»[6].

Среди тех, кто особенно активно выступал против создания водородной бомбы, был советник Госдепартамента по СССР Джордж Кеннан, считавший, что СССР, возможно, готов заключить всеобъемлющее соглашение о контроле над ядерным оружием, а потому убеждал госсекретаря Дина Ачесона следовать именно таким политическим курсом. Ачесон высокомерно предложил Кеннану «уйти с дипломатической службы, облачиться в монашеское одеяние, таскать с собой оловянную чашку, стоять на перекрестке и твердить: "Близится конец света"»[7]. Испытывая отвращение ко все более и более милитаристской направленности американской политики, Кеннан 31 декабря 1949 года ушел с поста директора отдела планирования политики Госдепартамента.

31 января 1950 года Трумэн объявил о решении возобновить разработку водородной бомбы. Две недели спустя Альберт Эйнштейн появился в телепрограмме Элеоноры Рузвельт с предупреждением: «Если эта работа принесет плоды, радиоактивное отравление атмосферы и, следовательно, уничтожение всей жизни на земле станет технически возможным»[8]. Физик Лео Силард вскоре выступил с еще более устрашающими известиями, объявив радиослушателям всей страны, что синтеза 500 тонн дейтерия в водородно-кобальтовой бомбе достаточно, чтобы «убить всех на земле»[9].

Глава 6. Эйзенхауэр

Такие предупреждения оказали громадное воздействие на психику людей. Как отметил писатель Уильям Фолкнер в своей речи при вручении Нобелевской премии в декабре 1950 года: «Наша нынешняя трагедия заключается в чувстве всеобщего и универсального страха, с таких давних пор поддерживаемого в нас, что мы даже научились терпеть его. Проблем духа более не существует. Остался лишь один вопрос: когда тело мое разорвут на части?»*10

Преемник Кеннана, протеже Форрестола Пол Нитце, занимал пост вице-президента могущественной инвестиционно-банковской фирмы *Dillon & Read* в то самое время, когда Форрестол был ее президентом. Нитце немедленно взял на себя инициативу в подготовке СНБ-68 — документа, который проведет кардинальную реформу военной стратегии США. В СНБ-68 утверждалось, что СССР, вооруженный атомными бомбами и «новой фанатичной верой», стремится «навязать свою абсолютную власть остальной части мира». Столкнувшись с угрозой собственному существованию, США были вынуждены реагировать не на то, что СССР, скорее всего, сделает, а на то, что он, по злобе своей, в принципе способен сделать: «а) захватить Западную Европу... продвинуться к богатым нефтью районам Ближнего Востока; б) начать воздушные операции на Британских островах и нанести удары с воздуха и моря по коммуникациям западных держав в Атлантическом и Тихом океанах; в) атаковать атомным оружием избранные цели, включая... цели на Аляске, в Канаде и США». Не существует территорий, которые не входили бы в американский оборонительный рубеж, поскольку, как утверждалось в документе, «в настоящее время свободные правительства во всем мире подвергаются нападкам... а падение свободных правительств в одной стране расшатывает их основу повсюду». Национальная безопасность и глобальная безопасность стали теперь единым целым. Если СССР «поймет, что обладает достаточным атомным потенциалом, чтобы нанести по нас внезапный удар и тем самым ликвидировать наше превосходство в атомном оружии, что создаст ситуацию, играющую на руку Кремлю, он может поддаться соблазну нанести внезапный и тайно подготовленный удар»[11].

В условиях противостояния такому опасному врагу, заключил Нитце, американское выживание зависит от максимального наращивания запасов ядерных и обычных вооружений, укрепления вооруженных сил, военных союзов, а также расширения тайных операций и потенциала

---

* Цит. по изданию: Писатели США о литературе. Т. 2. М.: Прогресс, 1982. С. 191–192.

Малоизвестный сенатор от штата Висконсин Джозеф Маккарти сделался безобразным лицом антикоммунизма середины XX века.

психологической войны. За следующие пять лет расходы на вооружение должны вырасти в четыре раза и составить 50 миллиардов долларов, или 20 % от ВНП. Трумэн согласился с содержащейся в СНБ-68 оценкой общей стратегической ситуации и одобрил сделанные выводы, но при виде суммы расходов побледнел: он уже успел объявить о планах сокращения ассигнований на оборону в следующем бюджетном году. Ачесон и Нитце возразили ему, что увеличение расходов на вооружение вчетверо стимулирует экономику и даст гарантию от новой депрессии. Ведущие советники Госдепартамента по СССР Джордж Кеннан и Чарльз Болен выступили против такого наращивания, утверждая, что у Сталина нет ни желания, ни средств для осуществления завоевания мира, о котором говорят Ачесон и Нитце. К разочарованию Ачесона и Нитце, политика громадного увеличения военных расходов потерпела крах уже в начале 1950 года.

Растущее напряжение на мировой арене вызвало новый всплеск травли «красных» внутри страны. Это стало возможным благодаря программе Трумэна по обеспечению безопасности и лояльности от 1947 года. Истерию подпитывали широко освещаемые в СМИ обвинения в шпионаже и измене родине. В январе 1950 года бывший сотрудник Госдепа Элджер Хисс, которого безжалостно преследовал конгрессмен Ричард Никсон, был признан виновным в лжесвидетельстве. В конце месяца физика Клауса Фукса арестовали за то, что он передал СССР ядерные секреты. Фукс рассказал о существовании более широкой шпионской сети, в результате чего в июле были арестованы Юлиус и Этель Розенберг.

В феврале 1950 года малоизвестный сенатор от штата Висконсин Джозеф Маккарти приобрел дурную славу, заявив членам Республиканского

Глава 6. Эйзенхауэр

женского клуба графства Огайо в Уилинге (штат Западная Вирджиния): «У меня на руках список из 205 сотрудников Госдепартамента, которые оказались либо имеющими членский билет, либо безусловно верными сторонниками компартии, но которые, несмотря ни на что, все еще участвуют в формировании нашей внешней политики»[12]. На следующий день в городе Солт-Лейк-Сити он уже называл другую цифру: 57 человек. Хотя число «коммунистов» менялось от случая к случаю, газеты запестрели заголовками с дикими обвинениями, что вызвало новый виток слушаний с предрешенным исходом. Среди его жертв числятся и советники Госдепартамента по Азии — их обвиняли в том, что они помогли Мао одержать победу в Китае. Увольнение этих людей повлечет за собой полное непонимание Азии американцами на многие десятилетия вперед.

Хотя бесстыдно рекламирующий сам себя сенатор от Висконсина, известный под насмешливым прозвищем Джо — хвостовой стрелок за вымышленные им военные подвиги, и стал безобразным лицом этих репрессий, все же настоящая власть находилась в руках директора ФБР Эдгара Гувера. Он собирал досье с компроматом на членов конгресса — и демонстрировал его, когда возникала необходимость заставить человека не отбиваться от стада. Один из главных помощников Гувера описал принцип действия этой стратегии: «Как-то вечером мы натолкнулись на одну неприятную ситуацию: пьяный сенатор сбил пешехода и скрылся с места ДТП; кроме всего прочего, в машине с ним была полураздетая баба. На следующий день к полудню наш добрый сенатор уже знал, что мы в курсе дела, и с тех пор у нас никогда не возникало проблем с его голосованием по вопросам бюджетных ассигнований»[13].

Официальные лица и СМИ предостерегали американцев, что злобные, фанатичные коммунисты, стремящиеся уничтожить американский образ жизни, скрываются за каждым углом. Министр юстиции в кабинете Трумэна предупреждал: «Сегодня в Америке много коммунистов. Они повсюду: на заводах, в конторах, мясных лавках, на перекрестках, в частном бизнесе»[14]. И действительно: ученые, писатели, актеры, режиссеры, художники, учителя и вообще люди из всех слоев общества подвергались преследованиям за свои политические убеждения; в стране воцарилась атмосфера страха. Несколько сотен человек угодили в тюрьму, а до 12 тысяч, по разным подсчетам, были уволены с работы. Не пройдя проверку на политическую благонадежность, проведенную береговой охраной, почти 3 тысячи портовых грузчиков и моряков были уволены по программе обеспечения безопасности портов. Ее разработали якобы для защиты берегов страны от диверсантов во время корейской войны,

Официальные лица и СМИ пугали американцев тем, что злые коммунисты, стремящиеся уничтожить американский образ жизни, скрываются за каждым углом. Правый журнал Counterattack опубликовал доклад «Красные каналы», расписав засилье коммунистов в индустрии развлечений.

но на самом деле — чтобы уничтожить профсоюзы моряков, возглавляемые коммунистами[15].

Многих подозреваемых вызывали в комиссии конгресса, и следователи требовали называть других коммунистов и сочувствующих. Писательница Мэри Маккарти заметила, что цель слушаний состояла вовсе не в борьбе с подрывной деятельностью, а в том, чтобы убедить американцев принять «*принцип* доносительства как норму для добропорядочного гражданина»[16]. Журналист И. Ф. Стоун осудил «стремление превратить целое поколение американцев в осведомителей»[17]. Многие отказались давать нужные показания и угодили в «черный список», были уволены или оказались за решеткой. За отказ сотрудничать с антикоммунистическими расследованиями были изгнаны из университетов и колледжей больше ста преподавателей. Дэшил Хэммет, один из ведущих писателей Голливуда, попал за решетку за отказ назвать вкладчиков Фонда поручительства Конгресса гражданских прав, почетным членом правления которого он являлся. Писательница Лилиан Хеллман позже заявила, что Хэммет на самом деле «не знал имен ни одного из вкладчиков», но не стал говорить об этом на суде, поскольку не признавал за правительством права требовать подобную информацию[18].

В 1947 году так называемую «голливудскую десятку» обвинили в неуважении к конгрессу и, несмотря на ряд обращений и к судебным органам, и к общественности, их приговорили к году тюремного заключения. Наряду с еще девятью голливудскими радикалами, которых в том же 1947 году Комиссия по расследованию антиамериканской деятельности

(КРАД) вызвала в суд (хотя в зале суда они так и не появились), эти десять человек стали первыми жертвами «черного списка» в киноиндустрии. Вскоре к этим 19 в «черном списке» присоединились и другие известные прогрессивные деятели Голливуда. КРАД вернулась к расследованиям в киноиндустрии в 1951 году, и к 1954-му «черный список» вырос: теперь в него входили 212 мужчин и женщин, отказавшихся сотрудничать с комиссией. Ни одна студия не соглашалась нанимать тех, кто угодил в «черный список»: ни актеров, ни рабочих. Многие оказались без работы. Только 10 % людей, изгнанных из индустрии кино, снова вернулись туда впоследствии. Однако многим удалось избежать такой судьбы: они просто стали доносить на коллег. 58 из 110 человек, представших перед КРАД весной 1951 года, назвали фамилии «соучастников»[19].

К тому времени, когда все закончилось, маккартизм добился фактического разгрома левых партий в США. Коммунистическое движение было уничтожено. Сама партия выжила, но многие группы внутри и вокруг нее исчезли. «Красная паника» выпотрошила профсоюзы, политические организации и культурные ассоциации, поддержавшие реформы 1930–1940-х годов. За исключением движений за гражданские права и против ядерных испытаний, левое инакомыслие и прогрессивные реформы замерли в своем развитии больше чем на целое десятилетие

Девять человек из «голливудской десятки», обвиненной в 1947 году в неуважении к конгрессу за отказ назвать имена коллег-радикалов, а впоследствии попавших в «черный список» и фактически изгнанных из киноиндустрии.

и возродились, обнаружив новую силу и новый подход, только в 1960-е. Рабочее движение, однако, так и не оправилось от удара, и американские рабочие оказались более слабыми и менее благополучными во многих отношениях, чем их европейские коллеги[20].

Пострадало и движение за гражданские права. Оказавшись под интенсивным давлением той эпохи, организации выгоняли прогрессивно настроенных работников, в том числе и лидеров борьбы за расовое равноправие. В 1948 году Национальная ассоциация содействия прогрессу цветного населения зашла так далеко, что зачинателя борьбы за гражданские права Уильяма Дюбуа исключила из своих рядов — за активную поддержку предвыборной кампании Генри Уоллеса и призывы к ООН обратить внимание на расизм в США. Аналогичным образом изгнали и Поля Робсона. Многие левые организации, уничтоженные нападками маккартистов, в свое время связывали проблемы классового неравенства и агрессивную внешнюю политику с процветающим в стране расизмом. Травля «красных» также расстроила союзы между организациями, борющимися за гражданские права, и профсоюзами, значительно уменьшив значимость призывов профсоюзов к расовому равенству и не давая возможности защитникам гражданских прав бороться за право на работу и достойную оплату труда. В результате маккартизма даже самые влиятельные лидеры движения отказались от былых масштабных задач и сосредоточились на проведении более ограниченных законодательных реформ, оставив попытки проведения глубоких структурных реформ экономики и прекратив критику разрушительного действия империализма за рубежом. Тем не менее важно помнить, что в течение всего периода афроамериканцы играли ведущую роль в стремлении остановить гонку ядерных вооружений и обеспечить полное понимание американцами опасности ядерной войны[21].

Отдельные радикалы и движения за социальную, экономическую и расовую справедливость были не единственными жертвами политических репрессий в США середины XX века. Помимо «красной паники», началась еще и «голубая паника», в результате которой из федерального правительства изгнали гомосексуалистов. Под маской национальной безопасности — якобы «сексуальные извращенцы» особенно склонны поддаваться на шантаж иностранных и внутренних диверсантов — правительственные учреждения увольняли геев и лесбиянок или вынуждали их уйти в отставку. Историк Дэвид Джонсон считает, что в начале холодной войны рабочие места, вероятно, потеряли до 5 тысяч федеральных служащих. В 1953 году заместитель госсекретаря Дональд Б. Лури со-

Глава 6. Эйзенхауэр

Хотя именно Джозеф Маккарти стал синонимом понятия «красной паники», настоящая власть все же находилась в руках главы ФБР Эдгара Гувера. К 1960 году ФБР завело дела на более чем 430 тысяч человек и групп. Гувер также использовал свои связи в СМИ, чтобы разжигать антикоммунистическую истерию.

общил комиссии конгресса, что в одном только его отделе увольнения гомосексуалистов происходили в среднем в количестве «одного в день». Эти цифры относятся только к части рабочих мест, потерянных из-за «голубой паники». Причина увольнения часто не указывалась, якобы для того, чтобы не смущать уволенного. Многие предпочли уйти сами, еще до того, как их сексуальная ориентация станет достоянием гласности. Кроме того, тысячи людей, подающих заявление на занятие постов в федеральных учреждениях, получали отказ из-за своей сексуальной ориентации. Как и в случае с «красной паникой», чистка гомосексуалистов затронула и частный сектор. Некоторые фирмы даже нанимали профессиональных следователей, чтобы выявить «нежелательные элементы», включая геев и лесбиянок[22].

В те годы ФБР работало в нескольких направлениях. Оно разжигало антикоммунистическую истерию, снабжая «информацией» своих людей в прессе, таких как Уолтер Винчел, Дрю Пирсон, Вестбрук Пеглер, Фултон Льюис-младший и руководители вашингтонских бюро *United Press* и газеты *Chicago Tribune*. Программа предупреждения работодателей о политических взглядах служащих стоила работы сотням людей. Инакомыслящие массами попадали под пристальное внимание спецслужб. К 1960 году ФБР завело дела на более чем 430 тысяч человек и групп. 26 тысяч, которых в 1954 году отнесли к группе наиболее опасных — в основном члены КП США, — угодили в «список безопасности» Гувера, предполагавший арест этих лиц в чрезвычайной ситуации. А в 1956 году ФБР начало свою Программу контрразведывательных операций, или КОИНТЕЛПРО, — набор грязных приемов, нацеленных на уничтожение левых организаций, занятых совершенно законной и защищаемой Конституцией деятельностью[23].

24 июня 1950 года войска Северной Кореи вторглись в Южную Корею, и холодная война внезапно раскалилась докрасна. Расположенная между Японией, Китаем и СССР, Корея долгое время была для этих трех держав яблоком раздора. Япония оккупировала Корею и правила ею с 1910 по 1945 год. В 1945 году Корею разделили на советскую зону к северу от 38-й параллели и американскую — к югу. Это соглашение, второпях составленное полковником Дином Раском* на следующий день после атомной бомбардировки Нагасаки, рассматривалось как временное и должно было оставаться в силе лишь до момента, когда можно будет восстановить единство и независимость страны. На севере Советский Союз посадил генерала Ким Ир Сена, который возглавлял партизанскую борьбу с японцами во время войны; южанам американцы навязали Ли Сын Мана. Мелкие столкновения на границе не прекращались. КНШ неоднократно предупреждал об опасности втягивания США в войну в Корее — стране, не обладающей серьезным стратегическим значением и граничащей с СССР и Китаем, — и рекомендовал исключить ее из оборонительного рубежа Соединенных Штатов. Ачесон также не упомянул Корею в важной речи в январе 1950 года, из-за чего некоторые критики обвинили его в том, что он преднамеренно спровоцировал нападение.

СССР с раздражением наблюдал за тем, как США усиливают Японию в экономическом и военном отношениях, размещают на японской территории свои войска и постепенно продвигаются к мирному договору без советского участия. Начальники штабов предостерегли правительство: исключая СССР из мирного договора, можно спровоцировать советское нападение на Японию. Но СССР нанес удар по Корее.

Репрессивная политика Ли Сын Мана и грубые просчеты в экономике сделали его очень непопулярной фигурой в Южной Корее. В 1950 году он под давлением американцев позволил устроить выборы. По результатам этих выборов его сторонники потерпели поражение. Несмотря на неудачу, в последующие месяцы он продолжал обсуждать планы объединения Кореи под своей властью — военным путем. Ким тоже говорил о воссоединении, но под контролем коммунистов. Провал Ли на выборах и его полная непопулярность в народе предоставили Киму лазейку, которую он так долго ждал[24].

---

* Раск Дин — будущий госсекретарь в правительствах Дж. Кеннеди и Л. Джонсона.

Глава 6. Эйзенхауэр

Слева направо: Трумэн с госсекретарем Дином Ачесоном, премьер-министром Англии Клементом Эттли и министром обороны США Джорджем Маршаллом во время обсуждения корейского кризиса.

Весной 1950 года Сталин после неоднократных просьб северокорейского лидера дал Киму зеленый свет на вторжение в Южную Корею. Считая, что нападения Южной Кореи на Северную Корею долго ждать не придется, Сталин решил упредить события. Его снова переполняла уверенность. Ведь теперь в его распоряжении находилась атомная бомба, и он только что заключил официальный союз с Мао Цзэдуном. Ким обещал скорую победу.

Трумэн находился в Миссури, когда до него дошла информация о северокорейском вторжении. Немедленно заподозрив, что нападение представляет собой новый этап коммунистической агрессии, он решил, что США должны нанести ответный удар. *New York Times* призвала Трумэна действовать решительно или рискнуть «потерей [!] половины мира»[25]. Кроме того, решительные действия заставили бы умолкнуть республиканцев, которые обвиняли Трумэна в потере Китая. Он быстро протолкнул резолюцию через Совет Безопасности ООН, который СССР давно бойкотировал из-за отказа Совета Безопасности предоставить место коммунистическому Китаю. Несмотря на развертывание войск, исчисляющихся десятками тысяч военнослужащих, Трумэн отказался называть вмешательство «войной», а вместо этого прибег к терминологии одного репортера, спросившего, «можно ли назвать происходящее "действиями по наведению порядка" при содействии ООН»[26]. Хотя номинально операцию проводила ООН, на долю США приходилась половина сухопутных войск и почти все ВМС и авиация. Остальные сухопутные войска предоставила в основном Южная Корея. Трумэн также решил обойти получение одобрения конгресса, создав прецедент для будущих войн.

В записке, представленной за месяц до нападения, Джон Фостер Даллес сделал пессимистический обзор ухудшающегося стратегического положения Америки. «Ситуация в Японии может стать шаткой, — писал он, — и возможно, то же произойдет и на Филиппинах. Индонезия, обладающая значительными природными ресурсами, может быть вообще потеряна для нас, а нефть Ближнего Востока будет под угрозой потери. Ни в одной из этих стран мы не сможем удержать свои позиции, как только люди почувствуют, что коммунизм символизирует собой будущее». Но он видел и проблеск надежды: «Эту цепь неудач, возможно, удастся прервать, если в решающий момент мы быстро займем жесткую позицию, продемонстрировав уверенность в себе и решимость. Вероятно, иначе эту цепь несчастий никак не предотвратить»[27].

В случае с Кореей США заняли жесткую позицию. Трумэн заявил лидерам конгресса: «Если мы подведем Корею, то Советы немедленно пойдут дальше и проглотят Азию по частям, одну страну за другой. В какой-то момент нам нужно было продемонстрировать свою позицию или же отказаться от всей Азии. Если же мы упустим Азию, рухнет и Ближний Восток, и невозможно предсказать, что произойдет в Европе. Поэтому… [я] приказал нашим войскам помочь Корее… и для нас… точно так же необходимо поставить точку в вопросе Индокитая, Филиппин и Формозы»[28].

Особенно боялся Трумэн советского вторжения в Иран. 26 июня он назвал Корею «Дальневосточной Грецией». Прокрутив глобус и указав на Иран, он заявил своим подчиненным: «Вот где они начнут заварушку, если мы не будем осторожны… Если мы проявим достаточную твердость, если выступим против них, как три года назад в Греции, следующих шагов они уже не предпримут. Но если мы просто останемся стоять в стороне, то они войдут в Иран и захватят весь Ближний Восток»[29].

Победа коммунистов в Китае повысила ставки в Корее. Потеряв китайский рынок, Япония теперь бросала хищные взгляды на Корею и Юго-Восточную Азию, где ситуация тоже очень быстро менялась. Во Вьетнаме национальные силы под руководством вождя коммунистов Хо Ши Мина оспаривали власть французов. Сильное повстанческое движение

Глава 6. Эйзенхауэр

боролось за власть на Филиппинах. Под угрозой оказалось британское колониальное правление в Малайе. Ачесон объяснял: «В Вашингтоне уже никто не сомневается в том, что США [должны] занять очень твердую позицию на Дальнем Востоке», тем более что «правительства многих западноевропейских стран, похоже, недалеки от паники, выжидая: будут США действовать или нет»[30].

Макартур отмахнулся от предупреждений ЦРУ и других указаний на скорое нападение Севера. Более 100 тысяч северокорейских солдат, прошедших обучение в СССР и получая от него все необходимое, нанесли сокрушительное поражение американцам и южнокорейской армии, оттеснив их к Пусану и окружив там.

Оказавшись перед угрозой поражения, Макартур попросил и получил разрешение прорваться через 38-ю параллель и захватить Север. В сентябре он организовал внезапную высадку в Инчхоне морского десанта из 17 тысяч человек. Трумэн похвалил «блестящий маневр Макартура» и заявил, что его корейской кампании «практически нет равных за всю военную историю»[31]. Трумэн отчаянно старался умилостивить вспыльчивого Макартура. Республиканцы цеплялись к любому намеку на то, что Трумэн может сомневаться, посылать ли американские войска через границу, и считали это признаками «попустительства».

Макартур заверил Трумэна, что китайцы не примут участия в конфликте, но согласился использовать по мере продвижения к китайской границе только корейские войска. Ачесон также не допускал возможности участия Китая в войне как «явного безумия»[32]. Макартур даже заговорил о том, что боевые действия закончатся ко Дню благодарения*, а к Рождеству все войска уже будут выведены из Кореи. Он отмахнулся от неоднократных предупреждений министра иностранных дел КНР Чжоу Эньлая, что китайцы вступят в войну, если Соединенные Штаты продолжат продвижение своих войск на север. Китайцы также негодовали из-за того, что США развернули целую кампанию за недопущение КНР в ООН, а также из-за решения США защищать Тайвань с помощью Седьмого флота. Мао хотел уже отправить войска в Корею, но мнения членов политбюро ЦК КПК разошлись. Сталин ободрил Мао Цзэдуна. Он заверил Мао, что СССР и КНР сильнее США, Англии и их западноевропейских союзников, особенно пока не успели перевооружиться Германия и Япония. Раньше Сталин говорил Ким Ир Сену, что начало военных действий — просто способ ответить на «нечестные, вероломные и высокомерные действия

---

* Отмечается в четвертый четверг ноября.

Генерал Дуглас Макартур в сентябре 1950 года во время внезапной высадки американского десанта в Инчхоне, которую Трумэн назвал «блестящим маневром».

США в Европе, на Балканах и на Ближнем Востоке, а особенно на их решение создать НАТО»[33].

Макартур преспокойно нарушил свое обещание использовать только корейские войска и приказал ВВС бомбить районы у китайской границы. Когда КНШ потребовал от него не сбрасывать бомбы в пределах 10 километров от границы, он ответил: «Трудно переоценить катастрофичность последствий как военных, так и психологических, которые последуют за вашими ограничениями»[34].

25 октября китайцы атаковали войска ООН в Унсане. 8 ноября КНШ телеграфировал Макартуру с предложением пересмотреть его задачи. Макартур ответил, что требование англичан, французов и многих американцев остановиться у 38-й параллели очень напоминает «недавний случай в Мюнхене». «Сдача хотя бы части Северной Кореи перед лицом агрессии китайских коммунистов, — возмутился он, — станет самым большим поражением свободного мира за последнее время»[35].

Трумэн и КНШ уступили требованиям Макартура. 24 ноября Макартур начал крупное наступление, которое, с его точки зрения, должно было положить конец войне. Но внезапно через реку Ялуцзян потекли сотни тысяч китайских солдат, вынудив войска США и их союзников начать

Глава 6. Эйзенхауэр

поспешное отступление. Их поражение оказалось катастрофическим. Макартур мрачно объявил: «Мы столкнулись с совершенно новой войной»[36]. Ачесон сообщил конгрессу, что США оказались на грани третьей мировой войны. Трумэн с ним согласился. «Похоже, что третья мировая война уже началась», — записал он в своем дневнике. Генерал Омар Брэдли назвал происшедшее «крупнейшей военной катастрофой в истории Соединенных Штатов»[37], а журнал *Time* — «худшим поражением, которое когда-либо терпели США»[38].

Китайский представитель в Совете Безопасности ООН* объявил о волне освободительных движений, прокатившейся по региону: «Несмотря на дикость и жестокость американских империалистических агрессоров, решительно сражающийся народ Японии, победно идущий вперед народ Вьетнама, героически сопротивляющийся народ Кореи, народ Филиппин, никогда не складывавший оружие, и все угнетенные страны и народы Востока, несомненно, сплотятся в тесном единстве... Они будут храбро сражаться, чтобы одержать окончательную победу в борьбе за национальную независимость»[39]. Английское правительство одобрило скорейшее окончание войны, считая, по словам газеты *Chicago Tribune*, что она «велась в состоянии, близком к истерии, и с излишней расточительностью»[40]. Но американские лидеры решили сначала опустошить Северную Корею.

В начале войны Макартур и другие отстаивали применение атомных бомб для поддержки боевых действий. «Я вижу здесь уникальные возможности для применения атомной бомбы — нанести блокирующий удар, который потребует полугода ремонтно-восстановительных работ. Бальзам на душу моих B-29», — восторгался он. Генерал Чарльз Болте подсчитал, что 10–20 атомных бомб из американского арсенала не стоит растрачивать впустую. В июле Трумэн послал бомбардировщики, способные нести ядерные бомбы, в Англию и на Гуам. Однако КНШ решил, что, учитывая скромные размеры большинства корейских городов, будет вполне достаточно обычной бомбардировки. Генералы также выразили обеспокоенность возможным советским возмездием и осуждением таких действий со стороны общественности. Но теперь, после вмешательства в конфликт китайцев, США оказались в отчаянной ситуации,

---

* Так в тексте оригинала. До октября 1971 года место КНР в ООН и Совете Безопасности занимал представитель тайваньского режима Чан Кайши. Судя по смыслу и терминологии, однако, заявление могло быть сделано не проамериканским Тайванем, а только правительством КНР.

а на китайской территории цели были куда более подходящими [41]. Трумэн ошеломил журналистов в конце ноября 1950 года, объявив, что все варианты, открыто предполагающие применение атомного оружия, уже лежат у него на столе:

«Если агрессия в Корее окажется успешной, то можно ожидать, что она распространится по всей Азии и Европе и докатится до нашего полушария. В Корее мы сражаемся за нашу собственную национальную безопасность и выживание...

Вопрос. Включая атомную бомбу?
ПРЕЗИДЕНТ. Включая все оружие, которое у нас есть.
Вопрос. Это означает, что применение атомной бомбы активно обсуждается?
ПРЕЗИДЕНТ. Ее применение всегда активно обсуждается...
Вопрос. Означает ли это, мистер президент, применение против военных целей или гражданских...
ПРЕЗИДЕНТ. Это вопрос, ответ на который должны дать военные... Право отдать приказ о применении оружия принадлежит командующему на месте, как и всегда»[42].

В тот день командующий ВВС на Дальнем Востоке генерал Джордж Стрейтмейер просил начальника штаба ВВС США генерала Хойта Ванденберга отправить на Дальний Восток группы бомбардировщиков, несущих атомное оружие. Лемей вызвался командовать ими. Мендел Риверс, член палаты представителей от Южной Каролины, заявил: «Если когда и наступало время для применения атомной бомбы, оно наступило именно сейчас»[43]. Оуэн Брюстер, сенатор от штата Мэн, предложил применить ее против китайцев. Том Стид, конгрессмен от Оклахомы, предпочитал бомбить Кремль. Джозеф Брайсон, конгрессмен от Южной Каролины, хотел только удостовериться, что ее хоть на кого-то сбросили: «Пробил тот час, когда все известные виды вооружений, включая атомную бомбу, должны применяться без промедления»[44]. Ллойд Бентсен от Техаса, будущий кандидат в вице-президенты от Демократической партии, советовал президенту «предложить командующему северокорейскими войсками в течение недели отступить... от 38-й параллели или использовать эту неделю для эвакуации гражданских лиц из особого списка северокорейских городов, которые будут подвергнуты атомному удару ВВС США»[45].

Гэллап обнаружил, что от 38 до 52 % американцев поддерживают применение атомных бомб, что кардинально отличалось от результатов прежних опросов. Делегаты в ООН предупредили, что жители Азии пришли бы «в ужас» от использования такого оружия[46]. Клемент Эттли немедленно вылетел в Америку, чтобы сообщить Трумэну: европейцы разделяют ужас азиатов. Сразу после визита Эттли Трумэн сказал группе конгрессменов, что было бы неправильно наносить удар по ставленникам Москвы, в то время как настоящим преступником является Кремль, однако атомные бомбардировки СССР спровоцируют его на удар по Лондону, Берлину и Парижу.

9 декабря 1950 года Макартур попросил разрешения на применение атомных бомб по своему усмотрению. 24 декабря он представил список из 26 целей. Он также попросил позволить ему сбросить четыре бомбы на вторгшиеся войска противника и еще четыре — на «критические концентрации вражеской авиации». Он рассчитал, что, если сбросить от 30 до 50 атомных бомб «у самой Маньчжурии», это привело бы к образованию «радиоактивного пояса», который помог бы одержать победу в войне уже через 10 дней. Но это только краткосрочный эффект. Пояс протянулся бы «от Японского моря до Желтого». Поэтому, решил генерал, «в ближайшие 60 лет никто бы не вторгся в Корею с севера»[47].

В то время как Макартур рисовал картины атомного Армагеддона, другие оплакивали резкое падение международного престижа США, вызванное разгромом их войск в Корее. Корреспонденты *New York Times* в столицах Европы, Азии и Ближнего Востока сообщали о «потере веры в Соединенные Штаты». Во Франции «падение престижа Америки едва ли не катастрофическое». В Индии, где американский «престиж чрезвычайно пострадал», многие испытывали «тайную радость, видя, как азиаты наказывают жителей Запада»[48]. Кое-кто даже усомнился в способности США воспрепятствовать советской оккупации Европы, учитывая, как плохо американские войска сражаются с Китаем.

Поскольку количество жертв с американской и южнокорейской стороны быстро возрастало, Макартур, сидя в Токио, начал слать в США сообщения, в которых пытался переложить вину за военное поражение на других и требовал тотальной войны против Китая. 10 марта 1951 года Макартур попросил предоставить ему «решающие атомные средства» в ответ на советскую поддержку с воздуха в Корее и Маньчжурии и сосредоточение китайских войск у границы с Кореей. «Финлеттер и Ловетт* предупреждены о возможности применения атомного оружия. Полагаю, все готово», — написал Ванденберг 14 марта[49]. 24 марта 1951 года, зная, что Трумэн добивается прекращения огня, Макартур выступил по радио

---
* Ловетт Роберт — министр ВВС и министр обороны США.

с собственным ультиматумом Китаю. Трумэн возмутился: «Я покажу этому сукину сыну, кто здесь главный», — но спустил дело на тормозах[50]. Однако когда конгрессмен от Республиканской партии Джо Мартин прочитал на заседании палаты представителей письмо Макартура, где тот заявлял: «Если мы проиграем эту войну с коммунизмом в Азии, падение Европы станет неизбежным»[51], — КНШ единогласно рекомендовал снять Макартура с должности командующего. И 11 апреля Белый дом объявил об отстранении его от должности.

Однако вовсе не страстное желание Макартура применить атомное оружие стало главной причиной такого решения. Всего лишь несколькими неделями ранее начальники штабов приказали нанести атомный удар по Маньчжурии, если китайцы отправят туда еще один крупный воинский контингент. 6 апреля Трумэн одобрил этот приказ и разрешил передачу девяти атомных бомб из-под контроля КАЭ военным на Гуаме и Окинаве[52].

Увольнение Макартура оказалось пагубным для Трумэна: теперь его поддерживали меньше 30% американцев. «Редко случается, чтобы непопулярный человек увольнял популярного», — отметил журнал *Time*.

Лидеры республиканцев в обеих палатах конгресса встретились, чтобы обсудить возможность импичмента. Сенатор Уильям Дженнер обвинил правительство в измене: «Страна сегодня находится в руках клики, которой руководят советские агенты. Наш единственный выход — подвергнуть президента Трумэна импичменту»[53]. Джозеф Маккарти тоже хотел сместить с должности «сукина сына» за то, что тот уволил Макартура, и заявил, что Трумэн, наверное, был пьян в тот момент, перебрав «американского виски и французского ликера». Он также обвинил Трумэна в подписании «смертного приговора всей западной цивилизации»[54].

Общественность поддержала Макартура. 7,5 миллиона человек устроили ему торжественную встречу в Нью-Йорке. Его приветствовали как героя в Вашингтоне, Бостоне, Сан-Франциско и Чикаго. Макартур эмоционально оправдывал свой принцип ведения войны, выступая на совместном заседании палат конгресса, и завершил свое выступление так:

«Говорят... что я милитарист. Это утверждение удивительно далеко от правды. Я знаю войну так, как ее знает мало кто из ныне живущих, и для меня нет ничего более отвратительного, чем война. Я долго отстаивал ее полный запрет, поскольку именно ее разрушительное влияние и на своих, и на врагов сделало ее бесполезной для урегулирования международных споров... Мир менялся много раз с того дня, как я принял присягу... в Вест-

Глава 6. Эйзенхауэр

Генерал Дуглас Макартур на стадионе «Солджер-филд» в Чикаго во время прощальной поездки по стране в 1951 году после его увольнения Трумэном.

Пойнте, однако я все еще помню припев одной из популярных казарменных песенок, в котором говорилось, что старые солдаты не умирают, а просто исчезают. И, как и старый солдат из этой песенки, я заканчиваю свою военную карьеру и исчезаю — старый солдат, старавшийся выполнять свой долг, как указал ему Господь Бог. Прощайте»[55].

Его речь в конгрессе транслировалась по национальному радио в прямом эфире. «Мы увидели большую Божью искру в этом человеке и услышали глас Божий», — воскликнул конгрессмен от Миссури Дьюи Шорт[56]. Трумэн, однако, упрекнул «чертовых глупцов-конгрессменов, расплакавшихся как бабы» над «какой-то ерундой»[57].

Упоминание Макартуром песенки «Старые солдаты не умирают» вызвало бешеный спрос на популярную музыку. Один из руководителей *Remick Music Corporation*, которой принадлежали авторские права на песню, сравнил реакцию американцев с «землетрясением» и заказал публикацию 50 тысяч экземпляров нот. Джин Отри сорвался со съемок очередной серии фильма, чтобы сделать новую запись песни для *Columbia Records*, которая продала 25 тысяч пластинок в первый же день. Компания *Decca Records* быстро выпустила две другие версии песни: одну — в исполнении Реда Фоули, другую — Херба Джеффриса. *RCA Victor* выпустила версию в исполнении Вона Монро. *Capitol Records* выпустила версию в исполнении Джимми Уэйкли. Бинг Кросби спел ее в прямом эфире радиопостановки. Записи, выпущенные *Columbia* и *RCA*, сметали с полок, едва они появлялись.

Слушания конгресса по вопросу увольнения Макартура и политике в Азии продолжались два месяца. Конгрессмены-демократы и высшие военные чины не оставили камня на камне от утверждений Макартура. Генерал Брэдли отклонил предложенную Макартуром войну с Китаем как «несправедливую войну, которая велась бы не в том месте, не в то время и не с тем врагом». После этого блеск Макартура быстро потускнел. Однако популярность Трумэна так и не восстановилась. Его поддержка среди избирателей упала до рекордно низких 22 %. Ачесон отметил, что война «нанесла американской внешней политике ущерб, который даже трудно оценить, и погубила правительство Трумэна»[58].

На смену Макартуру пришел генерал Мэтью Риджуэй, и в мае 1951 года он запросил 38 атомных бомб. Но в ту весну и лето благодаря Сталину США, Китай и обе Кореи начали переговоры, которые затянулись на два года. Американская воздушная война не стихала: США развязали кампанию с использованием зажигательных бомб — подобную той, которую они вели против Японии пятью годами ранее. Теперь в качестве средства поражения был выбран напалм. Репортер *New York Times* Джордж Баррет описал эффект использования напалма при бомбардировке деревни с населением в 200 человек к северу от Аньяна, назвав ее «жуткой данью тотальной современной войне»:

«Жители в деревне и на полях погибли, захваченные врасплох, и остались в тех позах, в которых их настиг напалм: мужчина, садившийся на велосипед; 50 девочек и мальчиков, игравших в сиротском приюте; домохозяйка, странным образом не обгоревшая, державшая в руках лист, вырванный из каталога "Сирс энд Робак", отмеченный карандашом на заказе № 3811294 — 2 доллара 98 центов за потрясающую пижаму кораллового цвета»*[59].

Почти все крупные города в Северной Корее были сожжены дотла. Оставшиеся в живых искали убежища в подвалах. Гражданам Южной Кореи приходилось не многим лучше. Ежегодник английских вооруженных сил сообщал в 1951 году: «Война велась без оглядки на самих жителей Южной Кореи, а их несчастную страну считали просто полем сражений,

---

* Пер. цит. по изданию: *Камингс Брюс*. Ядерные угрозы против Северной Кореи // Лефт.ру. [Электронный ресурс]. Режим доступа: http://left.ru/2005/1/kamings118.phtml

Глава 6. Эйзенхауэр

Американский самолет выпускает напалм над Северной Кореей. Хотя весной 1951 года уже начались мирные переговоры, американская воздушная война не стихала. В качестве средства поражения был выбран напалм. Почти все крупные города в Северной Корее были сожжены дотла.

Женщины и дети роются среди развалин в Сеуле. Во время войны погибло от 3 до 4 миллионов корейцев при общем количестве населения 30 миллионов; погибло также свыше миллиона китайцев и 37 тысяч американцев.

а не страной, которую нужно освободить. Как следствие, борьба оказалась безжалостной, и не будет преувеличением сказать, что Южной Кореи как страны больше не существует. Ее города разрушены, значительная часть средств к существованию уничтожена, а народ превратился в угрюмую массу, которая целиком зависит от благотворительности. Граждан Южной Кореи, к сожалению, считали просто "узкоглазыми", как и их братьев к северу от 38-й параллели»[60]. Оценки потерь значительно расходятся, но 3 или 4 миллиона корейцев погибли при общем населении в 30 миллионов; погибло также свыше миллиона китайцев и 37 тысяч американцев.

К февралю 1951 года только 39% американцев все еще поддерживали войну. Ситуация оказалась патовой. Американцы начали спрашивать себя: почему их сильные, современные войска не сумели победить плохо оснащенную армию корейских и китайских крестьян?

Лемей возразил против ограничений, наложенных на вооруженные силы США, и напомнил, что, когда война началась, «мы, так сказать, подсунули записку под дверь Пентагона и сказали: "Слушайте, давайте двинемся туда... и сожжем дотла пять самых больших городов Северной Кореи — они не очень большие, — это должно положить конец войне". Ну, в ответ человек пять-шесть крикнули: "Вы же убьете много гражданских!" и "Это слишком ужасно". Но за три года без малого... мы сожгли дотла *все* города в Северной Корее — и Южной тоже... Что ж, в расчете на три года это приемлемо, но убить немного людей, чтобы этого не допустить, — нет, многие даже подумать о таком не в силах»[61].

Корея была только примером быстро ухудшающейся ситуации в Азии. США решили усилить поддержку французов в Индокитае и выделили 10 миллионов долларов французской марионетке — императору Бао Даю. Неприятности назревали и на Филиппинах, где поддерживаемый США президент Мануэль Рохас и его преемник Эльпидио Кирино пытались подавить восстание крестьянской Народной армии. Во время войны Рохас сотрудничал с японцами, а потом переметнулся на сторону крупных землевладельцев и католической церкви. США усилили филиппинскую армию и развернули успешную кампанию по подавлению восстания. Во главе американцев стоял майор Эдвард Лэнсдейл. Операции проводились при поддержке американских ВВС. Лэнсдейл — колоритный руководитель отдела рекламы, служивший в Управлении стратегических служб и ЦРУ и увековеченный в двух известных романах*, — позднее

---

* «Тихий американец» Грэма Грина и «Гадкий американец» Уильяма Ледерера и Юджина Бердика.

Глава 6. Эйзенхауэр

возглавил аналогичные операции по подавлению восстаний во Вьетнаме и на Кубе, но с намного меньшим успехом. И даже на Филиппинах основная заслуга в ослаблении Народной армии принадлежала не Лэнсдейлу, а филиппинскому президенту Рамону Магсайсаю, который провел земельную реформу и пригласил Народную армию вернуться в легальную политику.

Корейская война проложила дорогу резкой милитаризации американского общества. Трумэн одобрил директиву СНБ-68, и ассигнования на оборону на 1951 финансовый год выросли почти вчетверо: с 13,5 миллиарда долларов до 48,2 миллиарда. В течение полугода после начала войны в Корее американские военные расходы взлетели до 54 миллиардов долларов, обеспечив колоссальный всплеск разработок в космическом и оборонном секторах экономики по всей стране, особенно в Калифорнии. В графстве Лос-Анджелес в производстве самолетов и вертолетов было задействовано 160 тысяч человек, а в оборонном и космическом секторах трудилось 55 % населения. В Сан-Диего оборонный сектор составлял почти 80 % всего производства[62]. НАТО была реорганизована в полноценную военную структуру, Верховным главнокомандующим которой был американец, а в ряде стран Европы разместились на базах американские войска.

Американские решения перевооружить Германию и подписать мирный договор с Японией, независимо от советского участия, еще больше усилили вражду между США и СССР. Недавно назначенный американский посол в Москве Джордж Кеннан беспокоился: «Мы сами... сверхмилитаризацией своей политики и своими заявлениями... укрепили веру Москвы в то, что в конце концов действительно стремимся к войне»[63].

Учитывая излишнюю милитаризацию американской жизни, совершенно логично, что один из высокопоставленных военных баллотировался на пост президента. На президентских выборах 1952 года губернатор Иллинойса и кандидат на пост президента от Демократической партии Эдлай Стивенсон с треском проиграл генералу Дуайту Эйзенхауэру. В качестве кандидата на должность вице-президента Эйзенхауэр выбрал антикоммуниста, сенатора от Калифорнии Ричарда Никсона, не чуравшегося грязной работы. Во время избирательной кампании Никсон выполнял такую работу за Эйзенхауэра, осуждая «миротворца Эдлая» за примиренческую позицию по отношению к коммунистам и утверждая, что тот «получил ученую степень по сдерживанию коммунизма в колледже трусости, возглавляемом Дином Ачесоном»[64]. Сенатор Джозеф Маккарти скопировал его политику и называл кандидата от демократов

«Элджером»⁶⁵, намекая на Элджера Хисса*. Маккарти испытывал личную неприязнь к генералу Джорджу Маршаллу, которого он обвинял в «потере» Китая во время пребывания на должности госсекретаря в правительстве Трумэна. Во время предвыборной поездки в штат Висконсин, родной штат Маккарти, Эйзенхауэр собирался броситься на защиту своего друга и наставника от таких грубых нападок, но в конце концов отказался от конфронтации с таким антикоммунистом и демагогом, малодушно выбросив из своей речи абзац в защиту Маршалла. Он, очевидно, знал, что целых 185 человек из 221 конгрессмена-республиканца просили назначить

---

* Хисс Элджер (1904–1996) — американский юрист. С 1933 года работал в администрации Ф. Д. Рузвельта. Сотрудник Госдепартамента (1936–1947), участник Ялтинской конференции 1945 года, генеральный секретарь международной конференции в Сан-Франциско весной 1945 года — при выработке Устава Организации Объединенных Наций. В 1947 году избран председателем фонда Карнеги. 3 августа 1948 года в комитете по расследованию антиамериканской деятельности был обвинен журналистом Чамберсом в принадлежности к Коммунистической партии США и в шпионаже в пользу СССР. Хисс отверг все обвинения и потребовал очной ставки, которая состоялась 17 августа 1948 года в отеле «Коммодор» (город Нью-Йорк). В ходе очной ставки Хисс выяснил, что в 1930-х годах был мельком знаком с Чамберсом, который представлялся под именем Кросли. 15 августа 1948 года большое жюри вынесло решение о привлечении Хисса к уголовной ответственности за лжесвидетельство в комитете конгресса. После первого процесса 7 июля 1949 года присяжные не смогли прийти к решению, и был назначен второй процесс. После нового процесса 17 ноября 1949 года присяжные признали Хисса виновным, и он был приговорен к пяти годам тюремного заключения. Решение суда было неожиданным для общественности, так как не было доказательств шпионажа и принадлежности Хисса к компартии. Официально ему не предъявляли эти обвинения. Хисс написал книгу о процессе «Перед судом общественного мнения» (1957). Несколько десятилетий добивался реабилитации. В 1970-х годах стало известно, что ФБР фальсифицировало процесс. Суд над Хиссом стал триумфом молодого политика Ричарда Никсона. Он прославился на всю страну и начал восхождение к Белому дому. Через два года он победил на выборах в сенат, еще через два года генерал Дуайт Эйзенхауэр предложил ему пост вице-президента. В 1968 году Никсон станет президентом Соединенных Штатов... Элджера Хисса осудили, но американское общество обсуждало вопрос: сколько еще советских шпионов и скрытых коммунистов проникло в аппарат правительства? Заявления о коммунистическом проникновении звучали все тревожнее, говорили, что коммунисты вот-вот захватят Америку. Республиканская партия рассматривала антикоммунизм как самое надежное орудие в борьбе против демократов.

Глава 6. Эйзенхауэр

их в Комиссию по расследованию антиамериканской деятельности при палате представителей США[66].

Кампания Эйзенхауэра, яростно обличавшая продажность демократов, снизила темпы до минимума в сентябре, когда ее пошатнули известия о том, что бизнесмены-консерваторы тайно пожертвовали Никсону 18 тысяч долларов. Советники Эйзенхауэра поддержали мнение простых американцев и потребовали выгнать Никсона из партии. В последней отчаянной попытке спасти свое политическое будущее Никсон выступил со своей знаменитой «речью о Чекерсе» перед 55 миллионами телезрителей*.

Эта ставка на сентиментальность простых американцев спасла Никсона. Но Эйзенхауэр еще немного помучил Никсона неизвестностью и сказал, что ждет его в Западной Вирджинии. Никсон составил прошение об отставке и рявкнул помощнику: «Чего еще ему от меня надо? Я не намерен ползти к нему на карачках». На следующий день Эйзенхауэр встретил его в аэропорту и сказал: «А ты молодчина, Дик»[67]. У Никсона сдали нервы, и он расплакался.

Эйзенхауэр с легкостью победил на выборах, получив поддержку в 39 штатах. В январе 1953 года, когда он вступил на пост, отношения между СССР и США были чрезвычайно напряженными. Эйзенхауэр и Джон Фостер Даллес, его новый госсекретарь, во время избирательной кампании не предпринимали ничего, что бы понизило градус в этих отношениях, а наоборот — подливали масло в огонь антисоветизма, призывая перейти от проводившейся демократами политики «сдерживания коммунизма» к «освобождению», на котором настаивали республиканцы.

Но Эйзенхауэр не всегда был таким ярым антикоммунистом. Так, в 1942 году он требовал открытия второго фронта, а позже находился в дружеских отношениях с советским маршалом Г.К. Жуковым. После войны он все еще не сомневался, что советско-американская дружба продлится. Сталин, относившийся к нему с большим уважением, сказал послу США Авереллу Гарриману: «Генерал Эйзенхауэр — великий человек не только из-за своих военных свершений, но и благодаря своему гуманному, дружелюбному, доброму и откровенному характеру»**[68]. Эйзенхауэр посетил Москву в августе 1945 года, и советские люди принимали его как героя. Сталин оказал ему особую честь: генерал стал первым иностранцем, на-

---
   * Никсон заявил, что единственное подношение — щенок по кличке Чекерс, и его он никому не отдаст.
   ** Цитируется по изданию: *Иванов Р. Ф.* Генерал в Белом доме. Смоленск: Русич, 2000.

блюдавшим за парадом на Красной площади с трибуны Мавзолея Ленина. Позднее, уходя в отставку с должности начальника штаба сухопутных войск, он в своей прощальной речи признал ошибочным непродуманную подмену понятия национальной безопасности военной силой:

> «Национальная безопасность не означает милитаризма или чего-то подобного. Безопасность нельзя измерить накопленными боеприпасами, численностью личного состава вооруженных сил или монополией на непобедимое оружие. Таких подходов придерживались Германия и Япония, и, проверенные войной, они оказались ложными. Даже в мирное время показатель физической силы ненадежен, поскольку оружие устаревает и становится непригодным; обширные армии распадаются, высасывая силу питающих их стран; монополия на оружие длится недолго»[69].

За время пребывания у власти Эйзенхауэру не раз представится возможность отказаться от холодной войны и гонки вооружений. Возглавляя самое могущественное государство в мире в течение, вероятно, самого длительного периода международной напряженности в истории, он мог бы сделать смелый шаг, способный перевести мир на другие рельсы. Сигналы из Москвы намекали, что Кремль, возможно, уже готов изменить курс. Но из-за идеологии, политических расчетов, острой необходимости в милитаризованном государстве, а также из-за отсутствия воображения он неоднократно оказывался не в состоянии воспользоваться появившейся возможностью. И хотя он заслуживает уважения за то, что смог избежать войны с Советским Союзом в то время, когда она казалась весьма вероятной, после его ухода мир оказался в куда большей опасности, чем когда он только занял свой пост.

Эйзенхауэру не пришлось долго ждать исключительной возможности полностью изменить курс холодной войны. 5 марта 1953 года, через какой-нибудь месяц после его вступления в должность, умер И.В. Сталин. Кое-кто из приближенных советников Эйзенхауэра убеждал его использовать смятение в Москве в своих интересах и «напугать врага до потери сознания». СНБ призвал «к психологической эксплуатации этого события», а Ч. Д. Джексон, советник Эйзенхауэра по психологической войне, предложил «общее военно-политическое наступление»[70]. Но новые советские руководители быстро сориентировались и постарались ослабить напряжение в отношениях с Соединенными Штатами, дав указание Китаю и Северной Корее пойти на компромисс по соглашению о перемирии. 15 марта Г.М. Маленков публично заявил: «Нет ни одного спорного или нерешенного вопроса, который нельзя было бы урегулировать мирным путем»⁷¹. Новый директор ЦРУ Аллен Даллес сообщил, что советские лидеры серьезно желают «уменьшить опасность глобальной войны»⁷². Они даже сделали предварительные шаги к либерализации в самом СССР. Черчилль, снова избранный в 1951 году на пост премьер-министра Великобритании, начал опасаться ядерной угрозы. Он убеждал Вашингтон не упустить эту беспрецедентную возможность покончить с холодной войной. Он настаивал на встрече с советским руководством на высшем уровне⁷³. Эйзенхауэр молчал целых полтора месяца, пока его советники готовили ответ. Наконец он прервал затянувшееся молчание и сделал одно из самых четких заявлений, когда-либо сделанных американским президентом, о потерях, которые страна несет из-за холодной войны:

> «Каждая изготовленная пушка, каждый вошедший в строй военный корабль, каждая запущенная ракета в конечном итоге означают ограбление тех, кто голоден и не накормлен досыта, кто мерзнет и не имеет одежды. Этот мир… растрачивает силы наших рабочих, способности наших ученых и надежды наших детей. Современный тяжелый бомбардировщик стоит не меньше, чем… новые школы в 30 городах, или две электростанции, каждая из которых будет обеспечивать энергией город с населением 60 тысяч человек, или две прекрасно оборудованные больницы. Это 80 километров бетонного покрытия для наших дорог. За один истребитель мы платим цену, равную стоимости полумиллиона бушелей пшеницы. За один эсминец мы расплачиваемся тем, что не можем построить новые дома, в которых могли бы жить более 8 тысяч человек… Это не тот образ жизни… Под нависшими облаками угрозы войны проступает железный крест, на котором распято человечество»*⁷⁴.

Эйзенхауэр в совершенно неожиданной манере призвал к миру, разоружению и развитию стран третьего мира. Но при этом он остался верен своим основным убеждениям, остался консервативным рыцарем холодной войны, обвиняя в охватившей весь мир тревоге Советский Союз.

New York Times назвала его речь «великолепной и очень трогательной»⁷⁵. *Washington Post* выразила надежду, что он намекнул на неприятие «провокационных заявлений Трумэна», «воинственных жестов», «милитаризации политики» и «помощи… любому, кто станет противником коммунистов». Эйзенхауэру, как считала *Post*, необходимо еще отказаться от «теории, будто щелчок кнута в Москве вызывает автоматическое по-

---

* Приводится перевод А.А. Миронова по книге: *Амброз С.* Эйзенхауэр: Солдат и президент. М.: Книга, лтд., 1993.

виновение и в отдаленных уголках стран-сателлитов, по всему красному Китаю и во всей зараженной коммунизмом Азии»[76].

В СССР его речь издали массовым тиражом и предложили свои меры, внушающие оптимизм. Но оптимизм оказался недолгим. Два дня спустя Даллес отмахнулся от «мирного наступления» Маленкова, назвав его «мирной обороной», к которой вынуждает русских мощь США. Он обвинил коммунистов в «планировании бесконечных заговоров с целью разложить изнутри и свергнуть все по-настоящему свободные правительства в мире»[77].

Озадаченные Советы невольно задумались, кто же представляет американское правительство — Эйзенхауэр или Даллес. Они рукоплескали Эйзенхауэру за то, что он так подробно перечислил расходы американского милитаризма, но упрекнули за то, что он не учел астрономическую стоимость накопления обширного ядерного арсенала и строительства сотен военных баз по всему миру.

Шаги, сделанные с целью прекращения войны в Корее, тоже вовсе не предвещали непременного потепления в отношениях. Несмотря на продвижение процесса переговоров, Эйзенхауэр пригрозил расширить войну и подумывал о применении тактического атомного оружия, которое США впервые испытали в январе. На февральском заседании СНБ президент назвал район города Кэсон в Северной Корее хорошим местом для применения нового оружия. В мае, когда начальник штаба сухопутных войск генерал Лоутон Коллинз сказал, что «очень скептически относится к значимости тактического применения атомного оружия в Корее», Эйзенхауэр хладнокровно возразил: «Применение атомного оружия в Корее может оказаться в пересчете на доллары дешевле, чем дальнейшее применение обычного оружия»[78]. В том же месяце КНШ рекомендовал, а СНБ одобрил нанесение атомных ударов по Китаю. Эйзенхауэр и Даллес позаботились о том, чтобы коммунистические лидеры узнали об этих угрозах.

США начали также бомбить дамбы под Пхеньяном, вызывая огромные наводнения и уничтожая урожай риса. В 1945 году Нюрнбергский трибунал осудил подобные действия нацистов в Голландии, назвав их военным преступлением. Наконец в июне стороны подписали соглашение, в котором урегулировали вопрос о военнопленных, и договорились о проведении демаркационной линии на время перемирия, однако бои разгорелись с новой силой, и количество жертв с обеих сторон неимоверно возросло. Боевой дух войск ООН резко упал. Участились случаи дезертирства. Количество самострелов приняло размеры эпидемии. 27 июля 1953 года перемирие было наконец подписано Северной Кореей, Китаем и США — через два года и 17 дней после начала переговоров. Южная Корея не подписала это соглашение до сих пор. В августе Эйзенхауэр снова увеличил напряженность, приказав Лемею отправить на авиабазу Кадена на Окинаве 20 бомбардировщиков B-36 с ядерным оружием в рамках операции «Большая дубинка». На прибытие бомбардировщиков Лемей пригласил прессу.

За время своего президентства Эйзенхауэр неоднократно применял атомную бомбу в том смысле, какой придал этому Дэниел Эллсберг, сказавший, что, если человек держит пистолет у чьего-нибудь виска, он применяет оружие, даже если не спускает курок. Среди тех, кто твердо усвоил: ядерная угроза может так напугать врага, что тот капитулирует, — был и Ричард Никсон. В 1968 году Никсон так объяснил Бобу Холдеману свою стратегию в отношении Северного Вьетнама: «Я называю это теорией психопата, Боб. Я хочу, чтобы северовьетнамцы считали, что я дошел до точки, когда мог бы сделать все что угодно, лишь бы прекратить войну. Мы просто намекнем им: "Ради бога, вы же знаете, Никсон помешан на коммунистах. Мы не сможем сдержать его, когда он разозлится — а ведь у него палец на ядерной кнопке", — и через два дня сам Хо Ши Мин примчится в Париж, умоляя о мире».

Холдеман объяснил, что Никсон «усматривал параллель с действиями президента Эйзенхауэра... Когда Эйзенхауэр пришел в Белый дом, корейская война зашла в тупик... Он тайно сообщил китайцам, что намерен сбросить ядерные бомбы... Через несколько недель китайцы призвали к перемирию, и корейская война закончилась».

«Это сработало, — настаивал Никсон. — Именно бомба все сделала». Он утверждал, что Эйзенхауэр научил его ценить непредсказуемость. «Если противник чувствует, что ты непредсказуем, даже безрассуден, — писал он, — он не рискнет слишком сильно на тебя давить. Шансы на то, что он спасует, резко возрастают, и непредсказуемый президент получает лишний козырь»[79]. Эйзенхауэр, разумеется, «психопатом» не был, но ему было все равно, как станет подражать его действиям человек вроде Никсона.

У корейской войны были свои победители и побежденные. Сомнительные режимы Ли Сын Мана и Чан Кайши выжили. Япония извлекла из войны прибыль. Китай поднялся против американцев и выстоял, его престиж на мировой арене возрос, чего нельзя сказать о Советском Союзе, и это ускорило раскол в китайско-советских отношениях. А Черчилль очень четко выразил настоящее значение войны для США: «Корея сейчас не играет уже никакой роли. Я об этой чертовой стране впервые услышал, когда мне уже исполнилось 74 года. Ее значимость состоит в том, что она привела к перевооружению Америки»[80].

Среди жертв войны следует назвать также Юлиуса и Этель Розенберг, обвиненных в ядерном шпионаже. Вынеся очень спорное решение об их виновности и приговорив их к смерти, судья заявил: «Ваши действия уже привели к коммунистической агрессии в Корее, в результате чего погибли более 50 тысяч американцев»[81].

От войны пострадал, хоть и по-иному, и Генри Уоллес. Ряды Прогрессивной партии резко сократились после разгромного поражения на выборах 1948 года, и партия в значительной степени оказалась в руках коммунистов — а они по большей части слепо верили Советскому Союзу. Уоллес видел достаточно преступлений сталинизма, чтобы понять, насколько он отвратителен. В конце февраля 1950 года он сказал делегатам съезда Прогрессивной партии: «США и Россия выделяются сегодня на фоне остального мира, как два крупных хищника. Каждый в собственных глазах исповедует высокие моральные принципы, но в глазах других стран — руководствуется силой, и одной только силой».

Северокорейское вторжение в Южную Корею оказалось для Уоллеса последней каплей. Когда лидеры Прогрессивной партии выступили против действий ООН, он выпустил собственное «заявление совести». Настаивая на том, что Советы могли бы не допустить северокорейского вторжения, если бы только захотели, и все еще могут его остановить, он объявил: «Я не одобряю действий США и России в прошлом, но, когда моя страна находится в состоянии войны и ООН официально санкционирует эту войну, я стою на стороне моей страны и ООН». Однако он призвал лидеров США порвать с недавним политическим курсом, о котором он продолжал сожалеть: «США потерпят поражение в Азии, если будут поддерживать феодальные режимы, основанные на чрезмерных тратах толстосумов и помещиков. Россия применяет куда более грозную силу, чем атомная бомба, когда помогает людям освободиться из-под ярма давних угнетателей. Но наша страна обладает еще более грозной силой, если сумеет применить ее на благо народа». Три недели спустя он ушел из Прогрессивной партии. После долгих лет борьбы, которую он зачастую вел в одиночку и храбро, против превосходящего противника упрямый мечтатель наконец понял: с него довольно. Предательства Сталина вкупе с растущим влиянием сторонников холодной войны внутри страны высосали из него все силы, необходимые для дальнейшей борьбы. Он удалился на ферму на севере штата Нью-Йорк и провел оставшиеся годы жизни в заботах о зерне и курах — тогда они кормили большую часть мира.

Кое-кто опасался, что последней жертвой войны станет американское мужество. В одном послевоенном исследовании говорилось, что 70 %

американских военнопленных «сломались» и стали сотрудничать с противником. Некоторые объясняли данное явление промыванием мозгов, устраиваемым коммунистами. Другие указывали на нечто, вызывающее куда более серьезную тревогу. Один военврач, совершавший регулярные поездки в лагеря и лечивший американских военнопленных, сообщил следующее: «Сильные регулярно отбирали пищу у слабых... Многие были больны, но им никто не помогал, о них не заботились: их игнорировали, и это в лучшем случае... Зимними ночами беспомощных больных дизентерией их же товарищи выкатывали из хижин и оставляли умирать от холода». Количество умерших потрясает: 38 % пленных американцев. Большинство уходили в себя и не старались найти пищу или содержать себя в чистоте. Доктор приписывал такое поведение «какой-то новой ошибке в воспитании детей и молодежи мужского пола — невиданной ранее мягкости»[82].

Если американские мужчины и становились слабыми, то развитие американской техники это компенсировало. Всего лишь за три дня до выборов Эйзенхауэра США провели испытание опытного образца первой водородной бомбы на острове Элугелаб атолла Эниветок (Маршалловы острова). Остров пылал в течение шести часов (над ним при этом висел атомный гриб поперечником в полторы сотни километров), а затем исчез. Взрыв мощностью более 10 мегатонн превзошел все ожидания. Один моряк вспоминал: «Можно было поклясться, что огнем охвачен весь мир»[83]. Физик Гарольд Агню находился на борту судна на расстоянии 40 километров от острова. Он так описывает свои впечатления: «Чего я никогда не забуду, это жара. Не сам взрыв... жар все усиливался и усиливался. И это было по-настоящему страшно»[84]. В своей инаугурационной речи Эйзенхауэр признал новую реальность. «Наука, — предупредил он, — кажется, готова даровать нам... власть стереть род людской с нашей планеты»[85]. Однако проводимый им в следующие восемь лет политический курс катастрофически приблизил нас к претворению этой угрозы в реальность. Создалось впечатление, что блестящее эссе о безумии американских лидеров, написанное Льюисом Мамфордом в 1946 году*, создавалось с учетом будущего поведения Эйзенхауэра.

---

* В статье «Во имя благоразумия» американский историк, социолог и философ техники Льюис Мамфорд, рассматривая вероятные последствия ядерной войны с СССР, приходит к выводу о том, что нельзя допустить ядерную войну, а единственной альтернативой будет сотрудничество между странами с целью уничтожения этого нового оружия массового истребления.

Как и антикоммунизм, «ядерное мышление» Эйзенхауэра появилось в его жизни не сразу. Он выступал против атомной бомбардировки Японии и по военным, и по моральным причинам. Когда Эйзенхауэр узнал о событиях в Хиросиме, он находился в Москве. Журналистам он сказал: «Пока атомную бомбу не применили... я был уверен, что нам удастся сохранить мир с Россией. А теперь я не знаю. Я надеялся, что бомба не будет фигурировать в этой войне. До сих пор я бы сказал, что мы втроем: Англия... Америка... и Россия... — возможно, гарантируем миру мир на долгое время. Но теперь я не знаю. Люди напуганы и совершенно обескуражены. Всех снова охватила неуверенность»[86].

После войны он поддерживал попытки введения международного контроля, поскольку хотел, чтобы атомные бомбы передали ООН и уничтожили. Он постоянно высказывался в поддержку гражданского, а не военного контроля над бомбой. И продолжал ставить вопрос о моральности применения такого оружия. В 1947 году он сказал на официальном завтраке: «Я осуждаю безнравственные, а иногда и злорадные разговоры о степени безопасности, которую дает оружие, способное уничтожить миллионы людей в один миг»[87].

Как отмечает Дэвид Розенберг: «Дуайт Эйзенхауэр вступил на пост президента в январе 1953 года, обладая куда большим знанием о ядерном оружии, чем любой президент до него или после». Как начальник штаба армии, временный председатель КНШ и Верховный главнокомандующий НАТО, он был непосредственно связан с ранней стадией планирования ядерной войны. За долгие годы его отвращение к ядерному оружию значительно уменьшилось, но не исчезло совсем. В марте 1953 года он посоветовал членам кабинета не думать о бомбе как о «дешевом способе разрешения противоречий». Он напомнил министрам: «Для любого западноевропейца слабым утешением будут уверения, что после захвата его страны, когда он будет тихонько отдавать концы, кто-то еще живой сбросит бомбу на Кремль»*[88].

Эйзенхауэр был преисполнен решимости помочь США занять позицию лидера в гонке ядерных вооружений. Летом 1953 года ЦРУ сообщило обнадеживающую информацию: нет никаких признаков того, что Советский Союз работает над созданием водородной бомбы. 12 августа 1953 года, к большому огорчению ЦРУ, Советы взорвали что-то — предположительно водородную бомбу мощностью в 400 килотонн — в Ка-

---

* Пер. А.А. Мироновой: *Амброз С.* Эйзенхауэр: Солдат и президент. — М.: Книга, лтд., 1993.

захстане. Хотя советская бомба значительно уступала американской в мощности, она не только была готова к боевому применению — она была «сухой», то есть не нуждалась в охлаждении. Журнал *Bulletin of the Atomic Scientists* передвинул стрелки часов Судного дня на без двух минут полночь. С момента испытаний СССР атомной бомбы в 1949 году стрелки стояли на без трех минут двенадцать[89]. Советы догоняли американцев ошеломляющими темпами.

New York Times «утешалась» тем, что США все еще удерживают лидерство в производстве атомных и водородных бомб, но призналась, что «со временем эти преимущества непременно ослабнут». *Times* также отметила: даже госсекретарь Даллес заявил, что «основная задача теперь состоит в том, чтобы спасти человеческий род от исчезновения»[90].

В свое время именно Даллес и его родственники помогли создать американскую империю. Дедушка Джона Фостера Даллеса со стороны матери, Джон У. Фостер, и его дядя Роберт Лансинг занимали пост госсекретаря. Джон У. Фостер терпеливо наставлял своего старшего внука на протяжении всех его детских лет, прививая стойкую веру в глобальную роль США. Дед со стороны отца и сам отец были пресвитерианскими пасторами — дед служил миссионером в Индии. Младший брат Аллен стал директором ЦРУ. Когда их дядя Лансинг был госсекретарем в правительстве Вильсона (во время и после Первой мировой войны), старший из братьев занял должность секретаря-казначея нового Русского бюро при правительстве США, чьей основной функцией была помощь антибольшевистским силам, старавшимся подавить русскую революцию. Финансист Бернард Барух, старый друг семьи, взял молодого юриста в качестве юрисконсульта американской делегации в Комиссии по репарациям на переговорах в Версале. По возвращении Даллес продолжил адвокатскую практику в фирме Sullivan and Cromwell, следя за состоянием счетов некоторых столпов появляющейся империи: J. P. Morgan & Company, Brown Brothers Harriman, Dillon, Read, Goldman Sachs, United Fruit Company, International Nickel Company, United Railways of Central America и Overseas Securities Corporation[91].

Хотя утверждения журналистов о беззастенчивой симпатии Даллеса к Гитлеру в первые годы нацистской диктатуры проверить трудно, не вызывает сомнений то, что Даллес каким-то образом был связан с германской экономикой. В межвоенный период он активно участвовал в широкомасштабной картелизации: это давало возможность стабилизировать неустойчивую американскую экономику, снизить конкуренцию и гарантировать прибыль. Даллес постоянно сотрудничал с *Farben* через никелевые тресты и химические картели. Несмотря на то что позднее он решительно опровергал свое участие в каких-либо деловых операциях с нацистским режимом, известно, что он посещал Берлин в 1934, 1935, 1936, 1937 и 1939 годах[92]. Определяя степень участия Даллеса, Стивен Кинзер — лауреат ряда премий, корреспондент *New York Times* и *Boston Globe* за рубежом — цитирует «исчерпывающее исследование» Нэнси Лисагор и Фрэнка Липсиуса из юридической фирмы Sullivan and Cromwell: «Фирма "процветала благодаря картелям и сговору с новым нацистским режимом", и большую часть 1934 года Даллес "публично поддерживал Гитлера", шокируя партнеров "тем, что может с такой легкостью попирать закон и международные соглашения, оправдывая нацистские репрессии"»[93].

Даллес никогда не изменял своему долгу поддерживать гегемонию США и защищать американские деловые круги, как не изменил и ненависти к коммунизму. Несмотря на свой внешний вид, твердый, иногда воинственный госсекретарь и приветливый президент практически не отличались во взглядах на актуальные политические проблемы. Эйзенхауэр понимал: даже если поднять ставку подоходного налога для самых богатых американцев до 90 % или выше, это все равно не поможет наполнить раздутый военный бюджет страны, и в результате США станут банкротом. Он переживал, что «наша страна может задохнуться под бременем колоссальных военных расходов»[94]. Он решил обуздать неимоверно разросшиеся расходы на оборону и положиться на ядерное оружие, поскольку оно обходилось дешевле, чем содержание большой постоянной армии. В конце октября 1953 года президент одобрил новые Основные принципы обеспечения национальной безопасности — СНБ-162/2, — ядро его «Нового облика» оборонной политики, где говорилось следующее: «В случае начала военных действий США будут считать ядерное оружие таким же доступным для применения, как и любые другие боеприпасы»[95]. Основываясь на предположении, что любая война с СССР быстро разовьется в полномасштабную ядерную войну, «Новый облик» преуменьшал возможности обычных средств ведения войны и полагался на массивное ядерное возмездие с помощью сильной стратегической авиации. Таким образом, экономия, полученная от уменьшения размера армии, сходила на нет, в значительной степени из-за увеличения расходов на ВВС и ВМС. В итоге Эйзенхауэр сократил ассигнования на оборону, выделенные на 1954 год Трумэном, с 41,3 миллиарда долларов до 36 миллиардов.

Эйзенхауэра очень огорчало то, что ни американская общественность, ни союзники-англичане не смотрели с таким оптимизмом на применение ядерного оружия, как они с Даллесом. И тогда он постарался стереть границы между обычным и ядерным оружием. Согласно протоколу дебатов в СНБ в конце марта 1953 года по поводу применения ядерного оружия в Корее, «президент и госсекретарь Даллес единодушны в том, что так или иначе табу на применение атомного оружия должно быть снято»[96].

Даллес убеждал сломать «ложное различие» между обычным и ядерным оружием, которое он приписывал советской пропаганде[97]. Председатель КНШ адмирал Артур Рэдфорд в мае 1954 года объяснил слушателям Военно-морского колледжа, что «атомные вооруженные силы — теперь наши основные силы... действиям на суше, море и в воздухе отводится второстепенная роль... в следующей большой войне будет применяться ядерное оружие, основанное на расщеплении и синтезе атома»[98].

Во время встречи на Бермудских островах с премьер-министрами Англии и Франции — Черчиллем и Жозефом Ланьелем — в декабре 1953 года Эйзенхауэр искал поддержки союзников в применении атомных бомб, если в Корее снова начнутся вооруженные действия. Черчилль отправил к Эйзенхауэру своего личного секретаря Джока Колвилла, чтобы выразить свои опасения. Ответ Эйзенхауэра озадачил Колвилла: «В то время как Уинстон считал атомную бомбу чем-то совершенно новым и ужасным, Айк считал ее просто очередным усовершенствованием оружия. Он предполагал, что нет никакой разницы между "обычным" оружием и атомным: любое оружие в положенный срок становится обычным»[99]. Позднее Колвилл писал: «Я не мог поверить своим ушам». Эйзенхауэр также сказал Энтони Идену, что «развитие атомного оружия меньших размеров и применение атомной артиллерии стирают всякие различия [между атомным и обычным оружием]»[100].

В 1955 году Эйзенхауэр так ответил на вопрос журналиста о применении тактического атомного оружия: «Да, конечно, его можно применять. В любом сражении, где атомные бомбы можно применить исключительно по отношению к военным объектам и исключительно в военных целях — я не вижу причины, почему их нельзя применять точно так же, как пули или еще что-нибудь»[101].

Буквально на следующий день позицию президента поддержал Никсон: «Тактическое атомное оружие стало обычным видом вооружений и будет применяться против любой агрессивной силы»[102]. Несколько недель спустя президент сказал в конгрессе, что «самые разнообразные виды» тактического атомного оружия «сегодня получили статус обычных в арсеналах наших вооруженных сил»[103].

Эйзенхауэр подготовился к применению нового оружия, передав контроль над атомным запасом от КАЭ вооруженным силам. Трумэн перевез девять бомб на Гуам еще в 1951 году, но настаивал на сохранении гражданского контроля над всеми остальными. Предыдущий президент признался: он не хочет, чтобы «какой-нибудь лихой подполковник решал, когда именно наступит нужный момент для бомбардировки»[104]. Эйзенхауэр таких терзаний не испытывал. В июне 1953 года он начал передавать атомные бомбы Министерству обороны, чтобы увеличить боевую готовность и защитить страну от внезапного нападения Советов. В декабре 1954-го приказал разместить за рубежом 42 % атомных бомб и 36 % — водородных, причем многие бомбы оказались в угрожающей близости от СССР. К 1959 году военные держали в своих руках уже более 80 % американского ядерного оружия.

Европейские союзники испугались, что США начнут ядерную войну, и стали давить на Эйзенхауэра, требуя снизить уровень международной напряженности. Он ответил им 8 декабря 1953 года, загипнотизировав 3500 делегатов в ООН своей речью «Атом для мира». Он объявил, что США будут «стараться сердцем и душой найти тот путь, на котором удивительная изобретательность человека не приведет к его гибели, а благословит его на жизнь», неся выгоду от использования мирной ядерной энергии своей стране и зарубежным странам[105].

Американские СМИ встретили речь президента с восторгом. Военный корреспондент *New York Times* Хэнсон Болдуин написал, что «красноречивое» и «трогательное выступление Эйзенхауэра в поддержку мира... представляет собой серьезную попытку остановить гонку атомных вооружений». Однако Болдуин выразил сожаление, что вероятность успеха остается низкой, поскольку «само существование СССР построено на мировой борьбе и абсолютном мировом господстве»[106].

Эйзенхауэру так отчаянно хотелось выставить атом в выгодном свете, что он игнорировал многочисленные предупреждения об опасности распространения атомного оружия. Единственный физик-ядерщик в КАЭ Генри Смит отверг программу «Атом ради мира» как «абсолютно бесчестное предложение», не учитывающее риска распространения и преувеличившее перспективы атомной энергии»[107]. Многие полностью согласились с его инакомыслием.

Опасность распространения атомной энергии особенно беспокоила советских руководителей. Пять крупнейших ученых, включая физика-ядерщика И. В. Курчатова, заявили: «Развитие промышленного использования атомной энергии само по себе не только не исключает, но прямо ведет к увеличению военного атомного потенциала»*. Министр иностранных дел Молотов повторил эту мысль на встречах с Даллесом, а также в ноте, где отметил, что «любое использование атомной энергии в мирных целях можно применить для увеличения производства атомного оружия». Когда на встрече 1 мая Молотов снова поднял вопрос о риске распространения атомной энергии, Даллес не мог понять, о чем конкретно идет речь, и ответил, что он «поищет ученого, который бы объяснил ему все как можно лучше»[108].

Если обращение Эйзенхауэра к ООН возродило надежды на ослабление международной напряженности, то речь Даллеса 12 января, обращенная к Совету по международным отношениям, разбила их. Он предупредил, что местная непосредственная оборона от коммунизма получит поддержку «огромной мощью для нанесения ответного удара», чье «размещение и способы осуществления мы оставляем на собственное усмотрение»[109].

Надежда на ядерное оружие демонстрировала фундаментальный отход от предыдущей политики. В то время как Трумэн — после Хиросимы и Нагасаки — считал атомные бомбы оружием, которое следует применять только в самых крайних обстоятельствах, Эйзенхауэр сделал их основой американской военной стратегии. В журнале *Wall Street Journal* сообщалось: «Очень многие полагают, что мы стали свидетелями опрометчивой политики превращения любого мелкого разногласия в атомный Армагеддон»[110]. Джеймс Рестон из *New York Times* был потрясен тем, что Эйзенхауэр и Даллес вводили «"новую стратегию", потенциально более серьезную, чем любая другая, когда-либо предложенная правительством США», — а ни один конгрессмен даже не усомнился в том, что такая приверженность «внезапному атомному возмездию» является верной. Он волновался о том, каковы будут конституционно-правовые выводы из таких расширенных полномочий президента. Если бы китайцы вторглись в Индокитай или же Советы — в Иран, кто, интересовался он, отдаст приказ развернуть «огромную мощь для нанесения ответного удара» против Пекина или Москвы? Как, спрашивал он, может президент «испрашивать одобрения конгресса, не предупреждая Кремль и рискуя получить внезапный атомный удар по Соединенным Штатам?»[111]

Аналитик корпорации RAND Джозеф Лофтус был обеспокоен тем, что новый план на случай войны и чрезвычайного положения, разработанный САК, называл в качестве целей советские города и мирное население.

---

* Цит. по изданию: *Хархордин О.* Обличать и лицемерить. Генеалогия российской личности. СПб. М., 2002.

Когда Лофтус находился с визитом в штабе САК в Омахе, генерал Джеймс Уолш, начальник разведки САК, пригласил его к себе домой на коктейль и стал читать лекцию о необходимости максимизировать разрушения. Внезапно Уолш вспылил: «Черт возьми! Лофтус, есть только одна возможность напасть на русских, а именно — ударить по ним всем, что у нас есть, — закричал он и с силой ударил кулаком по огромной Библии на столе, — и вышибить из них дух!»[112]

К весне 1954 года план ведения войны САК уже призывал к нападению на СССР с применением 600–750 бомб, чтобы превратить страну «в течение двух часов в дымящиеся радиоактивные развалины»[113]. План также предусматривал гибель 80 % населения, или 60 миллионов человек, в 118 крупнейших городах. В конце того же года США начали размещение ядерного оружия на территории европейских союзников. К 1958 году в Западной Европе находилось уже почти 3 тысячи бомб.

Тем временем американский арсенал продолжал расти головокружительными темпами: запасы ядерного оружия увеличились с чуть больше тысячи на момент прихода Эйзенхауэра в Белый дом до 22 тысяч бомб восемь лет спустя, когда он ушел с поста.

Массированный контрудар, может, и напугал бы Советский Союз, но не мог помешать революционному подъему в развивающихся странах, где СССР использовал в своих интересах широко распространенное недовольство. Самые важные лидеры «третьего мира»: Гамаль Абдель Насер в Египте, Иосип Броз Тито в Югославии и Джавахарлал Неру в Индии, — избрали нейтральный курс между капиталистическим и социалистическим блоками и считали неприличным тратить миллиарды долларов и рублей на оружие, когда не хватало средств на развитие экономики. Во время своей первой поездки за границу в мае 1953 года Даллес узнал о враждебном отношении к США в Азии, где советскую систему считали очень привлекательной, и на Ближнем Востоке. Во время поездки он писал Эйзенхауэру об «озлобленности» арабского мира, где «США пострадали от того, что их связывают с английским и французским колониализмом»[114], и от слепой поддержки Израиля.

Даллес не был уверен, что Соединенные Штаты когда-нибудь сумеют завоевать симпатии народов «третьего мира». Он отмечал, что просить слаборазвитые страны принять капитализм — это все равно что просить недоедающих и страдающих от рахита людей сыграть в регби: «Говоришь им: "Постройте свободную конкурентоспособную систему". А они отвечают: "Батюшки, неужели нельзя придумать что-нибудь лучше?"»[115] Эйзенхауэра тоже волновала глубина враждебности к США у доведенных до нищеты народов мира. Он поднял этот вопрос на заседании СНБ в марте 1953 года, спросив: почему невозможно сделать так, чтобы «часть жителей этих угнетенных стран полюбила нас, вместо того чтобы ненавидеть?»[116]

Роль США в иранском конфликте должна была предоставить Эйзенхауэру столь нужный ему ответ. После вступления в должность Эйзенхауэру пришлось иметь дело с кризисом в Иране, где правительство Мохаммеда Мосаддыка бросило вызов монополии британской «Англо-ираниэн ойл компани», предшественнице British Petroleum и третьему по величине производителю сырой нефти в мире. Компания, на 51 % принадлежавшая английскому правительству, установила удобные для себя отношения с Реза Пехлеви, который захватил власть после Первой мировой войны, а в 1925 году стал шахом, и с его сыном Мохаммедом Реза Пехлеви, сменившим отца в 1941 году, когда нацистские симпатии отца вызвали совместную оккупацию Ирана Англией и СССР.

Anglo-Iranian удерживала 84 % доходов, оставляя иранцам самое большее жалкие 16 %. Налоги она платила в Англии, а не в Иране. На самом деле английские налоги более чем в два раза превышали сумму, которая отчислялась иранцам[117]. Пока англичане богатели на иранской нефти, иранцы жили в нищете. Рабочие нефтепромыслов получали меньше 50 центов в день и не имели ни льгот, ни отпусков. Гнев иранцев вспыхнул в 1950 году, когда американская нефтяная компания АРАМКО подписала контракт, дающий Саудовской Аравии 50 % прибыли от саудовской нефти. Под давлением Ирана Anglo-Iranian была вынуждена предложить улучшить условия. Но Мосаддык так ненавидел британский колониализм, что отказался рассматривать ее предложение. Иранский парламент, отражая почти поголовное неприятие иранцами Anglo-Iranian, единогласно постановил национализировать нефтедобывающую промышленность и выплатить англичанам компенсацию за инвестиции. Лейбористское правительство оказалось не в том положении, чтобы спорить, поскольку само национализировало английские угольные и энергетические компании, а также железные дороги.

Мосаддык, бывший министр финансов и иностранных дел, несмотря на свою легендарную эксцентричность, был чрезвычайно популярной фигурой в Иране и пользовался уважением в мире. Он был первым иранцем, получившим диплом доктора права в европейском университете. Он присутствовал на Версальской конференции в безуспешной попытке помешать утверждению контроля Англии над Ираном и несколько десятилетий подряд возглавлял борьбу с колонизацией. Журнал *Time* в 1951 году назвал его «Человеком года». Американский посол докладывал, что Мосаддык «пользуется поддержкой 95–98 % населения своей страны»[118]. Его мужественное сопротивление хозяйничанию колонизаторов привлекло симпатии арабских масс во всем регионе.

Поскольку Иран производил 40 % ближневосточной нефти, США поняли, насколько важно снизить напряженность в отношениях с ним. США начиная с 1948 года подталкивали англичан к тому, чтобы те предложили лучшие условия сделки и избежали кризиса. Трумэн насмешливо назвал главу Anglo-Iranian сэра Уильяма Фрейзера «типичным колонизатором XIX века»[119].

Реакция членов английского кабинета была типичной для колонизаторов XX века: они обсудили все за и против военной интервенции. Стало ясно, что вторжение окажется дорогостоящим и закончится провалом. Но капитуляция перед иранцами, как считали некоторые, могла вбить последний гвоздь в крышку гроба империи. «Если бы Персии удалось выйти сухой из воды, у Египта и других ближневосточных стран появился бы соблазн последовать ее примеру, — выразил опасение министр обороны Эмануэль Шинвелл. — Следующим шагом может стать попытка национализации Суэцкого канала». Лидер оппозиции Уинстон Черчилль сказал премьер-министру Клементу Эттли, что он «скорее потрясен отношением США, которые, похоже, не до конца понимают важность огромного региона, простирающегося от Каспийского моря до Персидского залива: он важнее Кореи». Министр иностранных дел Герберт Моррисон также осудил политику «отступления и капитуляции»[120].

Ачесон попытался выступить в качестве посредника, опасаясь, что военные действия англичан на юге могут спровоцировать советское вторжение с севера. Хотя непримиримость Мосаддыка и разочаровала Ачесона, он сочувствовал положению иранцев. Он убедил Аверелла Гарримана поехать в Тегеран, чтобы разрядить ситуацию. Гарриман сообщил, что «сложившаяся здесь ситуация — трагический пример заочного управления вкупе с ростом национализма во всех слаборазвитых странах»[121]. Британцы отложили вторжение, решив начать с экономической войны. Они наложили эмбарго на импорт иранской нефти и экспорт товаров в Иран. С одобрения США Банк Англии заморозил счета Ирана и торговлю с ним. Иранская экономика постепенно замерла.

Уинстон Черчилль и его консервативная партия снова пришли к власти в октябре 1951 года и сразу стали требовать военного вмешательства. Черчилль ранее писал Трумэну, что Мосаддык — «сумасшедший старик, которому не терпится привести свою страну к катастрофе и передать ее коммунистам»[122]. Когда Мосаддык узнал о планах англичан организовать переворот в Иране, он закрыл британское посольство и выслал из страны его сотрудников.

Когда Эйзенхауэр стал президентом, братья Даллес встретились с Кермитом Рузвельтом, внуком Теодора Рузвельта и главным экспертом ЦРУ по Ближнему Востоку, чтобы обсудить устранение «сумасшедшего Мосаддыка»[123]. Джон Фостер Даллес признал, что Мосаддык — не коммунист, но боялся прихода к власти коммунистов из Народной партии Ирана, которая будет поставлять иранскую нефть Москве. Он утверждал, что скоро и остальная часть ближневосточной нефти окажется под контролем Советов. Когда разразился кризис, Мосаддык сблизился с Народной партией. Новое правительство США изображало Мосаддыка как неуравновешенного экстремиста — «не совсем нормального», по словам американского посла Лоя Гендерсона[124].

ЦРУ начало негласно работать, разворачивая операцию «Аякс», которую поручили Рузвельту. Английская разведка МИ-6 оказывала всестороннюю поддержку. Но все пошло не так, как планировалось. Когда резидент ЦРУ в Тегеране выступил против этой грубо задуманной операции, назвав ее вредной для долгосрочных интересов США, Аллен Даллес уволил его. Мосаддык предал гласности участие шаха в подготовке государственного переворота и вынудил того бежать из страны.

ЦРУ тем временем скупало иранских журналистов, проповедников, военных, полицейских и членов парламента, приказывая им подстрекать людей к антиправительственным выступлениям. ЦРУ также оплатило услуги экстремистской организации «Воины ислама» — «банды террористов», согласно истории переворота, написанной ЦРУ[125]. В августе Рузвельт начал выпускать на улицы толпы наемников, чтобы посеять в Тегеране хаос. Он распространил слухи, что Мосаддык — коммунист и еврей. Его головорезы, прикидываясь членами Народной партии, нападали на мулл и даже разрушили мечеть. Среди мятежников был и будущий лидер Ирана аятолла Рухолла Мусави Хомейни. 19 августа 1953 года, когда в городе царила анархия, Рузвельт извлек из организованного ЦРУ укрытия генерала Фазлоллу Захеди. Захеди объявил, что шах, бежавший в Италию, назначил его новым премьер-министром. После вооруженных столкновений заговорщики арестовали Мосаддыка и тысячи его сторонников. Некоторых сразу казнили. Мосаддык был признан виновным в измене и брошен в тюрьму. Шах вернулся в Тегеран. На заключительной встрече с Рузвельтом шах поднял тост: «Я обязан своим троном Аллаху, моему народу, моей армии — и вам»[126].

Американские нефтяные компании тоже выразили свою благодарность. Пять американских нефтяных компаний, которые из-за эмбарго лишились прибыли от иранской нефти, теперь получили в собственность 40% нового консорциума, организованного для добычи иранской нефти. И США открыли шаху свою казну. В течение двух недель после переворота они предоставили Ирану 68 миллионов долларов в виде помощи в чрезвычайной ситуации, а вскоре дополнили эту помощь суммой, превышающей 100 миллионов долларов. США получили союзника и доступ к огромным запасам нефти, но при этом оскорбили гордый народ, чье негодование свержением популярного премьер-министра и восстановлением репрессивного режима еще даст о себе знать. Шах управлял страной больше 25 лет, получая сильную американскую поддержку, подтасовывая результаты выборов и полагаясь на репрессивные силы САВАК — недавно организованной разведслужбы.

ЦРУ, свергнув одно правительство, считало себя способным повторить этот подвиг в другой стране и в последующие годы не раз будет пытаться так поступить. И потому СССР, вместо того чтобы насладиться смягчением американской политики после смерти Сталина, увидел, как США навязали очередное марионеточное правительство стране, с которой у Советского Союза была общая граница протяженностью в тысячу километров, и счел это частью продолжающейся стратегии окружения.

На радостях от «успеха» операции в Иране правительство Эйзенхауэра нацелилось на маленькую, бедную центральноамериканскую страну Гватемалу. Гватемальцы сильно пострадали при правлении жестокого диктатора Хорхе Убико, пользовавшегося поддержкой США, и свергли его в 1944 году. Прежде чем к власти пришло правительство реформ, 2% населения владели 60% земли, в то время как 50% населения зарабатывали на жизнь тяжким трудом на 3% земли. Индейцы, составляющие половину населения Гватемалы, выживали меньше чем на 50 центов в день. В 1950 году гватемальцы выбрали себе президента — красивого, харизматичного 38-летнего полковника Хакобо Арбенса Гусмана. Это были удивительно честные выборы. На инаугурации в марте 1951 года он заявил, что будет стремиться к социальной справедливости и проводить реформы.

«Все богатства Гватемалы не так важны, как жизнь, свобода, достоинство, здоровье и счастье самых скромных представителей ее народа... мы должны распределить эти богатства так, чтобы те, кто имеет меньше — а их подавляющее большинство, — выиграли, в то время как те, кто имеет больше — а их так мало, — тоже выиграли, пусть и в меньшей степени. Разве может быть иначе, учитывая бедность, плохое здоровье и нехватку образования у наших людей?»[127]

Глава 6. Эйзенхауэр

Американские СМИ не стали тратить время зря и обрушились на коммунистическую «тиранию» в Гватемале, начав атаку задолго до того, как Арбенс успел приступить к осуществлению своих реформ. В июне *New York Times* осудила «гватемальскую опухоль», отметив «чувство глубокого разочарования и крушение иллюзий в отношении тенденций гватемальской политики за два месяца, прошедшие с тех пор, как полковник Арбенс стал президентом». Особенно возмутил редакторов рост влияния компартии. Они жаловались, что «политика правительства или идет параллельно, или стоит во главе продвижения русского империализма в Центральной Америке»[128]. *The Washington Post* через несколько месяцев опубликовала передовицу под названием «Красная клетка в Гватемале», где заклеймила нового председателя конгресса Гватемалы как «прямого проводника коммунистической линии», а Арбенса назвала всего лишь инструментом в руках коммунистов[129].

Не обращая внимания на этих критиков, Арбенс начал модернизировать промышленность и сельское хозяйство Гватемалы, а также добычу полезных ископаемых. Сделать это означало бросить вызов могуществу компании *United Fruit*, крупнейшего игрока в гватемальской экономике.

Демонстрация в поддержку Мосаддыка в Иране в феврале 1953 года. Мосаддык, чрезвычайно популярный в своей стране и уважаемый во всем мире, был свергнут ЦРУ в 1953 году.

Получившая от гватемальцев прозвище «Спрут», компания запустила свои щупальца на железные дороги, в порты, торговый флот и банановые плантации. Арбенс объявил о масштабной программе земельной реформы, начинающейся с национализации 100 тысяч гектаров земель United Fruit, больше 90 % которых она не использовала. В целом 222 500 гектаров владений компании представляли приблизительно одну пятую всех возделываемых земель Гватемалы. Арбенс предложил выплатить United Fruit компенсацию в сумме 600 тысяч долларов, рассчитанную исходя из оценки самой компанией — кстати, очень заниженной — стоимости ее земель в налоговых декларациях. Компания потребовала больше. Арбенс предпринял некоторые шаги, чтобы завладеть еще 70 тысячами гектаров. Основоположник пиара и мастер пропаганды Эдвард Бернейс, племянник Зигмунда Фрейда, уже начал кампанию, чтобы заклеймить Арбенса коммунистом. Активных союзников он нашел в *New York Times*. Бернейс посетил издателя *Times* Артура Хейса Сульцбергера. *Times* вскоре стала послушно публиковать статьи о коммунистической угрозе в Гватемале. Ведущие конгрессмены, включая сенатора Генри Кэбота Лоджа, чья семья десятилетиями жировала на *United Fruit*, осудили растущую коммунистическую угрозу[130].

Трумэн тоже опасался предполагаемой коммунистической угрозы, исходящей от Гватемалы. В апреле 1952 года он устроил торжественный обед для диктатора Никарагуа Анастасио Сомосы, который долго был персоной нон грата в Вашингтоне. Сомоса заверил представителей Госдепартамента, что если США обеспечат его оружием, то он и изгнанный из Гватемалы полковник Карлос Кастильо Армас избавятся от Арбенса. Правительство Трумэна решило свергнуть Арбенса в сентябре 1952 года, но пошло на попятную, когда об американской причастности к заговору стало известно[131].

У Эйзенхауэра таких терзаний не было. Он назначил послом в Гватемале Джека Перифуа. Перифуа, не знавший испанского языка, служил в Греции, где его роль в восстановления монархии принесла ему прозвище «афинский мясник». Фотография греческой королевской семьи по-прежнему красовалась у него на столе. Его склонность носить на поясе пистолет подсказала его жене другое прозвище: Перифуа с пистолетом[132]. До событий в Греции он помог произвести чистку Госдепартамента от либералов и левых. Арбенс пригласил на обед нового американского посла с супругой. Они шесть часов спорили о коммунистическом влиянии в гватемальском правительстве, о земельной реформе и отношении к *United Fruit*. Перифуа отправил госсекретарю Даллесу длинную телеграмму, подробно описывая содержание беседы, которая закончилась «моим глубоким убеждением в том, что если президент и не коммунист, то вполне может таковым стать»[133].

С точки зрения Перифуа, это означало быть инструментом Москвы: «Коммунизм насаждается Кремлем во всем мире, и любой, кто думает иначе, не знает, о чем говорит»[134]. В действительности коммунизм в Гватемале возник на местной почве и Гватемальская партия труда не зависела от СССР. Коммунисты занимали только четыре места из 56 в конгрессе и ни одного поста в кабинете министров. Партия насчитывала около 4 тысяч членов при населении страны в 3,5 миллиона.

Предположить, что у United Fruit были друзья среди сильных мира сего в правительстве Эйзенхауэра, было бы преуменьшением. Юридическая фирма братьев Даллес Sullivan and Cromwell составила соглашения 1930 и 1936 годов между United Fruit и Гватемалой. Предшественник Аллена Даллеса в ЦРУ, заместитель госсекретаря Уолтер Беделл Смит, в 1955 году станет вице-президентом компании. Помощник госсекретаря по межамериканским делам Джон Мурс Кэбот был ее крупным акционером. Его брат Томас Дадли Кэбот, занимавшийся вопросами международной безопасности в Госдепартаменте, был раньше президентом United Fruit, глава СНБ генерал Роберт Катлер — председателем правления. Джон Макклой раньше был членом правления. А американский посол в Коста-Рике Роберт Хилл войдет в правление немного позднее.

Беспокойство об интересах United Fruit усилило и без того глубокий антикоммунизм министров Эйзенхауэра. В августе 1953 года представители администрации решили свергнуть Арбенса посредством тайной операции. Один американский чиновник предостерег: «Если вдруг станет известно, что США пытались повторить в Гватемале чехословацкий вариант, это повлияет на наши отношения в Западном полушарии, а возможно, и во всем мире... пагубным образом»[135]. Но такого рода предупреждения на Аллена Даллеса не действовали, и он попросил организатора переворота в Иране и главного резидента ЦРУ на Ближнем и Среднем Востоке Кермита (Кима) Рузвельта возглавить операцию «Успех», однако Рузвельт отказался, опасаясь, что название операции совершенно не отражает возможного развития событий. Тогда Даллес остановил свой выбор на полковнике Альберте Хейни, бывшем резиденте ЦРУ в Южной Корее, и поручил ему руководство операцией на месте, а Трейси Барнса назначил командовать психологической войной. Как указывает Тим Вейнер в своей истории ЦРУ, у Барнса была классическая биография сотрудника ЦРУ той эпохи. Детство он провел в поместье Уитни на Лонг-Айленде, где было

Гватемальский президент Хакобо Арбенс Гусман обращается к своим сторонникам в 1954 году. После того как его реформа нанесла ущерб прибылям компании United Fruit, его заклеймили как коммуниста, а в 1954-м отстранили от власти в ходе переворота, осуществленного военной хунтой по планам ЦРУ.

частное поле для гольфа, затем окончил частную школу Гротон, Йельский университет и юридический факультет Гарварда. Во время Второй мировой войны служил в УСС, тогда же взял в плен немецкий гарнизон, заработав Серебряную звезду. Но поскольку Барнс заслужил репутацию путаника, наблюдать за операцией поручили бывшему директору ЦРУ Уолтеру Беделлу Смиту, протеже Даллеса[136].

В конце января 1954 года просочилась информация, что США сотрудничают с полковником Кастильо Армасом, который готовит войска для вторжения. Тогда гватемальское правительство обратилось к Чехословакии с просьбой о поставке оружия. США громко осудили вмешательство Советов в дела Западного полушария. Председатель сенатской комиссии по иностранным делам Александр Уили назвал «предположительно масштабную поставку оружия» «частью генерального плана мирового коммунизма»[137]. Спикер палаты представителей счел это «атомной бомбой на заднем дворе Америки»[138].

New York Times удивительным образом сменила свое мнение на прямо противоположное, и корреспондент Сидни Грусон начал освещать в газете разворачивающийся гватемальский кризис, очень точно передавая народное возмущение произволом и голословными обвинениями американцев. Грусону только что разрешили въезд в страну: в феврале его выслали с формулировкой «нежелательный элемент»[139]. 21 мая он написал, что американское давление «вернулось бумерангом», вызвав «большую степень национального единства, чем имела [Гватемала] в последнее время». Даже гватемальские газеты, «которые обычно находятся в постоянной оппозиции, — продолжал он, — сплотились, чтобы защитить деятельность правительства». «Обе газеты, — отметил он, — резко раскритиковали то, что они назвали готовностью США вооружить правых диктаторов в нашем полушарии, при этом отказываясь выполнить законные требования Гватемалы»[140]. В другой статье, размещенной на следующий день на первой полосе, Грусон подробно изложил утверждение гватемальского министра иностранных дел, что Госдепартамент помогал эмигрантам и диссидентам внутри страны, пытающимся свергнуть правительство. Он сообщил, что Госдеп оказывал давление на Гватемалу, требуя увеличить компенсационные выплаты United Fruit до 16 миллионов долларов, и процитировал утверждение министра иностранных дел, что «Гватемала — не колония США и не ассоциированная страна, которой нужно разрешение американского правительства для приобретения всего необходимого ради обороны и безопасности; она отвергает претензии [США] на контроль над законными действиями суверенного правительства»[141]. 24 мая Грусон заверял читателей, что Соединенные Штаты настаивают вовсе не на том, на чем следовало бы, и только провоцируют «резкий всплеск национализма и антиамериканизма»[142]. С этого момента дни Грусона как репортера Times в Гватемале были сочтены. За обедом Аллен Даллес поговорил со своим другом, коммерческим директором Times, а тот передал его жалобы издателю Сульцбергеру. Грусону пришлось паковать чемоданы и переезжать в Мехико[143].

Тем временем Перифуа и другие американские чиновники вели активную пропаганду и кампанию по распространению дезинформации как в Гватемале, так и в соседних с ней государствах, чтобы дискредитировать правительство Арбенса и ослабить его. В июне 1954 года подготовленные ЦРУ наемники напали на Гватемалу с баз в Гондурасе и Никарагуа. Их поддерживала американская авиация. Когда первая атака не увенчалась успехом, Эйзенхауэр предоставил Кастильо Армасу дополнительные самолеты. Даже англичане и французы отказались от участия в такой откровенной агрессии. Генри Кэбот Лодж, американский посол в ООН, высказал своим английскому и французскому коллегам недовольство и пригрозил отозвать американскую помощь Англии из Египта и с Кипра, а Франции — из Туниса и Марокко, если они не поддержат США относительно Гватемалы[144].

27 июня Арбенс, считая сопротивление бесполезным, передал власть военной хунте, возглавляемой начальником штаба армии. Вечером он в последний раз обратился к народу по радио и заявил: «Ответственность за происходящее лежит на United Fruit и правящих кругах США». Он также

предупредил о «двадцати годах кровавой фашистской тирании»[145]. В тот вечер резидент ЦРУ и один из агентов посетили главу хунты и сказали ему: «Вы просто не соответствуете требованиям нашей внешней политики»[146]. Когда он отказался уйти, ЦРУ сбросило бомбы на главную военную базу и на правительственную радиостанцию. Кастильо Армас, прошедший обучение в Форт-Ливенуорте (штат Канзас), прилетел в Гватемалу на самолете американского посольства и возглавил новое правительство. 30 июня Даллес обратился к американскому народу и поздравил его с победой «демократии» над «советским коммунизмом». Он объявил, что ситуацию «спасли сами гватемальцы»[147]. Один английский дипломат, потрясенный лицемерием Даллеса, заметил по поводу этого выступления: «В некоторых местах слышались интонации Молотова, говорящего о... Чехословакии, или Гитлера — об Австрии»[148].

Вскоре Кастильо Армас посетил Вашингтон и заверил Никсона в верности хозяину. «Скажите мне, что вы хотите, чтобы я сделал, и я это сделаю», — пообещал он вице-президенту[149]. За оказанную помощь США в следующие два года ему выплатили 90 миллионов долларов — в 150 раз больше, чем правительство реформ получило за десятилетие. Он установил жесточайшую военную диктатуру и был убит три года спустя. *United Fruit* вернула свои владения.

Даллес сказал, что Гватемала спасена от «коммунистического империализма», и объявил о начале «новой и великолепной главы в великой традиции американских государств»[150]. Отставной полковник морской пехоты, принимавший участие в перевороте, позднее писал: «Наш "успех" привел к репрессивному режиму военной хунты и гибели более 100 тысяч гватемальцев»[151]. Реальный список убитых, возможно, включал в два раза большее число жертв. Похоже, Арбенс был весьма оптимистичен, когда предсказывал «двадцать лет кровавой фашистской тирании». Кровавая фашистская тирания в Гватемале на самом деле продолжалась целых сорок лет.

Пока представители правительства Эйзенхауэра праздновали победу, укрепившись в убеждении, что тайные операции можно использовать для свержения популярных правительств, другие извлекли из произошедшего совсем другие уроки. Среди свидетелей «смены режима» в Гватемале был молодой аргентинский врач по имени Эрнесто Че Гевара, живший в столице Гватемалы и наблюдавший старания Арбенса проводить реформы. Он написал своей матери из аргентинского посольства, где нашел убежище во время резни, последовавшей за сменой власти. Арбенс совершил одну серьезную ошибку, утверждал Че Гевара: «Он мог бы вооружить народ, но не захотел — и мы видим результат». Несколько лет спустя, когда придет время защищать кубинскую революцию, Че не повторит эту ошибку[152]. Революция столкнулась с главным контрреволюционным вызовом в 1961 году, когда вторгшаяся в страну армия эмигрантов, поддерживаемая США, потерпела сокрушительное поражение на Плайя-Хирон в заливе Кочинос (в переводе с испанского — залив Свиней). Кое-кто из тех, кто сыграл ведущую роль в гватемальском перевороте 1954 года, также отличились в фиаско 1961-го, и среди них — посол Уильям Поули, сотрудники ЦРУ Говард Хант и Ричард Биссел, Трейси Барнс и Аллен Даллес.

В это время во Вьетнаме разворачивались события еще большего значения. В апреле 1954 года крестьянская освободительная армия Хо Ши Мина под командованием генерала Во Нгуен Зиапа, а также их сторонники-крестьяне протащили чрезвычайно тяжелые зенитные орудия, минометы и гаубицы через, казалось бы, непроходимые джунгли и горы и взяли в осаду растерянные французские войска в Дьенбьенфу. Невероятно, но факт: США покрыли 80 % затрат французов, чтобы помочь колонизаторам удержать власть. В августе 1953 года Эйзенхауэр объяснил действия правительства: «Когда Соединенные Штаты выделяют 400 миллионов долларов в помощь одной из сторон военного конфликта, мы вовсе не занимаемся благотворительностью. Мы выделяем средства на самый дешевый способ предотвратить возникновение ситуации, которая имела бы катастрофические последствия для США, нашей безопасности, нашей власти и способности получить то, что нам нужно, из богатств Индонезии и Юго-Восточной Азии»[153]. Он опасался цепной реакции, того, что страны этого региона станут одна за другой попадать в руки коммунистов, вплоть до Японии, что падут одна за другой, как костяшки домино. Никсон с ним согласился: «Если Индокитай падет, Таиланд окажется в почти немыслимом положении. То же справедливо и для Малайи, а она богата каучуком и оловом. То же справедливо и для Индонезии. Если этот огромный кусок Юго-Восточной Азии окажется полностью под контролем коммунистов или хотя бы попадет под коммунистическое влияние, Япония, торгующая с этим регионом (а она должна с ним торговать, если хочет выжить), будет неизбежно ориентироваться на коммунистический режим»[154]. Журнал *US News and World Report* отказался от красивых слов о борьбе за свободу угнетенных народов и заметил: «Тому, кто победит в Индокитае, будет открыт один из богатейших регионов мира. Вот что на самом деле так тревожит США... олово, каучук, рис, ключевое стратегическое сырье — вот за что на самом деле ведется война. США считают, что этот регион необходимо удержать — любой ценой»[155].

Французы попросили помощи. Хотя Эйзенхауэр отказался отправлять в Индокитай американские наземные войска, они с Даллесом рассматривали различные возможности предотвратить грозящее французам поражение. Чиновники Пентагона составляли планы операции «Гриф» — кампании бомбардировок позиций Вьетминя*. Обсуждали и возможность применения двух-трех атомных бомб. Уже после этого начальник штаба ВВС генерал Натан Твайнинг отмечал:

«Мы [с Рэдфордом] считали, что следует сделать вот что — а я до сих пор считаю, что это была неплохая мысль, — взять три небольшие тактические атомные бомбы... местность-то весьма изолированная... Там целый день можно раздумывать, куда именно сбросить бомбу — чтобы уже точно не ошибиться и сбросить ее именно туда, куда надо. Никакого сопротивления. Вымести оттуда всех коммунистов — и все, оркестр может играть "Марсельезу"**, а целые и невредимые солдаты — стройными рядами выходить из Дьенбьенфу. А коммунисты еще и подумают: "Ну, эти ребята могут снова провернуть такое дельце. Нужно быть с ними поосторожнее"»[156].

Эйзенхауэр обсуждал применение атомных бомб с Никсоном и Робертом Катлером из СНБ 30 апреля 1954 года. Министр иностранных дел Франции Жорж Бидо и другие французские представители сообщили, что Даллес еще неделю назад предложил им две атомные бомбы. Позже Эйзенхауэр и Даллес обсудили такую возможность, но применение атомных бомб в то время, конечно, шло бы вразрез с американской политикой. Ни англичане, ни французы не считали это разумным или выполнимым. Существуют доказательства и того, что на «новое оружие» наложили вето, поскольку позиции Вьетминя в Дьенбьенфу располагались слишком близко к французским солдатам, и при атомном ударе те неизбежно пострадали бы. Так Эйзенхауэр сказал Уолтеру Кронкайту в 1961 году: «Мы не хотели применять оружие, способное уничтожить территорию на многие мили вокруг, в том числе и разрушить сам город Дьенбьенфу»[157].

Многие ученые верят в правдивость слов Эйзенхауэра и Даллеса о том, что они не одобряли применение ядерного оружия, но предложение США упомянуто в дневниках и мемуарах французского генерала Поля

---

* Вьетминь (Лига независимости Вьетнама) — военно-политическая организация, созданная Хо Ши Мином для борьбы против японских оккупантов и французских колонизаторов.

** «Марсельеза» — государственный гимн Французской Республики.

Эли, министра иностранных дел Жоржа Бидо и генерального секретаря МИД Жана Шовеля. Министр внутренних дел Франции просил премьер-министра Ланьеля обратиться с запросом о предоставлении бомбы[158]. Макджордж Банди тоже считает вполне вероятным, что Даллес поднял данный вопрос с Бидо — кстати, это утверждает и сам Бидо, — частично из-за того, что предполагаемое предложение в точности совпало с сообщением Даллеса в НАТО о необходимости превращения ядерного оружия в обычно применимое. В конце апреля Совет по планированию политики СНБ снова обсудил перспективу применения ядерного оружия во Вьетнаме. Когда Роберт Катлер поднял вопрос на встрече с Эйзенхауэром и Никсоном, как свидетельствуют документы, они снова рассмотрели предоставление французам нескольких единиц «нового оружия». Несколько лет спустя Эйзенхауэр вспоминал все совершенно иначе. Он сказал своему биографу Стивену Амброзу, что ответил Катлеру: «Да вы, ребята, должно быть, свихнулись. Нельзя применять эти жуткие штуки против Азии во второй раз за десятилетие. Господи!»[159]

Хотя в то время ядерное оружие и не применили, Эйзенхауэр все же одобрял рекомендацию КНШ: в случае вмешательства китайской армии США ответят атомной бомбой, а не наступлением сухопутных войск[160].

Накануне пресс-конференции, где Эйзенхауэр развил свою «теорию домино», сенатор от штата Массачусетс Джон Ф. Кеннеди выступил в сенате против предлагаемого вмешательства армии США. Он отмахнулся от оптимистической болтовни, которой американские и французские деятели кормили общественность в последние три года, включая недавние гарантии французской победы, озвученные Артуром Рэдфордом и госсекретарем Даллесом: «Никакая американская военная помощь в Индокитае не сможет одолеть врага, который одновременно присутствует везде и нигде; "врага народа", пользующегося сочувствием и тайной поддержкой народа»[161]. Сенатор Линдон Джонсон незадолго до этого сказал, что он «против отправки американских солдат в индокитайское болото, где они будут проливать кровь, чтобы увековечить колониализм и эксплуатацию народов Азии»[162].

Через 56 дней, 7 мая, французский гарнизон сдался. Представители США, Франции, Англии, СССР и КНР встретились в Женеве. Даллес пробыл там недолго, но достаточно для того, чтобы его неудовольствие стало очевидным. Он отказался обменяться рукопожатием с министром иностранных дел КНР Чжоу Эньлаем или сидеть рядом с делегатами-коммунистами и вообще отказывался от всего, что ему предлагали, так что позднее секретарь британского министра иностранных дел Энтони

Идена опишет его «почти патологическую гневливость и мрачность»[163]. Несмотря на то что Вьетминь контролировал большую часть страны и считал себя вправе управлять ею целиком, его представители уступили советскому и китайскому давлению и приняли предложение, которое ненадолго отсрочит объединение Вьетнама и позволит Франции сохранить лицо. Стороны договорились временно разделить Вьетнам по 17-й параллели: войска Хо должны были отступить на север, а войска, поддерживаемые французами, — на юг. В окончательном варианте декларации четко говорилось: «Военная демаркационная линия является временной и не может быть истолкована как являющаяся в какой-либо мере политической или территориальной границей»[164]. В соглашении также предусматривалось, что ни одна из сторон не позволит иностранным государствам создавать военные базы на данной территории и не будет вступать в военные союзы.

Вьетминь согласился с текстом документа в основном потому, что на июль 1956 года были запланированы всеобщие выборы, которые должны были объединить страну. США отказались подписывать соглашения, но обещали не противиться их выполнению. Однако на самом деле США нарушили свое обещание в тот самый момент, когда представитель США генерал Уолтер Беделл Смит произносил его.

Пока у власти на юге оставался Бао Дай, США никак не могли бы удержать Вьетнам за собой. Крестьяне не знали Бао Дая, интеллигенция презирала его как французскую марионетку, в то время как Хо воспевали как борца за национальное освобождение и спасителя страны[165]. Пока французские войска готовились к выводу из страны, американцы плели интриги, спеша сменить Бао Дая и поставить на его место Нго Динь Дьема — католика и консерватора, только что вернувшегося в страну после четырех лет изгнания; Бао Дай назначил его премьер-министром. Благодаря помощи Эдварда Лэнсдейла Дьем не стал тратить время зря и принялся сталкивать конкурентов между собой, а также начал волну репрессий против бывших членов Вьетминя на юге. Последних казнили тысячами.

В 1955 году Дьем провел референдум и попросил жителей юга выбрать между ним и Бао Даем. С помощью Лэнсдейла Дьем победил, «получив» 98 % голосов избирателей. Американские покровители Дьема создали организацию «Американские друзья Вьетнама». Среди поклонников Дьема были кардинал Фрэнсис Спеллман, Джозеф Кеннеди, сенаторы Майк Мэнсфилд, Губерт Хэмфри и Джон Ф. Кеннеди. Ослепленные неприятием коммунизма и верой в то, что этот аскет, католик и борец за

Глава 6. Эйзенхауэр

Эйзенхауэр и Даллес приветствуют президента Южного Вьетнама Нго Динь Дьема в Национальном аэропорту Вашингтона. Американские лидеры плели интриги, стараясь сместить французскую марионетку Бао Дая и поставить на его место Нго Динь Дьема. Дьем не стал тратить время зря и принялся сталкивать конкурентов между собой, а также начал волну репрессий против бывших членов Вьетминя на юге. Последних казнили тысячами.

независимость сумеет переломить ситуацию, несмотря на численное превосходство противника, они не стали обращать внимание на то, что было очевидным для таких наблюдателей, как Ганс Моргентау — политолог и специалист по внешней политике из Чикагского университета. После посещения Вьетнама в начале 1956 года Моргентау так отзывался о Дьеме: «Человек... действующий с хитростью и жестокостью восточного деспота... будучи государственным деятелем, живет за счет своей оппозиции коммунизму, но при этом создает точную, до мельчайших деталей, копию того тоталитарного режима, против которого выступает». Моргентау в общих чертах обрисовал ситуацию, не позволявшую действовать открыто девяти из 11 оппозиционных партий: «Свободы печати не существует», и «никому не известно, сколько людей и при каких обстоятельствах расстреливают каждый день верные режиму военные»[166].

Пользуясь поддержкой США, Дьем нарушил важнейшее положение Женевских соглашений: отменил выборы 1956 года, которые вернули бы контроль над страной в руки коммунистов. Потом Эйзенхауэр так комментировал это: «Ни один из знатоков индокитайских дел, с которыми я когда-либо беседовал или переписывался, не отрицал, что, если бы... в стране были проведены выборы, возможно, 80% населения проголосовало бы за коммуниста Хо Ши Мина, а не за главу государства Бао Дая»*[167]. Вскоре восстание разгорелось с новой силой.

Рост американского участия в делах Вьетнама происходил на фоне обострения и без того напряженной ситуации в ядерной политике. В конце февраля 1954 года американские власти эвакуировали островитян и убрали все суда из большого района Тихого океана: США готовились к новым испытаниям водородной бомбы. Несмотря на изменение направления ветра, они решили осуществить испытания термоядерной водородной бомбы под кодовым названием «Касл Браво», как и планировалось, 1 марта на атолле Бикини, прекрасно понимая, что это подвергнет опасности многих людей. Ситуацию усугубило еще и то, что взрыв получился в два раза мощнее, чем предполагалось. 15 мегатонн — это в тысячу раз больше, чем взрыв, уничтоживший Хиросиму. Облако радиоактивных коралловых осадков направилось в сторону островов Ронгелап, Ронгерик и Утирик в Маршалловом архипелаге, отравив 236 островитян и 28 американцев. Не осознавая опасности, дети играли под радиоактивными осадками. Многих островитян не эвакуировали целых три дня — к тому времени у них уже появились признаки радиационной болезни. На долю 23 рыбаков на борту японского траулера «Фукурю-мару» («Счастливый дракон») № 5 выпал аналогичный жребий: их накрыл смертоносный белый пепел, падавший с неба в течение трех часов. 13 дней спустя, когда они вошли в порт с грузом радиоактивного тунца, у членов команды уже появились признаки сильного заражения. Первая смерть была зарегистрирована несколько месяцев спустя.

Халатность США и невероятная мощь новейшего поколения ядерного оружия потрясли мир. Как только стало известно, что радиоактивный тунец с японского судна был продан в четырех крупных городах и многие уже успели его съесть, началась паника. Немало людей тут же полностью отказались есть рыбу. В результате пришлось уничтожить 457 тонн тунца. Председатель КАЭ Льюис Страусс сказал пресс-секретарю Белого дома, что японский корабль на самом деле был «орудием красного шпионажа», а шпионил экипаж в пользу СССР, — откровенная ложь, которую быстро

---

* Цит. по изданию: *Кобелев Е.* Хо Ши Мин / Серия «ЖЗЛ». М.: Молодая гвардия, 1983.

опровергло ЦРУ[168]. Выступая на пресс-конференции Эйзенхауэра, Страусс подчеркнул вклад испытаний в «организацию обороны США», обвинил рыбаков в игнорировании предупреждений КАЭ и преуменьшил ущерб, нанесенный их здоровью[169]. Жителям Утирика разрешили вернуться домой через два месяца. Обитатели Ронгилапа смогли вернуться домой только в 1957 году. Они оставались на острове вплоть до 1985 года, когда результаты научных исследований подтвердили их подозрения, что остров все еще заражен радиацией.

Международное сообщество пришло в ужас. Бельгийский дипломат Поль Анри Спаак предупредил США: «Если вы ничего не предпримете, чтобы возродить идею президентской речи — идею о том, что Америка хочет использовать атомную энергию в мирных целях, — то в Европе США станут синонимом варварства и ужаса». Премьер-министр Индии Джавахарлал Неру открыто назвал американских лидеров «опасными эгоистичными безумцами», готовыми «взорвать любой народ или страну, вставшие на пути их политики»[170].

В мае 1954 года Эйзенхауэр заметил на заседании СНБ: «Все, похоже, считают нас негодяями, которые бряцают оружием, и милитаристами»[171]. Даллес добавил: «Каждый день мы теряем позиции в Англии и других союзных государствах из-за того, что нас обвиняют в оголтелом милитаризме. Нашу военную машину уже даже начали сравнивать с военной машиной Гитлера»[172].

Испытания бомбы привели и к другим непредвиденным последствиям. Ужасающая мощь водородных бомб и слегка завуалированная угроза ядерной войны стали играть более заметную роль в международной дипломатии. Ядерная угроза повлияла на поведение основных участников Женевской конференции гораздо больше, чем это было заметно большинству. Вскоре после испытания бомбы Черчилль признался на заседании парламента, что данная тема занимает его мысли «несравнимо больше, чем любая другая». Даллес встретился с ним в начале мая и потом заявил Эйзенхауэру: он увидел, что «англичане, особенно Черчилль, до смерти напуганы призраком ядерных бомб в руках русских». Энтони Иден связал этот страх с событиями на Женевской конференции. «Это была первая встреча на международном уровне, — заметил он, — на которой я остро ощутил сдерживающую силу водородной бомбы. И я был благодарен за это. Я не верю, что мы смогли бы провести Женевскую конференцию от начала до конца и избежать большой войны, не будь у нас бомбы»[173].

Случай с «Фукурю-мару» тоже усилил международное движение против ядерных испытаний и популяризировал ранее непонятный термин «радиоактивные осадки». Появились и новые сомнения в «Новом взгляде» Эйзенхауэра.

Особенно острой реакция на события оказалась в Японии, где послевоенные попытки США подвергнуть цензуре обсуждение атомных бомбардировок не увенчались успехом и не смогли стереть память о том, что сделали США с Хиросимой и Нагасаки. Петиция с призывом запретить водородные бомбы, распространяемая домохозяйками Токио, собрала 32 миллиона подписей — неслыханное количество, соответствующее трети всего населения Японии.

Пытаясь помешать дальнейшему распространению антиядерных настроений, Комитет по координации операций СНБ посоветовал правительству начать «энергичное продвижение мирного применения атомной энергии» и предложить Японии построить экспериментальный ядерный реактор[174]. Специальный уполномоченный КАЭ Томас Мюррей поддержал этот «волнующий и христианский жест», искренне веря, что он «мог бы поднять нас всех над воспоминаниями о кровавой бойне» Хиросимы и Нагасаки[175]. *Washington Post* высказала горячее одобрение данному проекту, рассматривая его как возможность «отвлечь человечество от навязчивой идеи гонки вооружений», и с неожиданным смирением добавила: «Многие американцы уже знают... что в атомной бомбардировке Японии необходимости не было... Разве можно компенсировать ущерб лучше, чем обеспечив Японию средствами мирного использования атомной энергии? Не это ли лучший способ рассеять мнение азиатов, что США видят в них только пушечное мясо?»

Какой бы жестокой иронией это ни казалось, но Мюррей и конгрессмен от Иллинойса Сидни Йейтс предложили построить первую атомную электростанцию в Хиросиме. В начале 1955 года Йейтс внес законопроект, позволяющий построить электростанцию мощностью 60 тысяч киловатт в том самом городе, который меньше десятилетия назад стал первой мишенью для атомной бомбы.

За последующие несколько лет американское посольство, ЦРУ и Информационное агентство США (ЮСИА) вели широкую пропаганду и просветительскую кампанию, чтобы убедить японцев отказаться от укоренившегося враждебного отношения к ядерной энергии. Японская газета *Mainichi* осудила эту кампанию: «Сначала нас крестят радиоактивным дождем, затем окатывают волной практицизма и меркантильности под маской "мирного атома" из-за границы»[176].

Через месяц после «Касл Браво» газета *New York Times* сообщила, что недавние испытания подтвердили опасения Силарда и Эйнштейна, что создание кобальтовой бомбы совершенно реально. Это заявление вызвало широкие обсуждения скорректированных оценок Силарда, считавшего, что радиация от взрыва 400 водородных кобальтовых бомб весом в одну тонну каждая будет такого уровня, что вся жизнь на планете прекратится[177].

Еще через два дня на первой полосе *Los Angeles Times* опубликовали статью с отрезвляющим известием: японский ученый Цунесабуро Асада сообщил Японскому фармакологическому обществу, что Советы производят азотную бомбу — водородную бомбу, окруженную азотом и гелием, — опасную настолько, что, «если 30 таких бомб взорвать одновременно, через несколько лет погибнет все человечество»[178]. Как будто эта информация была недостаточно пугающей, в феврале следующего года Отто Ган, Нобелевский лауреат из Германии, тот самый физик, который первым расщепил атом урана, сократил потребное для всеобщего уничтожения количество кобальтовых бомб с 400 до 10. Об этом он заявил в радиообращении, которое можно было услышать почти по всей Европе[179].

Хотя кобальтовая бомба так и не была создана, возможность такого события превратилась в самый пугающий кошмар десятилетия. Члены команды «Фукурю-мару» провели в больнице больше года. Еще находясь в больнице, один из них с горечью сказал: «Судьба, подобная нашей, угрожает всему человечеству. Передайте тем, кто в этом виноват. Дай-то Бог, чтобы они прислушались»[180].

Глава 7
Джон Ф. Кеннеди:

«САМЫЙ ОПАСНЫЙ МОМЕНТ В ИСТОРИИ ЧЕЛОВЕЧЕСТВА»

В октябре 1962 года США и СССР готовились к войне. Ядерные ракеты были нацелены на важнейшие военные объекты и крупнейшие города вероятного противника. Мир подошел куда ближе к грани ядерной катастрофы, чем думало большинство людей. Десятилетиями утверждалось, что гибели всем нам удалось избежать благодаря искусному руководству и решительности Джона Ф. Кеннеди, с одной стороны, и трезвому реализму Н. С. Хрущева — с другой. Руководители двух самых могучих государств планеты сумели мирно разрешить Карибский кризис, однако оба они понимали, как трудно направлять события, когда мир неудержимо скатывается к катастрофе. Из опыта тех напряженных дней они извлекли важный урок: мир может не пережить холодной войны, если она будет продолжаться и дальше. Усилия обоих лидеров могли привести к краху их собственной политической карьеры, зато давали возможность свободнее вздохнуть всему остальному человечеству, в страхе затаившему дыхание.

В действительности у Никиты Хрущева было много общего с предшественником Кеннеди, Дуайтом Эйзенхауэром. Оба были выходцами из бедных семей. На фото Айка*, сделанном во время его учебы в пятом классе школы городка Эбилин (штат Канзас), можно увидеть, что он одет в рабочий комбинезон, тогда как на всех остальных детях праздничная одежда. Хрущев, выходец из крестьянской семьи, внук крепостных, всю юность проработал пастухом, шахтером, машинистом. Хотя он про-

---

* Широко распространенное прозвище Эйзенхауэра, краткая форма имени Дуайт.

Глава 7. Джон Ф. Кеннеди

У Никиты Хрущева и Дуайта Эйзенхауэра было много общего. Оба были выходцами из бедных семей, и оба считали свою политическую систему лучшей.

явил крайнюю жесткость на посту руководителя Компартии Украины в 1930–1940-е годы и при подавлении восстания в Венгрии в 1956-м, он мог быть и остроумным, и обаятельным, и жизнелюбивым. Он стремился направить Советский Союз по новому пути развития. На XX съезде партии в феврале 1956 года он обвинил Сталина в установлении диктатуры «всеобщей подозрительности, страха и террора»[1]. Он осудил культ личности Сталина и начал процесс десталинизации, в котором страна столь остро нуждалась. Как и Эйзенхауэр, он был участником Второй мировой войны, а потому война была ему глубоко отвратительна. И он верил в преимущества советской системы так же, как Эйзенхауэр верил в преимущества капитализма. Чтобы доказать превосходство социализма, Хрущев начал резкое сокращение военных расходов, чтобы направить больше средств на повышение жизни населения, чем долгое время приходилось жертвовать ради обороны страны от врага, считавшегося непримиримым.

В августе 1957 года СССР провел успешные испытания первой в мире межконтинентальной баллистической ракеты (МБР). Советские руководители считали, что МБР могут лишить США того огромного преимущества, которое давали американцам бомбардировщики, размещенные на базах НАТО в Европе. Меньше чем через два месяца, когда главным событием в американских выпусках новостей были беспорядки, вызванные расовой дискриминацией в школах города Литл-Рок (штат Арканзас), а на телеэкранах впервые появился комедийный сериал «Предоставьте это Биверу», советская ракета Р-7 вывела на орбиту первый искусственный спутник Земли (ИСЗ). Аппарат весил 83,6 килограмма, его диаметр составлял 60 сантиметров. Он совершал один оборот вокруг Земли за 96 минут 17 секунд и посылал сигналы, принимавшиеся всеми желающими. Советские руководители ликовали. Они называли это триумфом советской науки и техники и доказательством превосходства построенного в СССР нового, социалистического общества.

Советский Союз действительно поколебал веру американцев в то, что их передовая техника гарантирует им победу в холодной войне над технически отсталым СССР. Как отметил писатель Джон Гюнтер: «Целое поколение американцев пичкали сказками относительно того, что русские еле-еле способны управлять трактором». Каирское радио объявило, что спутник «заставит любую страну дважды подумать, прежде чем идти в фарватере империалистической политики США». Сам Хрущев тогда сделал язвительное замечание: «Дураку понятно... бомбардировщикам и истребителям теперь место разве что в музее»[2]. Московское радио делало объявление каждый раз, когда спутник пролетал над Литл-Роком,

В августе 1957 года СССР провел успешные испытания первой в мире межконтинентальной баллистической ракеты (МБР). В СССР считали, что МБР потенциально способны лишить США того огромного преимущества, которое давали американцам бомбардировщики, размещенные на базах НАТО в Европе. Когда в октябре МБР была использована для запуска спутника, это повергло в панику многих американцев.

привлекая таким образом внимание как к советским достижениям, так и к расовым проблемам в США.

Многие американцы начали паниковать, предполагая, что у Советского Союза есть и МБР с ядерными боеголовками, готовые нанести удар по целям на территории США. Этот страх подогрело и заявление самого СССР, сделанное через три дня после запуска спутника, в котором говорилось об успешном испытании новой термоядерной боеголовки для баллистических ракет. Лидер сенатского большинства Линдон Джонсон сказал тогда, что Советы скоро «будут бросать на нас бомбы из космоса, как дети бросают с эстакад камни на машины»[3]. Эдвард Теллер причитал, что США проиграли «битву более важную, чем Перл-Харбор»[4]. Один сатирик пошутил: «Генерал Лемей планирует послать через полмира флот бомбардировщиков, чтобы произвести впечатление на русских. Уверен, что это получится — если русским придет в голову смотреть вниз»[5].

Проигрыш в космической гонке с Советским Союзом привел к появлению глубоких трещин в хрупком фасаде американской самоуверенности, которая и так получила серьезную встряску в результате войны в Корее, а также внутри- и внешнеполитического кризиса первой половины 1950-х годов. Критики осуждали мещанский материализм и отсутствие ясной цели в американском образе жизни, а также указывали на недостатки системы образования в стране. Сенатор-республиканец Стайлс Бриджес призвал американцев «меньше беспокоиться о длине ворса ковра или высоте гребня над багажником автомобиля* и быть готовыми пролить кровь, пот и слезы за выживание этой страны и всего свободного мира»[6]. Выдающийся советский ученый Леонид Седов, занимавшийся изучением космоса, главный редактор журнала «Космические исследования», однажды заметил в разговоре со своим собеседником, американцем немецкого происхождения: «У вас, американцев, жизненный уровень выше, чем у нас. Но американец любит свою машину, свой холодильник, свой дом. Он не любит свою страну так, как мы, русские, любим свою»[7]. Член палаты представителей Клэр Бут Люс назвала позывные спутника «межконтинентальной насмешкой из космоса над длившимися целое десятилетие попытками американцев доказать, что их образ жизни — стопроцентная гарантия американского превосходства»[8].

Однако правительство, желая успокоить общественное мнение, предпочло преуменьшить опасность, которую представляли достиже-

---

* Речь идет об автомобилях в аэростиле (так называемое «детройтское барокко»), популярном в 1950–1960-х годах.

ния СССР. «Спутник... ни на йоту не увеличил моих опасений, — сказал Эйзенхауэр. — Я не вижу в этом ничего... серьезного... Они просто подняли в воздух небольшой шар»[9]. Желая подчеркнуть сказанное, Айк сыграл на той неделе пять партий в гольф. Не мог же он раскрыть причины своего равнодушия к этой проблеме. Сверхсекретные самолеты-разведчики У-2, способные подняться на высоту свыше 20 километров, уже более года летали в воздушном пространстве СССР и делали аэрофотоснимки, показавшие, что СССР отстает от США в гонке вооружений. Для американской общественности эти незаконные и провокационные полеты так и оставались тайной, пока в июле 1957 года СССР не заявил Соединенным Штатам официальный протест. Позже Ален Даллес хвастался, что «мог видеть каждую былинку на советской территории»[10], однако до появления подобных технологий тогда оставалось еще немало лет.

3 ноября Советский Союз запустил второй спутник — шеститонный аппарат* с собакой Лайкой на борту. Страна праздновала победу. Однако Хрущев использовал ее для того, чтобы предложить руководству США сделать космическую гонку мирной и положить конец холодной войне:

«Наши спутники... ждут, когда американские спутники, а также спутники других стран присоединятся к ним, чтобы сформировать содружество спутников. Такое содружество... было бы гораздо лучше, чем гонка смертоносных вооружений... Мы были бы рады провести встречу на высшем уровне с участием высших руководителей капиталистических и социалистических стран... в целях достижения соглашения... базирующегося на... исключении войны из числа методов решения международных проблем, на прекращении холодной войны и гонки вооружений, а также устанавливающего между странами отношения, построенные на принципах мирного сосуществования... и открывающего путь к разрешению противоречий путем мирного соревнования в области культуры и способах наиболее полного удовлетворения человеческих потребностей»[11].

Эйзенхауэр, вынужденный перейти к обороне, проигнорировал предложение Хрущева о дружбе и заявил о полном военном превосходстве Америки и ее намерении оставаться далеко впереди в гонке вооружений:

«Силы стратегического сдерживания нашей страны обладают достаточной мощью для того, чтобы поставить вооруженные силы любой страны

---

* На самом деле масса аппарата составляла 508,6 килограмма.

на грань уничтожения. Мы разработали атомные подводные лодки... На вооружении у нас находятся тяжелые авианосцы, которые способны нести дальние бомбардировщики с ядерными боеприпасами... Число наших ядерных боеприпасов уже очень велико... мы далеко впереди Советов... и по их количеству, и по качеству. И мы сделаем все для того, чтобы оставаться впереди и в дальнейшем»[12].

Но Эйзенхауэр понимал, что слов недостаточно. Желая переиграть Советы на их поле, США попытались запустить спутник с помощью ракеты «Авангард». Аппарат продержался в воздухе всего две секунды, поднявшись на высоту четырех футов. Газеты издевательски назвали эту сферу размером с грейпфрут «капутником», «провальником» и «неподвижником» (*Kaputnik, Flopnik, Stayputnik*). Эйзенхауэр в конце концов зажег «зеленый свет» бывшему нацистскому ракетчику Вернеру фон Брауну и подчиненной ему группе военных инженеров «Редстоун», чтобы они запустили в воздух хоть что-нибудь. 31 января им удалось успешно вывести на орбиту спутник «Эксплорер» массой в 31 фунт* [*примерно 14 кг*].

Для восстановления собственного престижа США даже собирались взорвать на Луне атомную бомбу, равную по мощи хиросимской. Облако пыли, образовавшееся в результате такого взрыва, было бы хорошо заметно с Земли. Исследования велись с 1958 по 1959 год группой из десяти человек, в число которых входил и молодой астроном Карл Саган, работавший в Центре специальных вооружений ВВС в Альбукерке. Результатом этих исследований стало обращение ученых к властям с призывом: «Нет никакой необходимости нарушать никем не тронутую окружающую среду на Луне»[13].

В то десятилетие командованием ВВС разрабатывались и более грандиозные проекты. Выступая перед комитетом по делам вооруженных сил палаты представителей в феврале 1958 года, генерал-лейтенант Дональд Патт объявил о планах создания ракетных баз на Луне. Патт заявил, что «боеголовки могут быть запущены из шахт, расположенных глубоко под поверхностью Луны», создавая таким образом «значительное преимущество в вопросах нанесения удара по странам, привязанным к Земле», в случае, если будут уничтожены американские вооруженные силы. Враг, желающий уничтожить эти базы до начала операции на Земле, должен был бы «начать массированную ядерную атаку на эти базы за два дня до нападения на континентальные США», открыто объявив таким образом о своем намерении совершить подобное нападение. Помощник министра

---

* На самом деле масса первого американского спутника составляла всего 8,3 килограмма.

ВВС Ричард Хорнер позднее сказал, что такие базы могли вывести США из ядерного тупика и вернуть стране возможность нанесения первого удара. Патт также заявил, что если и Советы создадут военные базы на Луне, то Соединенные Штаты смогут перенести свои на более отдаленные планеты и в результате получат возможность нанесения ответного удара и по СССР, и по его лунным базам. Комментируя эти планы, независимый журналист А. Ф. Стоун остроумно предложил военным создать четвертый вид вооруженных сил — для действий в космосе — и назвать его «министерством лунатизма»*[14].

Подгоняемое иррациональным ужасом перед советским превосходством, руководство американской разведки занялось публикацией абсурдных оценок советской военной мощи. В декабре 1957 года в Национальном докладе по разведке было сказано, что в ближайшие два года советский арсенал МБР достигнет 100 единиц, а к 1960 году, при худшем варианте развития событий, это число может перевалить за пять сотен[15].

Эйзенхауэр поручил специалистам во главе с Г. Роуэном Гейтером из Фонда Форда подготовить в режиме строжайшей секретности доклад по вопросам безопасности. Доклад Гейтера прогнозировал, что к 1959 году «СССР будет способен нанести удар ракетами с мегатонными боеголовками, а у стратегического командования ВВС не будет практически никакой возможности предотвратить подобный удар наличными средствами»[16]. В докладе рекомендовалось значительно увеличить военные расходы для сокращения возрастающего отставания в ракетно-космической сфере, увеличив число МБР «Титан» и «Атлас», планируемых к развертыванию в 1959 году, с 80 до 600, а количество баллистических ракет средней дальности «Тор» и «Юпитер», которые должны были разместить на базах в Европе, — с 40 до 260. Говорилось и о 25 миллиардах долларов, необходимых для строительства бомбоубежищ по всей стране. Когда доклад просочился в прессу, газета *Washington Post* нарисовала душераздирающую картину:

«В секретном докладе Гейтера говорится о том, что США оказались перед лицом самой большой опасности за всю свою историю. Страна находится на пути к превращению во второсортное государство. По мнению Гейтера, ощетинившийся ракетами Советский Союз представляет для нас непосредственную угрозу. В долгосрочной перспективе Америка рискует столкнуться

---

* В отличие от русского языка по-английски слово «лунатик» обозначает сумасшедшего, а *Lunacy* будет означать «(умо)помешательство». — *Прим. пер.*

как с ядерной мощью СССР, так и с его непрерывно растущей экономической и технической мощью... Гейтер считает, что для предотвращения неизбежной катастрофы следует постоянно наращивать военные расходы вплоть до 1970 года»[17].

Спутник открыл для демократов невероятные политические перспективы. Советник Линдона Джонсона по вопросам законодательства сообщил ему, что, «если грамотно сыграть на этом деле, оно пустит республиканцев ко дну, а вас изберут следующим президентом»[18]. В результате сенат начал расследование оборонной программы Эйзенхауэра.

Среди подключившихся к свистопляске вокруг «отставания в ракетной сфере» был и молодой сенатор от штата Массачусетс Джон Ф. Кеннеди. В конце 1957 года Кеннеди уже предупреждал, что США, возможно, на несколько лет отстают от Советов по баллистическим ракетам средней и большой дальности. В следующем году, подстрекаемый своим другом-журналистом Джозефом Олсопом, Кеннеди стал взвинчивать панику еще сильнее. Олсоп обвинял администрацию Эйзенхауэра в «чудовищной лжи» в том, что касается национальной обороны. Он живописал степень возможного отставания в ракетной сфере. В 1959 году на вооружении США будет стоять 0 МБР, в то время как у Советов их будет уже 100 штук. В 1960 году соотношение составит 30 к 500, в 1961-м — 70 к 1000, в 1962-м — 130 к 1500, а в 1963-м — все те же 130, но уже к 2000[19].

Опираясь в основном на информацию Олсопа, Кеннеди выступил в сенате с инициативой осудить «отставание в ракетной сфере», из-за которого страна вскоре может оказаться перед лицом «самой страшной за всю свою историю опасности», увеличивающей вероятность советского нападения и ставящей вопрос о ядерном разоружении острее, чем когда бы то ни было[20]. Эйзенхауэр, чьи самолеты-разведчики У-2 не смогли обнаружить ни одной развернутой МБР, не стеснялся в выражениях о вашингтонских политиках, стремящихся в своекорыстных интересах спекулировать на вымышленном отставании по ракетам. Он назвал их «ханжами и лицемерными ублюдками»[21].

Еще один сокрушительный удар был нанесен по интересам и престижу США 1 января 1959 года, когда революционеры во главе с Фиделем Кастро и Че Геварой свергли послушного Америке кубинского диктатора Фульхенсио Батисту. Американские корпорации фактически правили этим островом с 1898 года. В 1959 году они владели более чем 80 % кубинских шахт, скотоводческих хозяйств, коммунальных предприятий и нефтеперерабатывающих заводов, 50 % железных дорог и 40 % производства сахара. США имели военно-морскую базу в заливе Гуантанамо. Кастро быстро взялся за реформирование системы образования и перераспределение земель. Его правительство конфисковало более миллиона акров у United Fruit и двух других американских компаний. Когда США попытались задушить новый режим экономически, Кастро обратился за помощью к Советскому Союзу. 17 марта 1960 года Эйзенхауэр приказал ЦРУ создать военизированные формирования из кубинских эмигрантов с целью свержения Кастро.

На протяжении нескольких месяцев, позднее в том же году, США с благословения Эйзенхауэра участвовали в подготовке убийства Патриса Лумумбы, демократически избранного премьер-министра богатого природными ресурсами Конго. Директор ЦРУ Аллен Даллес называл Лумумбу «африканским Фиделем Кастро». Убийство произойдет в январе следующего, 1961 года, но львиная доля вины ляжет на бельгийцев, бывших колониальных хозяев Конго, а к власти придет ставленник ЦРУ Жозеф Мобуту. После нескольких лет борьбы Мобуту удалось укрепить свою власть. В своей книге «Наследие пепла: история ЦРУ», удостоенной Пулитцеровской премии, писатель и журналист Тим Вайнер так охарактеризовал правление Мобуту: «Он правил три десятилетия и показал себя одним из самых жестоких и продажных диктаторов, похитившим миллиарды долларов из доходов страны от продажи алмазов и убившим

Фидель Кастро на заседании Генеральной Ассамблеи ООН в сентябре 1960 года. Кастро возглавил революцию, свергнувшую 1 января 1959 года послушного Америке кубинского диктатора Фульхенсио Батисту. Когда США попытались задушить новый режим экономически, Кастро обратился за помощью к Советскому Союзу.

множество людей ради сохранения своей власти». И все это время Мобуту был ближайшим союзником ЦРУ на Африканском континенте[22].

Но даже столь неприглядная вещь, как поддержка диктаторов в странах третьего мира, блекла по сравнению с наиболее опасным и потенциально смертельным аспектом правления Эйзенхауэра — наращиванием ядерных вооружений и использованием ядерного шантажа с целью получения преимущества в холодной войне. Он с легкостью стер границу между обычными и ядерными вооружениями и положил начало созданию чудовищного термоядерного оружия.

Ни один документ не осудил эту политику жестче, чем манифест Рассела–Эйнштейна, написанный в 1955 году. Идея этого манифеста принадлежала философу и математику Бертрану Расселу и была с энтузиазмом поддержана Альбертом Эйнштейном, который прислал подписанный им манифест в последнем письме, написанном им перед смертью. Под манифестом также подписались 11 ученых с мировым именем, девять из которых были нобелевскими лауреатами. Документ был разработан будущим лауреатом Нобелевской премии мира Джозефом Ротблатом и написан в весьма решительном тоне: «Сейчас мы говорим не как представители той или иной страны, континента или вероисповедания, но просто как люди, представители рода людского, чье дальнейшее существование поставлено под вопрос». Авторы манифеста предложили читателям задуматься о себе «как о представителях биологического вида с богатой историей, исчезновения которого никто из нас не желает». Они объяснили, что «в опасности оказались абсолютно все, и, если опасность будет осознана, будет и надежда на то, что совместными усилиями люди смогут предотвратить ее». Они также выразили обеспокоенность относительно того, что большинство людей все еще мыслит категориями уничтожения городов. Они предупредили, что разрушение городов в результате термоядерной войны «является одним из наименее катастрофических возможных последствий. Если все население Лондона, Нью-Йорка и Москвы будет уничтожено, мир сможет оправиться от этого удара через несколько столетий». Но теперь, когда появилась возможность создания бомб в 2500 раз более мощных, чем хиросимская, когда стало известно об угрозе распространения по всему миру «смертельных радиоактивных частиц», «крупнейшие специалисты единодушно говорят о том, что термоядерная война способна положить конец роду человеческому. Существует опасность того, что использование большого количества термоядерных бомб может привести ко всеобщей гибели — и лишь для немногих она будет быстрой. Большинство будет обречено на медленную пытку болезнью и разложением». Подписавшие манифест ученые задали вопрос: «Должны ли мы положить конец роду человеческому или же человечеству следует положить конец войнам?» Манифест заканчивался словами: «Как люди, мы призываем всех людей: вспомните о своей человечности и забудьте обо всем остальном. Если вы сможете это сделать — вам будет открыт путь к новому раю. Если нет — вы столкнетесь с риском всеобщей гибели»[23].

Через несколько дней ученые, собравшиеся в Линдау (ФРГ), выпустили «декларацию Майнау», подписанную 18 нобелевскими лауреатами. Вновь обращаясь ко «всем людям Земли», декларация предупреждала, что «в случае всеобщей войны Земля может стать настолько радиоактивной, что будут уничтожены целые страны». Государствам придется либо «отказаться от применения силы», либо «прекратить свое существование»[24].

Эйзенхауэр и госсекретарь Джон Фостер Даллес утверждали обратное вопреки убеждению большей части человечества. Безрассудное бряцание ядерным оружием, заявляли они, не только оправдано теоретически — оно доказало свою эффективность на практике. В интервью, данном журналу Life в начале января 1956 года, Даллес заявил, что правительство Эйзенхауэра за последнее время трижды «балансировало на грани ядерной войны» и трижды коммунисты принуждены были отступить. Даллес утверждал, что именно решительные действия США воспрепятствовали коммунистической агрессии в Корее, Индокитае и Тайваньском проливе[25].

Увлечение Даллеса ядерным вариантом игры «У кого первого нервы не выдержат» вызвало настоящий шквал критики. Спикер палаты представителей демократ Сэм Рейберн выразил сожаление в связи с его «неподобающими заявлениями»[26]. Эдлай Стивенсон* обвинил Даллеса в том, что он «играет в русскую рулетку, подвергая опасности жизнь всех американцев»[27]. Индийская газета *Hindustan Standard* заявила, что даллесовское «балансирование» «обрекает миллионы людей на жизнь в постоянном страхе и отчаянии»[28]. 12 ведущих протестантских церковных деятелей и редакторов крупных религиозных журналов написали Эйзенхауэру письмо, заявив, что их «глубоко шокирует опрометчивая и безответственная политика Даллеса». «Именно господин Даллес поверг весь мир в ужас, сказав, что американское правительство трижды "ба-

---

* Стивенсон Эдлай — видный деятель Демократической партии, кандидат в президенты на выборах 1952 и 1956 годов.

Глава 7. Джон Ф. Кеннеди

лансировало на грани ядерной войны", рискуя уничтожить человечество в огне атомного Армагеддона»[29].

Как свидетельствует историк Ричард Иммерман, личные взгляды Даллеса были более сложными. Он понимал всю опасность наращивания мощности ядерного оружия, стремления СССР достичь равенства в вооружениях с США и растущего возмущения международного сообщества политикой, ставящей под угрозу существование всего человечества. Даллес признался Эйзенхауэру в апреле 1958 года, что опасается слишком полагаться на стратегию «массированного возмездия», которая «предполагает нанесение массированных ядерных ударов в случае любого столкновения с советскими вооруженными силами»[30]. Но это не помешало правительству США вновь пригрозить ядерным ударом Китаю в связи со вторым конфликтом из-за спорных островов Куэмой и Мацзу, произошедшим все в том же 1958 году, всего через три года после первого конфликта. Точно так же США запугивали «массированным возмездием» Советский Союз в 1956-м, когда разразился Суэцкий кризис, вызванный англо-франко-израильской агрессией против Египта в связи с проведенной Г.А. Насером национализацией Суэцкого канала. Вице-президент США Ричард Никсон извлек опасный урок из успехов в противостоянии СССР из-за Суэца: «В 1956 году мы проанализировали возможность использования бомбы в Суэце и решили использовать ее на дипломатическом поле... Эйзенхауэр... дал распоряжение главнокомандующему войсками НАТО [в Европе] Элу Грюнтеру выступить на пресс-конференции, во время которой тот сказал, что, если Хрущев приведет в исполнение свою угрозу нанести ракетный удар по Британским островам, Москва будет уничтожена "вне всяких сомнений". С этого момента США играли ключевую роль на Ближнем Востоке»[31]. Никсон попытался повторить тот же прием и во время гражданской войны в Иордании в 1970 году, когда король Хусейн, американский союзник, изгнал из своей страны Организацию освобождения Палестины.

Кандидат в президенты от Демократической партии Эдлай Стивенсон сделал растущую ядерную угрозу ключевым пунктом своей предвыборной кампании, заявив, что для него «неприемлема позиция правительства, которая заключается в том, что невозможно остановить безудержную гонку к гибели», и назвав ядерную политику Эйзенхауэра безумием[32]. Он пообещал сделать «первостепенной задачей в случае своего избрания» достижение соглашения о прекращении ядерных испытаний[33]. Английские, американские и советские испытания весной 1957 года вызвали недовольство во всем мире. Премьер-министр Индии Дж. Неру потребовал прекратить все ядерные испытания, заявив, что они «могут положить конец жизни человечества в привычном понимании этого слова»[34]. New York Times сообщила об «обеспокоенности всего мира в связи с той угрозой существованию всего живого на Земле, которая возникает в результате продолжающихся испытаний»[35].

В ноябре 1957 года, после новой серии испытаний, Национальный комитет за разумную ядерную политику разместил в New York Times социальную рекламу, написанную Норманом Казинсом. Подписанная 48 видными общественными деятелями, она призывала положить конец ядерным испытаниям — в качестве первого шага к установлению контроля над вооружениями. Реклама получила неожиданно широкий отклик среди населения, в результате чего возникла широкая общенациональная антиядерная организация — СЕЙН*[36].

СЕЙН была лишь одной из общественных инициатив, возникших в 1957 году. В июле в канадской провинции Новая Шотландия была проведена первая Пагуошская конференция. В ней приняли участие ученые со всего мира, включая пятерых из США и трех из СССР. Все они призвали к отказу от войны, прекращению гонки вооружений и ядерных испытаний[37].

В ответ на возмущение общественности Эйзенхауэр начал внутри страны и за рубежом кампанию по пропаганде того, что он еще в декабре 1953 года в своей речи в ООН назвал «мирным атомом». Комиссия по атомной энергии (КАЭ) стала рекламировать ядерную энергию не только как защиту от безбожного коммунизма, но и как волшебный эликсир, способный заставить двигаться транспорт, накормить голодных и добывать полезные ископаемые. Почтовая служба США выпустила марку «Атом ради мира: во имя поиска пути, благодаря которому человеческая изобретательность посвятит себя новой жизни».

В конце апреля 1955 года Эйзенхауэр объявил о планах создания торгового корабля с атомным двигателем, который посетит порты по всему миру, демонстрируя приверженность США «миру во всем мире». В октябре 1956-го Эйзенхауэр объявил об успехе программы «Атом ради мира». США подписали соглашение о строительстве атомных реакторов с Японией и 36 другими странами и начали переговоры еще с 14. Одновременно Соединенные Штаты продолжали разработку самолета

---

* Национальный комитет за разумную ядерную политику по-английски называется National Committee for a Sane Nuclear Policy. По-английски слово SANE значит «разумный», «здравомыслящий».

Глава 7. Джон Ф. Кеннеди

с атомным двигателем, однако планировавшийся атомный ледокол для береговой охраны оказался слишком дорогим — 60 миллионов долларов, и Эйзенхауэр наложил на него вето.

К 1958 году Америка погрузилась в мечты о реализации еще более грандиозного и нелепого плана: проникновения в земные недра на основе разработанного КАЭ проекта «Плаушер» («Орало»). В сентябре 1957 года КАЭ взорвала 2-килотонную бомбу в недрах одной из гор Невады. Уиллард Либби, заменивший в 1954 году слишком свободомыслящего Генри Смита в качестве единственного среди членов КАЭ ученого, заявил в декабре, что все радиоактивные продукты распада после взрыва бомбы во время подземных ядерных испытаний «Рейнир»* оказались заключены внутри горы, что открыло возможность гораздо более широкого использования атомных взрывов в мирных целях. Либби торжествовал. «Много лет я не видел ничего более восхитительного»[38], — изрек он. Но председатель КАЭ Льюис Страусс хорошо знал истинную цель данной программы. В феврале он признал, что целью «Плаушера» была «пропаганда мирного использования ядерных взрывов с целью создания климата для более благоприятной реакции мировой общественности на разработку и испытания ядерного оружия»[39].

14 марта *New York Times* на первой полосе сообщала о том, что «атомные взрывы в десять раз мощнее хиросимского через пару лет могут стать обыденными в любом уголке страны, поскольку соответствующую программу настойчиво пробивают ученые из КАЭ»[40]. В июне КАЭ объявила о проекте «Чэриот» («Колесница») — планах создания искусственной гавани глубиной *свыше 90 м* в заполярном районе Аляски, используя для этого четыре водородные бомбы. Власти надеялись, что с помощью бомб можно будет добраться до ранее недоступных нефтяных месторождений в битуминозных песках и сланцевых формациях. Подобными взрывами можно было бы создавать огромные подземные резервуары, вырабатывать пар, опреснять воду, дробить медную и другие неподатливые руды, а также получать радиоактивные изотопы для использования в медицине, биологии, сельском хозяйстве и промышленности.

Специалисты хотели также создать с помощью атомных взрывов новый Панамский канал — больше и лучше прежнего. Джек Рид из лаборатории «Сандия» в Альбукерке предложил взрывать 20-мегатонные

---

* С мая по октябрь 1957 года США проводили очередную серию испытаний из 29 взрывов; каждой бомбе было присвоено отдельное наименование. Взрыв «Рейнир» 19 сентября стал первым подземным испытанием атомного оружия.

бомбы для изменения направления ураганов. Он был уверен, что любое связанное с этим радиоактивное загрязнение будет безвредным. Гарри Векслер, ученый из американского Бюро погоды, предложил ускорить таяние полярных льдов путем подрыва 10-мегатонных бомб близ полярного круга. По его расчетам, это должно было повысить температуру в Заполярье примерно на 10 градусов по Фаренгейту [чуть больше 5 °C].

К 1960 году КАЭ удвоила финансирование проекта «Плаушер». К работе над ним было привлечено более сотни сотрудников Ливерморской национальной лаборатории им. Э. Лоуренса. Физик Эдвард Теллер, директор лаборатории, с огромным энтузиазмом относился к этим планам. Однако проект столкнулся с препятствием. В сентябре 1958 года, уступив требованиям американской и мировой общественности, Эйзенхауэр объявил о согласии присоединиться к предложенному Советским Союзом мораторию на ядерные испытания. Для продолжения проекта «Плаушер» Эйзенхауэру пришлось бы его нарушить. И он начал давить на СССР в стремлении достичь соглашения о разрешении мирных испытаний. Когда летом 1959 года президенту показалось, что Советский Союз готов уступить, он одобрил планы подрыва 10-килотонного заряда глубоко в соляных пластах поблизости от Карлсбада (штат Нью-Мексико). Целью данного проекта, названного «Гномом», была проверка возможности создания подземного резервуара, в котором хранилось бы в расплавленной соли тепло, затем используемое для производства электроэнергии. Взрыв также должен был предоставить бесценные радиоактивные изотопы для использования в медицинских целях. Пресс-секретарь Министерства внутренних дел*, подразделению которого, Службе национальных парков, подчинен, в частности, и парк «Карлсбадская пещера», заявил, что министерство «ошеломлено» данным заявлением[41].

Летом 1960 года последовал проект «Чэриот». Некоторые граждане даже выдвигали конкретные предложения в рамках проекта «Плаушер». Так, одна женщина предложила КАЭ использовать водородные бомбы для уничтожения всех змей в Африке[42].

Несмотря на всю агрессивную рекламу мирного атома со стороны правительства, в обществе наблюдалось растущее беспокойство в отношении опасности ядерных испытаний. В апреле 1957 года лауреат Нобелевской премии мира Альберт Швейцер присоединил и свой голос

---

* В США это министерство отвечает за разработку полезных ископаемых и охрану природных ресурсов. Поддержанием же правопорядка занимается Министерство юстиции.

Глава 7. Джон Ф. Кеннеди

к хору мировой общественности, требовавшей прекращения ядерных испытаний. Швейцер распространил свою «Декларацию сознания» примерно в 50 странах[43]. *New York Times* писала о «всеобщей обеспокоенности относительно угрозы, которую ядерные испытания представляют для всего живого на Земле»[44]. В мае опрос, проведенный Институтом Гэллапа, показал, что 63 % американцев высказываются в поддержку международного запрета на ядерные испытания, в то время как против такого шага выступили лишь 27 %. Осенью предыдущего года призыв Стивенсона к запрету ядерных испытаний поддержали лишь 24 % опрошенных[45].

Через несколько месяцев *Washington Post*, *Los Angeles Times* и другие газеты начали публикацию захватывающего романа Невила Шюта «На берегу». Это подлило масла в огонь. Роман рассказывал о последствиях 37-дневной ядерной войны, в результате которой было взорвано 4 тысячи кобальтовых бомб. События сосредоточивались вокруг кучки выживших людей в Мельбурне, на который надвигается радиоактивное облако. Опубликованный Эрлом Брауном в *Washington Post* обзор романа, названный «Перед лицом верной смерти: атомный Армагеддон 60-х», начинался словами: «Невил Шют написал наиболее важный и напряженный роман атомной эры, и, если вы читаете лишь одну книгу в год, вам следует прочесть именно ее». Свой обзор Браун завершил словами: «Надеюсь, что книгу Невила Шюта заключат в капсулы, которые будут спрятаны глубоко под землей, чтобы в случае, если атомный Армагеддон произойдет, будущие цивилизации знали, что наше поколение сознательно пошло по пути собственного уничтожения. Ее должны прочитать все: и участники нынешнего представления, и его будущие зрители»[46].

В сентябре 1957 года Уинстон Черчилль присутствовал на ужине на вилле лорда Бивербрука в Кап-д'Ай, Франция. Когда гости начали обсуждать повергающий в ужас роман Шюта, Черчилль объявил о своем намерении отослать один экземпляр Хрущеву. Кто-то спросил, планирует ли он отправить такую же посылку Эйзенхауэру. Черчилль ответил: «Это было бы пустой тратой денег. Эйзенхауэр теперь сильно поглупел... Думаю, Земля скоро будет уничтожена... И на месте Всевышнего я не стал бы ее воссоздавать, ведь в следующий раз Он и сам может попасть в переделку»[47].

В декабре 1959 года в столицах всех крупнейших стран мира вышла экранизация романа, поставленная Стэнли Крамером. Картина имела ошеломляющий успех. Обозреватель *New York Times* Босли Краутер завершил свою восторженную рецензию словами: «Помимо художественной ценности, большой заслугой этой картины является выраженная в ней страстная убежденность в том, что человек заслуживает спасения»[48]. Кабинет Эйзенхауэра обсуждал способы, которые позволили бы справиться с могучим призывом к запрету ядерных испытаний, содержащимся в кадрах кинофильма. Члены кабинета, КАЭ и сотрудники Госдепартамента попытались дискредитировать фильм, заявив, что он содержит серьезные фактические ошибки, обесценивающие произведение в целом[49]. Информационное агентство США выпустило документ под названием «Возможные вопросы и предполагаемые ответы касательно фильма "На берегу"»[50]. Но зрители, многие из которых выходили из кинозала в слезах, вероятно, были гораздо больше потрясены простым и понятным отрицанием теории «атомного сдерживания», которое выдвинул Джулиан — ученый, роль которого сыграл актер Фред Астер. Джулиана спросили: кто же начал войну? Джулиан задал встречный вопрос: «Кто мог подумать, что люди будут настолько глупы, что взорвут сами себя?» Когда его попросили объяснить эти слова, Джулиан сказал:

«Война началась тогда, когда люди согласились с идиотским принципом: якобы поддерживать мир можно только путем создания вооружений, которые невозможно применить, не подписав самим себе смертный приговор. У всех были бомбы. И контрбомбы. Техника обогнала нас. Мы не могли ее контролировать. Да, я знаю, я помог создать ее. Боже, помилуй меня. Наверное, какому-нибудь бедолаге однажды показалось, что он увидел что-то на экране радара. Он знал, что сомнение продолжительностью в тысячную долю секунды приведет к полному уничтожению его страны... Поэтому он нажал кнопку, и весь мир взбесился. Вот и все...»

Да, фильм мог ошибаться в деталях, но понимание мира, который помог создать Эйзенхауэр, было в нем безошибочным. Конечно, можно было выставить Эйзенхауэра в более выгодном свете. Ведь он все-таки сопротивлялся стремлению Комитета начальников штабов применить ядерное оружие. Он ограничил расходы на гражданскую оборону и военный бюджет в целом. Он работал над воплощением в жизнь запрета на ядерные испытания. Он не отступал перед лицом могущественного и иногда враждебного СССР, пытаясь в то же время удержать НАТО от распада. И часто выступал за умеренность вопреки своим советникам, которые были куда большими «ястребами» и экстремистами, чем он сам.

Однако именно при Эйзенхауэре число американских ядерных боезарядов возросло с 1 до 22 тысяч. Они были наведены на 2500 тысяч целей на территории СССР. И даже 22 тысячи — обманчивая цифра. Сделанные Эйзенхауэром военные заказы выполнялись и в начале 1960-х годов, так что именно на совести Эйзенхауэра лежит то, что во времена президентства Кеннеди число ядерных боезарядов достигло 30 тысяч. В период с 1959 по 1961 год Соединенные Штаты приняли на вооружение еще 19 500 боезарядов. Страна производила 75 дешевых боеголовок в день. Лауреат Пулитцеровской премии Ричард Роудс писал: «Каждая боеголовка стоила США около $250 тысяч: дешевле истребителя-бомбардировщика, дешевле ракеты, дешевле патрульного катера, дешевле танка»[51]. Общий мегатоннаж за пять лет увеличился в 65 раз, достигнув 20 491 мегатонны в 1960 году. Их мощность равнялась 1 миллиону 360 тысячам хиросимских бомб. И хотя в 1961 году мегатоннаж начал снижаться в результате снятия с вооружения 950 бомб Б36 мощностью 10 мегатонн каждая, общая поражающая мощь возросла вследствие принятия на вооружение баллистических ракет, позволявших поражать цели с большой точностью. А повышение точности попадания вдвое позволяет в восемь раз сократить количество боеголовок без снижения их общей поражающей способности[52].

Менее известен тот факт, что Эйзенхауэр делегировал американским командующим на театрах боевых действий и некоторым другим командующим, включая стратегическое командование ВВС и Объединенное командование ПВО Северной Америки, свои полномочия, позволяющие наносить ядерный удар по своему усмотрению в случае крайних обстоятельств, невозможности связаться с президентом или недееспособности последнего. С санкции президента указанные командующие в аналогичных обстоятельствах могли, в свою очередь, делегировать эти полномочия нижестоящим командирам. В число таковых входили десятки командующих различными соединениями ВВС и ВМС. На ядерных кнопках оказались десятки (если не больше) пальцев. По словам аналитика компании RAND Corporation Дэниела Эллсберга, вскрывшего в ходе проведенного по заказу Пентагона исследования проблем командования ядерными силами всю опасность подобной системы делегирования полномочий, «спусковой крючок механизма Страшного суда постоянно кочевал из рук в руки»[53]. Учитывая, что ядерное оружие в то время не имело специальных кодов доступа, число тех, кто имел если не полномочия, то реальную возможность нанести ядерный удар, было намного большим, включая пилотов, командиров эскадрилий, начальников военных баз и командиров авианосцев. Коды у ядерного оружия, размещенного в Европе (в том числе тактического), появятся только в следующем десятилетии, а у стратегических бомбардировщиков и того позже. На подводных лодках их не было до конца 1980-х. Иными словами, командир любой субмарины мог начать с СССР войну на уничтожение.

В августе 1960 года президент Эйзенхауэр одобрил подготовку Национального реестра стратегических целей и Сводного оперативного плана (СОП). Первый СОП предусматривал развертывание стратегических ядерных сил для нанесения одновременного удара по китайско-советскому блоку в первые сутки войны. Задачей было максимальное разрушение. В число целей входили советские ядерные силы, правительственные центры и промышленные объекты в городах. Когда Эйзенхауэру доложили о мощности вооружений и возможных результатах их применения, президент признался своему военно-морскому советнику капитану [первого ранга] И. П. Оранду, что у него «волосы встали дыбом от ужаса»[54]. Вероятно, так оно и было. Затем он попросил членов Комитета начальников штабов оценить возможное количество жертв такого удара. Цифры были шокирующими: 325 миллионов убитых в СССР и КНР, 100 миллионов в странах Восточной Европы, такое же количество в Западной Европе (от радиоактивных осадков). Еще 100 миллионов погибли бы в результате заражения прилегающих стран, включая Финляндию, Швецию, Австрию, Афганистан, Пакистан и Японию. И эти цифры не учитывали тех, кто погиб бы в результате применения советского ядерного оружия и американских тактических боезарядов [55]. К тому же тогда еще никто не знал, что удар такой силы означает почти стопроцентную вероятность начала «ядерной зимы», которая еще больше увеличит возможность глобального уничтожения. Однако, несмотря на весь свой страх перед гибелью миллионов людей в случае введения в действие СОП, Эйзенхауэр передал план без каких-либо изменений новому правительству.

Оправдывая столь опасный — если не безумный — план наращивания ядерных вооружений необходимостью сохранения на умеренном уровне общих военных расходов, Эйзенхауэр увеличил федеральный бюджет в 1960 финансовом году всего на 20 % по сравнению с 1953 годом, хотя ВНП за этот период вырос почти на 25 %.

Годы правления Эйзенхауэра были относительно мирными и благополучными, однако многие американцы боялись, что в стране начинается экономический застой; они хотели толчка к новому развитию. И демократы обратили свои взгляды на молодого бостонца Джона Ф. Кеннеди. Кеннеди происходил из видной и политически амбициозной семьи. Его отец, Джозеф Кеннеди, был неоднозначной фигурой. Преуспевающий биржевой делец и крупный спонсор Франклина Рузвельта, он в начале Второй мировой войны был послом США в Великобритании. Однако этот пост ему пришлось покинуть в результате своей приверженности политике «умиротворения» Гитлера и открытого пессимизма в отношении перспектив Англии выстоять в войне.

Став сенатором в 1952 году, Джон Кеннеди поначалу не демонстрировал никаких предпосылок к достижению тех высот, на которые взлетит его политическая карьера. Либерал времен холодной войны, он поддержал организованную Ричардом Никсоном кампанию по травле прогрессивного члена палаты представителей от Демократической партии Хелен Дуглас. В декабре 1954 года болезнь позволила Кеннеди избежать голосования по резолюции, осуждавшей Джозефа Маккарти, старого друга семьи Кеннеди, критиковать которого Джон не хотел. Намекая на название книги Кеннеди «Профили мужества», удостоенной Пулитцеровской премии, Элеонора Рузвельт сказала, что ей бы хотелось, чтобы у Кеннеди был «менее гордый профиль, но больше мужества»[56]. Его брат Роберт даже работал в аппарате Маккарти. Кеннеди пытался добиться поддержки от либерального крыла партии во главе с Элеонорой Рузвельт и Эдлаем Стивенсоном, однако так и не сумел завоевать их доверие. Недоверие либералов лишь усугубилось, когда Кеннеди сделал оппортунистский, пусть и политически дальновидный, выбор Линдона Джонсона в качестве кандидата в вице-президенты.

На выборах 1960 года Кеннеди победил Никсона с ничтожным перевесом. Никсон упирал на свой опыт в качестве вице-президента и тот вклад, который он внес в достижения правительства Эйзенхауэра. Однако, когда самого Эйзенхауэра спросили о том, какие важные решения принимал Никсон, тот попросил дать ему неделю на размышления.

Кеннеди подавал себя как кандидата, стремящегося к преобразованиям. Но не все обещанные им перемены были положительными. Надев личину «ястреба», он критиковал примирительный тон правительства Эйзенхауэра–Никсона в отношении Кубы и неспособность справиться с отставанием в ракетной сфере[57].

В какой-то момент Эйзенхауэр понял, что сам породил ситуацию, способную привести к катастрофе, и создал тот «механизм Страшного суда», который передал в руки своего преемника. Он был глубоко разочарован тем, что давление со стороны «ястребов» в рядах его научных и военных советников свело на нет усилия, направленные на то, чтобы еще до окончания его президентского срока подписать договор о запрещении ядерных испытаний. Результатом этих размышлений стало очень необычное прощальное обращение, предупреждавшее об опасности возрастающей мощи «военно-промышленного комплекса». Данное обращение не только стало кульминацией его правления, но и дало определение феномену, который возник благодаря личному участию Эйзенхауэра.

Эта речь стала самой яркой и запоминающейся из всех произнесенных Эйзенхауэром за время пребывания в Белом доме. Начало ей положили беседы между главными спичрайтерами президента Малькольмом Мусом, политологом Университета им. Джонса Хопкинса*, и отставным капитаном ВМС Ральфом Уильямсом. Мус и Уильямс встретились 31 октября 1960 года, желая обсудить план подготовки прощального обращения и согласившись, что в нем следует упомянуть «проблему милитаризма». В черновике Уильямса об этом было сказано вполне ясно:

> «…впервые в истории в США создана постоянная индустрия войны… И не просто индустрия. Ключевые посты в ней заняли отставные генералы и адмиралы, принимающие в этой чудовищной структуре все основные решения. Возникает опасность, что все то, что коммунисты говорили о нас все это время, может стать правдой. Мы не должны допустить, чтобы "торговцы смертью" стали заправлять нашей политикой»[58].

Словосочетание «военно-промышленный комплекс», сделавшее эту речь бессмертной, было предложено, по всей вероятности, Гербертом Йорком, бывшим директором Ливерморской национальной лаборатории им. Лоуренса. Летом 1971 года, работая в Стокгольмском институте исследований проблем мира (СИПРИ), Йорк сказал молодому коллеге-американцу, что именно он предложил президенту Эйзенхауэру формулировку для его речи[59]. Эйзенхауэр согласился и ударил в набат:

> «Этот конгломерат огромного военного истеблишмента и крупной индустрии вооружений является чем-то новым в американской жизни. Экономическое, политическое, даже духовное влияние такого союза ощущается в каждом городе, в каждом здании администрации штата, в каждом ведомстве федерального правительства. Мы признаем насущную необходимость такого хода событий. И тем не менее нам не следует недооценивать его серьезных последствий. С этим связано все — наш труд, ресурсы и средства к существованию, да и сам наш общественный строй. В наших правительственных структурах мы должны быть начеку, предотвращая необоснованное влияние, намеренное или ненамеренное, военно-промышленного комплекса. Потенциал опасного роста его неоправданной власти существует и будет существовать.

---

* Университет им. Джона Хопкинса — один из крупнейших вузов США. Находится в Балтиморе (штат Мэриленд).

Глава 7. Джон Ф. Кеннеди

Мы не должны никогда позволить этому союзу подвергнуть опасности наши свободы или демократические процессы. Нам не следует принимать что-либо на веру. Лишь бдительное и информированное гражданское общество может настоять на разумном сочетании огромной индустриальной и военной машины с нашими мирными методами и целями, с тем чтобы безопасность и свобода могли совместно процветать»[60].

Для большинства американцев значение этих слов станет понятным лишь много лет спустя. Но были и весьма знаменательные исключения. Уолтер Липпман остроумно сравнит прощальные слова Эйзенхауэра со словами, сказанными в тех же обстоятельствах Джорджем Вашингтоном. Вашингтон предупреждал об «угрозе гражданской власти», которую представляют внешние силы. Эйзенхауэр же говорил о том, что угроза исходит изнутри, от американских военных [61]. Эйзенхауэр считал Вашингтона своим героем. В книге своих мемуаров «Вольно» он написал: «Его прощальная речь... была примером тех человеческих качеств, которыми я глубоко восхищаюсь»[62].

Обозреватель *New York Times* Джек Реймонд написал большую аналитическую статью на тему военно-промышленного комплекса, в которой с помощью графиков продемонстрировал всю чрезмерность расходов США на оборону, которые занимали 59% в бюджете страны, составлявшем 81 миллиард долларов. Помимо трат, съедавших больше половины федерального бюджета, он также отметил тот факт, что Пентагон контролирует еще и недвижимость на сумму в 32 миллиарда долларов, включая авиабазы и склады оружия. Реймонд объяснил, сколь тесно военные сотрудничают с промышленностью в целях достижения подобных результатов. Он также добавил, что чрезмерный милитаризм США вредит их имиджу на мировой арене: «Взявшись за дубинку, Соединенные Штаты забыли о второй части изречения Теодора Рузвельта, в котором он призывал говорить мягко»[63].

Позднее один из ближайших советников и биограф Кеннеди Теодор Соренсен рассуждал так: «Думаю, что главной причиной, по которой Кеннеди решил бороться за президентский пост, была его уверенность в том, что политика "массированного возмездия" Эйзенхауэра–Даллеса ведет страну к ядерной войне. Он считал, что политика "массированного возмездия", благодаря которой, как считалось, мы поддерживали мир — говоря, например: "Если вы переступите границу в Западном Берлине или еще где-нибудь, мы уничтожим вас ядерным оружием", — была безумием»[64]. Но во время президентской кампании 1960 года мало что предвещало намерения Кеннеди снизить риск ядерной войны или проводить иную политику, чем финансовая подпитка американского милитаризма. Кеннеди обвинял Эйзенхауэра в том, что тот «ставит бюджетную безопасность выше национальной», в особенности перед лицом того, что Советы скоро будут производить «в два-три раза» больше ракет, чем США[65]. Во время кампании Кеннеди признался: он не ожидает, что Советы «будут угрожать США или наносить нам удар этими ракетами», — но он не хотел бы рисковать. Призывая к увеличению военных расходов, он объявил, что «тот, кто противится этим тратам, ставит под угрозу само выживание нашей страны»[66].

Инаугурация Кеннеди была полна символизма. 86-летний Роберт Фрост стал первым поэтом, когда-либо выступавшим на инаугурациях. Марианна Андерсон, талантливая певица, которую «Дочери Американской революции» однажды выгнали из Зала Конституции из-за ее черной кожи, спела национальный гимн. А сам Кеннеди произнес блестящую инаугурационную речь, в которой одновременно обратился с призывом дружбы к СССР, «прежде чем темные силы разрушения, выпущенные наукой, поглотят все человечество», и высказал воодушевление относительно того факта, что его поколению представилась возможность «защитить свободу в час наибольшей опасности», а также выразил готовность «заплатить любую цену, вынести любые тяготы и пережить любые невзгоды» ради этого[67].

Новое правительство включило в свой состав сотрудников ведущих фондов, корпораций и финансовых компаний Уолл-стрит, слегка разбавив их небольшим количеством прогрессивных деятелей и отведя последним второстепенные роли. Дэвид Халберстам назвал их «лучшими и ярчайшими» и рассказал о том, как их ум, достижения и энергичность, шедшие рука об руку с надменностью и глубокой моральной слепотой, завели США в джунгли Вьетнама. Типичными представителями этих людей были советник президента по национальной безопасности Макджордж Банди — декан факультета искусств и естественных наук в Гарварде, ставший первым человеком на этой должности, получившим в свое время отличные оценки на всех трех вступительных экзаменах в Йельском университете, — а также министр обороны Роберт Макнамара, известный как человек-компьютер и блестящий организатор. Известно, что во время встречи с командованием Вооруженных сил США на Тихом океане по вопросам снабжения войск во Вьетнаме Макнамара остановил проектор и сказал, что данные на слайде № 869 противоречат информации, показанной на слайде № 11 за семь часов до этого. Но в интеллекте

Джон Ф. Кеннеди в своей инаугурационной речи обратился с призывом дружбы к СССР и одновременно выразил готовность своего поколения «заплатить любую цену, вынести любые тяготы и пережить любые невзгоды» ради «защиты свободы в час ее самых тяжких испытаний».

советников Кеннеди никто и не сомневается. Сомнительны их выводы. Джон Кеннет Гэлбрейт, работавший при Кеннеди послом США в Индии, однажды с сожалением сказал: «Внешняя политика по-прежнему находится в руках Совета по международным отношениям. А мы прекрасно знаем, что их экспертное мнение гроша ломаного не стоит... Все, что им известно, — это разница между коммунистами и антикоммунистами... именно это мистическое мировоззрение и стало основой нашей внешней политики, а те из нас, кто в нем сомневался... были похожи на индейцев, без особого успеха пускавших стрелы в сторону лагеря [белых]»[68]. Следствием этой странной смеси надменности и невежества стало то, что новое правительство сразу же стало допускать грубейшие ошибки во внешней политике.

Кеннеди продолжил выполнение плана Эйзенхауэра, поручившего ЦРУ тайно подготовить на территории Гватемалы 1500 кубинских эмигрантов для вторжения на Кубу. С самого начала он усомнился в разумности подобного плана, но Аллен Даллес заверил его, что с началом вторжения противники Кастро внутри страны поднимут восстание и свергнут правительство. Этим планом также были крайне недовольны такие деятели правительства, как Честер Боулс*, Артур Шлезингер-младший и Ричард Гудвин, а председатель сенатского комитета по иностранным делам Уильям Фулбрайт даже призвал Кеннеди выбросить эту идею из головы. Но молодой и неопытный президент побоялся отказаться от проведения операции, которую запланировали Эйзенхауэр и Комитет начальников штабов. За три дня до начала операции восемь американских бомбардировщиков В-26 уничтожили или вывели из строя половину ВВС Кастро. Силы вторжения прибыли на Плайя-Хирон в заливе Кочинос на семи судах, два из которых принадлежали компании United Fruit. Кубинская армия с легкостью разбила агрессоров, которые немедленно начали умолять США о военной помощи.

Обещанное всенародное восстание так и не началось. Банди, Раск и сам Кеннеди неоднократно говорили ЦРУ, что ни о какой воздушной поддержке не может быть и речи. Они понимали, что подобные действия нанесут серьезный урон имиджу США на мировой арене и послужат прямым приглашением для Советов начать вторжение в Западный Берлин. Незадолго до наступления 18 апреля Кеннеди, Джонсон, Макнамара и госсекретарь Дин Раск встретились в Белом доме с председателем КНШ генералом Лимэном Лемнитцером, начальником штаба ВМС адмиралом Арли Берком и начальником отдела тайных операций ЦРУ Ричардом Бисселом. Берк и Биссел в течение трех часов пытались убедить Кеннеди направить наземную и воздушную поддержку. Они с самого начала знали, что это единственный шанс на успех, и были совершенно уверены, что Кеннеди уступит их давлению. Позже сам Кеннеди скажет: «Они были уверены, что я сдамся и дам им отмашку»[69]. «Для них было немыслимо, — соглашается с Кеннеди его советник Уолт Ростоу, — чтобы президент Америки, держа в своих руках всю военную мощь страны, позволил провалиться такой операции»[70]. Лемнитцер обвинял Кеннеди в том, что «выбросить белый флаг — немыслимо... возмутительно и почти что преступно». Но Кеннеди был непоколебим. Он объяснял одному старому другу: «Я не позволю вовлечь нас в цепь безответственных действий только потому, что кучка фанатиков в наших рядах ставит национальную гордость выше национальных интересов»[71]. 114 человек из сил вторжения было убито, 1189 попали в плен. Среди жертв были и четверо американских летчиков из Национальной гвардии штата Алабама, служивших по контракту в ЦРУ.

---

* Боулс Честер (1901–1986) — дипломат. В 1961 году занимал пост зам. госсекретаря, затем — посол по особым поручениям, посол США в Индии при Кеннеди и Джонсоне.

Глава 7. Джон Ф. Кеннеди

В новое правительство Кеннеди вошли амбициозные, высокоинтеллектуальные люди, которых Дэвид Халберстам с иронией назвал «лучшими и ярчайшими». Типичными их представителями были советник президента по национальной безопасности Макджордж Банди (слева, рядом с Кеннеди), декан факультета искусств и естественных наук Гарварда и министр обороны Роберт Макнамара (справа), известный как человек-компьютер и блестящий организатор.

Комментарии прессы не заставили себя ждать. Газета *Chicago Tribune* высказалась лаконично: «Главным результатом предполагавшегося "вторжения" на Кубу стало то, что диктатура Кастро теперь прочна как никогда, а коммунисты по всему миру торжествуют. Соединенные Штаты хорошо получили по зубам»[72]. *Wall Street Journal* объявила, что «США сели в лужу... над нами смеется весь мир... Но мы подозреваем, что главное чувство, которое испытывают руководители коммунистических стран, — это крайнее удивление, что США так слабы»[73]. *New York Times* выразила обеспокоенность тем, что «американская гегемония в Западном полушарии впервые за столетие поставлена под вопрос», поскольку Кубинская революция может стать примером для всей Латинской Америки[74].

В действительности мир был крайне удивлен неумением руководителей США трезво оценивать обстановку. Дин Ачесон сообщал, что это фиаско «поразило европейцев», считавших подобный исход «совершенно немыслимым результатом безответственной политики. Они ожидали от нового правительства США очень многого... а теперь все их надежды

Кубинские контрреволюционеры, взятые в плен на Плайя-Хирон. Кеннеди, которого убедили в том, что вторжение подтолкнет внутренних противников Кастро к восстанию и свержению правительства, продолжил реализацию плана Эйзенхауэра по тайной подготовке в Гватемале 1500 кубинских эмигрантов. Кубинская армия легко справилась с агрессорами, которые стали умолять США о прямой военной помощи. Кеннеди отказался предоставить такую помощь, а обещанное всенародное восстание так и не началось. 114 человек из сил вторжения были убиты, 1189 взяты в плен.

разбиты»[75]. Боулс записал в своем дневнике: «Кубинское фиаско показывает, как сильно может заблуждаться столь блестящий и благонамеренный человек, как Кеннеди, если у него отсутствуют твердые моральные устои»[76]. Вскоре после этого Боулса бесцеремонно выставят из Госдепа. Кеннеди принял на себя всю ответственность за провал вторжения, но поклялся удвоить усилия в борьбе с коммунизмом:

«Нам хватит смелости признать всю опасность предстоящего сражения. Нам хватит смелости принять новые концепции, новые инструменты, новое понимание важности борьбы, на Кубе ли или же в Южном Вьетнаме... Происходящее на Кубе, в Лаосе, подъем коммунистического движения в Азии и Латинской Америке — все это говорит лишь об одном: общества самодовольные, потворствующие своим мимолетным желаниям и просто слабые окажутся на свалке истории... Позвольте же мне четко сказать, что я, как президент Соединенных Штатов, намерен сделать все для выживания нашей системы, чего бы нам это ни стоило, какой опасности мы бы ни подверглись»[77].

Сенатор-демократ Эл Гор-старший, член сенатского комитета по иностранным делам, призвал «перетряхнуть Комитет начальников штабов. Всех его членов необходимо заменить новыми людьми, более умными и способными». *New York Times*, в свою очередь, возложила львиную долю вины на ЦРУ и потребовала его «капитальной реорганизации»[78].

Кубинские эмигранты обвиняли в провале операции Кеннеди, который не пожелал оказать им поддержку с воздуха. Большинство из них никогда ему этого так и не простят. Но, несмотря на столь широкую критику его действий в данной ситуации, рейтинги Кеннеди в этот период были самыми высокими за все время его президентства. Он даже шутил по этому поводу: «Я прямо как Эйзенхауэр: чем хуже поступаю, тем популярнее становлюсь»[79].

Вся эта грязная история произвела на неопытного президента глубокое впечатление. У Кеннеди выработался здоровый скептицизм относительно разумности суждений военных советников и руководителей разведки. Он объяснял Шлезингеру: «Если кто-то начнет мне указывать, что написать в законе о минимальной зарплате, я без колебаний укажу ему на дверь. А вот когда имеешь дело с военными и разведчиками, почему-то считается, что у них есть некие непостижимые способности, недоступные простым смертным»[80]. А журналисту Бену Брэдли он сказал: «Первый совет, который я дам своему преемнику, — приглядывать за генералами и не думать, что, если человек военный, это автоматически означает, что его мнения по военным вопросам являются истиной в конечной инстанции»[81]. Эти слова означали первый проблеск понимания того, о чем с горечью предупреждал Эйзенхауэр. Но Джону Кеннеди придется еще круто ломать свое мышление, чтобы вырваться из железных тисков холодной войны и порожденных ею стереотипов.

После провала вторжения Кеннеди решил все же перетряхнуть «сукиных детей» в КНШ и «этих ублюдков из ЦРУ». Он угрожал «порвать ЦРУ на мелкие кусочки и пустить их по ветру»[82]. Председателем КНШ вместо Лемнитцера он назначил Максуэлла Тейлора, но, надеясь умиротворить «ястребов», решил поставить во главе штаба ВВС Кертиса Лемея — решение, о котором он впоследствии пожалеет. В ЦРУ Даллеса заменил консервативный бизнесмен-республиканец Джон Маккоун. Президент заставил написать заявления об отставке и двух заместителей Даллеса — Ричарда Биссела и генерала Чарлза Кэбелла. Всех зарубежных агентов ЦРУ и военных в других странах он подчинил послам, а также принял решение о сокращении бюджета ЦРУ к 1966 году на 20%.

Ответственность за значительную часть тайных операций Кеннеди возложил на своего брата Роберта, и эти новые обязанности почти целиком поглотили время молодого министра юстиции. Именно под его контролем ЦРУ начало за три года 163 тайные операции. За все восемь лет правления Эйзенхауэра их было 170[83].

Перед вступлением в новую должность генерал Тейлор провел расследование ошибок, допущенных во время кубинской операции. Генерал Беделл Смит* свидетельствовал: «Демократическая страна не может вести войну. Когда война начинается, президента наделяют чрезвычайными полномочиями. Граждане страны считают, что по окончании чрезвычайного положения права и полномочия, временно предоставленные главе исполнительной власти, будут возвращены штатам, округам и всему народу». Смит полагал, что ЦРУ перестало приносить такую пользу, как раньше, и его, возможно, придется заменить новой секретной службой. «Пора, — заметил он, — выплеснуть на ЦРУ ведро помоев, чтобы замаскировать его понадежнее»[84].

Из-за растущего недоверия к советникам из числа военных и разведчиков Кеннеди было гораздо легче отвергнуть их требования об отправке американских войск в Лаос, хотя Эйзенхауэр и предупреждал его, что это может оказаться необходимым для победы над коммунистами из Патриотического фронта Лаоса. Кеннеди сказал Теду Соренсену и Артуру Шлезингеру-младшему, что, если бы не события в заливе Свиней, он бы уступил. КНШ настаивал на том, чтобы Кеннеди дал безоговорочное согласие на массированное вторжение в Лаос и одобрил распространение войны в Китай в случае необходимости, даже если это будет означать ядерную войну. Кеннеди воспротивился подобным требованиям и привел генералов в ярость, отдав предпочтение лаосским нейтралистам. «После залива Свиней, — сказал Шлезингер Дэвиду Тэлботу, — Кеннеди презирал КНШ… Он называл членов комитета кучкой престарелых генералов, а Лемнитцера и вовсе считал придурком»[85].

Еще не оправившись от глубокого потрясения, вызванного событиями на Плайя-Хирон, Кеннеди тщательно готовился к июньской встрече с Хрущевым, которая должна была пройти в Вене. Хрущев уже переписывался с новым президентом, надеясь добиться некоторой разрядки

---

* Смит Уолтер Беделл (1895–1961) — американский военный и дипломат. Во время Второй мировой войны — начальник штаба союзных войск в Европе; в 1946–1948 годах — посол США в СССР, в 1950–1953 годах занимал пост директора ЦРУ. Позднее — зам. госсекретаря.

напряженности и достичь соглашений по вопросам запрещения ядерных испытаний, положения в Лаосе и в Западном Берлине. Но теперь отношения между СССР и США были омрачены. На саммите глава советского правительства обрушил на президента США град обвинений. Хрущев обвинял молодого президента в том, что США проводят империалистическую политику по всему миру. Он заявил, что американо-советские отношения упираются в решение германского вопроса, и при этом резко критиковал ремилитаризацию Германии и ее растущую роль в НАТО. Он настаивал на том, чтобы до конца года был подписан договор, признающий существование двух самостоятельных германских государств. Для Берлина он предложил статус «свободного демилитаризованного города» под юрисдикцией Восточной Германии при гарантированном доступе для стран Запада. В конце встречи Кеннеди сказал Хрущеву: «Чувствую, нас ждет очень холодная зима»[86]. А одному репортеру объяснил: «Если Хрущев хочет ткнуть меня лицом в грязь, то я не вижу смысла в дальнейших переговорах»[87]. Джордж Кеннан заметил, что Кеннеди во время саммита «почему-то боялся даже рот открыть»[88]. Позднее уязвленный президент побеседовал наедине с Джеймсом Рестоном, одним из ведущих американских журналистов. «Тяженько?» — спросил Рестон. «Как никогда в жизни», — ответил Кеннеди. И объяснил подробнее:

«У меня две трудности. Во-первых, понять, почему он все это сказал, да еще в таком враждебном тоне. А во-вторых, понять, что нам с этим делать. Я думаю... он высказал все это из-за событий в заливе Свиней... он считал, что тот, кто влез в такую авантюру, молод и слишком неопытен, а тот, кто не сумел довести дело до конца, — трус. Поэтому он просто вытряс из меня душу. Так что теперь передо мной стоит нелегкая задача... как восстановить веру в мощь Америки, и, похоже, удобнее всего это сделать во Вьетнаме»[89].

Кеннеди было бы легче понять воинственность Хрущева, если бы он осознал, как глубоко обеспокоен СССР германским вопросом. Возможное размещение американских ракет средней дальности на территории [Западной] Германии и перебежчики из Восточной Германии в Западный Берлин были далеко не единственными причинами этой обеспокоенности. Больше всего Хрущева тревожила перспектива получения Германией своего собственного ядерного оружия. По этой причине он пригрозил заключить сепаратный мир с Восточной Германией и закрыть англичанам, французам и американцам доступ в Западный Берлин.

Хрущев объяснял американскому журналисту:

«Я понимаю, что американцы смотрят на Германию несколько по-иному, чем мы... У нас гораздо более длительная история отношений с Германией. Мы видели, как быстро в Германии меняются правительства и как легко она становится инструментом массового истребления людей. Нам сложно даже подсчитать, сколько наших немцы убили в прошедшей войне... У нас есть поговорка: "Если дать немцу оружие, рано или поздно он нацелит его на русских". И это не только мое мнение. Вряд ли есть что-нибудь такое, против чего русские стали бы возражать больше, чем против перевооружения Германии. Вам, американцам, нравится думать, что у нас нет общественного мнения. Не будьте в этом так уверены. У нашего народа есть очень твердое мнение о Германии. И я не думаю, что какое бы то ни было правительство удержится у власти, если оно попробует пойти против этого мнения. Я сказал об этом одному из ваших американских губернаторов, и он ответил мне, что его удивляет, как СССР с его атомными бомбами и ракетами может бояться Германии. Я ответил ему, что он не понимает главного. Да, мы можем уничтожить Германию. За несколько минут. Но мы опасаемся, что вооружившаяся Германия может своими действиями втянуть в войну Соединенные Штаты. Опасаемся, что Германия может развязать мировую атомную войну. Меня больше всего удивляет то, что американцы не понимают: в Германии существуют весьма широкие круги, мечтающие уничтожить Советский Союз. Сколько раз нужно обжечься, чтобы перестать играть с огнем?»[90]

Во время венского саммита в июне 1961 года Хрущев обвинил Кеннеди в проведении США империалистической политики по всему миру. Он заявил, что американо-советские отношения упираются в германский вопрос. Кеннеди был очень недоволен и в конце встречи сказал: «Чувствую, нас ждет очень холодная зима».

Глава 7. Джон Ф. Кеннеди

В Вене не удалось преодолеть разногласия по ключевым вопросам, что привело к тому, что лето 1961 года стало одним из самых жарких за все время холодной войны. Дин Ачесон, готовивший для саммита документы по германскому вопросу, советовал Кеннеди занять бескомпромиссную позицию по берлинской проблеме и не идти ни на какие переговоры на этот счет. Он считал ядерную войну допустимым риском. В случае обострения конфликта США планировали послать в [Западный] Берлин несколько бригад. А в случае вооруженного отпора со стороны стран Варшавского договора США были готовы нанести массированный ядерный удар. Банди объяснял Кеннеди: «Нынешний стратегический план предполагает, что мы сразу нанесем удар всеми наличными средствами, и составлен он так, что проводить какую бы то ни было более гибкую политику становится очень сложно»[91].

На специальном заседании 20 июля Лемнитцер и другие военные обсудили с Кеннеди возможные последствия ядерной войны. Лемнитцер выступил с докладом относительно возможности нанесения «внезапного удара» по СССР в конце 1963 года. Кеннеди спросил, нельзя ли нанести его в конце 1962-го; Аллен Даллес ответил, что до декабря 1963-го у США не будет достаточного количества ракет. Кеннеди спросил, сколько времени придется американцам в случае войны находиться в радиационных убежищах. «Две недели», — ответили ему. Он приказал участникам заседания не разглашать, о чем шла речь. Замминистра обороны Розуэлл Гилпатрик рассказывал, что Лемнитцер вел себя на заседании «так, словно выступал в детском садике... В конце концов Кеннеди просто встал и ушел посреди заседания. На том оно и закончилось»[92].

В своих мемуарах, опубликованных в 1990 году, Дин Раск так описал реакцию Кеннеди: «Президент Кеннеди прекрасно понимал, что означает ядерная война, и был в ужасе от подобной перспективы. Я много беседовал с ним и никогда не слышал, чтобы он говорил о смерти и разрушениях, но время от времени президент задавался вопросом, может ли случиться так, что именно на него ляжет обязанность нажать на ядерную кнопку»[93]. В сентябре Лемнитцер докладывал Кеннеди, Макнамаре и Раску о СОП-62, который предусматривал нанесение массированного упреждающего удара по СССР. После встречи раздосадованный Кеннеди сказал Раску: «И мы еще называем себя родом человеческим»[94].

Но, несмотря на это понимание, Кеннеди продолжал обострять кризис. 5 июля он обратился к американскому народу:

«События в Западном Берлине несут прямую угрозу всем свободным людям. Угроза, нависшая над этим изолированным форпостом, есть угроза всему миру... Мы не хотим воевать, но ведь воевать нам уже случалось. И в прошлом другие люди жестоко ошибались, считая Запад слишком эгоистичным, слабым и раздробленным... Источник мировых проблем и напряженности находится не в Берлине, а в Москве. И если война начнется, она начнется в Москве, а не в Берлине».

Кеннеди объявил о выделении на оборону еще 3,45 миллиарда долларов. Планировались 25-процентное увеличение численности армии, приведение в боевую готовность отдельных частей Национальной гвардии и резерва вооруженных сил, а также реализация общенациональной программы строительства радиационных убежищ, как общественных, так и частных. Президент подчеркнул необходимость быть готовыми к ядерной войне и напомнил гражданам: «Сейчас, в термоядерную эпоху, любое неверное истолкование намерений другой стороны может за несколько часов принести больше разрушений, чем все войны за всю историю человечества»[95].

Государства Варшавского договора отреагировали на это решительными мерами, необходимость которых обсуждалась уже несколько месяцев. 13 августа восточногерманские солдаты начали возводить заграждения из колючей проволоки и блокпосты, преграждая путь потоку беженцев. Вскоре рабочие-строители заменили колючую проволоку заграждениями из бетона. Кеннеди перебросил 1500 американских солдат из Западной Германии в Западный Берлин, где их встретил вице-президент Джонсон. Взволнованный мир затаил дыхание в ожидании войны. 18-летний Джеймс Кэрролл ждал в Пентагоне своего отца, Джозефа Кэрролла, которого только что назначили главой вновь созданного Разведывательного управления Министерства обороны (РУМО) США. Кэрролл, впоследствии получивший Национальную премию по литературе за свою пронзительную книгу воспоминаний «Американский реквием: Бог, мой отец и война, что встала между нами», живо вспоминает тревожные слова своего отца. «Сегодня папа мрачен», — пишет он.

«...Он курит, стряхивая пепел в окно. Не говорит ни слова. Наконец гасит сигарету в пепельнице на приборной доске и поворачивается ко мне: "Сын, я хочу сказать тебе кое-что. Повторять не буду и не хочу, чтобы ты задавал мне вопросы. Договорились? Ты читаешь газеты. Ты знаешь, что происходит. Берлин. Бомбардировщик, сбитый на прошлой неделе. В любой вечер я могу не вернуться домой. Возможно, мне придется куда-нибудь отправиться — вместе со всем штабом ВВС. Если это случится, я хочу, чтобы ты вместо меня позаботился о маме и братьях". — "Что ты имеешь в виду?" — "Я скажу маме. Но и ты должен знать. Я хочу, чтобы ты усадил всех в машину. Хочу, чтобы ты поехал на юг. Езжай по шоссе № 1. На Ричмонд. Езжай дальше — как можно дальше". Больше он ничего не сказал... Я тоже. Должно быть, оставшуюся часть пути мы проделали в молчании. Что я могу вспомнить точно... это свои чувства... ужас... Несмотря на все разговоры о войне, я считал, что мой отец и такие, как он: Кертис Лемей, Томми Уайт, Пирр Кэбелл, Буч Бланшар, наши соседи с "генеральской" улицы, — защитят нас от войны. Но теперь я понял, что отец сам в это не верит. Я чувствовал страх отца, а ведь раньше я думал, что он никогда ничего не боится. Той ночью я испугался и боялся многие годы потом: сначала того, что могут сделать наши враги, а затем — того, что можем сделать мы сами»[96].

Рассказывая об этом четыре с лишним десятилетия спустя на конференции по ядерной безопасности в Вашингтоне, Кэрролл закончил словами: «И с тех пор я все время ехал на юг».

Берлинская стена устранила непосредственную опасность, позволив Хрущеву не выполнять свою угрозу о подписании провокационного договора с Восточной Германией. Кеннеди признался своим советникам: «Это не самое лучшее решение, но стена — это, черт побери, в сто раз лучше, чем война»[97]. Хрущев понимал, что [Западный] Берлин — самое уязвимое место Запада, и считал его «мошонкой Запада. Каждый раз, когда я хочу, чтобы Запад завопил, — говорил он, — я нажимаю на Берлин»[98].

Хрущев нашел и другой способ заставить Кеннеди завопить в августе 1961 года: он возобновил ядерные испытания. Когда Кеннеди узнал, что испытания скоро начнутся, он взорвался гневом: «Нас снова уделали!» Советники призывали его не отвечать Советам тем же, чтобы тем самым получить выигрыш в пропагандистской войне, но Кеннеди отмахнулся от них, крикнув: «Кто вы? Пацифисты? Они только что дали мне по яйцам. Я что, должен сказать, что так и надо?»[99]

Предупреждения Кеннеди во время берлинского кризиса вновь поставили со всей остротой вопрос о строительстве атомных бомбоубежищ. Рекомендации относительно их строительства в 1950-е годы чаще всего пропускали мимо ушей. В марте 1960 года конгрессмен Чет Холифилд, глава подкомитета правительственных операций, заявил, что гражданская оборона находится в «плачевном состоянии», поскольку построено всего 1565 частных убежищ в 35 штатах[100]. Лишь немногие люди могли себе позволить либо хотели потратить несколько тысяч долларов на оборудование у себя дома таких убежищ. Лауреат Нобелевской премии, ученый-атомщик из Калифорнийского университета в Лос-Анджелесе

Уиллард Либби, бывший член КАЭ, предложил свой выход из положения. С большой помпой он соорудил в своем доме в Бель-Эйре под Лос-Анджелесом убежище стоимостью в 30 долларов и заявил: «Если ваша жизнь стоит 30 долларов, вы можете позволить себе такое убежище». Либби вырыл в склоне холма яму шириной в пять, глубиной в пять и длиной в семь футов. Обложил ее со всех боков и сверху сотней мешков с землей, а крышу настелил из 16 восьмифутовых шпал. К сожалению для семейства Либби, в феврале 1961 года по холмам Санта-Моники пронесся пожар, уничтоживший их дом. Миссис Либби успела спасти только две вещи: Нобелевскую премию мужа и свою норковую шубу. Сначала утверждалось, что убежище уцелело, но затем газета Washington Post с сожалением сообщила: «Пожар уничтожил атомное убежище Либби в Бель-Эйре»[101]. Момент был ужасающий. Газеты как раз печатали серию статей Либби под названием «Выжить при атомном ударе можно». Физик Лео Силард, один из создателей американской атомной бомбы, заметил, что этот случай «не только доказывает, что Бог существует, но и то, что у Него есть чувство юмора»[102].

Стороннему наблюдателю могло бы показаться, что летом и осенью 1961 года американцы просто спятили: страна начала обсуждать этические проблемы убийства друзей и соседей ради защиты неприкосновенности, безопасности и сохранения ограниченных ресурсов частного атомного убежища. В августе журнал Time опубликовал статью под названием «Убий ближнего своего», в которой цитировались слова жителя одного из чикагских пригородов: «Когда я закончу свое укрытие, я установлю у его люка пулемет, чтобы удерживать соседей подальше в случае падения бомб. Я говорю чертовски серьезно. Если тупоголовые американцы не хотят сами позаботиться о своем спасении, я не собираюсь ставить под угрозу возможность использовать оплаченное мной убежище для спасения своей собственной семьи»[103].

На митингах люди, имевшие убежища, говорили своим соседям и лучшим друзьям, что убьют их в случае необходимости. Мнения священников разделились. Так, преподобный Л. К. Макхью, бывший преподаватель этики из Джорджтауна, подлил масла в огонь, опубликовав статью в журнале иезуитов America: «Подумайте дважды, прежде чем опрометчиво впустить в свое семейное убежище друзей, соседей или случайного прохожего... за ними к вам начнут ломиться другие... Разумно ли иметь в ваших аварийных запасах "защитные устройства" вроде револьверов для расчистки заторов в дверях вашего укрытия? Решать вам — в зависимости от обстоятельств»[104].

Глава 7. Джон Ф. Кеннеди

Типовое частное атомное убежище, спроектированное Управлением гражданской обороны и мобилизации. Берлинский кризис 1961 года придал большую остроту вопросу о строительстве таких убежищ.

Его преосвященство Ангус Дан, епископ Епископальной церкви города Вашингтона, осудил подход «каждая семья сама за себя» как «аморальный, несправедливый и противоречащий национальным интересам». Он заявил, что «мир, переживший ядерный удар, меньше всего будет нуждаться в людях, закопавшихся в частных кротовых норах, где не найдется места для ближнего»[105].

Многие люди с горечью поняли, как холодная война и ужас перед уничтожением разъедают совесть американцев. Редактор журнала *Bulletin of the Atomic Scientists* Юджин Рабинович назвал частные убежища «жалкими», а дискуссии об убийстве ближних — «наглядным свидетельством порочности человеческой природы». Историк Габриель Колко сказал, что нейтральная позиция правительства в дискуссии по вопросу «убий ближнего своего», по всей вероятности, подразумевает, что оно «не будет протестовать и в том случае, если не имеющие убежищ соседи испортят систему очистки воздуха в убежищах своих вооруженных сограждан или просто заткнут воздуховод полиэтиленовым мешком»[106]. *New York Times* написала о сатирическом номере в одном из кабаре — комики представляли, как владельцы убежищ решили перестрелять своих соседей заранее, не дожидаясь, пока те начнут ломиться к ним. Боб Дилан записал для своего альбома The Freewheelin' Bob Dylan песню под названием «Дай мне умереть стоя». Песня не была выпущена, а начиналась она словами:

> Я не стану прятаться под землей,
> И пусть смерть приходит за мной.
> Я не буду чахнуть с трусливой толпой —
> Лучше умру с поднятой головой.

Припев был таким:

> Дай мне умереть стоя,
> А уж затем схорони под землею.

Но наиболее творческим ответом, вероятно, был поступок одного из протестующих у здания вышеупомянутого иезуитского журнала. Он появился с зонтиком, на котором было написано: «Переносное атомное убежище». На заостренный конец стержня указывала стрелка с надписью «Для закалывания соседей, не имеющих убежищ»[107]. Несмотря на все давление со стороны правительства, неожиданно мало американцев построило себе атомные бомбоубежища. Очевидно, они понимали, что в случае ядерной войны от таких убежищ будет мало толку. Или же сознавали, что мир, который встретит их после выхода на поверхность, будет таким, что на его фоне смерть покажется благом.

Однако жуткий призрак ядерной войны витал над первыми двумя годами президентства Кеннеди. Он победил в президентской кампании, играя на страхе американцев перед отставанием в ракетной сфере, и первым делом поинтересовался у Макнамары, сколь велико это отставание. Всего через три недели стало понятно, что растиражированного в газетах отставания не то что нет, а у США даже больше ракет, чем у СССР.

Кеннеди хотел скрыть эту информацию от общественности. Он надеялся использовать выдуманное отставание по ракетам как предлог для увеличения расходов на оборону. Но 6 февраля его политически неопытный министр обороны шокировал репортеров, объявив: «Нет никакого отставания в ракетной сфере». Осознав, что он наделал, Макнамара предложил подать в отставку. Кеннеди ответил, что такое решение «преждевременно», и об этом случае быстро забыли.

Но в октябре 1961 года Кеннеди решил прямо заявить о значительном дисбалансе между военной мощью США и СССР. Он приказал Гилпатрику публично объявить об американском военном превосходстве в обращении к Совету предпринимателей, собравшемуся в городке Хот-Спрингс (штат Вирджиния). Речь была тщательно подготовлена молодым консультантом из RAND Дэниелом Эллсбергом. Гилпатрик объявил, что США «обладают силами ядерного сдерживания такой убийственной мощи, что любые враждебные действия против нас явятся актом самоуничтожения... Общее число наших средств доставки ядерных зарядов — как стратегических, так и тактических — достигает нескольких десятков тысяч единиц». Макнамара публично подтвердил, что американская ядерная мощь превосходит советскую в несколько раз[108]. И это было слабо сказано. У США имелось 45 МБР[109], у СССР лишь четыре, и те могли быть уничтожены американским ударом. У США было 3400 боезарядов на подводных лодках и бомбардировщиках. США располагали 1500 тяжелыми бомбардировщиками против 192 советских. На вооружении американских войск стояли 120 баллистических ракет средней дальности (БРСД), дислоцированных в Турции, Англии и Италии, и тысяча тактических истребителей-бомбардировщиков, способных достичь территории СССР [с баз в прилегающих к советским границам странах], а также ядерные ракеты «Поларис», размещенные на подводных лодках. В целом США располагали 25 тысячами ядерных зарядов; СССР обладал вдесятеро меньшим количеством[110].

Командующий стратегической авиацией США генерал Томас Пауэр был недоволен этим признанием, поскольку обосновывал свои непомерные запросы об ассигнованиях из бюджета грозящим США ужасным кризисом. Отказавшись действовать спокойно, он стал фиксировать советские ракетные установки везде, где только можно. По его мнению, они были замаскированы под силосные башни, колокольни монастырей и даже мемориал, посвященный Крымской войне [*в Севастополе*]. Пауэр, протеже Лемея, во время Второй мировой войны отдавший приказ о бомбардировке Токио зажигательными бомбами, всячески сопротивлялся попыткам ограничить аппетиты стратегической авиации. Когда в декабре 1960 года сотрудник RAND Уильям Кауфман сказал ему о необходимости избегать жертв среди мирного населения, Пауэр заорал: «Почему мы должны себя сдерживать? Сдерживание! Весь смысл в том, чтобы перебить этих ублюдков!» Затем добавил: «Послушайте. Если в конце войны останется два американца и один русский, это будет означать, что мы победили!» Возмущенный Кауфман ответил: «Ну, в таком случае хотя бы позаботьтесь, чтобы эти двое были мужчиной и женщиной»[111].

Несмотря на возраставшее превосходство США в ядерных вооружениях, ВВС хотели увеличить количество ракет до 3 тысяч. Стратегическое командование (СК) ВВС требовало 10 тысяч. Анализ, проведенный Макнамарой, показал, что страна не нуждается больше чем в 400 единицах, однако на всякий случай — с учетом требований военных — решил остановиться на тысяче[112].

Министр обороны СССР маршал Р. Я. Малиновский расценил октябрьское заявление Гилпатрика как «намерение империалистов... нанести внезапный ядерный удар по СССР и социалистическим странам»[113]. И Советы, решившие не использовать свое преимущество в ракетной технике — единственной области, в которой они опередили США, — ответили уже через два дня взрывом 30-мегатонной бомбы — мощнейшей в истории. На следующей неделе была взорвана бомба в 50 с лишним мегатонн. Они могли взорвать и 100-мегатонную, но решили повременить с этой стадией. Макнамара позднее признался, что нанесение внезапного удара действительно было одним из вариантов, обсуждавшихся в рамках СОП — а генерал Лемей и вовсе обсуждал его в открытую[114]. Он даже саркастически предлагал создать достаточно большую бомбу, чтобы разом уничтожить весь Советский Союз[115].

Осенью 1961 года война казалась пугающе близкой. Роберт Лоуэлл писал:

> Всю осень скрежеты слышны —
> Знак скорой ядерной войны.
> О смерти лишь все говорят[116].

Непоколебимая решимость Кеннеди свергнуть правительство революционной Кубы лишь усилила напряженность в отношениях с Советским Союзом. В январе 1962 года Роберт Кеннеди сказал директору ЦРУ Джону Маккоуну, что свержение Кастро является «первоочередной задачей правительства США». За два месяца до этого братья Кеннеди начали операцию «Мангуст» — антикубинскую кампанию террора под руководством ЦРУ. Роберт Кеннеди наметил ее общие характеристики: «Смысл в том, чтобы заставить дело двигаться... путем шпионажа, диверсий, создания обстановки хаоса — и все это должно осуществляться самими кубинцами»[117]. Целью были подрыв кубинской экономики и убийство Фиделя Кастро. Руководить операцией Кеннеди поручил мастеру карательных операций и специалисту по грязным трюкам Эдварду Лэнсдейлу. ЦРУ задействовало в операции огромные силы в составе 600 своих офицеров, стянутых на юг Флориды, около 5 тысяч платных агентов, а также третьего по размеру флота в Карибском море[118]. В марте Лэнсдейл обратился к КНШ за «перечнем предлогов», которые можно было бы использовать для оправдания «американской военной интервенции на Кубу». Бригадный генерал Уильям Крейг, отвечавший за операцию «Мангуст» по линии военных, быстро настрочил нелепейший список, который был утвержден КНШ и активно продвигался его председателем Лемнитцером.

Крейг уже внес предложение, чтобы в случае провала орбитального полета Джона Гленна на корабле «Меркурий» США сфабриковали свидетельства об электронном вмешательстве со стороны Кубы. Крейг подобрал для этого вполне уместное название: операция «Грязный трюк». Теперь он представил Лэнсдейлу новые проекты операций под кодовым наименованием «Нортвудс». Они включали в себя следующие этапы: инцидент, спланированный по образу и подобию потопления корабля, послужившего предлогом для начала испано-американской войны («Помни "Мэн"»); «кампанию террора» против кубинских беженцев, включая потопление лодки с беженцами, плывущими во Флориду; попытки угона американских самолетов, в которых можно было бы обвинить кубинское правительство; организацию инцидента, при котором Куба сбила бы гражданский авиалайнер («желательно, чтобы его пассажирами были студенты, летящие на каникулы»); инцидент, который можно было бы представить так, будто «МиГ коммунистической Кубы неспровоцированно сбил самолет ВВС США над нейтральными водами»; «серию хорошо скоординированных провокаций... на базе Гуантанамо и вокруг нее, которые выглядели бы так, будто их совершили враждебные нам кубинцы». В число таких провокаций должны были входить взрывы боеприпасов на территории базы, поджоги (в том числе поджоги самолетов на базе), минометные обстрелы, подстрекательство к бунту, а также диверсии на кораблях[119].

Действия США на протяжении всего 1962 года убедили СССР в том, что вторжение неизбежно. В январе латиноамериканские марионетки США приостановили членство Кубы в ОАГ. В апреле 40 тысяч американских солдат провели учения, кульминационным пунктом которых была высадка на один из островов Карибского моря. В мае были проведены еще два этапа учений в меньших масштабах. Летом и осенью возросло количество «инцидентов». В октябре США объявили о планах проведения операции «Ортсак» — масштабных маневров, в рамках которых 7500 морпехов должны были высадиться на карибский остров, инсценируя свержение тамошнего правительства. Адресат этого цирка был очевиден: слово «Ортсак» — это фамилия Кастро, написанная наоборот. Операция должна была начаться 15 октября, но была отменена из-за развернувшегося кризиса.

Кеннеди намеревался бороться с коммунистами и во Вьетнаме, несмотря на понимание, чего это будет стоить США. Посетив Вьетнам в 1951 году, он стал противником оказания помощи французским колониалистам, а позднее и вовсе говорил о необходимости завоевать поддержку арабов, африканцев и азиатов, а те «ненавидели… белых, которые пили их кровь, избивали их, эксплуатировали их, правили ими»[120]. Он указал на противоречие между противодействием Советам в Венгрии и Польше, с одной стороны, и поддержкой французов во Вьетнаме, Алжире, Марокко и Тунисе — с другой. Но вскоре он стал оправдывать отмену Нго Динь Дьемом выборов и призывать к поддержке правительства Южного Вьетнама со стороны США. На карту был поставлен «престиж США в Азии». «Вьетнам, — твердил он, — является краеугольным камнем свободного мира в Азии, ключевым камнем всего свода, пальцем, затыкающим брешь в плотине. Бирма, Таиланд, Индия, Япония, Филиппины и конечно же Лаос и Камбоджа — все они окажутся под угрозой, если красный прилив коммунизма затопит Вьетнам»[121].

В конце 1950-х годов репрессивное правление Дьема привело к вооруженному восстанию на юге. В декабре 1960-го с благословения Ханоя Национальный фронт освобождения Южного Вьетнама (НФОЮВ) превратился в широкую коалицию, объединившуюся на почве борьбы против Дьема. Программа фронта, состоявшая из десяти пунктов, включала изгнание американских советников, шаги к мирному объединению страны, а также радикальные социальные реформы. Дьем же вопреки давлению со стороны США не желал никакой демократизации — напротив, он ввел запрет на любые собрания, на политические партии, даже на танцы в общественных местах. Вместо того чтобы воспользоваться всем этим как предлогом для сокращения американского присутствия во Вьетнаме, Кеннеди увеличил количество американских военных в стране, сознательно нарушив тем самым Женевские соглашения, а также значительно усилил американскую поддержку операций против партизан.

В мае 1961 года Кеннеди направил во Вьетнам вице-президента Джонсона для демонстрации американской решимости. Джонсон объявил Дьема «Уинстоном Черчиллем Юго-Восточной Азии»[122] и призвал американцев не отступать. В октябре Кеннеди направил туда своего военного советника Максуэлла Тейлора и заместителя советника по вопросам национальной безопасности Уолта Ростоу. Те нарисовали мрачную картину и призвали к дальнейшему наращиванию американского вмешательства. Тейлор был одним из многих советников Кеннеди, требовавших развертывания во Вьетнаме американских боевых частей.

Макнамара и члены КНШ согласились с суждением Тейлора относительно того, что только прямое участие американских войск в боевых действиях сможет помешать победе коммунистов. Как и Тейлор, они признавали, что развертывание войск может в итоге привести к постепенному наращиванию их численности до весьма высокого уровня. Кеннеди прекрасно сознавал подобную перспективу и противился ей. Он объяснял Шлезингеру: «Солдаты придут туда, грянут оркестры, толпа завопит от восторга. А через четыре дня все об этом позабудут. Тогда нам придется отправить еще солдат. Это как с выпивкой: опьянение проходит, и ты наливаешь новую рюмку»[123].

Однако с остальными рекомендациями Тейлора Кеннеди согласился и расширил американское присутствие. Когда Кеннеди вступил на свой пост, во Вьетнаме было 800 американских военнослужащих. В 1963 году их стало уже 16 тысяч. Соединенные Штаты начали под дулом автомата выселять жителей деревень в опутанные колючей проволокой лагеря, охранявшиеся правительственными войсками, а районы, где действовали партизанские отряды, опылялись гербицидами для уничтожения растительности. Долгосрочный вред здоровью людей и окружающей среде обернется катастрофой и для вьетнамцев, и для американцев.

Но именно Карибский кризис 1962 года дал Кеннеди понять всю катастрофичность возможных последствий жесткой линии в холодной войне. В воскресенье 14 октября самолет-разведчик У-2 сделал пугающие снимки территории Кубы. На следующий день фотоаналитики определили, что Советы разместили на острове баллистические ракеты средней дальности (БРСД) SS-4, способные доставить мегатонные боеголовки на территорию США.

У Кеннеди были связаны руки. Руководство Республиканской партии и его собственный директор ЦРУ предупреждали, что в один прекрасный день Советы могут разместить на Кубе наступательное вооружение. Кеннеди заверил их, что в этом случае он будет действовать решительно.

Меньше всего СССР хотел в 1962 году прямой военной конфронтации с США. Имея чуть больше десяти МБР, которые гарантированно достигали американской территории, и 300–500 ядерных боезарядов, Советы не могли реально противостоять США с их 5 тысячами ядерных бомб и примерно 2 тысячами МБР и бомбардировщиков[124]. Опасаясь американского удара, Советы сделали ставку на размещение ракет на Кубе, стремясь таким образом удержать американцев как от нападения на СССР, так и от ожидаемого вторжения на Кубу. Для Хрущева это одновременно было незатратным способом умиротворения кремлевских «ястребов». Дав Кеннеди заведомо ложные заверения в том, что на Кубе не будут размещены наступательные вооружения, Хрущев сказал, что хочет дать американцам «их же пилюлю» и показать им, что «прошло то время, когда вы могли надрать нам зад — теперь мы можем надрать ваш»[125]. Хрущев приравнял советские ракеты на Кубе к американским ракетам вдоль границ СССР в Турции и Западной Европе. Он намеревался объявить об их размещении 7 ноября, в 45-ю годовщину большевистской революции[126].

16 октября Кеннеди размышлял над причинами действий СССР. «В чем смысл размещения баллистических ракет на Кубе? — спросил он своих советников. — Это выглядит так, как если бы мы начали размещать большое количество БРСД в Турции. Я бы назвал это опасным шагом». В кабинете воцарилась тишина. Затем Банди ответил: «Так мы и разместили их там, господин президент»[127].

Кеннеди надеялся остановить Советы до того, как ракеты будут полностью развернуты. Он обсудил со своими советниками возможные шаги. 19 октября он встретился с членами Комитета начальников штабов. Большинство во главе с Лемеем выступало за уничтожение ракет с помощью авиаудара. Лемей посоветовал: «Русский медведь всегда хотел

Американский самолет распыляет гербициды над южновьетнамским лесом в целях уничтожения растительности в районе действий партизанских формирований. Долгосрочный вред здоровью людей и окружающей среде обернется катастрофой и для вьетнамцев, и для американцев.

Аэрофотосъемка кубинской территории, сделанная с американского самолета-разведчика У-2 14 октября 1962 года. Благодаря этой фотографии стало понятно, что Советы разместили на острове баллистические ракеты средней дальности (БРСД), способные доставить мегатонные боеголовки на территорию США. Это послужило причиной начала Карибского кризиса.

сунуть свою лапу в латиноамериканские воды. Теперь он в ловушке. Так что давайте оторвем ему и лапу, и яйца»[128]. Лемей убеждал Кеннеди, что СССР не ответит на удар по ракетам на Кубе. Кеннеди сказал, что русские будут вынуждены ответить — если не на Кубе, то в Берлине. Лемею понравилось такое развитие событий: он считал, что пора не только свергнуть Кастро, но и стереть с лица земли Советский Союз. Кеннеди ужаснул кавалерийский подход Лемея к ядерной войне. После встречи он сказал своему советнику Кеннету О'Доннелу: «Могли вы себе представить, что Лемей скажет такое? Однако у этих медноголовых* есть одно серьезное преимущество. Если мы их послушаемся, никого из нас не останется в живых, чтобы указать им на их неправоту»[129].

---

* Медноголовые — прозвище генералитета в США.

Большая часть высших военных и некоторые другие советники хотели нанести удар, а затем немедленно начать вторжение на Кубу. Те же, кто не хотел идти на риск войны, предпочитали блокаду. Макнамара утверждал, что присутствие советских ракет не нарушает стратегического баланса. Кеннеди согласился с ним, но сказал, что, если ракеты останутся на Кубе, это будет иметь далеко идущие политические последствия на международной арене, особенно в Латинской Америке. Он также признался своему брату Роберту, что, не прими он жестких мер, ему объявят импичмент. Но сразу после этого Кеннеди отверг советы военной верхушки, гражданских «ястребов» вроде Ачесона и Нитце, а также бывшего президента Эйзенхауэра. Он выбрал блокаду, которую назвал «карантином», желая завуалировать тот факт, что подобные действия тоже являются актом войны. Лемей был в ярости. «Это не лучше мюнхенского "умиротворения"», — заявил он на встрече 19 октября[130]. 22 октября президент торжественно сообщил гражданам очевидное. «Единственное предназначение этих баз, — сказал он, — это создание предпосылок для нанесения ядерных ударов по Западному полушарию». Завершая эту неутешительную речь, он объявил: «Мы не станем преждевременно или опрометчиво рисковать разжиганием мировой ядерной войны, ибо даже победа в ней принесет нам лишь прах и пепел. Но если такой риск станет совершенно необходимым, мы не станем уклоняться»[131].

Напряженность росла с каждым днем. 25 октября советские руководители решили убрать ракеты, но на максимально выгодных для себя условиях. Они были готовы эвакуировать свои ракеты с Кубы в обмен на эвакуацию американских «Юпитеров» из Турции. Но еще до обсуждения этих условий Хрущев получил информацию о том, что вот-вот начнется американское вторжение на Кубу. Он направил Кеннеди письмо, которое Макнамара назвал «самым необычным дипломатическим посланием, которое мне пришлось видеть». Хрущев предупреждал, что США и СССР неумолимо движутся к войне: «Если война действительно начнется, то не в наших силах будет остановить ее... война закончится лишь после того, как прокатится по городам и деревням, везде посеяв смерть и разрушения»[132].

В этом письме Хрущев просил лишь обещания не нападать на Кубу. Даже если отбросить неподтвержденную информацию об уже начавшемся вторжении, у Хрущева оставалось множество причин для беспокойства. Произошла серия «инцидентов», любой из которых мог спровоцировать ядерное уничтожение, которого они с Кеннеди так отчаянно стремились избежать. СК ВВС запустило прототип ракеты с авиабазы «Ванденберг»

Глава 7. Джон Ф. Кеннеди

в сторону Маршалловых островов, в то время как американские чиновники ошибочно заявили об ударе по Тампе (штат Флорида) и штату Миннесота.

22 октября СК ВВС объявило в своих частях повышенную боеготовность третьей степени. В 10:30 утра 24 октября впервые в истории была объявлена готовность второй степени, и СК приготовилось к нанесению ударов по целям в СССР. Решение подойти к краю ядерной пропасти было принято генералом Пауэром самовольно, без санкции президента. Еще хуже было то, что вместо положенного закодированного сообщения Пауэр отправил свой приказ открытым текстом, чтобы Советский Союз не мог о нем не узнать. После этого воздушный флот СК, часть которого постоянно находилась в воздухе с регулярной дозаправкой, был готов нанести удар примерно 3 тысячами ядерных бомб, что привело бы к гибели сотен миллионов людей.

Шла дальнейшая эскалация напряженности. 27 октября произошел инцидент, который Шлезингер назвал «не только самым опасным моментом холодной войны. То был самый опасный момент в истории человечества»[133]. Ударная группа во главе с авианосцем «Рэндольф» начала бросать глубинные бомбы в непосредственной близости от советской подлодки Б-59, задачей которой была охрана советских кораблей, шедших на Кубу. Экипажи американских эсминцев не знали, что советская субмарина несла на своем борту ядерное оружие. Советский офицер-связист Вадим Орлов вспоминал: «[Глубинные бомбы] взрывались чуть ли не рядом с бортом. Чувство было такое, будто сидишь на железной бочке, а кто-то все время лупит по ней кувалдой. Для команды ситуация была необычной, чтобы не сказать пугающей».

Температура быстро росла — особенно в двигательном отсеке. Корабль погрузился во тьму, горело лишь аварийное освещение. Концентрация углекислого газа в воздухе стала почти смертельной. Люди едва могли дышать. «Один из вахтенных офицеров побледнел и упал без сознания. За ним другой, третий... Они падали, как костяшки домино. Но мы держались, стараясь уйти из-под удара. Этот кошмар продолжался часа четыре». А затем «американцы ударили по нас чем-то более мощным... Мы думали — это конец».

Началась паника. Командир Валентин Савицкий попытался связаться с Генеральным штабом, но безуспешно. Тогда он приказал командиру БЧ* ядерных торпед привести их в боевую готовность, крикнув: «Мо-

---

* Боевая часть — подразделение на советском военном корабле, выполнявшее определенные задачи с применением того или иного вида оружия.

жет, там уже война началась, а мы тут кувыркаемся. Сейчас мы по ним ударим! Умрем, но потопим их всех, не посрамим наш флот». Савицкий обратился за поддержкой к двум другим оставшимся в строю офицерам. К счастью, капитан второго ранга Василий Архипов* сумел успокоить командира и убедил его не вступать в бой. Он в одиночку предотвратил ядерную войну[134].

В разгар нарастающего противостояния исполком Совета национальной безопасности получил сообщение о сбитом над Кубой самолете-разведчике У-2. КНШ расценил это как предпринятую Советами попытку «ослепить» США и потребовал у Кеннеди разрешения на бомбардировку и вторжение. Масла в огонь подливала и разведка, сообщая, что советские ракеты уже находятся на пусковых установках. Кеннеди признал, что «время на исходе»[135]. Соединенные Штаты закончили подготовку. 250 тысяч солдат приготовились высадиться на Кубе и привести к власти новое правительство. Бомбардировщики должны были совершить 2 тысячи боевых вылетов. Вторжение казалось неизбежным.

Ожидая американского удара в течение ближайших трех суток, Кастро призывал Хрущева нанести ядерный удар по американским империалистам прежде, чем США ударят по СССР. Тем временем Кеннеди получил от Хрущева второе письмо, которое еще больше осложнило ситуацию. В отличие от первого, носившего сугубо личный характер, это письмо выглядело так, как будто его писала группа лиц. Кое-кто заподозрил, что Хрущева свергли в результате военного переворота. В письме содержалось требование как гарантий ненападения на Кубу, так и вывода натовских ракет из Турции. Эдлай Стивенсон и заместитель госсекретаря Джордж Болл уже предлагали вывести американские ракеты из Турции в обмен на вывод советских с Кубы, да и сам Кеннеди до начала кризиса дважды высказывался за вывод из Турции устаревших «Юпитеров». Однако теперь он отказался от такого обмена, опасаясь, что уступить давлению Советов в таких обстоятельствах значит оттолкнуть от себя Турцию и спровоцировать распад НАТО в целом.

Кеннеди решил ответить только на первое письмо, пообещав не вторгаться на Кубу. В самый разгар кризиса самолет У-2 сбился с курса и случайно вторгся в воздушное пространство СССР, охранявшееся реактивными истребителями с ядерными ракетами класса «воздух—воздух».

---

* Архипов Василий Александрович (1926–1998) — тогда начштаба бригады подлодок Северного флота, старший на борту Б-59. Впоследствии вице-адмирал.

Глава 7. Джон Ф. Кеннеди

Тем временем советская ракетная батарея была незаметно для американцев передислоцирована и оказалась в 15 милях от американской военной базы в Гуантанамо, готовясь разнести базу в щепки. Война приближалась с каждой секундой. В последней отчаянной попытке предотвратить ее Роберт Кеннеди встретился в субботу 27 октября с послом Анатолием Добрыниным и сказал ему, что, если СССР немедленно не согласится убрать свои ракеты с Кубы, США нанесут удар. Он пообещал убрать из Турции ракеты «Юпитер», если советское руководство никогда не станет публично сообщать об этом секретном соглашении. С тревогой ожидая ответа СССР, президент Кеннеди в смятении признался молодой сотруднице: «Пусть уж лучше мои дети будут красными, чем мертвыми». К счастью для всех, он оказался настоящим еретиком по сравнению с Эйзенхауэром, который однажды сказал английскому послу, что «скорее позволит разнести себя на атомы, чем сделается коммунистом». Ложась спать, Макнамара думал, что он может и не дожить до следующего субботнего вечера[136]. К счастью для всех, Хрущев, который не спал несколько ночей, когда в 1953 году его впервые просветили насчет ядерного оружия[137], решил, что сохранение лица не стоит гибели нескольких сотен миллионов, а то и большего количества людей. На следующее утро Советский Союз объявил о скором выводе ракет. В своих мемуарах, написанных в 1970-е годы, Хрущев утверждал, что сообщение Роберта Кеннеди было еще более отчаянным: «И хотя сам президент является категорическим противником начала войны из-за Кубы, необратимая цепь событий может начаться против его

Кеннеди на заседании исполкома Совета национальной безопасности.

воли, — предупреждал он. — ...Если ситуация будет и дальше развиваться в том же духе, президент не уверен, что военные не свергнут его и не захватят власть. Американская армия может выйти из-под контроля»[138].

Кризис закончился. Так ли? Ведь, несмотря на то что люди по всему миру вздохнули с облегчением, он продолжался еще три недели. Кеннеди потребовал, чтобы СССР убрал с Кубы еще и бомбардировщики Ил-28, поскольку те в принципе были способны нести ядерное оружие, а также снизил численность своего воинского контингента на острове до 3 тысяч человек. Хрущеву было трудно выполнить это требование, поскольку самолеты уже были переданы Кубе. 11 ноября Хрущев внес предложение, аналогичное полученному Добрыниным от Роберта Кеннеди: он предложил «джентльменское соглашение», в соответствии с которым Ил-28 будут убраны с Кубы позже[139]. Президент Кеннеди ответил категорическим отказом, потребовав публичного заявления о немедленном выводе. Стратегические силы США оставались в состоянии повышенной боевой готовности второй степени, упорно подчеркивая уязвимость СССР. Кризис завершился 20 ноября, когда Советский Союз уступил американским требованиям.

США были на грани вторжения на Кубу. Однако американские руководители, как выяснилось, плохо представляли, с чем они столкнутся в этом случае. В ходе разведывательных полетов удалось сфотографировать только 33 из 42 БРСД SS-4, но так и не удалось обнаружить ядерные боеголовки, которые там имелись. На остров были отправлены и БРСД SS-5 с дальностью полета в 2200 миль [*около 3500 км*], которые накрывали практически всю континентальную территорию США. Соединенным Штатам остался неизвестен тот факт, что Советы разместили на Кубе более сотни тактических боезарядов для отражения американских интервентов[140]. В это число входили 80 крылатых ракет с 12-килотонными боеголовками, 12 ракет «Луна» класса «земля—земля» с 2-килотонными боеголовками, а также шесть 12-килотонных бомб для бомбардировщиков Ил-28 с дальностью полета свыше 1000 километров. Ожидая столкновения с 10 тысячами советских и 100 тысячами кубинских солдат, США предполагали понести потери в 18 тысяч человек, в том числе 4500 убитыми. Позднее, когда Макнамара узнал, что в действительности речь шла о 43 тысячах советских солдат и 270 тысячах кубинцев, он увеличил число погибших с американской стороны до 25 тысяч. Через 30 лет, в 1992 году, Макнамара узнал, что наготове были тактические ядерные боезаряды, которые, несомненно, были бы использованы против агрессоров. Побледнев, он сказал, что в таком случае число погибших со стороны США составило бы 100 тысяч человек, и США стерли бы Кубу с лица земли, «очень рискуя» начать таким образом ядерную войну с СССР. Погибли бы сотни миллионов, а возможно, даже все человечество. Недавно стало известно, что на острове Окинава было приведено в состояние готовности большое количество ракет «Мейс» с боеголовками мощностью в 1,1 мегатонны, а также бомбардировщики Ф-100 с водородными бомбами на борту. Их вероятной целью был не Советский Союз, а Китай[141].

Как справедливо заметил Дэниел Эллсберг, Хрущев совершил чудовищную ошибку, утаив тот факт, что еще до начала блокады на Кубу были доставлены боеголовки к ракетам, а затем, что еще более удивительно, не объявив о размещении тактических ракет, в том числе крылатых. Держа эти факты в секрете, он не дал ракетам возможности напугать американцев по-настоящему сильно. Если бы американские политические заправилы твердо знали, что БРСД снаряжены боеголовками, они бы побоялись атаковать, рискуя получить ответный удар. И интервенцию они бы отменили, зная, что против сил вторжения будут применены тактические ядерные ракеты. В действительности Кремль дал советскому военному командованию на Кубе право запуска тактических ракет по их собственному усмотрению в случае вторжения США. Эти полномочия впоследствии были отменены, но не исключалась возможность несанкционированного запуска. Несмотря на различие в деталях, этот ужасный сценарий был пугающе похож на сюжет сатирического шедевра Стэнли Кубрика «Доктор Стрейнджлав», созданного годом позже.

Американская военная верхушка была в ярости из-за того, что кризис закончился без вторжения на Кубу. Доходило даже до обвинений Кеннеди в трусости из-за того, что он не прислушался к рекомендациям генералов. Макнамара вспоминал их язвительный тон во время встречи с Кеннеди после того, как Советы согласились вывести свои ракеты: «Президент пригласил членов КНШ, чтобы поблагодарить их за поддержку во время кризиса. Разыгралась безобразная сцена. Кертис Лемей вышел от президента со словами: "Мы проиграли. Надо бы сегодня ворваться туда и ударить по ним как следует!"»[142] Кеннеди расценивал исход кризиса иначе. В неофициальных беседах он хвастал, что «оторвал Хрущеву яйца»[143]. Хрущева поносили за нерешительность. Китайцы обвиняли его в том, что он струсил и уступил требованиям США. Многие советские чиновники соглашались с этим и говорили, что Хрущев «наложил в штаны»[144]. Многие американские руководители, полагая, что именно готовность США начать войну заставила Советы отступить, решили, что военное превосходство можно использовать везде, включая Вьетнам. Советы же извлекли иной урок: они твердо решили никогда больше не унижаться до капитуляции по причине слабости и развернули широчайшее наращивание ядерных вооружений ради достижения паритета с США. Хрущев, чьи позиции в результате кризиса ослабли, через год после этого лишился власти*.

Потрясенный тем, как близко мир подошел к ядерному уничтожению, Хрущев написал Кеннеди еще одно длинное письмо 30 октября: «Зло принесло и добро, — рассуждал он. — Оно заключается в том, что пламя термоядерной войны стало для людей гораздо более осязаемым, и теперь они понимают, что угроза продолжит нарастать, если гонка вооружений не прекратится». Он предположил, что «американцы испытывают такой же страх перед термоядерной войной, как и все остальные народы». В свете этого он выдвинул ряд смелых предложений относительно устранения «в наших отношениях всех вопросов, которые могут породить новый кризис». Он предложил подписать пакт о ненападении между странами НАТО и Варшавского договора. Более того, он даже задался вопросом: почему бы не «распустить все военные блоки?». Он хотел побыстрее заключить договор о прекращении ядерных испытаний — в атмосфере, в космосе, под водой и под землей, считая это шагом к полному разоружению. Он предложил формулу решения неизменно чреватого опасностью германского вопроса: признание двух Германий в существующих границах. Он призвал США признать КНР и позволить этой стране занять принадлежащее ей по праву место в ООН**. Хрущев призвал Кеннеди выдвинуть и свои собственные контрпредложения, которые позволят им вместе двигаться к мирному решению проблем, угрожающих человечеству[145]. Однако прохладный ответ Кеннеди и его настойчивые требования инспекций на месте, предшествующих подписанию всеобъемлющего договора о запрещении испытаний, разочаровали Хрущева.

Сдвинуть ситуацию с мертвой точки помог редактор журнала *Saturday Review* и активист движения за ядерное разоружение Норман Казинс. Хрущев пригласил Казинса, который часто присутствовал на советско-американских встречах, к себе в гости в начале декабря 1962 года. Перед отъездом Кеннеди попросил Казинса, чтобы тот сделал все возможное для того, чтобы убедить Хрущева в искренности намерений президента относительно улучшения отношений и подписания договора о запрещении ядерных испытаний. Во время встречи, которая длилась больше трех часов, Хрущев сказал Казинсу: «Мир является наиболее важной

---

* Через два года — в октябре 1964-го.
** В то время место Китая в ООН занимал тайваньский режим.

задачей для всего мира. Если между нами не будет мира и посыплются ядерные бомбы, то какая разница, кто мы: коммунисты, католики или капиталисты, китайцы, русские или американцы? Кто сможет различить нас? Кто останется в живых, чтобы сделать это?»[146]

Хрущев подтвердил свое желание как можно быстрее заключить договор о запрещении испытаний и заявил, что «обе наших страны могут согласиться на такие инспекции, которые убедят вас, что мы не жульничаем, а нас — что вы не шпионите»[147]. Перспективы выглядели обнадеживающими до тех пор, пока Кеннеди не уступил давлению американских «ястребов» и не потребовал вдвое увеличить число инспекций с американской стороны. Надеясь спасти соглашение, Казинс вновь приехал в СССР, где беседовал с советским лидером в течение шести часов. Хрущев рассказал Казинсу о давлении, которое оказывали на него кремлевские «ястребы». Когда Казинс сообщил Кеннеди о проблемах, с которыми столкнулся Хрущев, президент заметил: «Ирония в том, что мы с мистером Хрущевым занимаем примерно одинаковое положение в правительстве своей страны. Он хотел бы предотвратить ядерную войну, но находится под серьезнейшим давлением толпы сторонников жесткой линии, которые считают любые поползновения в эту сторону слабостью. У меня те же проблемы»[148]. В апреле заместитель госсекретаря Аверелл Гарриман, бывший посол США в СССР, тоже говорил с Хрущевым и сообщил Кеннеди, что тот «искренен относительно стремления к мирному сосуществованию»[149]. Гарриман и Хрущев прервали свою встречу, для того чтобы посмотреть проходившие на стадионе имени Ленина соревнования по легкой атлетике между командами американского Союза спортсменов-любителей и советской сборной. Когда команды двух стран, которые только что были на грани ядерной войны, рука об руку вышли на газон, их встретила буря приветственных криков. Гарриман и Хрущев же и вовсе сорвали овацию. Гарриман говорил, что на глазах Хрущева в тот момент выступили слезы[150].

После двух своих поездок к Хрущеву Казинс сообщил Кеннеди, что советский лидер искренне стремится к выстраиванию новых отношений с США, и его очень огорчает молчание Кеннеди. Кеннеди спросил Казинса, что ему следует сделать для того, чтобы выйти из патовой ситуации. Казинс предложил ему выступить с президентским посланием, предлагающим «замечательный новый подход в отношении русских, призывающий к окончанию холодной войны и началу американо-советских отношений с чистого листа». Казинс даже направил президенту черновой вариант речи, многие пункты из которого Тед Соренсен включил в историческую речь президента, произнесенную в Американском университете[151]. Кеннеди, хотя и колебался сильнее, чем его советский коллега, тоже начал демонстрировать готовность к фундаментальным изменениям в отношениях между капиталистическим и коммунистическим миром.

Именно Вьетнам Кеннеди считал тем местом, где можно было бы продемонстрировать свою готовность к уходу от конфронтации. Но он понимал, что это будет непросто. Одним из первых американских деятелей, усомнившихся в необходимости вмешательства США в дела Вьетнама, был посол в Индии Джон Кеннет Гэлбрейт. Прочитав его доклад в начале 1962 года, Кеннеди приказал Гарриману и работнику аппарата СНБ Майклу Форресталу «найти любой предлог для того, чтобы сократить наше присутствие». Комитет начальников штабов с негодованием отверг предложения Гэлбрейта. Макнамара поручил генералу Полу Харкинсу разработать план завершения подготовки южновьетнамских солдат и вывода американских войск к концу 1965 года. Следует отметить, что Макнамара считал вывод войск необходимым вне зависимости от того, удастся ли добиться победы. В своих воспоминаниях о пребывании на посту министра обороны он говорит: «Я полагал, что мы должны готовить их солдат, пока можем, а затем уйти. В случае же неспособности их солдат справиться с подрывной деятельностью Северного Вьетнама нам не следует посылать свои войска, даже если южновьетнамцы потерпят "поражение"»[152].

Кеннеди начал высказывать сомнения несколько позже. В конце 1962 года он попросил сенатора Майка Мэнсфилда посетить Вьетнам для оценки положения. Мэнсфилд дал весьма пессимистическую оценку и предложил, чтобы США вывели свои войска. О'Доннел так описывает реакцию Кеннеди: «Президент был слишком обеспокоен неожиданными возражениями сенатора и не мог сразу дать на них ответ. Позднее, когда мы обсуждали с ним эту беседу, он сказал: "Я рассердился и на Майка из-за столь открытого несогласия с нашей политикой, и на себя, потому что был с ним согласен"»[153]. В апреле 1963 года Кеннеди сказал журналисту Чарльзу Бартлетту: «У нас нет шанса остаться во Вьетнаме. У нас нет шанса навязать там свою волю. Эти люди нас ненавидят. Они вышибут нас оттуда при любом раскладе. Но я не могу отдать такую страну коммунистам и после этого рассчитывать на переизбрание»[154].

Тем временем Макнамара начал давить на КНШ, желая получить план поэтапного вывода войск. Кеннеди утвердил этот план в мае 1963 года. Первая тысяча военнослужащих должна была быть выведена до конца года. В сентябре Кеннеди направил Макнамару и Тейлора с 10-дневной поездкой во Вьетнам. 2 октября они представили президенту свой доклад. В нем содержалось предложение начать вывод до конца 1963 года и завершить его к концу 1965-го. Кеннеди настоял на том, чтобы эти сроки были оглашены в пресс-релизе Министерства обороны, а сам придал им юридическую силу, подписав 11 октября 1963 года директиву СНБ № 263[155].

Споры об истинных намерениях Кеннеди по вьетнамскому вопросу приобретают иногда очень острый характер. Неясность усугубляется его собственными противоречивыми заявлениями и неоднозначными решениями. Несомненно, что на него оказывали огромное давление, чтобы добиться проведения неизменного курса. КНШ навязчиво твердил ему, что потеря Южного Вьетнама приведет к господству коммунистов над всей Юго-Восточной Азией и прилегающими регионами. Генералы требовали введения туда американских сухопутных войск. Кеннеди изо всех сил старался убедить американцев в том, что он уверен в необходимости победы. На пресс-конференции в июле 1963 года он сказал: «Вывод наших войск будет означать крах не только Южного Вьетнама, но и всей Юго-Восточной Азии»[156]. А тот факт, что он считал вывод войск возможным только в случае победы, подкрепляет мнение тех, кто уверен, что Кеннеди не собирался менять курс.

О своей решимости вывести войска из Вьетнама он говорил недвусмысленно только в беседах с ближайшими советниками и наиболее доверенными лицами. А политические соображения заставили его отложить конкретные действия до выборов 1964 года. Во многом те же соображения заставили и его друзей не распространяться о том, что им было известно, пока еще можно было хоть как-то попытаться предотвратить надвигающийся кошмар. Кеннеди объяснил О'Доннелу, какие расчеты вынуждали его, к сожалению, медлить с реализацией своих замыслов: «Если бы я попытался сейчас полностью вывести войска из Вьетнама, у нас нашелся бы новый Джо Маккарти с жупелом коммунистической угрозы. Но в случае избрания на второй срок я смогу действовать»[157].

Среди тех, кто впоследствии подтвердил намерения Кеннеди вывести войска, были Роберт Кеннеди, Роберт Макнамара, Артур Шлезингер, Тед Соренсен, Майк Мэнсфилд, Тип О'Нил, а также помощник госсекретаря Роджер Хилсмен. Когда Дэниел Эллсберг брал интервью у Роберта Кеннеди в 1967 году, еще до Тетского наступления*, повлекшего за собой перелом

---
* Тетское наступление — общепринятое название серии ударов патриотических сил Южного Вьетнама, начавшихся в канун вьетнамского Нового года (Тет), 30 января 1968 года.

в общественном мнении относительно войны, Кеннеди объяснил, что его брат пребывал «в абсолютной решимости не направлять боевые части сухопутных войск». Эллсберг спросил, был ли президент готов в таком случае смириться с поражением от коммунистов. Кеннеди ответил: «Мы бы все равно ничего не добились. Мы бы получили правительство, которое либо попросило нас уйти, либо начало бы переговоры с противником. Все получилось бы так же, как в Лаосе». В ответ на вопрос Элсберга, как президент смог проявить такую проницательность, если большинство его советников были за войну, Кеннеди ответил настолько резко, что Элсберг подскочил на стуле: «Да потому что мы были там! Мы были там в 1951-м. Мы видели, что случилось с французами. Видели. Мой брат решил, да, решил, что с нами такого никогда не должно произойти»[158]. Президент даже сказал сенатору Уэйну Морзе, самому последовательному критику войны в конгрессе, что тот «абсолютно прав», критикуя его политику во Вьетнаме. «Я решил уйти оттуда. Это решено!» — заверил он его[159].

Наиболее ярким ответом Кеннеди на мирные инициативы Хрущева было его обращение, произнесенное в Американском университете в июне 1963 года. Он и его ближайшие советники написали эту речь, не привлекая ни КНШ, ни ЦРУ, ни Госдеп. И возможно, это была наиболее свободная от стереотипов президентская речь за все XX столетие:

> «Я избрал этот момент и это место для того, чтобы обсудить тему, по поводу которой очень уж часто проявляется невежество и очень уж редко преследуется цель добиться правды, хотя эта тема является наиболее важной на всей Земле — мир во всем мире... Какой мир я имею в виду? Какого мира мы стараемся добиться? Не Pax Americana*, навязанного миру американским оружием... Я говорю о подлинном мире, который делает жизнь на Земле достойной того, чтобы ее прожить; о том мире, который позволяет людям и государствам развиваться, надеяться и строить лучшую жизнь для своих детей; не о мире исключительно для американцев, а о мире для всех мужчин и женщин; не просто о мире в наше время, а о мире на все времена... Я говорю о мире потому, что у войны появилось новое лицо. Тотальная война не имеет никакого смысла в век, когда великие державы могут содержать крупные и относительно неуязвимые ядерные силы и отказываться от капитуляции без применения этих сил. Она не имеет никакого смысла в век, когда одна единица ядерного оружия содержит в себе взрывную мощь, чуть ли не в 10 раз превосходящую ту мощь, которая была применена всеми

---
* «Американский мир» (*лат.*), то есть мир под господством США, по аналогии с «пакс романа», временами Римской империи.

военно-воздушными силами союзников во Второй мировой войне. Она не имеет никакого смысла в век, когда смертоносные яды, которые образуются во время обмена ядерными ударами, могут быть донесены ветром, водой, через почву и семена в самые дальние уголки планеты и поразить еще неродившиеся поколения… Второе. Давайте пересмотрим наше отношение к Советскому Союзу… печально… осознавать масштабы пропасти, лежащей между нами. Но это предупреждение — предупреждение американскому народу, чтобы он не видел лишь искаженный образ другой стороны, не считал столкновение неизбежным, договоренности — невозможными, а переговоры — всего лишь как обмен угрозами… Сегодня, в случае начала по той или иной причине новой тотальной войны… все, что мы построили, все, ради чего мы работали, будет уничтожено в первые же сутки… Короче говоря, и США со своими союзниками, и СССР со своими союзниками взаимно глубоко заинтересованы в справедливом и подлинном мире и прекращении гонки вооружений. И если мы окажемся сейчас не в состоянии покончить с нашими разногласиями, мы можем по крайней мере добиться, чтобы наши разногласия не угрожали миру. Поскольку в конечном счете самым главным является то, что мы все живем на этой маленькой планете. Мы все дышим одним и тем же воздухом. Мы все заботимся о будущем наших

Наиболее ярким ответом Кеннеди на мирные инициативы Хрущева было его обращение, произнесенное в Американском университете в июне 1963 года. Он и его ближайшие советники написали эту речь, не привлекая ни КНШ, ни ЦРУ, ни Госдеп.

детей. И все мы смертны... Третье. Давайте пересмотрим наше отношение к холодной войне... мы также выполним свою роль в строительстве мира во всем мире, в котором слабым ничто не будет угрожать, а сильные будут справедливыми. Мы не беспомощны перед лицом этой задачи и верим в ее осуществимость. Убежденные и бесстрашные, мы будем продолжать работать не ради осуществления стратегии уничтожения, а ради стратегии мира»[160].

Макнамара был уверен в том, что Кеннеди находился на пороге поворотного момента в истории. Позднее министр обороны сказал бравшему у него интервью журналисту: «Речь в Американском университете показала истинные намерения Кеннеди. Если бы он был жив, мир бы был иным. Я уверен в этом»[161].

Нигде в мире речь Кеннеди не получила столь широкого резонанса, как в СССР. Хрущев назвал ее лучшей речью президента США со времен Рузвельта. Вдохновленный услышанным, он публично выступил за подписание договора о запрещении ядерных испытаний в атмосфере[162]. 25 июля представители США, СССР и Великобритании парафировали этот важный договор*. То было первое в истории соглашение по контролю над ядерными вооружениями.

Однако его ратификация сенатом США была под вопросом. В апреле 1963 года Комитет начальников штабов заявил, что «лишь путем частых испытаний в различных средах США смогут достичь и сохранить превосходство по всем видам ядерных вооружений»[163]. Общественность, похоже, с этим соглашалась. На каждое письмо, полученное сенаторами и конгрессменами от избирателей в поддержку договора, приходилось 15 писем против.

Кеннеди боялся будущего, в котором ядерное оружие может распространиться по всему миру. Он предвидел, что «в 1970-е годы США придется жить в мире, где таким оружием будут обладать 15, 20 или даже 25 государств. Я считаю это, — сказал он репортерам на мартовской пресс-конференции, — наибольшей из возможных угроз»[164]. Стремясь предотвратить такое развитие событий, он упорно боролся за ратификацию договора, говоря своим советникам, что ради этого «с радостью пожертвует переизбранием»[165].

---

* Договор о запрещении испытаний ядерного оружия в атмосфере, космическом пространстве и под водой был подписан в Москве 5 августа 1963 года и вступил в силу 10 октября того же года. Его участниками стали 131 государство мира.

Глава 7. Джон Ф. Кеннеди

Его усилия были вознаграждены. 24 сентября сенат одобрил Договор о запрещении ядерных испытаний в трех средах 80 голосами за при 19 против. Тед Соренсен считал, что «ни одно из достижений за все время в Белом доме не принесло Кеннеди такого удовлетворения»[166]. Договор был окончательно ратифицирован* 7 октября 1963 года — в 75-й день рождения Генри Уоллеса. В знак признания этого выдающегося достижения редакторы *Bulletin of the Atomic Scientists* перевели стрелки символических «Часов Судного дня» на 12 минут до полуночи.

Кеннеди хотел устранить все давние источники напряженности между двумя нациями. В сентябре 1963 года министр иностранных дел СССР А.А. Громыко прибыл в Нью-Йорк на Генеральную Ассамблею ООН. С ним встретился Дин Раск. Громыко вспоминал:

«Он сообщил следующее:
— Президент является сторонником того, чтобы изыскать возможность для улучшения отношений с Советским Союзом и для разрядки напряженности.

Далее Раск предложил:
— А не поехать ли нам как-нибудь за город, чтобы кое о чем побеседовать в порядке продолжения разговора?

Я сразу понял, что за подобным пожеланием кроется нечто серьезное. Конечно, я ответил:
— Что ж, согласен.

Мы выехали раздельно за пределы Нью-Йорка.

Там Раск сообщил интересную точку зрения президента.
— Кеннеди, — говорил он, — обдумывает возможность сокращения численности американских войск в Западной Европе.

Беседовали мы об этом, прогуливаясь вдоль обочины дороги.

Сообщение Раска представляло несомненный и большой интерес. Новость, конечно, оказалась неожиданной, даже в какой-то степени сенсационной. Наверное, не просто, а только после раздумий президент пришел к такому выводу.

Разговор о том, что Кеннеди незадолго до его гибели допускал вероятность сокращения американских войск в Европе, свидетельствовал о том, что в Вашингтоне, возможно, и восторжествовал бы в этом вопросе здравый смысл.

---

* Формально международные договоры в США ратифицирует президент, но лишь «по совету и с согласия» сената, если за ратификацию проголосовали не менее двух третей сенаторов (67 из 100).

Мысль, которую подбросил Раск, конечно, касалась важной проблемы. Она зримо или незримо почти всегда присутствовала на советско-американских встречах после войны. На них затрагивались вопросы о политике группировки НАТО, о положении в Западной Германии, ставшей на путь ремилитаризации.

Советский Союз всегда исходил из того, что американские войска и американские базы на территории западноевропейских государств представляют собой фактор, противоречащий интересам мира. Поэтому мысль Кеннеди, естественно, привлекла внимание советского руководства.

Однако через считаные дни пуля убийцы распорядилась по-своему. Кеннеди не стало»*[167].

Считая, что они с Хрущевым действительно могут положить конец холодной войне, Кеннеди признался двум своим друзьям, что планирует заключить новый договор по контролю над вооружениями, а затем стать первым американским президентом, посетившим Советский Союз. Он был уверен, что жители СССР встретят его как героя.

Кеннеди даже заявил о готовности прекратить гонку в космосе и вместо соперничества положить начало сотрудничеству с СССР в этой области. Это был еще один ошеломляющий поворот. Во время избирательной кампании 1960 года он подчеркивал, какой болезненный удар по престижу США на мировой арене наносят советские триумфы в космосе:

«Люди во всем мире уважают достижения. Большую часть XX века они восхищались американской наукой и американским образованием, которые никто не мог превзойти. Но теперь они не уверены в том, как повернется дело в будущем. Первым космическим аппаратом стал "Спутник", а не "Вэнгард". Первой страной, которая оставила на Луне свой государственный герб, был Советский Союз, а не Соединенные Штаты. Первых собак, которые вернулись из космоса невредимыми, звали Стрелкой и Белкой, а не Ровером, не Фидо и даже не Чекерсом»[168].

Советы получили политические дивиденды от этого триумфа. 12 апреля 1961 года, за пять дней до американского вторжения на Плайя-Хирон, советский космонавт Юрий Гагарин стал первым человеком в космосе. Пролетая над Африкой, он приветствовал африканцев, борющихся против колониализма. На его фоне бледно выглядел полет Алана Шепарда,

---

* Цит. по изданию: *Громыко А. А.* Памятное. Кн. 1. М.: Политиздат, 1990. С. 345–346.

Глава 7. Джон Ф. Кеннеди

состоявшийся через три недели*. После этого полета 40 % жителей Западной Европы поверили, что СССР находится впереди и в военной, и в научной области. Встревоженный тем, что на карту поставлен престиж США, Кеннеди созвал совместное заседание обеих палат конгресса, что бывает крайне редко, и заявил: «Если мы хотим выиграть сражение... между свободой и тиранией... наша страна должна взять на себя обязательство достичь своей цели еще до конца десятилетия, высадив человека на Луну и вернув его на Землю невредимым»[169]. Почти через год после этого, в феврале 1962 года, Джон Гленн стал первым американцем, вышедшим на орбиту Земли. И хотя его три витка вокруг нашей планеты чуть не закончились катастрофой, они подняли американцам настроение. Но в августе Советы запустили «Восток-3», который облетел Землю 17 раз. А на следующий день к нему присоединился «Восток-4»**. В июне 1963 года они вновь оказались в центре внимания всего мира, отправив в космос на неделю два корабля, из которых один пилотировала первая в мире женщина-космонавт Валентина Терешкова.

Кеннеди считал лунную гонку настолько важной для его собственного престижа и престижа страны, что его поворот на 180 градусов в сентябре 1963 года оказался полной неожиданностью. Он заявил:

«Наконец поле, на котором Соединенные Штаты и Советский Союз обладают особыми возможностями — космическая сфера, — позволяет нам выйти на новый уровень сотрудничества во имя совместного исследования и управления космосом в дальнейшем. Среди этих возможностей и совместный полет на Луну. В космосе не возникнет проблем с суверенитетом: резолюцией данной ассамблеи члены ООН объявили об отказе от каких бы то ни было территориальных претензий в космическом пространстве и на поверхности небесных тел и провозгласили применение на их территории международного права и Устава ООН. Так зачем превращать первый полет человека на Луну в соревнование государств? Почему, готовясь к таким экспедициям, США и СССР должны заниматься постоянным дублированием исследований и изобретений, а значит, и удваивать расходы? Нам нужно всерьез оценить

---

* Первые полеты американских астронавтов были суборбитальными, то есть аппараты лишь на несколько минут «прикасались» к космосу и сразу начинали снижение и посадку. Первый орбитальный полет (три витка вокруг Земли) совершил лишь Джон Гленн — через полгода после Г. Титова, совершившего 17 витков и пробывшего в космосе сутки.

** На самом деле «Восток-3» пробыл в космосе почти четверо суток и совершил 64 оборота вокруг Земли, «Восток-4» — трое суток, 48 витков.

возможность сотрудничества ученых и астронавтов наших двух стран, да и всего остального мира, в целях освоения космоса, чтобы еще до конца этого десятилетия отправить на Луну представителей не одной страны, но всех наших стран»[170].

В последние — весьма примечательные — месяцы своей жизни Кеннеди даже размышлял о смене курса в отношении правительства Кастро, а ведь именно он так осложнил отношения с этой страной своей категорически неправильной политикой. Но, так же как и в случае с Вьетнамом, когда он, готовясь к выводу войск, цеплялся за мечту о победе, Кеннеди санкционировал новый раунд диверсий ЦРУ против Кубы, не теряя в то же время надежды на дружбу и мир с Фиделем Кастро. Его двойственность в отношении к Кастро отражала, как в капле воды, его двойственность по отношению ко всей Латинской Америке. Он говорил о демократии и реформах, продолжая в то же время помогать удержаться у власти жестоким диктаторским режимам, и даже поддержал военный переворот в Гватемале в марте 1963 года.

И все же Кеннеди начал пересматривать политику США в отношении Латинской Америки. В апреле 1963 года корреспондент телеканала *ABC News* Лиза Говард взяла интервью у Фиделя Кастро и сообщила, что кубинский лидер настроен на нормализацию отношений с США в случае, если сама Америка в этом заинтересована. Американская разведка знала, что Кастро разочаровался в СССР после его капитуляции во время Карибского кризиса и искал способы уменьшить зависимость от своего прежнего союзника. В сентябре 1963 года Кеннеди попросил журналиста и дипломата Уильяма Эттвуда оценить возможность восстановления отношений с руководством Кубы. И хотя посол США в ООН Эдлай Стивенсон уполномочил Эттвуда «попытаться установить контакты» с кубинским послом Карлосом Лечугой по вопросам диалога с Кастро, он также с сожалением добавил, что «за Кубу по-прежнему отвечает ЦРУ», поэтому ни на что особенное рассчитывать не стоит[171].

Между Эттвудом и Лечугой состоялись несколько конструктивных бесед, однако просьба Эттвуда о встрече с Кастро удовлетворена не была, поскольку такая встреча не была бы «полезной в нынешней ситуации». Кеннеди попытался зайти с другой стороны. Французский журналист Жан Даниэль, старый друг Эттвуда, собирался взять у Кастро интервью. Эттвуд попросил его перед этим взять интервью у Кеннеди. В этом интервью Кеннеди отозвался о Кубинской революции с неожиданной симпатией:

«Думаю, ни в одной стране мира, включая Африку и любой другой регион под колониальным владычеством, экономическая колонизация, унижение и эксплуатация не были более жестокими, чем на Кубе во время правления режима Батисты, частично вследствие политики моей страны... Я поддерживаю декларацию Фиделя Кастро в Сьерра-Маэстра, в которой он призвал к справедливости и в особенности к избавлению Кубы от коррупции. И я скажу даже больше: Батиста в какой-то мере олицетворял многие грехи США. Теперь настало время расплатиться за эти грехи. В отношении режима Батисты я солидарен с первыми кубинскими революционерами. Здесь не должно оставаться неясностей»[172].

За три недели Даниэль объездил почти всю Кубу, но так и не смог взять интервью у Кастро. Когда Даниэль уже собирался уезжать, Кастро неожиданно пришел к нему в гостиницу. В ходе шестичасовой беседы он интересовался всеми подробностями разговора Даниэля с Кеннеди. И хотя Кастро критиковал действия Кеннеди столь же сильно, как Кеннеди критиковал его, он тоже надеялся начать отношения с чистого листа. Всего за два дня до убийства Кеннеди Кастро заявил:

«Я все еще надеюсь, что у руля в Северной Америке станет лидер (и почему бы не Кеннеди, у него есть для этого все возможности!), который, забыв о рейтингах, начнет бороться с трестами, говорить правду и — что самое важное — даст другим государствам возможность поступать так, как они сами считают нужным. Кеннеди все еще может оказаться таким человеком. У него есть шанс стать в глазах истории величайшим президентом США, лидером, который поймет, что сосуществование капиталистов и социалистов возможно, даже в обеих Америках. Он может стать президентом даже более великим, чем Линкольн»[173].

Всего через год после Карибского кризиса с Джеком* Кеннеди, старым солдатом холодной войны, произошли значительные изменения. Они с Н. С. Хрущевым предприняли шаги к разрядке напряженности в холодной войне, которые казались немыслимыми ни в октябре 1962 года, ни на протяжении всех предыдущих 16 лет. Они были врагами, в любой момент готовыми к броску. 7 ноября губернатор Нью-Йорка Нельсон Рокфеллер объявил о своем намерении участвовать в праймериз Республиканской партии по выдвижению кандидата на президентский пост. В последующие две недели он подвергал политику Кеннеди постоянным нападкам. Он обвинял Кеннеди в мягкости по отношению к коммунизму.

---

* Джек — уменьшительная форма от имени Джон.

Президент «наивно полагал», что советское руководство «благоразумно, готово к компромиссам и стремится к фундаментальному урегулированию с западными странами». В результате «наша безопасность была подорвана». Он не остановил агрессию коммунистов в Лаосе. Он не смог предоставить воздушную поддержку во время вторжения в заливе Свиней и «безразлично наблюдал за строительством Берлинской стены». А Договор о запрещении ядерных испытаний в трех средах «глубоко шокировал» европейских союзников США[174].

Но гнев Рокфеллера не шел ни в какое сравнение с той яростью, какую испытывали ЦРУ и КНШ, руководство которых Кеннеди постоянно раздражал с самого начала своего президентства. Летом 1962 года Кеннеди прочел сигнальный экземпляр будущего бестселлера Флетчера Нибела и Чарльза Бейли «Семь дней в мае», в котором рассказывалось о военном перевороте в США. Идея романа пришла в голову Нибелу во время интервью с генералом Кертисом Лемеем. Кеннеди тогда сказал одному своему другу:

«Это возможно. Такое может произойти в нашей стране... Если в стране молодой президент и у него возникает проблема, подобная заливу Свиней, начинаются определенные сложности. Военные будут критиковать его за глаза, но это можно было бы списать на обычное недовольство военных контролем со стороны гражданских. Затем, случись второй залив Свиней, реакция в стране была бы следующая: "Он что, слишком молод и неопытен?" Военные считали бы едва ли не своим патриотическим долгом сохранить единство нации, и лишь одному Богу известно, защитой какой демократии они мотивировали бы свержение законно избранной власти. А случись третий залив Свиней, это произошло бы наверняка»[175].

По мнению многих руководителей армии и разведки, Кеннеди совершил гораздо больше трех предательств. Так, он был виноват в том, что отступил из залива Свиней, ослабил ЦРУ и сменил его руководство, отказался от вмешательства в Лаосе и сделал там ставку на нейтралистов, заключил Договор о запрещении ядерных испытаний в трех средах, планировал уйти из Вьетнама, заигрывал с идеей окончания холодной войны, прекращения космической гонки, стимулировал национализм в странах «третьего мира», а также — о, ужас! — достиг разрешения Карибского кризиса путем переговоров.

22 ноября 1963 года, до того как Кеннеди сумел воплотить их общую с Хрущевым мечту о перестройке всего мира, его жизнь оборвали пули

убийцы на улицах Далласа. Возможно, убийц было несколько. Возможно, мы никогда не узнаем ни о мотивах этого убийства, ни о том, кто за ним стоял. Комиссия Уоррена постановила, что Ли Харви Освальд был убийцей-одиночкой. Член комиссии Джон Макклой настаивал на том, чтобы доклад комиссии был одобрен единогласно, хотя четверо ее членов: Ричард Рассел, Хейл Боггс, Джон Шерман Купер и сам Макклой, — испытывали серьезные сомнения относительно стрелка-одиночки и магической пули*. Линдон Джонсон и губернатор Джон Коннели, который также был ранен, тоже сомневались в результатах расследования, как и Роберт Кеннеди. Общественность сочла доклад неубедительным.

Что мы знаем — это то, что у Кеннеди было много врагов, которые ненавидели его за стремление к переменам так же, как их предшественники ненавидели Генри Уоллеса: в 1944 году они заблокировали тому все попытки повести США и весь мир по новому пути мира и процветания. Кеннеди смело противостоял могущественным силам, которые хотели ввергнуть США в войну с СССР. И едва ли не большей смелостью обладал Хрущев. Будущие поколения находятся в огромном долгу перед этими двумя людьми, заглянувшими в бездну и ужаснувшимися тому, что увидели там. Возможно, человечество обязано им самим фактом своего существования. В особенном же долгу мы перед малоизвестным капитаном советской подлодки, который в одиночку предотвратил начало ядерной войны. В своем инаугурационном обращении Кеннеди сказал, что передает факел новому поколению. Однако после его смерти факел вновь попал в руки к старому поколению — поколению Джонсона, Никсона, Форда и Рейгана — к тем лидерам, которые, хотя и ненамного старше Кеннеди, систематически нарушали обещания, данные в годы правления Кеннеди, и вновь ввергли страну в пучину войн и подавления свобод.

---

* Была предложена невероятная траектория движения «пули Освальда», призванная, по мнению многих исследователей, замаскировать тот факт, что Кеннеди был убит, а губернатор штата ранен пулями, выпущенными с разных направлений (следовательно, целой группой стрелков).

Глава 8
Линдон Б. Джонсон

ИМПЕРИЯ ТЕРПИТ ПОРАЖЕНИЕ

Фидель Кастро обедал с французским журналистом Жаном Даниэлем, когда узнал об убийстве Кеннеди. Он трижды выкрикнул: «Это плохая весть!» За день до этого он сказал Даниэлю, что Кеннеди может стать величайшим американским президентом. Теперь все изменилось. Кастро предсказал: «Вот увидите. Я их знаю, они попытаются обвинить во всем нас». Его опасения еще больше усилило то, что в новостях Освальда уже окрестили «прокастровским марксистом». Он спросил Даниэля, что Джонсон думает о Плайя-Хирон и «насколько он контролирует ЦРУ»[1].

Когда Хрущев услышал эту новость, он не выдержал и зарыдал. Он смог вернуться к своим обязанностям лишь через несколько дней. Один из дипломатов сказал пресс-секретарю Белого дома Пьеру Сэлинджеру: «Он несколько дней бесцельно бродил по кабинету, будто его оглушили»[2]. Хрущев посетил посольство США и расписался в книге соболезнований, а своего заместителя А. И. Микояна направил в США, чтобы тот лично представлял его на похоронах. С трудом сдерживая слезы, Микоян подошел к стоявшей рядом с гробом Жаклин Кеннеди. Тронутая Жаклин взяла его за руки. Существуют две версии относительно того, что она сказала. Сама она вспоминает, что сказала: «Пожалуйста, передайте господину Председателю [Совета министров]: я знаю, что они с моим мужем вместе трудились на благо мира во всем мире, а теперь он вместе с вами должен продолжить дело моего мужа»[3]. Дин Раск говорил, что слова были такими: «Мой муж погиб. Теперь мир зависит от вас». Жаклин Кеннеди написала Хрущеву, что хотя он и ее супруг были «противниками», но «их объединяла решимость спасти мир от разрушения»[4].

Глава 8. Линдон Б. Джонсон

Линдон Джонсон приносит присягу после убийства Кеннеди 22 ноября 1963 года. Новый президент был полной противоположностью своему предшественнику.

Линдон Джонсон был полной противоположностью своему погибшему предшественнику. Родился он в Стоунуолле (штат Техас) в 1908 году. Его родители были учителями, а отец к тому же пять раз был депутатом палаты представителей Законодательного собрания штата. После окончания техасского Юго-Западного педагогического колледжа Линдон начал карьеру в политике сперва на уровне штата, а в 1937 году был избран в палату представителей конгресса США. В 1948 году стал сенатором, затем успешно возглавлял в сенате демократическое большинство. О его методе руководства — «пилюлях Джонсона» — ходили легенды. Политические обозреватели Роланд Эванс и Роберт Новак отмечали: «Когда Джонсону удавалось вцепиться в какого-нибудь сенатора... он мог посвятить тому десять минут, а мог не отпускать часами. Он мог взывать, обвинять, упрашивать, насмехаться, чуть не плакать, жаловаться... Целая гамма человеческих эмоций... Возражали ему редко, так как Джонсон был готов к возражениям еще до того, как они прозвучат»[5]. Он был эгоистичен, властен, хитер и к тому же на редкость груб. Ему нравилось приглашать коллег в туалет и беседовать с ними, сидя на унитазе. Он мало смыслил во внешней политике, но компенсировал невежество ярым антикоммунизмом. Любил повторять: «Если сегодня пустишь какого-нибудь наглеца к себе во двор, завтра он усядется на твое крыльцо, а послезавтра изнасилует твою жену в твоей же собственной постели»[6].

Джонсон не стал тратить время и сразу заявил, что «не намерен терять Вьетнам»[7]. Однако его истинной целью были не войны в дальних краях, а социальные реформы внутри страны. «Я не хочу быть президентом, который строит империи, стремится к величию и расширяет владения. Я хочу быть президентом, который учит ваших детей… помогает накормить голодных… помогает беднякам найти свое место в жизни и защищает избирательное право любого гражданина на любых выборах». Аверелл Гарриман считал, что, если бы не Вьетнам, «он стал бы величайшим президентом в истории». Увы, Джонсон никогда и близко не подошел к такому титулу[8].

На второй день после вступления в должность Джонсон заявил своим советникам, что намерен решительно защищать американские интересы во Вьетнаме. Директор ЦРУ Джон Маккоун сразу же понял, что Джонсон не согласен с «присущим Кеннеди упором на социальных реформах [во Вьетнаме]; он терпеть не мог тратить время на «игру в добрячков»[9]. Джонсон не поддерживал и планы Кеннеди по выводу войск из Вьетнама к 1965 году, хотя до своего избрания он также не планировал посылать туда американские боевые части или бомбить Северный Вьетнам. Однако непопулярное, жестокое и коррумпированное правительство Юга, поддерживаемое США, проигрывало Национальному фронту освобождения одно сражение за другим.

Джонсон выдает сенатору Ричарду Расселу печально знаменитую «пилюлю». Эгоистичный, властный, хитрый и на редкость грубый, Джонсон мало смыслил во внешней политике.

Глава 8. Линдон Б. Джонсон

Через четыре дня после гибели Кеннеди Джонсон подписал меморандум о действиях по защите национальной безопасности за номером 273, в котором заявлял о намерении США всерьез взяться за Вьетнам. Более ранние варианты этого меморандума четко определяли: тайными операциями на севере должны заниматься только южновьетнамские войска. Окончательный вариант меморандума 273 уже допускал непосредственное участие американцев в таких операциях[10].

Джонсон изначально сделал роковую ошибку, поверив сказкам о военных успехах, вместо того чтобы провести трезвый анализ неудач в военной и политической кампании. Когда директор ЦРУ Маккоун попытался объяснить, что дела в Южном Вьетнаме идут гораздо хуже, чем кажется президенту, тот захлопнул дверь у него перед носом. В Овальном кабинете Маккоуну больше были не рады, и все общение с ним было сведено к письменным докладам, которые президент читал от случая к случаю[11].

Поначалу Джонсон не был так уж уверен в важности решительных мер во Вьетнаме. В мае 1964 года он набросился на Макджорджа Банди со словами: «Какой мне ко всем чертям толк от Вьетнама?»[12] И это при том, что в 1954-м он сам ответил на этот вопрос в газетном интервью, сказав, что Индокитай с его залежами олова и марганца является «богатым трофеем»[13]. Посол Генри Кэбот Лодж говорил об этом более развернуто: «Кто владеет Вьетнамом или имеет на него влияние, может влиять на развитие Филиппин и Тайваня на востоке, Таиланда и Бирмы с их безбрежными рисовыми полями на западе, а также Малайзии и Индонезии с их каучуком, рудой и оловом на юге. Вьетнам не живет в географическом вакууме: из Вьетнама можно контролировать огромные богатства и население региона, а можно и внести в регион дестабилизацию»[14]. Артур Таннел из сайгонского отделения Службы зарубежных инвестиций предсказывал, что «после войны американских бизнесменов здесь ждет большое будущее»[15]. Чарльз Мерфи писал в журнале *Fortune*: «Каждый акр региона, на первый план в котором сейчас выдвигаются драматические события во Вьетнаме, обладает богатейшими ресурсами». Сенатор Гейл Макги называл Юго-Восточную Азию «последним богатым ресурсами регионом, который не находится под контролем одной из великих держав». «Условия жизни самих вьетнамцев» он открыто считал «вопросом второстепенным»[16].

Джонсон также боялся политических последствий поражения в войне. Его постоянно мучили кошмары о том, что случится, если он проявит нерешительность или проиграет:

«Роберт Кеннеди этого не упустит... он будет всем говорить, что я предал обязательства Джона Кеннеди перед Южным Вьетнамом... Что я был трусом. Человеком, недостойным называться мужчиной. Бесхребетным типом... Каждую ночь, засыпая, я видел себя связанным на земле среди поля. Вдалеке слышались голоса тысяч людей. Они бежали ко мне с криками: "Трус! Предатель! Слабак!"»[17]

Джонсон одобрил предложенную Макнамарой стратегию оказания умеренного давления на север. Возмущенный КНШ рвал и метал, требуя снять все ограничения.

В августе 1964 года Джонсон и Макнамара использовали сфабрикованный инцидент в Тонкинском заливе* как предлог для эскалации войны. Макнамара и другие правительственные чиновники утверждали, что мнимое нападение на американские эсминцы было «умышленным и неспровоцированным»[18], а пресса повторяла эту фразу на все лады.

Тем не менее на выборах 1964 года Джонсон старался подать себя как кандидата-миротворца, с праведным гневом обрушиваясь на еще большего «ястреба» — сенатора от штата Аризона Барри Голдуотера, который угрожал применить во Вьетнаме ядерное оружие. Перед выборами Джонсон уверял избирателей: «Мы не собираемся посылать американских парней за 15–16 тысяч километров для того, чтобы они делали дело за азиатских парней». Общество было полностью с ним согласно. В январе 1965 года опрос, проведенный среди 83 сенаторов, показал, что лишь семеро поддерживают идею бомбардировок севера или высадки боевых частей на юге. Вице-президент Губерт Хэмфри призвал Джонсона воздержаться от эскалации конфликта. В ответ Джонсон перестал приглашать Хэмфри на последующие совещания, где принимались ключевые политические решения, а также запретил ему на год посещать заседания Совета национальной безопасности, несмотря на то что вице-президент по закону является членом СНБ[19].

---

* 2 августа 1964 года эсминцы США в Тонкинском заливе были атакованы «северовьетнамскими» торпедными катерами. Этот инцидент вызвал бурю негодования американской общественности. Через несколько дней конгресс США санкционировал отправку американских войск в Южный Вьетнам и начало бомбардировок американской авиацией Северного Вьетнама. Только в 1968 году в США были опубликованы документы Пентагона, доказывавшие, что Тонкинский инцидент был заранее спланированной провокацией, а в роли северовьетнамских катеров в действительности выступали торпедные катера Южного Вьетнама.

После выборов все действия Джонсона были направлены на неуклонную эскалацию конфликта. В декабре 1964 года Генеральный секретарь ООН У Тан сообщил Дину Раску, что Ханой готов начать негласные переговоры. Однако США проигнорировали этот призыв. В результате в конце февраля У Тан заявил:

«Я уверен, что, если бы великий американский народ знал правду обо всей подоплеке событий в Южном Вьетнаме, он бы согласился со мной в ненужности дальнейшего кровопролития. И в том, что политические и дипломатические дискуссии и переговоры могут сами по себе создать условия, при которых США смогут с достоинством вывести свои войска из этой части мира. Но, как вам всем известно, во время военных конфликтов первой жертвой становится правда»[20].

Джонсон не был заинтересован в мирном решении. В марте он сказал Джорджу Боллу, что «заболеет и уедет из города», лишь бы не выслушивать больше мирные предложения от У Тана и английского премьер-министра Гарольда Вильсона[21].

Тем временем США расширили «зоны свободного огня», в которых разрешалось уничтожение любого движущегося объекта. Американский арсенал приемлемого оружия включал напалm, кассетные бомбы и белый фосфор, прожигавший тело до кости и обрекавший людей на ужасную и мучительную смерть.

То, что подобная тактика не способна остановить продвижение Национального фронта освобождения Южного Вьетнама (НФОЮВ)* в сельской

---

  * В западных источниках НФОЮВ в большинстве случаев именуется Вьетконгом, при этом не делаются различия между политической структурой и военным крылом организации. Само название «Вьетконг» (сокращение от Việt Nam Cộng Sản — «вьетнамский коммунист») появилось еще во второй половине 1950-х годов. Поначалу проправительственные средства массовой информации Южного Вьетнама называли так любую оппозицию Нго Динь Дьему. С образованием НФОЮВ название стало применяться исключительно к фронту, а активистов фронта называли вьетконговцами. В английском варианте «Вьетконг» сокращенно выглядит как VC. В американском военном фонетическом алфавите за каждой буквой закреплено определенное слово для удобства радиопередачи, соответственно, VC выглядело как «Виктор Чарли». В результате американские и южновьетнамские солдаты повсеместно стали называть партизан «Чарли», помимо обычных определений VC и «вьетконговцы». Поскольку в боевых действиях участвовала и северовьетнамская армия, не во всех случаях можно было

местности, становилось очевидным с каждым днем. И сопротивлявшийся идее бомбардировок Севера Джонсон наконец уступил. Но прежде США требовался предлог для эскалации. И они решили сами его себе предоставить. ЦРУ приложило все усилия, чтобы «доказать», что Северный Вьетнам провоцирует восстание на Юге. Ральф Макги, прослуживший в ЦРУ 25 лет, впоследствии разоблачил попытки ввести в заблуждение общественное мнение: «ЦРУ взяло со своих складов тонны выпущенного в коммунистических странах оружия, погрузило его на вьетнамские каботажные суда, инсценировало перестрелку, а затем пригласило западных репортеров... чтобы "доказать" северовьетнамскую помощь Вьетконгу»[22]. Госдепартамент выступил с «белой книгой»*, посвятив упомянутому «инциденту» семь страниц. 7 февраля 1965 года НФОЮВ атаковал американскую вертолетную базу в Плейку, убив восьмерых и ранив сотню американских солдат. Банди из Сайгона сообщил Джонсону, что Ханой «бросил перчатку»[23]. Однако в разговоре с Дэвидом Холберстамом Банди признался, что Плейку ничем не отличался от других боевых эпизодов. «Таких "плейку" — целый вагон», — сказал он[24].

Джонсон вступил в новую, более жестокую фазу войны. Он начал операцию «Раскаты грома» — кампанию бомбардировок Северного Вьетнама.

Несмотря на эскалацию, американские перспективы в войне оставались мрачными. В начале апреля, уходя в отставку с поста директора ЦРУ, Маккоун сказал Джонсону, что тот совершает откровенную глупость: «Мы завязнем в боях в джунглях, в условиях, в которых не сможем не то что победить, а даже просто выкарабкаться без серьезных потерь»[25].

Но Джонсон просто отмахивался от докладов разведки, если в них говорилось не то, что он хотел услышать. Позже он сказал: «Давайте-ка я расскажу вам, кто такие эти парни из разведки. Когда я рос в Техасе, у нас была корова по имени Бесси. Я отводил ее в хлев, чтобы подоить. Однажды я хорошо поработал и надоил целое ведро молока, но не обратил внимания на то, что старушка Бесси окунула в него свой грязный

определить принадлежность конкретного вражеского солдата или подразделения, в связи с чем в американских военных рапортах, а вслед за ними и в СМИ появилось универсальное определение VC/NVA (NVA — North Vietnamese Army, армия Северного Вьетнама). Следует отметить, что сами партизаны никогда не пользовались ни одним из этих названий. В СССР активистов НФОЮВ называли патриотами, а сам Национальный фронт — патриотическими силами.

* «Белая книга» (англ. White paper) — это официальное сообщение в письменном виде (обычно этот термин применяется в англоговорящих странах).

хвост. Таковы и парни из разведки. Ты много работаешь, чтобы создать хорошую политическую программу, а они суют в нее грязный хвост»[26].

КНШ продолжал давить на Джонсона, пытаясь добиться направления во Вьетнам большого контингента войск и интенсификации бомбардировки. В апреле Джонсон направил еще 40 тысяч солдат, доведя, таким образом, общую их численность до 75 тысяч. Он прекрасно понимал, что, как только США направят туда боевые части, пути назад не будет. В июне он спросил председателя КНШ генерала Эрла Уилера, сколько солдат нужно для победы. Уилер ответил: «Если вы хотите выбить из Вьетнама вьетконговцев всех до единого, вам понадобится 700–800 тысяч, а то и миллион человек. И около семи лет»[27].

Макнамара постарался довести до сведения Ханоя, что США даже рассматривают возможность применения ядерного оружия. Разразился международный скандал, и Макнамара вынужден был оправдываться. Советский представитель в ООН Н. Т. Федоренко тоже был недоволен:

«Американские милитаристы не исключают возможности использования в Южном Вьетнаме ядерного оружия. Послушайте сегодняшнее заявление господина Макнамары… Он сказал, что в данный момент армия не нуждается в применении ядерного оружия. Это означает, что Соединенные Штаты считают себя вправе, в случае ухудшения собственного положения, применить во Вьетнаме оружие массового поражения. США так отчаянно стремятся задушить НФОЮВ, что готовы поставить весь мир на грань ядерной войны».

Он напомнил членам Комиссии ООН по разоружению, что США не впервые прибегают к подобным мерам: «Соединенные Штаты не против использовать… ядерные боеголовки против азиатской страны. Они уже однажды так поступили, покрыв себя несмываемым позором на многие века»[28]. Он также осудил США за использование против Вьетконга химического оружия, предупредив, что будущие поколения «будут содрогаться, вспоминая это преступление, акт произвола, грубейшее нарушение международного права и попрание элементарных моральных принципов»[29].

В мае 1965 года власть в Южном Вьетнаме захватило уже пятое за полтора года после свержения Дьема правительство во главе с маршалом авиации Нгуен Као Ки и генералом Нгуен Ван Тхиеу. Заместитель госсекретаря Уильям Банди позже скажет: новый режим «казался нам всем отморозками, полнейшими отморозками». Глубина понимания принципов демократии Ки была воистину непостижимой для простых смертных. Однажды он заявил: «Люди спрашивают меня, кого я счи-

Бомбы с напалмом (вверху) и белым фосфором (внизу), сбрасывавшиеся на Вьетнам. При Джонсоне в американский арсенал приемлемого оружия были включены напалм, кассетные бомбы и белый фосфор, прожигавший тело до кости и обрекавший людей на ужасную и мучительную смерть.

таю героями. У меня есть лишь один герой — Гитлер». Это понимание он продемонстрировал и незадолго до выборов 1967 года, заявив, что, если победитель окажется «коммунистом или нейтралистом», он, Ки, будет «бороться с ним военными методами. В любой демократической стране человек имеет право выражать свое несогласие с мнением других». Но даже Ки в 1965 году признался в интервью журналисту *New York Times* Джеймсу Рестону, что коммунисты «ближе к стремлению народа к справедливости и независимости»[30]. «...чем ваше собственное правительство», — закончил фразу Рестон. Бывший военный советник Джон Пол Вэнн, который вернулся во Вьетнам, чтобы разработать программу «умиротворения», был с ним согласен:

> «В этой стране идет революция — и ее принципы, цели и устремления гораздо ближе к тому, во что верят американцы, чем принципы правительства Южного Вьетнама... Я убежден: несмотря на то что во главе НФО стоят коммунисты... подавляющее большинство людей поддерживает Фронт, потому что он предоставляет им единственный шанс на изменения и улучшение условий жизни. Если бы я был 18-летним сельским пареньком, столкнувшимся с таким же выбором: поддержать правительство или НФО, — я бы, вне всяких сомнений, выбрал НФО»[31].

Политическая ситуация была катастрофической, и Джонсон со своими советниками принял решение увеличить число солдат. На встрече 22 июля они решили, что в долгосрочной перспективе понадобится от 500 до 600 тысяч солдат — и это в случае, если не вмешаются китайцы. А в случае их вмешательства понадобятся еще 300 тысяч. В краткосрочной перспективе они сошлись на 100 тысячах до конца года и еще 100 тысячах в январе 1966-го. Это могло только замедлить продвижение вьетконговцев и предотвратить разгром правительственных войск. Однако советники сказали, что рано или поздно президенту придется выступить с обращением к американскому народу о вовлечении страны в широкомасштабную войну. Джонсон обратился к нации 28 июля. Он объявил о немедленной отправке 50 тысяч человек, доведя общий контингент американцев во Вьетнаме до 125 тысяч. Из-за неопределенности с числом солдат, необходимым в дальнейшем, ежемесячные подкрепления были увеличены с 17 до 35 тысяч, однако Джонсон высказывался против того, чтобы задействовать резервистов.

Конгресс приветствовал умеренность Джонсона и удовлетворился тем, что участие американских войск в боевых действиях будет ограниченным. Однако в Пентагоне и гражданские, и военные советники были

Маршал авиации Нгуен Као Ки с Джонсоном (на заднем плане) и генерал Нгуен Ван Тхиеу с Макнамарой (на переднем плане). Ки и Тхиеу возглавляли южновьетнамское правительство, захватившее власть в мае 1965 года. Уильям Банди позднее сказал: новый режим «казался нам всем отморозками, полнейшими отморозками».

шокированы решением Джонсона сознательно обманывать американцев относительно истинного положения дел во Вьетнаме: того, что США втянуты в широкомасштабную войну, которая может длиться многие годы. Позднее председатель Комитета начальников штабов Уилер объяснял: «Для того чтобы иметь возможность задействовать резервы, было важно, чтобы американский народ знал: мы находимся в состоянии войны, а не участвуем в какой-то грошовой военной авантюре»[32].

Но никто не был в большей ярости, чем начальник штаба сухопутных войск генерал Гарольд Джонсон. Джонсон надел парадный мундир и отправился на встречу с президентом. В салоне машины он снял звезды с погон, однако перед началом встречи с президентом отказался от этого намерения — решение, о котором он впоследствии пожалеет. Он сказал одному сослуживцу: «Я должен был увидеться с президентом. Я должен был снять свои звезды. Я должен был уйти в отставку. Это был худший и самый аморальный поступок за всю мою жизнь»[33].

Контингент постоянно увеличивался. Джонсон быстро удовлетворил запрос на отправку дополнительных 100 тысяч солдат. Однако, несмотря на это, НФОЮВ продолжал одерживать победу за победой.

Не все поддерживали отправку боевых частей. Кларк Клиффорд не прекращал попыток убедить Джонсона и Макнамару не посылать больше солдат. И его мнение, хоть и неофициально, поддерживали Губерт Хэмфри, Честер Боулс, Уильям Банди, Джордж Болл, Джон Кеннет Гэлбрейт, помощник министра обороны Джон Макнотон, сотрудник СНБ Честер Купер, пресс-секретарь Белого дома Билл Мойерс и заместитель помощника министра обороны Адам Ярмолински.

Но Джонсон предпочел капитуляции катастрофу. Контингент он, впрочем, наращивал постепенно, а не сразу, как хотел КНШ. Майор Чарльз Купер, адъютант начальника штаба ВМС адмирала Дэвида Макдональда, сопровождал шефа на заседание КНШ в ноябре 1965 года. Во время заседания генерал Уилер выразил «серьезные опасения» относительно хода военных действий, призвав к «массированному удару с моря и воздуха», который включал бы минирование порта Хайфон, блокаду побережья ДРВ, а также бомбардировку Севера. Купер вспоминал реакцию Джонсона:

«Джонсон взорвался... Он начал выкрикивать непристойную брань... Примерно такую: "Вы, чертовы придурки! Вы хотите заставить меня начать Третью мировую, называя свой идиотский бред военной премудростью". Потом стал оскорблять каждого в отдельности. "Ты — тупой кусок дерьма. Хочешь, чтобы я поверил в эту хрень? На моих плечах лежит ответственность за весь свободный мир, а ты хочешь, чтобы я начал Третью мировую?" Он говорил им, что у них башка говном набита, что они надутые дебилы, а слово из трех букв использовал чаще, чем морпех в учебном лагере. Он унижал и оскорблял их. Затем он вдруг остановился и продолжил уже спокойно... "Представьте, что вы — это я, президент Соединенных Штатов, и к вам в кабинет вваливаются пятеро невежд и начинают обсуждать начало третьей мировой войны... Что бы вы сделали?" Генерал Уилер ответил: "Я ничего не могу сделать, господин президент... Это ваше решение — и только ваше". Джонсон вновь заорал: "Риск слишком велик. Вам, хреновым придуркам, плевать на то, что может сделать Китай? Вы только навоняли в моем кабинете, грязные тупицы. Катитесь к дьяволу отсюда немедленно"».

«Я знаю, со временем воспоминания тускнеют, — сказал Купер журналисту. — Но не такие. Я с кристальной четкостью помню слова Линдона Джонсона в тот день»[34].

США постепенно усиливали бомбардировки Севера и расширяли список целей для увеличения давления на Ханой. Отвечая на обеспокоенность своих советников относительно того, что подобные действия могут спровоцировать Китай, Джонсон говорил, что такой постепенный подход снизит вероятность вмешательства Китая в военный конфликт. Он утверждал:

«Постепенная эскалация воздушной войны на Севере и усиление давления на Хо Ши Мина — это обольщение, а не изнасилование. Если Китай вдруг среагирует на постепенную эскалацию так, как женщина может среагировать на попытку соблазнения — дав пощечину, то есть пригрозив ответными мерами, то у Соединенных Штатов будет куча времени снизить интенсивность бомбардировок. Но если США нанесут массированный удар по Северу — это уже изнасилование, а не соблазнение, и тогда пути назад не будет, а ответ Китая может оказаться немедленным и массированным»[35].

Когда сенатор Джордж Макговерн предупредил Джонсона, что бомбардировки могут спровоцировать жесткий ответ со стороны Китая и Северного Вьетнама, тот ответил: «Я внимательно слежу за ситуацией. Я буду медленно вести рукой по ножке, дюйм за дюймом, и доберусь до промежности прежде, чем они поймут, что происходит»[36].

Американские бомбардировки вызвали волну протестов по всему миру. В марте 1965 года студенты и преподаватели Мичиганского университета собрались на диспут-семинар, длившийся целую ночь. Через месяц организация «Студенты за демократическое общество» (СДО) провела в Вашингтоне антивоенную демонстрацию, собравшую 25 тысяч человек.

Уверенное в том, что за зарождающимся антивоенным движением стоят коммунистические правительства, ЦРУ начало широкомасштабную слежку за антивоенными активистами. Джонсон потребовал от ЦРУ обнародования доказательств причастности коммунистов. В результате ЦРУ начало незаконную внутреннюю операцию под кодовым названием «Хаос», которая проводилась вновь созданным Отделом специальных операций. Она длилась почти семь лет и привела к созданию списка из 300 тысяч граждан и организаций, включавшего также подробные досье на 7200 лиц[37]. Тем не менее Джонсон обвинил директора ЦРУ Ричарда Хелмса в неспособности доказать причастность коммунистов.

Для ФБР же одной из основных целей был лауреат Нобелевской премии мира доктор Мартин Лютер Кинг, назвавший американское правительство «самым жестоким в современном мире»[38].

Ключевые фигуры правительства, в том числе Макнамара, начали высказывать собственные опасения. В июне 1967 года Макнамара обратился к ЦРУ с просьбой оценить силы противника, а чиновнику Министерства обороны

Глава 8. Линдон Б. Джонсон

Слева: Питер Кузник выступает на антивоенном митинге в городке Рутгерского университета в Нью-Брансуике (штат Нью-Джерси). Антивоенное движение в США начало расти, когда стало известно о зверствах американцев во Вьетнаме.

Внизу: в 1967 году Оливер Стоун (в центре) поступил на службу в армию США и отправился добровольцем во Вьетнам, где отслужил 15 месяцев и дважды был ранен. Он награжден Бронзовой звездой за храбрость в бою и Пурпурным сердцем с дубовыми листьями.

Явно огорченный Джонсон и Макнамара во время встречи в Белом доме в феврале 1968 года. После того как Макнамара привел президента в ярость, высказав свои опасения по поводу войны, Джонсон неожиданно назначил Макнамару главой МБРР.

Лесли Гельбу приказал возглавить создание истории войны с 1954 года на основе совершенно секретных военных документов, которые впоследствии станут известны как «Документы Пентагона». Когда впоследствии Макнамара начал читать упомянутый доклад, он сказал одному своему другу: «За такое надо бы вешать»[39]. Он сообщил о своей растущей обеспокоенности президенту, а в августе 1967 года привел его в бешенство, заявив в сенатском комитете, что бомбардировки Севера не заставят Ханой сесть за стол переговоров. Джонсон не терпел нарушений дисциплины. «Я не требую лояльности. Я требую преданности», — сказал он одному помощнику. «Я хочу, чтобы он средь бела дня поцеловал меня в задницу в витрине универмага "Мейсис" и сказал, что задница пахнет розами. Я хочу как следует взять его за яйца»[40]. В ноябре Джонсон объявил о назначении Макнамары главой Международного банка реконструкции и развития (МБРР). Новость о скорой отставке застала министра обороны врасплох.

Вскоре почти все близкие сотрудники Кеннеди оказались не у дел, а внешняя политика Джонсона повернула резко вправо. Роберт Кеннеди ушел из правительства задолго до этого. Макджордж Банди ушел в 1966 году и возглавил Фонд Форда. Дин Раск, не являвшийся ярким политиком, остался. Джонсон позволил Раску играть куда большую роль, чем тот играл при Кеннеди, но Джонсон был в целом невысокого мнения о бюрократах из Госдепа. Однажды он сказал Эдгару Гуверу, что чиновники Госдепа — это «кучка ни хрена не стоящих трусов»[41]. Раск регулярно подавал в отставку, в том числе и летом 1967 года, когда сообщил Джонсону, что его, Раска, дочь выходит замуж за чернокожего. Но в итоге он оставался с Джонсоном до конца, без колебаний поддерживая его военные инициативы.

И хотя Раск отвечал стандартам верности Джонсона, в стране с каждым днем возрастало число тех, кто не хотел больше мириться с несправедливой войной и теми разрушительными последствиями, которые она оказывала на американское общество. Темнокожее население и вовсе было на грани восстания. Мятежи, сотрясавшие американские города уже несколько лет, пробудили сознание американцев летом 1967 года. Тогда вспыхнуло 25 масштабных бунтов, длившихся не меньше двух дней каждый, и более 30 не таких крупных. На улицах полыхали пожары и лилась кровь. Полицейские и солдаты Национальной гвардии убили 26 афроамериканцев в Ньюарке, еще 43 в Детройте[42].

Университетские городки гудели, охваченные общественно-политической активностью антивоенного и радикального толка. Студенческое радикальное движение запылало в феврале 1967 года, когда стало известно о широкомасштабном незаконном проникновении агентов ЦРУ в псевдолиберальные организации внутри страны и за рубежом, а также о финансировании управлением некоторых таких организаций. Цепь событий была запущена журналом *Ramparts*, который сообщил, что ЦРУ финансирует Национальную студенческую ассоциацию. *New York Times* и *Washington Post* дополнили этот список другими подконтрольными ЦРУ организациями. Эти публикации показали, что ЦРУ усиленно спонсирует антикоммунистически настроенных преподавателей, журналистов, социальных работников, миссионеров, профсоюзных лидеров и активистов движения за гражданские права, которые делают грязную работу за ЦРУ. Среди дискредитированных оказались Конгресс за свободу культуры, Фонд Форда, радиостанции «Свободная Европа» и «Свобода».

Общественность была возмущена до предела. Уолтер Липпман отметил, что для американцев ЦРУ с его тайными операциями «стало дурно вонять, как выгребная яма»[43].

От разоблачений *Ramparts* у разведчиков по спине пошел холодок. Они боялись, что и другие операции ЦРУ будут сорваны. Под руководством

Джеймса Энглтона, возглавлявшего контрразведывательные операции ЦРУ с 1954 по 1974 год, управление уже давно создавало и использовало в своих интересах полицейские структуры, органы безопасности и подразделения по борьбе с терроризмом во многих странах. О помешательстве Энглтона на теме угрозы со стороны СССР, якобы стремящегося к власти, завоеваниям и проникновению в каждую щель, стало известно в 2007 году, когда были рассекречены внутренние архивные документы ЦРУ. В рамках Программы внутренней безопасности зарубежных стран были подготовлены 771 217 офицеров армии и полиции в 25 странах и созданы подразделения секретной полиции в Камбодже, Колумбии, Эквадоре, Сальвадоре, Гватемале, Иране, Ираке, Лаосе, Перу, на Филиппинах, в Южной Корее, Южном Вьетнаме и Таиланде. Многие проходили подготовку в Школе Америк в Панаме. Среди них были и будущие командиры «эскадронов смерти» в Гондурасе и Сальвадоре. Роберт Эмори, руководивший разведывательными операциями ЦРУ при Эйзенхауэре и Кеннеди, выражал беспокойство тем, что операции с использованием «гестаповских приемов ведут ЦРУ по очень скользкой дорожке»[44].

В апреле 1967 года на антивоенный митинг в Нью-Йорке собрались сотни тысяч человек. Количество американских солдат во Вьетнаме в тот момент как раз приближалось к 525 тысячам. В конце января 1968 года началось вьетнамское наступление на Кхесань*, сопровождавшееся массированными ракетными обстрелами. США ответили самыми мощными налетами в истории. Стратегические бомбардировщики B-52 сбросили на позиции партизан 100 тысяч тонн бомб, ракет и иных боеприпасов. Один из командиров НФОЮВ описывает ужас, который бойцы испытывали перед налетами B-52:

> «Рев их сверхзвуковых двигателей рвал барабанные перепонки с расстояния в километр. Многие, кто был в этот момент в джунглях, остались глухими на всю жизнь. Ударная волна контузила тоже с расстояния в километр. А в радиусе полукилометра любой взрыв разрушал стены неукрепленных

---

* Осада Кхесани (Кхешани) (*англ.* Battle of Khe Sanh) — сражение между Народной армией Вьетнама и Корпусом морской пехоты США за военную базу Кхесань (Кхешань) во время вьетнамской войны. По оценке американской историографии, осада Кхешани стала самым долгим сражением войны с участием сил США и завершилась победой оборонявшей базу морской пехоты. Позднее база была оставлена, что позволило утверждать о своей победе и вьетнамской стороне. Осада Кхешани является одним из наиболее известных и знаковых сражений вьетнамской войны.

Глава 8. Линдон Б. Джонсон

Госсекретарь Дин Раск дает совет Джонсону. Когда внешняя политика Джонсона повернула резко вправо, большинство старых сотрудников Кеннеди оказались не у дел. Однако Раск остался, начав играть гораздо более значительную роль, чем при Кеннеди. Раск всегда был готов подать в отставку, но в итоге остался с Джонсоном до конца, без колебаний поддерживая его военные инициативы.

землянок, хороня заживо всех, кто находился внутри. С близкого расстояния воронки от бомб казались гигантскими — метров девять в диаметре и почти столько же в глубину. Первые налеты В-52 казались началом конца света. Ужас был всепоглощающим. Ты терял контроль над телом, а разум кричал, что нужно спасаться бегством»[45].

Пока все внимание было приковано к длившейся уже 77 дней осаде Кхесани, НФО начал Тетское наступление, захватив американцев врасплох. И хотя северовьетнамцы и НФО, понеся большие потери, формально проиграли на поле боя, наступление принесло политическую победу Ханою и его союзникам на Юге. В Вашингтоне и Сайгоне вместо оптимизма воцарилось отчаяние. По навязывавшейся пропагандистской машиной вере в победу был нанесен жестокий удар: американцы поняли, что конца войне не видно и что, возможно, ее вообще нельзя выиграть.

Споры вновь вспыхнули после того, как стало известно, что США рассматривают возможность использования под Кхесанью ядерного оружия. Премьер-министр Англии Гарольд Вильсон даже произнес во время обеда в Белом доме тост, призвав отказаться от столь опрометчивой политики. Выступая в эфире программы «Разговор со всей страной», он высказался еще категоричнее: «Любая попытка эскалации этого конфликта будет чрезвычайно опасной... Намерение же использовать тактическое ядерное оружие и вовсе является чистой воды безумием. Такое намерение не только ставит под угрозу положение Америки в мире, но и может с огромной вероятностью спровоцировать новую мировую войну»[46].

Джонсону удалось пресечь все разговоры на этот счет. Позднее генерал Уильям Уэстморленд, командующий американскими войсками во Вьетнаме с 1964 по 1968 год, сожалел, что ядерное оружие так и не было применено. Он писал в мемуарах: «Если уж вашингтонским боссам так хотелось "послать сигнал" Ханою, то лучше всего подошли бы небольшие тактические ядерные заряды»[47].

По мере роста недовольства войной в обществе ФБР под руководством Гувера делало все для того, чтобы подорвать антивоенное движение. Точно так же на протяжении многих лет оно поступало и с движением за гражданские права. Сотни агентов ФБР проникли в ряды антивоенной организации «Новые левые». Особых масштабов деятельность бюро до-

Джонсон и советник по национальной безопасности Уолт Ростоу рассматривают карту южновьетнамской деревни Кхесань. США ответили на удар НФОЮВ под этой деревней самыми масштабными налетами в истории. Стратегические бомбардировщики B-52 сбросили на позиции партизан 100 тысяч тонн бомб, ракет и иных боеприпасов.

Глава 8. Линдон Б. Джонсон

Протестующие против войны идут маршем на Пентагон в октябре 1967 года. По мере роста общественного недовольства войной ФБР делало все для того, чтобы подорвать антивоенное движение.

стигла в 1968 году, когда на «Новых левых» было распространено действие программы КОИНТЕЛПРО. Церковный комитет сообщал о широком использовании ФБР подконтрольных ему СМИ[48]. В 1965 году ФБР владело 25 газетами и радиостанциями в Чикаго и 28 в Нью-Хейвене[49].

ЦРУ владело собственной сетью. Журналисты, получавшие деньги от этих двух организаций, пускались на всяческие ухищрения, чтобы усилить поддержку войны со стороны населения, попутно пытаясь скомпрометировать ее критиков, обвиняя их в отсутствии патриотизма.

После Тетского наступления Уэстморленд затребовал еще 206 тысяч солдат. Джонсон попросил Кларка Клиффорда, который 1 марта должен был сменить Макнамару на посту министра обороны, возглавить рабочую группу по изучению вопроса. Он считал, что его главный советник, будучи открытым «ястребом», поддержит дальнейшую эскалацию. Но Клиффорд не оправдал ожиданий, собрав группу «мудрецов» из обеих партий. После двух дней совещаний седовласых политиков Дин Ачесон заявил, что они пришли к консенсусу, который заключался в том, что страна больше не может «действовать так, как раньше, и должна выйти из конфликта»[50]. Застигнутый врасплох Джонсон был в ярости. Он жаловался, что «все советуют ему сдаться»[51].

Вследствие Тетского наступления популярность Джонсона начала стремительно падать. 31 марта он заявил, что не намерен баллотироваться на второй срок. Президент стал очередной жертвой войны. Однако до ее конца было еще очень далеко.

Вьетнам был не единственной страной, где американская политика потерпела катастрофу. Бывший корреспондент журнала *Time* и редактор *Newsweek* Джон Джерасси так описывал ужасающую бедность в Перу, типичную для Латинской Америки:

«Более чем у половины людей денег нет в принципе. 80 % второй половины зарабатывают 53 доллара в год. При этом всего 100 семей держат в своих руках 90 % национальных... богатств... А 80 % этой суммы находится в руках всего лишь 30 семей. При этом 65 % населения не умеют читать, а 45 % ни разу не были у врача. В столице страны Лиме, особняки которой, построенные в колониальном стиле, с богато украшенными деревянными балконами, могли бы сделать ее одним из красивейших городов мира, половина населения в 1,3 миллиона человек живет в наводненных крысами трущобах. Один из районов трущоб, Эль-Монтон, построен вокруг городской свалки. Я видел там голых детей, в том числе и не умевших еще ходить, которые дрались со свиньями за объедки, иногда остававшиеся после мусорщиков... Безденежные перуанцы... жуют... листья коки для того, чтобы заглушить голод. В среднем они потребляют 500 калорий в день. Если есть трава, андские индейцы едят и ее. Еще они едят овец, которых убивают, когда те настолько оголодают, что начинают рвать шерсть у других овец. Батраки, работающие на плантациях

Встреча «мудрецов» в Белом доме. В марте 1967 года после двух дней встреч седовласых политиков Дин Ачесон заявил, что они пришли к консенсусу: страна больше не может «действовать так, как раньше, и должна выйти из конфликта».

Глава 8. Линдон Б. Джонсон

Пресс-конференция Джонсона 31 марта 1968 года. Он заявил, что не намерен баллотироваться на второй срок. Однако политическая карьера Джонсона была далеко не последней жертвой вьетнамской войны.

белых, зарабатывают в среднем один соль (4 цента) в день. И им не только приходится трудиться от рассвета до заката, но и выполнять домашнюю работу в поместье или столичном особняке хозяина»[52].

По мере роста недовольства на континенте политические лидеры США стали бояться, что по Латинской Америке прокатится целая серия революций в духе Кастро, и призвали усилить подготовку армии и полицейских подразделений. Одной из таких стран стала Бразилия. Давний союзник США, она, вероятно, была стратегически наиболее важной страной Латинской Америки. Это пятая по территории страна мира: ее 75-миллионное население проживало на территории большей, чем территория континентальных США. И она изобилует полезными ископаемыми. В августе 1961 года президент Бразилии ушел в отставку, передав бразды правления демократически избранному вице-президенту Жоао Гуларту. Гуларт продвигал экономическую и земельную реформы, расширение демократических прав и легализацию компартии. США начали планировать его свержение.

Они предприняли ряд шагов, направленных на дестабилизацию положения в стране и подготовку правого военного переворота. К делу подключилась *Wall Street Journal*, назвав Гуларта «совершенно бесчестной и чрезвычайно амбициозной фигурой, стремящейся к захвату абсолютной власти и установлению фашистского режима». В июне 1963 года США прекратили любую помощь правительству Бразилии, в то же время значительно увеличив помощь армии. «Союз ради прогресса»* спонсировал штаты, губернаторы которых были противниками Гуларта. Через месяц в докладе ЦРУ сообщалось, что «при Гуларте коммунисты и их сторонники получили… влияние на бразильскую политику… В итоге это может привести к установлению крайне левого режима, чрезвычайно враждебного США»[53].

25 ноября 1963 года Джонсон встретился с директором ЦРУ Маккоуном и заявил, что его политика в отношении Латинской Америки, как и Вьетнама, должна быть полной противоположностью политики Кеннеди. В декабре он назначил помощника госсекретаря по межамериканским вопросам Томаса Манна координатором всей политики США в Латинской Америке. За время деятельности Манна США пресекли всякие попытки проведения реформ. Манн полагал, что латиноамериканские военные диктаторы — «весьма достойные люди»[54], и считал военную помощь лучшим помещением капитала, чем помощь экономическую. Американская политика в полной мере отражала его точку зрения. 18 марта на закрытом заседании руководства Госдепартамента была представлена «доктрина Манна», которой должны были следовать все послы и руководители миссий США в Латинской Америке. Манн объявил, что отныне латиноамериканские страны будут оцениваться не по тому, как они отстаивают интересы собственных граждан, а по тому, как они отстаивают интересы США. Соединенные Штаты больше не имели ничего против

---

* «Союз ради прогресса» — программа «помощи» странам Латинской Америки, объявленная президентом США Джоном Кеннеди 13 марта 1961 года и оформленная на Межамериканской конференции в Пунта-дель-Эсте (Уругвай) в августе 1961-го. Целью «Союза ради прогресса» провозглашалось ускорение экономического и социального развития стран Латинской Америки. Программа была рассчитана на 10 лет. Должны были осуществляться демократизация общественно-политической жизни, аграрная и налоговая реформы, меры по жилищному строительству, улучшению системы здравоохранения и просвещения, экономическая интеграция. Помощь давалась в первую очередь странам, наиболее лояльным США. Взамен от них требовали совместных усилий в борьбе с революционными движениями и по изоляции Кубы. Провозглашение «Союза ради прогресса» расширило круг сторонников сотрудничества с США и способствовало отходу от революционного движения некоторых его участников.

Глава 8. Линдон Б. Джонсон

правых диктаторов, пришедших к власти в результате военных переворотов. Страна собиралась агрессивно защищать девятимиллиардные американские инвестиции в Латинской Америке. И если Кеннеди призывал к продвижению демократии, Джонсон ограничился банальным антикоммунизмом.

В 1964 году США потребовали, чтобы Гуларт «затянул пояса» и без того бедствовавших граждан Бразилии. Вместо этого Гуларт предложил программу масштабных реформ и контроля над иностранным капиталом. Более того, он признал Кубу. США прекратили всякую помощь Бразилии, пытаясь дестабилизировать экономику. Инфляция взлетела до небес. В ответ Гуларт национализировал филиалы американских компаний. Тогда посольство США стало подстрекать правых военных к свержению Гуларта. 27 марта посол Линкольн Гордон призвал американское руководство, включая Маккоуна, Раска и Макнамару, поддержать начальника бразильского Генштаба генерала Умберту Кастелу Бранку и «помочь предотвратить катастрофу... которая может превратить Бразилию в Китай 1960-х»[55]. И ЦРУ начало свою закулисную работу.

Когда правительство пало, Гордон телеграфировал в Вашингтон, что генералы подняли «демократическое восстание»[56], ставшее «великой победой всего свободного мира»[57]. Оно предотвратило «полную потерю... всех южноамериканских республик» и улучшило климат для «частных инвестиций». В ответ Джонсон передал «наилучшие пожелания» новому главе государства и выразил свое восхищение тем, как тот решил проблему в «рамках конституционной демократии и без жертв среди гражданского населения». Манн сказал Джонсону: «Надеюсь, что вы довольны ситуацией в Бразилии так же, как и я. — «Доволен», — ответил Джонсон[58]. В тот же день Раск заверил руководство СНБ и конгресса, что «США не стояли за мятежом. Это было внутреннее дело Бразилии»[59].

Через несколько дней новое правительство Бразилии объявило в стране чрезвычайное положение, ограничило полномочия Национального конгресса и наделило президента правом лишать гражданства подозреваемых в угрозе национальной безопасности. Это право было быстро применено к трем бывшим президентам, двум судьям Федерального верховного суда, шести губернаторам, 55 депутатам Национального конгресса и 300 другим политически активным гражданам. 11 апреля генерал Кастелу Бранку официально вступил на пост главы государства. Джонсон сказал Банди, что хочет направить Кастелу Бранку сердечное приветствие с инаугурацией. Банди предупредил его, что в Бразилии уже начались репрессии. Джонсон ответил: «Я знаю. Но мне наплевать.

Президент Бразилии Жоао Гуларт в Нью-Йорке в апреле 1962 года. Когда Гуларт отказался «затягивать пояса» своих граждан, начав вместо этого земельную реформу, взяв под контроль иностранный капитал и признав Кубу, он был свергнут в результате военного переворота, осуществленного при поддержке США.

Думаю... кое-кого... нужно сажать в тюрьму и у нас, и за рубежом»[60]. Только в первый месяц правления Кастелу Бранку за решеткой оказалось 50 тысяч человек. В последующие два года бразильское правительство получило громадные суммы от Агентства международного развития (АМР) США, МБРР, Межамериканского банка развития (МБР) и американских корпораций. С 1964 по 1966 год почти половина фондов АМР шла в Бразилию. На американские деньги репрессивный военный режим правил в стране еще 20 лет. За это время разрыв между бедными и богатыми в Бразилии станет самым большим в мире. Но бразильские диктаторы считались ближайшими союзниками США, готовыми в любой момент отправить войска на подавление прогрессивных движений в других латиноамериканских странах.

В Перу имелась обратная ситуация. Гражданское правительство, желая улучшить условия жизни нищего населения, попыталось взять под контроль крупнейшую нефтедобывающую компанию страны, являвшуюся филиалом американского гиганта Standard Oil Company (New Jersey)*. США прекратили помощь правительству, но продолжали финансировать перуанскую армию. Сравнивая Бразилию и Перу, сенатор от

---

* Ныне — компания Ecson.

штата Нью-Йорк Роберт Кеннеди заметил: «Если человек представляет "Союз ради прогресса", он может закрывать газеты, разгонять конгресс, сажать в тюрьму религиозную оппозицию… и получать от США помощь в громадных объемах. Но если кто-то вздумает шутить с американской нефтяной компанией, мы оставим его без единого пенни в кармане»[61].

Доминиканская Республика представляла угрозу иного рода. Едва вступив в должность, Джонсон признал военный режим, только что свергший президента Хуана Боша, демократически избранного в декабре 1962 года. В 1965-м народное восстание, поддержанное офицерами среднего звена, либералами и левыми политиками, попыталось восстановить конституцию и вернуть Боша к власти. Восстание началось в первый день работы нового директора ЦРУ Уильяма (Реда) Рейборна. Джонсон назначил на эту должность отставного адмирала и своего земляка-техасца, несмотря на возражения советников. Его бывший коллега вспоминает церемонию приведения к присяге: «Когда президент говорил о нем добрые слова и рассказывал о том, как он обшарил всю страну и понял, что для этой работы годится только Ред Рейборн, по щекам Билла текли слезы и капали с подбородка на пол»[62].

Рейборн пробыл в должности меньше года, но этого хватило, чтобы похоронить доминиканскую демократию. Однажды он сказал Джонсону: «У меня нет сомнений, что это начало экспансии Кастро». — «Сколько его террористов на территории страны?» — спросил Джонсон. «Восемь», — ответил Рейборн. Он забыл упомянуть, что в соответствии с докладами ЦРУ не было никаких доказательств прямой связи режима Кастро как с этими людьми, так и с мятежом в целом. «Нет никаких сомнений, что это происходит с подачи Кастро, — сказал Джонсон своему адвокату Эйбу Фортасу. — …Они действуют по всему полушарию. Это может быть частью широкого коммунистического заговора, главной целью которого является Вьетнам»[63].

Макнамара сомневался в правдивости доклада, но специальный помощник Джонсона Джек Валенти предупредил его: «Если типы, подобные Кастро, захватят власть в Доминиканской Республике, для правительства это будет худшим вариантом внутриполитической катастрофы»[64]. Джонсон послал туда 23 тысячи американских солдат. Еще 10 тысяч ждали на кораблях, готовые высадиться в любую минуту. Он обратился и к американскому народу: «Коммунистические лидеры, многие из которых проходили подготовку на Кубе, получив шанс спровоцировать еще большие беспорядки, присоединились к революции, чтобы укрепить свое положение. Им удалось взять ситуацию в свои руки, и то, что начиналось как народно-демократическая революция, призванная установить демократию и социальную справедливость, очень скоро... оказалось под контролем коммунистических заговорщиков... Америка не может, не должна и не станет смотреть сквозь пальцы на приход к власти в Западном полушарии еще одного коммунистического правительства»[65].

В Совете Безопасности ООН советский представитель осудил интервенцию как «грубейшее нарушение Устава ООН». Он назвал предлог к нему «грязным и наглым, превосходящим по своему бесстыдству даже геббельсовскую пропаганду», и поинтересовался, почему США посылают войска в Доминиканскую Республику с «гораздо большей легкостью, чем в управляемую расистами Алабаму»[66]. А один латиноамериканский дипломат обвинил США в возвращении к «дипломатии канонерок»[67].

Бош осудил «грязную пропаганду» США и сказал, что американская интервенция ничем не лучше ввода советских войск в Венгрию. «Демократическая революция, — заявил он, — была задушена главной демократией мира»[68]. Даже после того как американские военные взяли страну под свой контроль, сторонники реформ отказались смириться с восстановлением репрессивного режима. Когда усилия Банди по достижению соглашения провалились, Джонсон послал Фортаса в Пуэрто-Рико,

Гондурасские солдаты, направляющиеся в Доминиканскую Республику, чтобы поддержать американское вторжение 1965 года. США подавили народное восстание, стремившееся к восстановлению конституционного порядка и возвращению к власти демократически избранного президента Хуана Боша, свергнутого военными.

Глава 8. Линдон Б. Джонсон

чтобы тот заставил Боша отступить. Фортас, будущий судья Верховного суда США, жаловался: «Этот Бош — просто латиноамериканский бард. Он полностью предан этой проклятой конституции»[69]. Позже выяснилось, что коммунистов среди повстанцев было не более 50 человек.

Трудно было представить страну стратегически более важную, чем Индонезия. Включающая в себя огромный архипелаг из полудюжины больших и нескольких сотен маленьких островов, Индонезия была самой населенной страной исламского мира и пятой по численности населения в мире. Она также лежит на важнейших морских путях Юго-Восточной Азии и сама экспортировала нефть, каучук, олово и другие важнейшие ресурсы. В 1948 году Джордж Кеннан писал, что «проблема Индонезии» стала «ключевым вопросом в нашей борьбе с Кремлем. Индонезия является якорем цепи островов, тянущихся от Хоккайдо до Суматры, которая может стать политико-экономическим противовесом коммунизму». В 1949 году Индонезия после четырех веков голландского правления, прерывавшегося японской оккупацией во время войны, наконец свергла своих колонизаторов. Сукарно, лидер антиколониальной борьбы, занял пост президента и быстро стал источником постоянного раздражения для американского руководства, так сказать, бельмом на глазу[70].

В 1955 году Сукарно принял лидеров 29 азиатских, африканских и ближневосточных стран в Бандунге в рамках конференции, положившей начало движению неприсоединения. Движение призывало к нейтралитету между двумя монстрами холодной войны, поддерживало борьбу против колонизации и поощряло страны третьего мира в их борьбе за усиление контроля над своими ресурсами.

Особенно ненавидел Сукарно за это госсекретарь Джон Фостер Даллес. В 1955 году специальный комитет ЦРУ, удачно названный «комитетом изменения состояния здоровья», разрабатывал планы убийства Сукарно. «Такая возможность рассматривалась», — признавал замдиректора ЦРУ Ричард Биссел. После конференции Сукарно начал склоняться к коммунистическому блоку и посетил СССР и КНР, а также начал покупать оружие в Восточной Европе. Компартия Индонезии (КПИ) стала играть важную роль в его правительственной коалиции. ЦРУ пыталось ослабить позиции Сукарно, распуская слухи о том, что он находился под влиянием некой прекрасной русской блондинки. ЦРУ собиралось выпустить порнографический фильм, главные роли в котором играла бы пара, похожая на Сукарно и его соблазнительницу. Не найдя нужного типажа на роль индонезийского лидера, ЦРУ даже планировало задействовать порноактера в его маске, однако фильм так и не вышел[71].

С одобрения Эйзенхауэра ЦРУ в 1957 году активно поддерживало военный переворот. Пилоты ЦРУ доставляли мятежникам припасы и бомбили как базы верных правительству военных частей, так и гражданские цели. США получили серьезный удар по своему имиджу, когда в конце мая на пресс-конференции выступил пилот ЦРУ Аллен Поуп, сбитый в ходе этого конфликта. Много лет спустя Поуп вспоминал: «Мне нравилось убивать коммунистов. И я убивал их везде, где только мог»[72]. Эйзенхауэр публично отрицал причастность США к попытке переворота, в подтверждение чего тут же была выпущена верноподданническая статья в *New York Times*[73].

Переворот оказался не более успешным, чем авантюра с порнофильмом. ЦРУ уверяло всех, что его инструкторы в Индонезии являются охотниками на крупную дичь, застигнутыми конфликтом врасплох, и учеными, исследующими экзотических бабочек. Среди жертв этой неумелой операции оказался Фрэнк Уизнер, глава Управления планирования ЦРУ, чье психическое заболевание скачком перешло в заключительную стадию. У него была диагностирована «психотическая мания», в результате чего после шести месяцев электрошоковой терапии он был назначен руководить лондонским отделением ЦРУ. Сукарно ответил на мятеж запретом оппозиционных партий и усилением критики в адрес действий США на международной арене, в особенности по поводу Вьетнама[74].

В результате провалившегося переворота влияние КПИ начало стремительно расти: в частности, в ответ на действия Америки Сукарно усилил свои связи с коммунистическим Китаем. ЦРУ не оставляло попыток его свергнуть. Биссел называл Сукарно и Патриса Лумумбу «двумя худшими людьми в мировой политике» и «бешеными псами... опасными для США»[75]. Но президент Кеннеди настоял на смене политического курса. В 1961 году Сукарно посетил Белый дом, а Роберт Кеннеди нанес в следующем году ответный визит в Индонезию. Тем временем президент Кеннеди помог заключить соглашение между Индонезией и Нидерландами — бывшей метрополией. Это соглашение предотвратило войну между двумя странами. По словам Роджера Хилсмена, незадолго до визита Сукарно Кеннеди сказал: «Если совершаешь вещи, подобные поддержке ЦРУ восстания 1958 года, антиамериканизм Сукарно становится вполне понятным». До Сукарно дошли слухи об этих словах, и он оценил их очень высоко. Он пригласил президента посетить Индонезию, пообещав ему «самый теплый прием в истории». 19 ноября 1963 года, всего за три дня до своей гибели, Кеннеди принял решение отправиться в Индонезию в следующем году[76].

Глава 8. Линдон Б. Джонсон

Джонсон же вернулся к прежнему курсу. Но когда он начал угрожать Сукарно прекращением экономической помощи, тот пожурил его: «Не нужно публично пугать Сукарно, как капризного малыша, угрожая ему, что он не получит конфетку, пока не станет хорошим мальчиком. В такой ситуации у Сукарно не будет иного выбора, кроме как сказать: "Катитесь к дьяволу со своей помощью"»[77]. Джонсон отступил, испугавшись, что сокращение помощи может толкнуть Индонезию в коммунистический лагерь и поставить под угрозу значительные американские инвестиции в стране. Он решил дождаться более подходящего момента.

В октябре 1964 года с молниеносной скоростью произошли два события глобальной значимости. 16-го числа мир всколыхнула новость о смещении Н. С. Хрущева. Его обязанности разделили два ближайших помощника: Л. И. Брежнев, ставший главой КПСС, и А. Н. Косыгин, занявший пост Председателя Совета министров. Эта новость застала Вашингтон врасплох. Причиной смещения Хрущева стало замедление роста экономики и серия внешнеполитических провалов, включая необдуманное размещение ракет на Кубе и последующий унизительный вывод их оттуда. Его обвиняли в чрезмерном стремлении к мирному сосуществованию с США. Некоторые также оценивали его отставку как уступку в адрес Китая, который называл его уход первым условием улучшения отношений между странами.

В тот же день стало известно об испытании КНР атомной бомбы на полигоне у озера Лобнор. Американскому руководству было известно, что подобное испытание планируется. Кеннеди несколько раз даже говорил, что СССР согласен нанести совместный превентивный удар по китайским ядерным объектам. Джонсон тоже сопротивлялся стремлению Пентагона действовать в одиночку, без учета готовности Советов нанести совместный превентивный удар. Раск за две недели публично предупредил о возможности ядерных испытаний в Китае. Но это не смягчило потрясения, когда оно произошло. Эксперты оценили мощность взрыва в 10–20 килотонн. Джонсон настаивал, что пройдет еще много лет, прежде чем Китай будет обладать «резервом надежных боеголовок с эффективными средствами доставки»[78]. Однако американские политики боялись, что успешное испытание повысит престиж Китая и приведет его к более агрессивной политике в Юго-Восточной Азии.

Успехи Китая подняли ставки в Индонезии. В 1965 году количество членов КПИ достигло 3,5 миллиона, и она стала, таким образом, третьей по численности компартией в мире (после КПСС и КПК). Воодушевленный Сукарно несколько раз заявлял о том, что Индонезия вскоре испытает собственную атомную бомбу (предположительно с помощью Китая). Тем временем активисты захватили в Индонезии библиотеку ЮСИА, разграбили американское консульство и экспроприировали 160 тысяч акров плантаций, принадлежавших United States Rubber Company, а также активы Caltex, компании, которой совместно владели Texaco и Standard Oil Company of California. Американское руководство начало планировать инцидент, который заставил бы армию выступить против КПИ. Посол Говард Джонс полагал, что наиболее эффективным катализатором послужила бы попытка переворота, предпринятая КПИ. Его преемник Маршалл Грин прибыл в Джакарту в июле. В его первом отчете содержалось предупреждение о том, что Сукарно сознательно продвигает в стране дело коммунизма.

1 октября 1965 года группа младших офицеров, возглавляемых командиром дворцовой стражи Сукарно, убила шестерых генералов, которых обвинили в подготовке с подачи ЦРУ заговора против президента. Но по странному стечению обстоятельств и генерал Абдул Харис Насутион, занимавший пост министра обороны, и генерал Сухарто, командующий стратегическими резервами армии, сумели скрыться. Еще до конца дня войска под командованием Сухарто разбили сторонников Сукарно. Сухарто обвинил КПИ в том, что именно она стояла за этими событиями. Заместитель госсекретаря Джордж Болл сказал, что армия могла бы «не останавливаться на достигнутом и полностью очистить страну от КПИ». Посол Грин призывал армию действовать решительно. США подливали масла в огонь как могли, несмотря на то что не было никаких доказательств причастности КПИ к тому, что произошло[79].

Новые военные правители распространили фотографии убитых генералов, утверждая, что коммунисты, в особенности женщины, пытали их, кастрируя и выкалывая глаза. В распространении слухов участвовали и США. Позже вскрытие показало, что пытки были инсценированы, однако слухи уже сыграли свою роль.

Подстрекаемые новым правительством, толпы стали нападать на членов и сторонников КПИ. Впоследствии *New York Times* назвала это «наиболее дикой массовой резней в современной политической истории». Исламские экстремисты действовали в качестве «эскадронов смерти», часто маршируя с отрезанными головами своих жертв на шестах. Журнал *Time* описывал один из таких эпизодов: «Около ста коммунистов, а также подозреваемых в коммунизме были согнаны в городской ботанический сад и расстреляны из пулемета... голова директора школы... была насажена на шест, с которым маршировали его бывшие ученики».

Глава 8. Линдон Б. Джонсон

Президент Сукарно во время визита в США в 1956 году.

Президент Никсон приветствует президента Сухарто, захватившего власть в Индонезии после организованной при поддержке США резни, в результате которой погибло от полумиллиона до миллиона коммунистов и сторонников других левых партий. Позже ЦРУ назовет эти события «одним из худших массовых убийств XX века».

Американские дипломаты позже признали, что это они предоставили информацию о тысячах коммунистов, которые впоследствии были убиты индонезийскими военными. Имена других были сообщены англичанами и австралийцами. Сотрудник американского посольства Роберт Мартенс без намека на раскаяние говорил: «Это оказало армии большую помощь. Наверное, они поубивали кучу народа. Наверное, на моих руках много крови, но в этом нет ничего плохого. В решающие моменты и действовать нужно решительно». Посол Грин признавался, что у США было куда больше информации о членах КПИ, чем у индонезийской армии. Американской информацией армия и пользовалась. Говард Федерспил, специалист Госдепартамента по Индонезии, однажды заявил: «Если человек был коммунистом, никого не волновала его смерть. Ее даже никто особо не расследовал». США хорошо платили за налаживание отношений с индонезийскими военными. Около трети индонезийских генералов и почти 50 % офицеров обучали инструкторы-американцы. В ходе последовавшего за событиями в Индонезии сенатского расследования Макнамара убеждал слушателей, что американская помощь «была совершенно оправданна» и принесла отличные дивиденды[80].

В последующие месяцы было убито от полумиллиона до миллиона коммунистов и сторонников других левых партий. Многих убили из американского оружия. Еще около миллиона человек были брошены за решетку, многие на много лет. Макджордж Банди сказал Джонсону, что события, начавшиеся 1 октября, были «лучшим подтверждением политической мощи США»[81].

Когда массы сторонников Сукарно были физически уничтожены, его в 1967 году отстранили от власти. Пост президента занял генерал Сухарто, что вызвало вздох облегчения у американских бизнесменов. В декабре 1965 года посольство США в Джакарте сообщило в Вашингтон: «Иностранцев в течение многих лет постепенно отстраняли от прямой добычи полезных ископаемых». Если бы не восстание, «изгнание иностранных нефтяных компаний было бы неизбежным»[82]. Среди иностранцев, рассчитывавших на дивиденды в результате произошедшей резни, был нефтяной магнат Г.Л. Хант. Он объявил Индонезию единственным лучом света во мраке холодной войны и назвал свержение Сукарно «величайшей победой со времен решающих битв Второй мировой войны». В отчете ЦРУ по Индонезии 1968 года говорилось следующее:

«Ключевым пунктом экономической программы правительства Сухарто... является возвращение в Индонезию иностранного капитала. Около 25 американских и европейских компаний уже восстановили свой контроль над шахтами, плантациями и другими предприятиями, национализированными Сукарно. Кроме того, в целях привлечения новых инвестиций правительство приняло либеральные законы. Во многих случаях гарантированы налоговые

Глава 8. Линдон Б. Джонсон

льготы и права на административное управление, вывоз доходов, а также компенсации на случай экспроприации. Перспективы для иностранных инвестиций в добывающем секторе довольно хороши... иностранцы уже вкладывают капитал в относительно нетронутые залежи никеля, меди, бокситов, а также в лесопромышленность. С точки зрения как иностранного капитала, так и роста индонезийской экономики самой обещающей индустрией является нефть. Производство сырой нефти на месторождении "Калтекс-5" на Центральной Суматре сегодня достигает 600 тысяч баррелей* в сутки, а в ближайшие три года оно перевалит за миллион баррелей»[83].

В 1968 году ЦРУ признало, что «по количеству жертв антикоммунистическая резня в Индонезии была одним из самых страшных массовых убийств в XX веке»[84]. На закрытом заседании сенатского комитета по иностранным делам посол Грин сказал, что никто не знает истинного числа жертв. «Мы просто судили по числу вырезанных деревень», — заявил он[85].

Сухарто и другие военные диктаторы оставались у власти десятилетиями. Несмотря на невероятные природные богатства страны, рядовые индонезийцы жили в нищете. Годами восхвалявшая Сухарто *New York Times* в 1993 году сообщила, что «рядовой индонезиец зарабатывает от 2 до 3 долларов в день и считает электричество и водопровод немыслимой роскошью»[86]. А вот американские корпорации сполна воспользовались возникшим после 1965 года комфортным деловым климатом, созданным при помощи американских советников и охранявшимся жестокими военными, которые зверски подавляли малейшие признаки оппозиции.

Упрямый, тщеславный, грубый и ограниченный Джонсон принес свои мечты о масштабных внутренних реформах на алтарь антикоммунистического помешательства во Вьетнаме, Индонезии и многих других уголках мира. Оглядываясь в прошлое в 1970-х годах, он признался историку Дорис Кернс, что столкнулся с ужасным выбором и в итоге бросил «женщину, которую действительно любил, — "Великое общество" — ради интрижки со шлюхой-войной на другом краю света». Но если бы он так не поступил, то его считали бы «трусом», а США — «государством-слабаком»[87]. Джонсон утверждал, что сделал выбор, прекрасно осознавая, чего это будет ему стоить, и памятуя о том, как предыдущие войны разрушали надежды и мечты целых поколений:

---

* Нефтяной баррель приблизительно равен 160 литрам.

Джонсон, впавший в отчаяние после прослушивания магнитофонной записи из Вьетнама. К несчастью для себя и всей страны, он предпочел войну во Вьетнаме «Великому обществу».

«О, я понимал, что все идет именно по этому сценарию. История знает слишком много примеров того, как звук армейской трубы мгновенно разрушал надежды и мечты лучших реформаторов: испано-американская война уничтожила дух народовластия; Первая мировая положила конец "Новой свободе" Вудро Вильсона; Вторая мировая — "Новому курсу". Как только началась война, все эти консерваторы в конгрессе приготовились использовать ее как оружие против "Великого общества"... они бы использовали ее не потому, что были против бедных, а потому, что были против моих программ. Для них на первом месте стояла война. Сначала мы должны победить этих "безбожных коммунистов", а лишь затем позаботиться о бездомных американцах. А еще были генералы. О, эти тоже обожали войну. Без нее трудно стать героем войны. Героям нужны битвы, бомбы и пули, чтобы оставаться героями. Как же они узколобы! Видят все только в понятиях войны».

В итоге Джонсон сделал свой выбор, и последствия этого надолго лягут позором на страну, во главе которой он стоял. «Мысль о потере "Великого общества" была ужасна, — жаловался он. — Но не так ужасна, как мысль об ответственности за проигрыш Америки коммунистам. Ничего хуже и быть не может»[88].

Глава 8. Линдон Б. Джонсон

Говорят, что США потеряли свою душу в джунглях Вьетнама. И страна заплатила за это двойную цену. Война, поражение в которой было неминуемым, несмотря на все усилия Джонсона, положила конец последней значительной социально-политической реформе в истории Соединенных Штатов. Пообещав «и пушки, и масло», США оказались способны производить только пушки. Послевоенная экономика начала постепенно замедляться, пока наконец ее не затряс очередной кризис.

Глава 9

Никсон и Киссинджер:

«БЕЗУМЕЦ» И «ПСИХОПАТ»

Мало кто имел в свое время такое влияние, как Ричард Никсон и Генри Киссинджер. Их решимость смогла подвести мир ближе к примирению. Но они проводили и безжалостную карательную политику, которая более чем нивелирует их миротворчество. Это был один из самых необъяснимых политических тандемов в истории. Киссинджер находил Никсона «очень странным человеком… неприятным… нервным… неискренним… [который] ненавидел знакомиться с новыми людьми». Киссинджер считал необычным, что такой нелюдим «пошел в политику. Ему действительно не нравятся люди»[1]. Глава аппарата Белого дома Боб Холдеман провел с Никсоном много времени, но говорил, что тот «не считал меня личностью… даже просто человеком… До сего дня Никсон не знает, сколько у меня детей, вообще ничего о моей частной жизни»[2].

За глаза Киссинджер и Никсон презирали друг друга, постоянно сражаясь за то, кому достанется вся слава за достигнутое. Киссинджер называл Никсона «этот безумец», «наш пьющий приятель» и «дурная башка», но при этом лебезил перед ним. Никсон называл Киссинджера «жиденком» и «психопатом»[3]. Но и безумец, и психопат видели США гегемоном всего мира. Никсон считал «величайшим президентом столетия» Вудро Вильсона, потому что тот «правильнее всего понимал роль Америки в мире». Киссинджер был с ним согласен: «Наш опыт позволяет нам считать, что мы сами и то, что мы делаем, имеет универсальное значение, важность которого выходит за пределы национальных границ, поскольку от этого зависит благополучие всего человечества. Америка не была бы тем, чем она является, если бы не мыслила глобально. Именно поэтому Америка всегда видела свою роль в мире как внешнее проявление успехов, достигнутых внутри страны»[4]. Но ни Киссинджер, ни Никсон так и не поняли, что могущество должно сочетаться с достоинством.

Лоуренс Иглбергер, проработавший с Киссинджером много лет, говорил: «Генри — сторонник теории баланса сил. Он глубоко верит в стабильность. Именно такие цели являются антитезой американского опыта. Американцы... хотят следовать моральным принципам. Но Генри этого не понимал: он просто не думал о подобных вещах, когда начинал свою политическую карьеру»[5]. Судьбы Никсона и Киссинджера были разными. Жизнь Никсона будет погублена его собственной мелочностью, продажностью, подозрительностью и тщеславием. Киссинджер, несмотря на то что страдал теми же пороками, удостоился Нобелевской премии мира. Однако страх быть обвиненным в военных преступлениях и других отвратительных вещах будет преследовать его до конца его дней.

1968 год стал самым необычным годом в истории века. И США, и весь мир бурлили энергией. В воздухе ощущался ветер перемен. На президентских выборах столкнулись республиканец Ричард Никсон и демократ Губерт Хэмфри. Репутация Хэмфри, занимавшего пост вице-президента, была запятнана подобострастной поддержкой политики Джонсона во Вьетнаме. Но самой большой сенсацией было то, что рейтинг алабамского губернатора-расиста Джорджа Уоллеса всего за месяц до выборов дошел до 21%. В качестве кандидата в вице-президенты Уоллес выбрал генерала Кертиса Лемея и вел свою кампанию в духе правого популизма. Его упор на правопорядок находил отклик среди белых избирателей, обеспокоенных восстаниями в гетто, мятежами в университетских городках и растущей уголовной преступностью.

В 1964 году университетские городки стали наводнять люди, родившиеся во время послевоенного демографического взрыва. Наполненные юношеским идеализмом, вдохновленные движением за гражданские права, они отказались прислушиваться к динозаврам холодной войны, а их протест пронесся по всей стране. В апреле 1968 года студенты Колумбийского университета заняли несколько зданий городка, выступая против отношения его руководства к чернокожим и против военных исследований. Тогда ректор университета Грейсон Кирк выступил с обвинением: «Масса нашей молодежи, отрицающей любые формы власти, начинает беспокоить... они склонны к непримиримому, бесцельному и разрушительному нигилизму. Я не знаю ни одной эпохи в истории США, когда конфликт поколений был бы так велик и нес такую страшную потенциальную угрозу»[6].

Никсон и Киссинджер прогуливаются по южной лужайке Белого дома. За глаза относившиеся друг к другу с презрением, эти двое составляли один из самых странных политических тандемов в истории. Их решительные действия смогли подвести мир ближе к примирению. Но они также проводили жестокую карательную политику, которая более чем нивелирует их миротворчество.

Кирк был прав насчет конфликта поколений, но его обвинения в нигилизме не имели под собой никаких оснований. После восьми дней протестов полиция Нью-Йорка грубо вытеснила протестующих из зданий. 800 человек было арестовано, более сотни ранено. Никсон назвал эти протесты «первым масштабным столкновением в революционной борьбе, нацеленной на захват университетов нашей страны, дабы превратить их в очаги радикализма и средство достижения революционных политических и социальных целей»[7]. Столь возмутительные нападки показали правоту студентов-радикалов относительно того, что американские власти готовы применить силу против собственных граждан ради защиты своих корпоративных и геополитических интересов во Вьетнаме и Индонезии.

Бунты студентов и молодых рабочих сотрясали индустриальные страны по всему миру. Массовые демонстрации прокатились по Праге, Парижу, Токио, Западному Берлину, Турину, Мадриду, Риму и Мехико. Вооруженные американцами полицейские и солдаты убили сотни недовольных студентов.

Глава 9. Никсон и Киссинджер

В США антивоенное движение бросило вызов верхушке Демократической партии, поддержав Роберта Кеннеди и Юджина Маккарти. В июне, через несколько минут после своей победы на первичных выборах в Калифорнии, Роберт Кеннеди был убит, и это перечеркнуло все надежды на прогрессивную альтернативу Хэмфри и его нелепой «политике радости». В августе делегаты, противники войны, и 10 тысяч их сторонников собрались у места проведения общенационального съезда демократов в Чикаго. Их встретили 12 тысяч чикагских полицейских, 6 тысяч солдат Национальной гвардии и 1 тысяча агентов ФБР. Еще 7500 солдат американской армии патрулировали негритянские гетто. В объективы телекамер попали полицейские, избивавшие дубинками не только участников митинга, но и журналистов и просто прохожих. Проводившая расследование солидная комиссия впоследствии назовет это «полицейским бунтом».

Совершенно неожиданно две трети американцев поддержали полицейских. Никсон назвал этих людей «молчаливым большинством» и с их помощью выиграл выборы, с небольшим отрывом обойдя Хэмфри. События в Чикаго перечеркнули надежды Джонсона на то, что зашедшие в тупик делегаты съезда в последнюю минуту обратятся к нему. Он все еще имел значительное влияние в партии и даже заблокировал инициативы ее умеренного крыла по Вьетнаму, в которых так нуждался Хэмфри. Кларк Клиффорд назвал провал мирных инициатив «катастрофой для Хэмфри»[8]. Хэмфри и сам подрубил сук, на котором сидел, лишь в сентябре начав немного дистанцироваться от непопулярной политики Джонсона во Вьетнаме. Никсон же, в свою очередь, утверждал, что у него есть тайный план окончания войны, отказываясь при этом сообщать какие-либо детали. В действительности этот план, как позже признавал министр обороны Мелвин Лэйрд, был не более чем идеей бомбить Северный Вьетнам до тех пор, пока тот не капитулирует[9].

В последние дни избирательной кампании Джонсон попытался оживить давно заглохшие переговоры и ради этого приказал прекратить бомбардировки Ханоя. Испугавшись последствий «октябрьского сюрприза», Никсон взял в свой штаб Анну Шеннолт, вдову прославленного генерала Второй мировой Клера Шеннолта. Ее задачей были связи с южновьетнамским правительством. Джонсон установил за ней слежку и выяснил, что она убеждала южновьетнамского президента Нгуен Ван Тхиеу выйти из переговоров, пообещав большую поддержку со стороны Никсона. Джонсон расценил действия Никсона как предательство. Но, не обладая железными доказательствами, Хэмфри недальновидно отказался публично

События, которые эксперты впоследствии назовут «полицейским бунтом». Полиция без разбора избивала антивоенных демонстрантов, журналистов и просто прохожих у места проведения съезда Демократической партии в Чикаго в августе 1968 года.

заявить о махинациях Никсона. «Джонсон был в ярости», — рассказывал советник президента Джозеф Калифано. Не сообщив о «предательстве» Никсона, полагал Джонсон, Хэмфри совершил одну из «самых больших глупостей в истории» — доказал, что он «бесхребетный импотент», чья слабость стоила ему президентства[10].

Меньше чем за неделю до окончания кампании Тхиеу и вице-президент Ки действительно отказались от переговоров, предрешив таким образом судьбу Хэмфри. Много лет спустя Шеннолт, занимавшая должность сопредседателя движения «Республиканки за Никсона», сделала признание относительно своей роли в этом деле. Но до этого было еще далеко. В последние дни перед выборами Джонсон практически перестал поддерживать Хэмфри, считая, что Никсон с большей вероятностью продолжит его политику во Вьетнаме. Он боялся, что Хэмфри будет стремиться к миру любой ценой. Джонсон даже приказал ФБР начать прослушивание телефонов Хэмфри, надеясь заранее узнать, если тот решит в открытую выступить против войны.

У Никсона были свои источники информации. Профессор Гарварда Генри Киссинджер был близким советником губернатора штата Нью-Йорк Нельсона Рокфеллера, противника Никсона на республиканских пер-

Глава 9. Никсон и Киссинджер

Никсон во время предвыборной кампании 1968 года. Воспользовавшись недовольством антивоенными протестами со стороны людей, которых он называл «молчаливым большинством», и заявляя, что у него есть тайный план окончания войны во Вьетнаме, Никсон с минимальным преимуществом победил Губерта Хэмфри.

вичных выборах. Когда Никсон стал кандидатом от партии, Киссинджер едко заметил: «Этот человек — настоящая катастрофа. За него нельзя голосовать, поскольку к катастрофе он нашу страну и приведет». Еще он говорил: «Этот человек просто не подходит на пост президента»[11]. Но это не помешало ему предоставить Никсону информацию, которую тот использовал для попытки срыва парижских мирных переговоров. Он же в начале октября сообщил Никсону о достигнутых там крупных успехах, которые сделали прекращение бомбардировок неизбежным. По его словам, американская делегация в Париже уже открывала шампанское[12].

Киссинджер втерся в доверие и к лагерю Хэмфри. Он сказал Збигневу Бжезинскому, что ненавидит Никсона уже много лет, и предложил Хэмфри доступ к хранившимся у Рокфеллера документам, которые позволят «утопить Никсона в дерьме»[13]. Хэмфри наивно поверил в то, что Киссинджер работает на него, и, как позже сам признался, хотел назначить его советником по национальной безопасности.

Никсона мало интересовала внутренняя политика, которую он однажды назвал «сооружением сортиров в сельской глуши»[14]. Его внутренняя программа была призвана привлечь умеренных консерваторов, дистанцировав Никсона от правых радикалов. Они с Киссинджером решили оставить не у дел «чертовых гомиков»[15] из Госдепа и вести внешнюю политику непосредственно из Белого дома. госсекретаря Никсон выбрал соответствующего: он назначил на эту должность прокурора Уильяма Роджерса, сказавшего ему однажды, что плохо разбирается во внешней политике[16]. Позже Никсон признавал, что именно «невежество позволило ему занять этот пост». «Мало когда госсекретаря назначали только потому, что президент был убежден в его невежестве в вопросах внешней политики», — вторил ему Киссинджер[17]. Именно он следил за тем, чтобы Роджерс не совался в сферу подготовки и принятия решений по самым важным вопросам. Однако политика Никсона–Киссинджера оказалась менее идеологизированной, чем многие ожидали. «Демократия в американском стиле, — заявил Никсон в 1967 году, — не обязательно должна быть лучшей формой правления для Азии, Африки или Латинской Америки. У жителей этих регионов совсем другой менталитет»[18]. «Генри, — говорил он, — пускай с нигерами разбирается Билл (Роджерс). А мы подумаем об остальном мире»[19].

Во время переходного периода Киссинджер дал корпорации RAND Corporation задание проанализировать возможные политические ходы во Вьетнаме. Для этой цели RAND выбрала Дэниела Эллсберга, только что закончившего работу по заказу Макнамары — по изучению действий США во время войны. Позднее именно этот доклад станет известен как «Документы Пентагона». Анализируя эти ходы, Эллсберг категорически исключил вариант применения ядерного оружия: и в принципе, и потому, что считал победу в войне невозможной.

Следующий доклад Эллсберга ставил целый ряд вопросов. В ответ КНШ заявил, что лучшее, на что могут надеяться США, — это сохранение контроля над Южным Вьетнамом на протяжении 8–13 лет, но лишь ценой огромных денег и людских потерь. Столкнувшись с такой перспективой, Никсон решил быстро выйти из войны, но настаивал на том, чтобы сделать это «с честью», пусть даже для этого придется опустошить половину Юго-Восточной Азии[20].

Никсон постепенно перекладывал тяготы войны с плеч американских солдат, число которых к тому времени уже достигло 543 тысяч, на плечи подготовленных ими вьетнамцев, но дал понять Ханою, что его решимость не ослабла. Первым делом он усилил бомбардировки Южного Вьетнама и Лаоса, а затем, в марте 1969 года, начал наносить удары по тайным вьетнамским лагерям в Камбодже.

Глава 9. Никсон и Киссинджер

Южновьетнамские солдаты проходят подготовку под руководством американских инструкторов в 1970 году. В апреле 1969 года Никсон одобрил план вывода американских войск и замены их вьетнамцами, обученными и вооруженными США. В случае неудачи Никсон был всегда готов «сыграть в безумца»: начать грозить Северному Вьетнаму ядерным ударом.

Никсон хотел показать, что не собирается ограничивать себя так, как это делал его предшественник, и что в случае провокаций он может действовать иррационально. Объясняя в 1968 году свою «теорию безумия» Бобу Холдеману, он подчеркивал важность угрозы применения ядерного оружия[21].

И было не ясно, всегда ли он блефовал. После совещания по ядерному оружию, на котором присутствовал бывший тогда вице-президентом Никсон, Роберт Оппенгеймер сказал своему другу, что он «только что вернулся со встречи с одним из самых опасных людей, которых видел в жизни»[22]. И действительно, Никсон поддерживал идею использования атомной бомбы для того, чтобы помочь французам в Дьенбьенфу.

Боясь протестов общественности в отношении бомбардировок Камбоджи, США разработали сложную систему двойных целей для сокрытия доказательств. Каждый день майор Хэл Найт, командовавший радарами на авиабазе в Бьенхоа, получал дублирующие цели и передавал их пилотам, давшим подписку о неразглашении. Ни дежурный связист, ни офицеры разведки не знали, что доклады были ложными и удары по заявленным целям во Вьетнаме не наносились. Найт, знавший, что своими действиями нарушает дисциплинарный устав, в итоге проинформировал о них конгресс в 1973 году[23].

Когда *New York Times* сообщила о бомбардировках тайных лагерей в Камбодже в апреле 1969 года, Киссинджер назвал Лэйрда «сукиным сыном» и обвинил его в утечке информации. Не менее разозленный Никсон приказал Эдгару Гуверу прослушивать телефоны трех главных советников Киссинджера, одного чиновника Министерства обороны и четырех журналистов. Впоследствии список мог быть расширен[24].

В случае если бомбардировки и угрозы не смогут сломить НФОЮВ и его северных союзников, Никсон и Киссинджер планировали нанести массированный удар. Вместе с начальником штаба ВМС адмиралом Томасом Мурером Никсон втайне от Лэйрда разработал план операции «Наживка»[25]. Никсон так проинструктировал комитет СНБ по оценке риска этого плана: «Я отказываюсь верить, что четверосортное государство вроде Северного Вьетнама невозможно сломить... Задача группы — изучить возможность нанесения яростного, решающего удара по Северному Вьетнаму. Вы должны действовать без какого бы то ни было предубеждения»[26].

Роджер Моррис, координатор этой группы, лично видел планы нанесения ядерных авиаударов по двум позициям на севере. «Слово "ярость" фигурировало постоянно... яростный и решительный удар по Северному Вьетнаму, чтобы заставить его сдаться», — отмечал он[27]. Холдеман же однажды сказал специальному советнику президента Чарльзу Колсону, что «с весны по осень 1969 года Киссинджер проталкивал решение о нанесении ядерного удара». Лэйрд говорил, что Киссинджер всегда рассматривал угрозу применения ядерного оружия «в качестве одного из вариантов»[28]. Но даже без применения ядерного оружия жестокость «Наживки» поражала. В число возможных вариантов входили вторжение в Северный Вьетнам, массированные бомбежки Ханоя и Хайфона, минирование порта Хайфон, а также бомбардировка северовьетнамских плотин для уничтожения запасов продовольствия в стране. В начале августа Киссинджер тайно встретился с вьетнамцами в Париже и передал ультиматум: «Если к 1 ноября не будет достигнут значительный прогресс на переговорах, мы с сожалением будем вынуждены принять меры, последствия которых будут исключительно серьезными»[29]. 2 октября Киссинджер направил Никсону сверхсекретную докладную записку, в которой говорилось: «Мы должны быть готовы к любым необходимым

Глава 9. Никсон и Киссинджер

действиям... Наши действия должны быть жестокими, если мы хотим заставить Ханой осознать его положение»[30].

Состоявшаяся в конце сентября встреча Киссинджера с советским послом А. Ф. Добрыниным была прервана заранее запланированным звонком Никсона, после разговора с которым Киссинджер предупредил Добрынина: «К сожалению, все попытки переговоров провалились. Президент только что сказал мне, что поезд тронулся и набирает скорость»[31].

К счастью, поезд отбуксировали назад к вокзалу. По целому ряду причин, включая сопротивление Лэйрда и Роджерса, неуверенность в эффективности военных мер и рост антивоенных настроений, уже приведший к массовым протестам, Никсон в итоге отказался от проведения «Наживки». «Мой ультиматум имел единственный шанс на успех, — рассуждал он, — если бы удалось убедить коммунистов, что меня полностью поддерживают дома. Однако перспективы такой поддержки были очень малы, учитывая, как усилилось антивоенное

Взрыв бомбы в Одаре (Камбоджа) в ноябре 1970 года. Никсон и Киссинджер начали тайные бомбардировки Камбоджи в марте 1969-го. По мнению Никсона, они должны были «разбомбить этих чертей в Камбодже, послать наземные войска и держать все в тайне» от конгресса и «пацифистов».

движение»³². Так что заявления о «ярости» и решимости были весьма опрометчивы.

13 октября 1969 года Никсон в обстановке секретности объявил в сухопутных войсках США ядерную тревогу. Бомбардировщики стратегической авиации с ядерными бомбами на борту были размещены на военных базах и гражданских аэродромах, ожидая приказа об атаке. 32 B-58, 144 B-52, а также 189 заправщиков КС-135 пребывали в состоянии полной готовности. Никсон давал понять Советам, что готов резко усилить давление на Ханой, лишь бы вынудить вьетнамцев к переговорам³³. Лэйрд считал, что в отношении ДРВ это бесполезно, а в отношении Советов и вовсе безрассудно — ведь те могли неправильно истолковать американские намерения. И все же США упорно продолжали эскалацию вплоть до 25 октября, загружая все больше самолетов ядерными боеприпасами и размещая их на взлетно-посадочных полосах стратегической авиации. На следующий день B-52 с ядерными зарядами на борту начали полеты над Арктикой в опасной близости от советских границ. Американское руководство почти ничего не знало о том, что в тот момент СССР был на грани войны с Китаем вследствие пограничного конфликта. СССР даже информировал США о своей готовности нанести превентивный удар по китайским ядерным объектам, подтверждая слова Кеннеди и Джонсона десятилетней давности. Китай мобилизовал почти миллион солдат и был готов ответить на советское нападение ядерным ударом. Так что Советы вполне могли расценить провокацию Никсона не как сигнал по Вьетнаму, а как настоящее нападение, скоординированное с Китаем.

Позднее Моррис признал, что «Наживка» была полнейшим безумием: «КНШ смеялся над этой хренотенью еще много лет. Она была очередной попыткой быстро решить проблему, не имевшую быстрых решений… Это было военно-политическое фиаско, произошедшее из-за того, что некоторые — как бы сказать помягче? — не слишком выдающиеся умы в Пентагоне попытались решить проблему военным путем»³⁴. Даже «ястреб» Эдвард Теллер считал вариант с ядерным ударом «нерациональным». Позже он сказал в одном интервью: «Использовать ядерное оружие во Вьетнаме планировала лишь кучка идиотов. И они были идиотами в прямом смысле этого слова»³⁵.

Никсон решил сорвать планировавшиеся на октябрь и ноябрь антивоенные марши. Белый дом стал распространять слухи о вмешательстве коммунистов. Оплаченные Белым домом группы сторонников войны собирались в местах проведения этих маршей. Число агентов, прони-

Глава 9. Никсон и Киссинджер

кавших в ряды антивоенных групп, было увеличено. Была развязана травля конгрессменов, выступавших против войны. Загнанный в угол президент даже пытался умилостивить антивоенное движение, объявив о дальнейшем сокращении воинского контингента во Вьетнаме, приостановив призыв в армию и уволив одиозного главу призывной комиссии Льюиса Херши, чье заявление о намерении забирать в армию протестующих вызвало гнев активистов.

Несмотря на столь беспрецедентные усилия, 15 октября на демонстрации вышло не менее 2 миллионов человек по всей стране. Никсон вспоминал: «И хотя на публике я игнорировал нараставшие вокруг войны противоречия, я отдавал себе отчет в том, что они, возможно, подорвали веру в серьезность моего ультиматума Ханою»[36].

Мнения в американском обществе относительно войны и многих других вопросов разошлись так сильно, что кое-кто заговорил о гражданской войне. Университетские городки были на передовой этой борьбы. Демонстрации, митинги и забастовки вспыхнули в сотнях кампусов. Представители правительства и промышленности появлялись там на свой собственный страх и риск.

Активисты осуждали неэтичность использования науки для выполнения военных планов. Ученые, чьи действия вызвали эти протесты, часто сами же их и возглавляли. Американская ассоциация содействия развитию науки (ААСРН) — крупнейший научный форум страны, объединявший более 100 тысяч членов, — была первым объединением интеллигенции, принявшим в декабре 1965 года антивоенную резолюцию. В ней говорилось:

> «Продолжение вьетнамской войны, с каждым днем увеличивающей риск глобальной катастрофы, угрожает не только жизням миллионов, но также нравственным нормам и целям, к достижению которых мы стремимся... Помимо обеспокоенности, которую мы разделяем с остальными гражданами, мы, как ученые, хотим также указать, чего стоит война научным исследованиям. Как и все научное сообщество, научно-исследовательские институты не могут действовать эффективно и могут понести серьезный ущерб в обществе, которое расходует большую часть ресурсов на военные цели»[37].

В последующие годы сопротивление ученых лишь усилилось. В январе 1966 года 29 ученых из Гарварда, Массачусетского технологического института (МТИ) и других вузов осудили правительство за применение химикатов для уничтожения посевов во Вьетнаме. В заявлении, с которым выступил гарвардский биохимик Джон Эдселл, правительству вменялось в вину варварское применение оружия, которое поражает всех без разбора. «Тот факт, что мы начинаем прибегать к подобным методам, — обвинял ученый, — показывает, сколь низко пали наши моральные нормы. Подобные атаки противны всему цивилизованному человечеству, и они вызовут ненависть к нам и в Азии, и во всем остальном мире»[38]. ААСРН призвала Макнамару прекратить распыление химикатов, а Джонсон получил петицию с теми же требованиями от 5 тысяч ученых, среди которых было немало нобелевских лауреатов.

В апреле 1967 года издающийся ААСРН журнал *Science* сообщил, что Министерство обороны ощущает проблемы с наймом ученых для военных исследований. Бывший военный исследователь из Стэнфорда объяснял: «Умники вроде нас ненавидят вьетнамскую войну. Научное сообщество склонно поддерживать силы жизни, а не смерти»[39]. В последующие несколько лет именно метафора «сил жизни, а не смерти» использовалась учеными для объяснения своего неприятия войны.

В апреле 1968 года, когда Джонсон объявил о том, что не намерен идти на повторные выборы, ученые выразили поддержку антивоенному кандидату Юджину Маккарти. В мае было создано движение «Ученые и инженеры за Маккарти». Взносы в этом движении платили 5 тысяч человек, среди которых были 115 членов престижной Национальной академии наук и 12 нобелевских лауреатов. Разочарованные сторонники Хэмфри объявили об отказе от попыток завоевать поддержку ученых. С республиканской же стороны ни Ричард Никсон, ни Нельсон Рокфеллер даже не делали подобных попыток.

В январе 1969 года выпускники и преподаватели МТИ призвали к общенациональному прекращению исследований 4 марта, чтобы показать обществу, «какую угрозу неправильное использование научных и технических знаний может представлять для существования человечества»[40]. Их поддержало около 30 университетов. События в МТИ стали кульминацией антивоенного движения. Ораторы один за другим подчеркивали важность того, чтобы ученые принимали ответственность за социальные последствия своих исследований. Наиболее пылким было обращение гарвардского биолога Джорджа Уолда, которое газета *Boston Globe* назвала «вероятно, самой важной речью нашего времени». Уолд заявил, что целью любого правительства должно быть сохранение жизни, но «наше правительство заботится

Глава 9. Никсон и Киссинджер

о смерти и подготовке к ней. Мы — ученые, и мы выбираем жизнь», — сказал он[41].

События весны усилили недоверие общества к науке. Примером этого стали девятидневный захват лаборатории прикладной электроники Стэнфордского университета и возросшее число скандалов вокруг применения химического и биологического оружия во Вьетнаме, что вынудило правительство Никсона пойти на частичную приостановку использования такого оружия.

Никсон продолжал грозить, но ни Москва, ни Ханой не принимали его угрозы всерьез. Нгуен Ко Тхать, министр иностранных дел ДРВ, заявил, что он читал книги Киссинджера. «Это Киссинджер начал убеждать противника в том, что ложные угрозы реальны. И это была хорошая мысль. Хуже, если ты угрожаешь противнику всерьез, а он считает твои угрозы ложными. Я говорил Киссинджеру: "Ложь или правда — нам, вьетнамцам, все равно. Ведь есть третья категория людей — те, кого не волнует, правдивы ли ваши угрозы или же вы лжете"». Тхать даже поставил под сомнение заявление Киссинджера о том, что в августе он вручил вьетнамцам ультиматум: «Киссинджер никогда не угрожал нам во время секретных переговоров. Если бы он так поступил, мы бы просто развернулись и ушли. Мы прекратили бы переговоры. Их угрозы бесполезны просто потому, что мы знаем: они не смогут остаться во Вьетнаме навсегда, а вот Вьетнам всегда останется Вьетнамом»[42].

Тхать понимал ту основополагающую истину, которую не смогло осознать руководство США: вьетнамская война была вопросом времени, а не территории или числа жертв. США причинили невероятные разрушения. Они победили во всех основных сражениях. Но они не могли выиграть войну. Время было на стороне вьетнамцев: им не нужно было побеждать американцев. Им нужно было просто пересидеть их. Они были готовы заплатить любую цену за свободу и независимость. И в итоге они победили. Много лет спустя вьетнамский генерал Во Нгуен Зиап объяснял:

> «Мы победили в войне потому, что всегда предпочитали смерть рабству. Наша история это доказала. Нашим главным чаянием всегда было самоопределение. Этот дух всегда давал нам стойкость, храбрость и изобретательность перед лицом могущественного врага.
>
> В военном отношении американцы были гораздо сильнее нас. Но они повторили ошибку французов — недооценили вьетнамские силы сопротивления. Когда американцы начали воздушные налеты, дядя Хо сказал:

"Американцы могут послать сотни, даже миллионы солдат. Война может длиться 10, 20 лет и больше, но наш народ будет сражаться, пока не победит. Они могут уничтожать дома, деревни, города, но нас им не запугать. А после того как мы вновь получим независимость, мы поднимем нашу страну из руин, и она станет еще красивее"»[43].

Заправилы американской политики высокомерно считали, что превосходство США в ресурсах, технике и огневой мощи поможет им победить потому, что вьетнамцы, испытавшие такие страдания, сочтут цену победы слишком высокой. Частично вина за незнание американцами истории Вьетнама и непонимание ими культуры этой страны лежит на Никсоне. Как член вашингтонского «китайского» лобби — группы антикоммунистических фанатиков в конгрессе, армии, СМИ и бизнесе, обвинявших Госдепартамент в «потере» Китая в 1949 году, — Никсон в 1950-е изгнал из Госдепа большинство знающих советников по Китаю и Восточной Азии. Говоря об ошибках, допущенных США во Вьетнаме, Макнамара признавал:

«Я никогда раньше не посещал Индокитай и никогда не понимал и не ценил его историю, язык, культуру или убеждения. В той или иной мере это можно сказать и о... Кеннеди... Раске... Банди... Тейлоре и многих других... Когда дело дошло до Вьетнама, мы поняли, что пытаемся вести политику в регионе, бывшем для нас terra incognita.

И, что еще хуже, в нашем правительстве не было специалистов, с которыми можно было бы посоветоваться... Ирония заключается в том, что подобная ситуация сложилась после того, как главные в Госдепартаменте эксперты по Восточной Азии и Китаю — Джон Паттон Дэвис-младший, Джон Стюарт Сервис и Джон Картер Винсент — лишились своих должностей в ходе маккартистской истерии 50-х... Мы, уж во всяком случае я, категорически не поняли намерений Китая и приняли его воинственную риторику за стремление к региональной гегемонии. Точно так же мы недооценили и националистический аспект движения Хо Ши Мина»[44].

Невежество в отношении противника проявлялось на всех уровнях. Вьетнамцы же изо всех сил старались понять американцев. Американский пехотинец Лэрри Хайнеманн, впоследствии получивший Национальную литературную премию за свою книгу «История Пако», присутствовал на литературной конференции в Ханое в 1990 году, где встретил профессора американской литературы Ханойского университета Нгуен Льена. Хайнеманн вспоминает их разговор:

Глава 9. Никсон и Киссинджер

«Я спросил его, что он делал во время войны... Он ответил, что ему поручили отправиться в Пекин и выучить английский язык, а затем — в Московский университет для изучения американской литературы. Затем он вернулся в Ханой, откуда направился на "тропу Хо Ши Мина"* и читал там лекции по американской литературе солдатам, отправлявшимся на юг... Он рассказывал им об Уитмене, Джеке Лондоне, Хемингуэе, Фолкнере, Фицджеральде.

Многие вьетнамские солдаты носили в ранцах переводы американской литературы. Ле Минь Кхюе, молодая женщина, занимавшаяся во время войны разминированием "тропы Хо Ши Мина", читала Хемингуэя. Затем профессор Льен задал мне вопрос: "А какую вьетнамскую литературу изучали в американской армии?" Мне стало так неудобно, что я горько рассмеялся и чуть не подавился пивом»[45].

В то время как американское руководство и солдаты оставались в неведении относительно страны, в которую они вторглись, простые американцы узнавали все больше и больше о гнусностях войны, на которую уходят их налоги. С приближением мобилизации 15 ноября независимый журналист Сеймур Херш сообщил, что американские войска убили 500 мирных жителей южновьетнамской деревушки Милай (Май-Лэ) из крестьянской общины Сонгми, которую американские солдаты из-за поддержки населением Вьетконга прозвали «Пинквиллем»**. Многие женщины были изнасилованы. Резня длилась так долго, что солдаты делали перерыв между убийствами и изнасилованиями, чтобы поесть и покурить. За все это время в их сторону не было выпущено ни одной пули.

В тот день американские солдаты были на типичном задании типа «найти и уничтожить» в деревне Сонгми. Они обнаружили деревню, население которой практически полностью состояло из женщин, детей и стариков. Большинство убийств было совершено солдатами 1-го взвода под командованием лейтенанта Уильяма Келли. Резня прекратилась, когда Хью Томпсон посадил свой вертолет между озверевшими солдатами и убегающими вьетнамцами, которых те хотели убить. Томпсон приказал членам своего экипажа Лэрри Колберну и Гленну Андреотте открыть огонь по американским солдатам, если те попытаются напасть

---

* «Тропа Хо Ши Мина» — принятое в США обозначение маршрута в труднодоступной местности, связывавшего север и юг Вьетнама.

** От слова pink — «розовый»: цвет, который из-за близости к красному ассоциируется с симпатиями к социализму.

Тела вьетнамцев, убитых во время резни, устроенной солдатами США в Милае. В ноябре 1969 года американцы узнали от журналиста Сеймура Херша, что год назад войска их страны зверски убили не менее 500 мирных жителей деревни, населенной в основном женщинами, детьми и стариками.

на вьетнамцев, которых он выводил из землянки. Колберн вспоминал: «Это были старики, матери, дети, младенцы... Солдаты приходят в деревню и начинают насиловать женщин, убивать детей, убивать всех подряд... Это не просто убийство мирных жителей. Их еще и пытают. Солдаты разве что не жарили и не ели этих людей. Как можно дойти до такого?»[46]

Этот отвратительный инцидент пытались скрывать более года. И правда могла так никогда и не выйти на поверхность, если бы не решимость ветерана Рона Риденаура, которого так возмутило известие о резне, что, вернувшись в США, он написал длинное письмо, которое разослал 30 конгрессменам, а также гражданским и военным чиновникам.

До письма Риденаура армии удавалось хранить эту историю в тайне, несмотря на то что о ней знали не менее 50 офицеров и генералов. Официальные СМИ игнорировали ее до тех пор, пока свет на историю не пролил Херш с помощью независимой «Службы распространения новостей» — после того как крупнейшие издания отказались печатать его статьи.

Глава 9. Никсон и Киссинджер

Американцы были шокированы новостью и возмущены абсурдностью и непрерывно возрастающим антигуманным характером войны. Мать одного из участников резни в Сонгми, крестьянка из Индианы, сказала репортеру: «Я отдала им доброго мальчика, а они вернули мне убийцу»[47].

Никсон жаловался на то, какую плохую рекламу армии сделали эти новости, и твердил заместителю своего помощника Александру Баттерфилду: «Это все дело рук поганых жидов из Нью-Йорка»[48].

Случай в Сонгми был наиболее вопиющим, однако массовые убийства мирного населения происходили ежедневно. Специалист четвертого класса* Том Глен, служивший в минометном взводе, описывал ставшую привычной жестокость в письме к генералу Крейтону Абрамсу, командующему американскими войсками во Вьетнаме:

> «Отношение большинства солдат к вьетнамцам слишком часто было прямо противоположно ценностям, провозглашаемым нашей страной... они просто теряли человеческий облик...
>
> [Американцы] просто ради развлечения без разбору стреляли по домам, а людей убивали без всякой причины... Солдаты стреляли с истеричной ненавистью и допрашивали людей, зная по-вьетнамски лишь одну фразу: "Ты — вьетконговец". Во время допросов пленников обычно избивали, пытали, угрожали казнью».

Письмо Глена было направлено в Чулай майору Колину Пауэллу, который проигнорировал все его жалобы. «Прямым опровержением изложенного, — заключил он, — является тот факт, что между американскими солдатами и вьетнамским населением установились прекрасные отношения»[49].

Антивоенное движение продолжало расти. В ноябре 1969 года 750 тысяч протестующих прошли маршем на Вашингтон. Еще 150 тысяч митинговали в Сан-Франциско. Но, несмотря на массовость этих выступлений, бесчеловечность войны перехлестнула за пределы поля боя, ожесточив сердца населения в целом. 65 % американцев сказали социологам, что их не волнует резня в Сонгми. Бесчувственность, которая, как красноречиво подметил Дуайт Макдональд, некогда возникла в результате чудовищных

---

* Специалист четвертого класса — сержантское звание в Вооруженных силах США. В отличие от сержантов специалисты не командуют боевыми подразделениями, а занимают должности, связанные с обслуживанием техники.

бомбардировок японских городов, вновь поселилась в душах большей части американцев.

Новости из Сонгми открыли дверь целому потоку шокирующих историй. Общество узнало о «зонах свободного огня», в которых разрешалось стрелять по всему, что движется. Узнало о тысячах человек, убитых ЦРУ в рамках операции «Феникс», и о «тигриных клетках», в которых политзаключенных держали, как животных. Оно узнало о более чем 5 миллионах вьетнамских крестьян, вывезенных в лагеря, опутанные колючей проволокой, о повсеместных жестоких пытках и многих других преступлениях, которые возмутили по крайней мере некоторых американцев, выступивших с призывом судить военных преступников.

Но хотя растущие антивоенные настроения и заставили Никсона отказаться от проведения операции «Наживка», 30 апреля 1970 года он объявил о начале совместного американо-южновьетнамского наземного вторжения в Камбоджу, целью которого было уничтожение северовьетнамских баз, расположенных вдоль границы. Он настаивал на том, что США не будут действовать как «жалкий, беспомощный гигант»[50].

Никсон готовил себя к принятию решения, поглощая спиртное в огромных количествах и не отрываясь от фильма «Паттон», который он крутил раз за разом. Он казался очень возбужденным, когда на следующее утро явился на совещание в Пентагон. Сначала он назвал протестующих студентов «оборванцами... разваливающими университетские городки... сжигающими книги»[51]. На протяжении встречи он постоянно прерывал членов КНШ, раз за разом повторяя, что он «разнесет в щепки все эти тайные лагеря». Он объявил: «Вы должны вдохновлять людей смелыми решениями. Храбрые решения создают историю. Вот и Тедди Рузвельт на холме Сан-Хуан* — небольшое событие, но значительное, и люди о нем узнали». Свою перемежавшуюся ругательствами речь он закончил фразой: «Взорвем их всех к чертям». Члены Комитета начальников штабов Лэйрд и Киссинджер изумленно смотрели на него[52].

Протесты в кампусах вспыхнули с новой силой. Студенты и преподаватели начали забастовку. Более трети колледжей прекратили занятия. Вспыхнуло насилие. Национальная гвардия штата Огайо открыла огонь по протестующим в Кентском университете, убив четверых и ранив девять

---

* Решающая битва испано-американской войны конца XIX века.

Глава 9. Никсон и Киссинджер

Никсон объявляет о вторжении в Камбоджу на пресс-конференции 30 апреля 1970 года. Решение президента вызвало ярость в университетских кампусах по всей стране и спровоцировало целую волну протестов.

человек. Полиция Миссисипи начала стрелять по толпе протестующих в Джэксоновском колледже, убив двоих и ранив 12 человек.

Протесты и жестокие столкновения распространились более чем на сотню кампусов. *Washington Post* писала: «Эмоции били через край. Страна стала свидетелем того, как молодежь в колледжах собралась на всеобщую стихийную забастовку»[53]. Тысячи протестующих двигались на Вашингтон. Киссинджер назвал столицу «городом на осадном положении», где «рушатся... сами основы государства»[54]. Министр внутренних дел Уолтер Хикель призвал Никсона прислушаться к требованиям протестующих. Когда его письмо попало в прессу, Никсон уволил министра.

Более 200 американских дипломатов подписались под петицией с требованием отказаться от вторжения в Камбоджу. «Всех уволить!» — приказал Никсон. Четверо главных помощников Киссинджера подали в отставку в знак протеста. Так же поступил и консультант СНБ Мортон Гальперин. Моррис сожалел, что не вышел к прессе с документами, поскольку думал, что Киссинджер сопротивляется влиянию Никсона. Он сказал Дэниелу Эллсбергу: «Мы должны были открыть архивы и во всеуслышание заявить о кровавых убийствах, поскольку таковы все события во Вьетнаме»⁵⁵. Позже он пришел к мнению, что жестокость Киссинджера не знала границ.

Гарвардская делегация, состоявшая из друзей Киссинджера, объявила, что больше не намерена служить ему в качестве советников. Томас Шеллинг объяснял: «Как мы видим, у нас есть две возможности: президент либо не понимает, что, входя в Камбоджу, он вторгается еще в одну страну, либо прекрасно понимает это. Единственное, чего мы не знаем, — который вариант хуже»⁵⁶.

Поведение Никсона становилось все более нелепым. В пять часов вечера он в сопровождении своего слуги посетил мемориал Линкольна, где поругался с протестующими студентами. Киссинджер боялся, что у Никсона случится нервный срыв. Находясь под нарастающим давлением, Никсон объявил, что все боевые части будут выведены из Камбоджи до конца июня. Как признал председатель КНШ Мурер, «все постоянно оглядывались на шумных радикалов. И это приводило к задержкам и ограничениям в принятии решений»⁵⁷. Но бомбардировки все равно усиливались, опустошив большую часть Камбоджи.

Белый дом бросался заявлениями относительно его права нарушать закон в целях предотвращения раскола в стране. На сенатских слушаниях Том Хьюстон, начальник службы внутренней безопасности Белого дома, объяснял: «Именно моим мнением было то, что четвертая поправка* не должна применяться к президенту в случаях, когда дело касается внутренней либо национальной безопасности»⁵⁸. Когда Дэвид Фрост позже обвинил Никсона в нарушении закона, тот ему просто ответил: «Если закон нарушает президент, значит, закон не нарушен»⁵⁹. Много лет спустя тот же аргумент использовал для оправдания своих незаконных действий Джордж Буш-младший.

Никсон также оправдал свержение демократически избранного правительства в Чили. Для Латинской Америки случай Чили был уникальным: демократическое правление в стране существовало непрерывно с 1932 года. Но Никсон и Киссинджер быстро изменили такое положение вещей. Важность Чили заключалась в том, что страна была крупнейшим в мире производителем меди, а ее добыча находилась под контролем двух американских компаний — Kennecott и Anaconda. В 1964 году ЦРУ,

---

* Четвертая поправка к Конституции США запрещает произвольные обыски и аресты и устанавливает строгий порядок их проведения. Здесь речь идет о том, что в борьбе с противниками войны Никсон приказывал обыскивать и арестовывать кого угодно и за что угодно.

активно вмешивавшееся в дела страны уже шесть лет, помогло центристу Эдуардо Фрею победить на президентских выборах социалиста Сальвадора Альенде. В последующие годы США потратили миллионы долларов на поддержку антикоммунистических групп и предоставили 163 миллиона вооруженным силам страны. Таким образом, Чили стала второй по объемам финансовых вливаний страной Латинской Америки, уступая только Бразилии, прогрессивное правительство которой США помогли свергнуть в 1964 году. Помимо этого, США подготовили в качестве бойцов карательных отрядов 4 тысячи чилийских военных в Школе Америк, расположенной в Зоне Панамского канала, а также на территории различных американских военных баз[60].

Если Кеннеди и в какой-то мере даже Джонсон пытались работать с демократическими элементами в регионе, Никсон и Киссинджер предпочли использовать грубую силу. Никсон сообщил СНБ: «Я никогда не соглашусь с политикой снижения роли военных в Латинской Америке. Они — тот центр силы, на который мы можем оказывать влияние. На других, интеллектуалов, мы влиять не можем»[61].

Альенде вновь пошел на выборы в 1970 году, пообещав перераспределить богатства и национализировать американские компании, которые контролировали экономику, подобно ИТТ*. Понукаемый владельцем банка *Chase Manhattan Bank* Дэвидом Рокфеллером и бывшим директором ЦРУ, а ныне членом совета директоров ИТТ Джоном Маккоуном, Киссинджер приказал послу США Эдварду Корри и главе местного бюро ЦРУ Генри Гекшеру не допустить Альенде к власти. Гекшер заручился поддержкой чилийского магната Августина Эдвардса, владевшего медными рудниками, заводом по розливу пепси-колы и крупнейшей в Чили газетой *El Mercurio*. ЦРУ начало широкомасштабную пропаганду, целью которой было убедить чилийцев, что Альенде собирается разрушить демократию. Позднее Корри критиковал некомпетентность ЦРУ: «В жизни не видел такой ужасающей пропагандистской кампании. Я говорил, что идиотов, причастных к началу "кампании страха"... нужно гнать из ЦРУ за непонимание Чили и чилийцев»[62]. Несмотря на все усилия США, Альенде сумел на выборах победить обоих своих соперников. Когда Киссинджер сказал Никсону, что Роджерс хочет «попробовать найти общий язык с Альенде», тот выкрикнул: «Не давай им такой возможности»[63].

---

* «Интернэшнл телефон энд телеграф», международный филиал американской монополии «Америкэн телефон энд телеграф» (АТТ).

15 сентября, во время встречи с министром юстиции Джоном Митчеллом и Киссинджером, Никсон приказал директору ЦРУ Хелмсу «не допустить Альенде к власти либо свергнуть его». Он распорядился использовать «лучших агентов» и заверил, что его «не интересует возможный риск». «Заставьте их экономику трещать по швам», — распорядился он. Он отдал Хелмсу приказ начать планирование переворота, не уведомляя об этом Роджерса, Лэйрда, «Комитет 40»*, а также пятерых членов экспертной группы Киссинджера, задачей которой был надзор за тайными операциями ЦРУ. Маккоун сообщил Киссинджеру, что генеральный директор ИТТ предлагает ему миллион долларов за поддержку[64].

Никсон приказал ЦРУ вести операцию в двух направлениях. Первое состояло из двух компонентов: пропаганды, призванной напугать чилийское общество последствиями прихода к власти Альенде, а также подкупа депутатов чилийского конгресса, чтобы те заблокировали подтверждение его полномочий**. Второе заключалось в подготовке военного переворота. Помощник госсекретаря по межамериканским делам Чарльз Мейер, Гекшер и Вирон Ваки, главный советник Киссинджера по Латинской Америке, — все были против варианта с переворотом. Пытаясь убедить Киссинджера, Ваки написал ему: «То, что мы предлагаем, — это прямое нарушение принципов и основ нашей собственной политики... Если эти принципы хоть что-то значат, то мы можем отступать от них только в случае крупнейшей прямой угрозы нашей безопасности, например в случае, когда на карте стоит наше выживание. Разве Альенде представляет смертельную угрозу США? Подобный вздор даже трудно обсуждать»[65].

Действительно, Альенде не представлял никакой «смертельной угрозы» для американцев. Анализ проблем национальной безопасности, сделанный по заказу Киссинджера, заключил, что «у США нет жизненно важных национальных интересов в Чили», а приход к власти правительства Альенде не приведет к существенному изменению баланса сил[66]. Хотя

---
* В 1954 году при СНБ был создан специальный орган, утверждавший крупные операции тайного политического характера. Этот орган, руководимый помощником президента США по вопросам национальной безопасности, носил различные названия (чаще по номерам и датам учреждавших его директив) — «Группа 54–12», «Группа 303», «Комитет по координации операций», «Комитет 40».

** Поскольку ни один из трех кандидатов на выборах не набрал абсолютного большинства, выборы были перенесены в конгресс (парламент) Чили, который избрал Альенде как получившего наибольшее число голосов избирателей.

раньше Киссинджер называл Чили «кинжалом, направленным в сердце Антарктики»[67], теперь он боялся того, что приход к власти демократического правительства социалистов в Чили и успех этого правительства может вызвать цепную реакцию. «То, что происходит в Чили, — полагал он, — может сказаться на всем, что происходит в Латинской Америке и остальных развивающихся странах... а в глобальном плане... на отношениях с СССР»[68].

Киссинджера мало волновали чилийские демократические традиции и свободное волеизъявление народа. Председательствуя на заседании «Комитета 40», он заявил: «Не вижу причин стоять в стороне и смотреть, как страна попадет под власть коммунистов из-за безответственности ее собственного населения»[69].

Руководить чилийской операцией Хелмс назначил резидента ЦРУ в Бразилии Дэвида Этли Филипса. Филипс хорошо подходил для этой работы: он помог свергнуть демократическое правительство в Гватемале и подавить демократическое восстание в Доминиканской Республике. Несмотря на то что на его содержании состояли 23 иностранных корреспондента, он сомневался в успехе. Чилийские депутаты оказались слишком честными, чтобы согласиться на взятку. Он сомневался и в эффективности второго пути. Чилийские военные во главе с генералом Рене Шнейдером были верны конституции и не собирались вмешиваться в политику.

Пропаганда ЦРУ больше подействовала в США, чем в Чили. 19 октября журнал *Time* вышел с ярко-красной обложкой, на которой был изображен Альенде и красовалась надпись: «Чилиец Сальвадор Альенде — марксистская угроза для обеих Америк». *Time* на все лады повторял формулировки ЦРУ, предупреждая, что «если победа Альенде будет признана, а на прошлой неделе это стало неизбежным, выборов в Чили может не быть еще очень долгое время». И даже хуже, сокрушался журнал, — это может означать неизбежный приход к власти коммунистов[70].

Однако впоследствии один внимательный читатель из Сент-Пола (штат Миннесота) по имени Майкл Додж подметил противоречие в переполненной предрассудками статье:

«Сэр, заинтригованный вашим великолепным заголовком, полностью отвечающим духу холодной войны, — "МАРКСИСТСКАЯ УГРОЗА ДЛЯ ОБЕИХ АМЕРИК", — я решил узнать, кто и кому угрожает. Очевидно, что такой угрозой являются американские производители меди, телефонные компании и разномастные хунты. И почему-то я не удивлен. Однако меня возмущает ваше упорное стремление доказать, будто любая форма марксизма, добившаяся

Только что узнавший о своем избрании на пост президента Чили Сальвадор Альенде у своего дома 24 октября 1970 года. Он занял пост 3 ноября. Через два дня Никсон потребовал его свержения.

успеха в любом уголке мира, априори является угрозой. Примером вашей неправоты является Вьетнам. К тому же ваша статья игнорирует очевидное: немарксистские политики в целом не сумели удовлетворить потребности широких масс. Полагаю, следует позволить нашей гуманности преодолеть рефлексы холодной войны и надеяться, что народы Латинской Америки сумеют сами найти решение своих проблем. Мы все равно не сможем им особо помочь»[71].

Тщетность попыток реализации варианта № 1 стала очевидной, и все основные силы были сконцентрированы на варианте № 2. С помощью союзников, подобных Эдвардсу, США продолжали дестабилизировать экономику и политическую систему Чили. «Вы сами просили вызвать в Чили хаос», — телеграфировал Гекшер в Лэнгли. Посол Корри предупредил чилийского министра обороны Серхио Оссу: «Мы сделаем все, что в наших силах, чтобы обречь Чили и чилийцев на крайнюю нищету и лишения». Но даже Корри впоследствии телеграфировал Киссинджеру, что его «ужаснул» переворот. Непоколебимый Киссинджер телеграфировал Хелмсу в бюро ЦРУ в Сантьяго: «Свяжитесь с военными и проинформируйте их, что правительство США хочет военного решения и что мы поддержим их сейчас и будем поддерживать впоследствии… Создайте хотя бы какие-то условия для переворота… Спонсируйте движение военных»[72].

Глава 9. Никсон и Киссинджер

13 октября, после встречи с Киссинджером, директор отдела тайных операций ЦРУ Томас Геркулес Карамессинес телеграфировал Гекшеру: «Политика правительства бескомпромиссно направлена на свержение Альенде путем переворота». Карамессинес приказал бюро в Сантьяго убедить генерала Роберто Вио объединиться с генералом Камило Валенсуэлой и другими заговорщиками. ЦРУ передало оружие и деньги двум помощникам Валенсуэлы для организации похищения генерала Шнейдера — первого шага к перевороту. Но 22 октября Шнейдер был убит. По всей вероятности, это сделали люди Вио. Всего за неделю до этого Никсон заверил Корри, что «прибьет» этого «сукина сына Альенде»[73].

Альенде вступил на свой пост 3 ноября 1970 года: за него проголосовали 153 конгрессмена, против — 24. Через два дня Никсон приказал СНБ свергнуть Альенде: «Если мы позволим... потенциальным лидерам Латинской Америки думать, что они могут поступать так, как в Чили... нам придется туго... В Латинской Америке и мысли не должно быть о том, что они могут делать такие вещи безнаказанно»[74].

Разъяренный неспособностью ЦРУ воспрепятствовать избранию Альенде и вялой реакцией разведки на планы переворота, Никсон решил избавиться от нежелательных элементов. Подогреваемый словами заместителя Киссинджера Александра Хейга, призывавшего его убрать «леваков из окружения Хелмса» и пересмотреть все планы тайных операций, Никсон пригрозил сократить бюджет ЦРУ и уволить Хелмса, если тот сам не проведет чистку. Хелмс выгнал четверых из шести своих заместителей. Никсон приказал ему передать управление ЦРУ одному из оставшихся замов, генералу Роберту Кашмену, а самому остаться в качестве формального руководителя. Хелмс отказался. Он также отказался взвалить на ЦРУ ответственность за провал в отеле «Уотергейт». В итоге Никсон его уволил[75].

Экспортно-импортный банк, Агентство международного развития, Межамериканский банк развития и возглавляемый Макнамарой МБРР прекратили предоставление Чили экономической помощи и займов. Американский бизнес в Чили помог дестабилизировать политическую ситуацию в стране. ЦРУ вновь вступило в игру, спонсируя оппозиционные партии, ведя кампании по пропаганде и дезинформации, а также провоцируя демонстрации и насильственные выступления против правительства. В июле 1971 года чилийский Национальный конгресс ответил национализацией Kennecott and Anaconda и Cerro Mining, а также передачей ИТТ под управление правительства. Чилийские власти сочли, что, учитывая сверхприбыли, которые Kennecott и Anaconda получали на протяжении многих лет, им не положено никаких компенсаций. Один из юристов *Kennecott и Anaconda* жаловался: «Раньше мы имели их. Теперь они поимели нас»[76]. ИТТ тоже не приходилось рассчитывать на компенсации после попыток помешать избранию Альенде и последующих усилий по дестабилизации ситуации в Чили.

4 декабря 1972 года Альенде подал в ООН жалобу на действия США и транснациональных корпораций. В горячей полуторачасовой обвинительной речи, заставившей зал Генеральной Ассамблеи бурно аплодировать и скандировать «Вива Альенде!», чилийский президент подробно рассказал о скоординированных попытках «помешать инаугурации демократически избранного правительства... а затем и свергнуть его». «Эти действия, — заявил он, — нацелены на то, чтобы отрезать нас от остального мира, задушить нашу экономику и парализовать работу основной отрасли нашего экспорта — продажу меди, а также перекрыть нам доступ к источникам международного финансирования». Он говорил о том, что слаборазвитые страны подвергаются безжалостной эксплуатации со стороны транснациональных корпораций:

> «Наша экономика больше не может терпеть положения вещей, при котором больше 80 % ее экспорта находится в руках небольшой группы крупных иностранных компаний, которые всегда ставят свои интересы выше интересов стран, в которых они получают прибыли... Эти компании пользовались чилийской медью на протяжении многих лет, заработав таким образом 4 миллиарда долларов лишь за последние 42 года, в то время как изначальные инвестиции составляли меньше 30 миллионов... Мы столкнулись с силами, которые действуют в тени, не имеют национальной принадлежности, владеют мощным оружием и пользуются огромным влиянием... Потенциально мы являемся богатыми странами, но живем в нищете. Мы ходим, как попрошайки, вымаливаем помощь и кредиты, и при этом от нас вывозят огромные капиталы. Такой парадокс типичен для капиталистической экономики»[77].

Альенде заявил, что из-за «решения Чили вернуть контроль над своими главными ресурсами» международные банки лишают страну доступа к кредитам. «Одним словом, — заявил он, — это можно назвать империалистическим высокомерием». Особенно он выделил возмутительное поведение ИТТ, «капиталы которой превосходят бюджет нескольких латиноамериканских стран, вместе взятых», а также Kennecott Copper, чьи инвестиции, по его данным, в период с 1955 по 1970 год ежегодно

Глава 9. Никсон и Киссинджер

окупались со средним коэффициентом в 52,8 %. Он осудил никому не подконтрольные транснациональные корпорации за развязывание войны против суверенных государств. «Вся политическая структура мира, — предупредил он, — находится под угрозой»[78].

Альенде говорил от имени миллионов латиноамериканцев, десятилетиями безжалостно эксплуатируемых корпорациями США, которые поддерживались американскими дипломатами, военными и разведками. С такими же обвинениями много лет назад выступали генерал Смедли Батлер и Генри Уоллес.

По словам газеты *Chicago Tribune*, посол США в ООН Джордж Буш присоединился ко всеобщей овации и лишь беспомощно повторял: «Мы не считаем себя империалистами. Меня беспокоят заявления о том, что деятельность частных предприятий за рубежом называют империализмом, ведь именно они делают нас сильными». Он также заявил, что США не имеют никакого отношения к бойкоту Чили. Все, чего хотели США, — убедиться, что владельцы национализированных компаний получат справедливую компенсацию.

Ответ ИТТ был столь же лицемерным. Официальный представитель компании заявил: «ИТТ никогда не вмешивалась во внутренние дела Чили... Она всегда уважала желание страны национализировать собственность ИТТ»[79].

Возможно, произнося свою смелую речь в ООН, Альенде сам подписывал свой смертный приговор. В начале 1973 года ЦРУ приказало своим чилийским агентам «завербовать как можно больше чилийских военных, а по возможности их всех, и с их помощью свергнуть правительство Альенде»[80]. Число забастовок и антиправительственных выступлений росло. Чилийское военное командование, возглавляемое генералом Аугусто Пиночетом, запланировало переворот на 11 сентября 1973 года. Когда Альенде узнал, что в стране начался военный мятеж, он выступил с прощальным обращением из президентского дворца: «Я не уйду в отставку... Иностранный капитал и империализм, помноженные на реакционные настроения, создали климат, позволивший армии нарушить традицию... Да здравствует Чили! Да здравствует народ! Это мои последние слова. Я уверен, что моя жертва не будет напрасной. Я уверен, что это по крайней мере станет моральным уроком, немым укором преступлению, трусости и предательству»[81]. Альенде застрелился из подаренной ему винтовки*.

---

* Авторы излагают здесь официальную версию, выдвинутую самим Пиночетом.

На золотой пластине, которой был инкрустирован ее приклад, виднелась гравировка: «Моему дорогому другу Сальвадору Альенде от Фиделя Кастро»[82].

Пиночет захватил власть. После переворота Никсон и Киссинджер обсудили возможный политический ущерб. Говоря по телефону, Киссинджер, собиравшийся на первый матч футбольной команды «Редскинз», пожаловался, что газеты «оплакивают свержение прокоммунистического правительства». «Что бы это значило?» — пробормотал Никсон. «Я имею в виду, что они не рады. Во времена Эйзенхауэра мы были бы героями», — ответил Киссинджер. «Ну, так ты не хуже меня знаешь, что мы не совались в это дело», — сказал Никсон. Киссинджер его поправил: «Да, не совались. Но мы помогли им... создали благоприятные условия». — «Верно... но если люди заинтересуются... они все равно не поверят болтовне либералов... это прокоммунистическое правительство — и все тут», — ответил Никсон. «Именно. И прокастровское», — согласился Киссинджер. «Весь фокус в том, что дело не в союзниках или противниках коммунистов. Дело в том, что правительство было антиамериканским», — сказал Никсон. «Чрезвычайно антиамериканским», — согласился Киссинджер. Он заверил Никсона, что лишь сообщает ему о критике, звучащей в его адрес. Но Никсон и так не обиделся. «Ты сообщаешь мне об этом дерьме потому, что мы уже увязли в нем по уши», — сказал он. «Равно как и в невероятнейшем, грязнейшем лицемерии», — добавил Киссинджер[83].

Пиночет убил более 3200 своих противников*, а в пыточные камеры бросил десятки тысяч. Он установил настоящее царство террора, в котором участвовали и подразделения чилийской армии, называемые «Караваном смерти». Киссинджер проследил за тем, чтобы США быстро признали кровавый режим и предоставили ему помощь. В июне 1976 года он посетил чилийского диктатора и заверил его: «Мы с симпатией относимся к тому, что вы делаете»[84].

Пиночет не ограничивал своих убийц территорией Чили. Через три месяца после визита Киссинджера его агенты убили посла Альенде в США Орландо Летельера и его коллегу из Института политических исследований Ронни Моффит. Взрыв машины, произошедший всего в 14 кварталах от Белого дома, был организован в рамках операции «Кондор» — серии убийств, организованных сетью латиноамериканских разведок, чей главный центр находился в Чили. В заговоре участвовали

---

* Официальная цифра, сообщенная режимом Пиночета. Международные организации считали, что она занижена раз в десять.

Глава 9. Никсон и Киссинджер

Аугусто Пиночет приветствует Киссинджера в июне 1976 года. После свержения Альенде в результате военного переворота, осуществлявшегося при поддержке ЦРУ и по личному приказу Никсона, Пиночет захватил власть и убил более 3200 своих противников, а еще десятки тысяч отправил в пыточные камеры. Киссинджер проследил за тем, чтобы США быстро признали кровавый режим и предоставили ему помощь.

правые правительства Чили, Аргентины, Уругвая, Боливии, Парагвая и Бразилии. А США как минимум упростили связь между главами этих разведок. Операцией руководил полковник Мануэль Контрерас — глава чилийской разведки и внештатный сотрудник ЦРУ, чьи услуги оплачивались управлением по крайней мере один раз. Многие из убитых были вожаками левых партизан. Но, как сообщил Киссинджеру его помощник по межамериканским делам Гарри Шлаудеман, в число жертв попали «практически все противники правительственной политики»[85].

Киссинджер мог прекратить операцию «Кондор» и предотвратить много смертей, включая убийство Летельера и Моффит. 30 августа 1976 года Шлаудеман направил ему меморандум, в котором говорилось: «Мы пытаемся помешать серии международных убийств, которые могут нанести серьезный урон международному статусу и репутации замешанных в них стран»[86]. Киссинджер уже одобрил дипломатические протесты главам Чили, Аргентины и Уругвая, выражая «нашу глубочайшую озабоченность планами убийств оппозиционных политических фигур как в рамках национальных границ стран Южного конуса*, так и за их пределами». Но этот демарш так никогда и не был предпринят, поскольку 16 сентября Киссинджер телеграфировал Шлаудеману об отмене протестов, сообщив, что ему было «приказано отказаться от дальнейших действий по данному вопросу»[87].

В рамках операции «Кондор» отряды убийц выследили и убили более 13 тысяч оппозиционеров за пределами их родных стран. Сотни тысяч были брошены в концлагеря[88].

И хотя Никсона и Киссинджера осуждали за преступную политику во Вьетнаме, Лаосе, Камбодже и Чили, их прославляли за снижение напряженности в других регионах. Одним из примеров была нормализация отношений с КНР.

В мае 1972 года, после триумфального февральского визита в Китай, Никсон отправился в Советский Союз. Обеспокоенные завязывающейся дружбой между США и Китаем советские руководители приняли его тепло. В Москве Никсон и генеральный секретарь ЦК КПСС Л. И. Брежнев подписали Договор об ограничении стратегических вооружений (ОСВ), первый в истории договор по стратегическому оружию, ограничивший каждую сторону двумя районами противоракетной обороны (ПРО) и установивший максимально допустимое число МБР и баллистических ракет подводных лодок (БРПЛ). Договор не смог замедлить рост количества ядерных боеголовок, поскольку не регулировал ракеты с разделяющимися головными частями индивидуального наведения (РГЧИН) — такие ракеты несут по несколько индивидуально наводящихся боеголовок. Равно как и не сделал ничего, что могло бы уменьшить уже существующие арсеналы, которые позволяли каждой из сторон уничтожить другую несколько раз. Но в качестве первого шага он имел огромное символическое значение. Брежнев и Никсон также начали процесс, который привел к признанию границ Восточной Европы в обмен на обещание уважать права человека в рамках Хельсинкских соглашений 1975 года. Они выпустили совместное коммюнике и заявление об основных принципах взаимоотношений. Первый из этих принципов говорил, что обе страны «будут исходить из общего понимания того, что в ядерную эпоху нет альтернативы выстраиванию отношений на основе мирного сосуществования»[89]. Вернувшись в США, Никсон выступил на совместном заседании палат конгресса:

---

* Южный конус — южная часть Южной Америки, формой напоминающая перевернутый конус, расположена под тропиком Козерога. Включает в себя Аргентину, Чили, Уругвай, иногда Парагвай и юг Бразилии.

Глава 9. Никсон и Киссинджер

«Во всем мире растет надежда на то, что в нем больше не будет страха и стремления к войне... Для миллионов американцев всю прошедшую четверть века Кремль символизировал угрозу нашим чаяниям, а для миллионов русских американский флаг долго был символом зла. Еще совсем немного времени назад никто бы не поверил, что эти два внешне несовместимых символа можно будет увидеть вместе так, как мы видели их всего несколько дней назад... Три пятых всего населения Земли провели всю свою жизнь в тени ядерной войны... В предыдущую пятницу в Москве мы стали свидетелями начала конца этой эры»[90].

Н.С. Хрущев, который помог проторить дорогу к этим фундаментальным изменениям, не успел их увидеть. Он умер от сердечной недостаточности в сентябре предыдущего года. Последние годы жизни он провел на своей даче, критикуя советское правительство за его жесткую борьбу с инакомыслием. Особенно рассердила советское руководство публикация им мемуаров за рубежом. Изданные на Западе под названием «Хрущев вспоминает», они стали бестселлером. В этой книге Хрущев с грустью размышлял о мирном сосуществовании, к которому стремились они с Кеннеди. Центральный комитет КПСС решил не афишировать его погребение, похоронив Хрущева на неприметной аллее одного из московских кладбищ. Памятник ему появится лишь четыре года спустя.

17 июня 1971 года США подписали с Японией договор, позволивший той вернуть в мае 1972-го в свой состав Окинаву. За США оставалось право использовать остров в качестве базы для операций во Вьетнаме и склада ядерного оружия. Жители Окинавы согласились. По условиям договора США продавали Окинаву назад Японии, но сохраняли на ней свои базы для ведения боевых действий в регионе. Иными словами, Япония не только была вынуждена выплатить США непомерную цену за «выкуп» острова, но и соглашалась ежегодно платить немалые суммы, необходимые для содержания баз. В любой другой стране Соединенные Штаты либо сами платят за возможность размещения баз на ее территории, либо по крайней мере выделяют часть необходимой суммы. Мало того, премьер Эйсаку Сато нарушил условия договора, позволив США разместить на острове не только склады, но и боевые соединения с ядерным оружием.

Конфликт вокруг Окинавы длился более десятилетия. В 1960 году Соединенные Штаты и Япония заключили Договор о взаимном сотрудничестве и гарантиях безопасности, известный также под японской

Никсон и японский премьер-министр Эйсаку Сато. Сторонник американской идеи ремилитаризации Японии, в июне 1971 года Сато нарушил условия договора о возвращении Окинавы Японии, тайно позволив США развертывание на острове ядерного оружия.

аббревиатурой АМПО, санкционировавший продолжение американской оккупации Окинавы и сохранение американских военных баз на территории всей страны. Оппозиция была столь острой, а протесты столь массовыми, что правительство премьера Нобусукэ Киси, старшего брата Сато, было вынуждено подать в отставку. Киси также совершил грубую ошибку, заявив в японском парламенте, что конституция страны не запрещает развития ядерных вооружений, а это было табу для большинства японцев. Американский посол Дуглас Макартур жаловался, что «скрытый нейтрализм зиждется на антимилитаризме, пацифизме, нечетком мышлении, ядерных неврозах и марксистских наклонностях интеллектуального и научного сообщества». За год до этого Макартур надавил на токийский окружной суд, дабы тот не вынес положительный вердикт по иску относительно того, что американские войска в Японии представляют собой «военный потенциал», а значит, нарушают антимилитаристскую 9-ю статью японской мирной конституции, написанную при участии дяди посла — генерала Дугласа Макартура — во время оккупации. Девятая статья гласит: «Японский народ навсегда отказывается от войны как суверенного права нации», — а значит, страна никогда не будет иметь «наземного, морского, воздушного и любого другого военного потенциала». В этот период Япония также заключила с США первое из серии секретных соглашений, в рамках которого страна поддерживала ядерную стратегию и военные приготовления американского правительства. Наиболее вопиющим пунктом договора стало «молчаливое согласие» Японии с тем, что «американские военные корабли, несущие на борту ядерные заряды, могут заходить в японские территориальные воды и порты без предварительных консультаций с японской стороной»[91].

Но тлеющие разногласия между США и Японией вновь вспыхнули при Никсоне. Удивление и ужас Японии перед сближением США и Китая лишь обострили давние военные и экономические разногласия между двумя странами. Американское руководство постоянно давило на Японию с целью заставить страну отменить 9-ю статью и начать играть большую роль в защите региона. США угрожали установить импортные квоты на японский текстиль, заставив Японию сократить его экспорт и пустить на свой рынок больше американских товаров и инвесторов. В неофициальных беседах Никсон жаловался на «предательство япошек» и говорил о своем желании «как следует врезать Японии»[92].

Сато с готовностью откликнулся на американскую идею ремилитаризации Японии — даже с чрезмерной готовностью. Он вступил в должность в ноябре 1964 года, всего через месяц после испытаний китайской атомной бомбы. С президентом Джонсоном встретился в январе 1965 года и объявил, что, «если кикомы (китайские коммунисты) обладают ядерным оружием, Японии тоже следует им обладать». Он добавил, что «сейчас японское общественное мнение выступает против этого, но я полагаю, что общество, в особенности молодое поколение, можно "просветить"». Подобные взгляды имели широкую поддержку среди правящей в Японии Либерально-демократической партии (ЛДП). Ясухиро Накасонэ, директор Управления безопасности Японии и будущий премьер-министр, подготовил доклад с выводом о том, что имеется «законная возможность обладания маломощными тактическими ядерными зарядами исключительно защитного свойства без нарушения Конституции». Однако управление советовало повременить с подобными действиями, и Джонсон с этим согласился[93].

Сато попытался убедить японцев в искренности своего антиядерного настроя, выступив в парламенте с «Тремя неядерными принципами» в декабре 1967 года. В соответствии с ними Япония отказывалась от производства, владения либо разрешения на ввоз ядерного оружия на свою территорию. Сато регулярно нарушал свое обещание, а в разговоре с американским послом Алексисом Джонсоном и вовсе назвал его «бредом». Когда в 1970 году Япония подписала договор о нераспространении, она взяла с Соединенных Штатов обещание, в соответствии с которым те не должны были «вмешиваться в независимую политику Токио в сфере мирного атома и переработки ядерных отходов»⁹⁴. Учитывая технологические возможности Японии и огромные объемы отработанного топлива, это позволяло стране всегда оставаться в одном шаге от получения собственной ядерной бомбы.

Не все одобряли сближение Никсона с Китаем и СССР. Северные вьетнамцы боялись, что они окажутся загнанными в угол. *New York Times* писала в передовице: «Председатель Мао принял Никсона вскоре после возобновления массированных бомбардировок Северного Вьетнама. Генеральный секретарь Брежнев принял президента вскоре после минирования северовьетнамских портов. Ханой должен понимать, что китайское и советское руководство ставит свои собственные интересы на первое место»⁹⁵.

Большинство американцев приветствовали смелые инициативы Никсона, однако его бывшие союзники в лагере правых взбунтовались, считая, что он предал их, посетив Китай, заключив с Советским Союзом договор, позволивший тому достичь ядерного паритета, выведя большую часть американских войск из Вьетнама, отменив золотой стандарт, введя регулирование роста зарплаты и цен, а также внедряя в экономику принципы кейнсианства. Они были недовольны также его решениями о создании Управления по охране труда (УОТ) и Агентства по охране окружающей среды (АООС), введением гарантированного годового дохода для всех американских семей, поддержкой поправки о равных правах* и закона о защите редких видов, а также усилением контроля над исполнением закона об избирательных правах.

Противники разрядки и контроля над вооружениями нанесли ответный удар. Первым выступил бывший специалист RAND Corporation по ядерным технологиям Альберт Вольстеттер. Применив теорию игр и системный анализ к оборонной политике, Вольстеттер построил свое исследование не на том, что СССР станет делать, а на том, что может сделать, вне зависимости от бессмысленности и самоубийственности

---

* Поправка к Конституции, запрещавшая дискриминацию по признаку пола (в частности, при найме на работу, в оплате труда и пр.). Внесена в конгресс США в 1923 году. Принята обеими палатами в 1972-м. Не вступила в силу, поскольку в течение 10 лет (до 30 июня 1982 года) была ратифицирована лишь 35 штатами (поправка к Конституции вступает в силу, если ее одобрили ¾ штатов — в данном случае 38 из 50).

Глава 9. Никсон и Киссинджер

тех или иных вариантов. Он выразил беспокойство, что стратегические бомбардировщики и МБР могут оказаться уязвимыми перед лицом внезапного ядерного удара со стороны СССР, и поддержал развертывание систем ПРО для их защиты. Макнамара отмел планы создания полномасштабной системы ПРО, когда узнал, что противоракеты стоят в пять раз дороже ракет, от которых должны защищать, а чем больше ракет запустит противник, тем легче ему «пробить» систему ПРО. Ученые по всей стране выступали против строительства систем ПРО, которые они сочли слишком дорогостоящими, ненужными, непрактичными и провоцирующими дальнейшую гонку вооружений. Макнамара понимал, что американских систем ядерного сдерживания более чем достаточно. Когда в 1964 году он заявил, что ядерных зарядов суммарной мощностью в 400 мегатонн вполне достаточно для уничтожения СССР, американские запасы уже превосходили эту цифру в 42,5 раза и продолжали быстро расти.

Вольстеттер и один из старейших «ястребов» Пол Нитце сформировали «Комитет за сохранение разумной оборонной политики» и вознамерились добиться отмены договора по ПРО. Они задействовали Ричарда Перла, Эдварда Люттвака, Питера Уилсона и Пола Вулфовица. Один из энтузиастов комитета, Дин Ачесон, окрестил их «нашими четырьмя мушкетерами»[96]. Уилсон и Вулфовиц изучали политологию в Чикагском университете вместе с Вольстеттером, который теперь преподавал там. Перл стал его преданным учеником еще в старших классах школы.

После того как их усилия, направленные на срыв договора по ПРО, потерпели неудачу, Перл стал работать в могущественном сенатском постоянном подкомитете по расследованиям, во главе которого стоял демократ Генри Джексон. Советники по вопросам внешней политики, заседавшие в помещении, которое именовалось «Бункером», состояли из ведущих неоконсерваторов. Джексон и его приспешники возмущались тем, что договор ОСВ позволял СССР временно сохранить превосходство над США по количеству ракет и забрасываемому ими весу. Они «не замечали» того, что США имеют значительное преимущество в количестве боеголовок и в технической области. США имели в три раза больше бомбардировщиков. Но Джексон все равно обвинял американских переговорщиков в сдаче национальных интересов. Он внес в договор поправку, которая требовала от США в любых будущих договорах не соглашаться на меньшее, чем у партнера, количество вооружений по всем их видам. Он настаивал на том, чтобы Белый дом уволил четверть сотрудников Агентства по контролю над вооружениями и разоружению (АКВР), включая тех, кто участвовал в выработке текста договора ОСВ. Новый, более консервативный руководитель АКВР Фред Икле взял к себе Вулфовица. В 1974 году сторонники Джексона приняли поправку Джексона–Вэника, которая запрещала предоставление режима наибольшего благоприятствования в торговле любому коммунистическому государству, ограничивающему право граждан на свободный выезд за рубеж*. Киссинджер был в ярости. Он заявил, что эта поправка «разрушила всякую возможность налаживания нормальных отношений между США и СССР», — чего и добивались Джексон, Перл и компания[97].

В июне 1971 года *New York Times* опубликовала «Документы Пентагона» — тайную историю действий Министерства обороны во время войны во Вьетнаме, которая показала, что правительство систематически лгало народу о положении дел на протяжении многих лет. Аналитик RAND Corporation Дэниел Эллсберг был одним из немногих людей, получивших доступ к этому исследованию летом 1969 года. Чем больше он вчитывался в историю французского и американского вторжений, тем больше понимал моральную неприемлемость американской политики. К сентябрю 1969 года он сделал несколько ключевых выводов: война была «американской почти с самого начала»; она была «борьбой вьетнамцев... против американской политики, а также американских финансистов, марионеток, техников, военной мощи и, наконец, солдат и летчиков»; лишь американские деньги, оружие и людские ресурсы позволяли с 1954 года скрывать политическое насилие под маской «войны». Но наиболее важный вывод заключался в следующем:

«Начиная с 1955-го или 1960-го этот конфликт уже не был той "гражданской войной", какой был во время поддержанной американцами попытки французов вернуть себе колонии. Война, в которой одна из сторон полностью вооружается и финансируется иностранным государством, а оно использует местный режим для продвижения собственных интересов, — это не гражданская война. Поэтому сегодняшние заявления о том, что мы "вмешались" в "уже шедшую гражданскую войну", о чем говорят большинство амери-

---

* «Режим наибольшего благоприятствования» на деле означает нормальный режим торговых пошлин, тогда как советские товары в США облагались дополнительными ввозными пошлинами (иногда до 100 % от объявленной стоимости), что лишало их конкурентоспособности на американском рынке. Ликвидация подобного дискриминационного положения была предусмотрена в советско-американских соглашениях, но сорвана принятием поправки Джексона–Вэника.

канских исследователей и даже либеральных критиков войны, — это лишь попытка скрыть гораздо более неприглядную реальность, такой же миф, как рассказы предыдущего правительства об "агрессии Севера". В понимании Устава ООН и наших собственных драгоценных идеалов это иностранная агрессия. Американская агрессия».

Эллсберг вспоминал слова своего бывшего начальника из Пентагона Джона Макнотона, сказавшего исследователям из RAND Corporation: «Если то, что вы говорите, — правда, то мы сражаемся не на той стороне». Но Эллсберг понял, что и это «не отвечало реальности начиная с 1954-го. *Мы* сами были не той стороной». Поэтому, по его мнению, война была «преступлением, злом и массовым убийством». И он знал, что Никсон лжет о своих намерениях положить ей конец. Своей политикой бомбардировок он лишь показывал Северу, что не остановится ни перед чем ради достижения «победы»[98].

Вдохновленные примером молодых активистов, предпочитавших отправиться в тюрьму, чем воевать, и отчаянно желая положить конец кровопролитию, Эллсберг предпочел ксерокопировать 47 томов исследования Макнамары. Он попытался убедить нескольких сенаторов предать исследование гласности. Когда эта попытка не увенчалась успехом, он пошел к журналисту Нилу Шихэну из *New York Times*. В воскресенье, 13 июня 1971 года, газета опубликовала первую часть «Документов Пентагона». 15 июня Министерство юстиции потребовало от федерального окружного суда Нью-Йорка запретить дальнейшую публикацию. Суд наложил на газету временные ограничения. Подобные действия были беспрецедентными. До этого момента в США ни разу не применялся запрет на публикации в СМИ.

Чтобы преодолеть запрет, Эллсберг передал документы в *Washington Post*, пока и ее не постигла судьба *New York Times*. Но, ожидая этого, Эллсберг передал документы еще в 17 газет. После того как *Washington Post* были запрещены публикации, выдержки из документов появились в *Boston Globe*, затем в *St. Louis Post-Dispatch*. Всего публикации появились в 19 газетах, не считая *New York Times*. Тем временем ФБР уже 13 дней вело охоту на скрывшегося Эллсберга. *Detroit News* взяла интервью у его отца, пожилого республиканца, дважды голосовавшего за Никсона. Старший Эллсберг бесстрашно защищал действия сына: «Дэниел пожертвовал всем, чтобы бороться за прекращение бессмысленной бойни... Раз он опубликовал этот доклад, и правительство обвиняет его в преступлении... что ж, по крайней мере, он спасет нескольких пацанов от отправки туда»[99].

Осознав моральную неприемлемость войны во Вьетнаме и возмутившись масштабами лжи со стороны правительства, аналитик RAND Дэниел Эллсберг ксерокопировал 47 томов «Документов Пентагона» и передал их New York Times и 19 другим газетам. Эллсберг был обвинен в тяжких преступлениях, ему грозило 115 лет заключения.

28 июня Эллсберг сдался властям. Когда он шел к зданию федерального суда, один из репортеров спросил его: «Что вы думаете о перспективе попасть в тюрьму?» — «А вы сядете за решетку, чтобы положить конец войне?» — ответил Эллсберг[100]. 29 июня сенатор-демократ от штата Аляска Майк Грейвел безуспешно попытался зачитать документы с трибуны конгресса, но потом сумел зачитать их для стенограммы спешно созванной вечерней сессии подкомитета. Он также передал значительное число сверхсекретных документов репортерам. На следующий день Верховный суд встал на сторону *New York Times* и *Washington Post*, позволив им продолжать публикации. Однако Эллсберг был обвинен по статьям о тяжких преступлениях, ему грозило 115 лет лишения свободы.

Никсон же радовался утечкам, пролившим свет на многолетнюю ложь правительства демократов о Вьетнаме. Он мечтал об утечке еще большего количества данных, которые пролили бы свет на причастность Кеннеди к убийству Дьема. Киссинджер назвал сложившуюся ситуацию «золотыми приисками», но, поскольку он сомневался, стоит ли организовывать утечку, Никсон поручил это Чарлзу Колсону.

Никсон и Киссинджер решили уничтожить Эллсберга. Киссинджер сказал Никсону: «Дэниел Эллсберг — самый опасный человек в современной Америке. Его нужно остановить любой ценой». В конце июля в разговоре с Никсоном Киссинджер разразился руганью в адрес Эллсберга: «Это сукин сын. Я его знаю... Уверен, у него есть еще информация... Держу пари, он приберег ее до суда. А подтолкнули его военные преступления США»[101].

В июле Никсон одобрил создание отдела специальных расследований Белого дома. В работе отдела должны были помочь бывший агент ФБР Гордон Лидди и отставной сотрудник ЦРУ Говард Хант. Они повесили на своей двери табличку «Водопроводчики» и занялись поиском утечек. В сентябре они произвели взлом кабинета личного психиатра Эллсберга, надеясь найти компромат, который позволил бы им заставить Эллсберга замолчать, прежде чем тот опубликует документы, способные пролить свет на то, как Никсон угрожал Вьетнаму ядерным оружием. Президент всерьез опасался, что у него могут быть такие документы. Вернувшись ни с чем, они продолжили копать под Эллсберга, а потом прибегли к целой серии грязных трюков и откровенно преступных действий, которые в итоге привели к нескольким судебным процессам и позорной отставке Никсона.

Весной 1972 года Ханой начал наступление, наголову разбив южновьетнамские силы. Отчаянно пытаясь избежать военного поражения в год выборов, Никсон размышлял о принятии настолько радикальных мер, что ему возразил даже Киссинджер. «...Электростанции... доки... И я все еще думаю, что нам следует взорвать плотины. Люди утонут?» — спросил Никсон. «Около 200 тысяч», — сообщил ему Киссинджер. «Нет-нет-нет... Я лучше применю ядерную бомбу», — размышлял Никсон. Киссинджер сомневался: «Думаю, это будет еще хуже». — «Да какая тебе разница? — сказал Никсон. — Господи, Генри, я просто хочу, чтобы ты мыслил масштабно»[102].

Тем временем Никсон впервые после 1968 года начал бомбить города Северного Вьетнама. Он также постоянно бомбил юг и минировал порт Хайфон. Он хотел «сровнять Ханой с землей», заявив, что «ублюдки получат такую бомбежку, какой в жизни не видели»[103]. Жертвы среди мирного населения были огромны. Никсон не ощущал ни малейших угрызений совести. Он сказал Киссинджеру: «Единственное, в чем мы с тобой расходимся... это вопрос бомбардировок. Тебя так беспокоят эти чертовы гражданские, а мне плевать. Плевать». Киссинджер убеждал Никсона, что его беспокойство основывается на политических, а не на гуманных соображениях: «Гражданские меня беспокоят потому, что я не хочу, чтобы весь мир называл тебя палачом»[104].

В октябре застопорившиеся парижские переговоры вдруг получили новое дыхание. Киссинджер объявил, что «мир вот-вот наступит»[105]. Но после успешного переизбрания Никсон начал массированную 12-дневную «рождественскую бомбардировку» Ханоя и Хайфона — крупнейшую за всю войну. Возмущение во всем мире достигло невиданных масштабов. Переговоры продолжились. 23 января Никсон объявил, что вскоре будет достигнуто соглашение, которое позволит «закончить войну и установить мир с честью»[106]. Парижские мирные соглашения были подписаны 27 января. США прекращали боевые действия, а последние американские солдаты покинули территорию Вьетнама 29 марта 1973 года. На юге оставалось около 150 тысяч северовьетнамских солдат, но они должны были соблюдать соглашение о прекращении огня. Тхиеу сохранял власть до всеобщих выборов, в которых примут участие все стороны. Но он не собирался их проводить: Никсон успокоил его, увеличив и без того масштабную военную помощь, и пообещал возобновить бомбардировки, если коммунисты перейдут в наступление.

В апреле, всего через пару недель после выхода американских солдат, Никсон и Киссинджер приказали возобновить бомбардировки как Севера, так и Юга — более интенсивные, чем за всю предыдущую войну. По данным журнала *Time*, приказ был отменен после того, как Никсон узнал о разоблачениях Джона Дина, давшего показания специальному прокурору по «Уотергейтскому делу». Он решил не дразнить общественное мнение бомбежками Вьетнама, готовясь к битве в конгрессе. Эту позицию он сохранит до конца своего президентства.

Война растянулась еще на два года. 30 апреля 1975 года северовьетнамские войска вошли в Сайгон. Наконец-то войне пришел конец. Пока она шла, США сбросили на маленький Вьетнам больше бомб, чем за всю историю военной авиации, и в три раза больше, чем за Вторую мировую. Страна была усыпана неразорвавшимися зарядами. 19 миллионов галлонов* гербицидов продолжали отравлять окружающую среду. На юге США разрушили 9 тысяч деревень из общего числа 15 тысяч. На севере в руинах лежали все шесть главных промышленных городов, 28 из 30 провинциальных и 96 из 116 районных центров. Ле Зуан, возглавивший ДРВ после смерти Хо Ши Мина в 1969 году, рассказал иностранным журналистам, что США 13 раз угрожали применением ядерного оружия. Количество жертв было чудовищным. Погибло более 58 тысяч американцев. Но эта цифра меркла по сравнению с числом погибших и раненых вьетнамцев. Впоследствии, читая лекцию в Американском университете, Макнамара скажет студентам, что количество убитых вьетнамцев достигает 3,8 миллиона[107].

---

* Почти 72 миллиона литров.

Глава 9. Никсон и Киссинджер

Но ужас происходившего в Камбодже превзошел даже то, что делалось во Вьетнаме. В декабре 1972 года Никсон сказал Киссинджеру: «Я хочу, чтобы все, что может летать, отправилось в Камбоджу и разнесло там все к чертям. Не будет никаких ограничений ни по районам бомбардировок, ни по военному бюджету. Ясно?»[108]

Киссинджер передал приказ Никсона своему помощнику генералу Александру Хейгу: «Он хочет массированных бомбардировок Камбоджи. И слушать ничего не желает. Это приказ, надо выполнять. Все, что летает, и все, что движется. Понятно?»[109]

Бомбардировки продолжались до 15 августа 1973 года, когда конгресс сократил финансирование войны. Удары были нанесены более чем по 100 тысячам точек, сброшено было более 3 миллионов тонн боеприпасов. Погибли сотни тысяч мирных жителей. Камбоджийская экономика лежала в руинах. Инфляция взлетела до небес — и в особенности ударила по ценам на продукты питания. Производство сократилось. Цены на рис увеличились в шесть раз по сравнению с довоенным уровнем. В стране свирепствовал голод. Однако страдали не все: элита утопала в роскоши и излишествах. Беженцы наводнили Пномпень, вызвав гуманитарный кризис. Почти 95 % всех доходов страны шли из США. А к началу 1974 года американская гуманитарная помощь составила 2,5 миллиона долларов по сравнению с 516,5 миллиона на военные нужды.

«Красные кхмеры»*, имевшие незначительное влияние до бомбардировок, воспользовались жестокостью США для увеличения числа сторонников точно так же, как это впоследствии произойдет в Ираке и Афганистане. Офицер «красных кхмеров» Чхит Чоуен рассказывал:

> «После каждой бомбардировки они показывали людям воронки, их диаметр и глубину, израненную и выжженную землю... Простые люди в прямом смысле накладывали себе в штаны, когда слышали взрывы мощных бомб и снарядов. Их разум замирал, и они могли бесцельно бродить по три-четыре дня, бормоча что-то себе под нос. Обезумевшие от страха люди готовы были поверить во все, что им говорят. Именно из-за недовольства бомбардировками они продолжали сотрудничать с "красными кхмерами", присоединялись к ним, посылали к ним своих детей... Иногда под бомбами гибли малыши, и это значило, что их родители перейдут к "красным кхмерам"»[110].

---

* «Красные кхмеры» — принятое на Западе название вооруженных отрядов компартии Камбоджи, возглавляемой Пол Потом.

Рост влияния «красных кхмеров» был невероятным. О фанатизме их молодых сторонников ходили жуткие истории. В 1975 году полпотовцы захватили власть. Они не стали понапрасну тратить время и начали новую волну террора против собственного народа, который вылился в геноцид, унесший жизни полутора миллионов человек, добавившихся к полумиллиону жертв американских бомбардировок. США, желая продолжить сотрудничество с Китаем, главным союзником Камбоджи, поддерживали дружеские отношения с бесчеловечным режимом Пол Пота. В конце 1975 года Киссинджер сказал таиландскому министру иностранных дел: «Передайте камбоджийцам, что мы их друзья. Они бандиты и головорезы, но это не препятствие»[111].

К счастью, Вьетнам не стал смотреть на это сквозь пальцы. В 1978 году он попытался поднять камбоджийцев против правительства, которое вьетнамские лидеры называли «самыми гнусными убийцами второй половины XX века». Тогда же Вьетнам ввел в Камбоджу войска и в итоге сверг отвратительный режим Пол Пота. Вьетнамцы сообщали: «В Камбодже, которая была когда-то островком мира... больше не видно улыбок. Земля пропитана кровью и слезами... Камбоджа превратилась в настоящий ад»[112]. За время короткого правления «красных кхмеров» Камбоджа потеряла не менее четверти населения.

То, что США не опустошили подобным образом Лаос, не значит, что они не пытались это сделать. США «тайно» бомбили страну начиная с 1964 года. Но это не было тайной для самих лаосцев. В 1967 году бомбардировки усилились. Страдания мирных жителей нарастали. А с приходом Никсона вообще были сняты какие-либо ограничения. Бельгиец Жорж Шапелье, работавший советником в ООН, проанализировал ситуацию, основываясь на показаниях выживших:

«До 1967 года бомбардировки были незначительными и не затрагивали крупные населенные пункты. Но уже к 1968-м они стали настолько сильными, что ни о какой организованной жизни в деревнях не могло быть и речи. Жители деревень переселялись на окраины страны, а затем все глубже и глубже в джунгли. В 1969-м бомбежки достигли пика. Налеты происходили ежедневно. Были уничтожены все капитальные постройки, ничего не уцелело. Крестьяне жили в окопах, ямах и пещерах. Поля возделывали по ночам. Деревни всех моих собеседников были уничтожены. Во время последних бомбежек их целью стало систематическое уничтожение самой экономической основы общества. Урожай был сожжен, рис стал дефицитом»[113].

В период с 1965 по 1973 год США сбросили 2 756 941 тонну бомб. Было совершено 230 516 самолето-вылетов на 113 716 целей.

Глава 9. Никсон и Киссинджер

Контролируемая Патет Лао* Долина Кувшинов стала одной из основных целей американских атак. Большинство молодежи присоединилось к Патет Лао. Союзные США солдаты-мео изгнали оставшееся население. К сентябрю 1969 года большая часть региона была опустошена. Фред Брэнфмен, взявший интервью более чем у тысячи беженцев, писал, что «после семисотлетней истории Долина Кувшинов исчезла». Такая же участь постигла и большую часть остальной территории Лаоса[114].

Едва Никсон успел отпраздновать победу на выборах 1972 года, как разразился Уотергейтский скандал**. Расследование конгресса показало всю глубину коррупции и злоупотребления полномочиями. Чашу переполнили публикации Александра Баттерфилда, который предал гласности магнитофонные записи, сделанные в Белом доме. Без них Никсон смог бы избежать импичмента. Баттерфилд надеялся, что его не станут спрашивать о записях, а если спросят, то ему не придется лжесвидетельствовать. Однако позже в неофициальном разговоре он признался, что хотел, чтобы члены комитета о них спросили. Баттерфилд сказал, что, слушая разговор Никсона, Эрлихмана и Холдемана, на кого свалить «Уотергейтское дело», он понял, что они — отвратительные и безжалостные люди, которые не стоят того, чтобы их защищать[115]. Вскоре общество узнало о том, что Джон Митчелл впоследствии назовет «ужасами Белого дома»[116].

В октябре вице-президент Спиро Агню был вынужден покинуть свой пост из-за обвинений во взятках, которые он получил в бытность губернатором штата Мэриленд. Никсон назначил на его место лояльного, но ничем не примечательного лидера республиканского меньшинства в палате представителей Джеральда Форда. Один из обозревателей заметил: «Мало кто лучше Форда подходит на должность, не требующую практически ничего»[117].

Юридический комитет палаты представителей, рекомендуя импичмент, сформулировал обвинения по трем статьям: создание препятствий отправлению правосудия, злоупотребление президентскими полномо-

---

* Патет Лао — патриотический фронт Лаоса, боровшийся против США и правых сил.

** В разгар предвыборной борьбы 1972 года был совершен взлом штаб-квартиры кандидата от Демократической партии в вашингтонском отеле «Уотергейт», похищены важные документы. На месте преступления задержали трех человек, которые оказались бывшими сотрудниками ЦРУ, связанными с Отделом внутренней безопасности Белого дома. Как выяснилось, взлом был санкционирован самим Р. Никсоном.

чиями и отказ в предоставлении информации комитету. Требования об отставке сыпались со всех сторон. Многие наблюдатели считали, что Никсон впадает в состояние опасной паранойи. Боясь того, что он может натворить, министр обороны Джеймс Шлессинджер встретился с председателем Комитета начальников штабов и проинструктировал его, чтобы воинские части и соединения не выполняли приказов Белого дома без предварительных консультаций лично с ним. К началу августа Никсон потерял всякую поддержку в конгрессе. Оказавшись в тупике, он 9 августа 1974 года ушел в отставку.

Джеральд Форд объявил: «Наш национальный кошмар закончился», — и вскоре принял спорное решение о помиловании «безумного» Никсона. Однако 40 правительственных чиновников и сотрудников избирательного штаба Никсона были осуждены по статьям за тяжкие преступления. Среди приговоренных к тюремным срокам были Дин, Митчелл, Холдеман, Эрлихман, помощники президента по политическим вопросам Чарлз Колсон, Эджил Крог, Джеб Стюарт Магрудер и личный адвокат Никсона Герберт Калмбах. Пародист Дэвид Фрай так высмеял Никсона: «У Уотергейта была и светлая сторона. Мое правительство ликвидировало преступность на улицах, перенеся ее всю в Белый дом под мой неусыпный надзор»[118].

«Психопат» Киссинджер вышел сухим из воды. В октябре он и Ле Дык Тхо, один из руководителей ДРВ, удостоились Нобелевской премии мира. Том Лерер, самый знаменитый политический сатирик Америки, заявил, что, получив премию, Киссинджер превратил политическую сатиру в жалкую профанацию, и отказался от продолжения своей сценической карьеры. В отличие от Киссинджера Ле Дык Тхо, понимавший, что до подлинного мира еще далеко, с достоинством отказался от премии.

Как точно отметила историк Каролина Айзенберг: «Ричард Никсон был единственным американским президентом, вступившим в полномасштабный военный конфликт сразу с тремя государствами без одобрения общества, прессы, государственной бюрократии либо иностранной элиты»[119].

Глава 10

Крах разрядки:

ПОЛУДЕННАЯ ТЬМА

Из Джимми Картера вышел замечательный экс-президент — возможно, лучший в истории США, как утверждал он сам. И хотя Джон Куинси Адамс, вернувшийся в конгресс ради того, чтобы начать непримиримую борьбу против рабства, мог бы с ним поспорить, Картер тоже чего-то стоил. В 1982 году он основал «Центр Картера», целью которого было распространение демократии, улучшение систем здравоохранения в странах с низким уровнем развития и амнистирование заключенных. Картер оказал помощь в возвращении к власти демократически избранного президента Гаити Жана Бертрана Аристида, а также выступил по кубинскому телевидению с призывом к США снять эмбарго на торговлю с Кубой, в то же время обратившись к Кастро с просьбой улучшить ситуацию с гражданскими правами в стране. В 1994 году он провел переговоры с Ким Ир Сеном, в результате чего было принято решение о значительном замедлении роста северокорейского ядерного арсенала. Выступая в роли наблюдателя на выборах по всему миру, Картер в 2004 году отверг требования венесуэльской оппозиции не признавать избрание на пост президента страны Уго Чавеса. Он призывал к здравомыслию стороны многолетнего арабо-израильского конфликта, вызвав своей критикой возмущение всех его участников, включая израильтян. Он осудил вторжение Джорджа Буша-младшего в Ирак и призвал к закрытию тюрьмы в Гуантанамо, назвав правительство Буша–Чейни худшим в истории[1]. Он выступал за отказ от ядерного оружия и был единственным американским президентом, посетившим Хиросиму. За свою принципиальную позицию в международных отношениях Картер в 2002 году получил Нобелевскую премию мира.

Однако, несмотря на все эти достижения, в бытность президентом Картер продемонстрировал некомпетентность, разочаровал своих сторонников, предал свои убеждения, и к концу срока его рейтинг упал до 34%. Но не лицемерная кампания за права человека была наиболее мрачным наследием президентства Картера. Этим наследием было то, что именно Картер открыл ящик Пандоры, проложив путь к зачастую откровенно жестокой политике его преемника Рональда Рейгана, политике, которая вновь ввергла мир в пучину холодной войны и оставила за собой след из крови невинных жертв от Гватемалы до Афганистана, а оттуда обратно на Американский континент к Всемирному торговому центру. Перед нами встает вопрос: как это произошло? Стала ли тому причиной деятельность в эпоху Картера тех же сил, которые привели к краху правительства других президентов-демократов, включая Вильсона, Трумэна, Джонсона, Билла Клинтона и Барака Обаму?

Отставка Никсона в августе 1974 года и вывод американских войск из Вьетнама открыли дорогу к исправлению ошибок и переоценке как внутренней, так и внешней политики, которая завела страну в тупик. Но такая работа над ошибками редко имела место, и уж точно не при дружелюбном и благонамеренном, но чрезвычайно ограниченном Джеральде Форде, который, по словам Линдона Джонсона, не мог одновременно идти и жевать жвачку. С самого начала Форд стал действовать крайне неумело.

Первым делом он объявил, что Киссинджер останется на посту как госсекретаря, так и советника по национальной безопасности. Киссинджер понимал, что США столкнулись с серьезными экономическими и политическими трудностями. После 70 лет товарного изобилия в 1971 году страна столкнулась с товарным дефицитом. И он нарастал. Ближневосточные страны — экспортеры нефти, объединившиеся в ОПЕК, решили наказать США, Западную Европу и Японию за поддержку Израиля в арабо-израильском конфликте. Через год цены на нефть взлетели в четыре раза. США, в 1950-е годы полностью обеспечивавшие себя нефтью ее добычей внутри страны, теперь импортировали более трети необходимых объемов, оказавшись, таким образом, уязвимыми к давлению подобного рода. По мере роста богатства и влияния стран Ближнего Востока некоторые союзники США стали вести в отношении арабов более дружественную политику, которую Киссинджер назвал «мерзкой»[2]. Вместе с другими представителями высшего руководства США Киссинджер собирался дать Ближнему Востоку совсем иной ответ, включая даже возможность военного вторжения в Саудовскую Аравию.

Глава 10. Крах разрядки

Вверху: Джеральд Форд приносит президентскую присягу после отставки Никсона в августе 1974 года. Внизу: Форд с Генри Киссинджером. С самого начала Форд стал действовать крайне неумело. Он оставил Киссинджера на постах как госсекретаря, так и советника по национальной безопасности.

Действительно ли США хотели новой войны? Страна еще не оправилась от унизительного поражения во Вьетнаме, который Киссинджер однажды назвал «четверосортным государством»[3]. Неудивительно, что он видел будущее американской империи в довольно мрачном свете. Впоследствии, будучи уже в составе правительства Форда, он сказал журналисту *New York Times* Джеймсу Рестону: «Как историк, вы должны знать, что любая существовавшая цивилизация рано или поздно терпела крах. История — это рассказ о провалившихся планах, несбывшихся чаяниях и надеждах, которые либо не оправдались, либо обернулись чем-то совершенно иным. Поэтому, как историк, вы должны жить с чувством неотвратимости трагедии»[4].

Северный Вьетнам начал свое победное наступление в марте 1975 года. Юг не смог оказать серьезного сопротивления. Без американских солдат, которые сражались бы за нее на поле боя и поддерживали ее решимость, южновьетнамская армия попросту развалилась. Один из офицеров назвал отступление «беспрецедентным бегством, которое войдет в анналы истории». Из-за повального дезертирства большую часть страны охватил хаос. Солдаты убивали офицеров, друг друга и мирных жителей. Министр обороны Джеймс Шлессинджер сказал Форду, что поражения можно избежать только применением тактического ядерного оружия. Форд преодолел этот соблазн. Журналист Джонатан Шелл счел это фиаско проявлением «истинной природы войны». Он писал о Южном Вьетнаме: «Это было общество без внутреннего единства, которое держалось лишь на чужих штыках, чужих деньгах и чужой политической воле. Лишившись этой поддержки, оно осталось один на один со своим врагом, и мираж испарился»[5].

Под давлением США Нгуен Ван Тхиеу 21 апреля ушел в отставку. 30 апреля генерал Зыонг Ван Минь сдался северовьетнамскому полковнику Буй Тину. Сдаваясь, Минь произнес: «С самого утра я ждал возможности передать вам власть». — «Вы не можете передать то, чего у вас нет», — ответил ему Тин[6]. Вид южновьетнамских солдат, пробивавшихся к самолетам, и американских морпехов, бивших прикладами отчаявшихся вьетнамцев, которые пытались забраться на последние американские вертолеты, улетавшие с крыши посольства США, на многие десятилетия отпечатается в памяти американцев. За три года до этого на мирной конференции в Париже Никсон подписал тайный договор, обещавший Вьетнаму от 4,25 до 4,75 миллиарда долларов послевоенной помощи «без каких бы то ни было политических условий». Никсон и госсекретарь Уильям Роджерс отрицали существование такого протокола. «Мы не подписывали никаких договоров о восстановлении», — настаивал Роджерс[7]. Форд расценил победу Северного Вьетнама как нарушение Ханоем парижских договоренностей и заблокировал обещанную помощь. Он также объявил эмбарго всему Индокитаю, блокировал вьетнамские активы на территории США и наложил вето на членство Вьетнама в ООН.

Вьетнамцы, и так настрадавшиеся за время американского вторжения, остались один на один с необходимостью отстраивать свою

Глава 10. Крах разрядки

Генри Киссинджер говорит по телефону из кабинета заместителя советника по национальной безопасности Брента Скаукрофта в дни падения Южного Вьетнама. К началу правления администрации Форда он видел будущее американской империи в довольно мрачном свете. Он сказал журналисту New York Times Джеймсу Рестону: «Как историк, вы должны знать, что любая существовавшая цивилизация рано или поздно терпела крах. История — это рассказ о провалившихся планах, несбывшихся чаяниях и надеждах, которые либо не оправдались, либо обернулись чем-то совершенно иным. Поэтому, как историк, вы должны жить с чувством неотвратимости трагедии».

опустошенную войной страну. Война унесла жизни почти 4 миллионов их сограждан. Земля была изрыта воронками бомб и снарядов. Большая часть прекрасных лесов исчезла. В 2009 году треть территории шести центральных провинций Вьетнама все еще была усеяна фугасными минами и неразорвавшимися бомбами. Совместными усилиями вьетнамского правительства, Фонда американских ветеранов Вьетнама и просто бывших американских солдат, сражавшихся на этой войне, как это было в случае Чака Серси в провинции Куангчи, было очищено более 1,2 тысячи гектаров. Но остается еще более 6,5 миллиона гектаров. Помимо чудовищного количества жертв самой войны, еще 42 тысячи вьетнамцев, среди которых было немало детей, погибли от взрывов боеприпасов уже в мирные годы. Для американских ветеранов эта война тоже не прошла бесследно[8]. По некоторым данным, число ветеранов, покончивших жизнь самоубийством, заметно больше, чем 58 тысяч погибших.

Вместо того чтобы помочь американцам извлечь урок из этого отвратительного эпизода истории США, Форд призвал их «вновь обрести

Северный Вьетнам начал победное наступление в марте 1975 года. Без поддержки американских солдат южновьетнамская армия попросту развалилась. Вид южновьетнамских солдат, пробивавшихся к самолетам, и американских морпехов, бивших прикладами отчаявшихся вьетнамцев, которые пытались забраться на последние американские вертолеты, улетавшие с крыши посольства США, на многие десятилетия отпечатается в памяти американцев.

чувство гордости, существовавшее до Вьетнама»[9]. Америка не смогла понять, что ей не следует поддерживать продажных диктаторов, стремящихся во что бы то ни стало заглушить крики несчастных, взывающих к справедливости. И за это ей не раз придется заплатить высокую цену в последующие годы.

Не сумев смириться с поражением во Вьетнаме, США начали культивировать антикоммунистических союзников в Юго-Восточной Азии. В начале декабря Форд и Киссинджер нанесли визит правому диктатору Индонезии генералу Сухарто. В день их отъезда войска Сухарто вторглись в Восточный Тимор, только что получивший независимость от Португалии. Сухарто сказал, что ожидает от своих гостей «понимания возможной необходимости быстрых и решительных действий» в целях свержения левого правительства Восточного Тимора. «Мы все понимаем и не станем давить на вас по этому вопросу», — заверил его Форд. Киссинджер попросил Сухарто отложить вторжение до их с Фордом возвращения в США, а также провести его быстро. Вторжение оказалось кровавым,

Глава 10. Крах разрядки

а оккупация — длительной. По разным оценкам, количество жертв, в число которых входили и умершие от голода и болезней, составляет от 100 тысяч до 200 тысяч человек (возможно, и эта цифра занижена). 300 тысяч человек, больше половины населения страны, были вывезены в лагеря, охранявшиеся индонезийскими солдатами. США предоставляли Индонезии военную помощь до 1999 года. А Восточный Тимор получил полную независимость лишь в 2002-м[10].

Вслед за отставкой Никсона консерваторы решили провести чистку в рядах аналитиков ЦРУ, избавившись от тех, кто не верил в то, что СССР планирует захватить мир. Во главе с начальником разведки ВВС генерал-майором Джорджем Киганом они убедили директора ЦРУ Джорджа Буша-старшего дать группе «ястребов»-антисоветчиков доступ к наиболее секретным данным разведки, чтобы они смогли оспорить выводы ЦРУ в отношении Советского Союза. В глазах аналитиков ЦРУ Киган уже дискредитировал себя сказочными докладами об энергетическом оружии, способном дать СССР огромное преимущество над США. Получив опровержение от экспертов армии и разведки, Киган после выхода на пенсию начал продвигать свои нелепые теории в массы. В мае 1977 года он убедил редакцию журнала *Aviation Week & Space Technology* напечатать статью следующего содержания: «СССР достиг прорыва в прикладной физике высоких энергий. Вскоре он сможет создать лучевое оружие, которое сможет нейтрализовать все американские баллистические ракеты. Это будет шах и мат американской стратегической доктрине... Гонка энергетических вооружений — реальность»[11]. Несмотря на то что подобного оружия у СССР не существовало, США с 1978 года начали разрабатывать свою программу космических лазеров под эгидой Агентства по перспективным оборонным научно-исследовательским разработкам (ДАПРА). Итогом стала широко разрекламированная Стратегическая оборонная инициатива (СОИ), в рамках которой были попусту растрачены огромные средства. Киган также безосновательно утверждал, что Советы разрабатывают масштабную систему гражданской обороны, которая позволила бы защитить в случае ядерной войны большую часть населения. Говард Стурц, чьей задачей было наблюдать за проведением Национального разведывательного оценивания по Советскому Союзу, объяснил, почему он и другие представители ЦРУ возражали против подобных исследований: «Большинство из нас возражали потому, что считали их идеологической и политической эскападой, а не серьезным исследованием. И мы все знаем, кому это выгодно»[12].

Гарвардский специалист по истории России Ричард Пайпс, польский эмигрант, питавший патологическую ненависть к СССР, был поставлен во главе команды «В». Пайпс быстро пригласил Пола Нитце и Пола Вулфовица. По словам Анны Кан, работавшей в эпоху Картера в Агентстве по контролю над вооружениями, ненависть членов команды «В» к Советскому Союзу «была просто истерической»[13]. Они использовали любую возможность для того, чтобы переоценить военные расходы и производственные мощности СССР, заявляя, что уже к началу 1984 года Советы будут иметь около 500 бомбардировщиков Ту-22М — вдвое больше, чем на самом деле. Они всячески пытались доказать злонамеренность Советов, обвиняя их в желании использовать разрядку в качестве уловки, лишь бы установить мировую гегемонию. Они отвергали все оценки ЦРУ, в которых говорилось, что советский ядерный потенциал в первую очередь является оборонительным, созданным для сдерживания и нанесения ответного удара, а не нападения.

Пайпс жаловался, что оценки ЦРУ «призваны способствовать разрядке путем взваливания ее основного груза на плечи США». Он объяснял это тем, что «аналитики ЦРУ… разделяют взгляды научного сообщества с его склонностью к философскому позитивизму, культурному агностицизму и политическому либерализму». Действия СССР, утверждал Пайпс, «вызывают более чем обоснованные предположения, что советское руководство… считает ядерное оружие тем военным потенциалом, правильное применение которого… обещает победу»[14].

В докладах Пайпса говорилось, что Советы ушли далеко вперед во всех стратегически важных отраслях. ЦРУ назвало это «полным вздором». «Если вы почитаете прогнозы команды "В" о перспективных системах вооружений, вы не найдете там ни слова правды», — подытожила Кан[15].

5 ноября члены команды «В» провели дебаты по СССР с аналитиками ЦРУ, большинство которых были молоды и неопытны. Один из них вспоминал: «Они нас просто уделали. Съели на ужин». «Это выглядело примерно как футбольный матч между школьной командой и "Редскинз"». ЦРУ потерпело фиаско, Пайпс торжествовал. Он назвал дебаты спором «кучки юных аналитиков, среди которых не все закончили даже среднюю школу» с «высшими правительственными чиновниками, генералитетом и университетскими профессорами». Пайпс заявлял, что, когда «поборник» команды «А», молодой аналитик Тед Черри, начал критиковать выводы команды «В», Нитце «нанес ему контрудар вопросом, который ввел его в ступор». «Нам было даже неудобно смотреть на то, как он сел на свое место и бесконечно долго продолжал сидеть с открытым ртом, не в силах вымолвить ни звука»[16].

Глава 10. Крах разрядки

Хотя и Джордж Буш, и его преемник Стэнсфилд Тернер согласились с Киссинджером относительно несостоятельности выводов команды «Б», Буш все же согласился ввести сделанную командой паникерскую оценку советских возможностей и намерений в доклад разведки.

Это злосчастное вмешательство в дела ЦРУ достигло еще более опасных масштабов в сентябре 1978 года, когда бывший высокопоставленный сотрудник ЦРУ Джон Пейсли исчез во время рыбалки в Чесапикском заливе. Пейсли, бывший заместитель начальника отдела стратегических исследований ЦРУ, был экспертом по ядерной и другим военным программам СССР. В его обязанности, в частности, входила подача запросов на запуск спутников-шпионов. Его задачей также были контакты ЦРУ с командой «Б». Сын Пейсли заявлял, что отец организовал утечку в СМИ информации о существовании команды «Б»[17].

Неделю спустя на дне залива был найден сильно разложившийся труп, который полиция Мэриленда опознала как труп Пейсли. Смерть наступила в результате выстрела в голову. Полиция быстро назвала это самоубийством. Но это было поистине странное самоубийство. На теле были два 10-килограммовых водолазных пояса. Рост погибшего на 10 сантиметров меньше, чем у Пейсли, у которого он составлял 5 футов 11 дюймов [*метр восемьдесят*]. По словам писателя Николаса Томпсона, «если это было тело Пейсли и он сам решил уйти из жизни, то он выбрал довольно странный способ самоубийства. Пейсли был правшой, но то, как был надет на него груз, а также то, что выстрел был произведен в левый висок, показывает, что все это делал левша»[18].

Помимо полиции штата Мэриленд, расследование вели ФБР, ЦРУ и сенатский комитет по разведке. Тем временем ЦРУ придумывало объяснения гибели Пейса, одно неправдоподобнее другого. ЦРУ называло Пейсли, уволившегося вроде бы в 1974 году, «временным консультантом, чей доступ к секретной информации был чрезвычайно ограничен». Бывший высокопоставленный член президентского совета по внешней разведке назвал эти заявления «шокирующими». «Нет никаких сомнений, что к моменту своей смерти Пейсли имел доступ к совершенно секретной разведывательной информации», — сообщил он газете *Baltimore Sun*, которая три месяца вела свое собственное расследование.

Другой бывший член президентского совета по разведке, работавший в Белом доме, заявил: «Именно Пейсли составлял список будущих членов команды "Б". Именно ему поручили покопаться в прошлом этих парней и представить нам отчет. Затем, после сбора команды, он занимался планированием их брифингов. Он был архитектором всего этого процесса». *Baltimore Sun* написала, что перед смертью Пейсли составлял «ретроспективный анализ» деятельности команды «В» для служебного пользования ЦРУ. Среди найденных в лодке бумаг были и заметки Пейсли по истории проекта. Он также имел документы по советским расходам на оборону и боеготовности их вооруженных сил[19].

Ходили и более мрачные слухи. Некоторые сотрудники ЦРУ говорили репортерам, что Пейсли, по их мнению, убит агентами КГБ. Другие же считали, что он, наоборот, был «кротом» КГБ, которого устранило ЦРУ[20]. Жена самого Пейсли вообще заявила, что тело не принадлежит ее пропавшему мужу, и наняла адвоката и частного детектива. «Мне кажется, что произошло что-то ужасное», — сказала она, обвинив ЦРУ во лжи в отношении произошедшего с ее супругом. Две ведущие страховые компании изначально отказали миссис Пейсли в выплатах из-за сомнений в истинности факта смерти. Сенатский комитет по разведке после длительного расследования засекретил свой доклад. Смерть Джона Пейсли так навсегда и осталась тайной[21].

Тем временем противники разрядки мутили воду по всем фронтам. В марте 1976 года Нитце, Джеймс Шлессинджер и бывший заместитель госсекретаря Юджин Ростоу создали то, что в ноябре станет Комитетом по современным угрозам (КСУ). Комитет под таким названием однажды уже создавался. Это было в 1950 году для одобрения директивы СНБ-68, подготовленной тем же Нитце. В состав комитета вошли три члена команды «В»: Нитце, Пайпс и Уильям Ван Клив. Вначале среди сторонников комитета были наследник династии Меллонов Ричард Меллон Скайфе и будущий директор ЦРУ Уильям Кейси. Членами комитета были редактор журнала *Commentary* Норман Подгорец, Ричард Перл, Дин Раск и Рональд Рейган. В первом заявлении КСУ содержалось предупреждение, что СССР стремится к господству на мировой арене путем «невиданного наращивания вооружений» и что под видом контроля над вооружениями он готовится к ядерной войне[22].

Усилия команды «В» по подрыву влияния разведки и повороту страны вправо поддерживались вновь созданными фондами и «мозговыми трестами», частично финансировавшимися семействами Скайфе, Курс, а также Уильямом Саймоном, президентом Фонда Джона М. Олина. Их щедростью также пользовались фонд «Хэритидж», Американский институт предпринимательства, «Юридический фонд Вашингтона», «Институт справедливости», Институт им. Гувера, «Дом свободы» и «Центр этики и публичной политики». Их поддерживал также ряд правых СМИ, включая журналы *National Interst / Public Interest, Commentary* и *American Spectator*.

Глава 10. Крах разрядки

Буйствовавшие правые не были нужны довольно умеренному Джеральду Форду. Поэтому они стремились привести в Белый дом настоящего правого радикала вроде Рональда Рейгана. Форд вместе с главой своего аппарата Дональдом Рамсфелдом попытался ослабить критику деятельности правительства. В октябре 1975 года они провели полномасштабную чистку рядов кабинета, ставшую известной как «хеллоуинская резня». Рамсфелд занял кресло Шлессинджера, став новым министром обороны. Генерал Брент Скаукрофт сменил Киссинджера на посту советника по национальной безопасности. Дж. Буш заменил Колби в ЦРУ. Заместитель Рамсфелда Дик Чейни возглавил аппарат Белого дома. Вице-президента Нельсона Рокфеллера попросили с должности в 1976 году. Разъяренный Киссинджер написал прошение об отставке и с поста госсекретаря, которое, впрочем, так и не отправил. Многие видели в происшедшей чистке рядов руку Рамсфелда. Никсон назвал Рамсфелда «маленьким жестоким ублюдком»[23]. Киссинджер позже говорил, что Рамсфелд был самым безжалостным человеком, которого он встречал в своей жизни.

Надеясь смягчить критику с правого фланга, Форд и глава его аппарата Дональд Рамсфелд провели в октябре 1975 года полномасштабную чистку кабинета, ставшую известной как «хеллоуинская резня». Помимо других изменений, Рамсфелд занял кресло министра обороны. Многие считали, что за этой чисткой рядов стоял Рамсфелд, которого Никсон назвал «маленьким жестоким ублюдком». Заняв свой пост в Пентагоне, Рамсфелд стал предупреждать о том, что Советы вскоре могут обойти США в военной мощи, и заявлял, что разрядка не в американских интересах.

Забыв о своих некогда умеренных взглядах, Рамсфелд повернул резко вправо. Он стал непоколебимым сторонником команды «В» и противником киссинджеровской политики разрядки. В начале 1976 года он помог заблокировать новый договор ОСВ-2. «Основное сопротивление исходило от министра обороны Дональда Рамсфелда и КНШ, и я признаю, что у них на руках были все козыри», — писал позднее Форд[24]. Рамсфелд начал предупреждать о том, что Советы вскоре могут обойти США в военной мощи, и заявлял, что разрядка не в американских интересах. Форд понял его намек и в марте 1976 года заявил: «Нам следует забыть слово "разрядка"»[25].

Однако для возрождающегося правого крыла партии даже такая капитуляция была недостаточной. Рональд Рейган обрушился с жесточайшей критикой на «умеренную» политику Никсона, Форда и Киссинджера, которую он считал ослаблявшей США в борьбе с коммунистами — их смертельным врагом. В конце марта он обвинил Киссинджера в том, что тот произнес фразу: «Время США прошло. Теперь настало время СССР... Моя задача, как госсекретаря, — выторговать наиболее выгодные условия существования в качестве второго сильнейшего государства мира»[26]. Само собой, Киссинджер отрицал, что он когда-либо произносил подобные слова[27].

Форду удалось отразить атаку республиканских неоконсерваторов, но на выборах он с небольшим отрывом проиграл бывшему губернатору штата Джорджия Джимми Картеру, миллионеру и владельцу арахисовой фермы, долгое время работавшему учителем в воскресной школе своего родного городка Плейнс в Джорджии. Баптист Картер создал себе имидж популиста-бунтаря, пытаясь привлечь на свою сторону чернокожих, фермеров и недовольную молодежь. Будучи скорее агропромышленником Нового Юга, чем фермером, он, по мнению историка Лео Рибуффо, склонялся к идеям прогрессистов начала века, подчеркивавших важность научной эффективности и общественной морали, а не реформаторов «Нового курса» или «Великого общества», продвигавших идею социального государства[28]. Картер обещал восстановить веру в правительство и исцелить раны, нанесенные расколом, произошедшим в результате Уотергейтского скандала, вьетнамской войны и многих лет дискриминации по признакам возраста, пола и расы.

Мало смысливший во внешней политике Картер черпал свои знания из встреч трехсторонней комиссии — организации, основанной в 1972 году председателем совета директоров банка *Chase Manhattan Bank* Дэвидом Рокфеллером, также возглавлявшим влиятельный Совет

Глава 10. Крах разрядки

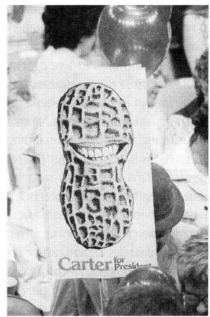

Слева: Картер выходит из здания церкви во время избирательной кампании в Джэксонвилле (штат Флорида). Справа: сторонники Картера с символом его избирательной кампании на съезде Демократической партии в Нью-Йорке. Миллионер и владелец арахисовой фермы, долгое время работавший учителем в воскресной школе своего родного городка Плейнс в Джорджии, Картер с небольшим отрывом победил на выборах Форда. Создав себе имидж популиста-бунтаря и пытаясь привлечь на свою сторону чернокожих, фермеров и недовольную молодежь, Картер пообещал восстановить веру в правительство и исцелить раны, нанесенные расколом, произошедшим в результате Уотергейтского скандала, вьетнамской войны и многих лет дискриминации по признакам возраста, пола и расы.

по международным отношениям (СМО). Рокфеллер, как и многие его друзья во власти, был обеспокоен последними событиями. США не только потерпели сокрушительное поражение во Вьетнаме, но и столкнулись с кризисом, серьезно дестабилизировавшим экономику. Многие считали действия Никсона опасными. Отменив золотой стандарт и введя контроль над зарплатой и ценами, а также пошлины на импорт, Никсон подорвал основы либерального интернационализма, безраздельно властвовавшего с 1945 года. После того как к мерам Никсона добавились попытки конгресса ограничить импорт и наказать транснациональные корпорации, размещающие производственные мощности за рубежом, некоторые члены СМО стали опасаться возрождения экономического национализма и даже начала международной торговой войны[29].

Попытки СМО найти новый инструмент для наведения порядка в мировой экономике оказались безуспешными. Рокфеллер уцепился за подход, предложенный профессором Колумбийского университета Збигневом Бжезинским. В книге «Между двух эпох», вышедшей в 1970 году, Бжезинский призвал «сообщество развитых наций»: Западную Европу, США и Японию — взять на себя руководство мировым порядком[30]. Два отдыхавших в Сил-Харборе ньюйоркца разработали план создания организации, которая способствовала бы установлению такого порядка.

В июне 1972 года на ежегодной встрече не афиширующей себя Бильдербергской группы, проходившей в отеле «Бильдерберг» в голландском городке Остербек, Рокфеллер предложил создать организацию, которая установила бы порядок в капиталистических странах, усилив связи между лидерами трех континентов. Бжезинский — член как Бильдербергской группы, так и СМО — с энтузиазмом поддержал предложение. В следующем месяце 17 членов группы собрались на рабочую встречу в нью-йоркском особняке Рокфеллера. В начале своего существования группа включала 60 членов на трех континентах. Ее офисы имелись в Нью-Йорке, Париже и Токио. Большинство ее членов отвергали рефлекторный антикоммунизм КСУ, надеясь вместо этого заманить СССР в систему мировой экономической взаимозависимости, свободной торговли и неконтролируемого движения капиталов. Экономические и политические проблемы стран третьего мира должны были решаться вне повестки дня холодной войны[31].

Бжезинский стал исполнительным директором североамериканского подразделения группы. Сын польского дипломата и, вероятно, наиболее закоренелый антикоммунист среди ее основателей, Бжезинский настоял на членстве Картера в группе[32]. Он и Рокфеллер считали Картера набирающим силу, хотя все еще не слишком известным губернатором-южанином, который стремился больше узнать об окружающем мире. Самоуверенный и честолюбивый Картер уже обсуждал со своими советниками возможность участия в президентской гонке. Однако ему еще нужно было показать себя на международной арене. Когда в декабре 1973 года он появился в телешоу «За что я выступаю?», ни один из участников, в число которых входили Эрлин Фрэнсис, Джин Шалит и Супи Сейлс, не смог ответить на вопрос, чем он зарабатывает на жизнь. Возможно, на Бжезинского произвело впечатление то, что на демократических праймериз в 1972 году Картер сумел обойти сенатора Генри Джексона, антикоммуниста-«ястреба» и фаворита неоконсерваторов.

Бжезинский и Рокфеллер увидели в Картере нечто такое, что убедило их в выгодности взращивания его в качестве политика, и они поддержали

Глава 10. Крах разрядки

его с самого начала. Заместитель главы избирательного штаба Картера Питер Борн однажды сказал: «И Дэвид, и Збиг считали Картера идеальной основой для создания политика»[33]. Во время кампании Бжезинский был советником Картера по внешней политике, а также его личным спичрайтером. Картер включил в состав правительства 26 членов трехсторонней комиссии: вице-президента Уолтера Мондейла, госсекретаря Сайруса Вэнса, министра обороны Гарольда Брауна, министра финансов Михаэля Блюменталя, главу Федеральной резервной системы Пола Уокера и др. Главу ЦРУ Буша Картер заменил другим членом трехсторонней комиссии — Стэнсфилдом Тернером. Второстепенные посты тоже заняли члены комиссии: Уоррен Кристофер, Энтони Лейк и Ричард Холбрук. Наиболее показательным было назначение Бжезинского на пост советника по национальной безопасности. Киссинджеру, также входившему в состав трехсторонней комиссии, никаких постов в правительстве предложено не было.

Несмотря на свою неопытность, связи с трехсторонней комиссией и склонность к центризму, Картер имел довольно прогрессивные взгляды на будущее США. Среди его главных целей было сокращение расходов на оборону. В ходе избирательной кампании Картер осуждал лицемерие США в ядерной области. «Призывая суверенные державы отказаться от ядерного оружия, мы требуем от них самоотречения, на которое сами пойти не готовы», — говорил он. Отказавшись от типичных для великих держав двойных стандартов, он признавал, что у США «нет права требовать у других стран подобного отказа» до тех пор, пока Америка сама не начнет активно двигаться к ликвидации собственного ядерного арсенала. «Мир замер в ожидании, но это ожидание не может длиться вечно, — понял Картер. — Чем дальше откладывается реальное сокращение вооружений, тем больше стран захочет развивать собственную ядерную программу»[34].

Такая честность была отрезвляющим душем, равно как и обещание Картера восстановить моральный авторитет США на мировой арене, утраченный после войны во Вьетнаме. Он объявил, что «наша страна никогда больше не должна быть втянута в решение внутренних проблем другой страны военным путем, кроме случаев, когда эти проблемы будут представлять прямую угрозу для США или американского народа»[35]. Он поклялся никогда не говорить «полуправды или откровенной лжи», с помощью которых его предшественники оправдывали американское вторжение во Вьетнам. Он вернул человечеству надежду, объявив, что США помогут «построить справедливый и мирный мир, который будет по-настоящему гуманным... Мы клянемся... ограничить количество вооружений в мире... И в этом году мы сделаем первый шаг к нашей главной цели — полной ликвидации ядерного оружия на земле. Мы призываем другие народы присоединиться к нам во имя жизни, а не смерти»[36].

Сложно сказать, насколько искренними были заявления Картера по Вьетнаму. Они явно представляли собой резкий контраст с риторикой его предшественников и преемников. Но они могли быть и ширмой, призванной показать его бо́льшим либералом, чем он был на самом деле. Во время кампании 1976 года Картер сказал репортеру, задавшему вопрос по Вьетнаму, что в марте 1971 года он «призывал к полному выводу войск», хотя до этого выступал с типичных для южан провоенных позиций. В августе 1971-го Картер написал статью, в которой заявил о том, что изначально выступал за вмешательство Америки в борьбу против «коммунистической агрессии во Вьетнаме». Теперь же, «поскольку мы не можем победить, нам пора вернуться домой». В 1972 году он поддержал никсоновские бомбардировки Северного Вьетнама и минирование портов, призвав американцев «предоставить президенту Никсону нашу помощь и поддержку вне зависимости от согласия с его решениями». Даже в апреле 1975 года, когда Сайгон вот-вот должен был пасть под натиском

Картер и советский руководитель Л. И. Брежнев подписывают ОСВ-2. Несмотря на всю помпу, подписание этого договора было ограниченным успехом, поскольку он позволил обеим сторонам продолжить наращивание ядерных арсеналов, хотя и более медленными темпами.

Глава 10. Крах разрядки

коммунистов и их сторонников, Картер заявил, что поддерживает выделение в следующем году сайгонскому режиму от 500 до 600 миллионов долларов военной помощи для его стабилизации[37].

Поэтому вполне возможно, что внешнеполитические взгляды Картера никогда не были такими либеральными, как многие предполагали. Однако он все же сумел рассердить КСУ, поставив миролюбивого Пола Уорнке во главе Агентства по контролю над вооружениями, назначив афроамериканца Эндрю Янга полпредом США в ООН и предпочтя присущий Вэнсу адвокатский прагматизм в вопросах разрядки закоснелому антикоммунизму Бжезинского. Это позволило Картеру добиться значительных успехов на ранних этапах его правления. Он возобновил переговоры по Панамскому каналу и довел их до успешного завершения. В 1978 году он обеспечил заключение Кэмп-Дэвидских соглашений, в результате которых Израиль вывел свои войска с египетских территорий, оккупированных в 1967 году, после чего между обеими странами были установлены дипломатические отношения. Он также двигался по пути контроля над вооружениями. В результате проведенных Уорнке переговоров с советской стороной был заключен договор ОСВ-2, предполагавший сокращение ядерных ракет и бомбардировщиков. Это позволило Картеру сопротивляться давлению Пентагона по вопросу создания новых стратегических бомбардировщиков B-1. Несмотря на всю помпу, подписание ОСВ-2 в июне 1979 года было ограниченным успехом, поскольку он позволил обеим сторонам продолжить наращивание своих ядерных арсеналов, хотя и более медленными темпами. За пятилетний период действия договора обе страны имели право взять на вооружение дополнительные 4 тысячи боеголовок, а также разрабатывать новые системы вооружений. Члены КСУ осудили договор, заявив, что он предоставит СССР «стратегическое преимущество» и усилит «уязвимость США»[38]. Они призывали к масштабному увеличению расходов на вооружение и гражданскую оборону. Фонд Скайфе предоставил КСУ более 300 тысяч долларов, в результате чего финансирование противников ОСВ-2 в 15 раз превысило возможности его сторонников.

Но неопытность Картера во внешней политике привела к тому, что он стал все больше полагаться на Бжезинского и других «ястребов» из числа своих советников. Это обрекло на провал его прогрессивные устремления, вновь ввергнув администрацию в пучину холодной войны. Бжезинский быстро нашел административный рычаг, позволявший оказывать неограниченное влияние на президента. Раньше ежедневные отчеты президенту представлял один из высших руководителей ЦРУ.

Теперь же это делал лично Бжезинский, с глазу на глаз. «Еще в самом начале президентства Картера, — писал он, — я настоял на том, чтобы утренний разведывательный доклад передавался президенту лично мной. ЦРУ пыталось приставить ко мне своего сотрудника, но я счел, что это может сделать разговор неискренним». Так что Бжезинский отклонил все возражения Тернера[39].

В своих мемуарах Бжезинский описывал, как хитро и планомерно он формировал взгляды Картера на вопросы внешней политики:

«В действительности утренние доклады были нацелены на привлечение внимания президента к вопросам, которые я считал важными, на формирование у него нужной точки зрения и, особенно в первые месяцы его президентства, на обсуждение широких стратегических концепций. На начальных этапах это было особенно важно, поскольку следовало определиться с глобальными целями и обозначить наши приоритеты. Я также использовал эти встречи для того, чтобы указать Картеру, какие вопросы ему следует выделять в публичных заявлениях, и даже контролировал построение фраз в этих заявлениях. Он схватывал все на лету, и меня часто поражало, как ему удается на пресс-конференциях и других публичных мероприятиях цитировать эти фразы практически наизусть».

Вдоволь нахвалившись тем, что ему удалось стать картеровским чревовещателем, Бжезинский рассказал и о других шагах, которые он предпринял для того, чтобы его уроки были усвоены. В дополнение к ежедневным беседам он стал слать Картеру еженедельные доклады СНБ, которые должны были быть «документами очень личного характера и предназначаться только президенту». Первая страница этих докладов обычно содержала авторский комментарий Бжезинского, в котором он «в свободной форме описывал работу правительства, предупреждал Картера о возможных проблемах, иногда допускал критику и пытался сформировать у президента взгляд на глобальные перспективы»[40].

Бжезинский отмечал, что Картер иногда не соглашался с его анализом и «приходил в ярость» от его докладов. Но результаты правления Картера показывают, что граничивший с психозом антикоммунизм Бжезинского — он хвалился тем, что был первым поляком за триста лет, сумевшим нанести серьезный удар русским, — в итоге измотал Картера, и тот согласился с планами Бжезинского[41].

Картер вступил в свою должность с желанием бороться за права человека, но использовал эту риторику лишь для нападок на СССР, вызвав заметное охлаждение в отношениях между двумя странами.

Глава 10. Крах разрядки

Советы, гордившиеся тем, что за последние годы расширили гражданские свободы и уменьшили число политзаключенных, парировали заявлением о том, что советские граждане обладают правами, которыми не пользуются американцы. Кремль рекомендовал послу А. Ф. Добрынину поинтересоваться у Вэнса, что почувствуют США, если Советы привяжут вопрос разрядки к решению проблем расовой дискриминации и безработицы[42].

Картер также слишком остро среагировал на поддержку СССР Менгисту Хайле Мариама в Эфиопии. Менгисту пришел к власти в 1974 году в результате переворота, свергнувшего императора Хайле Селассие. В эти годы Советский Союз сумел воспользоваться политическими потрясениями в Африке и других регионах третьего мира для налаживания отношений с прогрессивными силами и направления их развития по социалистическому пути. Но события в странах третьего мира постоянно ввергали СССР в пучину экономических, политических и военных конфликтов. Эфиопия была именно таким примером. В конце 1977 года Советы, вдохновленные Кастро и его поддержкой освободительного движения в Африке, откликнулись на просьбу Менгисту о помощи в отражении нападения соседней Сомали и борьбе с поддерживаемым сомалийцами движением за независимость Эритреи. Несмотря на их собственную критику зачастую жестоких действий со стороны Менгисту, Советы значительно усилили поддержку нового революционного правительства Эфиопии, предоставив ему оружия и снаряжения более чем на миллиард долларов и направив в страну тысячу военных советников. Они также помогли с переброской на помощь эфиопам 17 тысяч кубинских солдат и военных техников. Большинство африканских государств приветствовали советскую интервенцию, считая ее обоснованным ответом на агрессию Сомали.

Вначале Картер реагировал вяло, разделяя убежденность советского руководства в том, что высшим приоритетом являются разрядка и контроль над вооружениями. Но Бжезинский призвал президента перестать быть «мягкотелым» и дать Советам отпор. «Президента должны не только любить и уважать. Его должны бояться», — утверждал советник по национальной безопасности. Он призывал Картера «выбрать спорный вопрос, по которому можно было бы действовать зло, жестко, чтобы шокировать оппонентов»[43]. Картер счел Эфиопию хорошей отправной точкой. Несмотря на категорические возражения Вэнса, он обвинил Советы в «расширении своего влияния за рубежом» посредством «военной силы»[44]. Бжезинский пришел в восторг из-за осуждения Картером действий СССР. Позже он неоднократно говорил, что «пески Огадена стали могилой ОСВ»⁴⁵. Правые критиковали советскую авантюру в Африке еще более резко. Рейган выступил с предупреждением:

«Если Советы преуспеют, а их успех приближается с каждым днем, то весь Африканский Рог окажется под их влиянием, если не под прямым контролем. Оттуда они смогут угрожать морским путям поставок нефти в Европу и США. В более краткосрочной перспективе контроль над Африканским Рогом даст Москве возможность дестабилизировать антикоммунистические правительства Аравийского полуострова... через несколько лет мы можем столкнуться с перспективой возникновения империи советских протекторатов, протянувшейся от Аддис-Абебы до Кейптауна»⁴⁶.

Советское руководство не ожидало столь агрессивной реакции США. Оно переоценило готовность Америки признать равенство СССР в международных делах. Многие советские чиновники и интеллигенты начали сомневаться в разумности вмешательства в дела таких стран, как Афганистан, Ангола, Эфиопия, Мозамбик, Сомали и Южный Йемен, поскольку их репрессивные режимы не желали прислушиваться к рекомендациям СССР по политическим и экономическим вопросам.

Картер со Збигневом Бжезинским, назначение которого на пост советника по национальной безопасности обрекло на провал прогрессивные устремления Картера. Сын польского дипломата, антикоммунист-«ястреб» Бжезинский хитро и планомерно манипулировал взглядами Картера на внешнюю политику.

Глава 10. Крах разрядки

Риторика Картера по правам человека вызвала ответные обвинения с советской стороны. В июле 1978 года Картер «раскритиковал» и «осудил» приговор советскому диссиденту Анатолию Щаранскому, получившему 13 лет по обвинению в шпионаже в пользу ЦРУ. Заявления Картера особенно рассердили советское руководство потому, что он и Бжезинский заигрывали с Китаем, где ситуация с правами человека была несравнимо хуже. Бжезинский сам признавал в разговорах с Картером, что Китай казнит не менее 20 тысяч заключенных ежегодно. Но основа обвинений Картера была подорвана не кем иным, как американским послом в ООН Эндрю Янгом, сказавшим французскому журналисту, что в американских тюрьмах «содержатся сотни, возможно, даже тысячи человек, которых можно назвать политзаключенными»[47].

Критиковать недочеты в системе защиты прав человека в СССР, в то же время поддерживая их вопиющие нарушения в других регионах, было опасной игрой, которая нередко рикошетила по самим США. В 1967 году Англия объявила о планах вывода своих войск из районов к востоку от Суэца. США решили заполнить образовавшийся вакуум. Они построили военную базу на острове Диего-Гарсия в Индийском океане, с которого англичане в 1968–1973 годах выселили более 2 тысяч туземцев. США могли использовать дислоцированную на острове авиацию для защиты своих интересов в Персидском заливе[48]. В результате этого финансовые потоки оказались еще более завязаны на иранского шаха и Израиль, которые стали основными защитниками экономических и геополитических интересов США в регионе, в котором были сконцентрированы 60 % всех разведанных запасов нефти в мире. В эти годы богатые нефтью государства залива начали играть важную роль в мировой экономике, импортируя товары из США и Европы и вкладывая в американские банки миллиарды нефтедолларов.

В 1960–1970-е годы США поставили в Иран целый арсенал сложных систем вооружений. Последующие поколения могут увидеть жестокую иронию в том, что США даже поощряли стремление Ирана начать полномасштабную ядерную программу для защиты своих богатых запасов нефти. Открытая поддержка руководством США репрессивного шахского режима, пришедшего к власти после свержения ЦРУ чрезвычайно популярного иранского лидера Мосаддыка, возмущала большинство иранцев. Один из главных противников шаха и его программы «модернизации» аятолла Рухолла Хомейни заявил: «Пусть же американский президент знает, что в глазах иранского народа он является самым омерзительным представителем рода человеческого из-за его несправедливости по отношению к мусульманским народам»[49]. За это и подобные резкие высказывания шахское правительство в 1964 году изгнало Хомейни из родной страны. В последующие 15 лет иранские религиозные деятели постоянно критиковали и шаха, и его сторонников в Вашингтоне, Багдаде и Париже.

Недовольство иранцев продолжало расти. В 1970-е его подогрело замедление экономического роста. Но, несмотря на мрачные доклады о ситуации с правами человека, Картер продолжал продавать шаху оружие, которого Иран уже получал больше, чем любая другая страна. Связи между Картером и шахом, названным New York Times «самым абсолютным из монархов современности», постоянно расширялись, что давало повод обвинить Картера в лицемерии по вопросу прав человека[50]. В ноябре 1977 года иранская монаршая чета нанесла визит Картеру, остановившись в Белом доме. В результате переговоров Картер дал предварительное добро на продажу Ирану шести — восьми легководных ядерных реакторов. Вместе с 16–18 реакторами, о покупке которых шах вел переговоры с Францией и ФРГ, Иран получил бы весьма серьезную ядерную программу.

Стремясь оказать поддержку своему оказавшемуся под огнем критики союзнику, президент Картер с супругой посетили вместе с ним пышную церемонию празднования Нового года в Тегеране, проходившую под аккомпанементом протестов в столицах обеих стран. Перед каждым из 400 гостей стояло по пять хрустальных бокалов. Картер без устали расхваливал гостеприимного хозяина: «Наши беседы были бесценными, наша дружба неизменна, и я хочу поблагодарить лично шаха, чья мудрость и опыт так помогли мне, молодому лидеру. Во всем мире нет лидера, по отношению к которому я чувствовал бы бо́льшую дружбу и благодарность»[51].

В следующем месяце в Иране возобновились массовые протесты. В сентябре шах ввел в стране военное положение. Бжезинский призвал Картера открыто поддержать либо шаха, либо военный переворот. Боясь, что СССР может использовать эту возможность для вторжения в залив, он просил Пентагон подготовить план захвата иранских нефтяных месторождений. В декабре он предупредил Картера, что США могут столкнуться с «крупнейшим с начала холодной войны поражением, истинные последствия которого могут превзойти Вьетнам»[52]. За кулисами Бжезинский пытался оценить возможность военного переворота. Посол Уильям Салливен вспоминал: «По телефону мне передали сообщение от Бжезинского, который спрашивал меня, могу ли я организовать военный переворот, который подавил бы революцию… Увы, мой ответ был совершенно непечатным»[53].

В январе 1979 года шах бежал из страны. Бжезинский был в ужасе от перспективы захвата власти коммунистами. Происшедшее оказалось ко-

Глава 10. Крах разрядки

лоссальным провалом разведки: ЦРУ и Госдепартамент недооценили угрозу исламского фундаментализма. Генри Прехт, сотрудник подразделения Ирана в Госдепартаменте, вспоминал, как начал понимать, что назревает в стране:

«В конце ноября 1978 года мы созвали всех специалистов по Ирану, чтобы обсудить, что делать и что происходит в стране... за день до этого я читал лекцию в Американском университете и... там было много иранских студентов... Когда я спросил их, что, по их мнению, произойдет в Иране, все они сказали: исламское правительство. На следующий день на своем совещании мы ходили по комнате и делились мыслями по этому вопросу. Говорили: "Будет либеральное правительство, Национальный фронт, а Хомейни уедет в Кум*". Когда очередь дошла до меня, я сказал: "Исламское правительство". Меня никто не поддержал»[54].

В феврале 77-летний аятолла Хомейни вернулся в Тегеран как герой и начал строить исламскую республику, основанную на законах шариата. Целью было создание нового халифата. Глава отдела Ирана в Лэнгли успокаивал тегеранское бюро ЦРУ: «Не беспокойтесь по поводу продолжения атак на посольство. Единственное, что может их спровоцировать, — предоставление шаху убежища в США. А здесь нет никого, кто был бы достаточно глуп, чтобы пойти на это»[55]. Никого, кроме Картера, уступившего под давлением Киссинджера, Дэвида Рокфеллера, Бжезинского и прочих друзей шаха. Иранцы были в ярости. В ноябре студенты ворвались в американское посольство и захватили в заложники 52 американцев, которых удерживали на протяжении 444 дней. Боясь советской интервенции для подавления исламского фундаментализма, Картер направил в Персидский залив 25 боевых кораблей, включая три авианосца с ядерным оружием на борту, и 1800 морских пехотинцев. Он также блокировал активы Ирана в США и сократил импорт иранской нефти.

Когда это не помогло, в американском обществе возникло беспокойство. Глава аппарата Белого дома Гамильтон Джордан предупредил Картера, что «американцы разочарованы неспособностью нашей страны сделать хоть что-нибудь для освобождения пленников и возмездия за оскорбление нашего достоинства»[56]. Но Картер продолжал прояв-

---

* Кум — столица провинции Кум в Иране, священный город шиитов. В Куме располагается религиозный центр, объединяющий большое количество учебных заведений. В Куме проживают большинство шиитских духовных лидеров (аятолл). Аятолла Хомейни действительно обосновался в Куме, откуда лично руководил политикой страны.

лять сдержанность. Недоверие Хомейни к СССР и его сторонникам из иранских левых партий ограничивало возможности Советского Союза использовать ситуацию. Неприязнь Хомейни к Советскому Союзу еще больше усилилась, когда в декабре 1979 года советские войска вошли в Афганистан, и продолжила усиливаться после того, как союзник СССР, Ирак, напал на Иран в сентябре 1980 года.

С Ираном американцам просто повезло в одном аспекте. В рамках программы Эйзенхауэра «Атом ради мира» США продали десятки исследовательских реакторов по всему миру, включая Иран, и поставляли в качестве топлива для них высокообогащенный уран. Некоторые из реакторов использовали топливо, обогащенное до 93 %. Незадолго до свержения шаха США продали Ирану 58 фунтов оружейного урана. К счастью, на момент прихода к власти революционного правительства это топливо все еще не было поставлено, и сделку заморозили[57].

Кризисы вспыхивали по всему земному шару. К концу 1970-х годов Центральная Америка, десятилетиями жившая в нищете под властью поддерживаемых США правых диктаторов, готова была взорваться. В Никарагуа Сандинистский фронт национального освобождения (СФНО), названный в честь ставшего мучеником партизанского вождя Аугусто Сандино, угрожал свергнуть президента Анастасио Сомосу Дебайле. Жестокое и коррумпированное 43-летнее правление семейства Сомоса сплотило обнищавшее население в борьбе с ним. Правительство Картера боялось, что победа сандинистов вдохновит революционеров в соседних странах, особенно в Гватемале, Гондурасе и Сальвадоре. Бжезинский требовал военной интервенции, пугая всех унижением из-за «неспособности справиться с проблемами на собственном заднем дворе»[58]. Пока Картер взвешивал возможные варианты, сандинисты в июле 1979 года захватили власть. Это была первая успешная революция в Латинской Америке со времен Кубинской революции 20-летней давности. В Никарагуа была начата широкая программа реформ в сельском хозяйстве, образовании и здравоохранении. Страна заявила о желании наладить отношения с США, и конгресс ответил одобрением программы помощи новому правительству в размере 75 миллионов долларов. Но с появлением сообщений о том, что через Никарагуа кубинцы перебрасывают оружие сальвадорским партизанам, Картер — за 12 дней до вступления в должность в январе 1981 года Рейгана — заблокировал эту помощь.

Картер также столкнулся с необходимостью разобраться в ситуации с Сальвадором, где кучка богатых землевладельцев, известная как

Глава 10. Крах разрядки

Несмотря на мрачные доклады относительно прав человека в Иране, президент Картер неизменно демонстрировал поддержку находящемуся под огнем критики шаху. Это приводило в ярость большинство иранцев. Во время празднования нового, 1978 года в Тегеране, под аккомпанемент протестов в столицах обеих стран, Картер обратился к гостеприимному хозяину с полным лести тостом: «Наши беседы были бесценными, наша дружба неизменна, и я хочу поблагодарить лично шаха, чья мудрость и опыт так помогли мне, молодому лидеру. Во всем мире нет лидера, по отношению к которому я чувствовал бы бо́льшую дружбу и благодарность». Бунт вспыхнул вновь вскоре после отъезда Картера. В январе 1979 года шах покинул Иран.

Демонстрации против шахского режима во время Иранской революции. Произошедшее оказалось колоссальным провалом разведки: ЦРУ и Госдепартамент недооценили угрозу исламского фундаментализма.

40 семей, правила уже больше века, используя любые методы для подавления протестов нищего населения. В 1970-е число убийств, совершенных «эскадронами смерти», возросло, что привело к подъему народного сопротивления. После убийства в 1980 году архиепископа Оскара Ромеро несколько партизанских групп объединились и создали Фронт национального освобождения имени Фарабундо Марти (ФНОМ). К концу 1980 года ФНОМ был близок к победе. Картер под давлением Бжезинского решил возобновить военную помощь диктатуре.

Буря приближалась и в Афганистане — стране, где среднегодовой доход населения в 1974 году составлял всего 70 долларов. В 1976-м Госдепартамент заявил, что США «не могут и не должны каким бы то ни было образом быть причастны или ответственны за "оборону" Афганистана»[59]. Но ситуация изменилась, когда просоветские повстанцы во главе с Нур Мухаммедом Тараки и Хафизуллой Амином захватили власть в апреле 1978 года. Тараки, ставший новым главой государства, провозгласил: «Я вижу будущее народа очень светлым». Журналист *New York Times* Уильям Бордерс написал аналитическую статью: «По стандартам практически любой страны мира будущее выглядит отнюдь не светлым — в стране, где средняя продолжительность жизни составляет 40 лет, детская смертность достигает 18 %, а читать умеет лишь каждый десятый. В Афганистане, — продолжал Бордерс, — есть всего несколько шоссе и ни одной мили железных дорог. Большинство населения — либо кочевники, либо нищие крестьяне в грязных деревнях, укрывшихся за высокими стенами. Быт афганцев вряд ли сильно отличается от того, что застал Александр Македонский 2 тысячи лет назад»[60].

Советский Союз, имевший дружественные отношения с прежним правительством, хотя оно и проводило репрессии против афганских коммунистов, не стремился к перевороту. Реформы нового правительства, в особенности программы образования для женщин, земельная реформа и планы индустриализации, а также жесткое подавление противников вызвали восстание моджахедов — фанатиков-исламистов, действовавших с территории Пакистана. Вскоре в стране уже полыхала гражданская война.

Соединенные Штаты сделали ставку на моджахедов. Картер, которому не нравились религиозный фанатизм и реакционные взгляды мятежников, поначалу отверг план Бжезинского по организации тайной операции, направленной против нового правительства Афганистана. Тогда Бжезинский для организации подготовки и финансирования боевиков стал работать с ЦРУ. В феврале исламские экстремисты в Кабуле похитили американского посла Адольфа Дабса. Когда афганская полиция

Глава 10. Крах разрядки

и советские военные советники начали штурмовать отель, в котором держали посла, боевики его убили. Это позволило США усилить свое вмешательство в афганские дела.

Бжезинский видел в растущем исламском фундаментализме больше возможностей, чем угрозы. Уже несколько лет США вместе с иранской и пакистанской разведками работали над созданием в Пакистане правого исламского фундаменталистского движения для борьбы с правительствами, симпатизирующими СССР. Впоследствии Бжезинский признавал, что США поддерживали моджахедов еще до советского вторжения: «Еще 3 июля 1979 года президент Картер подписал первую директиву о поддержке противников просоветского режима в Кабуле. В тот же день я отправил президенту записку, в которой указал, что подобная помощь приведет к советскому военному вторжению»[61].

Бжезинский понимал, что СССР опасается, как бы вторжение в Афганистан не вызвало восстание 40 миллионов мусульман в советских республиках Средней Азии. Афганское руководство настаивало на том, чтобы Москва направила в Афганистан войска для подавления мятежа, но русские отказались. Вместо этого Брежнев призвал ослабить репрессии в отношении политических противников. Советские лидеры справедливо полагали, что именно американцы вместе с иранскими и пакистанскими экстремистами стоят за спиной афганских мятежников. Не исключали они и участия в этом Китая. И все же не спешили с вторжением. Громыко так объяснил обеспокоенность советского руководства: «Мы откажемся от многого, достигнутого с таким трудом: разрядка, ОСВ-2 — все это вылетит в трубу. Не будет ни шанса достичь соглашения (а что бы там ни говорили, для нас это самое главное), не будет встречи Брежнева с Картером... и наши отношения с Западом, в особенности с ФРГ, будут испорчены»[62].

Советский Союз решил свергнуть Амина, главного инициатора репрессий, и заменить его Тараки. Но вышло наоборот: Тараки был убит, а Амин упрочил свою власть*. Он не только усилил репрессии, но

---

* На самом деле именно Нур Мухаммед Тараки был основателем и вождем Народно-демократической партии Афганистана (НДПА), генеральным секретарем ее ЦК. После Апрельской революции 1979 года он возглавил Революционный совет ДРА, то есть стал главой государства. Хафизулла Амин, член политбюро ЦК НДПА, стал главой правительства. Осенью 1979 года Амин совершил дворцовый переворот, арестовал и впоследствии уничтожил Тараки, а сам занял все три высших поста в партии и государстве.

и обратился к США за помощью. Не желая установления проамериканского режима на своих южных границах, за которым последовало бы размещение там американских войск и ракет «Першинг-2», Советский Союз решил заменить Амина Бабраком Кармалем, хотя и понимал, что это вызовет нестабильность, которая может вынудить их ввести в страну войска. Советское военное командование было против интервенции, опасаясь, что она может спровоцировать объединение исламских радикалов, которое втянет СССР в многолетнюю войну в стране, где у него нет серьезных интересов. Но Брежнев легкомысленно настоял на вторжении, решив, что война займет всего три-четыре недели. Еще больше его подталкивал к интервенции сам Запад, который стал разрушать достижения разрядки: в США росло сопротивление ОСВ-2, а НАТО решило разместить в Европе новые баллистические ракеты средней дальности. Однако, как подчеркивает историк Мелвин Леффлер, «принимая решение о вводе войск в Афганистан, советское руководство исходило из наличия угрозы, а не из возможности получения преимуществ»[63].

Вопреки предостережениям военных советников Брежнев на Рождество 1979 года отправил в Афганистан 80 тысяч солдат. До самого начала вторжения ЦРУ уверяло Картера, что этого не произойдет. Мир не поверил, что вторжение спровоцировано тайными усилиями США дестабилизировать дружественный Москве режим у границ СССР. Бжезинский ликовал, считая, что заманил Москву в ту же ловушку, в которую Вашингтон попал во Вьетнаме.

Холодная война вновь разгорелась в полную силу. Картер назвал вторжение в Афганистан «величайшей угрозой миру со времен Второй мировой войны». Это было столь вопиющим преувеличением, что обозреватель *New York Times* Рассел Бейкер счел своим долгом напомнить ему о блокаде Берлина, корейской войне, Суэцком и Карибском кризисах, а также о войне во Вьетнаме[64]. Но 23 января в послании «О положении страны» Картер заявил:

«Регион, которому сегодня угрожают советские войска, стратегически важен для нас. Он содержит две трети мировых запасов нефти. Стремление СССР захватить Афганистан привело его войска на расстояние 300 миль [примерно 500 км] от Индийского океана и в непосредственную близость от Ормузского пролива, через который перевозится большая часть мировой нефти. СССР старается укрепить свое стратегическое положение, создав серьезную угрозу ее поставкам с Ближнего Востока...

Глава 10. Крах разрядки

Мы должны четко заявить о своей позиции: попытка любых внешних сил получить контроль над Персидским заливом будет расценена как угроза жизненно важным интересам США, и ответ на нее будет дан всеми доступными средствами, включая военные»[65].

Последняя фраза, ставшая известной как «доктрина Картера», была воспринята Кремлем как прямая угроза войны, возможно даже ядерной. Вэнс пытался исключить эту фразу из обращения и даже вычеркнул ее из чернового варианта, который Госдепартамент направил в Белый дом. Бжезинский настаивал на ее сохранении, убеждая пресс-секретаря Джоди Пауэлла, что без этой фразы речь будет бессмысленной. Пауэлл уговорил Картера принять сторону советника по национальной безопасности[66].

Через месяц, выступая на *NBC News*, помощник госсекретаря Уильям Дайесс повторил эту угрозу, заявив, что «Советы знают, что это ужасное оружие было применено против людей лишь дважды в истории, и оба раза его использовал американский президент»[67].

Збигнев Бжезинский с пакистанскими солдатами в марте 1980 года. Несмотря на то что в 1977 году Картер урезал помощь репрессивному правительству Мухаммеда Зия-уль-Хака из-за катастрофической ситуации с правами человека в стране и ее ядерной программы, США предоставляли Пакистану миллионы долларов военной и экономической помощи в обмен на поддержку мятежников-исламистов, борющихся с советскими войсками в Афганистане. Фотография сделана во время турне Бжезинского по Пакистану и Саудовской Аравии в целях налаживания финансового и военного сотрудничества.

Советский Союз считал американские обвинения в планируемой агрессии против Ближнего Востока абсурдными, однако Картер все же отозвал посла из Москвы и заморозил переговоры по ОСВ-2. Он сократил торговлю между двумя странами, запретил участие американских спортсменов в московской Олимпиаде, увеличил расходы на оборону и направил главу Пентагона Гарольда Брауна в Китай для налаживания военных связей.

Как предвидели многие советники Брежнева, советская интервенция спровоцировала подъем исламистского движения как в Афганистане, так и за его пределами. Боевики базировались в пакистанском городе Пешавар. К ним присоединились исламские фанатики, обучавшиеся в медресе Саудовской Аравии, Египта и самого Пакистана. В Исламабаде представители 35 мусульманских стран осудили советскую агрессию. Бжезинский стал искать способ разжечь недовольство среди мусульман в среднеазиатских республиках самого СССР. В предыдущие десятилетия США уже использовали исламский фундаментализм для борьбы с арабским национализмом. Теперь появился шанс использовать его против Советского Союза. Но это означало бы сотрудничество с пакистанским президентом генералом Зия-уль-Хаком. В 1977 году Картер урезал помощь его репрессивному правительству из-за катастрофической ситуации с правами человека в стране и из-за ее ядерной программы. Теперь же, всего через несколько дней после вторжения, Картер предложил Зия-уль-Хаку миллионы долларов военной и экономической помощи в обмен на поддержку мятежников-исламистов. В феврале 1980 года Бжезинский совершил поездку по Пакистану и Саудовской Аравии в целях налаживания финансового и военного сотрудничества. Саудовский принц Турки аль-Фейсал, глава разведки, сказал одному из сотрудников ЦРУ: «Мы не проводим операций. Мы просто не умеем этого делать. Все, что мы умеем, — это выписывать чеки». И саудовцы согласились внести свой вклад[68].

Как бы ни брякал Картер оружием, США не смогли бы отразить советское вторжение в залив, не развязав ядерную войну. Поэтому Картер предпринял меры для исправления положения. Он поместил силы оперативного реагирования на базах в Сомали, Кении и Омане, благодаря чему в случае кризиса в залив можно было быстро перебросить несколько тысяч американских солдат. Он усилил связи с дружественными правительствами региона, такими как Саудовская Аравия. Также Картер внес серьезные изменения в ядерную стратегию, подписав президентскую директиву № 59, в рамках которой предполагалось отойти от тактики гарантированного взаимного уничтожения, ведя вместо этого «гибкие» и «ограниченные» ядерные конфликты, в которых США могли бы победить. Это не только похоронило идею Картера о всеобщей ликвидации ядерных вооружений, но и привело к наращиванию как ядерных, так и обычных вооружений. В рамках новой стратегии США готовились к длительной ядерной войне, первой целью в которой должно было стать советское руководство, в то время как удары по городам оставались под вопросом.

Таким образом, раз и навсегда были перечеркнуты все надежды Картера на более мирный и безопасный мир. За свой президентский срок Картер умудрился поддержать разработку нейтронной бомбы, одобрить размещение крылатых ракет с ядерными боеголовками в Европе, спустить на воду первую подводную лодку класса «Трайдент» и в два раза увеличить число боеголовок, нацеленных на СССР. Поэтому, несмотря на его пребывание в Белом доме, КСУ, стремившийся похоронить ОСВ-2 и увеличить расходы на оборону, достиг феноменальных успехов. Да и сам Картер к концу правления пересмотрел свои взгляды, поддавшись риторике КСУ об агрессивном СССР, который надо сдерживать. Разрядка умерла. Картер даже отказался от критики вьетнамской войны. Ее ветераны теперь стали борцами за свободу, которые «пришли во Вьетнам без какого бы то ни было желания захватить его территорию или навязать его народу американскую волю»[69]. Несмотря на свои первоначальные благие намерения, именно Картер заложил фундамент того экстремизма, который принес в Белый дом Рейган. Анна Кан так подытожила его правление в своей книге «Убийство разрядки»:

> «На президентских выборах 1980 года людям приходилось выбирать между внешней и оборонной политикой Картера, который выступал за принятие на вооружение ракет МХ, подлодок "Трайдент", систем быстрого реагирования, бомбардировщиков "Стелс", крылатых ракет, систем ПРО, позволявших нанести первый удар, а также за ежегодное увеличение расходов на оборону на 5 %, и Рейганом, выступавшим за то же самое плюс нейтронную бомбу, противоракеты, бомбардировщик В-1, гражданскую оборону, а также за увеличение военных расходов на 8 % ежегодно»[70].

Картер не только не выполнил обещание резко сократить расходы на оборону, но значительно увеличил их — со 115,2 миллиарда долларов в его первом бюджете до 180 миллиардов долларов в последнем[71]. И он яростно отстаивал эти изменения. Во время второй избирательной кампании члены штаба Картера даже обвиняли республиканцев в недостаточном финансировании обороны. В начале июля в шоу *Today* министр обороны Гарольд Браун припомнил республиканцам снижение затрат на оборону на 35 % в 1969–1976 годах, в то время как Картер увеличил их на 10 %, а за время второго срока планировал увеличение еще на 25. Бывший министр обороны Мелвин Лэйрд усомнился в этих цифрах, но признал, что при Картере оборонный бюджет рос быстрее, чем при Никсоне и Форде[72].

С точки зрения СССР действия США были такими, что вызывали тревогу. Как позже признает директор ЦРУ Роберт Гейтс: «Советы в 1980 году видели совсем иного Джимми Картера, чем американцы, — враждебного и опасного»[73]. Советское руководство не знало, чего ожидать от Картера. В конце 1979-го — начале 1980 года американская система раннего оповещения давала сбой четыре раза, поднимая боевую тревогу в стратегических силах США. КГБ считал, что это был не сбой, а намеренная уловка Пентагона, направленная на то, чтобы успокоить Советский Союз и оттянуть время ответного удара, сделав страну уязвимой перед внезапным нападением. И эти эпизоды настораживали не только СССР. Гейтс вспоминает в своих мемуарах доклад Бжезинского от 9 ноября 1979 года:

«В три часа утра Бжезинского разбудил (его помощник по военным вопросам Уильям) Одом, сказавший ему, что по США были запущены 220 советских ракет. Бжезинский знал, что у президента есть три — семь минут на принятие решения об ответном ударе после пуска советских ракет. Поэтому он сказал Одому, что будет ждать следующего звонка с подтверждением советского запуска, прежде чем звонить президенту. Бжезинский был убежден, что нам следует нанести ответный удар, и сказал Одому, чтобы тот убедился, что стратегическое командование ВВС уже готовит самолеты к вылету. Когда Одом позвонил ему снова, он сказал, что запущено уже 2200 ракет — это была массированная атака. За минуту до звонка Бжезинского президенту Одом позвонил в третий раз и сказал, что ни одна из других систем оповещения не зафиксировала советских ракет. Бжезинский не стал будить жену посреди ночи, поскольку считал, что через полчаса все они погибнут. Но то была ложная тревога. Кто-то по ошибке засунул в компьютерную систему учебную программу. Когда все закончилось, Збиг снова лег. Но я сомневаюсь, что ему хорошо спалось»[74].

Просочившись в прессу, этот опасный инцидент вызвал беспокойство Кремля. Посол Добрынин передал «чрезвычайную обеспокоенность» происшедшим Л. И. Брежнева. Бжезинский и Министерство обороны подготовили ответ, который главный советник Госдепартамента Маршалл Шульман охарактеризовал как «неприемлемо оскорбительный и непод-

Глава 10. Крах разрядки

ходящий для общения Картера с Брежневым». Шульман еще назвал его «детским лепетом, недостойным США» и поинтересовался: «Почему нам обязательно стараться выглядеть такими высокомерными?»[75]

Из-за тяжелой экономической ситуации в стране и серии неудач в решении внешнеполитических кризисов Картер с приближением выборов 1980 года казался слабым и потерявшим контакт с реальностью. Но, вероятно, последний гвоздь в свой гроб Картер забил неумелой попыткой спасения заложников, когда вертолет столкнулся над иранской пустыней с самолетом-заправщиком, в результате чего погибло восемь американцев. Унижение стало еще бо́льшим, когда иранское правительство триумфально продемонстрировало обгоревшие тела. В знак протеста Сайрус Вэнс, все время выступавший против этого безрассудного плана, подал в отставку. Ни один госсекретарь не делал этого со времен Уильяма Дженнингса Брайана. Он написал прошение об отставке за четыре дня до злосчастного рейда. Политический обозреватель Мэри Макгрори отмечала, что Вэнс служил в правительстве Джонсона во время другой войны, против которой он выступал, и знал, что в критический момент отставка может быть решающей. Она писала: «Его намерения были именно такими. Он давно понял, что молчание во время обсуждения безумных планов может оказать стране медвежью услугу»[76]. Рейтинг Картера скатился до 40 %.

Все считали Вэнса самым уважаемым членом администрации, но после того, как «ястребиные» взгляды Бжезинского разрушили его дипломатические усилия, Вэнс оказался на обочине. Его влияние постоянно падало и к концу 1970-х практически сошло на нет. Как заметила *Washington Post*, «мистер Вэнс полностью потерял контакт с президентом. госсекретарь, как ранее и сам президент Картер, говорил о доброжелательном и рациональном мире, в котором США нашли бы свое место, согласившись на разумные требования других. Тот же мир, под который мистер Картер — в гораздо большей мере, чем мистер Вэнс, — пытается подстроиться сейчас, управляется фактором силы и порока»[77]. *Wall Street Journal* отмечала, что причиной решения Вэнса был «все более ястребиный тон внешней политики правительства», что началось в 1978 году, когда президент «уступил доводам Бжезинского»[78]. Вэнс начал дискуссию за несколько дней до этого, сказав журналисту, что советник по национальной безопасности должен действовать как координатор мнений, а не как «заправила внешней политики или пресс-секретарь Госдепа»[79].

Картер вступил в перепалку через несколько дней. Его реакция выглядела довольно мелочной: он сказал на встрече в Филадельфии, что

Бжезинский и госсекретарь Сайрус Вэнс. Все считали Вэнса самым уважаемым членом правительства, но после того, как «ястребиные» взгляды Бжезинского подорвали его дипломатические усилия, Вэнс оказался на обочине. В апреле 1980 года Вэнс подал в отставку в знак протеста против неуклюжей попытки спасения заложников в Тегеране, когда вертолет столкнулся над иранской пустыней с самолетом-заправщиком, в результате чего погибло восемь американцев.

новый госсекретарь Эдвард Маски будет «гораздо сильнее, патриотичнее и сможет более решительно выражать позицию нашей страны». После кризиса с заложниками в Иране Картер безвылазно сидел в Белом доме, сам превратившись в заложника собственной политики, и это было его первое за полгода публичное выступление за пределами Вашингтона[80].

После Иранской революции руководство США начало заигрывать с иракским диктатором Саддамом Хусейном, которого оно видело в качестве противовеса враждебному иранскому режиму. США боялись подъема исламского фундаментализма в иранском стиле, который мог бы угрожать проамериканским режимам Кувейта, Саудовской Аравии и Иордании. Бжезинский разработал план вывода Ирака из советской сферы влияния. В сентябре 1980 года Саддам, как минимум с молчаливого одобрения США, вторгся в соседний Иран в районе бассейна реки Шатт-эль-Араб — артерии, ведущей в Персидский залив. Однако не было даже намека на легкую победу, которую предсказывали источники ЦРУ. Через неделю ООН призвала к прекращению огня. В конце октября Картер, ведя двойную игру, объявил, что, если иранцы отпустят американских заложников, США поставят им закупленное предыдущим режимом оружие, стоимость которого, по разным оценкам, составляла 300–500 миллионов долларов. Для рейганистов запахло новым «октябрьским сюрпризом», который мог обеспечить Картеру победу на выборах. И случилось то, что помощник Картера по вопросам Ирана профессор политологии Колумбийского университета Гэри Сик назвал «политическим переворотом». Предположительно группа сторонников Рейгана сорвала сделку с иранским правительством. На тот момент оба кандидата шли голова в голову. По некоторым опросам, проведенным в середине октября,

Глава 10. Крах разрядки

Картер даже лидировал. Все произошедшее покрыто тайной, поэтому факты проверить невозможно. По некоторым данным, члены штаба Рейгана встретились с иранским руководством и пообещали позволить Израилю поставлять в Иран оружие, если тот продержит заложников до победы Рейгана на выборах. В ответ на запрос, сделанный в 1992 году конгрессменом от Индианы Ли Гамильтоном, Комитет по вопросам обороны и безопасности Верховного Совета РФ сообщил, что в Европе действительно имели место тайные встречи между ключевыми членами избирательного штаба Рейгана и представителями Ирана. В полученном ответе фигурировали имена руководителя предвыборного штаба Рейгана, будущего директора ЦРУ Уильяма Кейси, кандидата в вице-президенты, бывшего директора ЦРУ Джорджа Буша, а также сотрудника СНБ, еще одного будущего директора ЦРУ Роберта Гейтса. В нем говорилось, что они пообещали Ирану гораздо больше оружия, чем предлагала команда Картера[81]. Иран отпустил сотрудников посольства 21 января 1981 года, в первый рабочий день Рейгана на посту президента. США поставляли оружие в Иран через Израиль еще несколько лет, зачастую используя частные фирмы. Надежда на окончание войны, появившаяся после того, как Саддам предложил мир в обмен на возвращение Ираку контроля над Шатт-эль-Арабом и обещание Ирана не вмешиваться во внутренние дела страны, испарилась. Из-за того что США постоянно подогревали этот конфликт, он продолжался еще восемь лет, унеся, по разным оценкам, жизни более миллиона человек, а также больше триллиона долларов.

Глава 11
Годы Рейгана:

«ЭСКАДРОНЫ СМЕРТИ» НА СТРАЖЕ ДЕМОКРАТИИ

В 1987 году в Берлине президент Рональд Рейган бросил вызов: «Генеральный секретарь Горбачев, если вы стремитесь к миру, если вы стремитесь к процветанию Советского Союза и Восточной Европы, если вы стремитесь к либерализации — придите к этим воротам! Мистер Горбачев, откройте эти ворота! Мистер Горбачев, снесите эту стену!»

И 9 ноября 1989-го, всего через два с половиной года после громкого заявления Рейгана, стена была снесена. Вскоре после этого рухнула и советская империя в Восточной Европе, а в 1991 году распался и сам СССР. Холодная война закончилась. Многие объявили о том, что Рейган одержал в ней победу. Некоторые даже называли его одним из величайших президентов в истории США. Но действительно ли Рейган был героическим поборником свободы и демократии, положившим конец самой опасной эре в истории человечества? Или же была в этом человеке и его администрации, которая насмехалась над его речами, и более мрачная сторона? Что в действительности скрывалось за улыбкой самого странного из президентов?

Общительный, но грубоватый актер Рональд Рейган, рекламное лицо компании General Electric, с 1967 по 1975 год был губернатором Калифорнии. Он решительно выступал за семейные ценности, но при этом отдалился от своих детей и стал первым разведенным президентом в истории. Малообразованный, но очень религиозный и консервативный, он уделял мало внимания политике и тем более ее деталям. Его вице-президент Джордж Буш-старший признавался советскому послу А. Ф. Добрынину, что поначалу взгляды Рейгана на международные отношения были «просто несусветными». Добрынин писал, что Буш «был просто ошеломлен тем, насколько Рейган находился под влиянием голливудских клише и идей его богатых, но консервативных и малообразованных друзей-калифорнийцев»[1]. Эксперт-советолог СНБ Ричард Пайпс признавал, что на заседаниях СНБ президент казался «совершенно потерянным и выглядел так, как будто испытывает постоянный дискомфорт». Американский посол в Никарагуа и координатор по борьбе с терроризмом Энтони Куэйнтон вспоминает, как его вызвали к президенту в самом начале деятельности новой администрации: «Я информировал президента в присутствии вице-президента, директора ЦРУ, директора ФБР и нескольких членов СНБ. На протяжении всего заседания президент жевал сладкое драже, потом задремал. Это было черт-те что»[2].

Во время передачи полномочий новому президенту Джимми Картер был глубоко обеспокоен полнейшим отсутствием у Рейгана интереса к трудностям, с которыми ему предстояло столкнуться на мировой арене, к оценкам иностранных лидеров и к управлению ядерными силами. Помощник Картера Джоди Пауэлл вспоминает: «Босс считал, что перед принесением присяги Рейгану действительно нужно узнать обо всем этом, и просто не мог поверить, что Рейган не задал ему ни единого вопроса. Он подумал, что Рейган ничего не записывает потому, что забыл взять блокнот и карандаш, и предложил их, но Рейган отказался. Он ясно это помнит. Черт возьми, это было просто невероятно»[3].

Многих приближенных Рейгана просто шокировало его невежество. Вернувшись в конце 1982 года из турне по Латинской Америке, Рейган сказал репортерам: «Я столько всего узнал... Вы удивитесь, но Латинская Америка — это множество отдельных стран»[4]. «На какой планете живет этот человек?» — задался вопросом канадский премьер-министр Пьер Трюдо, когда президент сказал ему, что «Советы увезли в Москву американского священника, чтобы впоследствии сделать его пресс-секретарем американской Ассоциации за равенство актеров»[5]. Спикер палаты представителей Тип О'Нил был очень удивлен, когда Рейган, восхищаясь его старинным письменным столом, принадлежавшим еще Гроверу Кливленду, сказал, что сам сыграл Кливленда в фильме «Сезон побед». О'Нил объяснил ему, что стол принадлежал президенту Кливленду, а не бейсболисту Гроверу Кливленду Александру. О'Нил, проработавший в конгрессе 35 лет, сказал, что Рейган — «самый необразованный президент из всех, кого я знал»[6].

Рональд Рейган был одним из наименее интеллектуально развитых людей, когда-либо занимавших Белый дом. Координатор по борьбе с терроризмом Энтони Куэйнтон вспоминает, как его вызвали к президенту в самом начале деятельности нового правительства: «Я информировал президента в присутствии вице-президента, директора ЦРУ, директора ФБР и нескольких членов СНБ. На протяжении всего заседания президент жевал сладкое драже, потом задремал. Это было черт-те что».

Наивное миропонимание Рейгана состояло из смеси поздравительных открыток Hallmark*, эстампов Currier and Ives**, афоризмов Бенджамина Франклина, голливудских эпопей и китайского печенья с сюрпризом. Он писал: «Я всегда считал, что наши поступки должны дать всем понять, что американцы — это высокоморальные люди... и все, что они делают, они делают на благо всего мира»[7].

Он часто демонстрировал полнейшую неспособность отличать свои фантазии от реальности. Так, в конце 1983 года на встрече в Овальном

---

* Hallmark — товарный знак приветственных и поздравительных открыток «на все случаи жизни»: дни рождения, свадьбы, годовщины, окончание школы и университета, с выражением соболезнования, пожеланием выздоровления и т. д.; часто с шаржевыми рисунками и забавными стишками, иногда с музыкой и зажигающимися разноцветными лампочками. Производство ведущей в этой области фирмы Hallmark cards.

** Currier and Ives — литографическая фирма второй половины XIX века, выпускавшая очень популярные эстампы ручной раскраски с изображением пейзажей, лошадей, яхт, поездов.

Глава 11. Годы Рейгана

кабинете он сказал израильскому премьер-министру Ицхаку Шамиру, что, работая репортером во время Второй мировой войны, снимал войска союзников, освобождавшие нацистские лагеря смерти, и был так шокирован увиденными страданиями, что решил сохранить копию пленки на случай, если кто-нибудь когда-нибудь усомнится в факте холокоста. На Шамира эта история произвела такое впечатление, что он пересказал ее членам своего кабинета, после чего она была напечатана в израильской газете *Ma'ariv*. Позднее Рейган вновь рассказал эту историю Симону Визенталю и раввину Марвину Иеру, на сей раз утверждая, что снимал лагеря, сопровождая связистов лишь через год после войны. Выслушав эту историю, репортер *Washington Post* Лу Кэннон заметил, что ни во время, ни непосредственно после войны Рейган ни разу не выезжал за пределы США. История была выдумана от начала до конца[8].

Журналисты начали целую кампанию по разоблачению побасенок Рейгана. Обозреватель *Chicago Tribune* Майк Ройко, вероятно стремясь развеять миф о том, что полет фантазии президента связан с его возрастом или слабеющим умом, рассказал, что впервые заметил склонность Рейгана к игре с правдой еще в 1968 году, когда в подтверждение своих слов о нарастающем беззаконии в стране тот заявил, что лишь за последний месяц в Чикаго было убито восемь полицейских, в то время как в действительности за весь предыдущий год погибли один или два[9]. Рейган часто пересказывал историю о чикагских «тунеядцах», в которых фигурировали 80 имен, 30 адресов и 12 номеров карт социальной страховки, не облагаемый налогами доход которых переваливал за 150 тысяч долларов. Число «тунеядцев» могло варьироваться, иногда оно достигало 127 имен, владельцы которых получали более сотни различных чеков, но основной лейтмотив всегда оставался неизменным: жадные и лживые чернокожие, крадущие деньги у трудолюбивых белых американцев[10].

Создание списков «рейганизмов» превратилось в настоящую национальную забаву. Рейган часто цитировал апокрифические изречения известных личностей, включая Оливера Уэнделла Холмса и Уинстона Черчилля. Это практиковалось и в отношении самого Рейгана. Так, его пресс-секретарь Ларри Спикс признавался, что он нередко придумывал цитаты и приписывал их Рейгану, предполагая возможный ход его мыслей[11].

На встречах с гостями и даже с членами своей же администрации Рейган читал по бумажкам, подготовленным для него секретарями, размером 8 на 12 сантиметров. Посетители часто умирали со смеху, когда он путал шпаргалки и начинал читать не то, что нужно. Свое мировоззрение он формировал исходя из личного опыта. Факты можно было игнорировать, а то и вовсе перевирать, если они не соответствовали его рассказу. Когда Уильям Кларк, бывший судья Верховного суда штата Калифорния, занял в 1982 году пост советника по национальной безопасности, он был шокирован тем, как мало Рейган знает об окружающем мире. Он распорядился, чтобы Пентагон и ЦРУ подготовили фильмы, рассказывающие о вопросах безопасности и описывающие мировых лидеров, с которыми Рейгану придется встречаться[12].

Безразличие Рейгана и недостаток у него политического опыта открыли дорогу дворцовым интригам подчиненных, стремившихся занять пустующее место. Вице-президент Буш имел прочные, но грязные деловые отношения и давние семейные связи с Рокфеллерами, Морганами и Гарриманами. После окончания Йельского университета он перебрался в Техас, где вложил деньги в добычу нефти, а потом безуспешно попытался стать сенатором в 1970 году. Ричард Никсон устроил его назначение председателем Национального исполкома Республиканской партии.

Джин Киркпатрик тоже играла значительную роль во внешней политике страны. Консервативный демократ и политолог из Джорджтауна, она поддержала Рейгана из-за его дремучего антикоммунизма. В награду Киркпатрик была назначена послом США в ООН. Ее задачей в стане рейганистов было оправдывать поддержку правых диктаторов, которых она называла «авторитарными», а не «тоталитарными». Вместе со своим коллегой Эрнестом Лефивером, руководителем «Центра этики и публичной политики» в Джорджтаунском университете, она с презрением отвергала обеспокоенность Картера правами человека и его программу реформ. Защитник репрессивных режимов от Сальвадора до Южной Африки, Лефивер стал помощником госсекретаря по правам человека. *New York Times* характеризовала его как «ультраконсерватора, называвшего современную политику сентиментальной чушью и считавшего принципиальной ошибкой смущать союзников, пусть даже диктаторов, требованиями создания справедливой судебной системы». Он отмел обеспокоенность общественности пытками в Аргентине и Чили, называя их «отголосками иберийской традиции». Его центр был совсем недавно обвинен в получении значительных пожертвований от фирмы *Nestlé* за исследования в поддержку ее кампании, призванной убедить матерей отказаться от грудного кормления в пользу производимого компанией детского питания, несмотря на объективные доказательства того, что оно в три раза увеличивает риск недоедания среди младенцев в слаборазвитых странах[13]. В июне сенатский комитет по внешней политике заявил

Глава 11. Годы Рейгана

Рейган с послом США в ООН Джин Киркпатрик. Консервативный демократ и политолог из Джорджтауна, она поддержала Рейгана из-за его дремучего антикоммунизма. Киркпатрик играла важную роль в стане рейганистов: ее задачей было оправдывать поддержку правых диктаторов, которых она называла «авторитарными», а не «тоталитарными».

о несоответствии Лефивера занимаемой должности. При голосовании пять из девяти входивших в комитет республиканцев поддержали девятерых демократов. На смену Лефиверу пришел не менее одиозный Эллиот Абрамс.

Не всем нравился свободный управленческий стиль, возникший из-за безразличия Рейгана. Генерал Колин Пауэлл, заместитель советника по национальной безопасности Фрэнка Карлуччи, вспоминал: «Пассивный стиль работы президента лег на наши плечи тяжким грузом. Поначалу нам было неловко претворять в жизнь рекомендации, по которым не было вынесено четкого решения. ... Однажды утром... Фрэнк простонал: "Господи, мы не подписывались управлять этой страной!"» Джеймс Бейкер, работавший начальником избирательного штаба Рейгана, главой аппарата Белого дома и министром финансов, назвал внешнюю политику тех лет «ведьминым отваром из интриг и противоречивых устремлений»[14]. Главные советники Рейгана готовы были перегрызть друг другу горло за политическое влияние, но все они разделяли страсть к тайным операциям. Вместе с госсекретарем Александром Хейгом и Дж. Бушем они, сформировав рабочую группу по национальной безопасности, стали планировать тайные операции в Центральной Америке и Африке, в то же время поддерживая диссидентов в странах советского блока и расширяя подготовленные еще Картером программы в Афганистане.

Тяжелое положение мировой экономики было им на руку. Быстрый рост экономики стран третьего мира, начавшийся в конце 1960-х — начале 1970-х годов, к середине 1970-х уже затормозился, поскольку падение мировой экономики снизило потребность в сырье, а значит, и доходы от его продажи. Долг стран третьего мира достиг невероятных масштабов, подорвав надежды на поступательное развитие и приведя население к окончательному обнищанию. Сильнее всего кризис ударил по революционным правительствам, сбросившим проколониальные режимы и экспериментировавшим с социализмом. Многие стали сомневаться в жизнеспособности левых моделей развития. Рейган увидел в растущем недовольстве населения этих стран возможность свергнуть недружественные правительства и доказать превосходство капитализма.

Рост советской экономики в конце 1970-х тоже застопорился, приведя к длительному периоду застоя и падения, которые стали еще более очевидными в результате резкого падения цен на нефть в 1982 году. Военные расходы, поглощавшие более четверти ВВП, также усугубляли положение. Рейган решил этим воспользоваться. На своей первой пресс-конференции 29 января 1981 года он выступил с резкой антикоммунистической речью, перечеркнувшей 20 лет прогресса в направлении разрядки напряженности и попыток покончить с холодной войной:

«Ну, поскольку разрядка была улицей с односторонним движением, которую СССР использовал для достижения своих собственных целей... развития мировой революции и построения всемирного социалистического или коммунистического государства — называйте как хотите... И в то же время они открыто и публично заявляют, что единственная мораль, которую они признают, — та, что помогает их делу. Это означает, что они оставляют за собой право совершать любые преступления, лгать и обманывать для того, чтобы достичь своей цели. И, по их мнению, это морально, а не аморально. Но у нас другие стандарты»[15].

ЦРУ, которое во времена Картера было вынуждено держать себя в рамках, сыграло большую роль в новой антикоммунистической кампании Рейгана. Аналитики ЦРУ долгое время гордились своим профессионализмом и тем, что стоят в стороне от оперативной деятельности разведки. С правительством Рейгана такой фокус не прошел. Грубые методы работы команды «В»

Глава 11. Годы Рейгана

Рейган с директором ЦРУ Уильямом Кейси, мультимиллионером с Уолл-стрит и ревностным ирландским католиком, который, по словам Роберта Гейтса, пришел в ЦРУ, чтобы «начать войну с СССР». При Кейси ЦРУ занималось созданием образа враждебного и экспансионистского СССР, совершенно не соответствовавшего действительности.

Буша достигли особого расцвета при Кейси. «Ястребам» из администрации нужна была разведка, которая поддерживала бы их взгляды относительно опасности, враждебности и экспансионизма СССР, несмотря на то что подобные взгляды были весьма далеки от реальности. По словам Роберта Гейтса, Кейси, адвокат-мультимиллионер с Уолл-стрит и ревностный ирландский католик, пришел в ЦРУ, чтобы «развязать войну против Советского Союза». Гейтс утверждал, что рейганисты «жили в ожидании вражеского нападения»[16]. Кейси, прочитав книгу Клэр Стерлинг «Террористическая сеть», был всерьез убежден в том, что СССР стоит за всем мировым терроризмом. По словам Мелвина Гудмена, начальника отдела ЦРУ по СССР, «некоторые из нас во время встреч с Кейси пытались убедить его, что большая часть так называемых доказательств Стерлинг — это черная пропаганда, антикоммунистическая истерия в европейской прессе». Но, добавлял Гудмен, «Кейси с презрением отвечал, что "узнал от Стерлинг больше, чем от них всех"». В число других уверовавших в идеи Стерлинг входили Хейг, Вулфовиц, консультант Госдепартамента Майкл Ледин и чиновник Госдепа Роберт Макфарлейн[17]. Эксперты же ЦРУ знали, что Советы при всех их недостатках являются принципиальными противниками терроризма.

Кейси и Гейтс начали чистку в рядах непокорных аналитиков. Если их доклады не совпадали с линией администрации, Кейси просто писал свои собственные выводы. Гудмен, служивший в ЦРУ главным аналитиком по СССР с 1966 по 1986 год, заметил: «Появившийся в результате деятельности ЦРУ карикатурный образ спрута Советской армии, раскинувшего свои щупальца по всему миру, полностью соответствовал видению администрацией Советского Союза как "империи зла"». Гудмен обвинял ЦРУ в том, что оно «проспало самое важное событие в истории СССР — распад советской империи и самого Советского Союза». В качестве причины Гудмен назвал «события, начавшиеся в ЦРУ с приходом Гейтса»[18].

После того как аналитические отделы ЦРУ были обезглавлены, оперативники вышли из-под контроля. Полковник Джон Вагелстайн, возглавлявший военных советников США в Сальвадоре, рассказывал: «Карательные операции — это шаг к первобытному варварству». Такое описание вполне соответствует деятельности подготовленных США правительственных войск Сальвадора и Гватемалы, а также мятежников в Никарагуа. Эти «борцы за свободу», как их называл Рейган, постоянно насиловали, кастрировали, калечили, обезглавливали и расчленяли свои жертвы[19]. Чтобы закалить гватемальских солдат до степени, позволившей им в период с 1981 по 1983 год перебить около 100 тысяч крестьян-майя, новобранцев избивали, унижали, даже заставляли целыми днями сидеть в ямах с нечистотами. Сломленные и потерявшие человеческий облик, они совершали всевозможные зверства. В декабре 1982 года в деревне Дос-Эррес солдаты убили более 160 человек. Во время этой резни солдаты подвесили 65 детей за ноги и разбили им головы о камни. Всего за день до этого Рональд Рейган в рамках турне по Латинской Америке посетил Гондурас, где пожаловался, что гватемальский президент генерал Эфраин Риос Монт, ревностный христианин-евангелист, недавно захвативший власть в результате военного переворота, попал под «шквал обвинений наемных журналистов», и стал убеждать репортеров, что диктатор «полностью привержен принципам демократии». Рейган назвал его «человеком кристальной честности и глубокого чувства долга»[20]. Он даже сказал, что из-за того, что в Гватемале улучшилась ситуация с правами человека, он рассматривает возможность размораживания военной помощи, замороженной Картером в 1977 году по причине катастрофического ухудшения этой ситуации. Рейгана вполне удовлетворяло объяснение Риоса Монта, что тот не проводит «политику выжженной земли, а лишь политику выжигания коммунистов»[21]. Американский посол Фредерик

Чапин объявил: «Убийства прекратились... Гватемальское правительство вышло из мрака к свету»[22].

В тот же день Рейган также встретился с гондурасским президентом Роберто Суасо Кордовой, развязавшим при поддержке США настоящую карательную войну с повстанцами. По словам *Los Angeles Times*, встреча проходила в «невзрачном здании» на территории «особо охраняемого военного аэродрома на востоке Гондураса. Солдаты дежурили у зениток на полях сахарного тростника у самых взлетно-посадочных полос. В небе патрулировали вертолеты... Погода была жаркой и сухой, поэтому костюмы в темную полоску, надетые на чиновниках Белого дома, выглядели совершенно неуместно». госсекретарь Джордж Шульц прошептал одному из репортеров: «Это одно из самых странных зрелищ, которые я только видел в жизни».

Турне было полно неожиданностей. В Коста-Рике Серхио Эрик Ардон, глава Народного революционного движения, сидевший на балконе Национального театра, встал и во всеуслышание обвинил американского президента в «милитаризации Центральной Америки»[23].

В Колумбии Рейгану неожиданно надавил на больное место президент Белисарио Бетанкур Куартас, использовавший свой тост для критики попыток Рейгана «изолировать» и «исключить» Кубу и Никарагуа из жизни стремящегося к миру и развитию полушария, в то же время закрывая глаза на убийства, совершаемые правыми диктаторами: «Наша ответственность, как глав государств, не позволяет нам игнорировать все новые кладбища, ежедневно появляющиеся на наших территориях: 30 тысяч могил в одном лишь Сальвадоре должны пробудить спящий разум лидеров». Свита Рейгана была в бешенстве. Они и так были недовольны бунтами и демонстрациями в центре Боготы и толпами людей, выстроившихся вдоль улиц и приветствовавших мчащийся на полной скорости кортеж Рейгана криками «*Fuera!*» («Вон отсюда!») и «Янки, гоу хоум!»[24]. Не сумев разобраться со всеми «отдельными странами» сразу, Рейган оскорбил принимавших его бразильцев, поприветствовав их как «народ Боливии»[25].

Нелепое шоу Рейгана с попытками оправдать кровавых диктаторов не осталось незамеченным в США. Обозреватель *New York Times* Энтони Льюис написал статью с метким названием «Привет, Чингисхан», в которой, в частности, говорилось: «Под предлогом "борьбы с коммунизмом" президент США просто провел дружескую встречу с тиранами, осуществляющими массовые убийства. Именно так правительство Рональда Рейгана поступает с верой американцев в то, что их страна стоит на страже человеческого достоинства во всем мире». Льюис рассказал, как гватемальские солдаты прилетают в деревни на вертолетах, рубят женщин мачете, сжигают дома и выкалывают глаза мирным крестьянам в рамках кампании по борьбе с партизанами. Льюис процитировал слова газеты *Boston Globe*, назвавшей антипартизанскую кампанию «чем-то средним между погромом и геноцидом». Он отметил, что поддержка Рейганом «палачей и убийц» распространяется не только на лидеров Гватемалы и Сальвадора: недавно Вашингтон посетили диктаторы Южной Кореи и Филиппин, а скоро в столицу должен был прибыть правитель Пакистана Мухаммед Зия-уль-Хак, после захвата власти в 1977 году «уничтоживший политическую оппозицию и регулярно применяющий пытки». Свою статью Льюис закончил едким замечанием, отзвук которого будет слышен и в последующие годы существования американской империи: «На всех нас лежит печать позора. Даже когда об экономических провалах Рейгана забудут, его бесчувственность к человеческой жестокости по-прежнему будет пятнать имя Соединенных Штатов»[26].

Чувство возмущения, так красноречиво выраженное Льюисом, подкреплялось докладами Amnesty International («Международная амнистия»), Americas Watch, Совета по делам полушария и других правозащитных групп, где говорилось о постоянных убийствах и зверствах, а также словами гватемальского священника-иезуита Рикардо Фальи-Санчеса на пресс-конференции, организованной Американской антропологической ассоциацией. Выпускник Джорджтаунского университета Санчес заявил о том, что целью организованной резни индейцев было «не оставлять выживших, а значит, и воспоминаний о произошедшем». «Именно поэтому убивали детей и даже младенцев. Это просто немыслимо. Если бы дети выжили, они бы отомстили за гибель родителей... Малышей резали на части ножами, головы им разбивали о камни или стены домов», — продолжал он. Преподобный Фалья-Санчес описывал резню в Сан-Франциско-де-Нентон, растянувшуюся более чем на восемь часов с перерывом на обед: «Убив женщин и детей, они остановились для того, чтобы поесть мяса быка, убитого ими вскоре после прибытия. Они смеялись над стариками, кричавшими подобно овцам, когда тупые ножи не могли перерезать их горло. Вечером, когда резня закончилась, они подпевали музыке, звучавшей из радиоприемников, найденных в домах убитых ими индейцев»[27].

В январе 1983 года Рейган отменил эмбарго на военную помощь. Он разрешил поставки военной техники. Но из-за сопротивления конгресса Гватемале пришлось рассчитывать в первую очередь на помощь

Глава 11. Годы Рейгана

близких союзников США — Израиля и Тайваня. Израиль также оказывал военную помощь сальвадорской хунте и никарагуанским контрас. ЦРУ никогда не прекращало помощь гватемальским военным. В августе 1983 года переворот, организованный Оскаром Умберто Мехией Викторесом, сбросил Риоса Монта и положил конец периоду, известному как «Насилие», но не насилию как таковому. После переворота ЦРУ и Госдепартамент стали докладывать об увеличении числа убийств и похищений. В феврале 1984 года посол Фредерик Чапин сообщил в Вашингтон «об ужасной ситуации с правами человека в Гватемале»[28]. На следующий день помощник госсекретаря Эллиот Абрамс и два других чиновника Госдепа одобрили тайный доклад, призывающий конгресс возобновить военную помощь Гватемале в свете улучшения ситуации с правами человека.

В 1986 году в другом секретном докладе Госдепартамент признал, что «силы безопасности и правые военизированные формирования» систематически похищали и убивали соцработников и врачей, собиравшихся работать в сельской местности, а также самих крестьян в период с 1966 по 1984 год. Официальная комиссия по прояснению истории Гватемалы в 1999 году выпустила доклад, в котором подробно описывалось 626 случаев массовых убийств в деревнях майя, организованных гватемальской армией. Эти убийства были названы геноцидом. Доклад также обвинял ЦРУ и другие американские правительственные органы в предоставлении прямой и косвенной помощи организаторам резни, унесшей жизни 200 тысяч человек[29].

Иной характер носили зверства, организованные США в Никарагуа. Бывшие головорезы Сомосы из никарагуанской Национальной гвардии были собраны вдоль границы с Гондурасом и с помощью директора ЦРУ Кейси стали планировать свое возвращение к власти. Они называли себя контрреволюционерами или, для краткости, контрас. Кейси значительно расширил вялые тайные операции Картера и в Никарагуа, и в других регионах. Он создал рабочую группу по Центральной Америке. Главой латиноамериканского подразделения ЦРУ он назначил Дуэйна Кларриджа. Кларридж был поистине замечательной кандидатурой. Он не знал о Латинской Америке ровным счетом ничего, никогда не работал в регионе и не мог связать даже двух слов по-испански.

Американский посол в Никарагуа Энтони Куэйнтон указал в своем интервью точный момент начала войны: «Тайная война началась 15 марта 1982 года, когда ЦРУ, используя агентов-никарагуанцев, взорвало мосты, связывающие страну с Гондурасом». На самом деле война началась раньше. В декабре конгресс запретил использовать правительственные фонды для свержения сандинистского правительства. Голоса умеренных политиков вроде Шульца были едва слышны в правительстве: правые «ястребы» вели в отношении Никарагуа и других стран все более и более бесчеловечную политику. Рейган лгал конгрессу о деятельности ЦРУ. Кейси же лгал постоянно, умышленно вводя в заблуждение комитеты по разведке палаты представителей и сената. По словам Гейтса, «Кейси презирал конгресс с того момента, когда принес присягу в Капитолии»[30]. Позже Шульц рассказывал о своей жалобе советнику по национальной безопасности Фрэнку Карлуччи в январе 1987 года: «Я сказал, что ни на йоту не верю разведке, что меня обманывают и держат в неведении»[31]. Тем не менее конгресс значительно увеличил бюджет разведки. Большая часть из этих денег пошла ЦРУ.

Для того чтобы больше не упрашивать конгресс, Кейси и сотрудник СНБ Оливер Норт разработали хитрую систему нелегальных операций. При помощи израильских торговцев оружием США начали продавать ракеты своим врагам в Иране по заоблачным ценам, используя прибыль для финансирования латиноамериканских контрас. В качестве посредников зачастую выступали наркодельцы, получавшие за свои услуги более легкий доступ на американский рынок. Благодаря деньгам и руководству США численность армии контрас достигла 15 тысяч. В странах, подобных Гватемале и Сальвадору, ЦРУ вербовало наемников, которые нападали с моря и минировали объекты на побережье и в торговых портах.

Полет фантазии Рейгана в деле оправдания организованной США тайной войны был поистине невероятен. «Никарагуанский народ, — говорил он, — заперт в подземелье тоталитаризма, построенном военной диктатурой. Он нищает, в то время как руководство страны наслаждается роскошью и безопасностью, открыто заявляя о намерении распространить свою революцию и на соседние страны. Поведение никарагуанских лидеров еще более оскорбительно по причине того, что на территории страны находятся тысячи их союзников из числа кубинцев, представителей стран советского блока и арабских радикалов»[32]. Рейган дошел до того, что назвал контрас «моральным эквивалентом отцов-основателей*». Подобное сравнение было настолько гнусным, что вызвало возмущение Организации американских историков. Рейгановские «моральные эквиваленты» были широко известны тем, что пытали, калечили и убивали

---

* Отцы-основатели — так называют руководителей борьбы за независимость США и создателей Конституции страны.

Глава 11. Годы Рейгана

мирных жителей. Используя тактику террористов, контрас взрывали школы, больницы, магазины, мосты и электростанции. За период войны они виновны в гибели более 30 тысяч мирных жителей. Один из советников КНШ назвал их «самым странным национально-освободительным движением в мире». По его мнению, они были «просто кучкой убийц»[33]. Посольство США докладывало, что один из бывших главарей контрас заявлял, что тех гражданских, которые не хотели к ним присоединяться, «расстреливали и резали», а остальных «живьем сжигали в плавильных печах». Похищенных девушек «насиловали круглые сутки»[34].

Зверства совершались и в Сальвадоре, где американское руководство решило испытать новую карательную доктрину, разработанную после войны во Вьетнаме и заключающуюся в подавлении восстаний без значительного участия американских войск. Для начала оно увеличило сальвадорскую армию и оснастило ее новым вооружением. К 1983 году ее общая численность достигла 53 тысяч человек, многие из которых обучались на базе Форт-Беннинг (штат Джорджия) или в находящейся под управлением США Школе Америк в Панаме. Бывший посол США Роберт Уайт, служивший и при Картере, и при Рейгане, свидетельствовал в конгрессе:

> «50 лет Сальвадором правил жестокий и коррумпированный альянс богачей и военных. Целью мятежа молодых офицеров в 1979 году было разрушить этот альянс. Именно Рейган возобновил поддержку крайне правых, что и привело к возникновению Альянса республиканцев-националистов (АРЕНА) и возвышению отставного майора Роберто д'Обюссона.
>
> АРЕНА — это жестокая фашистская партия, сформированная по принципу НСДАП и некоторых революционных групп... Основатели и главные союзники АРЕНА — богатые сальвадорские эмигранты в Майами и активисты в самом Сальвадоре. Военное крыло АРЕНА состоит из офицеров и солдат сальвадорской армии и сил безопасности... Мое посольство задействовало значительные ресурсы для выявления в Майами и остальной Флориде вдохновителей совершавшегося сторонниками партии насилия... Представители "шестерки из Майами" объясняли мне... что для перестройки страны ее сначала нужно полностью разрушить. Экономика должна быть уничтожена, безработица должна стать массовой. Тогда хунта будет свергнута, и к власти придут "хорошие" военные. Они проведут лимпьесу — тотальную чистку, которая унесет жизни 300, 400, 500 тысяч человек... Кто эти безумцы и как они действуют?.. Главными фигурами являются шесть чрезвычайно богатых бывших землевладельцев... Они плетут интриги, проводят постоянные встречи и передают инструкции д'Обюссону»[35].

В марте 1981 года ЦРУ проинформировало вице-президента Буша, что д'Обюссон, «главный прихвостень богатых землевладельцев», лично координирует операции «правых "эскадронов смерти"», которые лишь за последний год убили несколько тысяч человек, заподозренных в принадлежности к левым партиям. Несколько американских монахинь из «Мэринолл»* и католичка-мирянка, работавшие в миссиях гуманитарной помощи, были изнасилованы и убиты незадолго до инаугурации Рейгана. Джин Киркпатрик, которая вскоре должна была занять пост посла США в ООН, настаивала, что «монахини были не просто монахинями, а политическими активистками ФНОМ». госсекретарь Александр Хейг назвал их «монахинями с пистолетами за пазухой» и предположил на заседании комитета конгресса, что «их машина, возможно, попыталась прорваться через блокпост»[36].

Но одно из содеянных зверств затмевает собой все остальные. Обученные и вооруженные американцами сальвадорские солдаты в конце 1981 года убили 767 жителей деревни Эль-Мосоте, среди которых было 358 детей. Жертв резали, обезглавливали и расстреливали из пулеметов. Девушек и женщин насиловали. Когда корреспондент *New York Times* Реймонд Боннер попытался рассказать о случившемся, *Wall Street Journal* и другие прорейгановские газеты обвинили его во лжи. *New York Times* не выдержала давления и отозвала Боннера из Сальвадора. Правительственные чиновники помогли замять дело. Ситуация ухудшалась. В конце 1982 года Совет по делам полушария сообщил, что Сальвадор и Гватемала являются рекордсменами Латинской Америки по количеству нарушений прав человека: «Убийства, пытки, расчленение, похищения и другие виды истязаний стали нормой для военизированных формирований, действующих с разрешения сальвадорского правительства»[37]. Но помощник госсекретаря по вопросам прав человека Эллиот Абрамс заявил, что информация об «эскадронах смерти» «не заслуживает доверия»[38].

У Джорджа Буша никак не получалось ощутить хотя бы каплю сострадания к людям на заднем дворе США. Незадолго до визита папы римского Иоанна Павла II в Центральную Америку Буш сказал, что не понимает, как католическое духовенство может сочетать свои религиозные убеждения с марксистской философией и тактикой, а также поддерживать

---

* «Мэринолл» — распространенное название Американского общества католических миссий за рубежом, основанного в городе Мэринолл (штат Нью-Йорк). Занимается миссионерской деятельностью.

Глава 11. Годы Рейгана

В ответ на заявление Рейгана, который назвал контрас «моральным эквивалентом отцов-основателей», Национальный комитет студентов-республиканцев начал распространять листовки с призывом помочь «никарагуанским борцам за свободу». Эти «борцы за свободу» были известны тем, что пытали, калечили и убивали гражданское население.

мятежников. Преподобный Теодор Хесбург, президент Университета Нотр-Дам, попытался объяснить ему, что нищета и социальное неравенство с легкостью подвигнут священников на поддержку марксистов или кого бы то ни было, кто хочет изменить ситуацию. «Может быть, я правый экстремист, — ответил ему Буш, — но я озадачен. Я просто не могу этого понять»[39].

В эти годы американская экономическая и военная помощь постоянно росла. Особенно ее подстегнула в 1984 году Комиссия Киссинджера по Центральной Америке, ключевой фигурой в которой был сенатор Джесси Хелмс. Правительственные чиновники намеренно скрывали официальные документы, бросающие тень на сальвадорскую полицию, Национальную гвардию и налоговую полицию, чтобы получить от конгресса новые ассигнования. За время правления Картера и Рейгана конгресс закачал в маленькую страну почти 6 миллиардов долларов, сделав ее крупнейшим в мире получателем американской помощи на душу населения. Тем временем «эскадроны смерти» продолжали сеять гибель. Количество жертв достигло 70 тысяч. Около полумиллиона сальвадорцев в 1980-е годы пытались спастись от насилия, иммигрировав в США, но большую часть из них выслали назад. В 1984-м иммиграционные чиновники предоставляли убежище лишь одному из 40 сальвадорских беженцев, тогда как почти всех беженцев-антикоммунистов из Никарагуа принимали с распростертыми объятиями.

В 1980 году журнал «Комментари» — ведущее неоконсервативное издание США — опубликовал серию статей, разоблачающих явление, которое консерваторы окрестили «вьетнамским синдромом»: антипатию к войне во Вьетнаме, вызвавшую у американцев стойкое неприятие применения силы для решения международных конфликтов. Рейган согласился: «Слишком долго мы жили с вьетнамским синдромом... Целых десять лет нам говорили, что мы — агрессоры, склонные к империалистическим завоеваниям... Пришло время признать, что наши цели были воистину благородны... Наше чувство вины оскорбляет память 50 тысяч молодых американцев, отдавших жизнь ради этих великих целей»[40].

Завязший в долгих косвенных войнах в Никарагуа и Сальвадоре, Рейган истосковался по легким победам, которые могли бы восстановить уверенность американцев в себе и избавить США от вьетнамского синдрома. Такая возможность появилась в 1983 году, когда группа радикалов свергла революционное правительство Мориса Бишопа в Гренаде — маленьком островном государстве в Карибском море с населением 100 тысяч жителей — и убила его лидеров. Перед смертью Бишоп заявил, что разворачивается кампания с целью дестабилизации страны «хищным зверем империализма» — США[41]. Руководство США решило использовать возникшую нестабильность как предлог для интервенции и свержения нового правительства, несмотря на открытое сопротивление со стороны ООН, Организации американских государств (ОАГ) и даже премьер-министра Англии Маргарет Тэтчер. Американцы надавили на несговорчивые государства Карибского бассейна, стремясь заставить их просить о вмешательстве американцев.

Для правительства момент был удачным. Готовясь к вторжению, США получили унизительный удар в Ливане, где грузовик со взрывчаткой врезался в казармы американской морской пехоты. Мощный взрыв унес жизни 241 солдата. Отчаянно стремясь переключить внимание американцев, Рейган объявил, что вторжение в Гренаду нужно, чтобы спасти оказавшихся на острове под угрозой американских студентов-медиков. Но никакой прямой угрозы для студентов на самом деле не было. Когда декан медицинского факультета провел среди них опрос, 90 % выразили желание остаться. Наученные горьким опытом Вьетнама, США во избежание любых попыток анализа сложившейся ситуации запретили журналистам сопровождать экспедиционный корпус — ради «их же собственной безопасности», предложив зрителям вместо этого кадры кинохроники, сделанной по заказу правительства. 7 тысяч американских захватчиков

Глава 11. Годы Рейгана

Черепа жертв «эскадронов смерти» на вулканической равнине в Эль-Плайон, Сальвадор. В марте 1981 года ЦРУ проинформировало вице-президента Буша, что сальвадорский лидер Роберто д'Обюссон лично координирует операции «эскадронов смерти», которые лишь за последний год убили несколько тысяч человек, заподозренных в принадлежности к левым партиям». Однако США продолжали финансирование и подготовку карательных подразделений в Центральной Америке, а неоконсерваторы из правительства Рейгана отрицали факты зверств сальвадорского режима.

встретили гораздо большее сопротивление, чем рассчитывали встретить со стороны маленькой группы плохо вооруженных кубинцев. Вся операция была совершенно непродуманна с точки зрения обеспечения. 29 американских солдат погибли, более 100 были ранены. Было потеряно девять вертолетов. Большую часть войск быстро отозвали.

Конгрессмен от штата Вайоминг Дик Чейни был в составе первой после вторжения делегации конгресса и приветствовал новый образ решительных США на мировой арене. Когда другой член делегации, конгрессмен от штата Вашингтон Дон Бонкер, поставил под сомнение то, что студенты были в опасности, Чейни обрушился на него с обвинениями в своей статье в *Washington Post*. Будто в качестве репетиции лжи об Ираке, с которой он выступит два десятилетия спустя, Чейни заявлял, что «американцы были в непосредственной опасности», что «были предприняты все усилия для эвакуации дипломатическими методами» и что новое правительство Гренады «представляло угрозу безопасности всего региона»[42]. Еще один член делегации, конгрессмен от Калифорнии

Рон Делламс, тоже усомнился в инсинуациях Чейни, назвав вторжение «грубо прикрытой попыткой использования американских студентов и маленькой афрокарибской страны в качестве предлога для дальнейшей милитаризации американской внешней политики». Делламс также отверг заявления о защите студентов, отметив, что «делегация не смогла обнаружить ни одного примера угрозы для американцев перед вторжением… Кампус был всего в 20 метрах от ничем не защищенного пляжа. Если основной целью было обеспечить безопасность студентов, почему же американские войска добрались до них лишь через три дня?»[43] Генеральная Ассамблея ООН большинством в 90% голосов «резко осудила военную интервенцию в Гренаде», назвав ее «грубейшим нарушением международного права»[44].

Среди жертв было не менее 21 пациента, погибших из-за ошибочной бомбардировки психиатрической больницы. Генерал Эдвард Тробо, командир 82-й воздушно-десантной дивизии, сказал репортерам, что Народно-революционная армия Гренады имела крайне низкую боеспособность, но небольшой контингент кубинцев, многие из которых занимались строительством полевого аэродрома, сражался хорошо. Он проинформировал конгрессменов, что жизни студентов-медиков ничего не угрожало. Рейган раскритиковал прессу за то, что она окрестила «спасательную операцию вторжением»[45].

В обращении к американскому народу Рейган говорил об угрозе безопасности США, заявляя о «целых складах военного снаряжения, под завязку набитых оружием и боеприпасами, которых было достаточно, чтобы вооружить тысячи террористов». Рейган отверг мнение, что Гренада была тропическим раем: «Нам говорили, что Гренада — рай для туристов. Это не так. Гренада — это советско-кубинская колония, которую хотели превратить в настоящий бастион экспорта терроризма и подрыва демократии». «Мы пришли как раз вовремя, — заявил он. — Еще немного — и была бы неизбежна катастрофа»[46].

После этого Рейган гордо заявил: «Дни нашей слабости закончились. Наши вооруженные силы вновь встали на ноги и распрямили спину»[47]. Ослабело даже чувство унижения после Вьетнама. Рейган заявил, что во Вьетнаме американские солдаты «сами отказались от победы». «Мы не проиграли в той войне, — утверждал он. — Когда боевые действия закончились, мы отправились домой. Именно тогда война была проиграна». В декабре 1988 года в докладе Национальной оборонной комиссии было сказано, что «тень нашего поражения во Вьетнаме все еще лежит на всех американских интервенциях»[48].

Глава 11. Годы Рейгана

В конце 1983 года США использовали нестабильность в Гренаде как предлог для вторжения в это маленькое островное государство и свержения его революционного правительства. Операция с самого начала была плохо обеспечена. 29 американских солдат погибли, более 100 были ранены. Было потеряно девять вертолетов. Большую часть войск быстро отозвали.

Студенты-медики ожидают эвакуации во время американского вторжения в Гренаду. Рейган объявил, что вторжение нужно, чтобы спасти оказавшихся под угрозой студентов, но никакой серьезной угрозы для них на самом деле не было. Когда декан медицинского факультета провел среди них опрос, 90% выразили желание остаться.

Попытка США отомстить за убийство морских пехотинцев в Ливане обернулась полным провалом. Кейси работал в тесном контакте с саудовцами над организацией убийства лидера «Хезболлы» шейха Мухаммеда Хусейна Фадлаллы. В 1985 году у его дома был взорван начиненный взрывчаткой автомобиль. 80 человек погибли, 200 были ранены, но сам Фадлалла не получил ни царапины[49].

Развязав насилие в Центральной Америке и Карибском бассейне, Рейган окончательно разрушил жизнь американских рабочих и бедняков, бросив их на алтарь могучего наращивания вооружений, которое поддержали более 50 членов Комитета по современным угрозам, занявших посты в правительстве. Незадолго до выборов 1980 года бывший министр обороны Мелвин Лэйрд предупредил, что «чрезмерное увеличение расходов на оборону» — это «худшее, что может произойти с Соединенными Штатами»[50]. Рейган игнорировал его предостережение, выстроив свою кампанию на фантазии о том, что американская армия слаба и уязвима перед нападением СССР. Он заявлял, что «сегодня мы находимся в большей опасности, чем после Перл-Харбор». «Наша армия абсолютно неспособна защитить свою страну», — говорил Рейган[51].

Рейгановская тактика запугивания работала. К 1985 году он невероятно взвинтил военные расходы — на целый 51% по сравнению с 1980-м. Чтобы собрать нужную сумму, на 30% урезали запланированные внутренние программы, выкачав для военных 70 миллиардов долларов[52].

Сенатор Говард Метценбаум похвалил главу бюджетного управления Дэвида Стокмена за его ловкость в урезании бюджета. «Но, — добавил он, — я также считаю вас жестоким, негуманным и бесчестным человеком». К 1983 году 408 тысяч семей с несовершеннолетними детьми полностью лишились поддержки, а для других 299 тысяч помощь была сокращена. Рейган заставил конгресс на 2 миллиарда урезать 12-миллиардный бюджет продовольственных талонов и на миллиард 3,5-миллиардный бюджет школьных обедов. Под нож пошел и бюджет медицинской помощи нуждающимся, детского питания, социального жилья и энергетических резервов. Федеральное финансирование населенных пунктов было уменьшено почти вполовину[53]. В то же время, развязав войну против бедняков, Рейган снизил налог на богатство с 70% на момент прихода к власти до 28% к концу президентства.

С конвейеров сходили новые, усовершенствованные системы вооружений, включая долго находившиеся в разработке и чрезвычайно дорогостоящие ракеты МХ, постоянное передвижение которых значительно снижало их уязвимость первым ударом со стороны СССР. Рейган знал, что

Глава 11. Годы Рейгана

СССР, чья экономика находится в состоянии застоя, будет очень трудно сохранять темп гонки вооружений.

Ядерный бюджет рос стремительно. В 1981 году Джордж Кеннан, архитектор американской политики «сдерживания», раскритиковал бездумное наращивание ядерных вооружений: «Мы штампуем боеголовку за боеголовкой, ракету за ракетой. Достигаем все новых уровней разрушительности. Делаем это бесконтрольно, практически неосознанно, как жертвы гипноза, как люди, попавшие в ловушку собственных сновидений, как лемминги, спешащие к обрыву»[54].

Но Рейган и Буш, развертывая новый виток гонки ядерных вооружений, вовсе не были «загипнотизированы». Они отказались от общепринятого мнения, что ядерная война приведет к взаимному уничтожению, и начали готовить победу в такой войне. Этот подход поддерживали ядерные экстремисты вроде Колина Грэя и Кита Пейна, объявивших в 1980-е годы, что «США должны подготовиться и нанести поражение СССР». Они полагали, что война может стоить жизни 20 миллионам американцев. Ключом к выживанию при ядерном ударе они считали эффективную структуру командования и управления, которая помогла бы предотвратить хаос и сохранить линии коммуникаций. Военные называли это «три К»: командование, контроль и коммуникации[55]. Рейган сделал все, чтобы убедить американцев в правильности такой стратегии. В качестве доказательства он ссылался на всеобъемлющую программу гражданской обороны СССР, хотя в действительности такой программы не существовало.

В генеральном плане Пентагона на 1984–1988 годы говорилось, что лишь оборона Северной Америки и Западной Европы является более важной, чем оборона Ближнего Востока:

> «Нашей главной целью является обеспечение доступа к нефти Персидского залива и предотвращение военно-политического контроля СССР над этой нефтью как непосредственно, так и через их союзников. Важно, чтобы СССР понимал, что в случае попытки захвата нефтяных ресурсов залива он столкнется с широкомасштабным конфликтом. Вне зависимости от обстоятельств мы должны быть готовы ввести американские войска непосредственно в регион в случае, если безопасный доступ в Персидский залив окажется под угрозой»[56].

Для воплощения этих планов в жизнь США потратили миллиард долларов на модернизацию военных баз в регионе, а также разместили крылатые ракеты с ядерными боеголовками близ итальянского города Комизо. Оттуда ракеты могли поражать цели на Ближнем Востоке. Происходило это все в разгар ирано-иракской войны. Соединенные Штаты предоставили Ирану оружие, что позволило тому переломить ситуацию и в середине 1982 года начать наступление на Басру, второй по величине город Ирака. Но затем мнение администрации изменилось, и было решено «любым необходимым и законным способом» предотвратить победу Ирана. Это сделали, прекрасно зная о том, что Ирак применяет химическое оружие. 1 ноября один из высших чиновников Госдепартамента Джонатан Хоув сообщил госсекретарю Шульцу, что Ирак «практически ежедневно применяет боевые отравляющие вещества (БОВ)». В декабре 1983 года Рейган направил в Багдад своего специального представителя Дональда Рамсфелда, чтобы тот встретился с Саддамом Хусейном. Американское посольство сообщало, что Саддам был «нескрываемо рад» визиту Рамсфелда и письму от президента. Рамсфелд заверил Саддама, что США сделают все возможное для прекращения поставок оружия в Иран[57].

В марте следующего года Рамсфелд нанес Саддаму новый визит, одной из целей которого было убедить Саддама, что главной целью США является победа над Ираном, а не наказание Ирака за применение химического оружия. Говард Тайхер, эксперт СНБ по Ираку во времена Рейгана, позднее дал письменные показания под присягой, что Соединенные Штаты «активно поддерживали в войне иракскую сторону, предоставляя ей миллиардные кредиты, направляя в Ирак агентов разведки и военных советников, а также постоянно наблюдая за продажей оружия третьими странами, чтобы убедиться в том, что у Ирака есть все необходимые ему вооружения». Более 60 офицеров Разведуправления Министерства обороны США (РУМО) оказывали иракцам помощь в планировании боевых операций. Тайхер сообщил, что Кейси использовал некую чилийскую компанию для поставок кассетных бомб, с помощью которых можно было бы эффективно отражать массированные атаки иранцев[58]. Американские, английские и западногерманские производители оружия с готовностью удовлетворяли растущие потребности Ирака. С разрешения комитета по торговле американские компании поставили в Ирак штаммы сибирской язвы, которые впоследствии были использованы в иракской программе по созданию биологического оружия, а также инсектициды, которые могли быть использованы для создания БОВ. В феврале 1984 года иракские военные нагло объявили, что «захватчикам следует помнить о том, что на каждого вредителя найдется свой инсектицид, и сколько бы насекомых ни прилетело, у Ирака инсектицидов хватит на всех»[59].

Глава 11. Годы Рейгана

Иран затребовал расследования по линии Совета Безопасности ООН. США хранили молчание несколько месяцев, несмотря на то что их собственная разведка подтверждала обвинения Ирана. Критиковать Ирак за применение химического оружия они начали лишь в марте. Но когда Иран внес в ООН резолюцию с осуждением Ирака, посол США Киркпатрик уговорила другие страны не принимать «никаких решений». По предложению иракского посла в марте США сыграли на опережение, огласив в Совете Безопасности президентское послание, в котором осуждалось применение химического оружия, но вина Ирака не упоминалась ни разу. В ноябре 1984 года США восстановили дипломатические отношения с Ираком. И применение химического оружия растянулось не просто до конца войны с Ираном. В конце 1987 года иракские ВВС начали применять его против собственных граждан — курдов, обвиненных в пособничестве Ирану. Кульминацией кампании против мятежных деревень стала химическая атака на Халабджу в марте 1988 года. Несмотря на всеобщее возмущение в США, в том числе многих членов правительства, помощь американской разведки Ираку в 1988 году стала еще более интенсивной, а в декабре правительство разрешило продажу стране инсектицидов на общую сумму в 1,5 миллиона долларов. Инсектициды производились компанией Dow Chemical — главным поставщиком напалма во время вьетнамской войны.

Разъяренный применением химического оружия со стороны Ирака и молчаливым согласием США со столь отвратительными действиями, аятолла Рухолла Хомейни, который прекратил секретную ядерную программу шаха сразу после своего прихода к власти в 1979 году, объявив ядерное оружие противоречащим исламу, изменил свою позицию и в 1984-м эту программу возобновил.

Пока США усиливали поддержку режима Саддама Хусейна в Ираке, Рейган не прекращал напыщенную антисоветскую риторику и вел себя откровенно провокационно. В 1983 году он призвал участников ежегодного съезда Национальной ассоциации евангелистов в Орландо (штат Флорида) «открыто высказаться против тех, кто хочет поставить Соединенные Штаты в положение военной и моральной неполноценности... и не игнорировать исторические факты и агрессивное поведение империи зла»[60]. В ноябре 1983 года США разместили крылатые ракеты наземного базирования в Англии, а «Першинг-2» — в ФРГ. В том же месяце они провели учения «Искусный лучник — 83» — широкомасштабные маневры с имитацией применения ядерного оружия. К концу 1983 года американо-советские отношения ухудшились настолько, что достигли низшей точки своего состояния более чем за два десятилетия. Обе державы вели чужими руками войны по всему миру, а настоящая война между ними казалась вполне вероятной. Некоторые советские руководители считали, что США нападут на СССР непременно.

Воинственная риторика пугала общество. Получивший огромную популярность фильм «На следующий день», а также другие картины о ядерной войне привели к росту беспокойства и возникновению массового движения за прекращение гонки ядерных вооружений. И американские, и советские психиатры сообщали, что у детей вновь стали фиксироваться кошмары о ядерной войне, которых не было с начала 1960-х годов.

Даже разработчики ядерного оружия не были готовы к угрозе ядерной войны. Во время визита в СССР на физика Теодора Тейлора снизошло прозрение. Он описал его психиатру Роберту Лифтону, чьи исследования произвели революцию в сфере изучения влияния угрозы ядерной войны на человеческую психику:

> «Гуляя по Красной площади в Москве, Тейлор видел множество новобрачных, посещавших Мавзолей Ленина и Могилу Неизвестного Солдата, и был поражен тем, какими счастливыми они выглядели. Он вспомнил ночь, когда у него родился ребенок: тогда Тейлор был не рядом с женой, а в Пентагоне, где изучал данные разведки, в том числе аэрофотоснимки центральных районов Москвы, и разрабатывал план нанесения ядерного удара. Стоя на Красной площади, он не мог сдержать слез: "Вид этих счастливых живых людей, гуляющих, заходящих в Мавзолей... Для любого человека помыслить о том, чтобы сбросить бомбу на все это, на этих людей — безумно... это симптом безумия". Он ощущал подобное и раньше, но тогда в первый раз за всю жизнь "я действительно вступил на советскую землю и увидел, что я делаю, в мельчайших подробностях". До этого Москва была не более чем "разделенной на квадраты территорией с различным уровнем радиации... давления и энергии... на квадратный сантиметр", на которую нужно было сбросить "соответствующее количество бомб"».

Тейлор решил прекратить участие в разработке оружия и посвятить себя более жизнеутверждающим исследованиям[61].

Несмотря на всю свою браваду, Рейган тоже боялся возможной ядерной войны, пусть его знания о ядерном оружии были ограниченны: в 1983 году он шокировал группу конгрессменов, заявив, что бомбардировщики и подводные лодки не несут на борту ядерного оружия. Но его глубокое, почти инстинктивное отвращение к ядерному оружию было искренним. Он постоянно говорил своим изумленным советникам,

Глава 11. Годы Рейгана

что считает ядерное оружие «злом» и хочет уничтожить его. Во многом страх Рейгана был связан с его религиозными убеждениями, особенно в связи с Армагеддоном — библейским сказанием о кровопролитной войне, которая положит конец истории и возвестит второе пришествие Иисуса. Рейган верил, что это может произойти в реальности. Он связывал Армагеддон с ядерной войной и считал, что его долгом является защита американского народа. Но Макфарлейн, служивший при Рейгане заместителем советника по национальной безопасности, говорил: «После того как он воспринял идею Армагеддона, она ему виделась ядерной катастрофой. Решение? Ответом Рейгана было натянуть тент или надуть мыльный пузырь, который защитил бы страну»[62].

Рейган решил защитить США от ракет, соорудив над страной высокотехнологичный футуристический щит. Но этот внешне безобидный оборонный проект был серьезной провокацией в адрес СССР. Хотя такой щит, даже будь он создан, не смог бы заслонить от советского первого удара, он мог бы предоставить частичную защиту от удара возмездия в случае, если СССР уже понес бы потери в результате американского нападения.

Рейган также понимал, с какой легкостью можно спровоцировать кризис. В сентябре 1983 года советские военные ошибочно приняли пассажирский самолет «Корейских авиалиний», вторгшийся в советское воздушное пространство, за самолет-шпион и — после того как он проигнорировал несколько предупреждений — сбили его. Погибли все 269 человек, бывшие на борту, включая 61 американца. Рейган назвал это «резней на "Корейских авиалиниях"», «актом варварства» и «преступлением против человечества»[63]. Но его мемуары показывают, что он извлек из этой ситуации совсем другой урок: «Инцидент с "Корейскими авиалиниями" лучше всего показывает, как близко мир подошел к краю пропасти и как сильно мы нуждаемся в контроле над ядерными вооружениями: если, как некоторые считают, советские пилоты просто перепутали авиалайнер с военным самолетом, то что могло бы произойти, если бы речь шла о советском дежурном на пульте запуска ядерных ракет?»[64]

Через месяц его беспокойство по поводу возможности ядерной войны возросло. Посмотрев фильм «На следующий день», он записал в своем дневнике: «В фильме рассказывается о том, как Лоуренс (штат Канзас) был стерт с лица земли в результате ядерной войны с Россией. Это сильная картина, и она стоит всех потраченных на нее 7 миллионов долларов. Она сделала свое дело: после просмотра я был очень подавлен»[65].

И действительно, обычно невозмутимый Рейган пребывал в депрессии несколько дней[66]. Это так обеспокоило его советников, что они задействовали помощника министра обороны по вопросам национальной безопасности Ричарда Перла, который был у Уайнбергера экспертом по СССР, дабы наставить президента на путь истинный.

Беспокойство Рейгана не уменьшалось, и, хотя Перлу и другим иногда удавалось успешно манипулировать им, протаскивая очередное наращивание вооружений, в душе он не мог с этим согласиться. Именно осенью 1983 года он начал понимать, что советское руководство восприняло его воинственную риторику и милитаризацию США всерьез и ожидает нападения.

Показательной является запись в его дневнике от 18 ноября. Он так опасался возникновения у Советов «страха перед нападением», что решил убедить их: «Ни у кого нет подобных намерений. Всякое желание напасть пропадает, поскольку водородное оружие есть и у них». Затем он отметил, что Шульцу следовало бы обсудить на канале *ABC* фильм «На следующий день», но сейчас он больше обеспокоен предотвращением дальнейшего роста общественного недовольства ядерной политикой: «Мы знаем, что это антиядерная пропаганда, но нам нужно забыть о ней и продолжить делать то, что мы делаем». В этот день он сделал еще одну запись: «Разговор с Каспаром Уайнбергером и генералом Весси в оперативном штабе был настоящим отрезвляющим душем. Мы обсудили всесторонний план действий в случае ядерного нападения»[67].

Позже Рейган писал в своих мемуарах: «За эти три года я узнал о русских одну удивительную вещь: многие люди на самой верхушке советской иерархии всерьез опасаются США и американцев. Вероятно, мне не следовало бы удивляться, но я удивился. Мне трудно было в это поверить». Когда он пришел к власти, он не допускал мысли о том, что Советы могут опасаться первого удара со стороны США. «Но чем больше я общался с советскими лидерами и главами других государств, общавшимися с ними, тем больше понимал, что руководство СССР видит в нас не только соперника, но и потенциального агрессора, который может первым нанести ядерный удар»[68].

И хотя сам Рейган считал это немыслимым, он отмечал, что «некоторые в Пентагоне все еще считали, что в ядерной войне можно победить». Он назвал их «безумцами» и начал понимать, почему Советы относятся к ним так настороженно. В октябре он сказал Шульцу: «Возможно, мне надо встретиться с Андроповым и предложить уничтожить все ядерное оружие»[69].

Глава 11. Годы Рейгана

Советское руководство не просто опасалось убийственного удара, о возможности нанесения которого говорилось в президентской директиве № 59 и о котором на каждом шагу трубили члены КСУ. Оно предприняло конкретные шаги для сохранения своей системы ядерного сдерживания, разработав систему передачи полномочий, подобную той, которая в США была при Эйзенхауэре. Еще больше опасения СССР усилило размещение американцами в 1983 году ракет «Першинг» и крылатых ракет в Европе: это означало, что у советского руководства оставалось гораздо меньше времени на принятие решения об ответном ударе. Как писал Дэвид Хоффман в своей книге «Мертвая рука»*, получившей в 2009 году Пулитцеровскую премию, советские руководители стали рассматривать возможность создания полностью автоматизированной системы «Периметр», в рамках которой ответный ядерный удар в случае уничтожения политического и военного руководства страны был бы нанесен компьютерной системой. Но, испугавшись перспектив, подобных описанным в книге «Доктор Стрейнджлав» и названных полковником Ракетных войск стратегического назначения (РВСН) Валерием Ярыничем «полнейшим безумием», они вместо этого решили создать систему, в рамках которой право осуществить запуск имело небольшое число дежурных офицеров в глубоких подземных бункерах. Система была испытана в ноябре 1984 года и вскоре введена в строй[70].

Ярынич задался тем же чрезвычайно болезненным вопросом, который часто преследовал командование американских стратегических сил: запустят ли советские дежурные офицеры ракеты, зная, что их страна уже уничтожена? Он объяснял:

«За пультом сидит молодой подполковник. Линии связи уничтожены. Он слышит грохот. Снова. Все трясется. Он ведь может и не запустить ракеты. Не запустит — не будет ответного удара. В чем смысл такого удара, если половина земного шара уже уничтожена? Уничтожить вторую половину? Бессмысленно. Подполковник может сказать: "Нет, не хочу". Никто его не осудит и не расстреляет. Будь я на его месте, я бы не запустил».

Ярынич понимал, что реакция офицера будет непредсказуемой вне зависимости от эффективности ответного удара. Он также считал иррациональным вариант, при котором СССР стал бы скрывать наличие такой системы, вместо того чтобы объявить о ней во всеуслышание[71].

---

* «Мертвая рука» — натовское название советской системы «Периметр», о которой идет речь дальше в тексте.

Рейган заявлял, что его стремление уничтожить ядерное оружие появилось еще во время самых первых докладов ему, как президенту, об этом оружии:

«Один из первых докладов с конкретными цифрами, которые я выслушал, вступив в должность президента, был одним из самых пугающих и отрезвляющих в моей жизни. Я никогда его не забуду. Пентагон сообщил, что в случае ядерной войны с СССР погибнет по меньшей мере 150 миллионов американцев, и это лишь в случае нашей "победы". Сложно представить, какой стала бы жизнь американцев, переживших этот конфликт. Планета была бы отравлена до такой степени, что "выжившим" просто было бы негде жить. Даже если бы ядерная война и не привела к уничтожению человечества, она означала бы гибель цивилизации в том виде, как мы ее знаем. Никто не может "победить" в ядерной войне»[72].

Несмотря на все свое отвращение к ядерной войне, изнанка личности Рейгана фантазировала о победе над врагом с помощью такого оружия. Подобное мышление привело к шокирующим результатам, когда Рейган пошутил во время проверки радиоканала перед официальным выступлением: «Сограждане-американцы, рад сообщить вам, что сегодня я подписал закон, навсегда ставящий Россию вне закона. Бомбардировка начнется через пять минут». Рейган не знал, что запись была включена[73]. И в стране, и за рубежом реакция была быстрой и безжалостной. Сенатор от штата Колорадо Гэри Харт предположил, что «недальновидное заявление» Рейгана могло быть вызвано стрессом в результате кампании по переизбранию на второй срок, но выразил беспокойство относительно того, что «именно в такие моменты проявляются настоящие чувства человека. И это пугает больше всего»[74]. *New York Times* сообщила, что эта история вышла на первые полосы всех европейских газет. Парижская *Le Monde* заявила, что психологам следует выяснить, являются ли подобные комментарии «выражением подавленного желания или же актом изгнания ужасного призрака», терзавшего Рейгана. Западногерманские социал-демократы назвали Рейгана «повелителем жизни и огненной смерти в Западной Европе» и «безответственным стариком, неспособным отличить съемки в фильме ужасов от управления сверхдержавой», а их соотечественники из партии «зеленых» охарактеризовали его действия как «извращенную шутку, от которой стынет в жилах кровь у любого здравомыслящего человека»[75]. ТАСС процитировало слова западных лидеров, назвавших Рейгана человеком, «который шутит по поводу возможной гибели огромного количества людей», и осудило «лицемерие его мирной риторики». «Известия» назвали его заявление чудовищным[76].

В самой Америке не утихали споры. Комментаторы высказывали сомнения в соответствии Рейгана своей должности. Признание заместителя главы аппарата Белого дома Майкла Дивера, что Рейган часто спит на заседаниях кабинета, не улучшало положения. Джон Оукс, бывший главный редактор New York Times, задался вопросом, могут ли американцы в случае кризиса доверять человеку со столь «поверхностными и безрассудными взглядами». Он, как и многие другие, отмечал неосведомленность Рейгана в вопросах политики, в частности его взаимоисключающие заявления по вопросам налогов, и считал, что Рейган не соответствует занимаемой должности[77]. Бывший президент МТИ Джером Визнер, научный консультант Кеннеди и Джонсона, назвал рейгановский «юмор висельника» «словесным эквивалентом теста Роршаха»* и усомнился в его компетентности для дальнейшего пребывания на посту, позволяющем запустить ядерные ракеты[78]. Некоторые даже подняли вопрос о психическом здоровье президента. Журналистов особенно встревожило последнее интервью Рейгана на его ранчо, когда президенту задали вопрос о контроле над вооружениями. Корреспондент Los Angeles Times Роберт Шеер так описал эту сцену: «Ответа не было. Несколько мгновений президент США пребывал в смущении. Он выглядел потерянным и молча жестикулировал. Затем его жена, Нэнси, спасла положение, прошептав одними губами: "Делаем все, что можем". "Мы делаем все, что можем", — повторил Рейган»[79].

Окружение Рейгана вмешалось и стало защищать его всеми способами. Джордж Шульц попытался воззвать к той его стороне, которая предпочитала переговоры воинственной риторике. С помощью Нэнси Рейган и Майкла Дивера Шульц начал борьбу с фанатиками в правительственных кругах. Рейган дал Шульцу «зеленый свет» на улучшение отношений с СССР. В середине 1982 года США и СССР начали обсуждать новый Договор о сокращении стратегических наступательных вооружений, или СНВ. Но Рейган продолжал потворствовать причитаниям КСУ о слабости Америки. «Вы часто слышите, — сказал он в конце 1982 года, — что США и СССР ведут гонку вооружений. Но правда в том, что в этой гонке лишь один участник — Советский Союз... Сегодня он обладает решительным преимуществом практически во всех военных областях». Несмотря на

---

* Тест Роршаха — психологический тест на определение образа мышления по возникающим у пациента ассоциациям.

эти страшные сказки, именно США на тот момент обладали небольшим преимуществом[80]. В 1985 году у них на вооружении было 11 188 стратегических боеголовок против советских 9907. Общее соотношение боезарядов: стратегических, средней дальности и тактических, — составляло 20 924 у США против 19 774 у СССР. И глобальный арсенал продолжал расти, достигнув в 1986 году численности более 70 тысяч ядерных боеголовок, чья общая разрушительная мощь равнялась примерно 1,5 миллиона бомб, сброшенных на Хиросиму[81].

Вопрос контроля над вооружениями приобрел еще большее значение после того, как ученые подсчитали, что даже небольшая ядерная война даст столько дыма, пыли и пепла, что атмосфера не сможет пропускать солнечный свет, ввергнув Землю в длительный период похолодания, который уничтожит большую часть растительной жизни. Некоторые пророчили даже такие ужасные последствия, как гибель жизни на всей планете в результате «ядерной зимы».

Напряженность между двумя сверхдержавами так и продолжала бы расти, если бы в СССР не произошло событие, которое изменило ход истории. В марте 1985 года К.У. Черненко стал третьим советским руководителем, умершим за два с половиной года. Его преемник, энергичный 54-летний М.С. Горбачев, имел иной взгляд на сложившуюся ситуацию. Еще молодым человеком он столкнулся с ужасами войны. Позже, уже в качестве чиновника КПСС, он часто ездил на Запад. В качестве генсека он стремился осуществить свою мечту о возрождении в СССР социал-демократии и улучшении жизни советских граждан. Как и Хрущев и другие реформаторы до него, Горбачев понимал, что этих целей невозможно достичь при необузданных военных расходах.

Позднее он описывал ситуацию, с которой столкнулся: «Расходы на оборону истощали остальные отрасли нашей экономики». Этот вывод Горбачев сделал после посещения оборонных и сельскохозяйственных предприятий. «Оборонные заводы, делавшие современные танки... имели новейшее оборудование. Сельскохозяйственные делали устаревшие тракторы на допотопных конвейерах». Причина этой разницы была очевидна. «Во время предыдущих пятилеток, — писал Горбачев, — военные расходы росли вдвое быстрее, чем национальный доход. Этот Молох пожирал все производимое с таким трудом». Но даже Горбачев не обладал достаточными данными для полной оценки ситуации. «Хуже было то, — объяснял он, — что было невозможно проанализировать сложившуюся ситуацию. Цифры, связанные с военно-промышленным комплексом, были засекречены. Доступа к ним не было даже у членов политбюро»[82].

Глава 11. Годы Рейгана

Точные цифры неизвестны до сих пор. Возможно, наиболее точными и полными являются записи работника аппарата ЦК партии Виталия Катаева*. По его оценке, в 1985 году военный сектор составлял 20% советской экономики. В его состав входили девять министерств, функции которых не всегда можно было определить по названиям. Министерство, занимавшееся советскими ядерными программами, например, называлось Министерством среднего машиностроения. На оборону работали более 50 городов, и, по данным директора АНБ Уильяма Одома, она съедала от 20 до 40% советского бюджета[83].

Для достижения своей цели по восстановлению страны Горбачеву нужно было прекратить гонку вооружений и перераспределить ресурсы на более продуктивные цели. Ему также нужно было закончить войну в Афганистане — конфликт, который он с самого начала считал «роковой ошибкой», а теперь называл «кровоточащей раной»[84]. Достижение этих целей могло проложить дорогу к восстановлению международного престижа СССР, ослабевшего в предыдущие десятилетия. Один из советников Горбачева по внешнеполитическим вопросам, Сергей Тарасенко, отмечал: «Одним из важнейших вопросов для Горбачева было восстановление имиджа страны. Он хотел, чтобы СССР больше не считали "империей зла"». Горбачев столкнулся с сопротивлением со стороны собственного оборонного сектора[85].

24 марта 1985 года Горбачев написал Рейгану первое из ряда необычных писем. Такое письмо мог написать и Генри Уоллес за 40 лет до этого: «У наших стран разные социальные системы. За ними стоят разные идеологии. Но мы считаем, что это не причина для вражды. Любая социальная система имеет право на жизнь, и она должна доказывать свое преимущество не с помощью силы, не военными средствами, а путем мирного соревнования с другой системой. Все люди имеют право идти тем путем, который они выбрали сами без навязывания им воли извне».

Письмо, которое Горбачев написал Рейгану в октябре, перекликалось с речью Кеннеди, произнесенной на церемонии вручения дипломов в Американском университете. Он писал, что, несмотря на различия, надо «исходить из того объективного факта, что мы живем на одной планете, и нам нужно научиться жить вместе»[86].

Важный вопрос заключался в том, хотел ли Горбачев видеть в американском президенте партнера, с которым можно было бы время от

---

* Возможно, имеется в виду ведущий конструктор советских стратегических ракетных систем В.Л. Катаев.

времени встречаться для построения мирного и благополучного мира. Рейган никогда не отказывался от того, что сказал Ричарду Аллену, своему будущему советнику по национальной безопасности, еще до вступления в должность: «Мое видение американской политики в отношении СССР предельно простое: мы побеждаем, а они проигрывают»[87]. Но первый ответ Рейгана Горбачеву был довольно положительным и оставлял двери открытыми. Он просил советского лидера встретиться с американской делегацией, в составе которой был спикер палаты представителей Тип О'Нил.

Горбачев понимал, что перспектива победы в холодной войне вновь пробудила упрямую приверженность Рейгана «стратегической оборонной инициативе», которую позднее назовут «Звездными войнами». Понимал он и то, что СОИ даже теоретически не сможет защитить США в случае, если Советы запустят тысячи ракет, и решил, что истинная ее цель — защита от ограниченного ответного удара со стороны СССР в случае, если США сами ударят первыми. Горбачеву также было известно, что Советы могут сделать эту систему еще менее эффективной путем запуска дополнительных ракет, сброса дополнительных бомб либо использования макетов боеголовок. И стоимость производства новых боеголовок либо макетов была гораздо ниже, чем у эквивалента СОИ. Он написал Рей-

Рейган выступает по телевидению с обращением к нации по поводу «стратегической оборонной инициативы» (СОИ). Этот сумасбродный план создания мощного оборонного щита, получивший название «Звездные войны», мог разрушить переговорный процесс с советским лидером Михаилом Горбачевым.

Глава 11. Годы Рейгана

Рейган и Горбачев пожимают друг другу руки на пленарном заседании во время Женевского саммита в 1985 году.

гану, что «программа "Звездных войн" сама по себе является серьезной угрозой для стабильности. Мы убедительно просим вас отказаться от этой дестабилизирующей и опасной программы». На встрече с руководителями стран Варшавского договора в октябре Горбачев осудил СОИ и американский милитаризм в целом: «Милитаристская природа [СОИ] очевидна... Ее целью является достижение Западом перманентного технологического преимущества, и не только над социалистическим лагерем, но и над союзниками США»[88].

Несмотря на серьезную разницу во взглядах по вопросам СОИ, прав человека, наращивания вооружений и конфликтов в странах третьего мира, в ноябре Рейган и Горбачев провели вполне дружеский саммит в Женеве. Они смогли установить контакт если не на политическом и идеологическом уровне, то по крайней мере на уровне личных отношений. За обедами произносили искренние тосты. Горбачев упомянул библейское изречение о времени разбрасывать камни и времени собирать их. «Сегодня, — сказал он, — время собирать камни, разбросанные в прошлом». Рейган отметил, что они обедают в 43-ю годовщину советского наступления в решающей Сталинградской битве, и высказал надежду, что этот саммит станет «еще одной поворотной точкой в истории человечества, точкой, которая позволит жить в мирном и свободном мире»[89].

После встреч обе стороны испытывали осторожный оптимизм. Советское руководство огорчало упрямство Рейгана в отношении его фантазии о «Звездных войнах», и оно опасалось, что американский президент пытается вызвать у СССР состояние опасной самоуспокоенности. Горбачев боялся, что Рейган — лишь глашатай американского военно-промышленного комплекса, как однажды уже был глашатаем General Electric.

Горбачев и его соратники искренне хотели разоружения, разрядки и демократических реформ. Анатолий Черняев, один из наиболее доверенных внешнеполитических советников Горбачева, позже настаивал, что «разрядка была искренней политикой. Мы хотели разрядки, хотели мира, требовали его... Взгляните на секретаря ЦК Е. К. Лигачева. Он был консерватором, не так ли? Он был даже склонен к реакции. И все же... он мог встать прямо перед Горбачевым и крикнуть: "Сколько еще военно-промышленный комплекс будет пожирать нашу экономику, сельское хозяйство и сектор потребительских товаров? Как долго мы еще будем терпеть эту махину и отдавать ей продукты наших детей?"»[90]

Горбачев решил вести свое «мирное наступление» еще решительнее. В январе 1986 года он написал Рейгану письмо, в котором открыто предложил «конкретную программу... полной ликвидации ядерного оружия в мире... еще до конца века»[91]. В более краткосрочной перспективе он предложил снятие с боевого дежурства всех американских и советских БРСД в Европе, прекращение ядерных испытаний, резкое сокращение стратегических вооружений и внесение изменений в договор о ПРО, которые позволили бы США продолжить исследования в рамках СОИ, но запретили бы ввод этой системы в действие в течение 15 лет. В августе прошедшего года Горбачев уже объявил односторонний мораторий на ядерные испытания.

Американский ответ усилил советскую обеспокоенность относительно истинных намерений Рейгана. США объявили о начале новой серии ядерных испытаний. Они также усилили поддержку афганских моджахедов и предприняли ряд провокационных действий в других регионах.

26 апреля 1986 года разрушительная авария на чернобыльском ядерном реакторе на Украине дала Горбачеву дополнительный стимул к продолжению его антиядерной кампании. Авария, приведшая к гибели 8 тысяч человек, была разрушительной сама по себе, но ее последствия затронули еще сотни тысяч людей. Правительство попыталось скрыть ее истинные масштабы, опасаясь потери престижа на мировой арене: радиоактивные дожди шли и в Западной Европе, и за ее пределами. Но гораздо более

Глава 11. Годы Рейгана

важным является то, что этот случай продемонстрировал опасность даже небольшой ядерной войны. Маршал С. Ф. Ахромеев, начальник советского Генерального штаба, вспоминал, что после Чернобыля «ядерная угроза для наших людей перестала быть абстракцией. Она стала объективной реальностью»[92]. Замминистра иностранных дел А. А. Бессмертных говорил, что авария по мощности равнялась «трети взрыва меньшего из ядерных зарядов. И если она нанесла такой ущерб почти половине Европы, то что произойдет, если мы используем весь наш арсенал?» Горбачев заявил на заседании политбюро в июле 1986 года: «Идея глобальной ядерной войны больше не может считаться рациональной политикой, поскольку она погубит все живое на земле, а значит, и всех политиков»[93].

Чернобыль был конкретным доказательством тяжелого положения СССР. В мае Шульц предложил Рейгану стратегию, которая позволила бы использовать слабость СССР для продвижения американской политики в области контроля над вооружениями. Он сказал президенту: «Советы, несмотря на все заявления Министерства обороны и ЦРУ, не являются всемогущей и всепроникающей силой, захватывающей все новые рубежи и угрожающей стереть нас с лица земли. Наоборот, сейчас побеждаем мы. Мы далеко впереди». Шульц подчеркнул, что Советы находятся впереди в одной области — МБР. Таким образом, сокращение числа МБР было в интересах США[94].

В октябре 1986 года Рейган и Горбачев встретились в Исландии. Горбачев выдвинул целый ряд конкретных предложений по разоружению. На первом заседании их размах застал Рейгана врасплох. Как вспоминал Горбачев, Рейган в ответ лишь что-то невразумительно бормотал:

> «В ответ Рейган начал рыться в своих записях. Я попытался обсудить с ним мои предложения, но все попытки потерпели неудачу. Я стал задавать прямые вопросы, но он ничего не ответил. Президент Рейган продолжал копаться в шпаргалках. Они перемешались, и некоторые упали на пол. Он снова стал их перебирать, ища нужный ответ на мои аргументы. Такого у него не было. Его не могло быть, поскольку американский президент и его советники готовились к разговору совершенно иного рода»[95].

Горбачев предложил вполовину сократить стратегические наступательные вооружения, уничтожить все американские и советские БРСД в Европе, в то же время позволив Англии и Франции сохранить их арсеналы, приостановить производство ракет малого радиуса действия, прекратить ядерные испытания, разрешить инспекции на местах, на чем настаивали американцы, а также ограничить программу СОИ лабораторными исследованиями на ближайшие 10 лет. Рейган не сумел сразу понять важность предложений Горбачева и того, что он согласился на давние требования американцев. Советские лидеры остались разочарованы его ответом. Во время перерыва Рейган в американском посольстве посоветовался со своими помощниками. Пол Нитце заметил, что советские предложения были «лучшими из того, что мы получали за последние 25 лет»[96].

Дебаты продолжились на следующем заседании. Горбачев убеждал Рейгана не терять этой исключительной возможности. Рейган был согласен на уступки по некоторым вопросам, но продолжал упорствовать относительно СОИ. Горбачев ответил, что он не сможет убедить своих сограждан и союзников пойти на значительное сокращение ядерных вооружений, если Рейган будет требовать отмены договора по ПРО. Рейган предложил совместное использование СОИ в будущем, после того как она будет готова. Один из советников Рейгана, Джек Мэтлок, вспоминал: «Горбачев в итоге взорвался: "Простите, господин президент, — сказал он, повысив голос, — но я не могу серьезно относиться к вашей идее совместного использования СОИ. Вы не хотите делиться с нами даже оборудованием для добычи нефти, станками с ЧПУ, даже доильными аппаратами. Идея совместного использования СОИ приведет ко второй Американской революции! Давайте будем реалистами и прагматиками"»[97].

Экспертные группы продолжали заседать до глубокой ночи, пытаясь выработать соглашение, приемлемое для обеих сторон. Американскую группу возглавлял Нитце, советскую — маршал С. Ф. Ахромеев. Кеннет Эдельман, заместитель директора Агентства по контролю над вооружениями, провозгласил: «Определение понятия "стратегические системы", исключение бомбовых вооружений и установка ограничений были невероятным результатом для одной ночи. За эту ночь мы достигли большего, чем за тысячи часов на сотнях заседаний за предыдущие пять лет»[98].

Но на следующее утро переговоры опять застопорились. Как подытожил Горбачев, они согласились сократить численность стратегических вооружений и ракет средней дальности, но не смогли достичь внятного решения по запрету ядерных испытаний и ПРО. «Поехали домой, — сказал разочарованный Горбачев. — Мы так ничего и не достигли». После обсуждения других вопросов Горбачев сделал последнюю безнадежную попытку, предложив Шульцу и своему министру иностранных дел Э. А. Шеварднадзе еще раз встретиться за обедом и попытаться устранить противоречия[99].

Во время этого обеда советский министр иностранных дел сказал, что его страна уже согласилась пойти на все возможные уступки, и попытался настоять на компромиссе по СОИ. США предложили формулу, которая могла бы позволить достичь заявленных целей, но позволила бы им сохранить СОИ. На дневном заседании Горбачев ответил предложением, в соответствии с которым договор по ПРО должен был оставаться в силе еще 10 лет с запретом обеим сторонам выходить из него или возобновлять испытания компонентов ПРО где-либо, кроме лабораторий, а стратегические наступательные вооружения должны были быть сокращены вполовину за пять лет. Уничтожение оставшейся части должно было быть завершено еще через пять лет. После очередного спора о деталях оба лидера встретились со своими ближайшими советниками. Рейган спросил Перла, самого упорного консерватора в своей команде, могут ли США согласиться на ограничения по СОИ, предложенные Советами. Перл, боявшийся, что заключение договора может укрепить советскую экономику и общество, ответил: «Господин президент, мы не сможем продолжать исследования при таких условиях. Это фактически уничтожит СОИ». Рейган поинтересовался мнением Шульца и Нитце. Оба не согласились с Перлом и призвали Рейгана принять предложение Горбачева[100].

После их возвращения Горбачев понял, что Рейган изменил позицию с уничтожения всего ядерного оружия на уничтожение лишь МБР, в области которых СССР был сильнее. Он отказался. Рейган в итоге пошел на попятную и спросил: «Имеется ли в виду... что к концу двух пятилетних периодов будут уничтожены все ядерные взрывные устройства, включая бомбы, тактические системы, крылатые ракеты, БРПЛ, системы среднего радиуса действия и так далее?» Горбачев подтвердил: «Можно сказать, что весь этот список». Шульц сказал: «Так сделаем же это!» Горбачев ответил, что он согласен подписать договор об уничтожении ядерных вооружений, если Рейган ограничит испытания СОИ лабораториями. Рейган, решив последовать совету Перла, отказался и продолжил настаивать на праве испытаний в атмосфере. Переговоры зашли в тупик. Горбачев обратился с последним призывом:

«Если мы подпишем пакет документов, который будет включать значительные уступки со стороны СССР по коренным вопросам, вы без преувеличений станете великим президентом. Сейчас вы буквально в двух шагах от этого... Если нет, давайте остановимся и забудем о Рейкьявике. Но такой возможности больше не будет. Во всяком случае, у меня.

Горбачев и Рейган во время саммита в Рейкьявике. Горбачев выступил с рядом весьма конкретных предложений по разоружению, заставших Рейгана врасплох.

Разочарованные Рейган и Горбачев уезжают из Рейкьявика. Лидеры подошли очень близко к полному уничтожению ядерного оружия, но отказ Рейгана прекратить реализацию программы СОИ не допустил полного ядерного разоружения.

Глава 11. Годы Рейгана

Я твердо верил, что мы достигнем соглашения, иначе не настаивал бы на непосредственной встрече с вами и не приехал сюда от имени советского руководства с целым рядом серьезных компромиссных предложений. Я надеялся, что они будут встречены пониманием и поддержкой с вашей стороны и что мы сможем найти решение по всем вопросам. Если это произойдет, если мы сможем достичь значительного сокращения и полного уничтожения ядерного оружия, все ваши критики не посмеют даже раскрыть рта, ведь тогда они пойдут против мнения подавляющего большинства людей на земле, которые будут приветствовать наш успех. В противном случае, если мы не сможем прийти к соглашению, это, очевидно, станет задачей другого поколения лидеров. У нас с вами времени больше нет.

Американская сторона не пошла ни на одну существенную уступку, не сделала ни одного шага нам навстречу. Сложно вести дела при таких условиях».

После этого советский министр иностранных дел Шеварднадзе «очень эмоционально» сказал, что будущие поколения, читая протоколы этой встречи и видя, как близко ее участники подошли к уничтожению ядерного оружия, никогда не простят их, если те не достигнут соглашения. Рейган ответил, что включение слова «лаборатории» нанесет ему огромный внутриполитический урон. Горбачев возразил, что, если он позволит США перенести гонку вооружений в космос, развернув СОИ через 10 лет, его сочтут безответственным глупцом. Каждый призывал другого уступить. Не уступил в итоге никто[101].

Встреча закончилась. США и СССР остановились в одном шаге — на расстоянии одного слова — от ликвидации ядерного оружия. Дамоклов меч ядерных вооружений продолжил нависать над миром. Рейган, подстрекаемый главным неоконсерватором Перлом, пожертвовал надеждами всего человечества ради своей иллюзии — фантазии о «Звездных войнах», беспокойство относительно реализации которой из-за ограничения лабораторными исследованиями, как писал Ричард Родс, «было просто смешным, поскольку в 1986 году еще не был начат даже лабораторный этап»[102].

Рейган и Горбачев покинули здание, в котором велись переговоры. Горбачев так описывал эту сцену:

«Смеркалось. Настроение было паршивым. Рейган упрекнул меня: "Вы с самого начала собирались поставить меня в такое положение!"

"Нет, господин президент, — ответил я. — Я готов вернуться прямо сейчас и подписать документы по вопросам, о которых мы уже договорились, если вы откажетесь от своих планов милитаризации космоса".

"Мне очень жаль", — ответил Рейган»[103].

На публике Горбачев выражал оптимизм, подчеркивая, какого прогресса достигли стороны. «В первый раз нам удалось заглянуть за горизонт», — объявил он. Но в неофициальных беседах не скрывал своего разочарования упрямством США. Он объяснил политбюро, что ему пришлось иметь дело не только с «классовым врагом» — капиталистическими США, — но и с президентом Рейганом, «демонстрировавшим крайний примитивизм, мировоззрение троглодита и умственную слабость». Впрочем, это не было главным препятствием. Главное препятствие, сказал он, заключалось в том, что США переоценили степень «внутренних проблем» СССР, посчитав, что Горбачев будет стремиться к достижению соглашения любой ценой, даже на американских условиях. Второе препятствие было стратегическим: США считали, что могут истощить СССР с помощью гонки вооружений экономически, воспрепятствовав Горбачеву и всему советскому руководству в их планах решения экономических и социальных проблем и таким способом вызвав недовольство народа. Американское руководство, говорил Горбачев, надеялось, что это сможет подорвать отношения СССР со странами третьего мира, и стремилось «с помощью СОИ достичь военного превосходства». Завершая свои размышления,

Рейган с подполковником Оливером Нортом и лидером никарагуанских контрас Адольфо Калеро в кабинете советника по национальной безопасности Роберта Макфарлейна. Макфарлейн и Норт, наивный и неуравновешенный морской пехотинец с манией величия и склонностью к фантазиям, были главными идейными вдохновителями схемы незаконной продажи оружия иранскому правительству для финансирования контрас.

Глава 11. Годы Рейгана

он выразил сожаление относительно поведения американских переговорщиков: «Представители американского правительства — люди без совести и морали. Их линия — это линия давления, обмана и неприкрытой меркантильности»[104].

Обе стороны надеялись возобновить переговоры. Прежде чем это удалось сделать, правительство Рейгана–Буша сотряс скандал. 5 октября 1986 года сандинисты сбили самолет с тремя американцами, которые везли припасы для контрас. Единственный выживший признался, что работал на ЦРУ. Остальная информация просачивалась по мере того, как слушания в сенатском комитете по разведке и комиссии Тауэра срывали покровы с тайн правительства, обнажая беззаконие, коррупцию, ошибки, интриги вокруг американских заложников в Ливане, продажу оружия Ирану, неспособность помешать как пыткам в некоторых странах, так и убийству резидента ЦРУ в Бейруте, безуспешные попытки создать «умеренное» политическое движение в Тегеране, поддержку Ирака в войне с Ираном и сотрудничество с отпетыми негодяями вроде панамского диктатора Мануэля Норьеги, поставлявшего оружие никарагуанским контрас, что грубо нарушало поправку Боланда (1982), запретившую финансовую помощь силам, стремившимся свергнуть сандинистов.

В оперативный штаб по данному вопросу, помимо Рейгана и Буша, входили директор ЦРУ Джон Кейси, советник по национальной безопасности Макфарлейн и подполковник Оливер Норт, орденоносный ветеран Вьетнама, который после войны провел 22 дня в военно-морском госпитале в Бетесде, леча расстроенные нервы. Направленный в СНБ в 1981 году, Норт был наивным и склонным к фантазиям и мегаломании морским пехотинцем, который после возвращения из Вьетнама и последующей госпитализации стал христианским фундаменталистом. Норт постоянно следил за большей частью мероприятий в рамках операции, координируя деятельность нечистых на руку правых спонсоров, специалистов по тайным операциям и беспринципных торговцев оружием.

ЦРУ попыталось запутать возмущенных конгрессменов относительно своей причастности к поставкам оружия, но ему это не удалось. Ошибка ЦРУ состояла в привлечении ветеранов спецназа, служивших во Вьетнаме. Особенно постыдным был эпизод, когда те убедили ЦРУ перевести на испанский язык старый комикс, объяснявший вьетнамским крестьянам, как можно захватить деревню, убив мэра, начальника полиции и главу местного ополчения. ЦРУ распространило среди контрас испанский перевод «Наставления борцу за свободу». Несколько экземпляров попали в руки противников организованных американцами войн и были опубликованы[105]. Америка также узнала, что ЦРУ минировало никарагуанские порты. В результате Кейси удостоился осуждения даже со стороны такой иконы консерваторов, как Барри Голдуотер. «Я был взбешен, — писал Голдуотер. — Подобные действия нарушают международное право. Это акт войны»[106].

В октябре 1984 года конгресс отреагировал усилением поправки Боланда и урезал помощь контрас. Чтобы связать руки Кейси, конгресс прямо запретил любому разведывательному органу получать финансирование от любого «государства, группы, организации, движения либо частного лица». Однако глава аппарата Белого дома Джеймс Бейкер боялся, что «безумцы» во власти все равно будут искать деньги за рубежом, что Кейси, Макфарлейн и Норт и стали делать. Львиную долю денег предоставляла Саудовская Аравия, но и другие страны, включая ЮАР, Израиль и Тайвань, предоставляли им миллионы. Шульц предупредил Рейгана, что одобрение дальнейшей помощи послужит основанием для импичмента. Но Кейси, Буш и Рейган пренебрегли его советом[107].

Рейган проинструктировал главных советников о будущих действиях. Советнику по национальной безопасности Макфарлейну он сказал: «Я хочу, чтобы вы сделали все возможное, чтобы эти люди смогли свести концы с концами»[108]. И вскоре Макфарлейн нашел способ. Летом 1985 года он встретился с Дэвидом Кимке, генеральным директором израильского МИД. Кимке убедил его, что работал с «умеренными» силами в Иране, которые должны были захватить власть после того, как старый Хомейни уйдет со сцены. Он предположил, что в обмен на оружие иранцы могут обеспечить освобождение заложников, захваченных в Ливане проиранской шиитской группировкой «Хезболла». Находившийся среди других заложников резидент ЦРУ в Бейруте Уильям Фрэнсис Бакли был замучен до смерти в июне. В середине 1985 года Рейган, несмотря на общественное сопротивление в отношении переговоров с похитителями, разрешил Израилю поставлять в Иран противотанковые ракеты. Израиль был посредником в поставках оружия на протяжении 14 месяцев. За это время Иран выпустил некоторых американских заложников, но захватил еще больше в качестве резерва для обмена. Израиль тайно поставлял режиму аятоллы и свое собственное оружие[109].

Информация о сотрудничестве с «умеренными» силами в Иране стала циркулировать среди правительственных чиновников в США, которые уже подумывали, как строить отношения с Ираном после Хомейни. В июне 1985 года ЦРУ провело Национальное разведывательное оценивание под названием «Иран: возможная нестабильность в краткосрочной перспективе», где утверждалось, что ситуация в Иране неустойчива и дни Хомейни, возможно, сочтены. Ему вторил СНБ, утверждая в Директиве по национальной безопасности, что иранские «умеренные» силы могут склониться на сторону США. Министр обороны Каспар Уайнбергер написал на своем экземпляре доклада: «Нелепо даже комментировать. Документ сводится к предположению, что раз в Иране происходят серьезные перемены, то это автоматически означает, что мы сможем их использовать. Все равно что приглашать на дружеский обед Каддафи»[110].

США согласились поставить иранцам зенитные ракеты «Хок» и другое оружие. В 1986 году иранцы получили разведывательную поддержку в войне с Ираком. Они очень хорошо платили за такую помощь.

Благодаря потоку денег от продажи оружия Ирану и помощи саудовцев ЦРУ расширило военную поддержку контрас. Большую роль в этом деле играли кубинские эмигранты Феликс Родригес и Луис Посада Каррилес. Родригес входил в близкое окружение советника по национальной безопасности вице-президента Буша Дональда Грегга, бывшего сотрудника ЦРУ. Посада был бежавшим из Венесуэлы заключенным, осужденным за соучастие во взрыве кубинского авиалайнера в 1976 году, в результате которого погибло 73 человека. После отмены по настоянию Чейни поправки Боланда конгресс позволил выделить 100 миллионов долларов на операции в Центральной Америке.

5 октября операция покатилась под откос. В тот день молодой никарагуанский солдат сбил грузовой самолет С-123, перевозивший оружие для контрас. Бывший морпех Юджин Хейсенфус, единственный выживший член экипажа, признался сандинистам, что работает на ЦРУ и поставляет оружие контрас. В день выборов, 4 ноября, спикер иранского парламента Али Акбар Хашеми-Рафсанджани во всеуслышание заявил о сделках между США и Ираном. На следующий день Буш сделал запись в своем дневнике: «Это очень-очень скользкое дело, и я надеюсь, что информация о нем не просочится в прессу»[111].

Но было уже слишком поздно. Детали грязной и запутанной операции кочевали по страницам газет и телеэкранам страны. Белый дом неуклюже оправдывался. 13 ноября Рейган признал, что «небольшие объемы оборонительных вооружений» действительно поставлялись, но «мы не обменивали, повторяю, не обменивали оружие или что-либо еще на заложников. И мы не будем делать этого в дальнейшем».

Лгать продолжали и Кейси с контр-адмиралом Джоном Пойндекстером, давая показания в конгрессе. Пойндекстер, Норт, генерал Ричард Секорд, а также другие участники операции начали массовое уничтожение уличающих документов. 25 ноября Рейган выступил с заявлением, которое историк Шон Виленц назвал «худшим спектаклем за время его президентства, если не за всю карьеру». Рейган сказал журналистам, что, если верить предварительным выводам министра юстиции Эдвина Миза, он «не был полностью информирован о действиях, предпринимавшихся в рамках его инициативы». Он объявил, что Пойндекстер уйдет с поста советника по национальной безопасности, а Норт будет отстранен от занимаемой должности. «Как я уже говорил, — добавил он, — я считаю, что наши политические цели в Иране вполне обоснованны. Однако информация, оказавшаяся у меня в распоряжении вчера, убедила меня, что пути реализации этой политики были совершенно неправильными». После этого короткого заявления он передал слово Мизу и молча прошел мимо журналистов, выкрикивающих ему вслед вопросы[112]. Через неделю Институт Гэллапа сообщил, что за месяц рейтинг Рейгана упал с 67 до 46 %.

Все расследование указывало на Рейгана, однако было очевидно, что он практически неспособен контролировать действия своих подчиненных, а то и вовсе не осведомлен о них. Комитет по расследованию, образованный Конгрессом, заключил, что «если президент не знает, что делают его советники по национальной безопасности, то ему следует этим поинтересоваться». Специальный прокурор Лоуренс Уолш заявил: «Президент Рейган создал условия, при которых стало возможным совершение преступлений в рамках проведенной по его приказу тайной смены политического курса в отношении Ирана и заложников, а также его личного желания помочь контрас "свести концы с концами", несмотря на запрет [конгресса] оказывать им помощь»[113].

В рамках этого дела были осуждены попытавшийся покончить жизнь самоубийством бывший советник президента по национальной безопасности Роберт Макфарлейн, его преемник контр-адмирал Джон Пойндекстер, главный исполнитель всей операции подполковник Оливер Норт, а также помощник госсекретаря Эллиот Абрамс. Министр обороны Каспар Уайнбергер был также осужден, но получил помилование. Директор ЦРУ Уильям Кейси умер от рака за день до начала слушаний в конгрессе. Вице-президент Джордж Буш-старший, несмотря на прямое участие в этой авантюре, смог избежать суда. Замдиректора ЦРУ Роберт Гейтс еле-еле избежал суда, хотя именно махинации подчиненных ему разведслужб проложили дорогу катастрофической политике Рейгана[114]. Макфарлейн позднее сожалел, что ему «не хватило смелости» предупредить президента. «По правде говоря, — заявил он, — вероятной причиной того,

Глава 11. Годы Рейгана

что я этого не сделал, была боязнь, что Билл Кейси, Джин Киркпатрик и Каспар Уайнбергер назовут меня коммунистом»[115].

Эта грязная история перечеркнула надежды на возобновление переговоров по ядерному разоружению. Горбачев был намерен спасти хоть что-нибудь, решив вопрос о БРСД. В декабре 1987 года он посетил Вашингтон и подписал Договор о ликвидации ракет средней и меньшей дальности, ставший важной вехой в советско-американских отношениях. «Это было первым соглашением в истории, декларировавшим полное уничтожение целого класса ядерных вооружений», — отмечал Горбачев[116].

Тем временем советская операция в Афганистане постепенно сворачивалась. Рейган и Кейси превратили начатую Картером осторожную поддержку афганских мятежников в крупнейшую в истории тайную операцию ЦРУ, общие расходы на нее составили 3 миллиарда долларов. ЦРУ поставляло помощь при посредничестве пакистанского президента Зия-уль-Хака, который передавал американское оружие и доллары самой радикальной из афганских исламистских группировок, возглавляемой Гульбеддином Хекматияром, прославившимся своей жестокостью. По словам Джеймса Фореста, возглавлявшего в Вест-Пойнте исследования терроризма, Хекматияр «был известен тем... что бродил по базарам Кабула со склянками кислоты, которой брызгал в лицо любой женщине, которая осмелилась появиться на улице без паранджи»[117]. Было известно и то, что с пленных он живьем сдирает кожу[118]. Один из высокопоставленных чиновников Госдепа Стивен Коэн признавал: «Люди, которых мы поддерживали, были самыми отвратительными фанатиками среди всех моджахедов»[119]. Резидент ЦРУ в Исламабаде Говард Харт вспоминал: «Я был первым руководителем зарубежного отделения, который получил гениальный приказ: "убивать советских солдат". И, верьте или нет, тогда мне это нравилось»[120]. ЦРУ даже поставило в Афганистан 2000–2500 американских ракет «Стингер», часть которых, как стало известно благодаря разоблачениям *Wikileaks*, три десятилетия спустя применялись, чтобы сбивать уже натовские вертолеты.

С самого начала своего правления Горбачев четко заявил о своем намерении вывести советские войска из Афганистана и искал в этом поддержки США. Он заверил Рейгана, что «не планирует использовать Афганистан для выхода к теплым морям в целях расширения влияния в Персидском заливе либо нанесения какого бы то ни было вреда интересам США»[121].

США вместе с саудовцами и пакистанцами делали все возможное для того, чтобы как можно дольше задержать советские войска в Афганистане

Афганский боевик с ручным ракетным комплексом класса «земля—воздух». Рейган и Кейси превратили начатую Картером осторожную поддержку афганских моджахедов в крупнейшую на тот момент тайную операцию ЦРУ, общие расходы на которую составили 3 миллиарда долларов.

и обеспечить провал любых переговоров по линии ООН. Они поставляли огромное количество оружия и денег мятежникам, которые и так не бедствовали благодаря резкому росту производства опиума на продажу. Китайцы, англичане и египтяне тоже поставили оружия на миллионы долларов. ЦРУ давало деньги и оружие пакистанской разведке. Забирая большую часть помощи себе, пакистанцы поставляли то, что оставалось, вождям мятежников в Пешаваре, которые, также отхватив свой кусок, направляли остатки на фронт. Многие из этих запасов оружия впоследствии будут использованы против американцев[122].

Из-за войны около 5 миллионов афганцев — треть всего населения страны — бежали в Пакистан и Иран. В феврале 1988 года Горбачев объявил о выводе советских войск из Афганистана. Вывод начался 15 мая и длился 10 месяцев. Женевские соглашения о прекращении боевых действий были подписаны США, СССР, ДРА и Пакистаном. Но свои обязательства выполнил лишь Советский Союз. Зия пообещал Рейгану, что пакистанская помощь афганским мятежникам не прекратится. «Мы просто солжем, — сказал он. — Именно это мы и делали восемь лет... Мусульманину позволительно лгать ради правого дела»[123].

За время войны погибло более миллиона афганцев. Пакистанская диктатура хорошо нажилась на войне, став третьим крупнейшим получателем американской помощи. США смотрели сквозь пальцы на создание в Пакистане ядерной бомбы.

Глава 11. Годы Рейгана

Десятки тысяч арабов прибыли в Пакистан, чтобы участвовать в джихаде против неверных. Среди них был и богатый саудовец по имени Усама бен Ладен, а также египетский врач Айман аз-Завахири. Они, как и тысячи других будущих боевиков-исламистов, проходили военную подготовку в пакистанских лагерях. Именно там они узнали, как совершать убийства и взрывать заминированные машины. Тысячи студентов стекались в пакистанские медресе, для того чтобы изучить доктрину радикального ислама и присоединиться к джихаду. В 1980-е годы только лишь саудовцы потратили 75 миллиардов долларов на распространение в медресе идей ваххабизма. Кейси игнорировал постоянные предупреждения относительно того, что помощь религиозным фанатикам в итоге обернется против самих США. Он упорно считал, что нечестивый союз христианства и ислама продолжится и сможет быть использован против интересов СССР в регионе. В середине десятилетия Кейси даже пытался перебросить моджахедов на территорию СССР, надеясь спровоцировать восстание советских мусульман[124].

Уходя из Афганистана, Советы напомнили США об их заявлениях о готовности сотрудничать в целях борьбы с исламским экстремизмом. Но американцев эта проблема не волновала. Крайние исламисты захватили власть в Афганистане и теперь работали в тесном сотрудничестве с пакистанской разведкой. Достигнув своих целей, США продолжили предоставление тайной помощи, но предпочли умыть руки в условиях созданного ими хаоса. Бывший посол США в Саудовской Аравии Чарлз Фримен жаловался: «Мы начинаем войны, не имея ни малейшего представления, как их закончить. Афганистан катится к гражданской войне, а нас это совершенно не беспокоит». Фримен рассказывал, что он и посол США в Пакистане Роберт Оукли пытались убедить церэушников, начиная с директоров Роберта Гейтса и Уильяма Уэбстера и заканчивая резидентами на местах, что Америке, Саудовской Аравии и Пакистану следует серьезно подумать о прекращении вмешательства в дела Афганистана, но те лишь отвечали: «С чего нам ехать туда ради болтовни с какими-то типами, у которых полотенца на башке?»[125] Эксперт RAND Corporation Шерил Бинард, чей муж Залмай Халилзад был послом США в Афганистане, вспоминает:

«Мы сделали свой выбор осознанно. Поначалу все думали, что Советы победить нельзя. Поэтому мы решили бросить против них худших маньяков из всех, кого только сможем найти, невзирая на то, какой вред они причинят мирным жителям. Мы прекрасно понимали, кем являются эти люди, что из себя представляют их организации, но нас это не волновало. Потом мы позволили им избавиться от умеренных лидеров (то есть попросту перебить их). Умеренных лидеров в сегодняшнем Афганистане нет именно потому, что мы позволили психопатам уничтожить их всех. Они убивали левых, умеренных, центристов... В 1980-е и последующие годы исламисты выбили всех»[126].

Рейган покинул свой пост впавшим в маразм стариком, которого едва ли интересовало даже то, что происходит у него под носом. Однако многие славили его как человека, восстановившего веру США в себя после провального правления Джонсона, Никсона, Форда и Картера. Даже до начала второго срока консерваторы стали называть его одним из величайших президентов в истории. Меморандум республиканской кампании 1984 года гласил: «Изображать Рейгана как воплощение всего, что в Америке считается правильным и героическим. Ставить Мондейла в положение, в котором нападки на Рейгана будут равносильны нападкам на сам идеальный образ Америки»[127].

Но каким было истинное наследие Рейгана? Один из наиболее невежественных и безразличных глав государства в истории США, он способствовал возрождению идей крайне правого антикоммунизма, которые привели к милитаризации американской внешней политики и возобновлению холодной войны. Он бил себя в грудь, заявляя о приверженности идеалам демократии, и в то же время вооружал и поддерживал репрессивных диктаторов. Он превратил локальные и региональные конфликты на Ближнем Востоке и в Латинской Америке в поля битв холодной войны, в результате чего там воцарился террор, а народные движения были подавлены. Он тратил огромные суммы на военные расходы, урезая социальные программы для беднейших слоев населения. Он резко сократил налоги для богатых, утроив национальный долг США и превратив страну из ведущего мирового кредитора в 1981 году в крупнейшего международного заемщика в 1985-м. В октябре 1987 года его действия привели к наихудшему биржевому краху со времен Великой депрессии. Он упустил шанс избавить мир от наступательных ядерных вооружений, поскольку не хотел расставаться со своей детской фантазией. Поэтому, несмотря на всю хвалу, воздаваемую ему за окончание холодной войны, львиная доля заслуг в этом деле, как станет ясно впоследствии, принадлежала его советскому коллеге Михаилу Горбачеву.

Глава 12

Конец холодной войны:

УПУЩЕННЫЕ ВОЗМОЖНОСТИ

«Кажется, внезапно повеял теплый ветер мира», — ликовала *New York Times* в последний день июля 1988 года. Заканчивались долгие и кровавые войны в Афганистане, Анголе, Камбодже и Никарагуа. Близилась к концу и война между Ираном и Ираком[1]. В том же году лидер Организации освобождения Палестины (ООП) Ясир Арафат под давлением Москвы отказался от террористических методов и безоговорочно признал право Израиля на существование. Но самое важное событие еще только должно было произойти. В декабре 1988 года советский лидер Михаил Горбачев объявил об окончании холодной войны:

> «Угрозы больше не могут… быть инструментом внешней политики. В первую очередь это касается ядерного оружия… я хотел бы поговорить о главном — о разоружении, без которого нельзя решить ни одну из проблем наступающего века… СССР принял решение сократить свои вооруженные силы… на 500 тысяч человек… мы решили к 1991 году вывести шесть танковых дивизий из ГДР, Чехословакии и Венгрии и расформировать их… Советские войска в этих странах будут сокращены на 50 тысяч человек, а с вооружения будет снято 5 тысяч танков. Оставшиеся советские дивизии… будут выполнять лишь оборонные задачи».

Он пообещал опубликовать советские планы по «переходу от экономики вооружений к экономике разоружения» и призвал другие великие державы поступить аналогично при содействии ООН. Он предложил сократить стратегические наступательные вооружения на 50%, предпринять совместные действия по ликвидации «угрозы окружающей среде», запретить размещение оружия в космосе, а также потребовал положить конец эксплуатации в странах третьего мира вплоть до «столетнего моратория на получение долговых платежей с наименее развитых стран».

И это было еще не все. Он призвал к прекращению огня в Афганистане с 1 января при посредничестве ООН. За девять лет войны Советский Союз не смог победить афганских мятежников, несмотря на развертывание там стотысячного контингента, тесное сотрудничество с местными властями и создание афганской армии и полиции. Он высказался за проведение международной конференции по нейтралитету и демилитаризации Афганистана и протянул оливковую ветвь новой администрации Джорджа Буша-старшего, предложив предпринять «совместные усилия во имя завершения эры войн, конфронтации, региональных конфликтов, варварского отношения к природе, ужасов голода и нищеты, а также политического терроризма. Это наша общая цель, и мы можем достичь ее лишь вместе»[2].

New York Times назвала неожиданную часовую речь Горбачева величайшим поступком государственного деятеля со времен «Четырнадцати пунктов» Вудро Вильсона в 1918 году и Атлантической хартии Рузвельта и Черчилля в 1941-м — «полной перестройкой международной политики». «Он пообещал предпринять действия в одностороннем порядке, — заявила *New York Times*. — Невероятно. Рискованно. Храбро. Наивно. Ошеломляюще. Героически... его идеи заслуживают — а на самом деле требуют — самого серьезного ответа со стороны новоизбранного президента Буша и других лидеров». *Washington Post* назвала эту речь «самой важной за всю историю ООН»[3].

Буш еще даже не перебрался в Белый дом после разгрома на выборах губернатора Массачусетса Майкла Дукакиса. Отставая от него летом на 17%, Буш сумел победить благодаря тому, что принято называть «фактором слабака». Поначалу все указывало на то, что Буш слабоват для президентского поста. Могло бы показаться странным, что Буша, кавалера креста «За летные боевые заслуги», совершившего 58 боевых вылетов на Тихоокеанском театре Второй мировой войны, считали слабаком. *Newsweek* полагал это «непреодолимым препятствием — пониманием того, что он недостаточно силен для тех трудностей, которые ожидают его в Овальном кабинете»[4]. Бушу не помогало даже то, что он был капитаном бейсбольной команды во время учебы в Йельском университете. Журналист *Washington Post* Курт Супли писал: «Слабак. Белая кость. Профан. Первый муж любой женщины. Обычный конформист. В этих затасканных уничижительных эпитетах и заключается суть "имиджевой

Глава 12. Конец холодной войны

проблемы" Джорджа Буша — смутное, но обоснованное ощущение многих граждан, что вице-президент может оказаться для лидера свободного мира слишком слабым и незначительным»[5]. «Его превратили в карикатуру», — жаловался второй сын Буша Джеб[6].

Комментаторы называли причиной возникновения подобного имиджа его безбедную и комфортную юность во время учебы в одном из самых престижных университетов. Всегда степенного и сдержанного Буша в детстве называли Поппи*. Несмотря на выход из Совета по международным отношениям и Трехсторонней комиссии, Буш никак не мог отделаться от имиджа «кандидата от бизнеса» — человека Дэвида Рокфеллера[7]. В довершение всего большинство постов он получал в результате назначения, а не избрания. В бытность вице-президентом ему не передалось ни толики харизмы Рейгана. Было известно, что Рейгану Буш не нравился, и он не хотел видеть его в своем тандеме, но те, кого он считал более предпочтительными кандидатурами: сенатор Пол Лаксальт и конгрессмен Джек Кемп, — отказались участвовать в выборах. Попытки втереться в доверие к Рейгану, поддерживая его правую политику, которую он раньше называл «шаманской экономикой», создали Бушу образ слабого и беспринципного политика. «Я слепо поддерживал мистера Рейгана», — сказал Буш одному из репортеров после победы на праймериз[8]. Он дошел до того, что назвал Оливера Норта, человека, которого раньше презирал, своим «героем». Один из комментаторов заметил, что Буш изображал поддержку «примитивной философии правого политического лагеря… ради того, чтобы подобраться поближе к Овальному кабинету»[9]. Победа на первых праймериз в Нью-Гэмпшире до того разочаровала его главного соперника Боба Доула, что тот взбеленился: «Подумаешь!»[10]

Люди считали, что у Буша нет дома и соседей — он официально проживал в отеле «Хьюстон», — и критиковали его за путаную речь: Буш часто использовал фразы наподобие «как бы там ни было» и «и такое прочее». Они даже пародировали его незаконченные предложения, нарушение причинно-следственных связей и облизывание губ[11]. Отличавшаяся острым языком Энн Ричардс, губернатор Техаса, однажды пошутила на съезде Демократической партии: «Бедный Джордж. Он родился в рубашке»[12].

Когда демонстрация военных наград, защита права на ношение оружия, поездки на барбекю и бесстыдное заигрывание с правыми не

---

* От английского слова poppy — «мак» (намек на успокоительное действие мака).

Обращаясь к Генеральной Ассамблее ООН в декабре 1988 года, советский лидер Михаил Горбачев провозгласил окончание холодной войны и объявил о целом ряде мирных реформ и шагах к разоружению. New York Times назвала его речь величайшим поступком государственного деятеля со времен «Четырнадцати пунктов» Вудро Вильсона в 1918 году и Атлантической хартии Рузвельта и Черчилля в 1941-м.

помогли изменить имидж Буша, он попробовал другую стратегию. Он поставил под сомнение патриотизм Дукакиса и разыграл карту беглого убийцы Вилли Хортона, для того чтобы вызвать у избирателей страх перед преступностью.

Но решающий удар Буш нанес, когда ведущий новостей на канале *CBS* Дэн Радер задал ему неудобный вопрос относительно его роли в скандале вокруг Ирана и контрас. Буш был готов контратаковать. Он заявил о нечестности подобного вопроса и сердито сказал: «Нечестно оценивать всю мою карьеру по Ирану. Что бы почувствовали вы, если бы я оценил вашу по семи минутам пустого эфира, когда вы ушли из студии в Нью-Йорке?» Стратегия сработала. Репортеры говорили, что Буш «врезал Радеру», и называли его забиякой[13]. О сути вопроса, заданного Радером Бушу, все как-то позабыли. На протяжении всей кампании Буш настаивал, что он «не был прямо связан с незаконной схемой, поскольку не выполнял в ее рамках оперативных задач». Но в своем звуковом дневнике бывший директор ЦРУ признавал: «Я входил в число тех немногих, кто знал все детали»[14]. Позже Буш помилует бывшего министра обороны

Глава 12. Конец холодной войны

Каспара Уайнбергера, чтобы тот не дал показаний о его собственной роли в скандале.

Внешнеполитическая команда Буша включала Джеймса Э. Бейкера III в качестве госсекретаря, Дика Чейни в качестве министра обороны и генерала Брента Скаукрофта в качестве советника по национальной безопасности. Вторым номером Скаукрофт взял Роберта Гейтса. Заместителем министра обороны по политическим вопросам стал Пол Вулфовиц.

Перед своим выступлением на Генассамблее ООН Горбачев обратился к Рейгану и Бушу за поддержкой в вопросах контроля над вооружениями и вывода войск. Но советники Буша по-прежнему относились к его предложениям со скепсисом, а ЦРУ, чьи разведывательные возможности очень снизились после многолетнего засилья правых, попросту не разобралось в происходящем. Как признавал в своих мемуарах Гейтс, «американское правительство, включая ЦРУ, и представить себе не могло всей исторической важности происходившего в январе 1989 года[15]. Поэтому с наибольшим недоверием к инициативам Горбачева отнеслись именно Гейтс и Чейни, ставшие искать пути достижения преимуществ из-за его желания реформировать советскую систему. В целом нежелание Чейни сотрудничать с Горбачевым победило. Чейни был противником проведения предыдущего саммита, опасаясь, что инициативы Горбачева подорвут решимость Запада. Буш предпочел стратегию дальнейшего подрыва советской военной мощи. Горбачев призывал к уничтожению тактического ядерного оружия в Европе, что горячо поддерживали большинство европейцев. Буш ответил ему предложением вывести 325 тысяч советских солдат в обмен на 30 тысяч американских. После этого Буш и Горбачев не встречались больше года.

Пренебрегая Советским Союзом, Буш продолжал разыгрывать китайскую карту, расширяя экономические и политические связи, установленные Рейганом с руководством КНР, которое помогло свергнуть просоветские правительства в Афганистане и Камбодже. Как бывший посол в Китае, Буш стремился сохранить с этой страной близкие отношения. Но его планы были фактически разрушены жестоким разгоном демонстрации сторонников демократических реформ в Пекине. На глазах телезрителей всего мира Народно-освободительная армия убила 3 тысячи демонстрантов на площади Тяньаньмэнь и ранила еще 10 тысяч. Однако Буш был против принятия жестких мер в отношении китайского руководства. Изначально он даже был против принятия закона, разрешавшего 43 тысячам китайских студентов остаться в США после истечения их годовых виз.

Рейган и Буш с Горбачевым на Губернаторском острове незадолго до выступления Горбачева на Генеральной Ассамблее ООН. Горбачев обратился к ним за поддержкой в вопросах контроля над вооружениями и вывода войск, но советники Буша отнеслись к его предложениям со скепсисом, а ослабленное «реформами» правых ЦРУ попросту не разобралось в изменениях, происходивших в СССР.

Горбачев надеялся восстановить советскую экономику, которая начала устаревать еще в конце 1970-х годов. Он понимал, что СССР больше не может позволить себе продолжать войну в Афганистане, поддерживать союзников в странах третьего мира и тратить на военные нужды более 30% ВВП и более половины бюджета. Советское руководство решило сократить свои расходы. Оно прекратило поддержку кубинских солдат в Анголе и Эфиопии и вьетнамских — в Камбодже. В начале 1989 года СССР вывел свои войска из Афганистана. Страны третьего мира больше не казались столь же многообещающей сферой влияния, как 10 лет назад. Жители СССР устали от дорогостоящих и необдуманных авантюр. Афганская война унесла жизни 14 тысяч советских солдат и сотни тысяч афганцев, истощила ограниченные ресурсы и привела к росту антикоммунистических настроений среди мусульман по всему миру. Неустойчивая советская экономика больше не казалась жизнеспособной моделью развития. Сытый по горло репрессивной и дорогостоящей политикой многих союзников СССР в странах третьего мира, противившихся его требованиям смены курса, Горбачев предложил, чтобы США и СССР

Глава 12. Конец холодной войны

прекратили вмешиваться в дела таких государств и позволили им решать свои противоречия мирным путем.

На московском саммите в мае 1988 года Горбачев предложил Рейгану подписать совместную декларацию о мирном сосуществовании и отказе от военного вмешательства во внутренние дела других стран. Рейган отверг это предложение. Но это не помешало Горбачеву подписать акт в одностороннем порядке. Историк Одд Арне Вестад так описывает значение этой смены курса: «Горбачев и его советники... поняли важность права наций на самоопределение вне зависимости от желаний лидеров великих держав XX века. У советского президента возникло то, о чем говорили и либералы, и революционеры с самого начала века, — твердая и идеалистическая приверженность идее того, что люди по всему миру имеют право сами решать свою судьбу без иностранного вмешательства»[16].

Но Соединенные Штаты не только не приняли этого принципа, они всячески стремились подорвать его основы и использовать карт-бланш, который Горбачев дал им в странах третьего мира. США продолжили подогревать исламский радикализм. Многие из поддерживаемых американцами джихадистов, сражавшихся против Советов в Афганистане, присоединились к исламистским движениям в Чечне, Боснии, Алжире, Ираке, на Филиппинах, в Саудовской Аравии, Кашмире и многих других регионах. Межнациональные и племенные конфликты вспыхнули в Африке и на Балканах.

Горбачев призывал восточноевропейские правительства принять дух перестройки. В апреле 1989 года правительство генерала Войцеха Ярузельского согласилось провести выборы. В июне кандидаты от федерации профсоюзов «Солидарность» при тайной поддержке ЦРУ с большим отрывом победили на выборах коммунистов, которые мирно отошли от власти, согласившись участвовать в возглавляемом «Солидарностью» коалиционном правительстве. В отличие от Венгрии в 1956 году и Чехословакии в 1968-м СССР никак не вмешался в ситуацию. В мае Эстония и Литва объявили о своем суверенитете. В июле к ним присоединилась Латвия. Горбачев продолжал поощрять реформы. В конце июля министр иностранных дел Э. А. Шеварднадзе объяснил госсекретарю Бейкеру, почему Советы приняли эти изменения: «Если бы мы применили силу, это был бы конец перестройки. Это было бы провалом. Конец всех надежд на будущее, всего, что мы пытались сделать, наших попыток создать новую систему, которая будет построена на общечеловеческих ценностях. Если бы была использована сила, это означало бы триумф врагов перестройки. Мы были бы не лучше своих предшественников. Мы не могли отступить»[17].

Этому примеру последовали и другие восточноевропейские страны. В октябре правившие в Венгрии коммунисты объявили себя социал-демократами и установили в стране республику*. В том же месяце, после визита Горбачева в Берлин, протестующие вынудили Эриха Хонеккера уйти в отставку. И наконец, 9 ноября 1989 года восточные и западные берлинцы начали вместе рушить Берлинскую стену, ненавистнейший из символов холодной войны. Советник Горбачева по внешнеполитическим вопросам Анатолий Черняев записал в дневнике: «Берлинская стена пала. Закончилась целая эра в истории социалистической системы... Это конец наследия Ялты [и] сталинизма... Это сделал Горбачев... Он ощутил течение истории и помог направить ее в нужное русло». Но до окончания перемен в Европе было еще далеко. Чешский парламент ответил на демонстрации и всеобщую забастовку избранием поэта Вацлава Гавела на пост премьер-министра. В Восточной Европе коммунистические правительства теряли власть одно за другим. Мир смотрел на это и не верил. По социалистическому лагерю прокатилась мирная революция — его граждане, уставшие от репрессивных правительств и нелепой бюрократии, требовали лучшей жизни. Горбачев отказался от долго бытовавшего мнения, что контроль над Восточной Европой является ключевым для безопасности СССР. Он верил, что отказ от расходов на поддержку старых коммунистических режимов в восточноевропейских странах позволит СССР и его союзникам быстро создать систему гуманного и демократического социализма.

Горбачев считал перестройку началом новой эпохи, но многие заправилы американской политики видели в ней главное доказательство победы капиталистического Запада после десятилетий холодной войны. Эксперт Госдепартамента Фрэнсис Фукуяма провозгласил «конец истории» и назвал западную либеральную демократию «самой совершенной формой правления». В сентябре 1990 года Майкл Мендельбаум, руководивший изучением проблем Востока и Запада в Совете по международным отношениям, торжествовал: «Советы... сделали возможным окончание холодной войны, а значит, впервые за 40 лет мы сможем вести военные операции на Ближнем Востоке, не опасаясь начала Третьей мировой»[18]. Вскоре США проверят эту гипотезу.

Во время своей поездки в Польшу и Венгрию в июле Буш намеренно избегал любых высказываний, которые могли бы спровоцировать СССР. Он неоднократно высмеивал тех, кто был склонен делать «поспешные

---

* Имеется в виду, что из названия Венгерская Народная Республика было исключено слово «Народная».

Глава 12. Конец холодной войны

выводы», и даже падение Берлинской стены не заставило его начать триумфальные речи. «Я — парень неэмоциональный», — объяснял он. Горбачеву он сказал: «Я вел себя так, чтобы не осложнить вам жизнь. Именно поэтому я не лез на Берлинскую стену». — «Да, мы видели и оценили», — ответил Горбачев[19].

Готовый допустить радикальную трансформацию Восточной Европы, Горбачев надеялся, что окончание холодной войны приведет к упразднению не только Варшавского договора, но и НАТО. Но понимал, что этого может и не случиться, поэтому настаивал, чтобы НАТО хотя бы не расширялось на восток. Он даже соглашался на объединение двух Германий в случае, если натовские войска и системы вооружений не будут размещены на восточногерманской территории. Но он, а затем и российские лидеры, поверившие в нерушимость обещаний американцев и немцев не расширять НАТО на восток, были жестоко разочарованы, когда правительства Клинтона и Буша-младшего расширили западный блок до самого порога России. Российские лидеры возмущались, поскольку чувствовали, что их предали. И хотя руководство США долго утверждало, что подобных обещаний не было, недавно оно рассекретило документы, доказывающие обратное.

В феврале 1990 года Буш, Бейкер и немецкий канцлер Гельмут Коль начали искать способ убедить Горбачева вывести 380 тысяч советских солдат из ГДР и отказаться от законной оккупации, восходящей ко временам капитуляции Германии в 1945 году. Они хотели избежать все громче и громче звучавших требований освободившихся от старых режимов стран демилитаризовать Центральную и Восточную Европу, что привело бы к ослаблению американского влияния на континенте. Бейкер встретился с Горбачевым 9 февраля и спросил его: «Предпочли бы вы видеть объединенную Германию вне НАТО, независимую и без американских войск, или хотите видеть ее подконтрольной НАТО, но с гарантией, что юрисдикция альянса никогда не распространится ни на дюйм восточнее его нынешних границ?» Бейкер вспоминал, что Горбачев ему ответил: «Любое расширение зоны НАТО будет неприемлемо».

На следующий день с Горбачевым встретился Гельмут Коль, который заявил: «Само собой разумеется, что НАТО не расширит свою территорию», включив в нее Восточную Германию. 10 февраля германский министр иностранных дел Ганс Дитрих Геншер сделал аналогичное заявление Э.А. Шеварднадзе, сказав: «Мы осознаем, что членство объединенной Германии в НАТО чревато серьезными осложнениями. Однако с уверенностью мы можем заявить об одном: НАТО не станет расширяться на восток». Чтобы советский коллега понял, что это касается не только Германии, но и всей Восточной Европы, Геншер добавил: «НАТО не будет расширяться в принципе».

Горбачев, получив заверения Коля, одобрил объединение Германии. Но не было подписано никаких юридически обязывающих документов, соглашение было устным. Позже Горбачев урегулировал эту проблему, согласившись в сентябре на вхождение Восточной Германии в НАТО в обмен на финансовую помощь от ФРГ, в чем отчаянно нуждался.

Горбачев считал, что заключено соглашение, и поэтому впоследствии чувствовал себя обманутым. США и ФРГ пообещали не расширять НАТО «ни на дюйм на восток», — настаивал он. Аналогичное возмущение в 2009 году выразил и Президент РФ Дмитрий Медведев, заявивший, что «ни одно из обещаний, данных Советскому Союзу, не было выполнено — в особенности заявления о том, что НАТО не будет бесконечно расширяться на восток, а наши интересы будут учитываться». Американский посол в Москве Джек Мэтлок соглашался, что СССР получил «совершенно недвусмысленные заверения». Немецкий еженедельник *Der Spiegel* в 2009 году провел свое собственное расследование и написал: «После бесед со многими участниками событий и детального анализа ранее засекреченных английских и германских документов наш журнал пришел к выводу, что Запад сделал все, чтобы создать у СССР впечатление невозможности членства в НАТО таких стран, как Польша, Венгрия и Чехословакия. В этом нет ни малейших сомнений». Историк Мэри Элайза Сарот, получившая премию за книгу об этом периоде, объясняла: «Если подытожить, то Горбачев поддался на двухдневные уговоры Бейкера и Коля, заверявших, что НАТО не будет расширяться на восток, и согласился позволить Германии объединиться»[20].

США оценили сдержанность Горбачева в Восточной Европе, но без тени сомнений продолжили применять силу на Американском континенте. Панамский диктатор Мануэль Норьега долго был любимчиком США в Центральной Америке. Он дважды обучался в их Школе Америк в зоне Панамского канала и находился на содержании у ЦРУ с 1960 года. Продажный и беспринципный, он получал доход от содействия колумбийскому наркокартелю «Медельин» и сдавал его конкурентов американскому Бюро по борьбе с наркотиками. Его помощь никарагуанским контрас позволяла ему пользоваться защитой высших правительственных чиновников Рейгана, включая Уильяма Кейси, Эллиота Абрамса и Оливера Норта. Но обвинение в торговле наркотиками, выдвинутое против него федеральным судом США в 1988 году, и то, что в 1989-м Норьега

Глава 12. Конец холодной войны

Ликующие жители на Берлинской стене 9 ноября 1989 года. Горбачев видел в падении советского коммунизма начало новой эры, но многие заправилы американской политики сочли это своей победой.

объявил себя президентом, в итоге убедили Буша, что от него больше проблем, чем пользы. С одобрения США панамские офицеры попытались совершить переворот. Американцы, однако, не предоставили им никакой поддержки. Глава комитета палаты представителей по разведке Дэвид Маккерди посетовал на «второе пришествие фактора слабака»[21].

В декабре 1989 года Буш решил действовать в одностороннем порядке, в обход конгресса и в нарушение Закона о военных полномочиях 1973 года. Он послал 12 тысяч солдат на подмогу уже находившимся там 12 тысячам. Вместе они должны были свергнуть Норьегу и победить его Войска национальной обороны Панамы, а также различные военизированные формирования. В США это назвали операцией «Правое дело». Буш попытался оправдать вторжение, заявив, что принял решение «лишь после того, как пришел к выводу, что другого пути нет, а жизни американских граждан находятся в серьезной опасности»[22]. Один из журналистов потребовал объяснений у Чейни: «Господин министр, сразу после неудавшегося переворота в Панаме вы пришли сюда и убеждали нас в правильности решения воздержаться от серьезного вмешательства. Вы... сказали, что США не должны... по своему

Сотрудники американского Бюро по борьбе с наркотиками (ББН) ведут генерала Мануэля Норьегу к американскому самолету. Несмотря на то что панамский диктатор находился на содержании ЦРУ, пользовался защитой США за свою поддержку никарагуанских контрас и сдавал ББН конкурентов своего картеля, в декабре 1989 года Буш послал около 12 тысяч солдат на помощь 12 тысячам, уже находившимся в стране с целью свержения Норьеги и победы над войсками национальной обороны Панамы. Латиноамериканцы резко осудили возвращение к дипломатии канонерок.

хотению свергать правительства по всему миру... Как же вышло, что ваша предыдущая оценка, данная в этой комнате два месяца назад, устарела?» Чейни был невозмутим. Он ответил: «Полагаю, правительство должно делать все для того, чтобы избегать военных действий», вторгаясь лишь в случае, если становится ясно, что «под угрозой находятся жизни американцев»[23].

Латиноамериканцы резко осудили возвращение к дипломатии канонерок. Мексика заявила: «Борьба с международной преступностью — не оправдание для интервенции в суверенную страну»[24]. Куба обвинила американцев в «новой империалистической агрессии», сказав, что это показывает «пренебрежение США международным правом»[25]. ОАГ «решительно осудила» вторжение 20 голосами за при одном против[26]. И лишь американское вето предотвратило принятие аналогичной резолюции в Совете Безопасности ООН.

Возмущение латиноамериканцев по поводу вторжения, нарушавшего устав ОАГ, будет сохраняться еще много лет. Вскоре после совершенных «Аль-Каидой» терактов 11 сентября редакторы никарагуанского журнала *Envio* писали, что в декабре 1989 года «правительство Джорджа Буша-старшего приказало начать военное вторжение в Панаму. В результате бомбардировок мирных кварталов погибли тысячи панамцев — и все для того, чтобы наказать одного человека, Мануэля Норьегу... Разве это не было актом государственного терроризма?» — спрашивал журнал[27].

Советский американист Георгий Арбатов предупредил, что это вторжение может усилить позиции советских «ястребов», которые видели все лицемерие США, восхвалявших советское невмешательство и в то же время свергавших неугодные правительства. Эта интервенция действительно была сигналом того, что бездействие СССР не уменьшило воинственности США — наоборот, оно даже помогло подтолкнуть их к более безрассудным действиям. Журналист *Washington Post* Боб Вудворд отмечал, что ключевым моментом в принятии Бушем решения о начале вторжения была поддержка Колина Пауэлла. Пауэлл объявил: «Мы должны повесить на нашу дверь табличку "Здесь живет сверхдержава", и все равно, что делают Советы — пусть хоть эвакуируются из Восточной Европы»[28]. Неоконсерватор Эллиот Абрамс заключил, что США должны провести вторжение как можно скорее, и предположил, что «малая опасность эскалации делает ограниченные боевые действия вполне разумным шагом»[29].

Норьега скрывался от американских войск почти неделю и даже попросил убежища в посольстве Ватикана. США расставили вокруг посольства огромные динамики и, невзирая на протесты Ватикана, круглосуточно крутили такие рок-композиции, как «Я боролся с законом (и закон победил)», «Некуда бежать» и «У тебя ничего не выйдет». В США Норьега был приговорен к тюремному заключению за торговлю наркотиками. Операция выглядела успешной, поэтому конгресс не решился обвинить президента в нарушении Закона о военных полномочиях, в котором говорилось, что Белому дому для использования войск за рубежом необходимо одобрение конгресса.

Но Буш на этом не закончил. Правительство Рейгана заигрывало с иракским вождем Саддамом Хусейном и даже вычеркнуло Ирак из госдеповского списка государств — спонсоров терроризма, а также поддержало его в войне с Ираном. Даже использование Саддамом химического оружия для подавления курдов не вызвало серьезных протестов. После неудачной попытки повесить это преступление на Иран Буш предоставил Саддаму еще 1,2 миллиарда долларов в виде кредитов и займов, когда

Кувейт потребовал у Ирака возвращения денег, предоставленных ему в долг на войну с Ираном. Кувейт также отказался признавать нефтяные квоты ОПЕК, что привело к снижению цен на «черное золото» в момент, когда Ирак отчаянно нуждался в средствах для оплаты долгов, которых к тому моменту накопилось уже 40 миллиардов долларов. Еще больше Саддама раздражало то, что Кувейт, бывший до 1961 года частью Великобритании, отказывался идти на территориальные уступки Ираку.

25 июля 1990 года посол США в Ираке Эйприл Гласпи встретилась с Саддамом в Багдаде и заверила, что Буш «стремится к углублению и расширению сотрудничества» и «не занимает какой бы то ни было позиции» по Кувейту, поскольку тот не является союзником США[30]. Сенатор и бывший посол США в ООН Дэниел Патрик Мойнихэн в разговоре со своими коллегами назвал Кувейт «злейшим врагом США, омерзительный антисемитизм которого достигает немыслимых масштабов»[31]. Саддам воспринял слова Гласпи как руководство к действию. На следующей неделе три иракские дивизии вошли в Кувейт, в результате чего под контролем Ирака оказалась пятая часть всех мировых запасов нефти. В сентябре Гласпи фактически подтвердила свою причастность к этому делу, сказав в интервью *New York Times*: «Я, как и все остальные, не думала, что иракцы захватят весь Кувейт»[32].

Чейни, Пауэлл и генерал Норман Шварцкопф немедленно отправились на встречу с королем Саудовской Аравии Фахдом. Они показали ему поддельные фото иракских солдат и танков, пересекающих кувейтскую границу, и убедили его позволить разместить на саудовской территории большой американский контингент, получив, таким образом, вожделенную базу в регионе. Обман вскоре выплыл наружу. Японская газета получила спутниковые снимки, демонстрировавшие, что в регионе не наблюдается никакого наращивания иракского военного присутствия. Историей заинтересовались и американские СМИ. В следующем месяце канал *ABC News* приобрел дополнительные спутниковые снимки, подтверждавшие слова японцев. *Newsweek* назвал это «случаем пропажи воинского контингента». «В действительности, — писал *Newsweek*, — единственное, что можно увидеть на снимках, — это наращивание *американского* военного присутствия в Саудовской Аравии». Посол США в Саудовской Аравии Чарльз Фримен предупреждал: «Из этого ничего не выйдет. Результатом станет появление в газетах фото американского солдата, который мочится на стену мечети, после чего саудовское правительство будет свергнуто»[33]. Несмотря на все давление Пентагона, стремившегося спустить историю на тормозах, Джин Хеллер, очень уважаемый журналист газеты *St. Petersburg Times*, решила докопаться до правды, получив дополнительные фотоматериалы, кото-

Глава 12. Конец холодной войны

Министр обороны Дик Чейни встречается с наследным принцем Султаном, саудовским министром обороны и авиации. Как только Ирак вторгся в Кувейт, Чейни вместе с генералами Колином Пауэллом и Норманом Шварцкопфом немедленно отправился на встречу с саудовцами и показал им поддельные фото иракских солдат и танков, пересекающих кувейтскую границу. Убедив короля Фахда позволить разместить на саудовской территории крупный американский контингент, США получили вожделенную базу в регионе.

рые она показала физику и военному аналитику Питеру Циммерману, подтвердившему обман со стороны США. *Newsday* опубликовала слова одного из высших американских командующих, признававшего: «Вокруг этой войны велась настоящая кампания дезинформации»[34].

Нет никаких доказательств того, что Саддам когда бы то ни было собирался вторгнуться в Саудовскую Аравию. Пауэлл признавал, что в первые три недели Саддам мог бы беспрепятственно войти в страну, если бы он того захотел. Он был согласен с турецкими и арабскими лидерами, утверждавшими, что санкции могли бы заставить Саддама сменить курс.

Бывший министр обороны Роберт Макнамара призывал сенат использовать именно санкции, а не военную силу. Санкции ООН уже нанесли Ираку серьезный ущерб. В октябре директор ЦРУ Уильям Уэбстер сообщил, что они на 98 % сократили экспорт иракской нефти и на 95 — импорт в страну. Збигнев Бжезинский заявил, что вторжение будет «очень непродуктивным», поскольку обратит арабский мир и европейских союзников против США и вызовет хаос в регионе[35].

От Буша требовали жестких действий. В роли главного обвинителя выступала израильская пресса. Типичным примером является передовица газеты *Hadashot*. «Проиракское марионеточное правительство в Кувейте, — негодовала она, — это показатель слабости президента Джорджа Буша и США в целом. Буш, по крайней мере сейчас, напоминает Чемберлена, сознательно капитулировавшего перед Гитлером»[36].

Буш перевернул эту затасканную аналогию с ног на голову. 8 августа в телеобращении к нации он назвал Саддама «агрессивным диктатором, угрожающим своим соседям» и сравнил его с Гитлером[37]. Он использовал эту риторику по каждому поводу. Редактор *Washington Post* Чарльз Пол Фройнд так охарактеризовал его стратегию: «Главным риторическим приемом Буша, использовавшимся против агрессии, был Гитлер... Внезапная "гитлеризация" образа Саддама в прессе была... лишь одним из звеньев цепи, наблюдаемой в последние годы. Панамский "диктатор" Норьега, иранский "фанатик" Хомейни, ливийский "безумец" Каддафи — против всех них велась подобная кампания»[38].

Сравнение Саддама Хусейна с самой одиозной фигурой XX века многим казалось непонятным, даже абсурдным. На одном из этапов антисаддамовской кампании Буш, находившийся в пригороде Бостона, заявил, что Саддам даже хуже Гитлера, потому что использует заложников в качестве живого щита для военных объектов. Когда его спросили, как это может быть хуже холокоста, Буш ушел от ответа: «Я ничего не говорил о холокосте. То есть, я хочу сказать, холокост — это ужасно. Но я считаю, что зверство, совершенное над маленькими детьми на кувейтской территории, — это тоже ужасно. Мне говорили, что Гитлер не выставлял людей по периметру военных объектов и что он хотя бы уважал неприкосновенность посольств. Так что между ними есть определенная разница»[39].

Буш также объявил о том, что американские войска будут размещены в Саудовской Аравии. Он решил начать действовать до того, как саудовцы выработают собственное решение кризиса, опасаясь, что их инициатива может пошатнуть американское владычество над богатым нефтью регионом. Учитывая неприязнь саудовцев к кувейтской олигархии, «арабское решение» могло привести к усилению позиций Ирака[40].

Тем временем кувейтское руководство наняло крупнейшую в мире компанию по организации пропаганды, «Хилл энд Ноултон», для агитации за проведение военной операции. Директор вашингтонского отделения фирмы Крейг Фуллер был главой аппарата Буша в бытность того вице-президентом. Фуллер помог организовать крупнейшую кампанию по манипуляции американским общественным мнением, оплаченную иностранцами. 10 октября при поддержке комитета конгресса по правам человека были проведены слушания, на которых 15-летняя девочка свидетельствовала, что работала в одной из кувейтских больниц волонтером и была там, когда туда ворвались иракские солдаты. Она описывала происходившее: «Они достали младенцев из кувезов, кувезы забирали, а детей оставляли на холодном полу умирать». Буш постоянно цитировал эту историю, называя ее поводом к войне: «Сердце сжимается от рассказов людей, бежавших от зверств Саддама-завоевателя. Массовые повешения. Младенцы, вытащенные из кувезов и разбросанные по полу, как дрова». Позже выяснилось, что юная свидетельница не просто лгала о своей работе в больнице — она была дочерью кувейтского посла в США и членом семьи правящего эмира[41]. Но к тому времени, когда обман открылся, американцы уже бомбили Багдад.

29 ноября окончательная резолюция Совета Безопасности ООН разрешила использование «любых необходимых мер», которые позволят принудить Ирак к выводу войск из Кувейта. Голоса за резолюцию стоили недешево. Египту США списали более 14 миллиардов долларов долга, государствам Персидского залива — еще 6,7 миллиарда. Сирия получила 2 миллиарда от Западной Европы, Японии, Саудовской Аравии и ряда арабских государств. Советскому Союзу 1 миллиард долларов дала Саудовская Аравия, а США предложили гарантии по кредитам. За отказ от применения права вето Китаем США отменили статус персоны нон грата для министра иностранных дел КНР, который был объявлен таковым после событий на площади Тяньаньмэнь.

Йемен, который, как и Куба, проголосовал против, был жестоко наказан. Один из высших американских дипломатов сказал йеменскому послу: «Это был самый дорогой голос "против" в вашей истории»[42]. Через три дня США заморозили 70 миллионов долларов помощи, в которой Йемен отчаянно нуждался. Всемирный банк и МВФ начали давить на Йемен, а Саудовская Аравия депортировала 800 тысяч рабочих-йеменцев.

Понимая важность международной поддержки, США дали понять, что не уступят контроль над операцией ООН или кому-либо еще. Как объясняли в своих мемуарах Буш и Скаукрофт, «было важно достичь понимания в остальном мире, но еще важнее было удерживать рычаги управления в своих руках»[43].

Американское общественное мнение тоже резко разделилось. Одобрение действий Буша по разрешению кризиса за три месяца упало на 30%. Несмотря на риторику о благородстве побуждений США, трудно было представить деспотичных лидеров Саудовской Аравии и Кувейта в качестве образцов демократии. Ничуть не проще было и убедить всех, что на карту поставлены интересы США. В отличие от Западной Европы и Японии США очень мало зависели от кувейтской нефти. Иракская и кувейтская нефть, вместе взятые, занимали не более 9% американского импорта. А ведь ни европейцы, ни японцы не хотели воевать из-за Кувейта.

Столкнувшись с растущим недовольством, правительственные чиновники решили прибегнуть к другой стратегии, которая позволила бы как запугать американское общество, так и поколебать ООН. В конце ноября Чейни и Скаукрофт появились в воскресных ток-шоу и начали уверять всех в наличии ядерной угрозы со стороны Саддама. Чейни говорил об успехах Ирака в ядерной сфере и возможности того, что иракцы смогут создать «примитивное устройство» меньше чем за год. Скаукрофт сказал Дэвиду Бринкли, что Саддам сможет достичь своей цели в течение «месяцев». «Нужно понимать, — добавил он, — что вероятность применения ядерного оружия с его стороны выше, чем со стороны любого другого государства». Скаукрофт, вероятно, запамятовал, какая страна до этого сбрасывала на противника ядерные бомбы и много лет угрожала применить их снова. На случай, если ядерной угрозы будет недостаточно, Скаукрофт прибавил еще и терроризм. Когда его спросили, верны ли слухи, что «Саддам собрал у себя в стране кучу террористов, ждущих его приказа», Скаукрофт ответил: «Правда»[44].

Несмотря на заверения Чейни, что для применения силы одобрение конгресса не требуется, Буш все же решил поставить вопрос на голосование. Несмотря на антивоенные протесты на улицах, 12 января палата представителей одобрила резолюцию 250 голосами против 183. В сенате соотношение было 52:47.

К середине января число американских солдат в регионе уже достигло 560 тысяч. К концу войны оно увеличится до 700 тысяч. Основанием для отправки огромного контингента были заявления о том, что иракцев еще больше. Пауэлл называл цифру в полмиллиона, а Чейни и Шварцкопф называли цифры как минимум вдвое большие.

Совет Безопасности ООН одобрил резолюцию, в соответствии с которой иракцам на вывод войск давалось время до 15 января 1991 года. Если бы Саддам был умнее, он мог бы перехитрить американцев, желавших войны больше всех остальных. Репортер *New York Times* Джудит Миллер описала сценарий, который, по словам одного европейского дипломата, был бы для американцев «кошмаром»: вывод иракских войск позволяет Саддаму удержаться у власти и сохраняет в целости его арсенал, после чего он призывает к референдуму о будущем политическом устройстве Кувейта. Если это произойдет, американский план рухнет, а Саддам сможет удержаться. Саудовцам придется потребовать вывода всех иностранных войск со своей территории, поскольку их пребывание, согласно обещаниям Буша и короля Фахда, возможно, лишь пока страна находится под угрозой. Правящей в Кувейте семье Сабах придется либо уйти, либо отказаться от большей части своих полномочий. Планы США по организации долговременного военного присутствия в регионе потерпели бы фиаско[45].

Иракцы заплатили высокую цену за неспособность Саддама одержать дипломатическую победу, выскользнув из челюстей военного поражения. Операция «Буря в пустыне» началась 17 января 1991 года. США в течение пяти недель наносили по иракским объектам удар за ударом, используя новое высокотехнологичное оружие, включая крылатые ракеты, ракеты «Томагавк» и бомбы с лазерным наведением. Уничтожив иракские коммуникации и военную инфраструктуру, американцы и саудовцы атаковали потрепанные, деморализованные и уступавшие им в численности иракские войска в Кувейте, которые практически не оказали сопротивления. Американцы истребляли отступавших иракцев на дороге, которую впоследствии назовут «шоссе смерти». Использовали и новые боеприпасы из обедненного урана, радиоактивность и химическая токсичность которых будут еще много лет вызывать рак и приводить к уродствам новорожденных. В число жертв попадут и американские солдаты, которые будут страдать от того, что получит название «синдрома войны в Заливе». Однако значительная часть солдат иракской Республиканской гвардии сумела спастись, что позволило Саддаму удержаться у власти.

Буш и его советники решили не продолжать наступление на Багдад для свержения режима, понимая, что это усилит региональную гегемонию Ирана, врага арабских союзников США, а также поставит американцев перед необходимостью долгой и сложной оккупации. Чейни предупреждал: «Как только мы перейдем границу, мы вмешаемся в гражданскую войну, и именно нам придется решать весь клубок иракских проблем». В другой раз он развил свою мысль:

«Неясно, какое правительство [в Ираке] можно привести к власти вместо нынешнего. Будет ли это шиитский, суннитский или курдский режим? Будет ли он склонен к баасизму или же к исламскому фундаментализму? Насколько надежным будет правительство, сидящее на американских штыках? Долго ли американцам придется находиться в стране для защиты сторонников этого правительства и что произойдет после того, как мы уйдем?»[46]

Антивоенный митинг в январе 1991 года.

Колин Пауэлл был согласен с Чейни. США не хотели оккупировать Ирак, а в партии БААС* не было «демократа в стиле Джефферсона, который имел бы шанс взять власть в свои руки». Он говорил, что США лучше «не вмешиваться в месопотамский бардак»[47].

Вулфовиц и его коллега по Госдепартаменту Льюис Либби не соглашались с ним. Но Буш не принял их требований. «Попытки уничтожить Саддама... стоили бы огромных человеческих и политических жертв, — объяснял он позднее. — Мы были бы вынуждены оккупировать Багдад, то есть, по сути, управлять Ираком». А у США, добавлял он, «не было никакой стратегии вывода войск в такой ситуации»[48].

Американское руководство начало призывать иракцев поднять восстание и свергнуть Саддама. Массово на их призывы откликнулись шииты и курды. Но когда иракское правительство применило против восставших газы и тяжелые вертолеты, США отреагировали вяло. Все же

---

* БААС — партия арабского социалистического возрождения, находившаяся у власти в Ираке в 1968–2003 годах и в Сирии с 1963 года (принятое в русском языке сокращение для сирийской организации — ПАСВ).

Глава 12. Конец холодной войны

Слева направо: генерал Колин Пауэлл, генерал Норман Шварцкопф и Пол Вулфовиц слушают выступление Дика Чейни на пресс-конференции во время операции «Буря в пустыне». Отправка огромного американского контингента, насчитывавшего 700 тысяч человек, объяснялась тем, что иракцев еще больше.

война стала рекламой американской военной мощи. Буш провозгласил новый мировой порядок и заявил: «Призраки Вьетнама упокоились в песках Аравийской пустыни»[49]. Один из спичрайтеров Белого дома так запрограммировал свой текстовый редактор, чтобы можно было вводить словосочетание «новый мировой порядок» нажатием одной кнопки[50]. Среди людей, осудивших подобную «вспышку победного ликования», был консервативный обозреватель Джордж Уилл, написавший: «Если война, в которой США и "потемкинская" коалиция по большей части купленных союзников победили страну, чей ВВП не больше ВВП штата Кентукки, заставляет Америку так гордиться, то ей вообще нечем гордиться». Он отметил, «как близко Буш подошел к самовольному исправлению Конституции, ведя войну без санкции конгресса. Буш лишь нехотя... запросил положенного по Конституции одобрения начала крупнейшей в истории США военной операции — вторжения в страну, с которой мы даже не находились в состоянии

Операция «Буря в пустыне» началась 17 января 1991 года. Соединенные Штаты в течение пяти недель бомбили Ирак новым высокотехнологичным оружием. Уничтожив иракские коммуникации и военную инфраструктуру, американские и саудовские силы атаковали потрепанные, деморализованные и уступавшие им в численности иракские войска в Кувейте, которые практически им не сопротивлялись. Американцы истребляли отступавших иракцев на дороге, которую впоследствии назовут «шоссе смерти».

войны»[51]. За два месяца бомбардировок США уничтожили почти всю иракскую инфраструктуру: дороги, мосты, очистительные сооружения, водные пути, системы коммуникации, фабрики и линии электропередачи. Это привело к немыслимым бедствиям. В марте ООН назвала бомбардировку «почти апокалиптической» и заявила, что она ввергла Ирак в «доиндустриальную эпоху»[52]. Гарвардские исследователи заявили о «катастрофе в сфере здравоохранения»[53]. Санкции ООН ухудшали и без того плачевную ситуацию, сократив реальные доходы населения более чем на 90%. И хотя оценки сильно варьировались, надежные источники заявляют, что в результате войны и ее последствий погибло более 200 тысяч иракцев, из которых почти половина — мирные жители. Потери американцев составили 158 человек убитыми.

«Господи, мы избавились от вьетнамского синдрома раз и навсегда!» — ликовал Буш. Но в неофициальных разговорах он был сдержаннее. Когда война закончилась, он записал в дневнике, что «не ощущает эйфории». «Это не было окончанием войны в прямом смысле слова», — признал он.

Глава 12. Конец холодной войны

«Не было капитуляции на борту линкора «Миссури»*. Именно это отличает войну в Заливе от Второй мировой, а Кувейт от Кореи и Вьетнама»[54]. А учитывая, что Саддам остался у власти, победа выглядела неполной, лишенной смысла.

У Горбачева же было еще меньше причин для радости. 18 августа 1991 года, всего через несколько дней после подписания договора СНВ-1, когда Горбачев готовился предоставить республикам больше самостоятельности, коммунистические «ястребы» поместили его под домашний арест. Президент РСФСР Борис Ельцин возглавил народные выступления, главным требованием которых было возвращение Горбачева к власти. Но дни Горбачева были сочтены. И он решил использовать оставшееся время для того, чтобы достичь своих целей в сфере контроля над вооружениями. СНВ-1 ограничивал обе стороны до 6 тысяч стратегических боеголовок и 1600 систем доставки. Горбачев также призывал к уничтожению 45 тысяч тактических зарядов малой мощности, большую часть которых США и СССР разместили в Европе. Хотя эти заряды были не такими опасными, как стратегические, мощность некоторых из них все же достигала мегатонны, что равнялось почти 70 бомбам, сброшенным на Хиросиму. Председатель КНШ генерал Колин Пауэлл провел исследование, результатом которого стала рекомендация по уничтожению тактического ядерного оружия, но она была отвергнута Пентагоном. «Доклад дошел до политического отдела Пентагона, прибежища "ястребов" эпохи Рейгана, возглавляемых Полом Вулфовицем, и те его просто растоптали», — писал Пауэлл в своих мемуарах. В число растоптавших документ входил и Чейни[55]. Но, несмотря на подобные рецидивы, обе стороны сделали значительные односторонние сокращения арсеналов, что уменьшило, хотя и не исключило, угрозу ядерного уничтожения.

На Рождество Горбачев, утративший всякую поддержку, ушел в отставку. СССР перестал существовать. Холодная война завершилась. Наиболее романтичный и стремящийся к переменам лидер XX века отрекся от власти. Даже в США некоторые оценили важность его вклада. Джеймс Бейкер сказал ему в сентябре 1990 года: «Господин президент... никто в мире никогда не пытался сделать того, что вы и ваши сторонники пытаетесь сделать сегодня... Я видел многое, но никогда не сталкивался с политиком, который обладал бы вашей храбростью и мужеством»[56].

---

* В 1945 году на борту линкора «Миссури» был подписан Акт о капитуляции Японии.

Буш и Горбачев подписывают договор СНВ-1 в Кремле. СНВ-1 ограничивал обе стороны 6 тысячами стратегических боеголовок и 1600 системами доставки. Горбачев также призывал к уничтожению тактического оружия — шагу, который поддерживал и председатель КНШ Колин Пауэлл. Но рекомендации Пауэлла были отвергнуты Пентагоном. Несмотря на подобные рецидивы, обе стороны сделали значительные односторонние сокращения арсеналов, что уменьшило, хотя и не исключило, угрозу ядерного уничтожения.

Дорогостоящая и опасная холодная война закончилась, и в мире создалось нечто вроде порядка и стабильности. Что дальше? Вернутся ли мир и спокойствие? США осуждали общественно-политическое развитие СССР на протяжении последних 46 лет. В действительности же СССР весьма редко навязывал союзникам свою волю. Что теперь произойдет с огромным военно-промышленным комплексом и разведывательным сообществом, созданными в США для отражения непомерно раздутой советской угрозы? Как теперь «ястребы» смогут оправдывать колоссальный военный бюджет, годами направлявший средства, необходимые для развития страны, на создание дорогостоящего оружия и увеличение и без того баснословных доходов военных промышленников? К чему приведет обещание Горбачева сократить некогда могучий советский ядерный арсенал до уровня меньше 5 тысяч боеголовок?

Ответ не заставил себя ждать. В 1992 году Вулфовиц возглавил работу над созданием нового «Руководства по оборонному планированию», в котором прогнозировались будущие угрозы интересам США. В раннем проекте этого документа содержался пункт, в соответствии с которым США не должны были допускать возникновения какого бы то ни было противника, который угрожал бы американской мировой гегемонии, а также план односторонних превентивных мер против государств, стремящихся создать оружие массового поражения (ОМП). Вариант описывал несколько возможных сценариев войны и предупреждал, что США должны готовиться к конфликтам с Северной Кореей и Ираком, одновременно препятствуя вторжению России в Европу. *New York Times* сообщала, что в этом секретном документе «содержались данные, указывающие, что численность личного состава и количество техники в армии будут доведены до таких масштабов, что к середине 1990-х годов снижение военных расходов прекратится, а возможно, они даже снова станут расти»[57].

План вызвал шквал критики как в США, так и за пределами страны. Это «Пакс американа, — обвинял сенатор Джозеф Байден, — архаичное видение США в роли мирового жандарма». Сенатор Роберт Берд назвал стратегию Пентагона «близорукой, поверхностной и разочаровывающей». Суть ее заключается в следующем: «Нам нравится быть единственной сверхдержавой в мире, и мы так хотим ею остаться, что готовы в угоду этому поставить под угрозу здоровье нашей экономики и благополучие наших граждан». Будущий кандидат в президенты Пэт Бьюкенен назвал это «формулой участия Америки в бесконечных стычках и войнах, в которых страна не будет иметь хоть сколь-нибудь важных интересов». *New York Times* назвала доктрину «битьем себя в грудь». Пентагон пошел на попятную так быстро, что сам запутался в собственной лжи. Пресс-секретарь Министерства обороны заявил, что Вулфовиц «в глаза не видел» им же разработанного документа. «Не видел» его и Чейни, который сам ранее признавался, что согласен с положениями этой доктрины[58].

Рейтинг Буша, достигший в конце войны в Персидском заливе 91%, не позволил лидерам демократов разглядеть его уязвимость на выборах. Это открыло дорогу губернатору штата Арканзас Биллу Клинтону. Клинтон, возглавлявший центристский совет активистов Демократической партии, рекламировал себя как «нового демократа» — компромиссную фигуру между либералами и консерваторами. Он пообещал создать в стране комфортный деловой климат, который позволит уменьшить дефицит, снизить налоги на средний класс, укрепить армию и «изменить само понимание слова "благополучие"». Благодаря тому что 19% голосов избирателей оттянул на себя Росс Перо, Клинтон смог нанести Бушу поражение.

Эйфория демократов по поводу взятия Белого дома длилась недолго. Республиканцы нанесли Клинтону удар уже на старте, заблокировав его предложение об открытом допуске геев в вооруженные силы, но гораздо более серьезным ударом был провал его попытки реорганизовать систему здравоохранения. Республиканцы и их союзники в предпринимательских кругах потратили 50 миллионов долларов на запугивание американцев, дабы те высказались против предоставления медицинской страховки десяткам миллионов граждан. Ричард Арми, руководитель республиканской фракции в палате представителей, подготовился к тому, что сам назвал «важнейшими внутриполитическими дебатами за последние полвека... Арденнской битвой против правящих либералов». Арми полагал, что «провал плана Клинтона... будет ослаблять его на протяжении всего президентского срока... деморализует его сторонников и усилит оппозицию. Наши ориентированные на рынок идеи разом перестанут быть табу, и не только в сфере здравоохранения, а в целом ряде вопросов... Историки могут даже назвать это... республиканским Возрождением»[59].

Промежуточные выборы в конгресс в 1994 году в первый раз за 40 лет дали республиканцам контроль над его обеими палатами. Политический вектор обеих партий продолжал смещаться вправо. Поддавшись давлению консерваторов, Клинтон отменил программу помощи семьям, имеющим несовершеннолетних детей, в рамках которой бедняки получили бы поддержку впервые со времен Великой депрессии, и поддержал ужесточение законодательства в сфере оборота наркотиков и многих других областях. Количество заключенных в американских тюрьмах возросло с полумиллиона в 1980 году до 2 миллионов в 2000-м. 45 % из них были чернокожими, 15 — выходцами из Латинской Америки.

Постсоветская Россия тоже повернула вправо. Ельцин обратился к гарвардскому экономисту Джеффри Саксу и другим специалистам университета, получающим деньги от правительства США, за помощью в проведении приватизации экономики. Сакс был советником во время перехода Польши от социализма к капитализму. Результатом его усилий там стало удвоение числа бедняков за два года, а к 2003 году, по некоторым оценкам, за чертой бедности оказалось более половины поляков. Сакс и компания вдохновили первого вице-премьера Егора Гайдара и вице-премьера Анатолия Чубайса на проведение в России еще более интенсивной «шоковой терапии», чем в Польше. Горбачев сопротивлялся подобным требованиям со стороны «Большой семерки», МВФ и МБРР. Другим ключевым игроком был заместитель министра финансов США Лоуренс Саммерс. Как главный экономист Всемирного банка, он совсем недавно произвел фурор, подписав предположительно шутливый меморандум, в котором говорилось: «Есть неоспоримая экономическая

Глава 12. Конец холодной войны

логика в том, чтобы вывозить токсичные отходы в беднейшие страны». Была в меморандуме и приписка: «Я всегда считал, что малонаселенные страны Африки слишком слабо загрязнены». Министр экологии Бразилии сказал Саммерсу: «Ваши рассуждения очень логичны, но совершенно безумны... Они являются живым примером невообразимого безразличия... социальной жестокости... самодовольного невежества многих консервативных "экономистов"»[60].

Заигрывание России с клановым капитализмом оказалось безумием. Еще до того как русский народ понял, какой удар он получил, Ельцин отменил регуляторные механизмы экономики, приватизировал государственные предприятия, ликвидировал совершенно необходимые субсидии и контроль над ценами, а также создал частные монополии. Западная помощь и списание долгов, обещанные Саксом, так никогда и не осуществились. Сакс позже обвинял Чейни и Вулфовица в стремлении «получить долговременное военное превосходство над Россией»[61]. Во времена правления в США Клинтона условия ухудшились. В рамках того, что русские назвали «прихватизацией», предприятия и ресурсы страны были по бросовым ценам распроданы частным инвесторам, в число которых входили и бывшие работники аппарата КПСС, в одночасье ставшие мультимиллионерами.

На народное недовольство его политикой Ельцин ответил роспуском парламента, приостановкой действия Конституции и диктаторским правлением оставшуюся часть десятилетия. Главный экономист по России Всемирного банка сказал в интервью *Wall Street Journal*, что он «в жизни не видел ничего более смехотворного»[62].

Русский народ не разделял его веселья. Экономика России рухнула. Гиперинфляция уничтожила все сбережения. Десятки миллионов людей остались без работы. Продолжительность жизни мужчин упала с 66 до 57 лет. К 1998 году более 80 % российских фермерских хозяйств обанкротились. ВВП страны упал почти вдвое. Экономика России уменьшилась до размеров голландской. В 2000 году объем капитальных вложений упал почти вдвое по сравнению с 1990-м. Половина русских зарабатывала меньше 35 долларов в месяц, то есть официально находилась за чертой бедности, а многие получали и того меньше. Россия быстро становилась страной третьего мира. Русские горько шутили: они думали, что коммунисты врали им о социализме и капитализме, а оказалось, что врали только о социализме.

Саксономика привела к аналогичным чудесам и в бывших советских республиках, где число людей, живущих за чертой бедности, подскочило с 14 миллионов в 1989 году до 147 миллионов — и это еще до дефолта 1998 года. Известный писатель Александр Солженицын, вернувшийся в Россию после 20-летнего изгнания, так описывал ситуацию в 2000-м:

«Результатом эпохи Ельцина стало крушение всех важнейших составных нашего государства. Экономика, культура и мораль либо уничтожены, либо разграблены. Мы буквально живем среди развалин, но мы требуем нормальной жизни... масштабные реформы... проведенные в нашей стране... были ложными реформами, потому что ввергли в бедность более половины населения... Продолжим ли мы грабить и разрушать Россию до тех пор, пока от нее ничего не останется?.. Упаси нас Бог от продолжения таких реформ»[63].

Общественное недовольство Ельциным еще больше подогрело антиамериканские настроения. Русских возмущали действия США в богатом ресурсами регионе Каспийского бассейна, а также вхождение в НАТО Венгрии, Польши и Чехии — шаг, который 92-летний Джордж Кеннан назвал «огромной стратегической и исторической ошибкой». Русские осудили возглавленную США натовскую бомбардировку их братьев-славян в Югославии в 1999 году. Один из опросов сообщил, что 96 % русских считают бомбардировку преступлением против человечества. В 2000 году 81 % считал политику США антироссийской — большинство опрошенных ответили, что США пытаются возвести «новый железный занавес» вдоль границ России[64]. Из-за подрыва экономики Россия стала в первую очередь полагаться на ядерный арсенал как последнюю линию обороны, расширив обстоятельства, в которых может быть применено ядерное оружие, и начав модернизацию арсенала.

Стали происходить опасные инциденты. В 1995 году операторы старых советских радаров приняли норвежскую ракету за баллистическую. Ельцин впервые активировал свой ядерный чемоданчик. Он и его главные советники обсуждали, стоит ли наносить ядерный контрудар по США, когда девять российских спутников раннего предупреждения подтвердили, что страна не подверглась нападению, и в результате кризис закончился. К 2000 году в рабочем состоянии оставались лишь два этих спутника, в результате чего Россия на большую часть суток осталась без своего «космического глаза».

Опросы показали, что русские предпочитают демократии порядок. Росло число людей, тосковавших по «старым добрым временам» Сталина. И хотя Клинтон восхвалял Ельцина как «архитектора демократии», русский народ осуждал его за незаконный роспуск и вооруженный штурм избранного парламента, развязывание кровопролитной войны в стремящейся отделиться Чечне и развал экономики. Горбачев назвал Ельцина лжецом, имевшим больше привилегий, чем русские цари[65]. В соответствии с опросами уровень популярности Ельцина опустился ниже 10 %. 31 декабря 1999 года Ельцин ушел в отставку. Его место занял бывший офицер КГБ Владимир Путин.

Как только лишившееся поддержки русских правительство Афганистана пало в 1992 году, США потеряли к этой далекой, бесплодной земле всякий интерес. Средняя продолжительность жизни там составляла 46 лет. Снова вспыхнула резня — на этот раз между различными исламистскими и национальными группировками. Одна из них в основном состояла из афганских беженцев, вербовавшихся в медресе — спонсируемых Саудовской Аравией религиозных школах на территории Пакистана. Эти религиозные студенты-фанатики — талибы [«ученики»] — и сформировали Талибан. Не последнюю роль в его создании сыграла пакистанская разведка. Многие талибы до этого проходили военную подготовку в лагерях, финансируемых ЦРУ. Большинство из них учились по учебникам, созданным центром по изучению Афганистана при Университете штата Небраска в рамках финансировавшегося правительством США проекта, на который Агентство помощи зарубежным странам в 1984–1994 годах выделило 51 миллион долларов. Опубликованная на дари и пушту, двух основных языках Афганистана, книга была призвана подогреть исламский фанатизм и усилить сопротивление советскому агрессору. Каждая ее страница была наполнена воинственной исламской риторикой и жестокими рисунками. Дети учились считать, используя изображения ракет, танков, противопехотных мин, «калашниковых» и убитых советских солдат. Один из ведущих афганских педагогов говорил: «Эти рисунки... производят ужасный эффект на школьников, но тексты еще хуже». На одном из рисунков, к примеру, был изображен солдат с патронташем и АК. Ниже был стих из Корана. Еще ниже — слова о моджахеде, который во славу Аллаха с радостью пожертвует всем ради установления в стране законов шариата. Школьники учились читать по историям о джихаде. Когда в 1996 году талибы захватили Кабул, они стали использовать все те же жестокие тексты о джихаде, лишь убрав изображения людей, которые в исламе считаются святотатством[66]. В каком-то смысле девочкам даже повезло, что им полностью запретили ходить в школы: они не читали этих омерзительных текстов. Талибан установил в Афганистане самые жестокие законы шариата, запретив любые изображения и введя такие

Президент Клинтон и российский лидер Борис Ельцин смеются во время пресс-конференции в доме Рузвельта в нью-йоркском Гайд-парке. Октябрь 1995 года. Хотя Клинтон восхвалял Ельцина как «архитектора демократии», русский народ осуждал его за незаконный роспуск и вооруженный штурм избранного парламента, кровопролитие в Чечне и развал экономики. Горбачев назвал Ельцина лжецом, имевшим больше привилегий, чем русские цари.

наказания, как публичное отсечение конечностей, порки и казни. Женщины утратили все права, включая право работать и появляться на улице без сопровождения мужчин.

Все в том же 1996 году к талибам присоединился молодой саудовец по имени Усама бен Ладен. Он вернулся в качестве главы «Аль-Каиды» [«основа», «фундамент», «принцип» — *араб.*], экстремистской организации, поставившей себе целью изгнание США и их союзников из исламского мира и создание нового халифата. Бен Ладен входил в подпольную сеть ЦРУ, имея задачу вербовать и обучать иностранных боевиков, стекавшихся в Афганистан для борьбы с «неверными» Советами. Финансирование в основном шло от саудовской королевской семьи, стремившейся распространить свою радикальную ваххабитскую форму ислама. Отец бен Ладена был одним из богатейших людей Саудовской Аравии. Больше всего бен Ладен осуждал присутствие американской «армии неверных» в Саудовской Аравии, самом священном для мусульман месте, и поддержку американцами Израиля. Открыто поклявшись уничтожить американских союзников в Саудовской Аравии, Иордании, Египте и Палестине, свою первую фетву [*послание по религиозным вопросам*] он выпустил

Глава 12. Конец холодной войны

в 1992 году. В ней содержался призыв начать джихад против оккупации Западом земель ислама.

Бен Ладен и его сторонники приступили к осуществлению своих угроз. В 1995 году бомба, взорванная на американской военной базе в Эр-Рияде, убила пятерых американских летчиков и ранила еще 34. В июне в аравийском городе Эль-Хубаре нашпигованный взрывчаткой грузовик врезался в жилой комплекс. Взрыв унес жизни 19 американских солдат и ранил 372. Имевшее близкие связи с семьей бен Ладен саудовское правительство возложило всю вину на местных шиитов, обвинив их в сотрудничестве с Ираном. Директор ФБР Луис Фрее несколько раз встречался с саудовским послом принцем Бандаром бен Султаном, убедившим его в правильности иранского следа. Публично бен Ладен отрицал причастность своей организации, но владельцу одной из палестинских газет сказал, что за взрывами стоит именно «Аль-Каида». Расследование, проводившееся в отношении бен Ладена ФБР и ЦРУ, зашло в тупик.

Но взрывы в Аравии, как и совершенный в том же году теракт в Оклахома-Сити, когда американские правые радикалы взорвали здание федеральных учреждений, и атака с использованием зарина в токийском метро, организованная сектой «Аум синрике», привлекли внимание некоторых американских чиновников. В январе 1996 года антитеррористический центр ЦРУ открыл новый отдел. Его единственной задачей было нахождение Усамы бен Ладена, создававшего все новые лагеря подготовки террористов в Афганистане.

Правительство Клинтона вряд ли осознавало весь масштаб угрозы со стороны «Аль-Каиды», зато его интересовали инвестиционные возможности в регионе. Клинтон изо всех сил проталкивал строительство трубопроводов для доставки нефти и газа из бывших советских республик Средней Азии в обход Ирана и России. По разным оценкам, общая стоимость среднеазиатских запасов нефти и газа составляет от 3 до 6 триллионов долларов. Клинтон поддерживал усилия компании Unocal по постройке трубопровода стоимостью в 2 миллиарда долларов для доставки туркменского газа в Пакистан и Индию. «Если затея Unocal окажется удачной, — отмечал один из чиновников Госдепа, — наше влияние укрепится, позиции русских ослабнут, а Иран мы сможем и вовсе лишить доходов»[67]. Рассчитывая на то, что талибы стабилизируют разрываемый войной Афганистан, Unocal приветствовала захват ими Кабула. «Это было очень позитивное событие», — сказал исполнительный вице-президент Unocal. Неоконсерватор Залмай Халилзад, консультант Unocal, работавший в Госдепартаменте при Вулфовице и в Пентагоне при

Оливер Стоун и Питер Кузник

Страница из учебника на языке дари, созданного Центром по изучению Афганистана при Университете штата Небраска. Текст на странице переводится: «Джихад — это война, в которой мусульманин сражается во имя Аллаха и ради освобождения мусульман и мусульманских земель от врагов ислама. В случае чужеземного вторжения джихад является обязанностью любого мусульманина». Многие из афганских талибов учились именно по таким учебникам, на разработку которых США в 1984–1994 годах потратило 51 миллион долларов.

Чейни, с ним согласился. Пакистанский журналист Ахмед Рашид объяснял, что некоторые американские дипломаты «считали талибов чем-то вроде исламского варианта христиан-евангелистов из американского Библейского пояса»*⁶⁸.

Unocal была готова на все, лишь бы получить добро на строительство трубопровода. Она задействовала центр по изучению Афганистана при Университете штата Небраска для создания нужного имиджа и подготовки сотрудников. Центр должен был обучить их 14 базовым навыкам, как минимум девять из которых пригодились бы непосредственно при строительстве трубопровода. Для этого центру нужно было иметь хорошие отношения с обеими враждующими сторонами в Афганистане: Северным альянсом и Талибаном. Газета *Omaha World-Herald* сообщала, что Северный альянс «обвиняется американским Госдепартаментом, ООН и правозащитными группами в терроризме, изнасилованиях, похищениях женщин и детей, пытках пленников и массовых убийствах всех без разбору в районах боевых действий». В общем, по большинству стандартов они были хорошими парнями. Талибан, контролировавший около 75 % территории страны, включая участки, по которым должен был пройти трубопровод, обвинялся *Amnesty International* в «дискриминации

---

* Библейский пояс — условное обозначение религиозно-культурного региона, включающего штаты Флорида, Алабама, Теннесси, Кентукки, Джорджия, Северная и Южная Каролина, Вирджиния, Техас, Арканзас, Луизиана, Оклахома, Миссури, Канзас и Миссисипи.

по признаку пола» и попустительстве производству более половины мировых объемов опиума. В ответ на вопросы о том, по какой причине, кроме значительных платежей со стороны Unocal, академическое учреждение согласилось играть подобную роль, директор центра Томас Гутьерре ответил: «Я не считаю частные корпорации злом». Злом не считал он и талибов, которых назвал «людьми того же типа, что Уильям Дженнингс Брайан. Они популисты... Они не ущемляют чьих бы то ни было свобод»[69].

Жертвы организованных «Аль-Каидой» взрывов американских посольств в кенийской столице Найроби и танзанийской — Дар-эс-Саламе, вероятно, не разделяли такое мнение о Талибане и его гостях. Бомбы взорвались с разницей в 10 минут, унеся жизни более 200 человек. Через два года «Аль-Каида» нанесла новый удар, направив террориста-смертника на американский эсминец «Коул». Клинтон дал разрешение на уничтожение бен Ладена и его базы в Афганистане. После взрывов Unocal отказалась от сделки по трубопроводу, но были другие, кого интересовал этот проект. Компания *Enron*, главный исполнительный директор которой Кен Лэй был основным спонсором Джорджа Буша-младшего, мечтала о строительстве трубопровода, который обеспечил бы поставки дешевого газа для ее электростанции в индийском городе Дабул. Став главным исполнительным директором фирмы *Halliburton*, Дик Чейни положил глаз на нефтепромыслы. На встрече исполнительных директоров нефтяной индустрии в 1998 году он сказал: «Я не знаю другого региона, который за столь короткий срок стал бы таким стратегически важным, как Каспий»[70].

И хотя ни одно враждебное государство не угрожало США непосредственно, правительство Клинтона похоронило обещанный мир под новым валом расходов на оборону. В январе 2000 года на пятилетний оборонный план Пентагона были выделены дополнительные 115 миллиардов долларов, доведя общую сумму до 1,6 триллиона и доказав, что демократы помешаны на обороне еще сильнее, чем их противники-республиканцы. Правительство продолжало закачивать деньги в ПРО — несмотря на предупреждения специалистов, что эта дорогостоящая система никогда не будет функционировать, как запланировано, зато подтвердит опасения противников и союзников относительно того, что США стремятся получить опасную возможность нанесения первого удара. Клинтон также отказался подписать в Оттаве договор по противопехотным минам и положил начало увеличению продаж американского оружия, возросших с 29% мирового рынка в 1987 году до 58% в 1997-м. Львиная доля оружия продавалась странам, в которых систематически нарушались права человека.

Самое серьезное давление относительно увеличения расходов на оборону наблюдалось со стороны узколобых консерваторов, возглавляемых Уильямом Кристолом и Робертом Киганом, которые в 1977 году создали проект «Новый американский век» (ПНАВ). Проект восходил к мечтам Генри Люса об абсолютной гегемонии США во всем мире. В заявлении о создании группы содержалось осуждение Клинтона за то, что при нем США сошли с верного пути, и содержался призыв вернуться к «рейгановской политике военной мощи и моральной чистоты». Основатели группы заявляли, что они являются прямыми наследниками бункера Джексона, команды «В» и КСУ с некоторыми незначительными изменениями в доктрине. Их доктрина также отдаленно напоминала идеи Трехсторонней комиссии Картера. В число основателей входили Эллиот Абрамс, Уильям Беннетт, Джеб Буш, Дик Чейни, Элиот Коэн, Мидж Дектер, бизнесмен Стив Форбс, Фрэнсис Фукуяма, Фрэнк Гэффни, Фред Айкл, историк Дональд Каган, Залмай Халилзад, Льюис Либби, Норман Подгорец, бывший вице-президент США Дэн Куэйл, Генри Роуэн, Дональд Рамсфелд и Пол Вулфовиц [71]. Они и другие члены и сторонники организации, среди которых были Ричард Перл, Кеннет Эдельман, Ричард Аллен, Ричард Эрмитейдж, Джон Болтон, Джин Киркпатрик, Чарльз Краутхаммер, Дэниэл Пайпс и бывший директор ЦРУ Джеймс Вулси, будут обладать столь же безраздельной политической властью во время правления администрации Джорджа Буша-младшего, как члены Трехсторонней комиссии во времена Картера. Но последствия их правления станут для человечества гораздо более катастрофическими, чем ошибки Бжезинского, задававшего тон в правительстве Картера[72].

Члены ПНАВ изложили свою программу в серии докладов, писем и заявлений. Они требовали увеличения расходов на оборону, установления полного господства США в космосе и развертывания систем ПРО быстрого реагирования. Они настаивали на том, что Соединенные Штаты должны быть способны «сражаться и одерживать решительную победу одновременно на нескольких театрах военных действий» и контролировать «критические регионы», в особенности богатый нефтью Ближний Восток. Первым вопросом на повестке дня для них стояло свержение Саддама Хусейна и установление нового режима во главе с Ахмедом Чалаби и его Иракским национальным конгрессом. В январе 1998 года члены ПНАВ призвали Клинтона начать односторонние военные действия в обход Совета Безопасности ООН. Но Саддам так и не дал им предлога для начала войны.

Со времен войны в Заливе инспекторы ООН наблюдали за процессом ликвидации иракского оружия массового поражения. Введенные

Глава 12. Конец холодной войны

американцами и англичанами зоны, в которых было запрещено появляться иракским военным самолетам, и жесткие санкции ООН привели к бедствиям невероятного масштаба. В интервью с госсекретарем Мадлен Олбрайт Лесли Стал спросила: «Мы слышали, что умерло более полумиллиона детей... даже в Хиросиме погибло меньше. Это того стоило?» Олбрайт ответила: «Думаю, это был очень сложный выбор, но цена... Мы думаем, дело того стоило».

Эксперты до сих пор спорят, сколько иракских детей погибло в результате санкций. В декабре 1995 года два исследования, проведенные ООН, были опубликованы в английском медицинском журнале *Lancet*. В них заявлялось о 567 тысячах погибших детей, хотя впоследствии журнал уменьшил эту цифру. В 2003 году британский премьер-министр Тони Блэр на совместной с Джорджем Бушем пресс-конференции заявил: «За прошедшие пять лет 400 тысяч иракских детей в возрасте до пяти лет умерли от недоедания и болезней». Это использовали как предлог для вторжения, которое унесло еще десятки тысяч жизней[73].

И хотя Клинтон сопротивлялся идее вторжения, именно он со своим госсекретарем создал основу для риторики Буша и Чейни. Олбрайт предупреждала: «Ирак далеко, но тамошние события имеют чрезвычайную важность. Риск того, что лидеры этого государства-изгоя используют ядерное, химическое или биологическое оружие, является самой серьезной угрозой нашей безопасности и безопасности наших союзников в истории»[74]. В другой раз Олбрайт даже хватило наглости заявить следующее: «Если мы должны использовать силу, мы сделаем это потому, что мы — Америка. Мы — государство, без которого не сможет существовать мир. Мы стоим выше и видим дальше, чем другие страны»[75].

А вот с видением прошлого и у Олбрайт, и у Клинтона были сложности. В конце октября 1998 года Клинтон подписал Закон об освобождении Ирака, который гласил: «Политика США должна состоять в поддержке усилий по отстранению от власти в Ираке режима, возглавляемого Саддамом Хусейном, и помощи в установлении вместо него демократической власти»[76]. Саддам немедленно приостановил деятельность инспекторов ООН, но в середине ноября, под угрозой войны, отменил свое решение.

«Ястребиный» подход Олбрайт раздражал более здравомыслящих членов правительства. Во время одной из дискуссий Олбрайт спросила: «Зачем иметь такую огромную армию, если вы постоянно говорите, что ее нельзя использовать?» Пауэлл вспоминал: «Я думал, со мной случится удар. Американские солдаты — не игрушечные солдатики, которых можно просто двигать по всемирной доске»[77].

Выборы 2000 года стали самыми скандальными в истории США. Джордж Буш-младший победил Джона Маккейна на безобразных республиканских праймериз, ставших репетицией тактики, которую он использует на всеобщих выборах. Буш излучал ярый консерватизм и атаковал Маккейна с правого фланга. Он взывал к неоконфедератам, дремучим расистам, желавшим, чтобы флаг мятежников-южан снова взвился над Капитолием Южной Каролины. Он выступил в Университете им. Боба Джонса, прославившемся запретом свиданий между студентами разных рас. Но самым знаменательным было то, что Карл Роув и «мозговой трест» Буша начали спекуляции о том, что «кандидат от старых пердунов» Маккейн дал свою фамилию темнокожей внебрачной дочери своей жены Синди, а сама Синди была наркоманкой. Маккейн ответил: «Политическая тактика раздоров и клеветы идет вразрез с нашими ценностями… те, кто пользуется ими во имя религии, во имя Республиканской партии или во имя Америки, позорят нашу веру, нашу партию и нашу страну»[78]. Маккейн был прав во всем, кроме того, что подобная тактика идет вразрез с линией партии, стремительно сдвигавшейся вправо.

В качестве кандидата в вице-президенты Буш выбрал Дика Чейни, который по чистой случайности оказался ответственным за проверку благонадежности потенциальных кандидатов. Республиканцы надеялись, что Чейни, ветеран правительства при нескольких президентах и депутат палаты представителей шести созывов, придаст вес списку, возглавляемому бывшим губернатором Техаса, мало кем воспринимавшимся всерьез из-за его неопытности. Чейни нажил состояние за время своей недолгой работы главным исполнительным директором *Halliburton* — должности, которую он покинул в 2000 году, получив 34 миллиона долларов отступного. В 1998 году он организовал слияние *Halliburton* с *Dresser Industries*, создав, таким образом, крупнейшую в мире компанию по оказанию услуг в сфере нефтедобычи. *Halliburton* имела крупные оборонные контракты, осуществляемые через дочернюю компанию *Brown & Root*. Буш и Чейни боролись на выборах с вице-президентом Клинтона Элом Гором и сенатором Джо Либерманом. Гонка осложнялась тем, что в ней также принимали участие реформист Ральф Надер и консерватор Пэт Бьюкенен.

Перед выборами опросы показывали, что два основных кандидата идут голова в голову. Советники Буша побаивались, что их кандидат выиграет общенародное голосование, но проиграет в коллегии выборщиков. Они готовили план народных волнений, которые должны были начаться после того, как Гора обвинят в использовании допотопной системы выборщиков, для того чтобы воспрепятствовать волеизъявлению народа.

Глава 12. Конец холодной войны

Кандидаты действительно вышли на финишную прямую голова в голову. По итогам голосования избирателей Гор победил с перевесом в 544 тысячи голосов. Победа же во Флориде должна была дать ему перевес и в коллегии выборщиков. Большинство избирателей штата действительно собирались отдать свои голоса Гору. Но неудобные «бюллетени-бабочки» привели к тому, что многие пожилые избиратели-евреи в Уэст-Палм-Бич по ошибке проголосовали за Бьюкенена, которого нередко обвиняли в антисемитизме и которого данная категория избирателей особенно презирала. А безнадежно устаревшие счетные машины в бедных районах штата, где поддержка демократов была особенно высока, привели к тому, что чиновники забраковали 180 тысяч бюллетеней либо по причине невозможности четко определить, за кого отдан голос, либо потому, что он был засчитан сразу нескольким кандидатам. Но больше всего беспокоил тот факт, что десятки тысяч поддерживавших Гора афроамериканцев были вычеркнуты из списков избирателей. В избирательном праве им отказали чиновники-республиканцы, возглавляемые сопредседателем флоридского штаба Буша — государственного секретаря штата Кэтрин Харрис — под надуманным предлогом, что они были ранее судимы по уголовным статьям. В итоге лишились права голоса более 10 % афроамериканцев, в то время как среди белых сторонников республиканцев таковых было лишь 2 %. Если бы цифры были равными, то во Флориде проголосовало бы более 50 тысяч афроамериканцев, что позволило бы Гору получить решительный перевес и обеспечило бы ему победу. Но из-за нарушений и 97 тысяч голосов, оттянутых на себя Надером, Буш победил с микроскопическим преимуществом — меньше 1 тысячи голосов из общего числа в 6 миллионов. В случае признания этих данных Буш побеждал в коллегии выборщиков, получив 271 голос против 266 у Гора.

Победу у Гора украли. Губернатором Флориды был младший брат Буша — Джеб Буш. Яростная сторонница Буша Кэтрин Харрис отвечала за подсчет голосов. Частичный пересчет уменьшил преимущество Буша до 600 голосов. Опасаясь, что полный пересчет голосов в штате, которого требовал Гор, пустит его на дно, Буш задействовал семейного консильере* Джеймса Бейкера, который возглавлял когда-то избирательный штаб его отца, чтобы тот использовал любые судебные ухищрения, позволяющие заблокировать пересчет. В кампании Буша также были задействованы несколько членов конгресса, служащие

---

* Консильере — «советник» (*ит.*): название «семейного» адвоката в мафиозных кланах.

аппарата конгресса и адвокаты. Для проведения «операции» многие из них прилетали во Флориду на частных самолетах, взятых напрокат у компании Enron, принадлежащей другу Буша «Малышу Кенни» Лэю, а также у друзей Чейни из Halliburton.

Возглавлял «операцию» организатор фракции республиканского большинства в палате представителей Том Делэй. Примерно 750 активистов-республиканцев прибыли в три преимущественно демократических графства, рассматривавшие возможность пересчета голосов. На шумных митингах они изображали из себя местных жителей, возмущенных тем, что Гор хочет «украсть» победу у Буша. Им вторили республиканские СМИ. 22 ноября целая шайка республиканцев, усиленных кубинскими эмигрантами, физически воспрепятствовала комиссии пересчитать почти 11 тысяч спорных бюллетеней в округе Майами-Дейд. *Wall Street Journal* назвала это «протестом с распахнутыми ногами дверьми и едва не выбитыми окнами». Во главе банды из 50 человек, в число которых входили члены команды Делэя и сенатора Трента Лотта, стоял нью-йоркский конгрессмен Джон Суини, напугавший всех своими воплями: «Прекратить!», «Бандиты!», «Жулики!». К членам комиссии применили физическую силу, а наблюдателя Дэвида Лэхи даже ударили кулаком. Из-за щегольского вида хулиганов эти события назвали «Мятежом от "Братьев Брукс"»*. Он достиг своей цели: перепуганные члены комиссии прекратили пересчет, который, по словам *Wall Street Journal*, позволил бы Гору «лишить Буша перевеса».

В почти поголовно демократическом графстве Броуард история повторилась. Республиканских агентов у здания суда было в 10 раз больше, чем протестующих сторонников демократов. Среди свидетелей нападения на комиссию в Майами-Дейд был член редколлегии *Wall Street Journal* Пол Жиго, который отметил: «Если буржуазия способна бунтовать, то именно это произошло в минувшую среду. И может случиться так, что именно это позволит Джорджу Бушу-младшему победить»[79].

Харрис не признала другие пересчеты и объявила о победе Буша с перевесом в 537 голосов. Несмотря на то что во Флориде все обернулось против него, Гор продолжал битву в судах. 8 декабря Верховный суд штата Флорида постановил пересчитать в штате все бюллетени, которые были засчитаны как пустые или поданные за нескольких кандидатов сразу — при наличии письменных пометок. Когда преимущество сократилось

---

* Brooks Brothers («Братья Брукс») — старейшая в США сеть дорогих магазинов мужской одежды. С 2001 года стала продавать и женские наряды.

Глава 12. Конец холодной войны

до 200 голосов, Буш обратился в Верховный суд США с требованием прекратить пересчет. Семь из девяти судей были назначены президентами-республиканцами, а пять из этих семи — во времена президентства либо вице-президентства Буша-отца. Пять судей проголосовали за прекращение пересчетов, против были четверо. Победа была отдана Бушу. Судьи Рут Бейдер Гинзбург и Стивен Брейер были с этим не согласны, выступив со следующим обвинением: «Хотя мы можем никогда не узнать всей правды о том, кто победил на президентских выборах в этом году, личность проигравшего известна всем. Его имя — вера нации в судей как беспристрастных хранителей верховенства права»[80]. Некоторые называли случившееся откровенным государственным переворотом.

Буш обещал править как «добрый консерватор». Но когда Чейни назначил правых и неоконсерваторов на ключевые правительственные посты, стало ясно, что доброты и готовности к компромиссам ждать не стоит. На пост министра обороны благодарный вице-президент назначил своего наставника Дональда Рамсфелда, которого Генри Киссинджер назвал «самым жестоким человеком, которого он только видел

22 ноября 2000 года, во время пересчета голосов, банда республиканцев, усиленная кубинскими эмигрантами, физически воспрепятствовала комиссии пересчитать почти 11 тысяч спорных бюллетеней в округе Майами-Дейд. Wall Street Journal назвала это «протестом с распахнутыми ногой дверьми и едва не выбитыми окнами». «Мятеж от "Братьев Брукс"», названный так из-за щегольского вида мятежников, достиг своей цели: перепуганные члены комиссии прекратили пересчет голосов.

в жизни»[81]. Джим Бейкер спросил у Буша: «Помнишь, что он сделал для твоего папочки?» Вопрос относился к попытке Рамсфелда погубить политическую карьеру Буша-старшего в 1970-е годы[82]. Но Буш чувствовал извращенное удовольствие от того, что человек, открыто ненавидевший его отца, стал теперь его подчиненным. Поразительно наглый Рамсфелд и мрачный, угрюмый, патологически скрытный Чейни будут полностью направлять внешнюю политику страны, систематически вытирая ноги о госсекретаря Колина Пауэлла.

Задачей Чейни было восстановить авторитет исполнительной власти, который, по его мнению, постоянно падал, начиная с принятия в 1973 году Закона о военных полномочиях и Уотергейтского скандала. Буш, которому, как и Чейни, было глубоко безразлично общественное мнение, окружил себя подхалимами и правоверными консерваторами. Он сказал Бобу Вудворду: «Мне не нужно отчитываться за свои слова. Именно этим хороша должность президента. Может, кому-то нужно отчитаться за свои слова передо мной, а вот я не подотчетен никому»[83]. Он провел меньше пресс-конференций, чем любой другой президент современности, выступал только перед проверенной аудиторией и приказывал вывозить протестующих в специально отведенные зоны, расположенные подальше от мест его выступлений.

С самого начала бросалось в глаза отсутствие дискуссий по острым проблемам внутренней политики. Единственным, кто пытался говорить на эту тему, был Джон Дилульо, которого Буш назначил руководить в Белом доме отделом по рассмотрению предложений религиозных групп и коммунальных организаций. Дилульо, уважаемый политолог из Университета штата Пенсильвания, до этого преподававший в Гарварде и Принстоне, был «белой вороной» в аппарате Буша. И не только из-за того, что он был единственным, не считая министра финансов Нормана Минеты, демократом в правительстве. По мнению журналиста Рона Саскинда, он слишком выделялся на фоне остальных своим интеллектом. Буш называл его «одним из самых влиятельных социальных предпринимателей в Америке». Он также был одним из немногих, кто стремился выполнить обещание править в духе «добрых консерваторов»: например, говорил о необходимости защищать «самых обездоленных»[84].

Окруженный неоконсервативными идеологами и постоянно подвергавшийся нападкам правых религиозных фанатиков, Дилульо не продержался на посту и восьми месяцев. В октябре 2002 года он написал Саскинду письмо, в котором выразил свое восхищение президентом. «Он куда умнее, чем, как мне кажется, думают некоторые люди», — писал он.

Глава 12. Конец холодной войны

Вместе с тем Дилульо критиковал обстановку в Белом доме, где, начиная с президента и заканчивая последним клерком, практически никого не волновали серьезные проблемы внутренней политики: «По внутриполитическим вопросам просто не существует серьезных программных документов. Есть лишь пара аналитиков в Западном крыле [Белого дома], которых волнует состоятельность курса... Нехватка основных политических знаний ошеломляет... Это выглядит так, как если бы мэр заштатного городка возомнил себя Макиавелли. Все сотрудники, вне зависимости от должности, говорят и действуют так, будто дешевая игра на публику, картина в черно-белых тонах и штампование как можно более правых законов — вершина политических интриг»[85].

Если старший Буш и Клинтон предпринимали хоть какие-то дипломатические усилия, сколачивали коалиции, то Буш за номером 43* был примером именно того «битья себя в грудь», которого десятилетиями жаждали неоконсерваторы. Он объявил, что не станет направлять на ратификацию в сенат договор о Международном суде по уголовным делам, несмотря на то что Клинтон его уже подписал и что к этому договору присоединились практически все страны Запада. Возможно, они с Чейни понимали, что участие в договоре о первом в мире суде по военным преступлениям может помешать их планам на будущее. Буш отверг Договор о полном запрещении ядерных испытаний, подписанный 150 странами. Та же судьба постигла и Киотский протокол по глобальному потеплению. Он аннулировал договор по ПРО с Россией, что позволило расширить дорогостоящую программу защиты от ракетных ударов, эффективность которой вызывала большие сомнения. Он подорвал процесс мирного урегулирования на Ближнем Востоке и приостановил переговоры по северокорейской ядерной программе. Чейни расставил верных людей по всей бюрократической лестнице и вместе с Рамсфелдом делал все возможное для усиления влияния Пентагона. Игнорируя мнение своих же собственных избирателей, Буш и Чейни продолжали давить оппозицию по всем фронтам, пользуясь тем, что они впервые с 1920-х контролировали и исполнительную власть, и обе палаты законодательной.

Как заметил Ральф Надер, правительство Буша «мариновалось в нефти»[86]. У руля стояли двое нефтяных дельцов, а советником по национальной безопасности была член совета директоров компании *Chevron* Кондолиза Райс, в честь которой был назван двухкорпусный нефтеналивной танкер. Чейни быстро собрал рабочую группу по вопросам энергетики

---

* Дж. Буш-младший был 43-м президентом США.

и начал формулировать национальную энергетическую политику, которая базировалась на обеспечении контроля над нефтеносными районами Персидского залива и бассейна Каспия. Позже он яростно сопротивлялся попыткам раскрыть имена членов рабочей группы и содержание их дискуссий. Один из высших сотрудников аппарата СНБ проинструктировал своих подчиненных сотрудничать с рабочей группой ради «слияния воедино политики в отношении государств-изгоев», подобных Ираку, с «действиями по захвату новых и существующих месторождений нефти и газа»[87]. Выступая в 1999 году перед исполнительными директорами нефтяных компаний, Чейни заявил: «В долгосрочной перспективе мировой спрос на нефть ежегодно будет расти на 2%. Добыча же, исходя из данных о существующих запасах, каждый год будет на 2% падать. Это значит, что к 2010 году нам нужно будет дополнительных 50 миллионов баррелей ежедневно. Где взять эту нефть?.. Ближний Восток, обладающий двумя третями мировых запасов нефти и возможностями для добычи ее с минимально возможными затратами, по-прежнему является самым желанным призом»[88]. Рабочая группа призывала правительство оказать давление на ближневосточные страны, которые контролировали нефтедобычу, чтобы те «открыли все отрасли своего энергетического сектора для иностранных инвестиций»[89].

Конгрессмен Деннис Кусинич пояснил его намек:

«Нефть является ключевым фактором в любом аспекте американской политики в Персидском заливе. Спросите себя: какой товар занимает 83% всего экспорта из Персидского залива? Что защищают 25 тысяч американских солдат, шесть эскадрилий истребителей, шесть эскадрилий бомбардировщиков, 13 разведывательных эскадрилий, одна авианосная ударная группа и соединение морской пехоты, опирающиеся на 11 военных баз?.. Целью размещения столь непропорционального контингента на Ближнем Востоке является отнюдь не защита народов этих стран, составляющих лишь 2% населения мира»[90].

Первые восемь месяцев своего правления Чейни и Буш агрессивно продвигали программу, выработанную ПНАВ. Террористическая угроза их волновала мало, если вообще волновала. Теракты 11 сентября 2001 года могли и должны были быть предотвращены. Едва ли не с самого первого дня работы нового правительства глава отдела СНБ по борьбе с терроризмом Ричард Кларк пытался предупредить высших должностных лиц, включая Чейни, Райс и Пауэлла, об угрозе со стороны «Аль-Каиды». Он

Глава 12. Конец холодной войны

говорил, что их удар неизбежен. 25 января он потребовал от Райс, чтобы та созвала «самых высокопоставленных лиц» на срочное совещание для обсуждения террористической угрозы. Совещание провели лишь 4 сентября.

Лето 2001 года было наполнено тревожными признаками. В перехваченных сообщениях «Аль-Каиды» говорилось, что должно произойти «нечто впечатляющее»[91]. Агенты ФБР сообщали о странном поведении людей, которых интересовало, как управлять пассажирскими самолетами, но не интересовало, как приземляться. Директор ЦРУ Джордж Тенет получил документ под названием «Исламские экстремисты учатся летать», в котором сообщалось об аресте в Миннесоте Закариаса Муссауи — после того как сотрудники летной школы сообщили о его странном поведении[92]. Кларк свидетельствовал, что Тенет носился по Вашингтону «как угорелый», пытаясь привлечь внимание Буша[93]. В конце июня Тенет сказал Кларку: «Я чувствую, что-то произойдет. И это будет чудовищно»[94]. Разведслужбы выпускали одно сообщение об угрозе за другим. Вот лишь некоторые из их заголовков: «Угрозы бен Ладена реальны», «Бен Ладен планирует открытую атаку», «Бен Ладен планирует сразу несколько операций», «Публичные заявления бен Ладена могут означать скорый удар», «Планы сети бен Ладена расширяются»[95]. В предупреждениях говорилось о высокой вероятности действительно «впечатляющих» терактов, результатом которых станут многочисленные жертвы и волнения по всему миру. По словам писателя Томаса Пауэрса, за девять месяцев, предшествовавших 11 сентября, разведчики «не менее 40 раз предупреждали правительство об угрозе со стороны Усамы бен Ладена. Но это было не тем, что оно хотело слышать. И оно их не слушало»[96].

Заголовок ежедневной разведсводки, которую Буш получил 6 августа на своем ранчо в Кроуфорде (штат Техас), гласил: «Бен Ладен намерен нанести удар по США». В ней говорилось об угрозе захвата самолетов боевиками «Аль-Каиды». Буша сводка не заинтересовала. Он сказал доставившему ее сотруднику ЦРУ: «Ладно. Теперь вы прикрыли свою задницу»[97]. Тенет свидетельствовал, что «во всех разведывательных учреждениях только что не горел сигнал тревоги»[98]. И после всего этого в апреле 2004 года Бушу хватило смелости заявить: «Если бы я только мог представить, что кто-то станет врезаться на самолетах в здания, я бы звезду с неба достал ради спасения страны»[99].

Райс была виновата не меньше, и ее заявления не менее лицемерны. Летом 2001 года Тенет и начальник отдела ЦРУ по борьбе с терроризмом Кофер Блэк призывали ее одобрить план предотвращения скорой атаки бен Ладена, но Райс волновала лишь защита от баллистических ракет. Разочарованный Блэк позднее отмечал: «Единственный метод убеждения, который мы не испробовали, — это взвести курок на пистолете, приставленном к ее голове»[100]. Райс же потом заявляла: «Не думаю, что кто-то мог предвидеть... что они попытаются использовать самолет в качестве ракеты, угнанный самолет в качестве ракеты»[101].

Равнодушие Буша и Райс разделяли и другие высшие чиновники. Исполняющий обязанности директора ФБР Томас Пикар сказал Комиссии по расследованию терактов 11 сентября, что тем летом дважды говорил с министром юстиции Джоном Эшкрофтом о террористической угрозе, но после второго разговора Эшкрофт сказал, что больше не хочет ничего об этом слышать[102]. Заместитель министра обороны Пол Вулфовиц тоже проигнорировал все предупреждения. Рамсфелд пошел еще дальше. 9 сентября, всего за два дня до теракта, он пригрозил, что президент наложит вето на план сенатского комитета по делам вооруженных сил перераспределить 600 миллионов долларов из бюджета ПРО на нужды противотеррористических подразделений.

Мало кто в те дни мог предугадать, что Буш, Чейни, Райс, Рамсфелд, Вулфовиц и их приспешники используют это преступное нападение на США как предлог для войны с двумя исламскими странами — войны, которая нанесет Америке куда больший ущерб, чем мог бы нанести Усама бен Ладен за всю свою жизнь, — или что они начнут попирать Конституцию США и Женевскую конвенцию.

Глава 13

Фиаско Буша–Чейни:

«ВРАТА АДА ОТВЕРЗЛИСЬ В ИРАКЕ»

Речевые ошибки и оговорки Джорджа Буша-младшего стали легендой. Но иногда, несмотря на хромающую грамматику, правда все-таки выходила наружу. Так произошло и в 2004 году, когда он объявил: «Наши враги хитры и изобретательны. Мы тоже. Они никогда не прекращают думать о том, как нанести вред нашей стране и нашему народу. И мы тоже никогда не перестаем об этом думать»[1].

После разгромного поражения на выборах 2008 года историки назвали его в числе худших президентов за всю историю США, если не самым худшим[2]. Его популярность упала до самых низких значений в новейшей истории, но все же была выше, чем у его еще менее популярного вице-президента Дика Чейни. Буш и Чейни оставили страну в нищете, ее экономика рушилась, а международная репутация была худшей за все времена. После вторжения в две страны, угроз в адрес многих других и подрыва принципа верховенства права как в Америке, так и за ее пределами США, которыми раньше многие восхищались, стали объектом всеобщего страха и осуждения. Люди задавались вопросом: что стало причиной ошибочной политики правительства Буша–Чейни? Были ли это неумение, спесь и слепые амбиции, или же в их планах в отношении США и всего мира крылось нечто гораздо более зловещее?

Хотя всегда осторожный Барак Обама и предпочел не расследовать преступления предшественника, других людей нормы международного права волновали гораздо больше. В феврале 2011 года Джорджу Бушу-младшему пришлось отказаться от произнесения речи в Швейцарии из-за опасений спровоцировать массовые протесты против проводившейся им политики пыток. Активисты также планировали обратиться с уголовным иском в швейцарскую прокуратуру. Кэтрин Галлахер из Центра конституционных прав объясняла: «Погружение в воду — это пытка, а Буш без тени раскаяния признал, что одобрил ее применение... Мучители, даже если они являются бывшими президентами США, должны быть арестованы и преданы суду. Безнаказанности Буша пора положить конец»[3]. Организаторы протестов призвали демонстрантов приносить ботинки в знак уважения к иракскому журналисту, которого посадили в тюрьму за то, что он бросил ботинок в Буша в 2008 году. Ссылаясь на арест в Лондоне в 1998 году ныне уже умершего чилийского диктатора Аугусто Пиночета, Гэвин Салливан из Европейского центра конституционных прав и прав человека сказал: «В Швейцарии у нас есть возможность судить еще одного Пиночета». *Amnesty International* заявила, что подобные шаги должны быть предприняты, если Буш отправится в любую из 147 стран, подписавших Конвенцию ООН о запрещении пыток[4].

События 11 сентября 2001 года и реакция США на них изменили ход истории. В тот день исламские экстремисты нанесли США сокрушительный удар. Пока президент и его главные помощники благостно дремали у руля страны, террористы «Аль-Каиды» направили угнанные самолеты на главные символы имперской мощи Америки: Всемирный торговый центр и Пентагон. В Нью-Йорке погибло более 2750 человек, среди которых 500 иностранцев из 91 страны мира. Американцы в ужасе смотрели, как пламя охватило башни-близнецы, после чего они рухнули. Еще 125 человек погибло в Пентагоне. Но даже тот урон, который этот подлый теракт «Аль-Каиды» нанес Соединенным Штатам, меркнет на фоне тех ужасов, которыми ответит на него правительство Буша.

Буш упорно игнорировал все требования расследовать причины колоссального провала в области национальной безопасности и государственного управления. Когда давление стало слишком сильным, Буш обратился к Киссинджеру с просьбой подготовить официальное объяснение. Даже *New York Times* не была уверена, был ли выбор Киссинджера, «патриарха вашингтонской политики», имевшего «множество друзей и связей в деловых кругах», чем-то большим, чем «хитрым маневром Белого дома, чтобы не допустить расследования, которому президент так долго сопротивлялся»[5].

Киссинджер принял группу жительниц Нью-Джерси, которые в результате теракта остались вдовами. Одна из них спросила его, был ли у него клиент по фамилии бен Ладен. Киссинджер пролил свой кофе и чуть не упал с дивана. Пока гости помогали ему, Киссинджер пытался

Глава 13. Фиаско Буша—Чейни

Солдаты показывают президенту Бушу тяжелый пулемет в июле 2002 года.

списать неловкий жест на «близорукость». На следующее утро он вышел из состава комиссии[6].

Его заменили бывшим губернатором штата Нью-Джерси Томасом Кином, который вместе с другим сопредседателем, бывшим конгрессменом от штата Индиана Ли Гамильтоном, выпустил в 2004 году доклад, составленный по большей части в оправдательном тоне. В своей книге о деятельности этой комиссии журналист *New York Times* Филип Шенон возложил основную ответственность за мягкость комиссии к ответственным лицам на ее главного идеолога и доверенное лицо Кондолизы Райс Филипа Зеликова, которого некоторые члены комиссии считали «кротом Белого дома»[7]. Зарубежный корреспондент *Washington Post* Гленн Кесслер назвал Зеликова «единоличным мозговым трестом Райс» и ее «единомышленником-интеллигентом»[8]. Халатность Райс, проигнорировавшей предупреждения о неизбежности теракта, — факт неоспоримый.

Для большинства американцев 11 сентября было ужасной трагедией. Но Бушу и Чейни эти события открывали прекрасную возможность воплотить в жизнь программу их друзей-неоконсерваторов, которую те готовили десятилетиями. В последнем докладе проекта «Нового американского века», носившем название «Восстановление американской обороны»,

Дымящиеся развалины зданий ВТЦ в Нью-Йорке через два дня после теракта, организованного «Аль-Каидой» 11 сентября 2001 года.

утверждалось, что «процесс трансформации... может затянуться, если только не произойдет катастрофического и катализирующего события, подобного Перл-Харбору». И «Аль-Каида» дала сторонникам ПНАВ их Перл-Харбор[9]. Уже через несколько минут после теракта команда Буша, за исключением самого отсутствовавшего президента, начала действовать. Вице-президент Чейни и его советник по юридическим вопросам Дэвид Эддингтон взяли дело в свои руки. Эддингтон вскоре объединил усилия с Тимоти Флэниганом и Джоном Ю, чтобы убедить президента в том, что он, как Верховный главнокомандующий, в случае войны будет практически свободен от законодательных ограничений[10]. Пойдя по этому пути, Буш мог резко усилить исполнительную ветвь власти и урезать гражданские свободы, провозгласив: «Мне плевать на мнение законников за рубежом — мы собираемся надрать задницу парочке негодяев»[11].

Буш и сторонники ПНАВ в его аппарате прекрасно знали, чьи конкретно задницы собираются надрать. 12 сентября Буш смотрел уже дальше чем на бен Ладена с «Аль-Каидой» и ее соратниками из числа афганских талибов. Он проинструктировал координатора контртеррористических операций Ричарда Кларка: «Подумайте, мог ли это сделать Саддам. Он должен быть с этим связан». Не веря своим ушам, Кларк ответил: «Но, господин президент, это сделала "Аль-Каида"». Буш продолжал настаивать. Описывая эту встречу, Кларк отмечал, что, когда Буш выходил из

Глава 13. Фиаско Буша–Чейни

комнаты, помощница Кларка Лиза Гордон-Хаггерти «смотрела вслед ему с открытым ртом». «Он полностью под влиянием Вулфовица», — сказала она[12].

Участие замминистра обороны Пола Вулфовица действительно было очевидным. Его босс Дональд Рамсфелд уже приказал военным начать разработку плана удара по Ираку. «Удар должен быть массированным, — говорил он. — Уничтожьте их, независимо от того, причастны они или нет»[13]. Кларк думал, что Рамсфелд шутит, говоря, что Ирак — лучшая цель, чем Афганистан. Но он не шутил. Утром 12 сентября директор ЦРУ Джордж Тенет столкнулся с Ричардом Перлом на выходе из Западного крыла Белого дома. Перл объявил: «Ирак должен заплатить за вчерашние события, ведь именно он несет за это ответственность»[14]. 13 сентября Вулфовиц заявил, что «ответ на теракт будет куда масштабнее, чем операция в Афганистане, и покончит с теми, кто спонсирует терроризм»[15].

В этот же день, как раз в тот момент, когда Рамсфелд говорил о намерении «распространить операцию на Ирак», госсекретарь Колин Пауэлл настаивал на том, что нужно сконцентрироваться на «Аль-Каиде». Кларк поблагодарил его и выразил свое разочарование помешательством вокруг Ирака: «Бомбить Ирак в ответ на атаки "Аль-Каиды" было бы равносильно нашему вторжению в Мексику в ответ на удар японцев по

Айк взирает, как Пол Вулфовиц, Дональд Рамсфелд, Колин Пауэлл и Либби беседуют во время встречи в совещательной комнате Белого дома 12 сентября 2001 года.

Перл-Харбору». Понимая, с кем имеет дело, Пауэлл покачал головой. «Все только начинается», — сказал он[16].

Пауэлл был прав. Вскоре неоконсерваторы даже перестали притворяться, что ищут доказательства связи Ирака с событиями 11 сентября. 20 сентября участники ПНАВ написали Бушу письмо, в котором говорилось: «Даже если прямая связь Ирака с терактом не подтвердится, любая стратегия, целью которой является искоренение терроризма и устранение его спонсоров, должна включать в себя свержение режима Саддама Хусейна»[17]. 15 октября вышел очередной номер принадлежавшего Уильяму Кристолу журнала *Weekly Standard*, на обложке которого красовалась надпись «Нужна Американская империя». В статье, к которой относился этот заголовок, обозреватель Макс Бут назвал в качестве причины теракта 11 сентября то, что США в недостаточной мере навязывают свою волю остальному миру. Бут знал, как исправить ошибку: «Споры о причастности Саддама Хусейна к теракту 11 сентября бессмысленны. Какая разница, был ли Саддам вовлечен конкретно в это варварство?»[18]

После нападения «Аль-Каиды», окопавшейся в Афганистане, США начали готовить ответный удар по Ираку, чей лидер Саддам Хусейн был заклятым врагом как «Аль-Каиды», так и антиамериканского режима в Иране. Кларк признавал: «Поначалу я просто не мог поверить, что мы собираемся заниматься чем-то, кроме борьбы с "Аль-Каидой". Затем, когда я понял, что Рамсфелд и Вулфовиц собираются использовать нашу национальную трагедию для проталкивания собственной программы по Ираку, меня пронзила почти физическая боль»[19].

Кларк недооценил Буша, Чейни, Рамсфелда и Вулфовица. Их планы простирались гораздо дальше Ирака. Стоя на руинах ВТЦ, Буш провозгласил: «Наша ответственность перед историей уже ясна: мы должны ответить на эти теракты и избавить мир от зла»[20].

Чейни появился в эфире телепередачи «Встреча с прессой» и заявил: «Нам придется использовать и такие методы работы, из-за которых мы в какой-то мере окажемся "плохими"... Мы должны войти в тень мира разведок. Многое из того, что нужно сделать, нужно сделать тихо, без дискуссий, используя источники и методы, доступные нашим разведслужбам. Лишь так мы сможем добиться успеха. Именно в таком мире действуют эти ребята, и для нас жизненно важно использовать все методы, имеющиеся в нашем распоряжении, если мы хотим достичь своей цели»[21].

Правительство с готовностью перешло в разряд «плохих». На следующий день Буш разрешил ЦРУ начать постройку центров содержания заключенных за пределами США — в них можно было бы применять

Глава 13. Фиаско Буша–Чейни

пытки и другие жесткие методы допроса. Еще через четыре дня Буш заявил на совместном заседании палат конгресса, что США начинают глобальную войну с терроризмом, и она распространится на «любую страну, которая продолжает укрывать террористов или помогать им»[22]. Благодаря вновь обретенным чрезвычайным полномочиям ЦРУ стало незаконно похищать подозреваемых и помещать их в секретные «черные точки» по всему миру.

ЦРУ запросило и получило разрешение президента на поиск, поимку и убийства членов «Аль-Каиды» и других террористов по всему миру. В октябре один высокопоставленный чиновник рассказал журналисту *Washington Post* Бобу Вудворду, что президент отдал ЦРУ приказ «принимать самые решительные и беспощадные действия со времени основания ЦРУ в 1947 году». «Они засучили рукава, — сказал чиновник. — Президент дал ЦРУ "зеленый свет" на любые необходимые действия. Операции, связанные с убийствами, были немыслимы до 11 сентября, а теперь они уже разрабатываются». Чейни же подчеркнул еще одно серьезное изменение. «Ситуация отличается от войны в Персидском заливе, — сказал он Вудворду, — тем, что может никогда не закончиться. По крайней мере на нашем веку»[23].

Многое, немыслимое до 11 сентября, уже происходило. Первым и самым главным было то, что Белый дом начал беспрецедентную узурпацию власти, угрожавшую конституционному порядку в стране. Для достижения этой цели Буш воспользовался атмосферой страха и неуверенности, воцарившейся в стране после 11 сентября. В первые дни после теракта в США были арестованы или задержаны 1200 человек, большинство из них — мусульмане, выходцы с Ближнего Востока и Южной Азии. Еще 8 тысяч подвергли допросам. Сенатор от штата Висконсин Расс Файнголд потребовал прекратить подобную практику. «Настал черный день для гражданских свобод в Америке, — предупреждал он. — То, что я слышу от живущих в стране мусульман, арабов и других азиатов, показывает, что они, как никогда, боятся нашего правительства»[24].

Буш смог протащить через конгресс Закон о патриотизме*. В сенате закон был поставлен на голосование без предварительного обсуждения в комитетах или дебатов на заседании. В столь кризисной атмосфере против

---

* Полное название: Закон о сплочении и укреплении Америки путем обеспечения надлежащими средствами, требуемыми для пресечения и воспрепятствования терроризму. Англ. аббревиатура: USA PATRIOT, — отсюда распространенное название: Патриотический закон, или же Закон о патриотизме.

осмелился проголосовать только Файнголд, который настаивал: «Важно, чтобы в нашей стране соблюдались гражданские свободы. В противном случае, боюсь, терроризм выиграет бой без единого выстрела». В палате представителей закон поддержали 337 депутатов, против высказались 79[25]. Буш подписал его 26 октября 2001 года. Закон расширял надзорные и следственные функции правительства. В 2002-м Буш наделил Агентство национальной безопасности (АНБ) полномочиями без ордера прослушивать телефоны — что является прямым нарушением всех процедур, установленных Законом о надзоре за внешней разведкой (ЗНВР), — а также проверять электронные письма американских граждан[26].

Чтобы убедить американцев согласиться со столь вопиющим попранием гражданских свобод и права на частную жизнь, правительство третировало их постоянными объявлениями тревоги, повышением мер безопасности и введением пятиуровневой «цветовой» системы оповещения. Цвет означал ежедневный уровень террористической угрозы. Системой, несомненно, манипулировали Рамсфелд и министр юстиции Джон Эшкрофт. В результате после одного особенно возмутительного эпизода министр внутренней безопасности Том Ридж был вынужден подать в отставку[27]. Правительство начало также искать уязвимые точки, назвав 160 объектов потенциальными целями террористов. К концу 2003 года их число возросло до 1849. Еще через год их было уже 28 360. В 2005 году число таких объектов достигло ошеломляющей цифры — 78 тысяч, а в 2007-м и вовсе 300 тысяч. Они были даже в самом сердце страны. Невероятно, но больше всего таких объектов находилось в штате Индиана — 8951, почти в три раза больше, чем в Калифорнии. В национальную базу данных вошли детские зоопарки, пончиковые, киоски с попкорном, палатки с мороженым, а также место проведения парада на День мула в городке Колумбия (штат Теннесси)*[28].

Буш четко дал понять, что это будет война нового типа: не против отдельного государства или идеологии, а против тактики — терроризма. Как отметил отставной дипломат Рональд Спирс, подобная формулировка была обдуманной и опасной. Выбор метафоры войны, писал он в 2004 году, «является неточным и вредоносным, поскольку подразумевает, что война не закончится никогда. Не будет ни победы, ни поражения... "Война с терроризмом" — это война без видимого конца, без стратегии выхода из нее, война, в которой враг определяется не его устремлениями,

---

* Местный праздник в «мировой столице разведения мулов». Отмечается с середины XIX века.

Глава 13. Фиаско Буша-Чейни

а применяемой им тактикой... Президент счел "войну" универсальным оправданием всех своих будущих целей... Это напоминает Большого брата из нестареющего романа Оруэлла "1984"»[29].

Новым этот тип войны был еще и потому, что не требовал от большинства американцев никаких жертв. Сражения ложились на плечи наемной армии, которая комплектуется в основном выходцами из низших слоев общества. Расплачиваться за все придется будущим поколениям.

В начале Второй мировой Франклин Рузвельт предупреждал: «Война стоит денег... Она означает налоги и облигации, облигации и налоги. Она означает отказ от роскоши и других не жизненно важных предметов собственности»[30]. Буш думал иначе. Он снижал налоги на богачей и призывал американцев «совершать поездки по лучшим местам Америки... и наслаждаться жизнью так, как мы привыкли»[31]. Обозреватель *New York Times* Фрэнк Рич отметил его оторванность от жизни: «Никто не требует, чтобы мы платили за безопасность на транспорте или защиту от биотерроризма или чтобы мы сократили непомерное потребление бензина ради меньшей зависимости от нефти из Саудовской Аравии, второй важнейшей статьей экспорта которой является терроризм. Вместо этого нас призывают ходить по магазинам, кинотеатрам и Диснейлендам»[32].

Буш призывал американский народ сделать трудный выбор: стиснув зубы, отправиться в «Дисней уорлд» или же, собрав волю в кулак, направиться в «Диснейленд». Афганским талибам он предоставил иной выбор: сдать главарей «Аль-Каиды» либо быть загнанными бомбардировками назад в каменный век, из которого большая часть Афганистана никогда и не выходила. «Загнать Афганистан бомбардировками обратно в каменный век, — написал Тамим Ансари, афганец, проживший в США 35 лет, бывший непримиримым противником бен Ладена и талибов. — Это уже сделано. Об этом позаботились Советы. Заставить афганцев страдать? Они и так страдают. Сровнять их дома с землей? Уже. Превратить школы в руины? Уже. Разрушить их инфраструктуру? Лишить их медикаментов и здравоохранения? Вы опоздали. Те или другие уже сделали все это до вас. Новые бомбы просто упадут в воронки, оставленные старыми. Смогут ли они хотя бы уничтожить Талибан? Вряд ли»[33].

Критики военной кампании отмечали, что среди 19 воздушных угонщиков не было ни одного афганца. 15 были саудовцами, один ливанцем, один египтянином, двое — гражданами Объединенных Арабских Эмиратов (ОАЭ). Они жили в Гамбурге, а готовились и учились летному делу в основном в Соединенных Штатах.

7 октября 2001 года, меньше чем через месяц после терактов, США и их союзники приступили к операции «Несокрушимая свобода». Лидеры талибов быстро поняли намек и стали добиваться переговоров. 15 октября министр иностранных дел Талибана Вакиль Ахмад Муттавакиль, которого посольство США в Исламабаде считало очень близким к лидеру талибов мулле Мухаммеду Омару, предложил выдать бен Ладена организации «Исламская конференция» для проведения судебного процесса. Имелись доказательства того, что Омар уже некоторое время пытался обуздать бен Ладена, в результате чего отношения между Афганистаном и «Аль-Каидой» ухудшились. За три предыдущих года представители США провели более 20 встреч с талибами для обсуждения выдачи бен Ладена в руки суда и пришли к выводу, что талибы тянут время. Милтон Берден, бывший начальник бюро ЦРУ, в 1980-е годы следивший за ведением подпольной войны в Афганистане с территории Пакистана, был с этим не согласен, обвиняя во всем глупое упрямство американцев. «Мы никогда не слушали, что они нам говорят, — сказал он *Washington Post*. — Мы не могли найти с ними общий язык. Нашим единственным требованием было выдать нам бен Ладена. Они отвечали: "Помогите нам в этом"». Чиновники Госдепартамента и посольства США встречались с главой службы безопасности Талибана Хамидом Расоли в конце августа 2001 года. «Не сомневаюсь, они хотели просто отделаться от него», — сказал Берден в октябре того же года. США никогда не предлагали талибам вариантов, которые позволили бы тем сохранить лицо[34].

Рамсфелдовская высокотехнологичная война позволила резко сократить потери среди личного состава, но малочисленность американских сухопутных войск позволила бен Ладену, Омару и многим их сторонникам выскользнуть из окружения в Тора-Бора в 2001 году. Мирным афганцам повезло куда меньше: число жертв среди гражданского населения, по данным профессора Университета штата Нью-Гэмшир Марка Герольда, составило примерно 4000 — больше, чем погибло в ВТЦ и Пентагоне, вместе взятых[35]. Число погибших от голода и болезней в последующие месяцы, по всей вероятности, превзошло эту цифру в пять раз.

И хотя Буш быстро утратил интерес к Афганистану и сконцентрировал внимание на Ираке, война не прекращалась на протяжении всего периода его президентства. Власть Хамида Карзая опиралась на безжалостных военачальников и продажных чиновников, превративших Афганистан в главного мирового поставщика опиума[36]. К 2004 году афганские опиаты занимали более 87% мирового рынка. В 2009 году в мировом индексе коррупции ниже Афганистана располагалась только Сомали[37]. По горло

Глава 13. Фиаско Буша–Чейни

сытые коррупцией и измученные войной афганцы тосковали по талибам, которых раньше осуждали за репрессивную политику.

Хотя организаторы терактов 11 сентября легко ускользнули из рук, ЦРУ и военные захватили тысячи других как в Афганистане, так и за его пределами. Обращение с ними показывало, как далеко Буш и Чейни готовы зайти, прикрываясь именем Соединенных Штатов, страны, которая всегда считала гуманное отношение к пленным показателем своего морального превосходства. Буш объявил задержанных «членами бандитских формирований», а не военнопленными, чьи права нужно было бы уважать, и бросил их на американскую военную базу в Гуантанамо на Кубе или в тюрьмы — «черные точки» ЦРУ, где их можно было держать в течение неограниченного времени. Те, кому повезло меньше всего, подвергались еще худшим издевательствам в тюрьмах союзных США режимов, известных своей жестокостью, таких как правительства Хосни Мубарака в Египте и Башара Асада в Сирии. Буш отказывался проводить требуемые Женевской конвенцией полевые следственные действия для определения, является ли пленный мирным жителем или же военнослужащим. В результате многие афганские и иракские «охотники за головами» сдавали американцам никак не связанных с «Аль-Каидой» людей, желая получить за них награду. Невиновные не имели права на апелляцию. По рекомендации советника Белого дома по юридическим вопросам Альберто Гонсалеса Буш объявил, что Женевская конвенция об обращении с военнопленными, ратифицированная США в 1955 году, неприменима к тем, кого подозревают в членстве в Талибане или «Аль-Каиде»[38]. Среди тех, кого возмутил отказ Буша от выполнения Женевской конвенции, был и председатель КНШ генерал Ричард Майерс.

ЦРУ получило распоряжение применять 10 расширенных методов допроса, продукт полувековых исследований в области психологических пыток. Эти методы описаны в книге «КУБАРК*: Пособие по проведению допросов», подготовленной по заказу ЦРУ в 1963 году, и доведены до совершенства американскими союзниками в Азии и Латинской Америке в 1960–1980-е. Подобные пытки перестали применяться после окончания холодной войны, а формально были запрещены в 1994 году, когда США подписали Конвенцию ООН о запрещении пыток, но вновь стали использовать после 11 сентября, часто переходя за грань чисто психологических[39].

---
* КУБАРК — криптоним ЦРУ.

Артур Шлезингер-младший сказал журналистке Джейн Майер, что он считает новую политику пыток «самым вопиющим, серьезным и радикальным вызовом верховенству права в американской истории»[40]. ЦРУ описывало процедуры в деталях. После ареста подозреваемому следовало завязать глаза и заткнуть уши. Если тот отказывался от дачи показаний, его нужно было раздеть догола, постоянно держать под воздействием яркого света и сильного шума до 79 децибел, не давать ему спать до 180 часов [7,5 суток]. Когда пленник убеждался, что нет никакой надежды на побег, начинался допрос «всерьез». После того как надзиратели сковывали его по рукам и ногам, надевали ошейник и снимали с него капюшон, дознаватели могли давать ему пощечины, иногда по многу раз подряд, а пользуясь ошейником, бить головой об стену до 30 раз. Следующий уровень включал в себя кратковременное погружение пленника в воду, отказ в посещении туалета, насильственное надевание грязных подгузников, подвешивание к потолку и принуждение к долговременному нахождению в неудобных позах[41]. Международный комитет Красного Креста сообщал, что узникам в Гуантанамо говорили, что их захватили, чтобы «довести до грани смерти и вернуть обратно»[42].

В особых случаях применялась пытка имитацией утопления, иногда многократно, и это несмотря на то, что США осудили японских военных дознавателей, применявших ее против американских пленных во время Второй мировой. Процесс был описан Малкольмом Нэнсом, специалистом по технике допроса, который служил инструктором в рамках программы армии США «Выживание, уклонение, сопротивление и побег» (ВУСП), нацеленной на подготовку американских солдат к тому, чтобы выдерживать допросы: «Если вас никогда не привязывали к доске, если вы не испытывали мучительного чувства того, как вода пересиливает рвотный рефлекс, не чувствовали, что ваш раскрытый рот непроизвольно позволяет воде литр за литром заполнять ваши легкие, — вы не поймете значения этих двух слов. Пытка утоплением — это контролируемое захлебывание, в американском случае происходящее под надзором врача, физиолога, дознавателя и бригады специально подготовленных надзирателей. И это не просто имитация — легкие действительно наполняются водой. Имитировать это невозможно. Жертвы действительно захлебываются. Насколько сильно — зависит от желаемых результатов (вопросов, которые жертве выкрикивают в лицо) и упрямства объекта пытки»[43].

Абу Зубейду подвергали пытке утоплением в Бангкоке как минимум 83 раза за 4- или 5-дневный период в августе 2002 года — несмотря на то, что дознаватели были уверены, что он говорит правду. Однако чинов-

Глава 13. Фиаско Буша–Чейни

Высокотехнологичная война, проводившаяся на первой стадии операции «Несокрушимая свобода», позволила резко сократить потери среди американских солдат. Афганцам повезло куда меньше. А нехватка американских сухопутных войск позволила бен Ладену и другим лидерам «Аль-Каиды» с легкостью ускользнуть. Вверху: F-14D «Томкэт» ВМС США готовится к дозаправке перед нанесением ракетно-бомбового удара по территории Афганистана. Внизу: бомбардировщик B-1 «Лэнсер» ВВС США вылетает в Афганистан с американской базы на острове Диего-Гарсия.

ники ЦРУ из контртеррористического центра в Лэнгли требовали, чтобы процедуры продолжались целый месяц и прекращались только тогда, когда дознаватели будут окончательно во всем уверены. Когда Зубейду схватили, Буш объявил его «главой оперативного штаба "Аль-Каиды"»[44]. В действительности же Зубейда оказался мелкой сошкой, официально он даже не состоял в рядах «Аль-Каиды» и к тому же с большой долей вероятности мог оказаться психически больным. *Washington Post* сообщила в 2009 году: «Эти методы позволили сломать его, и истории, которые он рассказал о террористических заговорах со стороны "Аль-Каиды", привели к тому, что офицеры ЦРУ стали гоняться по всему миру непонятно за кем. В итоге, по словам чиновников, надзиравших за проведением допросов, показания, данные Абу Зубейдой под пытками, не привели к раскрытию ни одного серьезного заговора». И, как отмечала газета, любую информацию, которая приносила хоть какую-то пользу, получали еще до начала пыток утоплением. Зато такие пытки, по словам *Washington Post*, давали множество другой информации: «Абу Зубейда начинал раскрывать детали множества заговоров "Аль-Каиды", включая планы использования оружия массового поражения. Из-за признаний Абу Зубейды несколько раз объявлялась тревога, а несколько сотен следователей ЦРУ и ФБР как угорелые гонялись за призраками». Один бывший сотрудник разведки признавал: «Мы потратили миллионы долларов на борьбу с несуществующими угрозами»[45].

Предполагаемого организатора теракта 11 сентября Халида Шейха Мохаммеда подвергали пытке утоплением 183 раза, как будто в 183-й раз он раскрыл бы то, чего не сообщил в 182-й[46]. Психологи помогали в оттачивании техники, направленной на использование фобий заключенных. Дознаватели также использовали особенности национальной культуры арабов, заставляя их публично обнажаться и травя собаками[47].

В феврале 2004 года генерал-майор Антонио Тагуба сообщил, что его расследование вскрыло множество случаев «вопиющих, садистских и откровенно преступных издевательств»[48] в тюрьме «Абу-Грейб», которые включали изнасилования заключенных обоего пола. Всего за четыре месяца до этого Буш объявил, что «в Ираке больше нет комнат изнасилований и пыточных камер». Его заявление было слишком преждевременным[49].

После того как разоблачения событий в «Абу-Грейб» вызвали возмущение во всем мире, Министерство юстиции отозвало разрешение на применение пыток. Урон, нанесенный международной репутации США, был непоправим. Артур Шлезингер-младший признавался: «Никогда еще американской репутации в мире не был нанесен столь серьезный урон»[50], как тот, что нанесла политика пыток Буша. Однако впоследствии ЦРУ поймало еще одного подозреваемого в сотрудничестве с «Аль-Каидой» и вновь затребовало разрешение на применение жестких методов допроса. Кондолиза Райс ответила: «Это ваш малыш. Делайте с ним все, что хотите»[51].

Глава 13. Фиаско Буша–Чейни

Журналист Патрик Кокберн взял интервью у главного американского дознавателя в Ираке, действия которого позволили поймать лидера местной ячейки «Аль-Каиды» Абу Мусаба аз-Заркауи. Он сказал Кокберну, что пытки не только не дали нужной информации, но их использование в Ираке «оказалось настолько контрпродуктивным, что они, возможно, повлекли за собой гибель стольких же американских солдат, сколько гражданских погибло в результате терактов 11 сентября»[52].

И хотя чиновники пытались списать все на «паршивых овец» — дознавателей-садистов, действовавших по собственной инициативе, в действительности пытки получили одобрение на правительственном уровне. Члены СНБ — Чейни, Райс, Рамсфелд, Пауэлл, Тенет и Эшкрофт — постоянно обсуждали, какие методы следует применять к тем или иным заключенным. Эшкрофт прервал одну из таких дискуссий замечанием: «Почему мы говорим об этом в Белом доме? История нам этого не простит»[53]. Генерал Барри Маккефри согласился с ним: «Мы безжалостно пытали людей. Возможно, многих мы, вооруженные силы, и ЦРУ даже убили»[54]. Годами более чем 770 заключенным в Гуантанамо и еще тысячам в Ираке и Афганистане отказывали в праве на адвоката и вызов свидетелей для защиты. К концу 2008 года обвинения были выдвинуты только против 23 из них. Более пяти сотен выпустили, так и не предъявив обвинений после нескольких лет жестокого и унизительного обращения[55]. Один из экспертов ФБР по контртерроризму свидетельствовал, что из

Протестный плакат, сравнивающий пытки утоплением во времена испанской инквизиции с современным их применением Соединенными Штатами на базе Гуантанамо во время правления Буша.

всех заключенных Гуантанамо держать там имело смысл не больше 50[56]. Генерал-майор Тагуба сказал: «Нет никаких сомнений в том, что нынешнее правительство совершало военные преступления. Единственный вопрос заключается в том, привлекут ли к ответственности людей, отдавших распоряжение о применении пыток»[57].

Нужную законодательную базу сотрудники Министерства юстиции стали готовить еще в 1990-е годы. В одном особенно возмутительном меморандуме Джон Ю и помощник министра Дж. Байби дали определение пытке как «действию, эквивалентному по своей интенсивности... отказу органов, ухудшению физиологических функций или даже смерти»[58]. Простое причинение боли при проведении допроса считалось нормальным.

В 2004 году, когда Верховный суд постановил, что задержанные имеют право оспаривать законность их задержания в федеральных судах, Буш создал для обхода этого решения Трибунал по пересмотру статуса военнопленных и Комиссию по ежегодному пересмотру дел. В итоге в июне 2008 года Верховный суд выпустил постановление: пленные имеют право на пересмотр их дел федеральным судом на основании самого факта задержания[59].

Права американцев попирали не реже. Для предотвращения протестов федеральные и местные власти много раз проводили массовые аресты людей, проводивших вполне законные митинги. Примером могут служить аресты во время съездов Республиканской партии в 2004 и 2008 годах.

Буш делал все возможное для того, чтобы избежать возможных протестов. В тех редких случаях, когда он появлялся на публике, секретная служба Белого дома вывозила несогласных в специальные зоны, отведенные для протестов и расположенные так далеко, что ни Буш, ни журналисты их попросту не видели и не слышали. Люди, разворачивающие транспаранты за пределами этих зон, подлежали аресту. Лондонская газета *Evening Standard* сообщала, что во время визита Буша в Лондон в 2003 году Белый дом потребовал от англичан «на три дня практически полностью перекрыть центр Лондона, чтобы антивоенные протесты не смогли помешать визиту»[60].

Вняв совету Чейни, Буш окружил произвол Белого дома беспрецедентной в американской истории завесой секретности. Доступ к документам, гарантированный Законом о свободе информации, был жестко ограничен, а сами ранее доступные общественности документы либо засекречены, либо вовсе исчезли. Правительство соловьем разливалось о «национальной безопасности» и «государственных тайнах», стремясь не дать ход судебным искам. Полковник Лоуренс Уилкерсон, глава секрета-

Глава 13. Фиаско Буша–Чейни

риата Колина Пауэлла, говорил, что никогда в жизни не видел подобной секретности, и утверждал, что Чейни и Рамсфелд сговорились избегать нормального порядка информирования американцев[61]. Консерваторам ситуация тоже не нравилась. «Мы становимся свидетелями беспрецедентной секретности в Белом доме, и это... вызывает у нас беспокойство, — сказал в 2002 году глава организации "Судебный надзор" Лэрри Клэймен. — Настоящие консерваторы так не поступают»[62].

Но репрессивные меры в США бледнеют по сравнению с теми, которые Буш проводил по всему миру. Худшее еще только должно было произойти. Заправилы американской политики делали все возможное для того, чтобы приблизить вторжение в Ирак, которое планировалось задолго до 11 сентября. Помешательство Вулфовица на Ираке восходило еще к 1979 году, когда он провел в Пентагоне оценку положения в районе Персидского залива и заявил, что Ирак представляет угрозу своим соседям, особенно Саудовской Аравии и Кувейту, а значит, США должны увеличить численность своего воинского контингента в регионе для отражения этой угрозы. Доклад начинался словами: «Ставки в регионе Персидского залива для нас и наших наиболее промышленно развитых союзников возросли из-за потребности в нефти и вследствие арабо-израильского конфликта»[63]. Руководствуясь этим докладом, США стали направлять туда грузовые суда, под завязку забитые военным снаряжением.

В следующие годы помешательство Вулфовица лишь возросло. Он и его союзники сочли решение иракского вопроса главной задачей ПНАВ. В бытность замминистра обороны он проявлял поразительную зацикленность на Ираке. Один из высших чиновников администрации отмечал: «Если спросить его о любой другой мировой проблеме, внятного ответа вы не получите. Они его просто не интересуют». Чиновник утверждал, что Вулфовиц даже не знал позиции Министерства обороны по этим вопросам[64].

С момента вступления Буша в должность Ирак оказался в центре внимания его правительства. Первое заседание СНБ под своим председательством 30 января 2001 года Буш открыл вопросом: «Так что, Конди, о чем мы поговорим сегодня? Что у нас на повестке дня?» — «Как Ирак дестабилизирует регион, господин президент», — ответила Кондолиза Райс[65].

Неоконсерваторы из числа сотрудников правительственного аппарата с самого начала горячо взялись за дело. Когда через два дня СНБ собрался на новое совещание, Рамсфелд прервал Пауэлла во время обсуждения «целенаправленных санкций» в отношении Ирана. «Санкции — это

Заключенные в американской тюрьме Гуантанамо молятся. Один из экспертов ФБР по контртерроризму свидетельствовал, что из всех заключенных Гуантанамо держать там имело смысл не больше 50 человек.

хорошо, — выпалил он, — но чем нам действительно следует заняться, так это охотой на Саддама». Позже он добавил: «Представьте, как будет выглядеть регион, если вместо Саддама будет установлен режим, идущий в фарватере наших интересов. Это изменит все и в регионе, и за его пределами. Это всем покажет, какова политика США на самом деле». Вспоминая эти события, министр финансов Пол О'Нил признавал: «С самого начала мы вели игру против Хусейна, искали способы, как отстранить его от власти, а Ирак в корне переделать. Если бы мы это сделали, это решило бы все. Все занимались поиском таких способов. Это был лейтмотив всего. Президент говорил: "Отлично. Найдите мне возможности сделать это"»[66].

О'Нил сказал Рону Саскинду, что уже в мае 2001 года правительственные чиновники обсуждали конкретные планы оккупации Ирака[67]. Важную роль в этом играла возглавляемая Чейни рабочая группа по вопросам энергетики. Среди других сторонников вторжения были протеже Вулфовица Льюис Либби, занимавший пост советника Чейни по вопросам национальной безопасности, заместитель К. Райс Стивен Хэдли и новый глава совета Пентагона по оборонной политике Ричард Перл. 19–20 сентября члены совета по оборонной политике решили взять Ирак на прицел сразу после захвата Афганистана. *New York Times* сообщала, что между собой чиновники называли сторонников вторжения «заговорщиками Вулфовица»[68].

Глава 13. Фиаско Буша–Чейни

Участники заговора искали способ связать иракцев с событиями 11 сентября. Рамсфелд просил ЦРУ найти факты, указывающие как минимум на 10 отдельных случаев причастности Ирака к терактам[69]. В надежде получить такую информацию пытали пленных. Но все зря. Рамсфелд и Чейни осыпали бранью аналитиков ЦРУ, которые указывали на этот неудобный факт.

Не имея доказательств, стали фабриковать их сами. Чейни и Либби постоянно подчеркивали факт встречи угонщика самолета Мохаммеда Атты с сотрудником иракской разведки в Праге — несмотря на то что директор ЦРУ Тенет подтвердил: Атта на момент предполагаемой встречи находился в США и проживал в Вирджинии, по соседству со штаб-квартирой ЦРУ[70].

Вулфовиц обратился за помощью к Лори Милрой, чья совершенно дискредитировавшая себя писанина привязывала Ирак чуть не к каждому теракту последних лет, включая взрывы в Оклахома-Сити в 1995-м. Милрой жаловалась, что правительство Клинтона считало ее «чудачкой»[71]. Аналитик канала *CNN* Питер Берген, в свою очередь, считал, что она просто-напросто «чокнутая». Разведслужбы с ним полностью соглашались. Берген называл ее экзерсисы «единой теорией террористического поля». Но Вулфовиц и Перл воспринимали ее всерьез, как и журналистка *New York Times* Джудит Миллер, написавшая вместе с Милрой в 1990 году книгу о Саддаме Хусейне. Вулфовиц направил бывшего директора ЦРУ Джеймса Вулси за тридевять земель найти «то — не знаю что», которое могло бы подтвердить ее безумные теории. И хотя большинство неоконсерваторов в правительстве считали догадки Милрой о том, что «"Аль-Каида" — подразделение иракской разведки», бредом[72], Буш и Чейни часто ссылались на связь Ирака с терактами 11 сентября. В сентябре 2003 года Чейни сказал ведущему телепередачи «Встреча с прессой» Тиму Рассерту, что Ирак является «средоточием базы, географической базы террористов, которые нападали на нас годами и самой страшной атакой которых были события 11 сентября»[73].

Тем временем ЦРУ задействовало все свои извращенные и нелепые методы, чтобы дискредитировать и Саддама, и бен Ладена. Оперативная группа ЦРУ по Ираку планировала сфабриковать видео, на котором Саддам занимался бы сексом с мальчиком-подростком, и «наводнить Ирак копиями этой записи». «Выглядело бы так, будто снято скрытой камерой, — рассказывал бывший сотрудник ЦРУ. — Очень нечетко, как в порнофильме для вуайеристов». А видео, на котором бен Ладен и его приятели из «Аль-Каиды» сидят у костра, глушат виски и хвастают сексом с мальчиками, даже было снято[74].

Подобные предприятия едва ли были более странными, чем «разведывательная информация», собранная за время подготовки к войне. Одним из любимых источников правительственных кругов был Ахмед Чалаби, глава Иракского национального конгресса (ИНК). ИНК, получавший от людей Буша миллионы долларов, посылал фантастические доклады о ведущихся в Ираке разработках оружия массового поражения, основываясь на сведениях, полученных от иракских перебежчиков на Запад, многие из которых открыто стремились спровоцировать американское вторжение. Позднее, когда американцы оккупировали Багдад, Чалаби хвастал: «Мы — герои по ошибке. Но любое дело, за которое мы беремся, выходит отлично»[75].

Бывший сотрудник РУМО полковник Патрик Лэнг видел в этом руку своего ведомства. «Пентагон сделал все, чтобы получить контроль над внешней политикой правительства, и добился своего, — качал он головой. — Они задействовали Чалаби. Запугали РУМО и просто размазали его по стенке. А в ЦРУ вообще все поголовно трусы»[76].

Используя столь вопиюще ложную информацию, правительство стало оспаривать выводы аналитиков ЦРУ и инспекторов ООН по вооружениям, продолжая неутомимо создавать предлог для вторжения в Ирак. «Мы знаем, что у них есть оружие массового поражения, — настаивал Рамсфелд. — Это бесспорно»[77]. В начале октября 2002 года Буш, повторяя аналогичное предупреждение со стороны Райс месячной давности, заявил: «Мы не можем дожидаться неоспоримых доказательств — дымящегося пистолета в виде грибовидного облака»[78]. Но с Чейни в деле откровенных подтасовок и леденящих душу прогнозов соревноваться не мог воистину никто:

«Иракский режим... неустанно расширяет свои возможности в сфере химического и биологического оружия и продолжает свою ядерную программу... Вооруженный целым арсеналом столь ужасающего оружия и сидящий на 10% мировых запасов нефти, Саддам Хусейн вполне может попытаться захватить власть над всем Ближним Востоком, получить контроль над львиной долей мировых энергетических резервов и начать угрожать друзьям Америки во всем регионе, в то же время шантажируя сами США и другие страны ядерным оружием. Проще говоря, нет сомнений, что у Саддама уже есть оружие массового поражения; нет сомнений, что он наращивает свой арсенал, желая использовать его против наших друзей, союзников и против нас самих»[79].

Руководствуясь этой придуманной оценкой угрозы, которой вторили результаты Национального разведывательного анализа в октябре 2002 года, Буш готовился к войне, делая вид, будто стремится найти мир-

Глава 13. Фиаско Буша–Чейни

ное решение[80]. В марте 2002-го он неожиданно встал во время встречи Райс с сенаторами от обеих партий и воскликнул: «Черт бы побрал этого Саддама! Мы его вышвырнем»[81]. В мае же сказал пресс-секретарю Белого дома Ари Флейшеру: «Я буду гнать его пинками в задницу по всему Ближнему Востоку»[82].

Но многие специалисты знали, что заявления Буша об иракском ОМП были серьезным преувеличением, если не полным вздором. Бывший главный инспектор ООН по вооружениям Скотт Риттер сказал каналу *CNN* в 2002 году: «Предположения о наличии у Ирака оружия массового поражения или намерениях заполучить таковое не были подтверждены никем». Ведущая *CNN* Фьоннуала Суини возразила: «Сложно судить об этом, если в страну нельзя попасть». Ответы Риттера на это замечание и последующие вопросы проливают свет на использование правительством США проблемы ОМП в качестве casus belli*: «Верно. Но вот только зачем американцы сняли трубку в декабре 1998-го и приказали инспекторам убраться оттуда? Ведь это сделали именно они, а не Саддам Хусейн. США приказали инспекторам убраться из страны за двое суток до начала операции "Лиса пустыни" — боевых действий, не получивших одобрения Совета Безопасности ООН, в ходе которых использовались данные, собранные инспекторами… К декабрю 1998-го мы сосчитали 90–95% иракского оружия, которое могло быть использовано для массового поражения (под "нами" я подразумеваю инспекторов). Это мы уничтожили все заводы и все средства производства. Определенную часть арсенала мы подсчитать не могли, но срок годности химического оружия — пять лет, биологического — три года. Чтобы иметь такое оружие сегодня, им нужно было отстроить заводы и начать производство уже в декабре 1998-го».

«Насколько полным был ваш доступ к объектам, где проводились инспекции?» — спросила Суини. «На 100%», — заверил ее Риттер[83].

Хотя для правительства Риттер считался «нежелательным элементом» и на его слова могли просто не обратить внимания, нет никакого оправдания игнорированию предупреждений со стороны главы Центрального командования генерала Томми Фрэнкса, которого Рамсфелд привлек для разработки плана боевых действий. На заседании СНБ, проходившем в сентябре 2002 года, Фрэнкс прямо заявил: «Господин президент, мы ищем ракеты "Скад" и другое ОМП уже 10 лет и до сих пор не нашли ничего»[84].

---

* «Казус белли» (*лат.*) — повод для объявления войны.

Наиболее влиятельные политики страны, часть которых была связана с отцом президента, пытались убедить Буша, что вторжение будет серьезной ошибкой. В число этих «еретиков» входили генерал Брент Скаукрофт, советник по национальной безопасности Джорджа Буша-старшего, Джеймс Бейкер, Лоуренс Иглбергер и Джордж Кеннан. Военные тоже были против этой авантюры. Генерал-лейтенант морской пехоты Грегори Ньюболд, начальник оперативного отдела КНШ, вспоминал: «Могу сказать, что многие высшие офицеры говорили мне: "Какого дьявола мы творим?" Они спрашивали: "Почему Ирак? Почему сейчас?"»[85]

И тогда руку помощи Бушу протянул британский премьер-министр Тони Блэр. В сентябре 2002 года Блэр, которого впоследствии весь мир будет обзывать «пуделем Буша», опубликовал подборку материалов по иракскому ОМП, которая была настолько шита белыми нитками, что впоследствии стала поводом для нескольких скандалов. Однако Блэр настаивал на получении одобрения в ООН, чтобы ему легче было убедить самих британцев, поскольку в Англии были по-прежнему сильны антивоенные настроения[86].

Совет Безопасности ООН распорядился отправить в Ирак еще одну группу инспекторов. Саддам принял это без всяких предварительных условий. Инспекции начались в ноябре. За последующие три с половиной месяца инспекторы ООН посетили 500 объектов, некоторые по нескольку раз. В список входили и те объекты, которые ЦРУ назвало в качестве мест наиболее вероятного хранения ОМП. Ничего. Главный инспектор ООН по вооружениям Ганс Бликс поинтересовался: «Если это лучшее из того, что мы смогли найти, то что же тогда худшее?.. Может ли быть стопроцентная уверенность в том, что оружия массового поражения не существует, если мы не нашли ни одного места, где оно могло бы храниться?»[87] Впоследствии Бликс сравнивал правительственных чиновников Буша со средневековыми охотниками на ведьм, которые были «так убеждены в существовании ведьм, что когда искали, то уж непременно находили»[88].

Во время последнего раунда инспекций Ирак направил в ООН свой доклад о вооружениях на 11 800 страницах. «У Ирака нет оружия массового поражения», — заявил генерал-лейтенант Хоссам Мохаммед Амин. Но Буш, уже решивший, что любую декларацию, в которой не будет указан факт существования ОМП, следует считать ложной, пренебрежительно отверг доклад. «Декларация — ничто, это макулатура, это вздор, — сказал он принимавшему его испанскому премьер-министру Хосе Марии Аснару. — Рано или поздно мы скажем: "Хватит!" — и возьмем его».

Глава 13. Фиаско Буша–Чейни

Постпред Ирака в ООН Мохаммед Альдоури потребовал от США доказательств их обвинений. Но США их просто не имели: они отредактировали более 8 тысяч страниц иракского доклада до передачи его 10 временным членам Совета Безопасности — отчасти для того, чтобы скрыть роль своего правительства и 24 крупных корпораций в развитии программы вооружения Ирака[89].

После тщательных инспекций Бликс отказался обвинить Ирак в нарушении резолюции ООН № 1441, требовавшей от страны разоружения. 3 марта 2003 года *Newsweek* сообщил, что зять Саддама Хусейн Камель, руководивший программой создания ОМП в течение 10 лет вплоть до своего бегства на Запад в 1995 году, поведал ЦРУ, английской разведке и инспекторам ООН, что после войны в Заливе Ирак уничтожил все свое химическое и биологическое оружие. Рольф Экеус, возглавлявший инспекции ООН с 1991 по 1997 год, сказал, что информация Камеля была «настолько подробной, что заставляла растеряться»[90].

С 1991 по 1998 год инспекторы ООН проследили за ликвидацией 817 из 819 подлежащих уничтожению иракских ракет средней дальности, 23 мобильных пусковых установок различных типов и 56 стационарных ракетных баз. Ирак также уничтожил 73 из 75 химических и биологических боезарядов, 163 боезаряда обычного действия, 88 тысяч заряженных и холостых полевых химических боеприпасов, 4 тысячи тонн исходных компонентов химического оружия, более 600 тонн боевых и обычных химических реагентов, а также 980 единиц оборудования для производства ОМП. Иракцы разрушили «Аль-Хакам» — главный комплекс по разработке и производству биологического оружия, а также 60 единиц оборудования, вывезенного из других комплексов, и 22 тонны оружейного биоматериала[91].

Если наличие у стран Ближнего Востока и Южной Азии ОМП уже было достаточным основанием для американского вторжения, то в регионе было еще несколько потенциальных целей. В докладе от 2002 года под названием «Оружие массового поражения на Ближнем Востоке» Энтони Кордсмен из Центра стратегических и международных исследований назвал в качестве государств, которые владеют ОМП, Израиль, Индию и Пакистан (химическое, биологическое, ядерное), Иран и Сирию (химическое, биологическое), Египет и Ливию (химическое)[92].

Ирак не представлял никакой угрозы. С 1991 по 1998 год он уничтожил такое количество оружия, что стал одним из слабейших государств региона. Его военные расходы составляли лишь малую долю расходов некоторых его соседей. В 2002 году они составили около 1,4 миллиарда долларов. США потратили в 300 с лишним раз больше[93].

Тем не менее тактика запугивания сработала. А для верности правительство умышленно подогнало голосование в конгрессе к промежуточным выборам 2002 года, угрожая заклеймить всех противников войны как непатриотичных трусов во время тяжкого национального кризиса. Давлению поддались многие, среди них и Хиллари Клинтон, и Джон Керри. 2 октября 2002 года сенат одобрил применение силы 77 голосами против 23. Соотношение в Палате представителей было 269:133. Резолюция заявляла о прямой связи Ирака с «Аль-Каидой» и утверждала, что страна представляет угрозу для США.

Лишь один сенатор-республиканец Линкольн Чейфи от штата Род-Айленд проголосовал против этой резолюции. Позже он осуждал бесхребетность главных демократов, поддавшихся на угрозы Буша: «Они боялись, что республиканцы назовут их слишком мягкотелыми для мира после 11 сентября, и действовали в собственных политических интересах. Они отправили тысячи американцев и великое множество иракцев прямиком на тот свет». Чейфи наблюдал за тем, как поджавшие хвост демократы «раз за разом шли на встречи в Белый дом и Пентагон, а обратно возвращались уже готовые вытянуть руки по швам. Грозно шевеля бровями, они на все лады распевали, что Саддама Хусейна нужно остановить. Остановить, чтобы он не сделал чего? У них не было ни убеждений, ни своей позиции по данному вопросу. Они лишь как попугаи повторяли бред правительства»[94].

Среди групп, лоббировавших в конгрессе войну, был Американо-израильский комитет общественных связей (АИКОС) — влиятельная организация, взгляды которой были гораздо правее, чем у большинства американских евреев, зато совпадали с позицией неоконсерваторов по Ближнему Востоку. В январе 2003 года исполнительный директор АИКОС Говард Кор сказал газете *New York Sun*, что «"тихое" лоббирование в конгрессе использования силы против Ирака было одним из успехов АИКОС в предыдущем году»[95].

Большинство неоконсерваторов в правительстве считали, что их действия являются бескомпромиссной защитой интересов Израиля, которым, по их мнению, отвечало свержение Саддама Хусейна. И опять всем заправлял Вулфовиц. Газета *Jerusalem Post* сообщила, что из-за назначения Бушем Вулфовица на пост первого заместителя министра обороны «евреи и другие произраильски настроенные граждане... просто скакали от радости». В 2002 году журнал *Forward* назвал его «главным произраильским "ястребом" в правительстве». Но если он и был главным, то замминистра обороны Дуглас Фейт, Перл, Либби и Болтон дышали ему в затылок[96].

Глава 13. Фиаско Буша-Чейни

Протащив через конгресс резолюцию, правительство продолжало штамповать лживые и дискредитирующие Ирак заявления. Особенно печально известным стало послание Буша «О положении страны» в январе 2003 года, где он заявил: «Британское правительство узнало, что Саддам Хусейн недавно получил большой объем урана из Африки»[97]. Джозеф Уилсон, бывший заместитель главы американской миссии в Ираке, затем посол в трех африканских государствах, уже опровергал это утверждение. Когда впоследствии Уилсон пролил свет на лицемерие правительства, высшие чиновники, в число которых входил и Либби, отомстили ему, безосновательно выгнав со службы его жену, работавшую оперативным сотрудником ЦРУ, разрушив ее карьеру и поставив в опасное положение многих людей.

Основываясь на представленных Фейтом «доказательствах», которые аналитики ЦРУ и РУМО постоянно разносили в пух и прах, Чейни и Либби постоянно ездили в Лэнгли и давили на ЦРУ, требуя, чтобы разведка пересмотрела оценки относительно отсутствия связей между Ираком и «Аль-Каидой». Напряженность между "ястребами" в правительстве и аналитиками разведки росла. Как координатор разведки на Ближнем Востоке, Пол Пиллар был ответственным за оценку ситуации в Ираке. Он рассказывал о «нездоровой атмосфере», когда подхалимы правительства обвиняли его и других офицеров разведки в «попытке саботировать политику президента»[98]. Однажды, когда Хэдли потребовал, чтобы замдиректора по разведывательной деятельности пересмотрел «соответствующий документ», взбешенный Тенет позвонил Хэдли и проорал в трубку: «Мы не станем больше переписывать эти гребаные доклады. Точка, мать твою. Ты меня слышишь?! И не смей больше угрожать моим людям, ублюдок. Никогда!»[99]

Но самый позорный инцидент произошел 5 февраля 2003 года, когда госсекретарь Колин Пауэлл, наиболее уважаемый и пользующийся доверием член правительства, появился в ООН и предъявил то, что и послужило поводом к войне. Буш лично выбрал для этой цели Пауэлла. «У вас есть достаточный кредит доверия, — сказал он Пауэллу. — Возможно, вам они поверят»[100].

Пауэлл говорил 75 минут. Он принес с собой гору магнитофонных записей, спутниковых снимков и прочих сфабрикованных материалов — даже пробирку с похожим на споры сибирской язвы белым порошком, доказав, как мало нужно для того, чтобы погубить множество людей. Он уверял делегатов:

«Коллеги, все мои утверждения имеют под собой основания. И эти основания очень серьезны. Это не догадки. Все, что мы представили, — это факты и заключения, базирующиеся на достоверных данных разведки... У нас есть полученное из первых рук описание передвижных цехов по производству биологического оружия. Мы знаем, что у Ирака есть как минимум семь таких подвижных цехов. Цехи-трейлеры, и каждый состоит минимум из двух-трех грузовиков... мобильные производственные комплексы... могут производить возбудителя сибирской язвы и ботулотоксин. За один месяц они могут произвести достаточное количество сухих реагентов, чтобы убивать людей тысячами. Даже по нашим скромным оценкам, Ирак уже располагает боевыми химическими реагентами в объемах от 100 до 500 тонн... И Саддам пребывает в решимости заполучить ядерное оружие... Я лишь хочу обратить ваше внимание на то, что связи между Ираком и "Аль-Каидой" могут оказаться гораздо более тесными»[101].

Позже Пауэлл назовет это жалкое представление недостойной страницей своей карьеры[102]. Многие его утверждения были опровергнуты как разведкой, так и инспекторами ООН еще задолго до этого. Другие аргументы основывались на информации, предоставленной известными лжецами вроде Чалаби и Ловкача — алкоголика-кузена одного из помощников Чалаби. Ловкача уже уличала в мошенничестве разведка ФРГ, которой он представил более 100 ложных докладов об ОМП. «У меня был шанс сфабриковать что-то, что позволит свергнуть режим», — позже признавал Ловкач. Немецкие разведчики предупреждали ЦРУ, что Ловкачу верить нельзя. Пауэлл сопротивлялся давлению со стороны Чейни, требовавшего доказать прямую связь Саддама с «Аль-Каидой», — госсекретарь назвал большую часть догадок Либби и компании «чушью собачьей»[103].

Сотрудники разведслужб возмущались тем, с какой легкостью неоконсерваторы из Пентагона крадут, искажают и фабрикуют доказательства. Когда несуществующее ОМП в итоге так и не было обнаружено, обозреватель *New York Times* Николас Кристоф назвал неоконсерваторов психопатами, стремящимися любым путем доказать, что они правы. Один чиновник, пожелавший остаться неизвестным, сказал: «Как сотрудник РУМО, я знаю, каким образом наше правительство лгало общественности, стремясь добиться поддержки нападения на Ирак»[104].

Хотя за рубежом никто не воспринял речь Пауэлла всерьез, на американское общественное мнение она все же оказала нужное влияние. *Washington Post* назвала его доказательства «неоспоримыми». Войну поддерживала уже не треть, а половина всего населения страны. Когда на следующий день Пауэлл встретился с членами сенатского комитета по иностранным делам, расчувствовавшийся Джозеф Байден произнес: «Если бы я мог, то выдвинул бы госсекретаря Колина Пауэлла на пост президента»[105].

Глава 13. Фиаско Буша—Чейни

США нужно было добиться одобрения 9 из 15 членов Совета Безопасности и убедить Францию не использовать право вето. Они начали оказывать сильнейшее давление на развивающиеся страны, которым было прекрасно известно, что случилось с Йеменом в 1990 году, после того как он вместе с Кубой не согласился с применением силы против Ирака. Оооновский гамбит мог бы получиться, если бы не храбрый молодой офицер английской разведки Катарина Ган: невзирая на огромный личный риск, она рассказала о незаконной операции АНБ по слежке за делегатами ООН, которая позволила бы оказать на них давление, чтобы они поддержали войну. Разоблачения шокировали англичан, но в американских СМИ о них не было сказано практически ничего[106]. В итоге, несмотря на продолжавшиеся неделями угрозы и предложения взяток, резолюцию поддержали только США, Англия, Испания и Болгария. Среди бросивших Америке вызов были Камерун, Чили, Гвинея, Ангола и Мексика[107].

Американские чиновники презрительно смеялись над сопротивлением войне со стороны Франции и ФРГ. Рамсфелд называл их «старушкой Европой»[108]. В стиле, напоминавшем поношение всего немецкого во время Первой мировой войны, в кафетерии палаты представителей *French fries* (картофель фри — буквально «жаренный по-французски») переименовали в «картофель свободы». Обозреватель *New York Times* Томас Фридман предложил заменить Францию в Совете Безопасности ООН Индией, поскольку «Франция, как говорят в детском саду, не хочет играть с остальными»[109].

Буш долго не мог забыть отказа «старушки Европы» поддержать войну. В своих мемуарах, опубликованных в 2010 году, он обвинил германского канцлера Герхарда Шредера в том, что тот нарушил свое обещание поддержать вторжение, данное в январе 2002-го. Шредер с возмущением отверг его обвинения, парировав: «Как мы сегодня знаем, аргументы правительства Буша в пользу вторжения были основаны на лжи». Его взгляды разделяли и другие германские деятели. Уве-Карстен Хайе, бывший в то время пресс-секретарем Шредера, едко усомнился в наличии у Буша хотя бы минимального понимания международной обстановки: «Мы видим, что умственные способности президента самой важной страны современного мира исключительно низки. С ним даже общаться сложно. Он не понимает, что происходит на земном шаре. Он слишком подчеркивает, что он техасец. Не сомневаюсь, что в родном штате он знает каждую корову»[110].

Решение начать вторжение 10 марта уже было принято. Встретившись с Блэром через пять дней после речи Пауэлла, Буш предложил несколько способов спровоцировать конфронтацию, включая перекрашивание американского самолета-разведчика в цвета ООН и вызов на него иракского огня, разоблачения относительно иракского ОМП со стороны «перебежчика» и даже убийство Саддама[111].

Барабаны войны грохотали все сильнее. Американские СМИ отказались от малейших претензий на объективность и стали открыто восхвалять милитаристов, изгнав из эфира всех критиков. Канал MSNBC, принадлежащий *General Electric*, закрыл вечернее шоу Фила Донахью. В своем уведомлении канал объяснил: «Нам кажется, что Донахью предпочитает гостей, настроенных против войны, против Буша, скептически воспринимающих политику правительства». Руководство компании NBC боялось, что шоу может стать «рассадником антивоенного либерализма, тогда как наши конкуренты по любому поводу размахивают американским флагом»[112].

И они действительно размахивали. *CNN*, *Fox*, *NBC* и другие телесети и радиостанции приглашали целый ряд отставных генералов, которые были не более чем глашатаями Пентагона. Пентагон задействовал более 75 офицеров, большая часть из которых открыто работала на военных подрядчиков, а тем война сулила огромные прибыли. Рамсфелд лично одобрил этот список. Многих отправляли в специальные турне в Багдад, Гуантанамо и другие подходящие места. В 2008 году *New York Times* опубликовала разоблачение, в котором говорилось, что «во внутренних документах Пентагона военных аналитиков называют "трещотками" и "суррогатом", в их задачу входит доносить до миллионов американцев "послания" правительства, выдавая их за свое собственное мнение».

Победа будет легкой, уверяли доверчивую публику и раболепствующих телеведущих бывшие военные. Каналы платили дезинформаторам 500–1000 долларов за каждое появление. В задачу Брента Крюгера, главного помощника Тори Кларка, который, в свою очередь, был помощником министра обороны по связям с общественностью, входило следить за всем этим процессом. Он похвалялся: «Как вы видите, мы передаем речи министра и профессионалов дословно. Ничего удивительного, ведь они все время повторяют одно и то же». Однажды он заметил: «Мы можем включить любой канал — и там обязательно будет выступать кто-то из наших. Невозможно спорить с тем, что это работает».

Позже некоторые сожалели о своем вранье о войне. Аналитик *Fox* майор Роберт Бевельякуа, служивший в «зеленых беретах», жаловался: «Они прямо так и говорили: "Вы не должны и языком пошевелить без нашего приказа"». Военный аналитик *NBC* полковник Кеннет Аллард

Глава 13. Фиаско Буша–Чейни

называл эту программу «стероидной психологической войной». «Я чувствовал себя так, будто нас отымели», — признавался он[113].

Ведущие газеты несли аналогичную чушь. В 2004 году редактор *New York Times* по вопросам этики Дэниэл Окрент разнес издание в пух и прах за то, что оно печатало статьи, которые «рекламировали позицию Пентагона так агрессивно, что можно было чуть ли не увидеть погоны на плечах редакторов»[114].

Для неоконсерваторов Ирак был лишь закуской. Проглотив его, они планировали взяться за главное блюдо. В августе 2002 года один из высших английских чиновников сказал *Newsweek*: «Большинство стремится в Багдад. Но Тегеран — это для настоящих мужчин»[115]. Заместитель госсекретаря Джон Болтон предпочитал Сирию и Северную Корею. Член ПНАВ Норман Подгорец призывал Буша мыслить более масштабно. «Режимов, которые заслуживают свержения и замены, гораздо больше, чем три страны "оси зла", — писал он в своем журнале "Комментари". — В эту ось надо включить еще как минимум Сирию, Ливан и Ливию, таких "друзей" Америки, как саудовская королевская семья и египетский лидер Хосни Мубарак, а также руководство Палестины, вне зависимости от того, будет ли ее возглавлять Арафат или кто-то из его преемников»[116]. Майкл Ледин, бывший чиновник СНБ и стратег неоконсерваторов, размышлял: «Я думаю, мы обязаны участвовать в войнах в этом регионе, хотим мы того или нет. Эти войны могут изменить мир»[117].

Когда отставной генерал Джон Уэсли Кларк посетил Пентагон в ноябре 2001 года, он понял, что то были не просто воздушные замки. Один из старших штабных офицеров сказал ему: «Мы по-прежнему готовимся к вторжению в Ирак... Но есть и другие идеи. Мы обсуждали их в рамках подготовки пятилетнего плана операций». «Всего в плане были упомянуты семь стран, — рассказывал Кларк. — Ирак, Сирия, Ливан, Ливия, Иран, Сомали и Судан. Видимо, именно их они имели в виду, когда говорили об "осушении болота"»[118].

Понимавшие специфику региона люди, в число которых входили и сотрудники Госдепартамента и ЦРУ, пытались рассеять фантазии неоконсерваторов. «Для людей, ничего не понимающих в делах Ближнего Востока, устроить такую войну — просто перевернуть калейдоскоп», — говорил бывший посол США в Саудовской Аравии Чарльз Фримен[119]. «Это простительно в качестве фантазии для некоторых израильтян... — сказал Энтони Кордсмен. — Но для американской политики это уже переходит грань между неоконсерватизмом и неопомешательством»[120]. Специалист по международным отношениям из

Принстонского университета Джон Айкенберри удивлялся «имперским амбициям» неоконсерваторов, желавших построить «однополярный мир, в котором у США просто не будет конкурентов» и в котором «ни одно государство или коалиция не сможет бросить вызов глобальному лидеру, протектору и жандарму»[121].

С приближением войны некоторые люди стали замечать, как мало среди воинственных энтузиастов тех, кто служил в армии во времена холодной войны или Вьетнама. Их стали обзывать «ястребами-цыплятниками»*. Несмотря на искреннюю поддержку вьетнамской войны, большинство из них уклонились от службы. Теперь же они с легкостью посылали молодежь на убой в Афганистан и Ирак. Сенатор-республиканец от штата Небраска Чак Хейгел, ветеран Вьетнама, выступавший против воинственной политики Буша, отмечал: «Интересно, что многие из тех, кто хочет ввергнуть страну в вооруженный конфликт и считает, что победа в нем будет легкой, ничего не знают о войне. Они отталкиваются от умозрительных заключений. Они не сидели в джунглях и окопах, не смотрели, как их товарищам простреливают головы»[122]. Заслуженный генерал морской пехоты Энтони Дзинни считал, что «интересно было бы подумать о том, почему все генералы видят ситуацию в одном свете, а все те, кто в жизни своей не стрелял ни во что, кроме пустых бутылок, видят ее по-другому и изо всех сил стремятся развязать войну. Впрочем, история показывает, что так было всегда»[123].

Ситуация начала XXI века была наиболее вопиющим примером. Дик Чейни считал Вьетнам «правым делом», однако, переведясь из Йеля в Касперский колледж в Вайоминге, он получил отсрочку по учебе, а затем еще одну — по причине женитьбы. «В 1960-е годы у меня были более важные дела, чем служба в армии», — объяснял Чейни[124]. Многие думали, что рождение в семействе Чейни первого ребенка в июле 1966 года, через девять месяцев после того, как правительство Джонсона объявило о призыве бездетных женатых мужчин, не было чистой случайностью[125]. Джордж Буш-младший использовал семейные связи для того, чтобы попасть в Национальную гвардию. Афроамериканцев в Национальной

---

* Для американцев цыпленок — олицетворение трусости, как в русском языке заяц. «Ястреб-цыплятник» — так стали называть известных в США личностей (политических деятелей, кинозвезд), которые в период войны во Вьетнаме сумели законным способом избежать призыва на воинскую службу, а сейчас являются сторонниками жесткой внешней политики, которая в итоге может привести к участию в конфликте американских войск.

Глава 13. Фиаско Буша–Чейни

гвардии был всего 1%. Бушу не хватило сил пройти весь шестилетний срок службы, и он перевелся в Алабаму, где занялся политикой[126]. Четырехзвездный генерал[**] Колин Пауэлл, бывший председатель КНШ, писал в автобиографии, вышедшей в 1995 году: «Меня возмущает, что сыновья многих сильных мира сего... смогли отсидеться в резерве и различных подразделениях Национальной гвардии. Из всех трагедий Вьетнама это вопиющее классовое неравенство наносит самый серьезный удар по идеалам, согласно которым все американцы созданы равными и должны одинаково выполнять долг перед своей страной»[127]. Будущий спикер палаты представителей Ньют Гингрич получил отсрочку по учебе. Однажды он сказал репортеру, что Вьетнам был «нужной войной в нужное время». Когда репортер спросил, почему же он не был нужен лично ему, Гингрич ответил: «Да какая разница? В конгрессе шли бои пожарче, чем во Вьетнаме»[128]. Однако он был избран в конгресс лишь через четыре года после окончательного вывода американских войск из Вьетнама. Джон Болтон поддерживал вьетнамскую войну во время своей учебы в Йеле, но после окончания университета записался в Национальную гвардию, чтобы избежать отправки в зону боевых действий. Позже он написал в своей книге, посвященной 25-летию окончания Йеля: «Признаюсь, что у меня не было желания умирать на рисовых полях Юго-Восточной Азии»[129]. Пол Вулфовиц, Либби, Питер Родмен, Ричард Перл, бывший глава аппарата Белого дома Эндрю Кард, Джон Эшкрофт, Джордж Уилл, бывший мэр Нью-Йорка Рудольф Джулиани, Фил Грэм, бывший спикер палаты представителей Деннис Хэстерт, Джо Либерман, сенатор Митч Макконнелл, судья Верховного суда Кларенс Томас, Трент Лотт, Ричард Эрми, бывший сенатор Дон Никлс — все они получили отсрочку. Джон Эшкрофт получал ее семь раз. У Эллиота Абрамса болела спина, заместитель министра юстиции Кеннет Старр страдал от псориаза, Кеннет Эдельман — от кожной сыпи, а у Джека Кемпа и вовсе было ножевое ранение, что, впрочем, не помешало ему еще восемь лет играть в Национальной футбольной лиге (НФЛ). «Суперъястреб» Том Делэй, будущий лидер республиканского большинства, во время войны боролся с вредителями на полях. Он уверял критиков, что пошел бы служить, если бы все лучшие должности уже не заняли представители меньшинств. Раш Лимбо пропу-

---

[*] В сухопутных войсках и ВВС США — генерал (соответствует генерал-полковнику в Советской армии и войсках РФ), высшее звание, присваиваемое в мирное время. У генерал-лейтенанта три звездочки на погонах, у генерал-майора — две, у бригадного генерала — одна.

стил Вьетнам, по разным данным, из-за кисты — то ли пилонидальной, то ли анальной[130].

С приближением войны протестующие вышли на улицы более 800 городов по всему миру. По разным данным, их число составило от 6 до 30 миллионов человек. В одном Риме демонстрантов было 3 миллиона. Это вошло в Книгу рекордов Гиннесса как крупнейший антивоенный митинг в истории[131]. Более миллиона протестующих промаршировали по Лондону. Сотни тысяч — по Нью-Йорку. Более 80 % европейцев было против американского вторжения в Ирак. В Турции недовольных было 94–96 %. Недовольство в Восточной Европе колебалось от 60 % в Чехии до 70 % в Польше[132].

Но самым сильным возмущение было в арабском мире, и это несмотря на то, что именно на его территории США вели наиболее агрессивную пропаганду. Социологическая компания «Зогби» сообщила, что количество негативно относящихся к США саудовцев за год выросло с 87 до 97 %[133]. Исследование журнала *Time* показало, что из 300 тысяч опрошенных европейцев 84 % считают главной угрозой миру США и лишь 8 % — Ирак[134]. Обозреватель Роберт Сэмюельсон писал: «В глазах иностранных критиков присущая Бушу мораль в стиле Рэмбо подтверждает худшие стереотипы об американцах как людях тупых, неосмотрительных и кровожадных»[135].

Безразличный к мировому общественному мнению, Буш 20 марта отдал приказ о массированном авианалете. Операция была названа «Шок и трепет» и основывалась на стратегическом исследовании Харлана Ульмана и Джеймса Уэйда, вышедшем в 1996 году. В нем говорилось: «Взятие страны под контроль должно осуществляться путем как физического уничтожения ее инфраструктуры, так и завладения важнейшими информационными и коммерческими потоками в как можно более сжатые сроки, поскольку это произведет эффект национального шока, подобного тому, который испытала Япония после применения ядерного оружия против Хиросимы и Нагасаки». Авторы объясняли, что цель заключается в «установлении режима шока и испуга путем мгновенного причинения разрушений почти немыслимых масштабов, что позволит оказать влияние в первую очередь на власть и общество, а не на армию, как было бы в случае ударов по стратегической военной инфраструктуре». При этом авторы предупреждали, что подобная стратегия является «совершенно безжалостной» и «абсолютно несовместима с американскими ценностями и культурным наследием»[136].

Но при Буше и Чейни произошла фундаментальная переоценка американских ценностей и культурного наследия. Ведущий *NBC* Том

Глава 13. Фиаско Буша–Чейни

Антивоенный протест у монумента Джорджу Вашингтону. С приближением вторжения в Ирак к американским протестующим присоединились миллионы людей по всему миру. Число демонстрантов в Риме составило около 3 миллионов.

Брокау негодовал: «Чего мы точно не должны делать — это разрушать инфраструктуру Ирака, потому что через несколько дней нам самим придется управлять этой страной»[137]. Рамсфелд отправился в Багдад выразить благодарность солдатам за их самопожертвование и там, как оказалось, слегка преждевременно заявил: «В отличие от многих армий мира вы пришли не завоевывать, а освобождать, и иракцы это знают... Многие... вышли на улицы, чтобы приветствовать вас, разрушить статуи Саддама Хусейна и отпраздновать обретение свободы»[138].

Тщательно срежиссированные кадры американской мощи и ликования иракцев быстро сменились кадрами иракцев, выносящих древние сокровища из музеев Багдада. Оказалось, что даже «ликование» не было таким массовым и спонтанным, каким его хотели показать. Знаменитая картина с иракцами, сносящими статую Саддама Хусейна на площади Фирдос, оказалась постановкой американских военных психологов, нанявших иракцев для сноса монумента[139].

После захвата Ирака следующими потенциальными целями для свержения правящих режимов стали Иран, Сирия, Саудовская Аравия, Ливан, Палестинская автономия, Судан, Ливия, Йемен и Сомали. Перл уже злорадствовал: «Мы теперь можем отправлять сообщения всего из двух слов: "Вы — следующие"»[140]. В своей статье «Война за Ирак» Уильям Кристол и Лоуренс Каплан написали: «Мы находимся в преддверии новой эпохи». Они считали происходящее «решающим моментом», скрывающим в себе «нечто большее, чем взятие под свой контроль Ирака. На карту поставлена даже не судьба всего Ближнего Востока и войны с терроризмом. На карте роль, которую США будут играть в XXI веке». «Началось все в Багдаде, — признавали они, — но закончится отнюдь не там»[141].

Неудивительно, что сирийский президент Башар Асад сказал 1 марта на саммите Лиги арабских государств: «Мы все находимся под прицелом... Нам всем угрожает опасность»[142]. Северная Корея пришла к тем же выводам, но предложила иное решение. Ким Чен Ир сказал, что Ирак допустил большую ошибку, не создав своего ядерного оружия. Если бы оно у него было, сказал Ким, США ни за что бы не вторглись в страну. Газета *Rodong Shinmun* [«Рабочая газета»], орган ЦК Трудовой партии Кореи (ТПК), заявила, что страна никогда не пустит к себе инспекторов и никогда не разоружится. Газета писала, что КНДР «уже постигла бы незавидная участь Ирака, если бы она пошла на компромисс и приняла требования империалистов и их прислужников о проведении инспекций и разоружении... Пусть никто даже не надеется, что КНДР пойдет на малейшие уступки и компромиссы»[143].

Помимо ядерного оружия, у Северной Кореи было еще одно «преимущество» по сравнению с Ираком: она не сидела на вторых по объему разведанных запасах нефти в мире. У иракцев не было иллюзий относительно побуждений Америки. Чем больше американские лидеры говорили о свободе, тем чаще иракцы слышали слово «нефть». Более трех четвертей опрошенных иракцев сказали социологам, что считают причиной американского вторжения желание получить контроль над иракской нефтью. В своем радиоинтервью в ноябре 2002 года Рамсфелд категорически это отрицал: «Чушь. Все совсем не так. Ситуация обросла кучей мифов... Нефть здесь ни при чем в прямом смысле этого слова»[144].

Алан Гринспен, бессменный председатель Высшего совета Федеральной резервной системы, считал подобные отрицания абсурдными. «Меня огорчает, — писал он, — что политикам неудобно признавать то, что знает каждый: война в Ираке идет из-за нефти»[145].

По оценкам экспертов, Саудовская Аравия с ее 259 миллиардами баррелей разведанных запасов и Ирак со 112 миллиардами баррелей вместе имеют примерно треть мировых запасов нефти. Некоторые же

Глава 13. Фиаско Буша-Чейни

Американские танки едут по Багдаду в начале американского вторжения в Ирак. Когда их предполагаемая задача в Ираке быстро «завершилась», неоконсерваторы как в правительстве Буша, так и за его пределами стали искать новые цели для своего драконоборчества.

считают, что на самом деле запасы Ирака составляют более 400 миллиардов баррелей[146].

Один из основателей ПНАВ, Роберт Каган, считал, что обеспечение контроля над нефтью, скорее всего, потребует долговременного военного присутствия. «Нам, вероятно, понадобится сосредоточить на Ближнем Востоке крупный контингент, которому придётся находиться там на протяжении длительного времени, — сказал он. — Если у нас возникают экономические проблемы, значит, что-то не так с поставками нефти»[147]. Майкл Кларе, много писавший на эту тему, видел проблему более комплексно, чем Каган. «Иракская нефть, — заметил он, — скорее политический инструмент, чем топливо. Контроль над Персидским заливом означает контроль над Европой, Японией и Китаем. Контролировать его — значит держать руку на вентиле»[148].

Те, кто хотел ликвидировать иракские государственные компании и передать контроль над нефтью транснациональным корпорациям, столкнулись с яростным неповиновением, вылившимся в саботаж со стороны мятежников, профсоюзными выступлениями и оппозицией со стороны иракского парламента. *Kellogg, Brown & Root*, дочерняя компания *Halliburton*, заполучила в 2004 году контракт стоимостью в 1,2 миллиарда долларов на восстановление нефтяных предприятий на юге Ирака, но иракцы сохранили контроль над самими предприятиями. США продолжали давить на иракское правительство, стремясь заставить его принять долгожданный закон о нефтехимическом секторе.

Американцы рано праздновали победу. Разбить деморализованную иракскую армию оказалось просто. Но вот навести порядок было невозможно. Высокомерные организаторы вторжения игнорировали предупреждения со стороны как гражданских, так и военных советников, говоривших, что управление оккупированным Ираком — не игрушка. В январе 2003 года Национальный совет по разведке провел два масштабных оценивания перспектив развития обстановки в стране после вторжения, основывавшихся на данных 16 различных разведслужб. «Основные проблемы Ирака после Саддама» и «Региональные последствия смены режима в Ираке»[149] предупреждали, что спровоцированная США война может привести к усилению влияния Ирана, открыть двери для «Аль-Каиды» как в самом Ираке, так и в Афганистане, привести к столкновениям на почве дремлющей межконфессиональной розни в стране, возродить политизированный ислам и предоставить террористам новые денежные средства, которые будут идти от мусульман, «возмущенных действиями США». Становление демократии будет «длительным, сложным и потенциально бурным процессом», поскольку в Ираке отсутствует «сама концепция лояльной оппозиции и нет опыта смены власти»[150].

Схожие выводы были сделаны и в результате проведенной в апреле 1999 года серии военных учений «Поход через пустыню», призванных оценить последствия американского вторжения[151]. Генерал Дзинни, руководивший этими учениями, стал категорическим противником такой войны. Он яростно критиковал «ястребов», преуменьшающих важность общественного мнения в исламском мире: «Не знаю, на какой планете они живут, но уж точно не на той, которую объездил я»[152]. Майкл Шойер, глава подразделения ЦРУ, занимавшегося поисками бен Ладена, отмечал, что «ЦРУ постоянно предупреждало Тенета о неизбежности катастрофы в результате вторжения в Ирак: такое вторжение спровоцирует распространение бенладенизма, вызовет кровавую войну между суннитами и шиитами и совершенно дестабилизирует регион»[153].

Очевидно, что, планируя вторжение в Ирак, президент не внял этим предупреждениям. Незадолго до начала вторжения Буш встретился с тремя проживающими в США иракцами, один из которых впоследствии стал первым представителем послевоенного Ирака в США. Когда они выразили обеспокоенность расколом между суннитами и шиитами, который

Глава 13. Фиаско Буша–Чейни

начнется после свержения Саддама, то поняли, что президент попросту не понимает, о чем они говорят. Тогда они объяснили ему, что иракцы разделены на два потенциально враждебных лагеря. Но Буш явно не понимал, что может преподнести в одночасье оказавшийся под властью шиитов Ирак Ирану на блюдечке с голубой каемочкой[154].

Главари «Аль-Каиды» благодарили Аллаха за колоссальные стратегические и тактические промахи американских неоконсерваторов. В сентябре 2003 года, в годовщину терактов 11 сентября, второй человек в «Аль-Каиде», Айман аз-Завахири, воскликнул: «Возблагодарим же Аллаха за то, что он поставил американцев перед дилеммой как в Ираке, так и в Афганистане. Американцы столкнулись с трудностями в обеих странах. Если они выведут оттуда свои войска, то потеряют все. Если же останутся там, то будут истощать свою экономику до тех пор, пока она не рухнет»[155]. В следующем году бен Ладен использовал ту же метафору истощения для объяснения своей стратегии, напомнив, как они «10 лет истощали Россию, пока она не обанкротилась, потерпела поражение и была вынуждена вывести войска». Он заявил, что «продолжает ту же политику истощения Америки до полного ее банкротства», отметив, что полмиллиона долларов, потраченные «Аль-Каидой» на организацию терактов 11 сентября, «вылились в триллионный экономический дефицит США»[156].

Буш, Чейни и Рамсфелд приняли целый ряд пагубных решений. Пентагон через голову Госдепартамента направил фаворита неоконсерваторов Ахмеда Чалаби и сотни его сторонников обратно в Багдад вскоре после свержения Саддама. К чести своей, американский генерал-лейтенант Джей Гарнер не позволил Чалаби играть роль, задуманную Рамсфелдом и Чейни[157]. Позже американцы убедились, сколь шаткой была преданность Чалаби. Всплыли сведения о его связях с иранским руководством и проиранской шиитской военизированной организацией «Лига благочестивых», замешанной в похищениях и убийствах иностранцев, включая казнь пяти американских морпехов в 2007 году. Правительство США порвало с Чалаби в мае 2008-го. Через три месяца американцы арестовали одного из его главных помощников по подозрению в том, что он служил связным «Лиги»[158].

Начиная с президента Буша и заканчивая последним клерком, всех в правительстве охватила лихорадка бредовых идей. В апреле 2003 года ведущий телепередачи «Ночная линия» Тед Коппель не поверил, когда администратор Агентства международного развития (АМР) Эндрю Нациос сказал ему, что операция обойдется американским налогоплательщикам всего в 1,7 миллиарда долларов[159]. Вулфовиц настаивал на том, что прибыли от иракской нефти будет достаточно, чтобы профинансировать послевоенное восстановление страны. Как он отметил: «Ирак купается в нефтяном море»[160]. Однако к концу правления Буша США потратили на войну более 700 миллиардов долларов, и это не считая платежей по взятым кредитам и программ адаптации ветеранов, многие из которых страдали от серьезных физических и психологических травм.

Когда в начале мая Гарнера на его посту сменил Эл Пол Бремер, ситуация в Ираке уже катилась по наклонной. Бремер быстро распустил иракскую армию и полицию, а также уволил с государственных должностей бывших баасистов. Недоукомплектованные силы англо-американской коалиции не могли поддерживать порядок, и по Багдаду прокатилась волна грабежей. Пока из иракских музеев похищали национальные сокровища, американские солдаты и танки охраняли Министерство нефти. Страна быстро погрузилась в хаос. Отключалось электричество, пересыхали водохранилища, по улицам текли нечистоты, больным и раненым не хватало мест в больницах. Пока Бремер и Временное коалиционное правительство (ВКП), управлявшие из особо укрепленной «зеленой зоны», публиковали один победный доклад за другим, в стране вспыхнуло восстание, начало которому положили вооруженные и недовольные бывшие солдаты иракской армии, которых Рамсфелд презрительно называл «кончеными людьми». Стоимость войны неимоверно возросла[161]. Пентагон затребовал на Ирак и Афганистан еще 87 миллиардов.

К ноябрю 2003 года силы коалиции подвергались примерно 35 нападениям ежедневно. Озлобленные мятежники стекались со всего исламского мира. Они были решительно настроены изгнать неверных. Бен Ладен и Завахири призывали братьев по вере «похоронить американцев на иракском кладбище». В одном лишь сентябре в страну прибыло от 1 до 3 тысяч иностранных боевиков и ожидалось прибытие еще нескольких тысяч. Один высокопоставленный американский чиновник отмечал: «Ирак — это теперь стадион джихада. Это место розыгрыша их суперкубка, место борьбы с Западом… о числе потенциальных игроков можно только гадать»[162].

Бремер вознамерился реорганизовать иракскую экономику, что означало в первую очередь приватизацию иракской национальной нефтяной компании и 200 других государственных предприятий. Эти планы начали разрабатывать еще до вторжения, когда американское АМР подготовило «Перспективы послевоенного Ирака». Пять инфраструктурных компаний, в число которых входили Kellogg, Brown & Root и Bechtel

Глава 13. Фиаско Буша—Чейни

Corporation, заключили контракты на сумму в 900 миллионов долларов. Министерство финансов США озаботилось созданием программы «массовой приватизации», получившей широкое распространение среди финансовых консультантов.

27 мая 2003 года Бремер объявил, что Ирак «вновь открыт для бизнеса», и начал выпускать один приказ за другим. Приказ № 37 устанавливал простую шкалу налогообложения в 15%, уменьшив налоговое бремя для богатых граждан и корпораций, отдававших до этого в казну 45% своих доходов. Приказ № 39 объявлял о приватизации предприятий и разрешал иностранцам стопроцентное владение иракскими компаниями. Доходы могли вывозиться из страны полностью. Лизинг и контракты могли длиться до 40 лет с возможностью последующего продления. Приказ № 40 приватизировал банки. Рамсфелд свидетельствовал, что эти реформы создали «одно из самых благоприятных в мире законодательств в сфере налогообложения и инвестиций». При предположительной стоимости восстановления в 500 миллиардов долларов неудивительно, что журнал *Economist* назвал Ирак «мечтой капиталистов»[163]. По словам лауреата Нобелевской премии, бывшего главного экономиста МБРР Джозефа Стиглица, Ирак пережил «еще более радикальную форму "шоковой терапии", чем постсоветское пространство»[164].

Застигнутый врасплох масштабами восстания, Пентагон отправлял американских солдат в бой на технике, недостаточно хорошо бронированной даже для того, чтобы защитить их от самодельных взрывных устройств. Полнейшая некомпетентность чиновников, направленных в Ирак правительством Буша, начинала подрывать доверие к последнему. *Washington Post* сообщала, что претендентов на тот или иной пост выбирали не по признаку понимания ими проблем развития, навыков в сфере кризисного управления или знания специфики Ближнего Востока, а на основе правых убеждений и личной преданности правительству Буша. Джим О'Бейрн, политический назначенец Буша, спрашивал претендентов на должности, голосовали ли они за Буша, одобряют ли они его войну с терроризмом и даже поддерживают ли они решение Верховного суда по вопросу абортов. По словам газеты, «24-летний парень, никогда не работавший в финансовой сфере, был нанят Белым домом для надзора за возобновлением работы багдадской биржи. Дочь известного неоконсервативного обозревателя, только что заочно окончившая евангелический университет, была назначена управлять 13-миллиардным иракским бюджетом, и это при том, что не имела ни малейшего представления о бухгалтерском учете». В статье говорилось, что многие из тех, чьей задачей было восстановление Ирака, сосредоточились вместо этого на «установлении простой шкалы налогообложения... разбазаривании правительственных активов... и истощении запасов продовольствия»[165], в то время как экономика катилась в пропасть, а уровень безработицы был устрашающим.

В мае 2003 года специалисты по обеспечению правопорядка из Министерства юстиции США сообщили, что Ирак нуждается в 600 иностранных советниках для реформирования полиции. Белый дом назначил бывшего комиссара полиции Нью-Йорка Бернарда Керика на пост временно исполняющего обязанности министра внутренних дел Ирака. С собой он привез дюжину советников. Керик, приговоренный впоследствии к тюремному заключению по восьми уголовным статьям, пробыл в Ираке три месяца, оставив страну в худшем состоянии, чем она была до его приезда. Назначенцы Буша оказались пародией на государственное руководство. Свято веруя, что правительство не обязано ничего делать для народа, они решили подтвердить верность своих убеждений на практике. К сентябрю 2004 года условия ухудшились настолько, что Амр Мусса, генеральный секретарь Лиги арабских государств, объявил: «Врата ада отверзлись в Ираке»[166].

Испытывая нехватку войск, необходимых для выполнения хотя бы основных функций, правительство наняло целую армию сотрудников различных частных охранных агентств и гражданских подрядчиков, которым предстояло работать вместо силовых ведомств. Стоимость их услуг была чрезмерно высокой, а надзор за их деятельностью практически не осуществлялся. К 2007 году число таких наемников уже составляло 160 тысяч. Многие бойцы компании Blackwater до отправки в Ирак служили в различных правых военизированных формированиях в Латинской Америке[167]. Иракские власти предоставили им, как и другим иностранным служащим, судебный иммунитет. Подрядчиками для других операций были наняты такие компании, как Halliburton, которая озолотилась на своей деятельности в Ираке, Афганистане и Кувейте. Имея 40 тысяч сотрудников в одном лишь Ираке, в 2008 году она заработала более 24 миллиардов долларов на сомнительных контрактах, заключенных без конкурса. После вторжения компания переместилась с 19-го на первое место в списке крупнейших подрядчиков американской армии[168]. Когда сенатор Патрик Лихи с трибуны сената обвинил Чейни в том, что Halliburton обогащается в Ираке самым бессовестным образом, Чейни просто послал его матом[169]. Halliburton и ее дочерняя компания КБР не только постоянно перегружали электросети в иракских правительствен-

Глава 13. Фиаско Буша–Чейни

ных зданиях: безалаберность их сотрудников во время электрификации американских военных баз привела к сотням пожаров и смерти многих американских солдат от ударов током[170].

Условия продолжали ухудшаться. 22 февраля 2006 года взрыв бомбы разрушил золотой купол священной для шиитов мечети в городе Самарра. Разъяренные шииты атаковали суннитов и их святыни по всей стране[171]. Взрывы террористов-смертников и убийства мирных жителей стали обычным явлением. Страна балансировала на грани гражданской войны.

Лауреат многочисленных премий журналистка Хелен Томас обратилась к Джорджу Бушу: «Господин президент, вы начали эту войну. Это был ваш выбор, и вы можете отказаться от него сегодня... 2 миллиона иракцев покинули свою страну в качестве беженцев. Еще 2 миллиона лишились крова над головой. Погибших тысячи и тысячи. Разве вы не понимаете, что именно вы привели "Аль-Каиду" в Ирак?» — «Я надеялся решить проблему дипломатическим путем, — ответил Буш. — Именно поэтому я многократно посещал штаб-квартиру ООН и работал с Советом Безопасности, который единогласно принял резолюцию, требовавшую от Ирака раскрыть информацию о своей военной программе и разоружиться либо столкнуться с серьезными последствиями нежелания это сделать»[172].

До этого Буш сказал, что вторгся в Ирак после того, как дал Саддаму «шанс впустить в страну инспекторов, но он этого не сделал». Даже *Washington Post* сочла себя обязанной написать: «Заявление президента, что война началась потому, что Ирак не позволил провести инспекции, противоречит событиям, которые привели к войне этой весной: Хусейн *пустил* инспекторов, но Буш воспротивился расширению их деятельности, потому что не считал ее эффективной»[173].

Брюс Бартлетт, работавший в правительствах Рейгана и первого Буша, так описал психологию Джорджа Буша-младшего в интервью журналисту Рону Саскинду в 2004 году:

> «Именно поэтому взгляд Джорджа Буша-младшего на "Аль-Каиду" и исламских фундаменталистов так ясен. Он считает, что мы должны перебить их всех до единого. Их нельзя переубедить, они — экстремисты, движимые безумными идеями. Он понимает их так хорошо просто потому, что сам такой же, как они... Именно поэтому он игнорирует людей, проливающих свет на неудобные для него факты. Он искренне верит в то, что выполняет миссию, возложенную на него Богом. Это абсолютная вера, исключающая любой анализ. Смысл веры в том, чтобы верить в то, что невозможно подтвердить опытом. Но невозможно управлять миром с помощью веры».

Саскинд отметил, что люди ставят под сомнение политику Буша как идущую вразрез с реальностью, а «президент отвечает, что в деле управления государством он полагается на свои "чувства" или "инстинкты" и молится за страну». Один из главных советников Буша обвинил Саскинда в том, что тот принадлежит к «сообществу реалистов». Он сообщил, что «современный мир базируется не на этом. Теперь мы империя. Действуя, мы создаем нашу собственную реальность... Мы — актеры на сцене истории... а вам — вам всем — остается лишь разбираться в том, что мы делаем»[174].

Не все столь радостно отрицали реальность. Семь сержантов 82-й воздушно-десантной дивизии так описывали ситуацию в Ираке репортерам *New York Times* в августе 2007 года:

«После 15-месячной службы в Ираке вашингтонские дебаты кажутся чем-то совершенно сюрреалистическим... Считать, что американцы, которым в стране уже давно не рады (если когда-то вообще были рады), могут подавить беспрерывные восстания местного населения карательными мерами, — это уже просто клиника... Сунниты... формируют ополчения, иногда при нашей негласной поддержке... Само иракское правительство работает с нами лишь потому, что по вполне очевидным причинам боится, как бы суннитские ополченцы не повернули оружие против правительства после ухода американцев... Подавляющее большинство иракцев чувствует себя во все меньшей и меньшей безопасности и считает нас оккупантами, не способными навести порядок после четырех лет пребывания в стране. И вероятность наведения порядка становится еще меньшей из-за того, что мы вооружаем все воюющие стороны... Наши попытки подавить восстания и улучшить социально-экономические условия в стране с треском провалились. 2 миллиона иракцев живут в соседних странах в лагерях беженцев. Городам не хватает электричества и телефонной связи. В них царит антисанитария... В ситуации полнейшего беззакония улицами правят те, у кого есть оружие. Простейшие повседневные дела становятся подвигом. За четыре года оккупации мы не смогли выполнить ни одного своего обещания... Главный вопрос для среднего иракца — где и как его убьют... Наша оккупация... лишила их самоуважения. Скоро они поймут, что единственный способ вернуть собственное достоинство — это назвать нас теми, кто мы есть на самом деле, то есть армией оккупантов, и вынудить нас уйти»[175].

В начале 2008 года Джозеф Стиглиц и гарвардский экономист Линда Билмс подсчитали, что общая стоимость иракской войны может достигать 3 триллионов долларов, в 1765 раз больше, чем обещал Нациос[176]. И что получили взамен иракцы и американские налогоплательщики?

Глава 13. Фиаско Буша—Чейни

В 2008 году Международный Красный Крест сообщил о гуманитарном кризисе в Ираке: миллионы жителей страны не имели доступа к чистой воде, канализации и здравоохранению. «Гуманитарная ситуация в стране остается одной из самых критических в мире», — заявила организация. 20 из 34 тысяч врачей, работавших в Ираке в 1990-е годы, покинули его; 2200 были убиты, 250 похищены [177]. В 2010 году *Transparency International* назвала Ирак одной из четырех самых коррумпированных стран мира. Хуже обстоит дело только в Афганистане, Мьянме и Сомали[178].

Но наиболее показательным в плане достижений США было событие, произошедшее в марте 2008 года. Тогда Багдад принимал двух важных гостей: Дика Чейни и иранского президента Махмуда Ахмадинежада. Чейни прибыл в Багдад под завесой секретности и защитой целой армии сотрудников службы безопасности, после чего быстро улетел еще прежде, чем о его присутствии стало известно. Ахмадинежад же во всеуслышание объявил о своих планах, его кортеж открыто проехал по городу от аэропорта. Газета *Chicago Tribune* писала:

> «В первый же день своего исторического визита в Ирак Ахмадинежад был встречен объятиями и поцелуями… Это был символ того, что бывшие враги окончательно порвали с прошлым и что США в Ираке следует готовиться к новым проблемам…» Ахмадинежад… запланировал провести в Багдаде два дня. Он остановился вне пределов относительно безопасной «зеленой зоны»… В понедельник Ирак и Иран объявят о заключении целой серии двусторонних соглашений в сфере торговли, а также поставок электричества и нефти. «Возможности для сотрудничества с нашим соседом Ираном безграничны», — сказал репортерам аль-Малики. Ахмадинежад был первым иностранным лидером, которого иракские власти приняли на государственном уровне. Они с иракским президентом Джалялем Талабани рука об руку обошли строй почетного караула, пока военный оркестр играл торжественный английский марш. Дети преподнесли иранскому лидеру цветы. Весь иракский кабинет министров выстроился для того, чтобы приветствовать его… На каждом шагу Ахмадинежад и иракские политики подчеркивали общность интересов двух стран, враждебность в отношениях между которыми исчезла после того, как американское вторжение привело к установлению в стране власти шиитского правительства… «Два народа, иракский и иранский, будут работать вместе ради того, чтобы вывести Ирак из кризиса», — пообещал Ахмадинежад. «…Ирак уже находится в руках иранцев. Полное установление контроля с их стороны — лишь вопрос времени, — сказал суннитский депутат иракского парламента Миталь аль-Алузи. — Ахмадинежад хочет сказать простую вещь: мистер Буш, мы выиграли, а вы проиграли».

Стоя в подконтрольной американцам «зеленой зоне» бок о бок с иракским премьером, Ахмадинежад отверг все обвинения Буша в том, что иранские агенты вооружают и готовят шиитских ополченцев, и потребовал, чтобы США «приняли реалии этого региона: иракскому народу не нравятся американцы, и он не станет их поддерживать»[179].

Он был прав. Американцы проигрывали по всему фронту, а Иран одерживал победу за победой. Оттеснив главного врага, он стал в регионе самым влиятельным игроком.

Завязшие в двух безнадежных войнах США мало что могли поделать с Ираном, страной, которую Буш одной из первых включил в свою «ось зла». Америка лишь постоянно осуждала Иран за расширение ядерной программы, вмешательство в дела Ирака, поддержку терроризма и провокационные заявления его президента. Из-за своей склонности к конфронтации с Ираном Буш упустил историческую возможность исправить в начале десятилетия отношения с этой страной на американских условиях.

После терактов 11 сентября Иран помогал США в борьбе против общего врага — афганских талибов. Затем, после неформальных переговоров, Иран предложил американцам в мае 2003 года отличную сделку. В обмен на гарантии безопасности, взаимное уважение и доступ к мирным ядерным технологиям он предложил признание Израиля, «полную прозрачность» своей ядерной программы, борьбу с террористическими группировками в Иране, прекращение материальной помощи палестинским оппозиционным организациям, включая ХАМАС, давление на эти организации для «прекращения насильственных действий против мирного населения» Израиля и совместные усилия по превращению ливанской «Хезболлы» в организацию, которая «будет скорее политической, чем военной». Но из-за стремления неоконсерваторов в правительстве Буша свергнуть иранский режим, а никак не налаживать с ним отношения они отвергли иранские предложения и стали готовиться к войне[180]. Это была огромная ошибка.

В 2005 году Филип Джиральди, бывший высокопоставленный сотрудник ЦРУ, сообщил, что Пентагон по указке Чейни приказал командованию стратегической авиации разработать план «массированного воздушного удара по Ирану с использованием как обычного оружия, так и тактического ядерного»[181]. Ядерное оружие предназначалось для укрепленных и подземных комплексов, а также завода по обогащению урана в Нетензе. Яростное сопротивление со стороны КНШ заставило Буша и Чейни отказаться от этого варианта. В 2007 году правительство Буша вновь начало мутить воду. В конце октября, чуть больше чем за год

Глава 13. Фиаско Буша–Чейни

до истечения полномочий, Буш предупредил, что Иран намерен заполучить ядерное оружие, и это может привести к Третьей мировой войне. Его попытки напугать общественность войной провалились в начале декабря, когда разведка выпустила новое Национальное разведывательное оценивание: в нем говорилось, что Иран прекратил военную ядерную программу еще в 2003-м, что прямо противоречило выводам, сделанным всего двумя годами ранее[182].

Самая серьезная угроза американским интересам исходила из соседнего с Афганистаном Пакистана, сыгравшего ключевую роль в создании и поддержке Талибана. Пакистанская разведслужба — Директорат межведомственной разведки (МВР) — также поддерживала тесные связи с «Аль-Каидой» вплоть до отправки боевиков-исламистов в ее тренировочные лагеря. Впоследствии этих боевиков направляли для организации террора с целью подрыва власти Индии на спорной территории Кашмира. Всего через два дня после 11 сентября Буш предъявил пакистанцам ультиматум — заместитель госсекретаря Ричард Эрмитидж передал генералу Махмуду Ахмаду, главе МВР, список из семи обязательных требований, в которые входили прекращение поддержки и дипломатических отношений с Талибаном, предоставление воздушных коридоров американским самолетам, доступ к военно-морским базам и аэропортам, а также публичное осуждение терроризма. По словам президента Первеза Мушаррафа, Эрмитидж сказал Ахмаду, что в случае неподчинения требованиям Пакистан «загонят бомбардировками обратно в каменный век». Так что, хотя пакистанцы не доверяли США и обвиняли их во многих своих бедах («После того как Советы были вынуждены уйти из Афганистана, — говорил Шамшад Ахмад, пакистанский посол в ООН и бывший министр иностранных дел, — вы бросили нас в водоворот послевоенных проблем: наплыв беженцев, контрабанда наркотиков и оружия, культура, основанная на автомате АК»)[183], у них просто не было выбора. Согласие Пакистана, несмотря на всю его неискренность, открыло дверь для отправки огромных объемов американской военной помощи Индии и Пакистану, которая стала возможной после отмены Бушем введенного Клинтоном в 1998 году запрета на такую помощь, причиной чего были проведенные обеими странами ядерные испытания. Несмотря на обещание Пакистана помогать США в Афганистане, его основной заботой оставалась Индия. МВР, в свою очередь, продолжал финансировать боевиков Талибана.

Конфликт между Индией и Пакистаном вспыхнул вновь после того, как боевики-исламисты организовали атаку на индийский парламент в декабре 2001 года. Война между двумя ядерными государствами казалась неизбежной. Индия и Пакистан стянули к демаркационной линии в Кашмире контингенты общей численностью в миллион солдат. Специалисты опасались, что индийская армия разобьет пакистанскую, после чего Пакистан выполнит свою угрозу нанести по Индии ядерный удар. По оценке Пентагона, в результате обмена ядерными ударами 12 миллионов людей могли погибнуть почти мгновенно. Окончательно безумной ситуация стала после заявления генерала Мирзы Аслам-бека, сказавшего: «Не понимаю, что вас так беспокоит. Вы можете умереть под колесами автомобиля или в результате ядерной войны. Вы в любом случае когда-нибудь умрете»[184]. Индийцы были не менее упрямы. Генерал Сундарараджан Падманабхан, начальник штаба сухопутных войск Индии, заметил: «Если будет война — что ж, это замечательно. Если не будет, обойдемся как-нибудь»[185].

Поток американского оружия в Пакистан продолжал осложнять ситуацию. Хотя кризис был временно разрешен, за один 2006 год американские военные поставки достигли 3,5 миллиарда долларов, сделав Пакистан крупнейшим в мире получателем американского оружия. Ситуация стала еще более скандальной, когда в 2003 году стало известно, что А.К. Хан, отец пакистанской ядерной индустрии, на протяжении 15 лет руководил сетью по продаже документации и необходимых для производства бомб материалов Северной Корее, Ливии, Ирану и, возможно, другим странам. Было известно, что Хан и его коллеги посещали также Сирию, Саудовскую Аравию, Египет, Чад, Мали, Нигерию, Нигер и Судан. Были доказательства того, что командование пакистанской армии и правительство страны поддерживали действия Хана. США, в свою очередь, закрывали глаза на пакистанскую ядерную программу в обмен на помощь страны в борьбе против СССР в Афганистане — политика, предложенная Бжезинским и осуществлявшаяся Рейганом. Хан публично признался в своем проступке и на следующий же день был помилован Мушаррафом, который назвал его «своим героем». В течение пяти лет Хан де-факто оставался под домашним арестом, но пакистанские чиновники никогда не выдвигали против него обвинений и так и не позволили американцам допросить его. Один пакистанский сенатор смеялся: «Американцы потребовали кровавой жертвы. Мушарраф ограничился небольшой трепкой А.К.»[186]

В действительности США большего от Мушаррафа и не требовали. Бывший высокопоставленный сотрудник американской разведки жаловался журналисту Сеймуру Хершу: «Хан с готовностью продавал чертежи, центрифуги и новейшие образцы вооружений. Он был главным распространителем ядерного оружия во всем мире. Но его помиловали, а Белый

Глава 13. Фиаско Буша–Чейни

дом даже не пикнул»[187]. Вместо этого США продолжали предоставлять Мушаррафу, пришедшему к власти в результате военного переворота в 1999 году и правившему железной рукой вплоть до своего свержения в 2008-м, военную помощь и поддерживать его политически. Поддержка американцами диктатора и его соратников-военных отнюдь не способствовала улучшению отношений с жителями вконец обнищавшей Исламской Республики. В 2007 году опрос центра социологических исследований *Pew* показал, что лишь 15 % пакистанцев относятся к США с симпатией. Даже симпатизировавших Индии, главному врагу Пакистана, с которым страна воевала четырежды, за год до этого было 23 %[188]. В 2007 году 46 % пакистанцев сказали, что с симпатией относятся к Усаме бен Ладену. К Бушу с симпатией относились 9 %[189].

С Россией Бушу тоже не удалось завязать особо дружественных отношений. Несмотря на свои слова о том, что он заглянул российскому президенту Владимиру Путину в душу и ему понравилось то, что он увидел, Буш, как и Клинтон до него, относился к России высокомерно. Вскоре после вступления в должность Буш, несмотря на возражения России, вышел из договора по ПРО для продвижения своих инициатив в этой сфере. Но их встреча с Путиным в июне 2001 года прошла в удивительно дружеской атмосфере. После атак 11 сентября Путин стал первым зарубежным лидером, позвонившим Бушу, чтобы выразить соболезнования. 24 сентября он огласил план поддержки американцев в их борьбе

А. К. Хан, отец пакистанской ядерной индустрии, который, как выяснилось в 2003 году, на протяжении 15 лет руководил сетью по продаже документации и необходимых для создания бомб материалов Северной Корее, Ливии, Ирану и, возможно, другим странам. США закрывали глаза на пакистанскую ядерную программу в обмен на помощь страны в борьбе против Советов в Афганистане.

с терроризмом, состоящий из пяти пунктов. Он был готов не только делиться разведывательной информацией и предоставлять американцам российское воздушное пространство, но и согласиться с размещением американских солдат на Среднем Востоке и даже помочь США с таким размещением, что вызвало серьезное сопротивление в военных и разведывательных кругах РФ.

За такую щедрость Буш отплатил Путину нарушением обещания своего отца не расширять НАТО в сторону границ России, начав окружать страну американскими и натовскими базами, часть из которых расположилась на территории бывших советских республик. Вторая волна расширения началась в конце 2002 года и закончилась принятием в альянс Румынии, Словакии, Словении, Литвы, Латвии и Эстонии в марте 2004-го. Россия была категорически против. Распространение НАТО на страны бывшего Варшавского договора было спорным само по себе, но ее расширение на бывшие советские республики: Литву, Латвию и Эстонию — и вовсе было оскорбительным.

Буша совершенно не волновало мнение России. Он стремился расширять НАТО все дальше. В 2008 году к альянсу присоединились Хорватия и Албания. Буш также дал понять, что намерен добиться вступления в НАТО Грузии и Украины, несмотря на протесты со стороны России и предупреждения стран — членов НАТО, что это нанесет серьезный урон отношениям между РФ и Западом. Русские не сомневались, что американские программы по развитию демократии на Украине, в Грузии и Белоруссии являются прикрытием для дальнейшего расширения НАТО в целях изоляции России.

Американо-российские отношения, выглядевшие столь многообещающими в 2001 году, получили серьезный удар в 2003-м, когда США решили вторгнуться в Ирак. Российские официальные лица пригрозили наложить вето на военную резолюцию в ООН, если Буш решит пойти по этому пути. Недоверие России к США было так велико, что она отказалась от проекта договора по стратегическим вооружениям, задачей которого было значительное сокращение его запасов.

В апреле 2005 года Путин в своем ежегодном обращении к парламенту назвал распад СССР «величайшей геополитической катастрофой минувшего века». Учитывая, какие невзгоды России пришлось пережить в эпоху дикого капитализма, многие простые русские тоже вспоминали СССР с ностальгией[190]. В некоторых регионах страны начались попытки переоценить роль Сталина, поскольку многие граждане хотели почтить его вклад в советскую историю и особенно роль в достижении Победы во

Глава 13. Фиаско Буша-Чейни

Второй мировой войне и были готовы отодвинуть на задний план вопрос о его преступлениях. «Запад никогда не упускал шанса переписать историю и преуменьшить роль нашей страны в победе над фашизмом, так что сейчас есть очень много причин не забывать о Сталине», — сказала Любовь Слиска, первый вице-спикер российского парламента[191].

Русских также настораживала политика Буша в ядерной области. Пугая всех несуществующим иракским ОМП, Буш опасно расширил основания для применения ОМП реального. В 2002 году в своей «Оценке положения в ядерной сфере» (ОПЯС) он намеренно представил грань между ядерными и обычными вооружениями чрезвычайно размытой и нацелил ракеты на страны, не обладавшие ядерным оружием. Это не только привело к тому, что у таких стран пропал всяческий стимул воздерживаться от разработки ядерного оружия, но и дало им понять, что именно его создание позволит им перестать быть потенциальными целями для нанесения ядерного удара. В ОПЯС говорилось, что США имеют право применить ядерное оружие в случае, если: 1) любое ОМП будет использовано против них самих; 2) есть необходимость уничтожить укрепленные либо подземные объекты, которые невозможно разрушить с помощью обычного оружия; 3) США столкнутся с «непредвиденными обстоятельствами военного характера»[192]. Понимая, сколь опасна новая политика, *New York Times* разместила на первой полосе редакционную статью под названием «Америка как ядерный изгой», в которой говорилось: «Если другая страна планирует разработку ядерного оружия и нанесение превентивного удара по неядерным странам, Вашингтон справедливо называет ее государством-изгоем. Но ведь именно так предлагается поступать самим США в опубликованных на прошлой неделе планах, которые Пентагон представил президенту Бушу... Но еще более опасным является расширение Пентагоном списка оснований для применения ядерного оружия, что подрывает фундаментальные принципы договора о его нераспространении»[193]. Согласно договору, США и другие ядерные державы юридически обязываются предпринимать меры по сокращению своих ядерных арсеналов. Буш же не только игнорирует это положение, но и выступает за разработку новых малых ядерных боеприпасов и бомб для уничтожения бункеров. Размеры же сделают такие боеприпасы более удобными для применения на поле боя.

Ядерная политика Буша угрожала дестабилизацией всему режиму нераспространения. В своей чрезвычайно интересной статье, опубликованной 6 августа 2003 года, мэр Хиросимы Тадатоси Акиба резко осудил безрассудство США:

«Договор о нераспространении ядерного оружия, главное международное соглашение, регулирующее сокращение ядерных арсеналов, находится на грани краха. И главной причиной является ядерная политика США, в рамках которой прямо заявляется о возможности нанесения превентивного ядерного удара и содержится призыв о возобновлении исследований в сфере малых ядерных боеприпасов и других видов так называемого "применимого ядерного оружия". Похоже, американцы поклоняются ядерному оружию как богу»[194].

Некоторые моменты ОПЯС обеспокоили российское руководство, но его реакцию невозможно даже сравнить с шоком, который произвела вышедшая весной 2006 года статья в мартовско-апрельском номере журнала *Foreign Affairs*, вестника американского Совета по международным отношениям. В этой статье Кейр Либер из Университета Нотр-Дам и Дэрил Пресс из Университета штата Пенсильвания проанализировали относительные преимущества и уязвимость американских, российских и китайских ядерных сил и заключили, что после окончания холодной войны американские ядерные возможности значительно возросли, а российский ядерный арсенал «резко сократился, в то время как развитие китайских технологий в этой сфере и вовсе было нулевым», что создало ситуацию, в которой ни русские, ни китайцы не смогут эффективно ответить на американское ядерное нападение. Это давало США долгожданную возможность первого удара. Они могли безнаказанно уничтожить и Россию, и Китай. Давние противники США не смогли бы нанести ответный удар, и в обозримом будущем такое положение вещей должно было сохраниться.

Авторы также рассуждали об истинных причинах стремления США создать щит ПРО. Такой щит не был бы, как думало большинство, «ценен в оборонном плане сам по себе», поскольку не смог бы защитить против массированного ядерного удара со стороны России. Он разрабатывался в контексте нападения, для отражения ответного удара, наносимого небольшим числом российских или китайских ракет, уцелевших после американского первого удара[195].

В академических кругах идеи Либера и Пресса были известны уже два года. Однако публикация их в *Foreign Affairs* произвела фурор. *Washington Post* сообщила, что статья довела Россию до «полуобморочного состояния» и заставила вспомнить о «Докторе Стрейнджлаве»[196]. Российский экономист и бывший исполняющий обязанности премьер-министра Егор Гайдар написал в своей статье в *Financial Times*, что «публикация подобных идей в уважаемом американском журнале произвела эффект

Глава 13. Фиаско Буша—Чейни

разорвавшейся бомбы. Даже не склонные к антиамериканской истерии российские журналисты и аналитики сочли это выражением официальной позиции США»[197].

Путин немедленно объявил, что Россия приложит все необходимые усилия для сохранения своих возможностей в сфере ядерного сдерживания. Но эта публикация, по мнению Виталия Шлыкова, стратегического аналитика и бывшего сотрудника советского ГРУ, была «серьезным ударом по престижу Путина». «Теперь он ни перед чем не остановится для модернизации российского потенциала сдерживания», — предсказал Шлыков. Многие российские специалисты отмечали, что на вооружение вот-вот должны поступить новые ядерные ракеты, способные преодолеть американские системы ПРО. Они были разработаны в ответ на отказ Буша от договора по ПРО в 2001 году. В число этих систем вошли МБР «Тополь-М», а затем и ракеты «Булава», предназначенные для запуска с атомных подводных лодок[198].

Многие российские специалисты спорили, случайным ли был выбор времени публикации, а если нет, то что хотел этим сказать Совет по международным отношениям. «Многие считали, что это не простое совпадение и статья была заказной», — объяснял Дмитрий Суслов, аналитик московского независимого Совета по внешней и оборонной политике. Из-за того что в статье, по его словам, было немало правды, она заставила экспертов по безопасности «очень волноваться». Его удивляло, что при наличии в современном мире немалого числа государств, обладающих ядерным оружием, США и РФ по-прежнему держат под прицелом друг друга. Но публикация статьи означала, что изменений в ситуации ждать не приходится. «Эта статья, — отмечал он, — как минимум отсрочила на неограниченное время любые наши переговоры с американцами об отказе от концепции гарантированного взаимного уничтожения».

Другие считали это попыткой помешать сближению России с КНР. Виктор Михайлов, директор Института стратегической стабильности, бывший министр ядерной энергетики РФ, счел разговоры о снижении возможностей России по нанесению ответного удара нелепыми и предложил иное объяснение: «Это было сделано во время визита нашего президента В. В. Путина в Китайскую Народную Республику... Американцы, похоже, чрезвычайно болезненно реагируют на сближение между двумя странами... Но это сближение происходит и будет продолжаться». Если намерение американцев заключалось именно в этом, то оно, по мнению Гайдара, могло ударить по ним самим. «Если кто-то хотел подтолкнуть Россию и КНР к усилению сотрудничества в области ракетно-ядерных вооружений, то сложно было сделать это более умело и элегантно», — писал он[199].

Правительство Буша лихорадочно пыталось уменьшить возникшую напряженность. Помощник министра обороны по вопросам международной безопасности Питер Флори опубликовал в сентябрьско-октябрьском номере *Foreign Affairs* заявление, в котором поставил под сомнение как точность данных в статье, так и их интерпретацию. Он утверждал, что способность США к нанесению первого удара как раз снизилась. Кит Пейн, занимавший в 2002–2003 годах пост заместителя помощника министра обороны по координации видов вооруженных сил, настаивал, что США отказались от серьезных разработок в этой сфере еще при Роберте Макнамаре. Пейн возмущался: «Они повыхватывали информацию о развитии американских вооруженных сил кусками и исказили ее... Неуклюже попытались соответствовать политическому настрою неоконсерваторов, полностью игнорируя факт сокращения американских вооруженных сил и отбросив все, что не соответствует их позиции... Их статья — это искажение американской политики, и это искажение дестабилизирует американо-российские отношения»[200].

Алексей Арбатов, директор Центра международной безопасности Института мировой экономики и международных отношений РАН, считал, что Либер и Пресс затронули очень важную проблему. Он был согласен, что большая часть российского ядерного оружия сохранилась со времен холодной войны и вскоре будет снята с вооружения как устаревшая. Современный арсенал состоит из трех-четырех атомных подводных ракетоносцев и сотни ракет «Тополь-М», которых достаточно для сдерживания лишь в случае, если их будут держать в состоянии постоянной боеготовности. Арбатов тревожился, что при растущем стратегическом дисбалансе кризис может ненароком спровоцировать ядерную войну. Он предупреждал, что, «опасаясь первого удара со стороны американцев, Москва может предпринять резкие шаги (например, привести свои силы в состояние полной боеготовности), что, в свою очередь, может спровоцировать американскую атаку... Опасения Либера и Пресса вполне обоснованны», — заключил он[201].

В своем ответе Флори и Пейну, а также Павлу Подвигу, эксперту по российской ядерной программе Стэнфордского университета, утверждавшему, что Россия имеет ядерное оружие гораздо большей мощи, чем ранее предполагалось, Либер и Пресс стояли на своем. Они признавали, что Пентагон действительно уменьшил число подлодок с БРПЛ, но указали, что боеголовки на таких ракетах стали мощнее более чем в четыре раза,

Глава 13. Фиаско Буша–Чейни

а их точность значительно возросла. В результате БРПЛ, ранее имевшие 12-процентную вероятность поразить укрепленные российские ракетные шахты, теперь повысили эту вероятность до 90–98 %. Подобная ситуация была и с ракетами «Минитмен-III».

Пейну они ответили, что США сохранили возможность первого удара в своих военных планах, указывая на недавно рассекреченный документ 1969 года, в котором содержалось пять сценариев массированного ядерного удара, три из которых были превентивными. Ответом Подвигу были слова о том, что пробелы в российской системе раннего оповещения достаточны для того, чтобы БРПЛ смогли поразить цели по всей России[202]. Их ответ не успокоил россиян, равно как и американские планы размещения систем ПРО в Европе.

Другим острым для России вопросом были усилия Буша по милитаризации космоса. Буш стремился воплотить мечту главы американского Космического командования, предсказывавшего в 1996 году: «Когда-нибудь мы сможем поражать корабли, самолеты и наземные цели из космоса... Мы будем воевать из космоса, мы будем воевать в космосе... Именно поэтому США ведут разработки в сфере энергетического оружия»[203]. Весь остальной мир объединился против планов США расширить зону потенциальных военных конфликтов на космическое пространство. В 2000 году ООН 163 голосами приняла резолюцию о предотвращении гонки вооружений в космосе. Проголосовавших против не было, воздержались Микронезия, Израиль и США. В 2001 году возглавляемая Рамсфелдом комиссия, бросив вызов мировой общественности, предупредила, что США могут столкнуться с «космическим Перл-Харбором», если не будут господствовать в космосе, и посоветовала военным «проследить, чтобы президент имел возможность развернуть оружие в космосе»[204]. В том же году министр ВВС Питер Титс сказал на симпозиуме, посвященном оружию в космосе: «Мы еще даже не достигли того уровня развития, при котором могли бы наносить удары из космоса, но при этом уже думаем о том, как их наносить»[205].

В 2006 году за резолюцию проголосовали уже 166 членов ООН, против — только Соединенные Штаты. На конференции ООН по разоружению США последовательно препятствовали усилиям России и Китая по введению запрета на милитаризацию космоса. Одним из наиболее нелепых проектов ВВС были «Жезлы Бога» — вольфрамовые цилиндры длиной 6–9 метров и диаметром около метра, которые должны были выстреливаться на огромных скоростях со спутников, с легкостью уничтожая любую наземную цель[206].

Американо-российские отношения стали резко ухудшаться на фоне расширения НАТО, ядерной и космической политики США, а также войн в Ираке и Афганистане. Надежды на дружбу между двумя странами, о которой так мечтал Горбачев, оказались окончательно похороненными. Все выглядело так, словно Буш превращает Америку в антиутопическое милитаристское государство, от чего предостерегал Эйзенхауэр в 1961 году. За время правления Буша военные расходы почти удвоились, достигнув 700 миллиардов долларов в год. Пентагон продолжал узурпировать роль Госдепартамента в формировании внешней политики — процесс, начавшийся еще при Кеннеди.

Вмешивался он и в разведывательную деятельность ЦРУ, в особенности в тайные операции за рубежом. Изолировав ЦРУ в преддверии вторжения в Ирак, Буш завершил многолетний процесс разрушения американской разведывательной системы, заменив в июле 2004 года Джорджа Тенета конгрессменом Портером Госсом. Госс стал сотрудником ЦРУ 45 лет назад, еще студентом Йельского университета. Но, по словам Говарда Харта, вел он себя как настоящий критикан, называя агентов «кучкой дефективных сопляков» и «сборищем идиотов»[207]. На посту директора он провел крупнейшую в истории чистку ЦРУ. В своей получившей Пулитцеровскую премию книге по истории ЦРУ Тим Вейнер пишет: «Новый директор окружил себя целой командой политических проституток, привезенных им с Капитолийского холма. Они считали, что Белый дом дал им важное задание, если не высшую прерогативу, избавить ЦРУ от подрывных элементов и левых»[208]. Еще больший удар ЦРУ был нанесен через год, когда Буш назначил Джона Негропонте на только что созданный пост директора Национальной разведки.

Когда бывший директор ЦРУ Роберт Гейтс стал в конце 2006 года министром обороны, генералы заняли посты директора ЦРУ, замминистра обороны, заместителя последнего по разведке, координатора контртеррористических операций в Госдепартаменте и начальника отдела тайных операций ЦРУ — прежде эти посты всегда занимали гражданские лица. Вскоре отставной адмирал Майк Макконнел сменил Негропонте на посту директора Национальной разведки.

Пентагону принадлежали либо арендовались им 75% федеральных зданий[209]. Он же управлял обширной сетью военных баз за рубежом, число которых колеблется от 700 до более чем 1 тысячи. Они размещены в 130 странах на всех континентах, кроме Антарктиды. На территории самих США таких баз — 6 тысяч. В докладе Пентагона о сети военных баз за 2008 финансовый год говорилось: «Министерство обороны остается

Глава 13. Фиаско Буша–Чейни

крупнейшим землевладельцем на планете. Ему принадлежит более 545 700 объектов недвижимости, расположенных в более чем 5400 точках на площади приблизительно 12 миллионов гектаров»[210]. 13 оперативно-тактических соединений кораблей патрулировали моря и океаны. Американский институт предпринимательства призывал превратить базы за рубежом в систему «приграничных фортов», в которых бы размещалась «глобальная кавалерия», бойцы которой, «подобно кавалеристам времен Дикого Запада... были бы сразу и солдатами, и полицейскими»[211].

Дуглас Фейт так объяснял новую военную доктрину комитету палаты представителей по вопросам вооруженных сил: «Мы проводим наиболее глубокую реструктуризацию американских вооруженных сил с 1953 года. Они должны... стать более гибкими и иметь возможность развернуть широкомасштабную операцию в любом уголке мира, где понадобится». По его мнению, 11 сентября показало, что текущая доктрина устарела. «Большая часть нынешней доктрины, — утверждал он, — по-прежнему отражает менталитет и реалии холодной войны: силы быстрого развертывания являются, по сути, оборонительными подразделениями, задача которых сводится к ведению боев неподалеку от места дислокации». Сегодня же от них требуется вести войну «на театрах военных действий, удаленных от баз». «Уроки последних 15 лет, — объяснял он, — показывают, что от нас требуется вести операции в самых неожиданных местах... Нашей целью является создание таких сил быстрого развертывания, которые могли бы оказываться в точке назначения как можно скорее». Это требовало пересмотра нынешней схемы базирования войск. Он приводил такой пример: «Проект нашей новой доктрины в Европе включает создание более легких и маневренных сухопутных войск, а ведущая роль отводится авиации и флоту, совершенствованию подготовки войск и усилению подразделений спецназа. Все это позволит быстрее проводить развертывание наших сил на Ближнем Востоке и в других "горячих точках"»[212].

> «Правительство начало создавать то, что многие специалисты назвали самой милитаризованной внешнеполитической машиной в современной истории, — писал Джеймс Стернголд в газете *San Francisco Chronicle*. — Политика не только опирается на возможность военных действий и угроз, но и строит новые военные базы в таких странах, как Узбекистан, Пакистан, Катар и Джибути. Пентагон называет их "листьями лилии". Они предназначены не только для защиты стран, в которых расположены, как было во времена холодной войны, но и для проведения наступательных операций и "превентивных войн"»[213].

США стали не только мировым жандармом, но и крупнейшим в мире поставщиком оружия. Они часто подогревали конфликты, в которые вмешивались «по гуманитарным причинам». В 2008 году они заключили контрактов на 37,8 миллиарда долларов — 68 % всех мировых продаж. На втором месте шла Италия — 3,7 миллиарда. Примерно половина проданного оружия общей стоимостью в 30 миллиардов долларов шла в развивающиеся страны. 79 % этого оружия произведено в США[214].

Точнее всего урон, нанесенный американской демократии катастрофической войной Буша с терроризмом, охарактеризовал не кто иной, как Збигнев Бжезинский. Он хорошо разбирался в подобных делах, поскольку во время холодной войны сам разжигал страх перед СССР. В марте 2007 года он писал, что так называемая война с терроризмом, в рамках которой намеренно «культивировались страхи», оказала «роковое влияние на американскую демократию, американский дух и позиции США в мире». Урон был «неизмеримо большим», чем нанесенный в результате самих терактов 11 сентября. Бжезинского тревожило, что правительство использовало воцарившийся в обществе страх для оправдания войны с Ираном. Он сравнивал «пять лет практически постоянного промывания мозгов на почве терроризма» в США с «гораздо более спокойной реакцией» других жертв террора, например Англии, Испании, Италии, ФРГ, Японии. Он открыто высмеивал доводы Буша в оправдание войны в Ираке, называя абсурдом заявления о том, что ее следует вести потому, что в противном случае «Аль-Каида» пересечет Атлантику и продолжит боевые действия на территории США. В разжигании страхов Буша поддерживали «предприниматели... эксперты по терроризму, чьей задачей было убедить общество в том, что оно столкнулось с новой угрозой. Главное — представить убедительные сценарии еще более ужасных актов насилия». В результате «Америка стала патологически неуверенной в себе». В доказательство своих слов он привел разработанный конгрессом и постоянно растущий список находящихся в США потенциальных целей для террористов. Он также назвал безумием повсеместные «проверки безопасности», «электронные рекламные щиты, призывающие автомобилистов "сообщать о подозрительных действиях"» (о водителях в тюрбанах?) и фильмы с «бородатыми террористами в качестве главных негодяев», из которых «становится понятно, что в действиях террористов не понятно ничего, кроме того, что они представляют все большую и большую угрозу для жизни американцев». «Теле- и киноиндустрия создали стереотипный образ араба, — сожалел Бжезинский. — Их действия напоминают анти-

Глава 13. Фиаско Буша–Чейни

семитскую кампанию в нацистской Германии», провоцируя агрессию в отношении американцев арабского происхождения.

Он указал на грубейшие нарушения правительством Буша гражданских свобод в Америке и тот ущерб, который война с терроризмом нанесла международному престижу США. «Мусульмане, — писал Бжезинский, — проводят прямую параллель между жестоким обращением американских солдат с мирными иракцами и аналогичным поведением израильтян в отношении палестинцев. Это вызывает враждебность к США в целом». Он отметил, что проведенный недавно *BBC* опрос 28 тысяч человек в 27 странах показал, что жители планеты считают Израиль, Иран и США государствами, оказывающими «наиболее негативное влияние на события в мире». «Увы, но теперь это — новая ось зла!» — подвел итог Бжезинский.

И после этого задал вопрос: «Кто из американских лидеров наконец решится сказать: "Хватит истерии, прекратите паранойю!"» — и призвал, даже перед лицом террористической угрозы, которую нельзя отрицать, сохранять здравомыслие». «Нам нельзя забывать о наших традициях», — сказал он[215]. Бжезинский постоянно подчеркивал, что терроризм является тактикой, а не идеологией. А объявлять войну тактике бессмысленно.

Тем временем, прикрываясь идеологической завесой рыночного капитализма, самые богатые американцы продолжали разграбление национального достояния. Буш и Чейни делали все, чтобы облегчить им задачу, и прекрасно осознавали последствия своих действий. Незадолго до президентских выборов 2000 года Буш пошутил в разговоре с одним из своих богатых сторонников: «Вы впечатляющая компания — те, у кого много денег, и те, у кого их еще больше. Некоторые люди называют вас элитой. Я же называю вас своим электоратом»[216].

Уже через несколько месяцев после вступления в должность Буш подписал закон о снижении налогов на самых богатых американцев. В 2002 и 2003 годах они были снижены вновь. В то же время федеральные расходы постоянно росли, за один лишь его первый срок увеличившись на 17%. За оба срока Клинтона эта цифра составила лишь 11%. К 2004 году Буш превратил положительное сальдо американского бюджета в 128 миллиардов долларов в дефицит, равный 413 миллиардам. По словам *New York Times*, эпоха Буша стала для Уолл-стрит новым Позолоченным веком*. Газета писала, что банкиры отмечают полученные ими непристойно

---

* Позолоченный век — данное Марком Твеном и Чарльзом Уорнером ироничное название эпохи быстрого роста населения и экономических показателей в США в конце XIX века, последствия которых оказались весьма неоднозначными.

большие льготы, закатывая банкеты стоимостью в десятки тысяч долларов каждый[217]. Счетная палата сообщала, что с 1998 по 2005 год две трети американских корпораций, капитал четверти из которых превышал 250 миллионов долларов, не заплатили со своих доходов ни цента налогов[218]. В 2005 году 44,3 % всего национального дохода было сосредоточено в руках 10 % самых богатых американцев. Это было даже больше, чем 43,8 % в 1929 году, и гораздо больше, чем 32,6 % в 1975-м[219]. В 2005 году 3 миллиона самых богатых граждан США имели столько же, сколько 166 миллионов бедняков, составляющих более половины всего населения страны[220]. Число американских миллиардеров возросло с 13 в 1985 году до 450 в 2008-м. А миллионерами за один 2005 год стали 227 тысяч человек. Зарплата же рабочих едва поспевала за инфляцией, а 36 миллионов человек и вовсе оказались за чертой бедности. Почти все сверхприбыли шли в карман 10 % богатейших американцев, и большая часть оказывалась в руках у 0,1 %. В 2006 году каждый из топ-менеджеров 25 крупнейших американских хедж-фондов нажил в среднем 570 миллионов долларов[221]. В 2007-м эта сумма взлетела до 900 миллионов долларов[222].

Международная организация труда (МОТ) сообщала, что с 2003 по 2007 год реальный доход исполнительных директоров компаний вырос на 45 %, в то время как у рядовых управленцев он поднялся на 15, а у рабочих — всего на 3 %. В 2003 году исполнительные директора 15 крупнейших фирм США получали в 300 раз больше, чем средний американский рабочий, а в 2007-м — уже в 500 раз[223].

Буш уменьшил максимальные налоги на прибыль с капиталов, большая часть которой шла с бирж и от дивидендов. В среднем такие налоги снизились с 39,6 до 15 %. Самым высоким был налог на богатство в размере 36 %, что не идет ни в какое сравнение с 91 % во времена Эйзенхауэра. А представляя свои доходы как прибыль с капитала, они и вовсе стали платить в среднем 17 %. Дело дошло до того, что некоторые миллиардеры, включая Билла Гейтса и Уоррена Баффетта, осудили «вопиющее неравенство». Баффетт, третий по богатству человек в мире, отмечал, что платит налог в размере 17,7 %, тогда как его секретарше приходится платить 30 %[224]. Налог на недвижимость, который платили лишь 2 % самых богатых американцев, тоже был снижен.

В то же время в период с 1997 по 2007 год уровень минимальной зарплаты по стране не претерпел изменений, все так же составляя 5,15 доллара в час. При этом в США было около 2 миллионов семей, владевших недвижимостью на суммы от 10 до 100 миллионов долларов, и несколько тысяч еще более богатых.

Глава 13. Фиаско Буша–Чейни

Элейн Чао была самым враждебным по отношению к рабочим министром труда более чем за 100 лет. Она практически развалила Управление по охране труда и Управление по охране труда на шахтах. Профсоюзы подвергались беспрецедентному надзору со стороны сотрудников министерства, в то время как работодателям было позволено безнаказанно нарушать все нормы. В результате число членов профсоюзов упало до рекордно низкого уровня: к концу президентства Буша в них состояло лишь 12 % рабочих страны, большинство из которых заняты в сфере государственного управления.

Глобальное неравенство было еще более вопиющим. В декабре 2006 года американские, канадские, английские и финские экономисты выпустили доклад, в котором говорилось, что 1 % сверхбогачей владеет 40 % всех мировых богатств, а 10 % богачей — 85 %. 50 % беднейших жителей планеты вынуждены выживать на 1 % мирового дохода. В 2000 году средний доход на душу населения в США составлял 180 837 долларов в год и 143 727 долларов в Японии. В Индии и Демократической Республике Конго он составил 1 тысячу и 180 долларов соответственно. К 2008 году совокупный доход 1100 мировых миллиардеров практически вдвое превышал доход 2,5 миллиарда людей, живущих за чертой бедности[225]. По оценкам некоторых экспертов, в руках 300 самых богатых людей Земли было сосредоточено больше денег, чем в руках 3 миллиардов самых бедных.

Действия американских политиков чудовищно исказили восприятие Америки в мире. Американская международная помощь не исправила положения. По данным Организации экономического сотрудничества и развития (ОЭСР), в 2008 году на помощь развитию США выделили меньше 0,2 % ВВП — меньше всех из 22 промышленно развитых стран, участвовавших в программе такой помощи, чей средний показатель составлял 0,47 %. Швеция выделяла долю в пять с лишним раз большую, чем США. Люксембург, Норвегия, Дания и Нидерланды не намного от нее отставали. Даже Ирландия выделяла в три раза больше, чем США[226].

На протяжении всего президентства Буша его чиновники, их союзники с Уолл-стрит и консервативные группы вроде Американского института предпринимательства без устали пели хвалу нерегулируемым финансовым рынкам, которые они считали залогом экономического благополучия и преумножения частных капиталов. Они закрывали глаза на финансовые махинации и разнузданные спекуляции. Национальный долг США взлетел с 5,7 триллиона долларов в конце правления Клинтона до 10 триллионов к концу правления Буша[227].

Экономическое положение стало ухудшаться с декабря 2007 года. Доходы населения стали падать, количество бедняков резко возросло. Наиболее ясно и лаконично ситуацию охарактеризовал гарвардский экономист Лоуренс Кац: «Для средней американской семьи 2000-е стали катастрофой»[228]. Даже до кризиса 2008 года увеличение числа рабочих мест и доходов в годы правления Буша были самыми низкими за весь послевоенный период.

К концу 2009 года более 40 миллионов американцев жили за чертой бедности. По данным опроса Института Гэллапа, в 1988 году 26 % американцев считали, что страна разделена на имущих и неимущих, причем 59 % относили себя к первой категории и лишь 17 % — к последней. Когда в 2007 году такой же опрос был проведен центром социологических исследований *Pew*, тех, кто считает, что страна разделена на богатых и бедных, было уже 48 %, причем имущими себя считали 45 %, а неимущими — 34[229].

США превратились в плутократию, в которой почти четверть всех доходов оказалась в руках 1 % населения, а 10 % самых богатых получали столько же, сколько 120 миллионов бедняков. Бывший министр труда Роберт Рейх так охарактеризовал новых плутократов: «За исключением некоторых предпринимателей, подобных Биллу Гейтсу, это высшие руководители крупных корпораций и компаний с Уолл-стрит, менеджеры хедж-фондов и распорядители частных капиталовложений[230].

К ноябрю 2008 года большинству американцев стало ясно, что как внешняя, так и внутренняя политика Буша–Чейни привела страну к полной катастрофе. Совместный опрос *CBS* и *New York Times*, проведенный в конце правления Буша, показал, что по сравнению с осенью 2001 года, когда произошли теракты, его рейтинг упал с 90 % до 22. Поддержка Чейни и вовсе скатилась до 13 %[231].

Американцы жаждали изменений. Они были по горло сыты войнами, которые страна вела за рубежом, устали от непомерных военных расходов, возмущались ущемлением их конституционных прав, были раздражены политикой поддержки самых богатых и боялись приближавшегося экономического краха. Но мало кто понимал, какими могущественными стали владельцы компаний ВПК, какую силу обрели разведки и карательные органы и сколь яростно власть и стоящий за ней бизнес будут бороться с любой угрозой своему правлению. Вскоре американцы получили жестокий урок.

Глава 14

Обама:

КАК УПРАВЛЯТЬ РАНЕНОЙ ИМПЕРИЕЙ?

«Мы очень привлекательная империя, принадлежать такой всякий захочет», — хвалился неоконсерватор Макс Бут вскоре после 11 сентября[1]. Но теперь, после двух длительных и безнадежных войн, триллионов потраченных на военные цели долларов, создания сети из более чем 1 тысячи зарубежных баз, пыток и издевательств над заключенными на нескольких континентах, нарушений как международного права, так и Конституции США, надвигающегося экономического кризиса, ударов беспилотных самолетов, убивавших как подозреваемых в терроризме, так и мирных жителей, неслыханного для промышленно развитых стран разрыва между богатыми и бедными, невообразимо низкого уровня школьных знаний, беспрецедентного правительственного надзора за частной жизнью граждан, разрушающейся инфраструктуры, протестов со стороны как левых, так и правых и загубленной международной репутации американская империя потеряла всякую привлекательность.

Джордж Буш-младший, отменивший в 2011 году свою речь в Швейцарии из-за опасений столкнуться с массовыми протестами и риска быть обвиненным в военных преступлениях, а также его советники с имперским образом мышления несли львиную долю ответственности за столь плачевное положение дел. В результате их действий Барак Обама и весь американский народ столкнулись с полнейшим хаосом, царившим в стране и мире. Обама признавался одному из своих ближайших советников: «Я унаследовал мир, который может взорваться в любую минуту дюжиной различных способов...»[2]

Обама произносит речь перед своими сторонниками на митинге в Хартфорде (штат Коннектикут) в декабре 2008 года (на заднем плане члены избирательного штаба Обамы, включая Кэролайн Кеннеди — вторая слева — и ее дядю Теда — третий слева). Красивая риторика молодого и энергичного кандидата породила заоблачные ожидания. Но, несмотря на надежды прогрессистов на то, что Обама станет продолжателем дела Франклина Рузвельта, Генри Уоллеса и Джона Ф. Кеннеди в годы, последовавшие за Карибским кризисом, первые три года его правления принесли глубочайшее разочарование.

Страна, которую унаследовал Обама, действительно пребывала в состоянии разрухи, но он во многом ухудшил ситуацию еще больше. Он оказался в Белом доме на волне народной эйфории, очаровав избирателей красивыми речами, блестящим умом, безупречной биографией, обещанием защищать гражданские права, отказом от односторонних действий и резким неприятием иракской войны. В общем, полная противоположность Бушу. Избрание президентом Барака Хусейна Обамы, сына темнокожего кенийца и белой американки из Канзаса, выросшего в Индонезии и на Гавайях, окончившего Колумбийский университет и возглавившего *Harvard Law Review*, казалось чем-то вроде искупления грехов страной, чья репутация была запятнана неоднократно упоминавшимися в этой книге расизмом, империализмом, милитаризмом, бряцанием ядерным оружием, уничтожением окружающей среды и безграничной жадностью. Ошибочная политика США принесла множество бед. Поэтому в избрании Обамы многие действительно видели искуп-

Глава 14. Обама

ление. Он напоминал им о других страницах американской истории: об идеализме, вере в равенство, в Конституцию, в республику, гуманность, экологию и принятие свободы и демократии в качестве универсальных принципов. Прогрессисты надеялись, что Обама станет продолжателем дела Франклина Рузвельта, Генри Уоллеса и Джона Ф. Кеннеди в годы, последовавшие за Карибским кризисом.

Но, вместо того чтобы отказаться от политики Буша и его предшественников, Обама стал еще одним ее продолжателем. Вместо снижения влияния Уолл-стрит и крупнейших корпораций на жизнь Америки он позволил им в полном объеме продолжать хищническую деятельность. Вместо восстановления гражданских свобод, уничтоженных Бушем, и отказа от полномочий, узурпированных после 11 сентября, Обама, за редким исключением, еще больше ужесточил политику в сфере национальной безопасности и надзора за гражданами, окончательно уничтожив гражданские свободы и право на инакомыслие.

В замечательном фильме 1939 года «Мистер Смит едет в Вашингтон» режиссер Фрэнк Капра потратил первые 13 минут картины на то, чтобы показать отвратительную паутину власти, интриг и тайных сделок — мир, с которым предстоит столкнуться наивному идеалисту Джеймсу Смиту, стремящемуся изменить законы вашингтонской политики. Барак Обама столкнулся с такой же сетью тщательно охраняемых интересов. Но Обама был гораздо сообразительнее и уж точно куда циничнее Смита. Сознательно окружив себя советниками по внутренней и внешней политике из числа матерых интриганов, он сразу же закрыл дверь для любых решительных изменений и порвал со всеми обещаниями, данными во время избирательной кампании.

Забыв о том, что он обещал ранее, и став первым кандидатом в президенты, отказавшимся от общественного финансирования своей кампании, Обама обратился за помощью к толстосумам с Уолл-стрит: Goldman Sachs, Citigroup, Morgan Chase, Skadden Arps и Morgan Stanley. Среди главных спонсоров Обамы также были General Electric Company и другие оборонные подрядчики. Даже фармацевтическая промышленность, или, как ее еще называют, Большая Фарма, многие годы поддерживавшая республиканцев, выделила на кампанию Обамы в три раза больше, чем на кампанию Маккейна[3].

Сторонники Обамы из народа по большей части не обратили внимания на эти тревожные факты. Прогрессисты на него надеялись, консерваторы боялись его. Он проводил центристскую кампанию, во избежание риска выдвигая прагматические инициативы. Постоянно заявлял о своей поддержке среднего класса. К рабочим и беднякам — как чернокожим, латиноамериканцам, азиатам и индейцам, так и белым — Обама апеллировал лишь для того, чтобы победить Хиллари Клинтон и Джона Маккейна. Вместо того чтобы попытаться объяснить, как спад производства и другие факторы, лежащие в основе системы, которая перестала функционировать из-за того, что попала под власть крупных корпораций и Уолл-стрит, разрушили жизнь бедняков, особенно афроамериканцев, он стал обвинять черных бедняков в том, что они «не хотят брать на себя ответственность». Он хотел выглядеть левее Хиллари Клинтон, громогласно осуждая войну в Ираке, в поддержку которой та голосовала, но по Афганистану его взгляды были даже правее, чем у Буша; впрочем, этот аспект его политической программы особо не подчеркивали. А его голосование в сенате за Закон о надзоре за внешней разведкой, даровавший иммунитет от судебного преследования всем компаниям, которые участвовали в программе Буша по прослушиванию телефонных разговоров, было вполне четким сигналом о его нежелании отказываться хотя бы от некоторых полномочий, узурпированных Бушем и Чейни.

Больше всего дивидендов от победы Обамы получила Уолл-стрит. Подорвав экономику спекулятивными новшествами, включая кредитно-дефолтные свопы* и долговые обязательства, обеспеченные другими долговыми обязательствами, банкиры начали выпрашивать финансовую помощь. Экономические советники Обамы, подавляющее большинство которых были учениками министра финансов при Клинтоне Роберта Рубина, с понятной готовностью ринулись им на подмогу с 700-миллиардной программой финансового спасения. Самого Обаму Рубин взращивал еще с 2005 года. Перейдя с должности сопредседателя Goldman Sachs на пост министра финансов, он разработал два политических вектора, которые ввергли страну в финансовый кризис и с которыми теперь разбирались его протеже: ликвидировал все регуляторные механизмы на рынке деривативов** и добился в 1999 году отмены закона Гласса–Стиголла, разграничивавшего инвестиционную и коммерче-

---

* С в о п — соглашение об обмене активов и обязательств на аналогичные активы или обязательства ради продления или сокращения сроков погашения или с целью повышения или снижения процентной ставки — с тем чтобы максимально увеличить доходы.

** Д е р и в а т и в — производная ценная бумага или финансовый инструмент, то есть финансовый инструмент, стоимость которого зависит от цены базового актива, валюты или другого финансового инструмента.

скую банковскую деятельность. В награду за грязные делишки в пользу Уолл-стрит Рубин получил высокую должность в *Citigroup*, которая за последующие восемь лет принесла ему 126 миллионов долларов. В конце ноября 2008 года *New York Times* заметила: «Экономическая команда Обамы — это просто созвездие Рубина». Ответственным за формирование команды был Майкл Фроман, занимавший в Министерстве финансов у Рубина должность начальника отдела кадров, а затем работавший вместе с ним исполнительным директором во все той же *Citigroup*. Два главных поста заняли протеже Рубина: глава Федерального резервного банка Нью-Йорка Тимоти Гайтнер стал министром финансов, а Лоуренс Саммерс — главным экономическим советником Обамы. На момент отмены закона Гласса–Стиголла Гайтнер работал в Министерстве финансов, а Саммерс сам был министром финансов. Саммерс — как и Рубин, убежденный сторонник отмены регуляторных механизмов, — тоже заслужил благодарность Уолл-стрит. Он получил 5,2 миллиона долларов, работая один день в неделю в хедж-фонде Д. Э. Шоу в 2008 году. Еще 2,7 миллиона он получил за лекции в компаниях с Уолл-стрит. Лишь за одну такую лекцию *Goldman Sachs* заплатил ему 135 тысяч долларов. В своем расследовании журналист Гленн Гринуолд назвал это «новой формой взятки»[4]. Но, учитывая, как Уолл-стрит нажилась на экономической политике Гайтнера–Саммерса, эти деньги были мелочью. Еще одного протеже Рубина, Питера Орсага, Обама назначил начальником бюджетного отдела аппарата Белого дома. По мнению *New York Times*, Гайтнер, Саммерс и Орсаг были приверженцами экономического курса, называемого рубиномикой: сбалансированного бюджета, свободной торговли и отмены регулирования финансовых сделок». На более низком уровне экономические решения тоже принимались сторонниками Рубина. Исключение составляли Кристин Ромер, председатель Совета экономических консультантов, и Джаред Бернштейн, главный советник Байдена по экономической политике. За время своего недолгого пребывания на этих должностях они безуспешно боролись против некоторых неолиберальных инициатив рубинистов.

Бывший стратег демократов Дэвид Сирота четко объяснил, как люди Рубина похоронили экономическую стратегию Обамы: «Боб Рубин и эти парни — все они классические лимузинные либералы. Большинство из них зарабатывают чертову кучу денег на экономических спекуляциях, но при этом они называют себя добрыми демократами, потому что готовы дать беднякам чуть больше, чем их оппоненты. Именно это является сутью сегодняшней Демократической партии: не мешать богачам еще больше богатеть, а остальным давать чуточку больше, чем давали республиканцы».

23 ноября 2008 года правительство Буша объявило о возможной помощи находящейся на грани краха *Citigroup* в размере 306 миллиардов долларов. Незадолго до этого *Citigroup* уже получила 25 миллиардов в рамках «плана Полсона», предусматривавшего массивные вливания в финансовый сектор. *New York Times* сообщила, что Гайтнер играл в переговорах «важнейшую роль» и что министр финансов Буша Генри Полсон тесно сотрудничал с переходной командой Обамы. Уолл-стрит так радовалась сделке, что индекс Доу-Джонса совершил крупнейший двухдневный скачок за 20 лет, а акции *Citigroup*, за прошедший год упавшие в стоимости с 30 до 3,77 доллара, взлетели за один день на 66 %. «Если у вас есть хоть какие-то сомнения в превосходстве Уолл-стрит над Мейн-стрит*, — воскликнул бывший министр труда Роберт Рейх, — забудьте о сомнениях». Доказательства не заставили себя ждать. В начале апреля 2009 года *Washington Post* сообщила, что Министерство финансов, стремясь помешать введению ограничений по выплатам вознаграждений топ-менеджерам финансовых компаний, попрало закон и бросило вызов конгрессу: «Правительство Обамы выдвинуло такие инициативы в сфере помощи финансовому сектору, которые, по его мнению, позволят фирмам обогащаться в обход введенных конгрессом ограничений, включая урезание платежей топ-менеджерам. По крайней мере, так говорят правительственные чиновники»[5].

Экономист Техасского университета Джеймс Гэлбрейт жестко раскритиковал Обаму за то, что тот пошел на поводу у банкиров, будто не было других путей выхода из кризиса:

«...Действия, предпринятые командой Обамы после прихода к власти, нельзя оправдать ничем. Закон, политика и политики — все они указывали единственно верный путь: сдать опасные банки Шейле Бейр из Федеральной корпорации страхования вкладов, обеспечить финансовую безопасность вкладчиков, сменить руководство, выгнать лоббистов, провести аудит отчетности, посадить мошенников и перестроить финансовые учреждения, сократив их число. Финансовая система должна быть вычищена, а крупные банкиры вышвырнуты вон из политики.

Команда Обамы из этого не выполнила ничего. Зато она объявила о начале "стресс-тестов", нацеленных на то, чтобы скрыть истинное состояние

---

* Мейн-стрит (букв. Главная улица) — символ провинциального городка в США.

Глава 14. Обама

банков. Она надавила на Федеральный совет по стандартам учета, чтобы тот позволил банкам игнорировать рыночную цену своих токсичных активов. Руководство осталось на своих местах. Никого не посадили. Федеральная резервная система (ФРС) снизила стоимость фондов до нуля. Президент оправдывал все это, постоянно повторяя, что целью такой политики является "оживление финансовой системы".

Банки закатили пир. Заявленные доходы возросли, бонусы тоже. Благодаря свободным активам банки могли наживаться без всякого риска, просто продавая свои долговые обязательства Министерству финансов. Они могли устроить биржевой бум. Озолотиться на продаже собственности. Их потери на ипотечном рынке были сокрыты от посторонних глаз…»[6]

Бывший глава ФРС Пол Волкер советовал Обаме пойти на жесткие меры. «Прямо сейчас, — говорил он, — у вас есть шанс, они беззащитны. Вы должны вонзить копье в сердце всем этим парням с Уолл-стрит, которые годами только и делали, что торговали долгами». Но вместо того чтобы вступить в борьбу с Уолл-стрит, в марте 2009 года Обама пошел на поклон к руководителям 13 крупнейших банков. Он сказал им: «Я хочу помочь. Я здесь не для того, чтобы причинить вам вред. Я защищу вас. Но если я прикрою вас от гнева общества и конгресса, вы должны будете помочь мне решить проблему компенсаций»[7]. Банкиры принесли торжественную клятву самоограничения и продолжили получать небывалые льготы. Таким образом, в отличие от европейцев, урезавших размер *любых* компенсаций банкирам, правительство Обамы не ограничило их даже для тех компаний, которые само же спасло путем финансовых вливаний. В результате доходы банков взлетели. *Wall Street Journal* сообщала, что общий объем компенсаций и выплат в банках Уолл-стрит, инвестиционных банках, хедж-фондах, фирмах по управлению капиталами и на фондовых биржах в 2009 и 2010 годах достиг рекордных уровней: 128 и 135 миллиардов долларов соответственно[8]. Больше всего получили топ-менеджеры 25 крупнейших хедж-фондов, чей средний доход возрос с жалких 570 миллионов долларов в 2006 году до более достойного уровня в 1 миллиард в 2009-м[9]. В 2010 году топ-менеджер одного из нью-йоркских хедж-фондов Джон Полсон получил 4,9 миллиарда долларов.

Журналист Рон Саскинд позже сообщил о более сложных закулисных переговорах, в результате которых Обама согласился с Кристин Ромер и другими о необходимости фундаментальной реструктуризации банков начиная с *Citigroup*. Но данную попытку сорвали Гайтнер и Рам Эмануэль. По словам Саскинда, Гайтнер попросту отверг предложенный

Обамой план и убедил президента в правильности своего удобного для Уолл-стрит подхода. Эмануэль, получивший за два с половиной года, которые он провел в инвестиционном банке *Wasserstein Perella* после ухода из правительства Клинтона в 1999 году, 18 миллионов долларов, тоже уговаривал всех принять план Гайтнера. Обама сдался без боя[10].

С началом финансового кризиса в 2008 году положение среднего класса и рабочих еще более ухудшилось. Средний размер компенсаций для исполнительных директоров компаний, занимавших 500 первых позиций индекса *Standard & Poor's*, в 2010 году вырос на 23 % и достиг 11,4 миллиона долларов. В 1980 году доход исполнительного директора превышал доход среднего рабочего в 42 раза. В 2010-м он был больше уже в 343 раза. В других промышленно развитых странах исполнительные директора зарабатывают гораздо меньше. В Англии и Канаде исполнительные директора зарабатывали в 22 раза больше, чем тамошние рабочие, а японские — в 11 раз. Среди озолотившихся благодаря такой политике был исполнительный директор Discovery Communications Дэвид Заслав. Его доход взлетел с 7,9 миллиона долларов в 2008 году до 11,7 миллиона в 2009-м и 42,6 миллиона в 2010-м.

Рядовых граждан бросили на произвол судьбы. На программу экономических стимулов Обама выделил лишь около половины от 1,2 триллиона долларов, которые требовала Кристин Ромер. Президент не внял ее совету и предпочел последовать рекомендациям Саммерса[11]. Экономическое восстановление эпохи Обамы было не только слабым в плане создания рабочих мест — все плоды уходили самым богатым американцам. Экономист Эндрю Сам и его исследовательская группа из Северо-Восточного университета выяснили, что со второго квартала 2009 года по первый квартал 2011-го национальный доход увеличился на 505 миллиардов долларов. Чистый доход корпораций увеличился на 465 миллиардов. Но зарплаты при этом упали на 22 миллиарда[12]. По их данным, через девять месяцев после окончания спада доходы корпораций и их руководства выросли на 85 %. За тот же период после спада 1981–1982 годов их рост составил лишь 10 %. В 2010 году 93 % прироста доходов пришлось на долю 1 % самых богатых семейств, остальным же 99 % пришлось делить жалкие 7 %. Одна десятая процента самых богатых — примерно 15 тысяч семей — чувствовали себя еще лучше: им досталось 37 % всего прироста доходов. Между тем доходы большей части населения продолжали падать. Проведенный в 2010 году опрос показал, что за предыдущий год платежи служащих по медицинской страховке возросли на 13,7 %, тогда как платежи работодателей упали на 0,9 %[13].

Глава 14. Обама

То, что Крис Хеджес назвал «корпоративным изнасилованием Америки»[14], длилось десятилетиями. Пока доходы исполнительных директоров взлетали на все новые высоты, доходы рядовых работников, по данным Бюро трудовой статистики, с 1970 года сократились более чем на 10 %. В то же время, по данным секретариата Бюджетного комитета конгресса, доходы 1 % самых богатых американцев с 1979 по 2005 год возросли на 480 %[15].

К 2007 году 1 % сверхбогачей получал 25 % национального дохода и владел 40 % всех богатств Америки. При этом лишь 7 % работников частных предприятий входили в профсоюзы. С учетом инфляции их реальные зарплаты упали по сравнению с уровнем 30-летней давности. В 2007 году 80 % более бедных американцев владели лишь 15 % национального богатства. В 2011 году Институт экономической политики сообщил, что 1 % самых богатых имеет больше средств, чем 90 % бедных. Большая часть семей смогла сохранить уровень жизни 1970-х лишь путем резкого увеличения трудового дня женщин (число работающих женщин с детьми увеличилось с 24 % в 1966 году до 60 % в конце 1990-х). В среднем женщины стали работать на 200 часов в год больше по сравнению с показателями 20-летней давности. Количество рабочих часов у мужчин тоже значительно увеличилось — в среднем на 100 часов. Но и это было еще не все. Людям пришлось влезать в долги под ростовщические проценты: с 2002 по 2007 год банки заработали на семейных займах 2,3 триллиона долларов[16].

Наиболее шокирующий показатель того, в какую бездну рухнули США, стал известен в октябре 2011 года. В докладе «Социальная справедливость в ОЭСР: сравнительный анализ стран-членов» фонд Bertelsmann поставил США на 27-е место из 31. Хуже дела обстояли только в Греции, Чили, Мексике и Турции. Доклад учитывал множество факторов, включая борьбу с бедностью, уровень бедности среди детей и стариков, неравенство доходов, расходы на дошкольную подготовку, положение в здравоохранении и многие другие показатели. По общему уровню бедности США оказались на 29-м месте, а по уровню бедности среди детей и неравенству доходов — на 28-м[17]. Национальный центр поддержки детей из бедных семей при Колумбийском университете сообщил, что 42 % детей живут в малообеспеченных семьях, половина из них находится за чертой бедности. В декабре 2011 года агентство Associated Press сообщило, что почти половина американцев живет либо на грани, либо за чертой бедности. Бюро переписи населения сообщало, что в 2010 году за чертой бедности жили 46,2 миллиона американцев — самый высокий уровень за 52 года существования такой статистики.

И дело не только в том, что все больше американцев оказывается за чертой бедности, а в том, что все меньше людей могут выбиться из нищеты. Исследования в сфере социальной мобильности разрушили миф о том, что США — это общество, где из низов легко взобраться на самый верх. На самом деле США с их дырявой социальной сферой, не дающими никаких знаний школами и низким процентом членов профсоюзов имели гораздо меньшую социальную мобильность, чем другие промышленно развитые страны[18].

Подобное неравенство до такой степени возмущало американцев, боровшихся за возможность совместить оплату медицинской страховки и ипотеки с необходимостью прокормить семью, что в 2010 году конгресс неохотно одобрил закон Додда–Франка о реформе Уолл-стрит и защите потребителей. Закон требовал, чтобы решения по выплатам руководителям акционерных компаний в рекомендательном порядке выносили акционеры. Среди возмутившихся этим решением был исполнительный директор компании Countrywide Financial Анжело Модзило, наживший 470 миллионов долларов плюс доход от продажи акций за пять лет, прежде чем его фантастическая жадность и противозаконные сделки привели компанию к краху. Модзило осуждал «левую прессу и завистливых профсоюзных лидеров», давивших на руководство корпораций, и обвинял их в том, что они пытаются заставить «предпринимателей» уйти в тень[19].

Несмотря на то что закон Додда–Франка был шагом в верном направлении, он мало что мог сделать для решения проблем, приведших к кризису. Закон ничего не мог противопоставить структурам, стимулировавшим рискованное поведение, равно как не мог повернуть вспять динамику, при которой банки разрастались до таких размеров, что становились «слишком крупными для банкротства». Бывший глава Федеральной корпорации страхования вкладов Уильям Айзек признавал в интервью журналу *Forbes*: закон «все равно не мог бы предотвратить нынешний финансовый кризис, как не предотвратит и следующий... В действительности, — писал Айзек, — закон ничего не сделал для изменения ущербной системы регулирования, приведшей за последние 40 лет к трем банковским кризисам»[20].

Финансовый обозреватель *Washington Post* Стивен Перлштейн был ошеломлен тем, что Обама не смог «дать выход гневу популистов и направить народное недовольство в нужное русло», повесив всех собак на Уолл-стрит и их кормильца Гайтнера. Для Перлштейна «момент истины» наступил в ноябре 2009 года, когда Гайтнер «задушил в зародыше идею введения всеобщего налога на финансовые сделки и высвобождения денег

Глава 14. Обама

Бездомный спит у щита с рекламой элитного жилья в районе Бауэри на Манхэттене. Бюро переписи населения сообщало, что в 2010 году 46,2 миллиона американцев жили за чертой бедности — один из многих показателей растущего экономического неравенства в США.

для экономической стабилизации путем воспрещения кратковременных спекуляций большими объемами денежных средств». Перлштейн писал, что если бы Обама действительно заботился о людях, а не о тех, кто развалил экономику, то поручил бы Министерству юстиции начать против крупнейших компаний Уолл-стрит антимонопольную проверку, заставил бы конгресс перекрыть все налоговые лазейки, позволяющие менеджерам хедж-фондов и распорядителям частных капиталовложений платить меньший налог, чем их секретарши, и убедил бы «Большую двадцатку» «вернуть на повестку дня вопрос о налоге на финансовые сделки»[21].

«На чьей стороне Обама?» — задал вопрос Перлштейн. С приближением выборов 2012 года этот вопрос приобретал все большую остроту. Народный гнев из-за экономической ситуации достиг точки кипения. Члены движения «Захвати Уолл-стрит» и их союзники наводнили улицы мегаполисов и небольших городков по всей стране. Столь массовых народных протестов Америка не видела с 1930-х годов. Обама пытался усидеть на двух стульях, желая убедить как протестующих, так и недовольных протестами магнатов с Уолл-стрит, что он на их стороне. В июне 2011 года *New York Times* сообщила, что Обама обозвал транжир с Уолл-стрит «жирными котами», раскритиковал их льготы и даже осмелился посоветовать им умерить свои аппетиты. Теперь же, по данным газеты, Обама и его главные помощники пытались уговорить оскорбленных в лучших чувствах банкиров дать им деньги на новую избирательную кампанию[22]. Франклин Рузвельт сравнивал неблагодарных капиталистов с тонущим стариком, который бранит спасителя за то, что тот не выудил из воды его шляпу. Обама же сам пришел со шляпой в руках просить прощения и подаяния. В отличие от Рузвельта, нажившего себе врагов среди финансистов из-за создания большого числа рабочих мест и проведения реформ в области регулирования финансов, Обама не просто считал обитателей Уолл-стрит более важной категорией населения, чем рабочие, он даже извинился за то, что оскорбил их чувства.

Обама также воздал должное другим корпорациям-спонсорам. Лауреат Нобелевской премии экономист Джозеф Стиглиц отмечал: «Когда фармацевтические компании получают триллионные контракты, несмотря на законодательный запрет правительству — крупнейшему покупателю лекарств — заключать сделки по завышенным ценам, удивляться этому не приходится. Не нужно открывать в удивлении рот и из-за уменьшения налогов для богатых. Учитывая, сколь могуществен 1 % сверхбогачей, система *должна* так работать». Стиглиц процитировал слова банкира Чарльза Китинга, произнесенные им в 1980 году, когда он лишился всего в результате депозитарно-долгового кризиса. Когда члены комитета конгресса спросили, надеется ли он, что его деньги смогут оказать влияние на выборных лиц, Китинг ответил: «Я очень на это надеюсь»[23]. В 2010 году Верховным судом было вынесено решение по делу организации Citizens United, снявшее всякие ограничения на выделение корпорациями средств на избирательные кампании. Это позволило корпорациям и банкам с еще большей эффективностью продвигать свои интересы.

Неспособность Обамы выработать прогрессивную политику в сфере здравоохранения — лейтмотива всей его избирательной кампании — также была очевидной. С первых же дней в Белом доме Обама решил избежать конфронтации с медицинскими страховщиками и фармацевтической индустрией, которые не только сыграли важную роль в его избрании, но и провалили все попытки Клинтона провести реформу в этом секторе. Для того чтобы завоевать их поддержку, он согласился с их требованиями исключить ключевые законодательные инициативы демократов в сфере реимпорта и оптовой торговли. Он отказался от всех инициатив в сфере единоличной оплаты медицинской страховки правительством, при том что признавал такую систему лучшим вариантом для создания общедоступного здравоохранения, существующим в большинстве развитых стран. Вместо того чтобы самому контролировать проведение реформы, он переложил ее на плечи конгресса.

Глава 14. Обама

Обама и в дальнейшем шёл на поводу у индустрии здравоохранения, отказавшись от публичного обсуждения реформы и расширения программы «Медикейр», и это несмотря на то, что подобные инициативы вызвали горячую общественную поддержку.

Остальное сделала медицинская индустрия. 3300 лоббистов, представлявших более 1500 организаций — в три раза больше, чем все представители оружейного лобби, — предприняли все усилия для того, чтобы воспрепятствовать попыткам урезать доходы корпораций. Лоббистов, стремившихся контролировать политику в отношении сектора, занимавшего 17 % экономики, было в шесть раз больше, чем конгрессменов. Лишь за первые шесть месяцев 2009 года они потратили на это 263,4 миллиона долларов. Результатом стал законодательный акт, расширявший возможности для незастрахованных американцев, но таким образом, что настоящую выгоду получили только страховые компании[24].

Белый дом обвинял во всём Джо Либермана и других «центристов» в конгрессе, продвигавших компромиссные решения, которые были табу для большинства демократов. Но сенатор Расселл Файнголд, убеждённый сторонник публичного обсуждения реформы, считал подобные оправдания неубедительными. «Этот законопроект выглядит именно таким, к какому стремился в первую очередь сам президент, так что мне кажется неуместным вешать всех собак на Либермана», — сказал он[25]. Обама полностью провалил реформу здравоохранения, не сумев даже ответить на обвинения республиканцев в том, что правительство хочет решать, кто заслуживает медицинской помощи, а кто нет. Эта реформа стала настолько непопулярной, что создала демократам серьёзные проблемы во время промежуточных выборов в 2010 году. Как отмечал Роберт Каттнер, «это должна была быть битва президента и народа против корпоративных интересов. Вместо этого, по мнению большинства людей, получилась битва президента и корпоративных интересов против народа». В результате демократы потеряли значительное число мест в конгрессе[26].

Бои за бюджет шли по тому же сценарию. Обама продолжал попытки достичь согласия между двумя партиями, хотя по действиям республиканцев было понятно, что они хотят не только победить его, но и продемонстрировать полную неспособность правительства решать социальные проблемы. Как заметил в апреле 2011 года обозреватель *Washington Post* Гарольд Мейерсон, «проект бюджета, предложенный республиканцами в палате представителей, — это как минимум первая республиканская программа в XXI веке. Сутью же программы является отказ от тех путей, по которым страна шла в веке двадцатом»[27].

Но окончательная сделка, которую Обама заключил с республиканцами, привела даже к худшим последствиям, чем те, которые могли быть в случае принятия первоначального варианта. Произошло не только уменьшение налогов на самых богатых до еще более низкого уровня, чем при Буше, но и сокращение социальных программ для самых незащищенных категорий населения. «Временно» сокращая налоги 10 лет назад, Буш прекрасно знал, что это сокращение будет постоянным. Дэн Бартлетт, бывший пресс-секретарь Буша, признавал: «Как политики, мы прекрасно понимали, что, как только подобное решение вступает в законную силу, его практически невозможно отменить. И это неплохо. Честно говоря, то, что мы сумели поставить такую ловушку, — это очень хорошо»[28]. Но для американского общества, выступавшего резко против дальнейшего уменьшения налогов на самых богатых в свете чудовищного бюджетного дефицита, тот факт, что возглавляемые Обамой демократы с жизнерадостным видом попались в эту ловушку, был отнюдь не таким положительным.

Лауреат Нобелевской премии, экономист из Принстонского университета Пол Кругман посетовал, что Обама перестал быть «вдохновляющей фигурой», превратившись в «робкого и слабохарактерного парня, который вряд ли способен отстоять хоть какую-то позицию». Он заявил, что переговоры Обамы с республиканцами начались «как переговоры с самим собой, в которых он заранее был готов на уступки. Затем имели место уже переговоры непосредственно с "великой старой партией"*, приведшие к еще большим уступкам». Кругман раскритиковал Обаму за неспособность сказать «нет» новому соглашению, «философии, в рамках которой бедняки должны были лишиться значительной доли поддержки в рамках программы "Медикейд" и большой части продовольственных талонов, средний класс — значительной доли поддержки в рамках программы "Медикейр" (что означало практически ее полную ликвидацию), а богачи — значительной доли налоговых вычетов. Каждый чем-то жертвует!»[29]

Вместо того чтобы учесть эту критику, Обама смещал свой политический вектор все более и более вправо. Сначала он назначил Уильяма Дэйли, бывшего исполнительного директора JP Morgan Chase, главой аппарата Белого дома вместо Эмануэля. Затем, как будто этого было мало, сделал председателя и исполнительного директора General Electric Джеффри Иммельта руководителем Совета при президенте по вопросам занятости и конкурентоспособности, благодаря чему тот стал главным

---

* **Великая старая партия** — прозвище Республиканской партии США.

внештатным экономическим советником Обамы. Нельзя было обозначить свою позицию более четко. В 2010 году General Electric заработала более 14,2 миллиарда долларов, но не заплатила ни цента налогов в федеральную казну. Более того, компания получила 3,2 миллиарда налоговых скидок. А во время финансового кризиса 2008 года ФРС выделила ей 16,1 миллиарда долларов. Обама назначил Иммельта на пост главного советника по вакансиям именно в тот момент, когда General Electric находилась под шквалом критики за аутсорсинг* и сокращение страховых и пенсионных выплат рабочим. За столь эффективную борьбу с социальной ответственностью во имя жадности выплаты старины Иммельта взлетели с 9,89 миллиона долларов в 2009 году до 21,4 миллиона в 2010-м — более чем 100-процентный рост. На случай, если назначение Иммельта не послужило для Уолл-стрит достаточно четким сигналом, Обама выступил с примирительной речью перед главным врагом всего прогрессивного в Америке — Торговой палатой США, а также отдал федеральным учреждениям распоряжение пересмотреть регуляторные механизмы и некоторые из них упразднить[30].

Перед выборами в конгресс в 2010 году настрой республиканцев и демократов отличался разительно. Вялость и нерешительность Обамы настолько деморализовали его избирателей, что поражение демократов было разгромным. Обаме пришлось еще больше изменить политический курс. Он отказался ото всех обещаний ввести более жесткое экологическое регулирование, заявив об отмене новых правил в отношении выброса парниковых газов и возвращении к политике, которой в этой области придерживалось правительство Буша.

Но даже это не умилостивило корпоративные элиты и финансистов: на выборах 2012 года они поддержали Митта Ромни. К апрелю 2012-го руководство банков, операторы хедж-фондов и распорядители частных капиталовложений, две трети которых в 2008 году выступили на стороне Обамы, выделили на избирательную кампанию Ромни в четыре раза больше, чем на кампанию действующего президента, и это не считая средств, рекой лившихся в фонды поддерживавших Ромни инициативных групп. К середине лета 2012 года сотрудники General Electric, выделившие в 2008-м на кампанию Обамы в пять раз больше, чем на кампанию Маккейна, дали Ромни в четыре раза больше, чем Обаме. Иммельт объявил, что не поддержит ни одного из кандидатов[31].

---

* Аутсорсинг — привлечение, когда это выгодно, внешних соисполнителей к выполнению контрактной работы.

Особенно разочаровал сторонников Обамы его отказ отойти от концепции полицейского государства, подорвавший гражданские свободы в США. А ведь как все хорошо начиналось! В первый же день своего правления он отменил введенные в 2001 году директиву Буша по ограничению доступа к документации бывших президентов и меморандум Эшкрофта, позволявший отказывать в доступе к любым документам. Пообещал, что правительство будет работать гласно. «Слишком долго этот город [*Вашингтон*] был окутан завесой тайны, — говорил Обама. — Наше правительство будет стоять на стороне не тех, кто стремится скрыть информацию, а тех, кто хочет получить ее. Сам факт наличия законных полномочий для сокрытия данных не означает, что их всегда нужно использовать. Гласность и правовое государство станут краеугольными камнями моего президентства»[32].

Приверженность Обамы гласности длилась недолго. К лету 2010 года Американский союз защиты гражданских свобод (АСЗГС) уже вовсю предупреждал о «чрезвычайно серьезном риске того, что правительство Обамы начнет прибегать к мерам, которые считались крайними, а то и откровенно незаконными даже во времена Буша. Опасность того, что Обама установит в обществе новые порядки, совершенно реальна»[33].

Именно это Обама и сделал. Данные избирателям обещания защитить Конституцию от начавшихся при Буше посягательств оказались забыты. Так, стремясь победить на выборах, Обама критиковал Буша за постоянное использование государственной тайны как оправдания для помех правосудию. Но, оказавшись в Белом доме, сам стал не только пресекать судебные разбирательства в отношении пыток и иных злоупотреблений времен Буша, но и расширил подобную практику. *New York Times* назвала это «новым словом в политике секретности». Он прибегал к «праву государства на тайны» для прекращения судебных процессов, где фигурировали пытки, чрезвычайная выдача арестованных* и незаконная прослушка со стороны АНБ. Продолжая программу ЦРУ по чрезвычайной выдаче, он прямо нарушал принцип «хабеас корпус»** в отношении пленных афганцев. Кроме того, он уполномочил военных самим проводить следственные действия в отношении пленных и санкционировал внесудебное убийство в Йемене американского гражданина,

---

* Выдача арестованных в зарубежные страны без соблюдения установленных законом процедур.

** Хабеас корпус — принцип неприкосновенности личности, согласно которому для ареста необходимы законные основания.

Глава 14. Обама

подозреваемого в связях с «Аль-Каидой»[34]. А его отказ провести следствие и суд в отношении сотрудников Буша, причастных к пыткам, сам по себе уже являлся нарушением международных договоров.

Работавший во времена Буша в Министерстве юстиции Джек Голдсмит быстро понял, что упреки Дика Чейни в адрес Обамы за отказ от политики Буша в сфере борьбы с терроризмом были вопиющей несправедливостью. Он писал в журнале *New Republic*: «На самом деле положение обратное: новое правительство скопировало большую часть программ Буша, а некоторые даже расширило. Сокращена была лишь незначительная часть. Почти все изменения Обамы были на уровне обертки, аргументации, символизма и риторики... Стратегия Обамы, — заключил он, — лишь попытка сделать ключевые подходы Буша к борьбе с терроризмом более приемлемыми с политической и юридической точек зрения, что будет означать возможность их продолжения в течение длительного времени»[35].

Борцы за гражданские свободы, ожидавшие столь многого от бывшего преподавателя конституционного права, пребывали в состоянии шока. Его коллега по юридическому факультету Чикагского университета Джеффри Стоун, председатель Американского конституционного общества, осудил Обаму за отход от обещаний, посетовав на его «достойную сожаления готовность идти по следам своего предшественника». Профессор права Университета им. Джорджа Вашингтона Джонатан Терли с сожалением отмечал, что «избрание Обамы может стать самым катастрофическим событием в истории гражданских свобод»[36].

Во многом Обама оказался даже более скрытным, чем патологически скрытное правительство Буша–Чейни. Он засекретил больше информации и отвечал на запросы в рамках Закона о свободе информации с большей неохотой, чем его предшественники. Он осудил больше людей, добивавшихся свободы информации на практике, чем все предыдущие правительства, прибегнув к Закону о шпионаже 1917 года в шести случаях. За предыдущие 92 года этот закон применялся всего три раза.

Самым известным случаем стало дело рядового Брэдли Меннинга, 22-летнего военного аналитика, служившего в Ираке. Меннинг был обвинен в предоставлении *Wikileaks* секретных документов. Обвинение было выдвинуто по 34 пунктам, включая нарушение Закона о шпионаже и «помощь врагу», за что ему грозила смертная казнь. Часть обнародованной информации, включая видео «сопутствующего убийства», на котором американские военные хладнокровно и планомерно расстреливают больше десятка мирных иракцев, в том числе двух корреспондентов агентства

Reuters, проливала свет на военные преступления США. Предполагают, что Меннинг также раскрыл данные, свидетельствующие о совершенных во время иракской войны зверствах в отношении мирного населения и о том, что потери среди мирных жителей значительно превосходят официальные цифры.

Несмотря на то что Меннинг на тот момент не был осужден ни по одному пункту, его девять месяцев держали обнаженным в одиночной камере в условиях, которые многими были расценены как пытка. Среди тех, кого возмутило жестокое обращение с Меннингом, был и П. Дж. Кроули, главный пресс-секретарь Госдепартамента. Выступая перед студентами МТИ, Кроули назвал такое обращение «нелепым, глупым и контрпродуктивным». Через три дня Кроули, проработавший на правительство 30 лет, ушел в отставку[37].

В декабре 2011 года, проведя 19 месяцев в военной тюрьме, Меннинг наконец предстал перед коллегией, задача которой заключалась в том, чтобы определить, достаточно ли собрано доказательств для предания его суду военного трибунала. Решение правительства судить Меннинга за то, что он раскрыл правду, и тем защитить Буша, Чейни и их помощников от обвинений во лжи, пытках, вторжении на территорию суверенных государств и совершении иных военных преступлений ясно показывало: справедливость и гласность являются для нынешнего правительства пустым звуком. Как отмечала профессор права Марджори Кон, «если бы Меннинг не сообщал о военных преступлениях, а совершал их, сегодня он был бы на свободе»[38].

Столь же возмутительной была реакция правительства на публикацию Джулианом Ассанжем более 250 тысяч дипломатических сообщений, полученных им, как подозревают, от Меннинга. Единственной ошибкой Ассанжа было то, что в первой порции выпущенных им документов он не уточнил конкретные имена. Но документы и без этого произвели фурор, поскольку продемонстрировали лицемерие американского правительства по многим вопросам, включая вторжение в Ирак и Афганистан. Разоблачения же коррупции и репрессий со стороны союзников США привели к волнениям в Египте, Ливии, Йемене и Тунисе, получившим название Арабской весны. Их влияние на международное журналистское сообщество и мировое общественное мнение было беспрецедентным. Как верно подметил Гленн Гринуолд, «за прошедший год *Wikileaks* произвел больший фурор, чем все остальные СМИ, вместе взятые». За это в 2011 году организация получила награду фонда Уокли, австралийский аналог Пулитцеровской премии, за «неоценимый вклад в журналистику».

Глава 14. Обама

Кураторы фонда приветствовали *Wikileaks* за то, что тот вызвал «лавину неудобной правды, которая произвела переворот в сфере публикаций. Сложно переоценить важность того, что люди узнали об истинных причинах войны с терроризмом, лицемерии дипломатов, барышничестве на высшем уровне и вмешательстве во внутренние дела других стран»[39].

Но Министерство юстиции искало любые пути, чтобы наказать Ассанжа и других людей, связанных с разоблачениями *Wikileaks*, апеллируя, в частности, к Закону о шпионаже. Среди наиболее ярых сторонников охоты на Ассанжа были те, кто ранее осуждал КНР и другие страны с «репрессивными режимами» за ограничение доступа к Интернету и наступление на свободу печати. Председатель сенатского комитета по разведке Дайенн Фейнштейн требовала, чтобы Ассанж «был по всей строгости осужден за шпионаж»[40]. Джо Либерман с ней соглашался. Ньют Гингрич назвал его «вражеским солдатом». Сара Пэйлин требовала, чтобы на него охотились, как на члена «Аль-Каиды», поскольку он «является антиамериканским агентом, чьи руки по локоть в крови»[41]. Джеймс Гудейл, бывший главный юрисконсульт *New York Times*, занимавший этот пост во время скандала с «Документами Пентагона», объяснял, какое пагубное влияние окажет судебный процесс над Ассанжем на свободу печати в США. «Обвинение Джулиана Ассанжа в заговоре с целью шпионажа, — предупреждал он, — может создать прецедент, который правильнее будет назвать "заговором с целью осуществления журналистской деятельности"»[42].

Обама продолжал с упорством преследовать сторонников свободы распространения информации. Но в июне 2011 года по его усилиям был нанесен серьезный удар: прокуратура отказалась от серьезных обвинений в нарушении Закона о шпионаже, выдвинутых против Томаса Дрейка, сотрудника АНБ, осмелившегося рассказать газете *Baltimore Sun* о том, что АНБ впустую потратило более миллиарда долларов на бесполезную систему «Трейлблейзер», призванную следить за цифровыми коммуникациями. Он был признан виновным в незначительном проступке, связанном с неавторизованным доступом к правительственному компьютеру, и не получил ни тюремного срока, ни штрафа. Дело Дрейка было первым официальным обвинением в нарушении Закона о шпионаже, которое Министерство юстиции выдвинуло при Обаме. Служба внутренней безопасности Министерства обороны выступила с докладом, в котором действия Дрейка были названы обоснованными, а его заявления — правдивыми. После этого Обама твердо решил идти в остальных делах до конца, несмотря на то что их доказательная база была столь же сомнительной[43].

Месть лауреату Пулитцеровской премии, репортеру *New York Times* Джеймсу Ризену, написавшему в 2005 году о масштабной прослушке со стороны АНБ, послужила ясным предупреждением для всех журналистов, не желающих раскрывать имена своих источников информации, которую правительство хотело скрыть от народа. Разъяренный постыдными разоблачениями, Чейни стал давить на Министерство юстиции, чтобы оно возбудило дело против Ризена, но так и не смог добиться обвинительного приговора. Обама вновь оживил заглохшую инициативу Буша и стал добиваться ее реализации такими путями, о которых неуклюжие сотрудники последнего могли только мечтать. В апреле 2010 года Министерство юстиции вызвало Ризена в суд для дачи показаний. Ризен дал понять, что скорее сядет в тюрьму, чем раскроет свои источники. В январе 2011 года правительство обвинило бывшего офицера ЦРУ Джеффри Стерлинга в передаче Ризену в 2006-м секретной информации о провалившейся операции по срыву иранской ядерной программы, проводившейся в 2000 году. Об этой операции Ризен рассказал в книге «Военное положение: тайная история ЦРУ и правительства Буша». Гринуолд, последовательный защитник гражданских свобод, осудил Обаму за столь беспрецедентные нападки. «Как и во многих других случаях, — сказал он, — правительство Обамы подошло к реализации гнусных устремлений Дика Чейни так близко, как даже он сам не смог бы подойти»[44].

Политические лидеры и журналисты всего мира уже открыто смеялись над претензиями США считаться демократической страной. Во главе этой атаки стояли журналисты лондонской *Guardian*, которые, как и их коллеги из *New York Times* и *Spiegel*, занимались публикацией секретных документов. Джон Нотон видел «тонкую иронию» в том, что США пытаются заткнуть рот *Wikileaks*. Шеймус Милн писал, что официальная реакция США показывает «весь масштаб замешательства, царящего в руководстве страны». «Не слишком-то хорошо обстоят дела со свободой информации на земле свободы», — усмехался он. Нотон называл раздавшиеся в 2009 году со стороны Хиллари Клинтон упреки в адрес КНР о нарушении свободы Интернета «шедевром сатиры»[45].

Ничего Обама не делал и для того, чтобы остановить рост влияния разведок и контрразведок. В 2010 году *Washington Post* выпустила серию из четырех статей, ставшую настоящим холодным душем. Эти статьи были результатом двухлетнего расследования, названного авторами «альтернативной географией США, Совершенно Секретной Америки, скрытой от взоров общественности». В этом мире 854 тысячи человек (хотя истинная цифра, вероятно, была ближе к 1,2 миллиона) с осо-

Глава 14. Обама

бым доступом, работавшие на 1271 правительственную организацию и 1931 частную компанию примерно в 10 тысячах точек на территории США, заняты в сфере контртерроризма, национальной безопасности и разведки. Две трети этих программ контролирует Пентагон. Бюджет разведок в 2009 году перевалил далеко за 75 миллиардов долларов. По сравнению с моментом терактов 11 сентября эта цифра выросла более чем в два с половиной раза. Каждый день АНБ перехватывает 1,7 миллиарда электронных писем, телефонных звонков и других видов сообщений[46].

В заключительной статье журналисты *Washington Post* Дана Прист и Уильям Эркин сообщили, что США «создают громадный внутренний разведывательный аппарат для сбора информации об американцах. Они используют ФБР, местную полицию, различные органы госбезопасности и военных следователей». Многим из их объектов «даже не были предъявлены какие бы то ни было обвинения». Их вина заключалась лишь в том, что они вели себя подозрительно. Надзор осуществлялся 3984 организациями на уровне общин, штатов и на федеральном уровне. При этом часто использовались те же методы, что в Ираке и Афганистане. ФБР собрало 96 миллионов отпечатков пальцев, хранящихся в Кларксберге (штат Западная Вирджиния)[47].

В 2011 году во время дебатов в конгрессе о расширении действия Закона о патриотизме сенаторы-демократы Рон Вайден и Марк Удолл, члены комитета по разведке, выразили свое возмущение тем, как правительство толкует некоторые положения закона. «Когда американцы узнают, как их правительство тайно интерпретирует Закон о патриотизме, они сначала будут ошеломлены, а затем придут в ярость», — предупредил Вайден, напомнив о том, как граждане в прошлом реагировали на подобные злоупотребления, включая внутренний шпионаж в 1970-е годы, дело «Иран — контрас» и проводившуюся Бушем слежку без надлежащих ордеров[48].

Однако американцы не проявили должного внимания. Слежка в рамках Закона о патриотизме была продлена до 2015 года. ФБР увеличило штат агентов на 14 тысяч. Верховный суд расширил возможности в сфере обысков и надзора. В результате гарантированное 4-й поправкой [*к Конституции*] право на частную жизнь и защиту от необоснованных обысков и арестов — то, что отцы-основатели считали священным, — было серьезно подорвано[49].

Опасения, которые у борцов за гражданские свободы вызывали новые полномочия американского правительства, полученные после 11 сентября, были вполне обоснованными. Джонатан Терли насчитал

10 таких полномочий: 1) право президента отдать приказ об убийстве гражданина США; 2) бессрочное содержание подозреваемых под стражей; 3) право президента решать, будет ли пленный отдан под юрисдикцию федерального суда или военного трибунала; 4) ведение слежки без надлежащего ордера; 5) возможность засекретить доказательства, использованные для ареста и вынесения приговора, а также право ссылаться на государственную тайну в качестве основания для прекращения судебных разбирательств по искам, выдвинутым против правительства; 6) отказ в проведении суда над военными преступниками; 7) возможность более широкого использования тайных закрытых судов по Закону о надзоре за внешней разведкой; 8) судебный иммунитет для организаций, ведущих слежку за гражданами США без надлежащего ордера; 9) надзор за гражданами без санкции суда; 10) возможность чрезвычайной выдачи людей в другие страны, включая те, где применяются пытки. И хотя Обама пообещал не пользоваться некоторыми из этих полномочий, его решение никак не ограничивает тех, кто сменит его в Овальном кабинете. И, как верно подметил Терли, «самовластие в стране определяется не только использованием авторитарных полномочий, но и возможностью их использования. Если президент может лишить вас свободы или жизни по собственному усмотрению, все права становятся не более чем игрушкой в руках власти»[50].

Но возможно, что внешняя политика Обамы принесла даже больше разочарований, чем внутренняя. Первоначально в число его внешнеполитических советников входили преимущественно ветераны правительства Клинтона, включая советника по национальной безопасности Энтони Лейка, помощника госсекретаря Сьюзен Райс, министра ВМС Ричарда Данцига, начальника отдела кадров Министерства финансов Майкла Фромана и сотрудника Госдепартамента Грегори Крейга. Важную роль играл и фанатичный антикоммунист, советник по национальной безопасности при Картере Збигнев Бжезинский. Тем не менее *Washington Post* отмечала, что во время предвыборной кампании двумя наиболее близкими к Обаме людьми были двое новичков — Саманта Пауэр, преподаватель политологии гарвардского факультета госуправления им. Кеннеди, и отставной генерал-майор ВВС Скотт Грейшн, в прошлом летчик-истребитель, служил начальником отдела стратегического планирования у генерала морской пехоты Джеймса Джонса, главнокомандующего войсками НАТО в Европе[51]. Надежды на перемены в американской внешней политике, помимо самого Обамы, возлагались в основном на Пауэр, наиболее известную своей книгой «Проблема родом из Ада: Америка и эпоха геноцида», в которой она утверждала, что либеральные политические деятели не могут стоять в стороне, когда становятся свидетелями геноцида. Пауэр была вынуждена уйти из избирательного штаба Обамы после того, как назвала Хиллари Клинтон «монстром», но впоследствии пришла на одну из ключевых должностей в СНБ, где агрессивно продвигала идею американской интервенции в Ливии.

Во внешней политике Обама имел довольно ограниченный опыт, а его взгляды в этой области были далекими от ясности. В ходе избирательной кампании на одном из митингов в Пенсильвании он сказал: «Правда в том, что моя внешняя политика является возвращением к традиционной двухпартийной политике реализма Джорджа Буша-отца, Джона Ф. Кеннеди и в какой-то мере Рональда Рейгана»[52]. Понять, что на самом деле означало это причудливое высказывание, было сложно, ясно было только, что он не собирается отказываться от более чем вековой политики империализма. Он склонялся к центристскому подходу более эффективного управления американской империей, а не к попыткам сделать роль США в быстро меняющемся мире более позитивной. Он стремился сократить присутствие США на Ближнем Востоке, в то же время расширив его в Азии, где американской гегемонии угрожало растущее влияние Китая. «Все минувшее десятилетие мы шли окольным путем через Ближний Восток, — отмечал Курт Кэмпбелл, помощник госсекретаря по вопросам Восточной Азии и Тихоокеанского региона. — Теперь нашей главной заботой должны стать события в Азии и Тихоокеанском регионе». «В первые два года нам нужно было разобраться с наследием: войной в Ираке, войной в Афганистане, войной против "Аль-Каиды", — и в то же время перераспределить ресурсы и оценить наше положение на мировой арене, — говорил Бенджамин Родс, один из заместителей советника Обамы по национальной безопасности. — Если свести это все к лозунгу, он звучал бы так: "Покончить с двумя войнами, восстановить ведущую роль Америки в мире и сосредоточиться на большем числе целей, начиная с Азии и мировой экономики и заканчивая режимом нераспространения ядерного оружия"»[53].

Поставив такие цели, Обама срочно начал заворачивать в новую обертку наиболее одиозные аспекты политики Буша. В первый же день на посту президента он обсудил вывод войск из Ирака и дал понять, что намерен вплотную заняться мирными переговорами между Израилем и Палестиной. Он подписал указ, в соответствии с которым чиновникам исполнительной власти запрещалось принимать подарки от лоббистов и продвигать их интересы в правительстве после ухода с занимаемой должности. Второй день был еще лучше. Он запретил применение «расширенных методов» допроса, объявил о закрытии тюрем ЦРУ в «черных точках» и сообщил о намерении в течение года закрыть военную тюрьму в Гуантанамо.

Но по целому ряду причин Обама не смог осуществить многие из этих программ. Ему противостояли непримиримые республиканцы, консервативные демократы, а порой даже собственные советники. *Washington Post* назвала внешнеполитическую команду Обамы «опытными центристами»[54]. Его главные советники: госсекретарь Хиллари Клинтон, доставшийся в наследство от республиканцев министр обороны Роберт Гейтс, советник по национальной безопасности генерал Джеймс Джонс, соратник Джона Маккейна, и директор Национальной разведки адмирал Деннис Блэр, бывший глава Тихоокеанского командования США, — действительно были опытными, но вот с центризмом у них явно были проблемы.

Обама заявил, что его настольной книгой в Овальном кабинете станет «Команда конкурентов» Дорис Кернс Гудвин, где автор описала мудрость Авраама Линкольна, включившего в состав кабинета своих политических противников и даже тех, кто возводил на него откровенную клевету. Обама последовал его примеру, назначив на ключевые посты «ястребов» Хиллари Клинтон и Роберта Гейтса, но при этом забыв уравновесить их столь же непримиримыми критиками американского империализма.

Результаты легко было предвидеть. В августе 2009 года в статье «Отличия внешней политики Обамы» неоконсерватор Эллиот Коэн заверил консерваторов, что изменения крайне незначительны: «Основная структура политики осталась той же... Более того, так как большая часть внешнеполитической команды Обамы состоит из демократов-центристов, маловероятно, что ее суждения в отношении событий в мире и американских интересов в нем сильно изменятся по сравнению с ее предшественниками»[55].

Главным гарантом сохранения преемственности в имперской политике стал Гейтс. Причастность Гейтса, старого солдата холодной войны, тесно связанного с неоконсерваторами, к нескольким скандалам, включая предполагаемое затягивание освобождения американских заложников в Иране в 1980 году и поставки оружия обеим сторонам в разрушительной ирано-иракской войне, никогда не была расследована в полной мере. В годы Рейгана он весьма успешно перевернул с ног на голову систему сбора информации ЦРУ, очистив ЦРУ от независимых аналитиков, не разделявших взгляды на масштаб советской угрозы, которой оправ-

Глава 14. Обама

дывался непомерно раздутый военный бюджет США. Он был главным сторонником жестокой политики Рейгана в Центральной Америке, отстаивая незаконные тайные операции против сандинистов в Никарагуа [56].

Альянс Гейтса с Х. Клинтон разрушил все ожидания тех, кто надеялся на переоценку роли Америки в мире. «Люди размышляют о том, какое будущее ждет страну и мир, — сказала Клинтон, выступая перед Советом по международным отношениям (СМО). — Поэтому я скажу прямо: в новом веке Соединенные Штаты могут, должны и останутся лидером»[57]. «Как уже говорилось ранее, мы по-прежнему главное государство в мире», — согласился с ней Гейтс в ноябре 2010 года[58]. Но, провозглашая перед СМО «новый американский момент», Клинтон предложила ошеломляюще упрощенческое и бессодержательное толкование американской истории: *«После Второй мировой войны страна, построившая трансконтинентальную железную дорогу, сборочный конвейер и небоскребы, обратила свое внимание на создание основ для глобального сотрудничества. Третья мировая, которой многие так боялись, так и не началась. Многие люди смогли вырваться из бедности и впервые воспользоваться своими правами. Именно это является результатом новой глобальной архитектуры, проект которой много лет создавался американскими лидерами — представителями обеих политических партий»*[59].

В своих речах в Праге, Каире, Осло и других городах Обама изложил свое понимание роли Америки в мире более подробно. Но лейтмотив был тот же, что у Клинтон и Гейтса. Но наибольшее разочарование вызвала речь Обамы во время вручения ему Нобелевской премии мира в декабре 2009 года. Сам факт, что президент, ведущий две войны, получил подобную премию, выглядел нелепостью. Но еще более досадным для членов Нобелевского комитета должно было стать то, что в своей речи Обама защищал американский милитаризм, а уже через несколько дней после этого направил подкрепления в Афганистан. И хотя в некоторых местах, касавшихся комплекса проблем, с которыми столкнулся мир, его речь была разумной, эту разумность полностью перекрывало отстаивание позиций войны, односторонних действий и превосходства США в мире.

То, как Обама укреплял свою личную власть, вызвало бы зависть даже у Дика Чейни. В 2011 году он проигнорировал мнение своих собственных юристов, заявив, что ему не нужно одобрение конгресса в рамках резолюции о военных полномочиях для продолжения боевых действий в Ливии дольше шести дней, установленных данной резолюцией. Предложив причудливую, если не откровенно оруэлловскую интерпретацию действий США, напоминавшую данное Бушем определение пытки и клинтоновское

Госсекретарь Хиллари Клинтон и министр обороны Роберт Гейтс на совещании в Белом доме. Доставшийся в наследство от Буша Гейтс объединился с «ястребом» Клинтон. Их действия разрушили все ожидания тех, кто надеялся на переоценку роли США в мире.

толкование слова «секс», Обама объявил, что американские действия не подпадают под юридическое определение боевых действий. Даже такой «ястреб», как спикер палаты представителей Джон Бонер, был шокирован заявлениями Обамы о том, что длительные бомбардировки Ливии с целью убийства Муаммара Каддафи и свержения его режима не являются боевыми действиями. «Белый дом утверждает, что нет никаких боевых действий, — говорил Бейнер. — И тем не менее мы наносим удары с беспилотников. Мы тратим 10 миллионов долларов в день. Мы вместе с другими странами сбрасываем бомбы на Каддафи. Заявляя о том, что нет боевых действий, мы просто делаем хорошую мину при плохой игре». Обама же отверг все советы главного юрисконсульта Пентагона Дж. Джонсона и исполняющего обязанности главы консультативного отдела Министерства юстиции Кэролайн Крэсс. Игнорирование мнения главы консультативного отдела в подобных делах было едва ли не беспрецедентным[60].

Когда во время праймериз в 2008 году Обаме задали вопрос: может ли президент без разрешения конгресса начать бомбардировку Ирана, — он ответил: «Президент не имеет конституционного права по собственному усмотрению отдавать приказ о нанесении удара, кроме случаев, когда страна подверглась нападению либо когда такое нападение неизбежно»[61]. НАТО же вышло далеко за рамки резолюции ООН, позволявшей пред-

Глава 14. Обама

принимать шаги для защиты мирных ливийцев, создав таким образом крайне опасный прецедент.

Несмотря на смену режима в Ливии, было очевидно, что американская империя пребывает в серьезном кризисе. Способность США контролировать события ослабла. После публикации *Wikileaks* секретных сообщений Госдепартамента в ноябре 2010 года обозреватель «Гардиан» Саймон Дженкинс осудил некомпетентность и нелепое упрямство заправил американской внешней политики: «Количество потраченных впустую денег просто немыслимо... Создается впечатление, что главная мировая супердержава беспомощно шатается по планете, на которой с ней попросту никто не считается. Иран, Россия, Пакистан, Афганистан, Йемен, ООН — все действуют, невзирая ни на какие планы американцев. Вашингтон реагирует как раненый медведь, у которого остались имперские инстинкты, но исчезла всякая способность навязывать свою волю»[62].

Наиболее очевидным подтверждением этого был Афганистан, где с 2001 года американцы с каждым месяцем увязали все больше и больше. США утверждали, что главной целью является победа над «Аль-Каидой». Обама разделял этот подход, пообещав во время избирательной кампании, что выведет войска из Ирака, чтобы сконцентрировать усилия на Афганистане. Многие пытались отговорить его от такой глупости. 30 июня 2009 года Обама отобедал в Белом доме с девятью главными американскими историками президентства. Во время обеда он расспрашивал их о том, что приводило его предшественников к успеху, а что вело к краху. Из-за того что Обама намекнул на то, что желает, чтобы такие обеды стали регулярными, приглашенные ничего не сообщили о темах, обсуждавшихся за столом. Более чем через год заслуженный профессор Северо-Восточного университета Гарри Уилс наконец нарушил обет молчания. «Он плохо понимал, о чем мы говорили во время первого обеда, и уж точно не извлек для себя никаких уроков, — писал разочарованный Уилс. — Единственное, что мы наблюдали, — это постоянные попытки уйти от главной темы разговора — что продолжение войны в Афганистане может стать для него тем же, чем Вьетнам стал для Линдона Джонсона». После того как блюда унесли, Обама попросил дать ему совет, который стал бы итогом всего разговора. Уилс вспоминал: «Когда подошла моя очередь, я присоединился к тем, кто предупреждал его о том, каким болотом становится Афганистан. Я сказал ему, что тамошнее правительство насквозь пропитано коррупцией и клановостью, а его связи с наркоторговцами столь сильны, что страну просто невозможно стабилизировать. Он ответил, что отнюдь не наивен и осознает всю сложность ситуации, но считает, что можно найти реалистичное решение. "Когда рак свистнет", — хотел добавить я, но сдержался»[63].

К моменту той июньской встречи Обама уже удвоил беспорядок, унаследованный от его предшественника. В последние дни работы правительства Буша один из главных людей в армии США сообщил *Washington Post*: «У нас нет стратегического плана. В сущности, его никогда и не было»[64]. На момент вступления Обамы в должность в Афганистане находились 34 тысячи американских солдат. Но уже в феврале он направил туда еще 21 тысячу военнослужащих «для стабилизации ухудшающейся ситуации», а позднее — еще 13 тысяч[65]. В мае Гейтс по требованию регионального командующего генерала Дэвида Петреуса сместил командующего войсками США в Афганистане генерала Дэвида Маккирнана, заменив его генерал-лейтенантом Стэнли Маккристолом.

Маккристол вполне мог бы стать героем одного из фильмов Стэнли Кубрика. *Times* описывала его как «аскета, который... обычно ест не чаще одного раза в день, вечером; чтобы не тратить времени зря, спит мало, а на службу и обратно передвигается бегом, слушая аудиокниги на айподе». Он пять лет руководил «тайными операциями» в Ираке, возглавляя секретное Объединенное командование специальных операций (ОКСО). Сеймур Херш назвал его отдел «исполнительным департаментом убийств», действовавшим под личным надзором Чейни. По словам *Times,* «бывшие сотрудники разведки говорили, что он обладает поистине энциклопедическими знаниями о жизни террористов, а его стремление уничтожать их граничит с безумием». Одни называли его «воином-ученым», другие — «чокнутым трудоголиком»[66].

В Афганистане Маккристол применял карательную стратегию в стиле Петреуса с тем лишь отличием, что предпринимал больше усилий для сокращения жертв среди мирного населения и занимал более агрессивную позицию в отношении Пакистана. В отличие от Маккирнана, Маккристол считал Афганистан и Пакистан «общей головной болью», поддерживая стратегию атак на тайные базы талибов в Пакистане[67]. И хотя дни Маккристола на его посту были сочтены, этого нельзя было сказать об ударах беспилотников как части глобальной стратегии США.

Обама сознавал стратегическую важность Пакистана. «Раковая опухоль находится в Пакистане», — признал он 25 ноября 2009 года на встрече в Овальном кабинете. Он настаивал, что успех в Афганистане был нужен для того, чтобы «рак не распространился и туда»[68].

Американо-пакистанские отношения были отмечены оппортунизмом с обеих сторон. В 1980-е годы США тесно сотрудничали с пакистанской

Глава 14. Обама

Межведомственной разведкой (МВР) в целях подготовки «борцов за веру», воевавших с СССР в Афганистане. В благодарность за помощь США смотрели сквозь пальцы на пакистанскую ядерную программу, развивавшуюся в годы Буша и Обамы с ошеломляющей скоростью. К 2011 году Пакистан обладал арсеналом примерно в 110 ядерных боеголовок и имел достаточно материалов для производства еще 40–100, заняв место Франции в качестве пятой крупнейшей ядерной державы мира*. Несмотря на серьезную помощь США в сфере контроля за ядерным оружием и материалами для его создания, низкий уровень безопасности делал угрозу их попадания в руки подготовленных американцами и закаленных в боях на территории Афганистана исламских экстремистов, которыми изобиловала страна, весьма реальной[69].

Американо-пакистанский альянс был хрупким. После ухода Советов из Афганистана поддерживаемым США моджахедам понадобилось еще три года для свержения союзного СССР правительства Наджибуллы в 1992 году. После этого интересы США в регионе испарились. Президент Первез Мушарраф, бывший командующий пакистанской армией, захвативший власть в результате переворота 1999 года, говорил, что пакистанцы чувствуют себя так, как будто США «использовали их, а потом вышвырнули на помойку». Возобновление американских санкций из-за пакистанской ядерной программы еще больше обострило ситуацию[70].

После 11 сентября США вновь обратились к Пакистану за помощью. Но теперь пакистанцы были готовы протянуть руку с гораздо меньшей охотой. Тогда США стали угрожать, что если Пакистан не пойдет на их условия, в число которых входило и прекращение поддержки афганских талибов, то они «загонят его бомбардировками назад в каменный век»[71]. Помимо этого, Америка ежегодно выделяла Пакистану более 2 миллиардов долларов на ликвидацию расположенных вдоль границы тайных баз талибов, с которых те совершали вылазки против сил НАТО. Пакистан оказался несговорчивым партнером. Он боролся с мятежниками, которые вели подрывную деятельность на его собственной территории, но при этом тайно поддерживал две крупнейшие группировки талибов в Афганистане.

Видя, с какой неохотой им помогает Пакистан, США решили действовать в одностороннем порядке. Армейский спецназ и контртер-

---

* По данным 2010 года, Франция располагала примерно 350 боезарядами. По другим данным, число французских боезарядов достигало 500, делая арсенал страны крупнейшим после американского и российского.

рористические подразделения ЦРУ — базирующаяся в Афганистане тайная армия — начали вести операции в районах кочевых племен, не подчинявшихся центральному правительству Пакистана; именно там располагались базы партизан[72]. Пакистанцы были в ярости от подобного нарушения своего суверенитета со стороны США.

Особенно возмущали пакистанцев удары американских беспилотников по территории их страны. По данным *Washington Post*, в результате таких ударов за первые три года правления Обамы погибло от 1350 до 2250 человек. Оснащенные ракетами «Хэллфайер» беспилотники, которые могли использоваться как для нанесения ударов, так и для разведки, постепенно становились главным оружием США и в Пакистане, и в Афганистане. За первые девять месяцев своего правления Обама санкционировал столько же атак беспилотников, сколько Буш за предыдущие три года. Это привело к гибели большого числа мирных жителей.

Дэвид Килкаллен, занимавший в 2006–2008 годах должность советника генерала Дэвида Петреуса по карательным операциям, и офицер Эндрю Эксум, служивший в Ираке и Афганистане в 2002–2004 годах, в мае 2009-го описали всю глубину гнева пакистанцев. Они цитировали пакистанскую прессу, которая заявляла, что за прошедшие три года удары американских беспилотников унесли жизни 700 мирных жителей. Главарей террористов было убито всего 14. Таким образом, на каждого убитого боевика приходилось 50 гражданских лиц. Иными словами, точность ударов составляла 2%. На «категорическое отрицание» этих цифр американскими чиновниками Килкаллен и Эксум ответили, что хотя количество жертв и могло быть несколько преувеличено, но «каждая смерть мирного жителя означала, что его семья захочет отомстить, и ее члены вольются в ряды боевиков, число которых и так росло, несмотря на удары беспилотников». Глубокая неприязнь к американцам возникала даже в районах Пакистана, далеких от мест, подвергшихся ударам[73].

Подсчитать точное число жертв среди мирного населения сложно. Пакистанский фотограф Нур Бехрам, родившийся в племенном районе Вазиристан, по которому и наносилась большая часть ударов, летом 2011 года провел в Лондоне выставку своих работ, на которых запечатлены ужасающие последствия 27 атак беспилотников. По его мнению, количество погибших мирных жителей на одного уничтоженного террориста было чуть меньшим. «На каждых 10–15 убитых, — говорил он, — в лучшем случае приходился один боевик». По данным Фонда новой Америки, число жертв среди мирного населения составляло 20% от общего числа погибших. Данное Бехрамом описание последствий ударов выглядело очень похожим на результаты американских бомбардировок в других войнах: «После ударов вокруг лежали лишь фрагменты тел. Опознать их было невозможно. Поэтому местным оставалось лишь собирать эти части и проклинать Америку. Они говорили, что Америка убивает их в их собственной стране и в их собственных домах лишь за то, что они мусульмане. Молодежь в районах, по которым наносились удары, слетала с катушек. В душах свидетелей атак беспилотников росла ненависть. Американцы считают, что у них все получается, но урон, который они наносят, гораздо серьезнее того, какой способны нанести террористы»[74]. Примером может служить перебравшийся в США пакистанец Фейсал Шахзад, известный как «бомбист с Таймс-сквер». Вскоре после ареста он спросил: «Что бы вы почувствовали, если бы кто-то напал на США? А ведь вы нападаете на суверенный Пакистан». Во время судебного процесса, когда судья спросил Шахзада, как он мог решиться на убийство ни в чем не повинных женщин и детей, он ответил, что американские беспилотники «не видят детей. Они не видят никого. Они убивают и женщин, и детей. Они убивают всех»[75]. Для пакистанцев жертвы были людьми. Для операторов беспилотников они были лишь безликими целями[76].

Удивительно ли, что 97 % пакистанцев сказали социологам исследовательского центра *Pew*, что они отрицательно относятся к ударам американских беспилотников, а число тех, кто считал США врагом, возросло с 64 % в 2009 году до 74 % в 2012-м. И конечно, многих возмутило высказывание Обамы во время обеда с членами Ассоциации корреспондентов при Белом доме. Заметив членов популярной молодежной группы *Jonas Brothers*, Обама пошутил по поводу своих дочерей: «Саша и Малия ваши большие фанатки, но, пацаны, даже не вздумайте. Два слова: беспилотники "Прэдетор". Так что лучше не пытайтесь». Весной 2012 года Обаме симпатизировали лишь 7 % пакистанцев[77].

Плоские шутки Обамы были хотя бы попыткой юмора, но, конечно, ничуть не лучшей, чем поиски Джорджем Бушем ОМП под своим письменным столом в Овальном кабинете шестью годами ранее. В июне 2011 года советник Обамы по борьбе с терроризмом Джон Бреннан с невозмутимым видом заявил, что «жертв среди мирного населения в результате атак беспилотников не было уже целый год». Даже такой сторонник использования беспилотников, как написавший о них целую серию репортажей редактор новостного сайта «Журнал долгой войны» Билл Роджо, назвал подобные заявления абсурдом. Вскоре после этого британское Бюро журналистских расследований заявило, что, основываясь на данных, полученных в результате интервью, взятых в подконтрольных племенам районах, можно сказать: в результате 10 ударов, нанесенных за последний год, были убиты не менее 45 мирных жителей[78]. Бреннан мог сделать столь нелепое заявление потому, что Обама квалифицировал как боевиков всех боеспособных мужчин, оказавшихся в зоне удара. Вполне очевидно, что в эту категорию входили и гражданские, пытавшиеся оказать помощь жертвам авианалета, а также те, кто был достаточно неосторожен, чтобы прийти на похороны боевиков. В феврале 2012 года Бюро сообщило, что жертвы беспилотников ЦРУ из этой категории исчислялись десятками[79].

В 2010-м, когда ситуация в Пакистане могла взорваться в любую минуту, американский посол Камерон Мантер пожаловался, что операция «вышла из-под контроля». «Он так и не понял, что его основная задача — убивать людей», — заметил один из его коллег[80]. Обама и Байден считали, что расширенное применение беспилотников позволит покарать Талибан и «Аль-Каиду» без использования большого военного контингента, но других беспокоили спорная юридическая база подобных ликвидаций и ситуация в мире в будущем — после того, как столь опасная технология станет применяться повсеместно. До 11 сентября США критиковали точечные удары, наносимые другими. В 2000 году американский посол в Израиле Мартин Индык осудил тактику точечных ударов, применявшуюся израильтянами против палестинцев. «Правительство США, — заявил он, — четко и недвусмысленно заявляет, что выступает против точечных ударов. Это внесудебные убийства, а значит, мы категорически против дальнейшего их применения»[81].

Еще до своего вступления в должность Обама давал понять, что намерен не только решительно продолжить начатую Бушем войну с терроризмом, но и расширить применение беспилотников. Один бывший сотрудник ЦРУ сообщил: переходная команда Обамы заверила ЦРУ в том, что «будет действовать так же жестко, как и команда Буша, а возможно, еще жестче… Они шумели по поводу методов ведения допросов, но хотели дать нам понять, что они не какая-то кучка мягкотелых леваков. Они хотели сосредоточиться на программе "Прэдетор" и увеличить ее финансирование»[82].

География применения беспилотников, в эпоху Буша использовавшихся лишь против Пакистана, уже в первые три года правления Обамы расширилась на территорию еще шести стран. В феврале 2012 года США внесли в список целей боевиков-исламистов на Филиппинах. Критики были согласны с метким высказыванием Тома Энгельгардта, что «беспилотники… стали крыльями бытовавшего в эру Буша "принципа

Глава 14. Обама

Гуантанамо", в соответствии с которым Вашингтон имеет неоспоримое право быть всемирным судьей, присяжным заседателем и палачом. При этом его собственные действия не подпадают под какие бы то ни было законы»[83].

До недавнего времени мало что было известно об участии самого президента в составлении официальных «расстрельных списков». В 2006 году бывший вице-президент Эл Гор выразил свое возмущение тем, как вольно трактует свои полномочия Джордж Буш, и поинтересовался, есть ли хоть какие-то ограничения действий президента. Гор спросил: «Если у президента есть неотъемлемое право прослушивать американских граждан без санкции суда, заключать американских граждан под стражу по собственному усмотрению, похищать и пытать их, то есть ли хоть что-то такое, чего он не может сделать?»[84] Точечные удары Обамы стали леденящим душу ответом. Гленн Гринуолд предупреждал, что «право отдавать распоряжение о казни людей (включая граждан США) является слишком опасным инструментом, чтобы им мог быть наделен лишь один человек, честность и непредвзятость которого не может проверить никто». Но в первую очередь он напоминал читателям о том, что «среди демократов был полный консенсус относительно того, что Джорджа Буша необходимо заставить просить санкцию суда даже на слежку за людьми или арест, не говоря уже о казнях, совершаемых ЦРУ»[85].

Правительство Обамы окружило программу завесой строжайшей секретности, отказываясь давать любую информацию о целях и о жертвах среди мирного населения. Осуществлявшее удары по Пакистану ЦРУ отказывалось даже признавать существование такой программы. Но удары беспилотников вдохнули новую жизнь в ЦРУ, дышавшее на ладан с 11 сентября. «Вы взяли находящееся при последнем издыхании ЦРУ и сделали из него адскую машину для убийства», — возмущался один бывший сотрудник. Через 10 лет после 11 сентября штат Контртеррористического центра ЦРУ вырос в семь раз. Около 20 % аналитиков ЦРУ теперь занимались подбором целей, а задачей еще 35 % была поддержка операций с беспилотниками[86].

Общая стоимость операций была исключительно высокой, к тому же они были чрезвычайно сложными. Каждому боевому беспилотнику требовалась команда из 150 человек (а то и больше) для обслуживания и подготовки к боевому вылету. ВВС, использовавшие беспилотники в Ираке и Афганистане, каждый год тратили на программу 5 миллиардов долларов, и эта сумма быстро росла. В 2012 году Пентагон потребовал дополнительные 5 миллиардов. ОКСО также наносило удары в Йемене и Сомали. К концу 2011 года удары наносились с более чем 60 баз, расположенных в различных уголках мира. «Летчики» носили те же самые зеленые комбинезоны, что и летчики-истребители, хотя управляли беспилотниками с безопасного расстояния, пользуясь джойстиком и монитором, как в видеоигре. Разрабатывались планы, согласно которым к беспилотникам наземного базирования со временем должны были присоединиться аналогичные машины, взлетающие с палуб авианосцев. Они находились бы в акватории Тихого океана и наносили удары с расстояния в три раза дальше, чем истребители ВМС. США работали над уменьшением размеров этих разведывательных и боевых машин с дистанционным управлением до размеров птиц и даже насекомых, называя их основой войн будущего. В 2011 году Пентагон сообщил о планах в ближайшие 10 лет потратить 40 миллиардов долларов на производство еще более чем 700 средних и больших беспилотников, которые должны пополнить ряды уже существующих, а их число, с учетом мини-самолетов, насчитывало уже более 19 тысяч единиц. Число новичков, обучавшихся управлению беспилотниками, уже превышало число тех, кто учился летать на настоящих самолетах. Разрабатывались и планы по созданию тысяч ручных мини-самолетов, которые солдаты могли бы использовать для полевой разведки и нанесения ударов по противнику[87].

Но и ООН, и даже союзники США ставили под вопрос законность подобных точечных ударов. Еще больше их опасения возросли, когда в сентябре 2011 года в Йемене были убиты сторонник «Аль-Каиды» Анвар аль-Авлаки, родившийся на территории США, и получивший американское гражданство Самир Хан. В следующем месяце при очередном ракетном ударе погиб 16-летний сын Авлаки, также уроженец США. В июле 2012 года родственники жертв вместе с АСЗГС и Центром конституционных прав подали в суд на министра обороны Леона Панетту, директора ЦРУ Дэвида Петреуса и двух руководителей армейских спецподразделений, обвинив их в том, что «совершенные ими убийства нарушают фундаментальные права граждан США, включая право не быть лишенным жизни иначе, как по приговору суда со всеми надлежащими процедурами»[88].

Авлаки и Хан были лишь одними из многих жертв применения беспилотников в Йемене. Как и в Пакистане, беспилотники порождали гораздо больше новых врагов США, чем убивали. Когда американцы начали кампанию точечных ударов в 2009 году, в Йемене насчитывалось меньше 300 боевиков аравийского отделения «Аль-Каиды». К середине 2012-го их число возросло до 1000. По словам *Washington Post*, кампания точечных ударов на юге Йемена привела к «резкому росту симпатий к боевикам "Аль-Каиды" и побудила многих людей из местных племен вступить в ряды антиамериканских террористов». Издание процитировало высказывание одного йеменского бизнесмена, потерявшего в результате американского налета двух братьев — учителя и телефонного мастера. Он заявил: «Эти атаки приводят к тому, что люди говорят: "Теперь мы понимаем, что "Аль-Каида" права"». Кроме того, многие представители племен шли воевать не из-за симпатий к «Аль-Каиде», а из ненависти к США. «Беспилотники убивают главарей "Аль-Каиды", но превращают их в героев», — предупреждал один из местных правозащитников[89].

Для заправил американской политики беспилотники представляли дешевый и безопасный вариант ведения войны с использованием роботов, в рамках которого врага уничтожали с расстояния в тысячи миль, при этом не подвергая риску американцев. Однако критики осуждали столь трусливый способ «удаленного убийства». Таиландская англоязычная газета Nation едко подметила, что «беспилотники... олицетворяют собой наше эгоистичное и трусливое желание подслушивать, убивать и разрушать без малейшей угрозы получить ответный удар»[90]. Сухопутные войска также экспериментировали с роботами-убийцами, которые могли бы помогать пехоте, а то и вовсе ее заменить. Один образец такого робота был испытан на базе в Форт-Беннинг (штат Джорджия). Он работал в связке с разведывательными беспилотниками и был вооружен гранатометом и пулеметом. Многие опасались, что сокращение потенциальных потерь личного состава сделает страну более воинственной. «Войны будут начинаться с легкостью, поскольку риск потерь будет минимальным», — предупреждал Уэнделл Уоллак, глава научной группы по исследованию проблем этики в технологической сфере Междисциплинарного центра биотехники Йельского университета[91].

Для Энгельгардта беспилотники были не более чем очередным чудо-оружием, задача которого — гарантировать американскую гегемонию. До них были атомные бомбы, водородные бомбы, виртуальные поля боя эпохи Вьетнама, щит ПРО Рейгана и «умные бомбы» времен Первой войны в Заливе[92]. Но их статус чудо-оружия оказался под серьезным вопросом, после того как в конце 2011 года иранцы продемонстрировали RQ-170 «Сэнтинел», который был сбит во время разведывательного полета над их территорией, не получив при этом серьезных повреждений. К тому моменту катастрофу потерпело уже более двух дюжин беспилотников, но ни один из этих инцидентов не получил столь широкой огласки и не был столь позорным.

Некоторые выражали обеспокоенность тем, что иранцы могут разобрать беспилотник по винтикам и узнать его секреты. Дик Чейни требовал от Обамы, чтобы тот направил самолеты, которые уничтожили бы сбитый аппарат, пока его не увезли. Но было слишком поздно. Кот уже выскочил из мешка. Более 50 государств, часть из которых была враждебно настроена к США, уже начали закупать беспилотники, а некоторые обладали собственными программами по производству современных образцов. Большинство из них были разведывательными, но США сами продавали боевые беспилотники своим ближайшим союзникам. В 2009 году США наказали дышавший в этой сфере им в затылок Израиль за продажу боевого беспилотника Китаю. *Wikileaks* сообщала, что американцев еще больше разозлила продажа Израилем сложных модификаций беспилотников России. Среди стран, заявивших о наличии у них технологии создания беспилотников-убийц, были Россия, Индия и даже Иран. Летом 2010 года иранский президент Махмуд Ахмадинежад продемонстрировал модель, которую он назвал «послом смерти».

Но главную угрозу для американских амбиций и претензий представлял Китай, чья программа была наиболее динамичной среди всех зарубежных стран. К 2011 году, через пять лет после публичной демонстрации своего первого беспилотника, Китай мог похвастать уже более чем двумя десятками модификаций. В разработке находились новые. Но наиболее тревожным был тот факт, что Китай открыто продает беспилотники другим странам. Китайская авиастроительная корпорация предлагала покупателям сравнимый по своим характеристикам с «Прэдетором» самолет «Иилон» («Птеродактиль»), сочетающий боевые и разведывательные функции. Среди стран, покупавших китайские боевые беспилотники, был и союзник США — Пакистан.

Ведущие американские военные подрядчики, такие как General Atomics Aeronautical Systems, стремившаяся вывести на рынок беспилотники «Прэдетор» и MQ9 «Рипер», стоимость каждого из которых достигала 10 миллионов долларов, подняли невообразимый шум, требуя, чтобы правительство США ослабило экспортные ограничения. Директор Агентства по сотрудничеству в сфере обороны и безопасности вице-адмирал Уильям Лэндей III, в задачу которого входило следить за подобными сделками, приказал своим подчиненным определить, каковы допустимые характеристики для беспилотников, идущих на экспорт в ту или иную страну[93]. Американские производители потирали руки.

Используя для оправдания точечных ударов по территории других стран то, что «Аль-Каида» и Талибан не ограничиваются прямыми бо-

Глава 14. Обама

евыми столкновениями, а ведут партизанскую войну, США создавали опасный прецедент. Как отмечала *Human Rights Watch*, Китаю теперь ничто не мешает уничтожать уйгурских сепаратистов в Нью-Йорке, а России — чеченских боевиков в Лондоне.

Директор Национальной разведки адмирал Деннис Блэр, который пытался ограничить атаки беспилотников и иную тайную деятельность ЦРУ, поскольку считал, что они наносят серьезный урон репутации США, в 2010 году был заменен отставным генерал-лейтенантом Джеймсом Клеппером, бывшим начальником Национального управления географической разведки Министерства обороны, который являлся сторонником подобной практики. Блэр сетовал, что помешательство Белого дома на ударах беспилотников заменило собой серьезную стратегию победы над «Аль-Каидой». «В Белом доме постоянно повторяли: "Больше нам все равно ничего не остается". Это напомнило мне подсчет убитых во Вьетнаме», — отмечал Блэр[94].

Американские чиновники в Афганистане вовсю расхваливали атаки беспилотников, заявляя, что они лучше обычных бомбардировок, применявшихся на ранних стадиях войны. В марте 2010 года *New York Times* сообщила, что «жертвы среди мирного населения в результате действий американских солдат и американских бомбежек приводят местных жителей в ярость и могут спровоцировать восстание»[95]. Американские бомбы лишили жизни тысячи мирных афганцев. Многих застрелили при попытке прорваться через КПП. Старший сержант Майкл Холл рассказывал, что многие из пленников, которых содержат на авиабазе Баграм, пошли в партизаны после гибели своих близких. «День за днем я слушаю истории о том, как эти люди стали повстанцами, — говорил он своим подчиненным. — Каждый раз, нанося массированный удар, мы убиваем невиновных»[96].

Обама и его советники читали труд Гордона Гольдштейна «Уроки катастрофы», в котором тот четко и последовательно описывал, как США завязли во Вьетнаме. Он показывал неспособность заправил внешней политики понять, что коммунистическая угроза отнюдь не столь монолитна, как они привыкли считать, и то, как вера США в «теорию домино» завела страну в тупик. Обама был полон решимости не повторить их ошибок в борьбе с «Аль-Каидой» и Талибаном.

Обама понимал, что, если американцы завязнут в Афганистане, его президентство будет обречено точно так же, как президентство Джонсона было похоронено Вьетнамом. Увеличив ранее численность американских солдат в Афганистане и заявив, что победа в этой войне входит в число жизненно важных американских интересов, теперь он искал варианты для того, чтобы ограничить американское присутствие и отказаться от пагубной стратегии. Но, как правильно заметил журналист *Washington Post*, его битва с главными военными советниками Майком Малленом, Петреусом и Маккристолом была заведомо проигранной. Те, объединившись с Гейтсом и Х. Клинтон, добились отправки в Афганистан еще 40 тысяч американских солдат, расширения их задач, включая крупные карательные операции для создания прочного местного руководства во главе с военными. Они настаивали на неограниченных сроках американского присутствия. Обама требовал разработки запасных вариантов. Но на совещании 30 сентября он отказался от единственно разумного варианта, сказав своим советникам: «Я отказываюсь уходить из Афганистана»[97]. Впрочем, он отметил, что не хочет, чтобы война там продолжалась 10 лет и стоила триллион долларов. 11 ноября 2009 года на совещании по стратегическим вопросам он гневно обвинил военное командование в том, что оно рассматривает только вариант полномасштабного расширения операции. Более того, все три начальника штабов видов вооруженных сил заявили, что любые шаги, кроме вожделенного наращивания войск, приведут к унизительному поражению. Этот мотив тут же был подхвачен главными неоконсерваторами и растиражирован союзными им СМИ.

Редакции *New York Times* и *Washington Post* из кожи вон лезли, чтобы поддержать «ястребов». Группа «За честность и объективность в репортажах СМИ» проанализировала множество статей об американской политике в Афганистане, опубликованных в *New York Times* и *Washington Post* за первые 10 месяцев 2009 года. *New York Times*, несмотря на то что уже оскандалилась из-за той роли, которую сыграла журналистка Джудит Миллер в начале вторжения в Ирак, опубликовала 36 статей в поддержку войны. Критика содержалась лишь в семи. Соотношение в *Washington Post* было и вовсе 10:1 — впрочем, ее редакция и не скрывала своей позиции. Отказ от военной политики Маккристола, утверждала газета на первой полосе в сентябре 2009 года, «приведет к бесчестью для США и поставит их в очень опасное положение»[98].

Байден и генерал морской пехоты Джеймс Картрайт, заместитель председателя КНШ, предложили компромиссный вариант, в рамках которого американский контингент будет увеличен на 20 тысяч, но при этом США не будут участвовать в мероприятиях по укреплению государственной власти и обеспечению безопасности в Афганистане — следовательно, скорее выведут войска. Они предлагали сконцентрироваться на ослаблении и разобщении Талибана, надеясь в то же время восстановить

Беспилотники «Прэдетор» (вверху) и «Рипер» (внизу) во время боевых вылетов в Афганистане. Американские чиновники называли эти беспилотные аппараты инструментом для уничтожения противника с безупречной точностью, но их использование привело к многочисленным жертвам среди мирного населения и вызвало распространение подобной техники по всему миру.

и подготовить афганские силы. Впоследствии Гейтс и Маллен наказали Картрайта за его раскольничество, блокировав его выдвижение на пост председателя КНШ, хотя Обама уже успел сказать генералу, что даст ему эту должность[99].

В чем Афганистан по-настоящему нуждался, это в экономических и социальных реформах, а не в увеличении численности американских солдат. Нищета в стране ошеломляет. В 2009 году, несмотря на все американские финансовые вливания, Афганистан был пятой беднейшей страной мира. Разрыв между богатыми и бедными был одним из самых высоких на планете. Доход на душу населения составлял всего 426 долларов в год. 68% населения жило всего на 1 доллар в день. Лишь 23% имели доступ к чистой воде. Средняя продолжительность жизни — 43 года. Только 24% взрослого населения умели читать и писать. Среди женщин грамотных было 14%. Даже в 2011 году, через 10 лет после начала войны, лишь 30% девочек посещали школу[100]. Но, несмотря на всю эту нужду, США ежегодно тратили 100 миллиардов долларов на военные цели в Афганистане и лишь 2 миллиарда — на его развитие. Центр «За прогресс Америки» сообщал, что «СССР тратил на восстановление страны куда больше», чем США[101]. Но даже столь незначительная сумма была огромной по сравнению с тем, чем располагало афганское руководство. Энтони Кордсмен из Центра исследований международной стратегии, бывший в 2009 году одним из гражданских советников Маккристола, писал, что «зарубежная помощь в 14 раз превышает доходы правительства Афганистана»[102].

Положение афганских женщин стало особенно тяжелым с того момента, когда американцы свергли союзный СССР режим, ставший непопулярным в том числе из-за попыток уравнять женщин в правах с мужчинами. Их защита от репрессивной политики Талибана была одной из главных заявленных целей американского вторжения. Но, как напоминали читателям Атик Сарвари и Роберт Крюс, «последние 25 лет вопрос положения афганских женщин находился в центре внимания четырех разных режимов: коммунистов, моджахедов, талибов и возглавляемой американцами коалиции[103]. Все они считали то или иное решение данного вопроса ключевым для укрепления своей власти». Но в сельских районах мало что изменилось: детская и материнская смертность остается одной из самых высоких в мире, хотя, как и в случае с продолжительностью жизни, наметились некоторые положительные сдвиги[104]. Однако в подконтрольных талибам районах меньше 1% девочек посещают школы. Дэвид Уайлдмен и Филлис Беннис писали, что «вооружение одной группы жестоких мужчин для свержения другой такой же группы мало чем улучшило положение женщин. Права афганских женщин продолжали ущемляться и в сфере законодательства, и в сфере здравоохранения, и в быту». В 2009 году Афганистан, по данным ООН, находился на предпоследнем месте по равенству полов. В исследовании учитывались такие факторы, как грамотность, доступ к образованию и продолжительность жизни[105]. И это после восьми лет американской оккупации и реформ!

В таких обстоятельствах Афганистан меньше всего нуждался в увеличении численности американских войск, и многие люди пытались

Глава 14. Обама

уберечь Обаму от столь катастрофической ошибки. В начале ноября американский посол в Афганистане Карл Айкенберри в секретном меморандуме предупредил Хиллари Клинтон, что карательная политика уже провалилась, а отправка дополнительных подразделений лишь ухудшит ситуацию. Айкенберри, командовавший американскими войсками в стране 18 месяцев в период с 2006 по 2007 год, сказал: «В последний раз, когда мы направили подкрепления общей численностью в 33 тысячи человек в 2008–2009 годах, уровень насилия и нестабильности в Афганистане возрос». Он четко дал понять, что «большее число солдат не подавит мятеж до тех пор, пока у боевиков остаются тайные базы в Пакистане». Продажность афганского президента Хамида Карзая и бессилие афганской армии и полиции делали ситуацию еще более безнадежной[106].

Другие люди, знающие специфику региона, были с ним согласны. В сентябре 2009 года четверо бывших высокопоставленных сотрудников разведки в интервью журналисту *New York Times* Николасу Кристофу сказали, что «проблема заключается в самом присутствии наших сил в пуштунских районах», а наращивание контингента «лишь докажет пуштунам правоту талибов. Нежелание нашего руководства понять причину гибели многих славных американских ребят, сложивших

Обама и афганский президент Хамид Карзай беседуют за обедом в кабульском президентском дворце в марте 2010 года. По меньшей мере сомнительный союзник американцев Карзай возглавлял правительство, доказавшее свою жестокость и продажность.

головы в Афганистане, не приведет ни к чему хорошему»[107]. Один из этой четверки, бывший резидент ЦРУ в Пакистане Говард Харт, всегда выступал за быстрый вывод американских войск. Он сказал студентам Университета штата Вирджиния, что США могут послать сотни тысяч солдат и потратить «энное число миллиардов» долларов и при этом все равно ничего не добиться. «Они никогда не перестанут драться против нас, — объяснял Харт, — ведь они никогда не переставали драться против Советов и друг против друга»[108].

Афганцев возмущало не только присутствие оккупантов, но и применяемая ими тактика, особенно растущее число карательных операций. Их приводили в негодование рейды, во время которых американские и афганские войска врывались в дома, вышибая двери и нарушая афганское табу, запрещающее входить в комнаты женщин. Ночные рейды, число которых после прихода к власти Обамы резко возросло, были нацелены против лидеров Талибана и подозреваемых в мятеже и призваны ликвидировать «теневое правительство» талибов, имевшее влияние по всей стране. Высказывание израильского географа Эяла Вейцмана о применении подобной тактики в Палестине и Ираке в той же, если не большей, мере верно и в отношении Афганистана: «Неожиданное вторжение войны в дома и частную жизнь палестинцев и иракцев было для них огромной травмой и унижением»[109].

Что еще хуже, ночные рейды, как и атаки беспилотников, часто по ошибке уносят жизни ни в чем не повинных мирных жителей. В мае 2011 года во время полуночного рейда НАТО неподалеку от Джелалабада в своем доме был убит местный полицейский, которого по ошибке приняли за одного из лидеров Талибана. Солдаты убили и его 12-летнюю племянницу Нелофар, которая спала во дворе из-за невероятной духоты в самом доме. Натовское командование сразу же принесло извинения за трагический инцидент, но убитому горем отцу Нелофар не было дела до их извинений. «Они убили мою ни в чем не повинную дочь, которой было всего 12 лет, и моего шурина, и после этого они говорят мне "извините"? — сказал он. — Как это понимать? Они считают, что одно слово уменьшит мою боль?»[110] То, что местный Талибан в том году убил больше мирных жителей, чем оккупанты, ничуть не уменьшило ненависти афганцев к натовским войскам.

Рассказы об американских солдатах, которые переходят все границы, безнаказанно убивая мирных афганцев, стали обыденными, как было и в Ираке. Один 20-летний солдат, который, дезертировав, скрывался в Канаде, так описывал процесс потери человеческого облика:

Глава 14. Обама

«Готов поклясться, что от человека в них осталась одна оболочка. Слово "мудак" — акроним, означающий "молодой убийца, действующий как армейский каратель" — это лучшая характеристика для таких, как я. Они становятся тем, кем становятся, из-за расизма, распространенного в армии. Возьмите пустоголового болвана с улиц Лос-Анджелеса, Бруклина или какого-нибудь городишки в штате Теннесси. Таких полно по всей Америке. Они — результат постоянного сокращения расходов на образование. Ну так вот, вы берете такой пустой сосуд, искореняете в нем остатки человеческих качеств, ломаете его, а затем взращиваете в нем дух братства и товарищества в отношении тех, с кем он переживает невзгоды, и забиваете ему голову расистским бредом насчет того, что все арабы, иракцы и афганцы — это хаджи. Хаджи ненавидят вас. Хаджи хотят навредить вашей семье. А хуже всего дети-хаджи, потому что они постоянно попрошайничают. И это лишь малая толика нелепой и опасной пропаганды. Но вас удивит, как сильно она влияет на умы солдат моего поколения»[111].

Одна такая группа свихнувшихся молодых людей сформировала «отряд смерти» из 20 человек. Они убивали ни в чем не повинных афганцев, а затем подбрасывали улики, указывающие на то, что действовали в рамках самообороны. Так продолжалось до тех пор, пока один из них не признался в убийствах. Американские власти совсем не обрадовались, когда фотографии солдат, позирующих рядом с телами убитых, появились на страницах еженедельника *Spiegel*.

С ущербом от присутствия американских войск могло сравниться лишь отвратительное отношение афганского руководства к собственному народу. Когда Мэтью Хох, дипломатический представитель США в афганской провинции Забул, служивший до этого капитаном морской пехоты в Ираке, подал в отставку в сентябре 2009 года, он написал, что правительство Карзая «погрязло в немыслимой коррупции и мздоимстве», а сам Карзай — «президент, чье окружение состоит из наркобаронов и гнусных военных преступников. Они — насмешка над нашими попытками установить в стране законность и пресечь торговлю наркотиками»[112].

Посол Айкенберри тоже был против поддержки чудовищно коррумпированного режима Карзая, возглавляемого его друзьями, родственниками и политическими союзниками, которые жирели на деньгах из казны нищей страны, равно как и военачальников, которые были не менее жестокими, женоненавистническими, недемократичными и сторонниками репрессий, как и их предшественники из Талибана. Это были люди, которых бывший член афганского парламента и борец за права человека Малалай Джойя назвала «ксерокопиями талибов»[113]. Журнал *Economist* сообщал, что «в тех районах Афганистана, откуда были выбиты мятежники, люди иногда жалели о том, что это произошло, потому что те были менее продажными и жестокими, чем ставленники Карзая»[114].

В 2010 году *Transparency International* назвала Афганистан вторым самым коррумпированным государством мира после Сомали. Он был даже более коррумпирован, чем Ирак. ООН сообщала, что в 2009 году афганцы потратили на взятки полиции и чиновникам 2,5 миллиарда долларов, что равно примерно четверти реального ВВП страны. Средний размер взятки составлял 158 долларов — значительная сумма для страны, где ВВП на душу населения составлял всего 426 долларов[115].

В ноябре 2010 года *Wikileaks* опубликовала часть из четверти миллиона секретных дипломатических сообщений, находившихся в ее распоряжении. Они подействовали как холодный душ, из-за которого множество людей оказалось в очень неловком положении. Коррупция насквозь пропитала всю верхушку Афганистана. Глава антикоррупционной службы Карзая Изатулла Васифи четыре года отсидел в американской тюрьме за торговлю героином в Лас-Вегасе. Карзай делал все возможное для защиты членов своей семьи и сторонников; бывало, что дела закрывались даже тогда, когда их ловили с поличным.

Министр торговли сообщил дипломатам, что Министерство транспорта ежегодно собирало с грузоперевозчиков 200 миллионов долларов штрафов, но только 30 миллионов шли в казну. Люди платили по 250 тысяч долларов лишь за то, чтобы устроиться на работу в это министерство. Американское посольство в Кабуле сообщало, что, когда первый вице-президент Афганистана Ахмад Зия Масуд, занимавший этот пост в 2004–2009 годах, отправился в 2009-м в ОАЭ, местные таможенники нашли при нем 52 миллиона долларов наличными. Масуд отрицал все обвинения, но так и не смог объяснить, каким образом, зарабатывая несколько сотен долларов в месяц, он наряду с другими афганскими руководителями позволил себе приобрести роскошный особняк в элитном районе Дубая на искусственном острове Палм-Джумейра. В другом сообщении говорилось, что Ахмед Вали Карзай, сводный брат президента и самый могущественный человек в Кандагаре, вплоть до его убийства в июле 2011 года находившийся на содержании ЦРУ, «был всем известен как взяточник и наркоторговец»[116]. Другие союзники Хамида Карзая тоже сколотили состояния на торговле наркотиками. В резиденции губернатора провинции Гильменд англичане нашли около 10 тонн опиума. Его сняли с поста губернатора, но вскоре назначили сенатором[117].

Глава 14. Обама

Когда у власти находились талибы, они, по крайней мере, держали торговлю наркотиками под контролем. После начала американского вторжения от этого контроля не осталось и следа. Производство опиума взлетело со 185 тонн в 2001 году до 8200 тонн в 2007-м. Торговля опиумом приносила около 53 % всех доходов афганской экономики. В сфере его производства работало около 20 % населения[118]. Наркобароны жили в роскошных особняках, раскрашенных во все цвета радуги. Эти особняки называли «маковыми дворцами», их сразу можно было узнать по совершенно нетипичной для страны архитектуре, называемой «наркотектурой». Многие афганцы страдают наркотической зависимостью. В 2005 году в стране было 920 тысяч наркоманов. Но с тех пор их число значительно увеличилось[119].

При Карзае наркотики стали приносить стабильный доход талибам, которые обложили их 10-процентным налогом, а за дополнительную плату предоставляют караванам охрану. Кроме того, через третьих лиц Талибан получал сотни миллионов долларов от США и НАТО. Журналистка Джин Маккензи писала, что большинство подрядчиков в стране отдает не менее 20 % своих доходов талибам, чтобы те не мешали им работать. Один из них сообщал: «Я строил мост. Командир местных талибов позвонил мне и сказал: "Не строй мост, мы его взорвем". Я попросил позволить мне за выкуп завершить строительство, а уж потом взрывать мост, если он им так мешает. Мы пришли к соглашению, и я выполнил подряд»[120].

В 2010 году американское правительство выплатило 2,2 миллиарда долларов своим и афганским грузоперевозчикам за доставку припасов на американские базы. Перевозчики, в свою очередь, наняли для защиты грузовиков охранные компании, которые часто связаны с правительством. Стоимость охраны составляла от 800 до 2500 долларов за рейс. Компании же зачастую либо инсценировали бои для того, чтобы убедить клиентов в необходимости своих услуг, либо давали взятки талибам, чтобы те не нападали на проезжающие грузовики. Один из натовских чиновников в Кабуле жаловался: «Мы финансируем обе воюющих стороны»[121].

Брат Карзая Махмуд был оправдан комиссией, назначенной самим Карзаем для расследования широкомасштабного мошенничества в Банке Кабула, крупнейшем в стране, сотрудники которого получили ссуды на общую сумму более 925 миллионов долларов, которые не то что выдавались без всяких гарантий со стороны заемщика, а даже не были должным образом задокументированы. Среди получателей были министры и члены парламента. Комиссия сообщила, что Махмуд Карзай погасил все свои займы, хотя управляющий Центральным банком информировал парламент, что за Махмудом остался долг в 22 миллиона долларов. Но Махмуд Карзай был не единственным братом со связями. Абдул Хасин Фахим, брат могущественного первого вице-президента, задолжал более 100 миллионов, но при этом заверил комиссию, что у него достаточно собственности, чтобы гарантировать погашение долга.

В июне 2011 года Абдул Кадир Фитрат, глава афганского Центробанка, подал в отставку и покинул страну. После дачи показаний в парламенте и последующего расследования банковских махинаций он столкнулся с возрастающим давлением со стороны союзников Карзая и всерьез опасался за свою жизнь. Генеральный прокурор Афганистана выдвинул против него обвинения. Эти обвинения поддержали глава комиссии Азизулла Лодин, ранее возглавлявший подконтрольную Карзаю Независимую избирательную комиссию, подтвердившую в 2009 году результаты президентских выборов, которые во всем мире были признаны фальсифицированными[122].

Масштаб подтасовок на этих и других выборах был чрезвычайно постыдным для США и НАТО. Комиссия ООН по жалобам избирателей заявила, что более миллиона голосов, поданных за Карзая, — 28% общего числа — фальсифицированы. Заместитель специального представителя ООН Питер Гэлбрейт заявлял: «Эти подтасовки стали величайшей стратегической победой Талибана за все восемь лет борьбы против США и их афганских партнеров»[123]. Когда впоследствии афганский парламент заблокировал попытку Карзая заменить трех иностранных членов комиссии из пяти его афганскими приспешниками, тот стал угрожать, что уйдет к талибам.

Прямой подкуп избирателей был настолько распространен, что его не удалось скрыть во время парламентских выборов в сентябре 2010 года. Голоса стоили от 1 доллара в Кандагаре до 18 в провинции Газни. Средняя сумма составляла 5–6 долларов. А учитывая, что для победы в некоторых округах требовалось всего 2500 голосов, их покупка была выгодным вложением капитала. *New York Times* объясняла: «Многие состоятельные независимые кандидаты искали способ купить себе тепленькое местечко в парламенте. Такое местечко означало не только достойную зарплату — около 2200 долларов в месяц, но и невероятные коррупционные перспективы». Регистрационные карты женщин-избирательниц пользовались особенным спросом, поскольку на них не было фотографий, а мужчины часто голосовали за женщин, которым не разрешают покидать дом[124].

О многих случаях коррупции и подтасовок Обама был прекрасно осведомлен уже тогда, когда пытался решить, какой курс в отношении

Глава 14. Обама

Афганистана ему выбрать. 25 ноября 2009 года он встретился с Рамом Эмануэлем, советником по национальной безопасности генералом Джонсом и заместителем Джонса Томасом Донилоном. На встрече он выразил разочарование сложившейся ситуацией: «Мне было бы гораздо легче выйти и произнести следующую речь: "Знаете что? Американцы уже сыты по горло этой войной, поэтому мы направим туда 10 тысяч инструкторов, ибо только так можно с ней покончить"». Вудворд утверждал, что именно это Обама и сказал бы, если бы у него хватило духу пойти против своих военных советников[125].

«Дело не в числе, — объяснял Байден. — Дело в стратегии». Но все еще колебавшийся Обама встретился на выходных перед Днем благодарения с советниками СНБ, чтобы еще раз все взвесить. «Не представляю, как вы сможете бросить вызов всем присутствующим там военным», — предупреждал его полковник Джон Тьен, намекая, что все высшее военное командование: Маллен, Петреус, Маккристол и Гейтс — может в знак протеста подать в отставку. Донилон и директор ЦРУ Леон Панетта были с ним согласны. «Ни один президент-демократ в истории все равно не был способен возразить военным советникам и отказать их просьбам, — увещевал Обаму Панетта. — Поэтому просто сделайте это. Делайте то, что они говорят».

Видя, что Обама опять загнан в угол и готов отказаться от трезвого взгляда на вещи, генерал Дуглас Лют, координатор СНБ по Афганистану и Пакистану, напомнил ему: «Господин президент, вы не обязаны это делать». Всего за день до того Колин Пауэлл дал ему тот же совет. «Вы не должны с этим мириться, — сказал он президенту. — Вы Верховный главнокомандующий. А эти парни просто работают на вас. Единодушие их советов не делает советы правильными. Есть и другие генералы. А Верховный главнокомандующий один».

Когда пришло время принять решение, Обаме не хватило мужества и честности, выработавшихся у Джона Ф. Кеннеди после Карибского кризиса. Он решил увеличить контингент на 30 тысяч, дав военным практически все, чего они хотели[126].

Позаимствовав у Буша учебник по созданию патриотической атмосферы, Обама выбрал Вест-Пойнт для своей речи 1 декабря, в которой и изложил планы довести численность солдат в Афганистане до 100 тысяч. Он объяснял, что США и их союзники вторглись в Афганистан потому, что страна укрывала членов ответственной за 11 сентября «Аль-Каиды». Но при этом он забыл упомянуть как минимум три важных факта. Первое: в Афганистане было лишь 50–100 членов «Аль-Каиды», которых всего в мире насчитывалось около 300, и большая часть из них с горем пополам действовала с территории Пакистана, получая поддержку со стороны союзных США режимов Саудовской Аравии, Кувейта, Йемена и ОАЭ. Второе: лидер Талибана мулла Омар был против нанесения 11 сентября удара по целям на территории США. Согласно официальному докладу комиссии по 11 сентября, «летом 2001-го, на заключительном этапе подготовки теракта, между главарями "Аль-Каиды" в Афганистане возникли разногласия. Глава Талибана мулла Омар был против того, чтобы атаковать США. Многие помощники бен Ладена тоже были против, но Усама не стал их слушать, и удар был нанесен»[127]. И третье: террористам не нужна была тихая гавань для подготовки боевиков и планирования тайных операций. Как отмечал Пол Пиллер, бывший заместитель главы Контртеррористического центра ЦРУ, «для организации самых опасных терактов будущего такие базы просто не понадобятся. Даже для терактов с большим количеством жертв нужно всего несколько бойцов. Подумайте сами: наиболее важные этапы подготовки к теракту 11 сентября 2001 года шли не в тренировочных лагерях в Афганистане, а в квартирах в Германии, номерах отелей в Испании и летных школах в Соединенных Штатах»[128].

Логика Обамы была непонятна и комментатору *CNN* Фариду Закарии: «Если там не больше сотни бойцов "Аль-Каиды", то зачем вести в стране полномасштабную войну?» Напомнив о 100 натовских солдатах, погибших за предыдущий месяц, о ежегодной стоимости войны в 100 с лишним миллиардов долларов, он заявил, что «лишь за предыдущий месяц в стране погибло больше солдат НАТО, чем имелось там боевиков "Аль-Каиды", а стоимость поисков каждого боевика составляет миллиард долларов ежегодно». В ответ на оправдание войны тем, что талибы являются союзниками «Аль-Каиды», Закария отметил: «Это примерно как если бы мы продолжали воевать во Второй мировой против Италии после падения режима Гитлера и взятия Берлина — просто потому, что Италия была союзницей Германии»[129].

Джим Лейси из Военного колледжа Морской пехоты сделал свои собственные подсчеты, исходя из численности войск НАТО в Афганистане — 140 тысяч человек. Ежегодную стоимость поисков каждого члена «Аль-Каиды» он определил в 1,5 миллиарда долларов. «Кто-нибудь из них вообще умеет считать? — вопрошал Лейси. — В каких дальних краях нам искать здравомыслящих стратегов?»[130]

Историк Эндрю Басевич, в свою очередь, указал на наиболее вопиющее противоречие. Если Афганистан действительно так важен для безопасности США, что он сразу назвал «абсурдом», «зачем же тогда ограничивать

Глава 14. Обама

американское присутствие в этой стране?.. Почему не послать 100 тысяч солдат вместо 30 тысяч? Почему не "пойти до конца", вместо того чтобы стремиться к выводу войск в кратчайшие сроки? Почему не повысить налоги и не возобновить призыв в армию?.. Почему не пообещать "победу"? Этого слова не было в президентском послании»[131].

Цена войны действительно была астрономической и все время росла. В 2006 году исследование конгресса показало, что присутствие каждого американского солдата в Афганистане обходится бюджету страны в 390 тысяч долларов в год. К 2009 году эта цифра взлетела до миллиона из-за повышения стоимости защищенного от взрывов мин транспорта и разведывательного снаряжения, а также роста цен на перевозку топлива через мятежные районы и горные перевалы до 400 долларов за галлон[132].

Обама пытался успокоить своих сторонников-прогрессистов, объявив, что вывод войск начнется в июле 2011-го и закончится к 2014 году. В своей книге «Обещание» Джонатан Элтер сообщил, что Обама сказал Петреусу и Маллену: «Я хочу, чтобы вы были со мной честны. Вы сможете сделать это за 18 месяцев?» Петреус ответил: «Сэр, я уверен, что мы сможем за это время подготовить АНА [*Афганскую национальную армию*]». Обама продолжал настаивать: «Если не сможете за 18 месяцев, никто не будет настаивать, что нужно остаться в стране, договорились?» Петреус заверил его: «Конечно, сэр, я согласен». — «Есть, сэр», — вторил ему Маллен[133].

Но, как сухо заметил обозреватель *Washington Post* Дана Милбэнк, «отведенные президентом Обамой 18 месяцев до начала вывода войск из Афганистана длились меньше 18 часов». Через день после его речи правительственные чиновники сообщили сенатскому комитету по вооруженным силам, что дата вывода является лишь предположительной. Тон был задан Гейтсом: «Наши планы заключаются в том, чтобы начать передачу ответственности афганской армии... в июле 2011-го. В декабре 2010-го мы проведем окончательную оценку своих возможностей в данном вопросе». Гейтс сообщил сенаторам, что у президента есть прерогатива отказаться от своего решения. Маллен был с ним согласен, а Хиллари Клинтон добавила: «Я не считаю, что нужно связывать себя обещанием вывести войска»[134]. В мае 2010 года, во время обеда у Х. Клинтон, на котором присутствовали Карзай и некоторые его ключевые министры, Гейтс заверил их: «Мы не собираемся поспешно выводить войска из Афганистана». «Если честно, — добавил он, — мы вообще не собираемся их выводить»[135]. И действительно, Пентагон планировал оставить в Афганистане 10–30 тысяч солдат. Его руководство не сомневалось, что Афганистан нуждается в иностранной помощи.

Для вывода войск надо было подготовить, вооружить и снарядить силы АНА и полиции, которые могли бы обеспечить безопасность. Маккристол выступал за то, чтобы их общая численность составляла 400 тысяч. Предположительная стоимость поддержания безопасности в Афганистане достигала 10 миллиардов долларов в год, но страна собирала налоги на сумму всего 2 миллиарда, в результате чего три четверти доходов национального бюджета составляла иностранная помощь. «Кто будет платить зарплату этим солдатам и полицейским, чтобы они сами не подняли мятеж?» — вопрошал Джон Керри[136].

В правительственных документах для служебного пользования четко говорилось, что создание подобных сил потребует титанических, если не вовсе невозможных, усилий. После нескольких лет подготовки лишь некоторые подразделения афганской армии и полиции могли действовать самостоятельно. Наблюдалась катастрофическая нехватка грамотного командного состава. Генерал-лейтенант Уильям Колдуэлл, главный инструктор НАТО в Афганистане, сообщил в 2011 году, что 30 % афганских солдат ежегодно дезертирует. Большая часть случаев дезертирства имела место в районах боевых действий — там, где солдаты нужны больше всего. Похожие цифры были и в полиции. Уровень грамотности в рядах афганской армии, по словам Колдуэлла, составлял около 10 %. Коррупция достигла немыслимых масштабов. Условия были отвратительными. Афганские солдаты вырывали раковины из стен новых строений, для того чтобы помыть ноги перед молитвой, и разжигали костры на полу для приготовления пищи и обогрева в казармах, где уже были кухни и отопление. Ремонт был длительным и дорогостоящим[137].

Другой проблемой была мотивация. Томас Фридман критиковал Обаму за неспособность набраться духу, для того чтобы отказаться от войны, которой не хотели ни он, ни его советники. «Вы знаете, что у вас неприятности, — писал он. — Вы ведете войну, в которой лишь у одной стороны есть четкие цели, последовательная риторика и твердая решимость сражаться. Эта сторона — Талибан, ваш враг». «Зачем, — спрашивал он, — мы должны рекрутировать и учить воевать солдат нашего союзника, афганской армии?.. Что-что, а воевать афганские мужчины умеют. Возможно, это единственное, что они умеют после 30 лет гражданской войны и столетий сопротивления иностранным захватчикам. И самое главное — кто обучает талибов? Они сражаются не хуже американцев, а ведь многие их командиры даже не умеют читать»[138].

Многие задумывались, чем занимаются правительственные войска, если они не учатся воевать и не воюют. Это стало ясно в январе

Глава 14. Обама

2011 года, когда афганское правительство подписало с ООН соглашение о прекращении найма в ряды полиции детей, призванное положить конец распространенной и, по словам *Washington Post*, растущей практике использования мальчиков в качестве сексуальных рабов. По словам *New York Times*, это «часть афганской традиции "бача-бази" (дословно — "игры мальчиков"), при которой мальчиков с девяти лет, одетых в женскую одежду и обученных танцам, заставляют танцевать перед мужчинами, после чего продают тому, кто больше заплатит. Многие влиятельные мужчины, в особенности руководители армии и полиции, держали при себе таких мальчиков, зачастую носивших форму, и использовали их в сексуальных целях». В Афганистане «бача-бази» получила распространение среди моджахедов в то время, когда американцы поддерживали их в борьбе против Советов. Наиболее широко «бача-бази» была распространена в провинции Кандагар, где, по информации *New York Times*, «имел место случай, когда талибы вмешались в стычку между двумя главарями боевиков — педофилами, вспыхнувшую из-за одного такого танцующего мальчика». Придя к власти, талибы запретили эту практику[139].

Пока афганские командиры занимались всяческими непотребствами, американские солдаты платили страшную цену как физически, так и психологически. Исследование, проведенное врачами Регионального медицинского центра в немецком городке Ландштуль, где проходили лечение большинство раненых перед возвращением в США, показало резкий рост числа солдат, потерявших конечности из-за применения самодельной взрывчатки, что стало обычным в 2009–2010 годах. В 2010 году ампутации были проведены 11 % раненых. 38 % из них были проведены двойные ампутации.

Наиболее тяжелые последствия вызывали повреждения гениталий и мочеполовой системы. Отставной полковник доктор Джон Холком, имеющий огромный опыт в области военной медицины, назвал выводы исследования «немыслимыми». «Все были ошеломлены частотой подобных ранений: двойных ампутаций, повреждений пениса и яичек, — говорил он. — Раньше такое и представить было невозможно»[140].

Статистика по некоторым видам ранений и вовсе была заниженной. К середине 2010 года военные сообщали о 115 тысячах солдат, получивших легкие черепно-мозговые травмы от взрывной волны при взрывах придорожных мин. Однако, несмотря на свою легкость, подобные ранения могли привести к длительным психическим и физическим расстройствам. Исследование, проведенное компанией ProPublica и радиостанцией National Public Radio, показало, что подобные ранения были гораздо более распространены, чем заявляли военные, и что пострадавших от них солдат на много тысяч больше[141].

Число жертв психологических травм тоже было огромным. В ноябре 2009 года министр по делам ветеранов Эрик Шинсеки заявил, что «начиная с 2001 года количество ветеранов, совершивших самоубийство, превысило наши потери на полях сражений в Ираке и Афганистане»[142].

Джозеф Стиглиц и преподаватель политологии из Гарварда Линда Билмс сообщили, что на 2010 год 600 тысяч человек из 2,1 миллиона отслуживших в Ираке и Афганистане обратились в Министерство по делам ветеранов за медицинской помощью, а 500 тысяч — за пособием по инвалидности. Эти цифры были примерно на 30 % выше начальных данных. По их оценкам, с учетом постоянно растущих затрат на лечение посттравматического стрессового расстройства (ПТСР) и других проблем со здоровьем, а также увеличившейся продолжительности жизни реальная стоимость двух войн может достичь 4 триллионов долларов. Учитывая, что затраты «Аль-Каиды» на теракты 11 сентября составили примерно 50 тысяч долларов, бен Ладен весьма успешно вел США к банкротству[143].

Учитывая полнейшую нелогичность ведения на протяжении 10 лет чрезвычайно дорогостоящей войны в Афганистане против ослабленного противника, скрывающегося в Пакистане, многие стали предполагать, что у США есть скрытые мотивы. Возможный ответ был найден в 2010 году, когда Пентагон объявил, что его партия геологов обнаружила в Афганистане обширные залежи полезных ископаемых. Пентагон прогнозировал, что страна может стать «литиевой Саудовской Аравией» — производителем металла, являющегося важнейшим элементом в производстве батарей для различных электронных устройств. Лондонский банкир Айан Хэннем, эксперт по горному делу компании Morgan, пошел еще дальше, замахнувшись на возможность «превращения Афганистана в одного из ведущих производителей меди, золота, лития и железа в мире». Петреус, вскоре после этого сменивший Маккристола на посту командующего американскими силами в Афганистане, с ним согласился. «Здесь невероятный потенциал», — говорил он. Афганские представители оценили стоимость ископаемых в 3 триллиона долларов. Это были потрясающие цифры для страны, чей ВВП составляет около 12 миллиардов и чьи основные статьи доходов — торговля наркотиками и иностранная помощь[144].

Несмотря на весь искусственно созданный ажиотаж вокруг этого «открытия», наличие в Афганистане полезных ископаемых вряд ли было секретом. Еще в январе 1911 года газета *Chicago Daily Tribune* сообщала,

Глава 14. Обама

что Афганистан «богат природными ресурсами. Он производит медь, свинец, железо и даже золото»[145]. В 1928 году вновь созданная Afghan-American Trading Company объявила о приобретении исключительных прав на разработку афганских нефтяных и иных месторождений[146]. Но, хотя в последующие годы добыча не заладилась, афганские и иностранные инвесторы знали, что рано или поздно их время придет.

Пока западные инвесторы ждали стабилизации ситуации в регионе, остро нуждающийся в ресурсах Китай решил пойти ва-банк. Одна из китайских государственных компаний приобрела права на добычу меди в Восточном Афганистане. Представлявший на переговорах афганскую сторону министр Мохаммед Ибрагим Адель был отправлен в отставку из-за обвинений в получении от китайцев взятки на сумму в 30 миллионов долларов[147]. Он был назначен президентом Карзаем в марте 2006 года, после того как его предшественник отказался приватизировать цементный завод в провинции Гор, единственный действующий на территории Афганистана. Завладеть им хотел брат президента Махмуд. Первым шагом Аделя на новом посту была продажа завода Afghan Investment Company Карзаев, последним — получение взятки от китайской China's Metallurgical Group Corporation[148].

Инвесторы бились и за энергетические ресурсы в Средней Азии. Самым лакомым кусочком был природный газ Туркменистана, запасы месторождений которого, по различным оценкам, могут быть пятыми в мире. Правительства стран региона мечтали о транспортировке его через территорию Афганистана.

Тем временем пакистанцы с завидной изворотливостью пытались обойти и США, и Индию в деле включения Афганистана в свою зону влияния. Они решили использовать увеличившийся раскол между США и Карзаем, заявившим, что больше не верит в способность США и НАТО одержать военную победу и считает, что им в итоге придется уйти. Высшие пакистанские чиновники постоянно встречались с Карзаем, предлагая организовать с верхушкой Талибана, включая Сираджуддина Хаккани, муллу Мухаммеда Омара и Гульбеддина Хекматияра, переговоры о разделении власти и прекращении конфликта. Увольнение Карзаем главы разведки Амруллы Салеха и министра внутренних дел Ханифа Атмара, которые были против, показало, что он в переговорах заинтересован, как и большинство проживающих в стране пуштунов[149]. Однако таким переговорам воспротивились таджикское, узбекское и хазарейское меньшинства, которые вместе составляют почти половину населения страны и относятся к американцам с большей симпатией. Немало натерпевшись от пуштунов-талибов, они стали самыми убежденными и агрессивными бойцами АНА. В стране запахло гражданской войной[150].

После десятилетия кровопролития и огромных финансовых расходов американский народ устал от бесполезной войны. В марте 2011 года совместный опрос *ABC News* и *Washington Post* показал: две трети американцев не верят в то, что эта война стоит потраченных на нее сил и средств. Через год *CNN* сообщил, что число ее противников достигло 72%.

Среди наиболее яростных критиков войны были мэры американских городов, столкнувшихся с драконовскими мерами экономии, в рамках которых стали уменьшаться муниципальные доходы и практически исчезла федеральная помощь. Когда в июне 2011 года в Балтиморе прошла ежегодная конференция мэров США, они высказали правительству все, что думают. Они призвали к немедленному прекращению войн в Ираке и Афганистане, указав, что в результате можно будет сэкономить 126 миллиардов долларов бюджетных средств, в которых так остро нуждаются города. Мэр Лос-Анджелеса Антонио Вильярайгоса сказал: «Мысль о том, что мы строим мосты в Багдаде и Кандагаре, а не в Канзас-Сити и Балтиморе, просто не укладывается в голове»[151].

Требования вывести войска зазвучали особенно громко после 1 мая 2011 года, когда «морские котики» убили Усаму бен Ладена, жившего тихой жизнью в своем доме в Абботтабаде в Пакистане, неподалеку от главной военной академии страны. Считая, что пакистанское руководство было об этом прекрасно осведомлено, многие американцы потребовали прекратить военную помощь стране. Недоверие к Исламабаду достигло таких масштабов, что США не стали сообщать пакистанскому руководству о том, что нашли бен Ладена, и о готовящейся операции, опасаясь, что пакистанцы могут предупредить Усаму.

Рейд поставил Пакистан в весьма неудобное положение, ведь политическая ситуация там едва ли была намного стабильнее, чем в соседнем Афганистане. В начале 2010 года посол США в Исламабаде Анна Паттерсон сообщила, что «гражданское правительство Пакистана остается слабым, неэффективным и коррумпированным». Президент Асиф Али Зардари, главный союзник США, ранее признавался Байдену, что армия и МВР, единственные реальные органы власти в стране, могут «снять его в любой момент»[152]. Положение командующего армией генерала Ашфака Парвеза Кайани тоже было неустойчивым из-за конфликта с офицерами, недовольными его тесными связями с США. Под их давлением Кайани объявил, что Пакистан больше не будет сотрудничать с американцами в организации атак беспилотников против мятежников, находящихся на его территории, и значительно ограничит свободу действий американской разведки.

Еще один удар по отношениям между «союзниками» был нанесен в ноябре 2011 года, когда натовский авианалет унес жизни 24 пакистанских солдат. После того как американские чиновники отказались принести извинения, пакистанское правительство перекрыло пути поставки припасов в Афганистан, заставив НАТО искать более длинные и дорогие маршруты. В мае следующего года пакистанский суд признал местного врача виновным в государственной измене — за помощь ЦРУ в выслеживании бен Ладена — и приговорил его к 33 годам тюрьмы. Сенат США немедленно нанес ответный удар, сократив на 33 миллиона долларов военную помощь, которая и без того уже была уменьшена на 1,2 миллиарда. В итоге Пакистан вновь открыл пути поставок в начале июля 2012 года, добившись извинений от госсекретаря Х. Клинтон.

В конгрессе и республиканцы, и демократы заявляли, что после ликвидации бен Ладена Америке следует немедленно вывести войска из Афганистана. Ричард Лугар, высокопоставленный республиканец из сенатского комитета по иностранным делам, заявил, что «больше нет видимых причин там оставаться», и отверг мысль о том, что США следует участвовать в «столь масштабном восстановлении страны»[153]. Лидер демократов в сенате Дик Дарбин согласился с ним. «Если вы считаете, что возможность разрешения этого конфликта военными методами маловероятна и не является реалистичным вектором американской политики, то как мы можем отправлять американских солдат воевать и умирать в Афганистане?» — вопрошал он[154].

Раскол между США и Карзаем также продолжал расти. В середине июня 2011 года Карзай осудил натовцев в речи на Международной конференции афганской молодежи. «Вы все помните, как несколько лет назад я благодарил иностранцев за их помощь, — сказал он. — Мы все ежеминутно благодарили их. Но теперь я считаю, что их не за что благодарить... Они здесь ради достижения своих целей, решения своих задач. Именно для этого они используют нашу землю», — жаловался он в эфире государственного телевидения. Карзай упомянул не только растущее число жертв среди гражданского населения из-за бомбардировок НАТО, но и вред окружающей среде, наносимый используемыми НАТО боеприпасами из обедненного урана[155]. За несколько недель до этого Карзай выразил возмущение натовской бомбардировкой, унесшей жизни нескольких мирных жителей, среди которых были и дети, пригрозив начать «действовать в одностороннем порядке», если НАТО не прекра-

Обама и его советники из СНБ в совещательной комнате Белого дома наблюдают за ходом ликвидации Усамы бен Ладена.

тит бомбить афганские дома. «Если они и дальше будут бомбить наши дома... — предупредил он, — то станут еще одним примером того, как афганцы поступают с захватчиками и оккупантами»[156]. Американские чиновники были ошеломлены такой черной неблагодарностью. Покидающий свой пост посол Айкенберри ответил ему: «Когда мы слышим, что нас называют оккупантами и даже хуже, а наши щедрые программы помощи неэффективными и порождающими коррупцию в стране, мы считаем это оскорблением нашей чести и достоинства, и у нас пропадает всякое желание продолжать эти программы»[157].

Ошеломленный жесткостью ответа на свои неделикатные высказывания, Карзай в последующие несколько месяцев следил за своими словами. Но в октябре он вновь разозлил американских спонсоров, заявив пакистанскому журналисту: «Если когда-нибудь начнется война между Пакистаном и Америкой, мы будем на стороне Пакистана. Я больше не желаю видеть, как американские солдаты вламываются в дома афганцев»[158].

Но, как и говорил сенатор Дарбин, военного решения у конфликта нет. Никакое увеличение числа американских солдат в стране не приведет к победе. Лишь за период с июля по август 2011 года талибы убили 181 высокопоставленного афганского чиновника, включая Ахмеда Вали

Карзая. Другими недавними жертвами стали мэр Кандагара, глава кандагарского совета по делам религии, один из ближайших советников президента Карзая, а также посредник в деле мирного урегулирования и бывший президент Бурхануддин Раббани[159]. В конце июля 2012 года НАТО опубликовало данные, согласно которым число нападений мятежников за прошедшие три месяца выросло на 11 % по сравнению с предыдущим годом. Это показало всю безосновательность утверждений о том, что борьба с мятежом продвигается успешно[160].

Из Афганистана приходила одна плохая новость за другой. В сентябре Human Rights Watch сообщила, что подготовленные и финансируемые американцами сотрудники Афганской местной полиции (АМП) и бойцы ополчения, известные как «арбакаи», всячески злоупотребляют полномочиями в отношении жителей деревень, которых должны защищать. Они убивали, насиловали, похищали, безосновательно арестовывали и захватывали земли. А ведь подготовка этих сил была ключевым пунктом планов США по стабилизации страны. Петреус говорил американским сенаторам, что АМП — «вероятно, ключевой элемент наших усилий, направленных на то, чтобы помочь Афганистану сформировать собственную систему сил безопасности»[161].

Ситуация с другим ключевым фактором будущей стабильности — Афганской национальной полицией (АНП) — обстояла не лучше. Меньше чем через месяц после появления шокирующего доклада Human Rights Watch ооновская миссия содействия нашла «неопровержимые доказательства» того, что афганская разведка, Национальный директорат безопасности и АНП подвергали задержанных, среди которых были и несовершеннолетние, систематическим пыткам. Пытки включали в себя сдавливание гениталий заключенных до потери сознания, подвешивание их за запястья с последующим избиением кусками проводов и резиновых шлангов, срывание ногтей на пальцах ног, удары током, фиксацию в неудобном положении и угрозы изнасилованием[162].

Агентство ООН по контролю за оборотом наркотиков сообщило, что усилия НАТО по сокращению потока наркотических веществ из Афганистана не приносят плодов. На 2011 год производство опийного мака в стране росло уже второй год подряд, несмотря на то что в 2011 году на борьбу с наркотиками в регионе было выделено на 65 % больше средств, чем в 2010-м. Из-за роста цен на опиаты маком было засеяно на 7 % больше земель. Общий доход наркоторговцев составил 1,4 миллиарда долларов — вдвое больше, чем в предыдущем году. Как и мятежи, плантации стали множиться и в северных, и в восточных провинциях, где раньше их не было. Число нападений на отряды по уничтожению плантаций возросло в четыре раза[163].

Предвидя бесславный конец американского вторжения в Афганистан, в октябре 2011 года Обама объявил, что американские войска уйдут из Ирака до 31 декабря. Эту дату определил Джордж Буш-младший еще в 2008-м, но Обама подал вывод войск как выполнение своего предвыборного обещания. Большинство американцев приветствовали конец иракского кошмара.

Однако многих в Пентагоне это возмутило. Вначале военное командование настаивало на сохранении в стране контингента численностью от 10 до 30 тысяч человек. Затем цифры были снижены до 3–5 тысяч. Командование присоединилось к давлению, которое оказывали на иракцев Обама и Х. Клинтон, требуя судебного иммунитета для остающихся в стране американских войск. Но возглавляемый Муктадой ас-Садром шиитский блок в парламенте был непоколебим, и в итоге начался полный вывод войск.

Впрочем, это не означало полного окончания американского присутствия в Ираке. По оценкам Госдепартамента, в стране осталось около 16–17 тысяч американцев, включая 5 тысяч вооруженных сотрудников частных военных компаний. Крупнейшее в мире американское посольство в Багдаде — настоящая крепость площадью больше 40 га, — а также консульства в Басре и Эрбиле остались постоянным напоминанием об интервенции США, опустошении и оккупации Ирака. Полковник Джон С. Ласкоди, командир армейской бригады, помогавшей Госдепу в переходный период, отмечал, что «Госдепартамент развернул крупнейшую миссию в истории». Сенатора Джона Керри беспокоило то, что США «заменили военное присутствие присутствием частных наемников». Небольшое число оставшихся солдат должно следить за выполнением контрактов по вооружению иракской армии танками, реактивными истребителями и другими видами оружия на общую сумму в 10 миллиардов долларов. 3 миллиарда из этой суммы составили американские субсидии. Еще около миллиарда долларов в год США тратили на подготовку иракской полиции[164].

Потери США в этой войне составили почти 4500 убитыми и более 32 тысяч ранеными. Десятки тысяч страдали от ПТСР и других психических заболеваний. Число погибших иракцев, по разным данным, составило от 150 тысяч до 1 миллиона. В октябре 2006 года бригада американских и иракских эпидемиологов назвала цифру в 655 тысяч[165]. США израсходовали на войну около триллиона долларов, но это было лишь небольшим авансом по сравнению с тем, чем обернулись последствия этой войны.

Глава 14. Обама

Глава Афганской национальной полиции (АНП) марширует перед кадетами на церемонии выпуска Афганской национальной полицейской академии. АНП обеспечивала безопасность ничуть не лучше, чем Афганская местная полиция (АМП), сотрудников которой обвиняли в изнасилованиях и убийствах жителей деревень, входивших в зону их ответственности. Миссия содействия ООН нашла «неопровержимые доказательства» того, что сотрудники АНП систематически пытали задержанных лиц.

Обама приветствовал вернувшихся домой солдат на базе Форт-Брэгг. Но вместо того чтобы честно признать, что иракская война обернулась полной катастрофой для США, извлечь из нее горький урок и поблагодарить присутствующих за самопожертвование, Обама начал нести ура-патриотическую околесицу, цитируя такого поборника империализма, как Редьярд Киплинг, который убедил собственного сына пойти в армию во время Первой мировой войны, где тот и погиб в первом же бою. В «Эпитафиях войны» поэт написал:

Вопрос: «Отчего мы погибли?» Ответ не сразу найдешь! Скорей оттого, что наши отцы всегда нам твердили ложь![*][166]

Ложь Обамы ранила так же глубоко. «Мы оставили за спиной суверенный, стабильный и самодостаточный Ирак с законным и всенародно избранным правительством, — говорил он солдатам, восхваляя их "исключительную доблесть". — Наиболее важный урок заключался в том, что мы поняли свой национальный характер: нет на свете ничего такого,

---

[*] Пер. Феликса Резниченко.

Афганские крестьяне уничтожают маковое поле в округе Пор-Чаман провинции Фарах. Подобные меры были малоэффективными: за время правления Карзая торговля опиумом разрослась до невероятных масштабов, приведя как к значительному увеличению числа наркозависимых, так и к чудовищной коррупции среди правительственных чиновников.

чего мы, американцы, не могли бы сделать, если мы едины... Именно поэтому армия Соединенных Штатов — самая уважаемая организация в нашей стране». Он превозносил до небес их готовность «пожертвовать столь многим ради совершенно незнакомых людей», заявляя, что именно это «делает американцев исключительными. В отличие от империй прошлого мы не приносим себя в жертву ради территориальных завоеваний или получения контроля над ресурсами. Мы поступаем так потому, что считаем это правильным. Нет лучшего доказательства уважения Америкой права на самоопределение, чем то, что мы вернули Ирак его народу. Это в полной мере демонстрирует наши истинные мотивы». Переписав историю Ирака, он взялся за Афганистан, заявив, что солдаты там «сломили дух Талибана». Эти войны, уверял он присутствующих, «сделали Америку сильнее, а мир — безопаснее». Порывшись на самом дне сундука священных американских мифов, он провозгласил источником американского величия «ценности, прописанные в документах об основании нашей страны и исключительной готовности США заплатить любую цену за свободу и достоинство людей. Такова наша суть.

Глава 14. Обама

И именно к этому стремятся все американцы». Он напомнил о том, что они являются «частью двухсотлетней истории беспрерывного героизма: от колонистов, сбросивших гнет империи, от дедов, устоявших против фашизма и коммунизма, до них самих, мужчин и женщин, сражавшихся за те же идеалы в Фаллудже и Кандагаре и воздавших по заслугам тем, кто стоял за терактами 11 сентября».

Было непросто понять, где начинается эта ложь, но, как мы видели на этих страницах, начать следовало бы со слов об американском альтруизме, щедрости и самопожертвовании, а также с отказа от притязаний на территории и ресурсы. Обама охарактеризовал американскую исключительность как «готовность... заплатить любую цену за свободу и достоинство людей». Он допустил абсурдное высказывание относительно того, что войны сделали США «сильнее, а мир безопаснее». Он сравнил солдат, убивших сотни мирных жителей в Фаллудже, с колонистами, «сбросившими гнет империи», и поколением Второй мировой, «победившим фашизм». Складывалось впечатление, что он не видел толп жителей Фаллуджи, сжигавших американские флаги в День сопротивления и свободы (дата вывода американских войск из Ирака). Вероятно, он не читал доклады американских морпехов о беспричинных, ничем не оправданных убийствах мирных жителей, среди которых были женщины и дети, в Хадите и других городах Ирака. Возможно, он не слышал объяснений командира американских частей в провинции Анбар относительно его отказа расследовать убийство американскими солдатами 24 мирных иракцев в Хадите. «Это происходило все время... — объяснял тот. — По всей стране». А его похвалы в адрес солдат, «сражавшихся за те же принципы в Фаллудже и Кандагаре и воздавших по заслугам тем, кто стоял за терактами 11 сентября», были либо самой гнусной ложью со времен первых дней правления Буша, либо верхом наивности, поскольку вторили инсинуациям Буша и Чейни относительно того, что иракская война оправданна из-за поддержки Саддамом «Аль-Каиды», и поддерживали опасную иллюзию того, что продолжавшаяся в 2011 году оккупация Ирака и Афганистана имела хоть что-то общее с атаками «Аль-Каиды» в 2001-м[167].

Едва эти слова слетели с губ Обамы, «стабильный» Ирак вновь погрузился в хаос. Через несколько дней в стране прогремела целая серия взрывов, совершенных террористами-смертниками, в результате чего десятки человек погибли и сотни были ранены, а страна вновь оказалась на грани гражданской войны. Особенно жаждали реванша сунниты. Коалиция, которую американским чиновникам с горем пополам удалось сколотить лишь через восемь месяцев после выборов 2010 года, по сути, развалилась. Премьер-министр шиит Нури Камель Аль-Малики выписал ордер на арест вице-президента суннита Тарика аль-Хашими, обвинив того в создании «эскадронов смерти», а также попытался сместить с должности вице-премьера, тоже суннита. Аль-Хашими скрылся в автономном Курдистане и тем избежал ареста. За предыдущие недели силы безопасности аль-Малики уже арестовали сотни суннитских оппозиционных лидеров и бывших баасистов. Аль-Малики усилил свой контроль над армией и полицией. Оппоненты обвиняли его в диктаторских замашках. Сунниты и светские критики бойкотировали парламент. Уже несколько месяцев суннитские провинции требовали большей автономии, подобной той, которую получил богатый нефтью Курдистан, имевший собственный парламент, президента и силы безопасности. Страна столкнулась с угрозой распада на три отдельных государства.

Лучшим показателем отношения иракцев к «самопожертвованию» американцев, свергнувших ненавистного диктатора, но убивших и ранивших сотни тысяч мирных жителей, было то, что большинство высокопоставленных иракских чиновников избегали присутствия на мероприятиях, названных *Washington Post* «бесконечными военными церемониями». Впрочем, США прекратили проводить масштабные церемонии закрытия баз еще предыдущей весной, поскольку мятежники использовали их для организации нападений. Особенно выделялась церемония 17 декабря. Американские и иракские представители собрались на подписание документов о передаче иракским ВВС последней американской базы в Ираке, на которой размещалось 12 тысяч солдат и гражданских служащих. Журналист *Washington Post* Грег Яффе так описывал сцену: сначала «группа из шести иракцев, одетых в форму грязно-синего цвета, нестройно сыграла марш на помятых трубах и тромбонах». После этого «иракский офицер поздравил всех на арабском, хлопнул в ладоши и топнул ногой. После этого почти все собравшиеся иракцы стали петь и веселиться». Яффе заметил «американского офицера, с чопорным видом сидевшего на сцене. Перед ним была табличка с надписью "полковник". Затем иракский ведущий выкрикнул: "Конец американской оккупации! Да будет Аллах милостив к нашим мученикам!"» Еще остававшиеся на базе американские подразделения, по словам газеты, «глубокой ночью тайно перебрались в Кувейт»[168].

Эти две войны обернулись полной катастрофой. Даже Гейтс в определенной мере признавал, что новое вторжение США в другую страну было бы немыслимым. В феврале 2011 года он сказал кадетам Вест-Пойнта: «На мой взгляд, любому следующему министру обороны, который посо-

Глава 14. Обама

Забрызганная кровью пятилетняя Самар Хасан безутешно рыдает, после того как ее родители были убиты, по ошибке свернув в сторону американского ночного патруля в иракском округе Тель-Афар. Данные о жертвах среди мирного населения очень разнятся.

ветует президенту послать крупный американский наземный контингент в Азию, на Ближний Восток или в Африку, надо бы, как изящно выразился генерал Макартур, "проверить голову"».[169]

Последствия многолетней непродуманной и недальновидной политики США были видны по всему миру. Но нигде они не были так очевидны, как на Ближнем Востоке. Когда в регионе, который США так долго пытались перестроить по своему вкусу, начались невиданные доселе народные выступления — Арабская весна, — американцам оставалось лишь наблюдать за событиями. Десятилетия безоговорочной поддержки Израиля, вооружение, подготовка солдат и прочая помощь диктаторским режимам в арабских странах, равно как и использование после 11 сентября египетского, ливийского и других режимов для грязной работы, лишили Соединенные Штаты всякого морального авторитета. Никто больше не верил в приверженность американцев демократии. Никто не воспринимал всерьез их возмущения репрессивными режимами, после того как американские войска в Ираке и Афганистане убили и искалечили сотни тысяч мирных жителей.

Даже доброй воли, выраженной Обамой в каирской речи, хватило не надолго. Гаит аль-Омари, глава американской рабочей группы по Палестине, так описал позицию активистов в регионе: «Ругать американцев стало модным. Основная мысль: США больше не важны, Арабская весна свершилась без их участия»[170]. Бывший директор Международного агентства по атомной энергии (МАГАТЭ), лауреат Нобелевской премии мира Мохаммед эль-Барадеи осудил США за отсталость региона и репрессивность его правительств. «Америка, — обвинял он, — своей абсурдной политикой поддержки репрессий толкает Египет и весь арабский мир к радикализации»[171].

Поддержка Соединенными Штатами свержения и убийства Муаммара Каддафи в Ливии под предлогом жестокости его режима выглядела лицемерием, поскольку ни для кого не было секретом, что США уже много лет закрывали глаза на жестокость правительств Бахрейна, Йемена, Сирии и других стран, как и на немыслимые репрессии в Саудовской Аравии, где экстремисты-ваххабиты продолжали финансировать «Аль-Каиду» и других мировых джихадистов. Единственный урок, который можно было извлечь из этих событий, — лишь союзникам США позволено убивать и притеснять своих граждан.

Критикуя репрессивные режимы Ближнего Востока, Обама в упор не замечал Саудовскую Аравию, реакционная монархия которой 60 лет получала американскую поддержку в обмен на нефть. Долгое время Аравия была крупнейшим покупателем современного американского оружия. Газета *Wall Street Journal* прогнозировала, что общая сумма контрактов, заключенных Обамой в 2010 году, может составить 60 миллиардов долларов. Теперь же саудовцы вместе с США изо всех сил старались помешать демократическим реформам в регионе, проводя политическое, финансовое и, как в случае с Бахрейном, даже военное вмешательство в дела других стран региона. США оказались ненадежным союзником для тех, кто стремился к прогрессивным изменениям.

США оказались в ловушке еще и из-за постоянной поддержки израильского правительства, курс которого резко повернул вправо. Казалось, что Обама в большей мере, чем его предшественники, сочувствует палестинцам, а выбор им Джорджа Митчелла в качестве специального представителя США на Ближнем Востоке давал надежду, что позиция США по ключевым вопросам урегулирования станет более взвешенной. Наиболее острой была проблема полумиллиона еврейских поселенцев в оккупированном израильтянами Восточном Иерусалиме и на Западном берегу реки Иордан. Еще больше ситуацию обостряла блокада Израилем

Глава 14. Обама

сектора Газа после победы там движения ХАМАС на выборах 2006 года. Все, за исключением правого израильского правительства Беньямина Нетаньяху и членов консервативного израильского лобби в США, признавали, что такая блокада не только несправедлива и бессмысленна, но и грозит подорвать и без того слабеющую израильскую демократию.

Однако в баталиях внутри правительства победил не Митчелл, а Деннис Росс, главный советник Обамы по Ближнему Востоку. Росс, протеже Вулфовица и президентский советник со времен Рейгана, был полностью на стороне Израиля по любым вопросам. В мае 2011 года король Иордании Абдалла II посетовал на то, что «положительные сигналы» поступают из Госдепартамента и Пентагона, «но не из Белого дома, и вполне очевидно, что причиной тому — Деннис Росс». Росс и Митчелл спорили о том, следует ли США предложить план мирного урегулирования в регионе. Митчелл считал, что надо оказать давление на правительство Нетаньяху, продолжавшее незаконное строительство поселений и сопротивлявшееся любым попыткам найти приемлемое для обоих государств решение. Росс был против того, чтобы давить на Израиль. Могущественное израильское лобби его поддерживало. Разочарованный тем, что Обама не выдержал давления Американо-израильского комитета общественных связей (АИКОС), Митчелл в апреле 2011 года ушел в отставку[172].

США продемонстрировали пренебрежение мировым общественным мнением по палестино-израильскому конфликту, наложив вето на резолюцию Совета Безопасности ООН, осуждавшую строительство израильских поселений на территории Палестины не только как незаконное, но и как препятствующее мирному урегулированию. Резолюция была поддержана более чем 130 странами и 14 членами Совета Безопасности, за исключением самих США. Пока Обама налаживал отношения с АИКОС — наиболее консервативной ветвью могущественного израильского лобби, весь мир стал свидетелем того, как ООН проголосовала за признание независимого государства Палестины, несмотря на яростное сопротивление США и Израиля.

И хотя Израилю и США удалось завести эти усилия в тупик, израильтяне оказались во все растущей изоляции. Свержение Хосни Мубарака в Египте и растущая поддержка палестинцев Турцией означали потерю Израилем двух ближайших союзников в регионе. По всему Ближнему Востоку поднимали голову исламисты. Томас Фридман назвал причиной «50-летнее правление арабских диктатур, при которых лишь исламистам разрешалось собираться в мечетях, а всем независимым, светским и демократическим партиям было запрещено участвовать в политической жизни»¹⁷³. Мятеж в соседней Сирии против жестокости со стороны режима Асада породил серьезные проблемы для Ирана и «Хезболлы», одновременно создав очередную точку нестабильности на израильской границе. Еще большую опасность представляло то, что в руки исламских экстремистов могли попасть большие запасы сирийского химического оружия. Но Нетаньяху и его правые союзники продолжали строить поселения в Восточном Иерусалиме и на Западном берегу, бросая вызов не только Обаме, но и международному общественному мнению, понимая при этом, что подобные действия подрывают сами основы мирного процесса.

Авраам Бург, спикер израильского кнессета, поинтересовался, может ли руководство его страны действовать по данному вопросу без предубеждения: «Сможем ли мы жить без многолетней вражды и перестать быть объектом всеобщей ненависти?» Известный израильский интеллектуал Зеев Штернхель ответил на этот вопрос в опубликованной газетой *Haaretz* статье с метким названием «Израильским правым нужна бесконечная война»¹⁷⁴.

Главной мечтой израильских правых была война с Ираном. Израильские «ястребы» стремились добиться поддержки удара по иранским ядерным объектам, которые, как они считали, используются для производства ядерных бомб. Но у Ирана было множество причин для того, чтобы не производить их, и в первую очередь тот факт, что это могло спровоцировать на гонку вооружений Саудовскую Аравию, Турцию, Египет, Сирию и другие государства региона. В сентябре 2011 года Иран запустил первую на Ближнем Востоке атомную электростанцию в Бушере, построенную по российскому проекту. Но другие ближневосточные страны отстали от него не намного. На 2017–2018 годы запланирован пуск десятков атомных реакторов. Иран настаивает, что не имеет намерений создавать ядерные бомбы, и продолжает пускать на свою территорию международных наблюдателей. С другой стороны, многие считают, что на вооружении Израиля имеется около 200 ядерных боеголовок. В 2007 году американский Комитет по разведке опубликовал Национальное разведывательное оценивание, в котором утверждалось, что Иран прекратил работу над ядерным оружием в 2003 году и не возобновлял ее. Руководство США предупредило израильтян, что превентивный удар не только не достигнет своей цели, но и может привести к катастрофическим последствиям, которые дестабилизируют и Ближний Восток, и другие регионы мира. Они надеялись, что усиление санкций против иранских экспортеров нефти и Центрального банка страны успокоит сторонников военного решения.

Глава 14. Обама

В 2010 году Израиль оказался в опасной близости от нанесения удара. В июне 2011 года Меир Даган, восемь лет возглавлявший израильское разведывательное агентство МОССАД до своего ухода в сентябре предыдущего года, сообщил, что он, начальник Генштаба Габи Ашкенази и директор агентства внутренней безопасности «Шабак» Юваль Дискин сумели помешать безрассудным действиям со стороны Нетаньяху и министра обороны Эхуда Барака. Но теперь, когда все трое ушли с занимаемых постов, Даган стал опасаться, что израильское руководство вновь может пойти по тому же пути. Он объяснял: «Я решил нарушить молчание потому, что, когда я занимал свою должность, мы с Дискиным и Ашкенази могли заблокировать любую опасную авантюру. Но теперь я боюсь, что остановить Нетаньяху и Барака просто некому». По другим данным, президент Шимон Перес, командующий силами обороны Израиля Гади Айзенкот и недавно ушедший со своего поста глава военной разведки Амос Ядлин тоже были против того, чтобы нападать на Иран[175].

Большинство израильтян также отвергали возможность нанесения удара. В ноябре 2011 года опрос показал, что лишь 43 % израильтян-евреев поддерживают эту идею, при том что 90 % считают, что Иран способен создать ядерное оружие. 64 % поддержали превращение региона в зону, свободную от ядерного оружия, даже при условии, что Израилю придется отказаться от собственного ядерного арсенала[176].

Было очевидно, что господство США трещит по швам и в Латинской Америке, где, как и на Ближнем Востоке, результатом более чем вековой поддержки диктаторов, отстаивавших не благополучие своих граждан, а деловые и политические интересы США, стала волна антиамериканизма, прокатившаяся по континенту в начале XXI века. США не только пришлось смириться со свержением президента Гондураса Мануэля Селайи. Они беспомощно смотрели, как к власти в Центральной и Южной Америке приходит одно левое правительство за другим. Даже Колумбия, ближайший союзник США, пересмотрела свои отношения с «северным колоссом». После вступления в должность в 2010 году колумбийский президент Хуан Мануэль Сантос не только предпринял шаги к сокращению невероятного разрыва между богатыми и бедными, но и восстановил отношения с Венесуэлой и Эквадором. Ныне он называет Уго Чавеса своим «новым лучшим другом»[177].

В декабре 2011 года Чавес созвал в Каракасе двухдневный саммит лидеров латиноамериканских и карибских государств. Яркий лидер Венесуэлы, имеющий много друзей и много врагов, дал понять, что его целью является создание в Западном полушарии противовеса контролируемой США Организации американских государств (ОАГ). В отличие от ОАГ новая организация — объединившее 33 государства Сообщество стран Латинской Америки и Карибского бассейна (СЕЛАК) — включала Кубу и не включала США и Канаду. Чавес назвал этот саммит «важнейшим событием в нашей Америке за последние 100 или даже больше лет». Президент Кубы Рауль Кастро счел событие даже более грандиозным, заявив, что создание организации может стать «крупнейшим событием за 200 лет нашей неполной независимости». Задачей новой организации было дальнейшее ослабление влияния США в регионе. «Мы приговариваем доктрину Монро к смерти», — объявил президент Никарагуа Даниэль Ортега, намекая на высказанную в 1823 году президентом США Джеймсом Монро мысль о том, что Западное полушарие является сферой влияния США. «Замечательно быть здесь, на земле Боливара», — сказал парагвайский президент Фернандо Луго бравшему у него интервью журналисту, имея в виду, что здесь, в Каракасе, родился Симон Боливар, легендарный освободитель Южной Америки. «Постепенно мечта Боливара становится явью», — добавил он[178]. На саммит прибыли даже союзники США: президенты Мексики Фелипе Кальдерон, Колумбии — Хуан Мануэль Сантос и Чили — Себастьян Пиньера.

На саммите ОАГ в апреле 2012 года Обама оказался в еще большей изоляции. В прибрежном колумбийском городе Картахена лидеры Западного полушария, воодушевленные съездом в Каракасе, открыто бросили США беспрецедентный вызов. Основной темой дебатов стали два фундаментальных для Западного полушария вопроса: исключение Кубы из ОАГ и возглавляемая США война с наркотиками. Раньше США сами определяли повестку дня и рамки дискуссий. Но теперь эти времена кончились. Президент Кальдерон назвал эти изменения — смелость при обсуждении вопросов — «радикальными и немыслимыми». Статья в газете *Jamaica Observer* была озаглавлена «Саммит показывает, как сильно упало влияние янки».

Примером стала позиция латиноамериканских лидеров по вопросу исключения Кубы, за которое продолжают выступать лишь США и Канада. Члены Боливарианского альянса ради народов нашей Америки (АЛЬБА) — группы латиноамериканских государств, образованной в 2004 году, — заявили, что больше не примут участия ни в одном саммите до тех пор, пока не будет восстановлено членство Кубы в ОАГ. Сантос назвал политику США в отношении Кубы «анахронизмом», усомнился в ее эффективности и тоже потребовал восстановления членства в ОАГ Острова свободы. К нему присоединилась и его бразильская коллега

Глава 14. Обама

Дилма Русеф, заявившая, что она также не станет посещать саммиты до восстановления членства Кубы. Даже защищавший американскую политику Обама признал, что дискуссия напомнила ему о «дипломатии канонерок, янки и холодной войне».

Некоторые лидеры бросили США вызов и по вопросу политики в области борьбы с наркотиками, которую Обама защищал, несмотря на его собственное признание в употреблении марихуаны в юности. Президент Гватемалы Отто Перес Молина назвал 45-летнюю войну с наркотиками провалом и призвал к смягчению законодательства в этой сфере. Сантос заметил, что успехи Колумбии в сокращении выращивания коки привели лишь к его росту в Перу и Боливии, а снижение уровня насилия, связанного с наркотиками, в его стране привело к росту такового в Мексике, Гватемале и Гондурасе[179].

Но самым беспрецедентным был вызов, брошенный президентом Эквадора Рафаэлем Корреа США, Англии и Швеции в августе 2012 года: Корреа предоставил политическое убежище Джулиану Ассанжу. Ассанж укрылся на территории эквадорского посольства, чтобы избежать экстрадиции в Швецию, где против него выдвинули обвинения в изнасиловании. Он боялся, что, как только он окажется в Швеции, его выдадут США. Англичане восприняли действия Эквадора чрезвычайно болезненно. Они стали угрожать штурмом посольства и арестом Ассанжа, что было бы грубейшим нарушением международного права.

В июне 2012 года в Парагвае в результате парламентского переворота к власти вновь пришли правые. Они объявили импичмент симпатизирующему левым президенту Фернандо Луго, чья взвешенная программа земельной реформы угрожала местным богачам и транснациональным сельхозкорпорациям. Газета *International Herald Tribune* дала необычный для себя комментарий, заявив, что США, ранее всем владевшие и правившие Латинской Америкой, перестали быть решающим фактором политических процессов в регионе[180]. Но отказ США присоединиться к своим соседям по полушарию, осудившим эти события, показал, что американцы дают новым властям Парагвая знать о своей поддержке. Реакция латиноамериканских стран была иной. Аргентина, Бразилия и Уругвай приостановили членство Парагвая в Ассоциации свободной торговли «Меркосур» и пригласили Венесуэлу стать полноценным членом этой организации. Ранее ее членство блокировал Парагвай.

Однако, несмотря на постоянные неудачи на Ближнем Востоке и в Латинской Америке, США сохранили военное превосходство. Как много лет назад говорил Чалмерс Джонсон, США поддерживают глобальную гегемонию не с помощью империи колоний, а с помощью империи военных баз. Журналист Ник Терс затруднился назвать их точное число, но заявил, что оно точно превышает 1 тысячу. Он указал и на огромную стоимость их содержания. Лишь на одной японской Окинаве таких баз было 38, а в Южной Корее — 87[181]. В 2012 году Дэвид Вайн подтвердил, что, несмотря на закрытие 505 баз в Ираке, их общее число в мире по-прежнему переваливает за 1 тысячу. Ежегодная стоимость содержания этой глобальной сети военных баз и дислоцированных на них 255 тысяч солдат составляет около 250 миллиардов долларов. В значительной мере войска были перемещены из гигантских военных лагерей, оставшихся в качестве реликта холодной войны, на менее крупные базы, известные как «листья лилии», что повысило их мобильность. Такие базы возникли на Ближнем Востоке, в Азии, Латинской Америке[182]. Помимо этого, США быстро наращивали свое военное присутствие в Африке. Китай, новый глобальный противник Америки, имеет за рубежом лишь одну базу.

Страна оказалась в затруднительном положении. Мир после холодной войны отказывался играть по ее правилам. Ни беспрецедентная военная мощь, ни огромное экономическое могущество не смогли дать американским лидерам возможность менять ход истории. Было очевидно, что мир выходит из-под контроля США. Ничто не символизировало это так ярко, как подъем Китая с его населением в 1,3 миллиарда человек, быстро растущей экономикой (более 40 % которой продолжает оставаться под контролем государства) и авторитарной политической системой, находящейся под контролем Коммунистической партии. И без того экстраординарный китайский экономический рост выглядит еще более значительным в сравнении с застывшей и пошедшей на спад экономикой США. Китайский ВВП на душу населения все еще составляет лишь 9 % американского, но он вырос вдвое по сравнению с показателями четырехлетней давности. В последующие четыре года, по прогнозам китайского руководства, он должен еще удвоиться. Китай по экономическим показателям уже оттеснил Японию со второго места в мире. Это значительный прогресс, учитывая, что в 2003 году КНР была лишь на седьмом месте. Еще одним важным показателем стало то, что, по данным Института городского хозяйства и компании *Ernst & Young*, Китай тратит 9 % своего ВВП — втрое больше, чем США, — на инфраструктурные проекты[183].

Еще больше новое экономическое влияние Китая возросло в октябре 2011 года, когда Европа попросила помощи в спасении евро, предложив инвестировать десятки миллиардов долларов в европейский стабилиза-

Глава 14. Обама

ционный фонд. По сути, КНР предложили занять место мирового финансового лидера, принадлежавшее до сих пор США. Китай уже приобрел важные экономические активы в Европе, которая стала его крупнейшим торговым партнером. И хотя Китай не хотел инвестировать слишком много из-за крайне шаткого положения европейской экономики, значимость этого события была огромной, особенно в свете того, что за несколько недель до этого европейские министры финансов резко отвергли советы Тимоти Гайтнера. *New York Times* метко озаглавила посвященную этим событиям передовицу «Советы по долгам? Европа предлагает Америке держать их при себе».

Считая, что последние события доказали превосходство ее экономической и политической системы над Западом, КНР стала стремиться к усилению своего влияния и в других сферах. Наиболее тревожным для американских лидеров и азиатских соседей Поднебесной было то, что страна быстро модернизирует свою армию. Расходы на оборону за последнее десятилетие утроились, достигнув 160 миллиардов долларов. Китай построил полноценный военно-морской флот, в состав которого вошли боевые корабли, субмарины, военно-морская авиация и ракеты морского базирования. После долгих лет простоя закончено строительство первого китайского авианосца.

Военная модернизация не так тревожила бы соседей Китая, если бы тот не выдвигал постоянных претензий на богатые нефтью, газом и другими природными ресурсами спорные острова. В одном лишь Южно-Китайском море его притязания затрагивают интересы Вьетнама, Индонезии, Филиппин, Малайзии, Тайваня и Брунея. Отношения между Китаем и Японией тоже остаются натянутыми из-за островов в Восточно-Китайском море. В октябре 2011 года очень популярная радикально-националистическая китайская газета на английском языке *Global Times* писала: «Если эти страны не хотят изменить своего отношения к Китаю, значит, нам нужно готовить пушки. Мы должны быть готовы к такому развитию событий, поскольку оно может оказаться единственным путем решения морских споров»[184].

Наращивание Китаем вооружений, агрессивное стремление страны получить контроль над энергетическими и сырьевыми ресурсами и угрозы в адрес более слабых соседей дали США возможность, которую те так долго искали. Вместо того чтобы помочь решить противоречия мирным путем, американское руководство решило использовать региональные противоречия для преувеличения китайской угрозы. Трубя о наращивании китайских вооружений, американские деятели забывают сказать о том, что за прошедшие два десятилетия Китай значительно сократил численность своей армии, количество боевых самолетов и подлодок, а по проценту выделяемых на армию бюджетных средств находится на одном уровне с Японией, Южной Кореей и Тайванем.

Было очевидно, что США готовы использовать этот искусственный кризис не только для того, чтобы восстановить свою гегемонию в Азии и оправдать новое раздувание военного бюджета, но и для того, чтобы остановить падение американского влияния и престижа. Несмотря на угрозу новой холодной войны, США решили сдерживать Китай экономическими, военными и политическими методами, а также стали давить на его азиатских соседей, чтобы те к ним присоединились.

госсекретарь Х. Клинтон бросила перчатку в ноябре 2011 года, опубликовав в журнале *Foreign Policy* статью под недвусмысленным названием «Американский век в Тихоокеанском регионе». Статья начиналась такими словами: «С окончанием войны в Ираке и началом вывода американских войск из Афганистана США оказались на распутье». Она провозгласила начало кардинальных изменений: «наращивание дипломатического, экономического, стратегического и иного присутствия в Азиатско-Тихоокеанском регионе (АТР)[185], включая Индийский океан».

Обама подтвердил ее мысль во время своего восьмидневного тихоокеанского турне в том же месяце. Он проинформировал австралийский парламент, что «в Азиатско-Тихоокеанский век США намерены сконцентрироваться на этом регионе... Поэтому я совершенно осознанно принял решение, что США, как тихоокеанская страна, будут играть все большую роль в развитии этого региона. США — тихоокеанская держава, и мы никуда отсюда не уйдем», — заявил он и даже предрек падение компартии Китая. «Грядущее сокращение американских расходов на оборону, — заверил он австралийцев, — не коснется, повторяю, не коснется Азиатско-Тихоокеанского региона». В подтверждение этого Обама объявил о размещении в Австралии 2500 американских морских пехотинцев. Это был первый случай долговременного наращивания американского присутствия в Азии со времени окончания войны во Вьетнаме, которое вплоть до этого момента постоянно сокращалось[186]. В АТР уже были дислоцированы 85 тысяч американских солдат. Там же базировались семь из 11 американских авианосцев и 18 атомных подводных лодок.

Из Австралии Обама отправился в Индонезию, на остров Бали, для участия в ежегодной встрече 10 членов АСЕАН. Он стал первым американским президентом, принявшим участие в работе крупнейшего форума Восточной Азии. Во время саммита он присоединился к другим участникам против китайского премьера Вэнь Цзябао по вопросу о притязаниях КНР на острова в Южно-Китайском море. Обама пообещал усилить связи со всеми участниками и объявил о продаже США 24 истребителей Ф-16 индонезийским ВВС. Он неожиданно заявил и о намерении направить госсекретаря Х. Клинтон в Мьянму для восстановления отношений с этим союзным Китаю государством.

Пока Обама посещал Австралию, Клинтон была на Филиппинах. Стоя на палубе американского военного корабля в Манильском заливе, она объявила о поддержке Филиппин в территориальном споре с Китаем. В июне США провели совместные военно-морские учения с Филиппинами, а в июле — с Вьетнамом. В сентябре США и Вьетнам подписали меморандум о сотрудничестве в области обороны. Бывшие злейшие враги обсудили возможность доступа американских ВМС к порту в заливе Камрань. Вьетнам объявил о 35-процентном увеличении расходов на оборону в 2012 году. США также сообщили о планах размещения своих боевых кораблей прибрежной зоны в Сингапуре.

В декабре Филиппины закончили модернизацию своего самого крупного и современного боевого корабля, катера береговой охраны американского производства, и спустили его на воду. Таиландская газета так описывала эту церемонию: «Под звуки оркестра ВМС католические священники окропили святой водой палубу сверкающего новой краской корабля, вооруженного зенитными пушками и модернизированным разведывательным вертолетом. Пролетели три самолета ВМС, и чиновник разбил бутылку тростникового вина о борт заступающего на боевое дежурство корабля». Власти также сообщили о скором принятии на вооружение первого филиппинского десантного корабля и планах покупки у США еще одного катера береговой охраны и дополнительного числа реактивных истребителей[187]. В июле 2012 года, когда противоречия вокруг спорных островов вспыхнули вновь, президент Бенигно Акино III объявил о намерении закупить вертолеты и другие летательные аппараты, которые можно использовать в боевых действиях. Малайзия, обладающая значительными нефтяными и газовыми ресурсами в Южно-Китайском море, тоже играла мускулами, демонстрируя недавно приобретенные субмарины.

Адмирал Роберт Уиллард, возглавлявший Тихоокеанское командование США, сообщил о намерении укрепить стратегические связи с Индией в целях сдерживания растущего влияния Китая[188]. Индия считает этот вопрос чрезвычайно важным. Несмотря на санкции, введенные против Индии в 1998 году из-за ядерных испытаний, в 2000 году Билл

Клинтон стал первым американским президентом за 25 лет, посетившим Дели. *New York Times* назвала этот визит «праздником любви». Дж. Буш сделал еще больше для укрепления связей с Индией. После 11 сентября он отменил все санкции против нее, а потом даже создал с ней военный альянс. В 2006 году он подписал с Индией соглашение о сотрудничестве в ядерной сфере, несмотря на то что она не присоединилась к Договору о нераспространении ядерного оружия. Даже при том что соглашение подразумевало сотрудничество лишь в сфере мирного атома, оно было прямым нарушением Договора о нераспространении и недвусмысленным намеком на то, что Индия может продолжать свою военную ядерную программу. Прежде всего США требовалось получить одобрение 45 стран — членов Группы ядерных поставщиков — консорциума, основанного США в 1974 году после индийских испытаний. «Для получения международного одобрения своей безрассудной сделки с Индией страна задействовала все возможные методы — от угроз до льстивых обещаний», — негодовала редакция *New York Times* в своей передовице. Рон Сомерс, председатель Американо-индийского делового совета, назвал это соглашение «коренным сдвигом» в отношениях между двумя странами[189]. Но оно было и большим провалом в деле нераспространения.

Обама еще больше усилил стратегическое партнерство, дав в честь индийского премьера государственный банкет в Белом доме и продолжив реализацию ядерного соглашения, несмотря на резкое сопротивление некоторых своих советников. Это укрепило основанный Бушем военный альянс. Х. Клинтон объявила о совместной ответственности США и Индии за «будущее мира»[190]. Новым шагом к усилению партнерства был трехдневный визит Обамы в Индию в ноябре 2010 года.

В ноябре 2011 года Министерство обороны Индии одобрило масштабную программу военной модернизации на сумму в 12 миллиардов долларов, предусматривавшую самое значительное усиление военной мощи на границе с Китаем с 1962 года. По оценке Центра исследований международной стратегии, к 2015 году военные расходы Индии могут составить 80 миллиардов долларов. В период с 2006 по 2011 год Индия уже занимала первое место среди мировых импортеров вооружений. Для отражения китайской угрозы на море Индия планирует в ближайшие 25 лет израсходовать 45 миллиардов долларов на закупку 103 новых боевых кораблей[191].

Растущие военные расходы Индии выглядят еще более неоднозначными в свете невероятного уровня бедности и глубины социальной пропасти в стране. По данным опроса 73 тысяч семей в девяти беднейших штатах Индии, опубликованного в 2012 году, 42 % детей до пяти лет постоянно недоедают. «Проблема недостаточного питания — наш национальный позор», — признал премьер-министр Индии Манмохан Сингх, продолжая щедрые траты на ненужное оружие[192].

США не терпят сомневающихся. Японский премьер Юкио Хатояма имел возможность в этом убедиться, когда попытался договориться о переносе американской авиабазы на Окинаве из Футенмы в Хеноко. Обама настоял на том, чтобы Япония и дальше выполняла свои обязательства, несмотря на яростное сопротивление самих жителей Окинавы. Вскоре после того, как Хатояма уступил давлению США, его правительство потеряло власть.

Преемник Хатоямы Наото Кан усвоил урок. В конце декабря 2010 года Япония объявила об изменениях в своей военной доктрине. Нападение со стороны России больше не считается главной угрозой, и силы были переброшены с севера для борьбы против КНР и КНДР. Силы самообороны Японии также планируют значительно расширить сотрудничество с США, Австралией и Южной Кореей. Новая Программа национальной обороны включает увеличение флота японских субмарин с 16 до 22, разработку новых истребителей и сокращение числа танков для создания более мобильных сил, которые позволяли бы оперативное развертывание в случае конфликта в Китайских морях и Корее. В декабре 2011 года Япония объявила о закупке 40 истребителей-невидимок «Локхид-Мартин» Ф-35. Стоимость контракта, по разным данным, составила 6–8 миллиардов долларов, которые были потрачены, несмотря на крайнюю их необходимость для восстановления после опустошительных мартовских землетрясения и цунами, а также последовавшей за ними аварии на АЭС.

Китайское руководство обвинило США в том, что те пытаются взять их страну в кольцо, настаивая на том, что именно США, а не Китай наращивают военное присутствие в регионе. Оно продолжало заявлять о своем намерении мирно разрешить противоречия в регионе. Китайцы выразили возмущение тем, что Обама одобрил продажу оружия Тайваню на сумму в 5,8 миллиарда долларов в дополнение к прошлогоднему контракту, стоимость которого составила 6,4 миллиарда. Но конгрессмены-республиканцы требовали еще большего. Один из высокопоставленных правительственных чиновников ответил на это, что Обама уже поставил «в два раза больше оружия за вдвое меньший срок». «Жэньминь жибао», орган ЦК КПК, сообщила, что США могут забыть о сотрудничестве с КНР в решении международных проблем: «Американские политики ошибаются, если считают, что могут требовать от Китая, чтобы тот вел себя как ответственная великая держава и сотрудничал с ними, в то же время самым безответственным образом нанося ущерб его жизненным интересам»[193]. Китайцев также возмущали и другие действия Америки по чувствительным для них вопросам, включая решение Обамы встретиться с далай-ламой, хотя ранее он отказался от подобной встречи, желая улучшить отношения с КНР.

Помимо этого, США подогревали слухи о том, что разрабатывают новую военную стратегию в Азиатском регионе, называемую «Концепцией боевых действий в воздухе и на море». Несмотря на секретность, этот документ был упомянут в 2010 году в оборонном обзоре за четырехлетие. Стратегия была разработана для координации действий американских ВМС и ВВС в целях отражения растущих возможностей Китая по выведению из строя американских высокотехнологичных систем оружия и связи для получения преимущества в случае конфликта. Американское военное командование указывало на угрозу, исходящую от китайской стратегии «блокирования доступа», которая могла ограничить возможности США по оказанию военной помощи своим союзникам. По мнению Эндрю Крепиневича из Центра стратегического и бюджетного оценивания (ЦСБО), главная опасность заключалась в том, что Китай может захватить контроль над водными путями в западной части Тихого океана[194]. Выступая в Академии ВВС США, министр обороны Роберт Гейтс заявил, что угроза заключается в планах «нейтрализации преимущества, которым Америка располагала со времен окончания холодной войны, — полной свободы передвижения и возможности развертывания операций в любом регионе мира путем отправки туда авианосцев, солдат и снаряжения»[195].

Китайское руководство понимало: если что и находится под угрозой, так это поставки нефти в Поднебесную из-за усиления американского контроля над Южно-Китайским морем, через которое страна получает большую часть топлива. Оно призывало к мирному решению региональных разногласий, но дало понять, что будет защищать свои интересы. В декабре в обращении к Центральному военному совету председатель КНР Ху Цзиньтао приказал ВМФ «усиленно готовиться к боевым действиям»[196].

Китайцы считали войну с США весьма вероятным развитием событий. Когда ЦСБО, одна из главных аналитических групп, занимавшихся разработкой для Пентагона возможного хода военного конфликта с Китаем, выпустила свой доклад в 2010 году, Народно-освободительная армия Китая (НОАК), по словам только что вернувшегося из Пекина американского чиновника, «вовсе слетела с катушек». Внутренний доклад, подготовленный по заказу командира корпуса морской пехоты США, предупреждал, что «реструктуризация ВМС и ВВС для войны в рамках "Концепции боевых действий в воздухе и на море" будет стоить очень дорого», а сама война между США и КНР приведет к «немыслимым человеческим жертвам и исключительно тяжелым экономическим последствиям»[197].

Провоцируя конфронтацию с Китаем, США и их союзники в Тихоокеанском регионе играли в крайне опасную игру. Их экономическая зависимость от Китая делала их крайне уязвимыми для ответного удара. Имея американские государственные облигации на сумму более 1 триллиона долларов, Китай держит экономику США за горло. Могут ли США позволить себе враждебные отношения со своим крупнейшим кредитором? Еще больше осложняло ситуацию то, что Китай сменил Америку в качестве крупнейшего торгового партнера всех азиатских стран. В 2004 году США были крупнейшим партнером всех 10 государств АСЕАН. В 2011 году первым был уже Китай, а США скатились на четвертое место. В декабре Япония и Китай объявили о намерении вести двусторонние расчеты в национальных валютах, избегая использования долларов. Подобный шаг мог не только расширить торговлю между двумя странами, но и являлся важным этапом для превращения юаня в резервную валюту как альтернативу доллару, к чему стремится Китай.

Но Соединенные Штаты это не испугало. Они продолжили расширять свое экономическое влияние. Осенью 2011 года они сформировали Организацию транстихоокеанского партнерства, группу, включающую их союзников в Азии, а также в Латинской и Северной Америках. Китай приглашен не был, что заставило Фреда Ху, бывшего председателя китайского отделения Goldman Sachs, возглавлявшего теперь группу консалтинговых компаний Primavera Capital Group, задать вопрос: «Как может нормальная торговая организация не включать в себя крупнейшее торговое государство мира?»

Параллельно с этим Тихоокеанское командование США пригласило Россию и Индию принять участие в масштабных военно-морских учениях у побережья Гавайев в июне 2012 года. Китай вновь не был приглашен[198].

Претензии США на мировую гегемонию остались неизменными, но их способность оставаться азиатским и мировым жандармом снизилась из-за масштабов бюджетного кризиса. К 2010 году в бюджете США, составившем 3,8 триллиона долларов, расходы на 1,6 триллиона превышали все бюджетные поступления. Больше всего США занимали у Китая и Японии. На одни лишь платежи по долгам уходило 250 миллиардов долларов. Военный бюджет, включая тайные операции, разведку, помощь иностранным союзникам, платежи частным подрядчикам и пенсии ветеранам, составил более триллиона долларов. Кристофер Хэллмен из некоммерческой организации «Проект национальных приоритетов» заявил, что если учесть все расходы, связанные с вооруженными силами и безопасностью, то цифры «оборонного» бюджета перевалят за 1,2 триллиона[199].

Эта сумма практически равнялась расходам на оборону всех остальных стран мира. А ведь даже во время холодной войны военные траты США составляли лишь 26 % общемировых. Как отметил конгрессмен Барни Франк, «врагов у нас стало меньше, а денег мы стали тратить больше». На военные расходы уходило около 44 % всех американских налоговых поступлений. Обслуживание баз обходилось примерно в 250 миллиардов долларов. Использование Пентагоном целой армии гражданских служащих, численность которых, по данным *Washington Post*, составляет 1,2 миллиона человек, обходилось примерно в такую же сумму. Закупка дорогостоящего нового высокотехнологичного оружия усиливала нагрузку на бюджет в еще большей мере. Но сделали ли эти расходы жизнь американцев безопаснее? «Не думаю, что хоть одного террориста подстрелили с атомной подлодки», — высказался по этому поводу Франк[200].

В 2011 году правительство Обамы объявило о планах сокращения бюджета Пентагона как минимум на 450 миллиардов долларов в ближайшее десятилетие. Предусматривалось дальнейшее сокращение на 500 миллиардов, если конгрессу не удастся стабилизировать бюджетную ситуацию. Но Обама и перешедший из ЦРУ в Министерство обороны Леон Панетта дали понять, что эта реструктуризация не коснется азиатских планов. Они отказались от предложения сократить число авианосцев с 11 до 10 и решили увеличить вложения в дальние бомбардировщики-невидимки и противоракетные системы, считающиеся необходимыми для войны с Китаем, а также в боевые беспилотники и летательные аппараты быстрого развертывания. В июне 2012 года на конференции министров обороны 28 стран АТР Панетта сообщил, что США намерены «перераспределить» свои силы. К 2020 году 60 % американских ВМС должны размещаться на Тихом океане и лишь 40 % — в Атлантике. Это было значительным изменением по сравнению с пропорцией 50:50 в 2012 году. Как объяснил Панетта, американские силы в регионе будут включать «шесть авианосцев, а также большинство наших крейсеров, эсминцев, боевых кораблей прибрежной зоны и подлодок». На случай, если кто-то чего-то не понял, Панетта выделил приоритетные направления военных расходов США: «В особенности мы намерены инвестировать деньги в… усовершенствованный истребитель пятого поколения, модернизированные подлодки класса "Вирджиния", новую электронику и системы связи военного назначения, а также усовершенствованное высокоточное оружие. Это предоставит нашим силам свободу маневра в регионах, где наш доступ и свобода действий могут оказаться под угрозой. Мы понимаем всю сложность действий в столь обширном регионе, как Тихий океан. Именно поэтому мы также собираемся вкладывать средства в новые самолеты-заправщики, новый бомбардировщик и усовершенствованные патрульные и противолодочные самолеты». Ну а на случай, если в рядах собравшихся еще сохранялось какое-то недопонимание, Панетте хватило наглости напомнить слушателям, среди которых были его коллеги из Китая, Филиппин, Японии, Кореи, Индонезии, Лаоса, Камбоджи и Вьетнама, что «на протяжении всей своей истории США воевали. Мы проливали кровь, вновь и вновь ведя в АТР войны для защиты своих жизненных интересов»[201]. И при этом он с невозмутимым видом настаивал, что наращивание американского военного присутствия в регионе не направлено против Китая. Даже *New York Times* написала, что «мало кто из присутствующих в это поверил». Министр иностранных дел Индонезии выразил мнение многих недовольных растущим давлением США по вопросу о выборе стороны в конфликте, которое напоминало нападки Джона Фостера Даллеса в 1950-х годах на страны, не желавшие выбрать сторону в холодной войне. «Нас беспокоит, что нас заставляют делать выбор. Мы не хотим находиться в таком положении», — заявил он[202].

Американские планы милитаризации региона столкнулись и с другими препятствиями. Некоторые из азиатских союзников США испытывали те же бюджетные проблемы, что и сама Америка. В мае 2012 года Австралия, с которой Обама начал свое азиатское турне за несколько месяцев до этого, объявила о сокращении оборонных расходов на 10,5 %, или 5,5 миллиарда долларов, в последующие четыре года. По мнению Австралийского института стратегической политики, это было самое низкое процентное соотношение к ВВП с 1938 года. Газета *Sydney Morning Herald* предупреждала: «События в Канберре и Вашингтоне вызывают серьезные сомнения относительно возможности участников альянса выполнять взаимные обязательства. С точки зрения Австралии все предельно ясно. Правительство Гиллард приняло решение сократить расходы Австралии на оборону до наименьших за 74 года размеров... Правительство пересмотрело приоритеты, и оборона оказалась на самом дне»[203].

Соединенным Штатам, не считая отказа от военных планов в АТР, немало средств могли сэкономить и сокращение численности вооруженных сил в Европе с 570 до 490 тысяч человек, и сокращение имеющихся там арсеналов. Встретившись с Панеттой в Пентагоне в начале января 2012 года, Обама заявил: «Пришло время перевернуть страницу десятилетней войны... Мы можем обеспечить нашу безопасность и меньшими сухопутными силами. Продолжим избавляться от устаревшей системы времен холодной войны во имя будущих потребностей»[204].

Но хотя снижение расходов на оборону, вывод боевых частей из Ирака и начало их вывода из Афганистана представляли собой долгожданный отход от гипермилитаризма эпохи Буша–Чейни, они не означали быстрого и решительного разрыва с имперской политикой, которого от США ожидал весь мир и к которому Обаму призывал человек, при котором перестала существовать советская империя, — Михаил Горбачев. Горбачев настаивал, чтобы Обама пошел по пути тех же смелых инициатив, которые позволили ему самому изменить ход истории. «Америка столкнулась с серьезными проблемами, — сказал он в 2009 году. — Ей срочно требуется перестройка». Горбачев призвал положить конец политике нерегулируемого свободного рынка, которая привела к падению мировой экономики и сохраняющемуся разрыву между самыми богатыми и самыми бедными жителями мира. Он предупреждал, что США больше не могут диктовать свои условия остальному миру. «Все привыкли к тому, что Америка — это пастырь, который всем указывает, что делать. Но этот период уже закончился», — сказал Горбачев. Он осудил опасную милитаризацию международной политики, к которой привели действия правительств Клинтона и Буша, и призвал США уйти из Афганистана так же, как это сделал СССР 25 лет назад, когда Горбачев унаследовал такую же безнадежную и непопулярную войну[205].

В начале 2012 года в мире стали происходить невиданные доселе события. Глобальное могущество США таяло, открывая дорогу целому ряду невероятных возможностей. Некоторые из них, впрочем, таили в себе опасности. Признавая невиданный подъем против правящих элит по всему миру, в 2011 году журнал *Time* назвал человеком года «Протестующего». В действительности первая искра протестов вспыхнула еще в декабре 2010-го, когда Мохаммед Буазизи, 26-летний тунисский уличный торговец, не выдержав постоянных унижений со стороны полиции, совершил самосожжение. Этот бесхитростный акт отчаяния спровоцировал массовое народное восстание в стране, свергшее президента Зина аль-Абидина бен Али, правившего 23 года. Вид простых тунисцев, бесстрашно противостоявших правителям полицейского государства, встретил отклик в сердцах миллионов униженных своими коррумпированными диктаторскими режимами, за которыми чаще всего

Глава 14. Обама

стояли США. Волнения быстро перебросились на Алжир, Египет и другие арабские страны. Начавшаяся в феврале 2011 года публикация *Wikileaks* четверти миллиона американских дипломатических сообщений лишь подлила масла в огонь. Протесты в Ливии, Сирии, Йемене и Бахрейне вскоре стали неуправляемыми. Сопротивление навязанному правительствами и банкирами режиму строгой экономии ширилось в Европе. Особенно масштабными были выступления в Испании, Греции, Италии, Франции и Великобритании. Граждане Китая бросили вызов коррупции и неравенству. В России шли протесты против нарушений на выборах и авторитаризма В. В. Путина. Японцы были возмущены попытками правительства и энергетических компаний скрыть последствия аварии на АЭС в Фукусиме.

А в США движение «Захвати Уолл-стрит» привлекло так необходимое внимание к громадному и постоянно растущему разрыву между 1 % самых богатых и 99 % остального населения. В январе 2012 года исследовательский центр *Pew* сообщил, что две трети американцев — на 19 % больше, чем в июле 2009-го, — уверены в наличии серьезного конфликта между богатыми и бедными. 30 % — в полтора раза больше, чем 2,5 года назад, — считали, что этот конфликт был не просто острый, а очень острый[206]. Неудивительно, что стоимость имущества среднестатистической американской семьи в 2010 году, по данным проводящей каждые три года опросы ФРС, упала на 39 % по сравнению с 2007 годом — с 126 400 долларов до 77 300. Доход же людей, не имеющих среднего образования, упал на 54 %. В 2012 году Джозеф Стиглиц подсчитал, что совокупный доход сети Walmart, с ее активами на сумму 90 миллиардов долларов, равнялся доходам 30 % самых бедных американцев[207]. Бюджетные сокращения, несмотря на все расхождения в их интерпретации, поставили под серьезный вопрос разумность имперских амбиций. Могут ли США позволить себе глобальную империю во времена взлетевшей безработицы, рушащейся инфраструктуры и повального сокращения расходов на социальные нужды? Действительно ли в интересах страны было быть мировым жандармом? Стоит ли Америке еще хоть раз вторгаться в страны, не представляющие никакой угрозы для ее граждан?

Важность внутренних реформ тоже была очевидна. Мысли о правах рабочих, социальной справедливости и антивоенной борьбе, подобные тем, что витали в воздухе в 1930-е и 1960-е годы, вновь завладели умами миллионов людей по всей стране, в особенности молодого поколения. Вспомнив о социальных утопиях, американцы стали размышлять, каким могло бы быть честное, равноправное и справедливое общество. Они не желали больше терпеть безграничную власть и влияние богачей во всех сферах общественной и частной жизни. Движение «Захвати Уолл-стрит» оказало гораздо большее влияние, чем могли надеяться его основатели. Идеи равенства и справедливости изменили политическую атмосферу в США. Растущие связи между американскими активистами и их зарубежными единомышленниками были хорошим началом.

Но существуют и проблемы, требующие немедленного внимания. Глобальное потепление угрожает будущему жизни на планете в такой мере, в которой раньше могла угрожать лишь ядерная война. Уже сегодня тают льды Арктики и Антарктики, растет уровень воды в океанах, по всему миру происходят наводнения и засухи, множатся смертельные заболевания, людям не хватает пищи и питьевой воды. Сами США содрогнулись от последствий рекордных температур, разрушительных ураганов, наводнений, лесных пожаров и засух, не уступающих Пыльной чаше* 1930-х годов. Ядерная угроза тоже не уменьшилась ни на йоту. Опасность распространения ядерного оружия вплоть до ядерной анархии продолжает существовать. Ядерные арсеналы намного превышают мегатоннаж, который эксперты считают необходимым для начала опустошительной «ядерной зимы». И, несмотря на все обещания Обамы, перспективы серьезного сокращения этих арсеналов, не говоря уже о полной их ликвидации, остаются туманными.

Намечались серьезные изменения, и даже Барак Обама начал демонстрировать слабенькие признаки того, что он понимает необходимость вернуться к курсу изменений, обещанных им во время избирательной кампании 2008 года. Побуждаемый выступлениями движения «Захвати Уолл-стрит», непоколебимым упрямством республиканцев, экономическим застоем, бюджетным давлением и падением собственного рейтинга, в конце 2011 года Обама вновь стал демонстрировать признаки былого динамизма. В его речах стал сквозить популизм. Он открыто приветствовал окончание иракской войны и сокращение расходов на оборону, пусть даже это и было вынужденным шагом. Был ли шанс, что Обама прозреет, подобно Кеннеди, и осознает, какой урон милитаризм и империализм США наносят американскому народу и всему миру? Перспектива этого выглядела крайне туманной, а его речь на базе Форт-Брэгг и то, с какой готовностью он подписал пагубный военный бюджет 2012 года, ничуть не улучшали ситуацию. Очевидным стало то, что реальная перспектива изменений в США — восстановление демократии, равенства и революци-

---

* Пыльная чаша — мощные пылевые бури в США в 1930-е годы.

онного духа — это надежда на то, что американские граждане присоединятся к всемирному движению протеста и продемонстрируют, что усвоили уроки истории как своей собственной, так и всего человечества — истории, которая так долго оставалась закулисной, — и потребуют создания мира, представляющего интересы подавляющего большинства его жителей, а не самых богатых, жадных и могущественных. Рост такого движения является единственной надеждой вырвать американскую демократию из когтей с каждым днем становящегося все более могущественным полицейского государства. Вожди Американской революции прекрасно понимали угрозу подобной тирании. Когда после Филадельфийского конвента 1787 года одна женщина спросила Бенджамина Франклина: «Скажите, доктор, у нас в стране республика или монархия?» — Франклин произнес слова, которые не потеряли своей актуальности и в наши дни: «Республика, мадам, если вы сумеете ее сохранить»[208].

Благодарности

Проект такого масштаба потребовал помощи, поддержки и терпения многих людей. За подготовку съемок мы хотели бы поблагодарить следующих людей: Фернандо Саличина за нахождение финансирования и его спокойную уверенность в трудные времена; Роба Уилсона и Тару Тремейн, игравших ключевую роль с самого начала и изучавших архивы по всему миру; Алекса Маркеса, до поздней ночи занимавшегося редакторской работой на протяжении четырех лет, и помогавших ему в разные периоды Эллиота Эйсмена, Алексиса Чавеса и Шона Стоуна. За подготовку звукового ряда мы хотели бы поблагодарить Крейга Армстронга, Адама Питерса, Бадда Карра и Сьюзи Гилберт. Также мы хотели бы выразить благодарность Стивену Пайнсу, доставававшему деньги буквально из воздуха. Огромная благодарность каналу *Showtime* в лице двух его администраций: Дэвиду Невинсу за его проницательность, а также Брайану Лаурду, Джеффу Джейкобсу, Саймону Грину и Кевину Куперу.

За подготовку книги мы все в долгу перед коллегами Питера и аспирантами исторического факультета Американского университета. Макс Пол Фридман предоставил в наше распоряжение свои знания по истории американской внешней политики, досконально изучив рукопись и выразив несогласие с некоторыми нашими суждениями, а также уберег нас как от мелких, так и от серьезных ошибок. Из-за того, какую роль в нашей истории играли американо-советские и американо-российские отношения, мы хотим выразить огромную благодарность русскому историку Антону Федяшину, который всегда был готов ответить на наши вопросы и проверить русскоязычные источники на предмет того, правильно ли мы все поняли. Среди других коллег Питера, с готовностью отвечавших на наши вопросы, касавшиеся их областей исторической науки, были преподаватели Мустафа Аксакал, Ричард Брейтман, Фил Бреннер, Ира Кляйн, Аллан Лихтман, Эрик Лор и Анна Нельсон.

Неоценимую помощь оказали аспиранты университета Эрик Сингер и Бен Беннетт. Они потратили огромное количество времени, предназначенного для их собственных исследований, чтобы помочь нам в нашем. Эрик оказался несравненным мастером нахождения скрытой информации. Бен, помимо всего прочего, взял на себя задачу нахождения фотографий, придавших вес этой книге. В число других бывших и нынешних аспирантов, внесших большой вклад в этот проект, были Ребекка де Вольф, Синди Гуэли, Винсент Интонди, Мэтт Пемблтон, Теруми Рэфферти-Осаки, Джей Вейксельбаум. Дополнительная помощь в исследованиях, а также и полезные советы были даны Дэниэлом Чиприани, Нгуетом Нгуеном, Дэвидом Онкстом, Алленом Пьетробоном, Ари Серотой и Кейт Скиллин.

Множество друзей и коллег также оказали нам неоценимую помощь. Мы чрезвычайно благодарны Дэниелу Эллсбергу за его проницательность, идеи, критику и энтузиазм. Его знание многих событий не может быть переоценено. Среди других ученых, с готовностью тративших свое время для оказания нам экспертной помощи, дававших ответы на наши вопросы и предоставлявших необходимые документы, были Гар Альперовиц, Роберт Берковиц, Билл Берр, Кэролайн Эйзенберг, Хэм Фиш, Майкл Флинн, Ирена Грудзиньска Гросс, Хью Гастерсон, Анита Кондояниди, Билл Лануэтт, Милтон Лейтенберг, Роберт Джей Лифтон, Арджун Махиджани, Рей Макгаверн, Роджер Моррис, Сатоко Ока Норимацу, Роберт Норрис, Роберт Пэрри, Лео Рибуффо, Джонатан Шелл, Питер Дейл Скотт, Марк Селден, Марти Шервин, Чак Строзье, Жанин Уэдел и Лэрри Уиттнер.

Из-за того что этот проект занял долгое время, до его выхода в свет, к сожалению, не дожили четверо наших главных соратников — Говард Зинн, Боб Гриффит, Чарли Вейнер и Удай Мохан.

Дополнительную помощь с визуальным оформлением и фотографиями нам оказала Барбара Коппель. Эрик Хэмилтон предоставил нам ценную информацию по Чили. Мэтт Смит и Клемент Хо из библиотеки Американского университета оказали нам огромную помощь в нахождении источников, равно как и другую поддержку.

Издательство *Gallery Books* сделало все, что было в его силах, для того чтобы выполнить наши зачастую чрезмерные запросы, связанные со своевременным завершением обоих проектов. В особенном долгу мы находимся перед нашим редактором Джереми Руби-Строссом и его помощницей Хизер Хант. Также мы хотели бы поблагодарить Лоис Берк, Джен Бергстром, Джессику Чин, Эмили Драм, Элизу Ривлин, Эмилию Пизани, Трисию Бочковски, Салли Франклин, Джен Робинсон, Лэрри Пекарека и Давину Мок.

Дочь Питера Лекси и его жена Симки Кузник помогали нам с исследованиями и примечаниями. Помимо этого, Симки терпеливо работала над многочисленными черновиками рукописи с умением редактора и чувством поэта.

Примечания

Введение. Корни империи: «Война — это попросту рэкет»

1. Gardner Lloyd C., LaFeber Walter F., McCormick Thomas J. Creation of the American Empire. Vol. 1. U.S. Diplomatic History to 1901. — Chicago: Rand McNally College Publishing, 1976. — P. 108.
2. McCoy Alfred W., Scarano Francisco A., Johnson Courtney. On the Tropic of Cancer: Transitions and Transformations in the U.S. Imperial State // Colonial Crucible: Empire in the Making of the Modern American State. — Madison: University of Wisconsin Press, 2009. — P. 21.
3. Coetzee J.M. Waiting for the Barbarians. — L.: Secker & Warburg, 1980. — P. 133.
4. Dillon Sam. U.S. Students Remain Poor at History, Tests Show // *New York Times.* — 2011. — June 15.
5. President Woodrow Wilson speaking on the League of Nations to a luncheon audience in Portland, OR. 66th Cong., 1st sess. *Senate Documents: Addresses of President Wilson* (May–November 1919), vol. 11, no. 120, P. 206.
6. Barack Obama, News Conference, April 4, 2009, www.presidency.ucsb.edu/ws/index.php?pid=85959&st=american+exceptionalism&st1=#axzz1RXk$VS7z.
7. Jonathan Martin and Ben Smith, "The New Battle: What It`. Means to Be American", August 20, 2010, www.politico.com/news/stories/0810/41273.html.
8. Easton Nina J. Thunder on the Right // American Journalism Review. — 2001. — № 23. — P. 320.
9. Eakin Emily. Ideas and Trends: All Roads Lead to D.C. // *New York Times.* — 2002. — March 31.
10. Там же.

11. Appleman Williams W. Empire as a Way of Life: An Essay on the Causes and Character of America's Present Predicament Along with a Few Thoughts About an Alternative. — NY: Oxford University Press, 1980. — P. 62.
12. Huntington Samuel P. *The* Clash of Civilizations and the Remaking of World Order. — NY: Simon & Schuster, 1996. — P. 51.
13. Boot Max. American Imperialism? No Need to Run Away from Label // USA Today. — 2003. — May 6.
14. Ferguson Niall. Colossus: The Price of America's Empire. — NY: Penguin, 2004. — P. 14–15.
15. Kennedy Paul. The Eagle Has Landed // Financial Times. — 2002. — February 22.
16. Freedland Jonathan. Is America the New Rome? // Guardian. — 2002. — September 18.
17. "Joint Vision 2010", www.dtic.mil/jv2010/jvpub.htm; General Howell M. Estes III, USAF, United States Space Command, "Vision for 2020" February 1997, www.fas.org/spp/military/docops/usspac/visbook.pdf; "Joint Vision 2020", www.dtic.mil/jointvision/jvpub2.htm.
18. Cohen Benjamin J. The Question of Imperialism: The Political Economy of Dominance and Dependence. — NY: Basic Books, 1973. — P. 23.
19. Bacgchi Amiya Kumar. Perilous Passage: Mankind and the Global Ascendance of Capital. — Lanham, MD: Rowman & Littlefield, 2005. — P. 272.
20. Kennedy Paul. The Rise and Fall of the Great Powers: Economic Change and Military Conflict from 1500 to 2000. — NY: Vintage Books, 1989. — P. 150.
21. Shoultz Lars. Beneath the United States: A History of U.S. Policy Toward Latin America. — Cambridge, MA: Harvard University Press, 1998. — P. 86.
22. Whitman Walt. Complete Poetry and Collected Prose. — NY: Viking, 1982. — P. 1074.
23. Bruce Robert V. 1877: Year of Violence. — Chicago: Ivan R. Dee, 1989. — P. 25–226.
24. Foner Philip Sheldon. The Great Labor Uprising of 1877. — NY: Monad Press, 1975. — P. 157.
25. Foner Philip Sheldon. History of the Labor Movement in the United States, vol. 2: From the Founding of the A.F. of L. to the Emergence of American Imperialism. — NY: International Publishers, 1975. — P. 50.
26. Klein Maury. The Life and Legend of Jay Gould. — Baltimore: Johns Hopkins University Press, 1997. — P. 357.
27. Tarbell Ida Minerva. All in the Day's Work: An Autobiography. — Urbana: University of Illinois Press, 2003. — P. 82.
28. Hicks John D. Populist Revolt: A History of the Farmers' Alliance and the People's Party. — Minneapolis: University of Minnesota Press, 1931. — P. 40, 440.
29. LaFeber Walter. The New Empire: An Interpretation of American Expansion, 1860–1898. — Ithaca, NY: Cornell University Press, 1998. — P. 366.

30. Robert L. Beisner. Twelve Against Empire: The Anti-Imperialists 1898–1900. — NY: McGraw Hill, 1968. — P. XIV.
31. William Roscoe Thayer, ed. John Hay's Years with Roosevelt // *Harper's Magazine* 131 (1915), 578.
32. Stuntz Homer Clyde. The Philippines and the Far East. — Cincinnati: Jennings and Pye, 1904. — P. 144.
33. Cooke John Byrne. Reporting the War: Freedom of the Press from the American Revolution to the War on Terrorism. — NY: Palgrave Macmillan, 2007. — P. 78.
34. Ratification of the Treaty Now Assured // Chicago Tribune. — 1899. — February 6.
35. Treaty Wins in the Senate by One Vote // Chicago Tribune. — 1899. — February 7.
36. Kinzer Stephen. Overthrow: America's Century of Regime Change from Hawaii to Iraq. — NY: Times Books, 2006. — P. 49.
37. Frisbie Hoar George. Autobiography of Seventy Years, vol. 2. — NY: Charles Scribner's Sons, 1905. — P. 304.
38. Gain for the Treaty // New York Times. — 1899. — February 6.
39. Kinzer Stephen. Overthrow: America's Century of Regime Change from Hawaii to Iraq. — NY: Times Books, 2006. — P. 52–53.
40. Bain David Howard. Sitting in Darkness: Americans in the Philippines. — NY: Houghton Mifflin, 1984. — P. 84.
41. *Congressional Record*, Senate, 56th Cong., 1st Sess., 1900, vol. 33, pt. 1, 704.
42. Jennings Bryan William. Speeches of William Jennings Bryan, vol. 2. — NY: Funk & Wagnalls, 1909. — P. 17, 24–26. Для того чтобы ознакомиться с отменно изложенной биографией Брайана, читайте книгу: Kazin Michael. A Godly Hero: The Life of William Jennings Bryan. — NY: Alfred A. Knopf, 2006.
43. Creighton Miller Stuart. Benevolent Assimilation: The American Conquest of the Philippines, 1899–1903. — New Haven, CT: Yale University Press, 1982. — P. 211.
44. Moore Teller Henry. The Problem in the Philippines. — Washington, DC: U.S. Government Printing Office, 1902. — P. 52.
45. San Juan Epifanio. Crisis in the Philippines: The Making of a Revolution. — South Hadley, MA: Bergin & Garvey, 1986. — P. 19.
46. По некоторым оценкам, число погибших филиппинцев превышало 600 тысяч. Об этом см.: Gates John M. War-Related Deaths in the Philippines, 1898–1902 // Pacific Historical Review. — 1984. — № 53. — P. 367–378.
47. Rauchway Eric. Murdering McKinley: The Making of Theodore Roosevelt's America. — NY: Hill & Wang, 2003. — P. 102.
48. Hill Howard C. Roosevelt and the Caribbean. — Chicago: University of Chicago Press, 1927. — P. 67.
49. Shoultz Lars. Beneath the United States: A History of U.S. Policy Toward Latin America. — Cambridge, MA: Harvard University Press, 1998. — P. 191.

50. Richard F. Grimmett, "Instances of Use of United States Armed Forces Abroad, 1798–2009", January 27, 2010, Congressional Research Service, www.fas.org/sgp/crs/natsec/RL32170.pdf.
51. LaFeber Walter. Inevitable Revolutions: The United States in Central America. — NY: W.W. Norton, 1993. — P. 42.
52. Там же. — P. 46.
53. Там же. — P. 50.
54. The Republic of Brown Bros. // Nation. — 1922. — № 114. — 667 p.
55. LaFeber Walter. Inevitable Revolutions: The United States in Central America. — NY: W.W. Norton, 1993. — P. 69.
56. Zinn Howard, Arnove Anthony. Voices of a People's History of the United States, 2nd. ed. — NY: Seven Stories Press, 2009. — P. 251–252.

Глава 1. Первая мировая война: Вильсон против Ленина

1. Appleman Williams William. The Tragedy of American Diplomacy. — NY: W.W. Norton, 1988. — P. 72.
2. Slotkin Richard. Gunfighter Nation: The Myth of the Frontier in Twentieth-Century America. — NY: HarperPerennial, 1992. — P. 240.
3. Hofstadter Richard. The American Political Tradition and the Men Who Made It. — NY: Alfred A. Knopf, 1949. — P. 237–241.
4. Gardner Lloyd C. Wilson and Revolutions: 1913–1921. — NY: J.B. Lippincott, 1976. — P. 12.
5. LaFeber Walter. The American Age: United States Foreign Policy at Home and Abroad Since 1750. — NY: W.W. Norton, 1989. — P. 262; Gardner Lloyd C., LaFeber Walter F., McCormick Thomas J. Creation of the American Empire. Vol. 2: U.S. Diplomatic History Since 1893. — Chicago: Rand McNally, 1976. — P. 305.
6. Herring George C. From Colony to Superpower: U.S. Foreign Relations Since 1776. — NY: Oxford University Press, 2008. — P. 390.
7. Gardner Lloyd C., LaFeber Walter F., McCormick Thomas J. Creation of the American Empire. Vol. 2: U.S. Diplomatic History Since 1893. — Chicago: Rand McNally, 1976. — P. 306–307; LaFeber Walter. The American Age: United States Foreign Policy at Home and Abroad Since 1750. — NY: W.W. Norton, 1989. — P. 278.
8. Appleman Williams William. The Tragedy of American Diplomacy. — NY: W.W. Norton, 1988. — P. 70.
9. Shoultz Lars. Beneath the United States: A History of U.S. Policy Toward Latin America. — Cambridge, MA: Harvard University Press, 1998. — P. 246.
10. Kristof Nicholas D. Our Broken Escalator // *New York Times*. — 2011. — July 17.

11. Zinn Howard. A People's History of the United States. — NY: Harper Colophon, 1980. — P. 350.
12. Painter Nell Irvin: Standing at Armageddon: The United States, 1877–1919. — NY: W.W. Norton, 1987. — P. 293.
13. Ginger Ray. The Bending Cross: A Biography of Eugene Victor Debs. — New Brunswick, NJ: Rutgers University Press, 1949. — P. 328.
14. Herring George C. From Colony to Superpower: U.S. Foreign Relations Since 1776. — NY: Oxford University Press, 2008. — P. 399.
15. Olmsted Kathryn S. Real Enemies: Conspiracy Theories and American Democracy, World War I to 9/11. — NY: Oxford University Press, 2009. — P. 34.
16. Notes Linking Wilson to Morgan War Loans // Washington Post. — 1936. — January 8.
17. Herring George C. From Colony to Superpower: U.S. Foreign Relations Since 1776. — NY: Oxford University Press, 2008. — P. 403, 409–410.
18. Scene in the Senate as President Speaks // New York Times. — 1917. — January 23.
19. Amazement and Bewilderment Caused by Proposal of Wilson for Peace Pact for the World // Atlanta Constitution. — 1917. — January 23.
20. LaFeber Walter. The American Age: United States Foreign Policy at Home and Abroad Since 1750. — NY: W.W. Norton, 1989. — P. 278; Jefferson Carter. Anatole France: The Politics of Skepticism. — New Brunswick, NJ: Rutgers University Press, 1965. — P. 195.
21. Knock Thomas J. To End All Wars: Woodrow Wilson and the Quest for a New World Order. — NY: Oxford University Press, 1992. — P. 118.
22. Там же. — P. 120.
23. Там же. — P. 121, 131.
24. Kennedy David M. Over Here: The First World War and American Society. — NY: Oxford University Press, 1992. — P. 184–185.
25. Kennedy David M. Over Here: The First World War and American Society. — NY: Oxford University Press, 1992. — P. 60–62.
26. Graebner William. The Engineering of Consent: Democracy and Authority in Twentieth-Century America. — Madison: University of Wisconsin Press, 1987. — P. 42.
27. Clark Victor S. The German Press and the War // Historical Outlook. — 1919. — № 10. — P. 427.
28. Shows German Aim to Control World // New York Times. — 1917. — December 10.
29. Halsey Ross Stewart. Propaganda for War: How the United States Was Conditioned to Fight the Great War of 1914–1918. — Jefferson, NC: McFarland & Co., 1996. — P. 241.
30. Documents Prove Lenin and Trotzky Hired by Germans // New York Times. — 1918. — September 15.

31. Halsey Ross Stewart. Propaganda for War: How the United States Was Conditioned to Fight the Great War of 1914–1918. — Jefferson, NC: McFarland & Co., 1996. — P. 241.
32. Creel Upholds Russian Exposure // *New York Times*. — 1918. — September 22.
33. Spurns Sisson Data // *Washington Post*. — 1918. — September 22.
34. Halsey Ross Stewart. Propaganda for War: How the United States Was Conditioned to Fight the Great War of 1914–1918. — Jefferson, NC: McFarland & Co., 1996. — P. 241–242.
35. The Sisson Documents // *Nation*, November 23, 1918. Цитируется по: Philip Sheldon Foner, *The Bolshevik Revolution: Its Impact on American Radicals, Liberals, and Labor* (New York: International Publishers, 1967), 137.
36. Kennan George F. The Sisson Documents // Journal of Modern History. — № 28. — 1956. — P. 130–154.
37. Angoff Charles. The Higher Learning Goes to War // The American Mercury. — № 2. — 1927. — P. 178.
38. Lasswell Harold D. Propaganda Technique in the World War. — NY: Alfred A. Knopf, 1927. — P. 14–15.
39. Oust Traitors, Says Butler // *New York Times*. — 1917. — June 7.
40. Columbia Ousts Two Professors, Foes of War Plans // *New York Times*. — 1917. — October 2.
41. The Expulsions at Columbia // *New York Times*. — 1917. — October 3.
42. Quits Columbia; Assails Trustees // *New York Times*. — 1917. — October 9.
43. Ibid.
44. Peterson Horace Cornelius, Courtland Fite Gilbert. Opponents of War, 1917–1918. — Madison: University of Wisconsin Press, 1957. — P. 104–112.
45. Gruber Carol S. Mars and Minerva: World War I and the Uses of the Higher Learning in America. — Baton Rouge: Louisiana State University Press, 1975. — P. 213–214.
46. War Directed College Course to be Intensive // Chicago Tribune. — 1918. — September 1.
47. Gruber Carol S. Mars and Minerva: World War I and the Uses of the Higher Learning in America. — Baton Rouge: Louisiana State University Press, 1975. — P. 57–59.
48. Bankers Cheer Demand to Oust Senator La Follette; 'Like Poison in Food of Army' // Chicago Tribune. — 1917. — September 28.
49. Gruber Carol S. Mars and Minerva: World War I and the Uses of the Higher Learning in America. — Baton Rouge: Louisiana State University Press, 1975. — P. 208.
50. Zinn Howard. A People's History of the United States. — NY: Harper Colophon, 1980. — P. 356.

51. Painter Nell Irvin: Standing at Armageddon: The United States, 1877–1919. — NY: W. W. Norton, 1987. — P. 335; Kennedy David M. Over Here: The First World War and American Society. — NY: Oxford University Press, 1992. — P. 76.
52. "Sedition Act of 1918", www.pbs.org/wnet/supremecourt/capitalism/sources document1.html.
53. Salvatore Nick. Eugene V. Debs: Citizen and Socialist. — Urbana: University of Illinois Press, 1982. — P. 292.
54. Zinn Howard. A People's History of the United States. — NY: Harper Colophon, 1980. — P. 358.
55. Там же. — P. 358–359.
56. Там же. — P. 359.
57. The I. W.W. // *New York Times*. — 1917. — August 4.
58. Kennedy David M. Over Here: The First World War and American Society. — NY: Oxford University Press, 1992. — P. 133; Axelrod Alan. Selling the Great War: The Making of American Propaganda. NY: Palgrave Macmillan, 2009. — P. 181–182.
59. Painter Nell Irvin: Standing at Armageddon: The United States, 1877–1919. — NY: W. W. Norton, 1987. — P. 335.
60. Stamping Out Treason // *Washington Post*. — 1918. — April 12.
61. Zinn Howard. A People's History of the United States. — NY: Harper Colophon, 1980. — P. 355–356.
62. Painter Nell Irvin: Standing at Armageddon: The United States, 1877–1919. — NY: W. W. Norton, 1987. — P. 336.
63. D'Emilio John, Freedman Estelle B. Intimate Matters: A History of Sexuality in America. — Chicago: University of Chicago Press, 1998. — P. 212–213.
64. Meil Hobson Barbara. Uneasy Virtue: The Politics of Prostitution and the American Reform Tradition. — C: University of Chicago Press, 1990. — P. 169, 176–177; Connelly Mark Thomas. The Response to Prostitution in the Progressive Era. — Chapel Hill: University of North Carolina Press, 1980. — P. 143–145.
65. Brandt Allan M. No Magic Bullet: A Social History of Venereal Disease in the United States Since 1880. — NY: Oxford University Press, 1987. — P. 59–60, 101; Connelly Mark Thomas. The Response to Prostitution in the Progressive Era. — Chapel Hill: University of North Carolina Press, 1980. — P. 140; Kennedy David M. Over Here: The First World War and American Society. — NY: Oxford University Press, 1992. — P. 186.
66. Brandt Allan M. No Magic Bullet: A Social History of Venereal Disease in the United States Since 1880. — NY: Oxford University Press, 1987. — P. 101–106; Kennedy David M. Over Here: The First World War and American Society. — NY: Oxford University Press, 1992. — P. 186–187.

67. Brandt Allan M. No Magic Bullet: A Social History of Venereal Disease in the United States Since 1880. — NY: Oxford University Press, 1987. — P. 116–119.
68. Randolph Bourne. Unfinished Fragment on the State // Untimely Papers / Ed. J. Oppenheim. — New York: B.W. Huebsch, 1919. — P. 145.
69. Tucker Jonathan B. War of Nerves: Chemical Warfare from World War I to Al-Qaeda. — NY: Pantheon Books, 2006. — P. 10.
70. Miles Wyndham D. The Idea of Chemical Warfare in Modern Times // Journal of the History of Ideas. — № 31. — 1970. — P. 300–303.
71. "Declaration (IV, 2) Concerning Asphyxiating Gases", Document 3. В кн.: Adam Roberts and Richard Guelff, ed. *Documents on the Laws of War,* 3rd ed. (New York: Oxford University Press, 2000), 60.
72. Crazed by Gas Bombs // *Washington Post.* — 1915. — April 26.
73. New and Peculiar Military Cruelties Which Arise to Characterize Every War // *Washington Post.* — 1915. — May 30.
74. Topics of the Times // *New York Times.* — 1915. — May 8.
75. Hershberg James. James B. Conant: Harvard to Hiroshima and the Making of the Nuclear Age. — NY: Alfred A. Knopf, 1993. — P. 44.
76. David Jerome Rhees, The Chemists' Crusade: The Rise of an Industrial Science in Modern America, 1907–1922, PhD Thesis, University of Pennsylvania, 1987, 169; Hershberg James. Op. cit. — P. 45–49.
77. Hershberg James. Op. cit. — P. 42.
78. Tyner James A. Military Legacies: A World Made by War. — NY: Routledge, 2010. — P. 98–99.
79. Millikan Robert A. The New Opportunities in Science // Science. — № 50. — 1919. — P. 292.
80. Moreno John D. Undue Risk: Secret State Experiments on Humans. — NY: Routledge, 2001. — P. 38–39; Andy Sagar, 'Secret, Deadly Research': Camp AU Scene of World War Training Trenches, Drill Field // *Eagle,* American University, January 15, 1965.
81. Sagar, 'Secret, Deadly Research'.
82. Moreno John D. Undue Risk: Secret State Experiments on Humans. — NY: Routledge, 2001. — P. 38–39; Sagar, 'Secret, Deadly Research'.
83. Martin K. Gordon, Barry R. Sude, Ruth Ann Overbeck, and Charles Hendricks, "A Brief History of the American University Experiment Station and U.S. Navy Bomb Disposal School, American University", Office of History, U.S. Army Corps of Engineers, June 1994, 12.
84. Hershberg James. James B. Conant: Harvard to Hiroshima and the Making of the Nuclear Age. — NY: Alfred A. Knopf, 1993. — P. 46–47.

85. Barry Richard. America's Most Terrible Weapon: The Greatest Poison Gas Plant in the World Ready for Action When the War Ended // Current History. — № 125. — 1919. — P. 127.
86. Harris Robert, Paxman Jeremy. A Higher Form of Killing: The Secret History of Chemical and Biological Warfare. — NY: Random House, 2002. — P. 35.
87. Barry Richard. America's Most Terrible Weapon: The Greatest Poison Gas Plant in the World Ready for Action When the War Ended // Current History. — № 125. — 1919. — P. 127–128.
88. Jenkins Dominick. The Final Frontier: America, Science, and Terror. — L.: Verso, 2002. — P. 38.
89. Tucker Jonathan B. War of Nerves: Chemical Warfare from World War I to Al-Qaeda. — NY: Pantheon Books, 2006. — P. 19–20.
90. Barry Richard. America's Most Terrible Weapon: The Greatest Poison Gas Plant in the World Ready for Action When the War Ended // Current History. — № 125. — 1919. — P. 128.
91. Tanaka Yuki. British 'Humane Bombing' in Iraq During the Interwar Era // Bombing Civilians: A Twentieth-Century History / Ed. Yuki Tanaka and Marilyn B. Young. — NY: New Press, 2009. — P. 8, 11.
92. *Encyclopedia of World War I: A Political, Social and Military History* / Ed. Spencer Tucker. — Santa Barbara, CA: ABC–CLIO, 2005. — P. 57.
93. Tanaka Yuki. British 'Humane Bombing' in Iraq. — P. 13–29.
94. Jenkins Dominick. The Final Frontier: America, Science, and Terror. — L.: Verso, 2002. — P. 2–3.
95. Jenkins Dominick. The Final Frontier: America, Science, and Terror. — L.: Verso, 2002. — P. 2–3.
96. Irwin Will. "The Next War": An Appeal to Common Sense. — NY: E. P. Dutton & Co., 1921. — P. 37–38.
97. The Chemical Industry Show // *New York Times*. — 1917. — September 26.
98. Jones Daniel P. American Chemists and the Geneva Protocol // Isis. — 1980. — № 3. — P. 432, 438.
99. Jones Daniel P. American Chemists and the Geneva Protocol // Isis. — № 3. — 1980. — P. 432, 438; Tucker Jonathan B. War of Nerves: Chemical Warfare from World War I to Al-Qaeda. — NY: Pantheon Books, 2006. — P. 21–22.
100. Tucker Jonathan B. War of Nerves: Chemical Warfare from World War I to Al-Qaeda. — NY: Pantheon Books, 2006. — P. 20.
101. Gardner Lloyd C., LaFeber Walter F., McCormick Thomas J. Creation of the American Empire. Vol. 2: U. S. Diplomatic History Since 1893. — Chicago: Rand McNally, 1976. — P. 336.

102. President Wilson's Message to Congress on War Aims // *Washington Post.* — 1918. — January 9.
103. Gardner Lloyd C., LaFeber Walter F., McCormick Thomas J. Creation of the American Empire. Vol. 2: U.S. Diplomatic History Since 1893. — Chicago: Rand McNally, 1976. — P. 343.
104. Gardner Lloyd C., LaFeber Walter F., McCormick Thomas J. Creation of the American Empire. Vol. 2: U.S. Diplomatic History Since 1893. — Chicago: Rand McNally, 1976. — P. 343; Herring George C. From Colony to Superpower: U.S. Foreign Relations Since 1776. — NY: Oxford University Press, 2008. — P. 423.
105. Johnson Robert David, The Peace Progressives and American Foreign Relations. — Cambridge, MA: Harvard University Press, 1995. — P. 82–83.
106. Our Men in Russia at Foch's Demand // *New York Times.* — 1919. — January 10.
107. Johnson Robert David, The Peace Progressives and American Foreign Relations. — Cambridge, MA: Harvard University Press, 1995. — P. 84, 320. (Table A.1, "Votes on Anti-imperialist Issues", Section J).
108. Wells H. G. The Shape of Things to Come. — NY: Macmillan, 1933. — P. 82.
109. Kagan Donald. On the Origins of War: And the Preservation of Peace. — NY: Doubleday, 1995. — P. 285.
110. LaFeber Walter. The American Age: United States Foreign Policy at Home and Abroad Since 1750. — NY: W.W. Norton, 1989. — P. 297.
111. Ibid. — P. 299.
112. Ibid.
113. Wilson Woodrow. Essential Writings and Speeches of the Scholar-President / Ed. Mario DiNunzio. — NY: New York University Press, 2006. — P. 36.
114. Boller Paul F., Jr., Presidential Anecdotes. — NY: Oxford University Press, 1981. — P. 220.
115. Gardner Lloyd C., LaFeber Walter F., McCormick Thomas J. Creation of the American Empire. Vol. 2: U.S. Diplomatic History Since 1893. — Chicago: Rand McNally, 1976. — P. 340–341.
116. Herring George C. From Colony to Superpower: U.S. Foreign Relations Since 1776. — NY: Oxford University Press, 2008. — P. 418, 426.
117. Gardner Lloyd C., LaFeber Walter F., McCormick Thomas J. Creation of the American Empire. Vol. 2: U.S. Diplomatic History Since 1893. — Chicago: Rand McNally, 1976. — P. 341.
118. Knock Thomas J. To End All Wars: Woodrow Wilson and the Quest for a New World Order. — NY: Oxford University Press, 1992. — P. 223–224, 329, note 76.
119. Boller Paul F., Jr., Presidential Anecdotes. — NY: Oxford University Press, 1981. — P. 220–221.

120. Keynes John Maynard. The Economic Consequences of the Peace. — NY: Harcourt, Brace and Howe, 1920. — P. 36–37, 268.
121. Gaddis John Lewis. Russia, The Soviet Union, and the United States: An Interpretive History. — New York: Alfred A. Knopf, 1978. — P. 77; Thompson John M. Russia, Bolshevism, and the Versailles Peace. — Princeton, NJ: Princeton University Press, 1966. — P. 2; Herring George C. From Colony to Superpower: U.S. Foreign Relations Since 1776. — NY: Oxford University Press, 2008. — P. 422.
122. Gardner Lloyd C. Wilson and Revolutions: 1913–1921. — NY: J.B. Lippincott, 1976. — P. 341–342.
123. Там же. — P. 338–339.
124. Murray Robert K. Red Scare: A Study in National Hysteria, 1919–1920. — NY: McGraw-Hill, 1955. — P. 124–129.
125. Jeremy Brecher, *Strike!* (1972; reprint, Boston: South End Press, 1977), 126.
126. Olmsted Kathryn S. Real Enemies: Conspiracy Theories and American Democracy, World War I to 9/11. — NY: Oxford University Press, 2009. — P. 19.
127. 66th Congress, 1st Session, *Senate Documents: Addresses of President Wilson*, 11, 120 (May–November 1919), 206.
128. Ashby Leroy. The Spearless Leader: Senator Borah and the Progressive Movement in the 1920's. — Urbana: University of Illinois Press, 1972. — P. 101.
129. Herring George C. From Colony to Superpower: U.S. Foreign Relations Since 1776. — NY: Oxford University Press, 2008. — P. 429.
130. Knock Thomas J. To End All Wars: Woodrow Wilson and the Quest for a New World Order. — NY: Oxford University Press, 1992. — P. 186.
131. Chernow Ron. The House of Morgan: An American Banking Dynasty and the Rise of Modern Finance. — NY: Simon & Schuster, 1990. — P. 206–208.
132. Marks Sally. The Illusion of Peace: International Relations in Europe, 1918–1933. — NY: St. Martin's Press, 1976. — P. 13, 38–39.
133. Schmitz David F. Thank God They're on Our Side: The United States and Right-Wing Dictatorships, 1921–1965. — Chapel Hill: University of North Carolina Press, 1999. — P. 31–45.
134. Yergin Daniel. The Prize: The Epic Quest for Oil, Money, and Power. — NY: Simon & Schuster, 1991. — P. 176–183.
135. Там же. — P. 233.
136. Rivas Darlene. Patriotism and Petroleum: Anti-Americanism in Venezuela from Gómez to Chávez // Anti-Americanism in Latin America and the Caribbean / Ed. Alan L. McPherson. — NY: Berghahn Books, 2006. — P. 87.
137. Rabe Stephen G. The Road to OPEC: United States Relations with Venezuela, 1919–1976. — Austin: University of Texas Press, 1982. — P. 22.

138. Yergin Daniel. The Prize: The Epic Quest for Oil, Money, and Power. — NY: Simon & Schuster, 1991. — P. 233.
139. Rabe Stephen G. The Road to OPEC: United States Relations with Venezuela, 1919–1976. — Austin: University of Texas Press, 1982. — P. 17, 38, 43.
140. Ibidem. — P. 17–18, 36, 38.
141. Kozloff Nikolas. Hugo Chavez: Oil, Politics, and the Challenge to the U.S. — NY: Palgrave Macmillan, 2007. — P. 15.
142. Yergin Daniel. The Prize: The Epic Quest for Oil, Money, and Power. — NY: Simon & Schuster, 1991. — P. 233–236.
143. McBeth B.S. Juan Vicente Gomez and the Oil Companies in Venezuela, 1908–1935. — NY: Cambridge University Press, 1983. — P. 70.
144. Rivas D. Patriotism and Petroleum. — P. 93; Rabe, Rabe Stephen G. The Road to OPEC: United States Relations with Venezuela, 1919–1976. — Austin: University of Texas Press, 1982. — 94–116 p.; Yergin Daniel. The Prize: The Epic Quest for Oil, Money, and Power. — NY: Simon & Schuster, 1991. — P. 436.
145. Favors Body with Teeth // *New York Times*. — 1920. — August 29.
146. The Republic of Brown Bros. // Nation. — 1922. — № 114. — P. 667.
147. Dos Passos John. Three Soldiers. — NY: George H. Doran, 1921. — P. 209–211.
148. Fitzgerald F. Scott. This Side of Paradise. — NY: Charles Scribner's Sons, 1920. — P. 282.
149. Hemingway Ernest. A Moveable Feast: The Restored Edition. — NY: Scribner, 2009. — P. 61.
150. Kennedy David M. Over Here: The First World War and American Society. — NY: Oxford University Press, 1992. — P. 187–189; Baritz Loren. The Servants of Power: A History of the Use of Social Science in American Industry. — NY: John Wiley & Sons, 1974. — P. 43–46.
151. Kennedy David M. Over Here: The First World War and American Society. — NY: Oxford University Press, 1992. — P. 188.
152. Curti Merle. The Changing Concept of 'Human Nature' in the Literature of American Advertising // The Business History Review. — № 41. — 1967. — P. 337–353.
153. Praigg Noble T. Advertising and Selling: By 150 Advertising and Sales Executives. — NY: Doubleday, 1923. — P. 442.
154. Marchand Roland. Advertising the American Dream: Making Way for Modernity. — Berkeley: University of California Press, 1985. — P. 69.
155. Ibidem. — P. 85.
156. Mencken H.L. The Husbandman // Mencken H.L. A Mencken Chrestomathy. — New York: Alfred A. Knopf, 1967. — P. 360–361.
157. Schlesinger Arthur M., Jr. The Cycles of American History. — NY: Houghton Mifflin Co., 1986. — P. 16.

Глава 2. Новый курс: «Я приветствую их ненависть»

1. Kennedy David M. Freedom from Fear: The American People in Depression and War, 1929–1945. — NY: Oxford University Press, 1999. — P. 163–164.
2. Looking to Mr. Roosevelt // *New York Times*. — 1933. — March 4.
3. Schlesinger Arthur M., Jr. The Coming of the New Deal, 1933–1935. — NY: Houghton Mifflin Harcourt, 2003. — P. 13.
4. Text of New President's Address at Inauguration // Los Angeles Times. — 1955. — March 5.
5. The Michigan 'Bank Holiday' // *New York Times*. — 1933. — February 16; More States Move to Protect Banks // *New York Times*. — 1933. — March 1; Banks Protected in 5 More States // *New York Times*. — 1933. — March 2.
6. O'Hare McCormick Anne. Main Street Reappraises Wall Street // *New York Times*. — 1932. — February 28.
7. Mitchell Called in Senate Inquiry // *New York Times*. — 1933. — February 2.
8. Ahamed Liaquat. Lords of Finance: The Bankers Who Broke the World. — NY: Penguin, 2009. — P. 441; Alter Jonathan. The Defining Moment: FDR's Hundred Days and the Triumph of Hope. — NY: Simon & Schuster, 2007. — P. 150.
9. Bernstein Barton J. The New Deal: The Conservative Achievements of Liberal Reform // Towards a New Past: Dissenting Essays in American History / Ed. Barton J. Bernstein. — NY: Pantheon, 1968. — P. 268.
10. Perkins Francis. The Roosevelt I Knew. — NY: Harper Colophon, 1946. — 328.
11. Franklin D. Roosevelt and the Transformation of the Supreme Court, / Ed. Stephen K. Shaw, William D. Pederson, Frank J. Williams. Vol. 3. — Armonk, NY: M.E. Sharpe, 2004. — P. 83.
12. McElvaine Robert S. The Great Depression: America, 1929–1941. — NY: Times Books, 1983. — P. 158; Orren Gary. The Struggle for Control of the Republican Party // *New York Times*. — 1976. — August 17.
13. The Nation: I've Had a Bum Rap // Time. — 1976. — May 17. — P. 19.
14. National Affairs: Not Since the Armistice // Time. — 1933. — September 25. — P. 12.
15. Johnson Hugh S. Blue Eagle, from Egg to Earth. — NY: Doubleday, Doran, 1935. — P. 405; Perkins Francis. The Roosevelt I Knew. — NY: Harper Colophon, 1946. — P. 06; McElvaine Robert S. The Great Depression: America, 1929–1941. — NY: Times Books, 1983. — P. 161.
16. Dorland Arthur G. Current Events: The Break Down of the London Economic Conference // Quarterly Review of Commerce. — № 4. — 1933. — P. 36–37.
17. Augspurger Michael. Henry Luce, *Fortune,* and the Attraction of Italian Fascism // American Studies. — № 41. — P. 115.

18. Cites Harm to U.S. in 'Patriot Racket' // Baltimore Sun. — 1931. — March 9.
19. Jenkins Philip. Hoods and Shirts: The Extreme Right in Pennsylvania, 1925–1950. — Chapel Hill: University of North Carolina Press, 1997. — P. 91.
20. Ibidem. — P. 118; Ballot on Gold 283–285 // New York Times. — 1933. — May 30.
21. Amann Peter H. A 'Dog in the Nighttime' Problem: American Fascism in the 1930s // The History Teacher. — № 19. — 1986. — P. 572; Brinkley Alan. Voices of Protest: Huey Long, Father Coughlin, and the Great Depression. — New York: Vintage Books, 1983. — P. 266–277.
22. Kazin Michael. The Populist Persuasion. — Ithaca, NY: Cornell University Press, 1998. — P. 130.
23. Lichtman Alan J. White Protestant Nation: The Rise of the American Conservative Movement. — NY: Atlantic Monthly Press, 2008. — P. 76; Ribuffo Leo P. The Old Christian Right. — Philadelphia: Temple University Press, 1983. — P. 25–79, 80–127.
24. Lichtman Alan J. White Protestant Nation: The Rise of the American Conservative Movement. — NY: Atlantic Monthly Press, 2008. — P. 76; Jenkins Philip. Hoods and Shirts: The Extreme Right in Pennsylvania, 1925–1950. — Chapel Hill: University of North Carolina Press, 1997. — P. 101–104; Ribuffo Leo P. The Old Christian Right. — Philadelphia: Temple University Press, 1983. — P. 184–185.
25. Amann Peter H. A 'Dog in the Nighttime' Problem: American Fascism in the 1930s // The History Teacher. — № 19. — 1986. — P. 566.
26. Kennedy David M. Freedom from Fear: The American People in Depression and War, 1929–1945. — NY: Oxford University Press, 1999. — P. 369–370.
27. Defends Current Policy // New York Times. — 1933. — November 10; Waltman Franklyn, Jr. Morgan Call on President Is Surprise // Washington Post. — 1933. — November 17; More Loans Urged by Irénée DuPont // New York Times. — 1933. — December 31.
28. Moley Says Banks Back Gold Policy // New York Times. — 1933. — December 4.
29. Smith Hurls Broadside Against Gold Program // Los Angeles Times. — 1933. — November 25.
30. Wood Howard. Fears for Nation's Future Lead Bankers to Speak Out // Chicago Tribune. — 1934. — September 29.
31. Business Body Demands U. S. Return to Gold // Washington Post. — 1933. — November 4.
32. Time to Stop Crying Wolf // New York Times. — 1934. — May 4.
33. Business: Reassurance // Time. — 1934. — October 8. — P. 56.
34. Kennedy David M. Freedom from Fear: The American People in Depression and War, 1929–1945. — NY: Oxford University Press, 1999. — P. 388–389; MacArthur Douglas. Reminiscences. — NY: McGraw-Hill, 1964. — P. 101.
35. Krock Arthur. Tide Sweeps Nation // New York Times. — 1934. — November 7.

Примечания

36. Borah Demands a Rebuilt Party // New York Times. — 1934. — November 9.
37. Garrison Villard Oswald. Russia from a Car Window // Nation. — 1929. — № 6 (November). 517.
38. Fischer Louis. Russia and the World Crisis // Nation. — 1931. — November 25.
39. 6,000 Artisans Going to Russia, Glad to Take Wages in Roubles // Business Week. — 1931. — September 2; Amtorg Gets 100,000 Bids for Russia's 6,000 Skilled Jobs // Business Week. — 1931. — October 7.
40. Chase Stuart. The Engineer as Poet // New Republic. — № 10. — 1931; Chase Stuart. A New Deal. — NY: Macmillan, 1932. — P. 252.
41. Wilson Edmund. Travels in Two Democracies. — NY: Harcourt, Brace, 1936. — P. 321.
42. Wilson Edmund. The Literary Consequences of the Crash. The Shores of Light: A Literary Chronicle of the Twenties and Thirties. — NY: Farrar, Straus & Young, 1952. — P. 408; Kuznick Peter J. Beyond the Laboratory: Scientists as Political Activists in 1930s America. — Chicago: University of Chicago Press, 1987. — P. 106–143.
43. The Beleaguered City // Los Angeles Times. — 1934. — July 17.
44. Strike Condemned by Coast Papers // New York Times. — 1934. — July 17.
45. Bain Read. Scientist as Citizen // Social Forces. — 1933. — № 11. — P. 413–414.
46. Kuznick Peter J. Beyond the Laboratory: Scientists as Political Activists in 1930s America. — Chicago: University of Chicago Press, 1987. — P. 101–102.
47. Bernstein, "The New Deal", 271.
48. Warren Frank A. Liberals and Communism: The Red Decade Revisited. — Bloomington: Indiana University Press, 1966. — P. 6.
49. Dos Passos, John. Whither the American Writer // Modern Quarterly. — 1932. — № 6. — P. 11–12.
50. Подробнее о политике Гитлера и Сталина см.: Timothy Snyder. Bloodlands: Europe Between Hitler and Stalin. — NY: Basic Books, 2010. За время спровоцированного Сталиным голода на Украине в 1932–1933 годах умерли миллионы людей, тысячи занимались каннибализмом.
51. Kennedy, *Freedom from Fear*, 278–279.
52. Text of Roosevelt's Closing Campaign Speech at Madison Square Garden // Baltimore Sun. — 1936. — November 1.
53. Kennedy, David M. Freedom from Fear: The American People in Depression and War, 1929–1945. — NY: Oxford University Press, 1999. — P. 286.
54. President Sets a Record with Electoral Vote // Chicago Tribune. — 1936. — November 4.
55. Politics and Health // Nation. — 1938. — July 30. — P. 101.
56. National Health Program Offered by Wagner in Social Security Bill // New York Times. — 1939. — March 1.

57. Peter Kuznick, "Healing the Well-Heeled: The Committee of Physicians and the Defeat of the National Health Program in 1930's America" (1989), неопубликованная работа; см. также: Kuznick, *Beyond the Laboratory*, 86–87.
58. Lichtman Alan J. White Protestant Nation: The Rise of the American Conservative Movement. — NY: Atlantic Monthly Press, 2008. — P. 68.
59. Там же. — P. 60–62.
60. Там же. — P. 69–70.
61. Schlesinger Arthur M., Jr. The Politics of Upheaval. — New York: Houghton Mifflin. — 1960. — P. 83; Gen. Butler Bares Fascist Plot to Seize Government by Force // *New York Times*. — 1934. — November 21.
62. Lichtman Alan J. Op. cit. — P. 70.
63. Olmsted Kathryn S. Real Enemies: Conspiracy Theories and American Democracy, World War I to 9/11. — NY: Oxford University Press, 2009. — P. 30.
64. Probing War's Causes // *Washington Post*. — 1934. — April 14.
65. Cole Wayne. Senator Gerald P. Nye and American Foreign Policy. — Minneapolis: University of Minnesota Press, 1962. — P. 71–73.
66. Wilz John E. In Search of Peace: The Senate Munitions Inquiry, 1934–36. — Baton Rouge: Louisiana State University Press, 1963. — P. 37.
67. Arms and the Men // *Fortune*. — 1934. — № 3. — P. 53.
68. Congress Gets Message // *New York Times*. — 1934. — May 19.
69. Greed, Intrigue Laid to War Materials Ring // *Washington Post*. — 1934. — June 23.
70. Munitions Control by the Government Favored by Senatorial Inquiry Group // *New York Times*. — 1934. — August 30.
71. $1,245,000,000 Work to Du Ponts in War // *New York Times*. — 1934. — September 13.
72. Robert C. Albright. Du Ponts Paid 458 Per Cent on War Profits // *Washington Post*. — 1934. — September 13.
73. Robert Albright. Reich Builds Big Air Force with U.S. Aid, Inquiry Hears // *Washington Post*. — 1934. — September 18.
74. Plan of Legion to Curb Profits of War Hailed // *Washington Post*. — 1934. — September 25.
75. Nye Plans to Abolish War Profit // Los Angeles Times. — 1934. — September 27.
76. Arms Inquiry Just Starting, Nye Declares // *Washington Post*. — 1934. — September 29.
77. Look Before Leaping // *Washington Post*. — 1934. — October 1.
78. Nye Asks 98 % Tax for War Incomes // *New York Times*. — 1934. — October 4.
79. Drexel Constance. State Ownership Not Arms Problem Remedy // *Washington Post*. — 1934. — December 4.
80. The Problem of Munitions // Chicago Tribune. — 1934. — December 18; Lippmann Walter. Today and Tomorrow // Los Angeles Times. — 1934. — December 16.

81. Roosevelt Asks Laws to Remove Profit from War // Los Angeles Times. — 1934. — December 13.
82. Clapper Raymond. Between You and Me // Washington Post. — 1934. — December 14.
83. Cole Wayne. Senator Gerald P. Nye and American Foreign Policy. — Minneapolis: University of Minnesota Press, 1962. — P. 80, 82.
84. 800 % War Profit Told at Inquiry; Du Pont Deal Up // Washington Post. — 1934. — December 14.
85. Senator Nye's Third Degree // Chicago Tribune. — 1934. — December 24.
86. Roosevelt Backs Munitions Inquiry // New York Times. — 1934. — December 27.
87. Urge Continuing Munitions Inquiry // New York Times. — 1935. — January 11.
88. Grace Challenges 100 % War Tax Plan // New York Times. — 1935. — February 26; Huge War Profits Laid to Bethlehem // New York Times. — 1935. — February 27.
89. Barnard Eunice. Educators Assail Hearst 'Influence' // New York Times. — 1935. — February 25; Barnard Eunice. Nye Asks for Data for Press Inquiry // New York Times. — 1935. — February 28.
90. Speers L.C. Issue of War Profits Is Now Taking Form // New York Times. — 1935. — March 24; Albright Robert C. President Hears Drastic Plan to Take Profit Out of War // Washington Post. — 1935. — March 24; Cole Wayne. Senator Gerald P. Nye and American Foreign Policy. — Minneapolis: University of Minnesota Press, 1962. — P. 85.
91. House and Senate Clash on Drastic Bills to End All Profiteering in War // New York Times. — 1935. — April 3.
92. Hostility to War Rules House Votes as Army Parades // New York Times. — 1935. — April 7.
93. Krock Arthur. In the Nation // New York Times. — 1935. — April 11.
94. Hedging on Aims Denied by Baruch // New York Times. — 1935. — April 17.
95. Nye Submits Bill for Big War Taxes // New York Times. — 1935. — May 4.
96. The Communistic War Bill // Chicago Tribune. — 1935. — September 18.
97. Baker Newton D. Our Entry into the War // New York Times. — 1935. — November 13.
98. Lamont Thomas W. Mr. Lamont Excepts // New York Times. — 1935. — October 25.
99. 2 Morgan Aides Deny Blocking Arms Inquiry // Washington Post. — 1936. — January 7.
100. 2 Morgan Aides Deny Blocking Arms Inquiry // Washington Post. — 1936. — January 7; Morgan Testifies as Nye Bares Data on War Loans Curbs // New York Times. — 1936. — January 8.
101. Bruner Felix. Nye Assailed as Senators Leave Arms Investigation // Washington Post. — 1936. — January 17.
102. Southerner Shakes with Rage as He Defends Chief in Senate // Washington Post. — 1936. — January 18.
103. Funds Spent, Nye Declares Arms Inquiry Is Postponed // Washington Post. — 1936. — January 20.

104. Senate Votes Funds for Nye Wind-up // *New York Times*. — 1936. — January 31.
105. Tucker Ray. Hard Road to Peace Revealed by Inquiry // *New York Times*. — 1936. — February 9.
106. An Inquiry Ends Well // *New York Times*. — 1936. — February 9.
107. Nye Denies Inquiry 'Cleared' Morgan // *New York Times*. — 1936. — February 10.
108. Gallup George. 82 % Majority Votes to End Profit of War // *Washington Post*. — 1936. — March 8.
109. Munitions Report May Challenge Arms Industry // Atlanta Constitution. — 1936. — March 8.
110. On Nationalizing Munitions // *Washington Post*. — 1936. — March 9.
111. Cole Wayne. Senator Gerald P. Nye and American Foreign Policy. — Minneapolis: University of Minnesota Press, 1962. — P. 91–92.
112. Nye Group Urges U.S. Set Up Its Own Gun Plants // Chicago Tribune. — 1936. — April 21.
113. Wallace Max. The American Axis: Henry Ford, Charles Lindbergh, and the Rise of the Third Reich. — New York: St. Martin's Press, 2003. — P. 226.
114. Tedlow Richard S. The Watson Dynasty: The Fiery Reign and Troubled Legacy of IBM's Founding Father and Son. — New York: HarperCollins, 2003. — P. 129.
115. British, Nazi Trade Groups Reach Accord // Chicago Tribune. — 1939. — March 17.
116. Kreps Theodore J. Cartels, a Phase of Business Haute Politique // American Economic Review. — 1945. — № 35. — P. 297.
117. Maney Kevin. The Maverick and His Machine: Thomas Watson Sr. and the Making of IBM. — NY: John Wiley & Sons, 2003. — P. 206.
118. Ford Says It's All a Bluff // *New York Times*. — 1939. — August 29; Wallace Max. The American Axis: Henry Ford, Charles Lindbergh, and the Rise of the Third Reich. — NY: St. Martin's Press, 2003. — P. 219.
119. Пресс-секретарь *GM* Джон Мюллер заявил, что в сентябре 1939 года компания утратила ежедневный контроль над своими операциями в Германии; об этом см.: Dobbs, Michael. Ford and GM Scrutinized for Alleged Nazi Collaboration // *Washington Post*. — 1998. — November 30; Wallace, Max. The American Axis: Henry Ford, Charles Lindbergh, and the Rise of the Third Reich. — NY: St. Martin's Press, 2003. — P. 332; Bradford Snell, "American Ground Transport", U.S. Senate, Committee on the Judiciary, February 26, 1974, 17–18.
120. Snell, "American Ground Transport", 16.
121. Black Edwin. Nazi Nexus: America's Corporate Connections to Hitler's Holocaust. — Washington, DC: Dialog Press, 2009. — P. 9.
122. Black Edwin. Op. cit. — P. 10.; Dobbs Michael. Ford and GM Scrutinized for Alleged Nazi Collaboration // *Washington Post*. — 1998. — November 30.

123. Lombardo Paul A. A Century of Eugenics in America. — Bloomington: Indiana University Press, 2011. — P. 100; Proctor Robert N. Racial Hygiene: Medicine Under the Nazis. — Cambridge, MA: Harvard University Press, 1988.
124. Black Edwin. Op. cit. — P. 34–35.
125. Kevles Daniel J. In the Name of Eugenics: Genetics and the Uses of Human Heredity. — NY: Alfred A. Knopf, 1985. — P. 111; Edwin Black. Op. cit. — P. 25.
126. Kevles Daniel J. Op. cit. — P. 116.
127. Aris Ben, Campbell Duncan. How Bush's Grandfather Helped Hitler's Rise to Power // Guardian. — 2004. — September 25; Wallace Max. Op. cit. — P. 349.
128. Edwin Black. Nazi Nexus: America's Corporate Connections to Hitler's Holocaust. — Washington, DC: Dialog Press, 2009. — P. 119; Snell, "American Ground Transport", 22.
129. *Research Findings About Ford-Werke Under the Nazi Regime* (Dearborn, MI: Ford Motor Company, 2001), i, 121–122, http://media.ford.com/events/pdf/0_Research_Finding_Complete.pdf.
130. Jason Weixelbaum, "The Contradiction of Neutrality and International Finance: The Presidency of Thomas H. McKittrick at the Bank for International Settlements in Basle, Switzerland 1940–1946", http://jasonweixelbaum.wordpress.com/#_ftn85.
131. Dobbs Michael. Ford and GM Scrutinized. Op. cit.
132. Johnson Robert David. The Peace Progressives and American Foreign Relations. — Cambridge, MA: Harvard University Press, 1995. — P. 292.
133. Herring George C. From Colony to Superpower: U.S. Foreign Relations Since 1776. — NY: Oxford University Press, 2008. — P. 503–504.
134. Kennedy David M. Freedom from Fear: The American People in Depression and War, 1929–1945. — NY: Oxford University Press, 1999. — P. 395–396.
135. Shirer William L. The Rise and Fall of the Third Reich: A History of Nazi Germany. — NY: Simon & Schuster, 1960. — P. 293.
136. Tierney Dominic. FDR and the Spanish Civil War: Neutrality and Commitment in the Struggle that Divided America. — Durham, NC: Duke University Press, 2007. — P. 68–69.
137. Kennedy David M. Freedom from Fear: The American People in Depression and War, 1929–1945. — NY: Oxford University Press, 1999. — P. 398–400.

Глава 3. Вторая мировая война: кто на самом деле победил Германию?

1. The Debate in Commons // *New York Times*. — 1938. — October 4.
2. Reynolds David. From Munich to Pearl Harbor: Roosevelt's America and the Origins of the Second World War. — NY: Ivan R. Dee, 2001. — P. 42–49.

3. United States Holocaust Memorial Museum, http://www.ushmm.org/wlc/en/article.php? ModuleId=10007411.
4. Kluckhohn Frank L. Line of 4,500 Miles // *New York Times*. — 1940. — September 4.
5. Kennedy David M. Freedom from Fear: The American People in Depression and War, 1929–1945. — NY: Oxford University Press, 1999. — P. 456.
6. Culver John C., Hyde John. American Dreamer: The Life and Times of Henry A. Wallace. — NY: W.W. Norton, 2000. — P. 123–125.
7. Schlesinger Arthur, Jr. Who Was Henry A. Wallace? The Story of a Perplexing and Indomitably Naïve Public Servant // Los Angeles Times. — 2000. — March 12.
8. Kuznick Peter J. Beyond the Laboratory: Scientists as Political Activists in 1930s America. — Chicago: University of Chicago Press, 1987. — P. 184–186, 205–206.
9. Rosenman Samuel I. Working with Roosevelt. — NY: Harper & Brothers, 1952. — P. 218.
10. Culver John C., Hyde John. American Dreamer: The Life and Times of Henry A. Wallace. — NY: W.W. Norton, 2000. — P. 222–223.
11. Hurd Charles. President Moves // *New York Times*. — 1940. — March 31.
12. Bookman George. President Says Program Would Eliminate 'Silly Foolish Dollar Sign' // *Washington Post*. — 1940. — December 18.
13. Mrs. Roosevelt Rebukes Congressmen of G.O.P. // Los Angeles Times. — 1941. — January 8.
14. Hoover Scores Surrender of Congress // *Washington Post*. — 1941. — January 11.
15. Wheeler Sees War in Bill // Los Angeles Times. — 1941. — January 13.
16. Wheeler Sees War in Bill // Los Angeles Times. — 1941. — January 13.
17. Albright Robert C. President Calls Senator's 'Plow Under... Youth' Remark 'Rotten' // *Washington Post*. — 1941. — January 15.
18. Wheeler Asserts Bill Means War // *New York Times*. — 1941. — January 13.
19. Herring George C. Aid to Russia 1941–1946: Strategy, Diplomacy, the Origins of the Cold War. — NY: Columbia University Press, 1973. — P. 5.
20. Kennedy David M. Freedom from Fear: The American People in Depression and War, 1929–1945. — NY: Oxford University Press, 1999. — P. 475.
21. Basic Fear of War Found in Surveys // *New York Times*. — 1939. — October 22.
22. Дэвид Кеннеди поднял эту цифру до 3,6 миллиона; об этом см.: Kennedy David M. Freedom from Fear: The American People in Depression and War, 1929–1945. — NY: Oxford University Press, 1999. — P. 482.
23. Text of Pledge by Churchill to Give Russia Aid // Chicago Tribune. — 1941. — June 23.
24. Catledge Turner. Our Policy Stated // *New York Times*. — 1941. — June 24.
25. Herring George C. Aid to Russia 1941–1946: Strategy, Diplomacy, the Origins of the Cold War. — NY: Columbia University Press, 1973. — P. 12.
26. Our Alliance with Barbarism // Chicago Tribune. — 1941. — September 2, 1941. — P. 14.

27. Krock Arthur. US Aid to Soviet Is Found Lagging // *New York Times.* — 1941. — December 3.
28. Beard Charles A. President Roosevelt and the Coming of the War. — Hamden, CT: Archon Books, 1968. — P. 139.
29. Beard Charles A. President Roosevelt and the Coming of the War. — Hamden, CT: Archon Books, 1968. — P. 141–142.
30. LaFeber Walter. The American Age: United States Foreign Policy at Home and Abroad Since 1750. — NY: W. W. Norton, 1989. — P. 381–382.
31. Doenecke Justus D. and Wilz John E. From Isolation to War, 1931–1941. — Arlington Heights, IL: Harlan Davidson, 1991. — P. 159–161, 168–176.
32. Spector Ronald H. In the Ruins of Empire: The Japanese Surrender and the Battle for Postwar Asia. — NY: Random House, 2007. — P. 95.
33. Luce Henry R. The American Century // *Life.* — 1941. — February. — P. 61–65.
34. LaFeber Walter. The American Age: United States Foreign Policy at Home and Abroad Since 1750. — NY: W. W. Norton, 1989. — P. 380.
35. Wallace Henry A. The Price of Vision: The Diary of Henry A. Wallace 1942–1946 / Ed. John Morton Blum. — NY: Houghton Mifflin, 1973. — P. 635–640.
36. Herring George C. Aid to Russia 1941–1946: Strategy, Diplomacy, the Origins of the Cold War. — NY: Columbia University Press, 1973. — P. 56, 58.
37. Feis Herbert. Churchill, Roosevelt, Stalin: The War They Waged and the Peace They Sought. — Princeton, NJ: Princeton University Press, 1957. — 42.
38. Gardner Lloyd C., LaFeber Walter F., McCormick Thomas J. Creation of the American Empire. Vol. 2: U. S. Diplomatic History Since 1893. — Chicago: Rand McNally, 1976. — P. 425.
39. Gaddis John Lewis. Russia, The Soviet Union, and the United States. — NY: McGraw-Hill, 1990. — P. 149.
40. Kennedy David M. Freedom from Fear: The American People in Depression and War, 1929–1945. — NY: Oxford University Press, 1999. — P. 573.
41. Winkler Allan M., Franklin D. Roosevelt and the Making of Modern America. — NY: Longman, 2006. — P. 235.
42. Kennedy David M. Freedom from Fear: The American People in Depression and War, 1929–1945. — NY: Oxford University Press, 1999. — P. 574.
43. Folliard Edward T. Molotov's Visit to White House, Postwar Amity Pledge Revealed // *Washington Post.* — 1942. — June 12.
44. US Pledges Europe Attack // Los Angeles Times. — 1942. — June 12.
45. Kennedy David M. Freedom from Fear: The American People in Depression and War, 1929–1945. — NY: Oxford University Press, 1999. — P. 575–576.
46. Sullivan Mark. A Military Question // *Washington Post.* — 1942. — August 5.
47. Mark Sullivan. Mark Sullivan // *Washington Post.* — 1942. — July 12.

48. Gaddis John Lewis. The United States and the Origins of the Cold War, 1941–1947. — NY: Columbia University Press, 1972. — P. 69.
49. Herring George C. From Colony to Superpower: U.S. Foreign Relations Since 1776. — NY: Oxford University Press, 2008. — P. 547.
50. Stoler Mark A. The Politics of the Second Front: American Military Planning and Diplomacy in Coalition Warfare, 1941–1943. — Westport, CT: Greenwood Press, 1977. — P. 55–58, 110.
51. Kennedy David M. Freedom from Fear: The American People in Depression and War, 1929–1945. — NY: Oxford University Press, 1999. — P. 579.
52. Hull Lauds Soviet Stand // *New York Times*. — 1941. — December 12.
53. Parker Ralph. Russian War Zeal Lightens Big Task // *New York Times*. — 1942. — April 4.
54. Prescott Orville. Books of the Times // *New York Times*. — 1942. — June 22.
55. Nover Barnett. Twelve Months // *Washington Post*. — 1942. — June 22.
56. Joseph Robert. Filmland Salutes New Tovarichi // *New York Times*. — 1942. — July 5.
57. Stowe Leland. Second Front Held Vital // Los Angeles Times. — 1942. — July 7.
58. Stowe Leland. Second Front Decision Held Imperative Now: All Signs Point to Powerful Resistance in West if Allies Wait Until Spring // Los Angeles Times. — 1942. — August 25.
59. Gallup George. Allied Invasion of Europe Is Urged // *New York Times*. — 1942. — July 17.
60. Austin June. Letter to the Editor // *Washington Post*. — 1942. — July 10.
61. C.I.O. Leaders Ask President to Open Second Front at Once // Los Angeles Times. — 1942. — July 18.
62. C.I.O. Rally to Ask 2d Front // *New York Times*. — 1942. — July 13.
63. Moscow's Newspapers Highlight Second Front // Atlanta Constitution. — 1942. — August 2; Sees Stand Vindicated // *New York Times*. — 1942. — June 13.
64. 500 Writers Ask 2d Front // *New York Times*. — 1942. — September 15.
65. 2d Front Demand Made at Red Rally // *New York Times*. — 1942. — September 25.
66. 43 May Be Too Late for 2nd Front — Wilkie // Chicago Tribune. — 1942. — September 27.
67. Taylor A.J.P. The Second World War: An Illustrated History. — NY: G.P. Putnam's Sons, 1975. — P. 168.
68. Leffler Melvyn P. For the Soul of Mankind: The United States, the Soviet Union and the Cold War. NY: Hill and Wang, 2007. — P. 26.
69. My Dear Mr. Stalin: The Complete Correspondence of Franklin D. Roosevelt and Joseph V. Stalin / Ed. Susan Butler. — New Haven, CT: Yale University Press, 2005. — P. 63.
70. Perkins Frances. The Roosevelt I Knew. — NY: Harper & Row, 1946. — P. 83–85.

71. Gardner Lloyd C. A Covenant with Power: America and World Order from Wilson to Reagan. — NY: Oxford University Press, 1984. — P. 63.
72. Churchill Winston. Triumph and Tragedy: The Second World War, vol. vi. — Boston: Houghton Mifflin Company, 1953. — P. 214–215; Gaddis John Lewis. Russia, The Soviet Union, and the United States. — NY: McGraw-Hill, 1990. — P. 154.
73. Mason Edward S., Asher Robert E. The World Bank Since Bretton Woods: The Origins, Policies, Operations, and Impact of the International Bank for Reconstruction. — Washington, DC: Brookings Institution, 1973. — P. 29.
74. Borgwardt Elizabeth. A New Deal for the World: America's Vision for Human Rights. — Cambridge, MA: Belknap Press, 2005. — P. 252.
75. Kimball Warren F. Forged in War: Roosevelt, Churchill, and the Second World War. — NY: William Morrow, 1997. — P. 140.
76. Roosevelt Elliott. As He Saw It. — NY: Duell, Sloan and Pearce, 1946. — P. 37.
77. Kimball Warren F. The Juggler: Franklin Roosevelt as Wartime Statesman. — Princeton, NJ: Princeton University Press, 1991. — 144.
78. Gardner Lloyd C. Approaching Vietnam: From World War II through Dienbienphu. — NY: W. W. Norton, 1988. — P. 25.
79. Kimball Warren F. The Juggler: Franklin Roosevelt as Wartime Statesman. — Princeton, NJ: Princeton University Press, 1991. — P. 149, 154.
80. Vogel Stephen F. The Pentagon: A History: The Untold Story of the Wartime Race to Build the Pentagon — and to Restore It Sixty Years Later. — NY: Random House, 2007. — P. 42.
81. *New York Times* описывала здание как «огромный бетонный пончик». *Newsweek* критиковал его внешний вид, называя здание «похожим на тюрьму». Много лет спустя Норман Мейлер говорил, что «бледно-желтые стены» Пентагона, названного им «главным храмом военно-промышленного комплекса», напоминали «пластиковую пробку на теле Земли, пережившей немыслимую операцию»; об этом см.: Mammoth Cave, Washington, DC // *New York Times*. — 1943. — June 27; Vogel Stephen F. The Pentagon: A History: The Untold Story of the Wartime Race to Build the Pentagon — and to Restore It Sixty Years Later. — NY: Random House, 2007. — P. 306; Mailer Norman. The Armies of the Night: History as a Novel, the Novel as History. — NY: Signet, 1968. — P. 116, 132.
82. Churchill Winston. Triumph and Tragedy: The Second World War, vol. vi. — Boston: Houghton Mifflin Company, 1953. — P. 227–228; Johnson Paul. Modern Times: The World from the Twenties to the Nineties. — NY: Perennial, 2001. — P. 434.
83. LaFeber Walter. The American Age: United States Foreign Policy at Home and Abroad Since 1750. — P. 413.
84. Jones Howard. Crucible of Power: A History of American Foreign Relations from 1897. — Lanham, MD: Rowman & Littlefield, 2008. — P. 219.

85. Churchill Winston. Triumph and Tragedy: The Second World War, vol. vi. — Boston: Houghton Mifflin Company, 1953. — P. 338.
86. Gaddis John Lewis. The United States and the Origins of the Cold War, 1941–1947. — NY: Columbia University Press, 1972. — P. 163.
87. Brands H.W. The Devil We Knew: Americans and the Cold War. — NY: Oxford University Press, 1993. — P. 6.
88. Thompson Kenneth W. Cold War Theories: World Polarization, 1943–1953. — Baton Rouge: Louisiana State University Press, 1981. — P. 103.
89. Report of President Roosevelt in Person to the Congress on the Crimea Conference // New York Times. — 1945. — March 2.
90. Sherwood Robert E. Roosevelt and Hopkins: An Intimate History. — NY: Harper & Brothers, 1950. — P. 870.
91. Hasegawa Tsuyoshi. Racing the Enemy: Stalin, Truman, and the Surrender of Japan. — Cambridge, MA: Harvard University Press, 2005. — P. 43.
92. Leuchtenberg William E. In the Shadow of FDR: From Harry Truman to George W. Bush. — Ithaca, NY: Cornell University Press, 1983. — P. 1.
93. Truman Harry S. Memoirs by Harry S. Truman: 1945: Year of Decisions. — NY: New American Library, 1955. — P. 31.
94. Gardner Lloyd C. Architects of Illusion: Men and Ideas in American Foreign Policy, 1941–1949. — NY: Quadrangle Books, 1970. — P. 56.
95. The Forrestal Diaries / Ed. Walter Millis. — NY: The Viking Press, 1951. — P. 36–37.
96. LaFeber Walter. The American Age: United States Foreign Policy at Home and Abroad Since 1750. — P. 417–418.
97. Truman Harry S. Memoirs by Harry S. Truman: 1945: Year of Decisions. — NY: New American Library, 1955. — P. 25–26.
98. Watt Donald C. Succeeding John Bull: America in Britain's Place, 1900–1975. — NY: Cambridge University Press, 1984. — P. 105.
99. Off the Record: The Private Papers of Harry S. Truman / Ed. Robert H. Ferrell. — Columbia: University of Missouri Press, 1980. — P. 17.
100. Truman Harry S. Memoirs by Harry S. Truman: 1945: Year of Decisions. — NY: New American Library, 1955. — P. 21, 104.
101. Alperovitz Gar. The Decision to Use the Atomic Bomb and the Architecture of an American Myth. — NY: Alfred A. Knopf, 1995. — P. 197.
102. Hasegawa Tsuyoshi. Racing the Enemy: Stalin, Truman, and the Surrender of Japan. — Cambridge, MA: Harvard University Press, 2005. — P. 57.
103. Truman Harry S. Memoirs by Harry S. Truman: 1945: Year of Decisions. — NY: New American Library, 1955. — P. 58–59.
104. Truman Harry S. Memoirs by Harry S. Truman: 1945: Year of Decisions. — NY: New American Library, 1955. — P. 95.

105. Memorandum by Mr. Charles E. Bohlen, Assistant to the Secretary of State, of a Meeting at the White House, April 23, 1945 // *Foreign Relations of the United States, 1945*. Vol. 5. — Washington, DC: U.S. Government Printing Office, 1967. — P. 253.
106. Truman Harry S. Memoirs by Harry S. Truman: 1945: Year of Decisions. — NY: New American Library, 1955. — P. 87.
107. WPB Aide Urges U.S. to Keep War Set-up // *New York Times*. — 1944. — January 20.
108. Ferrell Robert H. Harry S. Truman: A Life. — Columbia: University of Missouri Press, 1994. — P. 200.
109. Truman Harry S. Memoirs by Harry S. Truman: 1945: Year of Decisions. — NY: New American Library, 1955. — P. 99.
110. Offner Arnold A. Another Such Victory: President Truman and the Cold War, 1945–1953. — Stanford, CA: Stanford University Press, 2002. — P. 33.
111. Gaddis John Lewis. The United States and the Origins of the Cold War, 1941–1947. — NY: Columbia University Press, 1972. — P. 205.
112. Truman Harry S. Memoirs by Harry S. Truman: 1945: Year of Decisions. — NY: New American Library, 1955. — P. 102–103.
113. Gaddis John Lewis. Russia, The Soviet Union, and the United States. — NY: McGraw-Hill, 1990. — P. 157.
114. Gaddis John Lewis. The United States and the Origins of the Cold War, 1941–1947. — NY: Columbia University Press, 1972. — P. 227.
115. Sherwin Martin J. A World Destroyed: Hiroshima and the Origins of the Arms Race. — NY: Vintage, 1987. — P. 172–174, 180–183; Kimball MacLean Elizabeth. Joseph E. Davies: Envoy to the Soviets. — NY: Praeger, 1992. — P. 136–140; Isaacson Walter, Thomas Evan. The Wise Men: Six Friends and the World They Made: Acheson, Bohlen, Harriman, Kennan, Lovett, McCloy. — NY: Simon & Schuster, 1986. — P. 279.
116. Durable World Peace Fervent Aim of Stalin // Atlanta Constitution. — 1945. — June 22; Russia Seen Eager for Lasting Peace // *New York Times*. — 1945. — June 22.
117. Whitehead Don, Romeiser John Beals. Beachhead Don: Reporting the War from the European Theater, 1942–1945. — NY: Fordham University Press, 2004. — P. 355–356.
118. Harold Denny. First Link Made Wednesday by Four Americans on Patrol // *New York Times*. — 1945. — April 28.
119. Leffler Melvyn P. For the Soul of Mankind: The United States, the Soviet Union and the Cold War. — NY: Hill and Wang, 2007. — P. 34.
120. Sulzberger C.L. What the Russians Want — and Why // *New York Times*. — 1945. — June 10.
121. Russia's Children / Editorial // *Washington Post*. — 1945. — January 1.
122. First Lady Gathers Books for Russians // *New York Times*. — 1945. — July 1.

123. 'I Am an American' Is Powerful Password in Poland or Russia // *Washington Post.* — 1945. — March 4.
124. Gallup George. New Confidence in Russian Aims Shown in Poll // Los Angeles Times. — 1945. — March 11.
125. Leffler Melvyn P. Inside Enemy Archives: The Cold War Reopened // Foreign Affairs. — № 75. — 1996. — P. 123.
126. Werth Alexander. Russia at War. — NY: Dutton, 1964. — P. 768.
127. Kondoyanidi Anita. The Liberating Experience: War Correspondents, Red Army Soldiers, and the Nazi Extermination Camps // Russian Review. — № 69. — 2010. — P. 438.
128. Leffler Melvyn P. For the Soul of Mankind: The United States, the Soviet Union and the Cold War. NY: Hill and Wang, 2007. — P. 29.
129. Offner Arnold A. Another Such Victory: President Truman and the Cold War, 1945–1953. — Stanford, CA: Stanford University Press, 2002. — P. 54.
130. America and Russia // Life. — 1945. — July 30. — P. 20.
131. Gardner Lloyd C. Architects of Illusion: Men and Ideas in American Foreign Policy, 1941–1949. — NY: Quadrangle Books, 1970. — P. 58.

Глава 4. Бомба: Трагедия маленького человека

1. Fussell Paul. Thank God for the Atom Bomb: Hiroshima: A Soldier's View // New Republic. — 1981. — August 26 and 29. — P. 28–30.
2. Sherwood Robert E. Roosevelt and Hopkins: An Intimate History. — NY: Harper & Brothers, 1950. — P. 605.
3. Roger M. Macklis. The Great Radium Scandal // Scientific American. — № 269. — 1993. — P. 94–99; Weart Spencer R. Nuclear Fear: A History of Images. — Cambridge, MA: Harvard University Press, 1988. — P. 50–52.
4. Wells H. G. The World Set Free. — NY: E.P. Dutton, 1914. — P. 152.
5. Bernstein Barton J. Introduction // Toward a Livable World: Leo Szilard and the Crusade for Nuclear Arms Control / Ed. Helen S. Hawkins, G. Allen Greb, and Gertrud Weiss Szilard. — Cambridge, MA: MIT Press, 1987. — P. xxvi.
6. Winkler Allan M. Life Under a Cloud: American Anxiety About the Atom. — NY: Oxford University Press, 1993. — P. 36.
7. Compton Arthur Holly. Atomic Quest: A Personal Narrative. — NY: Oxford University Press, 1956. — P. 49.
8. Bernstein Jeremy. Hans Bethe, Prophet of Energy. — NY: Basic Books, 1980. — P. 73.
9. Davis Nuel P. Lawrence and Oppenheimer. — NY: Da Capo Press, 1986. — P. 130.

10. Compton. Atomic Quest: A Personal Narrative. Op. cit. — P. 128.
11. Lanouette William, Silard Bela. Genius in the Shadows: A Biography of Leo Szilard, the Man Behind the Bomb. — C: University of Chicago Press, 1992. — P. 245.
12. Bird Kai, Sherwin Martin J. American Prometheus: The Triumph and Tragedy of J. Robert Oppenheimer. NY: Vintage Books, 2005. — P. 185.
13. Sherry Michael S. The Rise of American Air Power: The Creation of Armageddon. — New Haven, CT: Yale University Press, 1987. — P. 172, 236.
14. Wallace Henry A. The Price of Free World Victory // Wallace Henry A. The Price of Vision: The Diary of Henry A. Wallace, 1942–1946 / Ed. John Morton Blum. — Boston: Houghton Mifflin, 1973. — P. 636.
15. Brown Anthony Cave. "C": The Secret Life of Sir Stewart Graham Menzies. — NY: Macmillan, 1987. — P. 481–484; Wallace H.A. Op. cit. — P. 385. В октябре 1945 года Уоллес так писал в своем дневнике о Дале: «Он хороший парень, который мне очень симпатичен как человек, но он, вне всяких сомнений, действует с позиции британской политики, а задачей британской политики, вне всяких сомнений, является посеять максимальное недоверие между Соединенными Штатами и Россией, подготовив таким образом почву для третьей мировой войны; см.: Wallace H.A. Op. cit. — P. 492–493.
16. Culver John C., Hyde John. American Dreamer: The Life and Times of Henry A. Wallace. — NY: W.W. Norton, 2000. — P. 298–300; Costa Ricans Mass to Cheer Wallace // *New York Times*. — 1943. — March 19; Wallace Sees Evil If Few Hold Riches // *New York Times*. — 1943. — April 20.
17. Gallup George. The Gallup Poll // *Washington Post*. — 1943. — March 19.
18. Edwin W. Pauley, "Why Truman Is President", as told to Richard English. Копия в: Harry S. Truman Library, Papers of Harry S. Truman, White House Central Files, Confidential Files. Называя это «заговором Поли», он отмечал: «Это был настоящий заговор, и я горжусь, что был его организатором».
19. Steve Kettmann, "Politics 2000", www.salon.com/politics2000/feature/2000/03/20/rice.
20. Lifton Robert J., Mitchell Greg. Hiroshima in America: A Half Century of Denial. — NY: Avon Books, 1995. — P. 196–197.
21. Truman Harry S. Dear Bess: The Letters from Harry to Bess Truman, 1910–1959 / Ed. Robert H. Ferrell. — Columbia: University of Missouri Press, 1998. — P. 80, 83; Takaki Ronald. Hiroshima: Why America Dropped the Atomic Bomb. — B: Little, Brown, 1995. — P. 109–111; Merle Miller, *Plain Speaking: An Oral Biography of Harry S. Truman,* 34–35, 51. Один из соседских мальчишек, Мортон Чайлз, вспоминал, что они «называли Гарри слабаком. Он носил очки и не играл с нами. Он ходил с книгами, а мы — с бейсбольными битами. Поэтому мы

называли его слабаком». Когда много лет спустя молодой журналист спросил его, «был ли он популярен в детстве», Трумэн честно ответил: «Что вы, я никогда не был популярен. Популярные мальчишки всегда хороши в играх, и у них крепкие кулаки. Я никогда не был таким. Без очков я был слепым, как летучая мышь, и, если быть честным, я действительно был слабаком. Если пахло дракой, я всегда убегал».

22. Offner Arnold A. Another Such Victory: President Truman and the Cold War, 1945–1953. — Stanford, CA: Stanford University Press, 2002. — P. 8.
23. Offner Arnold A. Another Such Victory: President Truman and the Cold War, 1945–1953. — Stanford, CA: Stanford University Press, 2002. — P. 9.
24. Sears Henning Arthur. How Boss Rule and Roosevelt Named Truman // Chicago Tribune. — 1944. — July 25.
25. Culver John C., Hyde John. American Dreamer: The Life and Times of Henry A. Wallace. — NY: W. W. Norton, 2000. — P. 364.
26. Truman Harry S. Memoirs of Harry S. Truman, vol. 1. — NY: Signet / New American Library, 1955. — P. 21.
27. Stimson Henry L., Bundy McGeorge. On Active Service in Peace and War. — NY: Harper & Brothers, 1948. — P. 635–636.
28. Truman Harry S. Why I Dropped the Bomb // Parade. — 1988. — December 4. Предоставивший мне эту статью Барт Бернштейн отмечал, что текст мог претерпеть изменения из-за редактирования его Маргарет Трумэн.
29. Bernstein Barton J. A Postwar Myth: 500,000 U.S. Lives Saved // Bulletin of the Atomic Scientists. — 1986. — June–July. P. 38; Kennedy David M. Freedom from Fear: The American People in Depression and War, 1929–1945. — NY: Oxford University Press, 1999. — P. 834.
30. Stimson Henry L. The Decision to Use the Atomic Bomb // Harper's Magazine. № 2. — 1947. — P. 97–107.
31. Hasegawa Tsuyoshi. Racing the Enemy: Stalin, Truman, and Japan's Surrender in the Pacific War. — Cambridge, MA: Harvard University Press, 2005. — P. 37.
32. Alperovitz Gar. The Decision to Use the Atomic Bomb and the Architecture of an American Myth. — NY: Vintage Books, 1996. — P. 328.
33. Frank Richard B. Downfall: The End of the Imperial Japanese Empire. — NY: Penguin, 1999. — P. 354.
34. Roosevelt in North Africa: The President Interrupts Historical Conference of Anglo-American High Command to Review U. S. Troops // Life. — 1943. — February 8.
35. Sherwood Robert E. Roosevelt and Hopkins: An Intimate History. — NY: Harper & Brothers, 1950. — P. 696.
36. Dower John W. Embracing Defeat: Japan in the Wake of World War II. — NY: W. W. Norton, 1999. — P. 282–283.

37. Hasegawa Tsuyoshi. Racing the Enemy: Stalin, Truman, and Japan's Surrender in the Pacific War. — Cambridge, MA: Harvard University Press, 2005. — P. 52–53.
38. The Entry of the Soviet Union into the War Against Japan / U.S. Department of Defense. — Washington, DC: U.S. Government Printing Office, 1955. — P. 84.
39. Dower John W. Cultures of War: Pearl Harbor/Hiroshima/9–11/Iraq. — NY: W.W. Norton, 2010. — P. 227.
40. Magic Diplomatic Summary SRS-1727, July 13, 1945, Records of the National Security Agency, Magic Files, Box 18, RG 457, National Archives.
41. Bernstein Barton J. The Perils and Politics of Surrender: Ending the War with Japan and Avoiding the Third Atomic Bomb // Pacific Historical Review. — № 1. — 1977. — P. 5.
42. Senator Urges Terms to Japs Be Explained // *Washington Post*. — 1945. — July 3.
43. Fatal Phrase // *Washington Post*. — 1945. — June 11.
44. Alperovitz Gar. The Decision to Use the Atomic Bomb and the Architecture of an American Myth. — NY: Vintage Books, 1996. — P. 20.
45. Hasegawa Tsuyoshi. Racing the Enemy: Stalin, Truman, and Japan's Surrender in the Pacific War. — Cambridge, MA: Harvard University Press, 2005. — P. 72–73.
46. Combined Chiefs of Staff, 643/3, "Estimate of the Enemy Situation (as of 6 July)" July 8, 1945, RG 218, Central Decimal Files, 1943–1945, CCS 381 (6/4/45), sec. 2, pt. 5.
47. Nevins Allan. How We Felt About the War // While You Were Gone: A Report on Wartime Life in the United States / Ed. Jack Goodman. — NY: Simon & Schuster, 1946. — P. 13.
48. Abbott Rose Lisle. Dubious Victory: The United States and the End of World War II. — Kent, Ohio: Kent State University Press, 1973. — P. 58.
49. Dower John W. War Without Mercy: Race and Power in the Pacific War. — NY: Pantheon, 1986. — P. 54, 78, 79, 85; World Battlefronts, THE ENEMY: Perhaps He Is Human // Time. — 1943. — July 5, 29.
50. Dower John W. War Without Mercy: Race and Power in the Pacific War. — NY: Pantheon, 1986. — P. 51–52.
51. Truman H. Dear Bess. — P. 39.
52. Kuznick Peter. We Can Learn a Lot from Truman the Bigot // Los Angeles Times. — 2003. — July 18; Miller, 183.
53. Jones Edgar. One War's Enough // Atlantic Monthly. — № 2. — 1946. — P. 49.
54. Robinson Greg. By Order of the President: FDR and the Internment of Japanese Americans. — Cambridge, MA: Harvard University Press, 2001. — P. 89–90; Morton Blum John. V Was for Victory: Politics and American Culture During World War II. — NY: Houghton Mifflin Harcourt, 1976. — P. 158.
55. Baker Lillian. The Concentration Camp Conspiracies, A Second Pearl Harbor. — Lawndale, CA: AFHA Publications, 1981. — P. 156.

56. Scheiber Harry N. Earl Warren and the Warren Court: The Legacy in American and Foreign Law. — NY: Lexington Books, 2007. — P. 41; Daniels Roger, Taylor Sandra C., Kitano Harry H.L., Arrington Leonard J. Japanese Americans, from Relocation to Redress. — Seattle: University of Washington Press, 1991. — P. 242; Bay City Warned Raid Peril Real // Los Angeles Times. — 1941. — December 10; Davies Lawrence E. Carrier Is Hunted off San Francisco // *New York Times*. — 1941. — December 10.
57. Kennedy David M. Freedom from Fear: The American People in Depression and War, 1929–1945. — NY: Oxford University Press, 1999. — P. 749–751.
58. Asahina Robert. Just Americans: How Japanese Americans Won a War at Home and Abroad. — NY: Gotham, 2006. — P. 20.
59. Epilogue to a Sorry Drama // Life. — 1967. — April 28. — P. 6; Kennedy David M. Freedom from Fear: The American People in Depression and War, 1929–1945. — NY: Oxford University Press, 1999. — P. 753.
60. Howard John. Concentration Camps on the Home Front: Japanese Americans in the House of Jim Crow. — C.: University of Chicago Press, 2008). — P. 120; Dower John W. War Without Mercy: Race and Power in the Pacific War. — NY: Pantheon, 1986. — P. 82.
61. Kennedy David M. Freedom from Fear: The American People in Depression and War, 1929–1945. — NY: Oxford University Press, 1999. — P. 751.
62. Yamaoka Eddie. Sport Tidbits // Heart Mountain Sentinel. — 1945. — July 7.
63. Smith Susan Lynn. Women Health Workers and the Color Line in the Japanese American 'Relocation Centers' of World War II // Bulletin of the History of Medicine. — № 73. — P. 585–586.
64. Gordon Linda, Okihiro Gary Y. Impounded: Dorothea Lange and the Censored Images of Japanese American Internment. — NY: W. W. Norton, 2008. — P. 19–20.
65. Asahina Robert. Just Americans: How Japanese Americans Won a War at Home and Abroad. — NY: Gotham, 2006. — P. 43, 161–193.
66. A Jap's a Jap // *Washington Post*. — 1943. — April 15.
67. Morton Blum John. V Was for Victory: Politics and American Culture During World War II. — NY: Houghton Mifflin Harcourt, 1976. — P. 163, 166; McClain Charles. The Mass Internment of Japanese Americans and the Quest for Legal Redress. — New York: Taylor & Francis, 1994. — P. 189.
68. *Hirabayashi v. United States*, 320 U. S. 81, 1943, http://supreme.justia.com/us/320/81/case.html.
69. J. Burton, M. Farrell, F. Lord, and R. Lord, "Closing the Relocation Centers", www.nps.gov/history/history/online_books/anthropology74/ce3o.htm.
70. Nishiura Weglyn Michi. Years of Infamy: The Untold Story of America's Concentration Camps. — Seattle: University of Washington Press, 1996. — P. 268, 281–282.

71. Dower John W. War Without Mercy: Race and Power in the Pacific War. — NY: Pantheon, 1986. — P. 39.
72. Mitchell Greg. On the Death of 'Hiroshima Bomb' Pilot Paul Tibbets // Editor and Publisher. — № 11. — 2007, http://editorandpublisher.com/Article/UPDATE-Onthe-Death-of-Hiroshima-Bomb-Pilot-Paul-Tibbets. Для более полного ознакомления с дискуссией вокруг личности Тиббетса читайте статью Питера Джея Кузника «Defending the Indefensible: A Meditation on the Life of Hiroshima Pilot Paul Tibbets, Jr.» (*The Asia Pacific Journal: Japan Focus,* January 22, 2008, http://japanfocus.org/-Peter_ J_-Kuznick/2642).
73. Tanaka Yuki, Young Marilyn B. Bombing Civilians: A Twentieth-Century History. — NY: New Press, 2009. — P. 5, 84–85, 117.
74. Lifton Robert J., Mitchell Greg. Hiroshima in America: A Half Century of Denial. — NY: Avon Books, 1995. — P. 133; Sherry Michael S. The Rise of American Air Power: The Creation of Armageddon. — New Haven, CT: Yale University Press, 1987. — P. 295.
75. McNamara Robert S. We Need International Rules for War // The Gazette (Montreal, Quebec). — 2003. — August 9.
76. Bird Kai, Sherwin Martin J. American Prometheus: The Triumph and Tragedy of J. Robert Oppenheimer. NY: Vintage Books, 2005. — P. 291.
77. Alperovitz Gar. The Decision to Use the Atomic Bomb and the Architecture of an American Myth. — NY: Vintage Books, 1996. — P. 352.
78. Schaffer Ronald. Wings of Judgment: American Bombing in World War II. — New York: Oxford University Press, 1985. — P. 154.
79. Sherwin Martin J. A World Destroyed: Hiroshima and the Origins of the Arms Race. — NY: Vintage, 1987. — P. 298.
80. Alperovitz Gar. The Decision to Use the Atomic Bomb and the Architecture of an American Myth. — NY: Vintage Books, 1996. — P. 147.
81. Sherwin Martin J. A World Destroyed: Hiroshima and the Origins of the Arms Race. — NY: Vintage, 1987. — P. 62.
82. Bird Kai, Sherwin Martin J. American Prometheus: The Triumph and Tragedy of J. Robert Oppenheimer. NY: Vintage Books, 2005. — P. 284.
83. Truman Harry S. Memoirs of Harry S. Truman: 1945. — NY: Signet / New American Library, 1955. — P. 104.
84. Для того чтобы ознакомиться с полным докладом, читайте приложение к книге Элис Кимбалл Смит «A Peril and A Hope: The Scientists' Movement in America: 1945–47» (C.: University of Chicago Press, 1965. — P. 560–572).
85. Lanouette William, Silard Bela. Genius in the Shadows: A Biography of Leo Szilard, the Man Behind the Bomb. — C: University of Chicago Press, 1992. — P. 273.

86. Lanouette William, Silard Bela. Genius in the Shadows: A Biography of Leo Szilard, the Man Behind the Bomb. — C.: University of Chicago Press, 1992. — P. 527–528, note 42. 72 % выступали за демонстрацию перед применением и 11 — против применения как такового.
87. Bird Kai, Sherwin Martin J. American Prometheus: The Triumph and Tragedy of J. Robert Oppenheimer. NY: Vintage Books, 2005. — P. 300.
88. Sherwin Martin J. A World Destroyed: Hiroshima and the Origins of the Arms Race. — NY: Vintage, 1987. — P. 235; Truman Harry S. Off the Record: The Private Papers of Harry S. Truman / Ed. Robert H. Ferrell. — NY: Harper & Row, 1980. — P. 53.
89. Hasegawa Tsuyoshi. Racing the Enemy: Stalin, Truman, and Japan's Surrender in the Pacific War. — Cambridge, MA: Harvard University Press, 2005. — P. 133–134.
90. Dulles Allen. The Secret Surrender. — NY: Harper & Row, 1966. — P. 255–256.
91. "Russo-Japanese Relations (13–20 July 1945)", Publication of Pacific Strategic Intelligence Section, Commander-in-Chief United States Fleet and Chief of Naval Operations, 21 July 1945, SRH-085, Record Group 457, Modern Military Branch, National Archives.
92. Alperovitz Gar. The Decision to Use the Atomic Bomb and the Architecture of an American Myth. — NY: Vintage Books, 1996. — P. 27.
93. Truman H. Off the Record. — P. 53.
94. Truman H. Dear Bess. — P. 519.
95. Henry L. Stimson, diary, May 15, 1945, Sterling Memorial Library, Yale University.
96. Bird Kai, Sherwin Martin J. American Prometheus: The Triumph and Tragedy of J. Robert Oppenheimer. NY: Vintage Books, 2005. — P. 304.
97. Bird Kai, Sherwin Martin J. American Prometheus: The Triumph and Tragedy of J. Robert Oppenheimer. NY: Vintage Books, 2005. — P. 309.
98. Alperovitz Gar. The Decision to Use the Atomic Bomb and the Architecture of an American Myth. — NY: Vintage Books, 1996. — P. 250–251.
99. Stimson, diary, July 21, 1945.
100. Там же.
101. Stimson, diary, July 22, 1945.
102. Alperovitz Gar. The Decision to Use the Atomic Bomb and the Architecture of an American Myth. — NY: Vintage Books, 1996. — P. 259.
103. Truman H. Off the Record. — P. 55.
104. Stimson, diary, May 31, 1945.
105. Ike on Ike // Newsweek. — 1963. — November 11. — P. 107.
106. Bernstein Barton J. Ike and Hiroshima: Did He Oppose It? // Journal of Strategic Studies. — № 10. — 1987. — P. 377–389.
107. Alperovitz Gar. The Decision to Use the Atomic Bomb and the Architecture of an American Myth. — NY: Vintage Books, 1996. — P. 271.

108. Messer Robert L. The End of an Alliance: James F. Byrnes, Roosevelt, Truman and the Origins of the Cold War. — Chapel Hill: University of North Carolina Press, 1982. — P. 105.
109. Truman H. Off the Record. — P. 54.
110. Gromyko Andrei. Memoirs. — NY: Doubleday, 1989. — P. 110.
111. Hasegawa Tsuyoshi. Racing the Enemy: Stalin, Truman, and Japan's Surrender in the Pacific War. — Cambridge, MA: Harvard University Press, 2005. — P. 177.
112. Knebel Fletcher, Bailey Charles W. The Fight over the Atom Bomb // Look. — 1963. — August 13. — P. 20. О том, как Гроув отрицал свои слова в разговоре с Трумэном, см.: Alperovitz G. The Decision to Use the Atomic Bomb and the Architecture of an American Myth. — P. 780, note 39.
113. Alperovitz Gar. The Decision to Use the Atomic Bomb and the Architecture of an American Myth. — NY: Vintage Books, 1996. — P. 415.
114. Clayton James Dorris. The Years of MacArthur: 1941–1945, vol. 2. — B: Houghton Mifflin, 1975. — P. 774.
115. Goldstein Richard. Paul W. Tibbets Jr., Pilot of Enola Gay, Dies at 92 // *New York Times.* — 2007. — November 2.
116. Kuznick, "Defending the Indefensible".
117. Miller Merle, Spitzer Abe. We Dropped the A-Bomb. — NY: Thomas Y. Crowell, 1946. — P. 42–45.
118. Miller Merle, Spitzer Abe. We Dropped the A-Bomb. — NY: Thomas Y. Crowell, 1946. — P. 45.
119. Hasegawa Tsuyoshi. Racing the Enemy: Stalin, Truman, and Japan's Surrender in the Pacific War. — Cambridge, MA: Harvard University Press, 2005. — P. 179–180.
120. Lifton Robert Jay. Death in Life: Survivors of Hiroshima. — NY: Random House, 1967. — P. 441–442.
121. Merle, Spitzer Abe. We Dropped the A-Bomb. — NY: Thomas Y. Crowell, 1946. — P. 47. Для более полного ознакомления с дискуссией вокруг личностей членов команды и их реакцией на бомбардировку Хиросимы и Нагасаки читайте труд Кузника «Defending the Indefensible».
122. Truman Harry S. Memoirs of Harry S. Truman: 1945. — NY: Signet / New American Library, 1955. — P. 465.
123. Lifton Robert J., Mitchell Greg. Hiroshima in America: A Half Century of Denial. — NY: Avon Books, 1995. — P. 169–170.
124. Holloway David. Stalin and the Bomb: The Soviet Union and Atomic Energy 1939–1956. — New Haven, Conn.: Yale University Press, 1994. — P. 127.
125. Zhukov Georgii Konstantinovich. The Memoirs of Marshal Zhukov. — NY: Delacorte Press, 1971. — P. 674–675; Zubok Vladislav M. A Failed Empire: The

Soviet Union in the Cold War from Stalin to Gorbachev. — Chapel Hill: University of North Carolina Press, 2007. — P. 27, 354, notes 120 and 121.
126. Levering Ralph B., Pechatnov Vladimir O., Botzenhart-Viehe Verena, Edmondson C. Earl. Debating the Origins of the Cold War: American and Russian Perspectives. — Lanham, MD: Rowman & Littlefield, 2001. — 105 p.; Zubok Vladislav M. A Failed Empire: The Soviet Union in the Cold War from Stalin to Gorbachev. — Chapel Hill: University of North Carolina Press, 2007. — P. 354 (notes 120 and 121).
127. Hasegawa Tsuyoshi. Racing the Enemy: Stalin, Truman, and Japan's Surrender in the Pacific War. — Cambridge, MA: Harvard University Press, 2005. — P. 197.
128. Miller Merle, Spitzer Abe. We Dropped the A-Bomb. — NY: Thomas Y. Crowell, 1946. — P. 57–59.
129. Lifton Robert J., Mitchell Greg. Hiroshima in America: A Half Century of Denial. — NY: Avon Books, 1995. — P. 162.
130. Sherwin Martin J. A World Destroyed: Hiroshima and the Origins of the Arms Race. — NY: Vintage, 1987. — P. 237.
131. Tsuyoshi Hasegawa. Racing the Enemy: Stalin, Truman, and Japan's Surrender in the Pacific War. — Cambridge, MA: Harvard University Press, 2005. — P. 237.
132. Stimson, diary, August 10, 1945.
133. Dower John W. Cultures of War: Pearl Harbor/Hiroshima/9–11/Iraq. — NY: W. W. Norton, 2010. — P. 239.
134. Hasegawa Tsuyoshi. The Atomic Bombs and the Soviet Invasion: What Drove Japan's Decision to Surrender? // The Asia-Pacific Journal: Japan Focus, www.japanfocus.org/-Tsuyoshi-Hasegawa/2501.
135. Ibid.
136. Memorandum for Chief, Strategic Policy Section, S&P Group, Operations Division, War Department General Staff, from Ennis, Subject: Use of Atomic Bomb on Japan, April 30, 1946, "ABC 471.6 Atom (17 August 1945), Sec. 7", Entry 421, RG 165, National Archives.
137. Leahy William D. I Was There: The Personal Story of the Chief of Staff to Presidents Roosevelt and Truman Based on His Notes and Diaries Made at the Time. — NY: Whittlesey House, 1950. — P. 441.
138. Alperovitz Gar. The Decision to Use the Atomic Bomb and the Architecture of an American Myth. — NY: Vintage Books, 1996. — P. 326.
139. Douglas MacArthur, memorandum to Herbert Hoover, December 2, 1960, Herbert Hoover Presidential Library, Post-Presidential Papers, Individual File Series, Box 129 G, Douglas MacArthur 1953–1964, folder [3212 (3)]. Позиция Макартура по этому вопросу так и не изменилась. После долгого разговора с Макартуром в мае 1946 года Гувер написал в своем дневнике: «Я рассказал Макартуру

о своей записке, отправленной Трумэну в середине мая 1945-го, в которой говорилось, что наши главные задачи могут быть достигнуты лишь путем заключения мира с Японией. Макартур сказал, что он был прав и что мы могли избежать всех потерь, атомной бомбардировки и ввода русских войск в Маньчжурию». Alperovitz Gar. The Decision to Use the Atomic Bomb and the Architecture of an American Myth. — NY: Vintage Books, 1996. — P. 350–351.

140. Arnold H. H. Global Mission. — NY: Harper & Brothers, 1949. — P. 598.
141. Giles Would Rule Japan a Century. // *New York Times*. — 1945. — September 21; Alperovitz Gar. The Decision to Use the Atomic Bomb and the Architecture of an American Myth. — NY: Vintage Books, 1996. — P. 336.
142. Alperovitz Gar. The Decision to Use the Atomic Bomb. Op. cit. — P. 343.
143. Ibidem. — P. 329.
144. Shalett Sidney. Nimitz Receives All-Out Welcome from Washington // *New York Times*. — 1945. — October 6.
145. Alperovitz Gar. The Decision to Use the Atomic Bomb and the Architecture of an American Myth. — NY: Vintage Books, 1996. — P. 331. Свидетельствуя перед конгрессом в 1949 году, Хэлси заявил: «Я считаю, что бомбардировка гражданских — а в особенности атомная — с моральной точки зрения совершенно неприемлема». Alperovitz Gar. The Decision to Use the Atomic Bomb and the Architecture of an American Myth. — NY: Vintage Books, 1996. — P. 720, note 52.
146. Alperovitz Gar. The Decision to Use the Atomic Bomb and the Architecture of an American Myth. — NY: Vintage Books, 1996. — P. 359.
147. Lifton Robert J., Mitchell Greg. Hiroshima in America: A Half Century of Denial. — NY: Avon Books, 1995. — P. 11.
148. Japan Beaten Before Atom Bomb, Byrnes Says, Citing Peace Bids // *New York Times*. — 1945. — August 30.
149. Oxnam, Dulles Ask Halt in Bomb Use // *New York Times*. — 1945. — August 10.
150. The Atomic Age Opens / Ed. Gerald Wendt and Donald Porter Geddes. — NY: Pocket Books, 1945. — P. 207.
151. Asada Sadao. The Mushroom Cloud and National Psyches // Living with the Bomb / Ed. Laura Hein and Mark Selden. — Armonk, NY: M. E. Sharpe, 1997. — P. 182.
152. Leahy William D. I Was There: The Personal Story of the Chief of Staff to Presidents Roosevelt and Truman Based on His Notes and Diaries Made at the Time. — NY: Whittlesey House, 1950. — P. 384–385.
153. Stimson Henry L. The Decision to Use the Atomic Bomb // Harper's Magazine. — № 2. — 1947. — P. 107.
154. Asada S. The Mushroom Cloud and National Psyches. — P. 179.
155. Phillips Wayne. Truman Disputes Eisenhower on '48 // *New York Times*. — 1958. — February 3.

156. Toland John. The Rising Sun: The Decline and Fall of the Japanese Empire, 1936–1945. — NY: Random House, 1970. — P. 766, note.
157. Bird Kai, Sherwin Martin J. American Prometheus: The Triumph and Tragedy of J. Robert Oppenheimer. NY: Vintage Books, 2005. — P. 332.
158. Dyson Freeman J. Weapons and Hope. — NY: Harper & Row, 1985. — P. 121.
159. McDonald Dwight. Memoirs of a Revolutionist: Essays in Political Criticism. — NY: Farrar, Straus, and Cudahy, 1957. — P. 97.
160. Truman Margaret. Harry S. Truman. — NY: William Morrow, 1973. — P. 555.

Глава 5. Холодная война: кто начал первым?

1. Schlesinger Arthur, Jr. Some Lessons from the Cold War // Diplomatic History. — № 16. — 1992. — P. 47–53.
2. Boyer Paul. By the Bomb's Early Light: American Thought and Culture at the Dawn of the Atomic Age. — NY: Pantheon, 1985. — P. 7, 15.
3. The Atomic Age Opens / Ed. Gerald Wendt and Donald Porter Geddes. — NY: Pocket Books, 1945. — P. 159.
4. Everyman // *New York Times*. — 1945. — August 18.
5. Last Judgment // *Washington Post*. — 1945. — August 8.
6. Text of Kennedy's Address Offering 'Strategy of Peace' for Easing the Cold War // *New York Times*. — 1963. — June 11.
7. Herken Gregg. The Winning Weapon: The Atomic Bomb in the Cold War. — NY: Vintage Books, 1982. — P. 48.
8. Stimson Henry L., Bundy McGeorge. On Active Service in Peace and War. — NY: Harper & Brothers, 1948. — P. 643–644.
9. Belair Felix, Jr. Plea to Give Soviet Atom Secret Stirs Debate in Cabinet // *New York Times*. — 1945. — September 22.
10. "The Reminiscences of Henry Agard Wallace", Columbia University Oral History, P. 4379.
11. Arthur Compton to Henry A. Wallace, September 27, 1945, Arthur Compton Papers, Washington University in St. Louis Archives; Holly Compton Arthur. The Cosmos of Arthur Holly Compton / Ed. Marjorie Johnston. — NY: Alfred A. Knopf, 1967. — P. 440.
12. Wallace Henry A. The Price of Vision: The Diary of Henry A. Wallace, 1942–1946 / Ed. John Morton Blum. — Boston: Houghton Mifflin, 1973. — P. 489–490.
13. "Harry S. Truman, Press Conference, Oct. 8, 1945", www.presidency.ucsb.edu/ws/index.php?pid=12319#axzz1aJSeeAQ2.

14. Tower Samuel A. Truman for Civil Control over Atomic Energy in U.S. // *New York Times.* — 1946. — February 1.
15. Secretary of Commerce Warns of Danger of Fascism Under Army // *Washington Post.* — 1946. — March 13.
16. Memorandum by the Commanding General, Manhattan Engineer District (Groves), January 2, 1946, *Foreign Relations of the United States, 1946,* vol. 1 (Washington, DC: U.S. Government Printing Office, 1972), 1197–1198.
17. Wallace Y. The Price of Vision. — P. 496–497.
18. Ibid. — P. 502–503, 517.
19. Leffler Melvyn P. A Preponderance of Power: National Security, the Truman Administration, and the Cold War. — Stanford, CA: Stanford University Press, 1992. — P. 6.
20. Harbutt Fraser J. The Iron Curtain: Churchill, America, and the Origins of the Cold War. — NY: Oxford University Press, 1986. — P. 152.
21. Leffler Melvyn P. For the Soul of Mankind: The United States, the Soviet Union and the Cold War. — NY: Hill and Wang, 2007. — P. 55–56.
22. Gaddis John Lewis. The United States and the Origins of the Cold War, 1941–1947. — NY: Columbia University Press, 1972. — P. 119.
23. Toynbee Arnold Joseph. *Survey* of International Affairs, vol. 2: The Middle East in the War. — NY: Oxford University Press, 1954. — P. 1.
24. Wawro Geoffrey. Quicksand: America's Pursuit of Power in the Middle East. — NY: Penguin, 2010. — 5 p; Klare Michael T. Blood and Oil: The Dangers and Consequences of America's Growing Dependency on Imported Petroleum. — NY: Owl Books, 2004. — P. 33; Chester Edward W. United States Oil Policy and Diplomacy: A Twentieth Century Overview. — Westport, CT: Greenwood Press, 1983. — P. 234.
25. Klare Michael T. Blood and Oil: The Dangers and Consequences of America's Growing Dependency on Imported Petroleum. — NY: Owl Books, 2004. — P. 32.
26. Bill James A. The Eagle and the Lion: The Tragedy of American-Iranian Relations. — New Haven, CT: Yale University Press, 1988. — P. 18.
27. Bill James A. The Eagle and the Lion: The Tragedy of American-Iranian Relations. — New Haven, CT: Yale University Press, 1988. — P. 19.
28. Text of Churchill Plea for Alliance // Los Angeles Times. — 1946. — March 6.
29. "Soviet Chief Calls Churchill Liar, Warmonger", *Chicago Tribune,* March 14, 1946.
30. Mr. Churchill's Warning // New York Times. — 1946. — June 7.
31. Testament // *Washington Post.* — 1946. — March 6.
32. Mr. Churchill's Plea // Chicago Tribune. — 1946. — March 7.
33. Senators Shy from Churchill Alliance Plan // Chicago Tribune. — 1946. — March 6; Senators Cold to Churchill's Talk of Alliance // Los Angeles Times. — 1946. — March 6.

34. Churchill Plea Is 'Shocking' to 3 Senators // *Washington Post.* — 1946. — March 7.
35. Eddy John D. Churchill's Speech // *Washington Post.* — 1946. — March 8.
36. Stephenson Francis M. Churchill's 'Attack on Peace' Denounced by James Roosevelt // New York Herald Tribune. — 1946. — March 15.
37. Childs Marquis. Witness to Power. — NY: McGraw-Hill, 1975. — P. 45.
38. Ickes, Truman Feud Flames Hotter in Two New Letters // Chicago Tribune. — 1946. — February 14; Ickes Flays Truman as He Quits // Los Angeles Times. — 1946. — February 14; Hamilton Thomas J. Ickes Resigns Post, Berating Truman in Acid Farewell // *New York Times.* — 1946. — February 14.
39. Henry Bill. Ickes Blowup Rocks Capital like Atom Bomb // Los Angeles Times. — 1946. — February 14.
40. Henry Wallace, April 12, 1946, RG 40 (Department of Commerce); Entry 1, General Records of the Department of Commerce, Office of the Secretary, General Correspondence; Box 1074, File "104251/6" (2 of 7), National Archives, Washington, D.C.
41. Dr. Butler Urges Iran Oil Sharing // Los Angeles Times. — 1946. — March 25.
42. Russia and Iran // *Washington Post.* — 1946. — March 7.
43. Albright Robert C. Pepper Urges Big 3 to Meet on 'Confidence' // *Washington Post.* — 1946. — March 21.
44. Lee E. Brook. Relations with Russia // *Washington Post.* — 1946. — March 20.
45. Nation: Good Old Days // Time. — 1980. — January 28. — P. 13.
46. Boyer Paul. By the Bomb's Early Light: American Thought and Culture at the Dawn of the Atomic Age. — NY: Pantheon, 1985. — P. 30.
47. Lilienthal David E. The Atomic Energy Years, 1945–1950. Vol. 2: The Journals of David E. Lilienthal / Ed. Helen M. Lilienthal. — NY: Harper & Row, 1964. — P. 10, 27.
48. Ibidem. — P. 30; Herken Gregg. The Winning Weapon: The Atomic Bomb in the Cold War. — NY: Vintage Books, 1982. — P. 160–162.
49. Lilienthal D.E. Op. cit. P. 2, 59; Grogin Robert C. Natural Enemies: The United States and the Soviet Union in the Cold War. — NY: Lexington Books, 2001. — P. 95.
50. Middleton Drew. Baruch Atom Plan Spurned by Pravda // *New York Times.* — 1946. — June 25.
51. Graybar Lloyd J. The 1946 Atomic Bomb Tests: Atomic Diplomacy or Bureaucratic Infighting? // Journal of American History. — № 72. — 1986. — P. 900.
52. Red Sees Atom Test as Effort to Better Bomb // Chicago Tribune. — 1946. — July 4.
53. Mumford Lewis. Gentlemen: You Are Mad! // Saturday Review of Literature. — 1946. — March 2. — P. 5.
54. Wallace H. The Price of Vision. — P. 589–601.
55. Hagerty James A. Wallace Warns on 'Tough' Policy Toward Russia // *New York Times.* — 1946. — September 12.

Примечания

56. Henry A. Wallace, "The Way to Peace", September 12, 1946 // Wallace, *The Price of Vision*, 661–668.
57. Reston James. Wallace Speech Is Seen Embarrassing to Byrnes // *New York Times*. — 1946. — September 13.
58. Hillbilly Policy, British Reaction // Los Angeles Times. — 1946. — September 15.
59. Eleanor Roosevelt, "My Day", September 17, 1946, www.gwu.edu/~erpapers/myday/displaydoc.cfm?_y=1946&_f=md000445.
60. Wallace H. The Price of Vision. — P. 593.
61. Donovan Robert J. Conflict and Crisis: The Presidency of Harry S Truman. — NY: W. W. Norton, 1977. — P. 227.
62. Wallace H. The Price of Vision. — P. 630.
63. Walton Richard J. Henry Wallace, Harry Truman, and the Cold War. — NY: Viking, 1976. — P. 114.
64. Clifford-Elsey Report, September 24, 1946, Conway Files, Truman Papers, Truman Library.
65. Leffler Melvyn P. A Preponderance of Power: National Security, the Truman Administration, and the Cold War. — Stanford, CA: Stanford University Press, 1992. — P. 130–138; Offner Arnold A. Another Such Victory: President Truman and the Cold War, 1945–1953. — Stanford, CA: Stanford University Press, 2002. — P. 178–182.
66. Clifford-Elsey Report.
67. Isaacson Walter, Thomas Evan. The Wise Men: Six Friends and the World They Ma. — NY: Simon & Schuster, 1986. — P. 376.
68. Offner Arnold A. Another Such Victory: President Truman and the Cold War, 1945–1953. — Stanford, CA: Stanford University Press, 2002. — P. 180–181.
69. Gardner Lloyd C. Three Kings: The Rise of an American Empire. — NY: New Press, 2009. — P. 48.
70. Plan to Split U. S. Charged // Baltimore Sun. — 1946. — May 29.
71. Beisner Robert L. Dean Acheson: A Life in the Cold War. — NY: Oxford University Press, 2006. — P. 53, 57.
72. Gardner Lloyd C. Architects of Illusion: Men and Ideas in American Foreign Policy, 1941–1949. — NY: Quadrangle Books, 1970. — P. 204.
73. Acheson Dean. Present at the Creation: My Years in the State Department. — NY: Signet, 1969. — P. 293.
74. Text of President Truman's Speech on New Foreign Policy // *New York Times*. — 1947. — March 13.
75. Wittner Lawrence S. Cold War America: From Hiroshima to Watergate. — NY: Holt, Rinehart and Winston, 1978. — P. 34.
76. Henry Wallace Answers President Truman [advertisement] // *New York Times*. — 1947. — March 18; Truman Betraying U. S. Wallace Says // *New York Times*. —

1947. — March 14; Culver John C., Hyde John. American Dreamer: The Life and Times of Henry A. Wallace. — NY: W. W. Norton, 2000. — P. 436–437.
77. Pravda Opens Bitter Attack on U.S. Loans // *Washington Post.* — 1947. — March 16.
78. Gardner Lloyd C. Architects of Illusion: Men and Ideas in American Foreign Policy, 1941–1949. — NY: Quadrangle Books, 1970. — P. 221; O'Hare McCormick Anne. Open Moves in the Political War for Europe // *New York Times.* — 1947. — June 2.
79. Herring George C. From Colony to Superpower: U.S. Foreign Relations Since 1776. — NY: Oxford University Press, 2008. — P. 616.
80. Wittner Lawrence S. American Intervention in Greece, 1943–49. — NY: Columbia University Press, 1982. — P. 262–263.
81. Lees Lorraine M. Keeping Tito Afloat: The United States, Yugoslavia and the Cold War. — University Park, PA: Pennsylvania State University Press, 1993. — P. 54; Gaddis John Lewis. Russia, The Soviet Union, and the United States: An Interpretive History. — NY: Alfred A. Knopf, 1978. — P. 192.
82. Gardner Lloyd C. Spheres of Influence: The Great Powers Partition Europe, From Munich to Yalta. — C: I. R. Dee, 1993. — P. 265.
83. Offner Arnold A. Another Such Victory: President Truman and the Cold War, 1945–1953. — Stanford, CA: Stanford University Press, 2002. — P. 209–211.
84. LaFeber Walter. The American Age: United States Foreign Policy at Home and Abroad Since 1750. — NY: W. W. Norton, 1989. — P. 479–480.
85. Offner Arnold A. Another Such Victory: President Truman and the Cold War, 1945–1953. — Stanford, CA: Stanford University Press, 2002. — P. 213.
86. Gaddis John Lewis. The United States and the Origins of the Cold War, 1941–1947. — NY: Columbia University Press, 1972. — P. 322–323.
87. Zubok Vladislav, Pleshakov Constantine. *Inside* the Kremlin's Cold War: From Stalin to Khrushchev. — Cambridge, MA: Harvard University Press, 1996. — P. 276–277; Leffler Melvyn P. Inside Enemy Archives: The Cold War Reopened // Foreign Affairs. — № 75. — 1996.
88. Wills Gary. Bomb Power: The Modern Presidency and the National Security State. — NY: Penguin, 2010. — P. 63.
89. Lippmann Walter. The Cold War: A Study in U.S. Foreign Policy. — NY: Harper & Brothers, 1947. — P. 15–16, 19, 44.
90. Schrecker Ellen. Many Are the Crimes: McCarthyism in America. — Princeton, NJ: Princeton University Press, 1998. — P. 287; Wills Gary. Bomb Power: The Modern Presidency and the National Security State. — NY: Penguin, 2010. — P. 74.
91. Offner Arnold A. Another Such Victory: President Truman and the Cold War, 1945–1953. — Stanford, CA: Stanford University Press, 2002. — P. 202.
92. Offner Arnold A. Another Such Victory: President Truman and the Cold War, 1945–1953. — Stanford, CA: Stanford University Press, 2002. — P. 192.

93. Perry Mark. Four Stars. — B: Houghton Mifflin, 1989. — P. 88; Hoopes Townsend and Brinkley Douglas. Driven Patriot: The Life and Times of James Forrestal. — NY: Alfred A. Knopf, 1992. — P. 310–312; "NSC 10/2", June 18, 1948 // William M Leary, ed., *The Central Intelligence Agency: History and Documents* (Birmingham, AL: University of Alabama Press), 133.
94. Colonel R. Allen Griffin, recorded interview by James R. Fuchs, staff interviewer, February 15, 1974, Harry S. Truman Library, Oral History Program; Wills Gary. Bomb Power: The Modern Presidency and the National Security State. — NY: Penguin, 2010. — P. 78, 88–89; Weiner Tim. Legacy of Ashes: The History of the CIA. — NY: Doubleday, 2007. — P. 28–29.
95. Goda Norman J.W. Nazi Collaborators in the United States: What the FBI Knew // U.S. Intelligence and the Nazis / Ed. Richard Breitman, Norman J.W. Goda, Timothy Naftali, and Robert Wolfe. — NY: Cambridge University Press, 2005. — P. 249–253.
96. Weiner Tim. Legacy of Ashes: The History of the CIA. — NY: Doubleday, 2007. — P. 43–45.
97. Wills Gary. Bomb Power: The Modern Presidency and the National Security State. — NY: Penguin, 2010. — P. 87.
98. Simpson Christopher. Blowback: America's Recruitment of Nazis and Its Effects on the Cold War. — NY: Weidenfeld & Nicholson, 1988). — P. 65.
99. McDougall Walter A. The Heavens and the Earth: A Political History of the Space Age. — Baltimore: John Hopkins University Press, 1997. — P. 88.
100. Leffler Melvyn P. A Preponderance of Power: National Security, the Truman Administration, and the Cold War. — Stanford, CA: Stanford University Press, 1992. — P. 238–239.
101. Avi Shlaim, The Balfour Declaration and Its Consequences// *Yet More Adventures with Britannia: Personalities, Politics and Culture in Britain,* ed. W. Roger Lewis (London: I.B. Tauris, 2005), 251.
102. Herring George C. From Colony to Superpower: U.S. Foreign Relations Since 1776. — NY: Oxford University Press, 2008. — P. 569.
103. Wawro Geoffrey. Quicksand: America's Pursuit of Power in the Middle East. — NY: Penguin, 2010. — P. 37–38.
104. Wallace H. The Price of Vision. — P. 607.
105. Gillon Steven M. The American Paradox: A History of the United States Since 1945. — B: Wadsworth, 2012. — P. 25.
106. Yergin Daniel. The Prize: The Epic Quest for Oil, Money, and Power. — NY: Simon & Schuster, 1991. — P. 408.
107. Stivers William. The Incomplete Blockade: Soviet Zone Supply of West Berlin, 1948–1949 // Diplomatic History. — № 2. — 1997. — P. 569–570; Carolyn Eisenberg, The Myth of the Berlin Blockade and the Early Cold War // Ellen Schrecker, ed.

Cold War Triumphalism: The Misuse of History After the Fall of Communism (New York: New Press, 2004), 174–200.

108. Woods Eisenberg Carolyn. Drawing the Line: The American Decision to Divide Germany, 1944–1949. — NY: Cambridge University Press, 1998. — P. 440.
109. Carroll James. House of War: The Pentagon and the Disastrous Rise of American Power. — NY: Houghton Mifflin, 2006. — P. 148.
110. Culver John C., Hyde John. American Dreamer: The Life and Times of Henry A. Wallace. — NY: W.W. Norton, 2000. — P. 456–457.
111. Там же. — P. 466–467.
112. Там же. — P. 464–470.
113. Там же. — P. 502.
114. PPS/23, "Review of Current Trends: U.S. Foreign Policy", February 24, 1948, *Foreign Relations of the United States, 1948,* vol. 1, Part 2 (Washington, DC: U.S. Government Printing Office, 1975), 524–525.
115. The Tragedy of China // *New York Times.* — 1949. — January 24.
116. Duel for Asia // *New York Times.* — 1949. — December 18.
117. Chennault Sees War in Loss of China // *Washington Post.* — 1949. — June 26.
118. Truman Margaret. Harry S. Truman. — NY: William Morrow, 1973. — P. 412.
119. Harry Truman, Statement by the President on Announcing the First Atomic Explosion in the U.S.S.R., September 23, 1949 // *Public Papers of the Presidents: Harry S. Truman, 1945–1953,* Truman Library.
120. Groves of Illusion // Los Angeles Times. — 1946. — February 28.
121. Bird Kai, Sherwin Martin J. American Prometheus: The Triumph and Tragedy of J. Robert Oppenheimer. — NY: Vintage Books, 2005. — P. 417.
122. DeGroot Gerard J. The Bomb: A Life. — Cambridge, MA: Harvard University Press, 2005. — P. 145–147.
123. Public Was Deluded on Bomb, Dewey Says // *New York Times.* — 1949. — September 24.
124. Lucas Blasts Gutter Politics over Red Atom // Chicago Tribune. — 1949. — October 10.
125. Who Is Winning? // *New York Times.* — 1949. — October 9.
126. William Laurence. Russ Bomb Heralds New Atom Era — as Predicted // Los Angeles Times. — 1949. — September 25.
127. Lilienthal D.E. The Atomic Energy Years, 1945–1950, vol. 2. — P. 584–585.
128. Forrestal Hopes to Keep His Job // Los Angeles Times. — 1948. — October 10; Pearson Drew. Pearson Replies // *Washington Post.* — 1949. — May 30.
129. Four Forrestal Suicide Bids, Says Pearson // Los Angeles Times. — 1949. — May 23; Carroll James. House of War: The Pentagon and the Disastrous Rise of American Power. — NY: Houghton Mifflin, 2006. — P. 151.
130. Childs Marquis. Washington Calling: Food for Propaganda // *Washington Post.* — 1949. — May 5.

Глава 6. Эйзенхауэр: неприглядная картина

1. Leffler Melvyn P. For the Soul of Mankind: The United States, the Soviet Union and the Cold War. — NY: Hill and Wang, 2007. — P. 91.
2. DeGroot Gerard J. The Bomb: A Life. — Cambridge, MA: Harvard University Press, 2005. — P. 153.
3. Herken Gregg. The Winning Weapon: The Atomic Bomb in the Cold War. — NY: Vintage Books, 1982. — P. 279, 293–297.
4. Lilienthal David E. The Atomic Energy Years, 1945–1950, vol. 2: The Journals of David E. Lilienthal / Ed. Helen M. Lilienthal. — NY: Harper & Row, 1964. — P. 582.
5. McMillan Priscilla J. The Ruin of J. Robert Oppenheimer and the Birth of the Modern Arms Race. — NY: Viking, 2005. — P. 24.
6. USAEC General Advisory Committee Report on the 'Super', October 30, 1949 // *The American Atom: A Documentary History of Nuclear Policies from the Discovery of Fission to the Present, 1939–1984,* ed. Robert C. Williams and Philip L. Cantelon (Philadelphia: University of Pennsylvania Press, 1984), 124–127.
7. Bird Kai, Sherwin Martin J. American Prometheus: The Triumph and Tragedy of J. Robert Oppenheimer. — NY: Vintage Books, 2005. — P. 427.
8. Einstein Albert. Einstein on Politics: His Private Thoughts and Public Stands on Nationalism, Zionism, War, Peace, and the Bomb / Ed. David E. Rowe and Robert Schulmann. — Princeton, NJ: Princeton University Press, 2007. — 404.
9. Szilard Leo. Toward a Livable World. / Ed. Helen S. Hawkins, G. Allen Greb, and Gertrud Weiss Szilard. — Cambridge, MA: MIT Press, 1987. — 84 p.
10. William Faulkner, Nobel Prize Banquet Speech, December 10, 1950, http://www.nobelprize.org/nobel_prizes/literature/laureates/1949/faulkner-speech.html.
11. "NSC 68: United States Objectives and Programs for National Security (April 14, 1950)", in *American Cold War Strategy: Interpreting NSC 68,* ed. Ernest R. May (New York: St. Martin's Press, 1993), 25, 28, 38, 55.
12. Griffith Robert. The Politics of Fear: Joseph R. McCarthy and the Senate. — Lexington: University Press of Kentucky, 1970. — P. 49.
13. Schrecker Ellen. Many Are the Crimes: McCarthyism in America. — Princeton, NJ: Princeton University Press, 1998. — P. 206.
14. Sherry Michael S. In the Shadow of War: The United States Since the 1930s. — New Haven, CT: Yale University Press, 1995. — P. 174.
15. Schrecker, *Many Are the Crimes,* xiii, 267–268.
16. Mary McCarthy, Naming Names: The Arthur Miller Case// Mary McCarthy, *On the Contrary* (New York: Farrar, Straus, and Cudahy, 1961), 154.
17. I.F. Stone, Must Americans Become Informers? // I.F. Stone, *The Truman Era* (1953; reprint, New York: Random House, 1972), 99.

18. Richard H. Pells, *The Liberal Mind in a Conservative Age: American Intellectuals in the 1940s and 1950s,* 2nd ed. (Middletown, CT: Wesleyan University Press, 1989), 322.
19. Ceplair Larry, Englund Steven. The Inquisition in Hollywood: Politics in the Film Community, 1930–1960. — NY: Anchor Press / Doubleday, 1980. — P. 386–388, 403–407, 418–422.
20. Schrecker Ellen. Many Are the Crimes: McCarthyism in America. — Princeton, NJ: Princeton University Press, 1998. — P. 369–370.
21. Vincent Joseph Intondi, "From Harlem to Hiroshima: African Americans and the Bomb, 1945–1968", PhD dissertation, American University, 2009.
22. Johnson David K. The Lavender Scare: The Cold War Persecution of Gays and Lesbians in the Federal Government. — C: University of Chicago Press, 2004. — P. 166–168.
23. Schrecker Ellen. Many Are the Crimes: McCarthyism in America. — Princeton, NJ: Princeton University Press, 1998. — P. 208, 212, 216, 227.
24. Leffler Melvyn P. A Preponderance of Power: National Security, the Truman Administration, and the Cold War. — Stanford, CA: Stanford University Press, 1992. — P. 365.
25. War in Korea // *New York Times.* — 1960. — June 26.
26. Halberstam David. The Coldest Winter: America and the Korean War. — NY: Hyperion, 2007. — P. 2.
27. Lloyd C. Gardner, The Dulles Years: 1953–1959 // *From Colony to Empire: Essays on the History of American Foreign Relations*, ed. William Appleman Williams (New York: John Wiley & Sons, 1972), 375–376.
28. Ibid., 371–372.
29. Halberstam David. The Coldest Winter: America and the Korean War. — NY: Hyperion, 2007. — P. 92–93.
30. Deborah Welch Larson, Bandwagon Images in American Foreign Policy: Myth or Reality? // *Dominoes and Bandwagons,* ed. Robert Jervis and Jack Snyder (New York: Oxford University Press, 1991), 96.
31. Truman Lauds 'Brilliant' Victory by MacArthur // Los Angeles Times. — 1950. — September 30.
32. Beisner Robert L. Dean Acheson: A Life in the Cold War. — NY: Oxford University Press, 2006. — P. 404.
33. Zubok Vladislav M. A Failed Empire: The Soviet Union in the Cold War from Stalin to Gorbachev. — Chapel Hill: University of North Carolina Press, 2007. — P. 78.
34. Truman Harry S. Memoirs: Years of Trial and Hope. — NY: Doubleday, 1956. — P. 375.
35. Halberstam David. The Coldest Winter: America and the Korean War. — NY: Hyperion, 2007. — P. 14–16, 386, 390–391.
36. Statement by Gen. MacArthur // *New York Times.* — 1950. — November 29.

37. Cumings Bruce. Korea's Place in the Sun. — NY: W.W. Norton, 1997. — P. 272; Gerson Joseph. Empire and the Bomb: How the U.S. Uses Nuclear Weapons to Dominate the World. — L: Pluto Press, 2007. — P. 288; Pearson Drew. Korea Briefing Startled British // *Washington Post.* — 1950. — December 8.
38. Brinkley Alan. The Publisher: Henry Luce and His American Century. — NY: Alfred A. Knopf, 2010. — P. 365.
39. Speeches by Warren Austin of U.S. and Wu Hsiu-chuan of Red China in Security Council // *New York Times.* — 1950. — November 29.
40. Veysey Arthur. Attlee to Tell Truman: Don't Use Atom Bomb // Chicago Tribune. — 1950. — December 2.
41. Cumings Bruce. Korea's Place in the Sun. — NY: W.W. Norton, 1997. — P. 81; Cumings Bruce. The Origins of the Korean War, vol. 2: The Roaring of the Cataract, 1947–1950. — Princeton, NJ: Princeton University Press, 1990. — P. 749–750.
42. Hunt Michael H. Crises in U.S. Foreign Policy. — New Haven, CT: Yale University Press, 1996. — P. 217–218.
43. Rivers Urges A-Bomb Against Reds // Miami Daily News. — 1950. — November 28.
44. Congressmen Split on Use of Atom Bomb // Chicago Tribune. — 1950. — December 1.
45. Miller Richard Lee. Under the Cloud: The Decades of Nuclear Testing. — The Woodlands, TX: Two Sixty Press, 1991. — P. 101.
46. Rosenthal A.M. U.N. Circles Wary on Atom Bomb Use // *New York Times.* — 1950. — December 1.
47. Bruce. The Origins of the Korean War, vol. 2: The Roaring of the Cataract, 1947–1950. — Princeton, NJ: Princeton University Press, 1990. — P. 750.
48. Sulzberger C.L. U.S. Prestige Ebbs on Korea, Europe-Asia Survey Shows // *New York Times.* — 1950. — December 7.
49. Cumings Bruce. The Korean War: A History. — NY: Modern Library, 2010. — P. 156.
50. Offner Arnold A. *Another* Such Victory: President Truman and the Cold War, 1945–1953. — Stanford, CA: Stanford University Press, 2002. — P. 402.
51. Hastings Max. The Korean War. — NY: Simon & Schuster, 1987. — P. 201.
52. Cumings Bruce. The Origins of the Korean War, vol. 2: The Roaring of the Cataract, 1947–1950. — Princeton, NJ: Princeton University Press, 1990. — P. 750–751.
53. Halberstam David. The Coldest Winter: America and the Korean War. — NY: Hyperion, 2007. — P. 607.
54. McCarthy Charges Treason with Bourbon // Los Angeles Times. — 1951. — April 13.
55. Richard H. Rovere and Arthur Schlesinger, Jr., *General MacArthur and President Truman: The Struggle for Control of American Foreign Policy* (1951; reprint, New Brunswick, NJ: Transaction Publishers, 1992), 276–277.
56. Halberstam David. The Coldest Winter: America and the Korean War. — NY: Hyperion, 2007. — P. 609.

57. Beisner Robert L. Dean Acheson: A Life in the Cold War. — NY: Oxford University Press, 2006. — P. 432.
58. Beisner Robert L. Dean Acheson: A Life in the Cold War. — NY: Oxford University Press, 2006. — P. 433, 446.
59. Barrett George. Radio Hams in U.S. Discuss Girls, So Shelling of Seoul Is Held Up // *New York Times.* — 1951. — February 9.
60. Stone I.F. The Hidden History of the Korean War. — NY: Monthly Review Press, 1969. — P. 313.
61. Bruce Cumings, American Airpower and Nuclear Strategy in Northeast Asia Since 1945// in *War and State Terrorism: The United States, Japan, and the Asia-Pacific in the Long Twentieth Century,* ed. Mark Selden and Alvin Y. So (Lanham, MD: Rowman & Littlefield, 2004), 76.
62. Cumings Bruce // Dominion from Sea to Sea: Pacific Ascendancy and American Power. — New Haven, CT: Yale University Press, 2009. — P. 340–341.
63. Gaddis John Lewis. Russia, The Soviet Union, and the United States: An Interpretive History. — NY: Alfred A. Knopf, 1978. — P. 212.
64. Thomas C. Reeves, *The Life and Times of Joe McCarthy* (1982; reprint, Lanham, MD: Madison Books, 1997), 451.
65. Ibid., 436.
66. Ambrose Stephen E. Eisenhower: The President, vol. 2. — NY: Simon & Schuster, 1984. — P. 55.
67. Shaffer Samuel. Behind Nixon's Speech // Newsweek. — 1952. — October 6. — 25 p.
68. Ambrose Stephen E. Eisenhower: Soldier and President. — NY: Simon & Schuster, 1990. — P. 218.
69. Dwight D. Eisenhower, The Long Pull for Peace: Extracts from the Final Report of the Chief of Staff General of the Army Dwight D. Eisenhower// *The Army Information Digest,* April 1948, 41.
70. Chernus Ira. Apocalypse Management: Eisenhower and the Discourse of National Security. — Stanford, CA: Stanford University Press, 2008. — P. 30–31.
71. LaFeber Walter. America, Russia, and the Cold War, 1945–2006. — B: McGraw-Hill, 2008. — P. 147.
72. Leffler Melvyn P. For the Soul of Mankind: The United States, the Soviet Union and the Cold War. — NY: Hill and Wang, 2007. — P. 104.
73. Larres Klaus. Churchill's Cold War: The Politics of Personal Diplomacy. — New Haven, CT: Yale University Press, 2002. — P. 189–193.
74. Text of Speech by Eisenhower Outlining Proposals for Peace in World // *New York Times.* — 1953. — April 17.
75. Highway of Peace // *New York Times.* — 1953. — April 17. — P. 24.
76. Eisenhower's Peace Program // *Washington Post.* — 1953. — April 17. — P. 26.

77. Lloyd Gardner, Poisoned Apples: John Foster Dulles and the 'Peace Offensive'// *The Cold War After Stalin's Death,* ed. Klaus Larres and Kenneth Osgood (Lanham, MD: Rowman & Littlefield, 2006), 85.
78. Schlesinger Arthur M. Jr. The Cycles of American History. — B: Houghton Mifflin, 1999. — P. 399.
79. Haldeman H.R., DiMona Joseph. The Ends of Power. — NY: Dell, 1978. — P. 121–122. Nixon Richard. The Real War. — NY: Simon & Schuster, 1990. — P. 255.
80. Halliday Jon, Cumings Bruce. Korea: The Unknown War. — NY: Penguin, 1990. — P. 203.
81. Halliday Jon, Cumings Bruce. Korea: The Unknown War. — NY: Penguin, 1990. — P. 204.
82. Dwight MacDonald, America! America!//*50 Years of Dissent,* ed. Nicolaus Mills and Michael Walzer (New Haven, CT: Yale University Press, 2004), 50.
83. McMillan Priscilla J. The Ruin of J. Robert Oppenheimer and the Birth of the Modern Arms Race. — NY: Viking, 2005. — P. 142.
84. DeGroot Gerard J. The Bomb: A Life. — Cambridge, MA: Harvard University Press, 2005. — P. 179.
85. Text of Eisenhower Inaugural Address Pledging Search for Peace // *New York Times.* — 1953. — January 21.
86. Snow Edgar. Journey to the Beginning. — NY: Random House, 1958. — P. 360–361.
87. Ike Scouts Bomb as Full Defense // Baltimore Sun. — 1947. — February 25.
88. Rosenberg David Alan. The Origins of Overkill: Nuclear Weapons and American Strategy 1945–1960 // International Security. — № 7. — Spring 1983. — P. 27.
89. Kuznick Peter J. Prophets of Doom or Voices of Sanity? The Evolving Discourse of Annihilation in the First Decade and a Half of the Nuclear Age // Journal of Genocide Research. — № 9. — 2007. — P. 424.
90. The Central Problem // *New York Times.* — 1953. — September 19.
91. Immerman Richard H. Empire for Liberty: A History of American Imperialism from Benjamin Franklin to Paul Wolfowitz. — Princeton, NJ: Princeton University Press, 2010. — P. 164–172.
92. Pruessen Ronald W. John Foster Dulles: The Road to Power. — NY: Free Press, 1982. — P. 123–132.
93. Kinzer Stephen. Overthrow: America's Century of Regime Change from Hawaii to Iraq. — NY: Times Books, 2006. — P. 114.
94. Adams Sherman. Firsthand Report: The Story of the Eisenhower Administration. — Westport, CT: Greenwood Press, 1974. — 364.
95. Prados John. The Sky Would Fall: Operation Vulture: The U.S. Bombing Mission in Indochina, 1954. — NY: Dial Press, 1983. — P. 30.

96. Memorandum of Discussion at a Special Meeting of the National Security Council on Tuesday, March 31, 1953, *Foreign Relations of the United States, 1952–1954: Korea,* vol. 15 (Washington, DC: U.S. Government Printing Office, 1984), 827.
97. Soman Appu K. Double-edged Sword: Nuclear Diplomacy in Unequal Conflicts: The United States and China, 1950–1958. — NY: Praeger, 2000). — P. 88.
98. Fred Kaplan, *The Wizards of Armageddon* (1983; reprint, Stanford, CA: Stanford University Press, 1991), 183–184.
99. Schlesinger Arthur M. Jr. The Cycles of American History. — B: Houghton Mifflin, 1999. — P. 401.
100. Chernus Ira. Apocalypse Management: Eisenhower and the Discourse of National Security. — Stanford, CA: Stanford University Press, 2008. — P. 96.
101. Folliard Edward T. U.S. to Use A-Weapons in Any War // *Washington Post.* — 1955. — March 17; President Says Atom Bomb Would Be Used like 'Bullet' // *New York Times.* — 1955. — March 17.
102. Record Shows U.S. Stands Ready to Use Its Nuclear Weapons Against Aggressor // *New York Times.* — 1956. — January 2.
103. Chernus Ira. Apocalypse Management: Eisenhower and the Discourse of National Security. — Stanford, CA: Stanford University Press, 2008. — P. 78–79.
104. Lanouette William. Looking Back: Civilian Control of Nuclear Weapons // Arms Control Today. — 2009. — № 5. — P. 45.
105. Text of Eisenhower's Address to the U.N. Assembly // *New York Times.* — 1953. — December 9.
106. Baldwin Hanson W. Eisenhower's Bid Hailed // *New York Times.* — 1953. — December 10.
107. Maddock Shane J. Nuclear Apartheid: The Quest for American Atomic Supremacy from World War II to the Present. — Chapel Hill: University of North Carolina Press, 2010. — P. 91.
108. Holloway David. Stalin and the Bomb: The Soviet Union and Atomic Energy, 1939–1956. — New Haven, CT: Yale University Press, 1994. — P. 349–350.
109. John Foster Dulles, "The Evolution of Foreign Policy", *Department of State Bulletin* 30, no. 761 (January 25, 1954), 108.
110. Chamberlin William Henry. The New Strategy // Wall Street Journal. — 1954. — March 22.
111. Reston James. Washington: 'Massive Atomic Retaliation' and the Constitution // *New York Times.* — 1954. — January 17.
112. Kaplan, *The Wizards of Armageddon,* 212.
113. DeGroot Gerard J. The Bomb: A Life. — Cambridge, MA: Harvard University Press, 2005. — P. 190.

114. Leffler Melvyn P. For the Soul of Mankind: The United States, the Soviet Union and the Cold War. — NY: Hill and Wang, 2007. — P. 112.
115. Gardner, "The Dulles Years", 391.
116. Kinzer Stephen. Overthrow: America's Century of Regime Change from Hawaii to Iraq. — NY: Times Books, 2006. — P. 122.
117. Beisner Robert L. Dean Acheson: A Life in the Cold War. — NY: Oxford University Press, 2006. — P. 538; Kinzer Stephen. Overthrow: America's Century of Regime Change from Hawaii to Iraq. — NY: Times Books, 2006. — P. 117–118.
118. The Ambassador in Iran (Grady) to the Department of State, July 1, 1951, *Foreign Relations of the United States, 1952–1954,* vol. 10 (Washington, DC: U.S. Government Printing Office, 1989), 80.
119. Yergin Daniel. The Prize: The Epic Quest for Oil, Money, and Power. — NY: Simon & Schuster, 1991. — P. 457.
120. Yergin Daniel. The Prize: The Epic Quest for Oil, Money, and Power. — NY: Simon & Schuster, 1991. — P. 458.
121. Westad Odd Arne. The Global Cold War: Third World Interventions and the Making of Our Times. — NY: Cambridge University Press, 2007. — P. 121.
122. Beisner Robert L. Dean Acheson: A Life in the Cold War. — NY: Oxford University Press, 2006. — P. 546.
123. Andrew Christopher. For the President's Eyes Only: Secret Intelligence and the American Presidency from Washington to Bush. — NY: HarperCollins, 1995. — P. 203.
124. The Ambassador in Iran (Henderson) to the Department of State, July 28, 1952, *Foreign Relations of the United States, 1952–1954,* vol. 10 (Washington, DC: U.S. Government Printing Office, 1989), 417.
125. Weiner Tim. Legacy of Ashes: The History of the CIA. — NY: Doubleday, 2007). — P. 86.
126. LaFeber Walter. America, Russia, and the Cold War, 1945–2006. — B: McGraw-Hill, 2008. — P. 162.
127. Gleijeses Piero. Shattered Hope: The Guatemalan Revolution and the United States, 1944–1954. — Princeton, NJ: Princeton University Press, 1991. — P. 150.
128. The Guatemalan Cancer // *New York Times.* — 1951. — June 8.
129. Red Cell in Guatemala // *Washington Post.* — 1952. — March 4.
130. Kinzer Stephen. Overthrow: America's Century of Regime Change from Hawaii to Iraq. — NY: Times Books, 2006. — P. 134–135.
131. Cullather Nick. Secret History: The CIA's Classified Account of Its Operations in Guatemala 1952–1954. — Stanford, CA: Stanford University Press, 1999. — P. 28.
132. Chapman Peter. Bananas: How the United Fruit Company Shaped the World. — NY: Canongate, 2007. — P. 131–132.

133. Immerman Richard H. The CIA in Guatemala: The Foreign Policy of Intervention. — Austin: University of Texas Press, 1982. — P. 181; Schlesinger Stephen C., Kinzer Stephen. Bitter Fruit: The Untold Story of the American Coup in Guatemala. — NY: Doubleday, 1982. — P. 137–138.
134. Cullather Nick. Secret History: The CIA's Classified Account of Its Operations in Guatemala 1952–1954. — Stanford, CA: Stanford University Press, 1999. — P. 26.
135. Young John W. Great Britain's Latin American Dilemma: The Foreign Office and the Overthrow of 'Communist' Guatemala, June 1954 // International History Review. — № 8. — 1986. — P. 575.
136. Weiner Tim. Legacy of Ashes: The History of the CIA. — NY: Doubleday, 2007). — P. 461.
137. Waggoner Walter H. U.S. Wants Rio Pact Inquiry on Arms Sent to Guatemala // New York Times. — 1954. — May 19.
138. Weiner Tim. Legacy of Ashes: The History of the CIA. — NY: Doubleday, 2007). — P. 98.
139. Guatemala Lifts Ban; Allows *Times* Correspondent to Re-enter Country // New York Times. — 1954. — May 21.
140. Gruson Sydney. U.S. Stand on Arms Unites Guatemala // New York Times. — 1954. — May 21.
141. Gruson Sydney. Guatemala Says U.S. Tried to Make Her Defenseless // New York Times. — 1954. — May 22.
142. Gruson Sydney. U.S. Arms Stand Alienates Guatemalan Foes of Reds // New York Times. — 1954. — May 24.
143. Kinzer Stephen. Overthrow: America's Century of Regime Change from Hawaii to Iraq. — NY: Times Books, 2006. — P. 140.
144. Young John W. Great Britain's Latin American Dilemma: The Foreign Office and the Overthrow of 'Communist' Guatemala, June 1954 // International History Review. — № 8. — 1986. — P. 584.
145. Kinzer Stephen. Overthrow: America's Century of Regime Change from Hawaii to Iraq. — NY: Times Books, 2006. — P. 145.
146. Schlesinger Stephen C., Kinzer Stephen. Bitter Fruit: The Untold Story of the American Coup in Guatemala. — NY: Doubleday, 1982. — P. 206.
147. The Text of Dulles' Speech on Guatemalan Upset // New York Times. — 1954. — July 1.
148. Young John W. Great Britain's Latin American Dilemma: The Foreign Office and the Overthrow of 'Communist' Guatemala, June 1954 // International History Review. — № 8. — 1986. — P. 588.
149. Kinzer Stephen. Revisiting Cold War Coups and Finding Them Costly // New York Times. — 2003. — November 30.

150. Kinzer Stephen. Overthrow: America's Century of Regime Change from Hawaii to Iraq. — NY: Times Books, 2006. — P. 147; Dulles Hails Upset of Reds // Chicago Tribune. — 1954. — July 1.
151. Roettinger Philip C. For a CIA Man, It's 1954 Again // Los Angeles Times. — 1986. — March 16.
152. Westad Odd Arne. The Global Cold War: Third World Interventions and the Making of Our Times. — NY: Cambridge University Press, 2007. — P. 149.
153. Text of Talk by President Eisenhower at Governors' Conference // *New York Times*. — 1953. — August 5.
154. Speech by Vice-President Nixon, December 23, 1953 // Conflict in Indo-China and International Repercussions: A Documentary History, 1945–1955 / Ed. Allan B. Cole. — Ithaca, NY: Cornell University Press, 1956. — P. 171.
155. Why U.S. Risks War for Indochina: It's the Key to Control of All Asia // U.S. News & World Report. — № 4. — 1954. — P. 21.
156. Bundy McGeorge. Danger and Survival: Choices About the Bomb in the First Fifty Years. — NY: Vintage, 1990. — P. 267.
157. Prados John. The Sky Would Fall: Operation Vulture: The U.S. Bombing Mission in Indochina, 1954. — NY: Dial Press, 1983. — P. 145–157; Brodie Fawn M. Richard Nixon: The Shaping of His Character. — NY: W.W. Norton, 1981. — P. 322.
158. Marks Frederick W. Power and Peace: The Diplomacy of John Foster Dulles. — NY: Praeger, 1993. — P. 197, note 41.
159. Bundy McGeorge. Danger and Survival: Choices About the Bomb in the First Fifty Years. — NY: Vintage, 1990. — P. 78.
160. Schlesinger Arthur M. Jr. The Cycles of American History. — B: Houghton Mifflin, 1999. — P. 400.
161. Cat in the Closet // Chicago Tribune. — 1954. — April 13.
162. Roberts Chalmers M. Our 25 Years in Vietnam // *Washington Post*. — 1968. — June 2.
163. Immerman Richard M. John Foster Dulles: Piety, Pragmatism, and Power in U.S. Foreign Policy. — Wilmington, DE: Scholarly Resources, 1999. — P. 93.
164. Lippmann Walter. Surrender Demands by Both Sides Make Vietnam Settlement Difficult // Los Angeles Times. — 1965. — April 4.
165. Ryan William L. Real Leader Needed to Rally Vietnamese // *Washington Post*. — 1954. — April 24.
166. Morgenthau Hans. Vietnam Chief a Multi-Paradox // *Washington Post*. — 1956. — February 26.
167. Eisenhower Dwight D. Mandate for Change: The White House Years. — NY: Doubleday, 1963. — P. 372.
168. Wittner, *Resisting the Bomb*, 147.

169. Hartmann Robert T. AEC Chief Bares Facts on H-Bomb // Los Angeles Times. — 1954. — April 1; Text of Statement and Comments by Strauss on Hydrogen Bomb Tests in the Pacific // New York Times. — 1954. — April 1.
170. Chernus Ira. Apocalypse Management: Eisenhower and the Discourse of National Security. — Stanford, CA: Stanford University Press, 2008. — P. 87.
171. Maddock Shane J. Nuclear Apartheid: The Quest for American Atomic Supremacy from World War II to the Present. — Chapel Hill: University of North Carolina Press, 2010. — P. 96.
172. Chernus Ira. Apocalypse Management: Eisenhower and the Discourse of National Security. — Stanford, CA: Stanford University Press, 2008. — P. 88.
173. Bundy McGeorge. Danger and Survival: Choices About the Bomb in the First Fifty Years. — NY: Vintage, 1990. — P. 271–273.
174. Swenson-Wright John. Unequal Allies: United States Security and Alliance Policy Toward Japan, 1945–1960. — Stanford, CA: Stanford University Press, 2005. — P. 181. Полнее об этом см.: Kuznick P. Japan's Nuclear History in Perspective: Eisenhower and Atoms for War and Peace // Bulletin of the Atomic Scientists. — 2011. — April 13. http://www.thebulletin.org/web-edition/features/japans-nuclear-history-perspectiveeisenhower-and-atoms-war-and-peace, или Toshiyuki Tanaka and Peter Kuznick, *Genpatsu to hiroshima — genshiryoku heiwa riyo no shinso (Nuclear Power and Hiroshima: The Truth Behind the Peaceful Use of Nuclear Power)* (Tokyo: Iwanami Shoten, 2011).
175. Levey Stanley. Nuclear Reactor Urged For Japan // New York Times. — 1954. — September 22. — P. 14.
176. A Reactor for Japan // Washington Post. — 1954. — September 23. — P. 18; Hailey Foster. Tokyo Press Stirs Ire of Americans // New York Times. — 1956. — June 8.
177. Laurence William L. Now Most Dreaded Weapon, Cobalt Bomb, Can Be Built; Chemical Compound That Revolutionized Hydrogen Bomb Makes It Possible // New York Times. — 1954. — April 7.
178. Russ Reported Making Deadly Nitrogen Bomb // Los Angeles Times. — 1954. — April 9.
179. Cobalt Bomb's Peril to All Life Stressed // Washington Post. — 1955. — February 14.
180. DeGroot Gerard J. The Bomb: A Life. — Cambridge, MA: Harvard University Press, 2005. — P. 198.

Глава 7. Джон Ф. Кеннеди: «Самый опасный момент в истории человечества»

1. Shedding New Light on the Stalin Regime // Manchester Guardian. — 1956. — March 17.

2. DeGroot Gerald J. Dark Side of the Moon: The Magnificent Madness of the American Lunar Quest. — NY: New York University Press, 2006. — P. 64, 67–68.
3. DeGroot Gerald J. Dark Side of the Moon: The Magnificent Madness of the American Lunar Quest. — NY: New York University Press, 2006. — P. 69.
4. Walker Martin. The Cold War: A History. — NY: Macmillan, 1995. — P. 114.
5. Gardner Lloyd C. The Dulles Years: 1953–1959 // From Colony to Empire / Ed. William Appleman Williams. — NY: John Wiley & Sons, 1972. — P. 418.
6. DeGroot Gerald J. Dark Side of the Moon: The Magnificent Madness of the American Lunar Quest. — NY: New York University Press, 2006. — P. 73.
7. Science: Sputnik's Week // Time. — 1957. — October 21. — P. 51.
8. Fred Kaplan, *The Wizards of Armageddon* (1983; reprint, Stanford, CA: Stanford University Press, 1991), 135.
9. Brzezinski Mathew. Red Moon Rising: Sputnik and the Hidden Rivalries that Ignited the Space Age. — NY: Macmillan. — P. 180.
10. Halberstam David. The Fifties. — NY: Villard, 1993. — P. 621.
11. Khrushchev Speaks on Economic and Technical Progress // Bulletin of the Atomic Scientists. — 1957. — № 12. — 360.
12. Eisenhower Dwight D. Public Papers of the President of the United States: Dwight D. Eisenhower. — Washington, DC: U.S. Government Printing Office, 1961. — P. 789–792.
13. Broad William J. U.S. Planned Nuclear Blast on the Moon, Physicist Says // *New York Times.* — 2000. — May 16.
14. Davidson Keay, Sagan Carl. Carl Sagan: A Life. — NY: John Wiley & Sons, 1999. — P. 86.
15. Special National Intelligence Estimate Number 11-10-57, "The Soviet ICBM Program", December 10, 1957, National Security Archive, Digital Collection, Soviet Estimate, 2.
16. Rhodes Richard. Arsenals of Folly: The Making of the Nuclear Arms Race. — NY: Alfred A. Knopf, 2007. — 109.
17. Roberts Chalmers M. Enormous Arms Outlay Is Held Vital to Survival // *Washington Post.* — 1957. — December 20.
18. DeGroot Gerald J. Dark Side of the Moon: The Magnificent Madness of the American Lunar Quest. — NY: New York University Press, 2006. — P. 69.
19. Alsop Joseph. Matter of Fact: Untruths on Defense // *Washington Post.* — 1958. — August 1.
20. Norris John J. Power Shifts to Soviet, Kennedy Warns // *Washington Post.* — 1958. — August 15.

21. Sherry Michael S. The Rise of American Air Power: The Creation of Armageddon. — New Haven, CT: Yale University Press, 1987. — P. 218.
22. Weiner Tim. Legacy of Ashes: The History of the CIA. — NY: Doubleday, 2007. — P. 162–163.
23. Texts of Appeal by Noted Scientists for Abolition of War // New York Times. — 1955. — July 10.
24. Otto Nathan and Heinz Norden, ed. *Einstein on Peace* (New York: Schocken Books, 1960), 681.
25. Policies Averted 3 Wars, Dulles Quoted as Saying // New York Times. — 1956. — January 12.
26. White William S. Rayburn Assails Stand by Dulles // New York Times. — 1956. — January 17.
27. Dulles Risking U.S. Safety, Adlai Charges // Washington Post. — 1956. — January 15; Johnston Richard J.H. Stevenson Bids President Repudiate or Oust Dulles // New York Times. — 1956. — January 18.
28. Roberts Chalmers M. Political Pot-Shots Beset Dulles // Washington Post. — 1956. — January 17.
29. Protest to Ike over Dulles' Step to the Brink // Chicago Tribune. — 1956. — January 29, 1956.
30. Gaddis John Lewis. The Unexpected John Foster Dulles: Nuclear Weapons, Communism, and the Russians // John Foster Dulles and the Diplomacy of the Cold War / Ed. Richard H. Immerman. — Princeton, NJ: Princeton University Press, 1990. — P.53–58.
31. What the President Saw: A Nation Coming into Its Own // Time. — 1985. — July 29. — 50 p.
32. Unna Warren. Atoms and Politics // Washington Post. — 1956. — October 10; Jacobs Bradford. Stevenson // Baltimore Sun. — 1956. — October 27.
33. Jacobs Bradford. Democrat Again Urges Testing Ban // Baltimore Sun. — 1956. — October 16.
34. Lieberman Henry R. Nehru Again Asks End of Bomb Tests // New York Times. — 1957. — May 18.
35. Focus on Atoms // New York Times. — 1957. — May 19.
36. Wittner Lawrence S. Resisting the Bomb: A History of the World Nuclear Disarmament Movement, 1954–1970. — Stanford, CA: Stanford University Press, 1997. — P. 52–53.
37. Wittner Lawrence S. Resisting the Bomb: A History of the World Nuclear Disarmament Movement, 1954–1970. — Stanford, CA: Stanford University Press, 1997. — P. 35–36.

38. Unna Warren. Libby Believes Man Can Tap Energy Sealed in Mountain by A-Bomb Blast // Washington Post. — 1957. — December 3.
39. Hewlett Richard G., Holl Jack M. Atoms for Peace and War, 1953–1961: Eisenhower and the Atomic Energy Commission. — Berkeley: University of California Press, 1989. — P. 529.
40. Hill Gladwin. A.E.C. Considers Deep A-Blasting for Oil and Ore // New York Times. — 1958. — March 14.
41. Underground Atom Blast Planned for U.S. for 1961 // New York Times. — 1960. — March 17.
42. 'Plowshare' Seeks Uses for H-Bomb Explosions // Washington Post. — 1959. — August 23, 1959.
43. Excerpts from Message by Schweitzer // New York Times. — 1957. — April 24; Schweitzer Urges World Opinion to Demand End of Nuclear Tests // New York Times. — 1957. — April 24.
44. Focus on Atoms // New York Times. — 1957. — May 19.
45. Gallup George. Public Favors H-Tests' Halt, If— // Washington Post. — 1957. — May 19.
46. Brown Earle P. The Facing of Certain Death // Washington Post. — 1957. — July 28.
47. De Groot Gerard J. The Bomb: A Life. — Cambridge, MA: Harvard University Press, 2005. — P. 211.
48. Crowther Bosley. Screen: On the Beach // New York Times. — 1959. — December 18.
49. Weart Spencer R. Nuclear Fear: A History of Images. — Cambridge, MA: Harvard University Press, 1988. — P. 218–219.
50. Rose Kenneth D. One Nation Underground: The Fallout Shelter in American Culture. — NY: New York University Press, 2001. — P. 43.
51. Rhodes Richard. Arsenals of Folly: The Making of the Nuclear Arms Race. — NY: Alfred A. Knopf, 2007. — P. 101.
52. Norris Robert S., Arkin William M. Estimated U.S. and Soviet/Russian Nuclear Stockpiles, 1945–94 // Bulletin of the Atomic Scientists. — 1994. — № 6. — P. 58–59; Norris Robert S., Arkin William M. Global Nuclear Stockpiles, 1945–2006 // Bulletin of the Atomic Scientists. — 2006. — № 4. — P. 66.
53. Daniel Ellsberg, personal communication with Peter Kuznick.
54. Rosenberg David A. The Origins of Overkill: Nuclear Weapons and American Strategy, 1945–1960 // International Security. — № 7. — 1983. — P. 8.
55. Ellsberg Daniel. Secrets: A Memoir of Vietnam and the Pentagon Papers. — NY: Viking, 2002. — P. 58–59.
56. Talbot David. Brothers: The Hidden History of the Kennedy Years. — NY: Free Press, 2007. — P. 36.

57. Lawrence W.H. President Describes Nixon Role in Administration's Decisions // *New York Times*. — 1960. — August 25.
58. Griffin Charles J.G. New Light on Eisenhower's Farewell Address // Presidential Studies Quarterly. — № 22. — 1992. — P. 472.
59. Milton Leitenberg, personal communication with Peter Kuznick, December 2010.
60. Text of Eisenhower's Farewell Address // *New York Times*. — 1961. — January 18.
61. Lippmann Walter. Today and Tomorrow: Eisenhower's Farewell Warning // *Washington Post*. — 1961. — January 19.
62. Griffin Charles J.G. New Light on Eisenhower's Farewell Address // Presidential Studies Quarterly. — № 22. — 1992. — P. 4.
63. Raymond Jack. The 'Military-Industrial Complex': An Analysis // *New York Times*. — 1961. — January 22.
64. Talbot David. Brothers: The Hidden History of the Kennedy Years. — NY: Free Press, 2007. — P. 35–36.
65. Ball Desmond. Politics and Force Levels: The Strategic Missile Program of the Kennedy Administration. — Berkeley: University of California Press, 1980. — P. 18–19.
66. Preble Christopher A. Who Ever Believed in the 'Missile Gap'?: John F. Kennedy and the Politics of National Security // Presidential Studies Quarterly. — № 33. — 2003. — P. 805–806.
67. Text of President Kennedy's Inaugural Address // *Washington Post*. — 1961. — January 21.
68. Halberstam David. The Best and the Brightest. — NY: Random House, 1972. — P. 60.
69. O'Donnell Kenneth P., Powers David F. "Johnny, We Hardly Knew Ye": Memories of John Fitzgerald Kennedy. — B: Little, Brown, 1970. — P. 14.
70. Talbot David. Brothers: The Hidden History of the Kennedy Years. — NY: Free Press, 2007. — P. 45.
71. Talbot David. Brothers: The Hidden History of the Kennedy Years. — NY: Free Press, 2007. — P. 50–51.
72. Curtains for Now in Cuba // *Chicago Tribune*. — 1961. — April 22.
73. The Collapse in Cuba // *Wall Street Journal*. — 1961. — April 21.
74. A Policy on Cuba // *New York Times*. — 1961. — April 27.
75. Brinkley Douglas. Dean Acheson: The Cold War Years. — New Haven, CT: Yale University Press, 1994. — P. 127; Heath Jim. Decade of Disillusionment: The Kennedy-Johnson Years. — Bloomington, IN: Indiana University Press, 1975. — P. 83.
76. Halberstam David. The Best and the Brightest. — NY: Random House, 1972. — P. 69.
77. Kennedy's Address // *Baltimore Sun*. — 1961. — April 21.
78. Raymond Jack. Gore Would Oust the Joint Chiefs // *New York Times*. — 1961. — May 20; C.I.A. Under the Microscope // *New York Times*. — 1961. — May 9.

79. Schlesinger Arthur M., Jr. A Thousand Days: John F. Kennedy in the White House. — NY: Houghton Mifflin, 1965. — P. 292.
80. Schlesinger Arthur M., Jr. A Thousand Days: John F. Kennedy in the White House. — NY: Houghton Mifflin, 1965. — P. 258.
81. Bradlee Benjamin C. Conversations with Kennedy. — NY: W. W. Norton, 1975. — P. 122.
82. Talbot David. Brothers: The Hidden History of the Kennedy Years. — NY: Free Press, 2007. — P. 50–51.
83. Weiner Tim. Legacy of Ashes: The History of the CIA. — NY: Doubleday, 2007. — P. 180.
84. Weiner Tim. Legacy of Ashes: The History of the CIA. — NY: Doubleday, 2007. — P. 178–179.
85. Talbot David. Brothers: The Hidden History of the Kennedy Years. — NY: Free Press, 2007. — P. 51.
86. Rorabaugh W. J. Kennedy and the Promise of the Sixties. — NY: Cambridge University Press, 2002. — P. 24.
87. Schlesinger Arthur M., Jr. A Thousand Days: John F. Kennedy in the White House. — NY: Houghton Mifflin, 1965. — P. 391.
88. T. Christopher Jespersen, ed. *Interviews with George F. Kennan* (Jackson: University Press of Mississippi, 2002), 88.
89. Halberstam David. The Best and the Brightest. — NY: Random House, 1972. — P. 76.
90. Leffler Melvyn P. For the Soul of Mankind: The United States, the Soviet Union and the Cold War. — NY: Hill and Wang, 2007. — P. 163–164.
91. Kaplan, *The Wizards of Armageddon,* 297.
92. Purcell Heather A., Galbraith James K. Did the U. S. Military Plan a Nuclear First Strike for 1963? // American Prospect. — № 19. — 1994. — P. 88–96.
93. Rusk Dean. As I Saw It. — NY: W. W. Norton, 1990. — P. 246–247.
94. Hilsman Roger. From Nuclear Military Strategy to a World Without War: A History and Proposal. — NY: Praeger, 1999. — P. 52.
95. Text of Kennedy Appeal to Nation for Increases in Spending and Armed Forces // *New York Times.* — 1961. — July 26.
96. Carroll James. An American Requiem: God, My Father, and the War That Came Between Us. — B: Houghton Mifflin, 1996. — P. 82–83.
97. Beschloss Michael R. The Crisis Years: Kennedy and Khrushchev 1960–1963. — NY: Edward Burlingame Books, 1991. — P. 278.
98. Maddock Shane J. Nuclear Apartheid: The Quest for American Atomic Supremacy from World War II to the Present. — Chapel Hill: University of North Carolina Press, 2010. — P. 131.
99. Maddock Shane J. Nuclear Apartheid: The Quest for American Atomic Supremacy from World War II to the Present. — Chapel Hill: University of North Carolina Press, 2010. — P. 162–163.

100. Fallout Defense Seen in 'Deplorable Shape' // *Washington Post.* — 1960. — March 29.
101. Fire Wrecks Libby's Bel Air Fallout Shelter // *Washington Post.* — 1961. — November 10.
102. Rose Kenneth D. One Nation Underground: The Fallout Shelter in American Culture. — NY: New York University Press, 2001. — P. 190; Atom Shelter Builders Finding Business Poor // Los Angeles Times. — 1961. — June 4.
103. Rose Kenneth D. One Nation Underground: The Fallout Shelter in American Culture. — NY: New York University Press, 2001. — P. 97, 94.
104. McHugh L.C. Ethics at the Shelter Doorway // America. — 1961. — September 30. — P. 826.
105. Cassels Louis. Private A-Shelters Held 'Unjust' by Bishop Dunn // *Washington Post.* — 1961. — October 14.
106. Rose Kenneth D. One Nation Underground: The Fallout Shelter in American Culture. — NY: New York University Press, 2001. — P. 98.
107. Gelb Arthur. Political Satire Invades Capital // *New York Times.* — 1962. — January 30; Harrison Emma. Priest Unmoved on Shelter View // *New York Times.* — 1961. — November 22.
108. U.S. Bares Atomic Might // Chicago Tribune. — 1961. — October 22; Beschloss Michael R. The Crisis Years: Kennedy and Khrushchev 1960–1963. — NY: Edward Burlingame Books, 1991. — P. 331.
109. На 31 декабря 1961 года США имели на вооружении одну МБР «Титан» и 62 МБР «Атлас». SAC report "Alert Operations and the Strategic Air Command, 1957–1991".
110. Houchin Roy F. US Hypersonic Research and Development: The Rise and Fall of Dyna-Soar, 1944–1963. — NY: Routledge, 2006. — P. 140; Norris Robert S., Arkin William M. Global Nuclear Stockpiles, 1945–2006 // Bulletin of the Atomic Scientists. 2006. — № 6. — P. 66.
111. Kaplan, *The Wizards of Armageddon*, 246.
112. Ibid., 254–257.
113. Blight James G., Brenner Philip. Sad & Luminous Days: Cuba's Struggle with the Superpowers after the Missile Crisis. — Lanham, MD: Rowman & Littlefield, 2002. — P. 8.
114. Blight James G., Brenner Philip. Sad & Luminous Days: Cuba's Struggle with the Superpowers after the Missile Crisis. — Lanham, MD: Rowman & Littlefield, 2002. — P. 8.
115. Herken Gregg. Counsels of War. — NY: Oxford University Press, 1987. — P. 37.
116. Winkler Allan M. Life Under a Cloud: American Anxiety About the Atom. — NY: Oxford University Press, 1993. — P. 175.
117. Talbot David. Brothers: The Hidden History of the Kennedy Years. — NY: Free Press, 2007. — P. 95.

118. Weiner Tim. Legacy of Ashes: The History of the CIA. — NY: Doubleday, 2007. — P. 184–185.
119. "Justification for U. S. Military Intervention in Cuba", March 13, 1962, National Security Archive, www.gwu.edu/~nsarchiv/news/20010430/doc1.pdf.
120. John F. Kennedy, "Remarks of Senator John F. Kennedy at the Fourth Annual Rockhurst Day Banquet of Rockhurst College in Kansas City, Missouri, Saturday, June 2, 1956", www.findingcamelot.net/speeches/1956/remarks-of-senator-john-f-kennedy-at-the-fourth-annual-rockhurst-day-banquet-of-rockhurst-college-in-kansas-city-missouri-Saturday-June-2-1956/.
121. Borer Douglas A. Superpowers Defeated: Vietnam and Afghanistan Compared. — NY: Frank Cass Publishers, 1999. — P. 102.
122. Halberstam David. The Best and the Brightest. — NY: Random House, 1972. — P. 35.
123. Schlesinger Arthur M., Jr. A Thousand Days: John F. Kennedy in the White House. — NY: Houghton Mifflin, 1965. — P. 547.
124. Несмотря на то что на момент Карибского кризиса у Соединенных Штатов было в 17 раз больше ядерного оружия, чем у Советского Союза, Кеннеди считал, что и одна или две советские бомбы, упавшие на американские города, — это слишком высокая цена даже в случае ответного удара, который полностью уничтожит СССР.
125. Maddock Shane J. Nuclear Apartheid: The Quest for American Atomic Supremacy from World War II to the Present. — Chapel Hill: University of North Carolina Press, 2010. — P. 197.
126. Blight James G., Brenner Philip. Sad & Luminous Days: Cuba's Struggle with the Superpowers after the Missile Crisis. — Lanham, MD: Rowman & Littlefield, 2002. — P. 36. Мы благодарим Фила Бреннера за информацию о запланированном декабрьском визите Хрущева.
127. Weiner Tim. Legacy of Ashes: The History of the CIA. — NY: Doubleday, 2007. — P. 201.
128. Rhodes Richard. Dark Sun: The Making of the Hydrogen Bomb. — NY: Simon & Schuster, 1995. — P. 574.
129. O'Donnell Kenneth P., Powers David F. "Johnny, We Hardly Knew Ye": Memories of John Fitzgerald Kennedy. — B: Little, Brown, 1970. — P. 318.
130. May Ernest R., Zelikow Philip D. The Kennedy Tapes: Inside the White House During the Cuban Missile Crisis. — Cambridge, MA: Belknap Press, 1997. — P. 178.
131. Text of Kennedy's Address on Moves to Meet the Soviet Build-up in Cuba // *New York Times.* — 1962. — October 23.
132. McNamara Robert S. Blundering into Disaster: Surviving the First Century of the Nuclear Age. — NY: Pantheon, 1987. — P. 10; Dobbs, *One Minute to Midnight,* 163.
133. Lloyd Marion. Soviets Close to Using A-Bomb in 1962 Crisis, Forum Is Told // Boston Globe. — 2002. — October 13.

134. Alexander Mozgovoi, "The Cuban Samba of the Quartet of Foxtrots: Soviet Submarines in the Caribbean Crisis of 1962", *Military Parade,* Moscow, 2002, National Security Archive, www.gwu.edu/~nsarchiv/nsa/cuba_mis_cri/020000%20Recollections;%20of%20Vadim%20Orlov.pdf.
135. Khrushchev Note // Los Angeles Times. — 1962. — November 2.
136. Alford Mimi. Once Upon a Secret: My Affair with President John F. Kennedy and Its Aftermath. — NY: Random House, 2012. — P. 94; Wegner Andreas. Living with Peril: Eisenhower, Kennedy, and Nuclear Weapons. — Lanham, MD: Rowman & Littlefield, 1997. — P. 201; Lukas J. Anthony. Class Reunion // *New York Times*. — 1987. — August 30.
137. Taubman William. Khrushchev: The Man and His Era. — NY: W. W. Norton, 2003. — P. 347.
138. Khrushchev Nikita S. Khrushchev Remembers. — B: Little, Brown, 1970. — P. 552.
139. Fursenko Aleksandr, Naftali Timothy. Khrushchev's Cold War: The Inside Story of an American Adversary. — NY: W. W. Norton, 2006. — P. 500.
140. 25 октября Кеннеди узнал о размещении СССР ракет «Луна», которые могли нести как тактические ядерные, так и обычные заряды. Он и его советники предположили, что заряды были обычными. Когда адмирал Джордж Андерсон запросил разрешения разместить аналогичные ядерные ракеты на американских кораблях, Кеннеди отказал ему, потому что считал, что советские «Луны» не несли ядерных зарядов.
141. McNamara Robert S. In Retrospect: The Tragedy and Lessons of Vietnam. — NY: Vintage, 1996. — P. 338–342; Mitchell Jon. Okinawa's First Nuclear Missile Men Break Silence. — Japan Times. — 2012. — July 8.
142. Lukas J. Anthony. Class Reunion // *New York Times*. — 1987. — August 30.
143. Maddock Shane J. Nuclear Apartheid: The Quest for American Atomic Supremacy from World War II to the Present. — Chapel Hill: University of North Carolina Press, 2010. — P. 198.
144. Maddock Shane J. Nuclear Apartheid: The Quest for American Atomic Supremacy from World War II to the Present. — Chapel Hill: University of North Carolina Press, 2010. — P. 198.
145. Message from Chairman Khrushchev to President Kennedy, October 30, 1962. Foreign Relations of the United States, 1961–1963, vol. 11. — Washington, DC: U. S. Government Printing Office, 1997. — P. 309–317.
146. Wittner Lawrence S. Resisting the Bomb: A History of the World Nuclear Disarmament Movement, 1954–1970. — Stanford, CA: Stanford University Press, 1997. — P. 416.
147. Leffler Melvyn P. For the Soul of Mankind: The United States, the Soviet Union and the Cold War. — NY: Hill and Wang, 2007. — P. 161.

148. Schlesinger Arthur M., Jr. Robert Kennedy and His Times. — NY: Houghton Mifflin Harcourt, 2002), 596.
149. Leffler Melvyn P. For the Soul of Mankind: The United States, the Soviet Union and the Cold War. — NY: Hill and Wang, 2007. — P. 184.
150. Beschloss Michael R. The Crisis Years: Kennedy and Khrushchev 1960–1963. — NY: Edward Burlingame Books, 1991. — P. 624.
151. Для более полного ознакомления с дискуссией относительно Договора о запрете ядерных испытаний в атмосфере читайте книгу Уиттнера «Resisting the Bomb», P. 416–421.
152. Porter Gareth. Perils of Dominance: Imbalance of Power and the Road to War in Vietnam. — Berkeley: University of California Press, 2005. — P. 169–170.
153. Newman John M. JFK and Vietnam: Deception, Intrigue, and the Struggle for Power. — NY: Warner Books, 1992. — P. 319–320.
154. Douglass James W. JFK and the Unspeakable: Why He Died and Why It Matters. — Maryknoll, NY: Orbis, 2008. — P. 181.
155. Для более полного ознакомления с дискуссией вокруг маневров Макнамары и Кеннеди читайте книгу Портера «Perils of Dominance». P. 165–179.
156. Szulc Tad. Crisis in Vietnam: Repercussions Are Felt Throughout Asia // *New York Times*. — 1963. — August 25.
157. Bird Kai. The Color of Truth: McGeorge and William Bundy: Brothers in Arms. — NY: Touchstone, 1988. — P. 261.
158. Ellsberg Daniel. Secrets: A Memoir of Vietnam and the Pentagon Papers. — NY: Viking, 2002. — P. 195–196.
159. Douglass James W. JFK and the Unspeakable: Why He Died and Why It Matters. — Maryknoll, NY: Orbis, 2008. — P. 182.
160. Kennedy John F. Public Papers of the Presidents of the United States: John F. Kennedy, 1963. — Washington, DC: U.S. Government Printing Office, 1964. — P. 459–464.
161. Talbot David. Brothers: The Hidden History of the Kennedy Years. — NY: Free Press, 2007. — P. 206.
162. Wittner Lawrence S. Resisting the Bomb: A History of the World Nuclear Disarmament Movement, 1954–1970. — Stanford, CA: Stanford University Press, 1997. — P. 421–422.
163. Memorandum from the Joint Chiefs of Staff to Secretary of Defense McNamara: Nuclear Test Ban Issue, April 20, 1963. Foreign Relations of the United States, 1961–1963, vol. 7. — Washington, DC: U.S. Government Printing Office, 1995. — P. 684.
164. Transcript of President Kennedy's News Conference // *Washington Post*. — 1963. — March 22.

165. Beschloss Michael R. The Crisis Years: Kennedy and Khrushchev 1960–1963. — NY: Edward Burlingame Books, 1991. — P. 632.
166. Talbot David. Brothers: The Hidden History of the Kennedy Years. — NY: Free Press, 2007. — P. 213.
167. Gromyko Andrei. Memoirs. — NY: Doubleday, 1989. — P. 137.
168. McDougall Walter A. The Heavens and the Earth: A Political History of the Space Age. — NY: Basic Books, 1985. — P. 221–222.
169. Transcript of Kennedy Address to Congress on U.S. Role in Struggle for Freedom // New York Times. — 1961. — May 26.
170. Excerpts from the Speech of President John F. Kennedy Before the United Nations General Assembly, September 20 // Bulletin of the Atomic Scientists. — 1963. — № 11. — P. 45.
171. Douglass James W. JFK and the Unspeakable: Why He Died and Why It Matters. — Maryknoll, NY: Orbis, 2008. — P. 69–70; Attwood William. The Twilight Struggle: Tales of the Cold War. — NY: Harper & Row, 1987. — P. 257–262.
172. Daniel Jean. Unofficial Envoy: An Historic Report from Two Capitals // New Republic. — 1963. — № 23. — 1963. — P. 16.
173. Douglass James W. JFK and the Unspeakable: Why He Died and Why It Matters. — Maryknoll, NY: Orbis, 2008. — P. 84–89.
174. Dubois Jules. Kennedy Soft on Reds: Rocky // Chicago Tribune. — 1963. — November 14; Janson Donald. Rockefeller Says Kennedy's Policy Imperils Peace // New York Times. — 1963. — November 17; Hailey Foster. Governor Scores U.S. on Atom Use // New York Times. — 1963. — November 21.
175. Talbot David. Brothers: The Hidden History of the Kennedy Years. — NY: Free Press, 2007. — P. 151.

Глава 8. Линдон Б. Джонсон: империя терпит поражение

1. Daniel Jean. When Castro Heard the News // New Republic. — № 23. — 1963. — P. 7–8.
2. Talbot David. Brothers: The Hidden History of the Kennedy Years. — NY: Free Press, 2007. — P. 33.
3. Douglass James W. JFK and the Unspeakable: Why He Died and Why It Matters. — Maryknoll, NY: Orbis, 2008. — P. 381.
4. Leffler Melvyn P. For the Soul of Mankind: The United States, the Soviet Union and the Cold War. — NY: Hill and Wang, 2007. — P. 192; Dobbs Michael. One Minute to Midnight: Kennedy, Khrushchev, and Castro on the Brink of Nuclear War. — NY: Random House, 2009. — P. 350.

5. Heath Jim F. Decades of Disillusionment: The Kennedy-Johnson Years. — Bloomington, IN: Indiana University Press, 1975. — P. 36.
6. Kearns Goodwin Doris. Lyndon Johnson and the American Dream. — NY: Harper & Row, 1976. — P. 95.
7. Halberstam David. The Best and the Brightest. — NY: Random House, 1972. — P. 298.
8. Kearns Goodwin Doris. Lyndon Johnson and the American Dream. — NY: Harper & Row, 1976. — P. 230, 251.
9. John McCone, Memorandum, November 24, 1963, http://www.presidency.ucsb.edu/vietnam/showdoc.php?docid=7.
10. Porter Gareth. Perils of Dominance: Imbalance of Power and the Road to War in Vietnam. — Berkeley: University of California Press, 2005. — P. 182–183.
11. Weiner Tim. Legacy of Ashes: The History of the CIA. — NY: Doubleday, 2007. — P. 237–239.
12. Leffler Melvyn P. For the Soul of Mankind: The United States, the Soviet Union and the Cold War. — NY: Hill and Wang, 2007. — P. 213.
13. Prados John. The Hidden History of the Vietnam War. — NY: Ivan R. Dee, 1995. — P. 15.
14. Lens Sidney, Zinn Howard. The Forging of the American Empire. — L: Pluto Press, 2003. — P. 422.
15. Oglesby Carl, Shaull Richard. Containment and Change. — NY: Macmillan, 1967. — P. 116.
16. Jeffrey P. Kimball, ed. *To Reason Why: The Debate About the Cause of U.S. Involvement in the Vietnam War* (Philadelphia: Temple University Press, 1990), 271.
17. Gardner Lloyd. Pay Any Price: Lyndon Johnson and the Wars for Vietnam. — NY: Ivan R. Dee, 1995. — P. 233.
18. Young Marilyn B. The Vietnam Wars, 1945–1990. — NY: HarperPerennial, 1991. — P. 120.
19. Prados John. Vietnam: The History of an Unwinnable War, 1945–1975. — Lawrence: University Press of Kansas, 2009. — P. 114.
20. Young Marilyn B. The Vietnam Wars, 1945–1990. — NY: HarperPerennial, 1991. — P. 129.
21. Logevall Frederik. Choosing War: The Lost Chance for Peace and the Escalation of War in Vietnam. — Berkeley: University of California Press, 1999. — P. 357.
22. Baritz Loren. Backfire: A History of How American Culture Led Us into Vietnam and Made Us Fight the Way We Did. — Baltimore: Johns Hopkins University Press, 1998. — P. 156.
23. Prados John. The Hidden History of the Vietnam War. — NY: Ivan R. Dee, 1995. — P. 296.

24. Halberstam David. The Best and the Brightest. — NY: Random House, 1972. — P. 533.
25. Gardner Lloyd. Pay Any Price: Lyndon Johnson and the Wars for Vietnam. — NY: Ivan R. Dee, 1995. — P. 203.
26. Gates Robert M. From the Shadows: The Ultimate Insider's Story of Five Presidents and How They Won the Cold War. — NY: Simon & Schuster, 1996. — P. 566.
27. Ellsberg Daniel. Secrets: A Memoir of Vietnam and the Pentagon Papers. — NY: Viking, 2002. — P. 92.
28. Russia Says U.S. Claims Right to Start A-War // *Washington Post*. — 1965. — April 27.
29. Red Raps U.S. in U.N. // *Chicago Daily Defender*. — 1965. — April 27.
30. Cornwell Rupert. Obituary: William Bundy // *Independent*. — 2000. — October 12; Ky Warns of Fight If 'Reds' Win Vote // *New York Times*. — 1967. — May 14; Ky Is Said to Consider Hitler a Hero // *Washington Post*. — 1965. — July 10; Reston James. Saigon: The Politics of Texas and Asia // *New York Times*. — 1965. — September 1.
31. Sheehan Neil. A Bright Shining Lie: John Paul Vann and America in Vietnam. — NY: Random House, 1988. — P. 524.
32. Ellsberg Daniel. Secrets: A Memoir of Vietnam and the Pentagon Papers. — NY: Viking, 2002. — P. 96.
33. Ellsberg Daniel. Secrets: A Memoir of Vietnam and the Pentagon Papers. — NY: Viking, 2002. — P. 97.
34. Appy Christian G. Patriots: The Vietnam War Remembered from All Sides. — NY: Viking, 2003. — P. 122–123.
35. Evans Rowland, Novak Robert D. Lyndon B. Johnson: The Exercise of Power. — NY: New American Library, 1966. — P. 539.
36. Young Marilyn B. The Vietnam Wars, 1945–1990. — NY: HarperPerennial, 1991. — P. 141.
37. Weiner Tim. Legacy of Ashes: The History of the CIA. — NY: Doubleday, 2007. — P. 285.
38. Garrow David J. Bearing the Cross: Martin Luther King, Jr., and the Southern Christian Leadership Council. — NY: William Morrow, 1986. — P. 560.
39. Halberstam David. The Best and the Brightest. — NY: Random House, 1972. — P. 633.
40. Halberstam David. The Best and the Brightest. — NY: Random House, 1972. — P. 434.
41. Dumbrell John. President Lyndon Johnson and Soviet Communism. — Manchester, England: Manchester University Press, 2004. — P. 12.
42. Всего за время мятежей в гетто в 1967 году погибли 88 человек, 1397 были ранены, 16 389 арестованы, 2157 осуждены. Ущерб составил 665 миллионов долларов. См. книгу Вейнера «Legacy of Ashes».
43. Lippmann Walter. Today and Tomorrow: The CIA Affair // *Washington Post*. — 1967. — February 21.

44. Weiner Tim. Legacy of Ashes: The History of the CIA. — NY: Doubleday, 2007. — P. 278–280; Weiner Tim. Angleton's Secret Policy // New York Times. — 2007. — June 26.
45. Nhu Tang Trương, David Chanoff, and Van Toai Doan, *A Vietcong Memoir: An Inside Account of the Vietnam War and Its Aftermath* (New York: Harcourt Brace Jovanovich, 1985), 167.
46. Wilson Warns Against Use of Nuclear Arms // Los Angeles Times. — 1968. — February 12.
47. Westmoreland William C., General. A Soldier Reports. — NY: Doubleday, 1976. — P. 338.
48. Boykoff Jules. The Suppression of Dissent: How the State and Mass Media Squelch US American Social Movements. — NY: Routledge, 2006. — P. 202.
49. Boykoff Jules. Beyond Bullets: The Suppression of Dissent in the United States. — Oakland, CA: AK Press, 2007. — P. 180–181.
50. LaFeber Walter. The Deadly Bet: LBJ, Vietnam and the 1968 Election. — Lanham, MD: Rowman & Littlefield, 2005. — P. 60.
51. Schulzinger Robert D. A Time for War: The United States and Vietnam, 1941–1975. — NY: Oxford University Press, 1997. — P. 266.
52. Gerassi John. The Great Fear in Latin America. — NY: Collier, 1965. — P. 19–20, 129.
53. Crandall Britta H. Hemispheric Giants: The Misunderstood History of U.S. — Brazilian Relations. — Lanham, MD: Rowman & Littlefield, 211. — P. 98; Schmitz David F. Thank God They're on Our Side: The United States and Right-Wing Dictatorships, 1921–1965. — Chapel Hill: University of North Carolina Press, 1999. — P. 272–273.
54. Schmitz David F. Thank God They're on Our Side: The United States and Right-Wing Dictatorships, 1921–1965. — Chapel Hill: University of North Carolina Press, 1999. — P. 265.
55. Smith Joseph. Brazil and the United States: Convergence and Divergence. — Athens: University of Georgia Press, 2010. — P. 161.
56. Chomsky Noam. Hegemony or Survival: America's Quest for Global Dominance. — NY: Henry Holt, 2003. — P. 92.
57. Blum William. Killing Hope: U.S. Military and CIA Interventions Since World War II. — Monroe, ME: Common Courage Books, 1995. — P. 168.
58. Green James N. We Cannot Remain Silent: Opposition to the Brazilian Military Dictatorship in the United States. — Durham, NC: Duke University Press, 2010. — P. 22.
59. Brands H. W. The Wages of Globalism: Lyndon Johnson and the Limits of American Power. — NY: Oxford University Press, 1995. — P. 49.

60. Guian A. McKee, ed. *The Presidential Recordings: Lyndon B. Johnson,* vols. 4–6 (New York: W.W. Norton, 2007), 18.
61. Hellman Ronald G., Rosenbaum H. Jon. Latin America: The Search for a New International Role. — NY: Wiley, 1975. — P. 80.
62. Wines Michael. William F. Raborn Is Dead at 84; Led Production of Polaris Missile // *New York Times.* — 1990. — March 13.
63. Weiner Tim. Legacy of Ashes: The History of the CIA. — NY: Doubleday, 2007. — P. 250–251.
64. Schmitz David F. Thank God They're on Our Side: The United States and Right-Wing Dictatorships, 1921–1965. — Chapel Hill: University of North Carolina Press, 1999. — P. 284.
65. Text of Johnson's Address on U.S. Moves in the Conflict in the Dominican Republic // *New York Times.* — 1965. — May 3.
66. Hamilton Thomas J. Sharp U.N. Clash // *New York Times.* — 1965. — May 4.
67. Dominican Issues // *New York Times.* — 1965. — May 9.
68. Bigart Homer. Bosch Gives His Version of Revolt // *New York Times.* — 1965. — May 8.
69. Westad Odd Arne. The Global Cold War: Third World Interventions and the Making of Our Times. — NY: Cambridge University Press, 2005. — P. 152.
70. Leffler Melvyn P. A Preponderance of Power: National Security, the Truman Administration, and the Cold War. — Stanford, CA: Stanford University Press, 1992. — P. 260.
71. Blum William. Killing Hope: U.S. Military and CIA Interventions Since World War II. — Monroe, ME: Common Courage Books, 1995. — P. 102.
72. Weiner Tim. Legacy of Ashes: The History of the CIA. — NY: Doubleday, 2007. — P. 151.
73. Blum William. Killing Hope: U.S. Military and CIA Interventions Since World War II. — Monroe, ME: Common Courage Books, 1995. — P. 103; Aid to Indonesian Rebels // *New York Times.* — 1958. — May 9.
74. Weiner Tim. Legacy of Ashes: The History of the CIA. — NY: Doubleday, 2007. — P. 142–154.
75. Douglass James W. JFK and the Unspeakable: Why He Died and Why It Matters. — P. 259; Thomas Evan. The Very Best Men: Four Who Dared: The Early Years of the CIA. — NY: Touchstone, 1995. — P. 232–233.
76. Douglass James W. JFK and the Unspeakable: Why He Died and Why It Matters. — P. 257–259, 376.
77. Westad Odd Arne. The Global Cold War: Third World Interventions and the Making of Our Times. — NY: Cambridge University Press, 2005. — 1.
78. Griffith Samuel B. The Chinese People's Liberation Army. — NY: McGraw-Hill, 1967. — P. 286.

79. Schmitz David F. The United States and Right-Wing Dictatorships, 1965–1989. — NY: Cambridge University Press, 2006. — P. 45.
80. Blum William. Killing Hope: U.S. Military and CIA Interventions Since World War II. — Monroe, ME: Common Courage Books, 1995. — P. 193–196.
81. Schmitz David F. The United States and Right-Wing Dictatorships, 1965–1989. — NY: Cambridge University Press, 2006. — P. 48.
82. Simpson Bradley R. Economists with Guns: Authoritarian Development and U.S. — Indonesian Relations, 1960–1968. — Stanford, CA: Stanford University Press, 2008. — P. 171.
83. Edward C. Keefer, ed. *Foreign Relations of the United States, 1964–1968: Indonesia, Malaysia-Singapore, Philippines* (Washington, DC: U.S. Government Printing Office, 2001), 571.
84. Schmitz David F. The United States and Right-Wing Dictatorships, 1965–1989. — NY: Cambridge University Press, 2006. — P. 48.
85. Weiner Tim. Legacy of Ashes: The History of the CIA. — NY: Doubleday, 2007. — P. 261.
86. Shenon Philip. Indonesia Improves Life for Many but the Political Shadows Remain // *New York Times*. — 1993. — August 27.
87. Young Marilyn B. The Vietnam Wars, 1945–1990. — NY: HarperPerennial, 1991. — P. 106.
88. Kearns Goodwin Doris. Lyndon Johnson and the American Dream. — NY: Harper & Row, 1976. — P. 251–252, 259–260.

Глава 9. Никсон и Киссинджер: «Безумец» и «Психопат»

1. Ambrose Stephen E. Nixon: Ruin and Recovery, 1973–1990. — NY: Simon & Schuster, 1991. — 488 p.; Martin Lawrence. The Presidents and the Prime Ministers: Washington and Ottawa Face to Face. — Toronto: Doubleday, 1982. — P. 259.
2. Haldeman H.R., DiMona Joseph. The Ends of Power. — NY: Dell Books, 1978. — P. 108, 111.
3. Dallek Robert. Nixon and Kissinger: Partners in Power. — NY: HarperCollins, 2007. — P. 93, 250.
4. LaFeber Walter. The American Age: United States Foreign Policy at Home and Abroad Since 1750. — NY: W.W. Norton, 1989. — P. 602; Kissinger Henry A. American Foreign Policy, exp. ed. — NY: W.W. Norton, 1974. — P. 183.
5. Isaacson Walter. Kissinger: A Biography. — NY: Simon & Schuster, 2005. — P. 764.
6. Dr. Kirk Urges U.S. to Leave Vietnam // *New York Times*. — 1968. — April 13.
7. Perlstein Rick. Nixonland: The Rise of a President and the Fracturing of America. — NY: Scribner, 2008. — P. 265.

8. Dallek Robert. Nixon and Kissinger: Partners in Power. — NY: HarperCollins, 2007. — P. 68.
9. Prados John. *Vietnam*: The History of an Unwinnable War, 1945–1975. — Lawrence: University Press of Kansas, 2009. — P. 288.
10. Califano Joseph A., Jr. The Triumph and Tragedy of Lyndon Johnson. — NY: Simon & Schuster, 1992. — P. 328; Witcover Jules. The Making of an Ink-Stained Wretch: Half a Century Pounding the Political Beat. — Baltimore: Johns Hopkins University Press, 2005. — P. 131.
11. Isaacson Walter. Kissinger: A Biography. — NY: Simon & Schuster, 2005. — P. 127–128.
12. Hersh Seymour M. The Price of Power: Kissinger in the Nixon White House. — NY: Summit Books, 1983. — P. 20.
13. Hersh Seymour M. The Price of Power: Kissinger in the Nixon White House. — NY: Summit Books, 1983. — P. 14.
14. Dallek Robert. Nixon and Kissinger: Partners in Power. — NY: HarperCollins, 2007. — P. 99.
15. Carolyn Eisenberg, Remembering Nixon's War// *A Companion to the Vietnam War*, ed. Marilyn B. Young and Robert Buzzanco (Maiden, MA: Blackwell, 2002), 263.
16. Hessing Cahn Anne. Killing Detente: The Right Attacks the CIA. — University Park: Pennsylvania State University Press, 1998. — P. 21.
17. Kissinger Henry. White House Years. — B: Little, Brown, 1979. — P. 26.
18. Westad Odd Arne. The Global Cold War: Third World Interventions and the Making of Our Times. — NY: Cambridge University Press, 2007. — P. 196.
19. Hersh Seymour M. The Price of Power: Kissinger in the Nixon White House. — NY: Summit Books, 1983. — P. 111.
20. Isaacson Walter. Kissinger: A Biography. — NY: Simon & Schuster, 2013. — P. 160.
21. Haldeman H.R., DiMona Joseph. The Ends of Power. — NY: Dell Books, 1978. — P. 160.
22. Ibidem. — P. 122.
23. Brodie Fawn M. Richard Nixon: The Shaping of His Character. — NY: W.W. Norton, 1981. — P. 322.
24. Shawcross William. Sideshow: Kissinger, Nixon and the Destruction of Cambodia. — NY: Simon & Schuster, 1979. — P. 30–32.
25. Isaacson Walter. Kissinger: A Biography. — NY: Simon & Schuster, 2005. — P. 213.
26. Kimball Jeffrey. Nixon's Vietnam War. — Lawrence: University Press of Kansas, 1998. — P. 159.
27. Ibidem. — P. 163; Young Marilyn B. The Vietnam Wars, 1945–1990. — NY: HarperPerennial, 1991. — 239 p.
28. Hersh S. Op. cit. — P. 127.
29. Kimball J. Op. cit. — P. 163; Hersh S. Op. cit. — P. 126, 129.

30. Hersh S. Op. cit. — P. 124.
31. Henry A. Kissinger, Memorandum for the President, "Contingency Military Operations Against North Vietnam", October 2, 1969, http://www.gwu.edu/~nsarchiv/NSAEBB/NSAEBB195/VN-2.pdf.
32. Editorial Note// *Foreign Relations of the United States, 1969–1976,* vol. 7, Vietnam, January 1969 — July 1970, Document 125, http://history.state.gov/historicaldocuments/frus1969-76v06/d125.
33. Nixon Richard. RN: The Memoirs of Richard Nixon. — NY: Grosset & Dunlap, 1978. — P. 398.
34. Hersh S. Op. cit. — P. 124–125.
35. Wells Tom. The War Within: America's Battle over Vietnam. — Berkeley: University of California Press, 1994. — P. 358.
36. Herken Gregg. Counsels of War. — NY: Oxford University Press, 1987. — P. 217.
37. Nixon Richard. RN: The Memoirs of Richard Nixon. — NY: Grosset & Dunlap, 1978. — P. 401.
38. AAAS, Minutes of the Meeting of the AAAS Council, December 30, 1965, AAAS Archives, Washington, D.C.
39. Scientists Protest Viet Crop Destruction // Science. — 1966. — January 21. — P. 309.
40. Nelson Bryce. Military Research: A Decline in the Interest of Scientists? // Science. — 1967. — April 21. — P. 365.
41. Nelson Bryce. Scientists Plan Research Strike at M.I.T. on 4 March // Science. — 1969. — January 25. — P. 373.
42. Tishler Max. The Siege of the House of Reason // Science. — 1969. — October 3. — P. 193; Nelson Bryce. M.I.T's March 4: Scientists Discuss Renouncing Military Research // Science. — 1969. — March 14, 1969. — P. 1175–1178.
43. Hersh Seymour M. The Price of Power: Kissinger in the Nixon White House. — NY: Summit Books, 1983. — P. 134.
44. Appy Christian G. Patriots: The Vietnam War Remembered from All Sides. — NY: Viking, 2003. — P. 122–123.
45. McNamara Robert S. In Retrospect: The Tragedy and Lessons of Vietnam. — NY: Vintage, 1996. — P. 32–33.
46. Appy C.G. Op. cit. — P. 243–244.
47. Ibidem. — P. 348–349.
48. Hersh S. Op. cit. — P. 135.
49. Там же.
50. Robert Parry and Norman Solomon, "Colin Powell's My Lai Connection", 1996, www.consortiumnews.com/2009/120209b.html.
51. Thomas S. Langston, ed. *The Cold War Presidency: A Documentary History* (Washington, DC: Congressional Quarterly Press, 2007), 297.

52. Perlstein Rick. Nixonland: The Rise of a President and the Fracturing of America. — NY: Scribner, 2008. — P. 482.
53. Isaacson Walter. Kissinger: A Biography. — NY: Simon & Schuster, 2005. — P. 269.
54. Nossiter Bernard D. Thousands of Students Protest War // *Washington Post.* — 1970. — May 6.
55. Kissinger Henry. White House Years. — B: Little, Brown, 1979. — P. 511, 513.
56. Благодарим Дэниэла Эллсберга за предоставленную информацию.
57. Wells Tom. The War Within: America's Battle over Vietnam. — Berkeley: University of California Press, 1994. — P. 579.
58. Testimony of Tom Charles Huston, *Hearings before the Select Committee to Study Governmental Operations with Respect to Intelligence Activities of the United States Senate*, 94th Cong., 1st Sess., "Huston Plan", September 23, 1975, 20.
59. Ambrose Stephen E. Nixon: Ruin and Recovery, 1973–1990. — NY: Simon & Schuster, 1991. — P. 508.
60. Kinzer Stephen. Overthrow: America's Century of Regime Change from Hawaii to Iraq. — New York: Times Books, 2006. — P. 175–176.
61. Там же. — P. 176.
62. Weiner Tim. Legacy of Ashes: The History of the CIA. — NY: Doubleday, 2007. — P. 307–308.
63. "New Kissinger 'Telecons' Reveal Chile Plotting at Highest Levels of U.S. Government", National Security Archive, www.gwu.edu/~nsarchiv/NSAEBB/NSAEBB255/index.htm.
64. Kornbluh Peter. The Pinochet File: A Declassified Dossier on Atrocity and Accountability. — NY: New Press, 2003. — P. 1–2, 18, 36; Westad Odd Arne. The Global Cold War: Third World Interventions and the Making of Our Times. — NY: Cambridge University Press, 2007. — P. 201; Weiner Tim. Legacy of Ashes: The History of the CIA. — NY: Doubleday, 2007. — P. 309.
65. Kornbluh Peter. The Pinochet File: A Declassified Dossier on Atrocity and Accountability. — NY: New Press, 2003. — P. 11.
66. Там же. — P. 8.
67. Weiner Tim. Legacy of Ashes: The History of the CIA. — NY: Doubleday, 2007. — P. 355.
68. Westad Odd Arne. The Global Cold War: Third World Interventions and the Making of Our Times. — NY: Cambridge University Press, 2007. — P. 201.
69. Hersh Seymour M. Censored Matter in Book About C.I.A. Said to Have Related Chile Activities // *New York Times.* — 1974. — September 11.
70. World: Chile: The Expanding Left // Time. — 1970. — October 19. — P. 23.
71. Dodge Michael. Letter to the Editor // Time. — 1970. — November 16. — P. 13.
72. Kornbluh P. Op. cit. — P. 17, 20–21, 58–59.
73. Там же. — P. 25, 26, 28–29, 64, 72.

74. Kornbluh P. Op. cit. — P. 79, 119.
75. Weiner Tim. Op. cit. — P. 364.
76. Kinzer S. Op. cit. — P. 187.
77. Ibidem. — P. 189.
78. James D. Cockcroft and Jane Carolina Canning, ed. *Salvador Allende Reader: Chile's Voice of Democracy* (Melbourne, Australia: Ocean Press, 2000), 201–220.
79. Alden Robert. Allende, at U.N., Charges Assault by U.S. Interests // New York Times. — 1972. — December 5; Kinzer Stephen. Overthrow: America's Century of Regime Change from Hawaii to Iraq. — New York: Times Books, 2006. — P. 189; Zullo Joseph. Allende Hits U.S., I.T.T. // Chicago Tribune. — 1972. — December 5; Shannon Don. Chile President Accuses U.S. Firms of 'Indirect Aggression' // Los Angeles Times. — 1972. — December 5.
80. Kinzer Stephen. Overthrow: America's Century of Regime Change from Hawaii to Iraq. — New York: Times Books, 2006. — P. 190.
81. Kinzer Stephen. Overthrow: America's Century of Regime Change from Hawaii to Iraq. — New York: Times Books, 2006. — P. 194.
82. Weiner Tim. Word for Word/Covert Action // New York Times. — 1998. — September 13.
83. "TelCon: 9/16/73 (Home) 11:50, Mr. Kissinger/The President", National Security Archive, www.gwu.edu/~nsarchiv/NSAEBB/NSAEBB123/Box%2022,%20File%20 3,%20Telcon,%209-16-73%2011,50%20Mr.%20Kissinger-The%20Pres%202.pdf.
84. Kornbluh Peter. The Pinochet File: A Declassified Dossier on Atrocity and Accountability. — NY: New Press, 2003. — P. 265.
85. ARA Monthly Report (July), "The 'Third World War' and South America", August 3, 1976, National Security Archive, www.gwu.edu/~nsarchiv/NSAEBB/NSAEBB125/condor05.pdf.
86. Ambassador Harry W. Shlaudeman to Secretary Kissinger, action memorandum, "Operation Condor", August 30, 1976, Department of State, National Security Archive, www.gwu.edu/~nsarchiv/NSAEBB/NSAEBB312/1_19760830_Operation_Condor.PDF.
87. FM USDEL Secretary in Lusaka to Henry Kissinger, cable, "Actions Taken", September 16, 1976, Department of State, National Security Archive, www.gwu.edu/~nsarchiv/NSAEBB/NSAEBB312/2_19760916_Actions_Taken.pdf.
88. Dinges John. Pulling Back the Veil on Condor // Nation. — 2000. — July 24, www.thenation.com/article/pulling-back-veil-condor.
89. Garthoff Raymond L. Detente and Confrontation: American-Soviet Relations from Nixon to Reagan. — Washington, DC: Brookings Institution, 1985. — 290.
90. Richard Nixon, "Address to a Joint Session of the Congress on Return From Austria, the Soviet Union, Iran, and Poland", June 1, 1972, www.presidency.ucsb.edu/ws/index.php?pid=3450#axzz1aJSeeAQ2.

91. Для более полного ознакомления с вопросом Окинавы читайте статью Гэвена Маккормака «Ampo's Troubled 50th: Hatoyama's Abortive Rebellion, Okinawa's Mounting Resistance and the U.S. — Japan Relationship (Part 1)» (*The Asia-Pacific Journal: Japan Focus,* 22–3–10, May 31, 2010, www.japanfocus.org/-Gavan-McCormack/3365/; McCormack Gavan, Norimatsu Satoko Oka. Resistant Islands: Okinawa Confronts Japan and the United States. — Lanham, MD: Rowman & Littlefield, 2012. — P. 55–57.
92. Herring George C. From Colony to Superpower: U.S. Foreign Relations Since 1776. — NY: Oxford University Press, 2008. — P. 783–784.
93. Kurt M. Campbell and Tsuyoshi Sunohara, "Japan: Thinking the Unthinkable", in *The Nuclear Tipping Point: Why States Reconsider Their Nuclear Choices,* ed. Kurt M. Campbell, Robert J. Einhorn, and Mitchell B. Reiss (Washington, DC: Brookings Institution, 2004), 221–222.
94. Там же, 225.
95. The New Equilibrium // *New York Times.* — 972. — June 3, 1972.
96. Heilbrunn Jacob. They Knew They Were Right: The Rise of the Neocons. — NY: Anchor Books, 2009. — P. 122.
97. Kissinger Henry. Years of Upheaval. — B: Little, Brown, 1982. — P. 249.
98. Ellsberg Daniel. Secrets: A Memoir of Vietnam and the Pentagon Papers. — NY: Viking, 2002. — P. 255–256, 258–260.
99. Там же. — P. 398.
100. Ellsberg Daniel. Secrets: A Memoir of Vietnam and the Pentagon Papers. — NY: Viking, 2002. — P. 408.
101. Там же. — P. 434, 440.
102. Там же. — P. 418.
103. Herring George C. From Colony to Superpower: U.S. Foreign Relations Since 1776. — NY: Oxford University Press, 2008. — P. 793.
104. Ellsberg Daniel. Secrets: A Memoir of Vietnam and the Pentagon Papers. — NY: Viking, 2002. — P. 419.
105. Isaacson Walter. Kissinger: A Biography. — NY: Simon & Schuster, 2005. — P. 459.
106. Transcript of the Speech by President on Vietnam // *New York Times.* — 1973. — January 24.
107. Robert McNamara lecture to Peter Kuznick's class at American University, October 21, 1999.
108. Mr. Kissinger/The President (tape) [telephone conversation], December 9, 1970, 8:45 p.m., National Security Archive, www.gwu.edu/~nsarchiv/NSAEBB/NSAEBB123/Box%2029,%20File%202,%20Kissinger%20%96%20President%20Dec%209,%201970%208,45%20pm%20%200.pdf.

109. Mr. Kissinger/General Haig (tape) [telephone conversation], December 9, 1970, 8:50 p.m., National Security Archive, www.gwu.edu/~nsarchiv/NSAEBB/NSAEBB123/Box%2029,%20File%202,%20Kissinger%20%96%20Haig,%20Dec%209,%201970%208,50%20pm%20106-10.pdf.
110. Kiernan Ben. The Pol Pot Regime: Race, Power, and Genocide Under the Khmer Rouge. — New Haven, CT: Yale University Press, 2003. — P. 23.
111. Kiernan, *The Pol Pot Regime,* xi, note 3.
112. Shawcross William. Sideshow: Kissinger, Nixon and the Destruction of Cambodia. — NY: Simon & Schuster, 1979. — P. 389.
113. Chapelier Georges, Van Malderghem Joysane. Plain of Jars: Social Changes Under Five Years of Pathet Lao Administration // Asia Quarterly. — № 1. — 1971. — P. 75.
114. Young Marilyn B., The Vietnam Wars, 1945–1990. — NY: HarperPerennial, 1991. — P. 234–236.; Branfman Fred. Voices from the Plain of Jars: Life Under an Air War. — NY: Harper & Row, 1972. — P. 3, 18–20.
115. Daniel Ellsberg, personal communication with Peter Kuznick.
116. Excerpts from Mitchell's Testimony // Los Angeles Times. — 1973. — July 11.
117. *New Yorker,* vol. 49, 1973, 173.
118. Lytle Mark H. America's Uncivil Wars: The Sixties Era from Elvis to the Fall of Richard Nixon. — NY: Oxford University Press, 2006. — P. 1.
119. Eisenberg, "Remembering Nixon's War", 263.

Глава 10. Крах разрядки: полуденная тьма

1. Carter Criticizes Bush and Blair on War in Iraq // *New York Times.* — 2007. — May 20.
2. LaFeber Walter. America, Russia, and the Cold War, 1945–2006. — B: McGraw-Hill, 2008. — P. 293.
3. Young Marilyn B. The Vietnam Wars, 1945–1990. — NY: HarperPerennial, 1991. — P. 239.
4. Cleva Gregory D. Henry Kissinger and the American Approach to Foreign Policy. — Lewisburg, PA: Bucknell University Press, 1989. — P. 40.
5. Schell Jonathan. The Real War: The Classic Reporting on the Vietnam War. — NY: Da Capo Press, 2000. — P. 53.
6. Schell Jonathan. The Real War: The Classic Reporting on the Vietnam War. — NY: Da Capo Press, 2000. — P. 55.
7. Hovey Graham. He Calls '73 Pledge of Aid to Hanoi Invalid // *New York Times.* — 1977. — May 20.
8. Vietnam Report Details Unexploded Ordnance // *New York Times.* — 2009. — August 1.

9. Brinkley Douglas. Gerald R. Ford. — NY: Macmillan, 2007. — P. 91.
10. Westad Odd Arne. The Global Cold War: Third World Interventions and the Making of Our Times. — NY: Cambridge University Press, 2007. — P. 247; Apodaca Clair. Understanding U.S. Human Rights Policy: A Paradoxical Legacy. — NY: Routledge, 2006. — P. 60.
11. Hotz Robert. Beam Weapon Threat // Aviation Week & Space Technology. — 1977. — May 2. — P. 11.
12. Hessing Cahn Anne. Killing Detente: The Right Attacks the CIA. — University Park, PA: Pennsylvania State University Press, 1998. — P. 138.
13. Hessing Cahn Anne. Killing Detente: The Right Attacks the CIA. — University Park, PA: Pennsylvania State University Press, 1998. — P. 152.
14. Pipes Richard. Team B: The Reality Behind the Myth // Commentary. — № 9. — 1986. — P. 29, 33.
15. Thom Hartmann, "Hyping Terror for Fun, Profit — and Power", www.commondreams.org/views04/1207-26.htm.
16. Hessing Cahn Anne. Killing Detente: The Right Attacks the CIA. — University Park, PA: Pennsylvania State University Press, 1998. — P. 158.
17. Thompson Nicholas. The Hawk and the Dove: Paul Nitze, George Kennan, and the History of the Cold War. — NY: Henry Holt, 2009. — P. 260.
18. Thompson Nicholas. The Hawk and the Dove: Paul Nitze, George Kennan, and the History of the Cold War. — NY: Henry Holt, 2009. — P. 260–261.
19. Nugent Tom, Parks Steve. New Evidence Clouds Paisley 'Suicide' Verdict // Baltimore Sun. — 1979. — April 2; Paisley's Death Believed Linked to CIA, Majority Security Breach // Baltimore Sun. — 1979. — January 26; Coates James. CIA Spy Mystery: How Did He Die and Why? // Chicago Tribune. — 1978. — October 8.
20. Coates James. CIA Spy Mystery: How Did He Die and Why? // Chicago Tribune. — 1978. — October 8.
21. Nugent Tom, Parks Steve. New Evidence Clouds Paisley 'Suicide' Verdict // Baltimore Sun. — 1979. — April 2; Wife Probing Death of Ex-CIA Official // Los Angeles Times. — 1978. — November 26; The Paisley Mystery // Baltimore Sun. — 1979. — May 22; Robinson Timothy S. Full Report on Paisley to Be Secret // Washington Post. — 1980. — April 24.
22. Hessing Cahn Anne. Killing Detente: The Right Attacks the CIA. — University Park, PA: Pennsylvania State University Press, 1998. — P. 188.
23. Cockburn Alexander. Rumsfeld: His Rise, Fall, and Catastrophic Legacy. — NY: Simon & Schuster, 2007. — P. 20, note 18.
24. Ford Gerald R. A Time to Heal: The Autobiography of Gerald R. Ford. — NY: Harper & Row, 1979. — P. 357.

25. Wilentz Sean. The Age of Reagan: A History, 1974–2008. — NY: HarperCollins, 2008. — P. 64.
26. Westad Odd Arne. The Global Cold War: Third World Interventions and the Making of Our Times. — NY: Cambridge University Press, 2007. — P. 247–248.
27. Ibidem. — P. 443, note 102.
28. Leo P. Ribuffo, "Writing About Jimmy Carter as if He Was Andrew Jackson: The Carter Presidency in (Deep) Historical Perspective", delivered January 2007 at the University of Georgia, http://gwu.academia.edu/leoribuffo/Papers/168463/.
29. Judis John B. Twilight of the Gods // Wilson Quarterly. — № 4. — 1991. — P. 46–47.
30. Brzezinski Zbigniew. Between Two Ages: America's Role in the Technetronic Era. — Westport, CT: Greenwood Press, 1982. — P. 297.
31. Judis John B. Twilight of the Gods // Wilson Quarterly. — № 4. — 1991. — P. 47–50.
32. Brzezinski Zbigniew. Power and Principle: Memoirs of the National Security Adviser, 1977–1981. — NY: Farrar, Straus and Giroux, 1983. — P. 5.
33. Zinn Howard. A People's History of the United States. — NY: Harper Colophon, 1980. — P. 551.
34. Carter Jimmy. A Government as Good as Its People. — NY: Simon & Schuster, 1977. — P. 99–100.
35. Hixson Walter L. The Myth of American Diplomacy: National Identity and U.S. Foreign Policy. — New Haven, CT: Yale University Press, 2008. — P. 258, n. 23.
36. Wittner Lawrence S. Towards Nuclear Abolition: A History of the World Nuclear Disarmament Movement, 1971–Present. — Stanford, CA: Stanford University Press, 2003. — P. 41.
37. Evans Rowland, Robert Novak. Jimmy Carter: No Apology on Vietnam // *Washington Post*. — 1976. — July 7.
38. Lichtman Alan. White Protestant Nation: The Rise of the American Conservative Movement. — NY: Atlantic Monthly Press, 2008. — P. 334.
39. Brzezinski. Power and Principle. — P. 64.
40. Ibidem. — P. 65–66.
41. LaFeber Walter. America, Russia, and the Cold War, 1945–2006. — B: McGraw-Hill, 2008. — P. 300.
42. Leffler Melvyn P. For the Soul of Mankind: The United States, the Soviet Union, and the Cold War. — NY: Hill and Wang, 2007. — P. 268–269.
43. Leffler Melvyn P. For the Soul of Mankind: The United States, the Soviet Union, and the Cold War. — NY: Hill and Wang, 2007. — P. 284.
44. Speech of the President on Soviet-American Relations at the U.S. Naval Academy // *New York Times*. — 1978. — June 8.
45. Brzezinski Zbigniew. Power and Principle: Memoirs of the National Security Adviser, 1977–1981. — NY: Farrar, Straus and Giroux, 1983. — P. 189.

46. Westad Odd Arne. The Global Cold War: Third World Interventions and the Making of Our Times. — NY: Cambridge University Press, 2007. — P. 283.
47. Drumbell John. The Carter Presidency: A Re-evaluation. — Manchester, England: Manchester University Press, 1995. — P. 102.
48. Vine David. Island of Shame: The Secret History of the U.S. Military Base on Diego Garcia. — Princeton, NJ: Princeton University Press. — 2009.
49. Westad Odd Arne. The Global Cold War: Third World Interventions and the Making of Our Times. — NY: Cambridge University Press, 2007. — P. 292.
50. Tears and Sympathy for the Shah // New York Times. — 1977. — November 17; также читайте статью Рональда Ли Риденаура «America Since My Lai: 10 Years on a Tightrope» (Los Angeles Times. — 1978. — March 19).
51. Gardner Lloyd C. The Long Road to Baghdad: A History of U.S. Foreign Policy from the 1970s to the Present. — NY: New Press, 2008. — P. 51.
52. Leffler Melvyn P. For the Soul of Mankind: The United States, the Soviet Union, and the Cold War. — NY: Hill and Wang, 2007. — P. 301.
53. Gardner Lloyd C. The Long Road to Baghdad: A History of U.S. Foreign Policy from the 1970s to the Present. — NY: New Press, 2008. — P. 54–55.
54. Dreyfuss Robert. Devil's Game: How the United States Helped Unleash Fundamentalist Islam. — NY: Henry Holt, 2005. — P. 221.
55. Weiner Tim. Legacy of Ashes: The History of the CIA. — NY: Doubleday, 2007. — P. 371.
56. Leffler Melvyn P. For the Soul of Mankind: The United States, the Soviet Union, and the Cold War. — NY: Hill and Wang, 2007. — P. 308.
57. Nuclear Know-how: A Close Call // Los Angeles Times. — 1979. — March 12.
58. Pastor Robert A. Condemned to Repetition: The United States and Nicaragua. — Princeton, NJ: Princeton University Press, 1987. — P. 148.
59. Steve Galster, "Afghanistan: The Making of U.S. Policy, 1973–1990", National Security Archive, www.gwu.edu/~nsarchiv/NSAEBB/NSAEBB57/essay.html.
60. Borders William. Afghanistan Vows 'Active Neutrality' // New York Times. — 1978. — May 5.
61. Chalmers Johnson, *Blowback: The Costs and Consequences of American Empire* (New York: Henry Holt, 2004), xiii.
62. Leffler Melvyn P. For the Soul of Mankind: The United States, the Soviet Union, and the Cold War. — NY: Hill and Wang, 2007. — P. 310–311.
63. Leffler Melvyn P. For the Soul of Mankind: The United States, the Soviet Union, and the Cold War. — NY: Hill and Wang, 2007. — P. 332.
64. Baker Russell. A Bone in the Throat // New York Times. — 1980. — May 3.
65. Jimmy Carter, State of the Union Address 1980, January 23, 1980, www.jimmycarter.library.gov/documents/speeches/su80jec.phtml.

66. Gates Robert M. From the Shadows: The Ultimate Insider's Story of Five Presidents and How They Won the Cold War. — NY: Simon & Schuster, 1996. — P. 113.
67. Lifton Robert J., Mitchell Greg. Hiroshima in America: A Half Century of Denial. — NY: Avon Books, 1995. — P. 220, 402.
68. Wawro Geoffrey. Quicksand: America's Pursuit of Power in the Middle East. — NY: Penguin, 2010. — P. 382.
69. Transcript of President's News Conference on Foreign and Domestic Affairs // New York Times. — 1977. — March 25.
70. Hessing Cahn Anne. Killing Detente: The Right Attacks the CIA. — University Park, PA: Pennsylvania State University Press, 1998. — P. 49.
71. Walsh David. The Military Balance in the Cold War: US Perception and Policy. — Abingdon: Routledge, 2008. — P. 183.
72. Laird Melvin R. Defense Secretaries Shouldn't Play Politics // Washington Post. — 1980. — August 17.
73. Gates Robert M. From the Shadows: The Ultimate Insider's Story of Five Presidents and How They Won the Cold War. — NY: Simon & Schuster, 1996. — P. 113.
74. Gates Robert M. From the Shadows: The Ultimate Insider's Story of Five Presidents and How They Won the Cold War. — NY: Simon & Schuster, 1996. — P. 114–115.
75. State Department cable 295771 to U.S. Embassy Moscow, "Brezhnev Message to President on Nuclear False Alarm", 14 November 1979; Marshal Shulman memo to Secretary of State Cyrus Vance, 16 November 1979; Marshal Shulman memo to Cyrus Vance, 21 November 1979, National Security Archive Electronic Briefing Book No. 371, March 1, 2012, http://www.gwu.edu/~nsarchiv/nukevault/ebb371/index.htm.
76. McGrory Mary. Vance Departs Knowing the Full Implications // Baltimore Sun. — 1980. — April 30.
77. The Vance Resignation // Washington Post. — 1980. — April 29.
78. Leaving Well // Wall Street Journal. — 1980. — April 29.
79. Vance Says National Security Adviser Should Stop Making Foreign Policy // Washington Post. — 1980. — May 5.
80. Weisman Steven R. Carter Sees Muskie as 'Much Stronger' in the Job than Vance // New York Times. — 1980. — May 10.
81. Robert Parry, "The Crazy October Surprise Debunking", November 6, 2009, www.consortiumnews.com/2009/110609.html.

Глава 11. Годы Рейгана: «Эскадроны смерти» на страже демократии

1. Dobrynin Anatoly. In Confidence: Moscow's Ambassador to America's Six Cold War Presidents (1962–1986). — NY: Times Books, 1995. — P. 530.

2. Leffler Melvyn P. For the Soul of Mankind: The United States, the Soviet Union and the Cold War. — NY: Hill and Wang, 2007. — P. 349; Weiner Tim. Legacy of Ashes: The History of the CIA. — NY: Doubleday, 2007. — P. 388.
3. Schieffer Bob, Gates Gary Paul. The Acting President. — NY: E.P. Dutton, 1989. — P. 91.
4. Cannon Lou. Latin Trip an Eye-Opener for Reagan // *Washington Post.* — 1982. — December 6.
5. Pemberton William E. Exit with Honor: The Life and Presidency of Ronald Reagan. — Armonk, NY: M.E. Sharpe, 1997. — P. 150.
6. Schieffer Bob, Gates Gary Paul. The Acting President. — NY: E.P. Dutton, 1989. — P. 175.
7. Reagan Ronald. An American Life. — NY: Simon & Schuster, 1990. — P. 588.
8. Omang Joanne. President, Nazi Hunter Discuss the Holocaust // *Washington Post.* — 1984. — February 17; Cannon Lou. Dramatic Account About Film of Nazi Death Camps Questioned // *Washington Post.* — 1984. — March 5.
9. Royko Mike. What Prez Says Ain't Necessarily So // Chicago Tribune. — 1984. — April 6.
10. Perry James M... While Candidate Stays True to Form by Spreading the Word, and the Words // Wall Street Journal. — 1988. — January 15; Leubsdorf Carl P. Cornerstone of Reagan Election Appeal Is Promised Return to 'Good Old Days' // Baltimore Sun. — 1980. — April 30.
11. Speakes Larry. Speaking Out: The Reagan Presidency from Inside the White House. — NY: Scribner, 1988. — P. 136.
12. Cannon Lou. President Reagan: The Role of a Lifetime. — NY: Simon & Schuster, 1991. — P. 156–157.
13. Wrong Turn on Human Rights // *New York Times.* — 1981. — February 6; Goshko John M. Ultraconservative May Get Human Rights Post at State // *Washington Post.* — 1981. — February 5; Anderson Jack. U.S. Human Rights Post Goes to a Foe // *Washington Post.* — 1981. — February 28; The Case Against Mr. Lafever // *New York Times.* — 1981. — March 2.
14. Pemberton William E. Exit with Honor: The Life and Presidency of Ronald Reagan. — Armonk, NY: M.E. Sharpe, 1997. — P. 151.
15. Cannon Lou. President Reagan: The Role of a Lifetime. — NY: Simon & Schuster, 1991. — P. 241.
16. Gates Robert M. From the Shadows: The Ultimate Insider's Story of Five Presidents and How They Won the Cold War. — NY: Simon & Schuster, 1996. — P. 191, 199.
17. Goodman Melvin. Failure of Intelligence: The Decline and Fall of the CIA. — Lanham, MD: Rowman & Littlefield, 2008. — P. 303.

18. Parry Robert. Secrecy & Privilege: Rise of the Bush Dynasty from Watergate to Iraq. — Arlington, VA: Media Consortium, 2004. — P. 192–193.
19. McCarthy Colman. They Are Less than Freedom Fighters // *Washington Post*. — 1985. — March 2.
20. Skelton George. Reagan Pledges to Back Guatemala // Los Angeles Times. — 1982. — December 5; Grandin Greg. Empire's Workshop: Latin America, the United States, and the Rise of the New Imperialism. — NY: Holt Paperbacks, 2006. — P. 101.
21. McGrory Mary. Learning Diplomacy from Movies // Chicago Tribune. — 1982. — December 9.
22. LaFeber Walter. Inevitable Revolutions: The United States in Central America. — NY: W. W. Norton, 1993. — P. 322.
23. Skelton George. Reagan Pledges to Back Guatemala // Los Angeles Times. — 1982. — December 5; Cannon Lou. Reagan Praises Guatemalan Military Leader // Washington Post. — 1982. — December 5.
24. Weisman Steven R. Reagan Criticized by Colombia Chief on Visit to Bogota // *New York Times*. — 1982. — December 4; Lewis Anthony. Howdy, Genghis // *New York Times*. — 1982. — December 6.
25. Cannon Lou. 'Unseemly Pressure' from Nofziger Reported to Annoy Reagan // Washington Post. — 1982. — December 6.
26. Lewis Anthony. Howdy, Genghis // *New York Times*. — 1982. — December 6.
27. Somerville Frank P. L. Guatemala Atrocities Reported by a Jesuit // Baltimore Sun. — 1982. — December 8.
28. Alterman Eric. When Presidents Lie: A History of Official Deception and Its Consequences. — NY: Penguin Books, 2004. — P. 246.
29. "Secret Guatemala's Disappeared", Department of State, 1986, Kate Doyle and Jesse Franzblau, "Historical Archives Lead to Arrest of Police Officers in Guatemalan Disappearance", March 17, 2009, National Security Archive Electronic Briefing Book No. 273, http://www.gwu.edu/~nsarchiv/NSAEBB/NSAEBB273/index.htm.
30. Gates Robert M. From the Shadows: The Ultimate Insider's Story of Five Presidents and How They Won the Cold War. — NY: Simon & Schuster, 1996. — P. 213.
31. Shultz George P. Turmoil and Triumph: My Years as Secretary of State. — NY: Scribner, 1993. — P. 864.
32. Ronald Reagan, "Remarks to an Outreach Working Group on United States Policy in Central America", July 18, 1984, www.reagan.utexas.edu/archives/speeches/1984/71884d.htm.
33. Grandin Greg. Empire's Workshop: Latin America, the United States, and the Rise of the New Imperialism. — NY: Holt Paperbacks, 2006. — P. 115, n. 75.

34. Harry E. Bergold, Jr., to United States, "Ex-FDN Mondragon Tells His Story", May 8, 1985, Department of State, http://gateway.proquest.com/openurl?url_ver=Z39.88-2004&res_d at=xri: dnsa&rft_dat=xri: dnsa: article: CNI02471.
35. Robert S. Leiken and Barry Ruin, ed. *The Central American Crisis Reader* (New York: Summit Books, 1987), 562–563.
36. Walter LaFeber, Salvador // *Oliver Stone's USA: Film, History, and Controversy*, ed. Robert Brent Toplin (Lawrence: University Press of Kansas, 2000), 101.
37. Research Group Calls Salvador, Guatemala Worst Rights Violators // Baltimore Sun. — 1982. — December 30.
38. Wilentz Sean. The Age of Reagan: A History, 1974–2008. — NY: HarperCollins, 2008. — P. 156.
39. Goshko John M. Catholic Aid to Marxists Puzzles Bush // *Washington Post*. — 1983. — March 3.
40. Ronald Reagan, "Peace: Restoring the Margin of Safety", delivered at the Veterans of Foreign Wars Convention, Chicago, IL, August 18, 1980, www.reagan.utexas.edu/archives/reference/8.18.80.html.
41. Kinzer Stephen. Overthrow: America's Century of Regime Change from Hawaii to Iraq. — NY: Times Books, 2006. — P. 227.
42. Cheney Dick. What Bonker Missed // *Washington Post*. — 1983. — November 14.
43. Dellums Ronald V. And Then I Said... // *Washington Post*. — 1983. — November 15.
44. Bernstein Richard. U.N. Assembly Adopts Measure 'Deeply Deploring' Invasion of Isle // *New York Times*. — 1983. — November 3.
45. Grenada Act a 'Liberation,' Not Invasion, Reagan Insists // Los Angeles Times. — 1983. — November 3.
46. Ronald Reagan, "Address to the Nation on Events in Lebanon and Grenada", October 27, 1983, www.reagan.utexas.edu/archives/speeches/1983/102783b.htm.
47. Timberg Robert. 'Days of Weakness Over', Reagan Tells War Heroes // Baltimore Sun. — 1983. — December 13.
48. Young Marilyn B. The Vietnam Wars, 1945–1990. — NY: HarperPerennial, 1991. — P. 316.
49. Woodward Bob. CIA Told to Do 'Whatever Necessary' to Kill Bin Laden // *Washington Post*. — 2001. — October 21.
50. Nolan Martin F. American Defense: Spending // *New York Times*. — 1981. — June 28.
51. Kramer Michael. When Reagan Spoke from the Heart // New York. — 1980. — July 21. — P. 18.
52. Wilentz Sean. The Age of Reagan: A History, 1974–2008. — NY: HarperCollins, 2008. — P. 274.
53. Pemberton William E. Exit with Honor: The Life and Presidency of Ronald Reagan. — Armonk, NY: M.E. Sharpe, 1997. — P. 140.

54. Lewis Anthony. Abroad and at Home: Nuclear News in Moscow // New York Times. — 1981. — June 4.
55. Gray Colin S., Payne Keith. Victory Is Possible // Foreign Policy. — 1980. — Summer 1980. — P. 18, 21, 25.
56. Halloran Richard. Special U.S. Force for Persian Gulf Is Growing Swiftly // New York Times. — 1982. — October 25.
57. Joyce Battle, ed. "Shaking Hands with Saddam Hussein: The U.S. Tilts Toward Iraq, 1980–1984", National Security Archive, www.gwu.edu/~nsarchiv/NSAEBB/NSAEBB82/.
58. Declaration of Howard Teicher before the United States District Court, Southern District of Florida, January 31, 1995, National Security Archive, www.gwu.edu/~nsarchiv/NSAEBB/NSAEBB82/iraq61.pdf.
59. Tucker Jonathan B. War of Nerves: Chemical Warfare from World War I to Al-Qaeda. — NY: Pantheon, 2006. — P. 256.
60. Excerpts from President's Speech to National Association of Evangelicals // New York Times. — 1983. — March 9.
61. Lifton Robert J., Markusen Eric. The Genocidal Mentality: Nazi Holocaust and Nuclear Threat. — NY: Basic Books, 1990. — P. 272.
62. Cannon Lou. President Reagan: The Role of a Lifetime. — NY: Simon & Schuster, 1991. — P. 290.
63. Timberg Robert. Reagan Condemns 'Massacre' by Soviets, Spells Out Sanctions // Baltimore Sun. — 1983. — September 6.
64. Hoffman David E. The Dead Hand: The Untold Story of the Cold War Arms Race and Its Dangerous Legacy. — NY: Doubleday, 2009. — P. 86.
65. Reagan Ronald. The Reagan Diaries / Ed. Douglas Brinkley. — New York: HarperCollins, 2007. — P. 186.
66. Morris Edmund. Dutch: A Memoir of Ronald Reagan. — NY: Random House, 1999. — P. 498–499.
67. Reagan R. Op. cit. — P. 199.
68. Reagan Ronald. An American Life. — NY: Simon & Schuster, 1990. — P. 588; Hoffman David E. The Dead Hand: The Untold Story of the Cold War Arms Race and Its Dangerous Legacy. — NY: Doubleday, 2009. — P. 96.
69. Reagan R. Op. cit. — NY: Simon & Schuster, 1990. — P. 586; Hoffman David E. Op. cit. — NY: Doubleday, 2009. — P. 92.
70. Там же. — P. 152–153.
71. Там же. — P. 153–154.
72. Reagan R. Op. cit. — NY: Simon & Schuster, 1990. — P. 550.
73. Reagan in Radio Test, Jokes About Bombing Russia // Baltimore Sun. — 1984. — August 13.

74. Joyce Fay S. Mondale Chides Reagan on Soviet-Bombing Joke // *New York Times*. — 1984. — August 14.
75. President's Joke About Bombing Leaves Press in Europe Unamused // *New York Times*. — 1984. — August 14; European Reaction Is Uniformly Grim // Baltimore Sun. — 1984. — August 14.
76. Doder Dusko. Moscow Calls Reagan's Quip 'Self-Revealing' // *Washington Post*. — 1984. — August 15; Soviets Hit 'Hostility' of Reagan Joke // Los Angeles Times. — 1984. — August 15.
77. Oakes John B. Mr. Reagan Bombs // *New York Times*. — 1984. — August 18.
78. Wiesner Jerome B. Should a Jokester Control Our Fate? // Los Angeles Times. — 1984. — August 30.
79. Scheer Robert. White House Successfully Limits News // Los Angeles Times. — 1984. — August 20.
80. Transcript of President's Address on Nuclear Strategy Toward Soviet Union // *New York Times*. — 1982. — November 23.
81. DeGroot Gerard J. The Bomb: A Life. — Cambridge, MA, Harvard University Press, 2005. — P. 308–309.
82. Hoffman David E. The Dead Hand: The Untold Story of the Cold War Arms Race and Its Dangerous Legacy. — NY: Doubleday, 2009. — P. 207–208.
83. Rhodes Richard. *Arsenals* of Folly: The Making of the Nuclear Arms Race. — NY: Alfred A. Knopf, 2007. — P. 205.
84. Wilentz Sean. The Age of Reagan: A History, 1974–2008. — NY: HarperCollins, 2008. — P. 247.
85. Leffler Melvyn P. For the Soul of Mankind: The United States, the Soviet Union and the Cold War. — NY: Hill and Wang, 2007. — P. 377.
86. Там же. — P. 380.
87. Wilentz S. Op. cit. — P. 151.
88. Zubok Vladislav M. A Failed Empire: The Soviet Union in the Cold War from Stalin to Gorbachev. — Chapel Hill: University of North Carolina Press, 2007. — P. 284; Leffler M.P. Op. cit. — P. 380.
89. Там же. — P. 385.
90. Rhodes Richard. *Arsenals* of Folly: The Making of the Nuclear Arms Race. — NY: Alfred A. Knopf, 2007. — P. 129.
91. Rhodes Richard. *Arsenals* of Folly: The Making of the Nuclear Arms Race. — NY: Alfred A. Knopf, 2007. — P. 4.
92. Zubok Vladislav M. A Failed Empire: The Soviet Union in the Cold War from Stalin to Gorbachev. — Chapel Hill: University of North Carolina Press, 2007. — P. 288.
93. Rhodes R. Op. cit. — P. 26.

94. Shultz George P. Turmoil and Triumph: My Years as Secretary of State. — NY: Scribner, 1993. — P. 716–717.
95. Rhodes R. Op. cit. — P. 242.
96. Там же. — P. 248.
97. Matlock Jack F. Reagan and Gorbachev: How the Cold War Ended. — NY: Random House, 2004. — P. 222.
98. Adelman Kenneth L. The Great Universal Embrace: Arms Summitry — a Skeptic's Account. — NY: Simon & Schuster, 1989. — P. 53.
99. Rhodes R. Op. cit. — P. 257–258.
100. Winik Jay. On the Brink: The Dramatic, Behind-the-Scenes of the Saga of the Reagan Era and the Men and Women Who Won the Cold War. — NY: Simon & Schuster, 1996. — P. 515.
101. Russian transcript of Reagan-Gorbachev Summit in Reykjavík, October 12, 1986 (afternoon), in FBIS-USR-93-121, September 20, 1993, "The Reykjavik File", National Security Archive, www.gwu.edu/~nsarchiv/NSAEBB/NSAEBB203/index.htm.
102. Rhodes R. Op. cit. — P. 266–269.
103. Mikhail Gorbachev, *Alone with Myself (Reminiscences and Reflections)* (Moscow, 2010), неопубликованные мемуары, без пагинации.
104. "Session of the Politburo of the CC CPSU", October 14, 1986, National Security Archive, www.gwu.edu/~nsarchiv/NSAEBB/NSAEBB203/Document21.pdf.
105. Geyelin Philip. And CIA Comics // *Washington Post*. — 1984. — August 12; Weiner Tim. Legacy of Ashes: The History of the CIA. — NY: Doubleday, 2007. — P. 399.
106. Wilentz Sean. The Age of Reagan: A History, 1974–2008. — NY: HarperCollins, 2008. — P. 167.
107. Там же. — P. 212, 214–215.
108. Pemberton William E. Exit with Honor: The Life and Presidency of Ronald Reagan. — Armonk, NY: M.E. Sharpe, 1997. — P. 173.
109. Gardner Lloyd C. The Long Road to Baghdad: A History of U.S. Foreign Policy from the 1970s to the Present. — NY: New Press, 2008. — P. 67.
110. McManus Doyle, Wines Michael. Schultz Said to Seek Ouster of Poindexter // Los Angeles Times. — 1986. — November 21.
111. Weiner T. Lop. cit. — P. 403–408.
112. Wilentz Sean. Op. cit. — P. 228; Reagan: I Was Not Fully Informed // *Washington Post*. — 1986. — November 26.
113. Pemberton William E. Exit with Honor: The Life and Presidency of Ronald Reagan. — Armonk, NY: M.E. Sharpe, 1997. — P. 191–192.
114. Robert Parry, "The Mysterious Robert Gates", May 31, 2011, http://consortiumnews.com/2011/05/31/the-mysterious-robert-gates.

115. Pemberton William E. Exit with Honor: The Life and Presidency of Ronald Reagan. — Armonk, NY: M.E. Sharpe, 1997. — P. 174; Walsh Lawrence E. Firewall: The Iran-Contra Conspiracy and Cover-up. — NY: W.W. Norton, 1998. — P. 120.
116. Gorbachev, *Alone with Myself*.
117. James J.F. Forest, ed. *Countering Terrorism and Insurgency in the 21st Century: International Perspectives*, vol. 2 (Westport, CT: Greenwood Publishing Group), 468.
118. Dreyfuss Robert. Devil's Game: How the United States Helped Unleash Fundamentalist Islam. — NY: Henry Holt, 2005. — P. 267.
119. Buttry Stephen, Thompson Jake. UNO's Connection to Taliban Centers on Education UNO Program // Omaha World-Herald. — 2001. — September 16. — P. 1.
120. Weiner T. Op. cit. — P. 384.
121. Leffler Melvyn P. For the Soul of Mankind: The United States, the Soviet Union and the Cold War. — NY: Hill and Wang, 2007. — P. 405.
122. Alfred W. McCoy, "Can Anyone Pacify the World's Number One Narco-State? The Opium Wars in Afghanistan", March 30, 2010, www.tomdispatch.com/blog/175225; Weiner T. Op. cit. — NY: Doubleday, 2007. — P. 384.
123. Leffler Melvyn P. For the Soul of Mankind: The United States, the Soviet Union and the Cold War. — NY: Hill and Wang, 2007. — P. 411.
124. Coll Steve. Ghost Wars: The Secret History of the CIA, Afghanistan, and Bin Laden, from the Soviet Invasion to September 10, 2001. — NY: Penguin, 2004. — P. 104; Friedman Thomas L. Bad Bargains // *Washington Post*. — 2011. — May 10.
125. Dreyfuss Robert. Devil's Game: How the United States Helped Unleash Fundamentalist Islam. — NY: Henry Holt, 2005. — P. 290.
126. Там же. — P. 291.
127. Wilentz S. Op. cit. — P. 173.

Глава 12. Конец холодной войны: упущенные возможности

1. Stirrings of Peace // *New York Times*. — 1988. — July 31.
2. Excerpts from Speech to U.N. on Major Soviet Military Cuts // *New York Times*. — 1988. — December 8.
3. Kaiser Robert G. An Offer to Scrap the Postwar Rules // *Washington Post*. — 1988. — December 8.
4. Lowe Jennifer. Whither the Wimp? // *Washington Post*. — 1987. — November 30.
5. Suplee Curt. Sorry, George, But the Image Needs Work // *Washington Post*. — 1988. — July 10.
6. Garrard Warner Margaret. Bush Battles the 'Wimp Factor' // *Newsweek*. — 1987. — October 19. — P. 28.

7. Blumenthal Sidney. George Bush: A Question of Upbringing // *Washington Post.* — 1988. — February 10.
8. Wilentz Sean. The Age of Reagan: A History, 1974–2008. — NY: HarperCollins, 2009. — P. 265.
9. Hardy Thomas. 'Wimp Factor' Joins Poor George Bush at the Starting Line // Chicago Tribune. — 1987. — October 18.
10. Wilentz Sean. The Age of Reagan: A History, 1974–2008. — NY: HarperCollins, 2009. — P. 266.
11. Suplee Curt. Sorry, George, But the Image Needs Work // *Washington Post.* — 1988. — July 10.
12. Transcript of the Keynote Address by Ann Richards, the Texas Treasurer // *New York Times.* — 1988. — July 19.
13. Shales Tom. Rather, Bush and the Nine-Minute War // *Washington Post.* — 1988. — January 26; Cohen Richard. The 'Wimp' Becomes a Bully // *Washington Post.* — 1988. — November 1.
14. Weiner Tim. Legacy of Ashes: The History of the CIA. — NY: Doubleday, 2007. — P. 408.
15. Gates Robert M. From the Shadows: The Ultimate Insider's Story of Five Presidents and How They Won the Cold War. — NY: Simon & Schuster, 1996. — P. 449.
16. Westad Odd Arne. The Global Cold War: Third World Interventions and the Making of Our Times. — NY: Cambridge University Press, 2007. — P. 386–387.
17. Rhodes Richard. Arsenals of Folly: The Making of the Nuclear Arms Race. — NY: Alfred A. Knopf, 2007. — P. 287.
18. Leffler Melvyn P. For the Soul of Mankind: The United States, the Soviet Union and the Cold War. — NY: Hill and Wang, 2007. — 436 p.; Krauss Clifford. U.S. Officials Satisfied with Soviets' Gulf Role // *New York Times.* — 1990. — September 20; Rogers Daniel T. Age of Fracture. — Cambridge, MA: Harvard University Press, 2011. — P. 246.
19. Leffler M. P. Op. cit. — P. 450.
20. Sarotte Mary Elise. Enlarging NATO, Expanding Confusion // *New York Times.* — 2009. — November 30. — P. 31; Uwe Klussman, Matthias Schepp, and Klaus Wiegrefe, "NATO's Eastward Expansion: Did the West Break Its Promise to Moscow?", www.spiegel.de/international/world/0,1518, druck-663315,00.html; Chomsky Noam. Hopes and Prospects. — C: Haymarket Books, 2010. — P. 278–280.
21. Kinzer Stephen. Overthrow: America's Century of Regime Change from Hawaii to Iraq. — NY: Times Books, 2006. — P. 253.
22. A Transcript of Bush's Address on the Decision to Use Force in Panama // *New York Times.* — 1989. — December 21.
23. Cheney's Reasons for Why the U. S. Struck Now // *New York Times.* — 1989. — December 21.

24. Apple R.W. War: Bush's Presidential Rite of Passage // *New York Times.* — 1989. — December 21.
25. Brooke James. U.S. Denounced by Nations Touchy About Intervention // *New York Times.* — 1989. — December 21.
26. Quigley John B. The Invasion of Panama and International Law. — Vienna: International Progress Organization, 1990. — P. 3.
27. Chomsky Noam. Hegemony or Survival: America's Quest for Global Dominance. — NY: Owl Books, 2004. — P. 107.
28. Dorrien Gary J. Imperial Designs: Neoconservatism and the New Pax Americana. — NY: Routledge, 2004. — P. 26.
29. Abrams Elliott. Better Earlier // *Washington Post.* — 1989. — December 22.
30. Excerpts from Iraqi Document on Meeting with U.S. Envoy // *New York Times.* — 1990. — September 23.
31. Will George F. Gorbachev, Hussein and Morality // St. Petersburg Times. — 1991. — January 16.
32. Sciolino Elaine. Deskbound in U.S., the Envoy of Iraq Is Called Scapegoat for a Failed Policy // *New York Times.* — 1990. — September 12.
33. Gardner Lloyd C. The Long Road to Baghdad: A History of U.S. Foreign Policy from the 1970s to the Present. — NY: New Press, 2008. — P. 81.
34. Zeman Ned. Where Are the Troops? // Newsweek. — 1990. — December 3. — P. 6; Unger Craig. House of Bush, House of Saud. — NY: Scribner, 1994. — P. 139–140.
35. Bacevich Andrew J. American Empire: The Realities and Consequences of U.S. Diplomacy. — Cambridge, MA: Harvard University Press, 2002. — P. 63–64; Hoffman David. Baker Calls Iraqi Threat to 'Economic Lifeline' // *Washington Post.* — 1990. — November 14.
36. Brinkley Joel. Israelis Praising Decision by Bush // *New York Times.* — 1990. — August 9.
37. Apple R.W., Jr. Bush Draws Line // *New York Times.* — 1990. — August 9.
38. Freund Charles Paul. In Search of a Post-Postwar Rhetoric // *Washington Post.* — 1990. — August 12.
39. Dowd Maureen. President Seeks to Clarify Stand // *New York Times.* — 1990. — November 2; Lloyd Gardner, The Ministry of Fear: Selling the Gulf Wars// *Selling War in a Media Age: The Presidency and Public Opinion in the American Century,* ed. Kenneth Osgood and Andrew K. Frank (Gainesville: University Press of Florida, 2010), 232–233.
40. Gardner Lloyd C. The Long Road to Baghdad: A History of U.S. Foreign Policy from the 1970s to the Present. — NY: New Press, 2008. — P. 77.
41. Gardner Lloyd C. The Long Road to Baghdad: A History of U.S. Foreign Policy from the 1970s to the Present. — NY: New Press, 2008. — P. 83–84.

42. Friedman Thomas L. How U.S. Won Support to Use Mideast Forces // *New York Times.* — 1990. — December 2.
43. Bush George, Scowcroft Brent. A World Transformed. — NY: Knopf, 1998. — P. 491.
44. Marcus Ruth. U.N. Debate to Cap U.S. Lobby Effort // *Washington Post.* — 1990. — November 26.
45. Miller Judith. Iraqi Pullout? Election in Kuwait? Prospects Worry Hawks // *New York Times.* — 1990. — October 8.
46. Tyler Patrick E. U.S. Juggling Iraq Policy // *New York Times.* — 1991. — April 13.
47. Dorrien Gary J. Imperial Designs: Neoconservatism and the New Pax Americana. — NY: Routledge, 2004. — P. 35.
48. Bush George, Scowcroft Brent. A World Transformed. — NY: Knopf, 1998. — P. 489.
49. Herring George C. From Colony to Superpower: U.S. Foreign Relations Since 1776. — NY: Oxford University Press, 2008. — P. 912.
50. Gardner L.C. Op. cit. — P. 78.
51. Will George F. The Emptiness of Desert Storm // *Washington Post.* — 1992. — January 12.
52. Lewis Paul. U.N. Survey Calls Iraq's War Damage Near-Apocalyptic // *New York Times.* — 1991. — March 22.
53. Tyler Patrick E. U.S. Officials Believe Iraq Will Take Years to Rebuild // *New York Times.* — 1991. — June 3.
54. Quotation of the Day // *New York Times.* — 1991. — March 2; Bacevich Andrew J. American Empire: The Realities and Consequences of U.S. Diplomacy. — Cambridge, MA: Harvard University Press, 2002. — P. 62.
55. Rhodes Richard. Arsenals of Folly: The Making of the Nuclear Arms Race. — NY: Alfred A. Knopf, 2007. — P. 292.
56. Там же.
57. Tyler Patrick E. Pentagon Imagines New Enemies to Fight in Post-Cold-War Era // *New York Times.* — 1992. — February 17; Tyler Patrick E. Lone Superpower Plan: Ammunition for Critics // *New York Times.* — 1992. — March 10.
58. Gellman Barton. Keeping the U.S. First // *New York Times.* — 1992. — March 11; America's Not the Only Cop // *New York Times.* — 1992. — June 7.
59. Lichtman Alan. White Protestant Nation: The Rise of the American Conservative Movement. — NY: Atlantic Monthly Press, 2008. — P. 410.
60. Jim Vallette, "Larry Summers' War Against the Earth", *CounterPunch,* June 15, 1999, www.counterpunch.org/1999/06/15/larry-summers-war-against-the-earth/; Furor on Memo at World Bank // *New York Times.* — 1992. — February 7.
61. Sachs Jeffrey. The End of Poverty: Economic Possibilities for Our Time. — NY: Penguin Books, 2005. — P. 139.

62. Klein Naomi. The Shock Doctrine: The Rise of Disaster Capitalism. — NY: Metropolitan Books, 2007. — P. 291.
63. Stephen F. Cohen, *Failed Crusade: America and the Tragedy of Post-Communist Russia,* updated ed. (New York: W. W. Norton, 2001), 4–5.
64. Там же, 36–37.
65. Yeltsin Is a Liar, Says Gorbachev // *Times* (London). — 2001. — December 26.
66. Stephens Joe, Ottaway David B. From the U.S., the ABCs of Jihad // *Washington Post.* — 2002. — March 23; Buttry Stephen. UNO's Afghan Textbooks Face Criticism // Omaha World-Herald. — 2002. — March 23.
67. Freed Kenneth. Odd Partners in UNO's Afghan Project // Omaha World-Herald. — 1997. — October 26.
68. Rashid Ahmed. Taliban: Militant Islam, Oil and Fundamentalism in Central Asia. — New Haven, CT: Yale University Press, 2000. — P. 176.
69. Freed Kenneth. Odd Partners in UNO's Afghan Project // Omaha World-Herald. — 1997. — October 26.
70. Marjorie Cohn, "The Deadly Pipeline War: U. S. Afghan Policy Driven by Oil Interests", *Jurist,* December 8, 2001, www.commondreams.org/views01/1208–04.htm.
71. Project for the New American Century, "Statement of Principles", www.newamericancentury.org/statementofprinciples.htm.
72. Dorrien Gary J. Imperial Designs: Neoconservatism and the New Pax Americana. — NY: Routledge, 2004. — P. 142–143. Из 18 человек, подписавшихся под обращением ПНАВ к Клинтону в 1998 году, в котором содержался призыв к «отстранению Саддама Хусейна и его режима от власти, 11 заняли позиции в администрации Джорджа Буша-младшего. Среди них были Дик Чейни (вице-президент), Дональд Рамсфелд (министр обороны), Пол Вулфовиц (замминистра обороны), Ричард Эрмитейдж (замгоссекретаря), Эллиот Абрамс (ординатор Совета национальной безопасности по делам Ближнего Востока, Юго-Восточной Азии и Северной Африки), Джон Болтон (помощник госсекретаря по контролю за вооружениями и международной безопасности, полпред в ООН), Пола Добрянски (помощник госсекретаря по международным делам), Залмай Халилзад (спецпосланник президента в Афганистане, посол в Ираке в 2005–2007 годах), Ричард Перл (председатель полуавтономного Совета по оборонной политике Пентагона), Питер Родмен (помощник министра обороны по вопросам международной безопасности), Уильям Шнейдер-младший (председатель оборонно-научного совета Пентагона), Роберт Б. Зеллик (торговый представитель США), Стивен Кэмбоун (глава отдела программного анализа и оценивания Пентагона), Элиот Коэн (член Совета по оборонной политике, Девон Гэффни Кросс (член Совета по

оборонной политике), И. Льюис Либби (глава администрации вице-президента Чейни), Уильям Лути и Абрам Шульски (главы отдела специального планирования Пентагона), Джеймс Вулси (член Совета по оборонной политике) и Дэвид Вурмзер (специальный ассистент помощника госсекретаря по контролю за вооружениями).

73. Dower John W. Cultures of War: Pearl Harbor/Hiroshima/9–11/Iraq. — NY: W. W. Norton, 2010. — P. 91–92.
74. "Transcript: Town Hall Meeting on Iraq at Ohio State February 18", February 20, 1998, www.fas.org/news/iraq/1998/02/20/98022006_tpo.html.
75. Gardner Lloyd C. The Long Road to Baghdad: A History of U.S. Foreign Policy from the 1970s to the Present. — NY: New Press, 2008. — P. 111.
76. Gardner Lloyd C. The Long Road to Baghdad: A History of U.S. Foreign Policy from the 1970s to the Present. — NY: New Press, 2008. — P. 112.
77. Powell Colin, Persico Joseph. My American Journey. — NY: Random House, 1995. — P. 576.
78. Excerpt from McCain's Speech on Religious Conservatives // *New York Times*. — 2000. — February 29.
79. Kulish Nicholas, Vandehei Jim. Politics & Economy: Protest in Miami-Dade Is a Well-Organized GOP Effort // Wall Street Journal. — 2000. — November 27; Gigot Paul. Burgher Rebellion: GOP Turns Up Miami Heat // Wall Street Journal. — 2000. — November 24; Wilentz Sean. The Age of Reagan: A History, 1974–2008. — NY: HarperCollins, 2009. — P. 423–424.
80. Walsh Edward. Ruling Marked by the Words of a Dissenter // *Washington Post*. — 2006. — December 17.
81. "Profile: Washington Hawk Donald Rumsfeld", http://news.bbc.co.uk/2/hi/americas/2247256.stm.
82. Draper Robert. Dead Certain: The Presidency of George W. Bush. — NY: Free Press, 2007. — P. 282.
83. Woodward Bob. A Course of 'Confident Action' // *Washington Post*. — 2002. — November 19.
84. Becker Elizabeth. Head of Religion-Based Initiative Resigns // *New York Times*. — 2001. — August 18; Suskind Ron. Why Are These Men Laughing? // Esquire. — № 1. — 2003. — P. 97.
85. "John Dilulio's Letter", October 24, 2002, www.esquire.com/features/dilulio.
86. Joel Achenbach, "Nader Puts His Mouth Where the Money Is", *Washington Post*, August 4, 2000.
87. Mayer Jane. Contract Sport: What Did the Vice-President Do for Halliburton? // New Yorker. — 2004. — February 16, www.newyorker.com/archive/2004/02/16/040216fa_fact.

88. "Full Text of Dick Cheney's Speech at the IP Autumn Lunch", http://web.archive.org/web/20000414054656/http://www.petroleum.co.uk/speeches.htm.
89. Juhasz Antonia. Whose Oil Is It, Anyway? // *New York Times*. — 2007. — March 13.
90. Dennis Kucinich, "Obviously Oil", March 11, 2003, www.alternet.org/story/15359/.
91. Herring George C. From Colony to Superpower: U.S. Foreign Relations Since 1776. — NY: Oxford University Press, 2008. — P. 940.
92. Johnston David, Dwyer Jim. Pre-9/11 Files Show Warnings Were More Dire and Persistent // *New York Times*. — 2004. — April 18.
93. "Clarke 'Would Welcome' Open Testimony", www.msnbc.msn.com/id/4619346/ns/us_news-security/t/clarke-would-welcome-open-testimony/#.TpJrlajEMhA.
94. Clarke Richard A. Against All Enemies: Inside America's War on Terror. — NY: Free Press, 2004. — P. 235.
95. Johnston David, Dwyer Jim. Pre-9/11 Files Show Warnings Were More Dire and Persistent // *New York Times*. — 2004.
96. Powers Thomas. Secret Intelligence and the 'War on Terror' // New York Review of Books. — № 24. — 2004, www.nybooks.com/articles/archives/2004/dec/16/secret-intelligence-and-the-war-on-terror.
97. Suskind Ron. The One Percent Doctrine: Deep Inside America's Pursuit of Its Enemies Since 9/11. — New York: Simon & Schuster, 2006. — P. 2.
98. Wilentz Sean. The Age of Reagan: A History, 1974–2008. — NY: HarperCollins, 2009. — P. 440.
99. Transcript of Bush's Remarks on Iraq: 'We Will Finish the Work of the Fallen' // *New York Times*. — 2004. — April 14.
100. Two Months Before 9/11, an Urgent Warning to Rice // *Washington Post*. — 2006. — October 1.
101. Rich Frank. The Jack Welch War Plan // *New York Times*. — 2002. — September 28.
102. Johnston David, Dwyer Jim. Pre-9/11 Files Show Warnings Were More Dire and Persistent // *New York Times*. — 2004.

Глава 13. Фиаско Буша–Чейни: «Врата ада отверзлись в Ираке»

1. George W. Bush, *Public Papers of the Presidents of the United States: George W. Bush, 2004, Book 2, July 1 to September 30, 2004* (Washington, DC: Government Printing Office, 2004), 1494.
2. Robert S. McElvaine, "HNN Poll: 61 % of Historians Rate the Bush Presidency Worst", History News Network, March 5, 2009, http://hnn.us/articles/48916.html.

Примечания

3. Devin Dwyer, "George W. Bush Cans Swiss Trip as Groups Promise Prosecution for War Crimes", February 7, 2011, http://abcnews.go.com/Politics/george-bush-cancels-swiss-trip-rights-activists-vow/story?id=12857195.
4. MacAskill Ewen, Hirsch Afua. George Bush Calls Off Trip to Switzerland // Guardian (London). — 2011. — February 6.
5. The Kissinger Commission // *New York Times*. — 2002. — November 29.
6. Shenon Philip. The Commission: The Uncensored History of the 9/11 Investigation. — NY: Twelve, 2008. — P. 9–14.
7. Shenon Philip. The Commission: The Uncensored History of the 9/11 Investigation. — NY: Twelve, 2008. — P. 39, 107, 324.
8. Kessler Glenn. Close Adviser to Rice Plans to Resign // *Washington Post*. — 2006. — November 28.
9. "Rebuilding America's Defenses: Strategy, Forces, and Resources for a New Century", Project for the New American Century, September 2000, www.newamericancentury.org/RebuildingAmericasDefenses.pdf, 51.
10. Cole David. What Bush Wants to Hear // New York Review of Books. — № 22. — 2005, www.nybooks.com/articles/archives/2005/nov/17/what-bush-wants-to-hear/; Chitra Ragavan, "Cheney's Guy", *U.S. News & World Report,* May 21, 2006, www.usnews.com/usnews/news/articles/060529/29addington.htm.
11. Zulaika Joseba. Terrorism: The Self-Fulfilling Prophecy. — C: University of Chicago Press, 2009. — P. 214.
12. Clarke Richard A. Against All Enemies: Inside America's War on Terror. — NY: Simon & Schuster, 2004. — P. 32.
13. Krugman Paul. Osama, Saddam and the Ports // *New York Times*. — 2006. — February 24.
14. George Tenet, *At the Center of the Storm: My Years at the CIA* (New York: HarperCollins, 2007), xix.
15. Bumiller Elisabeth, Perlez Jane. Bush and Top Aides Proclaim Policy of 'Ending' States That Back Terror // *New York Times*. — 2001. — September 14.
16. Clarke Richard A. Against All Enemies: Inside America's War on Terror. — NY: Simon & Schuster, 2004. — P. 30–31.
17. Cooper Michael, Santora Marc. Mideast Hawks Help to Develop Giuliani Policy // *New York Times*. — 2007. — October 25.
18. Boot Max. The Case for American Empire // Weekly Standard. — 2001. — October 15. — P. 30.
19. Clarke Richard A. Against All Enemies: Inside America's War on Terror. — NY: Simon & Schuster, 2004. — P. 30.
20. McFadden Robert D. A Day of Mourning // *New York Times*. — 2001. — September 15.

21. "Vice President Dick Cheney Discusses the Attack on America and Response to Terrorism", NBC News Transcript, *Meet the Press*, September 16, 2001.
22. Transcript of President Bush's Address // *Washington Post*. — 2001. — September 21.
23. Woodward Bob. CIA Told to Do 'Whatever Necessary' to Kill Bin Laden // *Washington Post*. — 2001. — October 21.
24. Rosen Ruth. Could It Happen Again? // *San Francisco Chronicle*. — 2003. — May 12.
25. Toner Robin. Not So Fast, Senator Says, as Others Smooth Way for Terror Bill // *New York Times*. — 2001. — October 10.
26. В 1975 году сенатор Фрэнк Чёрч предупредил об угрозе, которую представляла гораздо более ограниченная система наблюдения АНБ, существовавшая в ту эпоху: «В любой момент подобная система может быть направлена против американского народа. Ни у одного американца не останется права на частную жизнь. Именно такова система, позволяющая мониторить все: телефонные разговоры, телеграммы — все что угодно. Негде будет спрятаться... Я знаю, что в этом кроется возможность установить тиранию по всей Америке. Мы должны сделать так, чтобы это агентство (АНБ) и все прочие агентства, использующие такую технологию, действовали в рамках закона и под надлежащим надзором. Cohn Marjorie. Cowboy Republic: Six Ways the Bush Gang Has Defied the Law. — Sausalito, CA: PoliPointPress, 2007. — P. 100–101.
27. Система предупреждения стала легкой целью для комиков. Конан О'Брайен пошутил: «Цвет шампань-фуксия будет означать, что нас атаковала Марта Стюарт». «Они добавили клетчатую расцветку на случай, если нас атакует Шотландия», — вторил ему Джей Лено. Schwartz John. U.S. to Drop Color-Coded Terror Alerts // *New York Times*. — 2010. — November 25.
28. Lipton Eric. Come One, Come All, Join the Terror Target List // *New York Times*. — 2006. — July 12; Brzezinski Zbigniew. Terrorized by 'War on Terror' // *Washington Post*. — 2007. — March 25.
29. Katrina vanden Heuvel, "With Osama bin Laden Dead, It's Time to End the 'War on Terror'", The Nation Blogs, May 2, 2011, www.thenation.com/blog/160310/osama-bin-laden-dead-its-time-end-war-terror.
30. Brands H. W. Traitor to His Class: The Privileged Life and Radical Presidency of Franklin Delano Roosevelt. — NY: Random House, 2008. — P. 650.
31. George W. Bush, *Public Papers of the Presidents of the United States, George W. Bush, 2001, Book 2, July 1 to December 31, 2001* (Washington, DC: U.S. Government Printing Office, 2004), 1172.
32. Rich Frank. Journal: War Is Heck // *New York Times*. — 2001. — November 10.
33. Ansary Tamim. *West* of Kabul, East of New York: An Afghan American Story. — NY: Picador, 2003. — P. 291.

34. Ottaway David B., Stephens Joe. Diplomats Met with Taliban on Bin Laden // *Washington Post.* — 2001. — October 29; Gareth Porter, "U.S. Refusal of 2001 Taliban Offer Gave bin Laden a Free Pass", May 3, 2011, http://ipsnews.net/news.asp?idnews=55476; Gareth Porter, "Taliban Regime Pressed bin Laden on Anti-U.S. Terror", February 11, 2001, http://ipsnews.net/news.asp?idnews=50300.
35. DeYoung Karen. More Bombing Casualties Alleged' // *Washington Post.* — 2002. — January 4.
36. Kinzer Stephen. Overthrow: America's Century of Regime Change from Hawaii to Iraq. — NY: Times Books, 2006. — P. 310.
37. Transparency International, Corruption Perceptions Index 2009, www.transparency.org/policy research/surveys_indices/cpi/2009/cpi_2009_table.
38. Pfiffner James P. Power Play: The Bush Presidency and the Constitution. — Washington, DC: Brookings Institution Press, 2008. — P. 146–149.
39. McCoy Alfred W. A Question of Torture: CIA Interrogation, from the Cold War to the War on Terror. — NY: Metropolitan Books, 2006. — P. 10–11, 25–50, 101–107, 108–150; Mayer Jane. The Dark Side: The Inside Story of How the War on Terror Turned into a War on American Ideals. — NY: Doubleday, 2008. — P. 159–181.
40. Mayer Jane. The Dark Side: The Inside Story of How the War on Terror Turned into a War on American Ideals. — NY: Doubleday, 2008. — P. 8.
41. Warrick Joby, Finn Peter, Tate Julie. CIA Releases Its Instructions for Breaking a Detainee's Will // *Washington Post.* — 2009. — August 26.
42. Warrick Joby, Finn Peter, Tate Julie. Red Cross Described 'Torture' at CIA Jails // *Washington Post.* — 2009. — March 16.
43. Karen J. Greenberg, "Visiting the Torture Museum: Barbarism Then and Now", February 21, 2008, www.tomdispatch.com/post/174897/karen_greenberg_barbarism_lite.
44. Bush George W. Decision Points. — NY: Crown, 2010. — P. 169.
45. Finn Peter, Warrick Joby. Detainee's Harsh Treatment Foiled No Plots // *Washington Post.* — 2009. — March 29.
46. Shane Scott. 2 Suspects Waterboarded 266 Times // *New York Times.* — 2009. — April 20.
47. McCoy Alfred W. A Question of Torture: CIA Interrogation, from the Cold War to the War on Terror. — NY: Metropolitan Books, 2006. — P. 132–135.
48. Seymour M. Hersh, "Torture at Abu Ghraib", *New Yorker,* May 10, 2004.
49. "Remarks by the President at the 2003 Republican National Committee Presidential Gala", October 8, 2003, http://georgewbush-whitehouse.archives.gov/news/releases/2003/10/20031008-9.html.
50. Mayer Jane. The Dark Side: The Inside Story of How the War on Terror Turned into a War on American Ideals. — NY: Doubleday, 2008. — P. 8.

51. "Sources: Top Bush Advisors Approved 'Enhanced Interrogation'", April 9, 2008, http://abcnews.go.com/TheLaw/LawPolitics/Story?id=4583256 &page=3.
52. Chomsky Noam. Hopes and Prospects. — Chicago: Haymarket Books, 2010. — P. 265–266.
53. George Hunsinger, ed. *Torture Is a Moral Issue: Christians, Jews, Muslims, and People of Conscience Speak Out* (Grand Rapids, MI: William B. Eerdmans, 2008), 71; Decisions from on Low // *Star-Ledger* (Newark). — 2008. — April 15.
54. Glenn Greenwald, "The Suppressed Fact: Deaths by U. S. Torture", June 30, 2009, www.salon.com/news/opinion/glenn_greenwald/2009/06/30/account ability; Antonio Taguba, "Preface to 'Broken Laws, Broken Lives'", June 2008, http://brokenlives.info/?page_id=23.
55. Cohen Roger. A Command of the Law // *New York Times*. — 2008. — November 27.
56. Mayer Jane. The Dark Side: The Inside Story of How the War on Terror Turned into a War on American Ideals. — NY: Doubleday, 2008 — P. 187.
57. Taguba, "Preface to 'Broken Laws, Broken Lives'".
58. Hersh Seymour M. Chain of Command: The Road from 9/11 to Abu Ghraib. — NY: HarperCollins, 2004. — P. 5.
59. Greenhouse Linda. Justices, 5–4, Back Detainee Appeals for Guantánamo // *New York Times*. — 2008. — June 13.
60. Sawer Patrick. Yard Fury over Bush Visit // London Evening Standard. — 2003. — October 11.
61. Sidney Blumenthal, "Dick Cheney Was Never a 'Grown Up': A Hard Look at How One Man Changed the Face of Neoconservatism", April 14, 2008, www.salon.com/2008/04/14/cheney_10/.
62. Lichtman Alan. White Protestant Nation: The Rise of the American Conservative Movement. — NY: Atlantic Monthly Press, 2008. — P. 447.
63. Mann James. Rise of the Vulcans: The History of Bush's War Cabinet. — NY: Penguin Books, 2004. — P. 80.
64. Tanenhaus Sam. Bush's Brain Trust // Vanity Fair. — № 7. — 2003. — P. 169.
65. Suskind Ron. The Price of Loyalty: George W. Bush, the White House, and the Education of Paul O'Neill. — NY: Simon & Schuster, 2004. — P. 72.
66. Suskind Ron. The Price of Loyalty: George W. Bush, the White House, and the Education of Paul O'Neill. — NY: Simon & Schuster, 2004. — P. 85–86.
67. Там же. — P. 129.
68. Sciolino Elaina, Tyler Patrick E. A National Challenge: Saddam Hussein // *New York Times*. — 2001. — October 12.
69. Daniel Eisenberg, "We're Taking Him Out", *Time,* May 5, 2005, www.time.com/time/world/article/0,8599,235395,00.html.

70. Suskind Ron. The One Percent Doctrine: Deep Inside America's Pursuit of Its Enemies Since 9/11. — NY: Simon & Schuster, 2006. — P. 23, 189–191; Gardner Lloyd C. The Long Road to Baghdad: A History of U.S. Foreign Policy from the 1970s to the Present. — NY: New Press, 2008. — P. 134–135, 202–203.
71. Hiro Dilip. Secrets and Lies: Operation "Iraqi Freedom" and After. — NY: Nation Books, 2004. — P. 8.
72. Bergen Peter. Armchair Provocateur: Laurie Mylroie: The Neocons' Favorite Conspiracy Theorist // Washington Monthly. — № 12. — 2003, www.washingtonmonthly.com/features/2003/0312.bergen.html.
73. *Meet the Press,* September 14, 2003.
74. Stein Jeff. Spy Talk // *Washington Post.* — 2010. — May 25.
75. Fairweather Jack, La Guardia Anton. Chalabi Stands by Faulty Intelligence That Toppled Saddam's Regime // *Daily Telegraph* (London). — 2004. — February 19.
76. Seymour Hersh, "Selective Intelligence", *New Yorker*, May 6, 2003.
77. Weiner Tim. Legacy of Ashes: The History of the CIA. — NY: Doubleday, 2007. — P. 486.
78. Sanger David E. Threats and Responses: The President's Speech // *New York Times.* — 2002. — October 8.
79. In Cheney's Words: The Administration Case for Removing Saddam Hussein // *New York Times.* — 2002. — August 27.
80. Gardner Lloyd C. The Long Road to Baghdad: A History of U.S. Foreign Policy from the 1970s to the Present. — NY: New Press, 2008. — P. 153–154.
81. Purdum Todd S., *New York Times* staff. A Time of Our Choosing: America's War in Iraq. — NY: Henry Holt, 2003. — P. 37.
82. Isikoff Michael, Corn David. Hubris: The Inside Story of Spin, Scandal, and the Selling of the Iraq War. — NY: Crown, 2006. — P. 3.
83. "Scott Ritter: Facts Needed Before Iraqi Attack", http://archives.cnn.com/2002/WORLD/meast/07/17/saddam.ritter.cnna/.
84. Kinzer Stephen. Overthrow: America's Century of Regime Change from Hawaii to Iraq. — NY: Times Books, 2006. — P. 294.
85. Ricks Thomas. Fiasco: The American Military Adventure in Iraq. — NY: Penguin Press, 2006. — P. 40–41.
86. Gardner Lloyd C. The Long Road to Baghdad: A History of U.S. Foreign Policy from the 1970s to the Present. — NY: New Press, 2008. — P. 141–143, 154.
87. Blix Hans. Disarming Iraq. — NY: Pantheon Books, 2004. — P. 156–157.
88. Lloyd C. Gardner, Present at the Culmination: An Empire of Righteousness? // *The New American Empire: A 21st Century Teach-in on U.S. Foreign Policy,* ed. Lloyd C. Gardner and Marilyn B. Young (New York: New Press, 2005), 3.

89. Chadrasekaran Rajiv. Baghdad Delivers Weapons Data to U.N. // *Washington Post.* — 2002. — December 8; Kinzer Stephen. Overthrow: America's Century of Regime Change from Hawaii to Iraq. — NY: Times Books, 2006. — P. 295; Johnson Chalmers A. The Sorrows of Empire: Militarism, Secrecy, and the End of the Republic. — London: Verso, 2004. — P. 224.
90. John Barry, Howard Fineman, Jonathan Adams, Tara Pepper, William Underhill, and Michael Isikoff, Periscope // *Newsweek,* March 3, 2003.
91. Walter Pincus, U.S. Lacks Specifics on Banned Arms // *Washington Post,* March 16, 2003.
92. Cordesman Anthony H. Weapons of Mass Destruction in the Middle East: Regional Trends, National Forces, Warfighting Capabilities, Delivery Options, and Weapons Effects. — Washington, DC: Center for Strategic and International Studies, 2002. — P. 17–19, 22, 27–31, 37–40, 53–59, 90–94, 98–103.
93. Krugman Paul. Things to Come // *New York Times.* — 2003. — March 18.
94. Frederik Logevall, Anatomy of an Unnecessary War // *The Presidency of George W. Bush: A First Historical Assessment,* ed. Julian E. Zelizer (Princeton, NJ: Princeton University Press, 2010), 110.
95. Mearsheimer John J., Walt Stephen M. The Israel Lobby and U.S. Foreign Policy. — NY: Farrar, Straus and Giroux, 2008. — P. 242–243. Большое число еврейских организаций с готовностью приняли участие в воинственном балагане. АИКОС продолжала поддерживать войну даже после того, как большинство американцев, включая большинство евреев, обернулись против нее. В 2007 году член палаты представителей от штата Вирджиния из Демократической партии Джим Морен отмечал: «Евреи — и как электоральный блок, и как группа, влияющая на внешнюю политику, — категорически против войны. Ни одна из этнических групп не выступает против войны так решительно, как евреи. Но АИКОС — это наиболее могущественное лобби, продвигавшее войну с самого начала». В том же году «Гэллап» сообщил, что в соответствии с данными 13 опросов, проводившихся с 2005 года, среди американских евреев было 77% противников войны, в то время как среди американцев в целом эта цифра достигала лишь 52%. Бывший директор АИКОС по вопросам внешней политики Стивен Розен хвастал, что мог добиться голосов 70 сенаторов по любому вопросу. Representative Jim Moran on the Power of AIPAC // Tikkun. — № 5. — 2007. — P. 76; Mearsheimer John J., Walt Stephen M. The Israel Lobby and U.S. Foreign Policy. — NY: Farrar, Straus and Giroux, 2008. — 240–243 p.; Goldberg Jeffrey. Real Insiders: A Pro-Israel Lobby and an F.B.I. Sting // New Yorker. — 2005. — July 4, www.newyorker.com/archive/2005/07/04/050704fa_fact#ixzz1LilbqLAj.
96. Mearsheimer John J., Walt Stephen M. The Israel Lobby and U.S. Foreign Policy. — NY: Farrar, Straus and Giroux, 2008. — P. 238–240.

97. President's State of the Union Message to Congress and the Nation // *New York Times*. — 2003. — January 29.
98. Pillar Paul R. Intelligence, Policy, and the War in Iraq // Foreign Affairs. — № 2. — 2006. — P. 24.
99. Suskind Ron. The One Percent Doctrine: Deep Inside America's Pursuit of Its Enemies Since 9/11. — NY: Simon & Schuster, 2006. — P. 191.
100. DeYoung Karen. Soldier: The Life of Colin Powell. — NY: Alfred A. Knopf, 2006. — P. 439.
101. Powell's Address, Presenting 'Deeply Troubling' Evidence on Iraq // *New York Times*. — 2003. — February 6.
102. "Colin Powell on Iraq, Race, and Hurricane Relief", *20/20*, September 8, 2005, http://abcnews.go.com/2020/Politics/story?id=1105979.
103. Daalder Ivo H., Lindsay James M. America Unbound: The Bush Revolution in Foreign Policy. — Washington: DC: Brookings Institution Press, 2003. — P. 158; Chulov Martin, Pidd Helen. Curveball: How US Was Duped by Iraqi Fantasist Looking to Topple Saddam // Guardian (London). — 2011. — February 16; Gardner Lloyd C. The Long Road to Baghdad: A History of U.S. Foreign Policy from the 1970s to the Present. — NY: New Press, 2008. — P. 157.
104. Kristof Nicholas D. Cloaks and Daggers // *New York Times*. — 2003. — June 6. — P. 33.
105. DeYoung Karen. Soldier: The Life of Colin Powell. — NY: Alfred A. Knopf, 2006. — P. 450–451.
106. Для более полного ознакомления с ситуацией вокруг Катарины Ган читайте книгу Марсии и Томаса Митчелл «The Spy Who Tried to Stop a War: Katharine Gun and the Secret Plot to Sanction the Iraq Invasion» (Sausalito, CA: PoliPointPress, 2008).
107. Lynch Colum. U.S. Pushed Allies on Iraq, Diplomat Writes // *Washington Post*. — 2008. — March 23.
108. Weisman Steven R. U.S. Set to Demand That Allies Agree Iraq Is Defying U.N. // *New York Times*. — 2003. — January 23.
109. Friedman Thomas L. Vote France off the Island // *New York Times*. — 2003. — February 9.
110. Harnden Toby. Gerhard Schroeder Accuses George W. Bush of 'Not Telling Truth' in Memoirs // Telegraph (London). — 2010. — November 10.
111. Van Natta Don, Jr. Bush Was Set on Path to War, Memo by British Adviser Says // *New York Times*. — 2006. — March 27.
112. Matthew Yglesias, Democrats and the World // *In Search of Progressive America*, ed. Michael Kazin with Frans Becker and Menno Hurenkamp (Philadelphia: University of Pennsylvania Press, 2008), 13.

113. Barstow David. Behind TV Analysts, Pentagon's Hidden Hand // *New York Times*. — 2008. — April 20; "Instruments of War: Transcript", April 25, 2008, www.onthemedia.org/transcripts/2008/04/25/01.
114. Okrent Daniel. The Public Editor: Weapons of Mass Destruction? Or Mass Distraction? // *New York Times*. — 2004. — May 30.
115. Barry John. Beyond Baghdad: Expanding Target List // Newsweek. — 2002. — August 18.
116. Podhoretz Norman. In Praise of the Bush Doctrine // Commentary. — № 8. — 2002. — P. 19.
117. Diebel Linda. Bush Doctrinaires // Toronto Star. — 2003. — April 13.
118. Clark Wesley K. Winning Modern Wars: Iraq, Terrorism, and the American Empire. — NY: PublicAffairs, 2004. — P. 130.
119. Dreyfuss Robert. Just the Beginning: Is Iraq the Opening Salvo in a War to Remake the World? // American Prospect. — № 2. — 2003. — P. 26.
120. Slavin Barbara. Iraq a Harsh Climate to Try to Grow Democracy // USA Today. — 2002. — November 11.
121. Ikenberry G. John. America's Imperial Ambition // Foreign Affairs. — № 5. — 2002. — P. 49–50.
122. Hirsh Michael. Hawks, Doves and Dubya // Newsweek. — 2002. — September 2. — P. 25.
123. Anthony Zinni, "Comments of Gen. Anthony Zinni (ret.) During a Speech before the Florida Economic Club, August 23, 2002", www.npr.org/programs/morning/zinni.html.
124. Wilson George C. Cheney Believes Gorbachev Sincere // *Washington Post*. — 1989. — April 5.
125. McCombs Phil. The Unsettling Calm of Dick Cheney // *Washington Post*. — 1991. — April 3.
126. Swansbrough Robert H. Test by Fire: The War Presidency of George W. Bush. — NY: Palgrave Macmillan, 2008. — P. 27; Westheider James E. Fighting on Two Fronts: African Americans and the Vietnam War. — NY: New York University Press, 1997. — P. 29–30.
127. Powell Colin L., Persico Joseph E. My American Journey. — NY: Random House, 1995. — P. 148.
128. Stephen J. Whitfield, Still the Best Catch There Is: Joseph Heller's *Catch 22* // *Rethinking Cold War Culture*, ed. Peter J. Kuznick and James Gilbert (Washington, DC: Smithsonian Institution Press, 2001), 188.
129. Goldberg Ross, Kahn Sam. Bolton's Conservative Ideology Has Roots in Yale Experience // Yale Daily News. — 2005. — April 28.
130. Colford Paul D. The Rush Limbaugh Story: Talent on Loan from God. — NY: St. Martin's Press, 1993. — P. 14–20; Whitfield, Still the Best Catch There Is, 188.

131. Craig Glenday, ed. *Guinness World Records 2010: Thousands of New Records in the Book of the Decade!* (New York: Bantam, 2010), 47.
132. Samuelson Robert J. The Gulf of World Opinion // *Washington Post.* — 2003. — March 27.
133. Dobbs Michael. Persuasion: Why Success Requires More than Victory // *Washington Post.* — 2003. — March 30.
134. Kristof Nicholas D. Flogging the French // *New York Times.* — 2003. — January 31.
135. Samuelson Robert J. The Gulf of World Opinion // *Washington Post.* — 2003.
136. Harlan K. Ullman and James Wade, *Shock and Awe: Achieving Rapid Dominance* (Washington, DC: NDU Press, 1996), www.au.af.mil/AU/AWC/AWCGATE/ndu/shocknawe.
137. Roy Arundhati. An Ordinary Person's Guide to Empire. — Cambridge, MA: South End Press, 2004. — P. 64.
138. Donald Rumsfeld, "Remarks as Delivered by Secretary of Defense Donald H. Rumsfeld, Baghdad, Iraq, Wednesday, April 30, 2003", www.defense.gov/speeches/speech.aspx?speechid=382.
139. Gardner Lloyd C. The Long Road to Baghdad: A History of U.S. Foreign Policy from the 1970s to the Present. — NY: New Press, 2008. — P. 170; Dower John W. Cultures of War: Pearl Harbor/Hiroshima/9–11/Iraq. — NY: W. W. Norton, 2010. — P. 397–398.
140. Richard Perle, "Next Stop, Iraq: Remarks of the Hon. Richard Perle at the FPRI Annual Dinner," November 14, 2001, www.fpri.org/transcripts/annualdinner.20011114.perle.nextstopiraq.html.
141. Lawrence F. Kaplan and William Kristol, *The War over Iraq: Saddam's Tyranny and America's Mission* (San Francisco: Encounter Books, 2003), vii–viii, 124.
142. Fisk Robert. American Billions Keep Arab Regimes Sweet // *Independent* (London). — 2003. — March 2.
143. Struck Doug. Citing Iraq, N. Korea Signals Hard Line on Weapons Issue // *Washington Post.* — 2003. — March 30.
144. Gardner Lloyd C. The Long Road to Baghdad: A History of U.S. Foreign Policy from the 1970s to the Present. — NY: New Press, 2008. — P. 223.
145. Greenspan Alan. The Age of Turbulence: Adventures in a New World. — NY: Penguin, 2007. — P. 463.
146. Dreyfuss Robert. The Thirty-Year Itch // *Mother Jones.* — № 2. — 2003, http://motherjones.com/politics/2003/03/thirty-year-itch?page=2.
147. *Congressional Record, Proceedings and Debates of the 108th Congress, First Session,* April 3, 2003, 8544.
148. Dreyfuss, "The Thirty-Year Itch".

149. "Report on Prewar Intelligence Assessments About Postwar Iraq", Select Committee on Intelligence, United States Senate, 110th Cong., May 25, 2007, 27, 57, http://intelligence.senate.gov/11076.pdf.
150. Pincus Walter, DeYoung Karen. Analysts' Warnings of Iraq Chaos Detailed // Washington Post. — 2007. — May 26.
151. Roger Strother, "Post-Saddam Iraq: The War Game", November 4, 2006, National Security Archive, www.gwu.edu/~nsarchiv/NSAEBB/NSAEBB207/index.htm.
152. Kristof Nicholas D. War and Wisdom // New York Times. — 2003. — February 7.
153. Scheuer Michael F. Tenet Tries to Shift the Blame. Don't Buy It // Washington Post. — 2007. — April 29.
154. Galbraith Peter W. The End of Iraq: How American Incompetence Created a War Without End. — NY: Simon & Schuster, 2006. — P. 83.
155. Hoffman Bruce. Inside Terrorism. — NY: Columbia University Press, 2006. — P. 292.
156. "Bin Laden: Goal Is to Bankrupt U.S.", November 1, 2004, http://articles.cnn.com/2004-11-01/world/binladen.tape_1_al-jazeera-qaeda-bin?_s=PM:WORLD.
157. Roston Aram. The Man Who Pushed America to War: The Extraordinary Life, Adventures, and Obsessions of Ahmad Chalabi. — NY: Nation Books, 2008. — P. 252–253, 255–256; Gardner Lloyd C. The Long Road to Baghdad: A History of U.S. Foreign Policy from the 1970s to the Present. — NY: New Press, 2008. — P. 205.
158. Lake Eli. Chalabi Aide Tied to Shi'ite Terrorists // Washington Times. — 2009. — August 28.
159. "Interview with Andrew Natsios, Administrator for the US Agency for International Development, with Ted Koppel, Nightline, ABC News, 23 April 2003 on the Costs of Iraqi Reconstruction", www.mtholyoke.edu/acad/intrel/iraq/koppel.htm.
160. Bruno Coppieters and Boris Kashnikov, Right Intentions// Moral Constraints on War: Principles and Cases, ed. Bruno Coppieters and Nick Fotion (Lanham, MD: Rowman & Littlefield, 2008), 94.
161. Schmitt Eric. 2 U.S. Officials Liken Guerrillas to Renegade Postwar Nazi Units // New York Times. — 2003. — August 23.
162. Risen James, Johnston David. Bin Laden Is Seen with Aide on Tape // New York Times. — 2003. — September 11.
163. Для более полного ознакомления с дискуссией вокруг американских планов приватизации читайте книгу Доуэра «Cultures of War» (P. 411–416).
164. Klein Naomi. The Shock Doctrine: The Rise of Disaster Capitalism. — NY: Henry Holt, 2007. — P. 432–436.
165. Chandrasekaran Rajiv. Ties to GOP Trumped Know-how Among Staff Sent to Rebuild Iraq // Washington Post. — 2006. — September 17.
166. 'Gates of Hell' Are Open in Iraq, Warns Arab League Chief", Agence France Presse, September 19, 2004.

167. Scahill Jeremy. Blackwater: The Rise of the World's Most Powerful Mercenary Army. — NY: Nation Books, 2008. — P. 59–60.
168. Risen James. U.S. Splits Controversial Contractor's Iraq Work 3 Ways, but Costs May Soar // New York Times. — 2008. — May 24; O'Harrow Robert, Jr. Halliburton Is a Handy Target for Democrats // Washington Post. — 2004. — September 18.
169. Dewar Helen, Milbank Dana. Cheney Dismisses Critic with Obscenity // Washington Post. — 2004. — June 25.
170. Risen James. Electrical Risks Worse than Said at Bases in Iraq // New York Times. — 2008. — July 18.
171. Worth Robert F. Blast Destroys Shrine in Iraq, Setting Off Sectarian Fury // New York Times. — 2006. — February 22.
172. Gardner Lloyd C. The Long Road to Baghdad: A History of U.S. Foreign Policy from the 1970s to the Present. — NY: New Press, 2008. — P. 245.
173. Priest Dana, Milbank Dana. President Defends Allegation on Iraq // Washington Post. — 2003. — July 15.
174. Suskind Ron. Without a Doubt // New York Times Magazine. — 2004. — October 17. — P. 44, 51.
175. Jayamaha Buddhika, Smith Wesley D., Roebuck Jeremy, Mora Omar, Sandmeier Edward, Gray Yance T., Murphy Jeremy A. The War as We Saw It // New York Times. — 2007. — August 19.
176. Stiglitz Joseph E., Bilmes Linda. The Three Trillion Dollar War: The True Cost of the Iraq Conflict. — NY: W. W. Norton, 2008).
177. *Iraq: No Let-up in the Humanitarian Crisis* (Geneva: International Committee of the Red Cross, 2008), 3.
178. Transparency International, "Corruption Perceptions Index 2010 Results", www.transparency.org/policy_research/surveys_indices/cpi/2010/results.
179. Sly Liz. In Iraq, Ex-Foe Is New Friend: Historic Visit by Iran Leader Showcases Ties // Chicago Tribune. — 2008. — March 3.
180. Porter Gareth. Burnt Offering // American Prospect. — № 3. — 2006, www.prospect.org/cs/articles?articleId=11539.
181. Giraldi Philip. Deep Background: In Case of Emergency, Nuke Iran; Give Tenet Another Medal; Iraq's Police Brutality // American Conservative. — № 4. — 2005, www.amconmag.com/article/2005/aug/01/00027/.
182. "Iran: Nuclear Intentions and Capabilities", National Intelligence Estimate, November 2007, www.dni.gov/press_releases/20071203_release.pdf, 6.
183. Risen James, Miller Judith. A Nation Challenged // New York Times. — 2001. — October 29; Reid Tim. We'll Bomb You to Stone Age, US Told Pakistan // Times (London). — 2006. — September 22, www.timesonline.co.uk/tol/news/world/middle_east/article647188.ece.

184. Dugger Celia W. The World: Unthinkable // *New York Times*. — 2002. — June 2.
185. Hodge Roger D. Weekly Review // Harper's Magazine. — № 1. — 2002.
186. Hersh Seymour M. Chain of Command: The Road from 9/11 to Abu Ghraib. — NY: HarperCollins, 2004. — P. 291, 312; Statement of Leonard Weiss, Ph.D., to the House Subcommittee on International Terrorism and Nonproliferation, "The A.Q. Khan Network: Case Closed?: Hearing before the Subcommittee on International Terrorism of the Committee on International Relations", 109th Cong., 2nd Sess., May 25, 2006, 10; Lancaster John, Khan Kamran. President Won't Submit to Nuclear Inspections // *Washington Post*. — 2004. — February 6.
187. Seymour M. Hersh, "The Deal: Why Is Washington Going Easy on Pakistan's Nuclear Black Marketers?", *New Yorker,* March 8, 2004, 32.
188. Pew Research Center, "Pew Global Attitudes Project: Spring 2007 Survey of 47 Publics" (Washington, DC: Pew Research Center for the People & the Press, 2007), 88; Pew Research Center, "Publics of Asian Powers Hold Negative Views of One Another", September 21, 2006, http://pewglobal.org/2006/09/21/publics-of-asian-powers-hold-negative-views-of-one-another/.
189. "Poll: Bin Laden tops Musharraf in Pakistan", September 11, 2007, http://articles.cnn.com/2007-09-11/politics/poll.pakistanis_1_approval-rating-poll-qaeda?_s=PM: POLITICS.
190. Allen Nick. Soviet Break-up Was Geopolitical Disaster, Says Putin // Daily Telegraph (London). — 2005. — April 26.
191. Allen Nick. Why Russia Is Putting Stalin Back on His Pedestal // Daily Telegraph (London). — 2005. — April 20.
192. Arkin William M. Secret Plan Outlines the Unthinkable // Los Angeles Times. — 2002. — March 9.
193. America as Nuclear Rogue // *New York Times*. — 2002. — March 12.
194. Tadatoshi Akiba, "Peace Declaration, August 6, 2003", www.pcf.city.hiroshima.jp/declaration/English/2003/index.html.
195. Leiber Keir A., Press Daryl G., The Rise of U.S. Nuclear Primacy // Foreign Affairs. — № 2. — 2006. — P. 42, 52.
196. Finn Peter. Russians Sense the Heat of Cold War // *Washington Post*. — 2006. — April 3.
197. Gaidar Yegor. Nuclear Punditry Can Be a Dangerous Game // Financial Times (London). — 2006. — March 29.
198. Russian and U.S. Citizens See Each Other as Potential Enemies? // Pravda. — 2006. — April 24.
199. "National Security", program broadcast by Radio Russia on April 5, 2006, supplied by BBC Worldwide Monitoring; Weir Fred. In Moscow, Buzz over Arms Race II //

Christian Science Monitor. — 2006. — April 24; Gaidar Yegor. Nuclear Punditry Can Be a Dangerous Game // Financial Times (London). — 2006. — March 29.
200. Flory Peter C. W. Does Washington Really Have (Or Want) Nuclear Primacy? // Foreign Affairs. — № 5. — 2006. — P. 149–150; Payne Keith. A Matter of Record // Foreign Affairs. — № 5. — 2006. — P. 152.
201. Arbatov Alexei. Cutting a Deal // Foreign Affairs. — № 5. — 2006. — P. 153–154.
202. Lieber Keir A., Press Daryl G. Lieber and Press Reply // Foreign Affairs. — № 5. — 2006. — P. 154–157.
203. Scott William B. USSC Prepares for Future Combat Missions in Space // Aviation Week & Space Technology. — 1996. — August 5. — P. 51.
204. *Report of the Commission to Assess United States National Security Space Management and Organization* (Washington, DC: U.S. Government Printing Office, 2001), viii, xii.
205. Kay Sean. Global Security in the Twenty-First Century: The Quest for Power and the Search for Peace. — Lanham, MD: Rowman & Littlefield, 2006. — P. 187.
206. Jonathan Shainin, "Rods from God", *New York Times Magazine,* December 10, 2006. — P. 70.
207. Weiner Tim. Legacy of Ashes: The History of the CIA. — NY: Doubleday, 2007. — P. 502.
208. Ibidem. — P. 503.
209. Nick Turse, "Planet Pentagon How the Pentagon Came to Own the Earth, Seas, and Skies", July 11, 2007, www.tomdispatch.com/post/174818.
210. "Department of Defense Base Structure Report, Fiscal Year 2008 Baseline", www.acq.osd.mil/ie/download/bsr/BSR2008Baseline.pdf.
211. Thomas Donnelly and Vance Serchuk, "Toward a Global Cavalry: Overseas Rebasing and Defense Transformation", American Enterprise Institute for Public Policy Research, July 1, 2003, www.aei.org/outlook/17783.
212. Douglas J. Feith, "Prepared Statement Before the House Armed Services Committee", June 23, 2004, www.defense.gov/speeches/speech.aspx?speechid=133.
213. Engelhardt Tom. The American Way of War: How Bush's Wars Became Obama's. — C: Haymarket Books, 2010. — P. 42.
214. Shanker Thom. Despite Slump, U.S. Role as Top Arms Supplier Grows. // New York Times. — 2009. — September 7.
215. Brzezinski Zbigniew. Terrorized by 'War on Terror' // Washington Post. — 2007.
216. Allen Mike, Walsh Edward. Presidential Rivals Feast on Jokes, Jabs // Washington Post. — 2000. — October 20.
217. Story Louise. Wall St. Profits Were a Mirage, but Huge Bonuses Were Real // New York Times. — 2008. — December 18.

218. David Goldman, "Most Firms Pay No Income Taxes — Congress", August 12, 2008, http://money.cnn.com/2008/08/12/news/economy/corporate_taxes.
219. Lichtman Alan. White Protestant Nation: The Rise of the American Conservative Movement. — NY: Atlantic Monthly Press, 2008. — P. 446.
220. James T. Patterson, Transformative Economic Policies: Tax Cutting, Stimuli, and Bailouts // Zelizer, *The Presidency of George W. Bush,* 130.
221. Harris Paul. Welcome to Richistan, USA // Observer (London). — 2007. — July 22.
222. Story Louise. Top Hedge Fund Managers Do Well in a Down Year // *New York Times.* — 2009. — March 25.
223. International Labour Organization, *World of Work Report 2008: Income Inequalities in the Age of Financial Globalization* (Geneva: International Institute for Labour Studies, 2008), www.ilo.org/public/english/bureau/inst/download/world08.pdf, xi.
224. Murakami Tse Tomoeh. Buffett Slams Tax System Disparities // *Washington Post.* — 2007. — June 27.
225. Rothkopf David. They're Global Citizens. They're Hugely Rich. And They Pull the Strings // *Washington Post.* — 2008. — May 4; Brown David. Richest Tenth Own 85 % of World's Assets // Times (London). — 2006. — December 6, www.timesonline.co.uk/tol/news/world/asia/article661055.ece.
226. Giving More Generously: What Rich Countries Gave in Foreign Aid Last Year // Economist. — 2009. — March 31, www.economist.com/node/13400406?story_id=13400406.
227. Mark Knoller, "President Bush by the Numbers", February 11, 2009, www.cbsnews.com/stories/2009/01/19/politics/bush_legacy/main473536.shtml.
228. Morello Carol, Keating Dan. Millions More Thrust into Poverty // *Washington Post.* — 2009. — September 11.
229. Jodie T. Allen, "A Nation of 'Haves' and 'Have-Nots'?", Pew Research Center, September 13, 2007, http://pewresearch.org/pubs/593/haves-have-nots.
230. Robert Reich, "America Is Becoming a Plutocracy", October 18, 2010, www.salon.com/news/feature/2010/10/18/the_perfect_storm.
231. "Bush's Final Approval Rating: 22 Percent", www.cbsnews.com/stories/2009/01/16/opinion/polls/main4728399.shtml.

Глава 14. Обама: как управлять раненой империей?

1. Eakin Emily. Ideas & Trends: All Roads Lead to D.C. // *New York Times.* — 2002. — March 31.
2. Woodward Bob. Obama's Wars. — NY: Simon & Schuster, 2010. — P. 11.

3. Steven S. Clark, "Pharma Makes a Pragmatic Left Turn in this Election", WTN News, November 3, 2008, wtnnews.com/articles/5185.
4. Glenn Greenwald, "Larry Summers, Tim Geither and Wall Street's Ownership of Government", April 4, 2009, http://www.salon.com/2009/04/04/summers; Froomkin Dan. White House Watch // *Washington Post.* — 2009. — April 6.
5. Taibbi Matt. Obama's Big Sellout // Rolling Stone. — № 23. — 2009, www.commondreams.org/headline/2009/12/13-8; Calmes Jackie. Obama's Economic Team Shows Influence of Robert Rubin — With a Difference // *New York Times.* — 2008. — November 24; Dash Eric. Citigroup to Halt Dividend and Curb Pay // *New York Times.* — 2008. — November 23; Paley Amit R., Cho David. Administration Seeks an Out on Bailout Rules for Firms // *Washington Post.* — 2009. — April 4.
6. James K. Galbraith, "It Was the Banks", November 5, 2010, www.commondreams.org/view/2010/11/05-13.
7. Dan Froomkin. Suskind's 'Confidence Men' Raises Questions About Obama's Credibility // Huffington Post. — 2011. — December 2, www.commondreams.org/view/2011/12/02-8.
8. Alterman Eric. The Ingrates of Wall Street // Nation. — 2011. — June 15, www.thenation.com/article/161447/ingrates-wall-street.
9. Schwartz Nelson D., Story Louise. Pay of Hedge Fund Managers Roared Back Last Year // *New York Times.* — 2010. — April 1.
10. Luo Michael. In Banking, Emanuel Made Money and Connections // *New York Times.* — 2008. — December 4.
11. Lizza Ryan. Inside the Crisis: Larry Summers and the White House Economic Team // New Yorker. — 2009. — October 12, www.newyorker.com/reporting/2009/10/12/091012fa_factlizza?printable=true#ixzz1QgGbqGCw.
12. Andrew Sum, Ishwar Khatiwada, Joseph McLaughlin, and Sheila Palma, "The 'Jobless and Wageless' Recovery from the Great Recession of 2007–2009: The Magnitude and Sources of Economic Growth Through 2011 and Their Impacts on Workers, Profits, and Stock Values", May 2011, www.clms.neu.edu/publication/documents/Revised_Corporate_Report_May_27th.pdf; Jeff Madrick, "When Will Obama Sound the Alarm About Jobs?" June 9, 2011, www.huffingtonpost.com/jeff-madrick/when-will-obama-sound-the b 874426.html.
13. Meyerson Harold. The Unshared Recovery // *Washington Post.* — 2010. — September 6; Rattner Steven. The Rich Get Even Richer // *Washington Post.* — 2012. — March 25.
14. Chris Hedges, "Nader Was Right: Liberals Are Going Nowhere With Obama", August 10, 2009, www.truthdig.com/report/item/20090810_nader_was_right_liberals_are_going_nowhere_with_obama.
15. Krugman Paul. The Social Contract // *New York Times.* — 2011. — September 23.

16. Reich Robert B. How to End the Great Recession // *New York Times*. — 2010. — September 3; Edward N. Wolff, "Recent Trends in Household Wealth in the United States", March 2010, www.levyinstitute.org/pubs/wp589.pdf, 11.
17. Blow Charles M. America's Exploding Pipe Dream // *New York Times*. — 2011. — October 29; www.sgi-network.org/pdf/SGI11–Social–Justice–OECD.pdf.
18. DeParle Jason. Harder for Americans to Rise from Economy's Lower Rungs // *New York Times*. — 2012. — January 5.
19. Whoriskey Peter. Executive Incentives // Wall Street Journal. — 2008. — November 20, online.wsj.com/public/resources/documents/st_ceos_20081111.html.
20. Isaac William M. Obama's Financial Reform Weak and Ineffective // Forbes. — № 8. — 2010, www.forbes.com/2010/04/22/financial –reform-barack-obama-chris-dodd-opinions-contributors-william-m-isaac.html.
21. Pearlstein Steven. Whose Side Is Obama On? // *Washington Post*. — 2009. — November 25.
22. Confessore Nicholas. Obama Seeks to Win Back Wall St. Cash // *New York Times*. — 2011. — June 13.
23. Stiglitz Joseph E. Of the 1 %, By the 1 %, For the 1 % // Vanity Fair. — № 5. — 2011, www.vanityfair.com/society/features/2011 /05 /top-one-percent-201105.
24. Jonathan D. Salant and Lizzie O'Leary, "Six Lobbyists Per Lawmaker Work on Health Overhaul (Update 2)", Bloomberg.com, August 14, 2009, www.bloomberg.com/apps/news?pid=newsarchive&sid=aqMce51JoZWw.
25. Glenn Greenwald, "White House as Helpless Victim on Healthcare", December 16, 2009, www.salon.com/news/opinion/glenn_greenwald/2009/12/16/white_house.
26. Robert Kuttner, "A Wake Up Call", January 17, 2010, www.huffingtonpost.com/robert-kuttner/a-wake-up-call_b_426467.html.
27. Meyerson Harold. Who's Hurt by Paul Ryan's Budget Proposal // *Washington Post*. — 2011. — April 5.
28. Friedman Thomas L. Still Digging // *New York Times*. — 2010. — December 7.
29. Krugman Paul. The President Is Missing // *New York Times*. — 2011. — April 10.
30. Cameron Doug. GE's Immelt Receives Cash Bonus // Wall Street Journal. — 2011. — March 14, online.wsj.com/article/SB10001424052748704893604576200850366030310.html; Gay Stolberg Sheryl. Obama Sends Pro-Business Signal with Adviser Choice // *New York Times*. — 2011. — January 21.
31. Meyerson Harold. Wall St. Attacks Obama for Tactic It Uses // *Washington Post*. — 2012. — April 4; Goldfarb Zachary A. Obama Support for GE, Boeing, JPMorgan Doesn't Always Go Both Ways // *Washington Post*. — 2012. — July 19.
32. Talev Margaret. Obama Retakes the Oath of Office After Busy First Day // McLatchy News. — 2009. — January 21, www.mcclatchydc.com/2009/01/21/60448/obama-retakes-the-oath-of-office.html.

33. "Obama Administration in Danger of Establishing 'New Normal' with Worst Bush-Era Policies, Says ACLU", July 29, 2010, www.aclu.org/national-security/obama-administration-danger-establishing-new-normal-worst-bush-era-policies-says-a.
34. Savage Charlie. Court Dismisses a Case Asserting Torture by C.I.A. // *New York Times.* — 2010. — September 9.
35. Goldsmith Jack. The Cheney Fallacy // *New Republic.* — № 10. — 2009, www.tnr.com/article/politics/the-cheney-fallacy?page=0,0&id=1e733cac-c273-48e5-9140-80443ed1f5e2&p=1.
36. Turley Jonathan. Taking Liberties: Obama May Prove Disastrous in Terms of Protecting Our Rights // *Los Angeles Times.* — 2011. — September 29.
37. Richter Paul. State Department Spokesman P. J. Crowley Resigns // *New York Times.* — 2011. — March 14.
38. Cohn Marjorie. Bradley Manning: Traitor or Hero // *Consortium News.* — 2011. — December 24, www.consortiumnews.com/2011/12/24/bradley-manning-traitor-or-hero.
39. "WikiLeaks Wins Australian Journalism Award", AFP, November 27, 2011, www.google.com/hostednews/afp/article/ALeqM5gQRUCe6qxRkV8J7Q8Ix6HUPcD_Eg; Glenn Greenwald, "WikiLeaks Wins Major Journalism Award in Australia", November 27, 2011, www.salon.com/2011/11/27/wikileaks_wins_major_journalism_award_in_australia.
40. Scheer Robert. From Jefferson to Assange // *Nation.* — 2010. — December 28, www.thenation.com/article/156909/jefferson-assange.
41. Eddlem Thomas R. Gingrich Calls Assange an 'Enemy Combatant' // *New American.* — 2010. — December 9, www.thenewamerican.com/usnews/foreign-policy/5454-gingrich-calls-assange-an-enemy-combatant; Martin Beckford. Sarah Palin: Hunt WikiLeaks Founder Like al-Qaeda and Taliban Leaders // *Telegraph* (London). — 2011. — December 26, www.telegraph.co.uk/news/worldnews/wikileaks/8171269/Sarah-Palin-hunt-WikiLeaks-founder-like-al-Qaeda-and-Taliban-leaders.html.
42. Goodale James C. WikiLeaks Probe: Pentagon Papers Injustice Déjà Vu // *Daily Beast.* — 2011. — June 12, www.thedailybeast.com/articles/2011/06/13/wikileaks-probe-spoils-pentagon-papers-anniversary.html; Trevor Timm, "Cablegate One Year Later: How WikiLeaks Has Influenced Foreign Policy, Journalism, and the First Amendment", Electronic Freedom Foundation, November 28, 2011, www.eff.org/deeplinks/2011/11/cablegate-one-year-later-how-wikileaks-has-influenced-foreign-policy-journalism.
43. Smith R. Jeffrey. Classified Pentagon Report Upholds Thomas Drake's Complaints About NSA // *Washington Post.* — 2011. — June 23.

44. Glenn Greenwald, "Climate of Fear: Jim Risen v. the Obama Administration", June 23, 2011, www.salon.com/news/opinion/glenn_greenwald/2011/06/23/risen.
45. Erlanger Steven. Europeans Criticize Fierce U.S. Response to Leaks // *New York Times.* — 2010. — December 10.
46. Priest Dana, Arkin William M. A Hidden World, Growing Beyond Control // *Washington Post.* — 2010. — July 19.
47. Priest Dana, Arkin William M. Monitoring America // *Washington Post.* — 2010. — December 20.
48. Savage Charlie. Senators Say Patriot Act Is Being Misinterpreted // *New York Times.* — 2011. — May 27.
49. Savage Charlie. F.B.I. Agents Get Leeway to Push Privacy Bounds // *New York Times.* — 2011. — June 13; Shipler David K. Free to Search and Seize // *New York Times.* — 2011. — June 23.
50. Turley Jonathan. Ten Reasons We're No Longer the Land of the Free // *Washington Post.* — 2012. — January 15.
51. DeYoung Karen. Familiar Faces and Some Prominent Newcomers // *Washington Post.* — 2008. — March 3.
52. Keating Joshua E. The Audacity of What? // Foreign Policy. — № 1. — 2011, www.foreignpolicy.com/articles/2011/01/24/the_audacity_of_what.
53. Lizza Ryan. How the Arab Spring Remade Obama's Foreign Policy // New Yorker. — 2011. — May 2, www.newyorker.com/reporting/2011/05/02/110502fa_fact_lizza?currentPage=all.
54. Abramowitz Michael, Murray Shailagh, Kornblut Anne E. Obama Close to Picking Clinton, Jones for Key Posts // *Washington Post.* — 2008. — November 22.
55. Cohen Eliot. What's Different About the Obama Foreign Policy // Wall Street Journal. — 2009. — August 2, online.wsj.com/article/SB10001424052970203946 904574300402608475582.html.
56. Robert Parry, "The Secret World of Robert Gates", November 9, 2006, www.consortiumnews.com/2006/110906.html; Robert Parry, "How the War Hawks Caged Obama", November 30, 2009, www.consortiumnews.com/2009/113009.html; Parry Robert. Secrecy & Privilege: Rise of the Bush Dynasty from Watergate to Iraq. — Arlington, VA: Media Consortium, 2004.
57. Landler Mark. Clinton Speech Offers Policy Overview // *New York Times.* — 2010. — September 8.
58. Bumiller Elisabeth. Gates on Leaks, Wiki and Otherwise // *New York Times.* — 2010. — November 30.
59. Bacevich Andrew J. Hillary Clinton's 'American Moment' Was Nothing But American Blather // New Republic. — № 17. — 2010, www.tnr.com/blog/foreign-policy/77612/hillary-clintons-american-moment-was-nothing-american-blather.

60. Savage Charlie. 2 Top Lawyers Lost to Obama in Libya War Policy Debate // *New York Times.* — 2011. — June 18.
61. Savage Charlie. Mostly in Echo, Rivals Discuss Reach of Power // *New York Times.* — 2011. — December 30; Chapman Steve. Mirror Images // *Chicago Tribune.* — 2012. — January 5.
62. Jenkins Simon. U. S. Embassy Cables: The Job of the Media Is Not to Protect the Powerful from Embarrassment // *Guardian.* — 2010. — November 28.
63. Wills Garry. Obama's Legacy: Afghanistan // New York Review of Books. — № 14. — 2010, www.nybooks.com/blogs/nyrblog/2010/jul/27/obamas-legacy-afghanistan/.
64. DeYoung Karen. Afghan Conflict Will Be Reviewed // *Washington Post.* — 2009. — January 13.
65. White House Press Release, February 17, 2009, www.whitehouse.gov/the_press_office/Statement-by-the-President-on-Afghanistan.
66. Bumiller Elisabeth, Mazetti Mark. A General Steps from the Shadows // *New York Times.* — 2009. — May 12; Engelhardt Tom. The American Way of War: How Bush's Wars Became Obama's. — C: Haymarket Books, 2010. — 141.
67. Schmitt Eric, Mazetti Mark. Switch Signals New Path for Afghan War // *New York Times.* — 2009. — May 12.
68. Woodward Bob. Obama: 'We Need to Make Clear to People That the Cancer Is in Pakistan' // *Washington Post.* — 2010. — September 29.
69. Sanger David E., Schmitt Eric. Pakistani Nuclear Arms Pose Challenge to U. S. Policy // *New York Times.* — 2011. — February 1.
70. K. Alan Kronstadt, "Pakistan-U.S. Relations", February 6, 2009, Congressional Research Service, www.fas.org/sgp/crs/row/RL33498.pdf.
71. Reid Tim. We'll Bomb You to Stone Age, US Told Pakistan // Times (London). — 2006. — September 22, www.timesonline.co.uk/tol/news/world/middle_east/article647188.ece.
72. Woodward Bob. Obama: 'We Need to Make Clear to People That the Cancer Is in Pakistan' // *Washington Post.* — 2010. — September 29.
73. Kilcullen David, McDonald Exum Andrew. Death from Above, Outrage down Below // *New York Times.* — 2009. — May 17.
74. Shah Saed, Beaumont Peter. Human Face of Hellfire — Hidden Cost of America's Remote-Controlled Missiles // Guardian (London). — 2011. — July 18; Khan Jemima. Under Fire from Afar: Harrowing Exhibition Reveals Damage Done By Drones in Pakistan // Independent (London). — 2011. — July 29.
75. Hasan Mehdi. U. S. Drone Attacks Are No Laughing Matter, Mr. Obama. — Guardian (London). — 2010. — December 29.
76. Glenn Greenwald, "Bravery and Drone Pilots", July 10, 2012, www.salon.com/2012/07/10/bravery and drone pilots.

77. Hines Nico. Obama Schmoozes the Fourth Estate with Gags and Gaffes at Charity White House Bash // Times (London). — 2010. — May 3; Jamie Crawford, "Pakistani View of U.S. Reaches New Low", CNN, June 29, 2012, security.blogs.cnn.com/2012/06/29/pakistani-view-of-u-s-reaches-new-low/?iref=allsearch.
78. Shane Scott. C.I.A. Is Disputed on Civilian Toll in Drone Strikes // *New York Times*. — 2011. — August 12.
79. Chris Woods and Christina Lamb, "Obama Terror Drones", Bureau of Investigative Journalism, February 4, 2012, www.thebureauinvestigates.com/2012/02/04/obama-terror-drones-cia-tactics-in-pakistan-include-targeting-rescuers-and-funerals.
80. DeYoung Karen. Secrecy Defines Obama's Drone War // *Washington Post*. — 2011. — December 20; Becker Jo, Shane Scott. Secret 'Kill List' Proves a Test of Obama's Principles and Will // *New York Times*. — 2012. — May 29.
81. Junod Tom. The Lethal Presidency of Barack Obama // Esquire. — № 7. — 2012, www.esquire.com/features/obama-lethal-presidency-0812-3.
82. Junod Tom. The Lethal Presidency of Barack Obama // Esquire. — № 7. — 2012, www.esquire.com/features/obama-lethal-presidency-0812-3.
83. Akbar Ahmed and Frankie Martin, "Deadly Drones Come to the Muslims of the Philippines", Al-Jazeera, March 5, 2012; Tom Engelhardt, "Obama's Bush League World", July 12, 2011, www.tomdispatch.com/post/175416/tomgram%3Aengelhardt%2C_making_earth_a_global_free_fire_zone.
84. Glenn Greenwald, "Excuses for Assassination Secrecy", July 12, 2012, www.salon.com/2012/07/12/excuses_for_assassination_secrecy.
85. Glenn Greenwald, "Obama's Killings Challenged Again," July 18, 2012, www.salon.com/2012/07/18/obama_killings_challenged_again.
86. Miller Greg, Tate Julie. Since Sept. 11, CIA's Focus Has Taken Lethal Turn // *Washington Post*. — 2011. — September 2.
87. Hastings Michael. The Rise of the Killer Drones: How America Goes to War in Secret // Rolling Stone. — № 8. — 2012, www.rollingstone.com/politics/news/the-rise-of-the-killer-drones-how-america-goes-to-war-in-secret-20120416?print=true.
88. Savage Charlie. Relatives Sue Officials Over U. S. Citizens Killed by Drone Strikes in Yemen // *New York Times*. — 2012. — July 18.
89. Raghavan Sudarsan. In Yemen, U.S. Airstrikes Breed Anger, and Sympathy for Al-Qaeda // *Washington Post*. — 2012. — May 29.
90. As Nature Is Displaying More Bipolar Behaviour — Floods One Day, Drought the Next — and Man Is Traversing More into the Realm of Boundless Greed and Shamelessness, Mutants Calling Themselves Politicians Are Saying Things Unplugged from Logic and Unlinked // *Nation* (Thailand). — 2011. — December 15.
91. Markoff John. War Machines: Recruiting Robots for Combat // *New York Times*. — 2010. — November 29.

92. Engelhardt Tom. The American Way of War: How Bush's Wars Became Obama's. — C: Haymarket Books, 2010. — P. 172–174; Bumiller Elisabeth, Shaker Thom. — War Evolves with Drones, Some Tiny as Bugs // *New York Times*. — 2011. — June 20.
93. Wan William, Finn Peter. Global Rush Is On to Match U.S. Drones // *Washington Post*. — 2011. — July 5.
94. Becker Jo, Shane Scott. Secret 'Kill List' Proves a Test of Obama's Principles and Will // *New York Times*. — 2012. — May 29.
95. Shanker Thom. Joint Chiefs Chairman Readjusts Principles on Use of Force // *New York Times*. — 2010. — March 3.
96. Oppel Richard A., Jr. Tighter Rules Fail to Stem Deaths of Innocent Afghans at Checkpoints // *New York Times*. — 2010. — March 26; Kiernan Ben, Owen Taylor. Roots of U.S. Troubles in Afghanistan: Civilian Bombing Casualties and the Cambodian Precedent // Asia-Pacific Journal. — 2010. — June 28, www.japanfocus.org/-Ben-Kiernan/3380.
97. Baker Peter. How Obama Came to Plan for 'Surge' in Afghanistan // *New York Times*. — 2009. — December 6.
98. Steve Rendell, "In Afghan Debate, Few Antiwar Op-Eds", *FAIR,* December 2009, www.fair.org/index.php?page=3949; Wavering on Afghanistan? // *Washington Post*. — 2009. — September 22.
99. Whitlock Craig. Gen. Cartwright, Poised to Lead Chiefs, Had His Shot Derailed by Critics // *Washington Post*. — 2011. — May 28.
100. World Food Program data, www.wfp.org/countries/afghanistan; Anthony H. Cordesman and Adam Mausner, "Is a 'Population-centric' Strategy Possible?" Center for Strategic & International Studies, April 26, 2010, csis.org/publication/agriculture-food-and-poverty-afghanistan; John Hanrahan, "About Living Standards in Afghanistan", December 3, 2009, niemanwatchdog.org/index.cfm?fuseaction=ask_this.view&askthisid=0045; Brulliard Karin. Affluent Afghans Make Their Homes in Opulent 'Poppy Palaces' // *Washington Post*. — 2010. — June 6.
101. Wildman David, Bennis Phyllis. Ending the US War in Afghanistan: A Primer. — Northampton, MA: Olive Branch Press, 2010. — P. 72–74.
102. Cordesman Anthony H. What's Our Long-Range Afghan Plan? // *Washington Post*. — 2011. — September 23.
103. Atiq Sarwari and Robert D. Crews, Afghanistan and the Pax Americana // *The Taliban and the Crisis of Afghanistan,* ed. Robert D. Crews and Amin Tarzi (Cambridge, MA: Harvard University Press, 2008), 315–16.
104. Afghan Life Expectancy Rising as Healthcare Improves, Survey Shows // Guardian (London). — 2011. — November 30.

105. Wildman David, Bennis Phyllis. Ending the US War in Afghanistan: A Primer. — Northampton, MA: Olive Branch Press, 2010. — P. 88–90, 94; Burde Dana. It Takes a Village To Raise a School // *New York Times*. — 2010. — September 17.
106. Karl Eikenberry, memo to Hillary Clinton, November 6, 2009, documents.nytimes.com/eikenberry-s-memos-on-the-strategy-in-afghanistan.
107. Kristof Nicholas D. The Afghanistan Abyss // *New York Times*. — 2009. — September 6.
108. Shurtleff Andrew. Former CIA Station Chief in Afghanistan Calls for Withdrawal // Daily Progress, www.votersforpeace.us/press/index.php?itemid =3419. Conn Hallinan, "Afghanistan: Killing Peace", January 12, 2011, dispatches from the edge blog.wordpress.com; Wildman David, Bennis Phyllis. Ending the US War in Afghanistan: A Primer. — Northampton, MA: Olive Branch Press, 2010. — P. 160.
109. Hallinan Conn, Afghanistan: Killing Peace, January 12, 2011, dispatches from the edge blog.wordpress .com; Wildman David and Bennis Phyllis, Ending the US War in Afghanistan: A Primer. — P. 160.
110. Rubin Alissa J. Girl, 12, Killed in NATO Raid on Wrong Afghan Home // *New York Times*. — 2011. — May 13.
111. Ali Tariq. Operation Enduring Disaster: Breaking with Afghan Policy. — 2008. — November 16, www.tomdispatch.com/post/175003/tariq_ali_flight_path_to_disaster_in_afghanistan.
112. Matthew P. Hoh, letter to Ambassador Nancy J. Powell, September 10, 2009, *Washington Post,* www.washingtonpost.com/wp-srv/hp/ssi/wpc/ResignationLetter.pdf?sid=ST2009102603447.
113. Chris Hedges, "Opium, Rape and the American Way", November 2, 2009, www.truthdig.com/report/item/20091102_opium_rape_and_the_american_way/.
114. Losing Afghanistan? // Economist. —2009. — August 20, www.economist.com/node/14258750?story_id=14258750
115. "UN Afghanistan Survey Points to Huge Scale of Bribery", *BBC News,* January 19, 2010, news.bbc.co.uk/2/hi/8466915.stm; Alfred W. McCoy, "America and the Dictators: From Ngo Dinh Diem to Hamid Karzai", April 16, 2010, www.tomdispatch.com/blog/175233.
116. Shane Scott, Lehren Andrew W. Leaked Cables Offer Raw Look at U.S. Diplomacy // *New York Times*. — 2010. — November 28; Shane Scott, Mazzetti Mark, Filkins Dexter. Cables Depict Afghan Graft, Starting at Top // *New York Times*. — 2010. — December 2; Walsh Declan. Flower Power // Guardian. — 2008. — August 16, www.guardian.co.uk/lifeandstyle/2008/aug/16/drugstrade.afghanistan; Filkins Dexter, Mazzetti Mark, Risen James. Brother of Afghan Leader Said to Be Paid by C.I.A. // *New York Times*. — 2009. — October 28.

117. Rubin Alissa J., Rosenberg Matthew. U.S. Efforts Fail to Curtail Trade in Afghan Opium // New York Times. — 2012. — May 26.
118. Risen James. Propping Up a Drug Lord, Then Arresting Him // New York Times. — 2010. — December 11; "New Measures Against the Afghan Opium Tsunami", United Nations Information Service, October 31, 2007, www.unis.unvienna.org/unis/pressrels/2007/unisnar1013.html; Alfred W. McCoy, "Can Anyone Pacify the World's Number One Narco-State? The Opium Wars in Afghanistan", March 30, 2010, www.tomdispatch.com/blog/175225.
119. Walsh Declan. Flower Power // Guardian. — 2008; Brulliard Karin. Affluent Afghans Make Their Homes in Opulent 'Poppy Palaces' // Washington Post. — 2010.
120. Jean MacKenzie, "Funding the Afghan Taliban", August 7, 2009, www.globalpost.com/dispatch/taliban/funding-the-taliban; Gusterson Hugh. Why the War in Afghanistan Cannot Be Won // Bulletin of the Atomic Scientists. — 2009. — № 5, www.thebulletin.org/web-edition/columnists/hugh-gusterson/why-the-war-afghanistan-cannot-be-won.
121. Filkins Dexter. Convoy Guards in Afghanistan Face an Inquiry // New York Times. — 2010. — June 6.
122. Nordland Rod. Afghan Bank Commission Absolves President's Brother in Fraud Case // New York Times. — 2011. — May 29.
123. Farmer Ben. U.S. Diplomat Claims UN Tried to Gag Him // Telegraph (London). — 2009. — October 4, www.telegraph.co.uk/news/6259530/US-diplomat-claims-UN-tried-to-gag-him.html.
124. Nordland Rod. Afghan Votes Come Cheap, and Often in Bulk // New York Times. — 2010. — September 17.
125. Woodward Bob. Military Thwarted President Seeking Choice in Afghanistan // Washington Post. — 2010. — September 27.
126. Woodward Bob. Biden Warned Obama During Afghan War Review Not to Get 'Locked into Vietnam' // Washington Post. — 2010. — September 28; Woodward Bob. Obama's Wars. — NY: Simon & Schuster, 2010. — 247, 311 p.
127. "Final Report of the National Commission on Terrorist Attacks Upon the United States", www.9-11commission.gov/report/911Report Exec.htm.
128. Pillar Paul R. Who's Afraid of a Terrorist Haven? // Washington Post. — 2009. — September 16.
129. "Fareed Zakaria Criticizes 'Disproportionate' Afghanistan War on CNN", July 4, 2010, www.huffingtonpost.com/2010/07/04/fareed-zakaria-criticizes_n_635170.html.
130. Will George F. The War That Wasn't // Washington Post. — 2011. — May 3.
131. Bacevich Andrew J. Obama's Afghanistan Speech and Strategy // Washington Post. — 2009. — December 2.

132. Drew Christopher. One Million Dollars to Keep One Soldier in Afghanistan for One Year // New York Times. — 2009. — November 16.
133. Dreyfuss Robert. Getting Out in 2010 // Nation. — 2010. — June 17, www.thenation.com/blog/getting-out-2011.
134. Milbank Dana. A Deadline Written in Quicksand, Not Stone // Washington Post. — 2009. — December 3.
135. Woodward Bob. Obama's Wars. — NY: Simon & Schuster, 2010. — P. 354.
136. DeYoung Karen, Wilson Scott. With bin Laden Dead, Some Escalate Push for New Afghan Strategy // Washington Post. — 2011. — May 11; Wildman David, Bennis Phyllis. Ending the US War in Afghanistan: A Primer. — Northampton, MA: Olive Branch Press, 2010. — P. 72–74.
137. Sanger David E., Shanker Thom. Military Seeks to Make Case Against Too-Hasty Reduction of Troops // New York Times. — 2011. — June 7; Shanker Thom, Cushman John H., Jr. Reviews Raise Doubt on Training of Afghan Forces // New York Times. — 2009. — November 6.
138. Friedman Thomas L. What's Second Prize? // New York Times. — 2010. — June 22.
139. Nordland Rod. Afghans Plan to Stop Recruiting Children as Police // New York Times. — 2011. — January 29; Londono Ernesto. Afghanistan Sees Rise in 'Dancing Boys' Exploitation // Washington Post. — 2012. — April 4.
140. Perry Tony. U.S. Troops in Afghanistan Suffer More Catastrophic Injuries // Los Angeles Times. — 2011. — April 6.
141. T. Christian Miller and Daniel Zwerding, "Brain Injuries Remain Undiagnosed in Thousands of Soldiers", June 7, 2010, www.propublica.org/article/brain-injuries-remain-undiagnosed-in-thousands-of-soldiers.
142. Wildman David, Bennis Phyllis. Ending the US War in Afghanistan: A Primer. — Northampton, MA: Olive Branch Press, 2010. — P. 28.
143. Shane Leo, III. Study: Wars Could Cost $4 Trillion to $6 Trillion // Stars and Stripes. — 2010. — September 29, www.stripes.com/blogs/stripes-central/stripes-central-1.8040/study-wars-could-cost-4-trillion-to-6-trillion-1.120054.
144. Risen James. U.S. Identifies Vast Riches of Minerals in Afghanistan // New York Times. — 2010. — June 13.
145. Dorsey George A. Ikyber Pass Key of Nations' Fate // Chicago Tribune. — 1911. — January 24.
146. Americans Acquire Afghanistan Oil // New York Times. — 1928. — May 8.
147. Risen James. World's Mining Companies Covet Afghan Riches // New York Times. — 2010. — June 17.
148. Partlow Joshua. Afghan Minister Accused of Taking Bribe // Washington Post. — 2009. — November 18.

149. Perlez Jane, Schmitt Eric, Gall Carlotta. Pakistan Is Said to Pursue Foothold in Afghanistan // *New York Times*. — 2010. — June 24; Partlow Joshua. Haqqani Insurgent Group Proves Resilient Foe in Afghan War // *Washington Post*. — 2011. — May 29; Perlez Jane. Official Admits Militancy's Deep Roots in Pakistan // *New York Times*. — 2010. — June 2.
150. Rubin Alissa J. Pakistan Urged Afghanistan to Distance Itself from the West, Officials Say // *New York Times*. — 2011. — April 28.
151. Cooper Michael. Mayors See End to Wars as Fix for Struggling Cities // *New York Times*. — 2001. — June 18.
152. Perlez Jane, Sanger David E., Schmitt Eric. Nuclear Fuel Memos Expose Wary Dance with Pakistan // *New York Times*. — 2010. — November 30.
153. John T. Bennett, "Pressure Builds to End Afghan War", May 4, 2011, thehill.com/homenews/administration/159123-pressure-builds-to-end-the-afghan-war.
154. George Zornick, "Senator Dick Durbin Questions Sending 'One More' Soldier to Die in Afghanistan", May 3, 2011, www.thenation.com/blog/160377/senator-dick-durbin-questions-sending-one-more-soldier-die-afghanistan.
155. Nordland Rod. Karzai Takes Another Shot at NATO Coalition // *New York Times*. — 2001. — June 19.
156. Rivera Ray, Thompson Ginger. Karzai Is Testing U.S. Patience, Envoy Says // *New York Times*. — 2011. — June 20.
157. Rivera Ray, Thompson Ginger. U.S. Envoy Responds to Karzai's Criticisms // *New York Times*. — 2011. — June 19.
158. King Laura. Karzai Quote Taken Wrong Way, Aide Says // *Los Angeles Times*. — 2011. — October 25.
159. Rubin Alissa J., Shah Taimoor. Attack Kills Police Officers in Afghanistan // *New York Times*. — 2011. — September 29.
160. NATO: Militant Attacks in Afghanistan Up 11 Percent in Past Three Months // *Washington Post*. — 2012. — July 27.
161. Human Rights Watch, "Afghanistan: Rein in Abusive Militias and Afghan Local Police", September 12, 2011, www.hrw.org/news/2011/09/12/afghanistan-rein-abusive-militias-and-afghan-local-police.
162. UN News Centre, "Systematic Torture in Afghan Detention Facilities — UN Report", October 10, 2011, www.un.org/apps/news/story.asp? NewsID=39985.
163. Healy Jack. Afghanistan Sees Increase in Cultivation of Poppies // *New York Times*. — 2001. — October 12.
164. Arango Tim. Premier Places Power-Sharing at Risk in Iraq // *New York Times*. — 2011. — December 22; Iraq Withdrawal: After Troops Leave, A Substantial American Presence // *International Business Times News*. — 2011. — December 9; Chubvu

Farirai. Iraq — Uncle Sam's Unfinished War // Herald (Harare, Zimbabwe). — 2011. — December 15; Michele Keleman, "Huge Embassy Keeps US Presence in Iraq", National Public Radio, December 11, 2011.

165. Brown David. Study Claims Iraq's 'Excess' Death Toll Has Reached 655,000 // *Washington Post.* — 2006. — October 11.

166. Gilmour David. The Long Recessional: The Imperial Life of Rudyard Kipling. — NY: Farrar, Straus and Giroux, 2002. — P. 251.

167. Obama's Speech to Troops at Fort Bragg // *New York Times.* — 2011. — December 15; Schmidt Michael S. Junkyard Gives Up Secret Accounts of Massacre // *New York Times.* — 2011. — December 15.

168. Jaffe Greg. A War Without an Iconic Ending // *Washington Post.* — 2011. — December 25.

169. Shanker Thom. Warning Against Wars Like Iraq and Afghanistan // *New York Times.* — 2011. — February 26.

170. Cooper Helene, Bronner Ethan. Focus Is on Obama as Tensions Soar Across Mideast // *New York Times.* — 2011. — May 19.

171. Kirkpatrick David D., Slackman Michael. Egyptian Youths Drive the Revolt Against Mubarak // *New York Times.* — 2011. — January 27.

172. Cooper Helene, Landler Mark. Obama's Peace Tack Contrasts with Key Aide, Friend of Israel // *New York Times.* — 2011. — May 22.

173. Friedman Thomas L. The Arab Awakening and Israel // *New York Times.* — 2011. — November 30.

174. Ira Chernus, "Israel and the Palestinians Through the Looking Glass", May 26, 2011, www.tomdispatch.com/blog/175397/tomgram%3A_ira_chernus,_ass-backwards_in_the_middle_east.

175. Bronner Ethan. A Former Spy Chief Questions the Judgment of Israeli Leaders // *New York Times.* — 2011. — June 4; Porter Gareth. Obama Seeks To Distance U.S. from Israeli Attack. — 2012. — January 3, ipsnews.net/news.asp?idnews=106361.

176. Tehlami Shibley, Kull Steven. Preventing a Nuclear Iran, Peacefully // *New York Times.* — 2012. — January 16.

177. Romero Simon. Colombia Leader Seeks Wide-Ranging Changes, and Looks Beyond the U.S. // *New York Times.* — 2011. — March 5.

178. Phillips Tom, Lopez Virginia. US Not Invited as Chávez Launches Latin Group // Guardian (London). — 2011. — December 3; Venezuela: New Regional Group Meets // *New York Times.* — 2011. — December 3; "New Americas Summit Dominated by Criticism of US", Agence France Press, December 2, 2011.

179. Brodzinsky Sibylla. Cuba and Drug Policy Headline Summit of the Americas // Christian Science Monitor. — 2012. — April 16; Wilson Scott. Americas Summit Ends Without an Agreement // *Washington Post.* — 2012. — April 16; Chomsky

Noam. Cartagena Beyond the Secret Service // In These Times. — № 5. — 2012, inthesetimes.com/article/13136/cartagena_beyond_the_secret_service_scandal.

180. Toro Francisco. The Incredible Shrinking State Department // International Herald Tribune. — 2012. — July 5.

181. Nick Turse, "Empire of Bases 2.0", January 9, 2011, www.tomdispatch.com/blog/175338; Engelhardt Tom. The American Way of War: How Bush's Wars Became Obama's. — C: Haymarket Books, 2010. — 53 p.

182. David Vine, "The Lily-Pad Strategy", July 15, 2012, www.tomdispatch.com/post/175568/tomgram%3A_david_vine%2C_u.s._empire_of_bases_grows/?utm_source=TomDispatch&utm_campaign=d027c16bb5-TD_Vine7_15_2012&utm_medium=email#more.

183. Blow Charles B. For Jobs, It's War // New York Times. — 2011. — September 27.

184. Don't Take Peaceful Approach for Granted // Global Times. — 2011. — October 25, www.globaltimes.cn/NEWS/tabid/99/ID/680694/Dont-take-peaceful-approach-for-granted.aspx.

185. Clinton Hillary. America's Pacific Century // Foreign Policy. — № 6. — 2011, www.foreignpolicy.com/articles/2011/10/11/americas_pacific_century?page=full.

186. Franklin Matthew. Obama Pledges Leadership // Australian. — 2011. — November 18; Harcher Peter. Toothless Among Asian Tigers // Sydney Morning Herald. — 2012. — July 21.

187. Philippines Launches Its Most Modern Warship // Nation (Thailand). — 2011. — December 15.

188. Gertz Bill. Military to Bolster Its Forces in Pacific // Washington Times. — 2011. — February 18.

189. Dugger Celia W. U. S. Envoy Extols India, Accepting Its Atom Status // New York Times. — 2011. — September 7; A Bad Deal // New York Times. — 2008. — September 9; Baker Peter. Senate Approves Indian Nuclear Deal // New York Times. — 2008. — October 2.

190. Plenary Session of the U.S. — India Strategic Dialogue, June 3, 2010, www.state.gov/secretary/rm/2010/06/142623.htm.

191. Arms Race Growing in Asia // Toronto Star. — 2011. — December 3.

192. Yardley Jim. Malnutrition Widespread in Indian Children, Report Finds // New York Times. — 2012. — January 10.

193. Ching Frank. China-US Power Play That Confuses Audiences // New Straits Times (Malaysia). — 2011. — September 29.

194. Paul McLeary, Securing the Western Pacific// Defense Technology International, June 1, 2010.

195. Torode Greg. Beijing Wary as New US Military Strategy Emerges // South China Morning Post. — 2011. — April 25.

196. Hu Tells Navy to Prepare to Fight // Hobart Mercury (Australia). — 2011. — December 8.
197. Jaffe Greg. U.S. Model for a Future War Fans Tensions with China and Inside Pentagon // Washington Post. — 2012. — August 1.
198. Perlez Jane. Clinton Makes Effort to Rechannel the Rivalry with China // New York Times. — 2012. — July 7.
199. Christopher Hellman, "The Real U.S. National Security Budget", March 1, 2011, www.tomdispatch.com/post/175361/tomgram%3A_chris hellman%2C%241.2_trillion_for_national security/.
200. Margolis Eric. Obama the President Is Fighting Battles His Country Cannot Afford // Toronto Sun. — 2010. — February 7, www.torontosun.com/comment/columnists/eric_margolis/2010/02/05/12758511-qmi.html; Lawrence Wittner, "How Much Is Enough? America's Runaway Military Spending", August 23, 2010, www.huffingtonpost.com/lawrence-wittner/how-much-is-enough-americ_b_683600.html.
201. Wan William. Panetta, in Speech in Singapore, Seeks to Lend Heft to U.S. Pivot to Asia // Washington Post. — 2012. — June 1; Leon E. Panetta, Speech to Shangri-La Security Dialogue, June 2, 2012, www.defense.gov/Speeches/Speech.aspx?SpeechID =1681.
202. Perlez Jane. Panetta Outlines New Weaponry for Pacific // New York Times. — 2012. — June 2.
203. Harcher Peter. Toothless Among Asian Tigers // Sydney Morning Herald. — 2012. — July 21.
204. Jaffe Greg. Obama Announces New, Leaner Military Approach // Washington Post. — 2012. — January 5.
205. Andrews Amanda. America Is in Urgent Need of Its Own 'Perestroika', Says Gorbachev // Telegraph (London). — 2009. — March 12, www.telegraph.co.uk/finance/g20-summit/4980262/America-is-in-urgent-need-of-its-own-peristrokia-says-Gorbachev.html; Fedyashin Anton. Gorbachev's Great Expectations // Washington Post. — 2009. — April 13.
206. "Rising Share of Americans See Conflict Between Rich and Poor", Pew Research Center Publications, January 11, 2012, pewresearch.org/pubs/2167/rich-poor-social-conflict-class.
207. Appelbaum Binyamin. Family Net Worth Drops to Level of Early '90s, Fed Says // New York Times. — 2012. — June 11; Stiglitz Joseph E. The 1 Percent's Problem // Vanity Fair. — № 5. — 2012, www.vanityfair.com/politics/2012/05/joseph-stiglitz-the-price-on-inequality.
208. Turley Jonathan. Ten Reasons We're No Longer the Land of the Free // Washington Post. — 2012. — January 15.

Фотоматериалы

1. Associated Press: c. 374
2. Benutzer: Fb78 via Wikimedia Commons: c. 691
3. Chris Hondro / Getty Images: c. 781
4. Corbis Images: c. 490, 495, 510, 515, 559, 618, 653
5. Courtesy of Daniel Ellsberg and Danny Schechter: c. 524
6. Courtesy of Los Alamos National Laboratory: c. 224, 261
7. Courtesy of U. S. Department of Energy: c. 214
8. David Shankbone via Wikimedia Commons: 729
9. Federal Bureau of Investigation: c. 337
10. Franklin D. Roosevelt Presidential Library / National Archives: 102, 105–106, 114, 163, 168, 169, 235.
11. George Bush Presidential Library and Museum/ National Archives: c. 638
12. George W. Bush Presidential Library / National Archives: c. 663
13. Gerald R. Ford Presidential Library: c. 533, 535, 541
14. German Federal Archive: c. 155, 165, 328
15. Getty Images: c. 412, 583
16. Harry S. Truman / National Archives: c. 196,
17. Harry S. Truman Presidential Library: c. 218, 221, 301, 325, 332
18. Harry S. Truman Presidential Library / National Archives: c. 193, 250, 281, 295, 329
19. Information of New Orleans via Wikimedia Commons: c. 634–635
20. Ixtlan: c. 22
21. Jim Kuhn via Wikimedia Commons: c. 673
22. Jimmy Carter Library / National Archives: c. 550, 555
23. Jimmy Carter Presidential Library / National Archives: c. 564

24. John F. Kennedy Presidential Library: с. 411, 429
25. John F. Kennedy Presidential Library / National Archives: с. 416, 433, 441
26. Library of Congress: с. 24–25, 31, 35–36, 57, 59, 62, 77, 83, 91, 100, 116, 126, 150, 179, 203, 209, 267, 290, 306, 394, 474, 484, 543
27. Library of Congress, University of Minnesota, National Archives: с. 231
28. Library of Congress, Wikimedia Commons / Public Domain: с. 241–242
29. Lyndon Baines Johnson Presidential Library: с. 451–452
30. Lyndon Baines Johnson Presidential Library / National Archives: с. 460, 464, 467–468, 470–471, 484
31. Nasser Sadeghi via Wikimedia Commons / Public Domain: с. 371
32. National Archives: с. 84, 192, 213, 237–238, 254, 256–257, 271, 304, 381, 387, 421, 428, 458, 469, 476, 493, 546, 661
33. National Archives, Wikimedia Commons / Public Domain: с. 256
34. National Museum of the U. S. Air Force: с. 329, 458
35. *New Yorker* Magazine: с. 34
36. *New York Times*: с. 181
37. Official White House Photograph: с. 744, 759, 774
38. Oliver Stone Personal Collection: с. 463
39. Peter Kuznick Personal Collection: с. 463
40. Photos of the Great War: World War I Image Archive: с. 72, 75
41. Public Domain: с. 23, 27, 76, 85, 87, 145, 271, 335, 581, 646
42. Ragesoss via Wikimedia Commons: с. 718
43. Richard Nixon Presidential Library / National Archives: с. 488, 491, 505, 518,
44. Ronald Reagan Presidential Library: с. 568, 571, 573, 599, 604, 606
45. Ronald Reagan Presidential Library / National Archives: с. 598, 604, 620
46. Sue Ream via Wikimedia Commons: с. 625
47. U.S. Air Force: с. 671, 757, 777–778
48. U.S. Army: с. 342, 409, 500
49. U.S. Department of Defense: с. 291, 388, 585, 612, 626, 629, 636, 661, 693
50. U.S. Information Agency: с. 179, 347
51. U.S. Marine Corps: с. 39, 261, 536, 585
52. U.S. Navy: с. 676
53. U.S. State Department: с. 705
54. Utilizator: Mihai.1954 via Wikimedia Commons: с. 189
55. Wikimedia Commons / Public Domain: с. 211, 252, 334, 555
56. William J. Clinton Presidential Library / National Archives: с. 644

Научно-популярное издание

Оливер Стоун и Питер Кузник
НЕРАССКАЗАННАЯ ИСТОРИЯ США

Выпускающий редактор А. Высочкина
Редактор А. Кальниченко
Технический редактор Л. Синицына
Корректоры Е. Свирина, О. Левина
Компьютерная верстка Т. Коровенковой

ООО «Издательская Группа «Азбука-Аттикус» —
обладатель товарного знака «Издательство КоЛибри»
119334, Москва, 5-й Донской проезд, д. 15, стр. 4

Филиал ООО «Издательская Группа «Азбука-Аттикус» в г. Санкт-Петербурге
191123, Санкт-Петербург, Воскресенская набережная, д. 12, лит. А

ЧП «Издательство «Махаон-Украина»
04073, Киев, Московский проспект, д. 6, 2-й этаж

ЧП «Издательство «Махаон»
61070, Харьков, ул. Ак. Проскуры, д. 1

Знак информационной продукции
(Федеральный закон № 436-ФЗ от 29.12.2010 г.)

Подписано в печать 21.01.2015. Формат 70×100/16.
Бумага офсетная. Гарнитура «PT Serif».
Печать офсетная. Усл. печ. л. 75,4. Доп. тираж 4000 экз.
B-CHM-14118-05-R. Заказ № 6256/15.

Отпечатано в соответствии с предоставленными материалами
в ООО «ИПК Парето-Принт». 170546, Тверская область,
Промышленная зона Боровлево-1, комплекс № 3А
www.pareto-print.ru

ПО ВОПРОСАМ РАСПРОСТРАНЕНИЯ ОБРАЩАЙТЕСЬ:

В Москве:
ООО «Издательская Группа «Азбука-Аттикус»
Тел. (495) 933-76-00, факс (495) 933-76-19
E-mail: sales@atticus-group.ru; info@azbooka-m.ru

В Санкт-Петербурге:
Филиал ООО «Издательская Группа «Азбука-Аттикус» в г. Санкт-Петербурге
Тел. (812) 327-04-55
E-mail: trade@azbooka.spb.ru; atticus@azbooka.spb.ru

В Киеве:
ЧП «Издательство «Махаон-Украина»
Тел./факс (044) 490-99-01
e-mail: sale@machaon.kiev.ua

В Харькове:
ЧП «Издательство «Махаон»
Тел. (057) 315-15-64, 315-25-81
e-mail: machaon@machaon.kharkov.ua

www.azbooka.ru; www.atticus-group.ru